D1721364

Dietel · Gintzel · Kniesel
Versammlungsgesetze

Dietel · Gintzel · Kniesel

Versammlungsgesetze

Kommentierung des Versammlungsgesetzes des
Bundes und der Versammlungsgesetze der Länder

Begründet von

Alfred Dietel †
Dr. iur. Kurt Gintzel †

Bearbeitet von

Michael Kniesel
Staatsrat a. D., Rechtsanwalt in Bonn

Prof. Dr. iur. Frank Braun
Fachhochschule für öffentliche Verwaltung des Landes Nordrhein-Westfalen

und

Christoph Keller
Polizeidirektor, Dozent an der Fachhochschule für öffentliche Verwaltung des Landes
Nordrhein-Westfalen

18. Auflage

Carl Heymanns Verlag 2019

Zitiervorschlag: Dietel/Gintzel/Kniesel, VersG § ... Rn. ...

Bibliografische Information der Deutschen Nationalbibliothek
Die Deutsche Nationalbibliothek verzeichnet diese Publikation in der Deutschen
Nationalbibliografie; detaillierte bibliografische Daten sind im Internet über
http://dnb.d-nb.de abrufbar.

ISBN 978-3-452-29170-7

Die Formulare des Werkes können mit einem Textverarbeitungsprogramm weiter
bearbeitet werden.

Rufen Sie dazu die Website
http://download.wolterskluwer.de

auf und registrieren Sie sich mit folgendem Zugangscode
WKN7UGGSM

Eine genaue Anleitung finden Sie auf der oben genannten Website.

www.wolterskluwer.de

Verlag und Autor übernehmen keine Haftung für inhaltliche oder drucktechnische
Fehler.

Umschlagkonzeption: Martina Busch, Grafikdesign, Homburg Kirrberg
Satz: Innodata Inc., Noida, Indien
Druck und Weiterverarbeitung: Williams Lea & Tag GmbH, München

Gedruckt auf säurefreiem, alterungsbeständigem und chlorfreiem Papier.

Vorwort

Auch in der neuen Auflage zeigt sich, dass das Versammlungsrecht ein lebendiges Rechtsgebiet ist. Demonstrative Aktionen beim Weltwirtschaftsgipfel 2017 in Hamburg, jüngst im und am Hambacher Forst und rivalisierende Demonstrationen von rechts und links und neue Demonstrationsformen wie ›critical mass‹ haben die Versammlungsbehörden herausgefordert und bedurften der dogmatischen Einordnung.

Alle Teile des Werkes sind überarbeitet und teilweise erweitert worden und befinden sich auf dem Stand der Literatur und Rechtsprechung vom 31. Dezember 2018.

Der Mitbegründer des Kommentars, Direktor der Bereitschaftspolizei a.D. *Dr. Kurt Gintzel* ist am 21. Februar 2019 in Senden im Alter von 91 Jahren verstorben. Seine versammlungsfreundliche Handschrfit wird in diesem Kommentar weiter erkennbar sein.

Bonn, Hofkirchen, Mettingen im Mai 2019

Michael Kniesel, Frank Braun, Christoph Keller

Inhaltsübersicht

Inhaltsverzeichnis

Inhaltsverzeichnis

Abkürzungsverzeichnis

a.A.	anderer Auffassung
a.a.O.	am angegebenen Ort
abl.	ablehnend
AK	Alternativkommentar
Alt, alt	Alternative, alternativ
amtl.	amtliche
Anm.	Anmerkung
AöR	Archiv des öffentlichen Rechts
Art.	Artikel
AufenthG	Aufenthaltsgesetz
AuR	Arbeit und Recht
AVV	Allgemeine Verwaltungsvorschrift
BannmG	Bannmeilengesetz
Bay, bay	Bayern, bayerisch
BayObLG	Bayerisches Oberstes Landesgericht
BayVBl.	Bayerische Verwaltungsblätter
Bbg, bbg	Brandenburg, brandenburgisch
Bd.	Band
BeamtStG	Beamtenstatusgesetz
Begr.	Begründung
BGB	Bürgerliches Gesetzbuch
BGBl.	Bundesgesetzblatt
BGH	Bundesgerichtshof
BGHSt	Entscheidungen des Bundesgerichtshofs in Strafsachen
BGHZ	Entscheidungen des Bundesgerichtshofs in Zivilsachen
BK	Bonner Kommentar zum Grundgesetz
Bl.	Blatt
Bln, bln	Berlin, berlinerisch
BPolG	Bundespolizeigesetz
Brem, brem	Bremen, bremisch
BR	Bundesrat
BT	Bundestag
BVerfG	Bundesverfassungsgericht
BVerfGE	Entscheidungen des Bundesverfassungsgerichts
BVerfGG	Bundesverfassungsgerichtsgesetz
BVerfGK	Kammerentscheidungen des Bundesverfassungsgerichts
BVersG	Bundesversammlungsgesetz
BVerwG	Bundesverwaltungsgericht
BVerwGE	Entscheidungen des Bundesverwaltungsgerichts
B-W, b-w	Baden-Württemberg, baden-württembergisch
bzw.	beziehungsweise
CuR	Computer und Recht

DAR	Deutsches Autorecht
DE	Dürig-Friedl/Enders
ders.	derselbe
d.h.	das heißt
dies.	dieselben
DNP	Die Neue Polizei
DÖV	Die Öffentliche Verwaltung
DR	Dreier
DRiZ	Deutsche Richterzeitung
Drucks.	Drucksache
DuR	Demokratie und Recht
DV	Die Verwaltung
DVBl	Deutsches Verwaltungsblatt
EG	Einführungsgesetz
EGMR	Europäischer Gerichtshof für Menschenrechte
Einf.	Einführung
EH	Epping/Hillgruber
EKMR	Europäische Kommission für Menschenrechte
Erl.	Erläuterung, Erläuterungen
EMRK	Europäische Menschenrechtskonvention
EuGRZ	Europäische Grundrechtszeitung
etc.	et cetera
FeiertG	Feiertagsgesetz
FH	Friauf/Höfling
Fn.	Fußnote
GA	Goldtammers Archiv für Strafrecht
GG	Grundgesetz
ggfs.	gegebenenfalls
GräbVersammlG	Gräberstättenversammlungsgesetz
GräbG-AG	Gräbergesetz-Ausführungsgesetz
GSZ	Zeitschrift für das Gesamte Sicherheitsrecht
GVBl.	Gesetz- und Verordnungsblatt
Hbg, hbg	Hamburg, hamburgisch
HdB	Handbuch
Hess, hess	Hessen, hessisch
HGR	Handbuch der Grundrechte
h.M.	herrschende Meinung
i.d.F.	in der Fassung
i.S.	im Sinne
i.V.	in Verbindung
JA	Juristische Arbeitsblätter
JBl.	Justizblatt
JGG	Jugendgerichtsgesetz

JBöS	Jahrbuch öffentliche Sicherheit
JSchG	Jugendschutzgesetz
JP	Jarass/Pieroth
JR	Juristische Rundschau
Jura	Juristische Ausbildung
JuS	Juristische Schulung
JZ	Juristenzeitung
KG	Kammergericht
KJ	Kritische Justiz
KKM	Kniesel/Kube/Murck
krit.	kritisch
KritV	Kritische Vierteljahresschrift für Gesetzgebung
LD	Lisken/Denninger
Leits.	Leitsatz
LG	Landgericht
LKRZ	Zeitschrift für Landes- und Kommunalrecht
LKV	Landes- und Kommunalverwaltung
LMW	Lindner/Möstl/Wolff
LStVG	Landesstraf- und Verordnungsgesetz
LT	Landtag
MD	Maunz/Dürig
MDR	Monatsschrift für Deutsches Recht
ME	Musterentwurf
MK	v. Münch/Kunig
MKS	v. Mangoldt/Klein/Starck
MV, mv	Mecklenburg-Vorpommern, mecklenburg-vorpommerisch
m.w.N.	mit weiteren Nachweisen
Nds, nds	Niedersachsen, niedersächsisch
NJ	Neue Justiz
NJW	Neue Juristische Wochenschrift
Nr.	Nummer
NPA	Neues Polizeiarchiv
NStZ	Neue Zeitschrift für Strafrecht
NVwZ	Neue Zeitschrift für Verwaltungsrecht
NVwZ-RR	Neue Zeitschrift für Verwaltungsrecht – Rechtsprechungs-Report
N-W, n-w	Nordrhein-Westfalen, nordrhein-westfälisch
ObLG	Oberstes Landgericht
OEG	Opferentschädigungsgesetz
ÖJZ	Österreichische Juristenzeitung
OLG	Oberlandesgericht
OVG	Oberverwaltungsgericht
PAG	Polizeiaufgabengesetz

ParteienG	Parteiengesetz
PJ	Peters/Janz
PolG	Polizeigesetz
POR	Polizei- und Ordnungsrecht
PR	Polizeirecht
Pr, pr	Preußen, preußisch
PVG	Polizeiverwaltungsgesetz
RBRS	Ridder/Breitbach/Rühl/Steinmeier
Rdn.	Randnummer
RG	Reichsgericht
RGBl.	Reichsgesetzblatt
RGSt	Entscheidungen des Reichgerichts in Strafsachen
Rn.	Randnummer
RP, rp	Rheinland-Pfalz, rheinland-pfälzisch
RuP	Recht und Politik
RVG	Reichsvereinsgesetz
S.	Satz, Seite
s.o.	siehe oben
S-A, s-a	Sachsen-Anhalt, sachsen-anhaltinisch
Saarl, saarl	Saarland, saarländisch
Sachs, sächs	Sachsen, sächsisch
SB	Stern/Blanke
SBHH	Schmidt-Bleibtreu/Hofmann/Henneke
S-H, s-h	Schleswig-Holstein, schleswig-holsteinisch
StGB	Strafgesetzbuch
StPO	Strafprozessordnung
StR	Staatsrecht
StuKVw	Staats- und Kommunalverwaltung
StV	Strafverteidiger
StVG	Straßenverkehrsgesetz
StVO	Straßenverkehrsordnung
Thür, thür	Thüringen, thüringisch
u.a.	und andere
VereinsG	Vereinsgesetz
VerfGH	Verfassungsgerichtshof
VerfR	Verfassungsrecht
VersG	Versammlungsgesetz
VerwArch	Verwaltungsarchiv
VG	Verwaltungsgericht
VGH	Verwaltungsgerichtshof
Vorb.	Vorbemerkung, Vorbemerkungen
VR	Verwaltungsrundschau

VVDStRL	Veröffentlichungen der Vereinigung der Deutschen Staatsrechtslehrer
VwGO	Verwaltungsgerichtsordnung
VwVfG	Verwaltungsverfahrensgesetz
VwVG	Verwaltungsvollstreckungsgesetz
WaffG	Waffengesetz
WHM	Wächtler/Heinhold/Merk
WM	Wefelmeier/Miller
ZBR	Zeitschrift für Beamtenrecht
ZG	Zeitschrift für Gesetzgebung
ZRP	Zeitschrift für Rechtspolitik
zust.	zustimmend

Literaturverzeichnis

Baudewin, Christian	Der Schutz der öffentlichen Ordnung im Versammlungsrecht, 2. Aufl., Frankfurt 2014
Benda, Ernst	Art. 8 in: Kahl, Wolfgang/Waldhoff, Christian/Walter, Christian, (Hrsg.), Bonner Kommentar zum Grundgesetz, Stand Juli 2013
Bergmann, Michael	Die Polizeifestigkeit des Versammlungsgeschehens, Aachen 1996
Bertrams, Michael	Demonstrationsfreiheit für Neonazis? in: Kraske, Bernd, (Hrsg.), Festschrift für Claus Arndt, S. 19 ff., Baden-Baden 2002
Bertuleit, Achim	Sitzdemonstrationen zwischen prozedural geschützter Versammlungsfreiheit und verwaltungsrechts-akzessorischer Nötigung, Berlin 1994
Blanke, Hermann-Josef	Art. 8, in: Stern, Klaus/Becker, Florian (Hrsg.). Grundrechte-Kommentar, 3. Aufl., Köln 2018
Blumenwitz, Dieter	Versammlungsfreiheit und polizeiliche Gefahrenabwehr bei Demonstrationen, in: Schreiber, Manfred (Hrsg.), Festschrift für Rudolf Samper, S. 131 ff., Baden-Baden 1982
Borchert, Hans-Dieter	Die Spontanversammlung, zugleich ein Beitrag zur Bedeutung der Versammlungsfreiheit, Marburg 1972
Bosshart, Jürg	Demonstrationen auf öffentlichem Grund, Zürich 1973
Breitbach, Michael	Die Bannmeile als Ort von Versammlungen, Baden-Baden 1994
Breitbach, Michael	in: Ridder, Helmut/Breitbach, Michael/Rühl, Ulli/Steinmeier, Frank, Versammlungsrecht, Baden-Baden 1992
Breitenwieser, Christian	Die Versammlungsfreiheit in den deutschen und US-amerikanischen Polizeikonzepten zur Bewältigung von Demonstrationen, München 1993
Brenneisen, Hartmut/Wilksen, Michael	Versammlungsrecht, 4. Aufl., Hilden 2011
Bühring, Patrick	Demonstrationsfreiheit für Rechtsextremisten? München 2004
Bull, Hans Peter	Grenzen des grundrechtlichen Schutzes für rechtsextremistische Demonstrationen, Hamburg, 2000
Burfeind, Thees	Polizeiliche Maßnahmen gegen gewalttätige Demonstranten, Göttingen 1993
Buschmann, Wolfgang	Kooperationspflichten im Versammlungsrecht, Kiel 1990
Crombach, Egon	Die öffentliche Versammlung unter freiem Himmel, Berlin 1976
Depenheuer, Otto	Art. 8 in: Maunz, Theodor/Dürig, Günter, Grundgesetz, München 2013

Doering-Manteuffel, Anselm/ Greiner, Bernd/Lepsius, Oliver	Der Brokdorf-Beschluss des Bundesverfassungsgerichts 1985, Tübingen 2015
Drews, Bill/Wacke, Gerhard/ Vogel, Klaus/Martens, Wolfgang	Gefahrenabwehr, 9. Aufl. Köln 1986
Dürig-Friedl, Cornelia/Enders, Christoph	Versammlungsgesetz, München 2016
Ehrentraut, Christoph	Die Versammlungsfreiheit im amerikanischen und deutschen Verfassungsrecht, Bonn 1989
Elzermann, Hartwig	Sächsisches Versammlungsgesetz, Wiesbaden 2016
Enders, Christoph	Versammlungsrecht, in: Ehlers, Dirk/Fehling, Michael/ Pünder, Hermann, Besonderes Verwaltungsrecht, Band 3, S. 557 ff., Heidelberg, 3. Aufl. 2013
Enders, Christoph/ Hoffmann-Riem, Wolfgang/ Kniesel, Michael/Poscher, Ralf/ Schulze-Fielitz, Helmuth	Arbeitskreis Versammlungsrecht, Musterentwurf eines Versammlungsgesetzes, München 2011
Förster, Christoph	Die Friedlichkeit als Voraussetzung der Demonstrationsfreiheit, Gelsenkirchen 1985
Fritz, Roland	Stellung nehmen und Standpunkt bezeugen, in: Brandt, Willy/Gollwitzer, Helmut/Henschel, Johann Friedrich (Hrsg.), Festschrift für Helmut Simon, S. 403 ff., Baden-Baden 1987
Frowein, Jochen/Peukert, Wolfgang	EMRK-Kommentar, 3. Aufl., Kehl 2009
Füßlein, Rudolf Werner	Versammlungsgesetz, Berlin 1954
Gadesmann, Christoph	Rechtssicherheit im Versammlungsrecht durch die Anmeldebestätigung?, Lübeck 2005
Geis, Max Emanuel	Art. 8, in: Friauf, Karl-Heinrich/Höfling, Wolfram, (Hrsg.), Berliner Kommentar zum Grundgesetz 2019
Götz, Volkmar/Geis, Max-Emanuel	Allgemeines Polizei- und Ordnungsrecht, 16. Aufl., München 2017
Grabenwater, Christoph/Pabel, Katharina	Europäische Menschenrechtskonvention, 6. Aufl., München 2016
Gusy, Christoph	Art. 8, in: v. Mangoldt, Hermann/Klein, Friedrich/Starck, Christian (Hrsg.), Kommentar zum Grundgesetz, Bd. 1, 7. Aufl. München 2018
Gusy, Christoph	Polizei- und Ordnungsrecht, 10. Aufl., Tübingen 2017
Hader, Jörg Andreas	Extremistische Demonstrationen als Herausforderung des Versammlungsrechts, München 2003

Heinhold, Hubert	in: Wächtler, Hartmut/Heinhold, Hubert/Merk, Rolf, Bayerisches Versammlungsgesetz, Stuttgart 2011
Heintzen, Markus	Das alte Versammlungsgesetz in der neuen Hauptstadt, in: Depenheuer, Otto/Heintzen, Markus/Jestaedt, Matthias/Axer, Peter, Festschrift für Josef Isensee, S. 118 ff., Berlin 2002
Helleberg, Max	Leitbildorientierte Verfassungsauslegung, Berlin 2016
Hesse, Konrad	Grundzüge des Verfassungsrechts der Bundesrepublik Deutschland,, 20. Aufl., Heidelberg 1995
Hettich, Matthias	Versammlungsrecht in der kommunalen Praxis, 2. Aufl., Mannheim 2017
Hoffmann-Riem, Wolfgang	Art. 8, in: Denninger, Erhard/Hoffmann-Riem, Wolfgang/Schneider, Hans-Peter/Stein, Ekkehard, Kommentar zum Grundgesetz für die Bundesrepublik Deutschland, 3. Aufl., Neuwied 2001/2002
Hoffmann-Riem, Wolfgang	Demonstrationsfreiheit durch Kooperation, in: Brandt, Willy/Gollwitzer, Helmut/Henschel, Johann Friedrich (Hrsg.), Festschrift für Helmut Simon, S. 379 ff., Baden-Baden 1987
Hoffmann-Riem, Wolfgang	Versammlungsfreiheit, in: Merten, Detlef/Papier, Hans-Jürgen (Hrsg.), Handbuch der Grundrechte in Deutschland und Europa, Band IV, § 106, Heidelberg 2011
Höfling, Wolfram	Art. 8, in: Sachs, Michael (Hrsg.), Grundgesetz, 8. Aufl., München 2018
Hohmann, Isabel	Facebook-Partys und Sicherheitsrecht, Frankfurt 2016
Hollerbaum, Alexander	Demonstrationsfreiheit, Köln 1981
Huber, Thomas	Der Veranstalter einer Versammlung im Rechtskreis der Exekutive, München 1991
Hufen, Friedhelm	Staatsrecht II, Grundrechte, 7. Aufl. München 2018
Jarass, Hans D.	Art. 8, in: Jarass, Hans D./Pieroth, Bodo, Grundgesetz für die Bundesrepublik Deutschland, 15. Aufl., München 2018
Jenssen, Katharina	Die versammlungsrechtliche Auflage, Hamburg 2009
Kang, Tae-Soo	Der Friedlichkeitsvorbehalt der Versammlungsfreiheit, Bonn 1992
Kingreen, Thorsten/Poscher, Ralf	Grundrechte, 34. Aufl., Heidelberg 2018
Kingreen, Thorsten/Poscher, Ralf	Polizei- und Ordnungsrecht, 10. Aufl., München 2018
Kloepfer, Michael	Versammlungsfreiheit, in: Isensee, Josef/Kirchhof, Paul, Handbuch des Staatsrechts der Bundesrepublik Deutschland, Band VII, § 164, 3. Aufl., Heidelberg 2009

Kloepfer, Michael	Verfassungsrecht II, Grundrechte, München 2010
Kniesel, Michael	Staatsaufgabe Sicherheit, Grundgesetz und Polizei, in: Kniesel, Michael/Kube, Edwin/Murck, Manfred (Hrsg.), Handbuch für Führungskräfte der Polizei, Kap. 2, S. 41 ff., Essen 1996
Kniesel, Michael/Braun, Frank/ Keller, Christoph	Besonderes Polizei- und Ordnungsrecht, Stuttgart 2018
Kniesel, Michael/Poscher, Ralf	Versammlungsrecht, in: Lisken, Hans/Denninger, Erhard (Hrsg.), Handbuch des Polizeirechts, K. S. 1133 ff.; 6. Aufl., München 2018
Koll, Bernd	Liberales Versammlungsrecht, Baden-Baden 2015
Kostaras, Alexander	Zur strafrechtlichen Problematik der Demonstrationsdelikte, Berlin 1982
Krajuttis, Sigrid	Versammlungsfreiheit zwischen liberaler Tradition und Funktionalisierung, Köln 2005
Krüger, Ralf	Versammlungsrecht, Stuttgart 1994
Kugelmann, Dieter	Polizei- und Ordnungsrecht, 2. Aufl., Berlin 2012
Kugelmann, Dieter	Art, Ort und Ausgestaltung der Versammlung gemäß Art. 8 GG, in: Geis, Max Emanuel/Winkler, Markus/ Bickenbach, Christian (Hrsg.), Festschrift für Wilhelm Hufen, S. 53 ff., München 2015
Kunig, Philipp	Art. 8, in v. Münch, Ingo/Kunig, Philipp (Hrsg. Kunig), Grundgesetz, Kommentar, 6. Aufl., München 2012
Kutscha, Martin, (Hrsg.)	Demonstrationsfreiheit, Kampf um ein Bürgerrecht, Köln 1986
Ladeur, Karl-Heinz	Art. 8, in: Ridder, Helmut/Breitbach, Michael/Rühl, Ulli/ Steinmeier, Frank, Versammlungsrecht, Baden-Baden 1992
Lehmann, Jens	Der Schutz symbolträchtiger Orte vor extremistischen Versammlungen, Baden-Baden 2012
Leist, Wolfgang	Versammlungsrecht und Rechtsextremismus, Hamburg 2003
Limmer, Maria	Rechtliche Grenzen der Einschüchterung im Versammlungsrecht am Beispiel von Skinheadaufmärschen und Schwarzem Block, Frankfirt 2010
Linnemeyer, Malte	Techno-Paraden, Skater-Läufe, Chaos-Tage – neue Handlungsformen im Schutzbereich der Versammlungsfreiheit, Frankfurt 2003
Merk, Rolf	in: Wächtler, Hartmut/Heinhold, Hubert/Merk, Rolf, Bayerisches Versammlungsgesetz, Stuttgart 2011
Merten, Detlef	Vereins- und Versammlungsfreiheit, in Kube, Hanno u.a. (Hrsg.), Festschrift für Paul Kirchhof, Band I, S. 547 ff. Heidelberg 2013
Meyer-Ladewig, Jens	EMRK, Handkommentar, 3. Aufl., Baden-Baden 2011

Meyn, Jörn-Hendrik	Die sogenannte Vermummung und passive Bewaffnung, Hamburg 1988
Michael, Lothar/Morlok, Martin	Grundrechte, 6. Aufl., Baden-Baden 2016
Miller, Dennis	in: Wefelmeier, Christian/Miller, Dennis, Niedersächsisches Versammlungsgesetz, Wiesbaden 2012
Möllers, Martin H. W.	Demonstrationsrecht im Wandel, 2. Aufl., Frankfurt 2017
Müller, Werner	Wirkungsbereich und Schranken der Versammlungsfreiheit, insbesondere im Verhältnis zur Meinungsfreiheit, Berlin 1974
Müller-Franken, Sebastian	Art. 8, in: Schmidt-Bleibtreu, Bruno/Klein, Franz/ Hofmann, Hans/Henneke, Hans-Gunter, Kommentar zum Grundgesetz, 14. Aufl., Köln 2018
Ott, Sieghart/Wächtler, Hartmut/Heinhold, Hubert	Gesetz über Versammlungen und Aufzüge, 7. Aufl., Stuttgart 2010
Park, Wonkyn	Das Erstanmelderprivileg im Versammlungsrecht, Frankfurt 2017
Peters, Wilfried/Janz, Norbert	Handbuch Versammlungsrecht, München 2015
Preuß, Ulrich	Nötigung durch Demonstration? Zur Dogmatik des Art. 8 GG, in: Böttcher, Hans-Ernst (Hrsg.), Festschrift für Richard Schmid, S. 419 ff., Baden-Baden 1985
Prothmann, Martin	Die Wahl des Versammlungsortes, Berlin 2013
Quilisch, Martin	Die demokratische Versammlung, Berlin 1970
Rauer, Leif	Rechtliche Maßnahmen gegen rechtsextremistische Versammlungen, Frankfurt 2010
Rauscher, Felix	Rechtliche Bewertung rechtsextremistischer Versammlungen, Berlin 2017
Ridder, Helmut	Geschichtliche Einleitung, in: Ridder, Helmut/Breitbach, Michael/Rühl, Ulli/Steinmeier, Frank, Versammlungsrecht, Baden-Baden 1992
Roethel, Anne	Grundrechte in der mobilen Gesellschaft, Berlin 1997
Röger, Ralf	Demonstrationsfreiheit für Neonazis? Berlin 2004
Rösing, Jenny	Kleidung als Gefahr? Baden-Baden 2004
Rühl, Ulli	in: Ridder, Helmut/Breitbach, Michael/Rühl, Ulli/ Steinmeier, Frank, Versammlungsrecht, Baden-Baden 1992
Sachs, Michael	Grundgesetz, 8. Aufl., München 2018
Sachs, Michael	Die Freiheit der Versammlung und der Vereinigung, in: Stern, Klaus, Das Staatsrecht der Bundesrepublik Deutschland, Band IV/1, § 107, München 2006
Schenke, Wolf-Rüdiger	Polizei- und Ordnungsrecht, 10. Aufl., München 2018
Scheu, Sonja	Freiheitsperspektiven Drittbetroffener im Versammlungsrecht, Hamburg 2014

Schneider, Jens-Peter	Art. 8, in: Epping, Volker/Hillgruber, Christian, (Hrsg.), Grundgesetz, Kommentar, 2. Aufl., München 2013
Schoch, Friedrich (Hrsg.)	in: Besonderes Verwaltungsrecht, POR, München 2018
Schulze-Fielitz, Helmuth	Art. 8, in: Dreier, Horst (Hrsg.), Grundgesetz, Kommentar, Bd. 1, 3. Aufl., Tübingen 2013
Schwäble, Ulrich	Das Grundrecht der Versammlungsfreiheit, Freiburg 1975
Schwier, Henning	Zum aktuellen Stand des Versammlungsrechts, Rothenburg/Oberlausitz 2017
Stein, Volker	Versammlungsrecht, Frankfurt 2014
Steinforth, Sebastian	Die Gefährderansprache im Kontext versammlungsspezifischer Vorfeldmaßnahmen, Frankfurt 2015
Steinmeier, Frank	in: Ridder, Helmut/Breitbach, Michael/Rühl, Ulli/Steinmeier, Frank, Versammlungsrecht, Baden-Baden 1992
Trubel, Hans/Hainka, Franz	Das Versammlungsrecht, Hamburg, 1953
Ullrich, Norbert	Das Demonstrationsrecht, Baden-Baden 2015
Ullrich, Norbert	Niedersächsisches Versammlungsgesetz Stuttgart, 2011
von Maltzahn, Ruprecht Freiherr	Das Versammlungsgesetz vom 24. Juli 953, Frankfurt 2017
Wächtler, Hartmut	in: Wächtler, Hartmut/Heinhold, Hubert/Merk, Rolf, Bayerisches Versammlungsgesetz, Stuttgart 2011
Watrin, Tom	Die Gefahrenprognose im Versammlungsrecht, Frankfurt 2016
Weber, Klaus	Grundzüge des Versammlungsrechts unter Beachtung der Föderalismusreform, Köln 2010
Wefelmeier, Christian	in: Wefelmeier, Christian/Miller, Dennis, Niedersächsisches Versammlungsgesetz, Wiesbaden 2012
Welsch, Harald/Bayer, Werner	Bayerisches Versammlungsgesetz, Stuttgart 2012
Werner, Sascha	Formelle und materielle Versammlungsrechtswidrigkeit, Berlin 2001
Zeiringer, Markus	Die zivilrechtliche Haftung für Demonstrationsschäden, Wien 2015
Zeitler, Stefan	Grundriss des Versammlungsrechts, Sankt Georgen im Schwarzwald 2015
Zitzmann, Jutta	Öffentliche Versammlungen unter freiem Himmel und Aufzüge- verfassungsrechtliche Probleme und sicherheitsrechtliche Fragen der repressiven Störungsabwehr, München 1984

Teil I Grundlagen

A. Grundgesetzliche Vorgaben

I. Kompetenzen

1. Gesetzgebungszuständigkeit für das Versammlungswesen

a) Vor der Föderalismusreform

Nach Art. 70 Abs. 1 GG spricht die Zuständigkeitsvermutung zur Gesetzgebung für   1
die Länder. Diese sind zuständig, sofern nicht die Art. 72 ff. GG eine andere Regelung zu Gunsten des Bundes treffen. Bis zur Föderalismusreform 2006 hatte der
Bund gem. Art. 74 Abs. 1 Nr. 3 GG die konkurrierende Gesetzgebungszuständigkeit
für das Versammlungsrecht. Von dieser hatte er mit dem Versammlungsgesetz vom
24.07.1953 Gebrauch gemacht.

Mit dieser Gesetzgebungskompetenz ging einher die sog. Polizeifestigkeit des Ver-   2
sammlungsrechts in Gestalt des Grundsatzes *lex superior derogat legi inferiori*. Bei
abschließender Regelung im Versammlungsgesetz konnten die Länder in ihren Polizeigesetzen keine zusätzlichen Eingriffsbefugnisse schaffen.

b) Nach der Föderalismusreform

aa) Ausschließliche Zuständigkeit der Länder

Mit der Aufhebung der konkurrierenden Zuständigkeit des Bundes für das Versamm-   3
lungsrecht wurden die **Länder ausschließlich zuständig.** Damit entfiel mit der hö-
herrangigen Norm auch die kompetenzielle Absicherung durch den Grundsatz der
Polizeifestigkeit des Versammlungsrechts. Solange und soweit die Länder jedoch von
ihrer neuen Gesetzgebungszuständigkeit keinen Gebrauch machen, besteht die Polizeifestigkeit in Gestalt des Grundsatzes *lex specialis derogat legi generali* fort.[1] Die neue

---

1 *Kötter/Nolte*, DÖV 2009, 399.

Gesetzgebungszuständigkeit zwingt die Länder nicht, eigene Versammlungsgesetze zu erlassen, weil ihnen Art. 125a Abs. 1 GG die Möglichkeit eröffnet, das BVerfG als Bundesrecht fortbestehen zu lassen.

aaa) Umfang der Gesetzgebungskompetenz

4 Entschließen sich die Länder zum Erlass eines eigenen Versammlungsgesetzes, stellt sich die Frage nach ihrem **Gestaltungsspielraum**. Hier soll die **unitarisierende Wirkung** des gem. Art. 1 Abs. 3 GG auch die Landesgesetzgeber bindenden Grundrechts der Versammlungsfreiheit in der von den Leitentscheidungen des BVerfG geprägten Form den Regelungen auf Landesebene enge Grenzen ziehen.[2] Die Gestaltungsmöglichkeiten der Landesgesetzgeber bestünden im Wesentlichen im verfassungskonformen Schließen der vorhandenen Regelungslücken des bisher nur unvollständig kodifizierten Versammlungsrechts; hinzu komme die Verpflichtung der Länder, ihre Versammlungsgesetze zu harmonisieren.[3]

5 Die unitarisierende Wirkung der bundesrechtlich bestehenden Grundrechte besteht, die Frage ist nur, welche Gewährleistungsgehalte dem jeweiligen Grundrecht entnommen werden können. So schließt das Erlaubnisverbot des Art. 8 Abs. 1 GG einen Gestaltungsspielraum der Landesgesetzgeber betreffend die Einführung einer Erlaubnispflicht für die Durchführung von Versammlungen aus. Ob aber Art. 8 Abs. 1 GG ein auf die gemeinsame Meinungsbildung und -äußerung verengter Versammlungsbegriff zu entnehmen ist, hat das BVerfG nicht mit Bindungswirkung entschieden (vgl. Rdn. 110 ff.). Jedenfalls ist der Gestaltungsspielraum der Landesgesetzgeber umso größer, je mehr sich das BVerfG bei seiner Grundrechtskonkretisierung zurückhält. Insoweit kann man es kritisch sehen, dass es mit seinem Brokdorf-Beschluss ein **Lehrbuch der Versammlungsfreiheit** geschrieben hat, das dazu verleitet, die Freiheitsgarantie in ein Pflichtprogramm umzudeuten.[4]

6 Die Länder haben beträchtliche Gestaltungsspielräume. In formaler Hinsicht sind sie in ihrer Entscheidung frei, ein eigenes Versammlungsgesetz zu erlassen oder die entsprechenden Regelungen in das jeweilige Polizeigesetz zu integrieren.[5] Materieller Gestaltung zugänglich sind das Kooperationsverfahren, die Justierung der Rechte von Veranstalter, Leiter und Teilnehmer, die Organisationsstruktur von Versammlungen, insbesondere von Großdemonstrationen und demonstrativen Aktionen mit geringer Teilnehmerzahl, die Bewertung des Gefahrenpotenzials von Aufzügen gegenüber stationären Versammlungen, Umfang und tatbestandliche Voraussetzungen von Ermächtigungsgrundlagen, das Verhältnis des Versammlungsgesetzes zum Polizeigesetz und die Straf- und Ordnungswidrigkeitentatbestände.

---

2 *Schieder*, NVwZ 2013, 1325/1326; *Waechter*, VerwArch 2008, 73.
3 *Schieder*, NVwZ 2013, 1325/1327.
4 *Schenke*, JZ 1986, 35; *Schneider*, DÖV 1985, 783/784; *Kunig*, MK, Art. 8 Rn. 20; zurückhaltender gegenüber dem Brokdorf-Beschluss BVerfG, NJW 2001, 2072/2073 und 2078/2079.
5 *Kötter/Nolte*, DÖV 2009, 399/401.

Hier besteht weder eine Gestaltungsbeschränkung dergestalt, dass vom BVersG nur 7
abgewichen werden dürfte, wenn es dafür ein landesspezifisches Bedürfnis gibt, noch
eine Harmonisierungspflicht für die Landesgesetzgeber, die vom BVersG abweichen-
des Recht setzen können, ohne dass dies einer besonderen Begründung bedürfte.[6]

bbb) Stand der Gesetzgebung

Von der neuen Gesetzgebungskompetenz haben Bayern, Berlin, Brandenburg, Nie- 8
dersachsen, Sachsen, Sachsen-Anhalt, und Schleswig-Holstein in unterschiedlicher
Weise Gebrauch gemacht. **Bayern, Niedersachsen** und **Schleswig-Holstein** haben
eigenständige komplette Versammlungsgesetze erlassen, die in ihrer Grundstruktur
zwar dem BVersG folgen, mit speziellen Regelungen aber eigene Akzente setzen.

Brandenburg hat das BVersG mit Ausnahme von § 16 übernommen und als neuen 9
§ 16 das Gesetz über Versammlungen und Aufzügen an und auf Gräberstätten[7] eingefügt, um Versammlungen auf historisch bedeutsamen Grabstätten, etwa zur Ehrung
von Nazigrößen auf dem Waldfriedhof Halbe, verhindern zu können. Gestützt auf
§ 15 Abs. 2 Satz 4 BVersG waren bereits mit Gesetz vom 23.05.2005[8] die Mahn-
und Gedenkstätte Ravensbrück und das Museum Sachsenhausen unter Schutz gestellt
worden.

Mit Gesetz vom 25.01.2012[9] übernahm **Sachsen** das BVersG **mit einigen Änderun-** 10
gen bei § 15 VersG, nachdem der sächsische VerfGH das sächsVersG vom 20.01.2010
wegen Verstoßes gegen Art. 70 Abs. 1 SächsVerf für formell verfassungswidrig erklärt
hatte.[10] Auch bei diesem Gesetz bleibt problematisch, ob eine Ersetzung i.S.d. Grundgesetzes gegeben ist, wenn bei nur geringfügigen Änderungen im Landesgesetz die
Regelungen des Bundes im Ergebnis fortbestehen.

Auch **Sachsen-Anhalt** gab sich mit Gesetz vom 03.12.2009[11] ein eigenes Versamm- 11
lungsgesetz, das in § 18 die Voraussetzungen für Bild- und Tonaufzeichnungen und
in § 13 Abs. 2 i.V. mit § 14 Versammlungsverbote an bestimmten, mit dem Nationalsozialismus in Zusammenhang stehenden Orten oder Tagen eigenständige **Teil-**
regelungen enthält.

Berlin hat mit dem Gesetz über Aufnahmen und Aufzeichnungen von Bild und Ton 12
bei Versammlungen unter freiem Himmel und Aufzügen vom 23.04.2013[12] **keine**
umfassende Regelung des Versammlungswesens getroffen, sondern nur den als Bundesrecht fortgeltenden § 19a BVersG durch eine landesrechtliche Regelung ersetzt,
die allerdings über die Regelung in §§ 12a, 19a BVersG mit der neuen Befugnis zur
Anfertigung von Übersichtsaufnahmen hinausgeht. Im Übrigen hat der Gesetzgeber

---

6 *Höfling/Krohne*, JA 2012, 734; *Kempny*, NVwZ 2014, 191/194; *Kniesel/Poscher*, Rn. 20.
7 GVBl. I 2006, S. 114.
8 GVBl. I, S. 174.
9 GVBl. 2012, S. 54.
10 Poscher/Rusteberg, SächsVBl 2011, 173 ff.; *Schwier*, in: *Schwier*, S. 195 ff.
11 GVBl. 2009, S. 558.
12 VersammlG Berlin, GVBl. 2013, S. 103.

das BVersG fortbestehen lassen. Diese **teilweise Ersetzung** hat der VerfGH Berlin für verfassungsgemäß erachtet.[13]

Eine Bund-Länder-Arbeitsgruppe, die Gewerkschaft der Polizei und der Arbeitskreis Versammlungsrecht haben Musterentwürfe vorgelegt.[14]

bb) Das BVersG-Auslaufmodell oder dauerhaftes Provisorium?

13 Mit Ausnahme von Bayern, Niedersachsen, Sachsen, Sachsen-Anhalt und Schleswig-Holstein[15] **gilt in den übrigen Bundesländern das BVersG** nach Art. 125a Abs. 1 GG als Bundesrecht fort und es besteht **keine Verpflichtung für die Landesgesetzgeber zum Tätigwerden**, zumal der Bund nach herrschender Meinung befugt ist, das BVersG fortzuschreiben.[16] Er kann es allerdings nur modifizieren, aber nicht ein gänzlich neues BVersG erstellen. Es fehlt auch politischer Druck auf die Verantwortlichen in den Parlamenten und den Innenministerien. Offensichtlich arrangiert man sich mit dem leidlich funktionsfähigen rechtlichen status quo, nicht zuletzt wegen der erkannten Notwendigkeit zur Abstimmung zwischen den Ländern, um **Rechtsunsicherheiten** auf Seiten von Polizei und Demonstranten bei länderübergreifenden Einsätzen **zu vermeiden.**

2. Verwaltungszuständigkeiten

14 Auch die **Verwaltungskompetenzen** des Bundes sind gem. Art. 83 GG zwischen Bund und Ländern aufgeteilt. Die Länder führen die Bundesgesetze als eigene Angelegenheit aus, solange das Grundgesetz keine andere Regelung trifft. Insoweit hat der Bund in Polizeiangelegenheiten auf dem Felde des Versammlungsrecht nur dann eine Verwaltungskompetenz, wenn die **Bundespolizei** nach Art. 35 Abs. 2 Satz 1 GG von den Ländern **zur Unterstützung der Landespolizei** angefordert wird, was zur Voraussetzung hat, dass die jeweilige Landespolizei die Aufrechterhaltung oder Wiederherstellung der öffentlichen Sicherheit oder Ordnung bei Versammlungen **nicht oder nur unter erheblichen Schwierigkeiten garantieren könnte.**[17]

15 Bei solchen Einsätzen unterliegt die Bundespolizei nach allgemeinen **Amtshilfegrundsätzen** den Weisungen der jeweiligen Landespolizei.[18] Konkret **weisungsbefugt** ist die für die Einsatzsituation **örtlich zuständige** oder von einer vorgesetzten Behörde **für zuständig erklärte Behörde**, die nach der jeweiligen Zuständigkeitsverordnung des betroffenen Landes die sachlich zuständige Versammlungsbehörde ist.

---

13 VerfGH Berlin, NVwZ-RR 2014, 577/578.

14 Vgl. dazu *Brenneisen/Wilksen/Ruppel/Warnstorff*, Die Polizei 2013, 130 ff.; MEVersG, Arbeitskreis Versammlungsrecht, Enders/Hoffmann-Riem/Kniesel/Poscher/Schulze-Fielitz, 2011.

15 Zum Stand der Gesetzgebung *Gusy*, NdsVBl 2017, 257 ff.; *Kniesel*, Die Polizei 2018, 172 ff.

16 *Höfling/Krohne*, JA 2012, 734/735; *Wolff/Christopeit*, VR 2010, 257/259; *Seiler*, EH, Art. 125a Rn. 4 m.w.N.; *Wittreck*, DR, vor Art. 70 Rn. 70.

17 *v. Danwitz*, MKS, Art. 35 Rn. 60 f.

18 *v. Danwitz*, MKS, Art. 35 Rn. 66; *Erbguth*, SA, Art. 35 Rn. 43.

Kommt die unterstützende **Bundespolizei** dabei in einem Bereich zum Einsatz, der 16
Gegenstand einer ihr als Bundespolizei übertragenen Aufgabe ist – etwa in einem Un-
terabschnitt »Bahngleise« im Rahmen eines Castortransporteinsatzes-, so ist sie **nicht
selber Versammlungsbehörde**, sondern unterliegt auch hier den Weisungen der für
den Gesamteinsatz zuständigen Versammlungsbehörde.

II. Grundrechtsschutz

1. Grundlagen

a) Grundrechtstheoretische Ableitungen

Die Versammlungsfreiheit lässt sich grundrechtstheoretisch auf **zwei Traditionslinien** 17
zurückführen.[19] In Verbindung mit der Freiheit der Meinungsäußerung macht die
Versammlungsfreiheit als Demonstrationsfreiheit die **Teilhabe am politischen Willensbildungsprozess** jenseits von Wahlen und Abstimmungen möglich.[20]

Als **daneben selbstständig bestehender Schutz** garantiert die Versammlungsfreiheit, 18
dass der Einzelne seine Persönlichkeit in Gemeinsamkeit mit anderen ohne politischen Bezug **verwirklichen kann**, gewährleistet damit die **Freiheit zu kollektivem
Handeln** in einer spezifischen Weise, die die Gemeinschaftsbezogenheit des Einzelnen deutlich macht und damit eine demokratisch-funktionale Überinterpretation
verhindert.[21]

Beide Traditionslinien stehen nicht beziehungslos nebeneinander, sondern **sind auf- 19
einander bezogen** und deshalb bei der Bestimmung des Schutzbereichs von Art. 8
Abs. 1 GG zu beachten;[22] einerseits kann der Einzelne seine Persönlichkeit dadurch
entfalten, dass er sich an der politischen Willensbildung in Versammlungen beteiligt,
andererseits hat aber auch die Persönlichkeitsentfaltung in Gemeinschaft mit anderen und der dadurch gewährleistete Schutz vor sozialer Vereinzelung eine politische
Dimension.[23]

b) Versammlungsfreiheit als kollektive Freiheitsausübung

aa) Akzessorietät der Versammlungsfreiheit

Der besondere Charakter der Versammlungsfreiheit liegt darin begründet, dass sie 20
nicht um ihrer selbst willen ausgeübt wird, sondern **die Ausübung einer anderen
grundrechtlichen Freiheit ermöglicht**; der Grundrechtsschutz im Versammlungswesen wird deshalb immer auch durch das Grundrecht vermittelt, deren kollektiver

---

19 *Kniesel/Poscher*, Rn. 46.
20 BVerfGE 69, 315/347; 104, 92/104.
21 *Depenheuer*, MD, Art. 8 Rn. 1; *Höfling*, SA, Art. 8 Rn. 12; *Schulze-Fielitz*, DR, Art. 8
    Rn. 22; *Sachs*, StR IV/1, S. 1203 ff.; *Merten*, Festschrift, § 50 Rn. 16 f.; *Michael/Morlok*,
    Rn. 266.; Ebeling, S. 235 ff.
22 *Kniesel/Poscher*, Rn. 48.
23 *Gusy*, MKS, Art. 8 Rn. 11 ff.; *Kniesel/Poscher*, Rn. 48; *Höfling/Krohne*, JA 2012, 734/736.

Verwirklichung die Versammlungsfreiheit jeweils dient.[24] Insoweit ist sie **Querschnittsgrundrecht zur kollektiven Freiheitsausübung.**[25]

21 Dabei erschöpft sich Art. 8 Abs. 1 GG aber nicht in einer **modalen** Funktion der jeweiligen Freiheitsausübung, sondern durch die Kollektivität gewinnt die Grundrechtswahrnehmung eine **neue Qualität;**[26] es besteht ein **Mehrwert,** der im kommunikativen Austausch oder im gemeinsamen Erleben liegt.[27] Solche emotionalen **Kollektivphänomene** stellen sich bei Solidaritätsveranstaltungen – Rock gegen Rechts – oder bei Spielen der Fußballbundesligen in der Fankurve ein.[28]

22 Voraussetzung dafür ist aber, dass es dem im Kollektiv aufgehobenen Einzelnen gerade darauf ankommt, **gemeinsam mit anderen einen Zweck zu verwirklichen, den sie als Einzelne nicht erreichen könnten.**[29] So kann sich das durch Art. 2 Abs. 1 GG geschützte gemeinsame Musizieren in einem Orchester, die durch Art. 5 Abs. 1 GG geschützte gemeinsame Meinungsäußerung und die durch Art. 5 Abs. 3 GG geschützte Teilnahme an einem wissenschaftlichen Kongress jeweils auch als Ausübung der Versammlungsfreiheit darstellen (vgl. Rdn. 337 f.).

bb) Keine Rechtfertigung strafbaren Verhaltens

23 Was der Einzelne darf, dürfen auch mehrere, aber was dem Einzelnen nicht erlaubt ist, wird **nicht dadurch rechtmäßig, dass es gemeinsam mit anderen in Form einer Versammlung erfolgt.**[30] Dies schließt nicht aus, dass gegen ein behördliches Verbot demonstriert werden kann. Will etwa ein Motorradclub eine Protestfahrt seiner Mitglieder als Demonstration gegen das Verbot des Befahrens einer bestimmten für Motorradfahrer attraktiven Strecke durchführen, so fällt das unter den Schutz von Art. 8 Abs. 1 GG,[31] weil die Demonstranten mit ihrer einmaligen Protestfahrt das Verbot nicht umgehen wollen.

cc) Versammlungsfreiheit als Demonstrationsfreiheit

24 Besonders anschaulich wird die **neue Qualität** in der Verbindung von Meinungsfreiheit und Versammlungsfreiheit, wenn die **kollektive Meinungsäußerung sich als Demonstration** darstellt und diese Form der Grundrechtsausübung zur **Demonstrationsfreiheit** wird. Diese steht indes nicht neben der Versammlungsfreiheit als eigenes Grundrecht, sondern stellt nur einen **Spezialfall der Versammlungsfreiheit** dar, indem die Teilnehmer einer Versammlung ihre Meinung **als Kollektiv** öffentlich zum

---

24 *Kniesel/Poscher,* Rn. 44.
25 *Kniesel/Poscher,* Rn. 53.
26 *Gusy,* MKS, Art. 8 Rn. 17 f.; *Hoffmann-Riem,* HGR, § 106 Rn. 86.
27 *Kniesel/Poscher,* Rn. 44.
28 *Martin/Morlok,* Rn. 269; *Depenheuer,* MD, Art. 8 Rn. 47.
29 *Depenheuer,* MD, Art. 8 Rn. 47; *Kugelmann,* Festschrift, S. 56.
30 BVerfGE 90, 241/250; 104, 92/107; *Jarass,* JP, Art. 8 Rn. 6.
31 A.A. VGH Mannheim, BWVP 1992, 182.

Ausdruck bringen; die **Demonstrationsfreiheit** ist also **kein besonderes Grundrecht,** sondern eine **spezifische Ausübung von Art. 8 Abs. 1 und Art. 5 Abs. 1 GG.**[32]

Die dadurch geschaffene neue Qualität der Grundrechtsausübung liegt in der be-   25
sonderen Gewährleistung, durch die Kollektivität **Meinungsäußerung** in ihrer Wirkung **potenzieren** zu können.[33] Mit der räumlichen, zeitlichen und körperlichen Unmittelbarkeit der Menschenmasse als Kollektiv gewinnt die Versammlung eine **räumlich-physische Dimension,** die in ihrer verkörperten Präsenz und Wirkung als Kundgebung spezifischer Ausdruck der Versammlungsfreiheit ist.[34] Dabei vermischt sich die räumlich-physische Komponente mit der von der Menschenmasse vermittelten Botschaft zu einer **Wirkungseinheit,** indem das Kollektiv durch seine unmittelbare körperliche Anwesenheit mit dem »Argument des Körpers« einschließlich des ihm innewohnenden Drohpotentials[35] sichtbar für eine Meinung eintritt, also im eigentlichen Sinne **Stellung nimmt** und **Standpunkt bezieht;** Demonstrationen geraten zur Präsentation von Macht durch Masse.[36]

Hier wird deutlich, dass bei der Ausübung der Demonstrationsfreiheit das Feld des   26
geistigen Meinungskampfes als immanente Begrenzung der Meinungsfreiheit[37] verlassen werden kann, wenn die Dimension des Eindruckmachens, des Beziehens einer polarisierenden Position mit einschüchternder Drohgebärde durch die politische Forderungen stellende Menschenmasse in den Vordergrund tritt. Solange diese einschüchternde Wirkung die **Grenze der Unfriedlichkeit nicht überschreitet,** wird sie vom Schutzbereich des Art. 8 Abs. 1 GG erfasst.[38] Ihr kann aber **mit versammlungsbehördlichen bzw. polizeilichen Auflagen begegnet werden,** wenn die Masse, wie es bei rechtsextremistischen Aufzügen der Fall sein kann, provokativ und aggressiv auftritt und in Gestalt eines paramilitärischen Aufmarsches ein **Klima der Gewaltbereitschaft** erzeugt.[39]

2. Funktionen des Grundrechtsschutzes

Die **Beziehung zwischen Einzelnem und Staat** betreffend die Wirkungsweisen der   27
Grundrechte sind von *Georg Jellinek*[40] mit folgender Begrifflichkeit unterschieden worden: Im status negativus geht es um die Freiheit **vom** Staat, im status positivus um Freiheiten, die der Einzelne **nicht ohne** den Staat bzw. nur **durch** den Staat haben

---

32 BVerfGE 69, 315/343; *Kniesel/Poscher,* Rn. 45; *Depenheuer,* MD, Art. 8 Rn. 58 und 182; *Gusy,* MKS, Art. 8 Rn. 18 und 87; *Blanke,* SB, Art. 8 Rn. 37; *Schulze-Fielitz,* DR, Art. 8 Rn. 16 ff.; *Ullrich,* S. 278 ff.
33 *Mohl,* VR 1991, 254; *Gusy,* MKS, Art. 8 Rn. 9; *Depenheuer,* MD, Art. 8 Rn. 3.
34 *Ehrentraut,* S. 114 ff.; *Ladeur,* RBRS, Art. 8 Rn. 10.
35 *Depenheuer,* MD, Art. 8 Rn. 6; *Müller-Franken,* SBHH, Art. 8 Rn. 22.
36 BVerfGE 69, 315/345; *Hoffmann-Riem,* HGR, § 106, Rn. 57.
37 BVerfGE 111, 145/157.
38 Kniesel/Poscher, Rn. 166 ff.
39 BVerfGE 111, 145/157.
40 Vgl. dazu System der öffentlichen Rechte, 2. Aufl. 1919, S. 87 und 94 ff.

kann und im status activus um die Ausübung von Grundrechten durch den Einzelnen **im** und **für** den Staat.

a) Status negativus

28   Nach ihrer Entstehungsgeschichte sind die Grundrechte in erster Linie **Abwehrrechte** in Frontstellung gegen den Staat und garantieren einen **staatsfreien** Bereich, in dem der Einzelne vor Eingriffen der Staatsgewalt geschützt ist. In dieser Abwehrfunktion sind die Grundrechte **negative Kompetenznormen**, aus denen Beseitigungs- und Unterlassungsansprüche gegen den Staat folgen.[41]

29   Grundrechte des status negativus sind von der Grundrechtsdogmatik in neuen Dimensionen entwickelt worden, die über die Abwehr staatlicher Eingriffe hinausreichen und **Ansprüche auf Teilhabe an staatlichen Leistungen** oder **Teilnahme an staatlichen Entscheidungsprozessen** durch Einräumung von Partizipation im Verfahren vermitteln.[42] Dies bedeutet aber keinen Funktionswandel, sondern nur eine **Funktionsergänzung**, weil die Abwehr ungesetzlicher bzw. unverhältnismäßiger staatlicher Maßnahmen nach wie vor zentrale Aufgabe der Grundrechte bleibt.[43]

30   Wie der Einzelne sich im status negativus verhält, ob er etwa aktiv auf den politischen Willensbildungsprozess Einfluss nimmt oder sich passiv bzw. gänzlich unpolitisch verhält, ist für den Schutz durch Art. 8 Abs. 1 GG irrelevant[44] und deshalb ist der Versammlungsfreiheit wie allen Abwehrgrundrechten die **negative Komponente** eigen, nicht an Versammlungen oder Demonstrationen teilnehmen zu müssen, also auch die **negative Versammlungsfreiheit** verbürgt.[45] Der Entstehungsgeschichte der Grundrechte folgend sieht auch das BVerfG in Art. 8 Abs. 1 GG zunächst ein Abwehrrecht, das dem Einzelnen die **Selbstbestimmung über Ort, Zeitpunkt, Form und Inhalt** der Versammlung verbürgt[46] und damit korrespondierend Versammlungsbehörden bzw. Polizei in der Pflicht sieht, die Grundrechtsausübung nicht durch Verbote und beschränkende Verfügungen mehr als durch entgegenstehende Grundrechte Dritter geboten zu reglementieren.

b) Status positivus

31   In diesem Zustand kann der Einzelne **seine Freiheit nicht ohne den Staat haben** und ist deshalb für die Erlangung und den Bestand seiner freien Existenz **auf staatliche Vorkehrungen angewiesen**; dieser Zustand wird von den Grundrechten konkretisiert,

---

41   *Hesse*, VerfR, Rn. 291; *Depenheuer*, MD, Art. 8 Rn. 111; *Kingreen/Poscher*, Rn. 108 ff.

42   *Kingreen/Poscher*, Rn. 97 ff.

43   *Schlink*, EuGRZ 1984, 457; *Poscher*, Grundrechte als Abwehrrechte, 1999; *Isensee*, HdBStR IX, § 191 Rn. 16 ff.

44   *Starck*, JuS 1981,240.

45   BVerfGE 69, 315/343; *Höfling*, SA, Art. 8 Rn. 28; *Jarass*, JP, Art. 8 Rn. 5; *Schneider*, EH, Art. 8 Rn. 16; a.A. *Gusy*, MKS, Art. 8 Rn. 33 mit der Begründung, Versammlungsfreiheit sei die Freiheit *mit* anderen, nicht *von* anderen; *Hoffmann-Riem*, HGR, § 106 Rn. 81.

46   BVerfGE 69, 315/343; 104, 92/104; 128, 226/251.

die **Anspruchs-, Schutz-, Teilhabe-, Leistungs- und Verfahrensrechte** beinhalten.[47] Für die Versammlungsfreiheit stellt sich das wie folgt dar.

aa) Ansprüche auf Förderung

In Anbetracht der Bedeutung der Versammlungsfreiheit als Chance der Beteiligung **32** des Einzelnen am politischen Willensbildungsprozess könnte man Art. 8 Abs. 1 GG eine **Förderungspflicht des Staates** durch Erbringen von Leistungen entnehmen. Eine solche wird von der ganz h.M. zu Recht abgelehnt.[48] Es besteht weder ein Anspruch des Veranstalters auf Subventionierung seiner Versammlung[49], noch ein Anspruch eines Sozialhilfeempfängers auf Zahlung bzw. Erstattung von Fahrtkosten für die Teilnahme an einer Versammlung.[50]

Brächte man den Staat in die Rolle des Förderers, wäre die vorrangige Funktion der **33** Versammlungsfreiheit als Abwehrrecht in Frage gestellt. Der Staat als Förderer würde sich dort einmischen, wo er sich gerade heraushalten soll. Deshalb haben Beamte gegen ihren Dienstherrn keinen Anspruch auf Dienstbefreiung zwecks Versammlungsteilnahme während der Dienstzeit[51], aber ggfs. auf unbezahlten Urlaub.[52]

bb) Ansprüche auf Überlassung öffentlicher Sachen

Unproblematisch ist die Nutzung öffentlicher Straßen und Plätze als reale Basis für die **34** Durchführung von Versammlungen. Dieser Benutzungsanspruch folgt schon aus der Abwehrfunktion von Art. 8 Abs. 1 GG, weil ein **public forum** unabdingbare Voraussetzung für die Realisierung der Versammlungsfreiheit ist.[53] Das **Recht zur Benutzung** öffentlicher Straßen und Plätze folgt deshalb bereits **unmittelbar aus Art. 8 Abs. 1 GG.**[54]

Problematisch ist dagegen die Überlassung von im Fiskaleigentum stehenden **35** Verkehrswegen oder Flächen mit öffentlichem Bestimmungszweck oder von sonstigen Räumlichkeiten in ihrer Eigenschaft als **öffentliche Sachen im Verwaltungsgebrauch.**[55] Insoweit ist fraglich, ob über eine solche Sonderbenutzung ausschließlich

---

47 *Kingreen/Poscher*, Rn. 97; *Schulze-Fielitz*, DR, Art. 8 Rn. 115; *Gusy*, MKS, Art. 8 Rn. 50; *Höfling*, SA, Art. 8 Rn. 40; *Kloepfer*, VerfR II, § 63 Rn. 43; *Depenheuer*, MD, Art. 8 Rn. 114.

48 *Schulze-Fielitz*, DR, Art. 8 Rn. 115; *Gusy*, MKS, Art. 8 Rn. 50; *Depenheuer*, MD, Art. 8 Rn. 114 ff.; *Schneider*, EH, Art. 8 Rn. 27; *Höfling*, SA, Art. 8 Rn. 44.

49 BVerwGE 91, 135/138; *Depenheuer*, MD, Art. 8 Rn. 114; *Blanke*, SB, Art. 8 Rn. 65; *Schulze-Fielitz*, DR, Art. 8 Rn. 115.

50 BVerwGE 72, 113/118; VGH Kassel, DVBl 1983, 1200; *Schulze-Fielitz*, DR, Art. 8 Rn. 115.

51 *Schulze-Fielitz*, DR, Art. 8 Rn. 115; BVerwGE 42, 79/85 f.; a.A. *Hoffmann-Riem*, AK-GG, Art. 8 Rn. 45.

52 *Kunig*, MK, Art. 8 Rn. 28; *Ladeur*, RBRS, Art. 8 Rn. 23.

53 BVerfGE 73, 206/249.

54 *Sachs*, StR IV/1 S. 1227; *Höfling*, SA, Art. 8 Rn. 38 f.; *Kniesel/Poscher*, Rn. 72; *Burgi*, DÖV 1993, 638.

55 So die Terminologie des BVerwG, NJW 1993, 609 f.

auf der Grundlage öffentlich-rechtlicher Sachherrschaft entschieden oder Art. 8 Abs. 1 GG zur Anspruchsbegründung herangezogen werden kann, indem im Fall einer Ermessensreduzierung auf Null das Recht auf ermessenfehlerfreie Entscheidung zum Sondernutzungsanspruch erstarkt.[56]

36   Das BVerwG verneint jedenfalls ein aus Art. 8 Abs. 1 GG fließendes Recht auf Überlassung öffentlicher Liegenschaften jenseits ihres Bestimmungszwecks für Versammlungen, hält es aber für möglich, dass das Interesse eines Veranstalters an der Liegenschaft sich im Einzelfall gegen die Bestimmungs- und Verfügungsmacht des öffentlichen Eigentümers durch Berücksichtigung bei der Ermessensentscheidung über die Sonderbenutzung durchsetzen kann.[57]

37   Das BVerfG geht neuerdings darüber hinaus und **erstreckt den Schutz der Versammlungsfreiheit auf sog.** semiöffentliche Flächen und solche der Öffentlichkeit nicht allgemein zugängliche Orte in staatlichem Eigentum, wenn dort ein **kommunikativer Verkehr eröffnet** ist. In der sog. Fraport-Entscheidung hat das BVerfG entschieden, dass ein Hausverbot und die darauf gestützte Untersagung einer Versammlung im öffentlich zugänglichen Bereich eines Flughafens einen Eingriff in Art. 8 Abs. 1 GG darstellt.[58] Den sog. Bierdosen-Flashmob für die Freiheit auf dem Nibelungen-Platz in Passau als semi-öffentliche Fläche im Eigentum von Privaten hat das BVerfG für zulässig gehalten, weil der Eigentümer in tatsächlicher Hinsicht in eine vergleichbare Pflichten- oder Garantenstellung hineingewachsen sei wie es traditionell beim Staat der Fall sei.[59]

38   Hinsichtlich einer Demonstration auf einem gemeindlichen Friedhof hat das BVerfG in Anknüpfung an seine Fraport-Entscheidung aber festgestellt, dass die Versammlungsfreiheit kein Zutrittsrecht zu beliebigen Orten verschafft, insbesondere nicht zu solchen, die der Öffentlichkeit nicht allgemein zugänglich sind oder zu denen schon den äußeren Umständen nach nur zu bestimmten Zwecken Zugang gewährt wird.[60] Art. 8 Abs. 1 GG schützt Versammlungen, wenn ein kommunikativer Verkehr eröffnet ist, wofür die tatsächliche Bereitstellung des Ortes in dessen Eigenschaft **als allgemeines öffentliches Forum ausreichend ist.**[61]

39   Schüler und Studenten haben grundsätzlich keinen Anspruch auf Überlassung von Räumlichkeiten ihrer Schule bzw. Universität zur Durchführung einer Versammlung[62], es sei denn es bestünde etwa bei einer geplanten Demonstration gegen eine bevorstehende Schulreform ein spezifischer Zusammenhang zwischen Versammlungsort und -thema.[63]

---

56   *Blanke*, SB, Art. 8 Rn. 4; a.A. *Burgi*, DÖV 1993, 641; OVG Münster, NWVBl. 1992, 243 ff.
57   BVerwG, NJW 1993, 610; *Schlink*, NJW 1993, 611.
58   BVerfGE 128, 226/251.
59   BVerfG, DÖV 2016, 81 ff.; *Scharlau*, S. 213 ff.; Hong, PJ, B, Rn. 67 ff.
60   BVerfG, NJW 2014, 2706/2707.
61   BVerfGE 128, 226/251 ff.; NJW 2014, 2706/2707.
62   *Schulze-Fielitz*, DR, Art. 8 Rn. 115; a.A. für Schüler *Depenheuer*, MD, Art. 8 Rn. 115.
63   *Burgi*, DÖV 1993, 642.

cc) Anspruch auf Schutz

aaa) Schutz vor Störungen

Die Versammlungsfreiheit als objektivrechtliches Prinzip (vgl. Rdn. 53 f.) verpflichtet **40** den Staat und seine Versammlungsbehörden bzw. Polizei, **Versammlungen vor Störungen, Übergriffen, Verhinderungsversuchen** und auch vor **Gegendemonstranten zu schützen**; die in Art. 1 Abs. 1 Satz 2 GG enthaltene Verpflichtung zum Schutz der Grundrechte beinhaltet die Pflicht, **Gefahren abzuwehren, die der Grundrechtsausübung durch Dritte drohen.**[64]

Dieser **Schutzauftrag** ist dadurch zu erfüllen, dass gegen Störer vorgegangen wird; **41** Maßnahmen gegen die zu schützende Versammlung können nur ausnahmsweise unter den engen Voraussetzungen des polizeilichen Notstandes in Betracht kommen (vgl. Rdn. 454 ff.).

bbb) Rechtsschutz

Die aus Art. 8 Abs. 1 GG folgende **Schutzpflicht besteht auch in Gestalt der Sicherung effektiven Rechtsschutzes.**[65] Insbesondere bei Versammlungen und Demonstrationen aus aktuellem Anlass, über deren Zulässigkeit von den Versammlungsbehörden regelmäßig erst kurz vor dem geplanten Stattfinden entschieden wird, kommt **dem Eilverfahren** nach § 80 Abs. 5 VwGO im Hinblick auf die Rechtsschutzgarantie des Art. 19 Abs. 4 GG **die Bedeutung zu, die sonst das Hauptverfahren hat.** Deshalb besteht für die Verwaltungsgerichtsbarkeit die Schutzpflicht, schon im Eilverfahren die Verhältnismäßigkeit von Verboten und beschränkenden Verfügungen gründlich **im Lichte von Art. 8 Abs. 1 GG zu prüfen**[66]; eine nur summarische Prüfung auf der Grundlage einer allgemeinen Interessenabwägung würde gegen die Schutzpflicht verstoßen.

dd) Anspruch auf Teilhabe am Verfahren

Der Grundrechtsschutz durch Eingriffsabwehr bedarf der Ergänzung durch verfah- **43** rensrechtliche Sicherung. Teilhaberechtliche Grundrechtsgehalte haben dafür zu sorgen, dass der Staat durch **organisations- und verfahrensrechtliche Ausgestaltung des einfachen Gesetzesrechts** dem Einzelnen die Ausübung seiner Freiheitsrechte möglich macht.[67]

So geht das BVerfG in ständiger Rechtsprechung davon aus, dass der **Grundrechts- 44 schutz auch durch die Gestaltung von Verfahren zu bewirken** ist und betont insoweit

---

64 BVerfGE 69, 315/355; *Schulze-Fielitz*, DR, Art. 8 Rn. 113; *Kloepfer*, VerfR II, § 63 Rn. 44; *Depenheuer*, MD, Art. 113; *Höfling*, SA, Art. 8 Rn. 45; *Stern*, DÖV 2010, 241 ff.
65 *Schulze-Fielitz*, DR, Art. 8 Rn. 114; *Hoffmann-Riem*, AK-GG, Art. 8 Rn. 43.
66 BVerfGE 69, 315/364; *Schulze-Fielitz*, DR, Art. 8 Rn. 114.
67 *Schulze-Fielitz*, DR, Art. 8 Rn. 116 ff.; *Depenheuer*, MD, Art. 8 Rn. 45; *Hoffmann-Riem*, HGR, § 106 Rn. 22 ff.

die **Komplementärfunktion** des **Verfahrensrechts für die Grundrechtsverwirklichung**.[68] In Art. 8 Abs. 1 GG hat das BVerfG im Brokdorf-Beschluss einen wesentlichen **verfahrens- und organisationsrechtlichen Gehalt** erkannt.[69] Es sieht diesen **Grundrechtsschutz durch Verfahren** vor allem in **Kooperationspflichten**, die sich aus dem Gebot zur grundrechtsfreundlichen Verfahrensgestaltung ergeben.[70]

45 Dazu gehören die vom BVerfG selber herausgearbeiteten Pflichten; die Versammlungsbehörden haben ein **vorbeugendes Verbot unter Fristsetzung vorher anzukündigen** und innerhalb der Frist muss die Gelegenheit zur schriftlichen oder mündlichen Erörterung gegeben werden[71]; außerdem haben sich die zuständigen Versammlungsbehörden vor dem Erlass beschränkender Verfügungen mit den Versammlungsveranstaltern in Verbindung zu setzen, um eine **einvernehmliche Lösung** zu finden; sie haben ein **Vertrauensverhältnis aufzubauen**, durch das schon im Vorfeld der Versammlung gegenseitige Provokationen und Aggressionsanreize vermieden werden können.[72]

46 Zum Grundrechtsschutz durch Verfahren gehören insbesondere die dem Schutze des Veranstalters dienenden Regelungen der Verwaltungsverfahrensgesetze, die im Versammlungswesen als Teil des Rechts der Gefahrenabwehr uneingeschränkt gelten.

c) Status activus

47 In diesem Zustand ist die Stellung des Einzelnen als Staatsbürger – seine Wandlung vom bourgeois zum citoyen – aufgehoben. Aus ihm folgen **Partizipationsrechte** bei der politischen bzw. staatlichen Willensbildung; dazu gehören das aktive und passive Wahlrecht, das Stimmrecht bei Volksabstimmungen, das Recht auf Zugang zu öffentlichen Ämtern, das in Art. 9 Abs. 1 i.V. mit Art. 21 Abs. 1 Satz 2 GG enthaltene Recht auf Parteigründung sowie das ebenfalls als aktives Statusrecht zu begreifende Widerstandsrecht.

48 Die genannten aktiven Statusrechte sind ambivalent; zunächst halten sie in Abwehrfunktion den Staat bei ihrer Ausübung auf Distanz, vor allem aber machen sie Partizipation durch Wahrnehmung von Mitwirkungsrechten möglich.[73] Garantieren Abwehrrechte die Freiheit **vom** Staat, so geht es im status activus um Rechte **im** Staat.

49 Dadurch erwachsen die klassischen Abwehrrechte zusätzlich in demokratischer Beteiligungsfunktion. Die **Verknüpfung von Art. 8 Abs. 1 GG mit dem demokratischen Willensbildungsprozess**, die Herausstellung des Bürgerrechts auf Teilhabe an der politischen Willensbildung nicht nur bei Wahlen, sondern als ständiger Prozess,

---

68 BVerfGE 53, 30/65 f. und 72 f.; 56, 216/236; 63, 131/143; 65, 1/44 und 49; 65, 76/94.
69 BVerfGE 69, 315/355.
70 BVerfGE 69, 315/355.
71 BVerfGE 69, 315/362.
72 BVerfGE 69, 315/355.
73 *Starck*, JuS 1981, 240.

bedeuten in verfassungshistorischer Sicht Rückbesinnung. Der bourgeois – der Wirtschaftsbürger – wurde erst dadurch zum citoyen – zum verantwortlich handelnden Staatsbürger –, als ihm die Versammlungsfreiheit die Chance zum unmittelbaren kollektiven Einwirken auf das organisierte staatliche Geschehen gab und sich auf diese Weise das **Versammlungsrecht als Freiheitsrecht im politischen Willensbildungsprozess** konstituierte.[74]

Die so umrissene Stellung des Bürgers ist eine staats*erzeugende;* er befindet sich in   50
einem status constituens.[75] Dieser basiert auf der Vorstellung, dass die freiheitliche Demokratie ohne den Konflikt der Ideen und der sie tragenden Gruppen nicht lebensfähig und deshalb die Aktivität des Bürgers in diesem permanenten Konflikt für die Demokratie lebensnotwendig ist.[76]

Ist somit die Versammlungs- und Demonstrationsfreiheit Mittel der Teilnahme und   51
Teilhabe am politischen Willensbildungsprozess, so ist sie als unmittelbare **Ausformung der Volkssouveränität** zu verstehen und folgerichtig als demokratisches Grundrecht[77] und **politisches Kampfrecht** zu qualifizieren.[78] Versammlungen und Demonstrationen sind dann Volkunmittelbarkeit schlechthin, Lebenselement der Demokratie, vorbehaltener, nicht delegierter Rest an Souveränität. Insoweit ist die Versammlungs- und Demonstrationsfreiheit permanenter »Stachel im Fleisch des Parlamentarismus«.[79] Versammlungen und Demonstrationen sind punktuelle Plebiszite[80] als Mittel zur Realisierung der Volkssouveränität.

Hier sind die zuständigen Behörden, insbesondere die **Polizei** gerade **als Beschützer**   52
der Versammlungs- und Demonstrationsfreiheit in der Pflicht, **Freiheitsräume für Veränderungen, für die Austragung politischer Konflikte offen zu halten.** Wegen dieser Garantenstellung kann die Polizei nicht in etatistischer Sicht als bloßer Bewahrer des status quo, als Niederhaltungsinstrument, als Wegputzer politischen Protests qualifiziert werden. Insoweit ist sie keine »Staats«polizei, sondern eine »Bürger«polizei, als sie der Minderheit, die als Subjekt politischer Veränderung »Mehrheit in being« ist, die Chance garantieren muss, Mehrheit werden zu können. Diese Veränderungschance ist polizeiliches Schutzgut.

d) Objektivrechtliches Prinzip

Die Grundrechte sind nicht nur subjektive Abwehrrechte des Einzelnen gegen die   53
öffentliche Gewalt, sondern zugleich **objektivrechtliche Wertentscheidungen der**

---

74 *Hofmann,* BayVBl. 1987, 100.
75 *Denninger,* ZRP 1968, 42 ff.
76 *Denninger,* ZRP 1968, 42.
77 *Quilisch,* S. 30 ff.; *Schwäble,* S. 17 ff.; *Schulze-Fielitz,* DR, Art. 8 Rn. 16; *Gusy,* MKS, Art. 8 Rn. 11; krit. *Depenheuer,* MD, Art. 8 Rn. 32 ff.; *Höfling,* SA, Art. 8 Rn. 9.
78 *Quilisch,* S. 151; *Ossenbühl,* Der Staat 1971, 55.
79 *Blanke/Sterzel,* Vorgänge 1983, 69.
80 *Ossenbühl,* Der Staat 1981, 64.

Verfassung, die für alle Bereiche der Rechtsordnung gelten und Richtlinien für Gesetzgebung, Verwaltung und Rechtsprechung darstellen.[81]

54   Mit dieser prinzipiellen Verstärkung erwächst die weitere Geltungsdimension der Grundrechte als **Elemente einer objektiven Ordnung**.[82] Im Brokdorf-Beschluss wertet das BVerfG Art. 8 Abs. 1 GG als **Grundentscheidung der Verfassung**, die über den Schutz gegen staatliche Eingriffe hinausreicht, bei allen begrenzenden gesetzlichen Bestimmungen zu beachten ist und nur zum Schutze gleichgewichtiger anderer Rechtsgüter unter strikter Wahrung der Verhältnismäßigkeit relativiert werden darf.[83] Diese **Ausstrahlungswirkung** gilt für das Straf-, Haftungs- und Kostenrecht. Die Straftatbestände der §§ 105, 125, 130 und 240 StGB sind im Licht der wertsetzenden Bedeutung von Art. 8 Abs. 1 GG auszulegen.[84]

55   Die Teilnahme an Demonstrationen darf nicht zum riskanten Privatvergnügen werden. Eine Ausdehnung der zivilrechtlichen Haftung für die bei einer Großdemonstration angerichteten Schäden auf passiv bleibende Sympathisanten ist verfassungswidrig, weil sie die Ausübung des Demonstrationsrechts mit einem unkalkulierbaren und untragbaren Risiko verbindet und so das Recht auf öffentliche Kundgebung der Meinung unzulässig beschränkt.[85] Eine gesamtschuldnerische Haftung des nicht mehr anwesenden Demonstrationsteilnehmers nach § 830 Abs. 1 Satz 2 BGB besteht nicht, weil Zweifel bezüglich der Teilnahme an einer unerlaubten Handlung zu Lasten der anspruchstellenden Behörde gehen müssen.[86]

56   Die Versammlungsteilnahme darf auch nicht das Risiko in sich bergen, Schadensersatz für Dritte leisten zu müssen. Mit ausdrücklichem Hinweis auf die zitierte Rechtsprechung des *BGH* ist auch das BVerfG der Auffassung, dass der Grundrechtsschutz des Art. 8 Abs. 1 GG insoweit fortwirkt, als Richter und Behörden bei straf- und haftungsrechtlichen Maßnahmen der verfassungsrechtlichen Grundentscheidung in Art. 8 GG durch restriktive Auslegung und Anwendung der einschlägigen Bestimmung Rechnung tragen müssen.[87]

57   Landesrechtliche Erstattungsregelungen für Polizeikosten bei Anwendung unmittelbaren Zwangs sind nicht mit Art. 8 Abs. 1 GG zu vereinbaren, wenn sie zu einer **gesamtschuldnerischen Haftung** für den gesamten Polizeieinsatz führen.[88] Dies gilt auch für die Überwälzung des Risikos der Tragung von Straßenreinigungskosten auf Veranstalter oder Teilnehmer.[89]

---

81   BVerfGE 39, 1/41; 49, 89/141 f.; 56, 54/73; 73, 261/269; 96, 375/398; *Dreier*, DR; vor Art. 1 Rn. 94; *Starck*, MKS, Art. 1 Rn. 178 ff.; *Sachs*, SA, vor Art. 1 Rn. 31 ff.; krit. *Höfling*, SA, Art. 8 Rn. 47.
82   BVerfGE 50, 290/337; *Hesse*, VerfR, Rn. 290.
83   BVerfGE 69, 315/348 f.
84   *Schulze-Fielitz*, DR, Art. 8 Rn. 123; *Höfling*, SA, Art. 8 Rn. 48.
85   BGHZ 89, 383/399.
86   BGHZ 89, 383/399.
87   BVerfGE 69, 315/361 f.
88   *Schulze-Fielitz*, DR, Art. 8 Rn. 122 m.w.N.
89   *Schulze-Fielitz*, DR, Art. 8 Rn. 122; *Geis*, FH, Art. 8 Rn. 8 ff.

Die Ausstrahlungswirkung ist als **mittelbare Drittwirkung** bei der Auslegung des Pri- 58
vatrechts zu beachten, wenn es etwa um den Kontrahierungszwang des Eigentümers
des einzigen Versammlungsraums am Ort geht.[90]

Soweit sich die öffentliche Hand im Verwaltungsprivatrecht zivilrechtlicher Hand- 59
lungs- und Organisationsformen bedient und die gebildeten Gesellschaften beherrscht, ist sie an Art. 8 Abs. 1 GG gebunden.[91]

e) Institutionelle Garantie

Nach institutionellem Grundrechtsverständnis wirken die Grundrechte über die 60
individualrechtliche Dimension hinaus als verfassungsrechtliche Gewährleistungen freiheitlich geordneter und ausgestalteter Lebensbereiche.[92] Insoweit gibt es im
Schrifttum die Tendenz, auch Art. 8 Abs. 1 GG institutionell abzusichern und den
sozialen Tatbestand Versammlung bzw. Demonstration als institutionelle Garantie der
Verfassung zu begreifen.[93]

Ein Vergleich mit hergebrachten institutionellen Garantien ergibt indes, dass De- 61
monstrationen bzw. Versammlungen als zeitlich begrenzte Veranstaltungen keine
institutionelle Eigenständigkeit erreichen und nicht den Grad organisatorischer Ver-
festigung wie etwa die Presse bzw. das öffentlich-rechtliche Rundfunk- und Fernseh-
wesen aufweisen.[94] Demonstrationen und Versammlungen als solche genießen damit
keinen unmittelbaren verfassungsrechtlichen Schutz; nicht sie selber, sondern Teilnehmer, Leiter und Veranstalter haben Rechte.

3. Schutzbereich

a) Sachlicher Schutzbereich

Bei der Ermittlung des Schutzbereichs sind **beide Traditionslinien** der Versammlungs- 62
freiheit (vgl. Rdn. 17 ff.) **zu berücksichtigen.**

aa) Umfang

aaa) Versammlungsbegriff

Art. 8 Abs. 1 GG handelt nur vom **Recht, sich zu versammeln.** Was das Ergebnis 63
des Sichversammelns – die Versammlung – ausmacht, wird im Grundgesetz weder definiert noch beschrieben; offensichtlich ist der Verfassungsgeber von einem
überkommenen Versammlungsbegriff ausgegangen. Da das Recht, sich zu versammeln, schon vom Wortlaut weiter greift als das Versammeltsein, fallen Vorbereitungshandlungen von Veranstaltern und Teilnehmern, die für die Ausübung der

---

90 OVG Münster, NWVBl. 1992, 243/245; *Depenheuer*, MD, Art. 8 Rn. 116.
91 BVerfGE 128, 226/245 ff.; *Schulze-Fielitz*, DR, Art. 8 Rn. 121.
92 *Kingreen/Poscher*, Rn. 103 ff.
93 *Ott/Wächtler/Heinhold*, Einf. III Rn. 5; *Ladeur*, KJ 1987, 1 f.
94 *Ossenbühl*, AöR 1985, 64; *Benda*, BK, Art. 8 Rn. 57; *Schwäble*, S. 75.

Versammlungsfreiheit von funktionaler Bedeutung sind, schon unter den Schutzbereich von Art. 8 Abs. 1 GG.

64 Dieser **verfassungsrechtliche** Versammlungsbegriff erfasst öffentliche und nichtöffentliche Versammlungen, unabhängig davon, ob sie unter freiem Himmel oder in geschlossenen Räumen stattfinden, und ist deshalb **vom versammlungsgesetzlichen Versammlungsbegriff abzugrenzen** (vgl. Rd. 107 f. und 389).

65 Der Schutzbereich von Art. 8 Abs. 1 GG ist nur einschlägig, wenn die durch die Versammlungsfreiheit vermittelte kollektive Grundrechtsausübung (vgl. Rdn. 20 ff.) ein **quantitatives** und ein **qualitatives** Merkmal aufweist, das dieses von der individuellen Freiheitsausübung abhebt.[95]

(1) Notwendige Teilnehmerzahl

66 Das quantitative Erfordernis einer bestimmten Zahl von Teilnehmern ist umstritten. In Anlehnung an das Vereinsrecht (§§ 56, 73 BGB) wird die Teilnahme von mindestens sieben Personen gefordert[96], in Anlehnung an den allgemeinen Sprachgebrauch, der mit *mehreren* Personen zwischen einem Paar und einer Versammlung unterscheiden soll, werden drei Personen für erforderlich gehalten.[97]

67 Die h.M.[98] lässt im Einklang mit dem Wortlaut[99] **zwei Personen ausreichen.** Die Orientierung am Vereinsrecht mit seiner Zahl sieben ist schon wegen der verfassungsrechtlichen Unterscheidung zwischen der Versammlungs- und der Vereinigungsfreiheit systematisch nicht überzeugend.[100] Entscheidend erscheint aber vor allem, dass schon der soziale Kontakt und das kollektive Handeln von nur zwei Personen des Schutzes vor staatlichen Eingriffen bedürftig sind.[101]

68 **Aktionen eines Einzelnen** – etwa in Form einer Mahnwache oder eines Sandwichman als wandelndes Plakat – mögen durchaus Demonstrationscharakter haben[102], fallen aber **mangels kollektiven Handelns** nicht unter den Schutzbereich von Art. 8 Abs. 1 GG, sondern als Meinungsäußerung eines Einzelnen unter Art. 5 Abs. 1 GG.[103]

---

95 *Kniesel/Poscher*, Rn. 51 ff.

96 *v. Münch*, Art. 8 Rn. 9.

97 *Benda*, BK, Art. 8 Rn. 21; *Hoffmann-Riem*, AK-GG, Art. 8 Rn. 18; *Jarass*, JP, Art. 8 Rn. 4.

98 *Höfling*, SA, Art. 8 Rn. 13; *Schulze-Fielitz*, DR, Art. 8 Rn. 24; *Gusy*, MKS, Art. 8 Rn. 15; *Geis*, FH, Art. 8 Rn. 16; *Blanke*, SB, Art. 8 Rn. 18; *Kloepfer*, HdBStR VII, § 164 Rn. 24; *Kingreen/Poscher*, Rn. 80 f.; *Michael/Morlok*, Rn. 268; *Hufen*, § 30 Rn. 6.

99 VGH Mannheim, VBlBW 2008, 60; *Sachs*, StR IV/1, S. 1197 f.

100 *Michael/Morlok*, Rn. 266.

101 *Schulze-Fielitz*, DR, Art. 8 Rn. 24; *Michael/Morlok*, Rn. 266.

102 Missverständlich BVerfG, NJW 1987, 3245, weil die Ein-Mann-Demonstration nicht im Schutzbereich von Art. 8 Abs. 1 GG liegen kann.

103 *Schulze-Fielitz*, DR, Art. 8 Rn. 24; *Gusy*, MKS, Art. 8 Rn. 15; *Kunig*, MK, Art. 8 Rn. 13.

(2) Spezifischer Versammlungszweck

α) Innere Verbindung als prägendes Element

αα) Abgrenzung zu Ansammlungen und öffentlichen Veranstaltungen

Eine Ansammlung ist eine Personenmehrheit, die entsteht, wenn mehrere Einzelne 69
zufällig zusammentreffen.[104] Eine solche Personengruppe wird nicht dadurch zur Versammlung, dass sich die Personen am selben Ort aufhalten, etwa als wartende Reisende in der Bahnhofshalle oder als Schaulustige an einem Unfallort.[105] Es entsteht keine Gemeinsamkeit zwischen den Personen, weder durch eine äußere organisatorische noch durch eine innere willentliche Verbindung; jeder Reisende wartet allein und der einzelne Gaffer braucht die anderen nicht, um auf seine Kosten zu kommen.[106] Die Ansammlung ist das Gegenteil zur Versammlung.

Als Ansammlung wird auch die aufgelöste Versammlung gesehen.[107] Indes liegt hier 70
regelmäßig noch eine gemeinsame Zweckverfolgung vor, nur wird der verfolgte Zweck als Grundlage der Zusammenkunft nach der Auflösung nicht mehr anerkannt.[108] Deshalb sollte von einer Personengruppe mit eingeschränktem Grundrechtsschutz gesprochen werden.

Öffentliche Veranstaltungen – Volksfeste, Märkte, Konzerte, Eventveranstaltungen – 71
unterscheiden sich von Ansammlungen, wenn die Besucher als Publikum ein Gemeinschaftserlebnis unter Gleichgesinnten suchen, wie es insbesondere bei Konzerten von Größen der Popmusik der Fall ist. Die Besucher verfolgen aber keinen gemeinsamen Zweck, sondern nur einen individuell gleichen[109]; die Verbindung unter ihnen bleibt eine oberflächliche des parallelen Konsums[110], so dass eine gemeinsame innere Verbindung als Voraussetzung des weiten Versammlungsbegriffs im Regelfall nicht bejaht werden kann.[111]

Dagegen führt die innere Verbindung zum Mehrwert des kommunikativen Aus- 72
tausches in Gestalt der kollektiven Meinungskundgabe oder des gemeinsamen Erlebens.[112] Das zeigt sich eindrucksvoll auf den Rängen der Fußballbundesliga-Stadien, wenn die Fangruppen mit Gesängen, Spruchbändern und choreografischen Einlagen in der Nord- oder Südkurve untereinander, mit den übrigen Zuschauern und der medial vermittelten Öffentlichkeit kommunizieren und zugleich ein Live-Erlebnis haben. Dies stellt sich auch ein beim Besuch eines Kultfilms, wo sich die besondere Gruppenzugehörigkeit gerade in der Publikumsbeteiligung äußert, etwa bei einer

---

104 *Höfling*, SA, Art. 8 Rn. 14; Kloepfer, HdBStR, § 164 Rn. 25.
105 *Kniesel/Poscher*, Rn. 52.
106 *Depenheuer*, MD, Art. 8 Rn. 46.
107 BVerwGE 82, 34/38.
108 Vgl. Teil II, § 15 Rn. 216.
109 *Depenheuer*, MD, Art. 8 Rn. 46; *Kniesel/Poscher*, Rn. 52.
110 *Kniesel/Poscher*, Rn. 52.
111 Vgl. Rn. 88 ff.
112 *Michael/Morlok*, Rn. 269; *Kugelmann*, Festschrift, S. 56; *Depenheuer*, MD, Art. 8 Rn. 47.

Rocky-Horror-Picture-Show[113] oder bei einem Treffen von Homosexuellen zu einem Zarah-Leander-Abend mit Abspielen eines Kultfilms ihrer Schutzpatronin.

73 Bei **Versammlungen** kann sich der **gemeinsame Zweck** auf die **Gemeinschaftlichkeit der Teilnahme** beschränken, während darüber hinausgehend bei **Demonstrationen** die **Gemeinschaftlichkeit untrennbar mit dem Gegenstand der Demonstration verbunden ist**[114]; gemeinsamer Nenner der Teilnehmer ist die von ihnen vermittelte Botschaft an die Öffentlichkeit. Bei Aufzügen kann der verbindende Zweck gerade in der Fortbewegung bestehen, wie sich bei Schweigemärschen und Sternmärschen zeigt. Der gemeinsame Zweck muss nicht von Anfang an bestehen[115], sondern kann sich auch erst im Verlauf der Veranstaltung bilden. So kann etwa aus der Ansammlung vor einem Informationsstand eine Versammlung werden, wenn sich die den Schutz durch Art. 8 Abs. 1 GG bewirkende kommunikative Interaktion einstellt.[116] Ist mit einer Auflösungsverfügung aus einer Versammlung eine Ansammlung geworden, so kann aus dieser möglicherweise wieder eine Versammlung bzw. Demonstration werden, wenn sich die Teilnehmer etwa zu einem spontanen Protest gegen die polizeiliche Auflösungsverfügung entschließen.[117]

74 Wenn bei Veranstaltungen mit politischem Hintergrund Unterhaltungsangebote oder an Informationsständen einseitige Kommunikationsangebote gemacht werden, so ist es zutreffend, dass die angesprochenen Personen deshalb nicht wie von selbst zu Versammlungsteilnehmern werden.[118] Ausgeblendet werden darf aber nicht, dass die am Informationsstand bzw. in der Veranstaltung agierenden Personen **für sich genommen bereits eine Versammlung bzw. Demonstration bilden**, wenn sie erkennbar mit einem politischen Motto auftreten. Das von ihnen gemachte einseitige Informationsangebot ist Bestandteil ihrer Versammlung.[119] Die schon bestehende Versammlung ist für das Hinzutreten weiterer Teilnehmer offen, bedarf ihrer aber nicht.

ββ) Körperliche Anwesenheit

75 Die **innere Verbindung wird über physische Präsenz vermittelt.** Aus der Formulierung »sich versammeln« folgt die Notwendigkeit **gleichzeitiger körperlicher Anwesenheit der Teilnehmer vor Ort.**[120] Insoweit ist für eine Demonstration die körperliche Sichtbarmachung durch das Kollektiv – das Standpunkt beziehen in des Wortes doppelter Bedeutung – charakteristisch.[121] Virtuelle Veranstaltungen in Internet-Foren sind,

---

113 *Michael/Morlok*, Rn. 270.
114 *Michael/Morlok*, Rn. 269.
115 So aber VGH München, BayVBl. 1994, 600 f.; abl. auch *Laubinger/Repkewitz*, VerwArch 2001, 624.
116 *Kunig*, MK, Art. 8 Rn. 14.
117 *Kunig*, MK, Art. 8 Rn. 14; *Hofmann-Hoeppel*, DÖV 1992, 871.
118 Insoweit zutr. VGH München, BayVBl. 1994, 600 f.
119 BVerwGE, NVwZ 2007, 1434.
120 *Depenheuer*, MD, Art. 8 Rn. 45; *Höfling/Krohne*, JA 2012, 734/737; a.A. *Pötters/Werkmeister*, Jura 2013, 5/9.
121 *Schulze-Fielitz*, DR, Art. 8 Rn. 32.

auch wenn sie Protest ausdrücken oder organisieren, keine Versammlungen, weil das körperliche Fernbleiben den Verzicht auf die durch Art. 8 Abs. 1 GG geschützte kollektive Grundrechtswahrnehmung bedeutet.[122] Es ist die körperliche Präsenz der Teilnehmer, die ihre besondere Schutzbedürftigkeit ausmacht.[123] Nicht anders zu beurteilen ist eine »Demonstration« mit gemieteten Demonstranten.[124] Eine Versammlung ist hier schon deshalb nicht gegeben, weil die eigentlichen Demonstranten nicht vor Ort anwesend sind[125] und die gemieteten Vertreter untereinander keine innere Verbindung haben; die jeweilige Stellvertretung in der Grundrechtswahrnehmung für einen anderen schafft keine innere Verbindung. Befinden sich unter den angemieteten Demonstranten auch echte, so liegt bei diesen eine Versammlung vor.

Ob eine innere Verbindung zwischen den Beteiligten besteht bzw. ob eine Versammlung auf die Beteiligung an der öffentlichen Meinungsbildung gerichtet ist, kann unterschiedlich beurteilt werden, je nachdem ob man die Perspektive eines am Versammlungsort anwesenden Außenstehenden[126] oder das Selbstverständnis der Beteiligten für maßgeblich hält.[127] Die Sichtweise des unbeteiligten Dritten ist problematisch, wenn sich der Versammlungscharakter bzw. die Meinungskundgabe nur auf dem Hintergrund der Intention der Versammlungsbeteiligten erschließt.[128] Zudem besteht die Gefahr, dass letztlich die Versammlungsbehörde entscheiden würde, welche Anliegen der privaten und welche der öffentlichen Meinungsbildung zuzurechnen sind.[129] Auf das äußere Erscheinungsbild kann jedenfalls nur abgestellt werden, wenn die Motiv- und Interessenlage der Versammlungsbeteiligten berücksichtigt wird. Liegt auf dieser Grundlage eine Versammlung vor, ist der Vorbehalt, eine solche sei nicht beabsichtigt, unbeachtlich.

76

Mischen sich bei Veranstaltungen Meinungskundgabeelemente mit meinungsneutralen Veranstaltungsbestandteilen[130], ist auf den Veranstaltungsschwerpunkt abzustellen, wobei keine quantitative Betrachtung maßgeblich sein kann. Die Beimischung eines politischen Themas reicht nicht aus, wenn es erkennbar nur darum geht, den privilegierten Status als Versammlung zu erlangen. Andererseits ist das äußere Erscheinungsbild nicht entscheidend, wenn die Veranstaltung einen politischen Hintergrund hat; insoweit mögen sich die Love-Parade und Christopher-Street-Day-Umzüge in ihrem äußeren Erscheinungsbild nicht unterscheiden, letztere sind aber wegen ihrer

77

---

122 *Depenheuer*, MD, Art. 8 Rn. 45; für eine Einbeziehung in den Schutzbereich vgl. Eisenmenger, S. 178 f.
123 *Kingreen/Poscher*, Rn, 813.
124 Anlass für diese Diskussion bot eine Demonstration gegen die Gesundheitsreform vor dem Bundeskanzleramt am 14.12.2006, für die Ärzte über eine Jobagentur Personen angemietet hatten und in weißen Arztkitteln für sich demonstrieren ließen.
125 A.A. *Bredt*, NVwZ 2007, 1358/1359 ff., der die Versammlungsqualität erst am engen Versammlungsbegriff bzw. am Gesamtgepräge der Versammlung scheitern lassen will.
126 BVerwG, NVwZ 2007, 1431/1432; BVerwG, NVwZ 2007, 1434.
127 *Kniesel/Poscher*, Rn. 57; *Kloepfer*, Verfassungsrecht II, § 63 Rn. 11.
128 *Lux*, PJ, D. Rn. 52.
129 *Kniesel/Poscher*, Rn. 57; *Schulze-Fielitz*, DR, Art. 8 Rn. 27.
130 Vgl. dazu näher *Lux*, PJ D. Rn. 43 ff.

historischen Entstehung als Demonstrationen gegen die Diskriminierung von Homosexuellen einzuordnen.

γγ) Räumlicher Zusammenhang

78 Zwischen den Teilnehmern muss die **innere Verbindung durch einen räumlichen Zusammenhang deutlich werden.** Daran fehlt es, wenn mehrere Personen zwar »demonstrieren«, also an die Öffentlichkeit eine Botschaft richten, diese »gemeinsame« Botschaft aber nicht ankommt, weil die »Demonstranten« ohne räumliche Verbindung und Koordination, etwa als vereinzelte Sandwichmen in einer Innenstadt Flugblätter verteilen.[131]

δδ) Kontroverse Auseinandersetzung über den Versammlungsgegenstand

79 Die innere Verbindung durch gemeinsame Zweckverfolgung **setzt keine Einheitlichkeit in der inhaltlichen Aussage voraus.**[132] Es kann also zur Sache auch kontrovers Stellung genommen werden, in einer Diskussionsversammlung durch Zwischenrufe und bei einer Demonstration durch Zeigen eines Transparents mit abweichendem Inhalt.

80 Die **Abweichler** bleiben dabei Teilnehmer und **bilden keine eigene Versammlung.**[133] Die Teilnahme an einer Versammlung setzt nicht die Billigung ihrer Ziele oder der auf ihr vertretenen Meinung voraus, sondern der Grundrechtsschutz aus Art. 8 Abs. 1 GG kommt auch denen zugute, die den verkündeten Meinungen kritisch gegenüber stehen, sofern sie das mit kommunikativen Mitteln ausdrücken.[134]

81 Im Einzelfall kann allerdings die **Abgrenzung zwischen kritischer Teilnahme und** einer gegen die Ausgangsversammlung gerichteten **Gegendemonstration** problematisch sein, insbesondere im Hinblick auf das Zugangsrecht zur Versammlung. Eine Gegendemonstration, bei der den Teilnehmern der Zugang zur Ausgangsversammlung bei entsprechender Gefahrenprognose verweigert werden kann, wird vorliegen, wenn es sich um eine Aktion des politischen Gegners handelt,[135] wie sie für Rechts-Links-Lagen typisch ist. Das jeweilige Outfit wird dabei regelmäßig für eine Unterscheidung sorgen.

εε) Abgrenzung zu Staats- und Parteiveranstaltungen

82 Verfassungsrechtlich und einfachgesetzlich **problematisch sind staatlich veranlasste oder gar organisierte Versammlungen** bzw. Demonstrationen. Der Staat hat sich aus dem politischen Meinungskampf, der sich ja auch bei Auseinandersetzungen zwischen

---

131 *Kniesel/Poscher*, Rn. 62.
132 BVerfGE 84, 203/209; 92, 191/203; *Höfling*, Art. 8 Rn. 14; *Hoffmann-Riem*, AK-GG, Art. 8 Rn. 17; *Kunig*, MK, Art. 8 Rn. 14; *Schneider*, EH, Art. 8 Rn. 5; *Sachs*, StR IV/1, S. 1210.
133 BVerfGE 84, 203/209; 92, 191/203; krit. dazu *Roellecke*, NJW 1995, 3101.
134 BVerfGE 84, 203/209; 92, 191/203.
135 Darauf stellt auch das BVerfG, NVwZ 2011, 422/424 ab.

Demonstrationen und Gegendemonstrationen abbildet, herauszuhalten. Er mischt sich aber ein, wenn er bei bevorstehenden rechtsextremistischen Demonstrationen zu Gegendemonstrationen aufruft, sei es, damit überhaupt Gegenaktionen erfolgen, sei es, damit die infolge des Aufrufs angemeldeten Gegendemonstrationen durch Besetzen attraktiver Demonstrationsflächen die Ausgangsversammlung faktisch erschweren oder gar unmöglich machen.

In beiden Fällen wird der zuständige Amtswalter – etwa als Oberbürgermeister, der 83 zudem noch als Versammlungsbehörde fungiert, – seine beamtenrechtliche **Neutralitätspflicht** verletzen.[136] Die Versammlungsfreiheit als Abwehrrecht hält den Staat auch hier auf Distanz und seine Versammlungs- und Polizeibehörden haben sich bei Rechts-Links-Lagen neutral zu verhalten.[137] Auf diesem Hintergrund ist es von Verfassungs wegen unhaltbar, wenn Amtsträger durch Aufrufe zu Gegendemonstrationen Konflikte zwischen Lagern von Rechten und ihren Gegnern, insbesondere »unverdächtigen« gesellschaftlichen Gruppierungen wie Gewerkschaften und Bürgerinitiativen herbeiführen, die dann von Amts wegen zu Gunsten der politisch genehmeren Gruppierung entschieden werden.[138]

Bei Staatsbesuchen, offiziellen internationalen Politikertreffen, öffentlichen Vereidi- 84 gungen von Soldaten oder einem großen Zapfenstreich der Bundeswehr handelt es sich um **Staatsveranstaltungen**, die im Hinblick auf gegen sie gerichtete Demonstration unter dem Schutz der öffentlichen Sicherheit i.S. von § 15 Abs. 1 und 3 BVersG stehen.[139]

Dagegen stellen **Wahlkampfveranstaltungen** politischer Parteien regelmäßig Ver- 85 sammlungen dar, da die anwesenden Parteimitglieder und Besucher nicht nur politische Informationen einholen, sondern mit ihrer Teilnahme Zustimmung oder Ablehnung gegenüber dem Redner bzw. der veranstaltenden Partei zum Ausdruck bringen wollen.

β) Organisationsstruktur

Der vom Versammlungsbegriff des Art. 8 Abs. 1 GG vorausgesetzte gemeinsame 86 Zweck fordert **keine besonderen Organisationsstrukturen.** Versammlungen stellen prinzipiell unorganisiertes Handeln dar.[140] Insoweit garantiert Art. 8 Abs. 1 GG auch hierarchiefreie und veranstalterlose bzw. leiterlose Versammlungen.[141] Organisatorische Regelungen des BVersG betreffend Veranstalter und Leiter sind verfassungskonform in der Weise auszulegen, dass sie auch alternativen Versammlungsformen gerecht werden.

---

136 VGH Kassel, NVwZ-RR 2013, 815/816.
137 Dazu näher *Hoffmann-Riem*, NJW 2004, 2727.
138 So treffend *Höfling*, SA, Art. 8 Rn. 43; vgl. auch *Gärditz*, NWVBl. 2015, 165 ff. Zur Neutralitätspflicht von Amtswaltern BVerwG, NWVBl 2018, 101 ff.
139 Vgl. dazu *Peters/Janz*, NWVBl. 2018, 272 ff.
140 *Gusy*, MKS, Art. 8 Rn. 20; zur Bedeutung der Organisationsidee *Ebeling*, S. 231 ff.
141 *Hoffmann-Riem*, HGR, § 106 Rn. 74; *Höfling*, SA, Art. 8 Rn. 27.

87   Der **verfassungsrechtliche Versammlungsbegriff ist nach wie vor umstritten.** Die Meinungen gehen darüber auseinander, ob der gemeinsame Zweck in besonderer Weise qualifiziert sein muss und worin die Qualifikation bestehen muss. Hier ist zunächst streitig, ob der gemeinsame Zweck ein beliebiger sein kann oder ob er die gemeinsame Meinungsbildung oder -äußerung zum Gegenstand haben muss. Wird von letzterem ausgegangen ist wiederum streitig, ob sich die gemeinsame Meinungsbildung und -äußerung auf öffentliche Angelegenheiten beziehen muss oder ob irgendwelche ausreichen.

αα) **Weiter, engerer und enger Versammlungsbegriff**

88   In dieser Kategorisierung spiegeln sich die unterschiedlichen Konzeptionen[142] und Traditionslinien[143] zum Wesen der Versammlungsfreiheit wieder. Die Vertreter des **weiten** Versammlungsbegriffs[144] betrachten sie **als gegenständlich nicht näher eingeschränkte Freiheit zur** kollektiven Entfaltung bzw. zur **Persönlichkeitsentfaltung in Gruppenform** und verzichten damit auf einen bestimmten Zweck, lassen also jeden beliebigen zu, solange er nur mit einer inneren Verbindung gemeinsam verfolgt wird.

• **Verengung auf gemeinsame Meinungsbildung und -äußerung**

89   Die Anhänger des **engen**[145] und des **engeren**[146] Versammlungsbegriffs **verengen den gemeinsamen Zweck auf die öffentliche Meinungsbildung und -äußerung**, indem sie einerseits die Versammlungsfreiheit mit der Meinungsfreiheit komplementär verschränkt sehen und andererseits maßgeblich auf die historische Entstehung des Grundrechts der Versammlungsfreiheit als Schutz für politische Zusammenkünfte abstellen[147] und Art. 8 Abs. 1 GG in dieser Betrachtung im Demokratieprinzip verankern und in spezifischer Weise auf den politischen Prozess beziehen.[148]

---

142 *Kniesel/Poscher*, Rn. 53.
143 *Hoffmann-Riem*, HGR, § 106 Rn. 40.
144 *Höfling*, SA, Art. 8 Rn. 16 ff.; *Gusy*, MKS, Art. 8 Rn. 16; *Schulze-Fielitz*, DR, Art. 8 Rn. 2 ff.; *Müller-Franken*, SBHH, Art. 8 Rn. 4; *Sachs*, StR IV/1, S. 1201 ff.; *Herzog*, MD, 2001, Art. 8 Rn. 61 ff.; *Depenheuer*, MD, Art. 8 Rn. 48; *Benda*, BK, Art. 8 Rn. 28; *Blanke*, SB, Art. 8 Rn. 34 ff.; *Merten*, Festschrift, § 50 Rn. 17; *Kugelmann*, Festschrift, S. 56; *Michael/Morlok*, Rn. 269 ff.; *Kniesel/Poscher*, Rn. 54 ff.; *Deutelmoser*, NVwZ 1999, 240 ff.; *Höfling/Augsberg*, ZG 2006, 150/153 ff.; *Tschentscher*, NVwZ 2001, 1243; Ullrich, S. 231 f.
145 *Hoffmann-Riem*, HGR, § 106 Rn. 40 ff.; ders., in: AK-GG, Art. 8 Rn. 15; *Jarass*, JP, Art. 8 Rn. 3; *Hufen*, Grundrechte, Rn. 7 f.; *Laubinger/Repkewitz*, VerwArch 2001, 621 ff.; *Ladeur*, RD, Art. 8 Rn. 17 f.; *Enders*, Jura 2003, 35.
146 BVerwGE 129, 42/45 f.; 56, 63/69; VGH Kassel, NJW 1994, 1750 f.; *v. Mutius*, Jura 1988, 36; *Hesse*, Rn. 405; *Kunig*, MK, Art. 8 Rn. 17; *Kloepfer*, VerfR II, § 63 Rn. 8; *Waechter*, VerwArch 2008, 73/75.
147 *Hoffmann-Riem*, HGR, § 106 Rn. 46; *Schwäble*, S. 86 ff.; *Bertuleit/Steinmeier*, RBRS, § 1 Rn. 16 f.; *Laubinger/Repkewitz*, VerwArch 2001, 621.
148 *Hoffmann-Riem*, HGR, § 106 Rn. 40.

Der maßgebliche Unterschied zwischen dem engeren (gegenüber dem engen auch   90
erweitert genannten) und dem engen (besser engsten) Versammlungsbegriff besteht
(nur) darin, dass die Anhänger des letzteren fordern, dass sich die gemeinsame Meinungsbildung und -äußerung **auf öffentliche Angelegenheiten beziehen muss**, während die Vertreter des engeren auch **private** zulassen.

- **Position des BVerfG**

Das BVerfG hat sich zum Versammlungsbegriff wie folgt positioniert. Im Brokdorf-   91
Beschluss hatte es einen weiten Versammlungsbegriff vertreten, wenn es Versammlungen und Aufzüge als Ausdruck gemeinschaftlicher, auf Kommunikation angelegter
Entfaltung geschützt sah und diesen Schutz nicht auf Versammlungen beschränkte
bei denen argumentiert und gestritten wurde, sondern ihn auch auf vielfältige Formen
gemeinsamen Verhaltens bis hin zu nichtverbalen Ausdrucksformen erstreckte.[149]

Seit dem Beschluss zur Love-Parade vom 12.07.2001 hat das BVerfG den Versamm-   92
lungsbegriff verengt, indem es den gemeinsamen Zweck auf die Teilhabe an der öffentlichen Meinungsbildung beschränkte; **Versammlungen i.S. von Art. 8 GG sind
örtliche Zusammenkünfte mehrerer Personen zwecks gemeinschaftlicher Erörterung und Kundgebung mit dem Ziel der Teilhabe an der öffentlichen Meinungsbildung.**[150] Diese Formulierung findet sich im 2. Leitsatz des Senatsbeschlusses vom
24.10.2001, der die Frage der Verletzung von Art. 103 Abs. 2 GG in Gestalt der
Verurteilung von Sitzblockierern nach § 240 Abs. 1 StGB zum Gegenstand hatte.[151]

Mit dieser Verengung des Versammlungsbegriffs hat das BVerfG Musik- und Tanz-   93
veranstaltungen aus dem Schutzbereich des Art. 8 Abs. 1 GG ausgeschlossen. Solche Veranstaltungen werden nur dann geschützt, wenn Musik und Tanz eingesetzt
werden, um damit auf die öffentliche Meinungsbildung einzuwirken, was verneint
wird, wenn die Meinungskundgabe nur beiläufiger Nebenzweck einer Veranstaltung
ist, die in ihrem Gesamtgepräge auf Spaß, Tanz und kommerzielle Unterhaltung ausgerichtet ist.[152] Bleiben diesbezüglich Zweifel, so ist wegen des hohen Ranges der
Versammlungsfreiheit vom Vorliegen einer Versammlung auszugehen.[153] »Gemisch-
te« Versammlungen, bei denen sowohl Elemente der öffentlichen Meinungsbildung
als auch Musikdarbietungen prägend wirken, sind Versammlungen i.S.d. verengten
Versammlungsbegriffs.[154]

Christopher-Street-Day-Umzüge, mit denen des Todes eines auf einer Polizei-   94
wache im Sommer 1969 in New York umgekommenen Homosexuellen gedacht
werden soll, unterscheiden sich im äußeren Bild nicht oder nur unwesentlich

---

149 BVerfGE 69, 315/343.
150 BVerfG, NJW 2001, 2459/2460.
151 BVerfGE 104, 92; zuletzt NJW 2014, 2706/2707.
152 BVerfG, NJW 2001, 2459/2461.
153 BVerfG, NJW 2001, 2459/2461; vgl. auch BVerfG, JZ 2017, 145/152; zur gemischten
Versammlung ausf. Lux, PJ, D, Rn. 41 ff.
154 VG Meiningen, ThürVBl 2018, 39 ff.

von den Love-Paraden. Beide verbindet die Inszenierung eines Lebensgefühls. Es bleibt aber als entscheidender Unterschied der **Ursprungszweck des Protests gegen** (auch heute noch bestehende) **Diskriminierungen von weiblichen und männlichen Homosexuellen.** Danach fallen CSD-Umzüge sogar unter den engen Versammlungsbegriff.

95 Das BVerfG hat in Anbetracht kollektiver selbsthilfeähnlicher Aktionen den Schutzbereich von Art. 8 Abs. 1 GG noch zusätzlich dadurch verengt, dass es **Aktionen zwangsweiser oder sonstwie selbsthilfeähnlicher Durchsetzung eigener Forderungen, nicht vom Schutz der Versammlungsfreiheit erfasst sieht.**[155] Als eine solche Aktion hat es die Blockade des Grenzübergangs an einer Autobahn gesehen, mit der Sinti und Roma ein Gespräch mit dem hohen Flüchtlingskommissar erreichen und dafür die Einreise erzwingen wollten.[156]

96 Einer solchen Verengung des Schutzbereichs bedarf es nicht, wenn die Aktion **nach ihrem Gesamteindruck** nur bezweckt, sich unter dem Deckmantel der Versammlungsfreiheit die Gelegenheit zu individuellem Grundrechtsgebrauch zu verschaffen.[157] Steht nämlich das individuelle Freizeitvergnügen im Vordergrund, wird etwa die Benutzung öffentlicher Straßen durch Inline-Skater nicht dadurch zu einer Versammlung, dass der Veranstalter die Aktion als Demonstration für ein Recht auf Benutzung öffentlicher Straßen durch Inline-Skater anmeldet. Dagegen fällt die einmalige Protestfahrt eines Motorradclubs gegen ein behördlich verhängtes Streckenverbot unter den Schutzbereich von Art. 8 Abs. 1 GG (vgl. Rdn. 23).

97 Die weitere Verengung des Schutzbereiches ist unzulässig, wenn es bei der durchzusetzenden Forderung um einen gemeinsamen Zweck der Teilnehmer geht, wie es bei der Blockadeaktion der Sinti und Roma der Fall war. Dies ergibt sich aus dem systemischen Zusammenwirken, das im Umfang des Schutzbereiches, in der verfassungsunmittelbaren Gewährleistungsschranke der Friedlichkeit und dem Gesetzesvorbehalt von Art. 8 Abs. 2 GG angelegt ist.[158] Selbsthilfeaktionen in gemeinsamer Zweckverfolgung fallen unter den Schutzbereich[159], **solange sie friedlich und ohne Waffen durchgeführt werden;** sie unterliegen aber dem Gesetzesvorbehalt des Art. 8 Abs. 2 GG und können nach § 15 Abs. 3 BVersG wegen Störung der öffentlichen Sicherheit sofort unterbunden werden. In der Logik des verengten Versammlungsbegriffs des BVerfG fehlt solchen Selbsthilfeaktionen nur dann die Versammlungsqualität, wenn die Blockadeabsicht den Zweck der öffentlichen Meinungsbildung oder -äußerung überwiegt.[160]

---

155 BVerfGE 104, 92/105; VGH Mannheim, BWVP 1992, 182; *Gusy*, MKS, Art. 8 Rn. 29.
156 BVerfGE 104, 92/105.
157 *Kniesel/Poscher*, Rn. 58.
158 *Kniesel/Poscher*, Rn. 59.
159 A.A. BVerfGE 104, 92/105; *Hoffmann-Riem*, NVwZ 2002, 259; *Enders*, Jura 2003, 37 f.
160 BVerfGE 104, 92/105; OVG Schleswig, NordÖR 2006, 166.

Das **BVerwG**[161] und die überwiegende Anzahl der Obergerichte der Verwaltungs- 98
gerichtbarkeit[162] folgen der Rechtsprechung des BVerfG und lassen sich ebenfalls für
den **engeren** Versammlungsbegriff vereinnahmen. Der **Europäische Gerichtshof für
Menschenrechte** geht hingegen von einem **weiten** Versammlungsbegriff aus. Art. 11
EMRK definiert den Versammlungsbegriff nicht und handelt nur vom Recht sich zu
versammeln, weshalb das Gericht keinen bestimmten Zweck für das Vorliegen einer
Versammlung fordert[163] (vgl. Rdn. 378).

• **Argumente für den weiten Versammlungsbegriff**

Die komplementäre Verschränkung der Versammlungsfreiheit mit der Meinungsfrei- 99
heit **verabsolutiert die grundrechtstheoretische Verankerung in der Teilhabe am politischen Willensbildungsprozess und vernachlässigt die andere Traditionslinie,** die
die Versammlungsfreiheit als Garantie der Persönlichkeitsentfaltung in Gemeinsamkeit sieht (vgl. Rdn. 18). Diese Fixierung der Versammlungsfreiheit auf die Meinungsfreiheit und diese auf ihre politische Bedeutung lässt sich weder mit dem Wortlaut
noch systematisch oder teleologisch begründen.[164] Ein allein demokratisch-funk-
tionales Demonstrationsgrundrecht stellte im primär abwehrrechtlich ausgerichteten
Grundrechtskatalog des GG einen Fremdkörper dar.[165]

Die Verengung des Versammlungsbegriffs auf die Behandlung öffentlicher Angele- 100
genheiten kann nicht überzeugen; das von den Vertretern des engen Versammlungsbegriffs bemühte Argument, dass es beim Kampf um die Versammlungsfreiheit um
politische Zusammenkünfte gegangen sei, muss nicht daran hindern, andere schüt-
zenswerte Treffen in den Schutzbereich einzubeziehen.[166]

Aber auch die Verengung auf die gemeinsame Meinungsbildung und -äußerung durch 101
den engeren Versammlungsbegriff überzeugt schon deshalb nicht, weil der **Schutz
speziell der meinungsbildenden und -äußernden Versammlung durch Art. 8 i.V. mit
Art. 5 GG gewährleistet wird.** Deshalb kann eben wegen der thematischen Offenheit
von Art. 8 Abs. 1 GG **auf einen bestimmten Inhalt des Versammlungszwecks neben
der inneren Verbindung gänzlich verzichtet werden.**[167] Gegen die Verengung spricht
auch der Zusammenhang der Versammlungsfreiheit mit der freien Entfaltung der Persönlichkeit; die Versammlungsfreiheit soll die Vereinzelung verhindern und die Persönlichkeitsentfaltung in Gruppenform ermöglichen.[168]

---

161 BVerwGE 129, 42/45 f.
162 Vgl. die Nachweise bei *Laubinger/Repkewitz*, VerwArch 2001, 597 ff.
163 EGMR, No. 8440/78.
164 *Kingreen/Poscher*, Rn. 808 ff.; *Michael/Morlok*, Rn. 272; *Höfling*, SA, Rn. 16.
165 *Sachs*, StR IV/1, S. 1207; *Ebeling*, S. 293.
166 *Kingreen/Poscher*, Rn. 810.
167 *Höfling/Augsberg*, ZG 2006, 150/155; *Kniesel/Poscher*, Rn. 56 f..
168 *Gusy*, MKS, Art. 8 Rn. 9.

102   Die verengende Auslegung **unterläuft auch das traditionelle und einfachgesetzliche Versammlungsverständnis**, wie es § 17 BVersG zugrunde liegt.[169] Diese Bestimmung, die u.a. Volksfeste einbezieht, macht deutlich, dass jedenfalls das **Versammlungsgesetz vom 24.07.1953 einen weiten Versammlungsbegriff zur Grundlage hat**, der dann auch weiter ist als der des Art. 8 Abs. 1 GG, wenn diesem fälschlich ein verengter zugrunde gelegt wird.

103   Die Verengung des Versammlungsbegriffs krankt letztlich daran, dass sie mit der besonderen Bedeutung der Versammlungsfreiheit für die freiheitliche Demokratie des Grundgesetzes die Beschränkung des Schutzbereiches rechtfertigt, was auf eine **Fehldeutung von Art. 8 Abs. 1 GG als Versammlungsbeschränkung** hinausläuft.[170] Aus der besonderen Bedeutung der Versammlungsfreiheit für das demokratische Gemeinwesen müsste nicht ein verengter, sondern im Gegenteil ein weiter Versammlungsbegriff folgen und umgekehrt gefragt werden, ob nicht politische Demonstrationen eines verstärkten Grundrechtsschutzes bedürften.

ββ) Demonstrationsbegriff

104   Der enge und der engere Versammlungsbegriff brauchen keinen eigenen Demonstrationsbegriff, weil mit dem Bezug auf die Teilhabe an der öffentlichen Meinungsbildung nicht nur die Erörterung, sondern auch die Kundgebung erfasst wird.[171] Nach dem weiten Versammlungsbegriff können sich Versammlungen auf die öffentliche Meinungsbildung beziehen, müssen das aber nicht. Deshalb sind **unter dem weiten Versammlungsbegriff Versammlungen und Demonstrationen voneinander abzugrenzen**.

105   Der textliche Befund von Art. 8 Abs. 1 GG hilft nicht weiter, schweigt sich die Verfassung doch schon darüber aus, was eine Versammlung ausmacht. Eine Demonstration lässt sich charakterisieren als **spezifische Einheit von Ort, Zeit und Handlung, die typischerweise auf die Erzeugung von Eindruck abzielt**.[172] Mit der gemeinsamen körperlichen Sichtbarmachung von Überzeugungen nehmen die Teilnehmer einer Demonstration im eigentlichen Sinne des Wortes Stellung und bezeugen ihren Standpunkt.[173] Mit Demonstrationen besteht damit die Möglichkeit, **durch Kollektivität Meinungsäußerungen in ihrer Wirkung potenzieren zu können**.[174]

106   Die Unterscheidung zwischen Versammlungen und Demonstrationen ist auch im Hinblick auf den nach dem weiten Versammlungsbegriff vorausgesetzten gemeinsamen Zweck geboten. Beschränkt sich dieser bei Versammlungen auf die inhaltsneutrale Gemeinschaftlichkeit der Teilnahme, ist darüber hinausgehend **bei Demonstrationen die innere Verbindung untrennbar mit dem Gegenstand**, der Botschaft der jeweiligen

---

169   *Höfling/Augsberg*, ZG 2006, 150/155; *Kingreen/Poscher*, POR, § 19 Rn. 4.
170   *Höfling/Augsberg*, ZG 2006, 150/155.
171   BVerfGE 104, 92 Leits. 2; *Blanke*, SB, Art. 8 Rn. 37.
172   *Höfling*, SA, Art. 8 Rn. 21.
173   BVerfGE 69, 315/345.
174   *Blanke*, SB, Art. 8 Rn. 37.

Demonstration an die Öffentlichkeit **verbunden. Eine Demonstration ist eine örtliche Zusammenkunft von mindestens zwei Personen mit dem verbindenden Zweck einer gemeinsamen Meinungskundgabe bestimmten Inhalts.**

γγ) Auswirkungen auf den versammlungsgesetzlichen Versammlungsbegriff

Der verfassungsrechtliche und der versammlungsgesetzliche Versammlungsbegriff 107 können sich entsprechen, müssen es aber nicht.[175] Die Landesgesetzgeber sind insoweit frei, den Schutzbereich von Art. 8 Abs. 1 GG auf der Ebene des Landesrechts konkretisierend zu erweitern, denn Versammlungsgesetze sind nicht nur Vorbehaltsgesetze i.S. von Art. 8 Abs. 2 GG, sondern auch Ausführungsgesetze zu Art. 8 Abs. 1 GG.

Die Versammlungsgesetze von Bayern, Niedersachsen, Sachsen und Schleswig-Hol- 108 stein[176] haben den Leitsatz 2. der Entscheidung der BVerfG vom 24.10.2001[177] übernommen und in ihrem Versammlungsgesetz festgeschrieben. Der **Meinungsstreit über den Versammlungsbegriff ist also vom jeweiligen Landesgesetzgeber durch Gesetz** entschieden worden. Offen bleibt aber dessen Verfassungsmäßigkeit, wenn man von Grundgesetz wegen den weiten Versammlungsbegriff als maßgeblich erachtet.[178]

In den anderen Bundesländern besteht eine solche »Klarstellung« durch den Landes- 109 gesetzgeber nicht und es fragt sich, von welchem Versammlungsbegriff Gesetzgeber, Polizei und Versammlungsbehörden auszugehen haben, ist also zu klären, ob diese an die Entscheidungen des BVerfG gem. § 31 Abs. 1 BVerfGG gebunden sind oder auch vom weiten Versammlungsbegriff ausgehen können.

Die **Bindungswirkung aus § 31 Abs. 1 BVerfGG folgt aus der Entscheidungsformel** 110 **und den diese tragenden Gründen.**[179] Den Leitsätzen einer Entscheidung kommt insoweit nur erste indizielle Bedeutung zu.[180] Welche Gründe die tragenden sind lässt sich allein objektiv bestimmen; es sind die Gründe, die nicht mit Hilfe einer Substraktionsmethode hinweggedacht werden können, ohne dass das konkrete Entscheidungsergebnis nach dem in der Entscheidung zum Ausdruck gekommenen Gedankengang entfiele.[181]

Im Beschluss zur Love-Parade vom 12.07.2001 hatte das BVerfG den Erlass einer 111 einstweiligen Anordnung abgelehnt und als dafür tragenden Grund angegeben, dass

---

175 *Hoffmann-Riem*, HGR IV, § 106 Rn. 39, das BVerfG, NVwZ 2007, 1431/1432, setzt beide gleich.

176 Das s-hVersFG verlangt im Gegensatz zu den anderen Regelungen statt zwei Personen für eine Versammlung drei.

177 BVerfGE 104, 92.

178 *Höfling/Krohne*, JA 2012, 734/736.

179 BVerfGE 1, 14/37; 40, 88/93 f.; 79, 256/264; 112, 1/40; *Benda/Klein/Klein*, Verfassungsprozessrecht, 3. Aufl. 2012, Rn. 1450.

180 *Benda/Klein/Klein*, (Fn. 188), Rn. 1452 m.w.N.

181 *Heusch*, in: Umbach/Clemens/Dollinger, Bundesverfassungsgerichtsgesetz, 2. Aufl. 2005, § 31 Rn. 61.

es verfassungsrechtlich nicht zu beanstanden sei, den Begriff der Versammlung i.S.d. VersG in Anlehnung an den verfassungsrechtlichen Versammlungsbegriff zu deuten und auf Veranstaltungen zu begrenzen, die durch eine gemeinschaftliche, auf Kommunikation angelegte Entfaltung mehrerer Personen gekennzeichnet sind; dementsprechend seien Versammlungen i.S.d. Art. 8 Abs. 1 GG örtliche Zusammenkünfte mehrerer Personen zwecks gemeinschaftlicher Erörterung und Kundgebung mit dem Ziel der Teilhabe an der öffentlichen Meinungsbildung.[182]

112 Bei einstweiligen Anordnungen ist streitig, ob ihnen wegen der Vorläufigkeit der Entscheidung, die allenfalls Ergebnis einer summarischen Prüfung ist, überhaupt Bindungswirkung beizumessen ist.[183] Aber selbst wenn man das bejaht, kann die **Bindungswirkung nur im Rahmen der Vorläufigkeit der Entscheidung bestehen**, mithin keine über ihre Geltungsdauer als vorläufiges Verfahren hinausreichende Wirkung haben.[184]

113 Dauerhafte Bindungswirkung könnte aber der Senatsentscheidung vom 24.10.2001 zukommen, in deren 2. Leitsatz das BVerfG die Versammlung i.S.d. Art. 8 Abs. 1 GG als örtliche Zusammenkunft mehrerer Personen zur gemeinschaftlichen, auf die Teilhabe an der öffentlichen Meinungsbildung gerichtete Erörterung oder Kundgebung definiert hatte.[185] Ob es sich dabei um tragende Gründe handelt, ist nach der Substraktionsmethode zu ermitteln. In der Entscheidung vom 24.10.2001 ging es um die Frage, ob Art. 103 Abs. 2 GG verletzt wird, wenn die Strafgerichte das Tatbestandsmerkmal der Gewalt in § 240 Abs. 1 StGB auf Blockadeaktionen anwenden, bei denen die Teilnehmer über die durch ihre körperliche Anwesenheit verursachte psychische Einwirkung hinaus eine physische Barriere errichten. In dem der Entscheidung zugrunde liegenden Sachverhalt wollten die Demonstranten gegen die geplante Wiederaufarbeitungsanlage in Wackersdorf, also gegen die Nutzung der Kernenergie protestieren. Damit lag selbst bei Zugrundelegung des engen Versammlungsbegriffs auf jeden Fall eine Versammlung vor; das BVerfG musste sich also bezüglich des maßgeblichen Versammlungsbegriffs gar nicht festlegen, um den Streitgegenstand – Verletzung von Art. 103 Abs. 2 GG bei Anwendung von § 240 Abs. 1 StGB – entscheiden zu können. Dann aber kann es sich bei seinen **Ausführungen zum Versammlungsbegriff nicht um tragende Gründe** handeln.

114 Wenn das BVerfG in späteren Entscheidungen[186] seine Definition der Versammlung zugrunde gelegt hat, so handelt es sich auch dabei nicht um die Entscheidungsformel tragende Gründe, weil es bei allen Entscheidungen um politische Demonstrationen ging, die den definitorischen Anforderungen des BVerfG genügten.

115 Damit besteht für Versammlungsbehörden und Polizei **keine Bindungswirkung in den Ländern, in denen der Gesetzgeber nicht über den Versammlungsbegriff**

---

182 BVerfG, NJW 2001, 2459.
183 *Heusch*, (Fn. 174), § 31 Rn. 56; *Benda/Klein/Klein*, (Fn. 188), Rn. 1448.
184 *Benda/Klein/Klein*, (Fn. 188), Rn. 1448.
185 BVerfGE 104, 92.
186 BVerfGE 138, 226/250; NJW 2014, 2706/2707.

entschieden hat und die Behörden können **versammlungsfreundlich** verfahren und ihren Entscheidungen den weiten Versammlungsbegriff zugrunde legen.

In beispielhafter Zusammenfassung ergibt sich für die polizeiliche und versammlungsbehördliche Praxis folgendes Bild: **Politische Diskussionsveranstaltungen und Demonstrationen sind nach allen drei Versammlungsbegriffen Versammlungen.** Betriebs- oder Gesellschafterversammlungen und wissenschaftliche Kongresse fallen bei Vertretern des weiten und des engeren Versammlungsbegriffs unter den Schutzbereich. Gesellige Veranstaltungen – Kultfilme, Rockkonzerte, Sportveranstaltungen, Straßenfeste, Public Viewing, Love-Paraden, Flashmobs etc. – können auf der Grundlage des **weiten Versammlungsbegriffs** als Versammlung eingestuft werden, **wenn es den Teilnehmern um das Zusammenkommen und -bleiben mit Gleichgesinnten geht.** 116

bbb) Anmelde- und Erlaubnisfreiheit

Art. 8 Abs. 1 GG verbürgt das Recht sich zu versammeln **unter Ausschluss einer Anmelde- oder Erlaubnispflicht.** Beide Verbote gehören als **zentrale Gewährleistungselemente zum Normprogramm des Grundrechts**[187] und gelten für alle Versammlungsbeteiligten. 117

(1) Erlaubnisfreiheit

Präventive Verbote mit Erlaubnisvorbehalt begegnen Gefahren schon im Vorfeld ihrer Entstehung und setzen die Erlaubnisbehörden in den Stand, vorab über die Gefahrenträchtigkeit eines Bauwerks oder eines Gewerbebetriebs zu entscheiden. Der Verfassungsgeber hat für das Versammlungswesen diese Form der Gefahrenkontrolle ausgeschlossen, obwohl insbesondere Versammlungen unter freiem Himmel gefahrenträchtig und störanfällig sind und hat damit in Kauf genommen, dass die Einwirkungsmöglichkeiten der Versammlungsbehörden geringer sind als die einer typischen Konzessionsbehörde.[188] 118

Aus der Erlaubnisfreiheit ergeben sich weitere **Konsequenzen** für Versammlungsbehörden und **für** durch Versammlungen, insbesondere Demonstrationen in ihren Rechten tangierte **Drittbetroffene.** Erstere sind wegen der Erlaubnisfreiheit in besonderem Maße auf die Kooperationsbereitschaft des Veranstalters angewiesen und letztere bedürfen des Schutzes durch die Versammlungsbehörden, weil ihr Rechtsschutz dadurch verkürzt wird, dass sie nicht gegen eine Erlaubnis der zuständigen Versammlungsbehörde Rechtsmittel einlegen können, weil es keine Erlaubnis gibt. 119

---

187 *Kniesel/Poscher*, Rn. 142 ff.; *Depenheuer*, MD, Art. 8 Rn. 167 ff.; *Höfling*, SA, Art. 8 Rn. 64; *Geis*, NVwZ 1992, 1027 f.
188 *Kniesel/Poscher*, Rn. 143.

(2) Anmeldefreiheit

120 Trotz des eindeutigen Wortlauts von Art. 8 Abs. 1 GG hat der Versammlungsgesetz-
geber den Gesetzesvorbehalt in Art. 8 Abs. 2 GG genutzt und in § 14 Abs. 1 BVersG
die **Anmeldepflicht eingeführt, die Art. 8 Abs. 1 GG gerade ausschließt.** Die Norm
ist deshalb **verfassungswidrig**[189]. Eine verfassungskonforme Auslegung kommt nicht
in Betracht, weil sie eine Mehrdeutigkeit der auszulegenden Norm voraussetzt und
auch nicht dafür da ist, verfassungswidrige Vorschriften »umzubiegen«.[190]

121 Das BVerfG legt gleichwohl **verfassungskonform** aus und hält die Anmeldepflicht
für mit der Verfassung vereinbar, sofern und soweit sie den Zweck verfolgt, den Versammlungsbehörden die Informationen zu vermitteln, die diese haben müssen, um
Vorkehrungen zum störungsfreien Verlauf und zum Schutz von Interessen Dritter und
der Allgemeinheit treffen zu können; zusätzlich ermögliche § 14 Abs. 1 GG – in neuer
Sinngebung durch das BVerfG – die **Kooperation** zwischen Versammlungsbehörden
und Veranstaltern.[191]

122 Des Weiteren hat das **BVerfG** die **Anmeldepflicht modifiziert**, indem es die Anmeldung für Spontanversammlungen für verzichtbar[192] und bei der Eilversammlung für
verkürzbar[193] erachtet. Da die Anmeldepflicht aber auch **Sanktionierungen** nach § 15
Abs. 3 BVersG in Gestalt der Auflösung wegen Nichtanmeldung und nach § 26 Nr. 2
VersG die Bestrafung der Durchführung einer Versammlung ohne Anmeldung zulässt, sind auch insoweit »verfassungskonforme« Lösungen zu finden. Das BVerfG hat
die **Sanktionierung** durch die Auflösung nach § 15 Abs. 3 BVersG **außer Anwendung
gestellt**[194], an der Bestrafung nach § 26 Nr. 2 VersG hingegen noch festgehalten.[195]

ccc) Gestaltungsfreiheit

(1) Gestaltungsgarantien aus Art. 8 und Art. 5 GG

123 Wer eine Versammlung bzw. Demonstration nach seinen Vorstellungen gestalten und
dabei möglichst große Beachtung finden will, hat einen Gestaltungsspielraum bezüglich Ort, Zeit (Zeitpunkt und Dauer), Form (Art und Weise) und Inhalt (Thema,
Gegenstand, Botschaft an die Öffentlichkeit). Da der Schutz der meinungsbildenden

---

189 *Höfling*, SA, Art. 8 Rn. 64; *Depenheuer*, MD, Art. 8 Rn. 169; *Geis*, FH, Art. 8 Rn. 40 ff.;
   Hong, PJ, B, Rn. 13 Rn. 63; a.A. *Peters*, PJ, F, Rn. 3.
190 *Rüthers/Fischer/Birk*, Rechtstheorie, 9. Aufl. 2016, Rn. 763 f.; *Depenheuer*, MD, Art. 8
   Rn. 169.
191 BVerfGE 69, 315/349 ff. und 357 ff.; 85, 69/74; krit. aus verfassungsrechtlicher Sicht
   Helleberg, S. 108 ff.
192 BVerfGE 69, 315/350 f.
193 BVerfGE 85, 69/75.
194 BVerfGE 69, 315/350 f.; BVerfG, NVwZ 2005, 80; *Ott/Wächtler/Heinold*, § 15 Rn. 68;
   Enders, JURA 2003, 104; *Crombach*, S. 4 ff.; *Geis*, FH, Art. 8 Rn. 116; *Breitbach/Deiseroth/
   Rühl*, RBRS, § 15 Rn. 276.
195 BVerfGE 85, 69/76.

und -äußernden Versammlung durch Art. 8 i.V. mit Art. 5 GG gewährleistet wird[196] und auch Art. 5 Abs. 1 GG mit der Meinungskundgabe die Wahl von Ort, Zeit und Form der Verbreitung der inhaltlichen Aussage unter Schutz stellt[197] ist klärungsbedürftig, **welche Gewährleistungselemente welchem Grundrecht zu entnehmen sind.**

α) Bestimmungen über Ort, Zeit, Form und Inhalt

αα) Position des BVerfG

Im Brokdorf-Beschluss hatte das BVerfG den Grundrechtsträgern ein aus Art. 8 Abs. 1 GG abgeleitetes **Selbstbestimmungsrecht über Ort, Zeitpunkt, Art und Inhalt der Versammlung** zuerkannt.[198] Es hatte in dieser Entscheidung das Verbot der Demonstration gegen die geplante Errichtung des Kernkraftwerkes Brokdorf nur am Maßstab des Grundrechtsaus Art. 8 GG gemessen; die Meinungsfreiheit spielte für das BVerfG keine Rolle, weil es in den Ausgangsverfahren nicht um die Äußerung von Meinungsinhalten – etwa durch Aufrufe, Ansprachen, Lieder oder auf Transparenten – gegangen sei.[199] Dies aus Art. 8 Abs. 1 GG abgeleitete Selbstbestimmungsrecht des Veranstalters über **Ort, Zeitpunkt, Art und Inhalt** hatte das BVerfG in seinem Beschl. v. 26.01.2001 bestätigt, ohne dabei Aussagen zur Anwendbarkeit von Art. 8 und Art. 5 GG im gegebenen Zusammenhang zu machen.[200]   124

An diese Rechtsprechung knüpfte das BVerfG in seinem Beschl. v. 26.06.1990 an und erklärte Art. 5 Abs. 1 GG für neben Art. 8 Abs. 1 GG anwendbar, weil es im zu entscheidenden Fall um Meinungsäußerungen im Zusammenhang mit einer Demonstration ging.[201]   125

Diese Rechtsprechung änderte das BVerfG in seinem Beschl. v. 24.03.2001[202], in dem es entschied, dass der Maßstab zur Beurteilung der Rechtmäßigkeit von Maßnahmen, die den Inhalt von Meinungsäußerungen beschränken, sich **nur aus dem Grundrecht der Meinungsfreiheit**, nicht aus dem der Versammlungsfreiheit ergibt.[203]   126

Bei einem Redeverbot für einen Parteifunktionär auf einer Versammlung unter freiem Himmel hat das BVerfG in zwei Beschlüssen vom 08.12.2001[204] und 11.04.2002[205] wieder **beide Grundrechte** betroffen gesehen und den Eingriff nach seiner Angriffsrichtung in den jeweiligen Schutzbereich eigenständig begründet. Das Redeverbot greife zunächst besonders intensiv in die Meinungsäußerungsfreiheit des Redners ein, überdies aber auch in die Versammlungsfreiheit, weil mit dem Entfallen des   127

---

196 BVerfGE 69, 315/344 ff.; *Kingreen/Poscher*, Rn. 811.
197 BVerfGE 128, 226/264; 93, 266/289; BVerfG, NJW 2001, 1411/1413.
198 BVerfGE 69, 315/343.
199 BVerfGE 69, 315/343.
200 BVerfG, NJW 2001, 1409/1410.
201 BVerfGE 82, 236/258.
202 BVerfG, NJW 2001, 2069.
203 BVerfG, NJW 2001, 2069/2070.
204 BVerfG, DVBl 2002, 690.
205 BVerfG, DVBl 2002, 970.

Redebeitrags als Programmpunkt der Versammlung auch die Möglichkeit kommunikativer Entfaltung in Gemeinsamkeit mit den anderen Versammlungsteilnehmern beeinträchtigt werde.[206]

128   In seinem Beschl. v. 29.03.2002[207] war das BVerfG mit dem Sachverhalt konfrontiert, dass bei einem Trauermarsch zum Gedenken an die Opfer der Bombardierung Lübecks durch alliierte Bomber im Jahre 1942 schwarze Fahnen von den Demonstranten mitgeführt werden sollten. Das BVerfG sah die **Auflage auf den Inhalt** der mit dem Trauermarsch verbundenen Aussage **bezogen** und beurteilte die Zulässigkeit der Auflage auch am Maßstab von Art. 5 Abs. 1 und Abs. 2 GG; die Meinungsäußerung verliere den Schutz durch Art. 5 Abs. 1 GG nicht wegen rechtsextremistischer Inhalte, die nicht strafbar seien.[208] Im gegebenen Fall wich das BVerfG wohl deshalb von seiner seit dem Beschl. v. 24.03.2001 bestehenden Auffassung von der getrennten Anwendbarkeit von Art. 5 und Art. 8 GG ab, weil bei einem Trauermarsch das Mitführen schwarzer Fahnen als Gestaltungsmittel der Art und Weise mit dem Inhalt der Versammlung **untrennbar verbunden** ist, Form und Inhalt eine unauflösbare Einheit eingegangen sind.[209]

129   Das hinderte das BVerfG indes nicht, seine Rechtsprechung zur getrennten Anwendbarkeit von Art. 5 und Art. 8 GG in seinen Beschlüssen vom 05.09.2003[210] und 23.06.2004[211] fortzusetzen. In beiden Entscheidungen blieb es dabei, dass die verfassungsrechtlichen Grenzen der Inhalte einer auf einer Versammlung geäußerten Meinung sich nicht nach Art. 8 Abs. 2, sondern nach Art. 5 Abs. 2 GG richten[212], weil die hier gezogenen Schranken sich auf die jeweiligen Schutzbereiche beziehen. Auch wenn eine Meinungsäußerung in einer oder durch eine Versammlung erfolge, finde sie ihre **Schranken nur in Art. 5 Abs. 2 GG**.[213] In seinem Beschl. v. 06.05.2005[214] ließ das BVerfG eine Auflage zu, die eine Änderung der Wegstrecke eines Aufzugs entlang dem Holocaust-Mahnmal verfügte. Es bejahte in seiner Entscheidung das Recht der Selbstbestimmung des Veranstalters hinsichtlich Ort und Zeit seines Aufzuges, hatte aber keine Bedenken gegen die Auflage zur Änderung der Aufzugsroute, obgleich deren Bezug zum Inhalt der Versammlung offenkundig war; lautete das Motto des Aufzuges doch »60 Jahre Befreiungslüge-Schluss mit dem Schuldkult«.[215]

130   Die isolierte Betrachtungsweise der beiden Grundrechte gab das BVerfG in seinem Beschl. v. 01.12.2007 auf.[216] Soweit sich das Verbot einer Versammlung auf den In-

---

206 BVerfG, DVBl 2002, 690/691; DVBl 2002, 970/971.
207 BVerfG, NVwZ 2002, 983.
208 BVerfG, NVwZ 2002, 983 f.
209 Krit. *Waechter*, VerwArch 2008, 73/90 Fn. 89.
210 BVerfGK 2, 1 ff.
211 BVerfGE 111, 147 ff.
212 BVerfGK 2, 1/5; BVerfGE 111, 147/154 f.
213 BVerfGE 111, 147/154 f.
214 BVerfG, NVwZ 2005, 1055 ff.
215 BVerfG, NVwZ 2005, 1055/1056.
216 BVerfGK 13, 1 ff.

halt von Aussagen beziehe, sei es am Maßstab des Art. 5 Abs. 2 zu messen.[217] Dabei unterstellte das BVerfG, dass auch das Interesse des Veranstalters, ein schlagwortartiges Versammlungsmotto zu formulieren, **dem Schutz von Art. 8 Abs. 1 GG unterfalle**.[218] Auch im Beschl. v. 19.12.2007[219] sah das BVerfG im Erlass von gegen das Motto der Versammlung gerichteten Auflagen einen **Eingriff in Art. 8 Abs. 1 GG**. Werde der Versammlung verboten, Meinungsinhalte in bestimmter Weise zu artikulieren, so beschränke dies ihre Möglichkeit, in selbstbestimmter Weise an der öffentlichen Meinungsbildung teilzuhaben.[220] Eine solche Beschränkung bejaht das BVerfG insbesondere dann, wenn **versammlungstypische Äußerungsformen** – Aufrufe, gemeinsame Lieder und Transparente – **behindert werden**.[221] Es sieht solche versammlungstypischen Äußerungsformen als **Kombination von Inhalt und Ausdrucksform von Meinungen** und unterwirft sie deshalb auch der Rechtfertigung von Art. 5 Abs. 1 und Abs. 2 GG.[222]

In seinem Wunsiedel-Beschl. v. 04.11.2009[223] hat das BVerfG an diese Rechtsprechung angeknüpft und hinsichtlich der Zulässigkeit der Verfassungsbeschwerde betont, dass das streitgegenständliche Versammlungsverbot **sowohl Art. 8 als auch Art. 5 GG verletzen** könne, was insbesondere dann der Fall sei, wenn die Versammlung ohne verfassungsrechtliche Rechtfertigung **wegen ihres Inhalts** verboten werde.[224]   131

ββ) Positionen im Schrifttum

Geht es bei Versammlungen und Demonstrationen um versammlungsbehördliche bzw. polizeiliche inhaltsbezogene Maßnahmen, geht die ganz h.M. von einem **Nebeneinander** der beiden Grundrechte aus. Sie sieht **beide Schutzbereiche betroffen** und die unter Art. 8 Abs. 1 GG fallenden Versammlungen müssen auch den Schranken von Art. 5 Abs. 2 GG gerecht werden.[225]   132

Nur vereinzelt wird auf das Problem hingewiesen, das sich einstellt, wenn die Wahl von Ort, Zeitpunkt und Gestaltungsmittel mit dem gewählten inhaltlichen Gegenstand der Versammlung eine **untrennbare Wirkungseinheit eingeht**.[226]   133

---

217 BVerfGK 13, 1/4.
218 BVerfGK 13, 1/5.
219 BVerfGK 13, 82 ff.
220 BVerfGK 13, 82/87.
221 BVerfGK 13, 82/87.
222 BVerfGK 13, 82/87.
223 BVerfGE 124, 300 ff.
224 BVerfGE 124, 300/319.
225 *Höfling*, SA, Art. 8 Rn. 84; *Gusy*, MKS, Art. 8 Rn. 87; *Schulze-Fielitz*, DR, Art. 8 Rn. 128; *Jarass*, JP, Art. 8 Rn. 2; *Schneider*, EH, Art. 8 Rn. 35; *Müller-Franken*, SBHH, Art. 8 Rn. 63; *Geis*, FH, Art. 8 Rn. 137; *Kunig*, MK, Art. 8 Rn. 37; *Hoffmann-Riem*, HGR, § 106 Rn. 86; *Kloepfer*, VerfR II, § 63 Rn. 70; a.A. *Depenheuer*, MD, Art. 8 Rn. 182, der von der Spezialität des Art. 5 GG ausgeht.
226 *Kloepfer*, VerfR II, § 63 Rn. 70; *Waechter*, VerwArch 2008, 73/89 ff.

γγ) Quantitativer und qualitativer Beachtungserfolg

134   Die Gestaltungsfreiheit schützt das Interesse des Veranstalters, mit seiner Versammlung bzw. Demonstration einen **möglichst großen Beachtungserfolg zu erzielen.**[227] Insoweit hat die Gestaltungsfreiheit eine **quantitative** und eine **qualitative** Dimension. Die quantitative **ist funktional** bzw. **inhaltsneutral** und betrachtet Ort, Zeit und Form nur unter dem Aspekt größtmöglicher Mobilisierung von Teilnehmern; sie wird also einen Ort mit hoher Besatzkapazität, einen Zeitpunkt, an dem möglichst viele Personen Zeit haben und eine Form, die als solche oder wegen der verwendeten Gestaltungsmittel hohe Attraktivität verspricht, auswählen.

135   In qualitativer Sicht kann die Auswahl der Gestaltungsfaktoren **inhaltlich-programmatisch** diktiert sein, indem Ort, Zeit, Form einerseits und Inhalt andererseits eine **Wirkungseinheit** bilden. So wird der Protest gegen die Kernkraft die Nähe zu einem Kernkraftwerk und die Protestdemo gegen eine PEGIDA-Versammlung deren Nähe suchen, das Gedenken an eine Persönlichkeit als historische Daten den Geburts- oder Todestag auswählen. Bezüglich der Form können die verwendeten Gestaltungsmittel schon den Inhalt abbilden, etwa die Gasmaske bei der Demonstration gegen Luftverschmutzung.

β) Die Versammlungsfreiheit als zusammengesetztes Grundrecht

136   Bezieht man – wie es der engere und der enge Versammlungsbegriff voraussetzen – die Versammlungsfreiheit auf den Prozess öffentlicher Meinungsbildung, so wird **die meinungsbildende und -äußernde Versammlung durch Art. 8 i.V. mit Art. 5 GG geschützt,** indem der Schutz des letzteren den des ersteren ergänzt.[228] Die Versammlungsfreiheit als Freiheit zur Meinungsbildung und die Versammlungsfreiheit als Demonstrationsfreiheit – mit der Freiheit der kollektiven Meinungskundgabe – beziehen aus Art. 8 und Art. 5 GG **eigenständige Komponenten.**

137   Bei der meinungs**bildenden** Versammlung schützt Art. 8 GG das **Diskussionsforum** als solches und seine Umstände und äußeren Bedingungen, während Art. 5 GG das Diskussionsthema – den **Versammlungsgegenstand** – und die einzelnen Diskussionsbeiträge in ihrer Qualität als kommunikative Interaktion unter Schutz stellt.[229]

γ) Differenzierung nach inhaltsneutralen und inhaltlich aufgeladenen Gestaltungsfaktoren

138   Die Gestaltungsfaktoren Ort, Zeitpunkt und Art und bei letzterem die eingesetzten Gestaltungsmittel können in **quantitativer** Sicht ausgewählt werden, um einen möglichst großen Beachtungserfolg – unmittelbar vor Ort oder medial vermittelt – zu

---

227 BVerfGE 69, 315/323 und 365; 128, 226/261; *Hoffmann-Riem*, NJW 2004, 2781; *Blanke*, SB, Art. 8 Rn. 43; die Dauer der Anwesenheit verstärkt den Beachtungserfolg, VGH München, NVwZ 2016, 498/499.
228 BVerfGE 69, 315/344 ff.
229 *Ullrich*, S. 283 f.

erzielen. Sie können aber auch in qualitativer Hinsicht von vorneherein so auf den Demonstrationsgegenstand bezogen sein, dass Ort und Zeitpunkt oder Art der Versammlung mit ihrem Inhalt eine untrennbare Wirkungseinheit bilden.[230]

Ist das der Fall, etwa wenn der als Lichtermeer und Schweigemarsch gegen Ausländer- 139 feindlichkeit organisierte Protest die Form im Inhalt und umgekehrt aufgehen lässt, muss bei den eingesetzten Gestaltungsmitteln hinsichtlich der Zulässigkeit von Auflagen, die der Einschüchterung begegnen sollen, geklärt werden, ob Art. 5 oder Art. 8 GG im Schwerpunkt betroffen ist (vgl. dazu näher § 15 Rdn. 104 ff.).

Solange das eingesetzte Gestaltungsmittel, etwa Trommeln, Marschformation und Fa- 140 ckeln, auf die Versammlung als Transportmittel der Botschaft bezogen werden kann, ist Art. 8 GG maßgeblich. Art. 5 GG kommt aber zur Geltung, wenn das Gestaltungsmittel zum Aussagegehalt der Demonstration gehört. Das ist etwa der Fall, wenn schwarze Fahnen bei einem Trauermarsch mitgeführt werden (vgl. dazu näher § 15 Rdn. 108).[231]

(2) Gestaltungsfaktoren

α) Ort

Der Versammlungsort ist als **public forum reale Voraussetzung einer Versammlung.** 141 Seine Wahl sichert zudem quantitativ und qualitativ den Beachtungserfolg. So bietet die Entscheidung für den Platz in der Innenstadt mit hoher Besatzkapazität die Möglichkeit hoher Teilnehmerzahl und der Wahrnehmung der Versammlung durch die Öffentlichkeit. Die Gestaltungsfreiheit bezüglich des Ortes beinhaltet auch das Recht auf diskursive Konfrontation[232] und erlaubt es dem Veranstalter einer Gegendemonstration, die Hör- und Sichtweite zur Ausgangsdemonstration – etwa einer PEGIDA-Demo – zu suchen. Insoweit besteht kein Trennungsprinzip im Rechtssinne für gegeneinander gerichtete Demonstrationen.[233] Bei entsprechender Gefahrenprognose kann aber ein Sicherheitskorridor als Auflage im Sinne eines taktischen Prinzips verfügt werden.[234]

Steht die Wahl des Ortes in untrennbarem Zusammenhang mit dem Versammlungs- 142 gegenstand, **garantiert die Gestaltungsfreiheit die räumliche Nähe zu symbolhaltigen Orten,** etwa zum Raketendepot beim Protest gegen den Nachrüstungsbeschluss, zu einem Parlament, das über das Protestthema entscheidet oder zum Tagungsort eines Weltwirtschaftsgipfels, an dem Globalisierungsgegner demonstrieren wollen.[235] Auch die **Wahl der Demonstrationsroute** kann einen inhaltlichen Bezug haben.

---

230 *Waechter*, VerwArch 2008, 73/90.
231 BVerfG, NVwZ 2002, 983.
232 *Koll*, S. 348 ff.
233 So aber OVG Bautzen, DVBl 2018, 663/666.
234 VGH München, BayVBl 2015, 529 f.
235 BVerfGE 69, 315/323 und 365; NJW 2007, 2167/2169.

143 Als **public forum** für Demonstrationen sind allgemein zugängliche **öffentliche Straßen und Plätze** unverzichtbar; auf diesen haben Demonstrationen **ihren natürlichen
Platz.** Das kann auch gelten, wenn auf öffentlichem Gelände zur Sicherung eines
Staatsbesuchs per Allgemeinverfügung durch die Ordnungsbehörde ein Sicherheitsbereich angeordnet wurde.[236] Das **Recht zur Selbstbestimmung des Ortes beinhaltet
das Recht zur Benutzung öffentlicher Straßen und Plätze.** Es handelt sich nicht um
Gemeingebrauch, erst recht nicht um Sondernutzung, sondern schlicht um Ausübung
des Grundrechts aus Art. 8 Abs. 1 GG.[237] Die Optimierung der Wirkungschancen des
Grundrechts verlangt den öffentlichen Raum.[238]

144 Die Sachherrschaft des öffentlichen Eigentümers der gewählten öffentlichen Fläche ist
mit einer aus Art. 8 Abs. 1 GG fließenden **Duldungspflicht** belastet[239]; das Grundrecht ist dem öffentlichen Sachenrecht und seiner Sach- und Güterordnung vor-
geordnet.[240] Das Recht der Selbstbestimmung des Ortes kann damit nicht auf solche
Flächen bzw. Räume beschränkt werden, auf die der Veranstalter nur deshalb Zugriff
hat, weil eine Verfügungsbefugnis schon vorher besteht.[241]

145 Art. 8 Abs. 1 GG verschafft mit der Gestaltungsfreiheit bezüglich des Ortes indes **kein
generelles Zutrittsrecht zu beliebigen Orten**[242], insbesondere nicht zu solchen, die
der Öffentlichkeit nicht allgemein zugänglich sind oder zu denen schon den äußeren
Umständen nach ein Zugang nur zu bestimmten Zwecken gewährt wird. Die Versammlungsfreiheit garantiert die Durchführung von Versammlungen aber dort, **wo
ein kommunikativer Verkehr stattfindet,** was zu bejahen ist, wenn der Ort tatsächlich
bereitgestellt wird und ein **öffentliches Forum eröffnet ist.**[243] Dies hat das BVerfG
für das Abflugterminal des Frankfurter Flughafens[244] und für einen kommunalen
Friedhof[245] bejaht.

146 Auf **Autobahnen**[246] und **Bahngleisen**[247] ist ein kommunikativer Verkehr nicht eröffnet und deshalb haben Versammlungen an diesen Örtlichkeiten mit eingeschränktem
Widmungszweck nicht ihrem natürlichem Platz, mit der Folge dass die Sachherrschaft

---

236 OVG Lüneburg, NdsVBl 2016, 280.
237 *Burgi*, DÖV 1993, 638; *Sachs*, StR IV/1, S. 1227.
238 *Röthel*, S. 98.
239 *Höfling*, SA, Art. 8 Rn. 41 unter Hinweis auf *Jellinek*, Verwaltungsrecht, 3. Aufl. 1931, S,
     390: Ein Hausrecht des Herrn der Straße Umzügen gegenüber würde dem Sinn der Reichs-
     verfassung widersprechen.
240 *Burgi*, DÖV 1993, 638 f.; *Schlink*, NJW 1993, 610.
241 So aber BVerwG, NJW 1993, 609; OVG Münster, NWVBl. 1992, 243/246; krit. dazu
     Höfling, SA, Art. 8 Rn. 41.
242 BVerfGE 128, 226/251; NJW 2014, 2706/2707.
243 BVerfGE 128, 226/251; NJW 2014, 2706/2707.
244 BVerfGE 128, 226/251 ff.; *Krüger*, DÖV 2012, 837 ff.
245 BVerfG, NJW 2014, 2706 f.; differenzierend *Hoffmann-Riem*, HGR, § 106 Rn. 85.
246 VGH Kassel, NJW 2009, 312 ff.; *Scheidler*, DAR 2009, 380 ff.
247 *Martens*, Die Polizei 2010, 48 ff.

des öffentlichen Eigentümers in diesen Fällen nicht einer durch Art. 8 Abs. 1 GG vermittelten Duldungspflicht unterliegt.

Wenn ein inhaltlicher Bezug der Demonstration zur Örtlichkeit gegeben ist, z.b. eine 147 Fahrraddemonstration auf einer Autobahn als Protestaktion gegen Umweltschäden durch den Kraftverkehr, kann **im Einzelfall bei Ermessenreduzierung auf Null ein Anspruch auf die Örtlichkeit bestehen.** Spontane Aktionen können aber wegen der bestehenden Gefahr für Leib und Leben der Teilnehmer von vorneherein unterbunden werden.

In **Bannmeilen** ist ein kommunikativer Verkehr eröffnet, denn auch sie sind **dem** 148 **Leitbild des public forum verpflichtet.** Beschränkungen für Demonstrationen in der Bannmeile lassen sich nicht über ein repressives Verbot mit Befreiungsvorbehalt, sondern **nur über ein präventives Verbot mit Erlaubnisvorbehalt rechtfertigen** (vgl. dazu § 16 Rdn. 10).

Beschränkungen der freien Ortswahl bestehen auch bei **Gedenkstätten** nach § 15 149 Abs. 2 BVersG[248], bei **Flächenverboten** bzw. **Schutzzonen** und eingerichteten **militärischen Sicherheitsbereichen.**

Ein **Anspruch auf Überlassung eines privaten Grundstücks** zur Durchführung einer 150 Versammlung **besteht nicht**, es sei denn es liegt ein privatrechtlicher Vertrag vor oder es kann von einer mutmaßlichen Einwilligung ausgegangen werden.[249] Findet auf Privateigentum eine Versammlung statt, ohne dass diese Voraussetzungen vorliegen, so liegt eine Gefahr für die öffentliche Sicherheit in Gestalt der Verletzung von § 903 BGB vor und es kann eine Auflösung der Versammlung verfügt werden. In Privateigentum befindliche Wälder – etwa der Hambacher Forst als Eigentum der RWE – sind mit der Verpflichtung belastet, das Betreten des Waldes durch jedermann zum Zwecke der Erholung zu dulden (vgl. § 14 Abs. 1 Satz 1 BundeswaldG, § 2 Abs. 1 Satz 1 LFoG NRW). Unter diesen klar umrissenen Zweck fallen nicht Demonstrationen, auch wenn sie den Wald zum Gegenstand des Protests gegen seine Abholzung haben. Wird eine solche Demonstration als Waldspaziergang etikettiert, ändert das nichts an ihrer Qualität als Versammlung.

Eine andere Betrachtung kann geboten sein bei sog. **semiöffentlichen** Räumen, wo 151 Örtlichkeiten in Privateigentum sind, aber die Funktion des öffentlichen Raumes haben. Solche semiöffentlichen Räume können auf unterschiedliche Art und Weise entstehen. So werden große Immobilienareale mit diversen Einkaufsmöglichkeiten, aber auch Büro- und Wohneinheiten auf privaten Grundstücken errichtet. Erschlossen werden diese durch ebenfalls in Privateigentum befindliche Verkehrsflächen, die mit den öffentlichen Verkehrsflächen verbunden sind; markantes Beispiel dafür ist das **Sony-Zentrum** am Potsdamer Platz in Berlin, wo nicht nur die überdachten Einkaufsflächen, sondern auch die umliegenden Straßen Privateigentum sind. Nach

---

248 BVerfG, NVwZ 2005, 1055 ff.
249 *Kniesel/Poscher*, Rn. 76; *Depenheuer*, MD, Art. 8 Rn. 63; *Gusy*, MKS, Art. 8 Rn. 43.

diesem Modell errichtete Einkaufspassagen finden sich inzwischen in jeder größeren Innenstadt.[250]

152 Ein anderes Modell des öffentlich Raumes in privater Trägerschaft entsteht, wenn vormals öffentliche Räume nach **Entwidmung** durch die jeweilige Kommune an Privatpersonen verkauft werden, von diesen aber in der Funktion des öffentlichen Raumes belassen werden.[251]

153 Für die demokratische Funktion von Art. 8 Abs. 1 GG können solche privatisierten öffentlichen Räume eine dem in öffentlicher Trägerschaft befindlichen öffentlichen Raum vergleichbare Bedeutung erlangen, insbesondere dann, wenn sie diesen nicht ergänzen, sondern ersetzen. Eine solche Ersetzung eines vormals öffentlichen Innenstadtraums liegt bei großen Einkaufszentren in Innenstädten wie etwa im Falle des **Centro Oberhausen** vor, das mit seinen Verkaufs- und Gastronomieflächen die Innenstadt von Oberhausen in ihrer öffentlichen Bedeutung hinter sich lässt.[252]

154 Wenn die Versammlungsfreiheit in Ansehung der Privatisierung des öffentlichen Raumes ihre freiheitssichernde und demokratische Funktion bewahren soll, muss die **Durchführung von Versammlungen auf privatisierten öffentlichen Flächen unter bestimmten Voraussetzungen** auch ohne Zustimmung der Privateigentümer **möglich sein**.[253]

155 Eine sich aus Art. 8 Abs. 1 GG ergebende Pflicht zur Duldung von Versammlungen auf privatisierten Flächen schränkt die Eigentumsfreiheit ein, wobei die Ausschlussbefugnis der Eigentümer im Hinblick auf die **Sozialbindung** nach Art. 14 Abs. 2 GG Grenzen hat.[254] Insoweit ist diese umso bedeutsamer je stärker der Sozialbezug des Eigentums und seiner Nutzung ausgeprägt ist. Wird der Sozialbezug eines Grundstücks durch die Eröffnung einer allgemeinen Verkehrsöffentlichkeit und den sich daraus ergebenden kommerziellen Vorteilen erheblich gesteigert, so schließt die Sozialbindung aus, die Funktionen des öffentlichen Raumes nur selektiv wahrzunehmen; vielmehr müssen **mit den kommerziellen Vorteilen der öffentlichen Verkehrsfunktionen auch deren kommunikative übernommen werden**.[255]

156 Die Versammlungsfreiheit gewährleistet also auch, auf privatisierten öffentlichen Flächen, die kommunikativen Verkehr eröffnen, das Publikum mit politischen Auseinandersetzungen, gesellschaftlichen Konflikten und sonstigen Themen zu konfrontieren.[256] Der Eigentumsfreiheit ist dabei aber dadurch Rechnung zu tragen, dass

---

250 Arbeitskreis Versammlungsrecht, MEVersG, S. 60.
251 Arbeitskreis Versammlungsrecht, MEVersG, S. 60; krit. zur Entwidmung *Finger/Müller*, NVwZ 2004, 953/956.
252 Arbeitskreis Versammlungsrecht, MEVersG, S. 61.
253 Arbeitskreis Versammlungsrecht, MEVersG, S. 60; *Hoffmann-Riem*, HGR, § 106 Rn. 85; *Fischer-Lescano/Maurer*, NJW 2006, 1393/1394; *Frau*, DV 2016, 532 ff.
254 *Kniesel/Poscher*, Rn. 76; *Kersten/Meinel*, JZ 2007, 1127/1133; vgl. auch BVerfGE 128, 226/251 ff.; krit. *Alemann/Scheffczyk*, JA 2013, 407/408.
255 *Kniesel/Poscher*, Rn. 76.
256 *Kniesel/Poscher*, Rn. 76.

den Privateigentümern Beschränkungen auf zivilrechtlicher Grundlage möglich sein müssen[257].

β) Zeit

In zeitlicher Hinsicht geht es bei der Gestaltungsfreiheit um den **Termin** und die 157 **Dauer** einer Versammlung. Wie der für sie gewählte Ort kann auch der Termin eine quantitative und eine qualitative Dimension haben. Der gewählte Zeitpunkt trägt in besonderem Maße zum Beachtungserfolg bei, wenn an ihm viele Personen Zeit haben, etwa an einem Samstag um 12:00 Uhr, wo sich eine Vielzahl von Personen in den Innenstädten aufhält.

Die Wahl des Termins kann aber auch in einem untrennbaren Zusammenhang mit 158 dem Gegenstand der Versammlung bzw. Demonstration stehen. Das ist der Fall bei **historischen Daten** wie Geburts- oder Todestagen bestimmter Persönlichkeiten oder im zeitlichen Turnus wiederkehrenden Gedenktagen an historische Ereignisse. Der **inhaltliche Bezug** kann sich aber auch **aktuell ergeben**, wenn etwa gegen die bevorstehende Abschiebung eines Asylbewerbers protestiert werden soll.

Hinsichtlich der Dauer gibt es **keine Mindestzeitvorgabe.** Auch das wenige Sekunden 159 dauernde Hochhalten eines Plakats oder das einmalige Werfen von Flugblättern von der Empore eines Parlaments stellen eine Demonstration dar.[258]

Auch eine **Höchstzeitvorgabe lässt sich Art. 8 Abs. 1 GG nicht entnehmen.** Um 160 Versammlungen von Vereinen, die Versammlungsfreiheit von der Vereinigungsfreiheit abgrenzen zu können, wird auf die **Zeitweiligkeit** hingewiesen[259]; Versammlungen sollen nicht von Dauer sein, während Art. 9 Abs. 1 GG im Gegensatz zu Art. 8 Abs. 1 GG ein gewisses Maß an zeitlicher und organisatorischer Stabilität[260] verlange, die allerdings schon bei einer Bürgerinitiative als lose gefügter Assoziation bejaht werden könne.[261]

Organisieren und veranstalten mehrere Personen – auch in unterschiedlicher per- 161 soneller Zusammensetzung – eine Dauermahnwache zur Bedrohung von Mensch und Umwelt durch den Klimawandel über mehrere Monate, so kann sich die Abgrenzung zwischen einer Vereinigung und einer Versammlung prototypisch schwierig gestalten. Entscheidend kann es letztlich nur auf den verfolgten Zweck ankommen.[262] Der Aspekt der Zeitweiligkeit als Abgrenzungskriterium versagt hier aber schon deshalb, weil der **Versammlungsbehörde nicht das Urteil darüber zustehen kann, ob und wann der Versammlungszweck erreicht ist.** In Zweifelsfällen wird man daher die beiden Grundrechte nebeneinander anwenden müssen. Dauerversammlungen müssen nicht

---

257 BVerfGE 128, 226/251 ff.; BVerfG, DÖV 2016, 81 ff.; vgl. dazu *Scharlau*, S. 221 ff.
258 *Schulze-Fielitz*, DR, Art. 8 Rn. 30; *Gusy*, MKS, Art. 8 Rn. 21.
259 *Lisken*, NJW 1995, 2475.
260 *Kingreen/Poscher*, Rn. 844.
261 *Höfling*, SA, Art. 9 Rn. 16; *Rixen*, SB, Art. 9 Rn. 14.
262 *Kniesel/Poscher*, Rn. 63; OVG Münster, NVwZ 1992, 360; *Deutelmoser*, NVwZ 1999, 240; krit. *Dietlein*, NVwZ 1992, 1066.

an einem Stück veranstaltet werden, sondern können auch als Folge- oder Wiederholungsversammlungen durchgeführt werden, sind aber jeweils als neue, eigenständige Versammlung zu betrachten.

162 Die Frage der Höchstdauer stellt sich aber und muss entschieden werden, wenn um einen attraktiven Demonstrationsort mehrere Veranstalter konkurrieren und jeweils über einen längeren Zeitraum demonstrieren wollen. Unter Beachtung des **Erstanmelderprinzips** (vgl. § 14 Rdn. 48 ff.) kann die Versammlungsbehörde von vorneherein oder nachträglich eine **Höchstdauer** zum Schutz der Versammlungsfreiheit des Zweit- oder Drittanmelders **verfügen.**

γ) Form

163 Auch bei der Art und Weise wirkt die Gestaltungsfreiheit quantitativ und qualitativ; die **gewählte Form der Demonstration**, etwa in Gestalt einer Menschenkette oder eines Schweigemarsches, **kann als solche zum Beachtungserfolg beitragen**, in qualitativer Betrachtung können bestimmte **Gestaltungsmittel mit thematischem Bezug zum Demonstrationsgegenstand** den Beachtungserfolg steigern, etwa schwarze Fahnen bei einem Trauermarsch oder Gasmasken bei einer Demonstration gegen die Luftverschmutzung.

164 Hinsichtlich der Versammlungsart besteht **Typenfreiheit** und **kein numerus clausus** vorgegebener Formen. Das folgt schon aus dem Wortlaut von Art. 8 Abs. 1 GG, der mit dem Recht sich zu versammeln keine bestimmte Form vorgibt, sondern vielfältige Formen gemeinsamen Verhaltens bis hin zu nichtverbalen Ausdrucksformen gewährleistet.[263]

165 Zulässig sind neben den **klassischen Formen** der Diskussionsversammlung, der Kundgebung und des Demonstrationsaufmarsches auch **Mischformen**, z.B. die Diskussionsversammlung mit Außenübertragung, der Aufzug mit Zwischenkundgebungen, auch die selbstständige Nebenversammlung, die sich einer anderen Versammlung als Aufzug örtlich und zeitlich anschließt[264] und **neuere Veranstaltungsformen** wie Sitzblockaden, Mahnwachen, Schweigemärsche, Straßentheater, Happenings, Menschenketten etc.

166 **Aktuelle Erscheinungsformen** sind Flash-, Smart-, Carottmobs, Raids, Critical Mass und Facebook-Partys, bei denen über Handy oder Internet organisiert Personen in Eilgeschwindigkeit zusammenkommen, Fan- und Bannermärsche von Fußballfans vom Bahnhof ins Stadion, Aktivitäten der clowns army, »Kontrollen« einer Scharia-Polizei zur Überwachung des Auftretens von Muslimen in der Öffentlichkeit, Probeblockaden bzw. Blockadetrainings und Verhinderungsblockaden – »Dresden stellt sich quer« – gegen rechtsextremistische Aufmärsche, Blockupy-Aktionen, muslimkritische Demonstrationen zur Rettung des Abendlandes – PEGIDA – oder das gelegentlich einer Demonstration gegen die Geschäftspolitik von Energiekonzernen kurzfristig

---

263 BVerfGE 69, 315/343.
264 *Schulze-Fielitz*, DR, Art. 8 Rn. 32.

erfolgende Projizieren des Großschriftzugs »Raus aus Kohle und Öl« auf die Fassade eines Hochhauses. Bei Fan- und Bannermärschen[265] von Ultras, die sich vom Stadion zum Bahnhof bewegen wollen, handelt es sich um einen organisierten Anmarsch zum Fußball-Bundesligaspiel. Wird dieser als Zeichen innerer Verbundenheit mit ihrem Verein gesehen, ist nach dem weiten Versammlungsbegriff von einem Aufzug aus-zugehen, nach dem verengten erst dann, wenn etwa mit dem Protest gegen zu hohe Eintrittspreise ein Beitrag zur öffentlichen Meinungsbildung bejaht werden kann. Bei Critical Mass handelt es sich um Treffen von Radfahrern zu einer bestimmten Zeit an einem bestimmten Ort, um gemeinsam durch Städte zu fahren. Die Vorausfahrenden bestimmen die Richtung und die Gruppe folgt ihnen. Solche CM-Rides sollen nicht organisiert und unhierarchisch sein und werden von den Beteiligten nicht als De-monstration verstanden. Da mit der gemeinsamen Ausfahrt aber die Gleichberechti-gung mit dem motorisierten Verkehr eingefordert wird, liegt sogar nach dem engen Versammlungsbegriff eine Versammlung vor.[266] Bei einer Facebook-Party handelt es sich um ein über ein soziales Netzwerk online organisiertes Zusammentreffen, um miteinander zu feiern.[267] Von einer Versammlung im weiten Verständnis kann nur bei einer – regelmäßig nicht vorliegenden inneren Verbindung – ausgegangen werden, von einer Versammlung i.S.d. verengten bzw. engen Versammlungsbegriffs nur dann, wenn es zumindest auch um einen Beitrag zur öffentlichen Meinungsbildung in pri-vaten oder politischen Angelegenheiten geht.

Eine besondere Erscheinungsform ist die Spontanversammlung, weil sie keinen Veran- 167
stalter hat und deshalb unorganisiert ist.[268] Auch der Typus der **Großdemonstration**, die aus einer Mehr- oder **Vielzahl parallel verlaufender Teil- bzw. Nebenveranstaltun-gen** bestehen kann, wird durch Art. 8 Abs. 1 GG erfasst.[269]

In qualitativer Hinsicht, also was die inhaltliche Gestaltung angeht, verfügt die De- 168
monstrationsfreiheit über ein **breites Spektrum an Gestaltungsmitteln**. Dazu zäh-len das Zeigen von Transparenten, Mitführen von Fahnen, Fackeln und Trommeln, Verteilen von Handzetteln, Skandieren von Parolen, Singen von Liedern, Bewegen in Marschformation, Halten von Reden bis hin zur szenischen Darstellung des Demonstrationsgegenstandes.

Will etwa Krankenhauspersonal dergestalt auf mangelnde Versorgung der Patienten 169
aufmerksam machen, indem der angeprangerte Pflegenotstand mit den Gestaltungs-mitteln Zelt, Betten, medizinischem Gerät und Krankenschwestern in typischer Berufskleidung in Szene gesetzt wird, so fällt diese »**Inszenierung« als demonstra-tive Aussage** insgesamt unmittelbar unter Art. 8 Abs. 1 GG. Gleiches gilt für das szenische Wegtragen bei Probeblockaden oder die Aufstellung eines großen Zeltes

---

265 Vgl. dazu OLG Oldenburg, NJW 2016, 887 f.
266 *Ebeling*, S. 277; *Höfling/Krohne*, JA 2012, 734/737.
267 *Hohmann*, S. 6 ff.; *Levin/Schwarz*, Die Polizei 2012, 72 ff.
268 BVerfGE 69, 315/350 f.; 85, 69/75; *Höfling*, SA, Art. 8 Rn. 22; *Kloepfer*, HdBStR VII, § 164 Rn. 35 ff.; *Hoffmann-Riem*, AK-GG, Art. 8 Rn. 60 ff.
269 BVerfGE 69, 315/350 ff.

als symbolhafte Trutzburg gegen die Macht der Banken und der Großfinanz bei Blockupy-Aktionen.

170 Der Gestaltungsfreiheit für die Form unterliegt auch, in welcher **Aufmachung** an einer Demonstration teilgenommen wird.[270] Auch die identifizierungserschwerende oder – vereitelnde Aufmachung – etwa die Gasmaske beim Protest gegen Luftverschmutzung oder unkenntlich machende Kostümierungen im Rahmen künstlerischer Aktionen – können selber demonstrative Akte sein.

171 Auch der Zweck, nicht erkannt werden zu können, kann verfassungsrechtlich zulässig sein. Wollen Aids-Kranke mit Bettlaken verhüllt gegen ihre Registrierung demonstrieren, so folgt die Zulässigkeit der **Anonymität** schon aus ihrem Protestanliegen selber, aber auch aus ihrem Schutzinteresse. Gleiches gilt für Ausländer, die gegen die politischen Zustände in ihren Heimatländern protestieren wollen und Repressalien fürchten müssen.

172 Die Teilnahme mit Vermummung bzw. Passivbewaffnung kann zwar als Indiz für spätere Gewalttätigkeiten gewertet werden, sie ist aber nur Vorstufe bzw. Indiz für beabsichtigte Gewalttätigkeit, nicht diese selber.[271] Solange es legitime Gründe für Schutzkleidung gibt – Demonstranten wollen sich nicht für Auseinandersetzungen mit der Polizei wappnen, sondern gegen militante Gegendemonstranten oder die zwangsläufige Streuwirkung polizeilicher Ersatzmittel schützen-, wird sie zulässig sein[272] (vgl. § 17a Rdn. 36).

173 Die verwendeten **Gestaltungsmittel** sind wegen ihres inhaltlichen Bezugs zum Demonstrationsgegenstand **unmittelbar garantiert, Hilfsmittel** dagegen nur dann, wenn sie für die Durchführung der Aktion von **funktionaler Bedeutung** sind. Gestaltungs- und Hilfsmittel sind deshalb streng voneinander abzugrenzen.[273]

174 Ist das eingesetzte Mittel – etwa ein Zelt in den gerade dargestellten Fällen – Gestaltungsmittel, so ist es unerheblich, wenn es auch zum Schutz vor Regen benutzt wird; ist es aber nur Hilfsmittel, so kommt es auf seine funktionale Bedeutung für die Verwirklichung des Versammlungszwecks an, d.h. ohne das Hilfsmittel müsste dieser nicht oder nur teilweise zu realisieren sein.[274] Das BVerfG zieht in seinem Beschluss zum Protestcamp beim G 20-Gipfel 2017 in Hamburg die Form als Protestcamp auch als Gestaltungsmittel in Betracht.[275] Auch der Aspekt der Dauer der Versammlung – etwa bei einer Dauermahnwache – kann für die funktionale Bedeutung sprechen.

175 Das Spektrum der eingesetzten Hilfsmittel ist breit; es geht um **Lautsprecher** und **Megafone**, mit denen erst eine größere Anzahl von Teilnehmern akustisch erreicht

---

270 BVerfGE 69, 315/358 ff.; *Höfling*, SA, Art. 8 Rn. 22.
271 *Depenheuer*, MD, Art. 8 Rn. 73; *Höfling*, SA, Art. 8 Rn. 24; *Hölscheidt*, DVBl 1987, 672.
272 *Amelung*, StV 1989, 72.
273 Vgl. dazu *Friedrich*, DÖV 2019, 55/56 ff.; undeutlich *Alemann/Scheffczyk*, JA 2013, 407/411.
274 *Hoffmann-Riem*, HGR, § 106 Rn. 66; *Schulze-Fielitz*, DR, Art. 8 Rn. 34.
275 BVerfG, NVwZ 2017, 1374 ff.; *Mehde*, DÖV 2018, 1 ff.; *Hartmann*, NVwZ 2018, 200 ff.

werden kann, um **Witterungsschutz** durch Regensegel bei länger andauernden Versammlungen, um **Informationsstände**, um **Ver- und Entsorgungsanlagen** von **Einkaufständen** bis zum Aufstellen von **Toilettenwagen** bei Großveranstaltungen, um die Schaffung von **Schlafmöglichkeiten** durch Aufstellen von Betten bei Daueraktionen, ja um **infrastrukturelle Ergänzungen** in Gestalt von Küchenwagen zur Versorgung eines Hüttendorfes als Dauerdemonstration gegen die Kernkraft oder die Errichtung eines Protestcamps, wie es beim G 20-Gipfel 2017 in Hamburg der Fall war.[276]

Ob eine funktionale Bedeutung besteht, kann nur im konkreten Fall unter Berücksichtigung der gesamten Umstände beurteilt werden. Von funktionaler Bedeutung ist der **Einsatz von Lautsprechern und Megafonen**, um auf diese Weise mit Teilnehmern und der Öffentlichkeit kommunizieren zu können.[277] Insoweit kann die Verwendung dieser Hilfsmittel nicht vom Erreichen einer bestimmten Teilnehmerzahl oder der Stimmgewalt des Leiters oder Redners abhängig gemacht werden.[278]   176

Sollen zur Konkretisierung des Demonstrationsgegenstandes Informationsmaterialien zur Veranschaulichung ausgelegt oder verteilt werden, haben **Informationsstände** funktionale Bedeutung.   177

Bei nicht nur kurzfristigen Aktionen ist bei einsetzendem Regen das Anbringen eines **Regensegels** zulässig, damit die Demonstration nicht unterbrochen werden muss. Handelt es sich um Demonstrationen, die die ständige Präsenz von Teilnehmern vor Ort rund um die Uhr erfordern, wird die **Einrichtung von Schlafplätzen** daselbst nur in Betracht kommen, wenn vom Veranstalter ein »Schichtdienst« der Teilnehmer zur Aufrechterhaltung der Dauerpräsenz mangels hinreichender Teilnehmerkapazität nicht geleistet werden kann.   178

Ver- und Entsorgungsanlagen in Gestalt von Verkaufsständen und Toilettenwagen sind bei größeren Veranstaltungen, die sich über einen ganzen Tag erstrecken, nicht nur zulässig, weil eine Eigenversorgung mit Essen und Getränken, beschränkende Wirkung entfaltet, sondern bezüglich Entsorgungsanlagen sogar geboten, **um Auswirkungen auf Dritte zu minimieren**.[279]   179

Deren Interessen hat die Versammlungsbehörde zu wahren, etwa wenn sie durch die **Auflage an den Veranstalter zur Aufstellung von Toilettenwagen** verhindert, dass bei einer Großdemonstration in der Innenstadt die Toiletten umliegender Kaufhäuser und Gaststätten frequentiert werden. Infrastrukturelle stationäre Ergänzungen durch   180

---

276 BVerfG, NVwZ 2017, 1374 ff.; OVG Greifswald, BeckRS 2016, 42879; vgl. auch VGH München, NVwZ-RR 2016, 498/501; VG Meiningen, ThürVBl 2018, 43 ff.; dazu näher *Mehde*, DÖV 2018, 1 ff.; *Hartmann*, NVwZ 2018, 200 ff.; dazu näher *Friedrich*, DÖV 2019, 55/59 ff.

277 OVG Frankfurt (Oder), NVwZ-RR 2004, 844/847; *Alemann/Scheffczyk*, JA 2013, 407/411.

278 So aber OVG Berlin-Brandenburg, NVwZ-RR 2009, 370 ff.

279 VGH Mannheim, NVwZ-RR 1994, 370; *Schneider*, EH, Art. 8 Rn. 18; *Friedrich*, DÖV 2019, 55/59 ff.

Aufstellung von Küchenwagen dürften dagegen unzulässig sein, weil sich die Versorgung auch mobil gestalten lässt.

δ) Inhalt

181   Art. 8 Abs. 1 GG schützt den Inhalt nur dann, wenn die Wahl von Ort, Zeitpunkt und Art **in untrennbarem Zusammenhang** mit dem Gegenstand der Versammlung steht. Im Übrigen garantiert Art. 5 Abs. 1 GG den Inhaltsschutz. Welches Thema ein Veranstalter aufgreift und mit welcher Botschaft er sich an die Öffentlichkeit wendet, fällt unter den Schutz der Meinungsfreiheit, weil er auf diese Weise eine Meinung vertritt und Stellung nimmt.[280]

182   Nach Auffassung des BVerfG soll die Formulierung eines schlagwortartigen Mottos – quasi als Kurzfassung des Inhalts – nur dem Schutz des Art. 8 Abs. 1 GG unterfallen, weil die Versammlungsfreiheit das Interesse des Veranstalters schützt, einen Beachtungserfolg nach seinen Vorstellungen zu erzielen.[281] Das vermag nicht zu überzeugen, weil das **Motto als Kurzbotschaft inhaltsbezogen bleibt** und Art. 5 Abs. 1 GG mit der Meinungskundgabe ebenfalls die den Beachtungserfolg garantierende Auswahl von Ort, Zeit und Ausdrucksform der inhaltlichen Aussage unter Schutz stellt.[282]

183   Zum Inhalt gehört auch die Gestaltung des Programms. Mit dem Auftritt eines Redners, der mit seiner Person für den Inhalt steht und in seiner Rede den Gegenstand der Demonstration entfaltet, und ebenso mit der Darbietung inhaltsbezogener Lieder übt der Veranstalter seine inhaltliche Gestaltungsfreiheit aus.[283] Entsprechende Verbote beeinträchtigen Art. 5 Abs. 1 GG. Zugleich liegt aber auch ein Eingriff in Art. 8 Abs. 1 GG vor, weil den Teilnehmern mit dem Entfallen der Rede als Programmpunkt der Versammlung **auch die Möglichkeit kommunikativer Entfaltung** in Gemeinsamkeit untereinander **genommen wird**.[284]

(3) Umfang der Gestaltungsfreiheit

184   Ein Veranstalter kann *seine* Versammlung nach seinen Vorstellungen verwirklichen, wenn keine Rechte Dritter entgegenstehen. Das aus Art. 8 Abs. 1 GG abzuleitende Selbstbestimmungsrecht gibt **keine absolute Verfügungsbefugnis** über die Gestaltungsfaktoren, insbesondere nicht darüber, mit welchem Gewicht entgegenstehende Rechte Dritter in einen Abwägungsprozess einzubringen und wie Interessenkollisionen rechtlich zu bewältigen sind.[285]

185   Diese Abwägung, ob und in welchem Umfang entgegenstehende Rechte Dritter die Demonstrationsfreiheit einschränken, obliegt den Versammlungsbehörden bzw. der

---

280 BVerfGE 61, 1/9; 90, 241/247.
281 BVerfGK 13, 1/5.
282 BVerfGE 93, 266/289.
283 *Kniesel/Poscher*, Rn. 78.
284 BVerfG, DVBl 2002, 690/691; DVBl 2002, 970/971.
285 BVerfG, NJW 2001, 1409/1410; NJW 2011, 1411/1412; NVwZ 2004, 90/92.

Polizei.[286] Diese müssen **mit Auflagen i.S. von § 15 Abs. 1 oder Abs. 3 BVersG praktische Konkordanz**[287] **herstellen.** Der Veranstalter hat aber die Möglichkeit, seine Vorstellungen im Rahmen des Kooperationsverfahrens einzubringen.[288]

Entgegenstehende Rechtspositionen Dritter sind betroffen, wenn bei Demonstrationen, insbesondere Aufzügen in den Innenstädten Verkehrsteilnehmer, Gewerbetreibende, Einkaufswillige und Passanten in Mitleidenschaft gezogen werden. Wird zu **Gegendemonstrationen** aufgerufen, werden sich Ausgangs- und Gegenveranstaltung Abstriche gefallen lassen müssen. Ergibt sich bei attraktiven Demonstrationsorten und -zeiten eine **Konkurrenzsituation** zwischen mehreren Veranstaltern, haben alle Einschränkungen hinzunehmen.[289]   186

Auch **Persönlichkeitsrechte Dritter**[290], etwa die eines entlassenen Sexualstraftäters, vor dessen Haus durch Demonstrationen eine psychische Drucksituation mit dem Ziel des Wegzuges aufgebaut werden soll, können zu Distanzauflagen gegen Veranstalter und Teilnehmer führen.   187

Im Rahmen des Abwägungsprozesses kann nicht jede Beeinträchtigung von Verkehrsabläufen Einschränkungen von Art. 8 Abs. 1 GG rechtfertigen, da **Versammlungen unter freiem Himmel typischerweise mit Behinderungen Dritter verbunden sind.**[291] Werden die Rechte Dritter nur in dem typischen und unvermeidbaren Umfang betroffen, hat der Veranstalter den Anspruch auf *seine* Demonstrationsroute und *seinen* Demonstrationszeitpunkt.[292]   188

(4) Gestaltungsberechtigte

Art. 8 Abs. 1 GG schützt auch die **Veranstalterfreiheit** (vgl. Rdn. 228 ff.), weshalb es zunächst der Veranstalter ist, der die Gestaltungsfreiheit in Anspruch nehmen kann. Er kann der Versammlung bzw. Demonstration das **Gepräge** geben und dieses in seiner Einladung konkretisieren, mit der Folge, dass sich die seiner Einladung folgenden Teilnehmer daran orientieren müssen. Bei Spontanversammlungen sind die Teilnehmer mangels Veranstalter selber gestaltungsberechtigt.   189

ddd) Geschützte Aktivitäten

Art. 8 Abs. 1 GG garantiert den Teilnehmern das **Zusammenkommen** und das **Zusammenbleiben** für eine bestimmte Zeit. Darauf lässt sich aber der Grundrechtsschutz nicht reduzieren, vielmehr sind Zusammenkommen und -bleiben die **Grundlage für alle Anschlussaktivitäten** zur gemeinsamen Zweckverfolgung.   190

---

286 Hesse, VerfR, Rn. 72.
287 BVerfG, NJW 2001, 1409/1410.
288 BVerfG, NJW 2001, 1409/1410.
289 BVerfGE 104, 92/108 Fn. 51; Schulze-Fielitz, DR, Art. 8 Rn. 88.
290 *Schulze-Fielitz*, DR, Art. 8 Rn. 88; OVG Magdeburg, NJW 2012, 2535.
291 BVerfGE 69, 315/353; 73, 206/249; *Depenheuer*, MD, Art. 8 Rn. 61.
292 *Kniesel/Poscher*, Rn. 74; BVerfG, NJW 2002, 1033.

191 Demgegenüber wird die Auffassung vertreten, Art. 8 Abs. 1 GG schütze nur den Vorgang des Sichversammelns, nicht aber die danach entwickelten Aktivitäten, etwa die gemeinsame Fortbewegung in einem Aufzug.[293] Der Ortswechsel würde durch die Versammlungsfreiheit nur geschützt, wenn er dazu diene, die Versammlung aufrechtzuerhalten oder fortzusetzen, etwa die Verlagerung einer Versammlung im Freien in einen Saal bei Regen.[294] Demonstrationstypische Verhaltensweisen wie das selbstdarstellende Umherziehen, Halten von Ansprachen, Mitführen von Transparenten[295] könnten nur auf andere Grundrechte – Meinungsfreiheit, körperliche Bewegungsfreiheit – gestützt werden.[296] Bei der Demonstrationsfreiheit soll es sich um eine ochlokratische Fehlinterpretation der Demonstrationsdemokratie handeln[297] und Großdemonstrationen sollen garkeinem Grundrecht unterfallen.

192 Diese Auffassung vermag nicht zu überzeugen. Neben der stationären Versammlung wird auch die sich fortbewegende als **Aufzug von Art. 8 Abs. 1 GG erfasst.**[298] Aus der besonderen Erwähnung der Aufzüge in § 1 BVersG lässt sich keine Wesensverschiedenheit gegenüber Versammlungen ableiten. Aufzüge bedurften einer Sonderregelung, weil mit ihnen regelmäßig erhebliche Auswirkungen auf Rechte Dritter verbunden sind. Vor allem ist aber die Reduzierung des Schutzbereiches nicht zu vereinbaren mit der besonderen Bedeutung von Art. 8 Abs. 1 GG für den Einzelnen und das demokratische Gemeinwesen[299]; eine Versammlungsfreiheit, die nur den Vorgang des Sichversammelns schützte, würde im Grundrechtskatalog des Grundgesetzes nur eine untergeordnete Rolle spielen.

193 Hinsichtlich der Teilnehmer fallen also **alle versammlungsveranlassten Verhaltensweisen unter den Schutzbereich von Art. 8 Abs. 1 GG.**[300] Für die Veranstalter schützt das Grundrecht die **Vorbereitung, Organisation und Durchführung** der Versammlung einschließlich ihrer **Leitung.**

eee) Vor- und Nachwirkung

194 Das BVersG trifft im Wesentlichen Regelungen für die **bestehende** Versammlung. Als Bestimmungen für den Zeitraum vor Beginn kennt das BVersG nur die Verbotsnormen in §§ 5, 15 Abs. 1 und 2 und für den Zeitraum nach der Auflösung die Entfernungspflicht der §§ 13 Abs. 2, 18 Abs. 1. Im Übrigen sah der Gesetzgeber im Jahre 1953 keine Veranlassung zu Regelungen für die Vor- und Nachphase einer Versammlung.

---

293 *Kniesel/Poscher,* Rn. 77.
294 *Depenheuer,* MD, Art. 8 Rn. 59; *Samper,* BayVBl 1969, 77; *Stöcker,* DÖV 1983, 993; *Drosdzol,* JuS 1983, 409.
295 *Depenheuer,* MD, Art. 8 Rn. 59.
296 *Depenheuer,* MD, Art. 8 Rn. 59; *Stöcker,* DÖV 1983, 993 ff.
297 *Stöcker,* DÖV 1983, 993 und 1001.
298 BVerfGE 69, 315/343; BVerfG, NVwZ 2013, 570/571; *Hoffmann-Riem,* AK-GG, Art. 8 Rn. 12; *Schulze-Fielitz,* DR, Art. 8 Rn. 29; *Schwäble,* S. 108.
299 BVerfGE 69, 315/344.
300 *Schulze-Fielitz,* DR, Art. 8 Rn. 34; *Gusy,* MKS, Art. 8 Rn. 31.

Art. 8 Abs. 1 GG schützt den **gesamten Vorgang des Sich-Versammelns**, ist also nicht 195
allein auf die Teilnahme an einer bestehenden Versammlung beschränkt.[301] Schon der
Wortlaut – sich zu versammeln und nicht Versammeltsein – bringt zum Ausdruck,
dass der Schutzbereich nicht erst eröffnet ist, wenn die Teilnehmer sich versammelt
haben, sondern bereits für **alle Handlungen und Verhaltensweisen, die auf die Teilnahme bzw. die Veranstaltung gerichtet sind**. Die Versammlungsfreiheit erfasst also
auch das Vorfeld einer Versammlung und schützt die organisatorische Vorbereitung
ebenso wie die Anreise zum Versammlungsort.[302] Gleichfalls ist geschützt der Zugang
zu einer bevorstehenden oder sich bildenden Versammlung.[303] Die Vorwirkung von
Art. 8 Abs. 1 GG bezieht auch den Aufenthalt in einem Protest-Camp vor Beginn der
Versammlung in den Schutzbereich ein.[304]

Die Einbeziehung des Vorfeldes macht die Anreise nicht zur grundrechtsgeschützten 196
Versammlungs*teilnahme*[305], was ja schon daran scheitert, dass Teilnahme den Beginn
der Versammlung voraussetzt. Die **Anreise** ist fraglos noch nicht Teilnahme an einer
Versammlung, aber **unabdingbar für ihre Möglichkeit** und wird deshalb vom Ge-
währleistungsgehalt des Art. 8 Abs. 1 GG erfasst.[306] Mit der Einbeziehung des Vorfeldes ist auch keine Erweiterung des Versammlungsbegriffs verbunden[307], weil dieser
von der bestehenden Versammlung ausgeht.

Art. 8 Abs. 1 GG entfaltet auch **nachwirkenden** Grundrechtsschutz, erstreckt sich 197
also auch auf die **Abreise**.[308] Die Phase nach der Beendigung, insbesondere nach der
Auflösung einer Versammlung steht noch unter dem Schutz von Art. 8 Abs. 1 GG.
Wenn die vormaligen Teilnehmer sich als Angehörige einer Personengruppe mit eingeschränktem Grundrechtsschutz – wie es die §§ 13 Abs. 2, 18 Abs. 1 BVersG vorschreiben – entfernen wollen, haben sie das **Recht auf einen geordneten Abzug**[309];
es kommt also nicht zu einem abrupten Wegfall des Grundrechtsschutzes, sondern
es verbleibt den noch anwesenden Personen, obwohl sie ihren Teilnehmerstatus verloren haben, ein Restgrundrechtschutz aus Art. 8 Abs. 1 GG und es ist ihnen eine
angemessene Zeit für den Abzug zuzubilligen.[310]

Die Auflösungsverfügung nimmt den Teilnehmern ihr Teilnahmerecht, belässt den – 198
bisherigen – Teilnehmern aber das durch Art. 8 Abs. 1 GG vermittelte Recht auf

---

301 BVerfGE 69, 315/349; 84, 203/209.
302 *Hoffmann-Riem*, HGR, § 106 Rn. 69; *Höfling*, SA, Art. 8 Rn. 26; *Gusy*, MKS, Art. 8
Rn. 30; *Schulze-Fielitz*, DR, Art. 8 Rn. 33.
303 BVerfGE 84, 203/209.
304 BVerfG, NJW 2018, 716/717; BVerwG, GSZ 2018, 108/109; *Hettich*, VBlBW 2018,
485/492.
305 Krit. dazu *Sachs*, StR IV/1, S. 1221 f.
306 *Hoffmann-Riem*, HGR, § 106 Rn. 69.
307 *Kunig*, MK, Art. 8 Rn. 18.
308 *Hoffmann-Riem*, HGR, § 106 Rn. 72; *Gusy*, MKS, Art. 8 Rn. 32; *Höfling*, SA, Art. 8
Rn. 26; *Schulze-Fielitz*, DR, Art. 8 Rn. 38; *Depenheuer*, MD, Art. 8 Rn. 76 f.
309 *Kniesel/Poscher*, Rn. 86 ff..
310 *Schulze-Fielitz*, Rn. 38; *Hong PJ*, B, Rn. 24.

den geordneten Abzug. Mit der Auflösungsverfügung wird der Versammlung ihre Qualität als Versammlung genommen. Daraus wird gefolgert, dass aus der Versammlung eine dem Polizeirecht unterfallende Ansammlung wird.[311] Das ist dogmatisch unbefriedigend, weil eine Ansammlung nicht unter den Schutzbereich der Versammlungsfreiheit fallen kann. Andererseits ist im Interesse der Rechtssicherheit für Polizei und Demonstranten eine **klare zeitliche Zäsur geboten**, jenseits derer polizeiliche Maßnahmen zulässig sind, weil **mit der Auflösungsverfügung die Sperrwirkung des BVersG entfallen ist.**

199 Liegt also keine Versammlung mehr vor, kann man die bisherigen Versammlungsteilnehmer als **privilegierte Bürgermenge** betrachten, die während der Phase des geordneten Abzuges noch unter dem Schutz von Art. 8 Abs. 1 GG steht.[312] Jedenfalls liegt keine Ansammlung i.s. einer zufälligen Personenmehrheit vor, weshalb von einer Personengruppe mit eingeschränkten Grundrechtsschutz gesprochen werden sollte (vgl. Rdn. 70). Allerdings sind die nach der Auflösungsverfügung zu deren Durchsetzung ergehenden Maßnahmen als Folgeeinschränkungen mit gerechtfertigt.[313] Gegenüber Angehörigen dieser Personengruppe sind also Folgemaßnahmen auf der Grundlage des Polizeirechts möglich, etwa eine Einkesselung, doch stellen diese einen Eingriff in Art. 8 Abs. 1 GG dar, der durch eine Befugnisnorm des Polizeigesetzes gerechtfertigt werden muss. Insoweit muss im jeweils einschlägigen Polizeigesetz Art. 8 GG zitiert sein.

fff) Innere Versammlungsfreiheit

200 Art. 8 Abs. 1 GG schützt – unabhängig vom Recht auf informationelle Selbstbestimmung – die sog. **innere** Versammlungsfreiheit. Das Grundrecht garantiert die individuelle **Entschlussfassung, an der kollektiven öffentlichen Meinungskundgabe in freier Selbstbestimmung teilzunehmen;** diese muss **freibleiben von Unsicherheit und Einschüchterungseffekten.**[314] Wer damit rechnen muss, dass seine Teilnahme an einer Versammlung behördlich registriert wird und ihm dadurch persönliche Risiken entstehen können, wird möglicherweise auf die Ausübung seines Grundrechts verzichten. Das würde aber nicht nur die individuellen Entfaltungschancen des Einzelnen beeinträchtigen, sondern auch das Gemeinwohl, weil die kollektive öffentliche Meinungskundgabe eine elementare Funktionsbedingung eines auf Handlungs- und Mitwirkungsfähigkeit seiner Bürger gegründeten demokratischen und freiheitlichen

---

311 *Depenheuer*, MD, Art. 8 Rn. 77; VG Hamburg, NVwZ 1987, 830; anders *Schulze-Fielitz*, DR, Art. 8 Rn. 38, der die Versammlung erst dann zur Ansammlung werden lässt, wenn die angemessene Zeit für den geordneten Abzug verstrichen ist.
312 *v. Simson*, ZRP 1968, 10 f.
313 *Sachs*, StR IV/1, S. 1235; *Ullrich*, S. 248.
314 BVerfGE 122, 342/368 ff.; 65, 1/43; VerfGH Berlin, NVwZ-RR 2014, 577/579; OVG Münster, NWBl. 2011, 151; *Hoffmann-Riem*, HGR, § 106 Rn. 31; *Höfling*, SA, Art. 8 Rn. 57; *Gusy*, MKS, Art. 8 Rn. 710; *Brenneisen/Wilksen*, S. 270; *Kniesel/Poscher*, Rn. 94 ff.; *Augsberg*, GSZ 2018, 169 ff.

Gemeinwesens ist.[315] Einen Einschüchterungseffekt durch einen in 114 m Höhe erfolgenden Tiefflug eines Tornado-Kampfflugzeugs der Bundeswehr über ein Protestcamp von Demonstranten hat das BVerwG als Eingriff in die Versammlungsfreiheit bejaht.[316]

Schon eine **Videoüberwachung ohne Aufzeichnung** kann einschüchternde Wirkung haben[317] und Versammlungsteilnehmer abschrecken, weil der einzelne Teilnehmer aus seiner Perspektive regelmäßig nicht abschätzen kann, ob eine Kamera ihn identifizierend aufnimmt und ob die Aufnahme aufgezeichnet wird[318] (vgl. § 12a Rdn. 9). Konsequenterweise muss ein Einschüchterungseffekt **bereits in der Aufstellung von Kameras** gesehen werden, unabhängig davon ob sie scharf geschaltet sind oder nicht.[319] Der Eingriff in die innere Versammlungsfreiheit wird noch vertieft, wenn die Aufnahmen verdeckt angefertigt werden (vgl. § 12a Rdn. 13).

201

bb) Schutzbereichsbegrenzung

Es bestehen Begrenzungen des Schutzbereiches in Gestalt von **Gewährleistungsschranken**, die die Verfassung ausdrücklich oder konkludent enthält. Das sind bei Art. 8 Abs. 1 GG die **Gebote der Friedlichkeit und Waffenlosigkeit** und bei Art. 5 Abs. 1 GG das **Verbot des Einsatzes ungeistiger Mittel im Meinungskampf**.

202

aaa) Friedlich und ohne Waffen

Wer bei einer Versammlung unfriedlich oder bewaffnet ist, genießt nicht den Schutz der Versammlungsfreiheit, sondern allenfalls den anderer Grundrechte, insbesondere der allgemeinen Handlungsfreiheit aus Art. 2 Abs. 1 GG, soweit man diese nicht ebenfalls dahingehend interpretiert, dass sie nur die friedliche Grundrechtsausübung schützt.[320]

203

(1) Friedlichkeit

Das Grundgesetz definiert oder beschreibt den Begriff der Friedlichkeit nicht, sondern setzt ihn voraus. Unfriedlichkeit lässt sich nicht schon dann bejahen, wenn der staatsbürgerliche Frieden gestört wird.[321] Eine solche Definition ist wegen ihrer

204

---

315 BVerfGE 65, 1/43.
316 BVerwG, NJW 2018, 716 ff.; krit. *Sachs*, JuS 2018, 596 ff.; *Enders*, JZ 2018, 464 ff.; *Roggan*, NJW 2018, 723; *Hong*, PJ, B, Rn. 103, auch für den Fall, dass nur einige wenige sich einschüchtern lassen.
317 BVerfGE 122, 342/368.
318 VerfGH Berlin, NVwZ-RR 2014, 577/580.
319 *Koranyi/Singelstein*, NJW 2011, 124/126.
320 Zur Ableitung eines allgemeinen Friedlichkeitsvorbehalts u.a. aus Art. 8 Abs. 1 GG *Isensee*, HdBStR II, 3. Aufl. 2004, § 15 Rn. 93 ff.; krit. dazu *Poscher*, Grundrechte als Abwehrrechte, 1999, S. 215 ff.; für die Geltung von Art. 2 I GG *Kingreen/Poscher*, Rn. 436; *Sachs*, StR IV 1, S. 1211; abl. *Ullrich*, S. 269; *Blanke*, SB, Art. 8 Rn. 50.
321 BGH, DVBl 1951, 736; *Götz*, DVBl 1985, 1352.

Unbestimmtheit untauglich.[322] Wird in jedem Verstoß gegen die Rechtsordnung eine Unfriedlichkeit gesehen[323], mag zwar eine Abgrenzung aufgezeigt werden, doch wird auf diese Weise in Art. 8 Abs. 1 GG schon unsystematisch der Gesetzesvorbehalt untergebracht, der erst in Abs. 2 enthalten ist[324]; **wäre Friedlichkeit gleichbedeutend mit Gesetzesmäßigkeit, so wäre der Gesetzesvorbehalt für Versammlungen unter freiem Himmel redundant.**[325]

205 Das gilt auch für die Bejahung der Unfriedlichkeit bei Verletzung von Straftatbeständen[326], weil mit dieser Gleichsetzung ein allgemeiner strafrechtlicher Gesetzesvorbehalt eingeführt würde.[327] **Strafrechtswidrigkeit führt nicht automatisch zur Unfriedlichkeit.**[328] Im Hinblick auf die Bestrafung von Sitzblockaden nach § 240 StGB würde man das **Rangverhältnis von Verfassung und einfachem Gesetz auf den Kopf stellen, wenn man den Begriff der Friedlichkeit nach Maßgabe des weiten Gewaltbegriffs** definierte.[329] Auch die Verletzung von Rechtsgütern Dritter[330] kann nicht zur Unfriedlichkeit führen, weil es Sache des Gesetzgebers ist, Rechtsgüter zu definieren.[331]

206 Konturen bekommt der Begriff der Unfriedlichkeit, wenn man ihn im **Kontext mit dem Waffenverbot** sieht. Friedlich und ohne Waffen sind **verwandte** Begriffe, die hinsichtlich der Gefährdungsdimension auf derselben Ebene liegen. Die Verfassung bewertet die Unfriedlichkeit in gleicher Weise wie das Mitführen von Waffen, setzt also ersichtlich **äußerliche Handlungen von einiger Gefährlichkeit** wie etwa **Gewalttätigkeiten oder aggressive Ausschreitungen gegen Personen oder Sachen** voraus.[332]

207 Traditionell gilt eine Versammlung als unfriedlich, wenn sie einen **gewalttätigen** oder **aufrührerischen Verlauf** nimmt. Auch das BVerfG hat in den diese Tradition aufgreifenden Bestimmungen der §§ 5 Nr. 3 und 13 Abs. 1 Nr. 2 BVersG eine angemessene Konkretisierung des verfassungsrechtlichen Friedlichkeitsbegriffs gesehen.[333]

208 Gewalttätigkeit verlangt die **aktive, aggressive körperliche Einwirkung von einiger Gefährlichkeit**[334] und ist damit enger als der Begriff der Gewaltanwendung in § 240 StGB, der irgendeine körperliche Handlung unabhängig vom Maß des damit

---

322 *Kingreen/Poscher*, Rn. 815.
323 BayObLG, NJW 1995, 270; *Schmitt-Glaeser*, Festschrift für Dürig, S. 99; *Scholz*, NJW 1983, 709.
324 Kniesel/Poscher, Rn. 66.
325 BVerfGE 73, 206/248; 76, 211/217; 92, 1/14; *Hoffmann-Riem*, HGR, § 106 Rn. 56; *Höfling*, SA, Art. 8 Rn. 32; *Schulze-Fielitz*, DR, Art. 8 Rn. 41;*Kniesel/Poscher*, Rn. 66, m.w.N.
326 *Frowein*, NJW 1969, 1083; eingeschränkt *Kloepfer*, HdBStR VI, § 164 Rn. 71.
327 *Kniesel/Poscher*, Rn. 66.
328 BVerfGE 73, 206/248; *Höfling*, SA, Art. 8 Rn. 33; *Kloepfer*, VerfR II, § 63 Rn. 21.
329 BVerfGE 73, 206/248.
330 *Scholz*, NJW 1983, 709; *Guradze*, ZRP 1969, 6.
331 *Kniesel/Poscher*, Rn. 66.
332 BVerfGE 73, 206/248; BVerfGK 4, 154; *Kloepfer*, HdBStR VI, § 164 Rn. 66.
333 BVerfGE 73, 206/249; *Hong*, PJ, B, Rn. 26; a.A. *Depenheuer*, MD, Art. 8 Rn. 79.
334 *Lenckner/Sternberg-Lieben*, SS, StGB, 29. Aufl. 2014, § 125 Rn. 5.

Kniesel

verbundenen Kraftaufwandes genügen lässt.[335] Gewalttätigkeit im Sinne von Unfriedlichkeit entspricht also nicht dem weiten Gewaltbegriff des Strafrechts. Aber selbst wenn Sitzblockaden nach Maßgabe des weiten Gewaltbegriffs beurteilt würden, verblieben sie im Schutzbereich von Art. 8 Abs. 1 GG, weil **passives Verhalten** eben **keine tätige Ausübung von Gewalt ist.**[336]

Im herkömmlichen Verständnis wurden Versammlungen, die einen Umsturz zum Ziel hatten oder mit Mitteln aktiven Widerstands gegen die Obrigkeit erfolgten, als **aufrührerisch** bezeichnet. Unter dem Grundgesetz mit seinem weit verstandenen Grundrecht der Meinungsfreiheit, das auch die Äußerung umstürzlerischer Ansichten zulässt, können als aufrührerisch nur noch solche Versammlungen eingestuft werden, auf denen **aktiver Widerstand gegen Vollstreckungsbeamte** geleistet wird.[337] Dabei ist nicht die einfachgesetzliche Ausgestaltung und Auslegung von § 113 StGB, sondern die verfassungsrechtliche, sich an der Gefährlichkeit einer bewaffneten Versammlung orientierende Wertung maßgeblich.[338]   **209**

Bezogen auf Blockaden und andere möglicherweise strafbare Aktionen ergibt sich für die Einstufung als unfriedlich folgendes Bild. **Sitzblockaden unterfallen dem Schutzbereich von Art. 8 Abs. 1 GG**[339]. Aber auch Blockaden, bei denen – etwa durch Anketten an ein Kasernentor – **physische Barrieren** errichtet werden, liegen – zunächst – im Schutzbereich.[340] Auch das **Blockieren von Castor-Transporten** durch »Einbetonieren« von Demonstranten auf den Bahngleisen überschreitet die Friedlichkeitsschwelle nicht, solange dies nur der Erschwerung der Bergung der an die Gleise geketteten Versammlungsteilnehmer dient und keine nachhaltige Beschädigung des Gleiskörpers vorliegt.[341]   **210**

Verhinderungsblockaden gegen rechtsextremistische Aufmärsche – »Dresden stellt sich quer« – fallen als **kurzfristige symbolische Aktionen** unter den Schutzbereich von Art. 8 Abs. 1 GG und bleiben sanktionslos, wenn die Teilnehmer nach polizeilicher Aufforderung die Aufzugstrecke wieder freigeben (vgl. § 15 Rdn. 57 ff.).[342] Aber selbst wenn sie der Aufforderung nicht Folge leisten und der Straftatbestand des § 21 BVersG verwirklicht wird, liegt noch keine Unfriedlichkeit vor. Auch **Probeblockaden** bzw. Blockadetrainings und Aktionen der **Blockupy**-Bewegung sind nicht unfriedlich (vgl. § 15 Rdn. 64 ff.).   **211**

Für die Annahme eines unfriedlichen Verlaufs einer Versammlung muss es nicht schon zu Gewalttätigkeiten oder Widerstandshaltungen gekommen sein, sondern es reicht   **212**

---

335 Seit BGHSt 1, 145/147.
336 *Kniesel/Poscher*, Rn. 66.
337 *Kniesel/Poscher*, Rn. 66.
338 *Hoffmann-Riem*, AK-GG, Art. 8 Rn. 23.
339 BVerfGE 73, 206/248 ff.; *Hong*, PJ, B, Rn. 29.
340 BVerfGE 104, 92/106; BVerfG, NVwZ 2005, 80; *Jarass*, JP, Art. 8 Rn. 8.
341 OVG Schleswig, NordÖR, 2006, 166/168.
342 *Hong*, PJ, B, Rn. 92.

aus, wenn diese **unmittelbar bevorstehen.**[343] Diese Prognose kann auf Aufforderungen und Absichts- oder Billigungserklärungen vom Veranstalter und von Teilnehmern gestützt werden.[344] Vermummung und Passivbewaffnung als solche sind allein kein hinreichendes Indiz für einen gewalttätigen Verlauf.

213 Eine Versammlung kann pauschal als unfriedlich eingestuft werden, wenn die Teilnehmer sich **als Kollektiv unfriedlich verhalten,** sich mit Gewalttätigkeiten einzelner Teilnehmer identifizieren oder es zu gewalttätigen Auseinandersetzungen untereinander kommt.[345] Geht es nur um unfriedliche Aktionen **einzelner** Teilnehmer und identifiziert sich nur eine Minderheit mit diesen, ist der **Gesamteindruck** der Versammlung maßgeblich.[346] Dessen Beurteilung ist auch davon abhängig, ob sich Veranstalter und andere Teilnehmer bemühen, einzelne Gewalttätige oder militante Gruppen zu isolieren und ob der Polizei eine solche Isolierung mit eigenen Maßnahmen aussichtsreich erscheint.[347]

(2) Waffenlosigkeit

214 Waffen im Sinne der Gewährleistungsschranke sind zunächst **alle Waffen im technischen Sinne,** wie sie in § 1 WaffenG definiert sind. Das sind Schusswaffen und solche Gegenstände, die ihrem Wesen nach dazu geeignet sind die Angriffs- oder Abwehrfähigkeit von Menschen zu beseitigen oder herabzusetzen, insbesondere Hieb- und Stoßwaffen. Auch **Waffen im nichttechnischen Sinne** unterfallen der Gewährleistungsschranke; das sind Gegenstände, die zwar nicht nach ihrem bestimmungsgemäßen Gebrauch, wohl aber **zum Zweck der Verwendung als Waffe** eingesetzt werden, etwa Wagenheber, Baseballschläger, Fahrradketten etc.[348]

215 **Keine Waffen** im Sinne der Gewährleistungsschranke **sind Schutzgegenstände,** deren gesetzliche Klassifizierung in § 27 Abs. 2 Nr. 1 BVersG als »Schutzwaffen« grundrechtsdogmatisch irreführend ist.[349] Eine »Schutzbewaffnung« liegt nicht vor, wenn es sich bei den mitgeführten Gegenständen um solche handelt, die nach ihrem bestimmungsgemäßen Gebrauch nur dazu dienen, **physische Beeinträchtigungen abzuwehren,** aber eben nicht herbeizuführen, etwa Schutzhelme, Körperpolsterungen, Regenjacken etc.[350].

---

343 *Höfling,* SA, Art. 8 Rn. 35; *Jarass,* JP, Art. 8 Rn. 8; *Schneider,* EH, Art. 8 Rn. 14.
344 BVerfGE 69, 315/360; *Kniesel/Poscher,* Rn. 71.
345 *Kniesel/Poscher,* Rn. 72.
346 *Kniesel/Poscher,* Rn. 72; *Ullrich,* S. 267.
347 BVerfGE 69, 315/360; BVerfG, NVwZ 2007, 1180; *Hoffmann-Riem,* HGR, § 106 Rn. 62; *Höllein,* NVwZ 1994, 639; *Kniesel/Poscher,* Rn. 72; *Ullrich,* S. 267 f.
348 *Kniesel/Poscher,* Rn. 65; *Depenheuer,* MD, Art. 8 Rn. 89; krit. *Jarass,* JP, Art. 8 Rn. 9, der insoweit eine Unfriedlichkeit bejaht.
349 *Hoffmann-Riem,* AK-GG, Art. 8 Rn. 27; *Kniesel/Poscher,* Rn. 65.
350 *Jarass,* JP, Art. 8 Rn. 9; *Hoffmann-Riem,* AK-GG, Art. 8 Rn. 27; *Gusy,* MKS, Art. 8 Rn. 27.

bbb) Geistigkeit des Meinungskampfes

Art. 5 Abs. 1 GG schützt die **Freiheit der geistigen Auseinandersetzung mit geistigen Mitteln.**[351] Es geht um den zwanglosen Zwang des besseren Arguments[352]; Sinn und Wesen des Grundrechts der Meinungsfreiheit liegt darin, **den geistigen Kampf der Meinung zu gewährleisten,** der als elementare Grundvoraussetzung einer freiheitlichen demokratischen Staatsordnung anzusehen ist.[353] Deshalb endet der Schutz der Meinungsfreiheit, wenn es nicht mehr um die geistige Auseinandersetzung durch Austausch von Argumenten geht und stattdessen Druck, etwa in Form von Boykott ausgeübt wird.[354]   **216**

Demonstrationen mit der massenhaften physischen Präsenz ihrer Teilnehmer, die ihren Körper als Argument in einer Weise einsetzen, dass von der Demonstration auch bedrängende, ja einschüchternde Wirkungen ausgehen, lassen den geistigen Meinungskampf hinter sich; die **ungeistigen Wirkungen werden** aber **durch Art. 8 Abs. 1 GG erfasst** und grundsätzlich **bis zur Grenze der Unfriedlichkeit geschützt.**[355]   **217**

b) Personaler Schutzbereich

aa) Deutsche und Ausländer

Grundrechtsträger als natürliche Personen sind **alle Deutschen** i.S.d. Art. 116 GG. Nicht-Deutsche können sich nur auf Art. 2 Abs. 1 GG als Auffanggrundrecht berufen.[356] Diese Einschränkung folgt aus dem klassischen Verständnis politischer Souveränität, wonach die Ausübung politisch-staatsbürgerlicher Rechte Staatsangehörigen vorbehalten ist.[357]   **218**

Diese Beschränkung ist allerdings dadurch aufgehoben worden, dass der **einfache Gesetzgeber in § 1 Abs. 1 BVersG die Versammlungsfreiheit als Jedermannsrecht ausgestaltet hat** und **Art. 11 EMRK im Range eines einfachen Bundesgesetzes** ebenfalls allen **Ausländern die Versammlungsfreiheit** einräumt.[358]   **219**

Beachtet werden muss aber das **allgemeine Diskriminierungsverbot** des Art. 18 AEUV, soweit der Anwendungsbereich des AEUV und EUV berührt ist. Insoweit bleibt die Frage, ob Art. 8 GG europarechtskonform ist, weil er EU-Ausländern die Versammlungsfreiheit vorenthält. Dem Anwendungsvorrang des Unionsrechts kann dadurch Rechnung getragen werden, dass entweder der Schutzbereich des Art. 8   **220**

---

351 *Kniesel/Poscher*, Rn. 163 ff.
352 *Habermas*, Festschrift für W. Schulze 1973, S. 239 f.
353 BVerfGE 25, 256/265; 62, 230/245; 124, 300/330; *Jarass*, JP, Art. 5 Rn. 10; *Schulze-Fielitz*, DR, Art. 5 Rn. 73.
354 *Kingreen/Poscher*, Rn. 657.
355 *Kniesel/Poscher*, Rn. 163 ff.
356 *Jarass*, JP, Art. 8 Rn. 11; *Höfling*, SA, Art. 8 Rn. 50; *Schulze-Fielitz*, DR, Art. 8 Rn. 49; *Gusy*, MKS, Art. 8 Rn. 39; a.A. *Depenheuer*, MD, Art. 8 Rn. 109.
357 *Schulze-Fielitz*, DR, Art. 8 Rn. 49.
358 *Kniesel/Poscher*, Rn. 10 ff.

Abs. 1 GG durch unionskonforme Rechtsfortbildung für EU-Ausländer eröffnet[359] oder ihnen durch Art. 2 Abs. 1 GG ein gleichwertiger Schutz verschafft wird.[360] Im Ergebnis müssen Bürger aus anderen Staaten der EU wie Deutsche behandelt werden, sofern das EU-Recht eine Diskriminierung verbietet.[361]

bb) Juristische Personen

221 Juristische Personen und Personenvereinigungen des Privatrechts können Grundrechtsträger sein, wenn Art. 8 Abs. 1 GG gem. Art. 19 Abs. 3 GG seinem Wesen nach auf sie anwendbar ist. Das ist zu bejahen, soweit die Vereinigungen **versammlungsspezifische Handlungen** vornehmen können, etwa als Veranstalter einer Versammlung, aber auch in Form der Teilnahme ihrer Organe und Mitglieder.[362]

222 **Nichtrechtsfähige Vereinigungen** können Grundrechtsträger sein, wenn sie **nach Organisation und Struktur auf eine gewisse Dauer angelegt** sind.[363] Insoweit können sich Organisationskomitees für Großdemonstrationen und Aktionsbündnisse zur Koordinierung von Versammlungen auf Art. 8 Abs. 1 GG berufen. Das gilt auch für politische Parteien[364], nicht aber für eine Parlamentsfraktion[365], da diese anders als eine Partei Teil eines staatlichen Organs ist und juristische Personen des öffentlichen Rechts sich nicht auf Grundrechte berufen können.[366]

cc) Minderjährige

223 Auch Minderjährige können Grundrechtsträger sein[367], sind also grundrechtsfähig.[368] Fraglich kann nur die **Grundrechtsmündigkeit**[369] sein. Hier kann man wie bei anderen Kommunikationsgrundrechten die zivilrechtlichen Bestimmungen der §§ 106 f. BGB zugrunde legen, die 14-Jahres-Grenze des Gesetzes über die religiöse Kindererziehung heranziehen oder ohne eine feste Altersgrenze auf die Einsichts- und Entscheidungsfähigkeit der individuellen Person abstellen.

224 Die Frage der Mündigkeit von Minderjährigen zur Ausübung der Versammlungsfreiheit lässt sich nur im Einzelfall nach der jeweils gegebenen persönlichen Entwicklung und Reife zur selbstständigen Grundrechtsrealisierung auch **unter Berücksichtigung**

---

359 *Schulze-Fielitz*, DR, Art. 8 Rn. 52; *Höfling*, SA, Art. 8 Rn. 51.
360 Im Ergebnis abl. *Schulze-Fielitz*, DR, Art. 8 Rn. 52.
361 *Pieroth*, in: Schwier, S. 127/131.
362 *Schulze-Fielitz*, DR, Art. 8 Rn. 48 ff.; *Höfling*, SA, Art. 8 Rn. 51; *Blanke*, SB, Art. 8 Rn. 59; *Hoffmann-Riem*, HGR, § 106 Rn. 77.
363 *Schulze-Fielitz*, DR, Art. 8 Rn. 57.
364 BVerfGE 122, 342/355; *Depenheuer*, MD, Art. 8 Rn. 104; *Schulze-Fielitz*, DR, Art. 8 Rn. 57.
365 BVerwG, NVwZ 1999, 991/992 f.; *Kunig*, MK, Art. 8 Rn. 10 f.; *Gusy*, MKS, Art. 8 Rn. 40.
366 Offen gelassen von BVerfG, NVwZ-RR 2001, 442.
367 *Schulze-Fielitz*, DR, Art. 8 Rn. 57; *Depenheuer*, MD, Art. 8 Rn. 108.
368 *Kunig*, MK, Art. 8 Rn. 9; *Schulze-Fielitz*, DR, Art. 8 Rn. 56; *Höfling*, SA, Art. 8 Rn. 50; *Depenheuer*, MD, Art. 8 Rn. 102.
369 *Kingreen/Poscher*, Rn. 184 ff.

des **Versammlungsthemas** beantworten. Umso näher der Minderjährige am Thema ist, etwa bei einer ihn treffenden Schulreform, umso eher ist die Grundrechtsmündigkeit zu bejahen. Zu berücksichtigen ist auch, ob es um Veranstaltung, Leitung oder nur Teilnahme geht.

Der Minderjährige muss die Versammlungsfreiheit **selber ausüben**; eine Stellver-   225
tretung durch Erziehungsberechtigte kommt nicht in Betracht. Insoweit liegt keine Grundrechtsausübung durch Minderjährige vor[370], wenn Erziehungsberechtigte Kinder missbräuchlich als Objekte ihrer eigenen demonstrativen Aktivitäten nutzen, etwa beim Protest gegen die Erhöhung von Kindergartenbeiträgen. Nehmen Erwachsene Kinder zu Demonstrationen mit, kann es dabei nur um die Versammlungsfreiheit der Erwachsenen gehen.[371]

dd) Funktionale Grundrechtsträger

aaa) Versammlung als solche

Art. 8 Abs. 1 GG spricht ohne erkennbaren Personenbezug nur vom Sichversammeln.   226
Wenn dann im BVersG in den §§ 5, 13 Abs. 1 und 15 Abs. 1 und Abs. 3 *die* Versammlung und *der* Aufzug genannt sind, liegt die Annahme nahe, dass diese als Adressaten versammlungsbehördlicher bzw. polizeilicher Verfügungen selber auch Grundrechtsträger sein können. Art. 8 Abs. 1 GG ist aber anders als Art. 9 GG kein Kollektivgrundrecht, sondern nur **Individualgrundrecht**[372], allerdings **mit der Besonderheit, dass es nur gemeinsam – also im Kollektiv – ausgeübt werden kann.** Eine Versammlung oder ein Aufzug hat somit weder Rechte noch Pflichten und kommt deshalb auch nicht als Adressat versammlungsbehördlicher oder polizeilicher Verfügungen in Betracht.[373] Wenn der Gesetzgeber in den einschlägigen Befugnisnormen von *der* Versammlung und *dem* Aufzug gesprochen hat, dann hat er die **Gesamtheit der potenziellen** bzw. anwesenden **Teilnehmer** als Adressaten gemeint.[374]

bbb) Teilnehmer

Gibt es also kein Recht *der* Versammlung, sondern nur ein Recht *auf* Versammlung,   227
so fragt sich, wer dieses Recht hat. In Anlehnung an den Wortlaut von Art. 8 Abs. 1 GG – sich zu versammeln – geht es zunächst um die Teilnehmer, weil diese die Versammlung bilden; ohne Teilnehmer kann es keine Versammlung geben. Insoweit stehen die **Teilnehmer** nicht umsonst **im Vordergrund der grundrechtlichen Rollenverteilung** durch Art. 8 Abs. 1 GG.

---

370 Vgl. dazu *Kingreen/Poscher*, Rn. 184.
371 *Kunig*, MK, Art. 8 Rn. 9; *Depenheuer*, Art. 8 Rn. 102 Fn. 4.
372 *Gusy*, MKS, Art. 8 Rn. 34.
373 *Kniesel*, DÖV 1992, 470/476.
374 *Kniesel/Poscher*, Rn. 349.

ccc) Veranstalter

228   Diese Fokussierung auf die Teilnehmer darf nicht dazu führen, den **Veranstalter als Grundrechtsträger** aus dem Blick zu verlieren. Der Veranstalter hat zunächst eine **grundrechtssichernde Funktion für die Teilnehmer**, weil diese mit Ausnahme von Spontanversammlungen und kleineren Versammlungen ohne größeren Organisationsbedarf, wo die Teilnehmer selber die Rolle des Veranstalters übernehmen, auf professionelle Vorbereitung und Organisation, insbesondere bei Großdemonstrationen, angewiesen sind. Diese Angewiesenheit bezieht sich nicht nur auf die Phase der Planung, sondern auch auf die der Durchführung, in der der Veranstalter mit seinem Leiter dafür sorgt, dass seine Veranstaltung auch, wie im Ablauf geplant, umgesetzt wird.

229   Der Veranstalter darf aber wegen dieser grundrechtssichernden Funktion nicht nur in einer dienenden Rolle für die Teilnehmer gesehen werden. Die Rechte von Veranstalter, Leiter und Teilnehmer sind in spezifischer Weise **miteinander verschränkt** und der Veranstalter hat dabei eine hervorgehobene Bedeutung, weil er die Versammlung auf den Weg bringt, ihren Rahmen absteckt und mit der Bestellung von Leiter, Ordnern und Rednern **die personellen und** mit dem Aufbau einer Bühne etc. die **sachlichen Voraussetzungen für die Durchführung der Versammlung schafft**.[375] Insoweit enthält Art. 8 Abs. 1 GG für den Veranstalter ein Organisationsgrundrecht.[376]

230   Es ist aber nicht nur das Organisationsrecht, das die Veranstaltungsfreiheit ausmacht, sondern neben den Teilnehmern hat auch der Veranstalter Gestaltungsfreiheit. Mit der Wahl des Themas und der eingesetzten Gestaltungsmittel kann der Veranstalter *seiner* Versammlung das Gepräge geben. Macht er das in seiner Einladung deutlich, haben sich die Teilnehmer danach zu richten. Von dieser Veranstalterfreiheit[377] ist offensichtlich auch der Gesetzgeber ausgegangen, als er in § 1 Abs. 1 BVersG zuerst das Recht, Versammlungen zu veranstalten und danach das Recht, an ihnen teilzunehmen, verankert hat. Zur Gestaltungsfreiheit des Veranstalters hätte es auch gehört, den türkischen Staatspräsidenten Erdogan auf der Versammlung am 31.07.2016 in Köln für eine Grußbotschaft per Video an die Teilnehmer über eine auf der Bühne aufgebaute Leinwand auftreten zu lassen.[378]

231   Abwegig erscheint die Auffassung, wonach allein die Teilnahme durch Art. 8 Abs. 1 GG geschützt werde; der sachliche Schutzbereich umfasse zwar neben der Teilnahme auch vorbereitende Handlungen wie Organisation, Ankündigung und Werbung, doch sei damit keine strukturelle Erfassung des Veranstalters verbunden.[379] Diese die Grundrechtsträgerschaft des Veranstalters leugnende Auffassung muss sich schlicht

---

375 BVerfGE 122, 342/358.

376 *Ebeling*, S. 253; vgl. dazu *Ullrich*, DVBl 2018. 1060.

377 BVerfGE 69, 315/356; BVerwGE 80, 158/160 f.; *Schulze-Fielitz*, DR, Art. 8 Rn. 32 f.; *Gusy*, MKS, Art. 8 Rn. 30; *Höfling*, SA, Art. 8 Rn. 25; *Sachs*, StR IV/1, S. 1222; *Blanke*, SB, Art. 8 Rn. 48.

378 *Kniesel/Poscher*, Rn. 763; a.A. OVG Münster, NVwZ 2017, 648/649.

379 *Lenski*, VerwArch 2013, 539/552.

fragen lassen, wer denn die Vorbereitungslast bei größeren Versammlungen, insbesondere Großdemonstrationen tragen soll. Die Teilnehmer in ihrer Gesamtheit wären mit der zusätzlichen Rolle als Veranstalter offensichtlich überfordert und solche Veranstaltungen damit nicht mehr durchführbar; das aber würde Art. 8 Abs. 1 GG in seiner Substanz treffen.

ddd) Leiter

Auch das **Leitungsrecht** folgt aus Art. 8 Abs. 1 GG[380], hat aber gegenüber dem Veranstaltungsrecht eine **dienende Funktion**; es erfährt seine **Legitimation vom Veranstaltungsrecht** und folgt diesem, indem es der **Verwirklichung des vom Veranstalter bestimmten Versammlungszwecks dient**.[381] So folgt einfachgesetzlich aus § 7 Abs. 2 BVersG, wonach der Veranstalter der Leiter ist, die Vorrangstellung des Veranstalters und die in § 7 Abs. 1 BVersG vorgesehene Notwendigkeit, dass jede öffentliche Versammlung einen Leiter haben muss, stärkt mit der gegebenen grundrechtssichernden Funktion die Stellung des Veranstalters.[382]

232

Der Leiter mit seinen Ordnern kann demnach als **verlängerter Arm des Veranstalters** zur Aufrechterhaltung der **inneren Ordnung** in der Versammlung gesehen werden. Weil diese Stellung aus der grundrechtlichen Legitimation des Veranstalters abgeleitet wird, kann der **Leiter kein Beliehener** sein.[383] Beliehene sind natürliche oder juristische Personen des Privatrechts, die bestimmte hoheitliche Kompetenzen im eigenen Namen ausüben können.[384] Wenn der Leiter mit Unterstützung der Ordner für die innere Ordnung sorgt, übt er sein Grundrecht aus Art. 8 Abs. 1 GG aus; er agiert **nicht als Hilfspolizist**, sondern nimmt vom Veranstalter übertragene Rechte wahr und sichert so das in Art. 8 Abs. 1 GG aufgehobene Abwehrrecht gegen staatliche Einmischung bei der Gewährleistung der inneren Ordnung.

233

4. Eingriffe

Der Schutzbereich von Art. 8 Abs. 1 GG wird tangiert durch alle finalen oder unbeabsichtigten, unmittelbaren oder mittelbaren, rechtlichen oder faktischen Maßnahmen der Versammlungsbehörden bzw. der Polizei, die sich auf versammlungstypische Verhaltensweisen beziehen und dem jeweiligen Grundrechtsträger seinen Grundrechtsgebrauch ganz oder teilweise unmöglich machen.[385]

234

---

380 *Sachs*, StR IV/1, S. 1222; *Blanke*, SB, Art. 8 Rn. 48; *Schulze-Fielitz*, MKS, Art. 8 Rn. 34; *Geis*, FH, Art. 8 Rn. 28.

381 *Wefelmeier/Miller*, § 1 Rn. 6.

382 *Breitbach*, RBRS, § 7 Rn. 14 f.

383 So aber *Gusy*, JuS 1986, 612; *Bracher*, Gefahrenabwehr durch Private, 1987, S. 39.

384 Vgl. dazu *Maurer/Waldhoff*, Allgemeines Verwaltungsrecht, 19. Aufl. 2017, § 23 Rn. 63 ff.

385 Krit. *Deger*, Die Polizei 2016, 163/164 f.

a) Versammlungsrechtliche Eingriffe

235   Art. 8 Abs. 1 GG kennt mit dem **Anmeldungs- und Erlaubniserfordernis** selber zwei Eingriffsmöglichkeiten, die er allerdings – vorbehaltlich von Regelungen auf der Grundlage von Abs. 2 – nicht zulassen will.

236   Als untypischer Eingriff stellt sich die aus Art. 8 Abs. 1 GG abgeleitete Pflicht von Eigentümern semiöffentlicher Flächen dar, auf ihren Grundstücken unter bestimmten Voraussetzungen Versammlungen dulden zu müssen.

237   Typische finale Eingriffe auf der Grundlage des BVersG sind **Verbote, beschränkende Verfügungen** (Auflagen) und **Auflösungen** nach den §§ 5, 13 Abs. 1 und 15 Abs. 1, 2 und 3, das **Uniformverbot** in § 3, das **Vermummungs- und Passivbewaffnungsverbot** in § 17a Abs. 1 und 2, **Ausschließungen** von Teilnehmern nach den §§ 11 Abs. 1, 18 Abs. 3 und 19 Abs. 4, die **Genehmigungspflicht** für den Einsatz von Ordnern gem. § 18 Abs. 2, die **Anfertigung von Bild- und Tonaufnahmen** gem. §§ 12a, 19a sowie die **Straftatbestände** der §§ 21 ff. und die in § 29 Abs. 1 aufgeführten **Ordnungswidrigkeitentatbestände.**

238   Zu den versammlungsrechtlichen Eingriffen zu zählen sind auch die auf § 16 BVersG beruhenden **Verbote und Erlaubnispflichten in den Bannmeilengesetzen** des Bundes und der Länder.

b) Polizeirechtliche Eingriffe

239   Finale Eingriffe in Art. 8 Abs. 1 GG erfolgen auch auf der Grundlage der Polizeigesetze. **Vor Beginn** von Versammlungen werden als sogenannte **Vorfeldmaßnahmen Gefährderansprachen, Meldeauflagen, Anreiseverbote, Aufenthalts-** bzw. **Teilnahmeverbote, Rückführungsgewahrsamnahmen, Identitätsfeststellungen, Datenabfragen, Durchsuchungen, Platzverweise** und **Ingewahrsamnahmen** an Kontrollstellen bzw. bei mobilen Kontrollen während der Anreise der Teilnehmer praktiziert.

240   Im Verlaufe von Versammlungen kommt es zu **Identitätsfeststellungen**[386], **Durchsuchungen, Beschlagnahmen** und Ingewahrsamnahmen[387], etwa bei rechtswidrigen Aktionen einzelner Teilnehmer und zu **Platzverweisen** bzw. Aufenthaltsverboten oder Ingewahrsamnahmen nach der Ausschließung von Teilnehmern. **Nach Beendigung** können **als Ingewahrsamnahmen Einkesselungen** erfolgen und beim Abmarsch Personen überprüft werden, die während der Versammlungen Straftaten bzw. Ordnungswidrigkeiten begangen haben.

241   Faktische Eingriffe erfolgen **vor Beginn** durch **Behinderungen bei der Anreise,** etwa durch schleppende Abfertigung an Kontrollstellen, **Überwachungsmaßnahmen** bei Vorbereitungstreffen zur Organisation der Versammlung, etwa durch das Notieren von Kfz-Kennzeichen, **im Verlaufe der Versammlung** durch enge **einschließende Begleitung** einer Gruppierung Autonomer in einem Aufzug durch **verdeckte Aufklärung**

---

386 BVerfG, NVwZ 2016, 53 f., m. Anm. *Penz.*
387 EGMR, NVwZ 2016, 1387; *Hoffmann,* in: Schwier, S. 73 ff.; *Keller,* PSP 1/2017, 37 ff.

mittels in die Versammlung eingeschleuster Polizeibeamter in Zivil oder Überfliegen eines Demonstranten-Camps mit einem Tornado-Kampfflugzeug.

Als faktische Beeinträchtigung zu werten sind auch das **Nichteinschreiten gegen ge- 242 walttätige Gegendemonstranten** zu Lasten der Ausgangsversammlung und die **von Amtsträgern initiierte Gegenveranstaltung**, die zur faktischen Behinderung der rechtmäßigen Ausgangsversammlung führt.[388] Nach Beendigung der Versammlung kann es wieder zu **Behinderungen bei der Abreise** kommen.

c) Eingriffe auf der Grundlage des Straf-, Haftungs-, Vollstreckungs-, Gebühren- und Kostenrechts

Die **Strafrechtsnormen** der §§ 103, 105, 125, 130 und 240 StGB, die **Haftungsnorm** 243 des § 830 BGB, vollstreckungsrechtliche Bestimmungen zur Erhebung von Gebühren für die Anwendung **unmittelbaren Zwangs**, z.b. nach § 7 bwVollstrKostenO für das Wegtragen von Teilnehmern an Sitzblockaden, die **Festsetzung von Gebühren für den Erlass von Auflagen** i.S. von § 15 Abs. 1 BVersG gem. § 4 bwLGebO sowie die **Auferlegung von Straßenreinigungskosten** nach Verschmutzung durch eine Demonstration gemäß den §§ 7 Abs. 3 FStrG und 17 StrWG können bei extensiver Anwendung den Grundrechtschutz von Art. 8 Abs. 1 GG unterlaufen.[389]

Deshalb sind Behörden und Gerichte gehalten, bei Entscheidungen zur Strafbarkeit, 244 Haftung und Kostentragung die einschlägigen Bestimmungen **restriktiv** auszulegen und anzuwenden, weil sonst die Gefahr besteht, dass die Versammlungsfreiheit wegen der drohenden Risiken nicht mehr ausgeübt werden kann.[390]

Mit Art. 8 Abs. 1 GG ist es unvereinbar, wenn **passiv bleibende** Sympathisanten 245 für die bei einer Demonstration angerichteten Schäden aufkommen sollen, weil auf diese Weise die Grundrechtsausübung **mit einem unkalkulierbaren Risiko belastet würde**[391]. Demonstrationsteilnehmer, die sich vorher entfernt haben, können nicht gesamtschuldnerisch nach § 830 Abs. 1 Satz 2 BGB in Haftung genommen werden. Die Anforderungen an das Vorliegen der Voraussetzungen einer Mittäterschaft i.S. von § 830 BGB sind unter Berücksichtigung des Art. 8 GG festzulegen.[392] Die **Beweiserleichterungsregel** des § 830 Abs. 1 Satz 2 BGB, wonach jeder der in Betracht kommenden Täter jeweils den ganzen Schaden verursacht haben könnte, kann bei Demonstrationen mit einer Vielzahl von Teilnehmern **nicht zur Anwendung kommen**.[393]

---

388 *Schulze-Fielitz*, DR, Art. 8 Rn. 61 ff.; *Depenheuer*, MD, Art. 8 Rn. 124; *Blanke*, SB, Art. 8 Rn. 67; *Geis*, FH, Art. 8 Rn. 72; *Jarass*, JP, Art. 8 Rn. 12.
389 *Schulze-Fielitz*, DR, Art. 8 Rn. 63.
390 BGHZ 89, 383/395; BVerwG, NJW 1989, 52.
391 BVerfGE 69, 315/361 f.
392 BGHZ 89, 383/399; *Schulze-Fielitz*, DR, Art. 8 Rn. 68; *Hoffmann-Riem*, AK-GG, Art. 8 Rn. 41.
393 BGHZ 89, 383/394 ff.; 137, 89/102 ff.; *Hoffmann-Riem*, HGR, § 106 Rn. 140.

246 Die Festsetzung von Gebühren für den Erlass von Auflagen durch die Versammlungsbehörde bedeutet einen Eingriff in Art. 8 Abs. 1 GG, der jedenfalls dann nicht-etwa
durch Art. 3 Abs. 1 Nr. 2 bayKostenG – gerechtfertigt werden kann, wenn die Gebühr
für eine versammlungsrechtlich begründete Amtshandlung erhoben wird, die **nicht an
die Verursachung einer den Betroffenen zuzurechnenden konkreten Gefahr** für die
öffentliche Sicherheit und Ordnung **anknüpft.**[394]

247 Dagegen wäre eine **Gebührenfestsetzung für das Wegtragen von Demonstranten,** die
sich nach Auflösung ihrer Sitzblockade nicht entfernt haben, **zulässig,** weil diese mit
dem Verbleiben am Ort eine Gefahr für die öffentliche Sicherheit verursacht haben,
gegen die die Polizeikräfte mit unmittelbarem Zwang zur Durchsetzung des erteilten
Platzverweises vorgehen können. Aber auch hier darf **kein unberechenbares Kosten-
risiko** entstehen; werden bei dem Einsatz mehrere Störer weggetragen, können die
Kosten nicht von einem einzelnen Störer verlangt werden, sondern er kann nur mit
den Kosten belastet werden, die ihm gegenüber angefallen sind.[395]

248 Die **Ausübung der Versammlungsfreiheit** als solche **ist gebührenfrei**[396]; Polizeikosten
im Zusammenhang mit Versammlungen sind **Demokratiekosten** und aus Steuermitteln zu begleichen.[397] Das gilt auch dann, wenn die Versammlungsbehörden sich
veranlasst sehen, ein Demonstrationsvorhaben durch Auflagenerteilung mit entgegenstehenden Rechten Dritter zu harmonisieren; die insoweit entstehenden Gefahren
etwa für Verkehrsteilnehmer, entstehen lediglich durch konkurrierende Ansprüche an
die Straße, die für die Grundrechtsausübung sowohl der Demonstranten als auch der
Verkehrsteilnehmer unverzichtbare Grundlage ist.

249 Art. 8 Abs. 1 GG setzt auch Eingriffen in Form der Heranziehung des Veranstalters
oder Leiters zum **Ersatz von Reinigungskosten** Grenzen, etwa wenn Straßen oder
Plätze von Flugblättern, die im Rahmen einer Demonstration verteilt wurden, ge-
reinigt wurden. Anders als vom BVerwG angenommen – es hatte die Haftung des
Veranstalters einer an der konkreten Zurechnung der Verunreinigungen scheitern
lassen[398] – ergibt sich die Unvereinbarkeit einer Veranstalterhaftung für Reinigungskosten schon aus Art. 8 Abs. 1 GG.[399] Das **Austeilen von Flugblättern** bei Demonstrationen **ist eine geschützte Aktivität im Schutzbereich;** Art. 8 Abs. 1 GG würde
unzulässig beeinträchtigt, wenn wegen des Risikos der Kostentragungspflicht für die
Straßenreinigung keine Flugblätter mehr verteilt würden.[400]

---

394 BVerfG, NVwZ 2008, 414; *Kaiser,* VBlBW 2010, 53 ff.; dagegen VGH Mannheim,
   VBlBW 2009, 310 ff.
395 *Kingreen/Poscher,* POR, § 25 Rn. 12.
396 Vgl. § 25 ndsVersG und Art. 26 bayVersG.
397 *Buchberger/Sailer,* LD, M, Rn. 152; so garantieren § 25 ndsVersG und Art. 26 bayVersG
   Kostenfreiheit für Amtshandlungen i.S.d. VersG.
398 BVerwGE 80, 158/160 f.
399 *Kniesel/Poscher,* Rn. 93.
400 *Brohm,* JZ 1989, 326.

5. Verfassungsrechtliche Rechtfertigungen

a) Schranken

aa) Verfassungsunmittelbare Gewährleistungsschranken

aaa) Grundrechtsverwirkung nach Art. 18 GG

Auf Art. 8 Abs. 1 GG kann sich der nicht berufen, der durch den Spruch des BVerfG   250
nach Art. 18 GG sein Grundrecht verwirkt hat. Es geht um das **Verbot der Grundrechtsausübung**, nicht um den Verlust des Grundrechts i.S. einer Voll-Verwirkung.[401]
Die Verwirkungsfeststellung hat konstitutive Wirkung[402], sodass § 1 Abs. 2 Nr. 1
BVersG nur klarstellende Bedeutung hat. Solange das BVerfG die Verwirkung nicht
festgestellt hat, erzeugt Art. 18 GG eine **Sperrwirkung** in der Weise, dass Personen,
die von den zuständigen Behörden als verfassungsfeindlich eingestuft werden, zwar
politisch bekämpft werden können, ihre Grundrechtsausübung aber nur im Einzelfall
nach Maßgabe der einschlägigen gesetzlichen Bestimmungen unterbunden werden
darf.[403]

Da auch bei Art. 18 GG der Grundsatz der Verhältnismäßigkeit zu beachten ist[404],   251
kommt **auch eine befristete oder teilweise Verwirkung** in Betracht, d.h. die Verwirkung kann sich nur auf das Veranstaltungs-, Leitungs- oder Teilnahmerecht erstrecken. Da die Verwirkung auf die Entpolitisierung, nicht die Entbürgerlichung des
Verfassungsfeindes zielt[405], kann sie sich bei Art. 8 Abs. 1 GG auch nur auf politische
Versammlungen beziehen.

bbb) Parteiverbot nach Art. 21 Abs. 2 GG

Art. 8 Abs. 1 GG gilt nicht für die Parteien, die vom BVerfG gem. Art. 21 Abs. 2 GG   252
für **verfassungswidrig** erklärt worden sind. Erst mit dieser Feststellung verliert eine
politische Partei den Grundrechtsschutz durch Art. 8 Abs. 1 GG. Auch hier besteht
eine **Sperrwirkung** für versammlungsbehördliche Maßnahmen, die unter dem Mantel
der Verfassungsfeindlichkeit von rechtsextremistischen Parteien gegen deren Versammlungen und Demonstrationen mit Verboten oder beschränkenden Verfügungen
vorgehen. Solche Verbote unterlaufen als Parteiverbote durch die Hintertür der Versammlungsgesetze das Entscheidungsmonopol des BVerfG nach Art. 21 Abs. 2 GG.

ccc) Vereinigungsverbot nach Art. 9 Abs. 2 GG

Art. 8 Abs. 1 GG gilt ebenfalls nicht für die deutschen Vereinigungen, die durch 253
rechtskräftige Verbotsverfügungen der nach § 3 VereinsG zuständigen Behörden
gem. Art. 9 Abs. 2 GG verboten worden sind. Im Gegensatz zu Art. 21 Abs. 2 GG

---

401 *Pagenkopf*, SA, Art. 18 Rn. 18; *Dürig/Klein*, MD, Art. 18 Rn. 70.
402 *Dürig/Klein*, MD, Art. 18 Rn. 87.
403 VGH Mannheim, VBlBW 2002, 383/386 unter Bezugnahme auf BVerfG, NJW 2001,
    2077.
404 *Dürig/Klein*, MD, Art. 18 Rn. 52.
405 *Dürig/Klein*, MD, Art. 18 Rn. 10 und 16.

stellt Art. 9 Abs. 2 GG keine Schutzbereichsbegrenzung dar, sondern nur eine **Schrankenklausel**, die die Voraussetzungen für einen verfassungsrechtlich gerechtfertigten Eingriff beschreibt.[406]

bb) Vorbehaltsschranken

254   Vorbehaltsschranken lassen sich auf Art. 8 Abs. 2 für Versammlungen unter freiem Himmel und auf Art. 17a Abs. 1 GG für das Wehr- und Ersatzdienstverhältnis stützen, wobei die Bedeutung des letzteren Gesetzesvorbehalts darin besteht, **auch Versammlungen in geschlossenen Räumen einschränken zu können.**

aaa) Art. 8 Abs. 2 GG

255   Mit dem Gesetzesvorbehalt des Art. 8 Abs. 2 GG kann der Gesetzgeber für Versammlungen unter freiem Himmel **selbstständige**, nicht schon von der Verfassung vorgesehene Beschränkungen der Versammlungsfreiheit durch oder aufgrund eines Gesetzes bewirken, für Versammlungen in geschlossenen Räumen aber auf einfachgesetzlicher Ebene nur die Schranken konkretisieren, die ohnehin **bereits als verfassungsunmittelbare Gewährleistungsschranken oder als immanente Schranken von Verfassungswegen bestehen.** So zeichnen die §§ 5 Nr. 1 bis 4, 13 Abs. 1 Nr. 1 bis 4 BVersG mit ihren Verbots- und Auflösungsgründen für Versammlungen in geschlossenen Räumen nur die schon in Art. 8 Abs. 1 GG enthaltene Begrenzung des Schutzbereiches auf friedliche und waffenlose Versammlungen nach[407] und die Vorenthaltungen der Versammlungsfreiheit in § 1 Abs. 2 BVersG haben die Art. 18, 21 Abs. 2 und 9 Abs. 2 GG zur Grundlage. Immanente Schranken legitimieren Eingriffe für Versammlungen in geschlossenen Räumen durch einfaches Gesetz, wenn sie **zum Schutz kollidierenden Verfassungsrechts** geboten sind.

256   Der Gesetzesvorbehalt des Art. 8 Abs. 2 GG bezieht sich **nicht auf einen bestimmten Gesetzgeber.**[408] Nach der Föderalismusreform 2006 (vgl. Rdn. 3) ist er ein Landesgesetzgeber-Vorbehalt. Bejaht man mit der h.M. die **fortbestehende Kompetenz des Bundes zur Fortschreibung des BVersG**[409] gilt der Gesetzesvorbehalt des Art. 8 Abs. 2 GG auch noch für den Bundesgesetzgeber.

257   Zum Gegenstand hat der Gesetzesvorbehalt nur versammlungsbezogene Eingriffe. Meinungsbezogene Eingriffe in Versammlungen, die unter dem Schutz des aus Art. 8 Abs. 1 und Art. 5 Abs. 1 GG zusammengesetzten Grundrechts stehen, sind nach Maßgabe von Art. 5 Abs. 2 GG zu beurteilen und müssen demzufolge grundsätzlich **meinungsneutral** sein.[410]

---

406   *Höfling*, SA, Art. 9 Rn. 40.
407   *Kniesel/Poscher*, Rn. 380.
408   *Gusy*, MKS, Art. 8 Rn. 58.
409   *Höfling/Krohne*, JA 2012, 734/735; *Wolff/Christopeit*, VR 2010, 257/259; *Sailer*, EH, Art. 125a Rn. 4 m.w.N.
410   BVerfGE 111, 147/154 f.; BVerfG, NJW 2001, 2069/2072 und 2075/2076; *Dörr*, VerwArch 2002, 485; *Kloepfer*, VerfR II, § 63 Rn. 61; *Röger*, S. 65 ff.; a.A. *Hufen*, § 30 Rn. 38.

Der Gesetzesvorbehalt des Art. 8 Abs. 2 GG ist außer der Bezugnahme auf die räum-   258
liche Situation »unter freiem Himmel« **inhaltlich unbeschränkt, aber deshalb keine
Blankovollmacht für eine beliebige inhaltliche Einschränkung und Relativierung
des Schutzbereiches.** Grundsätzlich zulässige selbstständige, d.h. nicht schon von der
Verfassung vorgegebene Beschränkungen dürfen nur **zum Schutz gleichgewichtiger
anderer Rechtsgüter unter strikter Wahrung des Grundsatzes der Verhältnismäßigkeit erfolgen.**[411]

Einfachgesetzliche Beschränkungen sind demnach nur zulässig, wenn sie der Stör-   259
anfälligkeit bzw. Gefährlichkeit von Versammlungen, – insbesondere bei Demonstrationen unter freiem Himmel wegen der Berührung mit Rechtspositionen Dritter
und des Umstandes, dass Massenaktivitäten nicht annähernd so beherrschbar sind
wie Aktivitäten Einzelner, – Rechnung tragen und **den Ausgleich mit kollidierenden
Rechten Dritter bezwecken.**[412] Insoweit ist der durch Art. 8 Abs. 2 GG anerkannte
Regelungsbedarf auch ein organisations- und verfahrensrechtlicher, der sicherstellt,
dass einerseits die realen Voraussetzungen für die Ausübung der Versammlungsfreiheit
geschaffen werden, aber andererseits **auch kollidierende Rechtsgüter im Wege praktischer Konkordanz Berücksichtigung** finden können.

(1) Versammlungsgesetze

Die Versammlungsgesetze des Bundes und der Länder sind die wichtigsten auf Art. 8   260
Abs. 2 GG gestützten Vorbehaltsgesetze. Der Anwendungsbereich der Versammlungsgesetze ist gegenüber dem grundgesetzlichen Vorbehalt für Versammlungen unter freiem Himmel noch weiter dadurch **verengt,** dass es sich i.S. von § 1 Abs. 1 BVersG um
öffentliche, d.h. für jedermann zugängliche Versammlungen bzw. Aufzüge handeln
muss.

Für öffentliche Versammlungen und Aufzüge unter freiem Himmel sehen die Ver-   261
sammlungsgesetze zahlreiche Einschränkungen vor. Um einen ersten Überblick über
Gemeinsamkeiten und Unterschiede von bzw. zwischen dem fortgeltenden Versammlungsgesetz des Bundes und den bestehenden Landesversammlungsgesetzen zu geben,
werden nachfolgend **neuartige, abweichende** bzw. **zusätzliche Regelungen** in den Versammlungsgesetzen von Bayern, Berlin, Niedersachsen, Sachsen, Sachsen-Anhalt und
Schleswig-Holstein kurz skizziert.

• Anmeldepflicht

Versammlungen sind nach § 14 Abs. 1 BVersG, § 14 Abs. 1 sächsVersG und § 12   262
Abs. 1 s-aVersG spätestens 48 Stunden vor Bekanntgabe bei der Versammlungsbehörde **anzumelden.** Art. 13 Abs. 1 bayVersG, § 5 Abs. 1 ndsVersG und § 11 s-hVersG
sehen eine **inhaltsgleiche Anzeigepflicht** vor und erweitern diese zu einer Mitteilungspflicht für maßgebliche Umstände hinsichtlich Zeit, Ort, Art und Weise sowie Thema

---

411 BVerfGE 128, 226/259; 69, 315/349.
412 BVerfGE 69, 315/349.

der Versammlung. Beide Regelungen enthalten – wie auch § 12 Abs. 1 s-aVersG – Sonderregelungen für Spontan- und Eilversammlungen.

• **Verbotene Verhaltensweisen**

263 Gem. § 2 Abs. 2 BVersG, Art. 8 Abs. 1 bayVersG, § 4 ndsVersG, § 2 Abs. 2 sächs-VersG, § 2 Abs. 2 s-a VersG und § 7 Abs. 1 s-h VersFG besteht ein **allgemeines Störungsverbot**, das in Bayern und Schleswig-Holstein in Abs. 2 differenzierend beschrieben und um ein **Aufrufverbot** ergänzt wird. Das Mitführen von Waffen wird in § 2 Abs. 3 BVersG, Art. 6 bayVersG, § 2 Abs. 3 sächsVersG, § 2 Abs. 3 s-aVersG und § 3 Abs. 2 ndsVersG untersagt; § 3 Abs. 1 ndsVersG verbietet zudem Gewalttätigkeiten gegen Personen und Sachen. Das **Uniformverbot** von § 3 Abs. 1 BVersG ist im Art. 7 Abs. 1 bayVersG, § 3 Abs. 3 ndsVersG, § 3 Abs. 1 sächsVersG, § 3 s-a VersG und § 8 Abs. 2 s-h VersFG übernommen worden. Bayern hat das Uniformverbot um ein **Militanzverbot** erweitert, das verbietet, an einer öffentlichen oder nichtöffentlichen Versammlung in einer Art und Weise teilzunehmen, die **zu einer paramilitärischen, einschüchternde Wirkung erzielenden Prägung führt.** Das Verbot von Vermummung und Passivbewaffnung enthalten § 17a Abs. 1 und 2 BVersG, Art. 16 Abs. 1 und 2 bayVersG, § 9 Abs. 1 und 2 ndsVersG, § 17a Abs. 1 und 2 sächsVersG und § 15 Abs. 1 und 2 s-a VersFG. Verbote bzw. Ausnahmetatbestände für Versammlungen in Bannkreisen bestehen nach § 16 Abs. 1 BVersG, Art. 17 ff. bayVersG und §§ 18 und 19 ndsVersG. Sachsen und Sachsen-Anhalt haben keine Bannmeilen.

• **Anwesenheitsrechte der Polizei**

264 Ob und unter welchen Voraussetzungen Polizeibeamte bei Versammlungen in geschlossenen Räumen oder unter freiem Himmel **anwesend** sein dürfen, regeln § 12 BVersG, Art. 4 Abs. 3 bayVersG, §§ 11 und 16 ndsVersG, § 12 sächsVersG und § 10 s-h VersG. Sachsen-Anhalt sieht ein Anwesenheitsrecht nicht vor.

• **Zulässigkeit von Bild- und Tonaufnahmen**

265 Die §§ 12a, 19a BVersG und §§ 12a, 19a sächsVersG erlauben die Anfertigung, ohne zwischen **Aufnahmen** (Übertragung in Echtzeit) und **Aufzeichnungen** zu differenzieren; Regelungen für **Übersichtsaufnahmen** sind in beiden Gesetzen nicht enthalten. Bild und Tonaufnahmen oder -aufzeichnungen sowie Übersichtsaufnahmen zur Lenkung des Polizeieinsatzes sind in Art. 9 Abs. 1 und 2 bayVersG, § 12 Abs. 1 und 2 ndsVersG und § 16 Abs. 1 und Abs. 2 s-h VersFG vorgesehen. Schleswig-Holstein kennt zudem in § 22 Abs. 1 Aufnahmen und Aufzeichnungen bei Versammlungen in geschlossenen Räumen. Im sächsVersG ist in § 18 Abs. 1 nur von Aufzeichnungen die Rede. In Berlin erlaubt das »Gesetz über Aufnahmen und Aufzeichnungen von Bild und Ton bei Versammlungen unter freiem Himmel und Aufzügen«, in § 1 Abs. 1 Bild- und Tonaufnahmen einschließlich Aufzeichnungen. § 1 Abs. 3 lässt auch Übersichtsaufnahmen zur Lenkung des Polizeieinsatzes zu, allerdings **nur als Übertragung in Echtzeit**; Aufzeichnungen dürfen bei Übersichtsaufnahmen nicht gemacht werden.

- **Genehmigungs- bzw. Mitteilungspflicht beim Einsatz von Ordnern**

Die §§ 18 Abs. 2, 19 Abs. 1 BVersG, §§ 18 Abs. 2, 19 Abs. 1 Satz 2 sächsVersG und   266
§§ 16 Abs. 2 und 17 Abs. 1 Satz 2 s-a VersG enthalten eine solche Genehmigungspflicht, Bayern, Niedersachsen und Schleswig-Holstein verzichten auf eine solche und
sehen stattdessen in Art. 10 Abs. 4 Satz 2, 13 Abs. 5 und Abs. 6 Satz 2 bzw. §§ 10
Abs. 1 Satz 2 und 15 Abs. 2 Satz 2 **Ablehnungsrechte** der zuständigen Behörde gegen
Leiter und Ordner vor. § 11 Abs. 3 Satz 2 s-h VersFG enthält eine **Mitteilungspflicht**
des Leiters beim Einsatz von Ordnern bezüglich ihrer Anzahl.

- **Ausschließung von Teilnehmern und Ausschluss von Störern**

Die §§ 11 Abs. 1, 18 Abs. 3, 19 Abs. 4, BVersG und §§ 11 Abs. 1, 18 Abs. 3, 19 Abs. 4   267
sächsVersG regeln die **Ausschließung von Teilnehmern**. Der **Ausschluss von störenden
Nichtteilnehmern** kann auf § 7 Abs. 4 BVersG, § 7 Abs. 4 sächsVersG und § 6 Abs. 4
s-a VersG **als Ausübung des Hausrechts** gestützt werden. In Art. 11 bayVersG ist in
Abs. 1 die Ausschluss genannte Ausschließung von Teilnehmern und in Abs. 2 inzident
der Ausschluss von störenden Nichtteilnehmern in Ausübung des Hausrechts geregelt.
Das ndsVersG erlaubt der zuständigen Behörde die Ausschließung von Teilnehmern als
besondere Maßnahme gem. § 10 Abs. 3 Satz 2 nur bei Versammlungen unter freiem
Himmel. Bei Versammlungen in geschlossenen Räumen kann der Leiter gem. § 13
Abs. 5 Satz 1 Teilnehmer ausschließen. Das Ausschlussrecht von Störern ist nicht ge-
regelt. § 14 Abs. 2 s-h VersFG erlaubt die klassische Ausschließung bei Versammlungen
unter freiem Himmel und in § 21 Abs. 1 die Ausschließung von Teilnehmern bzw. in
Abs. 2 den Ausschluss anderer Personen bei Versammlungen in geschlossenen Räumen.

- **Verbot, beschränkende Verfügung und Auflösung**

Bei unmittelbarer Gefährdung der öffentlichen Sicherheit oder Ordnung können die   268
zuständigen Behörden gem. §§ 5, 13 Abs. 1, 15 Abs. 1 und Abs. 3 BVersG, Art. 12
Abs. 1 und Abs. 2 sowie Art. 15 Abs. 1 und Abs. 2 bayVersG, §§ 18 und 14 ndsVersG
und §§ 13 und 20 s-h VersFG Versammlungen und Aufzüge **verbieten, beschränken**,
d.h. mit Auflagen zulassen oder auflösen, d.h. beenden oder **mit Auflagen fortbestehen lassen**. Diese Möglichkeiten kennen auch die §§ 5, 13 Abs. 1 und 15 Abs. 1–3
sächsVersG und die §§ 4, 11 Abs. 1 und 13 Abs. 1–3 s-a VersG; allerdings halten die
gerade genannten Bestimmungen ein differenziertes System zur tatbestandlichen Ausgestaltung der unmittelbaren Gefährdung der öffentlichen Sicherheit oder Ordnung
vor, um ein wirksames **Vorgehen gegen rechtsextremistische Versammlungen** und
Aufzüge zu ermöglichen. Regelungen für das Vorgehen gegen rechtsextremistische
Versammlungen enthalten auch § 8 Abs. 4 ndsVersG und § 13 Abs. 4 s-hVersFG.

- **Spezielle orts- und zeitbezogene Verbote zum Schutz der Opfer des Nationalsozialismus**

§ 15 Abs. 2 BVersG, Art. 15 Abs. 2 bayVersG, § 8 Abs. 4 ndsVersG, § 15 Abs. 2   269
sächsVersG, §§ 13 Abs. 2 Satz 1, 14 Abs. 1, 2 s-a VersG, § 8 Abs. 4 Nr. 1 ndsVersG

und § 13 Abs. 3 Nr. 1 s-h VersFG enthalten spezielle Rechtsgrundlagen für Verbote oder Beschränkungen von Versammlungen an **Gedenkorten** und **Gedenktagen** für die Opfer des Nationalsozialismus. In Brandenburg verbietet § 16 BVersG als Gräberstätten-Versammlungsgesetz Versammlungen und Aufzüge, um nationalsozialistischem Heldengedenken und der Verharmlosung der nationalsozialistischen Gewalt- und Willkürherrschaft begegnen zu können.

- **Befugnisse zu besonderen Maßnahmen**

270   Niedersachsen und Schleswig-Holstein haben in ihren Versammlungsgesetzen **neuartige** Maßnahmen vorgesehen bzw. Befugnisse geregelt, die in den anderen Ländern im Polizeigesetz enthalten sind. Gem. § 10 Abs. 1 Satz 1 und § 15 Abs. 2 ndsVersG kann die zuständige Behörde, die nach § 5 Abs. 2 und 3 erhobenen Daten von Leiter und Ordnern durch **Anfragen** an Polizei und Verfassungsschutz prüfen lassen und bei einer bejahten Gefahr für die öffentliche Sicherheit die betroffene Person **als Leiter ablehnen bzw. dem Einsatz als Ordner untersagen.**

271   Zur Durchsetzung von Verboten und zur Abwehr erheblicher Störungen der Ordnung der Versammlung kann die zuständige Behörde nach § 10 Abs. 2 bei Versammlungen in geschlossenen Räumen und § 15 Abs. 3 bei solchen unter freiem Himmel **Maßnahmen gegen Teilnehmer anordnen.** Eine solche Anordnungsbefugnis gab es bislang nur im Zusammenhang mit Vermummung und Passivbewaffnung in § 17a Abs. 4 Satz 1 BVersG.

272   **Wegweisend neu** sind die Befugnisse zur **Untersagung der Teilnahme** an einer Versammlung als Maßnahme vor deren Beginn, wie sie in § 10 Abs. 3 ndsVersG und § 14 Abs. 1 s-h VersFG enthalten sind. Ein solches Teilnahmeverbot kann in den anderen Bundesländern nach wie vor nicht als versammlungsgesetzliche Maßnahme angeordnet, sondern nur durch eine Meldeauflage oder ein Aufenthalts- bzw. Ausreiseverbot auf der Grundlage des Polizeirechts faktisch bewirkt werden.

273   § 15 Abs. 1 s-hVersFG ermöglicht die **Durchsuchung und Identitätsfeststellung** von Personen **an Kontrollstellen** bei Versammlungen und nach Abs. 2 auf dem Weg dorthin als versammlungsgesetzliche Maßnahme, belässt aber die Errichtung von Kontrollstellen im Anwendungsbereich des s-h Landesverwaltungsgesetzes als dem einschlägigen Polizeigesetz.

(2) **Versammlungsbezogene Gesetze**

274   Gezielte Eingriffe in Art. 8 Abs. 1 GG ermöglichen die **Bannmeilengesetze** des Bundes und der Länder, die **Sonn- und Feiertagsgesetze**, das **Aufenthaltsgesetz** und das **Infektionsschutzgesetz.** Als Vorbehaltsgesetze auf der Grundlage von Art. 8 Abs. 2 GG müssen diese dem Zitiergebot des Art. 19 Abs. 1 GG genügen.

α) **Bannmeilengesetze**

275   Versammlungen und Demonstrationen sind nach § 16 Abs. 1 BVersG im Bannkreis verboten. Es handelt sich um eine **Blankettnorm**, die gem. § 16 Abs. 2 und 3 BVersG

durch ein Bannmeilen- oder Bannkreisgesetz des Bundes oder Landes **konkretisiert** werden muss. Das Verbot des § 16 Abs. 1 BVersG läuft leer, wenn wie in Bremen, Brandenburg, Mecklenburg-Vorpommern, Sachsen und Sachsen-Anhalt kein konkretisierendes Gesetz erlassen worden ist. Mit dem jeweiligen Bannkreisgesetz wird das als **Flächenverbot** zu verstehende Versammlungsverbot räumlich festgelegt.

β) Sonn- und Feiertagsgesetze

Ländergesetze zum Schutz von Sonn- und Feiertagen verbieten Versammlungen unter   276
freiem Himmel während der Hauptzeiten von Gottesdiensten. Soweit ein Gottesdienst unmittelbar gestört wird, sind auch Versammlungen in geschlossenen Räumen untersagt (vgl. § 5 Abs. 1 FeiertagsG NRW). Absolute Versammlungsverbote für Versammlungen in geschlossenen Räumen sind verfassungswidrig, weil sie keine Konkretisierungen der Friedlichkeit sind und der Gesetzesvorbehalt des Art. 8 Abs. 2 GG sich nur auf Versammlungen unter freiem Himmel bezieht.[413] Generelle Verbote letzterer stellen einen unverhältnismäßigen Eingriff in die Versammlungsfreiheit dar, der zum Schutz der freien Religionsausübung nicht erforderlich ist[414], weil die generelle Beschränkung des räumlichen Anwendungsbereichs des Verbots auf die unmittelbare Nähe zu Gotteshäusern ein milderes Mittel wäre. Außerdem können Auflagen den Versammlungsablauf so festlegen, dass Störungen des Gottesdienstes ausgeschlossen werden.

γ) Infektionsschutzgesetz

Allgemeine und besondere Schutzmaßnahmen nach den §§ 16 und 17 IfSchG zur   277
Abwehr von Seuchengefahren können sich gezielt gegen Versammlungen richten. Deshalb hat der Gesetzgeber in § 17 Abs. 7 IfSchG Art. 8 GG zitiert. Für Versammlungen in geschlossenen Räumen lassen sich die besonderen Schutzmaßnahmen mangels Gesetzesvorbehalt nur als **Konkretisierung kollidierenden Verfassungsrechts** – Schutz von Leben und Gesundheit – verstehen. Die gesundheitspolizeilichen Belange sind nach dem Konzentrationsgrundsatz zum Bestandteil der versammlungsbehördlichen Verfügung zu machen.

δ) Aufenthaltsgesetz

Die **politische Betätigung von Ausländern** kann nach § 47 AufenthaltsG beschränkt   278
werden, indem die **Teilnahme an Versammlungen und Demonstrationen untersagt wird**. Dabei handelt es sich um einen gezielten Eingriff in Art. 2 Abs. 1 G, weil Art. 8 Abs. 1 GG als Deutschenrecht nicht zur Verfügung steht, und in Art. 5 Abs. 1 GG, der als Jedermannsrecht auch für Ausländer gilt. Im Hinblick auf die Beschränkung der beiden Grundrechte ist § 47 AufenthaltsG einerseits Bestandteil der verfassungsmäßigen

---

413 *Kniesel/Poscher*, Rn. 114; *Höfling*, SA, Art. 8 Rn. 63; *Arndt/Droege*, NVwZ 2003, 908; *Broscheit/Schulz*, DÖV 2016, 511.
414 BVerfG, NVwZ 2017, 461/466; *Heinhold*, in: Schwier, S. 53 ff.; abl. *Hillgruber*, JZ 2017, 153 ff.

Ordnung i.S. von Art. 2 Abs. 1 GG und andererseits allgemeines Gesetz i.S. von Art. 5 Abs. 2 GG. Für beide Schranken besteht das Zitiergebot nicht.[415]

279   Verstößt ein Ausländer gegen die Verfügung der Ausländerbehörde, die allgemein und nicht für eine bestimmte Versammlung ergangen ist, und nimmt an einer Versammlung teil, so können Versammlungsbehörden bzw. Polizei den Ausländer auf der Grundlage der Versammlungsgesetze ausschließen, weil diese auch für Ausländer gelten.[416]

(3) Sonstige Gesetze

280   Wenn die Versammlungsfreiheit ausgeübt wird, sind die Grundrechtsträger nicht von der Beachtung der Rechtsordnung freigestellt, sondern unterliegen den Beschränkungsmöglichkeiten, die zum allgemeinen Rechtsgüterschutz bestehen. Werden bei Verstößen gegen entsprechende gesetzliche Bestimmungen Maßnahmen erforderlich, die in Art. 8 Abs. 1 GG eingreifen, müssen sich die legitimierenden Befugnisnormen auch an dieser Verfassungsnorm messen lassen.

281   Ist ein Eingriff in Art. 8 Abs. 1 GG gegeben, liegt es nahe, ihn auch versammlungsgesetzlich zu rechtfertigen, jedenfalls dann, wenn sich die Maßnahme **gegen die Versammlung als solche** richtet. Maßnahmen zur allgemeinen und besonderen Gefahrenabwehr im Zusammenhang mit öffentlichen Versammlungen können dann **nur unter den Voraussetzungen und im Rahmen des jeweils einschlägigen Versammlungsgesetzes erfolgen.** Diesbezügliche dogmatische Differenzierungen zwischen versammlungstypischen und versammlungsuntypischen, versammlungsspezifischen und versammlungsunspezifischen oder gezielten und ungezielten Maßnahmen[417] sind letztlich unergiebig[418] und können nicht verhindern, dass unter Berufung auf das allgemeine und sonstige besondere Gefahrenabwehrrecht gegen Versammlungen vorgegangen wird (vgl. § 13 Rdn. 2 f.).[419]

282   Die einschlägigen Schutznormen des allgemeinen Rechtsgüterschutzes kommen dabei **als Bestandteil des Schutzgutes »öffentliche Sicherheit«** in den Befugnisnormen zu Verbot, beschränkender Verfügung oder Auflösung einer Versammlung zur Anwendung.[420] Das klassische Schutzgut der öffentlichen Sicherheit in Gestalt der Unverletzlichkeit der Rechtsordnung ist die **dogmatische Brücke**, über die die einschlägigen Schutznormen im Rahmen einer versammlungsgesetzlichen Verfügung ihre Wirkung entfalten.[421] Gleichzeitig sorgt diese Verfügung dafür, dass auf der Grundlage des

---

415   BVerfGE 10, 89/99; 28, 36/46 f.; 28, 282/289; 64, 72/80; krit. bezüglich Art. 5 GG *Sachs*, SA, Art. 19 Rn. 29.
416   Vgl. § 1 Abs. 1 BVersG.
417   *Hoffmann-Riem*, AK-GG, Art. 8 Rn. 34 ff.; *Schulze-Fielitz*, DR, Art. 8 Rn. 67; *Gusy*, POR, Rn. 419; *Schenke*, Rn. 377, 382.
418   *Kniesel/Poscher*, Rn. 119.
419   *Breitbach/Deiseroth/Rühl*, RBRS, § 15 Rn. 51 ff.
420   *Kniesel/Poscher*, Rn. 120.
421   *Höfling*, SA, Art. 8 Rn. 75.

Konzentrationsgrundsatzes vor Ort eine **Entscheidung aus einer Hand** getroffen wird, die ein unkoordiniertes Nebeneinander beteiligter Behörden vermeidet (vgl. § 14 Rdn. 37 ff.).

α) Straßenrecht

Straßen und öffentliche Plätze sind die Grundlage für die Grundrechtsausübung der 283 Versammlungsfreiheit (vgl. Rdn. 34). Diese Örtlichkeiten benötigen aber auch Verkehrsteilnehmer für die Verwirklichung ihrer körperlichen Bewegungsfreiheit, sodass jeweils auf das einschlägige Straßen- und Wegegesetz gestützte **konkurrierende Ansprüche an den öffentlichen Raum** vorliegen. Hier ist mittels einer beschränkenden Verfügung **praktische Konkordanz**[422] herzustellen. Geht es um die Zulässigkeit von Sondernutzungen – etwa durch Aufstellen von Tapetentischen oder Regensegeln –, so ist auch darüber **im Rahmen einer beschränkenden Verfügung** zu entscheiden.

β) Straßenverkehrsrecht

Demonstrationen sind bei der Nutzung des öffentlichen Verkehrsraumes **auch** 284 **Verkehrsteilnehmer** und deshalb nicht von vorneherein von der Beachtung der Bestimmungen derStVO befreit. Diese bleiben wegen des drittbehindernden Effekts von Demonstrationen in Geltung und müssen, soweit möglich, im Rahmen einer beschränkenden Verfügung beachtet werden. Dabei wird es allerdings die Wechselwirkung zwischen Grundrecht und einschränkendem Gesetz erfordern, Vorschriften der StVO bei Demonstrationen im öffentlichen Straßenraum zu **suspendieren**.[423]

γ) Polizei- und Ordnungsrecht

Bei der Abwehr von Gefahren für die öffentliche Sicherheit, die nicht aus dem Verlauf 285 der Versammlung herrühren – etwa bei Brand- oder Einsturzgefahr umliegender Gebäude oder des Versammlungsgebäudes selber –, würde eine ordnungs- oder baurechtliche Verfügung zur Räumung **in die Versammlungsfreiheit der Teilnehmer eingreifen**, bedürfte deshalb der Auflösung nach § 13 Abs. 1 Nr. 2 2. Alt. bzw. § 15 Abs. 3 BVersG und könnte nicht auf der Grundlage der Generalklausel des jeweils einschlägigen Polizei- bzw. Ordnungsbehördengesetzes ergehen. Die auch hier bestehende **Sperrwirkung** der Versammlungsgesetze muss vorher durch eine versammlungsbehördliche Auflösung aufgehoben werden. Dass mit einer Räumungsverfügung wegen Brandgefahr ein Eingriff in die Versammlungsfreiheit vorliegt, folgt auch aus § 55 saarlBKG, der Art. 8 Abs. 1 GG als eingeschränktes Grundrecht zitiert. Wenn im Hinblick auf die Baumhäuser im Hambacher Forst eine versammlungsspezifische Gefahr verneint wird[424], so kann das nicht überzeugen, weil es einen Unterschied macht, ob eine Versammlung in einem einsturzgefährdeten Haus stattfindet oder ob

---

422 *Hesse*, Rn. 72.
423 VGH Kassel, NJW 2009, 312; VGH München, NJW 2010, 792; *Scheidler*, DAR 2009, 380.
424 *Friedrich*, DÖV 2019, 55/64.

im Zusammenhang mit Protesten gegen die Rodung des Waldes bauordnungswidrige Baumhäuser errichtet worden sind.

δ) Straf- und Ordnungswidrigkeitentatbestände

286   Wer aggressiv körperliche Gewalt anwendet, handelt unfriedlich und macht sich strafbar. Hier kann es kein Problem zwischen Strafrecht und Versammlungsfreiheit geben, weil das strafbare Verhalten nicht vom Schutzbereich erfasst wird.

287   Problematisch wird das Verhältnis zwischen Strafrecht und Art. 8 Abs. 1 GG aber dann, wenn Straf- und Ordnungswidrigkeitentatbestände ein **Verhalten pönalisieren, das mangels Unfriedlichkeit unter den Schutzbereich der Versammlungsfreiheit fällt.** Ob und inwieweit Blockadeaktionen – rein passiv bleibende Sitzdemonstrationen, Verhinderungsblockaden oder Blockupy-Aktionen-strafbare Nötigungen sind, hängt von der konkreten Aktion ab, die nach den obwaltenden Umständen hinsichtlich Art, Dauer und Zielsetzung als strafbare Handlung oder zulässige Grundrechtsausübung bewertet werden kann (vgl. dazu im Einzelnen § 15 Rdn. 46 ff.).

288   Der **politischen Agitation** durch und auf Versammlungen sind in § 130 Abs. 3 und 4 StGB Grenzen gezogen. Entsprechende Äußerungen fallen unter den Schutzbereich von Art. 5 Abs. 1 GG, auch wenn sie ihm Rahmen einer Versammlung erfolgen, solange sie **geistiger Natur** sind; nach dem BVersG in der Wunsiedel-Entscheidung indes nicht, wenn es um die propagandistischen Gutheißung der nationalsozialistischen Gewalt- und Willkürherrschaft geht.[425]

289   Ordnungswidrigkeitentatbestände können ebenfalls die Versammlungsfreiheit beschränken. Das sind zunächst die in den Versammlungsgesetzen selbst enthaltenen Ordnungswidrigkeiten, die sich auf Verhaltensweisen im Zusammenhang mit Versammlungen beziehen. Möglich sind aber auch Verstöße gegen Ordnungswidrigkeitentatbestände **außerhalb der Versammlungsgesetze,** etwa gegen § 118 Abs. 1 OWiG. Solche Ordnungswidrigkeitentatbestände und die auf sie gestützten Bußgeldbescheide müssen aber vor Art. 8 Abs. 1 GG bestehen können.

ε) Zivilrechtsnormen

290   Müssen privatrechtlich organisierte Träger von Hoheitsgewalt auf ihrem Privateigentum befindliche, dem allgemeinen Verkehr aber zugänglich gemachten Flächen oder Privatpersonen auf sogenannten semiöffentlichen Flächen Demonstrationen dulden, haben diese mit den **§§ 903 Satz 1 und 1004 BGB** die Rechtsmacht, Versammlungen bzw. Demonstrationen im Einzelfall oder durch Festlegung von Regeln in einer allgemeinen Betriebsordnung zu reglementieren, also in die Versammlungsfreiheit einzugreifen, damit deren Schutz durch Art. 14 Abs. 1 GG Rechnung getragen wird[426] (vgl. dazu § 15 Rdn. 80 ff.).

---

425 BVerfGE 124, 300/328 ff.; dazu näher *Kniesel/Poscher*, Rn. 171 ff.; krit. *Schaefer*, DÖV 2010, 379 ff.; *Volkmann*, NJW 2000, 4176 ff.; *Möllers*, in: Schwier, S. 112 ff.

426 BVerfGE 128, 226/262 f.; vgl. dazu auch MEVersG, S. 60 ff.; *Scharlau*, S. 221 ff.

ζ) Regelungen in Sonderstatusverhältnissen

Der Grundrechtsschutz endet nicht, wenn ein Sonderstatusverhältnis zwischen Bür-   291
gern als Soldaten, Beamten, Strafgefangenen, Schülern und Studenten und dem Staat
begründet wird; ansonsten hätte Art. 17a GG nicht durch Verfassungsänderung in das
Grundgesetz eingefügt werden müssen. Personen in Sonderstatusverhältnissen müssen
aber **zusätzliche Grundrechtseinschränkungen** hinnehmen, wie sie in den Art. 17a
Abs. 1 und 2 und Art. 33 Abs. 5 GG enthalten sind. Diese dürfen nicht über das vom
jeweiligen Sonderstatusverhältnis im öffentlichen Interesse zwingend gebotene Maß
hinausgehen.

Beamte, Richter und Soldaten müssen bei Ausübung der Versammlungsfreiheit als   292
Veranstalter, Leiter oder Teilnehmer die ihrer Stellung in der Öffentlichkeit und ihren
Amtspflichten genügende **politische Mäßigung** i.S. von § 33 Abs. 3 BeamtStG üben,
solange das möglich und zumutbar ist.

Demonstrieren Berufsgruppen **im eigenen Interesse**, wo mangels Solidarisierung mit   293
bestimmten Gruppen die Unparteilichkeit nicht in Frage gestellt werden kann, besteht kein sachlicher Grund für ein Verbot des Tragens der Dienstkleidung, etwa bei
Veranstaltungen ihres Berufsverbandes.[427]

Schüler und Studenten können Art. 8 Abs. 1 GG in den Räumen und auf dem Ge-   294
bäude der Bildungseinrichtung nur ausüben, wenn es von dem jeweiligen Leitungs-
organ zugelassen worden ist. Es besteht allerdings ein **Zulassungsanspruch**, wenn
keine wichtigen institutionellen Belange entgegenstehen. Das Sonderstatusverhältnis
wirkt aber nicht nach draußen.

Schüler und Studenten dürfen deshalb nicht daran gehindert werden, sich an Ver-   295
sammlungen und Demonstrationen **außerhalb** der Bildungseinrichtung zu beteiligen. Ein Anspruch auf Teilnahme kann auch bestehen, wenn die Veranstaltung
während der Unterrichtszeit stattfindet. Im Konflikt zwischen der Versammlungsfreiheit und der landesgesetzlich konkretisierten Schulbesuchspflicht aus Art. 7
Abs. 1 GG soll es maßgeblich auf die **Thematik der Demonstration** und ihren
Bezug zu den Wertentscheidungen der Verfassung sowie die Dauer des Unterrichts-
ausfalls ankommen.[428]

Untersuchungs- und Strafgefangenen, Personen in polizeilichem Gewahrsam oder   296
Insassen von Heil- und Pflegeanstalten können im Hinblick auf Art. 8 Abs. 1 GG
keine befristete Aufhebung ihrer Freiheitsentziehung verlangen, weil primär ihre Bewegungsfreiheit nach Art. 2 Abs. 2 GG eingeschränkt ist und sie deshalb keine Grundrechte geltend machen können, die Bewegungsfreiheit voraussetzen.[429]

---

427 BVerwG, NJW 1984, 747.
428 VG Hannover, NJW 1991, 1001; *Bertuleit/Steinmeier*, RBRS, § 1 Rn. 72 ff.
429 *Kniesel/Poscher*, Rn. 134.

bbb) Art. 17a Abs. 1 GG

297   Die Verfassungsnorm beinhaltet einen besonderen Gesetzesvorbehalt für das Wehr- und Ersatzdienstverhältnis und steht gleichrangig neben dem Gesetzesvorbehalt aus Art. 8 Abs. 2 GG. Sie geht aber über letzteren insoweit hinaus, als **auch Versammlungen in geschlossenen Räumen erfasst werden**[430], weil anders als in Art. 8 Abs. 2 GG nicht zwischen Versammlungen unter freiem Himmel und in geschlossenen Räumen differenziert wird.

298   Gegenüber Soldaten können auf Art. 17a Abs. 1 GG gegründete Beschränkungen erfolgen, die nur durch den Grundsatz der Verhältnismäßigkeit begrenzt werden. Für die Dienstverhältnisse der Soldaten ist das SoldG maßgeblich, das für diese um der Funktionsfähigkeit der Bundeswehr Willen stärkere Pflichtbindungen aufgibt als den anderen Dienstnehmern.[431] So ist es Soldaten nach § 15 Abs. 3 SoldG untersagt, in Uniform an politischen Veranstaltungen, also auch an Versammlungen und Demonstrationen teilzunehmen.

299   Trotz dieses Verbots dürfen Soldaten an diesen teilnehmen, wenn es sich um eine **Veranstaltung ihres Berufsverbandes** handelt oder die Funktionsfähigkeit der Bundeswehr durch die anstehende Versammlung nicht berührt wird.[432] Dies ist zu bejahen, wenn Berufssoldaten für Frieden und Abrüstung in Uniform demonstrieren.[433]

cc) Immanente Schranken

300   Die Versammlungsfreiheit ist für Versammlungen in geschlossenen Räumen **schrankenlos** garantiert; nur für Versammlungen unter freiem Himmel besteht nach Art. 8 Abs. 2 GG ein Gesetzesvorbehalt. Mit Gesetzesvorbehalten setzt die Verfassung den Gesetzgeber in den Stand, Eingriffsermächtigungen zu schaffen, mit denen die zuständigen Behörden Konflikte zwischen Grundrechtsträgern ausgleichen können, etwa durch beschränkende Verfügungen nach § 15 Abs. 1 oder Abs. 3 BVersG.

301   Um bei der Kollision von vorbehaltlosen Grundrechten mit anderen Grundrechten bzw. anderen hochrangigen verfassungsrechtlich gesicherten Rechtsgütern einen Ausgleich zu ermöglichen, verweist das BVerfG auf **immanente Schranken**, die im Interesse der Einheit der Verfassung und der Gemeinschaftsgebundenheit der Grundrechtsträger geboten sind.[434]

302   Ein Ausgleich zwischen kollidierenden Rechtsgütern über immanente Schranken ist in **zweifacher** Weise möglich. Eine systematische Interpretation lässt den Schutzbereich eines vorbehaltlos garantierten Grundrechts nur so weit ausgreifen, wie es ein i.S. praktischer Konkordanz hergestellter Ausgleich mit den kollidierenden Grundrechten oder

---

430 *Höfling*, SA, Art. 8 Rn. 79; Kniesel/Poscher, Rn. 135.
431 *Kunig*, in: Schmidt-Aßmann/Schoch, BVR, 6. Kap. Rn. 10.
432 BVerwG, NJW 1984, 747.
433 *Schulze-Fielitz*, DR, Art. 8 Rn. 92.
434 BVerfGE 3, 248/253; 20, 351/355 f.; 21, 92/93; 24, 367/396; 28, 243/261; 39, 334/367; 108, 282/297; *Dreier*, DR, vor Art. 1 Rn. 139 f.; *Jarass*, JP, vor Art. 1 Rn. 48.

Verfassungsgütern jeweils erlaubt[435]; diese vermögen also bereits den Schutzbereich zu begrenzen.[436] Das hätte zur Folge, dass die Gesetzesvorbehalte der Grundrechte funktionslos würden.[437] Gleichzeitig laufen auch die an einen Grundrechtseingriff anknüpfenden rechtsstaatlichen Garantien insoweit leer, als ein Eingriff in die aus dem Schutzbereich ausgegrenzten Bereiche nicht mehr denkbar und die Reichweite des jeweiligen Schutzbereiches nicht mehr bestimmt wäre.[438]

Diesen Bedenken trägt der zweite Ausgleichsversuch weitgehend Rechnung; entgegenstehende Grundrechte Dritter und andere Verfassungsgüter engen nicht den Schutzbereich ein, sondern liefern nur die **verfassungsrechtliche Rechtfertigung** für den Eingriff in den Schutzbereich des vorbehaltlos garantierten Grundrechts.[439]

Ein so bewerkstelligter Grundrechtsausgleich unterliegt indes **Restriktionen**. Enthält ein Grundrecht einen Gesetzesvorbehalt, dann ist das der Beleg dafür, dass der Verfassungsgeber die Kollisionsgefahren gesehen und deshalb die Eingriffsmöglichkeit zum Ausgleich geschaffen hat. Immanente Schranken können somit bei unter Gesetzesvorbehalt stehenden Grundrechten nicht zum Tragen kommen.[440] Aber auch bei den vorbehaltlosen Grundrechten kann es nur um Ausnahmefälle gehen, denn das Grundgesetz hat bei diesen ja nicht umsonst keine Eingriffe vorgesehen; kollidierendes Verfassungsrecht vermag nur dann Eingriffe zu rechtfertigen, wenn es um Verfassungsgüter auf der *Ebene des Art. 79 Abs. 3 GG* geht, nämlich die Menschenwürde unter Einschluss der Menschenwürdegehalte aller Grundrechte und die in Art. 20 GG enthaltenen Prinzipien.[441] Der Schutz hochrangiger Grundrechte wie Leib und Leben vermag dann einen Eingriff in ein vorbehaltloses Grundrecht zu legitimieren.

Ist entgegenstehendes Verfassungsrecht zur Rechtfertigung eines Grundrechtseingriffs tauglich, so muss auch das vorbehaltlos garantierte Grundrecht in seinem über Art. 1 GG am Schutz des Art. 79 Abs. 3 GG partizipierenden Menschenwürdegehalt gewahrt bleiben.[442]

Bei Art. 8 Abs. 1 GG kann es demnach durch kollidierendes Verfassungsrecht legitimierte Eingriffe **nur bei Versammlungen in geschlossenen Räumen** geben, nicht aber bei Versammlungen unter freiem Himmel, weil für diese in Art. 8 Abs. 2 GG ein Gesetzesvorbehalt gegeben ist. Soweit der Gesetzgeber auch Eingriffsermächtigungen für Versammlungen in geschlossenen Räumen vorgesehen hat – §§ 5, 12a, 13 BVersG –,

303

304

305

306

435 BVerfGE 28, 243 ff.; krit. dazu *Kingreen/Poscher*, Rn. 376 ff.
436 *Kingreen/Poscher*, Rn. 376.
437 *Kingreen/Poscher*, Rn. 378.
438 *Kingreen/Poscher*, Rn. 379; *Lege*, DVBl 1999, 569/571.
439 Krit. dazu *Sachs*, SA, vor Art. 1 Rn. 125 ff.; *Kingreen/Poscher*, Rn. 380 ff.;*Hoffmann-Riem*, HGR IV, § 106 Rn. 97.
440 *Kingreen/Poscher*, Rn. 384; a.A. BVerfGE 66, 116/136; 111, 147/157; BVerwGE87, 37/45; krit. *Schoch*, DVBl 1991, 667/671; differenzierend *Michael/Morlok*, Rn. 712 ff.
441 *Kingreen/Poscher*, Rn. 387; *Kniesel/Poscher*, Rn. 140; großzügig dagegen BVerfGE 28, 243/261; 53, 30/56, wo sogar einzelne Kompetenztitel des Grundgesetzes ausreichen; auch *Stern*, StR III/2, S. 623 f.
442 *Kniesel/Poscher*, Rn. 141.

können diese nicht über Art. 8 Abs. 2 GG, sondern **nur über die verfassungsunmittelbaren Gewährleistungsschranken der Friedlichkeit und Waffenlosigkeit oder über kollidierende Verfassungsrechtsgüter gerechtfertigt werden.**[443]

307 Kommt nach diesen Vorgaben ein Grundrechtsausgleich in Betracht, so reicht **zur Legitimation für den Grundrechtseingriff** die entgegenstehende Rechtsposition allein nicht aus, sondern nach dem aus dem Rechtsstaatsprinzip abzuleitenden **allgemeinen Gesetzesvorbehalt**[444] bedarf es einer **formell-gesetzlichen Grundlage**[445], die im Versammlungswesen mit §§ 13 Abs. 1, 15 Abs. 1–3 BVersG zur Verfügung steht.[446]

b) Schranken-Schranken

308 Der Begriff bringt pointiert zum Ausdruck, dass **dem Gesetzgeber**, wenn er dem Grundrechtsgebrauch Schranken zieht, **selber wiederum Schranken gezogen sind,** die er beachten muss.[447]

aa) Verhältnismäßigkeit

309 Der Grundsatz der Verhältnismäßigkeit als wohl bedeutsamste Schranken-Schranke verlangt **vom Gesetzgeber**, dass der von ihm **verfolgte Zweck als solcher** verfolgt werden, das von ihm eingesetzte **Mittel als solches** eingesetzt werden darf und der Einsatz des Mittels zur Erreichung des Zwecks **geeignet, erforderlich** und **angemessen,** d.h. verhältnismäßig im engeren Sinne ist.[448]

310 Die Polizei- und Ordnungsgesetze, wozu auch die Versammlungsgesetze zählen, konkretisieren den verfassungsrechtlichen Grundsatz der Verhältnismäßigkeit, wenn sie in ihren Generalklauseln von den **notwendigen** Maßnahmen[449] sprechen und binden **Exekutive und Judikative** dergestalt, dass deren Maßnahmen bzw. Entscheidungen in Ansehung des verfolgten Zwecks geeignet, erforderlich und angemessen sein müssen.[450]

311 Im Hinblick auf die Versammlungsfreiheit hat das BVerfG betont, dass als Zweck einer Grundrechtsbeschränkung nur der Schutz solcher Rechtsgüter in Betracht kommt,

---

443 A.A. OVG Münster, NJW 2001, 2111, das bei rechtsextremistischen Demonstrationen eine verfassungsimmanente Beschränkung bejaht; vgl. auch *Battis/Grigoleit*, NVwZ 2001, 121 ff.; die Entscheidung des OVG Münster ist vom BVerfG, NJW 2001, 2070 aufgehoben worden.

444 *Sachs*, SA, Art. 20 Rn. 113; *Jarass*, JP Vorb. vor Art. 1 Rn. 51.

445 BVerfGE 59, 231/262; 111, 147/158; *Dreier*, vor Art. 1 Rn. 141; *Herdegen*, MD, Art. 1 III Rn. 45; *Sachs*, SA, vor Art. 1 Rn. 125.

446 *Kingreen/Poscher*, Rn. 828.

447 *Kingreen/Poscher*, Rn. 326 ff.

448 *Sachs*, SA, Art. 20 Rn. 149 ff.; *Kingreen/Poscher*, Rn. 330 ff.

449 Z.B. § 8 Abs. 1 nwPolG.

450 *Kingreen/Poscher*, POR, § 10 Rn. 15 ff.

deren Gewicht dem der von Art. 8 Abs. 1 GG entspricht.[451] Beeinträchtigungen der Leichtigkeit des Verkehrs reichen dafür nicht aus.[452]

bb) Zitiergebot

Das Zitiergebot findet auf der Grundlage der restriktiven Auslegung von Art. 19 Abs. 1 Satz 2 GG durch das BVerfG auf Ermächtigungsgrundlagen zu Eingriffen in öffentliche und nichtöffentliche Versammlungen, die lediglich **verfassungsimmanente Schranken** der Versammlungsfreiheit konkretisieren, **keine Anwendung.**[453] Bei Maßnahmen gegen Versammlungen in geschlossenen Räumen kommt ein Verstoß gegen das Zitiergebot deshalb nicht in Betracht.[454] Für Eingriffe in Versammlungen unter freiem Himmel wird ihm durch die entsprechenden Regelungen in den Versammlungsgesetzen – § 20 BVersG, Art. 23 bayVersG, § 23 ndsVersG, § 20 sächsVersG, § 19 s-a VersG, § 28 s-h VersFG – Rechnung getragen. **312**

Problematisch im Hinblick auf die Beachtung des Zitiergebots sind die sogenannten **Minusmaßnahmen**, wonach sich Versammlungsbehörden und Polizei bei Verstößen gegen die öffentliche Sicherheit oder Ordnung oder bei Auflagenverstößen vermittelt über § 15 Abs. 1 BVersG auch auf die Polizeigesetze der Länder stützen können, wenn auf diese Weise eine Auflösung vermieden werden kann; § 15 Abs. 1 BVersG verweist mit der Formulierung, dass die zuständige Behörde die Versammlung von bestimmten Auflagen abhängig machen kann, auf den Maßnahmenkatalog der dieser Behörde zur Abwehr unmittelbarer Gefahren zustehenden landesgesetzlichen Befugnisse und lassen deren Anwendung zur Gefahrenabwehr nach § 15 BVersG zu[455] (vgl. dazu näher Rdn. 401 ff.). **313**

Bei solchen Minusmaßnahmen soll das Zitiergebot gewahrt sein, weil der Eingriff **im Schwerpunkt durch § 15 BVersG gerechtfertigt werde** und das BVersG in § 20 dem Zitiergebot genüge.[456] Überzeugender erscheint die Auffassung, wonach der Anwendungsbereich des Zitiergebots nicht auf solches vorkonstitutionelles Recht erstreckt wird, das vorkonstitutionelle Eingriffsermächtigungen nur fortschreibt[457], was bei der Generalklausel und den Standardmaßnahmen bejaht werden kann, die das preußische Polizeiverwaltungsgesetz schon kannte.[458] **314**

Problematisch sind auch die sogenannten **Vorfeldmaßnahmen.** Dabei handelt es sich um Maßnahmen – Gefährderansprachen, Meldeauflagen, Anreiseverbote, **315**

---

451 BVerfGE 69, 315/353; BVerfG, NVwZ 1998, 835; *Benda,* BK, Art. 8 Rn. 67; *Schulze-Fielitz,* DR, Art. 8 Rn. 77.
452 OVG Münster, NVwZ 1989, 886.
453 BVerfGE 21, 92/93; 24, 367/396; 64, 72/80; *Gusy,* MKS, Art. 8 Rn. 63.
454 *von Coelln,* NVwZ 2001, 1237.
455 BVerwGE 64, 55/58; *Brenneisen,* DÖV 2000, 277 f.; *Dörr,* VerwArch 2002, 485/502; *Butzer,* VerwArch 2002, 506/533 f.
456 *Alberts,* VR 1987, 300.
457 BVerfGE 35, 185/189; 47, 31/39; 61, 82/113; *Selk,* JuS 1992, 818 m.w.N.
458 *Kniesel/Poscher,* Rn. 153.

Aufenthalts- und Teilnahmeverbote, Rückführungsingewahrsamnahmen und Maßnahmen an Kontrollstellen (vgl. dazu näher Rdn. 408 ff.) –, die **vor Beginn** einer Versammlung bzw. Demonstration erfolgen, aber nicht auf Befugnisnormen in den Versammlungsgesetzen gestützt werden können. Da diese Maßnahmen aber Eingriffe in Art. 8 Abs. 1 GG darstellen, weil die Anreise schon unter seinen Schutzbereich fällt, ist das **Zitiergebot zu beachten**. Indes zitieren die Polizeigesetze Art. 8 GG nicht. Folge ist, dass die genannten Maßnahmen **verfassungswidrig** sind[459], was die Polizeigesetzgeber, die bei zahlreichen Änderungen in ihren Polizeigesetzen reichlich Gelegenheit gehabt hätten, Art. 8 GG zu zitieren, nicht zu stören scheint. Verfassungsmäßige Zustände im Hinblick auf Vorfeldmaßnahmen lassen sich nur durch die Zitierung von Art. 8 GG in den Polizeigesetzen oder die Regelung der Vorfeldmaßnahmen in den Versammlungsgesetzen herbeiführen.[460]

cc) Wesensgehaltsgarantie

316 Als weitere Eingriffsgrenze verlangt Art. 19 Abs. 2 GG, dass einschränkende Gesetze das jeweilige Grundrecht in seinem Wesensgehalt nicht antasten dürfen; pointiert gesagt muss der Gesetzgeber in Ansehung der von ihm eingeräumten Beschränkungsmöglichkeiten vom einschlägigen Schutzbereich so viel übrig gelassen haben, dass diese »Restgröße« **den Namen des jeweiligen Grundrechts noch verdient.**

317 Art. 19 Abs. 2 GG beantwortet die Frage nicht, **wem** von dem Grundrecht etwas bleiben muss. Auch das BVerfG lässt offen, ob die Verfassungsnorm die restlose Entziehung eines Grundrechts im Einzelfall verbietet oder ob sie nur verhindern will, dass der Wesenskern des Grundrechts als solcher, z.B. durch praktischen Wegfall der im Grundgesetz verankerten, der Allgemeinheit gegebenen Garantie angetastet wird.[461] Auf der Linie der demokratisch-funktionalen Interpretation von Art. 8 GG läge die Orientierung an der Allgemeinheit, den Grundrechten als Individualschutzrechten entspräche eine **Orientierung am Einzelfall**.[462] Im Zweifelsfall dürfte der Wesensgehalt in seiner Bedeutung für den Einzelnen zu suchen sein; wenn dieser Einzelne von seinen Grundrechten keinen Gebrauch mehr machen kann, hat er nichts davon, wenn es andere Einzelne noch können.[463]

dd) Zensurverbot

318 Das Zensurverbot aus Art. 5 Abs. 1 Satz 3 GG gilt auch für Einschränkungen der Meinungsfreiheit und verbietet jede **Vorzensur**. Systematisch stellt sich das **Zensurverbot als Schranken-Schranke** dar, das seinerseits Grundrechtseinschränkungen begrenzt.[464] Es ist im Rahmen des Anmeldeverfahrens zu beachten, wenn die Versammlungsbehörden

---

459 BVerfGE 101, 1/42 f.; 113, 348/366; *Dreier*, DR, Art. 19 Rn. 29; *Jarass*, JP, Art. 19 Rn. 7.
460 *Kingreen/Poscher*, POR, § 19 Rn. 20.
461 BVerfGE 2, 266/285.
462 *Kniesel/Poscher*, Rn. 156.
463 *Kingreen/Poscher*, Rn. 359.
464 *Ullrich*, S. 459.

die Vorlage von zum Vortrag kommenden Texten verlangt, um auf dieser Grundlage **Auftrittsverbote** für Redner oder Musikgruppen verfügen zu können.

Wenn im Rahmen des Anmeldeverfahrens allein zum Ausschluss von Gesetzesverstö- 319
ßen durch auf der Versammlung erwarteter Äußerungen die **Angabe der auftretenden Redner oder Gruppen** oder sogar die **Vorlage von Texten** verlangt wird[465], erfüllt das Anmeldeverfahren in Verbindung mit dem Verbots- und Auflageninstrumentarium sowohl die formellen als auch die materiellen Voraussetzungen der Zensur und ver-stößt gegen das Verbot aus Art. 5 Abs. 1 Satz 3 GG.[466]

6. Grundrechtsverpflichtete

a) Träger von Hoheitsgewalt

Als **Abwehrrecht** richtet sich die Versammlungsfreiheit **primär gegen den Staat.** Alle 320
Träger von Hoheitsgewalt – Gesetzgeber, Behörden und Gerichte – sind gem. Art. 1 Abs. 3 GG an die Grundrechte als unmittelbar geltendes Recht gebunden und haben deshalb bei ihren Regelungen, Entscheidungen und faktischen Maßnahmen Art. 8 Abs. 1 GG zu beachten.

Veranstalter und Leiter wären im Verhältnis zu Versammlungsteilnehmern Grund- 321
rechtsverpflichtete, wenn man sie als mit Hoheitsgewalt betraute Beliehene qualifizieren würde.[467] Veranstalter und Leiter mit Ordnern sind indes keine Grund-rechtsverpflichtete, sondern **Grundrechtsberechtigte;** sie üben selber ihr Grundrecht aus Art. 8 Abs. 1 GG aus und sind **keine Hilfspolizisten** (vgl. Rdn. 233).

b) Privatpersonen

Eine unmittelbare Drittwirkung Privater besteht auch bei der Ausübung der Ver- 322
sammlungsfreiheit nicht.[468] Wenn es aber dabei zu **Kollisionen mit Grundrechten Dritter** kommt, müssen diese sozial adäquate Nachteile und Beeinträchtigungen, die mit rechtmäßigen Versammlungen und Demonstrationen verbunden sind – etwa zeitweilige Verkehrsbehinderungen –, hinnehmen; das gilt auch bei Sitzblockaden, sofern die Behinderung Dritter nicht gezielt erfolgt, sondern nur als Nebenfolge in Kauf genommen wird (vgl. dazu näher § 15 Rdn. 46 ff.).

Soweit ehemals öffentliche Verkehrsflächen faktisch für den allgemeinen Publi- 323
kumsverkehr offen stehen, wie es bei großen Einkaufszentren oder privatisierten Ladenstraßen der Fall ist, können die Privateigentümer verpflichtet sein, auf diesen **semiöffentlichen Flächen** Versammlungen und Demonstrationen unter bestimmten Voraussetzungen zu dulden (vgl. Rdn. 37 ff.). In dem Falle wären sie dann auch Grundrechtsverpflichtete.

---

465 OVG Bautzen, SächsVBl 2002, 217.
466 *Schulze-Fielitz*, DR, Art. 8 Rn. 173.
467 So *Gusy*, JuS 1986, 612; *Bracher*, Gefahrenabwehr durch Private, 1987, S. 39.
468 *Kingreen/Poscher*, Rn. 236 ff.

7. Art. 8 GG im Verhältnis zu anderen Grundrechten

a) Allgemeines

324 Bei der Ausübung der Versammlungsfreiheit kommt es hinsichtlich der geschützten Aktivitäten zu **Überschneidungen** mit Handlungsweisen, die durch andere Grundrechte geschützt werden, insbesondere dann, wenn Art. 8 Abs. 1 GG der Verwirklichung einer anderen grundrechtlichen Freiheit in Gemeinsamkeit mit anderen dient (vgl. Rdn. 20 f.).

325 Hier ist zu entscheiden, ob das in oder mit der Versammlung verwirklichte Grundrecht **als spezialgesetzliche Regelung** vorrangig ist oder ob beide Grundrechte in **Grundrechtskumulation** konkurrieren.[469] Im letzteren Fall kann sich der Grundrechtsträger auf beide Grundrechte berufen und es kommt zur **Verstärkung der gesamtgrundrechtlichen Position**, insbesondere dadurch, dass bei unterschiedlicher Schrankenregelung eine restriktive Anwendung der Schranken unter Berücksichtigung des Schutzbereichsschwerpunktes zur Effektuierung der grundrechtlichen Gesamtgarantie geboten ist.[470]

326 Deren Ermittlung muss berücksichtigen, dass zahlreiche Grundrechte auch ihre **Ausübung in Gemeinsamkeit** unter Schutz stellen. So schützt Art. 2 Abs. 1 GG die Persönlichkeitsentfaltung in der Gruppe, Art. 2 Abs. 2 GG die Fortbewegung auch im Kollektiv, Art. 4 Abs. 2 GG die gemeinsame Religionsausübung in Form einer Prozession, Art. 5 Abs. 1 GG die Freiheit, Meinungen im Kollektiv zu äußern und zu verbreiten, Art. 5 Abs. 3 GG die Forschung auch im Team und die Freiheit der Kunst auch die künstlerische Betätigung des Schauspielerkollektivs in einer Theateraufführung, Art. 9 Abs. 1 GG über den organisatorischen Zusammenschluss hinaus auch die Betätigung der Vereinsmitglieder bei der Wahrnehmung von Vereinszwecken und Art. 9 Abs. 3 GG auch den Zusammenschluss von Koalitionen und Art. 12 Abs. 1 GG die arbeitsteilig organisierte Berufsausübung mehrerer Personen.

327 Dem in anderen Grundrechten bereits enthaltenen Schutz gemeinsamer Grundrechtsausübung **fügt Art. 8 Abs. 1 GG einen besonderen Schutz hinzu** (vgl. Rdn. 20 f.). So besteht bei der kollektiven Ausübung der Versammlungsfreiheit das Verbot der Einführung eines Erlaubnis- und Anmeldevorbehalts, Art. 8 Abs. 1 GG erweitert den Grundrechtsschutz auf die Vor- und Nachphase der Versammlung schützt auch die innere Versammlungsfreiheit und im Hinblick auf die kollektive Meinungskundgabe erweitert Art. 8 Abs. 1 GG den Grundrechtsschutz um die räumlich-physische Dimension des geballten, auch einschüchternden Auftretens von Demonstranten zur Erzielung eines Achtungserfolgs bis zur Grenze der Unfriedlichkeit.

328 Die **Spezialität von Art. 8 Abs. 1 GG** ist zu bejahen, wenn sein Schutz weiter reicht als der des anderen kollektives Handeln schützenden Grundrechts, wie es im Verhältnis

---

469 *Kingreen/Poscher*, Rn. 388 ff.
470 *Berkemann*, NVwZ 1982, 87.

zur allgemeinen Handlungsfreiheit der Fall ist.[471] Bei den übrigen Grundrechten ist grundsätzlich von einer **Idealkonkurrenz** auszugehen.

b) Abgrenzungen und Konkurrenzen

aa) Allgemeine Handlungsfreiheit

Die allgemeine Handlungsfreiheit ist gegenüber Art. 8 Abs. 1 GG in personeller Hin- 329 sicht **Spezialregelung**, als sie **Ausländern**, die in Art. 8 Abs. 1 GG vom Grundrechtsschutz ausgeschlossen sind, **die Versammlungsfreiheit garantiert.**[472]

Streitig ist, ob die durch Art. 8 Abs. 1 GG nicht geschützte unfriedliche oder bewaff- 330 nete Versammlungsteilnahme unter den Schutz von Art. 2 Abs. 1 GG fällt oder ob auch für dies Grundrecht ein allgemeiner Friedlichkeitsvorbehalt besteht, der auch den Schutz durch Art. 2 Abs. 1 GG ausschließt. Folgt man der ersteren Meinung, ist **Art. 2 Abs. 1 GG als Spezialregelung vorrangig.**

bb) Ausreisefreiheit

Ob die Ausreisefreiheit durch Art. 2 Abs. 1 GG[473] oder durch Art. 11 Abs. 1 GG[474] 331 geschützt wird oder ob diese unter dem Grundgesetz garkeinen Grundrechtsschutz genießt[475], mag hier dahinstehen. Ein **Ausreiseverbot** für Deutsche, die im Ausland an einer Versammlung oder Demonstration teilnehmen wollen, **greift in den Schutzbereich von Art. 8 Abs. 1 GG** ein, weil dieser auch die Anreise schützt (vgl. Rdn. 195). Die Ausreisemöglichkeit ist **Voraussetzung der Anreise** und die Verhinderung der Ausreise dann der Eingriff in den Schutzbereich von Art. 8 Abs. 1 GG, der hier entweder als einziges Grundrecht Schutz bei der Ausreise gewährt oder neben Art. 2 Abs. 1 bzw. Art. 11 Abs. 1 GG in Idealkonkurrenz die Ausreisefreiheit schützt.

cc) Recht auf informationelle Selbstbestimmung

Art. 8 Abs. 1 GG konkretisiert in seiner Eigenschaft als Kommunikationsgrundrecht 332 **das Recht auf informationelle Selbstbestimmung** und gewährt eigenständigen Schutz gegenüber informationellen Aktivitäten von Polizei und Verfassungsschutz im Zusammenhang mit Versammlungen und Demonstrationen, indem er auch die **innere Versammlungsfreiheit** schützt (vgl. Rdn. 200 ff.).

dd) Körperliche Bewegungsfreiheit

Das Recht, sich im Rahmen einer Demonstration in beliebiger Richtung kollektiv 333 fortzubewegen, ist durch den Schutzbereich von Art. 8 Abs. 1 GG **mit abgedeckt,**

---

471 BVerfGE 104, 92/104.
472 *Höfling*, SA, Art. 8 Rn. 50; *Schulze-Fielitz*, DR, Art. 8 Rn. 49 ff.
473 BVerfGE 6, 32/35 f.; 72, 200/245; BVerwG, NJW 1971, 820; *Durner*, MD, Art. 11 Rn. 101.
474 *Pagenkopf*, SA, Art. 8 Rn. 29.
475 *Merten*, HGR IV, § 94 Rn. 133; *Kingreen/Poscher*, Rn. 922 f.

weil die Teilnahme die tatsächliche und rechtliche Möglichkeit zum Aufenthalt am Versammlungsort zwangsläufig bedingt.[476]

334 Werden Teilnehmer **ohne Auflösungsverfügung** vor Ort mittels einer polizeilichen **Einschließung** festgehalten, so ist neben Art. 2 Abs. 2 GG **auch Art. 8 Abs. 1 GG** einschlägig, weil letzterer auch das Recht zum Verlassen des Demonstrationsortes verbürgt. Aber auch nach dem Ergehen einer Auflösungsverfügung kann der Grundrechtsschutz aus Art. 8 Abs. 1 GG **nachwirken** und noch neben dem Schutz durch Art. 2 Abs. 2 GG fortbestehen (vgl. Rn. 483 ff.).

335 Bei der sogenannten **einschließenden Begleitung** ist der Schutzbereich von Art. 8 Abs. 1 und Art. 2 Abs. 2 GG im Hinblick auf die Fortbewegungsmöglichkeit erst dann beeinträchtigt, wenn die Betroffenen die Marschrichtung **nicht mehr selber bestimmen können.**

ee) Freiheit der Religionsausübung

336 Art. 4 Abs. 2 GG wird typischerweise auch in kollektiver Form durch gemeinsame Gottesdienste und Prozessionen ausgeübt. Wohl wegen dieser typischen Verwiesenheit des Glaubens auf das Kollektiv der Gläubigen wird die kollektive Ausübung der Glaubensfreiheit nur unter dem Schutz von Art. 4 GG gesehen; diese Grundrechtsnorm soll insoweit lex specialis zu Art. 8 GG sein.[477] Für die Vertreter des auf die Beteiligung an der öffentlichen Meinungsbildung verengten Versammlungsbegriffs ist diese grundrechtsdogmatische Einordnung zwingend, wenn die kollektive Grundrechtsausübung nicht ohne grundrechtlichen Schutz bleiben soll. Sieht man hingegen zutreffend in Art. 8 GG ein **Querschnittsgrundrecht** für kollektive Freiheitsausübung, so ist nicht einsichtig, warum gerade für die kollektive Religionsausübung der Schutzbereich von Art. 8 Abs. 1 GG nicht auch eröffnet sein soll.[478] Dies gilt auch dann, wenn ein Gottesdienst selbstständiger Teil einer Versammlung ist.[479] Aktionen wie das Auftreten einer Scharia-Police können unter den Schutzbereich der Religionsausübungsfreiheit fallen (vgl. § 15 Rn. 75 ff.).

ff) Meinungsfreiheit

337 Zwischen Art. 8 und Art. 5 GG besteht eine **enge Verbindung.** Auf Versammlungen werden Meinungen gebildet und Demonstrationen stellen **kollektive Meinungsäußerungen** dar. Die Demonstrationsfreiheit ist insoweit eine aus den beiden Grundrechten **zusammengesetzte Freiheit.** Für den verengten Versammlungsbegriff ist diese Kombination sogar konstitutiv.[480] Weil die Schutzbereiche der beiden Grundrechte unterschiedlich weit ausgreifen – Art. 5 Abs. 1 hat die **immanente Schranke der Geistigkeit**

---

476 *Kniesel/Poscher*, Rn. 187.
477 *Schulze-Fielitz*, DR, Art. 8 Rn. 127; *Höfling*, SA, Art. 8 Rn. 83; *Blanke*, SB, Art. 8 Rn. 93.
478 *Gusy*, MKS, Art. 8 Rn. 88; *Herzog*, MD (Vorauflage), Art. 8 Rn. 24; *Kniesel/Poscher*, Rn. 181.
479 A.A. *Blanke*, SB, Art. 8 Rn. 93.
480 *Kniesel/Poscher*, Rn. 163.

Kniesel

des **Meinungskampfes,** während Art. 8 Abs. 1 GG mit seiner räumlich-physischen Dimension das geballte Auftreten der Masse **bis zur Grenze der Unfriedlichkeit** schützt –, stehen die Versammlungs- und die Meinungsfreiheit **nebeneinander**[481], wobei erstere die »technische Seite« als Transportmittel des Inhalts und letztere den Inhalt selber schützt.

gg) Kunstfreiheit

Insbesondere bei Demonstrationen können künstlerische Elemente eingesetzt werden um den Beachtungserfolg zu sichern. Das ist generell bei **politischem Straßentheater** gegeben, vor allem bei einem aktuellen politischen Bezug, wie es im Jahre 1979 beim »Anachronistischen Zug«[482] und jüngst beim Zeigen von Mohammed-Karikaturen der Fall war. Die Kunstfreiheit gibt hier **weitergehenden** Grundrechtsschutz, indem sie auch den prozesshaften Vorgang der künstlerischen Schöpfung, der Gestaltung und allgemeinen Präsentation des Geschaffenen einbezieht, sodass es **zur Verstärkung der gesamtgrundrechtlichen Position** kommt.[483]   338

Derartige Aktionen werden unbeschadet der im Vordergrund stehenden politischen Prägung durch politische Ziele vom Kunstbegriff erfasst. Art. 5 Abs. 3 und Art. 8 Abs. 1 GG **schützen gemeinsam** engagierte versammlungsmäßig dargebotene Kunst.[484]   339

Die Schranken von Art. 8 GG gelten trotz der Vorbehaltlosigkeit der Kunstfreiheit, wenn sich versammlungsbehördliche bzw. politische Maßnahmen auf die »technische Seite«, also etwa den **Aufzug als Transportmittel der künstlerischen Aussage** beziehen, weil dieser sich im Straßenverkehr bewegt.[485]   340

hh) Vereinigungsfreiheit

Zwischen der Versammlungsfreiheit und der Vereinigungsfreiheit besteht schon historisch eine enge Beziehung. Vereinigungen als Träger des kollektiven Freiheitsrechts aus Art. 9 Abs. 1 GG werden auch mit der Veranstaltung von Versammlungen und Demonstrationen aktiv, insbesondere wenn sie diese als Forum organisierter Willensbildung nutzen.[486]   341

Abgrenzungskriterium für die Schutzbereiche von Art. 9 Abs. 1 und Art. 8 Abs. 1 GG ist nicht das zeitliche Element der Dauer, sondern der **räumliche Bezug** und   342

481 *Höfling*, SA, Art. 8 Rn. 84; *Schulze-Fielitz*, DR, Art. 8 Rn. 128; *Gusy*, MKS, Art. 8 Rn. 87; *Depenheuer*, MD, Art. 8 Rn. 182; *Hoffmann-Riem*, HGR IV, § 106 Rn. 86; *Jarass*, JP, Art. 8 Rn. 19a.
482 BVerfGE 67, 213/224 ff.; *Benda*, BK, Art. 8 Rn. 25; *Würkner*, NJW 1988, 327 f.
483 *Berkemann*, NVwZ 1982, 87.
484 BVerfGE 67, 213/224 ff.; VGH Kassel, DVBl 2011, 707/709 ff.; *Schulze-Fielitz*, DR, Art. 8 Rn. 130; *Stern*, StR IV/1, S. 1403; OVG Lüneburg, NdsVBl 2018, 89/91; krit. *Ullrich*, S. 477, der bei Demonstrationen Art. 8 Abs. 1 GG als spezielle Regelung ansieht.
485 VGH München, NJW 2010, 792/793.
486 *Schmitt Glaeser*, HdBStR II, § 31 Rn. 11.

der **Organisationsgrad.**[487] Aber auch insoweit sind die Übergänge zwischen beiden Grundrechten fließend, wenn sich Mitglieder einer Vereinigung versammeln oder Teilnehmer einer länger andauernden Versammlung zu einer Vereinigung zusammenschließen. So kann beim organisierten Protest gegen eine Straßenbaumaßnahme in Form einer Dauermahnwache schon eine Bürgerinitiative als Vereinigung vorliegen, sofern eine gewisse zeitliche und organisatorische Stabilität gegeben ist.[488] Die Dauermahnwache der Vereinigung steht aber weiter unter dem Schutz von Art. 8 Abs. 1 GG. Es besteht also **paralleler** Grundrechtsschutz.[489]

ii) Arbeitskampffreiheit

343   Bei der Ausübung von Art. 9 Abs. 3 GG in Form von Arbeitskampfaktionen können **auch Demonstrationen** stattfinden. Das waren in der Vergangenheit Betriebsblockaden und im Jahre 2007 sog. Flashmob-Aktionen, die von gewerkschaftlicher Seite als streikbegleitende Maßnahmen organisiert wurden.[490] Diese Aktionen werden fälschlich als Flashmobs eingestuft[491]; es handelte sich um sog. Smart mobs, weil die **politische Zielsetzung** nicht zweifelhaft war. Bei diesen Aktionen konnten sich die Akteure aber nicht nur auf die Arbeitskampffreiheit stützen, sondern – was das Bundesarbeitsgericht übersehen hat – auch auf die Versammlungsfreiheit, weil es um die Meinungskundgabe in öffentlichen Angelegenheiten ging. Da man derartige Aktionen auch als unzulässige Arbeitskampfmaßnahmen einstufen kann[492], wäre es für das Bundesarbeitsgericht geboten gewesen, sich auch mit Art. 8 Abs. 1 GG zu befassen.

344   Grundsätzlich können **Maßnahmen des Arbeitskampfes als demonstrative Aktionen** aufgezogen werden. Das traditionelle Bild des Streiks, das geprägt war durch die Niederlegung der Arbeit bei Verlassen der Arbeitsstätte unter Zurücklassung von Streikposten, hat sich grundlegend geändert.[493] Die Streikenden verbleiben auch auf ihrer Arbeitsstätte und organisieren Zugangsblockaden, Betriebsbesetzungen, wenden sich mit Informationsständen vor den Werkstoren an Passanten oder veranstalten Aufzüge durch die Innenstädte, um an Politik, Medien und Öffentlichkeit zwecks Verbesserung ihrer Arbeitsbedingungen oder wegen drohender Arbeitslosigkeit zu appellieren.

---

487 *Gusy*, MKS, Art. 8 Rn. 21; *Scholz*, MD, Art. 9 Rn. 65; *Kniesel/Poscher*, Rn. 184.
488 *Merten*, Festschrift für Kirchhof, Bd. 1, 2013, § 50 Rn. 18; *Kingreen/Poscher*, Rn. 844.
489 *Höfling*, SA, Art. 8 Rn. 84; *Blanke*, SB, Art. 8 Rn. 87; *Kloepfer*, HdBStR IV, § 164 Rn. 119.
490 Die Aktionsteilnehmer, gekleidet mit Jacken mit der Aufschrift verdi betraten in der streitgegenständlichen Aktion einen Supermarkt des Streitgegners, klebten ein Flugblatt mit dem Streikaufruf an einem Backofen und deponierten weitere Flugblätter an der Kasse. Sodann begaben sich ca. 40 Personen in den Supermarkt und kauften dort sog. Cent-Artikel ein, deren Einscannen durch die Kassiererinnen längere Zeit dauerte, sodass sich an den Kassen Warteschlangen bildeten; die Aktionsteilnehmer befüllten ca. 40 Einkaufswagen und ließen diese in den Gängen oder im Kassenbereich zurück.
491 BAG, NJW 2010, 631/633 f.
492 *Säcker*, NJW 2010, 1115 ff.
493 Barczak, DVBl 2014, 758 ff.

Bei diesen Aktivitäten kann es sich sowohl um Demonstrationen als auch um Arbeits- 345
kampfmaßnahmen handeln.[494] Allerdings lässt das Bundesarbeitsgericht Betriebsblockaden nicht unter das von Art. 9 Abs. 3 GG garantierte Streikrecht fallen.[495]
Sogenannte politische Streiks werden ebenfalls nicht vom Schutzbereich der Arbeitskampffreiheit erfasst.[496]

Bezüglich der **einschlägigen Schranken** ist trotz der grundsätzlichen Schrankenlo- 346
sigkeit der Arbeitskampffreiheit aus Art. 9 Abs. 3 GG davon auszugehen, dass bei
Arbeitskampfaktionen **im öffentlichen Verkehrsraum** die Schranken der Versammlungsfreiheit greifen, wenn Polizei bzw. Versammlungsbehörden gegen die Versammlung als »Transportmittel« der Botschaft des Arbeitskampfes vorgehen.

jj) Wohnungsfreiheit, Eigentumsgarantie

Finden Versammlungen in einer Wohnung oder in Geschäftsräumen statt, kommen 347
Art. 13 und Art. 8 GG nebeneinander zur Anwendung.[497] Hängen mehrere Mieter
Transparente aus den Fenstern ihrer Wohnungen, so können sie sich auch auf Art. 14
GG berufen, der auch das Besitzrecht des Mieters schützt.[498]

kk) Parteienfreiheit

Bei der **Mitwirkung der Parteien an der politischen Willensbildung** auf der Grundla- 348
ge von Art. 21 Abs. 1 GG handelt es sich nach einer Auffassung um eine objektivrechtliche Gewährleistung der politischen Partei als Institution, die mit subjektivrechtlichen
Elementen angereichert ist, aber nicht um ein Grundrecht[499]; die Verfassungsnorm sei
eine Aufgabenzuweisung, aber keine eigenständige Freiheitsgewährleistung.[500] Nach
anderer Auffassung garantiert Art. 21 Abs. 1 GG als Spezialgrundrecht gegenüber
Art. 9 GG den Parteien die Betätigungsfreiheit; die existenzielle Bedeutung der politischen Parteien für das demokratisch verfasste Gemeinwesen soll ausschließen, das
Art. 21 GG hinter Art. 9 GG zurückbleibt.[501]

Der Streit um die Grundrechtsqualität von Art. 21 Abs. 1 GG mag hier dahinstehen, 349
denn unstreitig wird die **Parteienfreiheit von den einschlägigen Grundrechten geschützt.**[502] Für Art. 8 Abs. 1 GG bedeutet das, dass die Mitwirkung der Parteien
an der politischen Willensbildung, insbesondere im Wahlkampf durch die Versammlungsfreiheit in Form der Veranstaltung von Demonstrationen geschützt wird.[503]

---

494 *Höfling*, SA, Art. 8 Rn. 84; *Blanke*, SB, Art. 8 Rn. 96; *Kloepfer*, HdBStR IV, § 164 Rn. 119;
    Ullrich, S. 480 f.
495 BAG, NJW 1989, 1882.
496 *Kingreen/Poscher*, Rn. 858; *Stern*, StR IV/1, S. 2059 ff.
497 *Höfling*, SA, Art. 8 Rn. 84; *Schulze-Fielitz*, DR, Art. 8 Rn. 132.
498 BVerfGE 89, 1 ff.; BVerfG, NJW 2014, 2417 ff.
499 *Morlok*, DR, Art. 21 Rn. 48 f.
500 *Pieroth*, JP, Art. 21 Rn. 11.
501 *Ipsen*, SA, Art. 21 Rn. 30 f.
502 *Morlok*, DR, Art. 21 Rn. 53.
503 Krit. dazu *Ullrich*, S. 470 f.

Veranstalten also Parteien Versammlungen bzw. Demonstrationen, so **verstärkt** jedenfalls **Art. 21 Abs. 1 GG das Grundrecht aus Art. 8 Abs.** 1 GG, vor allem deshalb, weil diese Veranstaltungen im Wahlkampf von existenzieller Bedeutung sind.[504] Auf dem Hintergrund der den Parteien durch Art. 21 Abs. 1 GG garantierten Beteiligung am politischen Meinungskampf gewinnt Art. 8 Abs. 1 GG besonderes Gewicht.[505]

350 Andererseits kann sich eine gem. Art. 21 Abs. 2 GG für verfassungswidrig erklärte Partei nicht über die Versammlungsfreiheit im Wahlkampf Gehör verschaffen. Bis zu diesem Zeitpunkt darf aber die Grundrechtsausübung einer politischen Partei nicht unter Hinweis auf deren »Verfassungsfeindlichkeit« durch versammlungsbehördliche bzw. polizeiliche Maßnahmen – gleichsam durch die Hintertür der Versammlungsgesetze – eingeschränkt werden, solange das BVerfG nicht die Partei für verfassungswidrig nach Art. 21 Abs. 2 GG erklärt hat.

ll) Rechtsschutzgarantie

aaa) Bedeutung für die Versammlungsfreiheit

351 Hat eine Versammlung einen **kurzen zeitlichen Vorlauf** oder entscheidet die zuständige Versammlungsbehörde über eine schon länger angemeldete Versammlung **erst kurzfristig vor dem Veranstaltungstermin**, so kommt dem Eilverfahren nach § 80 Abs. 5 VwGO entscheidende Bedeutung für die tatsächliche Inanspruchnahme der Versammlungsfreiheit zu. Es kann auch sein, dass ein **bestimmter Zeitpunkt**, dessen Wahl ja gerade durch Art. 8 Abs. 1 GG garantiert wird, **untrennbar mit der Demonstrationsaussage verbunden** ist. Gleiches gilt, wenn es sich um eine Versammlung bzw. Demonstration **aus aktuellem Anlass** handelt. In diesen Fällen nutzt die Versammlungsfreiheit wenig, wenn sie prozessual leer läuft, weil die geplante Veranstaltung sich **durch Zeitablauf erledigt**.

352 Deshalb hat das BVerfG das Grundrecht aus **Art. 8 Abs. 1 GG mit dem Gebot effektiven Rechtschutzes aus Art. 19 Abs. 4 GG in eine untrennbare Beziehung gesetzt.** Letztere Verfassungsnorm garantiert, dass im Verfahren auf Wiederherstellung der aufschiebenden Wirkung von Widerspruch bzw. Anfechtungsklage die Versammlungsbehörden **keine irreparablen Maßnahmen** durchführen, bevor die Gerichte deren Rechtmäßigkeit geprüft haben.[506]

353 Dabei ist der Rechtsanspruch des Betroffenen umso stärker, je schwerer die ihm auferlegte Belastung wiegt und je mehr die Maßnahmen der Behörden Unabänderliches bewirken. Deshalb müssen die Versammlungsgerichte bei auf einen einmaligen Anlass bezogenen Versammlungen **schon im Eilverfahren durch eine intensive Prüfung dem Umstand gerecht werden, dass der Sofortvollzug der umstrittenen Maßnahme regelmäßig zur endgültigen Verhinderung der Versammlung führt.**[507]

---

504 BVerfG, NJW 1998, 3631.
505 *Kniesel/Poscher*, Rn. 186.
506 BVerfGE 110, 77/87 ff.
507 BVerfGE 110, 77/87 ff.; *Papier*, BayVBl 2010, 225 f.

Im Hinblick auf die tatsächliche Inanspruchnahme der Versammlungsfreiheit **tritt**   354
damit **das Eilverfahren nach § 80 Abs. 5 VwGO praktisch an die Stelle des Hauptverfahrens**. Die Verwaltungsgerichte können sich **nicht mehr** unter Berufung auf die
Qualität des Eilverfahrens nach § 80 Abs. 5 VwGO als summarisches Verfahren **auf
eine Interessenabwägung beschränken**, sondern müssen die **Rechtmäßigkeit** der streitigen versammlungsbehördlichen Maßnahme **wie im Hauptsacheverfahren prüfen.**

bbb) Verfassungsgerichtlicher Rechtsschutz

Das BVerfG kann nach § 32 Abs. 1 BVerfGG im Streitfall einen Zustand durch   355
einstweilige Anordnung vorläufig regeln, wenn dies zur Abwehr schwerer Nachteile,
zur Verhinderung drohender Gewalt oder aus einem anderen wichtigen Grund zum
gemeinen Wohl dringend geboten ist. Mit einer solchen einstweiligen Anordnung
kann damit das **BVerfG selber den untrennbaren Zusammenhang zwischen Art. 8
Abs. 1 GG und Art. 19 Abs. 4 GG zur Geltung bringen** und **verhindern**, dass durch
Verwaltungsbehörden und Verwaltungsgerichte im Hinblick auf die tatsächliche Inanspruchnahme des Grundrechts aus Art. 8 Abs. 1 GG **vollendete Tatsachen geschaffen werden**.[508]

In jüngerer Zeit sind die Verwaltungsgerichte und auch das BVerfG deshalb vermehrt   356
dazu übergegangen, in den Verfahren nach § 80 Abs. 5 VwGO und § 32 Abs. 1
BVerfGG Versammlungsverbote nicht einfach aufzuheben, sondern **durch Auflagen
bzw. Maßgaben zu ersetzen** (vgl. Teil IV, Rdn. 212).

B. Europarechtliche Grundlagen

I. Europäische Menschenrechtskonvention

1. Allgemeines

a) Bedeutung der EMRK

Die **EMRK**, die als **völkerrechtlicher Vertrag** im Jahr 1953 nach der Ratifizierung   357
durch zehn Vertragsstaaten in Kraft trat[509], garantiert elementare Menschenrechte, u.a. die Freiheitsrechte auf freie Meinungsäußerung und Versammlungs- und
Vereinsfreiheit.

Die EMRK gilt in Deutschland im Range eines Zustimmungsgesetzes nach Art. 59   358
Abs. 2 Satz 1 GG. Auch wenn sie damit **keinen Verfassungsrang** beanspruchen und
deshalb eine Verfassungsbeschwerde nicht unmittelbar auf eine Konventionsverletzung gestützt werden kann[510], ist die EMRK von großer Bedeutung für die Konkretisierung verfassungsrechtlicher Standards.[511] Die Rechtsprechung des EGMR dient

---

508 BVerfG, NJW 1999, 86.
509 Inzwischen sind alle 47 Mitgliedstaaten des Europarats Vertragsstaaten der EMRK.
510 BVerfGE 64, 135/157.
511 *Herdegen*, Europarecht, 20. Aufl. 2018, § 3 Rn. 53.

dabei als Auslegungshilfe für die Bestimmung von Inhalt und Reichweite von Grundrechten und rechtsstaatlichen Grundsätzen des Grundgesetzes.[512]

359   Die überragende Bedeutung der EMRK für die Entwicklung des internationalen Schutzes der Menschenrechte besteht darin, dass erstmalig effektive Durchsetzungsmechanismen für den Menschenrechtsschutz auf internationaler Ebene im Rahmen eines justizförmigen Verfahrens etabliert wurden.[513]

b) Individualbeschwerde nach Art. 34 EMRK

360   Jede natürliche Person und jede nichtstaatliche Organisation oder Personenvereinigung kann sich mit der **Individualbeschwerde** an den EGMR wenden und die Verletzung eines Konventionsrechts durch einen Vertragsstaat rügen, was in der Entwicklung des Menschenrechtsschutzes als **revolutionäre Errungenschaft** gewürdigt werden muss; kann doch der Einzelne auf internationaler Ebene vor unabhängigen Organen sogar **Rechtsschutz gegen den eigenen Heimatstaat** beanspruchen, weil dieser sich vertraglich der Möglichkeit unterworfen hat, dass seine Staatsangehörigen ihn mit Hilfe des Gerichts zur Rechenschaft ziehen.[514]

361   Die Anrufung des EGMR setzt die **Behauptung der Verletzung einer Konventionsnorm** durch den Heimatstaat voraus, wobei als Verletzungsakt jedes staatliche bzw. dem Staat zurechenbares Verhalten zum Gegenstand des Verfahrens gemacht werden kann.[515] Als Rechtsfolge spricht der EGMR erfolgreichen Beschwerdeführern eine gerechte **Entschädigung** nach Art. 41 EMRK zu und der Vertragsstaat ist nach Art. 46 EMRK unmittelbar verpflichtet, sich nach dem Urteil zu richten.

362   So könnte etwa der Veranstalter einer Love-Parade, der im Instanzenzug der deutschen Gerichtsbarkeit spätestens vor dem BVerfG gescheitert wäre, den EGMR wegen Verletzung von Art. 11 EMRK anrufen und hätte dabei gute Chancen zu obsiegen, weil bei Art. 11 EMRK von einem weiten Versammlungsbegriff auszugehen ist (vgl. Rdn. 370 f.).

2. Art. 11 EMRK – Versammlungsfreiheit

a) Grundrechtsfunktion

363   Die in Art. 11 EMRK zusammen mit der Vereinigungsfreiheit geregelte Versammlungsfreiheit garantiert **jeder Person** das Recht, sich **frei und friedlich mit anderen zu versammeln**. Dieses Konventionsrecht hat in erster Linie die Funktion eines **Abwehrrechts** und begründet die Pflicht des Staates, sich ungerechtfertigter Eingriffe zu enthalten.[516] Aus Art. 11 folgt zudem für den Gesetzgeber die Gewährleistungspflicht, durch entsprechende Regelungen die Durchführung von Versammlungen

---

512 BVerfGE 74, 358/370.
513 *Herdegen*, Europarecht, 20. Aufl. 2018, § 3 Rn. 3.
514 *Herdegen*, Europarecht, 20. Aufl. 2018, § 3 Rn. 12.
515 *Grabenwarter/Pabel*, EMRK, 5. Aufl. 2012, § 9 Rn. 2.
516 *Blanke*, SB, Art. 8 Rn. 94; *Grabenwarter/Pabel*, EMRK, § 23 Rn. 81.

zu ermöglichen[517], vor allem die **Schutzpflicht, bei Versammlungen, insbesondere Demonstrationen Störungen durch Dritte zu verhindern.**[518] Der EGMR hat aber auch die überragende Bedeutung der Versammlungsfreiheit in einem demokratischen Rechtsstaat i.s. eines politischen Teilhaberechts herausgestellt.[519]

b) Schutzbereich

aa) Abgrenzung zu Art. 10 EMRK

Die Regelung der Versammlungsfreiheit in der Konvention in unmittelbarem Zusammenhang mit der Meinungsfreiheit verdeutlicht den **systematischen Zusammenhang der beiden Gewährleistungen**[520], die beide als politische Grundrechte und Ausformungen der Freiheit der Kommunikation zu verstehen sind.[521] Deshalb muss die Versammlungsfreiheit im Lichte von Art. 10 ausgelegt werden, weil der Schutz der Meinungsfreiheit eines der Ziele der Versammlungsfreiheit ist.[522] Das ist insbesondere dann zu beachten, wenn Eingriffe in Art. 11 wegen bestimmter Ansichten der Versammlungsteilnehmer erfolgen.[523] Die **Kollektivität** der Meinungsäußerung begründet die Spezialität der Versammlungsfreiheit gegenüber der Meinungsfreiheit[524], hindert aber den EGMR nicht daran, beide Gewährleistungen nebeneinander anzuwenden.[525]

364

bb) Umfang des geschützten Verhaltens

Eine Versammlung ist das **Zusammentreffen von Menschen, um Meinungen auszutauschen oder zu äußern.**[526] Als Erscheinungsformen werden **stationäre** Versammlungen und **Aufzüge** als Demonstrationen erfasst.[527] Geschützt sind **öffentliche** und **private** (nichtöffentliche) Versammlungen.[528] Dabei setzt Art. 11 die Inanspruchnahme öffentlichen Straßenraums voraus.[529] Die Benutzung von Grundstücken, die sich in Privateigentum befinden, kann von Art. 11 geboten sein, wenn das **Grundstück die**

365

---

517 *Blanke*, SB, Art. 8 Rn. 94; *Grabenwarter/Pabel*, EMRK, § 23 Rn. 81.

518 *Ullrich*, S. 153 m.w.N.; *Blanke*, SB, Art. 8 Rn. 94.

519 EGMR v. 21.10.2010; Az. 4916/07, 25924/08; 14599/09; *Brenneisen/Wilksen/Staack/ Petersen/Martins*, Die Polizei 2012, 89; *Ullrich*, S. 148 m.w.N.

520 EGMR, NVwZ-RR 2017, 103/104; *Ullrich*, S. 148.

521 EGMR, 26.04.1991, Ezelin/FRA, Nr. 11800/85, Z. 35.

522 EGMR, 23.10.2008, Sergey Kuznetsov/RUS, Nr. 10877/04, Z. 23.

523 EGMR, Vogt/Deutschland, NJW 1996, 375.

524 *Grabenwarter/Pabel*, EMRK, § 23 Rn. 64.

525 EGMR, 23.10.2008, Sergey Kuznetsov/RUS, Nr. 10877/04 Z. 23; *EGMR*, 03.02.2009, Women on Waves/POR, Nr. 31276/05, Z. 28.

526 EGMR, EuGRZ 1989, 522/524; zum Umfang des Schutzbereichs ausf. *Ripke*, PJ, C, Rn. 47 ff.

527 *Grabenwarter/Pabel*, EMRK, § 23 Rn. 68; *Ullrich*, S. 149.

528 *Grabenwarter/Pabel*, EMRK, § 23 Rn. 68.

529 EGMR, EuGRZ 1989, 522; *Frowein/Peukert*, EMRK, 3. Aufl. 2009, Art. 11 Rn. 3; *Ullrich*, S. 150.

typische **Funktion eines öffentlichen Raums übernommen hat** und ein Verbot die Versammlungsfreiheit im Kern treffen würde.[530]

366 Art. 11 nimmt wie Art. 8 Abs. 1 GG **unfriedliche** Versammlungen bzw. Demonstrationen vom Schutzbereich ausdrücklich aus. Der EGMR interpretiert den Begriff der Friedlichkeit offensichtlich wie das BVerfG, wenn er bei Sitzblockaden die Friedlichkeit der Demonstration nicht in Frage stellt.[531]

367 Anders als Art. 8 Abs. 1 GG kennt Art. 11 keinen Schutz von Versammlungen vor einer Anmelde- und Genehmigungspflicht. Deshalb sieht der EGMR in der Statuierung solcher Pflichten keinen Grundrechtseingriff.[532] Dieser ist aber zu bejahen, wenn eine Erlaubnis nicht erteilt wird.[533] **Spontanversammlungen** sieht der EGMR auch ohne Anmeldung als durch Art. 11 geschützt an und betrachtet Maßnahmen gegen nicht angemeldete Versammlungen als Eingriffe.[534]

368 Art. 11 garantiert auch **Gestaltungsfreiheit.** Veranstalter bzw. Teilnehmer können die **Öffentlichkeit** für eine Versammlung frei wählen[535], den **Zeitpunkt** und die **Dauer** selbst bestimmen[536] und auch entscheiden, in welcher **Aufmachung** an einer Versammlung bzw. Demonstration teilgenommen wird.[537]

369 Auf Art. 11 berufen können sich nicht nur die Personen, die an einer Versammlung **teilnehmen** bzw. an ihr teilnehmen wollen, sondern auch die, die eine Versammlung bzw. Demonstration **organisieren** und **durchführen** wollen.[538]

cc) Versammlungsbegriff

370 Aus dem Text von Art. 11 lässt sich ein Versammlungsbegriff nicht ableiten. So hat auch der EGMR den Begriff der Versammlung nicht ausdrücklich definiert. Er fordert mindestens **zwei** Personen[539] und die **körperliche Anwesenheit** der Teilnehmer, womit etwa eine »Online-Demonstration« ausgeschlossen ist.[540] Das Gericht setzt auch zur Abgrenzung von der Ansammlung einen **gemeinsamen verfolgten Zweck** voraus.

371 Wie dieser beschaffen sein muss, ist nicht abschließend geklärt.[541] Zwar ging es in den meisten von der Kommission zu entscheidenden Fällen um politische Demonstrationen, doch hat die Kommission jeweils betont, dass »in diesem Falle« die

---

530 EGMR, BeschwNr. 44306, Slg. 2003-VI, 185/200.
531 EKMR, BeschwNr. 13079/87, DR 60, 256/263; EGMR, NVwZ-RR 2017, 103 ff.
532 EGMR, Urt. v. 13.10.2009, App. Nr. 21831/03, Nr. 48 ff.; EKMR, EuGRZ 1980, 36; EGMR, NVwZ-RR 2017, 103 ff.
533 EGMR, Urt. v. 26.10.2007, Nr. 10519/03, Nr. 20.
534 EGMR, Urt. v. 17.07.2007, Nr. 25691/04; EGMR, NVwZ-RR 2017, 103 ff.
535 EGMR, EuGRZ 1989, 522.
536 *Ullrich*, S. 150. m.w.N.
537 *Ullrich*, S. 150. m.w.N.
538 EKMR, EuGRZ 1980, 36; *Ullrich*, S. 150.
539 *Ullrich*, S. 148. m.w.N.
540 *Ullrich*, S. 148. m.w.N.
541 *Ullrich*, S. 148.

Versammlungsfreiheit nicht von der Meinungsfreiheit getrennt werden könne, weshalb deren Vorgaben im Rahmen von Art. 11 zu beachten seien.[542] Das aber macht nur Sinn, wenn es andere Formen der Wahrnehmung der Versammlungsfreiheit gibt, die nicht untrennbar mit der Meinungsfreiheit verbunden sind. Deshalb hat der EGMR Art. 11 auch auf Zusammenkünfte zu religiösen und kulturellen Zwecken angewendet[543], sodass davon auszugehen ist, dass Art. 11 ein **weiter Versammlungsbegriff** zugrunde liegt.[544]

c) Schranken

Einschränkungen der Versammlungsfreiheit bedürfen einer **gesetzlichen Grundlage,** müssen ein legitimes Ziel verfolgen und in einer demokratischen Gesellschaft notwendig sein. Als legitime Ziele dürfen nach Art. 11 Abs. 2 verfolgt werden die **Gewährleistung der nationalen und öffentlichen Sicherheit,** die **Verhütung von Straftaten,** der **Schutz der Gesundheit oder Moral** und der **Schutz von Rechten und Freiheiten anderer.**[545]   372

Daneben enthält die Konvention in Art. 17 einen **allgemeinen Missbrauchsvorbehalt.** Dieser soll verhindern, dass die Konvention für Handlungen in Anspruch genommen wird, die darauf gerichtet sind, die in ihr festgelegten Rechte und Freiheiten abzuschaffen oder stärker einzuschränken als vorgesehen. Dieser Vorbehalt ist insbesondere für Versammlungen bzw. Demonstrationen von Bedeutung, auf denen **extremistische Positionen** vertreten werden, die die Geltung der Menschenrechte allgemein oder für bestimmte Gruppen der Gesellschaft in Frage stellen.[546]   373

II. Gemeinschaftsrecht – Europäische Grundrechtscharta

1. Allgemeines

Mit der vollständigen Ratifizierung des Vertrages von Lissabon im Dezember 2009, der in Art. 6 Abs. 1 EUV die Grundrechtscharta der Europäischen Union den Gründungsverträgen rechtlich gleich stellte, wurde die Charta rechtsverbindlich. In ihr garantiert **Art. 12 Abs. 1 jeder Person** das **Recht, sich insbesondere im politischen, gewerkschaftlichen und zivilgesellschaftlichen Bereich auf allen Ebenen frei und friedlich mit anderen zu versammeln.**   374

Es fragt sich, welche **praktische Bedeutung** diese Norm für deutsche Teilnehmer und Veranstalter an bzw. von Versammlungen bzw. für deutsche Versammlungsbehörden hat. Die Charta bindet gem. Art. 51 Abs. 1 Satz 1 die Mitgliedstaaten und ihre   375

---

542 EKMR, BeschwNr. 25522/94, DR 81-A, 146/151.
543 EGMR, 47 EHRR 266; *EGMR,* Nr. 66336/01; *Ullrich,* S. 149.
544 EGMR, EuGRZ 1989, 522/524; *Schulze-Fielitz,* DR, Art. 8 Rn. 9; *Blanke,* SB, Art. 8 Rn. 93; *Grabenwarter/Pabel,* EMRK, § 23 Rn. 68; *Kniesel/Poscher,* Rn. 10; a.A. *Frowein/ Peukert,* EMRK, Art. 11 Rn. 2.
545 Vgl. dazu näher *Ullrich,* S. 156 ff.
546 EGMR, ÖJZ 2000, 817; EGMR, NJW 2004, 3693.

Behörden, **soweit diese Unionsrecht durchführen.**[547] Unionsrecht kann indes nur in den Bereichen entstehen, für die die Mitgliedstaaten **Kompetenzen** an die EU auf der Grundlage der Gründungsverträge **übertragen haben.** Das ist für das Versammlungswesen als Teilgebiet des allgemeinen Polizei- und Ordnungsrecht nicht der Fall, d.h. das **Versammlungsrecht ist kein Gegenstand des EU-Rechts.**

376 Für das Versammlungswesen können jedoch **Maßnahmen im Rahmen der polizeilichen und justiziellen Zusammenarbeit** nach Titel VI des EU-Vertrages bedeutsam werden, etwa beim Betrieb von Informationssystemen, die Daten über staatenübergreifend in Erscheinung tretende Demonstrationsteilnehmer erheben, speichern und zum Abruf für die Mitgliedstaaten vorhalten.[548] Versammlungsspezifische Datenbanken werden allerdings derzeit im Rahmen der polizeilichen und justiziellen Zusammenarbeit nicht geführt.

377 Bei der **grenzüberschreitenden Teilnahme an Demonstrationen** können ferner einreiserechtliche Regelungen des Gemeinschaftsrechts relevant werden, die im Rahmen der das supranationale Recht abbildenden 1. Säule des Unionsrechts erlassen werden.[549] Schließlich kann die Versammlungsfreiheit aus Art. 12 Abs. 1 bei der **Beschränkung der Grundfreiheiten** des Binnenmarktes Bedeutung erlangen, wenn etwa bei Blockadeaktionen die Versammlungsfreiheit mit der Freiheit des Warenverkehrs kollidiert.[550]

2. Art. 12 – Versammlungsfreiheit

a) Versammlungsbegriff

378 Wie in Art. 11 Abs. 1 EMRK spricht auch bei Art. 12 Abs. 1 EuGRCh der enge textliche Zusammenhang zwischen der Versammlungs- und Vereinigungsfreiheit nicht für eine thematische Beschränkung der beiden Freiheiten auf die kollektive oder korporative Beteiligung an der öffentlichen Meinungsbildung, sodass auch bei Art. 12 Abs. 1 EuGRCh der **weite Versammlungsbegriff** zugrunde gelegt werden kann.[551]

b) Konflikt mit Grundfreiheiten

379 Die Wahrnehmung der Versammlung kann mit Grundfreiheiten kollidieren, wie es bei der demonstrativen Blockade des Brenner-Passes wegen der Zunahme des Schwerlastverkehrs der Fall war. Die österreichischen Behörden waren gegen die Demonstration nicht eingeschritten. In einem staatshaftungsrechtlichen Verfahren, in dem ein deutsches Transportunternehmen deshalb Schadensersatz verlangte, erkannte der EuGH in seiner Entscheidung an, dass aus der Warenverkehrsfreiheit grundsätzlich auch ein Anspruch auf behördliches Einschreiten gegen Warenverkehrshindernisse

---

547 Vgl. dazu *Kingreen*, Jura 2014, 295/299 ff.; *Streinz*, JuS 2015, 281 ff.; *Ullrich*, S. 142.
548 *Kniesel/Poscher*, Rn. 15.
549 *Kniesel/Poscher*, Rn. 15.
550 EuGH, Rs. C-112/00, Slg. 2003, I 05659, Rn. 57 ff.
551 *Kniesel/Poscher*, Rn. 16.

in Gestalt von demonstrativen Blockaden bestehen kann. Dabei räumte er den nationalen Behörden jedoch ein **weites Ermessen bei der Abwägung zwischen der Versammlungsfreiheit und der Warenverkehrsfreiheit ein.** In dem konkreten Verfahren war von Bedeutung, dass sich die Demonstration nicht gegen Waren bestimmter Herkunftsländer richtete, die Blockade also **keine Diskriminierung** i.S.d. Gemeinschaftsrechts darstellte.[552]

C. Versammlungsrechtliche Grundlagen

I. Die Versammlungsgesetze als einfachgesetzliche Ausgestaltung von Art. 8 GG

Das **Versammlungsrecht ist besonderes Polizei- und Ordnungsrecht.**[553] Seine Aufgabe besteht in der Abwehr der Gefahren, die durch Versammlungen und Aufzüge für die öffentliche Sicherheit oder Ordnung entstehen. Kommen Personen zusammen, um öffentliche Angelegenheiten zu erörtern oder ihre Meinung der Öffentlichkeit mit einem möglichst großen Beachtungserfolg zu präsentieren, sind mit dieser Einwirkung auf andere Personen **Konflikte programmiert.** Versammlungsrechtliche Gefahrenabwehr hat versammlungsspezifische Gefahren zum Gegenstand. Da sind die Gefahren, die in unmittelbarem Zusammenhang mit der Versammlung stehen, die also nicht gegeben wären, wenn keine Versammlung stattfinden würde. Werden im Rahmen einer Demonstration gegen die Rodung eines Waldes Baumhäuser errichtet, die als Gestaltungsmittel dem Protest Ausdruck verleihen, so handelt es sich bezüglich der Einsturz- und der Absturzgefahr um versammlungsspezifische Gefahren. Wird bei einer Versammlung mit kämpferisch-aggressivem Charakter Alkohol konsumiert, so birgt die durch Alkohol verursachte Enthemmung die Gefahr in sich, dass es etwa beim Zusammentreffen mit Gegendemonstranten zu gewalttätigen Auseinandersetzungen kommt.[554] Eine Auflage, die den Alkoholkonsum untersagt, bekämpft somit eine versammlungsspezifische Gefahr.

380

Ist das **Gefährdungspotenzial** bei Versammlungen in geschlossenen Räumen auf Auseinandersetzungen zwischen Teilnehmern oder zwischen Teilnehmern und dem Leiter mit seinen Ordnern begrenzt, so stellen sich bei Versammlungen, insbesondere Demonstrationen unter freiem Himmel **Beeinträchtigungen Dritter** zwangsläufig ein, die durch **kollidierende Ansprüche auf Nutzung des öffentlichen Raumes** bedingt sind. Bei einem Aufzug kommt noch das **in der Fortbewegung liegende zusätzliche Gefahrenpotenzial** hinzu.

381

Die Versammlungsgesetze füllen den Gesetzesvorbehalt des Art. 8 Abs. 2 GG aus und sind insoweit **Vorbehaltsgesetze.** Ihrer Beschränkung unterliegt nicht nur die Teilnahme, sondern auch die Veranstaltung einer Versammlung. Bei der Ausgestaltung der Beschränkungen sind die **Gesetzgeber** aber nicht frei, sondern müssen **der besonderen Bedeutung von Art. 8 Abs. 1 GG Rechnung tragen,** insbesondere den Grundsatz der Verhältnismäßigkeit beachten; grundrechtsbeschränkende Gesetze sind stets im Lichte

382

---

552 EuGH, Rs. C-112/00, Slg. 2003, I 05659, Rn. 86 ff.
553 *Kingreen/Poscher*, POR, § 19 Rn. 2.
554 OVG Bautzen, NJW 2018, 2429.

der grundlegenden Bedeutung von Art. 8 GG im freiheitlichen demokratischen Staat auszulegen und Versammlungsbehörden und Polizei haben sich bei ihren Maßnahmen auf das zu beschränken, was zum **Schutz gleichwertiger Rechtsgüter** notwendig ist.[555]

383   Die Versammlungsgesetze sind aber auch **Ausführungsgesetze zu Art. 8 Abs. 1 GG.** Diese konkretisieren das Grundrecht auf der Ebene des einfachen Gesetzes und gestalten es aus. Die klassische Polizeirechtsmaterie erfährt eine verfassungsrechtliche Überhöhung und wird zu einem Kernstück demokratischen Lebens und sozialer Konfliktbewältigung.[556]

II. Das Versammlungsrecht als Teilgebiet des Polizei- und Ordnungsrechts

1. Systematik

a) Identische dogmatische Grundlagen

384   Als Polizei- und Ordnungsrecht teilt das Versammlungsrecht dessen dogmatische Grundlagen. Das sind die drei Essentials des klassischen Polizei- und Ordnungsrechts: **Gefahr, Störer** und **Verhältnismäßigkeit.**

385   Gefahr ist im Versammlungsrecht nichts anderes als im sonstigen Polizei- und Ordnungsrecht. Die tatbestandliche Voraussetzung des § 15 Abs. 1 BVersG, wonach die öffentliche Sicherheit oder Ordnung unmittelbar gefährdet sein muss, setzt nicht eine besonders geartete unmittelbare Gefährdung, sondern eine **unmittelbare Gefahr für die öffentliche Sicherheit oder Ordnung** voraus.[557]

386   Auch die Schutzgüter der öffentlichen Sicherheit und der öffentlichen Ordnung sind nicht anders zu verstehen als im Polizei- und Ordnungsrecht.[558] Das letztere Schutzgut ist im Versammlungsrecht genauso problematisch wie im Polizei- und Ordnungsrecht sonst. Das Schutzgut der öffentlichen Sicherheit umfasst auch, dass die Versammlung ordnungsgemäß i.S. von § 2 Abs. 2 BVersG durchgeführt werden kann, was dann der Fall ist, wenn sie im selbstbestimmten Ablauf und in selbstbestimmter Ordnung stattfindet.[559]

387   Ebenso ist im Versammlungsrecht wie im Polizei- und Ordnungsrecht die Frage der Pflichtigkeit zu beurteilen. Als Adressaten versammlungsbehördlicher bzw. polizeilicher Verfügungen kommen Veranstalter, Leiter, Teilnehmer und Nichtteilnehmer in Betracht. Pflichtig im Sinne des Polizei- und Ordnungsrechts werden sie, wenn sie stören, z.B. derjenige, der eine Versammlung i.S. von § 2 Abs. 2 BVersG stört. Mangels versammlungsgesetzlicher Regelungen zur Inanspruchnahme von Störern, sind Verfügungen zur Gefahrenabwehr im Zusammenhang mit Versammlungen auf der Grundlage der Polizei- und Ordnungsgesetze der Länder gegen **Handlungs- und**

---

555 BVerfGE 128, 226/259; 69, 315/349.
556 *Ossenbühl*, Der Staat 1971, 62.
557 *Kingreen/Poscher*, POR, § 19 Rn. 3.
558 *Kingreen/Poscher*, POR, § 19 Rn. 4.
559 *Kingreen/Poscher*, POR, § 19 Rn. 4.

Zustandsstörer bzw. gegen **Nichtstörer** unter den Voraussetzungen des polizeilichen Notstands zu richten.[560]

Der im Polizeirecht entwickelte Grundsatz der **Verhältnismäßigkeit**, wonach Grund- **388** rechtseingriffe geeignet, erforderlich und angemessen sein müssen, gilt im Versammlungsrecht genauso wie im Polizei- und Ordnungsrecht, das BVerfG hat allerdings die Bedeutung der Verhältnismäßigkeit im Versammlungsrecht besonders betont.[561]

b) Versammlungsbegriff

Das BVersG betrachtet als Versammlung, was traditionell und gemeinhin als solche **389** verstanden wird – Gottesdienste unter freiem Himmel, kirchliche Prozessionen, Bittgänge und Wallfahrten, gewöhnliche Leichenbegräbnisse, Züge von Hochzeitsgesellschaften und hergebrachte Volksfeste. Wenn es sich bei diesen Veranstaltungen nicht um Versammlungen i.S.d. BVersG handeln würde, müssen sie nicht mit § 17 von der Geltung der §§ 14–16 ausgeschlossen werden. Versammlung i.S.d. BVersG ist dann jede Zusammenkunft von mehreren Personen zur Verfolgung eines gemeinsamen Zwecks, wobei der Zweck beliebig ist.[562] Der Versammlungsbegriff des BVersG korrespondiert somit mit dem weiten verfassungsrechtlichen Versammlungsbegriff. Da das BVerfG sich bislang nur zum verfassungsrechtlichen Versammlungsbegriff geäußert hat[563], ist es zulässig, in den Ländern, in denen das BVersG gilt, von einem weiten Versammlungsbegriff auszugehen und Versammlungen i.S.d. BVersG eine weitergehenden Schutz einzuräumen.[564]

c) Fehlende Vollstreckungsebene

Dogmatische Besonderheit im Versammlungsrecht ist das **Nichtvorhandensein** **390** **einer Vollstreckungsebene**, wie sie das allgemeine und besondere Polizei- und Ordnungsrecht im abgekürzten bzw. gestreckten Vollstreckungsverfahren kennt. Ergeht dort eine polizeiliche Verfügung auf der Grundlage der Generalklausel oder als Standardmaßnahme, so ist diese als Grundverfügung die Basis für eine sich anschließende Vollstreckung.

Dass dieses Modell im Versammlungsrecht nicht greift, liegt am Charakter versammlungsbehördlicher Verfügungen, gleich ob sie gegen die Versammlung i.S.d. Gesamtheit der Teilnehmer oder gegen einzelne Teilnehmer gerichtet sind. Verbot, beschränkende Verfügung, Auflösung und Ausschließung sind **rechtsgestaltende** Verwaltungsakte, deren Rechtswirkung sich unmittelbar und sofort einstellt; sie bedürfen keiner Vollstreckung.[565] Löst die Polizei eine Versammlung auf oder schließt sie einen Teilnehmer aus einer Versammlung aus, so hat das die Wirkung, dass der **Grundrechtsschutz** aus

---

560 *Kingreen/Poscher*, POR, § 19 Rn. 5.
561 BVerfGE 69, 315/349; 128, 226/259.
562 Abl. *Lux*, PJ, D, Rn. 39.
563 BVerfGE 104, 92/104 f.
564 *Kniesel/Poscher*, Rn. 204.
565 *Merk/Brenneisen*, Die Polizei 2015, 16/18; *Kingreen/Poscher*, POR, § 19 Rn. 23.

Art. 8 Abs. 1 GG endet; die Betroffenen können sich dann allenfalls noch auf einen reduzierten Grundrechtsschutz aus Art. 8 Abs. 1 GG berufen (vgl. Rn. 70).

391   Aus der Versammlung ist ein Personenverband mit verminderte, Grundrechtsschutz geworden, für den das Polizeirecht gilt, weil eine **Sperrwirkung** durch das einschlägige Versammlungsgesetz **nicht mehr besteht.**[566] Gegenüber den Betroffenen – etwa Teilnehmern an einer Sitzblockade, die sich nach Auflösung derselben nicht entfernen –, kann jetzt ein **Platzverweis** nach dem jeweiligen Polizeigesetz ausgesprochen werden, der als **Grundverfügung für sich anschließende Vollstreckungsmaßnahmen**[567] dienen kann.

2. Polizeifestigkeit

a) Verhältnis von Versammlungsrecht und Polizeirecht

392   Der – oft überstrapazierte – Begriff der Polizeifestigkeit hat nicht zum Inhalt, dass in Art. 8 Abs. 1 GG nur auf der Grundlage des Versammlungsgesetzes eingegriffen werden könnte, denn er vermittelt dem Versammlungsgesetz keine andere Sperrwirkung als die, die besonderen Ordnungsgesetzen auch sonst eigen ist und die nur so weit reicht, als die Regelung des besonderen Ordnungsgesetzes abschließender Natur ist.[568] Insoweit bringt die Figur der **Polizeifestigkeit** nichts anderes zum Ausdruck als den Grundsatz, dass das **Spezialgesetz bei abschließender Regelung vorrangig ist.**

393   Der Vorrang kann darauf beruhen, dass eine **abschließende Regelung des Bundes gegenüber Landesregelungen** besteht – lex superior derogat legi inferiori – oder darauf, dass **auf der Ebene des Landesrechts eine spezielle Regelung besteht,** die gegenüber einer allgemeinen **Sperrwirkung** entfaltet – lex specialis derogat legi generali.

394   Bis zur Föderalismusreform 2006 waren die Gesetzgebungskompetenz des Bundes und ihr Gebrauch durch das Versammlungsgesetz von 1953 die **kompetenzielle Grundlage für die Polizeifestigkeit** des Versammlungsrechts; die bundesstaatliche Kompetenzverteilung brachte es mit sich, dass landesgesetzliche Eingriffsbefugnisse gegenüber Versammlungen unzulässig waren.[569]

395   Mit der Föderalismusreform ist diese kompetenzielle Absicherung der Polizeifestigkeit entfallen. Die Länder können seit 2006 selber Versammlungsgesetze erlassen, wie es Bayern, Berlin, Brandenburg, Niedersachsen, Sachsen, Sachsen-Anhalt und Schleswig-Holstein in unterschiedlichem Umfang getan haben. Die **Polizeifestigkeit** kann damit nur noch im **Vorrang des jeweiligen Versammlungsgesetzes gegenüber dem jeweiligen Polizeigesetz** bestehen, allerdings nur dann, wenn der Landesgesetzgeber ein eigenständiges Versammlungsgesetz erlässt; insoweit sind die Landesgesetzgeber

---

566 *Kingreen/Poscher*, POR, § 19 Rn. 23.
567 *Brenneisen*, Die Polizei 2018, 97 ff.
568 BVerfG, NVwZ 2005, 80; BVerwGE 82, 34/38; 129, 142/147; *Deger*, NVwZ 1999, 265/266.
569 *Kniesel/Poscher*, Rn. 19; *Kötter/Nolte*, DÖV 2009, 399/400.

aber frei und können versammlungsrechtliche Regelungen auch in ihr Polizeigesetz aufnehmen.[570]

In den anderen Bundesländern besteht das BVersG gem. Art. 125a Abs. 1 GG als **396** Bundesrecht fort. Solange die Landesgesetzgeber kein eigenes Versammlungsgesetz erlassen, bleibt es beim Vorrang des BVersG als Bundesrecht, auch im Hinblick auf seine Sperrwirkung bei abschließender Regelung.[571]

b) Geltung für unfriedliche Versammlungen

Das BVersG gilt auch für Versammlungen, die von Anfang an **unfriedlich** sind oder in **397** ihrem Verlauf unfriedlich werden.[572] Zwar können sich die Versammlungsbeteiligten nicht bzw. nicht mehr auf Art. 8 GG berufen, doch **bleibt es bei der Anwendbarkeit der Eingriffsbefugnisse des BVersG.** Dies folgt schon aus den Verbotstatbeständen des § 5 Nrn. 2 und 3 und den Auflösungstatbeständen des § 13 Abs. 1 Nrn. 2 und 3 BVersG, die die verfassungsunmittelbaren Gewährleistungsschranken der Friedlichkeit und Waffenlosigkeit konkretisieren, sich also auf nicht im Schutzbereich liegende Handlungen beziehen. Auch die Landesgesetzgeber in Bayern, Niedersachsen und Schleswig-Holstein bringen mit ihren Friedlichkeitsgeboten bzw. Waffenverboten[573] zum Ausdruck, dass unfriedliche Versammlungen Regelungsgegenstand ihrer Versammlungsgesetze sind.

c) Grundsätzlich abschließende Regelung öffentlicher Versammlungen

Das abschließende Regelungskonzept des BVersG zeigt sich in der **Bezogenheit** **398** **der Auflagenregelung in § 15 Abs. 1 BVersG auf die Auflösungsbefugnis des § 15 Abs. 3 BVersG.**[574] Die Versammlungsbehörde kann Auflagen erlassen, doch können diese Auflagen nicht wie jede andere polizeiliche Verfügung nach den allgemeinen Bestimmungen des Verwaltungsvollstreckungsrechts durchgesetzt werden, sondern Verstöße gegen Auflagen vermitteln der Polizei nur die Befugnis, die Versammlung aufzulösen.[575]

Dies Regelungskonzept sieht somit nur eine **mittelbare Einwirkung** auf Versamm- **399** lungen vor; die Polizei kann nicht unmittelbar in das Versammlungsgeschehen eingreifen, aber über Auflagen der Versammlung heteronome Vorgaben machen.[576] Die Verantwortlichkeit der Versammlungsbeteiligten – Veranstalter, Leiter mit Ordnern und Teilnehmer – gründet sich auf ihre Autonomie hinsichtlich Gestaltung und Durchführung der Versammlung. Diese Verantwortlichkeit respektieren das BVersG

---

570 *Kötter/Nolte*, DÖV 2009, 399/401.
571 *Jarass*, JP, Art. 125a Rn. 8.
572 OVG Bremen, NVwZ 1987, 236; *Geis*, Die Polizei 1993, 296. *Trurnit*, VBlBW 2015, 186/189; *Ullrich*, S. 390 f.; *Lux*, PJ, D, Rn. 23.
573 Vgl. Art. 6 bayVersG; § 3 Abs. 1 und 2 ndsVersG; § 8 Abs. 1 s-hVersFG.
574 *Kniesel/Poscher*, Rn. 28.
575 *Kniesel/Poscher*, Rn. 29.
576 *Kniesel/Poscher*, Rn. 29.

und die Versammlungsgesetze der Länder, indem sie nur mittelbar Einfluss nehmen, wenn Auflagenverstößen mit der Auflösung begegnet wird.

400 Die Versammlungsgesetze nehmen ihren **Regelungsanspruch erst mit einer Auflösungsverfügung zurück** und diese **beseitigt** auch **die Polizeifestigkeit;** jetzt kann nach allgemeinem Polizeirecht und auch mit polizeilichem Zwang gegen eine Versammlung vorgegangen werden. Bis zur Auflösung trägt die Versammlung bzw. tragen die Versammlungsbeteiligten selber die Verantwortung für die Einhaltung des gesetzlichen Rahmens und die Befolgung der erteilten Auflagen. Die zuständigen Behörden können erst dann gegen die Versammlung vorgehen, wenn diese ihrer Autonomie und Verantwortung nicht mehr gerecht wird.[577]

aa) Minusmaßnahmen

401 Das gerade skizzierte Regelungskonzept lässt auch die Diskussion um die so genannten **Minusmaßnahmen** in einem anderen Licht erscheinen. Mit diesen soll die Polizei sich bei Störungen der öffentlichen Sicherheit oder Ordnung bzw. bei Auflagenverstößen vermittelt über § 15 Abs. 1 BVersG auf die Maßnahmen der Polizeigesetze der Länder stützen können, wenn so eine Auflösung in Ansehung des Grundsatzes der Verhältnismäßigkeit unterbleiben kann.[578]

402 Das BVerwG und die h.M. im Schrifttum lesen § 15 Abs. 1 BVersG so, dass mit der Wendung, dass die zuständige Behörde die Versammlung von bestimmten Auflagen abhängig machen könne, **auf die Befugnisse verwiesen werde, die den zuständigen Behörden nach dem einschlägigen Polizeigesetz zu Gebote stehen.**[579] Diese Befugnisse werden also **als Mittel unmittelbarer Gefahrenabwehr i.S. von § 15 BVersG zugelassen.**

403 Danach wäre die Befugnis zur Erteilung von Auflagen keine selbstständige Ermächtigungsgrundlage, sondern ließe nur die abschließende Natur des Versammlungsgesetzes bei Vorliegen einer unmittelbaren Gefahr entfallen und den Rückgriff auf die Befugnisnormen der Polizeigesetze zu. Eigentliche Ermächtigungsgrundlage wäre danach die entliehene Befugnisnorm des Polizeirechts.

404 Gegen diese Lehre von den Minusmaßnahmen spricht nicht nur in genetischer Auslegung, dass sich § 15 BVersG **als eigenständige Generalklausel** darstellt und dass das BVersG öffentliche Versammlungen abschließend regeln sollte. In systematischer Auslegung wäre es auch nicht stimmig, wenn man § 15 Abs. 1 BVersG hinsichtlich des Verbots **als Eingriffsermächtigung** und hinsichtlich der Erteilung von Auflagen **als Kompetenzregelung** verstehen müsste, wo doch beide im selben Halbsatz geregelt sind.[580]

---

577 *Kniesel/Poscher*, Rn. 30.

578 *Kniesel/Poscher*, Rn. 26; *Kötter/Nolte*, DÖV 2009, 399/403; *Schäffer*, DVBl 2012, 546/550 f.; *Brenneisen*, DÖV 2000, 277 f.

579 BVerwGE 64, 55/58; *Brenneisen*, DÖV 2000, 277 f.; *Dörr*, VerwArch 2002, 533 f.

580 *Kniesel/Poscher*, Rn. 33.

Gegen eine Versammlung als ganze gerichtete Minusmaßnahmen sind auch nicht ver- 405
hältnismäßiger als eine Auflösungsverfügung. Zwar ließe sich mit Minusmaßnahmen
möglicherweise eine Auflösung vermeiden, doch müsste dafür in die Autonomie und
Selbstverantwortung der Versammlung eingegriffen werden. Insoweit wären gegen
die Versammlung gerichtete Minusmaßnahmen kein Minus, sondern ein **aliud** zur
Auflösung.[581]

In der Diskussion um Minusmaßnahmen geht es auch um **Maßnahmen**, die sich 406
gegen einzelne Teilnehmer einer Versammlung richten. Dafür sehen die Versammlungsgesetze aber die Befugnis zur Ausschließung vor, sodass insoweit die Befugnis
zur Erteilung von Auflagen nicht in eine Kompetenzenvorschrift umgedeutet werden muss.[582] Gegen ausgeschlossene Teilnehmer kann ebenfalls nach allgemeinem
Polizeirecht vorgegangen werden, weil **nach der Ausschließung** – entsprechend zur
Auflösung der Versammlung – der **Regelungsanspruch der Versammlungsgesetze**
zurückgenommen und die **Polizeifestigkeit aufgehoben** wird.

Will man der vorstehenden Argumentation nicht folgen, besteht gleichwohl **kein** 407
Bedarf für Minusmaßnahmen. Zwar sieht § 15 Abs. 3 BVersG nur die Auflösung
vor, doch kann § 15 BVersG auch so verstanden werden, dass **Auflagen auch nach**
Beginn der Versammlung verfügt werden können. Denn auch nachdem eine Versammlung in Gang ist, können die Umstände erkennen lassen, dass die öffentliche
Sicherheit oder Ordnung bei Durchführung der Versammlung unmittelbar gefährdet
ist.[583] Bei dieser Lesart besteht keine Notwendigkeit für einen Rückgriff auf das allgemeine Polizeirecht.

bb) Vorfeldmaßnahmen

aaa) Allgemeines

Als Vorfeldmaßnahmen können die Maßnahmen bezeichnet werden, die von den zu- 408
ständigen Versammlungsbehörden bzw. der Polizei in Bezug auf eine **bevorstehende**
angemeldete oder auf andere Art und Weise bekannt gewordene Versammlung bzw.
Demonstrationen durchgeführt bzw. angeordnet werden. Das betrifft im Hinblick auf
den Veranstalter die Phase der **Vorbereitung**, im Hinblick auf die potenziellen Teilnehmer vor allem die **Anreise** zur Versammlung.

bbb) Anordnungen und Maßnahmen gegen den Veranstalter

α) Verbote und beschränkende Verfügungen

Die gegen die bevorstehende Versammlung gerichteten Anordnungen werden, weil 409
die **Versammlung noch nicht existent ist**, an den oder die Veranstalter gerichtet. Es
handelt sich um Vorfeldmaßnahmen, weil sie **vor Beginn** der Versammlung erfolgen.

---

581 *Kniesel/Poscher*, Rn. 34.
582 *Kniesel/Poscher*, Rn. 35.
583 BVerfGE 69, 315/353; *OVG Greifswald*, NJ 1999, 104; *Kötter/Nolte*, DÖV 2009, 399/404.

Im Hinblick auf die Versammlung in ihrer Gesamtheit sind diese Maßnahmen ausreichend und es besteht kein Bedarf für den Rückgriff auf das Polizeirecht.

β) Maßnahmen während der Vorbereitungsphase

410   Das sieht anders aus, wenn es um Maßnahmen gegen Veranstalter und deren Unterstützer in der zeitlich vorgelagerten Phase der Vorbereitung geht. Hier ist für die zuständige Behörde, die Kenntnis von einer geplanten Demonstration mit hohem Gefahrenpotenzial hat, bezüglich der von ihr zu erstellenden Gefahrenprognose von maßgeblicher Bedeutung, über Informationen zu verfügen, die eine **verlässliche Einschätzung des Gefahrenpotenzials** zulassen.

411   Insoweit stellt sich die Frage, ob und auf welcher Rechtsgrundlage bei Vorbereitungstreffen Daten etwa dergestalt erhoben werden dürfen, dass die Polizei die Kennzeichen von Fahrzeugen der Personen notiert, die sich in einer Gaststätte zu Vorbereitungsgesprächen eingefunden haben, um so bei feststehender Identität der Veranstalter Rückschlüsse auf einen friedlichen oder gewalttätigen Verlauf oder bei geplanten rechtsextremistischen Demonstrationen auf Gegendemonstrationen ziehen zu können.

412   Geht man davon aus, dass die §§ 12a, 19a BVersG und die entsprechenden Landesregelungen keine abschließende Regelung polizeilicher Informationsbeschaffung enthalten, so könnten die Regelungen für eine verdeckte Datenerhebung durch eine kurzfristige Observation in den Polizeigesetzen der Länder in Betracht kommen. Ob deren tatbestandliche Voraussetzungen – Erforderlichkeit zur Aufgabenerfüllung und Gefährdung der Erfüllung der Gefahrenabwehraufgabe bei Unterbleiben der Maßnahme – erfüllt sind, ist wohl zu verneinen. Der Polizei stehen andere **offen** durchgeführte Möglichkeiten zur Verfügung, um mit Hilfe allgemein zugänglicher Informationen die Identität der Veranstalter abzuklären. Im Übrigen wären verdeckte Maßnahmen gegen Veranstalter in all den Bundesländern unzulässig, die Art. 8 GG in ihren Polizeigesetzen nicht zitieren und damit gegen Art, 19 Abs. 1 Satz 2 GG verstoßen.

ccc) Maßnahmen gegen potenzielle Teilnehmer

413   Für Maßnahmen gegen **potenzielle** Teilnehmer vor Beginn der Versammlung besteht ein unabweisbarer Bedarf. Das zeigen die im Versammlungsgeschehen inzwischen etablierten Maßnahmen – **Gefährderansprachen, Meldeauflagen, Ausreiseverbote, Kontrollen im öffentlichen Raum und an eingerichteten Kontrollstellen** und **Ingewahrsamnahmen zur Rückführung** –, mit denen Straftaten durch Abschöpfung des Gewaltpotenzials verhütet werden sollen.[584]

414   Die in den §§ 18 Abs. 3 und 19 Abs. 4 vorgesehenen Regelungen sind insoweit keine Hilfe, weil diese Bestimmungen Störungen der **inneren Ordnung** einer Versammlung, **die schon existent ist**, zum Gegenstand haben und auch zum Regelungskonzept gehören, das die Autonomie und Eigenverantwortung der Versammlung sichern will.

---

584 *Steinforth*, S. 70 f.

Vor Beginn einer Versammlung fehlt es aber regelmäßig an den organisatorischen und infrastrukturellen Voraussetzungen, die Veranstalter und Leiter mit ihren Ordnern in den Stand setzen, durch Einflussnahme auf die potenziellen Teilnehmer autonom die öffentliche Sicherheit oder Ordnung zu wahren, insbesondere für die Beachtung der erteilten Auflagen durch die – noch immer – potenziellen Teilnehmer zu sorgen.[585]

Das Regelungskonzept des BVersG, das polizeiliche Maßnahmen grundsätzlich erst nach Auflösung einer Versammlung bzw. der Ausschließung von Teilnehmern zulässt, ist **auf das Vorfeld** von Versammlungen **nicht zugeschnitten** und deshalb nicht anwendbar. Das hat wohl auch der Gesetzgeber so gesehen, als er bei der Statuierung des Verbots von Vermummung und Passivbewaffnung in § 17a BVersG danach differenziert hat, ob die Versammlung schon begonnen hat oder sich die Betroffenen noch auf dem Weg zum Versammlungsort befinden. 415

Es besteht allerdings mit § 17a Abs. 4 BVersG die Möglichkeit, zur Durchsetzung der Verbote von Vermummung und Passivbewaffnung **Anordnungen gegen einzelne anreisende Personen zu treffen**. Inzwischen machen es auch Landesregelungen möglich, **vor Beginn der Versammlung die Teilnahme an ihr zu untersagen**.[586] Soweit das einschlägige Versammlungsgesetz ein solches Teilnahmeverbot nicht kennt, kann die Teilnahme an einer Versammlung auch nicht über ein Betretensverbot für den Versammlungsort auf § 15 Abs. 1 bzw. Abs. 3 BVersG oder eine entsprechende landesversammlungsgesetzliche Regelung untersagt werden.[587] Auflagen nach § 15 Abs. 1 können zwar schon vor einer Versammlung erlassen werden, doch lassen sich Maßnahmen gegen Versammlungsteilnehmer erst dann auf diese Bestimmung stützen, wenn die Versammlung begonnen hat; erst der Beginn begründet die Teilnehmereigenschaft. Der Weg zur Versammlung fällt zwar bereits unter den Schutzbereich von Art. 8 Abs. 1 GG[588], wird aber in den Versammlungsgesetzen nicht geregelt. Vorfeldmaßnahmen gegen – potenzielle – Teilnehmer können deshalb nur auf die Generalklausel des einschlägigen Landespolizeigesetzes gestützt werden. Ein Betretensverbot kann auch nicht zur Durchsetzung eines versammlungsrechtlichen Trennungsprinzips ergehen.[589] Die Trennung von zwei gegeneinander gerichteten Versammlungen durch einen Sicherheitskorridor ist eine polizeitaktische Maßnahme, die als Auflage auf § 15 Abs. 1 und Abs. 3 gestützt werden kann, ohne dass es dazu eines versammlungsrechtlichen Prinzips bedürfte. Die Beauflagung mit einem Sicherheitskorridor kann erst mit Beginn der Versammlung rechtliche Wirkung erzeugen, taugt also nicht als Rechtsgrundlage für ein Betretensverbot gegen einen potenziellen Versammlungsteilnehmer im räumlichen und zeitlichen Vorfeld einer Versammlung.[590] 416

---

585 *Kniesel/Poscher*, Rn. 41.
586 Vgl. § 10 Abs. 3 ndsVersG; § 14 Abs. 1 s-hVersG.
587 So aber OVG Bautzen, DVBl 2018, 663/665.
588 BVerfGE 69, 315/349; 84, 203/209; BVerfG, NJW 1991, 2694.
589 So aber OVG Bautzen, DVBl 2018, 663/665.
590 A.A. OVG Bautzen, DVBl 2018, 663/665 unter Berufung auf die das Gegenteil aussagende Entscheidung des BVerfG, NJW 1991, 2694.

417 Ein über diese Regelungen hinausgehender Rückgriff auf das einschlägige Polizeigesetz wäre unzulässig, wenn die genannten Regelungen abschließender Natur wären. Im Hinblick auf § 17a Abs. 4 BVersG ist das zu verneinen, weil es sich um eine **punktuelle** Regelung handelt, die nicht speziell für Versammlungen, sondern allgemein für Veranstaltungen gilt. Auch bezüglich der inzwischen erlassenen Landesregelungen kann nicht von einer abschließenden Regelung des Vorfeldes ausgegangen werden. Im Ergebnis kann demnach **für Vorfeldmaßnahmen gegen potenzielle Teilnehmer auf das allgemeine Polizeirecht zurückgegriffen werden.** Dabei ist aber Art. 8 Abs. 1 GG zu beachten« mit der Folge, dass im einschlägigen Polizeigesetz dies Grundrecht zitiert sein muss.

d) Keine abschließende Regelung nichtöffentlicher Versammlungen

418 Das BVersG kennt mit den §§ 3 und 21 Regelungen, die ihrem Wortlaut nach auf nichtöffentliche Versammlungen anwendbar sind; wenn § 3 BVersG das Tragen von Uniformen *öffentlich oder in einer Versammlung* verbietet, könnte daraus abgeleitet werden, dass mit *Versammlung* auch die nichtöffentliche gemeint ist.[591] Dagegen spricht aber in systematischer Auslegung, dass das BVersG im Übrigen ausschließlich Regelungen für öffentliche Versammlungen enthält.[592]

419 Auch der allein verfassungskonforme Zweck des Uniformverbots – die Bekämpfung des Einschüchterungseffekts einer Versammlung gegenüber der Öffentlichkeit – verlangt und erlaubt kein Uniformverbot für Versammlungen, die mangels Öffentlichkeit keinen Einschüchterungseffekt bewirken können.[593] Doch selbst wenn § 3 BVersG auch für nichtöffentliche Versammlungen in Geltung wäre, kann eine **vereinzelte punktuelle** und zudem unsystematisch ins Gesetz aufgenommene Regelung **nicht zur abschließenden Natur des BVersG für nichtöffentliche Versammlungen führen.** Das gilt auch für § 21 BVersG, bei dem nach überwiegender Auffassung davon auszugehen ist, dass er sich nur auf die öffentliche Versammlung bezieht.[594]

420 Damit lassen sich kompetenzrechtliche Gründe gegen die Regelung nichtöffentlicher Versammlungen durch Landesrecht und auch gegen die Anwendung des allgemeinen Polizei- und Ordnungsrechts auf nichtöffentliche Versammlungen nicht anführen. So spricht sich denn auch die h.M. für die **Anwendung des einschlägigen Polizeigesetzes** und seiner Generalklausel für nichtöffentliche Versammlungen aus.[595]

---

591 *Breitbach/Steinmeier*, RBRS, § 3 Rn. 46.
592 *Gallwas*, JA 1986, 488.
593 *Kniesel/Poscher*, Rn. 26.
594 *Kniesel/Poscher*, Rn. 26.
595 BVerwGE, NVwZ 1999, 991/992; VGH Mannheim, VBlBW 1987, 183; OVG Lüneburg, NVwZ 1988, 638/639 f.; OVG Saarland, DÖV 1973, 863/864; *Schnur*, VR 2000, 114/118 f.; *v. Coelln*, NVwZ 2001, 1234/1236 ff.; *Butzer*, VerwArch 2002, 506/531; *Gusy*, POR, Rn. 421; *Schenke*, Rn. 362; *Enders*, Jura 2003, 34/40; *Schoch*, JuS 1994, 479/481.

In Betracht käme auch die **analoge** Anwendung der Versammlungsgesetze, um so ei- 421
nen gleichwertigen Schutz von nichtöffentlichen Versammlungen zu gewährleisten.[596]
Insoweit wird darauf hingewiesen, dass die nichtöffentlichen Versammlungen, die weniger gefährlich und weniger gefährdet sei als die öffentliche, insbesondere die unter
freiem Himmel, nicht unter den erleichterten Voraussetzungen der Polizeigesetze eher
einschränkbar sein dürfe als die nur unter den erhöhten Voraussetzungen des Versammlungsgesetzes einschränkbare öffentliche Versammlung.[597] Indes lässt sich dieser
berechtigte Einwand dadurch abfangen, dass man bei der Anwendung des Polizeirechts den Gefahrengrad des Versammlungsrechts zugrunde legt.

3. Versammlungsformen

Typologisch lassen sich Versammlungen als Zusammenkünfte zur **gemeinsamen Mei-** 422
nungsbildung, Demonstrationen als Zusammenkünfte zur **kollektiven Meinungs-**
kundgabe und Aufzüge als Demonstrationen in **Fortbewegung** unterscheiden. Was
die zur Anwendung kommenden Befugnisnormen angeht, so können im Hinblick
auf die freie Zugänglichkeit **öffentliche und nichtöffentliche** Versammlungen, im
Hinblick auf die Örtlichkeit Versammlungen **unter freiem Himmel** und **in geschlos-**
senen Räumen, im Hinblick auf die Fortbewegung **stationäre Versammlungen** und
Aufzüge und im Hinblick auf den Zeitpunkt Maßnahmen **vor** und **nach Beginn** der
Veranstaltung unterschieden werden.

a) Öffentliche und nichtöffentliche Versammlungen

Eine Versammlung ist öffentlich, wenn **jedermann** die Möglichkeit hat, sich an der 423
Bildung der Personenmehrheit zu beteiligen. Die Öffentlichkeit bestimmt sich also
danach, ob die Versammlung einen abgeschlossenen oder einen **individuell nicht ab-**
gegrenzten Personenkreis umfasst.[598] Jeder an der Teilnahme Interessierte muss also
Zutritt zu der Versammlung im geschlossenen Raum haben bzw. sich der Versammlung unter freiem Himmel anschließen können.[599]

Eine Versammlung ist **nicht öffentlich**, wenn nur ein **namentlich oder auf andere** 424
Weise begrenzter Personenkreis zugelassen ist.[600] Sinn der Differenzierung ist es, der
besonderen Störanfälligkeit und Störungsträchtigkeit der öffentlichen Versammlung
Rechnung zu tragen, die darauf beruhen, dass ein in der Zusammensetzung unbe-
kannter Personenkreis die Versammlung bildet.

---

596 *Drews*, u.a., S. 176; *Rühl*, NVwZ 1988, 581; *Deger*, NVwZ 1999, 268; *Meßmann*, JuS
    2007, 524/526 f.; *Kingreen/Poscher*, POR, § 19, Rn. 16, m.w.N.
597 *Kingreen/Poscher*, POR, § 19, Rn. 16; *Meßmann*, JuS 2007, 524/526 f.; *Drosdzol*, JuS 1983,
    409/412; *Hermanns*, JA 2001, 79/83; *Schoch*, JuS 1994, 479/481.
598 BVerwG, NVwZ 1999, 991/992.
599 *Kingreen/Poscher*, POR, § 19, Rn. 13.
600 BVerwG, NVwZ 1999, 991/992.

b) Versammlungen unter freiem Himmel und in geschlossenen Räumen

425 Eine Versammlung findet unter freiem Himmel statt, wenn sie räumlich offen ist, also der **Zugang nicht durch eine seitliche Begrenzung versperrt wird.**[601] Eine Versammlung im geschlossenen Raum ist damit jede **seitlich umschlossene Versammlung.**[602] Die Unterscheidung ist also **keine architektonische, sondern eine soziale.**[603] Versammlungen unter freiem Himmel sind auch solche, die **in der allgemeinen Verkehrsöffentlichkeit** stattfinden, unabhängig von den baulichen Verhältnissen.[604] Deshalb können auch Versammlungen in Einkaufszentren oder auf der Öffentlichkeit zugänglichen Verkehrsflächen in Flughäfen solche unter freiem Himmel sein.[605]

426 Das Grundrecht aus Art. 8 Abs. 1 GG und die Versammlungsgesetze privilegieren Versammlungen in geschlossenen Räumen durch Ausnahme vom Gesetzesvorbehalt bzw. durch Beschränkung der Eingriffsbefugnisse, weil eine Versammlung **ohne Kontakt** zur allgemeinen Verkehrsöffentlichkeit **weniger gefährdet und weniger gefährlich ist.**[606]

427 Die Unterscheidung ist problematisch, wenn bei einer Versammlung im geschlossenen Raum eine **Lautsprecher- bzw. Videoübertragung nach draußen** stattfindet und sich dort eine zuhörende bzw. zusehende Menschenmenge bildet. Hier will der Veranstalter offensichtlich diese Personen einbeziehen, ohne deshalb die Versammlung im geschlossenen Raum aufgeben oder eine Gesamtversammlung unter freiem Himmel anstreben zu wollen. Deshalb ist von einem einheitlichen Vorgang, also *einer* Versammlung auszugehen[607] und es erscheint sachgerecht, für die einen die Befugnisnormen für Versammlungen in geschlossenen Räumen und die anderen die für Versammlungen unter freiem Himmel anzuwenden; so wird den Teilnehmern drinnen der weitergehende Grundrechtsschutz nicht genommen und denen draußen der Grundrechtsschutz durch die Versammlungsfreiheit nicht vorenthalten.[608]

428 **Nichtöffentliche Versammlungen unter freiem Himmel** sind denkbar, aber **ohne Praxisrelevanz.** Die Unterscheidung von öffentlichen und nichtöffentlichen Versammlungen unter freiem Himmel ist schon deshalb bedeutungslos, weil im öffentlichen Straßenraum die für eine nichtöffentliche Versammlung maßgebliche individuelle Abgegrenztheit des Teilnehmerkreises nicht durchgesetzt werden kann.[609]

---

601 *Kingreen/Poscher*, POR, § 19, Rn. 11 f.
602 *Kingreen/Poscher*, POR, § 19, Rn. 11 f.
603 *Kingreen/Poscher*, Rn. 822.
604 *Kingreen/Poscher*, POR, § 19, Rn. 11 f.
605 BVerfGE 128, 226/251; krit. insoweit *Höfling/Krohne*, JA 2012, 734/737.
606 *Kingreen/Poscher*, Rn. 822 f.
607 *Krüger*, Versammlungsrecht 1994, S. 32.
608 *Höllein*, NVwZ 1994, 637; *Kniesel/Poscher*, Rn. 101.
609 *Miller*, WM, § 2 Rn. 4.

c) Stationäre und mobile Versammlungen

Art. 8 GG kennt nur Versammlungen, während das BVersG und die Versammlungs- 429
gesetze der Länder zwischen Versammlung und Aufzug unterscheiden.[610] Daraus
lässt sich nicht ableiten, dass Aufzüge keine Versammlung i.S.d. BVersG wären.[611]
Die Gesetzgeber wollten nicht den Aufzug als eigenen Versammlungstypus neben
die Versammlung stellen, sondern mit der Erwähnung des Aufzugs auf das in der
Fortbewegung liegende besondere Gefährdungspotenzial von sich fortbewegenden
Versammlungen hinweisen[612], auch wenn sich das im Eingriffsinstrumentarium des
BVersG nicht niedergeschlagen hat. Indes folgt aus der fehlenden Verweisung in § 19
auf § 13 Abs. 2, dass der Gesetzgeber das Gefährdungspotenzial des Aufzugs höher
einschätzt als das der Versammlung, weil die fehlende Verweisung auf § 13 Abs. 2
BVersG dem sachlichen Unterschied zwischen Stillstand der stationären Versammlung
und der Fortbewegung des Aufzugs Rechnung trägt (vgl. § 19 Rn. 20 f.).

4. Adressaten

a) Allgemeines

Das Versammlungsgeschehen wird von verschiedenen Akteuren auf unterschiedliche 430
Weise geprägt. Diese Akteure sind die **Adressaten** versammlungsbehördlicher bzw.
polizeilicher Verfügungen und Maßnahmen, wenn Gefahren abzuwehren sind. Im
Vordergrund stehen dabei nicht umsonst die Teilnehmer, machen sie doch in ihrer
Gesamtheit eine Versammlung aus. Die Teilnehmer sind auch in der Lage, Versammlungen mit geringer Teilnehmerzahl **selber zu organisieren und durchzuführen.** Sie
übernehmen dabei die Funktion des Veranstalters einschließlich der Leitungsaufgabe.
Insoweit belegen Spontanversammlungen als Versammlungen ohne formalen Veranstalter und Leiter, dass es bei kleineren Versammlungen auch ohne sie geht.

Die Teilnehmer erlangen ihren Teilnehmerstatus aber **erst mit dem Beginn der Versammlung;** vor Beginn sind sie nur potenzielle Teilnehmer, die in ihrer Gesamtheit
für die zuständige Versammlungsbehörde mit Verfügungen nicht erreichbar sind. Um
auf die potenziellen Teilnehmer einwirken zu können, müssen die Versammlungsbehörden den Veranstalter zum Adressaten ihrer Verfügungen machen.

Größere Versammlungen, insbesondere Großdemonstrationen sind dagegen **ohne** 431
Vorbereitung, Organisation und Durchführung seitens professioneller Veranstalter
nicht denkbar. Die Veranstalterfunktion und die Veranstalterfreiheit als Bestandteil
der Grundrechtsgarantie des Art. 8 Abs. 1 GG erschöpfen sich aber nicht in einer
dienenden Funktion für die Teilnehmer. Veranstalter können vielmehr mit *ihrer* Veranstaltung **eigene Ziele verfolgen** und Thema, Inhalt, Art und Weise sowie Zeit und
Ort der Versammlung vorgeben. Wenn sie das in ihrer Einladung zum Ausdruck

---

610 Art. 13 Abs. 2 Nr. 5 bayVersG; § 2 ndsVersG; § 2 Abs. 1 sächsVersG, § 2 Abs. 2 s-aVersG;
§ 2 Abs. 1 s-hVersFG.
611 *Lux*, PJ, D, Rn. 76.
612 *Kniesel/Poscher*, Rn. 210.

bringen, sind sie gegenüber den Teilnehmern, die ja durchaus abweichende Vorstellungen von der Versammlung haben können, im Hinblick auf Kollisionen zwischen dem Veranstaltungs- und Teilnahmerecht in einer **Vorhandstellung.**

432 Wenn es um die Verantwortlichkeit des Veranstalters geht, so sehen ihn die Versammlungsgesetze nicht als potenziellen Störer. Seine **Verantwortlichkeit ist die Kehrseite seiner Veranstalterfreiheit;** wenn der Veranstalter das Recht zur Gestaltung *seiner* Versammlung hat und auch die innere Ordnung *seiner* Versammlung gewährleisten darf, dann ist er auch Verantwortlicher (Pflichtiger) i.S.d. Polizei- und Ordnungsrechts.

433 Das ist auch der Grund dafür, dass der Leiter als weiterer Akteur im Versammlungsgeschehen keine selbstständige Funktion und Stellung hat. Seine Legitimation als Ordnungsgarant folgt nicht unmittelbar aus dem Gesetz, sondern ist **aus dem Veranstaltungsrecht abgeleitet.** Deshalb stellt auch die Ausübung der Ordnungsfunktion durch den Leiter mit seinen Ordnern Grundrechtswahrnehmung und **keine Beleihung** mit Hilfspolizeifunktion dar (vgl. Rdn. 233). Bei ihrer Tätigkeit können Leiter und Ordner zum Adressaten versammlungsbehördlicher bzw. polizeilicher Maßnahmen werden.

b) Veranstalter, Leiter und Teilnehmer als Verfügungsadressaten

aa) Veranstalter

434 Das BVersG enthält keine allgemeinen Regelungen zur Verantwortlichkeit. Deshalb können die subsidiär geltenden Bestimmungen des jeweiligen Polizeigesetzes zum Handlungs-, Zustands- und Nichtstörer angewendet werden. Verbote und beschränkende Verfügungen gegen Versammlungen in geschlossenen Räumen und unter freiem Himmel können nur an den Veranstalter als ihr **Veranlasser** gerichtet werden. Die **Versammlung als solche** kann mangels Rechtsträgerschaft kein Adressat sein. Die Teilnehmer in ihrer Gesamtheit scheiden aus, weil es sie vor Beginn der Versammlung noch nicht gibt. Der Veranstalter ist Handlungsstörer i.S.d. Polizei- und Ordnungsrechts, wenn er die Gefahr unmittelbar verursacht. Das ist der Fall, wenn er die Gefahrengrenze überschreitet. Die Veranlassung der Versammlung durch entsprechende Einladung reicht dazu nicht aus, weil sie keinen Verantwortungszusammenhang begründet.[613] Der Veranstalter haftet daher nicht für den friedlichen Verlauf, weil er nur Veranlasser der Versammlung ist und eine Kollektiv- oder Gefährdungshaftung dem Versammlungsrecht fremd ist.[614] Er wird erst dann zum Verursacher, wenn er seine Anhänger oder sonstige Teilnehmer zu Straftaten auffordert, diese duldet, mit Straftätern sympathisiert oder sich von zu Straftaten aufrufenden Teilnehmern nicht distanziert.

bb) Leiter

435 Der Leiter ist Adressat von Auflösungsverfügungen bzw. nachträglichen Beschränkungen gegenüber Versammlungen in geschlossenen Räumen und unter freiem Himmel.

---

613 *Kingreen/Poscher*, POR, § 9, Rn. 9 ff., m.w.N.
614 *Kutscha*, JBÖS 2016/17, S. 369/371.

Maßnahmen zur Durchsetzung seiner Mitteilungspflichten im Rahmen der Anmeldung und beim Einsatz von Ordnern sind an ihn zu richten. Auch die Beschränkung der Anzahl der eingesetzten Ordner hat ihm gegenüber zu erfolgen. Gleiches gilt für die Durchsetzung seiner Pflicht zur Beendigung eines Aufzugs nach § 19 Abs. 3 BVersG.

cc) Teilnehmer

Die Teilnehmer sind wie der Leiter Adressaten von Auflösungsverfügungen und nach- 436
träglichen Beschränkungen. Diese ergehen als **Allgemeinverfügungen** gegenüber den Teilnehmern, die gemeint sind. Das sind bei einer Auflösung alle Teilnehmer; bei nachträglichen Beschränkungen können auch **abgrenzbare** Teilnehmergruppen Adressaten sein. Als Einzelner ist der Teilnehmer Adressat der Ausschließung nach §§ 11 Abs. 1, 18 Abs. 3 und 19 Abs. 4 BVersG bzw. der entsprechenden Regelungen in den Landesversammlungsgesetzen.

c) Sonstige Verfügungsadressaten

Weitere Akteure sind externe Störer, potenzielle Teilnehmer sowie Veranstalter, Leiter 437
und Teilnehmer von bzw. an Gegendemonstrationen.

aa) Externe Störer

§ 2 Abs. 2 BVersG und entsprechende Regelungen in den Landesversammlungs- 438
gesetzen statuieren ein allgemeines, **an jedermann gerichtetes Störungsverbot**. Die Adressateneigenschaft beurteilt sich unabhängig von einer Teilnahme. Externer Störer ist demnach, wer eine Versammlung von außerhalb oder innerhalb ohne Teilnahmeabsicht stört.

Dieser externe Störer als Nichtteilnehmer ist abzugrenzen vom *internen Störer.* Bei 439
diesem kann es sich um einen *Abweichler* handeln, der unter dem Schutz von Art. 8 Abs. 1 GG steht. Diese Verfassungsnorm schützt nämlich nicht nur solche Teilnehmer, die hinter den Zielen der Versammlung bzw. des Veranstalters stehen, sondern auch die, die **mit kommunikativen Mitteln** eine kritische oder gänzliche ablehnende Haltung einnehmen.[615] Insoweit ist nicht einmal ein Minimum an Gemeinsamkeit zwischen Teilnehmer und Veranstalter erforderlich. Voraussetzung ist nur, dass die **Versammlung in ihrem Bestand hingenommen wird.**[616]

Ob es sich um einen noch an Art. 8 Abs. 1 GG partizipierenden engagierten Kritiker 440
oder einen auszuschließenden Störer handelt, entscheidet die **Intensität** der abweichenden bzw. ablehnenden Meinungsäußerung bzw. die erkennbare Verhinderungsabsicht. Der Schutz durch Art. 8 Abs. 1 GG endet, wenn die Absicht der Verhinderung bzw. Sprengung der Versammlung deutlich wird, also der **Bestand bzw. Fortgang der Versammlung selber auf dem Spiel steht.** Das ist etwa bei anhaltendem Lärm durch

---

615 BVerfGE 84, 203/208.
616 BVerfGE 84, 203/208.

Trillerpfeifen bzw. Sprechchöre oder dem Werfen von Stinkbomben der Fall; hier wird das durch die Teilnahmefreiheit verbürgte Recht zum Protest missbraucht, in dem der Meinungsgegner mundtot gemacht wird oder der Versammlungsraum nicht mehr genutzt werden kann.

bb) Potenzielle Teilnehmer

441 Es handelt sich um »Nochnichtteilnehmer«, weil die Versammlung noch nicht begonnen hat. Dieser Personenkreis kann sich auf die Versammlungsfreiheit berufen, weil diese die schon existente Versammlung nicht voraussetzt, sondern das Sichversammeln als **Gesamtvorgang** unter Schutz stellt, sodass **sowohl die Anreise als auch der Zugang zu einer sich noch bildenden Versammlung im Schutzbereich liegen.**

442 Potenzielle Teilnehmer können im Vorfeld einer Versammlung und im Rahmen der Anreise zu ihr Adressaten von Vorfeldmaßnahmen sein. Stört ein »Nochnichtteilnehmer« vor Beginn der Versammlung, etwa indem er das Stattfinden einer Versammlung zu verhindern sucht, kann ihm auf der Grundlage der polizeilichen Generalklausel oder der neuen Befugnisse nach § 10 Abs. 3 Satz 1 und § 13 Abs. 3 Satz 1 ndsVersG bzw. § 14 Abs. 1 s-hVersG die **Teilnahme** an der bevorstehenden Versammlung **untersagt werden.**

cc) Veranstalter, Leiter und Teilnehmer von Gegendemonstrationen

aaa) Allgemeines

443 Es liegt in der Natur der Sache, dass Versammlungen provozieren, bei Dritten Anstoß erregen. Dies kann durch Wahl des Themas und die Art seiner Aufbereitung sowie die Wahl von Ort und Zeit geschehen. Diese Komponenten sind aber **Gegenstand** der durch Art. 8 Abs. 1 GG verbürgten **Gestaltungsfreiheit.** Andererseits ist es das gute Recht der Provozierten, unter Inanspruchnahme von Art. 8 Abs. 1 GG auf die provozierende Demonstration mit einer Gegendemonstration zu reagieren. Drohen dabei Zusammenstöße und Auseinandersetzungen, so stellt sich die Frage der polizeilichen Verantwortlichkeit für die auftretenden Gefahren. Eine nicht verbotene Versammlung bzw. Demonstration ist durch die Polizei zu schützen. Von der Veranstaltung ausgehende Provokationen, die durch die Gestaltungsfreiheit verbürgt sind, begründen keine Störhaftung, auch nicht über die Rechtsfigur des Zweckveranlassers (vgl. Rn. 446 ff.). Gehen die Störungen von den Gegendemonstranten aus, so ist gegen diese als Verhaltensstörer vorzugehen.

bbb) Verhaltensstörer

444 Ob eine Person als Verhaltensstörer eine Gefahr verursacht hat, beurteilt sich im Polizei- und Ordnungsrecht nach der Theorie der unmittelbaren Verursachung. Nur der unmittelbare Verursacher ist Störer, der mittelbare nur nicht verantwortlicher Veranlasser. Handlungsstörer ist demnach, wer die Gefahrengrenze oder -schwelle überschreitet. Entscheidend ist, dass die Ursache in einem Wirkungszusammenhang i.S. eines Verantwortungszusammenhangs mit der Gefahr steht.[617]

---

617 *Kingreen/Poscher*, POR, § 9 Rn. 9 ff.; *Schenke*, Rn. 242; *Götz/Geis*, § 9, Rn. 10 ff.

Der anmeldende Veranstalter haftet nicht für den friedlichen Verlauf, weil er nur Ver- 445
anlasser der Versammlung ist und das Versammlungsrecht keine Gefährdungshaftung
kennt. Er wird erst dann zum Verursacher, wenn er seine Anhänger und sonstige Teilnehmer zu Straftaten auffordert, diese duldet, mit Straftätern sympathisiert oder sich
von zu Straftaten aufrufenden Teilnehmern nicht distanziert. Stößt ein Veranstalter
mit seiner für andere anstößigen oder politisch nicht hinnehmbaren Demonstration
auf Protest, so ist er ebenfalls nur Veranlasser, aber kein Verursacher von Gewalttätigkeiten, die von Gegendemonstranten begangen werden.

ccc) Zweckveranlasser

Die Ausgangsdemonstration ist auch nicht als Zweckveranlasser verantwortlich. Die 446
Figur des Zweckveranlassers ist im Versammlungsrecht genauso problematisch wie
im Polizei- und Ordnungsrecht.[618] Die Lehre von der unmittelbaren Verursachung
spricht vom Zweckveranlasser dann, wenn ein Veranlasser das Verhalten dessen, der
die Gefahr oder Störung unmittelbar verursacht, subjektiv oder objektiv bezweckt.
Der Zweckveranlasser überschreitet also selber die Gefahrenschwelle nicht, veranlasst
aber durch sein Verhalten Dritte, die öffentliche Sicherheit oder Ordnung zu stören
oder zu gefährden. Die h.M. sieht ihn deshalb als mittelbaren Störer, weil die von ihm
gesetzte Ursache von vornherein eine erhöhte Gefahrentendenz aufweist; ihm wird
also die vom »Vordermann« herbeigeführte Gefahrenlage zugerechnet.[619]

Die h.M. sieht sich mit der grundlegenden Kritik konfrontiert, dass der Zweckver- 447
anlasser eben nur mittelbarer Verursacher ist, der sich legal verhält und von seinen
Grundrechten Gebrauch macht.[620] In den Fällen, wo gegen einen legalen Provokateur
eingeschritten werden muss, weil die Behörden eine Gefahr nicht anders abwehren
können, steht es diesen frei, den unmittelbaren Verursacher als Zweckveranlasser im
polizeilichen Notstand in Anspruch zu nehmen.[621]

Rechtsprechung und Literatur wenden die Figur des Zweckveranlassers auch im Ver- 448
sammlungsrecht an, wenn ein Veranstalter oder die Teilnehmer einer Versammlung
es darauf anlegen, dass durch die herausgeforderten Störaktionen der Gegendemonstranten die öffentliche Sicherheit gefährdet wird. Die Inanspruchnahme als Zweckveranlasser sei jedenfalls dann möglich, wenn objektiv und/oder subjektiv Dritte zur
unmittelbaren Gefahrverursachung veranlasst würden, indem es einzig und allein
um die Provozierung von Gegengewalt gehe, wie es bei Demonstrationen in Aus-
ländervierteln oder an Identifikationsstätten politisch Andersdenkender der Fall sei.
Die Inanspruchnahme als Zweckveranlasser sei nicht ausgeschlossen, wenn neben der
vom Veranstalter objektiv und/oder subjektiv bezweckten Provokation vom Inhalt los-
gelöste, besonders provozierende Begleitumstände hinzuträten.[622]

---

618 *Kingreen/Poscher*, POR, § 9 Rn. 27.
619 BVerwG, DVBl 1989, 59/60; *Schenke*, Rn. 244.
620 *Kingreen/Poscher*, POR, § 9 Rn. 32.
621 *Kingreen/Poscher*, POR, § 9, Rn. 31.
622 BVerfGK 8, 195/201; BVerfG, NVwZ 2000, 1406/1407; *Hoffmann-Riem*, NVwZ 2002,
257/263 f.

449   Indes bleibt gegenüber dieser eingeschränkten Anwendung der Figur des Zweckveranlassers zu erinnern, dass auch die provozierende Versammlung unter dem Schutz der Versammlungsfreiheit steht. Selbst wenn es Rechtsextremisten auf die provozierende Wirkung Ihrer Demonstration ankommt, sind die Gegendemonstranten nicht ihre Marionetten, sondern setzen willentlich die letzte unmittelbare Ursache für die Gefahr.[623]

ddd) Verursachung bei räumlich und zeitlich kollidierenden Versammlungen

450   Problematisch ist die Verursachung, wenn zwei Versammlungen zur selben Zeit am selben Ort stattfinden sollen. Bei einem solchen Aufeinandertreffen ist zunächst zu unterscheiden, ob die beiden Versammlungen unabhängig voneinander geplant und angemeldet worden sind und das Kapazitätsproblem durch die Anmelder nur deshalb entsteht, weil beide sich für denselben attraktiven Demonstrationsort entschieden haben, oder ob die Versammlungen aufeinandertreffen weil sie inhaltlich dergestalt aufeinander bezogen sind, dass die Ausgangs- oder Anlassversammlung auf Protest stößt, der sich in einer Gegendemonstration ausdrückt.

451   Im ersten Fall steht die Gestaltungsfreiheit der Veranstalter unter dem Vorbehalt tatsächlicher Zwänge, wozu auch eine geplante weitere Versammlung auf der ausgewählten Örtlichkeit zählt. Das Aufeinandertreffen zweier Versammlungen macht die beiden Anmelder nicht zu Verhaltensstörern, weil keine unmittelbare Gefährdung der öffentlichen Sicherheit prognostiziert werden kann. Es kann nicht davon ausgegangen werden, dass beide Veranstalter ihre Versammlung auf Kosten der anderen durchsetzen wollen, sondern dass sie nach Kenntnis der Konkurrenzsituation im Kooperationsverfahren eine einvernehmliche Lösung mit der Versammlungsbehörde anstreben werden. Von einer unmittelbaren Gefährdung der öffentlichen Sicherheit in Gestalt eines Verstoßes gegen das in § 2 Abs. 2 BVersG statuierte Störungsverbot oder gar gegen Strafgesetze in Form der Begehung von Gewalttätigkeiten kann dann noch nicht die Rede sein. Erst wenn eine einvernehmliche Lösung scheitert, steht bei begrenztem Platzangebot eine Gefahr für § 2 Abs. 2 BVersG im Raum. Beide Versammlungen kommen dann für den maßgeblichen Zeitpunkt der Durchführung der Versammlung als Störer in Betracht. Im Rahmen ihres Störerauswahlermessens kann die Versammlungsbehörde die Konkurrenzsituation mit Hilfe des Erstanmelderprinzips als verfahrensleitendem Grundsatz bewältigen. Das Erstanmelderprinzip füllt das Störerauswahlermessen aus. Im gegebenen Zusammenhang ist eine Orientierung am zeitlichen Eingang der Anmeldung sachgerecht, weil der Grundsatz der Neutralität der Versammlungsbehörde gewahrt wird und die Gestaltungsfreiheit des Veranstalters der später angemeldeten Versammlung den tatsächlichen Möglichkeiten der Grundrechtsausübung unterworfen ist.[624]

452   Im zweiten Fall der Abhängigkeit der beiden Versammlungen voneinander ist erneut zu differenzieren, ob die Gegendemonstration die Ausgangsversammlung verdrängen

---

623 *Rauer*, S. 119; *Rühl*, NVwZ 1988, 577/578.
624 *Koll*, S. 348; *Wagner*, DÖV 2017, 708/711 f.; *Lux*, PJ, D, Rn. 100 f.

will oder nur ihre Nähe sucht, um in Hör- und Sichtweite gegen sie zu protestieren. Ist die später angemeldete Versammlung auf Verhinderung der Ausgangsversammlung durch Verdrängung gerichtet, wird die unmittelbare Gefährdung der öffentlichen Sicherheit in Gestalt eines Verstoßes gegen § 2 Abs. 2 BVersG bejaht und der Veranstalter der Gegendemonstration als verursachender Verhaltensverantwortlicher gesehen, nicht aber auch der Erstanmelder. Dieser hat mit der Anmeldung seine Versammlungsfreiheit als Veranstalter ausgeübt, ohne dabei die Grundrechtsausübung eines anderen zu beeinträchtigen. Er ist Veranlasser der Gegendemonstration, aber nicht Verursacher der Aktionen von Gegendemonstranten. Die Gefahrenschwelle i.S.d. Theorie der unmittelbaren Gefahrenverursachung würde der Veranstalter der Gegendemonstration überschreiten. Der Veranstalter der Ausgangsversammlung kann dann nicht nachträglich durch das Handeln des Veranstalters der Gegendemonstration ebenfalls zum Handlungsstörer werden. Insoweit käme bei dieser Sachlage der Erstanmeldergrundsatz nicht als Störerauswahlkriterium, sondern als Kriterium der Gefahrverursachung zur Anwendung.[625]

Anders stellt sich die Konstellation der diskursiven Konfrontation zwischen Ausgangs- und Gegendemonstration dar; dieses »Aufeinandertreffen« ist ein geordnetes Nebeneinander der beiden Demonstrationen auf einer Demonstrationsfläche für beide. Dabei ist der Erstanmeldergrundsatz irrelevant, weil der Zeitpunkt durch das gleichzeitige Stattfinden der beiden Demonstrationen diktiert wird. Der zeitliche Eingang der Anmeldungen kann deshalb hier keine Bedeutung haben; allerdings kann die Gefahrenprognose ergeben, dass beide Versammlungen mit einem Sicherheitskorridor beauflagt werden.   453

eee) Nichtstörerhaftung

Nur **ausnahmsweise** ist die Inanspruchnahme der Teilnehmer der Ursprungsveranstaltung zulässig. Die insoweit in Betracht kommende Nichtstörerhaftung wird definiert als Polizeipflichtigkeit bei Vorliegen einer gegenwärtigen erheblichen Gefahr für wichtige Rechtsgüter und gleichzeitiger polizeilicher Unmöglichkeit zur Gefahrenabwehr durch Inanspruchnahme des Störers oder Einsatz eigener Mittel.   454

Hier ist fraglich, ob es der Polizei überhaupt objektiv unmöglich sein kann, die durch die Gegendemonstranten verursachten Gefahren durch deren Inanspruchnahme oder den Einsatz eigener Mittel abzuwehren. Die Polizei wird regelmäßig über hinreichende Kräfte verfügen, die sie mittels vorausschauender Einsatzplanung in den Stand setzen, Demonstranten und Gegendemonstranten auseinanderzuhalten. Der Einwand, es hätten keine ausreichenden Einsatzkräfte zur Verfügung gestanden, greift allenfalls dann durch, wenn die Polizei sich nicht auf den Einsatz vorbereitet und kurzfristig keine ausreichenden Kräfte mobilisieren konnte, etwa dann, wenn **unvorhersehbar** eine Vielzahl von Gegendemonstranten eine Versammlung gewalttätig verhindern will; das ist allerdings ein Szenario, das nur **in absoluten Ausnahmefällen** vorstellbar ist. In einem solchen Fall erbringt die nicht störende Versammlung ein Sonderopfer   455

---

625 *Koll,* S. 348.

und hätte einen Aufopferungsanspruch nach dem einschlägigen Polizeigesetz auf Entschädigung für im Rahmen der Versammlung getätigte Aufwendungen (Bühnenaufbau, Reisekosten für Redner usw.).[626]

456 Die gelegentlich praktizierte Taktik, sich bei Versammlungen, die auf breiten Widerstand stoßen und Gegendemonstrationen auslösen – z.b. bei PEGIDA und ähnlichen Gruppierungen –, bewusst mit schwachen Einsatzkräften anzutreten, um alsdann in Anbetracht der »Übermacht« der Gegendemonstranten gegen die – politisch missliebige – Ausgangsversammlung im polizeilichen Notstand vorgehen zu können, ist rechtswidrig, weil sie gegen die gegenüber der Ausgangsversammlung bestehende **Schutzpflicht** verstößt. Eine solche Taktik bringt zudem nichts, weil der vermeintliche Überraschungseffekt nur einmal als Begründung ins Feld geführt werden könnte, denn es gibt ja jetzt eine neue Einsatzlage, auf die die Polizei sich einstellen muss.

457 Neben dem Fall der objektiven Unmöglichkeit wird noch der sog. **unechte polizeiliche Notstand** anerkannt.[627] Ein solcher liegt vor, wenn die Schäden, die der öffentlichen Sicherheit bei einem Einschreiten gegen den Störer drohen würden, im extremen Missverhältnis zu den Nachteilen stünden, die durch das Vorgehen gegen die Ausgangsversammlung einträten. Das Einschreiten gegen den Störer müsste also unangemessen (unverhältnismäßig i.e.S.) sein, weil der zu erwartende Schaden in offenkundigem Missverhältnis zum erstrebten Erfolg stünde.

458 Die in einem solchen Fall mögliche Inanspruchnahme des Nichtstörers durch Auflösung der Ausgangsversammlung kommt nicht schon dann in Betracht, wenn mit Rechtsbruch oder Gegenwehr der Gegendemonstranten zu rechnen ist[628], weil dann die Grundrechtsausübung zur Disposition der Störer stünde. Unverhältnismäßigkeit der Inanspruchnahme der Gegendemonstranten kann nur für den **Extremfall** bejaht werden, dass es beim Einschreiten der Polizei gegen die Störer zu schweren Ausschreitungen mit massiven Auswirkungen auf die Ausgangsversammlung, eingesetzte Polizeibeamte und unbeteiligte Dritte käme.[629]

5. Verbote

459 Verbotstatbestände sind präventiv-polizeiliche Regelungen, die zum Rechtsgüterschutz der Verhinderung von Straftaten dienen. Solche Verbote sind verfassungsrechtlich eher zu rechtfertigen als repressive Sanktionsnormen, weil der Erlass von Strafgesetzen für den Gesetzgeber Ultima ratio ist. Der Grundsatz der Verhältnismäßigkeit gebietet daher die Prüfung, ob nicht präventiv-polizeiliche Regelungen den gleichen Sicherheitswert haben und zusätzliche Straftatbestände entbehrlich machen.

---

626 BVerfGK 11/361/364 ff.; *Koll*, in: Schwier, S. 87/93 f.
627 *Schmidt-Jortzig*, JuS 1970, 509 f.; VGH Kassel, DVBl 1990, 1053; *Miller*, WM, § 8 Rn. 49 f.
628 BVerfGK 11/361/364 f.; VGH Mannheim, NVwZ 1987, 238.
629 *Schmidt-Jortzig*, JuS 1970, 509 f.; krit. *Miller*, WM, § 8 Rn. 50.

Präventiv-polizeiliche Verbote können die Gebote der Friedlichkeit und Waffenlosig- 460
keit aus Art. 8 Abs. 1 GG konkretisieren und sind deshalb verfassungsrechtlich unbedenklich. Darüber hinausgehende Verbote stellen nur dann verhältnismäßige Eingriffe
in Art. 8 Abs. 1 GG dar, wenn sie sich auf eine gesicherte Gefahrenprognose gründen
und dem Schutz von Rechtsgütern dienen, die der Versammlungsfreiheit ebenbürtig
sind. Das BVersG enthält in § 2 Abs. 2 das allgemeine Störungsverbot, in § 3 Abs. 1
das Uniformverbot, in § 16 Abs. 1 das Versammlungsverbot im Bannkreis und in § 17
Abs. 1 und Abs. 2 die Verbote der Passivbewaffnung und Vermummung.

6. Verhältnismäßigkeit, Ermessen und Anspruch auf Einschreiten

Im Versammlungsrecht geht es um Grundrechtsschutz, weil sich Demonstranten, 461
Gegendemonstranten und von Demonstrationen in ihren Grundrechten Betroffene
gegenüber Versammlungsbehörde und Polizei auf ihre Grundrechte berufen. Dieser
eingeforderte Grundrechtsschutz verlangt die Prüfung der Verhältnismäßigkeit der zu
treffenden Maßnahmen. Insoweit hat bei der Beurteilung von deren Rechtmäßigkeit
die Wahrung des Grundrechtsschutzes zusammen mit der Prüfung der Einhaltung des
Grundsatzes der Verhältnismäßigkeit zu erfolgen; nur so lässt sich der mit versammlungsbehördlichen bzw. polizeilichen Maßnahme verbundene Eingriff rechtfertigen.
Deshalb hängen die verfassungsrechtliche Grundrechtsbindung und die einfachgesetzlichen Verhältnismäßigkeits- und Ermessensregelungen zusammen und bedürfen der
gemeinsamen Prüfung.[630]

Wenn nun die Versammlungsgesetze in ihren Bestimmungen zu Verbot, beschrän- 462
kender Verfügung und Auflösung den zuständigen Behörden Ermessen einräumen, so
ist diesen damit kein Entscheidungsspielraum i.S. von Demonstrationsfreundlichkeit
bzw. -unfreundlichkeit eingeräumt, der es ihnen ermöglichte, trotz der vorliegenden
tatbestandlichen Voraussetzungen von einem Verbot usw. abzusehen. Wenn es um
den Schutz von Leben, Gesundheit und Freiheit von Teilnehmern oder Dritten oder
um den Schutz von Art. 8 GG für die Ausgangs- oder Gegendemonstration geht,
tritt Ermessenreduzierung auf Null ein und es besteht eine Handlungspflicht zum
Einschreiten.[631]

7. Zuständigkeiten

Das BVersG und auch die Versammlungsgesetze der Länder weisen keine Aufgaben 463
und ausdrücklich auch keine Zuständigkeiten an konkret benannte Behörden zu.
Wenn das BVersG von der zuständigen Behörde bzw. der Polizei spricht, **setzt es Zuständigkeiten voraus, lässt sie offen oder weist sie mit den Befugnissen konkludent
zu.**[632] Ein **System** ist dabei **nicht erkennbar.**[633]

---

630 *Kingreen/Poscher*, POR, § 10 Rn. 1 ff.
631 *Kingreen/Poscher*, POR, § 10 Rn. 41 ff und 46 ff.; *Ullrich*, VerwArch 2011, 383/399 ff.; *di
      Fabio*, VerwArch 1995, 214 ff.; *Dietlein*, DVBl 1991, 685 ff.; *Enders*, in: Schwier, S. 39 ff.
632 *Kniesel/Poscher*, Rn. 331.
633 *Kingreen/Poscher*, POR, § 19 Rn. 21.

464 Damit bleibt es bei den Zuständigkeiten, die in den Ländern nach Maßgabe der Polizei- bzw. Verwaltungsgesetze bestehen und durch Ausführungsgesetze bzw. Zuständigkeitsverordnungen konkretisiert werden (vgl. Teil V). Außer in den Ländern Berlin, Brandenburg und Nordrhein-Westfalen, wo die Kreispolizeibehörden Versammlungsbehörde sind, werden die **Ordnungsbehörden als Versammlungsbehörden** tätig; in Niedersachsen und Sachsen-Anhalt bestehen Sonderregelungen, als das Polizeipräsidium Hannover bzw. die Polizeidirektionen Halle und Magdeburg Versammlungsbehörde sind.

465 Die Zuständigkeiten der Versammlungsbehörden ergeben sich auf der Grundlage des BVersG aus § 14 für das Anmeldeverfahren, nach § 15 Abs. 1 und 2 bzw. Abs. 3 für Verbote und beschränkende Verfügungen und nach § 17a Abs. 3 Satz 2 für die Zulassung von Ausnahmen von den Verboten der Vermummung und Passivbewaffnung sowie nach § 17a Abs. 4 für Anordnungen zur Durchsetzung dieser Verbote.

466 Hinsichtlich der Auflösung von Versammlungen spricht § 15 Abs. 3 BVersG nicht ausdrücklich von der zuständigen Behörde, sondern es heißt »sie kann … auflösen«, womit der Gesetzgeber erkennbar Bezug auf § 15 Abs. 1 BVersG genommen hat. In der Versammlungspraxis liegt indes die Zuständigkeit für Verfügungen nach § 15 Abs. 3 BVersG bei der **Polizei im institutionellen Sinne**, also bei der Vollzugspolizei.[634] Dies ergibt sich aus sachlicher Notwendigkeit. Für eine dem Übermaßverbot gerecht werdende Auflösungsverfügung oder eine sie erübrigende beschränkende Verfügung ist die Kenntnis aller relevanten Tatsachen erforderlich. Das verlangt Anwesenheit am Ort des Geschehens und praktische Erfahrungen hinsichtlich der Konsequenzen bei der Durchsetzung solcher Verfügungen in bestimmten Einsatzkonstellationen. Verfügungs- und Durchsetzungskompetenz müssen im hochsensiblen Bereich öffentlicher Versammlungen und Demonstrationen unter freiem Himmel **in einer Hand** liegen, um Konflikte zu vermeiden, die dadurch entstehen, dass die Verfügungskompetenz durch ausbleibende oder inkonsequente Durchführung diskreditiert wird oder die Anordnungsbehörde nur noch Werkzeug der für die Durchführung allein verantwortlichen Polizei ist. Im Übrigen kann nichts anderes gelten als für die Auflösungskompetenz nach § 13, die das BVersG ausdrücklich der Polizei zugewiesen hat.

467 Die Zuständigkeit für Entscheidungen nach § 15 Abs. 3 ist in Hessen, Mecklenburg-Vorpommern und Rheinland-Pfalz insgesamt, in Sachsen-Anhalt in den Landkreisen und dem Stadtkreis Dessau-Roßlau der Ordnungsbehörde vorbehalten. Das sollte geändert werden.[635] In Bremen ist im Hinblick auf die Zuständigkeit der Polizei nur § 15 Abs. 1 genannt, was wohl ein Versehen ist.

468 Die neuen Versammlungsgesetze von Bayern, Niedersachsen, Sachsen und Schleswig-Holstein regeln die Rolle der Polizei bei Versammlungen neu und beschränken sie – mit Ausnahme von Sachsen – zu Gunsten der Versammlungsbehörden. Bei den Befugnisnormen ist von Polizei nur noch im Zusammenhang mit dem Anwesenheitsrecht und der Anfertigung von Bild- und Tonaufnahmen die Rede, ansonsten sind

---

634 *Ott/Wächtler/Heinhold*, § 15 Rn. 73.

635 Zu Möglichkeiten der Korrektur *Brenneisen*, DÖV 2000, 276.

die Ordnungsbehörden für das Versammlungswesen zuständig. Eine inkonsequente zeitliche Zäsur macht allerdings Niedersachsen, wenn es vor Beginn der Versammlung die Ordnungsbehörde und nach Beginn wieder die Polizei zur Versammlungsbehörde macht (§ 24 Abs. 1 Satz 1 ndsVersG). In Schleswig-Holstein sind die Ordnungsbehörden mit Ausnahme der Anfertigung von Individual- und Übersichtsaufnahmen durch die Polizei als Versammlungsbehörden zuständig; der Polizei verbleibt ansonsten nur eine Eilkompetenz (§ 27 Abs. 5 s-hVersFG). Bayern und Sachsen setzen in ihren Versammlungsgesetzen maßnahmenbezogen die Kreispolizeibehörden als Ordnungsbehörden oder den Polizeivollzugsdienst ohne zeitliche Zäsur als Entscheidungsträger ein (Art. 24 Abs. 1 bayVersG; § 32 Abs. 1 und 2 sächsVersG); die dort vorgesehene Doppelzuständigkeit für die Auflösung von Versammlungen unter freiem Himmel ist verfassungsrechtlich bedenklich und enthält im Einsatzgeschehen hohes Konfliktpotenzial zwischen den beiden zuständigen Entscheidungsträgern.[636]

Wenn nach Landesrecht die Ordnungsbehörde Versammlungsbehörde ist, kann der Polizeivollzugsdienst sich auf die versammlungsrechtliche Eilfallzuständigkeit stützen. Fehlt eine solche im Landesrecht, stellt sich die Frage, ob es im Versammlungsrecht eine allgemeine Eilfallzuständigkeit der Polizei gibt. Wo das nicht der Fall ist, könnte die Polizei auf der Grundlage des jeweiligen Polizeigesetzes nur einschreiten, wenn das Versammlungsgesetz des Landes hinsichtlich Eilmaßnahmen nicht abschließend wäre. Für das BVersG wird man davon nicht ausgehen können, zumal die Länder das Problem mit einer Zuständigkeitsregelung für den Eilfall aus der Welt schaffen könnten. 469

Die nach Landesrecht erforderliche Konkretisierung der Zuständigkeit kann auch in den der Polizei zugeordneten Ermächtigungen des BVersG – §§ 9 Abs. 2 Satz 3, 13, 18 Abs. 2 und Abs. 3, 19 Abs. 4, 29 Abs. 1 Nr. 6 und 7 – gefunden werden. Polizei i.S. dieser Regelungen ist die **Polizei im institutionellen Sinne**, also die **Vollzugspolizei**. Auch für die Entsendung von Polizeibeamten in öffentliche Versammlungen in geschlossenen Räumen ist die Polizei im institutionellen Sinne zuständig. 470

Nach Maßgabe der §§ 11 und 65 BPolG kann die Bundespolizei bei Versammlungen zur Unterstützung eingesetzt werden, was bei Großdemonstrationen unverzichtbar ist. Dabei handeln die Beamten der Bundespolizei genauso wie die Polizeibeamten aus anderen Bundesländern auf der Grundlage des Polizeigesetzes des Landes, in dem sie zum Einsatz kommen. Das gilt auch dann, wenn die Bundespolizei bei Demonstrationen gegen **Castor-Transporte** auf Bahngelände zum Einsatz kommt, für das sie als Bahnpolizei zuständig ist.[637] Auflösungsverfügungen gegen Blockaden auf Bahngleisen sind von der für den Gesamteinsatz zuständigen Behörde zu erlassen, weil die **Bahnpolizei keine Versammlungsbehörde** ist. 471

8. Kosten

Die Wahrnehmung der Versammlungsfreiheit als solche ist **gebührenfrei**. Bei Polizei und Versammlungsbehörden im Zusammenhang mit Versammlungen bzw. 472

---

636 Vgl. dazu *Kniesel*, Die Polizei 2018, 172/177 f.
637 *Martens*, Die Polizei 2010, 48/56.

Demonstrationen anfallende Kosten sind »**Demokratiekosten**« und deshalb aus Steuermitteln zu begleichen.[638] Deshalb regeln die neuen Versammlungsgesetze – Art. 26 bayVersG, § 25 ndsVersG, § 26 s-hVersFG –, dass Amtshandlungen auf der Grundlage des Versammlungsgesetzes kostenfrei sind. Das gilt auch dann, wenn Versammlungsbehörden **Auflagen** erlassen, um auf diese Weise eine Demonstration, die auf entgegenstehende Rechte Dritter trifft, mit diesen zu harmonisieren.[639]

III. Ergänzende polizeirechtliche und strafprozessuale Regelungen

1. Nichtöffentliche Versammlungen

473   Auf nichtöffentlichen Versammlungen in geschlossenen Räumen können die Polizeigesetze mit ihrer Generalklausel angewendet werden[640], allerdings mit der Maßgabe, dass dabei der **erhöhte Gefahrengrad** – unmittelbare Gefährdung – der Versammlungsgesetze zugrunde gelegt wird.[641]

2. Teilnehmerbezogene Maßnahmen vor, bei und nach Versammlungen

a) Vorfeldmaßnahmen

474   Auf die polizeiliche Generalklausel gestützte **Gefährderansprachen**[642] und **Meldeauflagen**[643] sollen verhindern, dass Gewalttäter an Demonstrationen teilnehmen. Dabei finden letztere auch als flankierende Maßnahme zur Passversagung bzw. Passbeschränkung auf der Grundlage der §§ 7 Abs. 1 Nr. 1, 7 Abs. 2 und 8 PassG und einer Beschränkung des Personalausweises gem. § 2 Abs. 2 PAuswG Anwendung.[644] Auch der **Rückführungsgewahrsam**[645], **Kontrollen im öffentlichen Raum und an eingerichteten Kontrollstellen** sowie dort ausgesprochene bzw. erfolgende Platzverweise, Aufenthaltsverbote, Durchsuchungen und Ingewahrsamnahmen nach Maßgabe der Polizeigesetze dienen dazu, die Friedlichkeit von Demonstrationen mit hohem Gewaltpotenzial zu sichern.

475   Meldeauflagen, mit denen die Teilnahme an einer Versammlung verhindert werden soll, sind deshalb problematisch, weil ihnen **keine Untersagung der Teilnahme zugrunde liegt**.[646] Anders als bei den Ausreiseverboten und -beschränkungen ist die Meldeauflage nicht flankierendes Mittel zur Durchsetzung einer vorausgegangenen Teilnahmeuntersagung – vergleichbar der Ingewahrsamnahme zur Durchsetzung

---

638 *Buchberger/Sailer*, LD, M, Rn. 166.

639 BVerfG, NVwZ 2008, 414 f.

640 Vgl. *Kniesel/Poscher*, Rn. 26 f.

641 Vgl. *Kniesel/Poscher*, Rn. 27.

642 Zur Gefährderansprache näher *Kniesel*, in: Freundesgabe für Schlink, 2014, S. 447 ff.; *Steinforth*, S. 77 f.; *Kreuter Kirchhof*, AöR 2014, 257 ff.

643 BVerwGE 129, 45 ff.

644 *Kingreen/Poscher*, POR, § 15 Rn. 1 ff.

645 *Brenneisen/Wilksen*, S. 464 f.

646 *Merk/Brenneisen*, Die Polizei 2015, 16/17 f.

eines Platzverweises in den Polizeigesetzen –, sondern sie **bewirkt** die Unmöglichkeit der Teilnahme **selbstständig**, ohne dass eine Untersagungsverfügung vorausgeht.

Deshalb sind die neuen Regelungen in § 10 Abs. 1 Satz 1 ndsVersG und § 14 Abs. 1 s-hVersG zu begrüßen, weil sie die **Befugnis zur Teilnahmeuntersagung vor Beginn** der Versammlung ermöglichen, allerdings ohne die Meldeauflage als Maßnahme zur Durchsetzung ebenfalls im Versammlungsgesetz zu regeln. | 476

Als besondere Form der **Vorfeldkontrolle** gegen potenzielle Teilnehmer kann eine Auflage, dass alle Teilnehmer sich vor Beginn der Versammlung durchsuchen lassen müssen, nicht auf § 15 Abs. 1 BVersG gestützt werden.[647] | 477

b) Maßnahmen während des Verlaufs

Bis zur Auflösungsverfügung durch die zuständige Behörde bzw. Beendigung der Versammlung durch den Leiter können beschränkende Verfügungen an den Leiter und die Gesamtheit oder einen Teil der Teilnehmer ergehen. Solche Auflagen sind schon der Anpassung an die Gefahrenprognose geschuldet; die Lageentwicklung kann dazu führen, dass die ursprünglichen Auflagen verschärft oder abgemildert werden müssen. | 478

Die während des Versammlungsverlaufs angeordnete einschließende Begleitung kann einen Eingriff in die Außenkommunikation enthalten.[648] Ein Eingriff in Art. 2 Abs. 2 GG ist solange zu verneinen, wie die begleiteten Demonstranten selber Marschrichtung und -tempo bestimmen können. | 479

Die Abtrennung von 943 Teilnehmern aus einem Aufzug mittels Einschließung dieser Personen durch Polizeiketten hat das BVerfG auf der Grundlage von § 163c Abs. 1 Satz 2 StPO für zulässig erachtet.[649] Es bejaht insoweit die Notwendigkeit eines auf den konkreten Versammlungsteilnehmer bezogenen Verdachts, was aber nicht ausschließe, auch gegen eine ganze Gruppe von Versammlungsteilnehmern vorzugehen, wenn sich aus deren Gesamtauftreten ein Verdacht auch gegenüber den einzelnen Mitgliedern der Gruppe ergibt und das Vorgehen die übrigen Versammlungsteilnehmer so weit wie möglich ausspart. Wenn dabei eine sehr geringe Zahl friedlicher Versammlungsteilnehmer durch die Einkesselung vom Rest der Versammlung ausgeschlossen und festgehalten wird, sei das rechtlich hinnehmbar, wenn die Polizei nach der Kesselbildung ohne Aufschub in Verhandlungen mit der Versammlungsleitung eintritt, um eine Fortsetzung des Aufzugs sowohl für den eingekesselten friedlichen Teil der Versammlung als auch für einzelne friedliche Teilnehmer in der eingeschlossenen Demonstrationsgruppe möglich zu machen. | 480

Einen Verstoß gegen das Grundrecht der Freiheit der Person aus Art. 2 Abs. 2 Satz 2 GG schloss das BVerfG aus. Zwar gebiete Art. 104 Abs. 2 Satz 2 GG für jede nicht | 481

---

647 BVerfG, NVwZ-RR 2010, 625/626; *Brenneisen/Wilksen/Staack/Petersen/Martins*, Die Polizei 2012, 121.
648 Vgl. dazu *Trurnit*, VBlBW 2015, 186 ff.; *Brenneisen/Staack*, Kriminalistik 2017, 91 ff.; *Krüger/van der Schoot*, NordÖR 2007, 276 ff.
649 BVerfG, BeckRS 2016, 55724; kit. dazu *Möllers*, JBÖS 2017, S. 157 ff.

auf richterlicher Anordnung beruhende Freiheitsentziehung, die richterliche Entscheidung unverzüglich nachzuholen. Unverzüglich bedeutet, dass die Entscheidung des Richters ohne jede nicht durch sachliche Gründe rechtfertigbare Verzögerung nachgeholt werden muss. Eine Ausnahme wird nur für den Fall anerkannt, dass die Erlangung der richterlichen Entscheidung länger dauern würde als die Feststellung der Identität selber. Diese Ausnahme sah das BVerfG als gegeben an, weil die Polizei 15 Video-Durchlassstellen einrichtete, die die Feststellung der Identität der 934 Personen in fünf Stunden ermöglichte.

482 Auf die Frage der Notwendigkeit der Ausschließung dieses Personenkreises nach § 19 Abs. 4 BVersG als zwingende Voraussetzung auch für eine auf die StPO gestützte Maßnahme ist das BVerfG nicht eingegangen, was damit erklärt werden könnte, dass die Polizei im Einvernehmen mit der Versammlungsbehörde nach der Abspaltung der 934 Personen vom Restaufzug die Ausschließung dieser Personen von der Versammlung anordnete.

c) Maßnahmen nach Versammlungen

aa) Allgemeines

483 Nach einer Versammlung besteht ein **Restgrundrechtsschutz** für die Nachphase. Einfachgesetzlich hat sich das in den §§ 18 Abs. 1, 13 Abs. 2 BVersG und den entsprechenden Bestimmungen[650] in den Landesversammlungsgesetzen niedergeschlagen. Positiv gewendet beinhaltet die Entfernungspflicht das Recht der bisherigen Teilnehmer, **den Versammlungsort** nach der Auflösung **ungehindert verlassen zu können;** dafür ist bei größeren Versammlungen ein **angemessener Zeitraum** zuzubilligen.[651]

484 In der Abzugsphase kann sich die Notwendigkeit ergeben, gegenüber einzelnen Personen, Personengruppen, aber auch allen abströmenden Betroffenen einen Platzverweis dergestalt zu erteilen, dass der Vorgang der Zerstreuung **in einer bestimmten Richtung** zu erfolgen hat. Wenn sich die Personen zwar vom Versammlungsort entfernen, sich aber nicht zerstreuen, sondern in Bewegung zusammenbleiben, so kann eine auf die polizeigesetzliche Generalklausel gestützte **Zerstreuungsverfügung** ergehen.[652]

485 Eine Auflösung kann aus polizeitaktischen Erfordernissen **von vornherein** mit der Intention verfügt werden, die Teilnehmer am Ort mittels Einschließung festzuhalten. Dies kann als **Übergangsmaßnahme** erforderlich sein, um die Zerstreuung der Personen geordnet und zeitversetzt zu organisieren. Eine Einschließung kann auch dem **Schutz vor gewalttätigen Gegendemonstranten** dienen. In der Regel geht es aber darum, **Personen, die** aus der Menge der Teilnehmer **Straftaten begangen haben, zu identifizieren oder die weitere Begehung von Straftaten** durch diese Personen an anderer Stelle, wo keine ausreichenden Polizeikräfte vorhanden sind, **zu verhindern.**

---

650 §§ 8 Abs. 2 Satz 3, 14 Abs. 2 S. 3 ndsVersG; §§ 13 Abs. 7, 20 Abs. 5 s-hVersFG.
651 *Wefelmeier*, WM, § 8 Rn. 42.
652 *Schenke*, Rn. 375; vgl. auch KG Berlin, NVwZ 2000, 468 ff.

Die **Kombination** der Auflösungsverfügung mit dem nahezu zeitgleichen Festhalten 486
der Personen am Ort in Gestalt der **Einschließung** widerspricht dem Zweck der Auflösung, die Menschenmenge zu zerstreuen, vereitelt ihr Recht, sich in angemessener
Zeit ungehindert entfernen zu können und kann deshalb gegen das durch Art. 8
Abs. 1 GG geschützte **Recht auf freien Abzug** verstoßen.[653] Deshalb kommt eine
unmittelbar nach der Auflösung erfolgende Einschließung **nur in Ausnahmefällen**
zum Schutz hochrangiger Rechtsgüter bei gesicherter Gefahrenprognose in Betracht,
wenn Gefahren für die öffentliche Sicherheit gerade dadurch entstehen, dass die Eingeschlossenen sich entfernen können.[654]

bb) Rechtsgrundlagen

aaa) Ingewahrsamnahme

Als Befugnisnorm für eine präventive Einschließung kommt nur die Bestimmung des 487
einschlägigen Polizeigesetzes zur **Ingewahrsamnahme** in Betracht.[655] Es müssen also
alle formellen und materiellen Voraussetzungen vorliegen, insbesondere der Grundsatz der **Verhältnismäßigkeit** beachtet werden, der seinerseits von der Polizei **organisatorische Vorkehrungen** und eine **zeitnahe Abwicklung** fordert.[656]

bbb) Sammelfestnahme, -identitätsfeststellung

Denkbar ist eine **repressive** Einschließung mit freiheitsentziehender Wirkung auf der 488
Grundlage von § 127 Abs. 1 und 2 StPO[657] bzw. nach § 163b Abs. 1 und 2 StPO.
Eine solche Vorgehensweise ist problematisch, weil bei allen betroffenen Personen ein
Anfangsverdacht nach § 152 Abs. 2 StPO gegeben sein muss; eine Sammelfestnahme
wäre also einsatztaktisch so durchzuführen, dass ausschließlich Beschuldigte betroffen
wären.[658] Berücksichtigt man dabei, dass eine Einschließung von Nichtverdächtigen
zwecks Festnahme von Verdächtigen unzulässig wäre[659], wird eine solche Sammelfestnahme nach § 127 Abs. 1 und 2 StPO nicht in Betracht kommen, da es kein realisti-
sches Einsatzszenario ist, dass *alle* Teilnehmer einer Versammlung Straftaten begangen
haben. Bei einer Sammelidentitätsfeststellung hat das BVerfG allerdings auf die Notwendigkeit eines auf den konkreten Versammlungteilnehmer bezogenen Verdachts
verzichtet, wenn sich aus dem Gesamtauftreten der ganzen Gruppe ein Verdacht auch
gegen die einzelnen Mitglieder der Gruppe ergibt.[660]

---

653 *Hermanns/Hönig*, Nds VBl 2002, 201/205; *Brenneisen/Wilksen*, S. 350 f.; *Wefelmeier*, WM,
     § 8 Rn. 42.
654 *Breitbach/Deiseroth/Rühl*, RBRS, § 15 Rn. 307; vgl. auch EGMR, NVwZ-RR 2013, 785 ff.
655 *Trurnit*, VBlBW 2015, 186/189.
656 *Trurnit*, VBlBW 2015, 186/190 f.
657 *Trurnit*, VBlBW 2015, 186/191 f.
658 *Trurnit*, VBlBW 2015, 186/192.
659 *Trurnit*, VBlBW 2015, 186/192.
660 BVerfG, BeckRS 2016, 55724; *Muckel*, JA 2017, 314 ff.

489 Sollte das aber der Fall sein, stellt sich die Frage, ob einer **Sammelfestnahme eine Auflösungsverfügung vorausgehen muss**, wie es bei einer präventiven Einschließung zwingend geboten ist. Hier wird überwiegend die Auffassung vertreten, dass eine StPO-Festigkeit nicht besteht, also während einer Versammlung Maßnahmen unmittelbar auf der Grundlage der StPO erfolgen können.[661] Das kann aber nur gelten, wenn es sich um Straftaten handelt, die nicht im Schutzbereich von Art. 8 Abs. 1 GG liegen können. Handelt es sich dagegen um eine demonstrative Aktion – etwa in Form einer Sitzblockade –, die im Schutzbereich liegt, hat vor einer strafprozessualen Maßnahme eine Auflösungsverfügung zu erfolgen.[662]

---

661 *Brenneisen/Wilksen*, S. 453; *Ullrich*, S. 385 f.; *Knape*, Die Polizei 2008, 100; *Trurnit*, VBlBW 2015, 186/191; *Meßmann*, JuS 2007, 524/526; *Dörr*, VerwArch 2002, 485/503; die Frage der Sperrwirkung offen lassend OVG Münster, NVwZ 2001, 1315/1316; dagegen OLG München, NJW-RR 1997, 279.
662 VG Stuttgart, BeckRS 2014, 57876; VG Karlsruhe, BeckRS 2015, 49208; *Dürig-Friedl*, DE, § 15 Rn. 24.

Teil II Gesetz über Versammlungen und Aufzüge (Versammlungsgesetz)

Abschnitt I Allgemeines

§ 1 [Versammlungsfreiheit]

(1) Jedermann hat das Recht, öffentliche Versammlungen und Aufzüge zu veranstalten und an solchen Veranstaltungen teilzunehmen.

(2) Dieses Recht hat nicht,

1. wer das Grundrecht der Versammlungsfreiheit gemäß Art. 18 des Grundgesetzes verwirkt hat,
2. wer mit der Durchführung oder Teilnahme an einer solchen Veranstaltung die Ziele einer nach Art. 21 Abs. 2 des Grundgesetzes für verfassungswidrig erklärten Partei oder Teil- oder Ersatzorganisation einer Partei fördern will,
3. eine Partei, die nach Art. 21 Abs. 2 des Grundgesetzes durch das Bundesverfassungsgericht für verfassungswidrig erklärt worden ist, oder
4. eine Vereinigung, die nach Art. 9 Abs. 2 des Grundgesetzes verboten ist.

I. Versammlungsfreiheit

1. § 1 Abs. 1

a) Bedeutung

1   Als **zentrale Bestimmung** des Abschnitts I konkretisiert § 1 Abs. 1 das Grundrecht aus Art. 8 Abs. 1 GG auf der Ebene des einfachen Gesetzes und verdeutlicht damit, dass das Versammlungsgesetz **nicht nur ein Vorbehaltsgesetz** i.S. von Art. 8 Abs. 2 GG, sondern **auch ein Ausführungsgesetz** zu Art. 8 Abs. 1 GG ist.

b) Jedermannsrecht

2   Das Versammlungsrecht wird in § 1 Abs. 1 nicht nur Deutschen, sondern **jedermann** garantiert. Wie in Art. 11 EMRK und in den Verfassungen von zehn Bundesländern[1] wird das Versammlungsrecht vom Staatsbürgerrecht zum Menschenrecht erweitert und hat damit **für Ausländer konstitutive Bedeutung** als subjektives öffentliches Recht.

3   Eingriffe bedürfen einer versammlungsgesetzlichen Ermächtigung, weil die Versammlungsgesetze auch für Ausländer gegenüber den Polizeigesetzen Spezialregelungen sind. Bedeutsam ist aber, dass Art. 16 EMRK **Beschränkungen der politischen Betätigung auch bei Wahrnehmung des Versammlungsrechts** zulässt, was in § 47 AufenthG konkretisiert wird. Diese Bestimmung erlaubt den Ausländerbehörden, die politische Betätigung von Ausländern unter den dort genannten Voraussetzungen zu beschränken oder zu untersagen.

4   Auch nicht-rechtsfähige Personengruppen können Träger des Versammlungsrechts sein, insbesondere wenn Parteien, Gewerkschaften oder politische Vereinigungen es

---

1 Bayern Art. 113; Berlin Art. 18; Brandenburg Art. 23; Bremen Art. 16; Hessen Art. 14; Rheinland-Pfalz Art. 12; Saarland Art. 6; Sachsen Art. 23; Sachsen-Anhalt Art. 12; Thüringen Art. 10.

geltend machen.[2] Seinem Inhalt nach wird das Versammlungsrecht von juristischen Personen oder Personenvereinigungen regelmäßig als Veranstaltungsrecht in Anspruch genommen. Es ist jedoch auch denkbar, dass eine juristische Person oder eine Personenvereinigung als Teilnehmergruppe auftritt, die das Teilnehmerrecht nicht nur individuell durch ihre Glieder, sondern als Sozialverband kollektiv geltend macht.[3]

c) Veranstaltungs- und Teilnehmerfreiheit

§ 1 Abs. 1 garantiert ausdrücklich das in Art. 8 Abs. 1 GG nicht genannte **Recht zur** **Veranstaltung** und verdeutlicht damit, das die Versammlungsfreiheit nicht nur die des Teilnehmers, sondern auch die des Veranstalters ist. Das **Veranstaltungsrecht ist** **selbstständiges Grundrecht**, das sich nicht in einer dienenden Funktion für die Teilnehmer erschöpft, sondern dem Veranstalter auch die Gestaltungsfreiheit für seine Versammlung garantiert (vgl. Teil I, Rdn. 228 ff.). 5

d) Versammlungsbegriff

aa) Verfassungsrechtlicher und versammlungsgesetzlicher Versammlungsbegriff

Was eine Versammlung ausmacht, ist im **Versammlungsrecht grundsätzlich nicht an-** **ders zu beurteilen als nach Maßgabe von Art. 8 Abs. 1 GG**. Es geht zunächst um die Zusammenkunft von mindestens zwei Personen zur Verfolgung eines gemeinsamen Zwecks. Dieser kann nach dem weiten Versammlungsbegriff jeden Inhalt haben, während der verengte Versammlungsbegriff die gemeinsame Meinungsbildung und -äußerung in beliebigen Angelegenheiten und der enge in öffentlichen voraussetzt[4] (vgl. Teil I, Rdn. 88 ff.). 6

Das BVersG **ist in § 1 Abs. 1 offensichtlich von einem weiten Versammlungsbegriff** **ausgegangen**, wenn es als Versammeln einfach das erfassen will, was traditionell und gemeinhin als Versammlung gilt und deshalb auch Gottesdienste, Prozessionen, Bittgänge und Wallfahrten, Leichenbegängnisse, Hochzeitszüge und Volksfeste als Versammlungen ansieht, um diese alsdann in § 17 von bestimmten versammlungsgesetzlichen Anforderungen freizustellen.[5] 7

Deshalb kann bis auf die Länder Bayern, Niedersachsen und Schleswig-Holstein, die in ihren Versammlungsgesetzen den verengten Versammlungsbegriff des BVerfG[6] festgeschrieben haben, ein weiter Versammlungsbegriff für das Versammlungsgeschehen zugrunde gelegt werden, da die Entscheidung des BVerfG **keine Bindungswirkung** **nach § 31 Abs. 1 BVerfG** hat (vgl. Teil I, Rdn. 109 ff.) 8

---

2 VGH München, NJW 1984, 2116.
3 *Ott/Wächter/Heinhold*, § 1 Rn. 74.
4 *Kingreen/Poscher*, POR, § 19 Rn. 7 ff.
5 *Kingreen/Poscher*, POR, § 19 Rn. 19; *Ullrich*, S. 389 f.; a.A. *Enders*, Jura 2003, 1431/1432.
6 BVerfGE 104, 92, Leitsatz 2.

bb) Öffentliche und nichtöffentliche Versammlungen

9 Das BVersG erfasst wie Art. 8 Abs. 1 GG auch **nichtöffentliche Versammlungen** und enthält mit dem Uniformverbot des § 3 eine punktuelle Regelung für nichtöffentliche Versammlungen. Gleichwohl ist sein Versammlungsbegriff enger als der verfassungsrechtliche, als es **nur für öffentliche Versammlungen ein differenziertes Eingriffsinstrumentarium vorhält.**[7]

cc) Versammlungen und Aufzüge

10 Der Versammlungsbegriff des BVersG **schließt den Aufzug ein.**[8] Wenn das BVersG einerseits in §§ 1 Abs. 1 und 14 den Aufzug neben die stationäre Versammlung stellt und andererseits den Aufzug als selbstverständlich vom Begriff der Versammlung in § 3 Abs. 1 mit erfasst sieht, so ist das ohne Bedeutung. Mit der besonderen Erwähnung der Aufzüge will es deutlich machen, dass mit diesen wegen ihres **dynamischen** Charakters zwangsläufig Auswirkungen auf Rechte Dritter verbunden sind.

11 Aufzüge sind sich fortbewegende Demonstrationen unter freiem Himmel. Wesentliche Eigenschaft des Aufzuges gegenüber der **stationären** Versammlung ist die **Fortbewegung** mit dem Ziel, **durch den laufenden Ortswechsel einen größeren Personenkreis mit der demonstrativen Aussage konfrontieren zu können.**

12 Ein Aufzug muss nicht ständig in Bewegung sein; das Formieren am Aufstellungsort, Halte bei Verkehrsstockungen und Pausen ändern nichts am Aufzugscharakter. Möglich sind auch **Mischformen**, wenn etwa der Aufzug von kürzeren ortsfesten Kundgebungen unterbrochen wird. Eine **Abschlusskundgebung** am Zielort gehört indes nicht mehr zum Aufzug, sondern ist **selbstständige Versammlung.** Auch der Aufzug muss **öffentlich** sein, d.h. jedermann muss sich ihm anschließen können, was im öffentlichen Verkehrsraum regelmäßig gegeben ist.

dd) Versammlungen und Demonstrationen

13 Der Versammlungsbegriff des BVersG erfasst sowohl Versammlungen als **Diskussionsveranstaltungen** als auch Versammlungen als kollektive Meinungskundgaben, die **als Demonstration Unterfall der Versammlung** sind.

ee) Sonderfall: Versammlung in einer Versammlung

14 Wenn sich in einer Versammlung oder Demonstration eine Gruppe von Teilnehmern von den übrigen erkennbar dadurch abgrenzt, dass eigene Ziele verfolgt werden[9], wird eine eigenständige Versammlung regelmäßig daran scheitern, dass der Bezug zur ursprünglichen Versammlung **nicht aufgegeben wird.** Deshalb bleiben für das BVersG auch die **Personen, die den Zielen einer Versammlung kritisch gegenüberstehen** und das auch zum Ausdruck bringen, **Teilnehmer der Versammlung.**

---

7 *Enders*, Jura 2003, 34/40.
8 *Ullrich*, S. 389.
9 *Broß*, DVBl 1981, 208/212.

Denkbar ist eine **Versammlung in einer Versammlung** bei Großdemonstrationen mit 15
einer Vielzahl von Veranstaltern[10] oder einem schwarzen Block von Autonomen am
Ende eines Aufzuges. Auch beim Auftreten von Aktivisten der Rebel Clown Army[11]
kann das dann bejaht werden, wenn diese **ohne erkennbaren Bezug zur eigentlichen
Demonstration** zwischen den Fronten agieren.

ff) Teilnehmerzahl

§ 1 Abs. 1 BVersG schweigt sich über die erforderliche Anzahl von Personen für das 16
Vorliegen einer Versammlung aus. Wie beim verfassungsrechtlichen Versammlungsbegriff reichen **zwei** Personen aus (vgl. Teil I, Rdn. 66 ff.), weil auch ihre Kommunikation des besonderen Schutzes durch Art. 8 Abs. 1 GG bedarf und dem BVersG nicht
zu entnehmen ist, dass es eine größere Anzahl von Personen für erforderlich hielt.[12]

2. Landesregelungen

a) Bayern

Art. 1 Grundsatz 17

*(1) Jedermann hat das Recht, sich friedlich und ohne Waffen öffentlich mit anderen zu
versammeln.*

Art. 2 Begriffsbestimmungen, Anwendungsbereich

*(1) Eine Versammlung ist eine Zusammenkunft von mindestens zwei Personen zur
gemeinschaftlichen, überwiegend auf die Teilhabe an der öffentlichen Meinungsbildung
gerichteten Erörterung oder Kundgebung.*

*(2) Eine Versammlung ist öffentlich, wenn die Teilnahme nicht auf einen individuell
feststehenden Personenkreis beschränkt ist.*

(3) Soweit nichts anderes bestimmt ist, gilt das Gesetz nur für öffentliche Versammlungen.

aa) Art. 1 Abs. 1

Inhaltlich ergeben sich gegenüber § 1 Abs. 1 BVersG **keine Abweichungen.** Die bei- 18
den Bestimmungen unterscheiden sich lediglich in der Ausformulierung, wenn Art. 1
Abs. 1 ausdrücklich die unmittelbaren Gewährleistungsschranken friedlich und ohne
Waffen aus Art. 8 Abs. 1 GG übernimmt, dagegen Aufzüge und auch das Veranstaltungsrecht nicht erwähnt.

bb) Art. 2 Abs. 1

Die Bestimmung übernimmt den **engeren Versammlungsbegriff des BVerfG** und 19
präzisiert ihn in zweierlei Hinsicht. Es reichen **zwei** Personen aus und mit der

---

10 *Ott/Wächter/Heinhold*, § 1 Rn. 68.
11 *Zenker*, Die Streife 2009, 12 ff.
12 *Schulze-Fielitz*, DR, Art. 8 Rn. 58 geht ohne Begründung von drei Personen aus.

Formulierung, dass die Zusammenkunft **überwiegend** auf die Teilhabe an der öffentlichen Meinungsbildung gerichtet sein muss, soll im Hinblick auf die Rechtsprechung des BVerfG[13] die Abgrenzung von Versammlungen gegenüber Spaß-, Musik- und Tanzveranstaltungen erleichtern.

20 Die Absätze 2 und 3 befassen sich mit **öffentlichen** Versammlungen; Abs. 2 definiert die Öffentlichkeit i.S. von § 1 Abs. 1 BVersG und Abs. 3 lässt mit der Formulierung, dass das Gesetz, solange nichts anderes bestimmt ist, nur für öffentliche Versammlungen gilt, grundsätzlich den Rückgriff auf das bayPAG für nichtöffentliche Versammlungen zu.

b) Niedersachsen

21 *§ 1 Grundsatz*

(1) Jedermann hat das Recht, sich friedlich und ohne Waffen mit anderen Personen zu versammeln.

(2) Dieses Recht hat nicht, wer das Grundrecht der Versammlungsfreiheit gemäß Art. 18 des Grundgesetzes verwirkt hat.

§ 2 Versammlungsbegriff

Eine Versammlung im Sinne dieses Gesetzes ist eine ortsfeste oder sich fortbewegende Zusammenkunft von mindestens zwei Personen zur gemeinschaftlichen, auf die Teilhabe an der öffentlichen Meinungsbildung gerichteten Erörterung oder Kundgebung.

aa) § 1 Abs. 1

22 Hervorzuhebende **Besonderheit** der Regelung ist, dass sie im Gegensatz zu § 1 Abs. 1 BVersG und anderen Versammlungsgesetzen der Länder **auf den Zusatz »öffentlich« verzichtet** und damit Art. 8 Abs. 2 GG folgend **keine Unterscheidung zwischen öffentlichen und nichtöffentlichen Versammlungen** macht. In Niedersachsen gelten **für alle Versammlungen nur die Eingriffsbefugnisse des ndsVersG**, womit sich in diesem Bundesland die Streitfrage erledigt hat, ob Eingriffe bei nichtöffentlichen Versammlungen auf das ndsSOG gestützt werden können.[14]

23 Im Übrigen sind Abweichungen von § 1 Abs. 1 BVersG nicht inhaltlicher Natur. § 1 Abs. 1 ndsVersG übernimmt von Art. 8 Abs. 1 GG die unmittelbaren Gewährleistungsschranken, erwähnt dagegen das Veranstaltungsrecht nicht. Dieses gilt aber selbstverständlich auch in Niedersachsen, weil es von § 1 Abs. 1 vorausgesetzt wird.

bb) § 2

24 Niedersachsen hat mit dieser Bestimmung den engeren **Versammlungsbegriff des BVersG festgeschrieben** und auch die Teilnehmerzahl mit mindestens **zwei** Personen präzisiert.

---

13 BVerfG, NJW 2001, 2459/2460; dazu auch BVerwG, NVwZ 2007, 1431/1432.
14 *Miller*, WM, § 2 Rn. 4.

Die Unterscheidung in »ortsfest oder sich fortbewegend« hat nur eine **klarstellende** 25
Funktion. Eine Einschränkung gegenüber § 1 Abs. 1 BVersG, der ja ausdrücklich
zwischen Versammlungen und Aufzügen differenziert, soll damit nicht verbunden
sein, sondern nur verdeutlichen, dass dem ndsVersG ein **einheitlicher Versammlungsbegriff** zugrunde liegt.[15] Der Sinn der Unterscheidung zwischen Versammlungen und
Aufzügen, der darin besteht, sich den gebotenen Blick für das besondere in der Fortbewegung liegende Gefährdungspotenzial von Aufzügen zu bewahren, wird in Niedersachsen mit der attributiven Unterscheidung von **ortsfesten oder sich fortbewegenden**
Versammlungen beibehalten. Die neue Differenzierung hat zudem den Vorteil, dass
sie mit Bezug auf eine Örtlichkeit **virtuelle Zusammenkünfte** ausschließt.[16]

c) Sachsen

§ 1 sächsVersG 26

*(1) Jedermann hat das Recht, öffentliche Versammlungen und Aufzüge zu veranstalten
und an solchen Veranstaltungen teilzunehmen.*

(2) Dieses Recht hat nicht,
*1. wer das Grundrecht auf Versammlungsfreiheit gemäß Artikel 18 des Grundgesetzes
verwirkt hat,*
*2. wer mit der Durchführung oder Teilnahme an einer solchen Veranstaltung die Ziele
einer nach Artikel 21 Abs. 2 des Grundgesetzes durch das Bundesverfassungsgericht
für verfassungswidrig erklärten Partei oder Teil- oder Ersatzorganisation einer Partei fördern will,*
*3. eine Partei, die nach Artikel 21 Abs. 2 des Grundgesetzes durch das Bundesver-
fassungsgericht für verfassungswidrig erklärt worden ist, oder*
4. eine Vereinigung, die nach Artikel 9 Abs. 2 des Grundgesetzes verboten ist.

*(3) Versammlung im Sinne dieses Gesetzes ist eine örtliche Zusammenkunft von min-
destens zwei Personen zur gemeinschaftlichen, überwiegend auf die Teilhabe an der
öffentlichen Meinungsbildung gerichteten Erörterung oder Kundgebung. Aufzug ist eine
sich fortbewegende Versammlung.*

*(4) Eine Versammlung ist öffentlich, wenn die Teilnahme nicht auf einen individuell
bestimmten Personenkreis beschränkt ist.*

§ 1 Abs. 1 entspricht § 1 Abs. 1 BVersG. In Abs. 3 ist der engere Versammlungsbegriff 27
des BVersG festgeschrieben worden. Abs. 4 grenzt die öffentliche von der nichtöffentlichen Versammlung dergestalt ab, dass eine öffentliche nur dann zu bejahen ist, wenn
die Teilnahme jedermann möglich ist.

d) Sachsen-Anhalt

§ 1 Abs. 1 entspricht § 1 Abs. 1 BVersG. 28

---

15 *Miller*, WM, § 2 Rn. 8.
16 *Miller*, WM, § 2 Rn. 8.

e) Schleswig-Holstein

29   *§ 1 Versammlungsfreiheit*

(1) Jede Person hat das Recht, sich ohne Anmeldung oder Erlaubnis friedlich und ohne Waffen mit anderen zu versammeln und Versammlungen zu veranstalten.

(2) Dieses Recht hat nicht, wer das Grundrecht der Versammlungsfreiheit gemäß Art. 18 des Grundgesetzes verwirkt hat.

§ 2 Begriff der öffentlichen Versammlung

(1) Versammlung im Sinne dieses Gesetzes ist eine örtliche Zusammenkunft von mindestens drei Personen zur gemeinschaftlichen, überwiegend auf die Teilhabe an der öffentlichen Meinungsbildung gerichteten Erörterung oder Kundgebung. Aufzug ist eine sich fortbewegende Versammlung.

(2) Eine Versammlung ist öffentlich, wenn die Teilnahme nicht auf einen individuell bestimmten Personenkreis beschränkt ist oder die Versammlung auf eine Kundgebung an die Öffentlichkeit in ihrem räumlichen Umfeld gerichtet ist.

(3) Soweit nichts anderes bestimmt ist, gilt dieses Gesetz sowohl für öffentliche als auch für nichtöffentliche Versammlungen.

aa) § 1 Abs. 1

30   Die Bestimmung **übernimmt** aus dem Grundrechtstatbestand des Art. 8 Abs. 1 GG das **Verbot einer Anmelde- oder Erlaubnispflicht** und die verfassungsunmittelbaren Gewährleistungsschranken der **Friedlichkeit und Waffenlosigkeit.**

31   § 1 Abs. 1 verzichtet – wie auch § 1 Abs. 1 ndsVersG – auf den Zusatz *öffentlich* und macht damit Art. 8 Abs. 1 GG folgend **keinen Unterschied zwischen öffentlichen und nichtöffentlichen Versammlungen**, sodass für alle Versammlungen nur die Eingriffsbefugnisse dieses Gesetzes anwendbar sind; zugleich hat sich auf diese Weise die Streitfrage erledigt, ob Eingriffe bei nichtöffentlichen Versammlungen auf das s-hLVwG gestützt werden können.

bb) § 2

32   Auch Schleswig-Holstein hat den **engeren Versammlungsbegriff** des BVerfG **festgeschrieben.** Es hält dabei in der Begriffsbestimmung für das Zustandekommen einer Versammlung **drei** Personen für erforderlich.

33   Mit der Definition des Aufzugs als sich fortbewegende Versammlung in § 2 Abs. 1 Satz 2 hat der Gesetzgeber zum Ausdruck gebracht, dass er von einem **einheitlichen Versammlungsbegriff** ausgeht.

34   Auch in der Begriffsbestimmung der Versammlung verzichtet Abs. 1 wie schon § 1 Abs. 1 auf das Erfordernis der Öffentlichkeit, definiert dann aber in Abs. 2 dennoch den Begriff der Öffentlichkeit und ordnet in Abs. 3 die Geltung des Gesetzes sowohl für öffentliche als auch nichtöffentliche Versammlungen an. Auch damit kommt

zum Ausdruck, dass dem Gesetz ein **insgesamt einheitlicher Versammlungsbegriff** zugrunde liegt.

II. Ausschlussgründe

1. § 1 Abs. 2

a) Grundrechtsverwirkung, Abs. 2 Nr. 1

Verwirkung i.S. von Art. 18 GG bedeutet nicht wie der Verwirkungsgedanke des Zi- 35 vil- und Verwaltungsrechts, dass ein Recht nicht mehr ausgeübt werden kann.[17] Die **Verwirkung** nach Art. 18 GG spricht das Grundrecht nicht ab, der Betroffene geht seines Grundrechts nicht verlustig; er kann sich nur **nicht mehr darauf berufen.**[18] Es geht also nicht um den Verlust des Grundrechts, sondern um das **Verbot seiner Ausübung.**[19] Der Betroffene wird nicht grundrechtslos, weil vom jeweiligen Grundrecht noch etwas übrig bleiben muss; eine Vollverwirkung wäre mit der Unveräußerlichkeit der Grundrechte und der Bindung aller Staatsgewalt an die Verfassung unvereinbar.[20]

Für das in Art. 18 GG genannte Grundrecht der Versammlungsfreiheit hätte eine Ver- 36 wirkung demnach kein Verbot der Mitwirkung an Versammlungen als Veranstalter, Leiter oder Teilnahme zur Folge. Das BVerfG kann aber gem. Art. 18 Satz 2 GG das **Ausmaß der Verwirkung festlegen,** indem es nach Art und Dauer genau bezeichnete **Beschränkungen auf der Grundlage von § 39 Abs. 1 Satz 3 BVerfGG** auferlegt. Diese können so aussehen, dass dem Betroffenen ausdrücklich die **Veranstaltung oder Leitung** von Versammlungen oder die **Teilnahme** an ihnen **untersagt wird.**[21] Möglich sind auch Befristungen und partielle Untersagungen, etwa für politische Versammlungen. Bei Nichtbeachtung dieser Beschränkungen können Versammlungsbehörden und Polizei **unmittelbar Maßnahmen** gegen die Betroffenen richten, weil für ein Einschreiten **nach § 39 Abs. 1 Satz 4 BVerfGG keine weitere gesetzliche Grundlage erforderlich ist.**[22]

Die Verwirkungsfeststellung des BVerfG hat **konstitutive** Wirkung. Solange aber das 37 Gericht die Verwirkung nicht ausgesprochen hat, erzeugt Art. 18 GG eine **Sperrwirkung** dergestalt, dass die Person, die für verfassungsfeindlich gehalten wird, zwar polizeilich bekämpft, ihre Grundrechtsbetätigung aber nicht beschränkt werden darf.[23]

Für Ausländer ist die Verwirkungsfeststellung durch das BVerfG nicht erforderlich, 38 weil das Grundrecht des Art. 8 Abs. 1 GG für diesen Personenkreis nicht gewährleistet ist. Ihr durch Art. 11 Abs. 1 EMRK garantiertes Versammlungsrecht kann nach

---

17 *Pagenkopf*, SA, Art. 18 Rn. 13; *Dürig/Klein*, MD, Art. 18 Rn. 22.
18 *Pagenkopf*, SA, Art. 18 Rn. 13; *Dürig/Klein*, MD, Art. 18 Rn. 69.
19 *Pagenkopf*, SA, Art. 8 Rn. 13.
20 *Gusy*, AK GG, Art. 18 Rn. 21.
21 *Ott/Wächter/Heinhold*, § 1 Rn. 80.
22 *Jarass*, JP, Art. 8 Rn. 7; *Ott/Wächter/Heinhold*, § 1 Rn. 81.
23 BVerfG, NJW 2001, 2077; VGH Mannheim, VwBlBW 2002, 383/386.

Art. 11 Abs. 2 EMRK eingeschränkt werden, wobei Art. 17 EMRK eine Art. 18 GG inhaltlich vergleichbare Vorgabe enthält.[24]

b) Förderung einer verfassungswidrigen Partei, Abs. 2 Nr. 2

39 Voraussetzung für einen Ausschluss nach Nr. 2 ist ein Verbot des BVerfG nach Art. 21 Abs. 2 GG. Das Verbot, die Ziele einer gem. Art. 21 Abs. 2 GG für verfassungswidrig erklärten Partei oder Teil- oder Ersatzorganisation zu fördern, folgt aus § 84 Abs. 3 Satz 1 StGB, der seine verfassungsrechtliche Legitimation in Art. 21 Abs. 3 GG findet.[25]

40 Die Regelung in § 1 Abs. 2 Nr. 2 **verstößt gegen das aus dem Rechtsstaatsprinzip abgeleitete Bestimmtheitsgebot;** die Betroffenen können nicht zuverlässig erkennen, wann eine Förderungshandlung vorliegt und können deshalb ihr Verhalten nicht entsprechend ausrichten.[26] Zudem führt § 1 Abs. 2 Nr. 2 zu einer **partiellen Grundrechtsverwirkung** und unterläuft die Sperrwirkung des Art. 21 Abs. 2 GG, wonach nur das BVerfG über die Verfassungsmäßigkeit einer Partei entscheidet. Auch das Monopol des BVerfG zur Feststellung der Grundrechtsverwirkung darf nicht durch Tatbestände relativiert werden, deren Rechtsfolge einer Grundrechtsverwirkung gleichkommt.[27] Die Regelung ist mit der Verfassung nicht vereinbar.

c) Verfassungswidrige Partei, Abs. 2 Nr. 3

41 Art. 8 Abs. 1 GG gilt nicht für Parteien, die vom BVerfG nach Art. 21 Abs. 2 GG **für verfassungswidrig befunden** worden sind. Mit der Feststellung der Verfassungswidrigkeit verliert die Partei die Fähigkeit, Zuordnungssubjekt von Grundrechten zu sein. Solange das BVerfG ein Parteiverbot **nicht** ausgesprochen hat, erzeugt Art. 21 Abs. 2 GG eine **Sperrwirkung.** Eine für verfassungsfeindlich eingestufte Partei kann zwar politisch bekämpft werden, ihre Grundrechtsausübung aber wegen dieser Einstufung nicht unterbunden werden.[28]

42 Der von Versammlungsbehörden und Gerichten im Zusammenhang mit von rechtsextremistischen Gruppierungen initiierten Versammlungen und Demonstrationen bemühte Begriff der Verfassungsfeindlichkeit, die sich in einem Bekenntnis zu nationalsozialistischem Gedankengut äußert, vermag Einschränkungen der Versammlungsfreiheit nicht zu rechtfertigen. **Verfassungsfeindlichkeit ist nicht Verfassungswidrigkeit.**

43 Rechtsextremistische Betätigungen widersprechen den Intentionen des Grundgesetzes. Jede Wiederbelebung nationalsozialistischen Gedankenguts schadet dem Ansehen der Bundesrepublik in der Weltöffentlichkeit und beleidigt die Überlebenden des

---

24 *Ott/Wächtler/Heinhold*, § 1 Rn. 82.
25 *Ott/Wächtler/Heinhold*, § 1 Rn. 84.
26 *Sachs*, SA, Art. 20 Rn. 129.
27 BVerfGE 10, 118/123 f.
28 BVerfG, NJW 2001, 2077; VGH Mannheim, VwBlBW 2002, 383/386; *Hoffmann-Riem*, NVwZ 2002, 257/260; *Möllers*, JBÖS 2016/17, S. 377/379 ff.

Holocaust. Doch politische Wünschbarkeit und geltendes Recht sind zweierlei. Das Grundgesetz als **offene Verfassung** leistet sich einen **radikalen Pluralismus** und lässt alle Richtungen und Vorstellungen im politischen Meinungskampf zu, solange sie nicht aggressiv-kämpferisch gegen die verfassungsmäßige Ordnung gerichtet sind. Ob das der Fall ist, hat bei politischen Parteien das BVerfG zu befinden. Es muss aber von den antragsberechtigten Stellen – Bundestag, Bundesrat, Bundesregierung – angerufen werden, was in deren Ermessen steht. Diese können den Antrag stellen, es aber auch lassen, etwa weil die politische Auseinandersetzung für überzeugender gehalten wird, weil man keine politischen Märtyrer schaffen will oder weil sicherheitsbehördliche Aspekte – Abdrängen in den Untergrund – durchschlagen. Eine dritte Möglichkeit in Gestalt versammlungsbehördlicher Verbote der Veranstaltungen solcher Parteien wegen Verfassungswidrigkeit kann es von Verfassungs wegen nicht geben; sie wäre nichts anderes als ein **Parteiverbot durch die Hintertür.** Demonstrationen politisch missliebiger Parteien dürfen nicht unter Berufung auf ihre Verfassungsfeindlichkeit nach dem VersG verboten werden.

Der Ausschluss von der Versammlungsfreiheit gilt auch für **Teil- und Ersatzorganisationen** der verbotenen Partei. Eine Namensgleichheit führt nicht dazu, dass eine neu gegründete Partei vom Verbot mit erfasst wird; es bedarf des tatsächlichen Nachweises, dass die neue Partei die im Verbot aufgeführten verfassungswidrigen Ziele übernommen hat.[29]   44

d) Verbotene Vereinigung, Abs. 2 Nr. 4

Art. 8 Abs. 1 GG gilt nicht für Vereinigungen, die durch rechtskräftige Verbotsverfügung der nach § 3 VereinsG zuständigen Behörde gem. Art. 9 Abs. 2 verboten sind. Das Verbot folgt zwar unmittelbar aus dem GG, muss indes **in einem in den §§ 3 ff. VereinsG geregelten Verfahren ergehen.**   45

Vergleichbares gilt für nichtdeutsche Vereinigungen. Das Versammlungsrecht aus Art. 11 Abs. 1 EMRK ist nicht für die nichtdeutschen Vereinigungen und nichtdeutschen Parteien oder inländischen Parteien Nichtdeutscher, die nach § 2 Abs. 3 ParteienG den Status von Vereinigungen haben, garantiert, wenn sie durch rechtskräftige Verbotsverfügung nach Art. 11 Abs. 2 EMRK verboten sind.   46

Problematisch ist ein Versammlungsverbot für Veranstalter als natürliche Personen, die **zuvor Verantwortliche eines Vereins waren,** der von der zuständigen Behörde verboten wurde.[30] Diese Problematik hat das BVerfG im einstweiligen Anordnungsverfahren nicht entschieden und wegen der schwierig zu entscheidenden Frage, ob bzw. unter welchen Bedingungen und in welchem Umfang die organisationsbezogene Entscheidung eines Vereinsverbots über Zurechnungen die vormaligen verantwortlichen   47

---

29 *Ott/Wächtler/Heinhold,* § 1 Rn. 87.
30 Der Beschwerdeführer hatte die streitige Versammlung als Vertreter der Vereinigung »Nationaler Widerstand Dortmund«, die wenige Tage vor der Anmeldung vom Innenministerium NRW verboten worden war, angemeldet. VG Gelsenkirchen und OVG Münster hatten das Verbot bestätigt.

Personen des verbotenen Vereins im Ergebnis auch darin einschränken kann, an sich gesetzlich nicht zu beanstandende Versammlungen zu veranstalten, auf ein Hauptsacheverfahren verwiesen.[31] Die Beschwerdeführer hatten sich als natürliche Personen auf Art. 8 Abs. 1 GG berufen, der ihnen mit dem Verbot des Vereins als Organisation nicht aberkannt ist.[32] Ein Vereinsverbot kann auf vormals im Verein Verantwortliche, die ihrerseits Versammlungen veranstalten wollen, wohl nur dann durchschlagen, wenn diese sich der noch vorhandenen Organisationsstrukturen des verbotenen Vereins bedienen.

2. Landesregelungen

a) Bayern

48   Art. 1 Abs. 2 entspricht § 1 Abs. 2 BVersG

b) Niedersachsen

49   § 1 Abs. 2 kennt nur den Ausschlussgrund der Grundrechtsverwirkung.

c) Sachsen

50   § 1 Abs. 2 entspricht § 1 Abs. 2 BVersG

d) Sachsen-Anhalt

51   § 1 Abs. 2 entspricht § 1 Abs. 2 BVersG

e) Schleswig-Holstein

52   § 1 Abs. 2 kennt nur den Ausschlussgrund der Grundrechtsverwirkung

§ 2 [Öffentliche Einladung, Störungs- und Waffenverbot]

(1) Wer zu einer öffentlichen Versammlung oder zu einem Aufzug öffentlich einlädt, muss als Veranstalter in der Einladung seinen Namen angeben.

(2) Bei öffentlichen Versammlungen und Aufzügen hat jedermann Störungen zu unterlassen, die bezwecken, die ordnungsmäßige Durchführung zu verhindern.

(3) Niemand darf bei öffentlichen Versammlungen oder Aufzügen Waffen oder sonstige Gegenstände, die ihrer Art nach zur Verletzung von Personen oder zur Beschädigung von Sachen geeignet und bestimmt sind, mit sich zu führen, ohne dazu behördlich ermächtigt zu sein. Ebenso ist es verboten, ohne behördliche Ermächtigung Waffen oder die in Satz 1 genannten Gegenstände auf dem Weg zu öffentlichen Versammlungen oder Aufzügen mit sich zu führen, zu derartigen Veranstaltungen

---

31 BVerfG, BayVwBl 2013, 83.
32 BVerfG, BayVwBl 2013, 83.

hinzuschaffen oder sie zur Verwendung bei derartigen Veranstaltungen bereitzuhalten oder sie zu verteilen.

I. Pflicht zur Namensangabe bei der Einladung

1. § 2 Abs. 1

a) Allgemeines

Mit dieser Pflicht, die bei öffentlichen Versammlungen in geschlossenen Räumen und 1
unter freiem Himmel unter Einschluss von Aufzügen besteht, soll den potenziellen

Teilnehmern klar werden, mit welchem Veranstalter sie sich einlassen. Die zuständige Versammlungsbehörde soll feststellen können, ob der Veranstalter nach § 1 Abs. 2 gehindert ist, sein Veranstaltungsrecht aus Art. 8 Abs. 1 GG auszuüben. Außerdem sollen sie wissen, an wen sie sich als Verantwortlichen für die geplante Versammlung wenden können und wer Adressat versammlungsbehördlicher Verfügungen sein kann.

2   Die Namensangabe muss in der Einladung selber erfolgen. Einladung ist Aufforderung zur Teilnahme an der geplanten Versammlung und unterscheidet sich von der Bekanntgabe nach § 14 Abs. 1, mit der teilnehmerrelevante Informationen über Zeit, Ort und Thema mitgeteilt werden. Das Einladungsrecht stärkt die Stellung des Veranstalters und stellt sich als Akt der Versammlungsorganisation dar, der von Art. 8 Abs. 1 GG unter Schutz gestellt ist.

3   Zur Namensangabe verpflichtet ist der Veranstalter. Der kann eine natürliche oder juristische Person sein. Auch nichtrechtsfähige Vereinigungen können Veranstalter sein. Lose Zusammenschlüsse, z.B. Organisationskomitees oder Aktionsbündnisse, wie sie bei Großdemonstrationen aus einer Vielzahl von Einzelpersonen und Personenvereinigungen bilden, sind nur dann als einheitlicher Veranstalter anzusehen, wenn sie ähnlich wie nichtrechtsfähige Vereinigungen eine fest gefügte Struktur aufweisen und auf gewisse Dauer angelegt sind. Sonst gilt die Pflicht zur Namensangabe für alle, die zu der Großdemonstration aufrufen.

4   Bei Spontanversammlungen, die regelmäßig keinen Veranstalter haben, entfällt die Pflicht zur Namensangabe. Da Eilversammlungen einen Veranstalter haben, besteht grundsätzlich auch die Pflicht zur Namensangabe, allerdings nur bei einer öffentlichen Einladung; diese ist nicht gegeben, wenn die Aufforderung zur Teilnahme mündlich gegenüber einem überschaubaren Personenkreis erfolgt.

b) Inhalt und Form

5   Die Namensangabe muss hinreichend bestimmt sein. Bei natürlichen Personen genügen Name und Vorname; ein Pseudonym reicht aus, wenn bekannt ist, wer sich dahinter verbirgt.[1] Bei Parteien und Vereinigungen ist neben der Organisationsbezeichnung anzugeben, welcher Organisationsteil mit welchem örtlichen Sitz als Veranstalter auftritt. Die Bezeichnung des verantwortlichem Organs oder Vorsitzenden ist nicht erforderlich.[2] Bei Veranstalterzusammenschlüssen müssen der bzw. die Gesamtverantwortlichen benannt werden. Im Übrigen bestehen keine Anforderungen an Inhalt und Form, weder für die Einladung als solche noch für die Namensangabe.

c) Öffentliche Einladung

6   Die Pflicht zur Namensangabe gilt nicht für öffentliche Versammlungen schlechthin, sondern nur, wenn die Einladung öffentlich erfolgt.[3] Dies folgt aus dem klaren

---

1 *Ott/Wächtler/Heinhold*, § 1 Rn. 5.
2 *Ott/Wächtler/Heinhold*, § 1 Rn. 5 f.
3 *Ott/Wächtler/Heinhold*, § 1 Rn. 2.

Wortlaut, der das Wort »öffentlich« zweimal verwendet, einmal zur Kennzeichnung der Versammlung und das andere Mal zur Art und Weise der Einladung. Die Einladung ist dann öffentlich, wenn sie sich an einen größeren Personenkreis richtet, der nicht durch persönliche Beziehungen verbunden ist. Maßgeblich ist damit nicht die Örtlichkeit, an der die Einladung erfolgt, sondern die Unbestimmtheit der Adressaten.

Wie die Einladung veröffentlicht wird, ist unerheblich; möglich sind Plakate, An-   7
zeigen, Handzettel, Postwurfsendungen, Fax, Telefonketten, SMS oder mündliche Einladungen an Ort und Stelle. Bei einer Einladung über Telefonketten ist derjenige Veranstalter, der die Kette in Gang setzt. Eingeladen werden kann auch über die Medien oder das Internet.

d) Verdeckte Einladung

Eine solche liegt vor, wenn der Veranstalter bei der Mobilisierung der Teilnehmer   8
bewusst nicht jedermann zugängliche Informationswege nutzt, etwa weil er gegenüber Versammlungsbehörden seine Veranstaltereigenschaft verbergen oder Gegendemonstrationen nicht auf den Plan rufen will.

Verdeckte Einladungen, die vermehrt bei konspirativ agierenden rechtsextremisti-   9
schen Gruppierungen erfolgen, sind möglich über Telefonketten, SMS, E-Mail oder Chaträume mit Zugangscodierung im Internet. Weil der Adressatenkreis von vornherein bestimmt ist, liegt keine öffentliche Einladung vor und die Pflicht zur Namensangabe entfällt. Da der Wortlaut keine andere Auslegung zulässt, kann Abhilfe nur über die Streichung des Adjektivs öffentlich durch die Gesetzgeber geschaffen werden.

e) Rechtsfolge bei Unterlassung

Das Gesetz knüpft an die unterlassene Namensangabe keine Rechtsfolgen. Ob eine   10
nachträgliche Namensangabe auf der öffentlichen Einladung versammlungsbehördlich, etwa gestützt auf § 15 Abs. 1, angeordnet werden und gegebenenfalls durch Festsetzung und Androhung von Zwangsgeld erzwungen werden kann, ist angesichts der Tatsache, dass eine unterlassene Namensangabe rechtsfolgefrei bleibt, zu verneinen.[4]

2. Landesregelungen

a) Sachsen

§ 2 Abs. 1 entspricht § 2 Abs. 1 BVersG.   11

b) Sachsen-Anhalt

§ 2 Abs. 1 entspricht § 2 Abs. 1 BVersG.   12

---

4 So auch *Breitbach*, RBRS, § 2 Rn. 19.

II. Störungsverbot

1. § 2 Abs. 2

a) Adressaten

13   Das Verbot des § 2 Abs. 2 erfasst alle Störungen, die bei, d.h. während der Versammlung stattfinden. Adressat des Störungsverbots ist Jedermann, also nicht nur der Teilnehmer. Bei Versammlungen unter freiem Himmel können Störungen von Personen ausgehen, die sich außerhalb der Versammlung aufhalten und störend auf sie einwirken.[5] Bei Versammlungen in geschlossenen Räumen werden neben den Teilnehmern auch der Vermieter des Versammlungsraumes, das Bedienungspersonal sowie alle diejenigen verpflichtet, die unmittelbar störend auf die Versammlung einwirken können. Hierbei ist zu beachten, dass der Versammlungsleiter nur gegenüber Teilnehmern nach § 11 Abs. 1 Ordnungsbefugnisse hat. Gegenüber Anwesenden, die nicht Teilnehmer sind, jedoch mit Ausnahme der nach § 12 dienstlich entsandten Polizeibeamten, kann er vom Hausrecht Gebrauch machen, soweit es ihm übertragen worden ist.

14   Bei Versammlungen unter freiem Himmel und bei Aufzügen sind neben den Teilnehmern alle Anwesenden verpflichtet, Störungen zu unterlassen. Der Ausschluss von Störern steht nur der Polizei nach §§ 18 Abs. 3, 19 Abs. 4 zu. Gegen Personen die eine Versammlung von außen stören, kann nur auf der Grundlage des jeweiligen Polizeigesetzes vorgegangen werden, weil § 2 Abs. 2 sich als Verbotsnorm unmittelbar an den Verbotsadressaten wendet, aber der Polizei keine Aufgabe oder Befugnis zuweist.[6] Handelt es sich dagegen um Gegendemonstranten, kommen nur Maßnahmen auf versammlungsgesetzlicher Grundlage in Betracht.

b) Störungen

15   Störung ist jede erhebliche Beeinträchtigung des ordnungsgemäßen Ablaufs einer Versammlung.[7] Das Kriterium der Erheblichkeit, das sich nicht aus dem Wortlaut ergibt, hängt vom Charakter der konkreten Versammlung ab. Bei Versammlungen, auf denen diskutiert und gestritten wird, sind Zwischenrufe und Missfallensäußerungen veranstaltungstypisch, bei Kundgebungen mit Gedenkcharakter können sie dagegen schon als Störungen zu werten sein.[8]

16   Störungen könne akustisch, etwa durch anhaltendes Lärmen, optisch, etwa durch Zeigen von Transparenten mit beleidigendem Inhalt oder durch Begehung von Tätlichkeiten erfolgen. Letztere verletzen das Friedlichkeitsgebot, insbesondere dann, wenn sie bezwecken, der Versammlung einen gewalttätigen Verlauf zu geben. Eine Störung, die auf Verhinderung, Sprengung oder anderweitige Vereitelung angelegt ist, erfüllt den Straftatbestand des § 21 BVersG.

---

5   *Enders*, DE, § 2 Rn. 10.

6   *Ott/Wächtler/Heinhold*, § 2 Rn. 10; *Enders*, DE, § 2 Rn. 17.

7   *Ott/Wächtler/Heinhold*, § 2 Rn. 12.

8   *Breitbach*, RBRS, § 2 Rn. 40.

c) Verhinderungsabsicht

Mit dieser tatbestandlichen Voraussetzung hat der Gesetzgeber deutlich gemacht, dass 17
es ihm um Verhinderungs-, nicht um Durchführungsstörungen geht. Deshalb reicht
es nicht aus, dass Störungen verursacht werden, sondern der Störer muss die Absicht
haben, die Versammlung zu verhindern, wobei es nicht darauf ankommt, dass die Störung zum Erfolg führt. Für eine Teilnahme an Störungen reicht das Bewusstsein ihrer
Eignung zur Verhinderung aus. Wenn Aufrufe staatlicher Stellen zur Teilnahme an
Gegendemonstrationen dergestalt erfolgen, dass das nur als Verhinderung der rechten
Demonstration verstanden werden kann – »kein Zoll Boden für die Rechten« – wird
gegen das Störungsverbot des § 2 Abs. 2 und außerdem gegen § 111 StGB (Öffentliche Aufforderung zu Straftaten) verstoßen.[9]

2. Landesregelungen

a) Bayern

Art. 8 Störungsverbot, Aufrufverbot   18

*(1) Störungen, die bezwecken, die ordnungsgemäße Durchführung öffentlicher oder
nichtöffentlicher Versammlungen zu verhindern, sind verboten.*

(2) Es ist insbesondere verboten,
*1. in der Absicht, nicht verbotene öffentliche oder nichtöffentliche Versammlungen zu
verhindern oder zu sprengen oder sonst ihre Durchführung zu vereiteln, Gewalttätigkeiten vorzunehmen oder anzudrohen oder erhebliche Störungen zu verursachen
oder*
*2. bei einer öffentlichen Versammlung dem Leiter oder den Ordnern in der recht-
mäßigen Erfüllung ihrer Ordnungsaufgaben mit Gewalt oder Drohung mit Gewalt Widerstand zu leisten oder sie während der Ausübung ihrer Ordnungsaufgaben
tätlich anzugreifen.*

*(3) Es ist verboten, öffentlich, in einer öffentlichen oder nichtöffentlichen Versammlung,
im Internet oder durch Verbreiten von Schriften, Ton- oder Bildträgern, Datenspeichern, Abbildungen oder anderen Darstellungen zur Teilnahme an einer Versammlung
aufzufordern, deren Durchführung durch ein vollziehbares Verbot untersagt oder deren
vollziehbare Auflösung angeordnet worden ist.*

aa) Abs. 1 und 2

Das in dieser Bestimmung enthaltene allgemeine Störungsverbot entspricht inhalt- 19
lich § 2 Abs. 2 BVersG. Es geht allerdings insoweit über das BVersG hinaus, als auch
bei nichtöffentlichen Versammlungen das Störungsverbot zu beachten ist. Aufzüge
sind anders als in § 2 Abs. 2 BVersG nicht aufgeführt, was aber hinsichtlich der Geltung des Störungsverbots bei Aufzügen nichts besagt, weil das bayVersG von einem

---

9 *Enders*, DE, § 2 Rn. 13.

einheitlichen Versammlungsbegriff ausgeht, der den Aufzug als Unterfall der Versammlung ansieht.

20 Die Bestimmungen in Nr. 1 und 2 konkretisieren das allgemeine Störungsverbot. Nr. 1 enthält ein ausdrückliches Verbot für Gewalttätigkeiten. Darunter sind nur aggressive Handlungen zu verstehen[10], sodass das Verbot dem des unfriedlichen Verhaltens i.S. von Art. 8 Abs. 1 GG entspricht. Insoweit konkretisiert Art. 8 Abs. 2 Nr. 1 auch Art. 1 Abs. 1 bayVersG.

21 Das spezielle Verbot gilt auch für den Weg zur Versammlung oder für Verhinderungen des Zutritts zu Versammlungen in geschlossenen Räumen.[11] Das folgt daraus, dass der bayerische Gesetzgeber – anders als § 2 Abs. 2 BVersG – auf die Formulierung *bei Versammlungen* verzichtet hat. Die Gewalttätigkeiten müssen nicht zur Ausführung kommen, es reicht ihre Androhung.[12]

22 Das Verbot ist auch auf die Verhinderung erheblicher Störungen gerichtet. Insoweit sind Störungen i.S. von Art. 8 Abs. 1 von solchen nach Abs. 2 abzugrenzen. Erhebliche Störungen entsprechen dem Begriff der groben Störungen i.S. von § 21 BVersG, die vorliegen, wenn der ordnungsgemäße Ablauf der Versammlung als solcher beeinträchtigt ist. Andauerndes Lärmen stellt regelmäßig eine »einfache« Störung i.S. von Art. 8 Abs. 1 dar, das dauerhafte Niederschreien des Redners, der sich nicht mehr Gehör verschaffen kann, ist eine erhebliche Störung i.S. von Art. 8 Abs. 2 Nr. 1.

23 Art. 8 Abs. 2 Nr. 2 schützt den Versammlungsleiter mit seinen Ordnern bei Erfüllung ihrer Ordnungsaufgaben gegen Widerstandshandlungen und tätliche Angriffe. Dieser Schutz erstreckt sich nur auf öffentliche Versammlungen, weil nichtöffentliche Versammlungen keinen Leiter und gekennzeichnete Ordner haben bzw. benötigen.[13] Die Ausübung der Ordnungsbefugnisse durch Leiter und Ordner muss objektiv rechtmäßig sein.

bb) Art. 8 Abs. 3

24 Die Bestimmung beinhaltet das Verbot der Werbung für die Teilnahme an einer Versammlung, die untersagt oder deren vollziehbare Auflösung angeordnet wurde. Die Aufforderung muss öffentlich erfolgen, d.h. sie muss von unbestimmt vielen, nicht durch persönliche Beziehungen verbundene Personen wahrgenommen werden.

b) Niedersachsen

25 *§ 4 Störungsverbot*

Es ist verboten, eine nicht verbotene Versammlung mit dem Ziel zu stören, deren Ordnungsgemäße Durchführung zu behindern.

---

10 *Heinhold*, WHM, Art. 8 Rn. 12.
11 *Heinhold*, WHM, Art. 8 Rn. 12.
12 *Heinhold*, WHM, Art. 8 Rn. 13.
13 *Heinhold*, WHM, Art. 8 Rn. 18.

Die Bestimmung lehnt sich an § 2 Abs. 2 BVersG an und entspricht ihm im Wesent- 26
lichen. Ein Unterschied ergibt sich daraus, dass das Störungsverbot auch für nichtöffentliche Versammlungen gilt, was daraus folgt, dass schon die in § 2 definierte
Versammlung auf einem einheitlichen Versammlungsbegriff beruht, der alle Erscheinungsformen der Versammlung erfassen will. Aus diesem Grund musste § 4 auch
nicht die Aufzüge erwähnen, weil der Aufzug ein Unterfall der Versammlung ist.

Das Verbot richtet sich an jedermann, auch wenn die Norm das nicht ausdrücklich 27
regelt. Adressaten sind also Teilnehmer, potenzielle Teilnehmer und Nichtteilnehmer.
Zu letzteren zählen Zuschauer, Gegendemonstranten, Vermieter von Versammlungsstätten, Bedienungspersonal und Polizeibeamte.

Schutzgut der Verbotsnorm ist die Ordnung für die bzw. in der Versammlung. Es geht 28
einerseits um die Gewährleistung ihres Ablaufs nach den Vorstellungen des Veranstalters, aber auch um die Wahrung der jeweiligen Rechte der Versammlungsbeteiligten,
insbesondere bei Konflikten zwischen Leiter und Teilnehmern.

Eine Störung der Ordnung ist gegeben, wenn diese verletzt wird, was dann zu bejahen 29
ist, wenn sie erheblich ist, die Versammlung nicht so stattfinden kann, wie es der Veranstalter geplant und der Leiter vorgegeben hat. Insoweit kommt es auf den Charakter
der Versammlung an (vgl. § 2 Abs. 2 BVersG, Rdn. 15 f.). § 4 fordert die Erheblichkeit zwar nicht ausdrücklich, doch folgt aus dem geforderten Ziel der Verhinderung,
dass es sich um eine erhebliche Störung handeln muss, weil sonst eine Verhinderung
objektiv nicht in Betracht käme.[14]

Störungen könne auch im Vorfeld erfolgen, also auf dem Weg zur Versammlung oder 30
beim Zutritt zu Versammlungen in geschlossenen Räumen. Dies folgt daraus, dass der
Gesetzgeber in § 4 das Wort bei Versammlungen – anders als bei § 2 Abs. 2 BVersG –
weggelassen hat. Werden insoweit Maßnahmen gegen potenzielle Teilnehmer erforderlich, z.B. eine Teilnahmeuntersagung, so muss diese auf § 10 Abs. 3 Satz 1 gestützt
werden können. Zur Abwehr externer Störungen sind die Befugnisse des ndsSOG,
insbesondere die Generalklausel des § 11 anwendbar.

c) Sachsen

§ 2 Abs. 2 sächsVersG entspricht § 2 Abs. 2 BVersG. 31

d) Sachsen-Anhalt

§ 2 Abs. 2 s-aVersG entspricht § 2 Abs. 2 BVersG. 32

e) Schleswig-Holstein

§ 7 Störungsverbot 33

*Es ist verboten, eine Versammlung mit dem Ziel zu stören, deren Durchführung erheb-
lich zu beeinflussen oder zu vereiteln.*

---

14 *Wefelmeier*, WM, § 4 Rn. 3; *Brenneisen/Wilksen*, S. 168.

34   Die Bestimmung lehnt sich an § 2 Abs. 2 BVersG an und entspricht ihm im Wesentlichen. Das Störungsverbot gilt allerdings auch für nichtöffentliche Versammlungen, weil der s-h Gesetzgeber von einem einheitlichen Versammlungsbegriff ausgegangen ist. § 7 muss Aufzüge nicht erwähnen, weil der Aufzug ein Unterfall der Versammlung ist.

35   Bezüglich der Adressaten, des Schutzgutes, der Qualität der Störung und der Geltung des Verbotes im Vorfeld der Versammlung wird auf die Rdn. 27 ff. der Kommentierung zu § 4 ndsVersG verwiesen.

36   Eine Besonderheit weist das s-hVersG gegenüber dem ndsVersG aber auf, wenn § 7 nicht nur Störungen mit dem Ziel der Vereitelung verbietet, sondern auch Störungen, die die Durchführung einer Versammlung erheblich behindern. Wie eine erhebliche Behinderung von einer unerheblichen abzugrenzen ist, lässt der Gesetzgeber offen. Die erhebliche Behinderung lässt sich von der Vereitelung so abschichten, dass die Versammlung als solche nicht auf dem Spiel steht. Eine unerhebliche, besser einfache Behinderung wird solange vorliegen, wie der Leiter mit seinen Ordnern die Situation beherrscht.

III. Waffenverbot

1. § 2 Abs. 3

a) Allgemeines

37   § 2 Abs. 3 BVersG konkretisiert die verfassungsmittelbare Gewährleistungsschranke ohne Waffen in Art. 8 Abs. 1 GG durch ein striktes Waffenverbot. Die Missachtung des Verbots indiziert Unfriedlichkeit und der Waffenträger befindet sich nicht im Schutzbereich der Versammlungsfreiheit. Gleichwohl bedarf es für Maßnahmen zur Durchsetzung des Verbots einer versammlungsgesetzlichen Befugnisnorm.

38   Das Bewaffnungsverbot soll gewalttätiges Vorgehen bei Versammlungen und Demonstrationen verhindern. Insbesondere soll die von gewalttätigem Vorgehen ausgehende Zwangswirkung auf die freie Willensentscheidung Betroffener ausgeschlossen werden. Ein solcher Zwang kann sowohl von körperlicher Einwirkung als auch von Sachbeschädigungen ausgehen. Die Ausdehnung des Waffenverbots auf lediglich zur Sachbeschädigung geeignete und bestimmte Gegenstände ist mit Art. 8 Abs. 1 GG vereinbar, denn das Bewaffnungsverbot ist Konkretisierung des Unfriedlichkeitsverbots und dies hat körperliche Gewalt nicht nur gegen Personen, sondern auch gegen Sachen zum Gegenstand.

b) Waffen

39   Waffen i.S.d. BVersG sind sowohl Waffen im technischen Sinne als auch solche Gegenstände, die ihrer Art nach der Verletzung von Personen oder zur Beschädigung von Sachen – als Waffen im nichttechnischen Sinne – geeignet und bestimmt sind. Beide Kategorien sind deshalb Waffen, weil sie sich zum Angriff oder zur Gegenwehr eignen.[15] So genannte Schutzwaffen oder Passivbewaffnungsgegenstände fallen deshalb nicht unter den Waffenbegriff.

---

[15] *Ott/Wächtler/Heinhold*, Einf. IV. Rn. 6; *Brenneisen*, Kriminalistik 2018, 34 ff.

Zu den Waffen im technischen Sinne gehören alle Gegenstände, die dem Waffen- 40
begriff des Waffengesetzes bzw. des Kriegswaffengesetzes entsprechen. Dazu gehören
Schusswaffen, Hieb-, Stoß- und Stichwaffen, auch Wurfwaffen, Explosivmittel, Reiz-
stoffe und andere gefährliche Stoffe mit Waffencharakter. Waffen im technischen
Sinne sind ihrer Natur, ihren Konstruktionsmerkmalen oder ihren besonderen Eigenschaften nach von vornherein dazu bestimmt, als Waffe zu dienen.

Zu den Waffen im nichttechnischen Sinne gehören all die Gegenstände, die Ihrer Art 41
nach zur Verletzung von Personen objektiv geeignet und subjektiv vom Gewahrsamsinhaber dazu bestimmt sind. Eine solche Zweckbestimmung kann bei der Mitführung
von Baseballschlägern, Brandflaschen, Stahlmuttern und Kampfhunden unterstellt
werden. Attrappen fallen als Scheinwaffen nicht unter das Verbot, weil sie weder geeignet noch dazu bestimmt sind, Personen zu verletzen oder Sachen zu beschädigen.

c) Adressaten

Wenn der Gesetzgeber regelt, dass niemand bei Versammlungen Waffen tragen darf, 42
so richtet er das Verbot an jedermann. Das sind zunächst die Versammlungsbeteiligten – Veranstalter, Leiter und Teilnehmer –, die potenziellen, sich noch auf dem Weg
befindenden Personen, sowie Medienvertreter, Zuschauer und sonstige Personen bei
Versammlungen in geschlossenen Räumen, etwa Bedienungspersonal. Polizeibeamte
dürfen bei Versammlungen und Aufzügen ihre Dienstwaffe mit sich führen, wenn sie
dienstlich eingesetzt sind, nicht wenn sie als Teilnehmer auftreten.

d) Verbotene Handlungen

§ 2 Abs. 3 BVersG verbietet das Mitführen, Hinschaffen, Bereithalten und Verteilen 43
bei Versammlungen oder Aufzügen und auf dem Weg dorthin. Für alle Phasen wird
hinsichtlich der Waffen im technischen Sinne die Verletzung von § 2 Abs. 3 unwiderleglich vermutet. Bei ihnen bedarf es keiner Klarstellung bezüglich ihrer Eignung zur
Verletzung von Personen, weil das der ihnen innewohnende Bestimmungszweck ist.
Deshalb verletzt schon das Mitführen einer Waffe § 2 Abs. 3 BVersG. Das gilt auch
dann, wenn etwa Gewehre, Säbel etc. als Gestaltungsmittel mitgeführt werden.

Mitführen bedeutet die tatsächliche Gewalt über die Waffe dergestalt, dass diese in 44
kürzester Zeit verfügbar ist und eingesetzt werden kann. Mitführen schließt das Führen der Waffe i.S. des WaffG ein.

Hinschaffen erfasst den Transport von Waffen zum Versammlungsort. Handelt es sich 45
bei den Transporteuren um potenzielle Teilnehmer, ist die Verbotsalternative Mitführen von Waffen einschlägig, weil diese auch den Weg zur Versammlung mit erfasst. Bereithalten zur Verwendung umfasst das Lagern, Verwahren, Verbergen von Waffen mit
der Maßgabe der Verfügbarkeit zur Anwendung in einer öffentlichen Versammlung.
Das Bereithalten kann schon längere Zeit vor einer aktuellen Versammlung erfolgen.
Die Regelung soll verhindern, dass Ausschreitungen von langer Hand vorbereitet werden können. Erfahrungen haben gezeigt, dass Mitglieder und Helfer militanter Gruppen Angriffsmittel schon vor der Versammlung in den Veranstaltungsbereich bringen,

um veranstaltungsbezogene polizeiliche Präventivkontrollen zu umgehen. Verteilen zur Anwendung meint Übergabe herangeschaffter oder bereitgehaltener Waffen. Der Verteiler muss nicht potentieller Versammlungsbeteiligter sein. Er muss auch nicht am Heranschaffen oder an der Bereithaltung teilgenommen haben.

46 Bereithalten oder Verteilen zur Anwendung setzt voraus, dass derjenige, der bereithält oder verteilt, um die Verwendung als Waffe bei einer öffentlichen Versammlung weiß, zumindest damit rechnet. Er muss die Verwendung nicht wollen oder billigen.

47 Alle Verbotsalternativen des § 2 Abs. 3 gelten sowohl für öffentliche Versammlungen in geschlossene Räumen als auch für solche unter freiem Himmel. Für nichtöffentliche Versammlungen sind die Verbotsbestände analog anzuwenden. Da nichtöffentliche Versammlungen Betätigungen im Schutzbereich der Versammlungsfreiheit sind, gelten auch für sie die sachlichen Gewährleistungsschranken des Unfriedlichkeitsverbots und des daraus folgenden Bewaffnungsverbots aus Art. 8 Abs. 1 GG. Das Bewaffnungsverbot für nichtöffentliche Versammlungen zu suspendieren, hieße zuzulassen, dass bei nichtöffentlichen Versammlungen extremistischer Gruppierungen ein bewaffneter Saalschutz und bewaffnete Teilnehmer zu dulden wären, die gegebenenfalls unter Berufung auf Notwehr gegen Aktionen von Gegendemonstranten vorgehen könnten, für die das strikte Bewaffnungsverbot gilt. Auf das in § 42 Abs. 2 WaffG statuierte Verbot, Schusswaffen sowie Hieb- und Stoßwaffen in Veranstaltungen mitzuführen, kann nicht zurückgegriffen werden, weil es nur für öffentliche Veranstaltungen gilt.

48 Mitgeführte oder bereitgehaltene Waffen sind als Beziehungsgegenstände von der Polizei sicherzustellen oder, wenn sie nicht freiwillig herausgegeben werden, zu beschlagnahmen. Sie unterliegen gem. § 30 der Einziehung. Die Waffen werden zu Einziehungsgegenständen im Sinne des § 74 StGB, wenn Körperverletzungen oder Sachbeschädigung oder sonstige vorsätzliche Straftaten damit begangen wurden.

e) Ausnahmen vom Verbot

49 Ausnahmen sind im Gegensatz zu § 42 WaffG von allen Verbotsalternativen zulässig, und zwar unabhängig davon, ob es sich um Waffen im technischen oder nichttechnischen Sinne handelt. Möglich sind also Ausnahmen sowohl für das Mitführen von Waffen und ihnen gleichgestellten gefährlichen Gegenständen in einer Versammlung wie auf dem Weg zu einer Versammlung sowie das Hinschaffen, Bereithalten oder Verteilen zur Verwendung in einer Versammlung. Mit behördlicher Ermächtigung im Sinne der Ausnahmeregelung ist sowohl eine Ausnahmebewilligung als auch die für bestimmte Amtswalter gegebene Berechtigung zum Waffentragen gemeint.

50 Da es sich bei allen Verbotsalternativen um repressive Verbote handelt, sind Ausnahmen nur im Einzelfall und nur für bestimmte Verbotsabweichungen zulässig. Sie ergehen auf Antrag in Form einer Ausnahmebewilligung als Dispens. Solche Ausnahmebewilligungen werden nur in seltenen Fällen zu erteilen sein, etwa für nichtbeamtete Personenschützer. Vorausgesetzt ist, dass sich nach Prüfung aller Umstände ergibt, dass die gesetzliche und durch die Gewährleistungsschranke des Bewaffnungsverbots in Art. 8 Abs. 1 GG begründete Regelvermutung der Gefährlichkeit als widerlegt angesehen werden kann.

Geht es um Ausnahmen im Hinblick auf die Gestaltungsfreiheit, etwa zum sym- 51
bolischen Mitführen von Waffen zur Verdeutlichung des Demonstrationsthemas, so besteht kein wirkliches Bedürfnis für die Erfüllung einer Ausnahme, weil eine Waffenattrappe denselben Effekt hätte.

2. Landesregelungen

a) Bayern

Art. 6 Waffenverbot 52

Es ist verboten, Waffen oder sonstige Gegenstände, die ihrer Art nach zur Verletzung von Personen oder der Beschädigung von Sachen geeignet und den Umständen nach dazu bestimmt sind, ohne Erlaubnis der zuständigen Behörde
1. bei Versammlungen mit sich zu führen oder
2. auf dem Weg zu Versammlungen mit sich zu führen, zu Versammlungen hinzuschaffen oder sie zur Verwendung bei Versammlungen bereitzuhalten oder zu verteilen.

Die Regelung hat inhaltlich § 2 Abs. 3 BVersG übernommen, Wenn es statt »ohne 53
behördliche Ermächtigung« »ohne Erlaubnis« heißt, so ist das der gewollten Angleichung an den Sprachgebrauch des WaffenG geschuldet[16], hat das also keine materiellrechtliche Bedeutung.

b) Niedersachsen

§ 3 Friedlichkeit und Waffenlosigkeit 54

(1) Es ist verboten, in einer Versammlung oder aus einer Versammlung heraus durch Gewalttätigkeiten auf Personen oder Sachen einzuwirken.

(2) Es ist verboten, Waffen oder sonstige Gegenstände, die zur Verletzung von Personen oder zur Beschädigung von Sachen geeignet und bestimmt sind,
1. auf dem Weg zu oder in einer Versammlung mit sich zu führen oder
2. zu einer Versammlung hinzuschaffen oder in einer Versammlung zur Verwendung bereitzuhalten oder zu verteilen.

Die zuständige Behörde kann auf Antrag eine Befreiung vom Verbot nach Satz 1 erteilen, wenn dies zum Schutz einer an der Versammlung teilnehmenden Person erforderlich ist. Auf Polizeibeamtinnen und Polizeibeamte im Dienst findet Satz 1 keine Anwendung.

(3) Es ist verboten, in einer Versammlung durch das Tragen von Uniformen oder Uniformteilen oder sonst in einer Art und Weise aufzutreten, die dazu geeignet und bestimmt ist, im Zusammenwirken mit anderen teilnehmenden Personen den Eindruck von Gewaltbereitschaft zu vermitteln.

---

16 Amtl. Begründung zum BayVersG 2008, LT-Drucks. 15/10181.

55 Abs. 1 verbietet unfriedliches Verhalten ausdrücklich und hat im BVersG keine Entsprechung. Der niedersächsische Gesetzgeber wollte wohl in Anknüpfung an die Rechtsprechung des BVerfG, wonach für Unfriedlichkeit Handlungen von einiger Gefährlichkeit vorliegen müssen – aggressive Ausschreitungen gegen Personen und Sachen oder sonstige Gewalttätigkeiten – klarstellen, dass nicht jede einfachgesetzliche Rechtswidrigkeit, sondern nur gewalttätiges Einwirken auf Personen oder Sachen den Schutz durch Art. 8 Abs. 1 GG entfallen lässt.[17] Abs. 2 entspricht § 2 Abs. 3 BVersG.

c) Sachsen

56 § 2 Abs. 3 entspricht § 2 Abs. 3 BVersG.

d) Sachsen-Anhalt

57 § 2 Abs. 3 entspricht § 2 Abs. 3 BVersG.

e) Schleswig-Holstein

58 *§ 8 Waffen- und Uniformverbot*

(1) Es ist verboten
1. Waffen oder
2. sonstige Gegenstände, die ihrer Art nach zur Verletzung von Personen oder zur Herbeiführung erheblicher Schäden an Sachen geeignet und den Umständen nach dazu bestimmt sind, bei Versammlungen oder auf dem Weg zu oder von Versammlungen mit sich zu führen, zu Versammlungen hinzuschaffen oder sie zur Verwendung bereitzuhalten oder zu verteilen.

59 Die Regelung entspricht inhaltlich § 2 Abs. 3 BVersG.

§ 3 [Uniformverbot]

(1) Es ist verboten, öffentlich oder in einer Versammlung Uniformen, Uniformteile oder gleichartige Kleidungsstücke als Ausdruck einer gemeinsamen politischen Gesinnung zu tragen.

(2) Jugendverbänden, die sich vorwiegend der Jugendpflege widmen, ist auf Antrag für ihre Mitglieder eine Ausnahmegenehmigung von dem Verbot des Absatzes 1 zu erteilen. Zuständig ist bei Jungendverbänden, deren erkennbare Organisation oder Tätigkeit sich über das Gebiet eines Landes hinaus erstreckt, der Bundesminister des Inneren, sonst die Oberste Landesbehörde. Die Entscheidung des Bundesministers des Inneren ist im Bundesanzeiger und im Gemeinsamen Ministerialblatt, die der Obersten Landesbehörde in ihren amtlichen Mitteilungsblättern bekannt zu machen.

---

17 *Wefelmeier*, WM, § 3 Rn. 2.

I. Uniformverbot

1. Allgemeines

Das Uniformierungsverbot beruht auf den historischen Erfahrungen mit militanten Parteiarmeen in den Krisenjahren der Weimarer Republik.[1] Die gesetzliche Regelung unterstellt ausnahmslos potenzielle Unfriedlichkeit bei politisch motivierter Uniformierung. Das ist mit der durch die Versammlungsfreiheit verbürgten Gestaltungsfreiheit, die auch hinsichtlich der Aufmachung anerkannt ist (vgl. Teil I, Rdn. 123 ff.), nicht zu vereinbaren.[2] Solchen Erscheinungsformen einschüchternder Uniformierung mit paramilitärischem Gepräge kann mit versammlungsbehördlichen Maßnahmen begegnet werden, diese rechtfertigen aber kein undifferenziertes generelles Verbot.[3]

Das BVerfG hat das Uniformverbot für verfassungsrechtlich zulässig gehalten, weil Uniformierung geeignet sei, suggestiv-militante Effekte auszulösen und einschüchternde Militanz auszudrücken.[4] Unter diesem Aspekt könnte versucht werden, das Verbot mit dieser Einschränkung verfassungskonform auszulegen.[5] Dieser Versuch muss indes scheitern, weil sich die besondere Gefährdung durch Erzeugung suggestiv-militante Effekte im Wortlaut von § 3 Abs. 1 nicht niedergeschlagen hat.

Zusätzliche verfassungsrechtliche Bedenken ergeben sich daraus, dass vom Wortlaut auch das politisch motivierte Tragen gleichartiger Kleidungsstücke erfasst wird, selbst wenn bei dieser Personengruppe von vornherein kein Gefahrenpotenzial vorhanden ist. Als Beispiel mag das Auftreten einer Gruppe von Pazifisten dienen, die

1 *Rösing*, S. 39 ff.
2 *Höfling*, SA, Art. 8 Rn. 71; *Blanke*, SB, Art. 8 Rn. 76; *Geis*, FH, Art. 8 Rn. 118 ff.; *Ott/Wächtler/Heinhold*, § 3 Rn. 1; *Breitbach/Steinmeier*, RBRS, § 3 Rn. 15 ff.; *Ullrich*, VersG, § 3 Rn. 34 Fn. 437; *Schulze-Fielitz*, DR, Art. 8 Rn. 36; a.A. *Depenheuer*, MD, Art. 8 Rn. 146, der das Uniformverbot als Ausgestaltung des Friedlichkeitsvorbehalts sieht.
3 *Höfling*, SA, Art. 8 Rn. 71.
4 BVerfG, MDR 1983, 22.
5 *Kunig*, MK, Art. 8 Rn. 34a; *Rösing*, S. 91 ff.

in einheitlicher weißer Kleidung mit aufgemalten Friedenssymbolen gegen Krieg und Gewalt demonstrieren.

2. Uniformierung

4 Uniformierung ist Gleichartigkeit bzw. Gleichförmigkeit der äußeren Erscheinung, wie sie durch das Tragen von Uniformen, Uniformteilen oder gleichartigen Kleidungsstücken hergestellt werden kann. Uniform ist eine gleichartige Kleidung, die nach Form, Farbe, Schnitt und sonstiger Aufmachung in Form von Besatz, Kordeln, Knöpfen etc. von der allgemeinen üblichen »zivilen« Kleidung abweicht.

5 Uniformteile sind Kleidungsstücke, die von jedem objektiven Betrachter ohne Schwierigkeiten wegen ihrer Gleichartigkeit als Bestandteil einer Uniform erkannt werden können. Gleichartige Kleidungsstücke sind Kleidung und Kleidungsbestandteile jeder Art, die sich durch Gleichförmigkeit auszeichnen und damit ihrem Charakter nach Uniformen oder Uniformteilen entsprechen, beispielsweise die Roben von Richtern, Staatsanwälten, Rechtsanwälten und Geistlichen, die Bekleidung von Krankenschwestern und Nonnen, Sportbekleidung, Trachten, Kluften etc. Auch bestimmte Teile der Bekleidung z.B. Kopfbedeckungen, gleichartige Masken oder Schutzhelme, Springerstiefel, Bomberjacken, kommen in Betracht. Mit der Begrenzung auf Kleidungsstücke sind an der Kleidung getragen Buttons, Vereinsabzeichen, Kokarden etc. sowie mitgeführte Gegenstände – Fahnen, Fackeln, Trommeln – vom Verbot ausgenommen.

3. Ausdruck gemeinsamer politischer Gesinnung

6 Rechtlich erheblich wird Uniformierung erst mit der subjektiven tatbestandlichen Voraussetzung, dass sie Ausdruck einer gemeinsamen politischen Gesinnung ist. Das Tragen von Uniformen oder von gleichartigen Kleidungsstücken muss als Ausdruck politischer Gesinnung nach den Gesamtumständen geeignet sein, eine suggestiv-militante einschüchternde Wirkung gegenüber anderen zu erzielen. Andere sind die Personen, auf die gezielt eingewirkt werden soll. Im Falle der Scharia-Police hat der BGH entschieden, dass die Einschüchterungswirkung nicht aus der Perspektive deutscher Passanten, sondern aus der der angesprochenen Muslime zu beurteilen und insoweit maßgeblich war, dass bei diesen Assoziationen zur Religionspolizei islamischer Länder mit den Möglichkeiten hoheitlicher Durchsetzung der Scharia und sich daraus folgender Einschüchterung möglich waren.[6] Wie jeder subjektive Anknüpfungspunkt ist auch dieser problematisch und seine Feststellung kann im Einzelfall schwierig sein. So kann das Tragen von Volkstrachten – kulturgeschichtlich der Ursprung der Uniform – politische Aussagekraft bekommen, wenn etwa Angehörige von Vertriebenenverbänden bei Landsmannschaftstreffen zur Erinnerung an die Vertreibung nach dem 2. Weltkrieg in ihren Volkstrachten auftreten.[7]

7 Insoweit muss die zum Ausdruck gebrachte politische Gesinnung offenkundig sein, sich dem unbefangenen Beobachter geradezu aufdrängen oder die gemeinsame politische Gesinnung muss ausdrücklich bekundet werden. Im gerade angeführten Beispiel

---

6 BGH, GSZ 2018, 120 ff.; m. Anm. *Paul*, GSZ 2018, 123 ff.
7 Bejahend *Ott/Wächtler/Heinhold*, § 3 Rn. 13.

wird nach der Aussöhnung mit den östlichen Nachbarstaaten die politische Dimension in den Hintergrund und die Brauchtumspflege in den Vordergrund getreten sein.

Das subjektive Merkmal fehlt auch bei uniformierten Hostessen, wie sie bei Partei- 8 tagen, Hauptversammlungen oder großen Autoausstellungen und Messen auftreten. Ihre Uniformierung dient der Orientierung für Informationssuchende. Auch das Tragen von Anoraks in den Parteifarben wird mangels eines konkreten politischen Bezugs keine gemeinsame politische Gesinnung zum Ausdruck bringen.[8] Die bei gewerkschaftlich veranlassten Protestaktionen getragenen Kleidungsstücke, etwa Mützen oder Leibchen, haben Signalwirkung für die gewerkschaftliche Forderung, ohne dabei eine gemeinsame politischen Gesinnung zum Ausdruck zu bringen.[9]

Uniformierte Polizeibeamte oder sonstige uniformierte Amtsträger, die gemeinsam 9 in Verfolgung von Berufsinteressen demonstrieren, fallen nicht unter das Verbot des § 3 Abs. 1, selbst wenn politische Belange berührt werden. Die Uniformierung ist nicht Ausdruck gemeinsamer politischer Gesinnung, es sollen nicht politische Grundüberzeugungen zum Ausdruck gebracht, sondern für berufsbezogene Interessen publikumswirksam eingetreten werden.[10]

Beamtenrechtlich begründete Verbote des Tragens der Dienstkleidung bei politischen 10 Versammlungen können allenfalls aus dem Gesichtspunkt der Neutralität und der Pflicht zur politischen Mäßigung gerechtfertigt werden, etwa in Bezug auf die Teilnahme an Versammlungen extremistischer Gruppierungen. Der Eigentumsvorbehalt des Dienstherren an der Dienstkleidung ist allein keine tragfähige Grundlage, das Tragen bei Versammlungen generell zu untersagen.

4. Öffentlich oder in einer Versammlung

Uniformiertes Auftreten ist nach § 3 Abs. 1 nicht nur in Versammlungen, sondern in 11 der Öffentlichkeit schlechthin verboten. Das Verbot gilt demnach auch für Volksfeste, Kirmesveranstaltungen, Schützenfeste etc. Da es sich bezüglich solcher Veranstaltungen um allgemeine, dem Polizei- und Ordnungsrecht vorbehaltene Gefahrenabwehr handelt, für die der Bund keine Gesetzgebungszuständigkeit hat, ist das in § 3 Abs. 1 BVersG mitgeregelte Verbot für diese Veranstaltungen verfassungswidrig.

Der Begriff Öffentlichkeit ist im weitesten Sinne zu verstehen. Gemeint sind nicht nur 12 öffentliche Wege, Straßen und Plätze, sondern auch alle anderen jedermann zugänglichen Orte, wie Gaststätten, Theater, Sportplätze, wo der uniform Gekleidete von einer unbestimmten Vielzahl von Personen wahrgenommen werden kann. Die konkrete Wahrscheinlichkeit der Wahrnehmung durch unbestimmt viele Personen reicht aus. Versammlung i.S. der Vorschrift ist auch der Aufzug, der wie jede öffentliche Veranstaltung per se Öffentlichkeit darstellt. Mit Versammlung ist primär die nichtöffentliche Versammlung gemeint, der wegen des geschlossenen Personenkreises das Öffentlichkeitsmerkmal fehlt.

---

8 So im Ergebnis auch *Ott/Wächtler/Heinhold*, § 3 Rn. 14.
9 *Depenheuer*, MD, Art. 8 Rn. 147.
10 Im Ergebnis auch *Ott/Wächtler/Heinhold*, § 3 Rn. 14.

5. Ausnahmen

13 § 3 Abs. 2 enthält einen Erlaubnisvorbehalt für solche Jugendverbände, deren Mitglieder mit dem Tragen einer Uniform oder gleichartiger Bekleidung eine den jeweiligen Jugendverband kennzeichnende politische Gesinnung zum Ausdruck bringen wollen und sollen. Das traf und trifft z.b. auf den Jugendverband Die Falken zu, für die eine entsprechende Erlaubnis erteilt wurde. Für Jugendverbände, deren Mitglieder mit Uniformierung oder gleichartiger Bekleidung andere Anliegen, jedoch keine politische Gesinnung zum Ausdruck bringen wollen, trifft der Verbotstatbestand des § 3 Abs. 1 nicht zu. Insoweit bedarf es keiner Ausnahmeerlaubnis.[11]

14 Die Erlaubnis ist auf Antrag zu erteilen, soweit der antragsstellende Jugendverband sich vornehmlich der Jugendpflege widmet und sich mit seinen Zielsetzungen und Aktivitäten nicht gegen die verfassungsmäßige Ordnung i.S.d. Art. 9 Abs. 2 GG, also insbesondere die freiheitliche demokratische Grundordnung richtet, wie es bei der »Wiking-Jugend« der Fall war.

15 Jugendverbände sind Vereinigungen, deren Mitglieder zwar nicht ausschließlich, aber überwiegend Jugendliche sind. Der Begriff des Jugendlichen entspricht nicht der Regelung des § 1 JGG. Als obere Grenze wird das 15. Lebensjahr anzunehmen sein.

16 Jugendpflege ist nicht die staatliche Sorge für Ausbildung und Erziehung der Jugend, sondern die Selbstorganisation der Jugend, gleichgültig, welchen legalen Zweck sie verfolgt und wer sie unterstützt. Als jugendpflegend gelten regelmäßig solche Jugendverbände, die Mitglied des Bundesjugendrings sind.

6. Reformbedarf

17 Aktuelle Erscheinungsformen von Uniformierung und einschüchterndem, militant-aggressivem Auftreten belegen die Notwendigkeit einer Rechtsgrundlage zum polizeilichen bzw. versammlungsbehördlichen Einschreiten. Ein bedrohlicher Gesamteindruck als Kombination von gleichartiger Bekleidung und militant-aggressiver Wirkung wird in besonders typischer Weise vom »Schwarzen Block« der militanten Autonomen sowie neonazistischen Gruppierungen erzeugt. Das Ensemble aus gleichartiger durchweg schwarzer Kleidung (Bomberjacken), dazu bei den Rechtsextremisten Springerstiefel mit gleichfarbigen Schnürsenkeln, verbunden mit Marschtritt, Trommelschlagen und Mitführen schwarzen Fahnen, deren suggestiv-militante, aggressionsstimulierende und einschüchternde Wirkung sich geradezu aufdrängt, entspricht in hohem Maße dem Gefahrenbild, das der Gesetzgeber beim Erlass des BVersG im Jahr 1953 vor Augen hatte.

18 Die Landesgesetzgeber sind daher gefordert, das Uniformierungsverbot unter Einbeziehung des Einschüchterungseffekts und Anreicherung durch ein Militanzverbot neu zu konzipieren. Als Vorlage kann dabei § 18 des MEVersG dienen.[12]

---

11 *Ott/Wächtler/Heinhold*, § 3 Rn. 18.
12 MEVersG, § 18, S. 54 f.

II. Landesregelungen

1. Bayern

Art. 7 Uniformierungs- und Militanzverbot　　　　　　　　　　19

Es ist verboten
1. *in einer öffentlichen oder nichtöffentlichen Versammlung Uniformen, Uniformteile oder gleichartige Kleidungsstücke als Ausdruck einer gemeinsamen politischen Gesinnung zu tragen oder*
2. *an einer öffentlichen oder nichtöffentlichen Versammlung in einer Art und Weise teilzunehmen, die dazu beiträgt, dass die Versammlung oder ein Teil hiervon nach dem äußeren Erscheinungsbild paramilitärisch geprägt wird,*
sofern dadurch eine einschüchternde Wirkung entsteht.

Art. 7 Nr. 1, Uniformierungsverbot

Die Regelung entspricht § 3 Abs. 1 BVersG. Die gegen letztere Bestimmung bestehen- 20
den verfassungsrechtlichen Bedenken (vgl. Rdn. 1 ff.) fängt Art. 7 dadurch ab, dass das Uniformierungsverbot wie das Militanzverbot dem weiteren Erfordernis unterworfen wird, dass eine einschüchternde Wirkung entsteht.

Art. 7 Nr. 2, Militanzverbot

Der bayerische Gesetzgeber hat mit dem Militanzverbot eine Neuerung kreiert und 21
mit dieser Regelung das Uniformierungsverbot ergänzt, um so das Mitführen von Fahnen, Fackeln, Trommeln, Abzeichen und Marschieren in Formation und Gleichschritt erfassen zu können. Denn nicht nur Uniformierung, sondern vor allem die gerade beschriebene »Qualität« rechtsextremistischer Aufmärsche führt zum paramilitärischen Erscheinungsbild, das eine suggestiv-militante, aggressionsstimulierende und einschüchternde Wirkung hat und bei Außenstehenden den Eindruck von Gewalt- und Kampfbereitschaft erzeugt.[13]

Das Militanzverbot findet seine verfassungsrechtliche Legitimation im Friedlichkeits- 22
gebot des Art. 8 Abs. 1 GG. Insoweit recht der äußere Anschein von Gewaltbereitschaft nicht aus, um von einer Unfriedlichkeit ausgehen zu können. Bei rechtextremistischen Aufmärschen mit paramilitärischem Gepräge besteht Gewaltbereitschaft aber nicht dem Anschein nach, sondern sie ist real. Gleichwohl bestehen verfassungsrechtliche Bedenken gegen die Abfassung des Militanzverbots in Nr. 2. Im Hinblick auf die tatbestandliche Voraussetzung, dass eine einschüchternde Wirkung entstehen muss, kann es im Einzelfall zweifelhaft sein, ob ein paramilitärisches Erscheinungsbild gegeben ist, was vom Thema und vom Verlauf der Demonstration abhängen kann.[14] Diese aus dem Bestimmtheitsgebot folgenden Bedenken könnten dadurch gegenstandslos werden, dass Art. 7 um einen Absatz ergänzt wird, der wie § 18 Abs. 2 MEVersG zur Durchsetzung des Verbots Anordnungen ermöglicht, in denen die vom Verbot erfassten Verhaltensweisen bezeichnet sind.

---

13 BVerfGK 13, 82/92 f.; BVerfGE 111, 147/157.
14 *Heinhold*, WHM, Art. 7 Rn. 15.

23 Weiterer Kritikpunkt ist die Voraussetzung des Verbots, dass der Einschüchterungseffekt von den äußeren Versammlungsmodalitäten ausgeht, also von den Verhaltensweisen der Teilnehmer und nicht von den auf der Versammlung geäußerten Inhalten.[15] Art. 7 Nr. 2 ist mithin an Teilnehmer gerichtet, während es nach der Konzeption des BVerfG zum Militanzverbot auf der Grundlage des BVersG um das Erscheinungsbild der gesamten Versammlung und darauf gestützter Beschränkungen geht.[16]

24 Da nach der Konzeption des Art. 7 Nr. 2 die militärische Prägung nur eines Teils der Versammlung ausreicht, fällt auch der kurzfristige Gebrauch traditioneller Kundgebungsmittel durch einzelne Teilnehmer – Trommeln, Fackeln, Fäusterecken oder bedrohliches Skandieren von mit Kampf assoziierten Parolen – unter das Militanzverbot.[17] Hier ist eine verfassungskonforme Auslegung dergestalt geboten, dass die einschüchternde Wirkung erheblich sein muss.[18]

25 Das Militanzverbot gilt wie das Uniformierungsverbot für alle Versammlungen, also auch für nichtöffentliche Versammlungen in geschlossenen Räumen. Hier kann aber ein Einschüchterungseffekt von Versammlungsteilnehmern nicht entstehen, da es sich regelmäßig um einen vom Veranstalter handverlesenen Teilnehmerkreis handelt, wo jeder weiß, worauf er sich einlässt; ein Einschüchterungseffekt Außenstehender als Schutzadressaten des Militanzverbots kann nicht eintreten, weil es bei nichtöffentlichen Versammlungen keine Außenstehenden geben kann.[19] Das Militanzverbot ist daher verfassungskonform auszulegen, indem es auf nichtöffentliche Versammlungen keine Anwendung findet.

2. Niedersachsen

26 *§ 3 Abs. 3 [Uniformierungsverbot]*

Es ist verboten, in einer Versammlung durch das Tragen von Uniformen oder Uniformteilen oder sonst in einer Art und Weise aufzutreten, die dazu geeignet und bestimmt ist, im Zusammenwirken mit anderen teilnehmenden Personen den Eindruck von Gewaltbereitschaft zu vermitteln.

27 In Abs. 3 sind zwei Begehungsformen enthalten, was aus dem »oder« zwischen dem Tragen von Uniformen und Uniformteilen einerseits und dem sonstigen Auftreten andererseits folgt. Die erste Begehungsform unterscheidet sich vom Uniformverbot des § 3 Abs. 1 BVersG in drei Punkten. § 3 Abs. 3 ndsVersG ist auf Versammlungen beschränkt, besteht also nicht für andere öffentliche Veranstaltungen wie etwa Volksfeste, Kirmesveranstaltungen und Schützenfeste und erfasst auch nicht den Weg zu

---

15 Amtl. Begründung BayVersG 2008, LT-Drucks. 15/10181; krit. dazu *Heinhold*, WHM, Art. 7 Rn. 12.

16 BVerfGK 13, 82/92 f.; BVerfGE 111, 147/157.

17 *Heinhold*, WHM, Art. 7 Rn. 12.

18 *Heinhold*, WHM, Art. 7 Rn. 12.

19 *Heinhold*, WHM, Art. 7 Rn. 13.

einer Versammlung.[20] Vom Verbot ausgenommen ist auch das Tragen von gleichartigen Kleidungsstücken. Vor allem aber muss die Uniformierung nicht mehr Ausdruck einer gemeinsamen politischen Gesinnung sein. Damit besteht in Niedersachsen das Problem nicht mehr, wie mit Demonstrationen umzugehen ist, bei denen durch das Tragen gleichartiger Kleidungsstücke eine politische Gesinnung zum Ausdruck kommt, aber jedes Gefahrenpotenzial fehlt (vgl. Rdn. 3).

Neben das Uniformierungsverbot ist nach dem Vorbild von Art. 7 bayVersG das Militanzverbot getreten. Beide Verbote finden ihre verfassungsrechtliche Legitimation im Friedlichkeitsgebot des Art. 8 Abs. 1 GG. Die vom bayerischen Vorbild abweichende Gesetzesformulierung soll zum Ausdruck bringen, dass es um die Verhinderung der Zurschaustellung von Gewaltbereitschaft geht.[21]   **28**

Auf diesem Hintergrund stellt sich das auf das Tragen von Uniformen und Uniformteilen reduzierte Uniformierungsverbot nur noch als ein Anwendungsfall des Verbots dar, womit die in diesem Zusammenhang bestehenden verfassungsrechtlichen Bedenken gegen § 3 Abs. 1 BVersG entfallen, insbesondere wenn die Auslegung des § 3 Abs. 3 ndsVersG dessen Charakter als Konkretisierung des Friedlichkeitsgebots aus Art. 8 Abs. 1 GG berücksichtigt.[22]   **29**

Entscheidend ist die Vermittlung des Eindrucks von Gewaltbereitschaft. Es kommt dabei auf die Wahrnehmung Außenstehender an, die sich am Gesamtbild der Versammlung orientieren muss.[23] Dafür ist maßgeblich, dass sich wegen provokativer, aggressiver Verhaltensweisen von Teilnehmern bzw. Erscheinungsformen der Versammlung Einschüchterungseffekte einstellen, die ein Klima der Gewaltdemonstration und potenzieller Gewaltbereitschaft erzeugen. Aus der Sicht der Außenstehenden gilt das insbesondere, wenn sich ein Aufzug durch sein Gesamtgepräge mit den Riten und Symbolen der nationalsozialistischen Gewaltherrschaft identifiziert und durch Wachrufen der Schrecken des vergangenen totalitären und unmenschlichen Regimes die Bürger einschüchtert.[24]   **30**

Das Militanzverbot setzt wie das Uniformverbot voraus, dass der Eindruck von Gewaltbereitschaft im Zusammenwirken mit anderen Personen entsteht. Dieser kollektive Aspekt tritt an die Stelle der in § 3 Abs. 1 BVersG maßgeblichen und problematischen subjektiven Tatbestandsvoraussetzung der gemeinsamen politischen Gesinnung. Diese ist problematisch, weil Gesinnung an Meinungsinhalten und nicht an äußeren Verhaltensweisen anknüpft.[25] Dem soll durch das Abstellen auf das Zusammenwirken im Kollektiv Rechnung getragen werden. Deshalb ist es im Hinblick auf die Erzeugung von Einschüchterungseffekten nicht ausreichend, dass Gesinnungen deutlich werden, sondern es muss Gewaltbereitschaft signalisiert werden.[26]   **31**

---

20 *Wefelmeier*, WM, § 3 Rn. 14.
21 *Ullrich*, VersG, § 3 Rn. 23.
22 *Wefelmeier*, WM, § 3 Rn. 13.
23 *Ullrich*, VersG, § 3 Rn. 25.
24 BVerfGE 111, 147/157.
25 *Wefelmeier*, WM, § 3 Rn. 16.
26 OVG Bautzen, NVwZ-RR 2002, 435; OVG Berlin, NVwZ 2000, 1201/1202.

32 Das Militanzverbot gilt wie das Uniformierungsverbot für alle Versammlungen, also auch für nichtöffentliche Versammlungen in geschlossenen Räumen. Hier können sich aber keine Einschüchterungseffekte einstellen, weshalb die Verbote für öffentliche Versammlungen in geschlossenen Räumen in verfassungskonformer Auslegung nicht gelten können.

Die Verbote des § 3 Abs. 3 können von den zuständigen Behörden mit den neuen besonderen Maßnahmen des § 10 Abs. 2 ndsVersG durchgesetzt werden.

3. Sachsen

33 *§ 3*

Es ist verboten, öffentlich oder in einer Versammlung Uniformen, Uniformteile oder gleichartige Kleidungsstücke als Ausdruck einer gemeinsamen politischen Gesinnung zu tragen, wenn infolge des äußeren Erscheinungsbildes oder durch die Ausgestaltung der Versammlung Gewaltbereitschaft vermittelt und dadurch auf andere Versammlungsteilnehmer oder Außenstehende einschüchternd eingewirkt wird.

34 Der Gesetzgeber hat dem Uniformierungsverbot ein Einschüchterungsverbot an die Seite gestellt. Dies Militanzverbot findet seine verfassungsrechtliche Legitimation im Friedlichkeitsgebot des Art. 8 Abs. 1 GG.

4. Sachsen-Anhalt

35 *§ 3 Uniformierungsverbot*

Es ist verboten, in einer öffentlichen Versammlung Uniformen, Uniformteile oder uniformähnliche Kleidungsstücke als Ausdruck einer gemeinsamen politischen Gesinnung zu tragen, sofern davon eine einschüchternde Wirkung ausgeht.

36 Die Regelung entspricht im wesentlichen § 3 Abs. 1 BVersG. Sie ersetzt den Begriff gleichartige Kleidungsstücke durch uniformähnliche Kleidungsstücke, ohne dass darin ein inhaltlicher Unterschied zum Ausdruck käme.

37 Bedeutsam ist aber die Ergänzung, dass das Verbot erst greift, wenn das Tragen von Uniformen etc. nicht nur Ausdruck einer politischen Gesinnung ist, sondern auch eine einschüchternde Wirkung hat. Dafür kommt es auf die Wahrnehmung Außenstehender an, die sich am Gesamtbild der Versammlung orientieren muss.

5. Schleswig-Holstein

38 *§ 8 Abs. 2 Uniformverbot*

(2) Es ist verboten, in einer Versammlung durch das Tragen von Uniformen oder Uniformteilen oder sonst ein einheitliches Erscheinungsbild vermittelnden Kleidungsstücken in einer Art und Weise aufzutreten, die dazu geeignet und bestimmt ist, im Zusammenwirken mit anderen teilnehmenden Personen den Eindruck von Gewaltbereitschaft zu vermitteln und dadurch einschüchternd zu wirken.

(3) Die zuständige Behörde trifft zur Durchsetzung des Verbots Anordnungen, in denen die vom Verbot erfassten Gegenstände oder Verhaltensweisen bezeichnet sind.

Auch Schleswig-Holstein hat das Uniformierungsverbot zu einem Einschüchterungs- 39 verbot weiterentwickelt. Es verzichtet wie schon Niedersachsen darauf, dass das Tragen von Uniformen etc. Ausdruck politischer Gesinnung sein muss und verlangt stattdessen ein Auftreten, das im Zusammenwirken mit anderen Einschüchterungseffekte auslöst.

Die Regelung verbindet aber anders als § 3 Abs. 3 ndsVersG, der das Einschüch- 40 terungsverbot neben das Uniformierungsverbot stellt, beide Verbote miteinander. Die Vermittlung des Eindrucks von Gewaltbereitschaft und die dadurch eintretende einschüchternde Wirkung setzt nach dem eindeutigen Wortlaut der Bestimmung zwingend das Tragen von Uniformen, Uniformteilen, oder sonst ein einheitliches Erscheinungsbild vermittelnden Kleidungsstücken voraus.

Durch die Verbindung von Uniformierungs- und Einschüchterungsverbot besteht in 41 Schleswig-Holstein kein Verbot für rechtsextremistische Aufmärsche mit paramilitärischem Erscheinungsbild, das durch das Mitführen von Fahnen, Fackeln, Trommeln, Abzeichen und das Marschieren in Formation und Gleichschritt zustande kommt. Verzichten die Veranstalter solcher Aufmärsche auf eine Uniformierung, kann gegen diese nur auf Grundlage des § 13 Abs. 4 s-hVersG vorgegangen werden.

Bei der Vermittlung des Eindrucks von Gewaltbereitschaft kommt es auf die Wahrneh- 42 mung Außenstehender an, die sich am Gesamtbild der Versammlung orientieren muss.

Da das s-h Versammlungsgesetz von einem einheitlichen Versammlungsbegriff aus- 43 geht, gilt das Uniformierungs- und Einschüchterungsverbot auch für nichtöffentliche Versammlungen in geschlossenen Räumen. Hier können sich aber keine Einschüchterungseffekte einstellen (vgl. Rdn. 25). Aus diesem Grund ist § 8 Abs. 2 s-hVersG verfassungskonform auszulegen und seine Verbote sind auf nichtöffentliche Versammlungen in geschlossenen Räumen nicht anzuwenden.

Die in § 8 Abs. 3 vorgesehene Möglichkeit, zur Durchsetzung der Verbote konkretisie- 44 rende Anordnungen zu erlassen, in denen die vom Verbot erfassten Gegenstände oder Verhaltensweisen bezeichnet werden, folgt § 18 MEVersG und trägt dem Bestimmtheitsgebot dadurch Rechnung, dass das Waffen- und Uniformverbot des § 8 s-hVersG konkretisiert wird. Wenn in der Bestimmung von Gegenständen die Rede ist, so bezieht sich das nur auf Waffen im technischen und nichttechnischen Sinne, nicht auf typischerweise bei rechtsextremistischen Aufmärschen mitgeführte Gegenstände. Bezüglich der verbotenen Verhaltensweisen kommt eine Anordnung zur Unterbindung von Marschformation und Marschieren im Gleichschritt nur dann in Betracht, wenn Uniformierung gegeben ist.

§ 4 [Verbot von Kennzeichen verfassungswidriger Organisationen]

Die Bestimmung wurde durch das 6. Strafrechtsänderungsgesetz vom 30.06.1960 (BGBl. I, S. 478) aufgehoben.

Abschnitt II Öffentliche Versammlungen in geschlossenen Räumen

§ 5 [Verbot von Versammlungen in geschlossenen Räumen]

Die Abhaltung einer Versammlung kann nur im Einzelfall und nur dann verboten werden, wenn

1. der Veranstalter unter die Vorschriften des § 1 Abs. 2 Nr. 1 bis 4 fällt, und im Falle der Nummer 4 das Verbot durch die zuständige Verwaltungsbehörde festgestellt worden ist,

2. der Veranstalter oder Leiter der Versammlung Teilnehmern Zutritt gewährt, die Waffen oder sonstige Gegenstände im Sinne von § 2 Abs. 3 mit sich führen,

3. Tatsachen festgestellt sind, aus denen sich ergibt, dass der Veranstalter oder sein Anhang einen gewalttätigen oder aufrührerischen Verlauf der Versammlung anstreben,

4. Tatsachen festgestellt sind, aus denen sich ergibt, dass der Veranstalter oder sein Anhang Ansichten vertreten oder Äußerungen dulden werden, die ein Verbrechen oder ein von Amts wegen zu verfolgendes Vergehen zum Gegenstand haben.

I. Verbot

1. Allgemeines

a) Bedeutung und Begriff

Mit einem Verbot wird die geplante Versammlung bzw. Demonstration **von vorn-** 1 **herein untersagt;** sie darf nicht stattfinden. Den Veranstalter trifft ein **Vollverbot**, weil er von seinem Vorhaben gänzlich Abstand nehmen muss. Das Verbot nach § 5 ist bis zum Beginn der Versammlung, also auch noch in der Entstehungsphase des einsetzenden Sichversammelns möglich. Der Vorgang des Sichversammelns fällt zwar unter den Schutzbereich von Art. 8 Abs. 1 GG, gleichwohl fallen die Anreise zur Versammlung und das Betreten des Versammlungsraumes noch in die Vorphase der Versammlung, weil diese erst mit der Eröffnung durch den Leiter beginnt.

b) Erlaubnis- und Anmeldefreiheit

Versammlungen **in geschlossenen Räumen** unterliegen **keiner Erlaubnis- oder An-** 2 **meldepflicht;** auf der verfassungsrechtlichen Ebene folgt das aus dem eindeutigen Wortlaut des Art. 8 Abs. 1 GG und auf der einfachgesetzlichen ist die auf den Gesetzesvorbehalt in Art. 8 Abs. 2 GG gestützte Anmeldepflicht nur für Versammlungen unter freiem Himmel einschlägig.

c) Abschließende Regelung

Auf der Grundlage des § 5 können Verbote für öffentliche Versammlungen in ge- 3 schlossenen Räumen nur im Hinblick auf versammlungsspezifische Gefahren verhängt werden; das sind die Gefahren, die von den Teilnehmern ausgehen oder von Veranstaltern, Leitern und Ordnern zu vertreten sind. Insoweit ist ein **Rückgriff auf das allgemeine Polizeirecht ausgeschlossen.**

Da die Gefahren **aus dem Binnenbereich** der Versammlung stammen müssen, kann 4 bei Einsturz- oder Brandgefahr, Bombendrohung oder der Gefahr, dass ein Treffen von Rechten von einer Gruppe Autonomer aufgemischt wird, die Verbotsnorm für die Abwehr externer Gefahren nicht einschlägig sein, sondern es muss in den genannten Fällen auf die polizeiliche Generalklausel zurückgegriffen werden.[1]

Im gegebenen Zusammenhang ist die Differenzierung in versammlungsspezifische 5 und versammlungsunspezifische Gefahren allerdings nicht überzeugend. So kann die Einsturzgefahr für das Versammlungsgebäude nur deshalb bestehen, weil zu viele Teilnehmer anwesend sind. Deshalb ist auch bei den auf die Generalklausel gestützten Maßnahmen zur Abwehr externer Gefahren die Versammlungsfreiheit zu beachten.

d) Einzelfallverbot

Verbote nach § 5 können nur im Einzelfall verhängt werden. Damit sind sowohl gene- 6 relle Verbote durch Rechtsverordnung als auch Sammelverbote gegen Versammlungen

---

1 *Brenneisen*, DÖV 2000, 278; *Wefelmeier*, WM, § 14 Rn. 7.

eines bestimmten Veranstalters ausgeschlossen. Ein generelles Verbot wäre auch mit dem Entscheidungsmonopol des BVerfG für die Feststellung der Grundrechtsverwirkung nach Art. 18 GG unvereinbar.

7   **Allgemeinverfügungen**, die sich an alle Veranstalter und potenzielle Teilnehmer richten, die zu einem bestimmten Zeitpunkt an einem bestimmten Ort zu einem konkreten Anlass demonstrieren wollen, sind damit nicht ausgeschlossen.[2] Bei einer Allgemeinverfügung handelt es sich um eine generelle Regelung; sie ist zwar an einen noch unbestimmten Personenkreis gerichtet, regelt aber einen Einzelfall. Die zur Abgrenzung gegenüber der Rechtsnorm **gebotene Abgrenzung zur Rechtsnorm gelingt durch die Bezugnahme auf einen konkreten Sachverhalt.**[3]

8   Kein Verbot i.S. von § 5 ist ein sog. **Flächenverbot**, mit dem jede Versammlung in einem bestimmten Gebiet unabhängig von Zeitpunkt und Anlass verhindert werden soll.[4]

e) Verbotsfolgen

9   Die wirksame Verbotsverfügung nimmt als **rechtsgestaltender** Verwaltungsakt der Versammlung, auf die sie sich bezieht, den versammlungsrechtlichen Schutz. Maßnahmen zur Durchsetzung der Verbotsverfügung können nunmehr auf allgemeines Polizeirecht gestützt werden.

f) Verfahren und Form

10   Bevor ein Verbot erlassen wird, ist dem Veranstalter als Betroffenem Gelegenheit zur Stellungnahme zu geben, also rechtliches Gehör gem. § 28 Abs. 1 VwVfG zu gewähren. Davon kann nur abgewichen werden, wenn eine sofortige Entscheidung i.S. von § 28 Abs. 2 Satz 1 VwVfG ergehen muss. Eine **mündliche** Verbotsfügung kommt insoweit in Betracht, wenn die zuständige Behörde erst kurze Zeit vor Beginn der Veranstaltung Kenntnis vom Verbotsgrund bekommt. Im Übrigen ergeht die Verbotsverfügung **schriftlich** und bedarf nach § 39 VwVfG der **Begründung.**

2. Verbotsgründe

11   Die Verbotsgründe des § 5 Nrn. 1–4 BVersG beziehen sich auf Versammlungen, die außerhalb des Schutzbereiches von Art. 8 Abs. 1 GG liegen[5]; sie **konkretisieren die verfassungsunmittelbaren Gewährleistungsschranken** der Friedlichkeit aus Art. 8 Abs. 1 GG und die auf Art. 9 Abs. 2, 18 und 21 Abs. 2 GG beruhenden **Grundrechtsausschließungen** des § 1 Abs. 2 BVersG. **Selbstständige Grundrechtseingriffe durch Polizei und Versammlungsbehörden kommen nicht in Betracht**, weil der

---

2 *Kniesel/Poscher*, Rn. 378.
3 *Maurer/Waldhoff*, Allgemeines Verwaltungsrecht, 19. Aufl. 2017, § 9 Rn. 30.
4 *Kniesel/Poscher*, Rn. 379.
5 *Sachs*, StR IV/1, S. 1249.

Gesetzesvorbehalt des Art. 8 Abs. 2 GG für Versammlungen in geschlossenen Räumen nicht gilt.

a) Veranstalter ohne Veranstaltungsrecht

Die Verbotsermächtigung des § 5 Nr. 1 konkretisiert unter Bezugnahme auf § 1 Abs. 2 Nr. 1, 3 und 4 die verfassungsunmittelbaren Gewährleistungsschranken der Art. 9 Abs. 2, 18 und 21 Abs. 2 GG. Damit **scheiden als Veranstalter bzw. Teilnehmer** die natürlichen und juristischen Personen und sonstigen Vereinigungen **aus**, bei denen das BVerfG bzw. die zuständigen Behörden die Grundrechtsverwirkung festgestellt oder das Partei- bzw. Vereinigungsverbot ausgesprochen haben.   **12**

Für ehemals in einer nunmehr verbotenen Partei oder Vereinigung verantwortliche Personen, die als natürliche Personen eine Versammlung veranstalten wollen[6], kann ein Verbot nach § 5 nur in Betracht kommen, wenn sie sich der noch vorhandenen Organisationsstrukturen der verbotenen Partei oder Vereinigung bedienen.   **13**

Wenn sich die Feststellung der Verfassungswidrigkeit durch das BVerfG nur auf einen rechtlich oder organisatorisch selbstständigen Teil einer Partei bezieht oder die Verbotsverfügung der zuständigen Verbotsbehörde nur einen Teil einer Vereinigung erfasst, können die nicht unter die Verbote fallenden Teile für sich das Veranstaltungsrecht in Anspruch nehmen.   **14**

Die Feststellung der Grundrechtsverwirkung und der Verfassungswidrigkeit einer Partei durch das BVerfG sowie die rechtskräftige Verbotsverfügung der zuständigen Verbotsbehörde sind **konstitutiv** und haben für ein Verbot nach § 5 Nr. 1 **Bindungs- und Tatbestandswirkung**, sodass sich weitere Ermittlungen der zuständigen Versammlungsbehörde erübrigen.   **15**

Solange das BVerfG über die Verfassungswidrigkeit einer Partei, die Grundrechtsverwirkung einer Person oder die Vereinbarkeit einer Vereinigung mit Art. 9 Abs. 2 GG nicht entschieden hat, können Versammlungsbehörden und Polizei nicht unter Berufung auf eine Verfassungsfeindlichkeit Verbote nach § 5 BVersG verhängen, weil sie mit diesen Maßnahmen durch die Hintertür des Versammlungsrechts das **Entscheidungsmonopol des BVerfG** aus Art. 18 und Art. 21 Abs. 2 GG **und die Kompetenz der Verbotsbehörden** aus Art. 9 Abs. 2 GG und § 3 Abs. 1 VereinsG **unterlaufen** würden.   **16**

b) Zutrittsgewährung für bewaffnete Teilnehmer

Die Verbotsermächtigung in Nr. 2 konkretisiert die verfassungsunmittelbare Gewährleistungsschranke der **Waffenlosigkeit**. Sie ist nur von geringer praktischer Bedeutung. Weil der Gesetzgeber die Gegenwartsform »gewährt« und nicht die Zukunftsform »gewähren wird« gewählt hat, verlangt dieser Verbotstatbestand, dass der tatsächliche Zutritt bewaffneter Teilnehmer wissentlich geduldet oder billigend in Kauf genommen   **17**

---

6 Vgl. die Konstellation in BVerfG, BayVBl 2013, 83.

wird.[7] Dabei wird der Zutritt vereinzelter bewaffneter Personen nicht ausreichen, solange diese durch polizeiliche Maßnahmen aus der sich bildenden Versammlung entfernt werden können.

c) Anstreben eines gewalttätigen oder aufrührerischen Verlaufs

18   Die Verbotsermächtigung der Nr. 3 konkretisiert die verfassungsunmittelbare Gewährleistungsschranke der **Friedlichkeit** aus Art. 8 Abs. 1 GG. Von Unfriedlichkeit kann schon dann ausgegangen werden, wenn Gewalttätigkeiten gegen Personen oder Sachen beabsichtigt oder ausdrücklich gebilligt, also angestrebt werden.[8]

19   Tatsachen, aus denen sich die unfriedliche Absicht ergibt, können sich aus **vorangegangenem Verhalten** von Veranstalter und Anhang sowie **weiteren Erkenntnissen** der Versammlungsbehörden in Bezug auf die bevorstehende Versammlung ergeben, wenn den sie Schluss zulassen, dass erneut mit einem gewalttätigen oder aufrührerischen Verlauf mit hoher Wahrscheinlichkeit zu rechnen ist.[9]

20   Dem Veranstalter dürfen nur Bestrebungen seines Anhangs zugerechnet werden. Der Begriff **Anhang** ist schwerlich präzise zu bestimmen. Anhang soll der Personenkreis sein, der mit Billigung des Veranstalters handelt oder unter dessen direktem Einfluss steht.[10] Aber auch diese Abgrenzung bleibt letztlich vage, weil sie nur auf eine geistige Beziehung abstellen kann. Solange keine konkreten Tatsachen, wie etwa die Mitgliedschaft in derselben Partei oder Vereinigung vorhanden sind, ist der Begriff des Anhangs **unjustiziabel**.[11]

d) Vertreten strafbedrohter Ansichten oder Dulden strafbedrohter Äußerungen

21   Die Verbotsermächtigung der Nr. 4 begegnet erheblichen **verfassungsrechtlichen Bedenken.** Sie kann anders als die Nrn. 1–3 **nicht als Konkretisierung einer verfassungsunmittelbaren Gewährleistungsschranke** verstanden werden. In Betracht käme allein das Friedlichkeitsgebot, doch machen Verstöße gegen Meinungsdelikte eine Versammlung nicht zur unfriedlichen.

22   Dieser Problematik wollte das BVerfG wohl dadurch entgehen, indem es in § 5 Nr. 4 keine selbstständige Beschränkung der Meinungsfreiheit sah, mit der Folge, dass unmittelbar an die als allgemeine Gesetze zu qualifizierenden Strafgesetze angeknüpft werden könne; insoweit diene etwa § 130a StGB dem Schutz der Menschenwürde und habe seine verfassungsrechtliche Grundlage in Art. 1 Abs. 1 GG.[12] Das ändert nichts am Befund, dass Nr. 4 keine verfassungsunmittelbare Gewährleistungsschranke konkretisiert. Da aber Versammlungen in geschlossenen Räumen nicht unter dem Gesetzesvorbehalt von Art. 8 Abs. 2 GG stehen und deshalb keine selbstständigen

---

7   *Füßlein*, § 5 Rn. 7.
8   BVerfGE 69, 315/360; 73, 206/248.
9   *Hoffmann*, StuKVw 1967, 232.
10 *Ott/Wächtler/Heinhold*, § 5 Rn. 17.
11 *Hartmann*, RBRS, § 5 Rn. 60.
12 BVerfG, NJW 1994, 1780.

Eingriffe der Versammlungsbehörden zulässig sind, ließe sich § 5 Nr. 4 **nur als verfassungsimmanente Schranke halten.**[13] Das würde indes voraussetzen, dass eine Befugnisnorm zur Verfügung stünde, weil das Prinzip vom Vorbehalt des Gesetzes auch bei den immanenten Schranken zu beachten ist.[14] Insoweit kann § 5 Nr. 4 aber nicht zugleich immanente Schranke und eine diese konkretisierende Befugnisnorm sein.

Die Verbotsermächtigung der Nr. 4 ist auch deshalb verfassungsrechtlich problematisch, weil sie sich auf Meinungsäußerungsdelikte bezieht, die ihrerseits verfassungsrechtlichen Zweifeln unterliegen. Diese rühren daher, dass Meinungsäußerungsdelikte keine allgemeinen Gesetze im Sinne der überkommenen Dogmatik von Art. 5 Abs. 2 GG sind.[15]   **23**

Nr. 4 kollidiert aber auch mit dem **Zensurverbot** des Art. 5 Abs. 1 Satz 3 GG, wenn ein Versammlungsverbot vorbeugend ausgesprochen wird, um Ansichten und Äußerungen, die Art. 5 Abs. 1 GG unterfallen, zu unterdrücken. Der **Tatbestand der Vorzensur** ist hier evident **gegeben.**[16]   **24**

Was die tatbestandlichen Voraussetzungen des Verbots nach Nr. 4 angeht, ist von Folgendem auszugehen. Vertreten von Ansichten ist eigene Meinungsäußerung, Dulden das widerspruchslose Geschehenlassen fremder Meinungsäußerung.[17] Der Unrechtsgehalt muss in der Meinung, im Kommunikationsinhalt liegen.[18] Die Strafbarkeit wird durch Weitergabe an andere Personen begründet und kann schriftlich, mündlich, bildlich oder durch Zeichen erfolgen.   **25**

Die durch Vertreten von Ansichten oder Dulden von Äußerungen begangene strafbedrohte Handlung muss ein Verbrechen oder ein von Amts wegen zu verfolgendes Vergehen sein. Beleidigungen scheiden aus, weil es sich um ein Privatklagedelikt handelt. Eine Ausnahme bildet die in der Leugnung der rassisch motivierten Vernichtung der Juden im 3. Reich liegende Beleidigung der jüdischen Bevölkerung, weil mit § 194 Abs. 1 Satz 2 StGB eine **Ausnahme vom Antragserfordernis** besteht.[19]   **26**

Für das voraussichtliche Dulden strafbarer Äußerungen müssen **belegbare Tatsachen** vorliegen.[20] Diese können sich aus dem Programm einer Vereinigung oder Verlautbarungen in der Einladung oder sonstigen Äußerungen des Veranstalters ergeben.   **27**

Die Duldung ist als Verbotsgrund nur dann relevant, wenn Leiter und Ordner nicht einschreiten. Die Prognose, dass es zur Duldung von Äußerungen kommen wird, setzt   **28**

---

13 *Kniesel/Poscher*, Rn. 381; *Heselhaus*, JA 1995, 276.
14 BVerfGE 59, 231/262; 128, 1/41; *Jarass*, JP, Vorb. vor Art. 1 Rn. 51 m.w.N.
15 *Kingreen/Poscher*, Rn. 702.
16 *Hartmann*, RBRS, § 5 Rn. 63.
17 *Hartmann*, RBRS, § 5 Rn. 67.
18 OVG Weimar, DVBl 1998, 106.
19 BVerfG, DVBl 1994, 690.
20 OVG Weimar, DVBl 1998, 106.

eine hohe Wahrscheinlichkeit voraus, die Äußerungen müssen fast mit Gewissheit zu erwarten sein.[21]

3. Zulässigkeit der Inanspruchnahme

a) Störer

29 Adressat einer auf § 5 gestützten Verbotsverfügung ist der **Veranstalter.** Er muss beim Vorliegen eines Verbotsgrundes nach Nr. 1 nur für eigenes Verhalten, bei Vorliegen der anderen Verbotsgründe sowohl für eigenes als auch für von ihm zu vertretendes Verhalten Dritter, nämlich des von ihm eingesetzten Leiters bei Nr. 2 oder ggfs. seines Anhangs bei Nrn. 3 und 4 einstehen. Ein Verschulden des Veranstalters muss nicht vorliegen, weil dies der auf Verursachung beruhenden Störerhaftung fremd ist. Entscheidend ist, dass die in den Nrn. 1–4 aufgeführten **Gefahrentatbestände vom Veranstalter geschaffen wurden.**

b) Nichtstörer

30 Selbst wenn die vom Veranstalter initiierte Versammlung, sei es wegen ihres Themas, sei es wegen des eingeladenen Personenkreises, Anlass für Gegenaktionen wird, die schwer wiegende gewalttätige Ausschreitungen befürchten lassen, kann ein Verbot nach Nr. 3 nicht gerechtfertigt werden.[22] Die zuständigen Behörden müssen die **Versammlung gegen Störungen durch Dritte unter Aufbietung aller zur Verfügung stehenden Mittel schützen.** Ist dies wegen der exponierten Lage des Versammlungsraums – etwa im Innenstadtbereich – schwerlich möglich, kommt **allenfalls eine Verlegung** an einen anderen, besser zu schützenden Versammlungsort mittels einer beschränkenden Verfügung nach § 5 in Betracht.

31 Ein Verbot ist nur in einer **absoluten Ausnahmesituation** vorstellbar. Erfährt etwa die zuständige Polizeibehörde in einem ländlichen Bereich kurz vor Beginn der Versammlung einer rechtsextremistischen Gruppierung, bei der kein Verbotsgrund nach § 5 vorliegt, dass Autonome dies Treffen im Hinterzimmer einer Gaststätte aufmischen wollen und verfügt sie nicht über kurzfristig mobilisierbare Kräfte zum Schutz der Versammlung, kann ein Verbot zum Schutz der Teilnehmer im polizeilichen Notstand zulässig sein.

4. Ermessen

32 In § 5 ist das Verbot nicht als zwingende Rechtsfolge ausgestaltet, sondern steht im Ermessen der Versammlungsbehörde. Bei **Nr. 1 kann kein Ermessen bestehen,** weil die Entscheidungen des BVerfG und der zuständigen Verbotsbehörden in den Fällen des § 1 Abs. 2 BVersG **keinen Raum für Ermessenserwägungen der Versammlungsbehörde lassen.**

---

21 OVG Weimar, DVBl 1998, 104.
22 VGH Mannheim, DÖV 1987, 256; *Rühl,* NVwZ 1988, 579; *Höllein,* NVwZ 1994, 638; *Müller,* S. 106 f.

In den Fällen der Nrn. 1–3 ergehen Verbote zur Konkretisierung verfassungsunmit- 33
telbarer Gewährleistungsschranken oder immanenter Schranken. In Ansehung der
von diesen Schranken geschützten Rechtsgüter besteht auch bei Verboten nach den
Nrn. 1–3 **kein Raum für eine Ermessensbetätigung**, weil die Voraussetzungen einer
Ermessensreduzierung auf Null vorliegen.[23]

II. Beschränkungen als Teilverbote

1. Zulässigkeit

Anders als die Auflösungsermächtigung in § 13 Abs. 1 Satz 2 und die Verbotsnorm 34
für Versammlungen unter freiem Himmel in § 15 Abs. 1 BVersG enthält § 5 keine
ausdrückliche Ermächtigung für Auflagen bzw. Beschränkungen, die kein Voll- sondern nur ein Teilverbot beinhalten. Gleichwohl werden **Beschränkungen** als weniger
eingriffsintensive Maßnahmen in Ansehung des Grundsatzes der Verhältnismäßigkeit
von der h.M. zugelassen.[24] Solche Maßnahmen ergehen dann als beschränkende Verfügungen, deren Voraussetzung das Vorliegen eines Verbotsgrundes ist.

2. Beschränkungsmöglichkeiten

Die beschränkenden Verfügungen richten sich wie ein Verbot an den **Veranstalter** 35
und begründen Pflichten gegenüber Dritten i.S. der Nrn. 2–4. Im Falle der Nr. 2
kann vom Veranstalter die Einsetzung eines anderen Leiters verlangt werden, wenn
nur von dem ursprünglich vorgesehenen Leiter die Zutrittsgewährung für bewaffnete
Teilnehmer zu befürchten ist. Im Falle der Nr. 3 kann angeordnet werden, dass der
gewaltgeneigte Anhang des Veranstalters von der Teilnahme ausgeschlossen wird und
im Falle der Nr. 4 kann gefordert werden, dass diejenigen Gruppen aus dem Anhang des Veranstalters ausgeschlossen werden, von denen verbotsrelevantes Verhalten
zu erwarten ist.

3. Verfahren und Form

Vor Erlass der beschränkenden Verfügung ist dem Veranstalter als Betroffenem Gele- 36
genheit zur Erhebung von Einwendungen zu geben, also **rechtliches Gehör** i. S: von
§ 28 Abs. 1 VwVfG zu gewähren, wovon nur bei Notwendigkeit einer sofortigen Entscheidung i. S: von § 28 Abs. 2 Nr. 1 VwVfG abgewichen werden kann.

Die beschränkende Verfügung ergeht wie die Verbotsverfügung in aller Regel schrift- 37
lich und ist dann gem. § 39 VwVfG auch schriftlich zu begründen. Die Wirksamkeit
der Verfügung hängt von der Bekanntgabe gegenüber dem Veranstalter ab. Ergeht sie
mündlich, fallen Erlass und Bekanntgabe zusammen.

---

23 *Kingreen/Poscher*, POR, § 10 Rn. 41 ff.
24 *Hartmann*, RBRS, § 5 Rn. 26 f.; *Dietel*, DVBl 1969, 569/571; *Kingreen/Poscher*, POR, § 21
   Rn. 15; a.A. *Kniesel/Poscher*, Rn. 382.

4. Ermessen

38   Wenn anstelle eines Verbotes eine beschränkende Verfügung ergeht, so ist das nicht **Ausdruck** eines Auswahlermessens, sondern der **Verhältnismäßigkeit.** Der Grundsatz der Verhältnismäßigkeit ist auch bei Ermessenshandlungen maßgeblich und lässt bei der Auswahl von Handlungsalternativen von vorneherein nur die grundrechtskonforme und verhältnismäßige zu.[25]

III. Landesregelungen

1. Bayern

39   *Art. 12 bayVersG   Beschränkungen, Verbote, Auflösung*

(1) Die zuständige Behörde kann die Durchführung einer Versammlung in geschlossenen Räumen beschränken oder verbieten, wenn

1. *der Veranstalter eine der Voraussetzungen des Art. 1 Abs. 2 erfüllt,*

2. *Tatsachen festgestellt sind, aus denen sich ergibt, dass der Veranstalter oder der Leiter Personen Zutritt gewähren wird, die Waffen oder sonstige Gegenstände im Sinn des Art. 6 mit sich führen,*

3. *Tatsachen festgestellt sind, aus denen sich ergibt, dass der Veranstalter oder sein Anhang einen gewalttätigen Verlauf der Versammlung anstrebt, oder*

4. *Tatsachen festgestellt sind, aus denen sich ergibt, dass der Veranstalter oder sein Anhang Ansichten vertreten oder Äußerungen dulden wird, die ein Verbrechen oder ein von Amts wegen zu verfolgendes Vergehen zum Gegenstand haben.*

(2) Nach Versammlungsbeginn kann die zuständige Behörde die Versammlung unter Angabe des Grundes beschränken oder auflösen, wenn

1. *der Veranstalter eine der Voraussetzungen des Art. 1 Abs. 2 erfüllt,*

2. *die Versammlung einen gewalttätigen Verlauf nimmt oder eine unmittelbare Gefahr für Leben oder Gesundheit der teilnehmenden Personen besteht,*

3. *der Leiter Personen, die Waffen oder sonstige Gegenstände im Sinn des Art. 6 mit sich führen, nicht sofort ausschließt und nicht für die Durchführung des Ausschlusses sorgt, oder*

4. *durch den Verlauf der Versammlung gegen Strafgesetze verstoßen wird, die ein Verbrechen oder ein von Amts wegen zu verfolgendes Vergehen zum Gegenstand haben, oder wenn in der Versammlung zu solchen Straftaten aufgefordert oder angereizt wird und der Leiter dies nicht unverzüglich unterbindet.*

In den Fällen von Satz 1 Nrn. 2 bis 4 ist die Auflösung nur zulässig, wenn andere Maßnahmen der zuständigen Behörde, insbesondere eine Unterbrechung, nicht ausreichen.

40   In Art. 12 Abs. 1 und 2 werden die §§ 5 und 13 BVersG **zusammengefasst** und so eine **einheitliche Befugnisnorm für Beschränkungen, Verbote und Auflösung** von Versammlungen in geschlossenen Räumen geschaffen. Anders als § 5 BVersG regelt

---

25 *Kingreen/Poscher*, POR, § 10 Rn. 4.

Art. 12 Abs. 1 **ausdrücklich die Ermächtigung für beschränkende Verfügungen** vor Versammlungsbeginn.[26]

Die in Abs. 1 Nr. 1–4 vorgesehenen Verbots- und Beschränkungsgründe entsprechen   41
im Wesentlichen § 5 Nr. 1–4 BVersG, weisen aber folgende Abweichungen auf. Bei
Nr. 1 **entfällt das Erfordernis,** dass im Hinblick auf Art. 12 Abs. 2 Nr. 4 das **Verbot**
durch die zuständige Behörde **schon festgestellt worden sein muss.**

Anders als bei § 5 Nr. 2 BVersG lässt Art. 12 Abs. 1 Nr. 2 den Verbotsgrund **schon**   42
dann greifen, wenn nur die Gefahr besteht, dass bewaffneten Teilnehmern Zutritt
gewährt wird. In Nr. 3 ist der Begriff »**aufrührerisch**« **gestrichen worden,** weil der
Begriff »gewalttätig« die Unfriedlichkeit hinreichend kennzeichnet.

2. Niedersachsen

§ 14 Beschränkung, Verbot, Auflösung   43

*(1) Die zuständige Behörde kann eine Versammlung in geschlossenen Räumen be-
schränken, wenn ihre Friedlichkeit unmittelbar gefährdet ist.*

*(2) Die zuständige Behörde kann eine Versammlung verbieten oder auflösen, wenn ihre
Friedlichkeit unmittelbar gefährdet ist und die Gefahr nicht anders abgewehrt werden
kann. Eine verbotene Versammlung ist aufzulösen. Nach der Auflösung haben sich die
teilnehmenden Personen unverzüglich zu entfernen.*

*(3) Geht die Gefahr nicht von der Versammlung aus, so sind die in den Absätzen 1 und
2 genannten Maßnahmen nur zulässig, wenn*
*1. Maßnahmen gegen die die Gefahr verursachenden Personen nicht oder nicht recht-
zeitig möglich sind oder keinen Erfolg versprechen und*
*2. die zuständige Behörde die Gefahr nicht oder nicht rechtzeitig selbst oder mit durch
Amts- und Vollzugshilfe ergänzten Mitteln und Kräften abwehren kann.*

(4) Maßnahmen nach den Absätzen 1 und 2 Satz 1 sind zu begründen.

Der niedersächsische Gesetzgeber hat Beschränkung, Verbot und Auflösung von Ver-   44
sammlungen in geschlossenen Räumen **grundlegend neu gestaltet.** An der Spitze der
zulässigen Maßnahmen steht die Beschränkung als in Ansehung des Verhältnismäßigkeitsprinzips **zu bevorzugende Maßnahme.** Neben dieser sind auch Verbot und Auflösung in einer Norm geregelt. Der Gesetzgeber hat dabei auch auf die enumerative
Aufzählung von Verbotsgründen verzichtet, weil er diese offensichtlich für verfassungsrechtlich fragwürdig hielt und sich deshalb für die **Friedlichkeit als Eingriffsschwelle** entschieden.[27]

Dies überzeugt, weil **nur die verfassungsunmittelbare Gewährleistungsschranke**   45
**der Friedlichkeit Eingriffe in nicht unter Gesetzesvorbehalt stehenden Versamm-
lungen in geschlossenen Räumen legitimieren kann.** So hat der Gesetzgeber das bei

---

26 Amtl. Begründung BayVersG 2008, LT-Drucks. 15/10181.
27 *Wefelmeier,* WM, § 14 Rn. 1; *Ullrich,* VersG, § 14 Rn. 1.

§ 5 BVersG bestehende Defizit vermieden, das darin besteht, dass die Verbotsgründe an ein Fehlverhalten des Veranstalters und nicht an eine objektive Gefährdung der Friedlichkeit anknüpfen.[28]

46   Was den Inhalt des Friedlichkeitsgebots betrifft, geht § 14 bei der unmittelbaren Gefährdung der Friedlichkeit offensichtlich von der diesbezüglichen Rechtsprechung des BVerfG aus. Eine Versammlung ist also nicht schon dann unfriedlich, wenn es zu Behinderungen Dritter kommt, sondern **erst dann, wenn Handlungen von einiger Gefährlichkeit, etwa Gewalttätigkeiten oder aggressive Ausschreitungen gegen Personen oder Sachen vorgenommen werden.**[29]

47   Beschränkungen kommen demnach zur Verhinderung tätlicher Auseinandersetzungen bis hin zu Saalschlachten in Betracht. Mit der Festschreibung des Friedlichkeitsgebotes als Eingriffsschwelle wird **klargestellt, dass** anders als bei Geltung von § 5 Nr. 4 BVersG **unerwünschte Meinungsäußerungen als solche nicht eingeschränkt werden können.**[30]

48   Die Orientierung am Friedlichkeitsgebot beschränkt auch die Eingriffsermächtigungen des § 14 auf die Abwehr versammlungsspezifischer Gefahren und schließt damit den Rückgriff auf das ndsSOG bei nicht versammlungsspezifischen nicht aus.[31]

3. Sachsen

49   § 4 entspricht § 5 BVersG.

4. Sachsen-Anhalt

50   § 4 entspricht § 5 BVersG.

5. Schleswig-Holstein

51   *§ 20 Beschränkung, Verbot, Auflösung*

(1) Die zuständige Behörde kann die Durchführung einer Versammlung in geschlossenen Räumen beschränken oder verbieten, die Versammlung nach deren Beginn auch auflösen, wenn nach den zur Zeit des Erlasses der Maßnahmen erkennbaren Umständen eine unmittelbare Gefahr
1. eines unfriedlichen Verlaufs der Versammlung,
2. für Leben oder Gesundheit von Personen

oder

3. dafür besteht, dass in der Versammlung Äußerungen erfolgen, die ein Verbrechen oder ein von Amts wegen zu verfolgendes Vergehen darstellen.

---

28 *Wefelmeier*, WM, § 14 Rn. 1.
29 BVerfGE 104, 92/106.
30 *Wefelmeier*, WM, § 14 Rn. 2.
31 *Ullrich*, VersG, § 14 Rn. 13; *Wefelmeier*, WM, § 14 Rn. 7.

(2) Verbot oder Auflösung setzen voraus, dass Beschränkungen nicht ausreichen.

(3) Geht eine unmittelbare Gefahr für die in Absatz 1 genannten Rechtsgüter von Dritten aus, sind Maßnahmen der Gefahrenabwehr gegen diese zu richten. Kann dadurch die Gefahr auch mit durch Amts- oder Vollzugshilfe ergänzten Mitteln und Kräften nicht abgewehrt werden, dürfen Maßnahmen nach Absatz 1 auch zulasten der Versammlung ergriffen werden, von der die Gefahr nicht ausgeht.

(4) Sollen eine beschränkende Verfügung oder ein Verbot ausgesprochen werden, so sind diese nach Feststellung der Voraussetzungen, die diese Verfügung rechtfertigen, unverzüglich bekannt zu geben. Die Bekanntgabe einer nach Versammlungsbeginn erfolgenden beschränkenden Verfügung oder einer Auflösung muss unter Angabe des Grundes der Maßnahme erfolgen und ist an die Versammlungsleitung zu richten. Widerspruch und Anfechtungsklage gegen Verfügungen nach Satz 2 haben keine aufschiebende Wirkung.

(5) Sobald die Versammlung für aufgelöst erklärt ist, haben sich alle anwesenden Personen unverzüglich zu entfernen.

(6) Es ist verboten, anstelle der aufgelösten Versammlung eine Ersatzversammlung am gleichen Ort durchzuführen.

(7) Es ist verboten, öffentlich, im Internet oder durch Verbreiten von Schriften, Ton oder Bildträgern, Datenspeichern, Abbildungen oder anderen Darstellungen zur Teilnahme an einer Versammlung in geschlossenen Räumen aufzufordern, deren Durchführung durch ein vollziehbares Verbot untersagt oder deren vollziehbare Auflösung angeordnet worden ist.

Abs. 1

In § 20 Abs. 1 werden anders als in den §§ 5 und 13 BVersG Verbot und Auflösung 52
sowie die im Hinblick auf den Grundsatz der Verhältnismäßigkeit zuerst genannte
Beschränkung **in einer Norm zusammengefasst.**

Der Gesetzgeber hat bei den tatbestandlichen Voraussetzungen für die Annahme 53
einer unmittelbaren Gefahr **dreifach differenziert.** Die Anlehnung an einen unfriedlichen Verlauf überzeugt, weil es sich um eine objektivierbare Voraussetzung
handelt. Die Regelung in Nr. 2 ist **überflüssig,** weil bei einer Gefahr für Leib oder
Leben ein unfriedlicher Verlauf gegeben wäre. Mit Nr. 3 hat sich der s-h Gesetzgeber von den vier Verbotsgründen des § 5 BVersG den problematischsten ausge-
sucht. § 5 Nr. 4 BVerfG begegnet erheblichen verfassungsrechtlichen Bedenken
(vgl. Rdn. 21 ff.), die auch bei § 20 Abs. 1 Nr. 3 gegeben sind. Der Gesetzgeber
wäre besser beraten gewesen, ausschließlich auf die Unfriedlichkeit als Eingriffsschwelle abzustellen.

Abs. 3

Die Regelung beschreibt in Satz 1 die Lage, in der eine nicht störenden Versammlung 54
von Gegendemonstranten angegriffen wird und verdeutlicht die **staatliche Schutzpflicht für die Ursprungsversammlung.**

55 In Satz 2 soll der **polizeiliche Notstand** geregelt werden und ein Einschreiten gegen die Ursprungsversammlung zulässig sein, wenn die für diese bestehende Gefahr auch mit durch Amtshilfe oder Vollzugshilfe ergänzten Mitteln und Kräften nicht abgewehrt werden kann. Die Regelung begegnet **verfassungsrechtlichen Bedenken**, weil sie in ihrer Allgemeinheit keine Antwort auf die Frage gibt, **ob und inwieweit ein polizeilicher Notstand überhaupt denkbar ist.** Im Hinblick auf die Anforderungen des BVerfG an das Vorliegen eines polizeilichen Notstands lässt § 20 Abs. 3 den Normanwender im Stich, wenn dieser erkennen will, wann ein polizeilicher Notstand bejaht werden kann.

56 Unklar ist, was der Gesetzgeber **mit der Ergänzung der polizeilichen Mittel durch Inanspruchnahme von Amts- und Vollzugshilfe gemeint hat.** Nicht gemeint haben kann er damit die Unterstützung der s-h Polizei durch Kräfte anderer Landespolizeien oder der Bundespolizei. Amts- und Vollzugshilfe ist ergänzender Beistand zwischen Behörden, der es der ersuchenden Behörde ermöglicht, mit Hilfe der ersuchten Behörde ihre Aufgabe zu erledigen. Dabei ist Voraussetzung, dass der ersuchenden Behörde die Befugnisse der ersuchten Behörde **nicht** zustehen.[32] Diese Konstellation liegt aber bei einer Demonstrationslage in Schleswig-Holstein, bei der Polizeikräfte anderer Bundesländer und der Bundespolizei zur Unterstützung eingesetzt werden, nicht vor, weil es sich insoweit **um unterstellte Kräfte handelt, für die das s-h VersG maßgeblich ist.**

57 So bleibt die Frage, welche Amts- oder Vollzugshilfe der Gesetzgeber gemeint hat, wenn man ausschließt, dass er an den Einsatz der Bundeswehr bzw. die Verwendung von deren Einsatzmitteln gedacht hat.

Abs. 7

58 Die Regelung orientiert sich an Art. 8 Abs. 3 bayVersG und enthält ein Aufrufverbot i.S. eines Verbotes der Werbung für die Teilnahme an einer Versammlung, deren Durchführung verboten oder deren Auflösung angeordnet wurde.

§ 6 [Beschränkung des Teilnehmerkreises]

(1) Bestimmte Personen oder Personenkreise können in der Einladung von der Teilnahme an einer Versammlung ausgeschlossen werden.

(2) Pressevertreter können nicht ausgeschlossen werden; sie haben sich dem Leiter der Versammlung gegenüber durch ihren Presseausweis ordnungsgemäß auszuweisen.

---

32 *Erbguth*, SA, Art. 35 Rn. 10; *Pieroth*, JP, Art. 35 Rn. 4.

I. Beschränkung des Teilnehmerkreises

1. Normstruktur

Die beiden Absätze beinhalten jeweils eigenständige Regelungen, die nicht in zwin- **1** gendem Zusammenhang stehen. Das Ausschlussrecht in Abs. 1 konkretisiert das Veranstaltungsrecht zu Lasten des Teilnahmerechts, das nach § 1 Abs. 1 BVersG jedermann garantiert ist. Abs. 2 gibt Pressevertretern ein Zutrittsrecht. Der Zusammenhang zwischen beiden Absätzen wird vom Gesetzgeber mit der Formulierung hergestellt, dass Pressevertreter nicht ausgeschlossen werden können.

2. Begriff und Bedeutung der Einladung

Einladung ist die Aufforderung an alle potenziellen Teilnehmer, an der geplanten Ver- **2** sammlung teilzunehmen. Sie stellt einen Akt zur Organisation der Versammlung dar, der von der Versammlungsfreiheit des Art. 8 Abs. 1 GG geschützt wird[1] und die Veranstaltungsfreiheit konkretisiert.

3. Recht zum Ausschluss

a) Rechtsgrundlage

Der auf § 6 Abs. 1 als Rechtsgrundlage gestützte Ausschluss, der von der Ausschlie- **3** ßung einzelner störender Teilnehmer strikt zu trennen ist, muss schon in der Einladung erfolgen.[2] Ist das der Fall, können die Ausgeschlossenen kein Teilnahmerecht geltend machen und deshalb vor Ort zurückgewiesen und am Betreten des Versammlungsraumes gehindert werden. Rechtsgrundlage dafür ist das Hausrecht aus § 7 Abs. 4 BVersG.

---

1 *Hoffmann-Riem*, AK-GG, Art. 8 Rn. 24; *Breitbach*, RBRS, § 2 Rn. 20.
2 *Ott/Wächtler/Heinhold*, § 6 Rn. 3.

4 Der Veranstalter ist indes nicht daran gehindert, seine ursprüngliche Einladung zu modifizieren und zunächst nicht ausgeschlossene Personen auszuschließen bzw. zunächst ausgeschlossene Personen zuzulassen, solange er diese Veränderungen in gleicher Weise veröffentlicht wie die ursprüngliche Einladung.

5 Die Beschränkungsmöglichkeit gilt nur für Versammlungen in geschlossenen Räumen; sie käme für Versammlungen unter freiem Himmel schon deshalb nicht in Betracht, weil der Veranstalter das Recht auf Benutzung öffentlicher Straßen und Flächen für Versammlungen gar nicht einschränken kann.

6 Für öffentliche Versammlungen unter freiem Himmel auf Privatgelände wäre eine Beschränkung des Teilnehmerkreises dann zulässig, wenn die Versammlung durch seitliche Begrenzung als Versammlung im geschlossenen Raum zu betrachten wäre[3].

b) Verfassungsmäßigkeit

7 So wie § 6 Abs. 1 das Veranstaltungsrecht stärkt, so schwächt die Regelung das Teilnahmerecht. Die Norm konkretisiert das aus Art. 8 Abs. 1 GG fließende Recht des Veranstalters auf seine Versammlung. Als Kompensation kann der ausgeschlossene Teilnehmer für sich das Veranstaltungsrecht in Anspruch nehmen und zum selben Thema eine eigene Versammlung durchführen. Stellt § 6 Abs. 1 eine Konkretisierung des Grundrechts aus Art. 8 Abs. 1 GG zu Gunsten des Veranstalters dar, bedurfte es für das Ausschlussrecht keines Vorbehalts im Grundrecht.[4]

c) Adressaten

8 Der Ausschluss von Personen und Personenkreisen kann direkt oder indirekt erfolgen. Wenn diese in der Einladung eindeutig bezeichnet werden, liegt ein direkter Ausschluss vor. Üblich ist aber, den Ausschluss indirekt zu formulieren, indem nur bestimmte Personengruppen eingeladen werden. Personenkreise sind bestimmt, wenn sie sich nach objektiven Kriterien von anderen abgrenzen lassen[5], etwa alle Hauseigentümer, die Hausfrauen einer Stadt oder Mitglieder einer Partei mit ihren Partnern.[6]

9 Werden nur individuell bestimmte Personen eingeladen, handelt es sich um eine nichtöffentliche Versammlung, für die § 6 nicht gilt, der Veranstalter also keinen Beschränkungen bei der Auswahl unterliegt. Zulässig ist auch die Beschränkung der Teilnehmerzahl. Der Veranstalter oder Leiter muss nicht zulassen, dass der von ihm angemietete Saal voll besetzt oder überfüllt ist. Die Versammlung muss nur öffentlich bleiben. Nicht jeder, der erscheint, muss Zutritt haben, aber jedermann. Erkennbar mit unfriedlicher Absicht oder Bewaffnung erscheinende Personen können unter Berufung auf das Hausrecht zurückgewiesen werden, weil sie sich nicht auf Art. 8 Abs. 1 GG berufen können.

---

3 *Ott/Wächtler/Heinhold*, § 6 Rn. 2.
4 *Pawlita/Steinmeier*, RBRS, § 6 Rn. 7.
5 *Miller*, WM, § 13 Rn. 4.
6 *Ott/Wächtler/Heinhold*, § 6 Rn. 4; *Pawlita/Steinmeier*, RBRS, § 6 Rn. 14.

d) Grenzen

Die Freiheit des Veranstalters zum Ausschluss bestimmter Personen und Personen- 10
kreise findet ihre Grenze, wenn mit ihm eine Diskriminierung einhergeht. Das ist zu
bejahen, wenn eine Gruppendiffamierung i.S. von § 130 StGB oder eine Kollektivbeleidigung nach § 185 StGB vorliegt. Ein Ausschluss ist im Übrigen diskriminierend,
wenn er wegen des Geschlechts, der Abstammung, der Rasse, des Glaubens, der religiösen oder politischen Anschauung oder wegen einer Behinderung erfolgt.

Der Gesetzgeber kann wegen seiner Grundrechtsbindung den Veranstalter nicht zu 11
einem Ausschluss ermächtigen, der bei einer staatlichen Veranstaltung eine Diskriminierung i.S. von Art. 3 Abs. 3 GG darstellen würde.[7]

Voraussetzung der Diskriminierung ist aber, dass das jeweilige Benachteiligungs- 12
merkmal sich nicht vom Versammlungsgegenstand her begründen lässt, sondern eine
eigene Ausschlussfunktion erfüllen soll[8], also willkürlich ist. So wäre es zulässig, wenn
eine Initiative zum Schutz von Frauen vor häuslicher Gewalt zu einer Diskussionsversammlung nur Frauen oder der katholische Stadtpfarrer zu einer Diskussionsversammlung zum Religionsunterricht an Schulen nur Katholiken einlädt.

II. Zutrittsrecht für Pressevertreter

1. Allgemeines

Gegenüber potenziellen Teilnehmern werden Pressevertreter dadurch privilegiert, dass 13
sie nicht ausgeschlossen werden können. Das Verbot des Abs. 2 erfolgt im Zusammenhang mit der Ausschlussmöglichkeit in Abs. 1. Gleichwohl gilt das Ausschlussverbot
für Pressevertreter generell und hindert auch ihre Ausschließung nach § 11 Abs. 1
BVersG.

Das folgt aus dem hohen Rang der Pressefreiheit, die konstituierend für die freiheit- 14
liche demokratische Grundordnung ist.[9] Eine freie, nicht von der öffentlichen Gewalt gelenkte, keiner Zensur unterworfene Presse ist Wesenselement des freiheitlichen
Staates und für die moderne Demokratie unentbehrlich.[10] Damit wäre in im Belieben
des Veranstalters liegendes Ausschlussrecht von Pressevertretern bei öffentlichen Versammlungen unvereinbar.

2. Pressevertreter

Der Begriff ist im Hinblick auf das in Art. 5 Abs. 1 GG gleichrangig neben der 15
Pressefreiheit garantierte Grundrecht der Freiheit der Berichterstattung weit auszulegen. Pressevertreter i.S. von § 6 Abs. 2 sind daher die Berichterstatter aller

---

7 *Pawlita/Steinmeier*, RBRS, § 6 Rn. 17.
8 *Pawlita/Steinmeier*, RBRS, § 6 Rn. 18.
9 BVerfGE 107, 299/329; 117, 244/258.
10 BVerfGE 20, 162/174; 52, 283/296; 66, 116/133.

Publikationsorgane wie Printmedien, Rundfunk und Fernsehen sowie Internetdienste. Auf das Ausschlussverbot können sich auch ausländische Medienvertreter berufen.

16   Unerheblich ist, ob es sich um einen freiberuflichen oder angestellten Berichterstatter handelt. Pressevertreter i.S. von § 6 Abs. 2 sind auch die Personen, ohne deren Mitwirkung der Berichterstatter seine Funktion nicht erfüllen könnte. Das Ausschlussverbot gilt also auch für Kameraleute, Tontechniker und Beleuchter.

3. Ausweispflicht

17   Pressevertreter werden durch § 6 Abs. 2 Satz 2 verpflichtet, sich gegenüber dem Leiter der Versammlung auszuweisen. Dazu bedarf es einer Aufforderung durch den Leiter oder einen entsprechend angewiesenen Ordner. Eine Pflicht, sich bei Erscheinen im Versammlungsraum beim Leiter zu melden, kann aus Abs. 2 Satz 2 nicht hergeleitet werden.

18   Die geforderte Legitimation erfolgt im Regelfall durch Vorlage eines Presseausweises. Zur Ausstellung sind die Journalisten- und Verlegerverbände berechtigt. Es reicht aber auch ein Begleitschreiben des jeweiligen Presseorgans, aus dem die Entsendung zu der Versammlung hervorgeht oder die Stellung des Berichterstatters als freier Mitarbeiter folgt.

III. Landesregelungen

1. Bayern

19   Art. 10 Abs. 1 und Abs. 2 entspricht § 6 Abs. 1 und Abs. 2 BVersG.

2. Niedersachsen

20   *§ 13*

(2) In der Einladung kann die Teilnahme an der Versammlung auf bestimmte Personen oder Personenkreise beschränkt werden.

(3) Wenn nicht ausschließlich bestimmte Personen eingeladen worden sind, darf Pressevertreterinnen und Pressevertretern der Zutritt zur Versammlung nicht versagt werden. Diese haben sich gegenüber der Leiterin oder dem Leiter und gegenüber Ordnerinnen und Ordnern nach Aufforderung als Pressevertreterin oder Pressevertreter auszuweisen.

Die ausführlichere textliche Fassung enthält keine inhaltlichen Abweichungen gegenüber § 6 Abs. 1 und 2 BVersG.

3. Sachsen

21   § 5 Abs. 1 und 2 entspricht § 6 Abs. 1 und 2 BVersG.

4. Sachsen-Anhalt

22   § 5 Abs. 1 und 2 entspricht § 6 Abs. 1 und 2 BVersG.

5. Schleswig-Holstein

§ 19 Einladung 23

(1) Wer eine öffentliche Versammlung in geschlossenen Räumen veranstaltet, darf in der Einladung bestimmte Personen oder Personenkreise von der Teilnahme ausschließen.

(2) Die Leitung einer öffentlichen Versammlung in geschlossenen Räumen darf die Anwesenheit von Vertretern der Medien, die sich als solche durch anerkannten Presseausweis ausgewiesen haben, nicht unterbinden.

Die von der textlichen Fassung des § 6 Abs. 1 und 2 BVersG abweichenden Formulierungen enthalten keine inhaltlichen Unterschiede gegenüber der Bundesregelung.

§ 7 [Versammlungsleitung]

(1) Jede öffentliche Versammlung muss einen Leiter haben.

(2) Leiter der Versammlung ist der Veranstalter. Wird die Versammlung von einer Vereinigung veranstaltet, so ist ihr Vorsitzender der Leiter.

(3) Der Veranstalter kann die Leitung einer anderen Person übertragen.

(4) Der Leiter übt das Hausrecht aus.

I. Vorhandensein eines Leiters

1. Begriff und Bedeutung der Leitung

Leitung ist Führung der Versammlung zur Gewährleistung eines geordneten Ablaufs. 1 Dieser ist erfolgs- und verlaufsbezogen; zur Ordnung gehört also auch, dass der vom Veranstalter verfolgte und in der Einladung umrissene Zweck auch erreicht werden kann. Der Leiter in seiner Ordnungsfunktion gewährt das Wort und entzieht es und er entscheidet über Unterbrechung, Fortsetzung und Schließung der Versammlung.

2 Das Leitungsrecht hat grundrechtssichernde Funktion für das Veranstaltungsrecht[1] und ist aus ihm abgeleitet; Leitung ist Grundrechtsausübung, weshalb der Leiter kein Beliehener in der Rolle eines Hilfspolizisten, sondern Selbstverwaltungsorgan der Versammlung ist (vgl. Teil I, Rdn. 233). Die grundrechtssichernde Funktion besteht auch zu Gunsten der Teilnehmer, weil die Verwirklichung des Teilnahmerechts einen geordneten Ablauf voraussetzt.

2. Pflicht zur Einsetzung

3 Wenn Abs. 1 das Vorhandensein eines Leiters voraussetzt, hätte es nahe gelegen, im Gesetz die Pflicht zur Einsetzung eines Leiters zu begründen. Das hat der Gesetzgeber aber nicht getan, sondern in Abs. 2 bestimmt, dass der Veranstalter der geborene Leiter ist und hat ihm in Abs. 3 das Recht eingeräumt, die Leitungsfunktion einer anderen Person zu übertragen.

4 Wenn der Veranstalter die ihm zugeordnete Leitungsfunktion nicht ausübt und auch von seinem Übertragungsrecht keinen Gebrauch macht, entpuppt sich § 7 Abs. 1 als reine Ordnungsvorschrift[2], die nicht erzwingbar ist, keinen Verbotsgrund darstellt und deren Nichtbeachtung auch nicht mit einer Geldbuße bewehrt ist.

3. Verfassungsmäßigkeit

5 Es fragt sich, ob die in Abs. 1 ausnahmslos angeordnete Pflicht zur Leiterbestellung und die damit vorgegebene hierarchische Struktur der Versammlung mit Art. 8 Abs. 1 GG vereinbar ist. Abs. 1 bringt zum Ausdruck, dass die Rolle des Leiters der Durchführung einer geordneten Versammlung dient. Die Zuteilung bestimmter Rollen und Funktionen durch das Versammlungsgesetz liegt in der Befugnis des Gesetzgebers.[3]

6 Als versammlungsgesetzliche Ordnungsnorm ist § 7 Abs. 1 aber im Lichte von Art. 8 Abs. 1 GG verfassungskonform auszulegen. Die Versammlungsfreiheit aus Art. 8 Abs. 1 GG schützt nicht nur Versammlungen mit hierarchischer Struktur und Organisationsgrad, sondern auch den Typus der leiterlosen oder von einem Leiterkollektiv geführten Versammlung.[4] Die Teilnehmer dürfen daher in freier Selbstbestimmung auf die Einsetzung eines Leiters verzichten, wenn sie in der Lage sind, selber für den ordnungsgemäßen Verlauf ihrer Versammlung zu sorgen.

7 Bei Versammlung mit geringer Teilnehmerzahl wäre eine ausnahmslos interpretierte Bestellungspflicht eines Leiters mit Art. 8 Abs. 1 GG nicht zu vereinbaren.[5] Bei

---

1 *Breitbach*, RBRS, § 7 Rn. 14 f.
2 *Breitbach*, RBRS, § 7 Rn. 15.
3 *Hoffmann-Riem*, HGR, § 106 Rn. 74.
4 *Kniesel/Poscher*, Rn. 221 f.; *Hoffmann-Riem*, HGR, § 106 Rn. 74.
5 *Hoffmann-Riem*, HGR, § 106 Rn. 74, *Kingreen/Poscher*, Rn. 220 f. a.A. *Depenheuer*, MD, Art. 8 Rn. 150.

größeren Versammlungen ist indes davon auszugehen, dass diese ohne jede Leitung nicht durchführbar wären und die Bestellungspflicht insoweit als Obliegenheit zur Verwirklichung der Versammlungsfreiheit verstanden werden kann.[6]

Bei Spontanversammlungen, die ja keinen Veranstalter haben, können die Teilnehmer 8 selber ihren Leiter bestimmen oder akzeptieren. Das folgt schon aus dem Wesen der Spontanversammlung als ohne Veranlassung durch einen Veranstalter von jetzt auf gleich entstehende Versammlung. Gibt es aber keinen Veranstalter, so fehlt die entscheidende Person, die einen Leiter bestellen könnte.[7]

II. Der Veranstalter als Leiter

Der Veranstalter ist der geborene Leiter oder er sorgt dafür, dass es einen gekorenen 9 Leiter gibt. Tritt eine Personenvereinigung als Veranstalter auf, wird die natürliche Person Leiter, die auch sonst für die Personenvereinigung handelt. Das ist bei rechtsfähigen Vereinigungen der Vorsitzende i.S. des Vereinsrechts, bei nichtrechtsfähigen Vereinigungen derjenige, der für die Vereinigung handlungsberechtigt ist. Ist ein Veranstalter nicht feststellbar oder benennt der Veranstalter den Leiter nicht, kann auf die Leitereigenschaft aus der tatsächlichen Ausübung typischer Leiteraufgaben geschlossen werden.[8]

Der Veranstalter kann sich der Verpflichtung, die Versammlung selbst zu leiten, nur 10 dadurch entziehen, dass er einen Leiter bestimmt, wobei es ihm unbenommen ist, den Leiter von der Versammlung wählen zu lassen.[9] Allerdings wird der Gewählte durch die Wahl noch nicht zum Leiter, sondern es bedarf noch der Einsetzung durch den Veranstalter. Die Einsetzung als Leiter ist widerruflich; der Veranstalter kann also den Leiter auswechseln, ohne dass dafür eine Begründung erforderlich wäre.

III. Hausrecht

1. Rechtsnatur

Die Rechtsnatur des Hausrechts ist umstritten. Unter Hausrecht wird im Allgemeinen 11 das Recht des unmittelbaren Besitzers und seiner Besitzdiener verstanden, Besitzstörungen des befriedeten Besitztum abzuwehren. In diesem Sinne soll der Leiter das Hausrecht über den Versammlungsraum haben.[10]

Nach einer anderen Auffassung hat das aus dem Eigentumsrecht abgeleitete Hausrecht 12 des privaten und öffentlichen Rechts mit dem Hausrecht des § 7 Abs. 4 nichts gemein. Es soll sich vielmehr um eine versammlungsbezogene Organisationsgewalt handeln,

---

6 *Kniesel/Poscher*, Rn. 221.
7 *Ott/Wächtler/Heinhold*, § 7 Rn. 5.
8 BayObLG, NJW 1970, 480; OLG Düsseldorf, NJW 1978, 118.
9 *Breitbach*, RBRS, § 7 Rn. 19.
10 VGH Mannheim, DÖV 1990, 572.

die aus Art. 8 Abs. 1 GG selber folgt.[11] Die dem Leiter zustehenden Befugnisse sollen sich aus dieser spezifischen Organisationsgewalt ergeben.

13   Diese Auffassung vermag nicht zu überzeugen. Die Vertreter dieser Auffassung gehen selber davon aus, dass das Hausrecht keine Maßnahmen gegen Teilnehmer zu stützen vermag, sondern nur Grundlage für ein Vorgehen gegen Nichtteilnehmer sein kann.[12] Dann ist aber nicht einsichtig, warum ein gegen einen fliegenden Händler gerichtetes Vorgehen einer versammlungsbezogenen Organisationsgewalt bedarf, wo das schlichte Hausrecht ausreicht.

2. Übertragung

14   Das Hausrecht ist dem Leiter nicht durch § 7 Abs. 4 übertragen, sondern er kann es nur soweit ausüben, wie es dem Veranstalter vom Hausrechtsinhaber – Eigentümer, Pächter oder Mieter des Versammlungslokals für die Dauer der Veranstaltung – übertragen worden ist.[13] Es bedarf also des Abschlusses eines zivilrechtlichen Vertrages.

3. Adressaten

15   Das Hausrecht aus Abs. 4 rechtfertigt nur Maßnahmen gegen Nichtteilnehmer, die sich im Versammlungsraum aufhalten, etwa Bedienungspersonal, fliegende Händler, Hausmeister, Handwerker etc. Als gegen Teilnehmer gerichtete Maßnahmen sieht das BVersG nur den vorherigen Ausschluss in der Einladung gem. § 6 Abs. 1 und die Ausschließung nach § 11 Abs. 1 vor.

16   Fraglich ist, ob Pressevertreter Adressaten des Hausrechts sein können, wenn von ihnen Störungen ausgehen. Einer Systematik des BVersG könnte entnommen werden, dass Pressevertreter Teilnehmer der Versammlung seien, weil sie nach § 6 Abs. 2 nicht von der Teilnahme ausgeschlossen werden können. Das überzeugt nicht, weil der Gesetzgeber in § 6 den Begriff Teilnahme i.S. von »Zutritthaben« oder »Dabeieindürfen« verstanden hat, ohne damit Pressevertreter zum Träger des Teilnahmerechts aus Art. 8 Abs. 1 GG machen zu wollen. Damit der besonderen Stellung und Bedeutung der Medien Rechnung getragen wird, ist aber das Vorliegen einer erheblichen Störung für die Ausübung des Hausrechts gegen Pressevertreter zu fordern.

4. Ausübung

17   Mit Hilfe des Hausrechts können Nichtteilnehmer aus dem Versammlungsraum verwiesen werden. Zur Verteidigung des Hausrechts, das notwehrfähig ist, kann Gewalt nur angewendet werden, wenn polizeiliche Hilfe nicht rechtzeitig erlangt werden kann. Das ist ausgeschlossen, wenn nach § 12 BVersG entsandte Polizeibeamte vor Ort sind. Deren aus dieser Bestimmung abzuleitende Auftrag zum Schutz der Versammlung umfasst auch das Hausrecht und die Beamten haben Beeinträchtigungen

---

11 *Breitbach*, RBRS, § 7 Rn. 25.
12 *Breitbach*, RBRS, § 7 Rn. 30.
13 *Ott/Wächtler/Heinhold*, § 7 Rn. 9.

des Hausrechts genauso zu unterbinden wie eine nicht erforderliche Gewaltanwendung zur Verteidigung des Hausrechts.

Gegen Nichtteilnehmer kann der Leiter nicht mit Hilfe seiner Ordner vorgehen, weil 18
der den Ordnungseinsatz regelnde § 9 BVersG in Abs. 1 ausdrücklich bezüglich des
Einsatz von Ordnern nur auf die Befugnisse des Leiters nach § 8 BVersG verweist.[14]

IV. Landesregelungen

1. Bayern

Art. 3 Versammlungsleitung 19

*(1) Der Veranstalter leitet die Versammlung. Es kann die Leitung einer natürlichen
Person übertragen.*

*(2) Veranstaltet eine Vereinigung die Versammlung, ist Leiter die Person, die den Vorsitz
der Vereinigung führt, es sei denn, der Veranstalter hat die Leitung nach Abs. 1 Satz 2
auf eine andere natürliche Person übertragen.*

(3) Abs. 1 und 2 gelten nicht für Spontanversammlungen nach Art. 13 Abs. 4.

Art. 3 entspricht im Wesentlichen § 7 Abs. 1–3 BVersG.[15] Abs. 1 verzichtet im Gegen- 20
satz zu § 7 Abs. 1 BVersG auf die Pflicht zur Einsetzung eines Leiters und begnügt sich
mit der Regelung, dass der Veranstalter der geborene Leiter ist.

Abs. 2 ergänzt die entsprechende Regelung in § 7 Abs. 2 BVersG durch den Vorbehalt, 21
dass der Veranstalter die Leitung auf eine andere natürliche Person übertragen kann.

Abs. 3, der die Abs. 1 und 2 für Spontanversammlungen außer Geltung setzt, hat nur 22
klarstellende Funktion, weil diese beiden Absätze den Veranstalter voraussetzen, den
die Spontanversammlung gerade nicht hat.

2. Niedersachsen

§ 13 Versammlungsleitung 23

*(1) Wer zu einer Versammlung in geschlossenen Räumen einlädt, ist deren Leiterin oder
Leiter. Die oder der Einladende oder die Versammlung kann eine andere Person zur
Leiterin oder zum Leiter bestimmen.*

Mit § 7 BVersG korrespondiert nur § 13 Abs. 1; die Abs. 2 und 3 haben ihre Ent- 24
sprechung in § 6 Abs. 1 und 2 BVersG. Die Abs. 4 und 5 beziehen sich auf die in § 8
BVersG geregelten Befugnisse des Leiters und erweitern diese.

Abs. 1 verzichtet im Gegensatz zu § 7 Abs. 1 BVersG auf die Pflicht zur Einsetzung 25
eines Leiters und macht den Einladenden zum geborenen Leiter einer Versammlung.

---

14 *Breitbach*, RBRS, § 7 Rn. 32.
15 Amtl. Begründung BayVersG 2008, LT-Drucks. 15/10181.

Mit dem Einladenden ist der Veranstalter gemeint und von diesem ist nur deshalb die Rede, weil der Begriff des Veranstalters im ndsVersG nicht vorkommt.[16]

3. Sachsen

26 § 6 Abs. 1–4 entspricht § 7 Abs. 1–4 BVersG.

4. Sachsen-Anhalt

27 § 6 Abs. 1–4 entspricht § 7 Abs. 1–4 BVersG.

5. Schleswig-Holstein

28 *§ 5 Versammlungsleitung*

(1) Die Veranstalterin oder der Veranstalter leitet die Versammlung. Wird die Versammlung von einer Vereinigung veranstaltet, wird sie von der Person geleitet, die deren Vorsitz führt. Die Veranstalterin oder der Veranstalter kann die Leitung einer anderen Person übertragen.

(2) Die Vorschriften dieses Gesetzes über die Versammlungsleitung gelten für nichtöffentliche Versammlungen nur, wenn eine Versammlungsleitung bestimmt ist.

29 Wie Bayern und Niedersachsen verzichtet auch Schleswig-Holstein auf die Pflicht zur Einsetzung eines Leiters und macht den Veranstalter in Abs. 1 zum geborenen Versammlungsleiter. Im Übrigen entspricht Abs. 1 mit den Sätzen 2 und 3 den Regelungen in § 7 Abs. 2 und 3.

30 Abs. 2 trägt dem Umstand Rechnung, dass nichtöffentliche Versammlungen keinen Leiter haben müssen; wird aber bei einer nichtöffentlichen Versammlung ein Leiter bestellt, so sollen die Vorschriften über die Versammlungsleitung gelten.

§ 8 [Leitungsrecht und -pflichten]

Der Leiter bestimmt den Ablauf der Versammlung. Er hat während der Versammlung für Ordnung zu sorgen. Er kann die Versammlung jederzeit unterbrechen oder schließen. Er bestimmt, wann eine unterbrochene Versammlung fortgesetzt wird.

---

16 *Miller*, WM, § 13 Rn. 2.

I. Rechte und Pflichten des Leiters

1. Allgemeines

§ 8 BVersG sichert die sich aus Art. 8 Abs. 1 GG ergebende Organisationsgewalt des **1** Veranstalters. Die aus dem Veranstaltungsrecht fließenden Rechte und Pflichten des Leiters sollen ermöglichen, dass die Versammlung nach den Vorstellungen des Veranstalters verläuft und dessen Ziele erreicht werden. Damit stärkt § 8 BVersG die Stellung des Leiters gegenüber den Teilnehmern, um auf diese Weise dem Veranstalter sein aus Art. 8 Abs. 1 GG fließendes Recht auf seine Versammlung zu sichern.[1]

2. Bestimmung des Ablaufs

Das Bestimmungsrecht des Leiters bezieht sich auf den äußeren Geschehensablauf **2** durch Eröffnung, Unterbrechung, Fortsetzung und Schließung der Versammlung, die Führung und Gestaltung durch Erteilung und Entzug des Wortes und die Aufrechterhaltung der Ordnung in der Versammlung. Weil diese Maßnahmen ihre Grundlage im Bestimmungsrecht des Leiters als Selbstverwaltungsorgan der Versammlung haben, kann es sich nicht um Verwaltungsakte handeln.

Die damit verbundenen Entscheidungen des Leiters, etwa wem wie lange und in **3** welcher Reihenfolge das Wort erteilt wird, stehen in seiner Entscheidungsmacht.[2] Seine daraus folgende starke Stellung wirft die Frage nach der rechtlichen Stellung der Versammlungsteilnehmer auf. Ist das Ermessen weit und kann es einseitig an den Vorstellungen des Veranstalters vom Verlauf der Versammlung ausgerichtet werden, ist der Teilnehmerstatus auf ein Anwesenheitsrecht ohne die Möglichkeit zur aktiven Mitgestaltung der Versammlung reduziert.

Dieser Befund wird mit dem Hinweis kritisiert, dass ein beliebiges, an keine Anträge **4** oder Beschlüsse der Versammlung gebundenes Ermessen dem Versammlungsleiter eine autoritäre, ja diktatorische Ordnungsgewalt über die Versammlung verleihe, die mit demokratischem Reglement nicht zu vereinbaren sei.[3] Demgegenüber wird auf den Charakter des Art. 8 Abs. 1 GG als Gruppen- und Kampfrecht und die Möglichkeit der Teilnehmer, ihr Versammlungsinteresse selbst zu organisieren, verwiesen.[4]

---

1 *Breitbach*, RBRS, § 8 Rn. 11.
2 *Ott/Wächtler/Heinhold*, § 8 Rn. 1.
3 *Ott/Wächtler/Heinhold*, § 8 Rn. 1 f.
4 *Breitbach*, RBRS, § 8 Rn. 15.

5   Zwischen den Extremen des diktatorischen Leiters und den Teilnehmern, die die von ihnen aufgesuchte Versammlung nach ihren Vorstellungen umfunktionieren, hält das BVersG mit den §§ 6–11 ein Instrumentarium vor, das die Rechte von Veranstalter und Leiter an ihrer Versammlung und die Rechte der Teilnehmer an dieser Versammlung zum Ausgleich bringen kann und auch eine verfassungskonforme Auslegung von § 8 BVersG zulässt.

6   Berücksichtigt man dabei die Ausführungen des BVerfG im Brokdorf-Beschluss[5] und zur Stellung des kritischen Teilnehmers[6] bzw. zu Verhinderungsaktionen[7], so ergibt sich im gegebenen Zusammenhang folgendes Bild. Das BVerfG geht im Brokdorf-Beschluss davon aus, dass das aus Art. 8 Abs. 1 GG abzuleitende Selbstbestimmungsrecht den Grundrechtsträgern zusteht.[8] Danach können sich Veranstalter, Leiter und Teilnehmer auf das Grundrecht berufen. In seiner Entscheidung zum kritischen Teilnehmer hat es festgestellt, dass Art. 8 Abs. 1 GG nicht nur solche Teilnehmer vor staatlichen Eingriffen schützt, die die Ziele der Versammlung oder die dort vertretenen Meinungen billigen, sondern auch die Teilnehmer, die ihnen kritisch oder ablehnend gegenüberstehen und dies in der Versammlung zum Ausdruck bringen wollen.[9] Die Entscheidung zu Verhinderungsaktionen begrenzt die rechtliche Stellung des Teilnehmers dadurch, dass er bei seinem abweichenden Verhalten die Versammlung in ihrem Bestand hinnehmen muss.[10]

7   Wenn das BVerfG Veranstalter, Leiter und Teilnehmer als Grundrechtsträger anerkennt, lässt sich daraus nicht eine Verantwortungsteilung dergestalt herleiten, dass der Veranstalter das Thema bestimmt, der Leiter die Ordnung und die Teilnehmer bei der Gestaltung mitbestimmen können.[11] Letzteren kann ein Recht zur Mitgestaltung der Versammlung nur zugestanden werden, wie es im Einvernehmen mit dem Veranstalter ausgeübt oder von ihm geduldet wird. Letztlich entscheidend ist, dass es der Veranstalter ist, der nicht nur das Thema, sondern auch den Ablauf der Versammlung bestimmen kann, weil es sich um seine Versammlung handelt.

8   Wenn sich ein Veranstalter gegen eine Unterwanderung und Umfunktionierung seiner Versammlung durch den politischen Gegner schützen will, hat er die Möglichkeit, den fraglichen Personenkreis nach § 6 Abs. 1 BVersG auszuschließen. Macht er davon keinen Gebrauch und es erscheint der nicht gewollte Personenkreis zur Versammlung, kann dieser nicht abgewiesen werden. Weil die öffentliche Versammlung ein offenes Forum auch für kontroverse Meinungsäußerungen ist, hat jeder Teilnehmer das Recht zu Widerspruch und Kritik gegenüber der vom Veranstalter

5 BVerfGE 69, 315/343.
6 BVerfGE 84, 203/209; BVerfG, NJW 1995, 3110/3112; *Röllecke*, NJW 1995, 3101; *Hermanns*, JA 2001, 81.
7 BVerfGE 84, 203/209 f.
8 BVerfGE 69, 315/343.
9 BVerfGE 84, 203/209; BVerfG, NJW 1995, 3110/3112.
10 BVerfGE 84, 203/209 f.
11 So aber *Ott/Wächtler/Heinhold*, § 8 Rn. 2.

vorgegeben Ausrichtung der Versammlung.[12] Wenn er sich das Wort nicht zuteilen lässt, sondern dazwischen ruft, gehört das noch zur zulässigen kontroversen Auseinandersetzung und die Ordnungsgewalt des Leiters ist nicht das legitime Mittel, um die vom Veranstalter gewollte Ausrichtung der Versammlung nach Inhalt und Ablauf zu wahren. Auch das dem Leiter vorbehaltene Recht zur Erteilung und Entziehung des Wortes berechtigt ihn nicht, wegen des befürchteten Inhalts missliebige Meinungsäußerungen zu unterbinden.

Allerdings hat der Leiter das Recht, die Versammlung zu unterbrechen, um diese in 9
das vom Veranstalter gewünschte und geplante Fahrwasser zu bringen. Der Leiter kann die Abweichler auffordern, sich zurückzunehmen oder die Versammlung zu verlassen und sie sodann fortsetzen. Es bleibt ihm die Option, die für ihn nicht mehr akzeptable Versammlung zu schließen.

Eine Ausschließung der Abweichler nach § 11 Abs. 1 BVersG kommt in Betracht, 10
wenn es sich um eine organisierte Unterwanderung der Versammlung durch den politischen Gegner handelt. So treten bei Versammlungen der bürgerlichen Parteien oder parteipolitisch neutralen Versammlungen Anhänger rechtsextremistischer Parteien oder Gruppierungen auf und versuchen, mit einer »Wortergreifungsstrategie« die Diskussion zu dominieren und die Versammlung durch Wortbeiträge zur eigenen politischen Position und durch organisiertes Zwischenrufen zur Werbeveranstaltung für ihre rechtsextremistische Ideologie umzufunktionieren.

In solchen Fällen hat das Veranstaltungsrecht Vorrang und der Leiter kann sein 11
Leitungsrecht vollumfänglich bis hin zur Ausschließung dieses Personenkreises ausüben, weil der vom Veranstalter gewollte Ablauf der Versammlung auf dem Spiel steht (vgl. § 11 Rdn. 10 ff.). Das Recht den Ablauf zu bestimmen schließt die Möglichkeit ein, entsandte Polizeibeamte zur Sicherstellung der Ordnung um Unterstützung zu ersuchen.[13]

3. Unterbrechung

Der Leiter unterbricht die Versammlung, wenn er es für erforderlich hält. Seine Ent- 12
scheidungsmacht ist reduziert, wenn wegen des Verhaltens der Teilnehmer ein Auflösungsgrund nach § 13 Abs. 1 Nr. 2, 3 oder 4 BVersG gegeben ist. Die unterbrochene Versammlung ist nach wie vor Versammlung i.S. des Gesetzes; sie ist weder aufgelöst noch geschlossen, sondern befindet sich in Wartestellung für eine Fortsetzung oder Schließung. Das Leitungsrecht und das Hausrecht bestehen fort. Dadurch ist es dem Leiter möglich, mittels der mit diesen Rechten verbundenen Befugnisse während der Unterbrechungsphase die Voraussetzungen für eine Fortsetzung der Versammlung zu schaffen.

---

12 BVerfGE 84, 203/209; BVerfG, NJW 1995, 3110/3112.
13 *Breitbach*, RBRS, § 8 Rn. 31.

4. Fortsetzung

13   Geht der Leiter davon aus, dass die Gründe, die Anlass der Unterbrechung waren, nicht mehr gegeben sind und die Versammlung fortgesetzt werden kann, bestimmt er, dass die Versammlung fortgesetzt wird. Das Recht des Leiters, die Fortsetzung der Versammlung zu bestimmen, besteht nicht, wenn die Polizei sie auf der Grundlage des § 13 Abs. 1 Nr. 2, 3 oder 4 BVersG als Minusmaßnahme gegenüber der Auflösung unterbrochen hat. In solchen Fällen entscheidet die Polizei über eine Fortsetzung.

5. Schließung

14   Wenn der Leiter die Versammlung schließt, ist sie beendet. Die Schließung ist keine Auflösung und deshalb besteht für die Anwesenden keine Pflicht, sich unverzüglich zu entfernen; sie können vielmehr noch im Versammlungsraum verweilen, bis sie der Inhaber des Hausrechts zum Verlassen auffordert.[14] Mit der Beendigung der Versammlung endet auch das Leitungsrecht.

6. Sicherstellung der Ordnung

15   Der Leiter hat nach § 8 Satz 2 BVersG während der Versammlung für Ordnung zu sorgen und darf zur Sicherung des geplanten Versammlungsablaufs die erforderlichen Maßnahmen treffen. Was insoweit zur Ordnung der Versammlung gehört und als deren Störung anzusehen ist, hängt vom Versammlungszweck ab, wie er vom Veranstalter festgelegt worden ist.

16   Ordnung i.S.d. § 8 Satz 2 BVersG ist funktionsbezogene Ordnung, zu der gehört, dass das Grundrecht aus Art. 8 Abs. 1 GG als kommunikatives Grundrecht in einem bestimmten Ordnungsrahmen ausgeübt werden kann. Die so verstandene Ordnung muss es zulassen, dass in der Versammlung unterschiedliche Auffassungen vertreten und kontroverse Meinungen geäußert werden können.[15] In diesem Rahmen hat der Leiter die Definitionsmacht für das Vorliegen einer einfachen Störung, die von der groben Störung i.S. von § 11 Abs. 1 abzugrenzen ist.

17   Allgemeine Verhaltenspflichten für jede Art von Versammlungen lassen sich nicht aufstellen, weil Versammlungen zu unterschiedlich sind;[16] was in einer politischen Versammlung normal ist, wäre bei einer Gedenkversammlung deplatziert.

18   Die Ordnungsfunktion des Leiters ist zeitlich begrenzt auf die Dauer der Versammlung, örtlich auf den Versammlungsraum, personell auf die Versammlungsteilnehmer und sachlich auf die Versammlungsführung und die Wahrung der Sicherheit. In zeitlicher Hinsicht beginnt seine Ordnungsfunktion bereits mit dem Eintreffen der ersten Teilnehmer im Versammlungsraum, nicht erst mit der formellen Eröffnung.[17]

---

14 *Breitbach*, RBRS, § 8 Rn. 41.
15 BVerfGE 84, 203/209; BVerfG, NJW 1995, 3110/3112.
16 *Breitbach*, RBRS, § 8 Rn. 27.
17 *Ott/Wächtler/Heinhold*, § 8 Rn. 5; *Breitbach*, RBRS, § 8 Rn. 23.

Für den Leiter besteht Anwesenheitspflicht, die von § 8 BVersG unausgesprochen   19
vorausgesetzt wird.[18] Der Leiter muss jederzeit für die Polizei erreichbar, sprich an-
sprechbar sein und ist Adressat polizeilicher Verfügungen. Bei Abwesenheit des Leiters
fällt das Leitungsrecht an den Veranstalter zurück, der jetzt wieder eine andere Person
mit der Leitung beauftragen kann.

7. Untersagung der Versammlungsleitung

Die Leitung einer Versammlung ist Ausübung der Versammlungsfreiheit (vgl. Teil I   20
Rdn. 232), solange der Leiter nicht unfriedlich wird. Das ist der Fall, wenn er zu
Gewalttätigkeiten auffordert oder diese duldet. Das beim Vorbeiziehen an einer
Moschee erfolgende Ausrufen »Wir wollen keine Salafistenschweine« reicht für einen
Ausschluss aus dem Schutzbereich nicht aus[19], weil die Strafrechtswidrigkeit nicht
gleichbedeutend mit Unfriedlichkeit ist.[20]

Agiert der Leiter im Schutzbereich, kann ihm dieser mangels einer speziellen Re-   21
gelung in den Versammlungsgesetzen nur auf der Grundlage der Generalklausel des
§ 15 Abs. 1 BVersG oder der korrespondierenden Regelungen in den Versammlungsgesetzen der Länder dadurch genommen werden[21], dass dem anmeldenen Veranstalter
per Auflage untersagt wird, den vorgesehenen Leiter auftreten zu lassen und statt
seiner eine andere Person als Leiter zu benennen. Voraussetzung dafür ist die unmittelbare Gefährdung der öffentlichen Sicherheit oder Ordnung durch eben diesen
Leiter. Davon kann bei der Gefahrenprognose ausgegangen werden, wenn dieser selbst
Straftaten begehen oder Straftaten durch auftretende Redner oder Teilnehmer dulden
wird. Ebenso wenn der Leiter bei vorherigen Versammlungen Teilnehmer angeheizt
bzw. zu Auflagenverstößen veranlasst hat und beim Kooperationsgespräch zu erkennen gegeben hat, dass er sein bisheriges Auftreten als Leiter nicht kritisch reflektiert
hat und auch nicht ändern will.[22] Für die Ablehnung eines Leiters reichen Kontakte
in die rechtsextremistische Szene oder die Teilnahme von Rechtsextremisten an der
bevorstehenden Versammlung für sich genommen nicht aus.[23]

II. Landesregelungen

1. Bayern

Art. 4 Leitungsrechte und -pflichten   22

(1) Der Leiter
1. bestimmt den Ablauf der Versammlung, insbesondere durch Erteilung und Ent-
   ziehung des Worts,
2. hat während der Versammlung für Ordnung zu sorgen,

---

18 A.A. *Breitbach*, RBRS, § 8 Rn. 25.
19 So aber VG Düsseldorf, BeckRS 2015, 42954.
20 *Trurnit*, NVwZ 2016, 873/878.
21 BVerfGE 73, 206/249; *Höfling*, SA, Art. 8 Rn. 33.
22 VGH Mannheim, VBlBW 2015, 428.
23 VGH München, BeckRS 2015, 54326; *Trurnit*, NVwZ 2016, 783/878.

3. kann die Versammlung jederzeit schließen und
4. muss während der Versammlung anwesend sein.

23 Art. 4 Abs. 1 entspricht inhaltlich § 8 BVersG. Wenn in Nr. 1 im Hinblick auf das Bestimmungsrecht über den Ablauf das Recht zur Erteilung und Entziehung des Worts gesondert erwähnt wird, ist damit eine Stärkung der Leitungsfunktion gewollt, um einem Missbrauch des Teilnahmerechts beim Versuch der Umfunktionierung von Versammlungen entgegenwirken zu können.[24]

24 Wenn Nr. 2 das Ordnungsrecht zeitlich mit während der Versammlung begrenzt, so soll damit die Ordnungsgewalt des Leiters nicht für den zwischen dem ersten Eintreffen von Teilnehmern und der formellen Eröffnung der Versammlung liegenden Zeitraum ausgeschlossen sein. Dies folgt aus Art. 12 Abs. 1 Nr. 2, der dem Leiter aufgibt, bewaffneten Teilnehmern den Zutritt zu verwehren.

25 Wenn in Nr. 3 nur von der Schließung die Rede ist, sind Unterbrechung und Fortsetzung der Versammlung damit nicht ausgeschlossen. Beide Maßnahmen sind als minderschwere Ordnungsmaßnahmen in der Schließung enthalten. Nr. 4 statuiert die für die Ausübung der Ordnungsfunktion unverzichtbare durchgehende Anwesenheitspflicht, die § 8 BVersG stillschweigend voraussetzt.

2. Niedersachsen

26 *§ 7 Versammlungsleitung*

(1) Jede nach § 5 anzuzeigende Versammlung unter freiem Himmel muss eine Leiterin oder einen Leiter haben. Die Leiterin oder der Leiter bestimmt den Ablauf der Versammlung. Sie oder er hat während der Versammlung für Ordnung zu sorgen und kann dazu insbesondere teilnehmende Personen, die die Versammlung stören, zur Ordnung rufen. Sie oder er kann die Versammlung jederzeit beenden. Sie oder er muss während der Versammlung anwesend und für die zuständige Behörde erreichbar sein.

§ 13 Versammlungsleitung

(4) Die Leiterin oder der Leiter darf Personen, die entgegen § 3 Abs. 2 Waffen oder sonstige Gegenstände mit sich führen, keinen Zutritt gewähren.

(6) Im Übrigen gilt für die Leiterin oder den Leiter § 7 entsprechend.

27 Im Vergleich mit § 8 BVersG gehören § 13 Abs. 1 und 2 in den Regelungszusammenhang von § 2 Abs. 1 und § 7 Abs. 1–3 BVersG und § 13 Abs. 2 und 3 sind § 6 Abs. 1 und 2 BVersG zuzuordnen.

28 Zum Regelungsgehalt von § 8 BVersG gehören nur die Abs. 4 und 6. Abs. 4 konkretisiert die Ordnungsgewalt des Leiters, was § 8 Satz 2 BVersG stillschweigend voraussetzt. Über Abs. 6 gelten die in § 7 Abs. 1 Satz 1 enthaltenen Leiterrechte und -pflichten für Versammlungen unter freiem Himmel auch für Versammlungen in geschlossenen Räumen. § 7 Abs. 1 Satz 1 gehört nicht zum Regelungsgehalt des § 8

---

24 *Heinhold*, WHM, Art. 4, Amtl. Begr. BayVersG 2008 (LT-Drucks. 15/10181).

BVersG, sondern entspricht § 7 Abs. 1 BVersG. Das in S. 2 geregelte Bestimmungsrecht über den Ablauf entspricht § 8 Satz 1 BVersG.

§ 7 Abs. 1 Satz 3 ergänzt die Ordnungsgewalt des Leiters gegenüber der Bundesrege- 29
lung um die Möglichkeit des Ordnungsrufs gegen Störer und § 7 Abs. 3 ermöglicht es,
Teilnehmern zur Aufrechterhaltung der Ordnung Anweisungen zu erteilen, die diese
zu befolgen haben was § 10 BVersG entspricht. § 7 Satz 4 sieht nur das Beendigungs-
recht für den Leiter vor, ohne dass damit Unterbrechung und Fortsetzung als minderschwere Maßnahmen ausgeschlossen wären.

Die in Abs. 1 Satz 5 vorgesehene Pflicht des Leiters zur Anwesenheit und Erreichbar- 30
keit für die zuständige Behörde regelt ausdrücklich, was § 8 BVersG stillschweigend
voraussetzt. In Abs. 4 wird die Ordnungsmacht des Leiters dadurch erweitert, dass er
potenziellen Gewalttätern den Zutritt zu verweigern hat.

3. Sachsen
§ 7 entspricht § 8 BVersG.   31

4. Sachsen-Anhalt
§ 7 entspricht § 8 BVersG.   32

5. Schleswig-Holstein

§ 6 Befugnisse der Versammlungsleitung   33

*(1) Die Versammlungsleitung sorgt für den ordnungsgemäßen Ablauf der Versammlung
und wirkt auf deren Friedlichkeit hin. Sie darf die Versammlung jederzeit unterbrechen
oder schließen.*

Nur § 6 Abs. 1 gehört zum Regelungsgegenstand von § 8 BVersG. § 6 Abs. 2 bezieht 34
sich auf § 9 Abs. 1 BVersG, Abs. 3 auf § 10 BVersG und Abs. 4 auf § 11 Abs. 1. § 6
Abs. 1 Satz 1 enthält sowohl das Bestimmungsrecht des Leiters für den Ablauf der
Versammlung als auch sein Recht, in der Versammlung für Ordnung zu sorgen und
unterscheidet sich dadurch vom BVersG, das die beiden Rechte getrennt voneinander
regelt.

Das Bestimmungsrecht über den Ablauf und die Ordnungsgewalt werden dadurch 35
ergänzt, dass der Leiter auf die Friedlichkeit verpflichtet wird. Als Appell an den Leiter,
auf sich anbahnende Gewalttätigkeiten zu achten und ihnen frühzeitig mit seiner Ordnungsgewalt zu begegnen, ist diese Ergänzung nachvollziehbar. Die Ordnungsgewalt
des Leiters besteht schon nach dem Wortlaut der Regelung für die Phase zwischen
dem Eintreffen der ersten Teilnehmer und der formellen Eröffnung der Versammlung,
weil das Gesetz im Gegensatz zu § 8 Satz 2 BVersG auf das »während« verzichtet hat.
Wenn in § 6 Abs. 1 Satz 2 als Maßnahmen nur Unterbrechung und Schließung vorgesehen sind, wollte der Gesetzgeber damit die Fortsetzung als minderschwere Maßnahme nicht ausschließen.

§ 9 [Ordner]

(1) Der Leiter kann sich bei Durchführung seiner Rechte aus § 8 der Hilfe einer angemessenen Zahl ehrenamtlicher Ordner bedienen. Diese dürfen keine Waffen oder sonstigen Gegenstände im Sinne von § 2 Abs. 3 mit sich führen, müssen volljährig und ausschließlich durch weiße Armbinden, die nur die Bezeichnung »Ordner« tragen dürfen, kenntlich sein.

(2) Der Leiter ist verpflichtet, die Zahl der von ihm bestellten Ordner der Polizei auf Anfordern mitzuteilen. Die Polizei kann die Zahl der Ordner angemessen beschränken.

I. Ordnereinsatz

1. Allgemeines

1 Ordner unterstützen den Versammlungsleiter bei der Ausübung seiner Ordnungsfunktion und unterliegen seinen Weisungen.[1] Wenn das Gesetz den Ordnereinsatz zur Durchführung der Rechte des Leiters vorsieht, macht es damit den Charakter des BVersG als Ausführungsgesetz zur Verwirklichung der Rechte aus Art. 8 Abs. 1 GG, hier des Leitungsrechts, deutlich.

2 Der Leiter kann sich der Ordner bedienen, um mit Hilfe seiner Aufgaben und Befugnisse aus den §§ 8 und 11 BVersG einen friedlichen und störungsfreien Ablauf der

---

1 *Ott/Wächtler/Heinhold*, § 9 Rn. 2.

Versammlung sicherzustellen. Der Begriff bedienen ist umfassend zu verstehen und beinhaltet das Auswählen, Bestellen, Anleiten und Kontrollieren der Ordner.

2. Bestellung

Die Entscheidung, Ordner einzusetzen, steht dem Leiter zu, liegt in seinem Ermessen **3** und ist Ausdruck der ihm verliehenen Ordnungsgewalt.[2] Bei Vorliegen einer unmittelbaren Gefahr für die öffentliche Sicherheit ist er zum Ordnereinsatz verpflichtet. Anders als bei Versammlungen unter freiem Himmel bedarf der Ordnereinsatz weder einer Anzeige noch einer Genehmigung.[3]

Die Ordner haben keine Befugnisse aus eigenem Recht, sondern leiten sie aus denen **4** des Leiters ab.[4] Deshalb enden diese in dem Moment, wo der Leiter mit der Schließung oder Auflösung der Versammlung seine Rechte verliert.

Ordner sind Versammlungsteilnehmer.[5] Aus der Genese des BVersG ergibt sich, dass **5** der Gesetzgeber, der die Bilder vom Saalschutz der NSDAP noch vor Augen hatte, keinen Ordnungsdienst als Privatpolizei oder Kampftruppe wollte.[6]

Wenn er auf diesem historischen Hintergrund gleichwohl den Einsatz von Ordnern **6** zur Unterstützung des Leiters zugelassen hat, dann deshalb, weil er davon ausgegangen ist, dass die Ordner aus dem Anhang von Veranstalter und Leiter stammen und sich nicht aus anderen Kreisen rekrutieren oder von Sicherheitsunternehmen angeheuert werden. Die anwesenden Ordner sind deshalb keine Hilfspolizisten, sondern als Teilnehmer der Versammlung Angehörige der Versammlungsleitung, die Selbstverwaltungsorgan der Versammlung ist.

a) Bestellungsmacht

Die Entscheidung, Ordner einzusetzen, steht dem Leiter zu, nicht dem Veranstalter.[7] **7** Das belegt, dass der Leiter, auch wenn er seine Rechte vom Veranstalter herleitet, diesem gegenüber eine selbstständige Stellung hat, wenn es um die innere Ordnung in der Versammlung geht. In diese darf die Polizei nur dann eingreifen, wenn es zur unmittelbaren Gefährdung der öffentlichen Sicherheit kommt.

b) Angemessenheit

Das Recht zur Ordnerbestellung wird durch die Angemessenheit begrenzt; die Anzahl **8** der Ordner kann also nach oben wie nach unten unangemessen sein. Nur bei überschaubaren Versammlungen mit geringer Teilnehmerzahl kann auf den Einsatz von Ordnern verzichtet werden.

---

2 *Ott/Wächtler/Heinhold*, § 9 Rn. 1; *Breitbach*, RBRS, § 9 Rn. 8.
3 *Ott/Wächtler/Heinhold*, § 9 Rn. 4.
4 *Ott/Wächtler/Heinhold*, § 9 Rn. 2; *Ullrich*, VersG, § 7 Rn. 36; *Miller*, WM, § 7 Rn. 19.
5 *Ott/Wächtler/Heinhold*, § 9 Rn. 2; *Miller*, WM, § 7 Rn. 19.
6 *Breitbach*, RBRS, § 9 Rn. 4.
7 *Ott/Wächtler/Heinhold*, § 9 Rn. 1.

9 Bei größeren Versammlungen ist ihr Einsatz unabdingbar, damit der Leiter seinen Pflichten aus § 5 Nr. 2 und § 13 Abs. 1 Nr. 3 und 4 nachkommen kann. Auch die Zutrittsverhinderung von nach § 6 Abs. 1 in der Einladung ausgeschlossenen Personen kann der Leiter ohne Ordner nicht leisten. Es dürfen aber dabei nicht mehr Ordner eingesetzt werden, als zur Wahrnehmung dieser Aufgaben erforderlich ist.

c) Gesetzliche Vorgaben

aa) Waffenlosigkeit

10 Bei der Entscheidung des Leiters, welche Personen er als Ordner einsetzen will, bestehen weitere Begrenzungen. Für Ordner besteht ein über § 2 Abs. 3 BVersG hinausgehendes Bewaffnungsverbot. Dies strikte Bewaffnungsverbot wird in § 9 Abs. 1 zweifach abgebildet, zum einen bezogen auf den Leiter in Satz 1 mit dem Verbot, bewaffnete Ordner einzusetzen oder ihren Einsatz zu dulden, zum anderen in Satz 2 mit dem unmittelbar an die Ordner gerichteten Verbot des Mitführens von Waffen oder ihnen entsprechenden gefährlichen Gegenständen i.S. von § 2 Abs. 3.

11 Das an die Ordner selbst gerichtete Waffenverbot geht über die Regelung des § 2 Abs. 3 hinaus, weil es nicht durch behördliche Ermächtigung suspendiert werden kann. Das hat zur Folge, dass die Personen, die im Einzelfall mit behördlicher Ermächtigung bei einer Versammlung Waffen tragen dürfen, als Ordner nicht in Betracht kommen können.

bb) Volljährigkeit

12 Mit Erreichen der Volljährigkeit wird die erforderliche Reife für verantwortliches Handeln gesetzlich vermutet. Entscheidend für die Wahrnehmung von Ordnerfunktionen ist aber die Eignung zum Ordner. Das ist nicht allein eine Frage des Lebensalters. Die von Gesetz geforderte Volljährigkeit darf deshalb nicht als essenzielle Voraussetzung der Ordnereignung verabsolutiert werden. Als bloße Ordnungsvorschrift ist sie »im Lichte der Versammlungsfreiheit«[8] zu interpretieren. Sie gilt im Regelfall. Ausnahmen müssen aber zulässig sein, etwa wenn grundrechtsmündige Minderjährige als Veranstalter und Leiter einer Versammlung auftreten und in ihrer Gestaltungsfreiheit beeinträchtigt werden, weil sie verpflichtet sind, ausschließlich volljährige Ordner einzusetzen.[9] Dabei ist auch die verfassungsrechtlich unzulässige gesetzliche Differenzierung zu berücksichtigen, die Volljährigkeit für Ordner, nicht aber für den ihnen übergeordneten Versammlungsleiter bestimmt.

13 Das Selbstorganisationsrecht des Veranstalters und des von ihm eingesetzten Leiters darf nicht durch Ordnungsvorschriften, die um ihrer selbst willen angewendet werden, unverhältnismäßig eingeschränkt werden.[10] Entscheidend ist, ob die einzusetzenden Ordner für die in Frage stehende Versammlung geeignet sind. So ist denkbar, dass

---

8 BVerfGE 69, 315/351.

9 *Breitbach*, RBRS, § 9 Rn. 20.

10 *Ott/Wächtler/Heinhold*, § 9 Rn. 6.

gleichaltrige Ordner in einer Schülerversammlung eher als Erwachsene bei der Wahrnehmung von Ordnungsaufgaben akzeptiert werden, was den störungsfreien Verlauf der Versammlung fördert.

cc) Ehrenamtlichkeit

Ordner müssen ihre Aufgabe ehrenamtlich erfüllen. Die Tätigkeit von Ordnern gilt 14 noch als ehrenamtlich, wenn Fahrtkosten und Auslagen für kleinere Erfrischungen erstattet werden.[11] Mit der Ehrenamtlichkeit wollte der Gesetzgeber, der im Jahre 1953 noch Saalschlachten zwischen Versammlungsteilnehmern und Versammlungsgegnern in der Weimarer Republik vor Augen hatte, Neutralität gewährleisten. Das lässt sich heute auch mit seriösen privaten Sicherheitsunternehmen erreichen. Deshalb sollten die Gesetzgeber in den Ländern den Regelungen in Art. 4 Abs. 1 bayVersG, § 7 Abs. 2 ndsVersG und § 6 Abs. 2 s-hVersFG folgen und auf die Ehrenamtlichkeit verzichten.

dd) Neutrale Kennzeichnung

Die Kenntlichmachung von Ordnern darf ausschließlich durch weiße Armbinden mit 15 der Aufschrift »Ordner« erfolgen. Der Ordnungsdienst in einer Versammlung muss auf jegliche Symbolik verzichten.[12] Damit soll propagandistischem Missbrauch vorgebeugt werden. Weiß signalisiert Neutralität, während andere Farben regelmäßig eine symbolhafte Zuordnung zu einer politischen Gesinnung zulassen. Die weiße Armbinde darf nicht zu Uniformen und Uniformteilen getragen werden, weil damit ihre Neutralität beseitigt würde.

Das Uniformierungsverbot für Ordner besteht auch dann, wenn mit dem uniformen 16 Auftreten keine gemeinsame politische Gesinnung zum Ausdruck kommt. Das Tragen der Armbinde ist obligatorisch. Ordner ohne oder mit vorschriftswidriger Armbinde haben keine Ordnungsbefugnisse und genießen auch nicht den Schutz des Straftatbestandes des § 22 BVersG.[13]

II. Mitteilungspflichten

Den Leiter trifft nach § 9 Abs. 2 die Pflicht, der Polizei die Anzahl der von ihm be- 17 stellten Ordner mitzuteilen. Die Pflicht obliegt dem Veranstalter, wenn er das Leitungsrecht nicht übertragen hat. Mitzuteilen ist nur die Anzahl der bestellten Ordner, und das auch nur auf polizeiliche Anforderung. Die Mitteilung ist an keine Form gebunden und kann auch mündlich erfolgen. Ändert der Leiter die Anzahl nicht nur unwesentlich, hat er das der Polizei ebenfalls mitzuteilen.

---

11 *Ott/Wächtler/Heinhold*, § 9 Rn. 7.
12 *Breitbach*, RBRS, § 9 Rn. 17.
13 *Ott/Wächtler/Heinhold*, § 9 Rn. 12.

III. Polizeiliche Beschränkungsbefugnis

18 Die Polizei ist befugt, die Zahl der Ordner angemessen zu begrenzen, nicht aber eine Mindestzahl festzulegen oder eine Erhöhung zu verlangen.[14] Bei der Angemessenheit handelt es sich um einen unbestimmten Rechtsbegriff, der nach den konkreten Umständen zu beurteilen ist. Die Angemessenheit ist auf die Wahrnehmung der Ordnungsfunktion bezogen. Aus polizeilicher Erfahrung hat sich als Faustregel herausgebildet, auf fünfzig Teilnehmer einen Ordner vorzusehen. Bei diesem Verhältnis wird sich ein Einschüchterungseffekt durch eine bedrohlich wirkende Anzahl von Ordnern[15] kaum einstellen können, zumal diese nur eine weiße Armbinde tragen dürfen.

19 Die Beschränkungsverfügung stellt einen Verwaltungsakt dar[16], der an den Leiter, nicht an den Veranstalter zu richten ist; sie kann mit Zwangsgeld durchgesetzt werden. Die Verfügung wird von der Polizei im institutionellen Sinne erlassen. Das sind im Sinne des BVersG die durch ihre uniformierten Beamten handelnden Polizeibehörden der Länder.

20 Die Missachtung von Verfügungen, die die Angabe der Zahl der Ordner verlangen oder die Zahl der Ordner begrenzen, rechtfertigt weder ein Verbot noch eine Auflösung der Versammlung. Der Leiter begeht lediglich eine Ordnungswidrigkeit nach § 29 Abs. 1 Nr. 6 BVersG.

21 Sofern Ordner unter Missbrauch ihrer übertragenen Befugnisse oder in sonstiger Weise den Versammlungsablauf stören, ist ihnen die Ordnungsbefugnis zu entziehen und sie sind wie andere Teilnehmer vom Leiter von der Versammlung auszuschließen.

22 Über das Auskunfts- und Beschränkungsrecht hinausgehende Befugnisse können aus § 9 Abs. 2 BVersG nicht abgeleitet werden.[17] Es besteht insbesondere kein Auskunftsanspruch gegen den Leiter, personenbezogene Informationen über die vorgesehenen Ordner mitzuteilen, um die Polizei in den Stand zu setzen, Eignung und Zuverlässigkeit der Ordner beurteilen zu können. Diese Informationen können allerdings per Auflage dann vom Veranstalter verlangt werden, wenn es beim Einsatz der vom Leiter vorgesehenen Ordner zu einer unmittelbaren Gefährdung der öffentlichen Sicherheit käme (vgl. § 18 Rn. 26 f.). Eine Auflage an den Veranstalter, dass die eingesetzten Ordner sich gegenüber Versammlungsbehörde bzw. Polizei auf Verlangen mit einem gültigen Personalausweis zwecks Überprüfung ihrer Zuverlässigkeit und Volljährigkeit ausweisen müssen, ist dann zulässig, wenn die Gefahrenprognose erstellt werden kann, dass durch den Einsatz der vorgesehenen Ordner eine unmittelbare Gefährdung der öffentlichen Sicherheit hervorgerufen wird. Es besteht damit nicht generell

---

14 *Ott/Wächtler/Heinhold,* § 9 Rn. 17.
15 A.A. *Breitbach*, RBRS, § 9 Rn. 25.
16 *Ott/Wächtler/Heinhold,* § 9 Rn. 14.
17 *Breitbach*, RBRS, § 9 Rn. 24.

die Möglichkeit der Überprüfung der Zuverlässigkeit nach den §§ 18 Abs. 2 und 19 Abs. 1 BVersG oder den entsprechenden landesgesetzlichen Regelungen, sondern nur unter den tatbestandlichen Voraussetzungen des § 15 Abs. 1 BVersG.[18] Die Auflage an den Versammlungsleiter, die Ordner in Anwesenheit des Einsatzleiters der Polizei in ihre Aufgaben einzuweisen und über ihre Rechte und Pflichten zu belehren, ist rechtswidrig.[19] Bei einem Aufzug, in dem auf der Ladefläche von mitgeführten Lkw, auf der sich Versammlungsteilnehmer aufhalten, ist die Auflage, dass jeder Lkw von mindestens vier Ordnern zu begleiten ist, rechtswidrig, weil die Abwehr von Gefahren, die von außen auf die Versammlung einwirken, Sache der Polizei ist.[20]

IV. Landesregelungen

1. Bayern

Art. 4 Leitungsrecht und -pflichten 23

(2) Der Leiter kann sich zur Erfüllung seiner Aufgaben der Hilfe einer angemessenen Anzahl volljähriger Ordner bedienen. Die Ordner müssen weiße Armbinden mit der Aufschrift »Ordner« oder »Ordnerin« tragen; zusätzliche Kennzeichnungen sind nicht zulässig. Der Leiter darf keine Ordner einsetzen, die Waffen oder sonstige Gegenstände mit sich führen, die ihrer Art nach geeignet und den Umständen nach dazu bestimmt sind, Personen zu verletzen oder Sachen zu beschädigen.

Art. 10 Veranstalterrechte und -pflichten

(4) Der Veranstalter hat der zuständigen Behörde auf Anforderung die persönlichen Daten eines Ordners im Sinne des Abs. 3 Satz 1 mitzuteilen, wenn Tatsachen die Annahme rechtfertigen, dass dieser die Friedlichkeit der Versammlung gefährdet. Die zuständige Behörde kann den Ordner ablehnen, wenn die Voraussetzungen nach Satz 1 vorliegen.

(5) Die zuständige Behörde kann dem Veranstalter aufgeben, die Anzahl der Ordner zu erhöhen, wenn ohne die Erhöhung eine Gefahr für die öffentliche Sicherheit zu besorgen ist.

Art. 13 Anzeige- und Mitteilungspflicht

Abs. 6 ist identisch mit Art. 10 Abs. 4.

Abs. 7 ist identisch mit Art. 10 Abs. 5.

a) Art. 4 Abs. 2

Die Regelung entspricht weitgehend § 9 BVersG.[21] Wenn das Gesetz formuliert, dass 24
der Leiter Ordner einsetzen kann, um seine Aufgaben erfüllen zu können, stellt es

---

18 A.A. OVG Bautzen, LKV 2016, 223/224 f.
19 OVG Bautzen, LKV 2016, 223/225.
20 OVG Lüneburg, NdsVBl 2018, 89/92.
21 *Heinhold*, WHM, Art. 4 Rn. 17.

im Gegensatz zum BVersG, wo es heißt »zur Durchführung seiner Rechte«, deutlich die Ordnungsfunktion des Leiters heraus und versteht das Versammlungsrecht damit primär als Ordnungsrecht.[22]

25   Im Gegensatz zu § 9 Abs. 1 BVersG wird bei den persönlichen Voraussetzungen für die Ordner auf die Ehrenamtlichkeit verzichtet; damit wird für den Leiter die Möglichkeit geschaffen, bei Versammlungen private Sicherheitsdienste einsetzen zu können, ohne dass aber der Versammlungsbehörde damit das Recht eingeräumt wäre, vom Veranstalter den Einsatz professioneller Sicherheitsdienste verlangen zu können.[23] Die eingesetzten Mitarbeiter privater Sicherheitsdienste haben anders als die aus dem Anhang des Veranstalters gewonnenen Ordner nicht den Status als Teilnehmer der Versammlung und können vom Leiter nur auf der Grundlage des Hausrechts ausgeschlossen werden.

b) Art. 10 Abs. 4 und 5, Art. 13 Abs. 6 und 7

26   Nach Art. 10 Abs. 4 und Art. 13 Abs. 6 hat der Veranstalter der zuständigen Behörde auf Anforderung die persönlichen Daten eines Ordners i.S.d. Abs. 3 Satz 1 mitzuteilen. Tatbestandliche Voraussetzung ist, dass Tatsachen die Annahme der Gefährdung der Friedlichkeit rechtfertigen. Mit der Gefährdung wird keine konkrete Gefahr gefordert; es reicht aus, dass aufgrund der konkreten Situation die Möglichkeit eines unfriedlichen Verlaufs droht.[24]

27   Die abgesenkte Gefahrenschwelle bringt der Behörde aber nichts. Wenn der Ordner nicht bekannt ist, kann auch nicht beurteilt werden, ob von ihm eine Gefährdung ausgeht. Damit geht auch die Ablehnungsbefugnis des S. 2 ins Leere. Die Regelung ist insgesamt missglückt.[25]

28   In Abs. 5 bzw. Art. 13 Abs. 7 wird die Behörde ermächtigt, vom Veranstalter die Erhöhung der Anzahl der Ordner zu verlangen. Das macht nur Sinn, wenn die Behörde die vom Veranstalter vorgesehene Ordneranzahl auch kennt. Das Gesetz sieht aber keine Verpflichtung des Veranstalters oder Leiters vor, die Anzahl der Behörde bekannt zu geben. Sie hat nur die Möglichkeit, die Anzahl im Kooperationsgespräch zu erfragen. Wird sie nicht mitgeteilt, kann die Behörde eine Mindestzahl an Ordnern festlegen.[26] Voraussetzung ist, dass ohne die Erhöhung eine Gefahr für die öffentliche Sicherheit zu besorgen ist. Mit dieser Voraussetzung kann der Eingriff in die Entscheidungsfreiheit des Veranstalters gerechtfertigt werden.

---

22 *Heinhold*, WHM, Art. 4 Rn. 17.
23 *Heinhold*, WHM, Art. 4 Rn. 18.
24 *Heinhold*, WHM, Art. 10 Rn. 24 und 20.
25 *Heinhold*, WHM, Art. 10 Rn. 24 und 21.
26 *Miller*, WM, § 7 Rn. 20; *Ullrich*, VersG, § 7 Rn. 34.

2. Niedersachsen

§ 7 Versammlungsleitung   29

(2) Die Leiterin oder der Leiter kann sich zur Erfüllung ihrer oder seiner Aufgaben der Hilfe von Ordnerinnen und Ordnern bedienen, die weiße Armbinden mit der Aufschrift »Ordnerin« oder »Ordner« tragen müssen. Ordnerinnen und Ordner darf keine Befreiung nach § 3 Abs. 2 Satz 2 erteilt werden.

§ 5 Anzeige

(3) Die zuständige Behörde kann von der Leiterin oder dem Leiter die Angabe
1. des geplanten Ablaufs der Versammlung,
2. der zur Durchführung der Versammlung voraussichtlich mitgeführten Gegenstände, insbesondere technischen Hilfsmittel, und
3. der Anzahl und der persönlichen Daten von Ordnerinnen und Ordnern

verlangen, soweit dies zur Abwehr einer Gefahr für die öffentliche Sicherheit erforderlich ist. Die Leiterin oder der Leiter hat der zuständigen Behörde Änderungen der nach Satz 1 anzugebenden Umstände unverzüglich mitzuteilen.

§ 10 Besondere Maßnahmen

(1) Die zuständige Behörde kann anhand der nach § 5 Abs. 2 und 3 erhobenen Daten durch Anfragen an Polizei- und Verfassungsschutzbehörden prüfen, ob die betroffene Person die öffentliche Sicherheit unmittelbar gefährdet. Besteht diese Gefahr, kann die Behörde die Person als Leiterin oder Leiter ablehnen oder ihren Einsatz als Ordnerin oder Ordner untersagen. Im Fall der Ablehnung muss die anzeigende Person eine andere Person als Leiterin oder Leiter benennen. Die nach Satz 1 erhobenen Daten sind unverzüglich nach Beendigung der Versammlung unter freiem Himmel zu löschen, soweit sie nicht zur Verfolgung einer Straftat oder Ordnungswidrigkeit benötigt werden.

§ 13 Versammlungsleitung

(6) Im Übrigen gilt für die Leiterin oder den Leiter § 7 entsprechend.

Für Versammlungen in geschlossenen Räumen sieht das ndsVersG § 9 BVersG entsprechende Regelungen nicht ausdrücklich vor, sondern verweist in § 13 Abs. 6 auf § 7. Das in § 7 Abs. 2 geregelte Recht des Leiters, sich zur Erfüllung seiner Aufgaben der Hilfe von Ordnern zu bedienen, betont wie die entsprechende Regelung in Art. 4 Abs. 2 Satz 1 bayVersG die Ordnungsfunktion der Versammlungsleitung.   30

Hinsichtlich der tatbestandlichen Anforderungen an die als Ordner vorgesehenen Personen verzichtet § 7 Abs. 2 auf die Volljährigkeit und Ehrenamtlichkeit. Mit dem Verzicht auf die Volljährigkeit entfallen die verfassungsrechtlichen Bedenken gegen dies Erfordernis (vgl. Rdn. 12). Mit dem Wegfall der Ehrenamtlichkeit sind Mitarbeiter professioneller Sicherheitsdienste als Ordner zugelassen. Diese haben aber anders als die aus dem Anhang des Veranstalters stammenden Ordner keinen Teilnehmerstatus und können vom Leiter nur auf der Grundlage des Hausrechts ausgeschlossen werden.   31

32 Für Versammlungen in geschlossenen Räumen besteht in Niedersachsen weder die Pflicht für den Leiter, die Zahl der eingesetzten Ordner mitzuteilen, noch das Recht der Polizei, die Zahl der Ordner angemessen zu beschränken. Ein Beschränkungsrecht ist im Gesetz überhaupt nicht vorgesehen und die Mitteilungspflicht des Leiters, die sich aus § 5 Abs. 3 Nr. 3 ergibt, gilt nicht für Versammlungen in geschlossenen Räumen.

3. Sachsen

33 § 8 entspricht § 9 BVersG. Das Entfallen des doppelten Bewaffnungsverbots hat keine Folgen.

4. Sachsen-Anhalt

34 § 8 entspricht § 9 BVersG.

5. Schleswig-Holstein

35 *§ 6 Befugnisse der Versammlungsleitung*

(2) Die Versammlungsleitung kann sich der Hilfe von Ordnerinnen und Ordnern bedienen. Diese müssen bei Versammlungen unter freiem Himmel durch weiße Armbinden, die nur die Bezeichnung »Ordner« tragen dürfen, kenntlich sein. Die Vorschriften dieses Gesetzes für Teilnehmerinnen und Teilnehmer der Versammlung gelten auch für Ordnerinnen und Ordner.

36 Da der Abschnitt 3 – Versammlungen in geschlossenen Räumen – keine Regelungen für den Einsatz von Ordnern vorsieht, bleibt es für Versammlungen in geschlossenen Räumen bei der allgemeinen Regelung des § 6 Abs. 2. Diese verzichtet hinsichtlich der Zulässigkeit des Ordnereinsatzes auf die Volljährigkeit und Ehrenamtlichkeit. Es dürfen also auch minderjährige Personen als Ordner auftreten. Mit dem Verzicht auf die Ehrenamtlichkeit wird der Einsatz von privaten Sicherheitsdiensten zugelassen. Das Verbot der Bewaffnung, wie es in § 9 Abs. 1 Satz 2 BVersG enthalten ist, ergibt sich unmittelbar aus Abs. 2 Satz 3, indem das für Teilnehmer geltende Waffenverbot des § 8 Abs. 1 auch für Ordner Anwendung findet. Eine Mitteilungspflicht des Leiters zur Anzahl der vorgesehenen Ordner besteht nicht.

§ 10 [Befolgen von Anweisungen]

Alle Versammlungsteilnehmer sind verpflichtet, die zur Aufrechterhaltung der Ordnung getroffenen Anweisungen des Leiters oder der von ihm bestellten Ordner zu befolgen.

I. Befolgungspflicht der Teilnehmer

1. Teilnehmereigenschaft

Teilnehmer ist, wer in der Versammlung anwesend ist und an ihr teilhat. Teilhabe **1** i.S. des weiten Versammlungsbegriffs setzt die innere Verbundenheit der Anwesenden untereinander voraus und verlangt, dass sie als Akteure das Ziel der Versammlung verwirklichen. Unter dem engeren Versammlungsbegriff kann eine Teilnahme nur vorliegen, wenn es in der Versammlung oder Demonstration um öffentliche Meinungsbildung geht. Das ist bei einer Diskussionsversammlung zu bejahen, wenn sich die Anwesenden zustimmend – auch durch schlüssiges Verhalten – oder kritisch bis hin zur Ablehnung der inhaltlichen Position des Veranstalters an der Erörterung beteiligen. Bei einer Demonstration als kollektiver Meinungskundgabe reicht schon die Anwesenheit in der die Botschaft vermittelnden Menschenmenge aus.

Wer aus anderen Gründen anwesend ist, kann kein Teilnehmer sein. Das gilt für **2** Bedienungspersonal, Tontechniker, Hausmeister oder den Hauseigentümer bzw. Verpächter. Nach § 12 entsandte Polizeibeamte haben ihren gesetzlichen Auftrag und sind zur Wahrnehmung desselben anwesend.

Pressevertreter und ihr Hilfspersonal sind keine Versammlungsteilnehmer.[1] Sie haben **3** in Ausübung der sie schützenden Meinungsfreiheit und Pressefreiheit eine privilegierte Stellung, was schon in § 6 Abs. 2 BVersG deutlich wird. Die Medien sollen aus und von der Versammlung der Öffentlichkeit objektiv berichten. Das kann aber nur aus kritischer Distanz zu den Inhalten, Absichten und Zielen einer Versammlung gelingen.

2. Rechtsnatur der Pflicht

Die Befolgungspflicht aus § 10 ist eine öffentlich-rechtliche, weil das Gesetz anordnet, **4** dass die Teilnehmer den Anweisungen von Leiter und Ordnern zu folgen haben. Dieser gesonderten Anordnung bedurfte es, weil das Ordnungsrecht als Grundlage von Weisungen für den Leiter als Selbstverwaltungsorgan der Versammlung seine Basis

---

1 *Heinhold*, WHM, Art. 1 Rn. 30; dagegen werden sie bei Art. 4 Rn. 1 als Teilnehmer betrachtet; *Brenneisen/Wilksen*, S. 86; *Ullrich*, VersG, § 7 Rn. 39; a.A. *Breitbach*, RBRS, § 10 Rn. 5; *Ott/Wächtler/Heinhold*, § 10 Rn. 1; *Miller*, WM, § 7 Rn. 13.

in Art. 8 Abs. 1 GG hat und deshalb als Grundrechtsausübung keine hoheitliche Ermächtigung vermitteln kann.

II. Anweisungen

1. Allgemeines

5   Der Pflicht der Teilnehmer, Anweisungen des Leiters und seiner Ordner zu befolgen, korrespondiert keine Befugnis des Leiters i.s. einer öffentlich-rechtlichen Ermächtigung zu Grundrechtseingriffen gegenüber den Teilnehmern. Wäre ihm diese übertragen, hätte er den Status eines Beliehenen und seine Ordner wären Hilfspolizisten. Leiter und Ordner bleiben auch in Ausübung ihres Weisungsrechts aus § 10 Selbstverwaltungsorgan und nehmen das Leitungsrecht als Teilrecht aus Art. 8 Abs. 1 GG wahr. Die Befolgungspflicht der Teilnehmer ist nur deshalb öffentlich-rechtlicher Natur[2], weil der Gesetzgeber sie zur Stärkung des Ordnungsrechts des Leiters im BVersG angeordnet hat. Deshalb handelt es sich bei den Anweisungen auch nicht um Verwaltungsakte.[3]

2. Anweisungen des Leiters

6   Der Leiter kann allgemeine und spezielle Anweisungen erteilen. Dabei kann er pauschalieren, wenn er etwa anordnet, störenden Lärm zu unterlassen. Weisungen ohne Ordnungsbezug, etwa sich von den Plätzen zu erheben oder die Nationalhymne mitzusingen, brauchen nicht beachtet zu werden.

7   Die zur Aufrechterhaltung der Ordnung erteilten Anweisungen müssen sich auf ein Verhalten der Teilnehmer in der Versammlung beziehen, den äußeren Geschehensablauf der Versammlung betreffen und sich im Rahmen der üblichen »Spielregeln« bei einer Diskussion halten. Zwischenrufe, Missfallenskundgebungen und geäußerte Gegenmeinungen gehören zu einem Disput dazu und dürfen durch Anweisungen nicht unterbunden werden.[4]

3. Anweisungen der Ordner

8   Auch die Ordner dürfen Anweisungen erteilen. Da sie dies Recht vom Leiter ableiten, es ihnen also nicht als Ordner eingeräumt ist, besteht es nur im Rahmen des vom Leiter vorgegebenen Ordnungskonzepts. Stehen die Anweisungen von Ordnern im Widerspruch zu denen des Leiters, müssen sie nicht befolgt werden.

4. Durchsetzung

9   Leiter und Ordner haben keine Zwangsbefugnisse und sind zur Durchsetzung ihrer Anweisungen auf polizeiliche Unterstützung angewiesen. Ihr Notwehrrecht bleibt unberührt. Ein Recht zur Zwangsanwendung lässt sich nicht aus § 13 Abs. 1 Nr. 3 – »und

---

2 *Ott/Wächtler/Heinhold*, § 10 Rn. 2.
3 *Ott/Wächtler/Heinhold*, § 8 Rn. 4.
4 BVerfGE 84, 203/209; BVerfGE, NJW 1995, 3110/3112.

für die Durchführung des Ausschlusses sorgt« – hergeleitet werden. Diese Pflicht, wird dadurch erfüllt, dass polizeiliche Unterstützung in Anspruch genommen wird.

Nach § 11 Abs. 1 ausgeschlossene Teilnehmer haben das Recht auf Teilnahme an der 10 Versammlung verloren und gegen sie kann auf der Grundlage des Hausrechts vorgegangen werden. Da das Hausrecht wehrfähig ist, kann es zulässig sein, zur Durchsetzung Gewalt anzuwenden. Diese wird aber nur rechtmäßig ausgeübt, wenn sie i.S. von § 227 BGB und § 32 StGB erforderlich ist. Das ist aber nur der Fall, wenn polizeiliche Hilfe nicht oder nicht rechtzeitig erlangt werden kann, also vor Ort keine nach § 12 entsandten Polizeibeamten anwesend sind.

III. Landesregelungen

1. Bayern

Art. 5 Pflichten der teilnehmenden Personen 11

(1) Personen, die an der Versammlung teilnehmen, haben die zur Aufrechterhaltung der Ordnung getroffenen Anweisungen der Leiters oder der Ordner zu befolgen.

Die Regelung entspricht inhaltlich § 10 BVersG.[5]

2. Niedersachsen

§ 7 Versammlungsleitung 12

(3) Personen, die an der Versammlung teilnehmen, haben die zur Aufrechterhaltung der Ordnung getroffenen Anweisungen der Leiterin oder des Leiters oder einer Ordnerin oder eines Ordners zu befolgen.

§ 13 Versammlungsleitung

(6) Im Übrigen gilt für die Leiterin oder den Leiter § 7 entsprechend.

Durch den Verweis durch § 13 Abs. 6 auf § 7 hat der Leiter mit seinen Ordnern auch 13 bei Versammlungen in geschlossenen Räumen das Recht, Anweisungen i.S. von § 7 Abs. 3 zu geben, die die Versammlungsteilnehmer zu befolgen haben. Inhaltlich entspricht § 7 Abs. 3 dem § 10 BVersG.

3. Sachsen

§ 9 entspricht § 10 BVersG. 14

4. Sachsen-Anhalt

§ 9 entspricht § 10 BVersG. 15

---

5 *Heinhold*, WHM, Art. 5 Rn. 1.

5. Schleswig-Holstein

16   *§ 6 Befugnisse der Versammlungsleitung*

(3) Die zur Aufrechterhaltung der Ordnung in der Versammlung getroffenen Anweisungen der Versammlungsleitung und der Ordnerinnen und Ordner sind zu befolgen.

Die Regelung des Abs. 3 entspricht inhaltlich § 10 BVersG.

§ 11 [Ausschließung von Störern]

(1) Der Leiter kann Teilnehmer, welche die Ordnung gröblich stören, von der Versammlung ausschließen.

(2) Wer aus der Versammlung ausgeschlossen wird, hat sie sofort zu verlassen.

I. Ausschließung durch den Leiter

1. Rechtsnatur

1   Die Ausschließung beendet als rechtsgestaltende Verfügung die Teilnahme an der Versammlung, nimmt dem Ausgeschlossenen das Grundrecht aus Art. 8 Abs. 1 GG und eröffnet die Möglichkeit des Zugriffs auf das Hausrecht aus § 7 Abs. 4 für den Leiter und für die Polizei auf das Polizeirecht. Der Ausgeschlossene hat den Versammlungsraum sofort zu verlassen. Er ist jetzt Nichtteilnehmer, gegen den auf der Grundlage des Hausrechts vorgegangen werden kann.

2   Auch wenn das Gesetz davon spricht, dass der Leiter Teilnehmer ausschließen kann, ist damit keine Ermessensbefugnis i.S. des Allgemeinen Verwaltungsrechts geschaffen worden.[1] Der Leiter wird als Selbstverwaltungsorgan zur Ausschließung berechtigt,

---

1 *Breitbach*, RBRS, § 11 Rn. 13.

nicht als Beliehener ermächtigt. Er ist zur Ausschließung nicht verpflichtet, selbst wenn eine grobe Störung infolge des Vorliegens eines Auflösungsgrundes nach § 13 Abs. 1 gegeben ist. Toleriert er solche Störungen, muss er nur damit rechnen, dass die Polizei nach § 13 Abs. 1 gegen die Versammlung oder einzelne Teilnehmer vorgeht.

Die Ausschließung durch den Leiter ist öffentlich-rechtlicher Natur, aber kein Verwaltungsakt. Weil der Leiter kein Beliehener ist, kann er auch keine Verfügung erlassen. Seine Ordnungsmaßnahme ist aber keine privatrechtliche Maßnahme wie ein Vereinsausschluss, sondern der Leiter handelt auf der Grundlage einer im BVersG enthaltenen Ordnungsvorschrift, die von einem Hoheitsträger zu verfügen wäre, wenn es sich bei der Ausübung des Leitungsrechts nicht um die Wahrnehmung des Grundrechts aus Art. 8 Abs. 1 GG handeln würde. **3**

2. Berechtigter

Das Recht zur Ausschließung steht ausschließlich dem Leiter zu. Er kann das Recht nicht auf die Ordner delegieren, sondern muss es auch im Einzelfall ausüben. Damit ist ausgeschlossen, dass der Leiter seinen Ordnern allgemeine Vorgaben macht und ihnen im Einzelfall die Entscheidung über eine Ausschließung überlässt. Mit § 11 Abs. 1 soll gewährleistet werden, dass der Leiter persönlich das Vorliegen einer gröblichen Störung feststellt und selber die Ausschließung verfügt.[2] **4**

Die Polizei hat gegenüber Teilnehmern von Versammlungen in geschlossenen Räumen kein selbstständiges Ausschließungsrecht. Nach der Verantwortungsteilung für diese Versammlungsform hat der Leiter die Verantwortung für die innere Ordnung der Versammlung. Die Polizei kann gegen die Versammlung oder einzelne Teilnehmer erst unter den Voraussetzungen des § 13 Abs. 1 vorgehen. **5**

Damit ist die Polizei nicht zur Untätigkeit verurteilt. Wenn Teilnehmer nicht nur den geordneten Ablauf der Versammlung stören, sondern gewalttätig werden, Gefahr für Leben oder Gesundheit anderer Teilnehmer verursachen, Waffen bzw. den Waffen gleichgestellte gefährliche Gegenstände mitführen oder von Amts wegen zu verfolgende Straftaten begehen bzw. dazu auffordern oder anreizen und der Leiter nicht eingreift, muss die Polizei ihn zum Tätigwerden auffordern. Sofern der Leiter diese Aufforderung missachtet, kann die Polizei die Versammlung nach § 13 Abs. 1 Nrn. 2 bzw. 3 auflösen, soweit eine Ausschließung der Störer als Minusmaßnahme zum Schutz der anderen Teilnehmer nicht ausreicht.[3] Dadurch werden die Rechte des Leiters nicht unzulässig verkürzt. Die Polizei darf auch einschreiten, wenn Teilnehmer gegen willkürlichen Gebrauch der Rechte des Leiters oder seiner Ordner zu schützen sind.[4] **6**

Das vom Leiter ausgeübte Hausrecht wird durch § 11 Abs. 1 eingeschränkt. Es kann nur gegen Personen eingesetzt werden, die von vorneherein nicht oder nach **7**

---

2 *Breitbach*, RBRS, § 11 Rn. 5.
3 *Ott/Wächtler/Heinhold*, § 11 Rn. 8.
4 *Hoffmann-Riem*, AK-GG, Art. 8 Rn. 38.

Ausschließung nicht mehr Teilnehmer sind. Das gilt auch für den eigentlichen Inhaber des Hausrechts – Eigentümer bzw. Vermieter –, wenn das Hausrecht nicht vollumfänglich auf den Leiter übertragen worden ist. Die Überlassung einer Räumlichkeit für die Durchführung einer Versammlung bedeutet für den Eigentümer bzw. Vermieter eine Beschränkung des Hausrechts gegenüber den potenziellen und tatsächlichen Teilnehmern.

3. Adressaten

8   Ausgeschlossen werden können nur Teilnehmer. Personen, die keinen Teilnehmerstatus haben, unterliegen dem Hausrecht, das der Leiter auf vertraglicher Grundlage ausübt. Pressevertreter als Berichterstatter beobachten und kommentieren und haben anders als Teilnehmer eine beruflich bedingte Distanz zu der Versammlung. Das schließt den Status als Teilnehmer aus und damit auch die Ausschließung nach § 11 Abs. 1.[5]

4. Grobe Störung

9   Mit dem Ausschließungsrecht hat der Leiter ein starkes Mittel in der Hand, einerseits den Ablauf der Versammlung im Sinne seiner Ordnungsvorstellungen zu gestalten und andererseits seinen Verpflichtungen zur Einhaltung des Friedlichkeitsgebots zu entsprechen, wie sie sich insbesondere aus § 13 Abs. 1 Nr. 2, 3 und 4 ergeben. Voraussetzung ist deshalb, dass eine grobe Ordnungsstörung vorliegt. Ordnung i.S. von § 11 Abs. 1 ist eine funktionsbezogene Ordnung, die im Rahmen der Ausübung eines Kommunikationsgrundrechts maßgeblich ist. Eine solche Ordnung muss sicherstellen, dass auch kontroverse Auffassungen vertreten werden können. Da öffentliche Versammlungen ein Forum für Meinungsäußerung und -kundgabe sind, dürfen abweichende Positionen, die den Intentionen des Veranstalters nicht entsprechen, vom Leiter nicht als Störungen betrachtet werden.

10   Anders als eine Störung i.S.d. § 8, die an die Definitionsmacht des Leiters gebunden ist, hat die grobe Störung eine andere Qualität.[6] Danach ist die Ordnung dann gröblich gestört, wenn das Störverhalten den ordnungsgemäßen Ablauf der Versammlung in Frage stellt. Bei Beurteilung dieser Frage ist die Eigenart der Versammlung zu berücksichtigen. Eine grobe Störung ist regelmäßig anzunehmen, wenn die Beeinträchtigung nach Form und Inhalt des Verhaltens so schwer ist, dass nur die Beseitigung der Störung als Alternative zur Unterbrechung oder Auflösung der Versammlung in Betracht kommt.[7]

11   Grobe Störungen i.S.d. § 11 Abs. 1 können den Tatbestand des § 21 erfüllen. Da in diesen Fällen die Störer gleichzeitig Straftäter sind, ist die Polizei verpflichtet tätig zu werden. Gegen die Straftäter ist mit den Mitteln des allgemeinen Polizeirechts bzw. des Strafverfahrensrechts vorzugehen. Auch Berichterstatter können

---

5 So auch *Brenneisen/Wilksen*, S. 86; a.A. *Breitbach*, RBRS, § 11 Rn. 7.
6 *Breitbach*, RBRS, § 11 Rn. 9.
7 *Breitbach*, RBRS, § 11 Rn. 10.

gröblich stören. Das ist beispielsweise dann gegeben, wenn sie sich an Gewalthandlungen beteiligen oder Störer auffordern, Aktionen für Bild- und Filmaufnahmen zu wiederholen.

Grobe Störungen können akustisch erfolgen, wenn der Leiter oder ein Redner orga- 12 nisiert und dauerhaft niedergeschrien oder -gepfiffen wird, sodass sie sich nicht mehr verständlich machen können. Optisch sind grobe Störungen gegeben, wenn Transparente mit beleidigendem Inhalt gezeigt werden. Faktisch steht die Versammlung auf dem Spiel, wenn Rauch- oder Stinkbomben geworfen werden und ein Verbleib im Versammlungsraum unmöglich wird. Auch die Begehung von Straftaten kann eine grobe Störung beinhalten. Handelt es sich um versammlungsrelevante Straftaten nach § 13 Abs. 1 Nr. 2, 3 oder 4, die eine Auflösung rechtfertigen, ist die Auflösung nicht nur zulässig, sondern geboten.

II. Pflicht zum Verlassen

Der ausgeschlossenen Teilnehmer hat sich sofort zu entfernen, d.h. augenblicklich 13 und nicht ohne schuldhaftes Zögern wie in der Bußgeldvorschrift des § 29 Abs. 1 Nr. 5, wo unverzügliches Entfernen gefordert wird. Wer sich nicht augenblicklich entfernt, handelt nur ordnungswidrig, wenn er seinen Abgang schuldhaft verzögert. Die Ausschließung erstreckt sich nur auf den Versammlungsraum, nicht auf benachbarte Räumlichkeiten wie etwa den Schankraum einer Gaststätte, der neben dem Versammlungsraum liegt.

III. Durchsetzungsmaßnahmen

1. Leiter

Dem allein berechtigten Leiter fehlt die Befugnis zur zwangsweisen Durchsetzung der 14 von ihm ausgesprochenen Ausschließung. Er müsste dafür die nach § 12 anwesende Polizei in Anspruch nehmen oder ansonsten die Polizei herbeirufen. Da aber der Ausgeschlossene zum Nichtteilnehmer geworden ist, kann gegen ihn mit dem Hausrecht vorgegangen werden. Setzt sich der Ausgeschlossene handgreiflich zur Wehr, kann Notwehr nach § 227 BGB bzw. § 32 StGB gegen ihn ausgeübt werden.

2. Polizei

Hat die Polizei auch kein selbstständiges Ausschließungsrecht, so kann sie doch bei 15 Vorliegen von Verbotsgründen i.S. von § 13 Abs. 1 als weniger eingriffsintensive Maßnahme Teilnehmer ausschließen, wenn dadurch der Auflösungsgrund beseitigt wird. In einem solchen Fall wahrt sie das vorrangige Leitungsrecht, indem sie den Leiter auffordert, den oder die störenden Teilnehmer auszuschließen.

Beeinträchtigt der Leiter das Teilnahmerecht durch willkürlichen Ausschluss, hat die 16 Polizei das Teilnahmerecht auf die Weise zu schützen, dass sie das Leitungsrecht für sich beansprucht und auf der Grundlage des Polizeirechts das Teilnahmerecht aus Art. 8 Abs. 1 GG und § 1 Abs. 1 BVersG durchsetzt.

IV. Landesregelungen

1. Bayern

17   *Art. 11 Ausschluss von Störern, Hausrecht*

(1) Der Leiter kann teilnehmende Personen, die die Ordnung erheblich stören, von der Versammlung ausschließen.

(2) Der Leiter übt das Hausrecht aus.

18   Art. 11 Abs. 1 entspricht § 11 Abs. 1 BVersG, das in Abs. 2 geregelte Hausrecht § 7 Abs. 4 BVersG. Ohne Änderung der Eingriffsschwelle ist an die Stelle der gröblichen Störung in Anpassung an den Sprachgebrauch des StGB die erhebliche getreten.

2. Niedersachsen

19   *§ 13 Versammlungsleitung*

(5) Die Leiterin oder der Leiter kann teilnehmende Personen sowie Pressevertreterinnen und Pressevertreter von der Versammlung ausschließen, wenn sie die Ordnung erheblich stören. Sie oder er hat Personen auszuschließen, die entgegen § 3 Abs. 2 Waffen oder sonstige Gegenstände mit sich führen. Ausgeschlossene Personen haben die Versammlung unverzüglich zu verlassen.

§ 15 Besondere Maßnahmen

(1) Die zuständige Behörde kann

1. von der oder von dem Einladenden die Angabe der persönlichen Daten der Leiterin oder des Leiters und

2. von der Leiterin oder dem Leiter die Angabe der persönlichen Daten von Ordnerinnen und Ordnern

verlangen, soweit dies zur Gewährleistung der Friedlichkeit der Versammlung in geschlossenen Räumen erforderlich ist. Die Leiterin oder der Leiter hat der zuständigen Behörde Änderungen der nach Satz 1 anzugebenden Umstände unverzüglich mitzuteilen.

(2) Die zuständige Behörde kann anhand der nach Absatz 1 erhobenen Daten durch Anfragen an Polizei- Verfassungsschutzbehörden prüfen, ob die betroffene Person die Friedlichkeit der Versammlung unmittelbar gefährdet. Besteht diese Gefahr, kann die Behörde die Person als Leiterin oder Leiter ablehnen oder ihren Einsatz als Ordnerin oder Ordner untersagen. Im Fall der Ablehnung muss die oder der Einladende eine andere Person als Leiterin oder als Leiter benennen. Die nach Satz 1 erhobenen Daten sind unverzüglich nach Beendigung der Versammlung zu löschen, soweit sie nicht zur Verfolgung einer Straftat oder Ordnungswidrigkeit benötigt werden.

(3) Die zuständige Behörde kann vor Versammlungsbeginn die Maßnahmen treffen, die zur Durchsetzung der Verbote nach § 3 erforderlich sind. Sie kann insbesondere Gegenstände sicherstellen; die §§ 27 bis 29 Nds. SOG gelten entsprechend. Die zuständige Behörde kann Personen die Teilnahme an einer Versammlung untersagen, wenn die Gewährleistung der Friedlichkeit der Versammlung nicht anders möglich ist.

Das dem Leiter in § 13 Abs. 5 übertragene Recht zur Ausschließung von Teilnehmern 20 entspricht § 11 Abs. 1 BVersG. Der Begriff der gröblichen Störung markiert die gleiche Eingriffsschwelle wie die erhebliche. Die andere Begrifflichkeit ist dem strafrechtlichen Sprachgebrauch geschuldet.

Die Ausdehnung des Ausschließungsrechts auf Pressevertreter ist nicht klarstellend[8], sondern konstitutiv, weil diese nicht Teilnehmer der Versammlung sind (vgl. Rdn. 8). 21

Die Pflicht zum Verlassen des Versammlungsraumes besteht nicht wie bei § 11 Abs. 2 BVersG sofort i.S. von augenblicklich, sondern unverzüglich, also ohne schuldhaftes Zögern; der Ausgeschlossene kann seine Unterlagen noch packen und seine Garderobe abholen. 22

Mit § 15 hat der Gesetzgeber eine gänzlich neue Vorschrift eingeführt, die es der zuständigen Behörde ermöglicht, Maßnahmen gegen den Leiter, einzelne Ordner und einzelne Versammlungteilnehmer zu treffen und das schon in der Vorphase der Versammlung. 23

Nach Abs. 1 kann die Behörde die persönlichen Daten von Leiter und Ordnern verlangen, wenn die Friedlichkeit der Versammlung gefährdet ist. Adressat des Verlangens ist bezüglich der Daten des Leiters der Veranstalter, bezüglich der Daten der Ordner der Leiter. 24

Die erlangten Daten kann die Behörde von Polizei oder Verfassungsschutz überprüfen lassen, ob durch die zu überprüfenden Personen die Friedlichkeit der Versammlung unmittelbar gefährdet ist und bei Vorliegen dieser Gefahr die überprüften Personen als Leiter oder Ordner ablehnen. 25

Die Vorschrift ist missglückt. Schon das Verlangen der persönlichen Daten als Beurteilungsgrundlage für die Zuverlässigkeit von Leiter und Ordnern von einer unmittelbaren Gefährdung der Friedlichkeit abhängig zu machen[9], ergibt keinen Sinn. Wenn der Gesetzgeber es für angezeigt gehalten hat, dass die Versammlungsbehörden die Zuverlässigkeit von Leiter und Ordnern sollen überprüfen und insoweit die Erkenntnisse von Polizei oder Verfassungsschutz nutzen können, hätte es ausgereicht, für die Übermittlung der persönlichen Daten tatsächliche Anhaltspunkte einer Gefährdung der Friedlichkeit als tatbestandliche Voraussetzung zu fordern. Ob § 15 Abs. 1 Satz 1 – soweit dies zur Gewährleistung der Friedlichkeit der Versammlung erforderlich ist – in diesem Sinne verstanden werden kann, erscheint fraglich. 26

Nach Abs. 3 kann die zuständige Behörde vor Beginn der Versammlung Maßnahmen zur Durchsetzung der Verbote nach § 3 treffen und Personen nach S. 3 die Teilnahme an der Versammlung untersagen. 27

Die geschilderten neuartigen Befugnisse verbessern und stärken die Stellung der zuständigen Versammlungsbehörde. Daraus folgt aber eine neue Aufgaben- und 28

---

8 So aber *Miller*, WM, § 13 Rn. 9; *Ullrich*, VersG, § 13 Rn. 14.
9 *Ullrich*, VersG, § 15 Rn. 2.

Verantwortungsverteilung bei Versammlungen in geschlossenen Räumen. Anders als nach dem Modell des BVersG ist die zuständige Behörde nicht erst für die innere Ordnung in der Versammlung zuständig, wenn eine Gefahr für die öffentliche Sicherheit besteht, sondern schon von vorneherein dazu berufen, die Friedlichkeit der Versammlung mit eigenständigen Befugnissen zu gewährleisten. Im Hinblick auf das Leitungsrecht als Grundrechtsbetätigung ist das nicht unproblematisch, dürfte aber noch im von Art. 8 Abs. 2 GG eröffneten Rahmen liegen.

3. Sachsen

29   § 10 entspricht § 11 BVersG. Die Ersetzung des Begriffs gröbliche Störung durch grobe Störung hat nur redaktionelle Bedeutung.

4. Sachsen-Anhalt

30   § 10 entspricht § 11 BVersG.

5. Schleswig-Holstein

31   *§ 6 Befugnisse der Versammlungsleitung*

(4) Die Versammlungsleitung darf Personen, welche die Ordnung der Versammlung erheblich stören, aus der Versammlung ausschließen. Wer aus der Versammlung ausgeschlossen wird, hat sich unverzüglich zu entfernen.

§ 21 Ausschluss von Störern; Hausrecht

(1) Wer die Versammlung leitet, kann teilnehmende Personen, welche die Ordnung erheblich stören, von der Versammlung ausschließen.

(2) Die eine Versammlung leitende Person übt gegenüber anderen Personen als Teilnehmern das Hausrecht aus.

32   Das Ausschließungsrecht aus § 6 Abs. 4, das in § 21 Abs. 1 für Versammlungen in geschlossenen Räumen wiederholt wird, entspricht § 11 Abs. 1 BVersG. Mit der erheblichen Störung ist die gleiche Eingriffsschwelle markiert wie bei der gröblichen. Die neue Begrifflichkeit ist an den Sprachgebrauch des StGB angepasst.

33   Die Pflicht zum Verlassen in Abs. 4 Satz 2 besteht nicht wie bei § 11 Abs. 2 BVersG sofort i.S. von augenblicklich, sondern der Ausgeschlossene hat sich unverzüglich, d.h. ohne schuldhaftes Zögern zu entfernen, kann also seine Unterlagen etc. noch zusammenpacken.

§ 12 [Anwesenheit von Polizeibeamten]

Werden Polizeibeamte in eine öffentliche Versammlung entsandt, so haben sie sich dem Leiter zu erkennen zu geben. Es muss ihnen ein angemessener Platz eingeräumt werden.

I. Zutritts- und Anwesenheitsrecht

1. Allgemeines

a) Entsendung

Der Gesetzgeber hat in § 12 nur die Modalitäten der Anwesenheit, nicht aber die **1** Voraussetzungen für eine Entsendung von Polizeibeamten in Versammlungen sowie für deren Zutritts- und Anwesenheitsrecht geregelt, obwohl mit der Regelung ein eigenes polizeiliches Zutrittsrecht geschaffen werden sollte.[1]

Weil es im Jahr 1953 wohl außerhalb der Vorstellungskraft des Gesetzgebers lag, dass **2** es sich bei der polizeilichen Anwesenheit um einen Eingriff in die Versammlungsfreiheit handeln könnte, hat er die Zulässigkeit eines Zutritts- und Anwesenheitsrecht der Polizei bei Versammlungen in geschlossenen Räumen als selbstverständlich vorausgesetzt. Schon die Vorgängerregelung des § 13 RVG ging davon aus, dass Entsendung und Anwesenheit nicht zu hinterfragende Selbstverständlichkeiten waren.[2]

b) Kompensation für fehlende Anmeldepflicht

Die Entsendung von Polizeibeamten gewinnt an Bedeutung, wenn man sie in den Zu- **3** sammenhang mit der fehlenden Anmeldepflicht für Versammlungen in geschlossenen Räumen stellt. Mangels Anmeldepflicht und Genehmigungspflicht für den Einsatz von Ordern gibt es regelmäßig keinen Kontakt zwischen Veranstalter und Versammlungsbehörde bzw. Polizei.

---

1 *Pawlita/Steinmeier*, RBRS, § 12 Rn. 1.
2 PrOVGE 58, 288/291 f.

4   Muss aber die Polizei befürchten, dass es bei der Versammlung zu einem gewalttätigen Verlauf und zur Begehung von Straftaten kommt, so kann sie das nicht wie im Anmeldeverfahren vor der Versammlung im Gespräch mit dem Veranstalter klären, sondern hat nur die Möglichkeit, Polizeibeamte zu entsenden, die dann vor Ort die Situation beobachten und auf sie reagieren können.[3]

2. Polizei i.S. von § 12

5   Gemeint ist in § 12 die Polizei im institutionellen Sinne.[4] Das sind die im Vollzugsdienst tätigen Beamten der uniformierten Polizei und der Kriminalpolizei, die bei den Polizeibehörden der Länder – Polizeipräsidien, Direktionen, Kreispolizeibehörden etc. – ihren Dienst verrichten.[5]

3. Zulässigkeit voraussetzungsloser Anwesenheit

a) Eingriffsqualität

6   Ein Eingriff in die Versammlungsfreiheit kann vorliegen, wenn potenzielle Teilnehmer durch polizeiliche Maßnahmen von der Teilnahme an Versammlungen abgeschreckt werden.[6] Von einer solchen faktischen Beeinträchtigung ist dann auszugehen, wenn Versammlungsteilnehmer sich wegen anwesender Polizeibeamter nicht trauen, in der Versammlung von ihrer Meinungsfreiheit Gebrauch zu machen.[7] Insoweit bedeutet die Observierung der Teilnehmer durch anwesende Polizeibeamte nicht nur einen Eingriff in das Recht auf informationelle Selbstbestimmung, sondern zugleich in die innere Versammlungsfreiheit[8] (vgl. Teil I, Rdn. 200 f.).

b) Kein Gesetzesvorbehalt für Versammlungen in geschlossenen Räumen

7   Mit zu bejahender Eingriffsqualität ist für die polizeiliche Anwesenheit bei Versammlungen eine Befugnisnorm erforderlich. Da gem. Art. 8 Abs. 2 GG der Gesetzesvorbehalt nur für Versammlungen unter freiem Himmel besteht, kann der Gesetzgeber die Polizei nicht zu selbstständigen Grundrechtseingriffen befugen, sondern nur – wie in den §§ 5 und 13 BVersG geschehen – Rechtsgrundlagen für Eingriffe schaffen, die die schon ohnehin bestehenden verfassungsunmittelbaren Gewährleistungsschranken nachzeichnen oder konkretisieren.

8   Insoweit würde auch eine konkrete Gefahr für die öffentliche Sicherheit Eingriffe in die innere Versammlungsfreiheit bei Versammlungen in geschlossenen Räumen nicht rechtfertigen können[9], selbst wenn es um den Schutz kollidierender

---

3   *Kingreen/Poscher*, POR, § 21 Rn. 1.
4   *Brenneisen/Merk*, DVBl 2014, 901/902; *Heinhold*, WHM, Art. 4 Rn. 31.
5   *Götzl Geis*, APOR, § 1 Rn. 6; im Hinblick auf das sog. Einheitssystem in Baden-Württemberg, Bremen, Saarland und Sachsen vgl. *Schenke*, POR, § 1 Rn. 15.
6   BVerfGE 65, 1/43; *Ullrich*, VersG, § 11 Rn. 1.
7   BayVGH, BayVBl. 2009, 16/17 f.; *Riedel*, BayVBl. 2009, 391/392.
8   BayVGH, BayVBl. 2009, 16/18; *Riedel*, BayVBl. 2009, 391/392.
9   A.A. *Kingreen/Poscher*, POR, § 21 Rn. 4. *Brenneisen/Merk*, DVBl 2014, 901/905.

Verfassungsgüter geht.[10] Als Rechtfertigung für eine versammlungsgesetzliche Beschränkung von Art. 8 Abs. 1 GG kommt nur eine Gefährdung der Friedlichkeit der Versammlung als schon bestehende verfassungsunmittelbare Gewährleistungsschranke in Betracht.

c) Rechtfertigungen

Auf der Grundlage des BVersG kann polizeiliche Anwesenheit bei Versammlungen 9
in geschlossenen Räumen nur als Minusmaßnahme aus § 13 Abs. 1 Nr. 2 BVersG
gerechtfertigt werden. Dafür wäre Voraussetzung, dass der Polizei Erkenntnisse vorliegen, dass bei der Versammlung ein unfriedlicher Verlauf zu befürchten ist, es also zu Gewalttätigkeiten kommen kann.

Werden zum Schutz der Versammlung Beamte entsandt, sind sie Polizeibeamte im 10
Sinne von § 12 BVersG, die sich über diesen dienstlichen Auftrag legitimieren. Als
Rechtfertigung für eine Entsendung reicht auch die Anforderung von Polizeikräften
durch den Versammlungsleiter aus, wenn er geltend machen kann, dass er der Unterstützung durch die Polizei bedarf.

II. Legitimationspflicht

1. Ausweispflicht

Entsandte Polizeibeamte haben sich dem Leiter zu erkennen zu geben. Dafür reicht 11
die Uniformierung allein nicht aus, weil für den Leiter nicht nur bedeutsam ist,
dass es sich um Polizeibeamte handelt, sondern weil er auch wissen soll, welche
Polizeibehörde die Beamten entsandt hat. Diesem Interesse ist aber genügt, wenn
der leitende Beamte sich mit seinem Dienstausweis beim Versammlungsleiter vorstellt. Für die ihm unterstellten Beamten reicht es aus, dass sie sich mit ihrer Uniform »ausweisen«.

Die Ausweispflicht gilt uneingeschränkt für jeden Polizeibeamten in Zivil. Insoweit 12
fragt sich aber, aus welchem Grunde Beamte in Zivil, also nicht erkennbar als
Polizeibeamte handelnd, zum Einsatz kommen sollen. Gerade in Anbetracht der
inneren Versammlungsfreiheit sollten regelmäßig nur uniformierte Beamte entsandt
werden.

2. Recht auf einen angemessenen Platz

Die Angemessenheit des zugewiesenen Platzes ist funktionsbezogen zu beurteilen. An- 13
gemessen ist der Platz, von dem aus die Beamten das Geschehen insgesamt im Blick
haben, und von dem aus sie schnell mit dem Leiter Kontakt aufnehmen und auf
Störungen rasch reagieren können.[11]

---

10 So aber BayVGH, BayVBl 2009, 16/17 f.
11 *Ott/Wächtler/Heinhold*, § 12 Rn. 14.

III. Landesregelungen

1. Bayern

14 *Art. 4 Leitungsrecht und -pflichten*

> *(3) Polizeibeamte haben das Recht auf Zugang und auf einen angemessenen Platz*
> 1. *bei Versammlungen unter freiem Himmel, wenn dies zur polizeilichen Aufgaben-erfüllung erforderlich ist,*
> 2. *bei Versammlungen in geschlossenen Räumen, wenn tatsächliche Anhaltspunkte für die Begehung von Straftaten vorliegen oder eine erhebliche Gefahr für die öffentliche Sicherheit zu besorgen ist.*
>
> *Polizeibeamte haben sich dem Leiter zu erkennen zu geben; bei Versammlungen unter freiem Himmel genügt es, wenn dies die polizeiliche Einsatzleitung tut.*

15 Für Versammlungen in geschlossenen Räumen reichen für die Entsendung tatsächliche Anhaltspunkte für die Begehung von Straftaten oder die Besorgnis einer erheblichen Gefahr für die öffentliche Sicherheit aus. Diese tatbestandlichen Voraussetzungen haben keinen Bezug zu einer verfassungsunmittelbaren Gewährleistungsschranke und können deshalb eine Entsendung nicht rechtfertigen. Mangels Friedlichkeitsbezugs scheidet auch eine verfassungskonforme Auslegung von Art. 4 Abs. 3 Nr. 2 aus.

2. Niedersachsen

16 *§ 16 Anwesenheit der Polizei*

> *Die Polizei kann bei Versammlungen in geschlossenen Räumen anwesend sein, wenn dies zur Abwehr einer unmittelbaren Gefahr für die Friedlichkeit der Versammlung erforderlich ist. Nach Satz 1 anwesende Polizeibeamtinnen und Polizeibeamte haben sich der Leiterin oder dem Leiter zu erkennen zu geben.*

17 Da die polizeiliche Anwesenheit zur Sicherung der Friedlichkeit der Versammlung vorgesehen ist, findet § 16 Satz 1 seine Grundlage in der verfassungsunmittelbaren Gewährleistungsschranke friedlich in Art. 8 Abs. 1 GG und begegnet deshalb keinen verfassungsrechtlichen Bedenken. Im Übrigen entspricht die Regelung § 12 BVersG.

3. Sachsen

18 *§ 11*

> *(1) Polizeibeamte können in eine öffentliche Versammlung entsandt werden, wenn eine Gefahr für die öffentliche Sicherheit besteht oder eine solche Gefahr zu befürchten ist.*
>
> *(2) Werden Polizeibeamte in eine öffentliche Versammlung entsandt, so haben sie sich dem Leiter zu erkennen zu geben. Es muss ihnen ein angemessener Platz eingeräumt werden.*

19 Wie die bayrische Regelung hat Abs. 1 keine Grundlage in einer verfassungsunmittelbaren Gewährleistungsschranke und ist deshalb mit Art. 8 GG nicht zu vereinbaren.

Abs. 2 Satz 1 und 2 entsprechen § 12 BVersG.

4. Sachsen-Anhalt

Das s-a Versammlungsgesetz enthält keine Regelung zur Anwesenheit von Polizei- 20
beamten in Versammlungen. Entsendung und Anwesenheit von Polizeibeamten sind
nur als Minusmaßnahme aus § 11 Abs. 1 Nr. 2 zu rechtfertigen, wenn der zuständigen
Behörde Erkenntnisse vorliegen, dass die Versammlung einen gewalttätigen Verlauf
nehmen wird.

5. Schleswig-Holstein

§ 10 Anwesenheit der Polizei   21

Die Polizei kann anwesend sein
1. *bei Versammlungen unter freiem Himmel, wenn dies zur polizeilichen Aufgaben-erfüllung nach diesem Gesetz erforderlich ist,*
2. *bei Versammlungen in geschlossenen Räumen, wenn dies zur Abwehr einer unmit-telbaren Gefahr für die Friedlichkeit der Versammlung erforderlich ist.*

Nach Satz 1 anwesende Polizeikräfte haben sich der Versammlungsleitung zu erkennen zu geben; bei Versammlungen unter freiem Himmel genügt es, wenn dies durch die polizeiliche Einsatzleitung erfolgt.

Wie die Regelung in § 16 ndsVersG hat die Anwesenheit ihre Grundlage in der ver- 22
fassungsunmittelbaren Gewährleistungsschranke der Friedlichkeit aus Art. 8 Abs. 1
GG und begegnet deshalb keinen verfassungsrechtlichen Bedenken. Im Übrigen entspricht die Regelung für Versammlungen in geschlossenen Räumen § 12 BVersG.

§ 12a [Bild- und Tonaufnahmen]

(1) Die Polizei darf Bild- und Tonaufnahmen von Teilnehmern bei oder im Zusammenhang mit öffentlichen Versammlungen nur anfertigen, wenn tatsächliche
Anhaltspunkte die Annahme rechtfertigen, dass von ihnen erhebliche Gefahren für
die öffentliche Sicherheit oder Ordnung ausgehen. Die Maßnahmen dürfen auch
durchgeführt werden, wenn Dritte unvermeidbar betroffen werden.

(2) Die Unterlagen sind nach Beendigung der öffentlichen Versammlung oder zeitlich und sachlich damit unmittelbar im Zusammenhang stehender Ereignisse unverzüglich zu vernichten, soweit sie nicht benötigt werden
1. für die Verfolgung von Straftaten von Teilnehmern oder
2. im Einzelfall zur Gefahrenabwehr, weil die betroffene Person verdächtig ist,
   Straftaten bei oder im Zusammenhang mit der öffentlichen Versammlung vorbereitet oder begangen zu haben, und deshalb zu besorgen ist, dass von ihr erhebliche Gefahren für künftige öffentliche Versammlungen oder Aufzüge ausgehen.

Unterlagen, die aus den in Satz 1 Nr. 2 aufgeführten Gründen nicht vernichtet
wurden, sind in jedem Fall spätestens nach Ablauf von drei Jahren seit ihrer Entstehung zu vernichten, es sei denn, sie würden inzwischen zu dem in Satz 1 Nr. 1
aufgeführten Zweck benötigt.

(3) Die Befugnisse zur Erhebung personenbezogener Informationen nach Maßgabe der Strafprozessordnung und des Gesetzes über Ordnungswidrigkeiten bleiben
unberührt.

I. Allgemeines

1. Unsystematische Platzierung

Der Gesetzgeber hat § 12a im Abschnitt II: Öffentliche Versammlungen in geschlos- 1
sen Räumen geregelt. Indes besteht für diese Versammlungen kein Gesetzesvorbehalt
und deshalb befugen die §§ 5 und 13 BVersG nicht zu selbstständigen Grundrechtseingriffen, sondern konkretisieren nur die ohnehin schon bestehenden verfassungsunmittelbaren Gewährleistungsschranken, insbesondere die der Friedlichkeit und
Waffenlosigkeit[1].

Eine Anwendung dieser Norm auf öffentliche Versammlungen in geschlossenen Räu- 2
men wäre verfassungswidrig.[2] Es handelt sich bei der Platzierung im Abschnitt II offensichtlich um ein gesetzgeberisches Versehen, zumal nur bei Versammlungen unter
freiem Himmel bezüglich Bild- und Tonaufnahmen ein Regelungsbedarf bestand.[3]
Der Regelungsgehalt der §§ 12a, 19a BVersG ist somit nur für die gefahrenträch-
tigeren Versammlungen unter freiem Himmel bedeutsam.[4] Bei Versammlungen in
geschlossenen Räumen können Bild- und Tonaufnahmen nur bei Einführung eines
Friedlichkeitsvorbehalts als Konkretisierung der verfassungsunmittelbaren Gewährleistungsschranke zulässig sein. Im Rahmen der geltenden Rechtslage kämen sie allenfalls als Minusmaßnahmen aus § 13 Abs. 1 Nr. 2–4 BVersG in Betracht.

2. Betroffene Grundrechte

a) Recht auf informationelle Selbstbestimmung

Das Grundrecht auf informationelle Selbstbestimmung garantiert dem einzelnen, 3
selber über die Verwendung seiner personenbezogenen Daten entscheiden zu können.
Jeder staatliche Umgang mit diesen Daten, von der Erhebung über Speicherung und

---

1 *Kniesel/Poscher*, Rn. 385.
2 *Ott/Wächtler/Heinhold*, § 12a Rn. 10; *Gusy*, MKS, Art. 8 Rn. 82.
3 *Kniesel/Poscher*, Rn. 385; *Brenneisen*, Die Polizei 2008, 104.
4 *Kniesel/Poscher*, Rn. 385.

Nutzung bis zur Weitergabe, stellt einen Eingriff in das Grundrecht dar.[5] Die Tatsache der Teilnahme an einer Versammlung ist ein personenbezogenes Datum. Wird dieses Datum mittels einer die Identifizierung des Teilnehmers ermöglichenden Bildaufnahme erhoben, liegt ein faktischer Eingriff in das Recht auf informationelle Selbstbestimmung vor[6], der mit einer Speicherung perpetuiert wird.

b) Versammlungsfreiheit

4   Polizeiliche Datenerhebung und -speicherung durch Anfertigung von Bildaufnahmen und -aufzeichnungen beeinträchtigen aber auch Art. 8 Abs. 1 GG, der mit der inneren Versammlungsfreiheit die individuelle Entschlussfassung garantiert, an der kollektiven Meinungsbildung in freier Selbstbestimmung teilzunehmen.[7] Diese Entschlussfassung muss freibleiben von Unsicherheit, Angst und Einschüchterungseffekten, denn wer damit rechnen muss, dass seine Teilnahme an einer Versammlung behördlich registriert wird und ihm dadurch persönliche Risiken entstehen können, wird möglicherweise auf die Ausübung seines Grundrechtes verzichten.[8]

aa) Übersichtsaufnahmen

5   Großdemonstrationen sind regelmäßig schon durch die große Zahl der Teilnehmer unübersichtlich. Unübersichtlichkeit kann sich aber auch schon bei Demonstrationen mit einer Teilnehmerzahl ab ca. 100 Teilnehmern einstellen, wenn diese nicht eng zusammenstehen, sondern sich über eine größere Demonstrationsfläche verteilen. Bei solchen Veranstaltungen ist der Blick von oben Einsatzstandard und es werden Aufnahmen von der Versammlung nach dem Kamera-Monitor-Prinzip in Echtzeit in die Einsatzzentrale übertragen, um die Lenkung und Leitung des Einsatzes von dort auf der Grundlage einer aktuellen Lagebeurteilung zu ermöglichen.

6   In Ansehung dieser Praxis wird bezweifelt, dass es sich bei diesen Übersichtsaufnahmen um einen Eingriff in Art. 8 Abs. 1 GG handele, weil die Aufnahmen nicht aufgezeichnet würden und ihr Zweck nur darin bestehe, der Einsatzleitung die Übersicht über das Geschehen zu ermöglichen, nicht aber auf die Identifizierung der Versammlungsteilnehmer gerichtet sei.[9]

7   Es trifft zu, dass der Gesetzgeber bei Erlass der §§ 12a, 19a BVersG davon ausgegangen ist, dass Übersichtsaufnahmen zur Lagebeurteilung bzw. Einsatzdokumentation

---

5 BVerfGE 65, 1/43 ff.

6 BVerwG, GSZ 2018, 108 f.; krit. dazu *Roggan*, NJW 2018, 723; *Kutscha*, GSZ 2018, 112 f.

7 VerfGH Berlin, NVwZ-RR, 2014, 577/579; OVG Münster, NWVBl. 2011, 151; OVG Koblenz, DVBl 2015, 583/585; *Hoffmann-Riem*, HGR IV, § 106 Rn. 31; *Brenneisen/Wilksen*, S. 270; *Koranyi/Singelnstein*, NJW 2011, 124 ff.; krit. *Ullrich*, S. 445.

8 BVerfGE 122, 342/369; 65, 1/43.

9 OVG Münster, NWVBl 2011, 151; dagegen geht das VG Münster, NWVBl. 2009, 487/488 von einer – wenn auch deutlich geringeren – Eingriffsqualität aus.

sowie zu Fortbildungszwecken keiner Befugnisnorm bedurften, weil die Bestimmungen nicht die Identifikation der Versammlungsteilnehmer bezweckten.[10]

Diese Einschätzung ist aber mit dem Stand der Technik überholt. Die Digitalisierung **8** ermöglicht die Identifikation der Versammlungsteilnehmer anhand von Übersichtsaufnahmen und diese Möglichkeit begründet wegen der Bestimmbarkeit der Teilnehmer die Eingriffsqualität der Übertragung. Dass diese Identifikationsmöglichkeit nicht ihr Zweck ist, lässt die Rechtfertigungslast für eine Befugnisnorm zur Anfertigung von Übersichtsaufnahmen nicht entfallen.[11] Überdies ist das Anfertigen von Bild- oder Tonaufnahmen durch die Polizei bei Versammlungen – unabhängig davon, ob es sich nur um Übersichtsaufnahmen handelt – auch dann ein unzulässiger Eingriff in die Versammlungsfreiheit, wenn die Bilder lediglich zu Zwecken der Öffentlichkeitsarbeit verwendet werden sollen.[12]

Der Umstand, dass die Echt-Zeit-Übertragung nicht aufgezeichnet wird, steht der **9** Bejahung der Eingriffsqualität nicht entgegen. Für den Versammlungsteilnehmer ist nicht erkennbar, ob eine auf ihn gerichtete Kamera gar keine Bilder macht, weil sie nicht scharf geschaltet ist, ob sie in Echtzeit Bilder überträgt oder ob diese aufgezeichnet werden; deshalb muss die für den Eingriff in die innere Versammlungsfreiheit relevante Einschüchterungswirkung bereits in der bloßen Präsenz der aufnahmebereiten, auf die Teilnehmer gerichteten Kamera gesehen werden.[13]

Dagegen stellt das Vorhalten eines Einsatzfahrzeuges mit einem bis zu 4 m ausfahr- **10** barem, aber nicht ausgefahrenem Kameramast am Demonstrationsort keinen Eingriff in Art. 8 Abs. 1 GG dar;[14] würde hier schon ein Eingriff bejaht, so geriete bei Maßgeblichkeit des Empfängerhorizontes eines Teilnehmers mit irrationalen Ängsten die Versammlungsfreiheit zu einem Grundrecht auf Gefühlsschutz.[15]

bb) Verdeckte Anfertigung

Die §§ 12a, 19a BVersG sagen nichts aus über die Form der Anfertigung von Auf- **11** nahmen, insbesondere bleibt offen, ob sie auch verdeckt erfolgen dürfen. Eine Datenerhebung ist nicht erst verdeckt, wenn der Betroffene getäuscht oder die Maßnahme ihm gegenüber verschleiert wird, sondern schon dann, wenn sie für ihn nicht erkennbar ist.[16] Bildaufnahmen erfolgen also verdeckt, wenn die filmenden Polizeibeamten

10 BT-Drucks. 11/4359, S. 28 f.; *Götz*, NVwZ 1990, 112/114.
11 *Koranyi/Singelnstein*, NJW 2011, 124/126.
12 VG Gelsenkirchen, WKRS 2018, 38489; BeckRS 2018, 27618.
13 VerfGH Berlin, NVwZ-RR 2014, 577/580; OVG Koblenz, DVBl 2015, 583/585; OVG Münster, NWVBl. 2011, 151; VG Hannover, Urt. v. 14.07.2014 – 10 A 226/13; *Arzt*, DÖV 2009, 381/384; *Brenneisen*, DuD 2000, 651/655; *Koranyi/Singelnstein*, NJW 2011, 124/126; *Neskovic/Uhlig*, NVwZ 2014, 335/336 f.
14 So aber VG Hannover, Urt. v. 14.07.2014 – 10 A 226/13; *Trapp/Stinner*, JA 2015, 599/603.
15 *Ullrich*, S. 445; *Söllner* Die Polizei 2010, 311/314.
16 *Kingreen/Poscher*, POR, § 12 Rn. 1; *Koranyi/Singelnstein*, NJW 2011, 124/127; *Roggan*, NVwZ 2010, 590/591.

nicht als solche erkennbar sind.[17] Das ist schon der Fall, wenn sie das in Zivil tun und nicht erst dann, wenn sie sich etwa als RTL-Kamerateam tarnen. Auch das Nutzen tatsächlicher Gegebenheiten ohne Verschleierungsabsicht reicht aus, etwa das Filmen aus einem Einsatzfahrzeug mit abgedunkelten Scheiben oder aus einer Wohnung mit geschlossenen Fenstern.

12 Der Einsatz von Videodrohnen zwecks Anfertigung von Übersichtsaufnahmen, der für die Demonstranten nicht erkennbar ist, stellt als verdeckte Maßnahme einen Eingriff in die innere Versammlungsfreiheit dar.[18]

13 Die Verdecktheit vertieft den Eingriff in die innere Versammlungsfreiheit; der Abschreckungs- und Einschüchterungseffekt verstärkt sich, weil für den einzelnen nicht erkennbar ist, in welchem Umfang seine Daten erhoben werden.[19] Versammlungsteilnehmer müssen dann immer davon ausgehen, dass ihre Teilnahme gefilmt wird, können also nicht mehr zwischen Versammlungen unterscheiden, auf denen gefilmt wird und solchen, wo das nicht der Fall ist. Das kann dann dazu führen, dass sie gar nicht mehr zu Versammlungen gehen.[20]

14 Bild- und Tonaufnahmen müssen deshalb offen erfolgen. Schon im Begriff »Öffentliches Recht« ist die Offenheit i.S. von Publizität staatlichen Handelns gefordert. Dies entspricht nicht nur den Vorgaben des demokratischen Verfassungsstaats, dessen Polizei dem Bürger grundsätzlich mit offenem Visier gegenübertritt[21], sondern folgt auch aus der Zielsetzung der §§ 12a, 19a BVersG, mit den Bild- und Tonaufnahmen von der Begehung von Straftaten abzuschrecken, also Straftaten zu verhüten.[22]

15 Dieses Ziel wird bei künftigen Demonstrationen dadurch erreicht, dass bei vorhergehenden Demonstrationen durch Bildaufnahmen identifizierte Gewalttäter an Kontrollstellen überprüft werden und polizeirechtliche Maßnahmen – Durchsuchung, Platzverweis, Ingewahrsamnahme – gegen sie getroffen werden. Mit verdeckten Maßnahmen lässt sich das Ziel der Verhütung von Straftaten aber nicht erreichen, weil Gewalttäter nur abgeschreckt werden, können, wenn sie mit der Überwachungstechnik konfrontiert werden.

16 Vom Prinzip der Offenheit kann nur in wenigen Ausnahmefällen abgewichen werden[23], etwa dann, wenn der Veranstalter bei der Vorbereitung seiner Versammlung konspirativ vorgeht[24] oder wenn am Demonstrationsort aus tatsächlichen Gründen

---

17 *Kniesel*, Die Polizei 2017, 33/38 f.; *Koranyi/Singelnstein*, NJW 2011, 124/127.
18 *Roggan*, NVwZ 2011, 590 ff.; *Zöller*, NVwZ 2014, 408 ff.; *Skobel*, Die Polizei 2018, 252 ff.; *Albrecht/Schmid*, VR 2017, 181 ff.
19 BVerfGE 122, 342/373; *Koranyi/Singelnstein*, NJW 2011, 124/127.
20 BVerfGE 69, 315/345 ff.
21 *Kniesel*, KKM, Kap. 2 Rn. 180.
22 *Wefelmeier*, WM, § 12 Rn. 3; *Stock*, Die Polizei 2011, 163/169; vgl. auch § 16 MEVersG, S. 49.
23 BVerfGE 122, 342/373; *Koranyi/Singelnstein*, NJW 2011, 124/127; *Roggan*, NVwZ 2011, 590/593; *Trurnit*, Die Polizei 2010, 341/345.
24 *Kniesel*, Die Polizei 2017, 33/40 ff.; *Henninger*, DÖV 1998, 719.

der Einsatz eines Kamerafahrzeugs nicht möglich ist und die Aufnahmen für die Teilnehmer nicht erkennbar aus einer nahegelegenen Wohnung gemacht werden.[25]

Ein Ausnahmefall lässt sich nicht aus einer Differenzierung zwischen Versammlungen   17
und Aufzügen gewinnen, indem bei letzteren ein verdecktes Vorgehen ausnahmsweise
in Betracht kommen soll.[26] Zwar besteht bei Aufzügen im Gegensatz zu Versammlungen keine Pflicht der Polizeibeamten, sich zu erkennen zu geben, doch folgt das
daraus, dass ihre Anwesenheit nicht über die §§ 12 und 18 BVersG legitimiert werden
muss. Aus der Freistellung der Aufzüge von den genannten Bestimmungen lässt sich
wegen der nicht greifenden Pflicht zum Sicherkennengeben gegenüber dem Leiter
nicht die ausnahmsweise Zulässigkeit verdeckten Vorgehens ableiten.

cc) Aufnahmen aus einer Versammlung

Bezüglich der Zulässigkeit der Anfertigung von Bild- und Tonaufnahmen stellt sich   18
auch die Frage, ob diese auch aus der Versammlung heraus erstellt werden dürfen.[27]
Grundsätzlich wäre das bei uniformierten Beamten zulässig, wenn es denn einsatztaktisch geboten wäre, bei einem großflächigen Demonstrationsgelände Kamerafahrzeuge innerhalb dieses Geländes zu platzieren. Dagegen bestehen aber regelmäßig
schon Bedenken aus dem Deeskalationsgrundsatz und wegen der Eigensicherung der
eingesetzten Beamten, zumal die heutige Technik die Übertragung von Übersichtsaufnahmen auch aus größerer Distanz möglich macht.

II. Anfertigung von Bild- und Tonaufnahmen

1. Keine Differenzierung zwischen Aufnahmen und Anfertigungen

Übersichtsaufnahmen, mit denen sich die Einsatzleitung ohne Vorliegen einer Ge-   19
fahr zum Zwecke der Einsatzlenkung und -leitung ein allgemeines Lagebild vom Verlauf der Versammlung macht, können mangels tatsächlicher Anhaltspunkte für die
Annahme einer unmittelbaren erheblichen Gefahr für die öffentliche Sicherheit nicht
auf §§ 12a, 19a BVersG gestützt werden und bedürfen deshalb einer eigenen Befugnisnorm.[28] Auf die genannten Bestimmungen können Übersichtsaufnahmen nur
dann gestützt werden, wenn schon eine unmittelbare erhebliche Gefahr angenommen
werden kann.

Gezielte Individualaufnahmen von einzelnen Teilnehmern oder Teilnehmergruppen   20
durch Videografieren in Echtzeitübertragung einschließlich ihrer Aufzeichnung sind
der Standardfall von §§ 12a, 19a BVersG. Mit solchen Aufnahmen lässt sich einerseits die Identität der Teilnehmer feststellen und andererseits die Teilnahme an einer
Versammlung registrieren. Auch wenn der Gesetzgeber im Rahmen der tatbestandlichen Voraussetzung »Anfertigung von Bild- und Tonaufnahmen« nicht zwischen

---

25 *Roggan*, NVwZ 2011, 590/593; vgl. auch § 16 Abs. 3 Satz 3 ME VersG.
26 *Kingreen/Poscher*, POR, § 22 Rn. 6.
27 *Koranyi/Singelstein*, NJW 2011, 124/128.
28 *Koranyi/Singelstein*, NJW 2011, 124/126.

Aufnahmen und Überspielen der Bilder in Echtzeit und ihrer Aufzeichnung unterschieden hat, so hat er die Zulässigkeit der Aufzeichnung als selbstverständlich vorausgesetzt. Ansonsten wäre Abs. 2 mit seinen detaillierten Regelungen zur Vernichtung der Bilder nicht verständlich.

21   Mit der ausschließlichen Benennung der Bild- und Tonaufnahmen sind eingriffsschwächere Maßnahmen nicht ausgeschlossen. Erlaubt sind deshalb auch die Beobachtung ohne Verwendung technischer Hilfsmittel und die schriftliche Fixierung der Beobachtungsergebnisse als Speicherung im Sinne der Datenschutzgesetze.

2. Bei oder im Zusammenhang mit Versammlungen

22   Bei bedeutet während der Versammlung, erfasst also den Zeitraum vom Beginn bis zur Beendigung. Eine Versammlung beginnt, wenn der Leiter sie formell eröffnet oder tatsächlich der erste Programmpunkt stattfindet; ein Aufzug beginnt mit dem Ingangkommen. Versammlung und Aufzug enden mit der formellen Beendigung durch den Leiter oder der Auflösung durch die Polizei.

23   Schwieriger ist die tatbestandliche Voraussetzung im Zusammenhang mit auszumachen. Sie kann eng verstanden werden, wenn sie nur auf die Zu- und Abmarschphase bezogen wird[29], weit wenn mit Blick auf die Veranstaltungsfreiheit auch die organisatorische Vorbereitung und damit die Überwachung von Vorbereitungstreffen im zeitlichen Vorfeld einer Großdemonstration erfasst wird.[30]

24   Was für den Teilnehmer zur Verwirklichung seiner Versammlungsfreiheit die Anreise ist, ist für den Veranstalter die organisatorische Vorbereitung seiner Versammlung. Findet diese im Rahmen einer geplanten Großdemonstration Wochen vorher statt, ist bei gesicherter Gefahrenprognose, dass die Demonstration gewalttätig verlaufen könnte, die verdeckte Überwachung des Vorbereitungstreffens durch Notieren der Kfz-Kennzeichen der anreisenden Personen ausnahmsweise zulässig, wenn die Vorbereitung der Versammlung insgesamt konspirativ stattfindet.

3. Eingriffsschwelle

25   Mit dem Erfordernis, dass tatsächlich Anhaltspunkte für eine erhebliche Gefahr gegeben sein müssen, wird eine Gefahrenverdachtssituation beschrieben.[31] Insoweit ist die Regelung in § 12a Abs. 1 BVersG vergleichbar mit der Informations- und Datenerhebungsermächtigung des Polizeirechts, die etwa Observationen und den Einsatz technischer Hilfsmittel bei Personen im Vorfeld der konkreten Gefahr zulassen, wenn Tatsachen die Annahme rechtfertigen, dass diese Personen Straftaten von erheblicher Bedeutung begehen wollen.[32]

---

29   So die Vorauflagen.
30   *Kniesel*, Die Polizei 2017, 33/41; *Kniesel/Poscher*, Rn. 377.
31   *Kingreen/Poscher*, POR, § 8 Rn. 53. *Möstl*, Jura 2005, 48/51 ff.
32   *Kingreen/Poscher*, POR, § 13 Rn. 108 ff.

Es geht damit sowohl bei Versammlungen als auch auf bestimmten Kriminalitätsfeldern des allgemeinen Polizeirechts um die vorbeugende Bekämpfung von Straftaten in Form der Verhütung von Straftaten. Die Gefahr, die verhütet werden soll, kann hier wie dort eine abstrakte oder eine konkrete sein. Entscheidend ist dabei, ob die jeweilige Rechtsnorm verlangt, dass bestimmte Personen Straftaten begehen werden oder wollen oder nur, dass von Personen Straftaten begangen werden; im ersten Fall geht es um einen konkreten, im letzteren um einen abstrakten Gefahrenverdacht.[33] **26**

In § 12a Abs. 1 BVersG sind als Adressaten Teilnehmer vorgesehen, von denen bei Vorliegen tatsächlicher Anhaltspunkte eine unmittelbare Gefährdung in Gestalt der Begehung von Straftaten erwartet werden kann. Wenn der Gesetzgeber damit die Situation der konkreten Gefahr beschreiben wollte, hätte er den überkommenen Begriff der konkreten Gefahr in das Gesetz aufnehmen können. Stattdessen hat er zu einer Formulierung gegriffen, die die Polizeigesetzgeber als Voraussetzung für die vorbeugende Bekämpfung von Straftaten[34] oder des abstrakten Gefahrenverdachts[35] verwenden. Demzufolge kann die Polizei bei der Anfertigung von Bild- und Tonaufnahmen von einer abstrakten Gefahrensituation ausgehen und die Möglichkeit der Begehung von Straftaten bei der bevorstehen Versammlung auf der Grundlage ihrer Expertenschaft und Erfahrungen bei Demonstrationen im Allgemeinen beurteilen.[36] **27**

III. Vernichtung der Unterlagen

In § 12a Abs. 2 und 3 BVersG geht es um Datenschutz, auch wenn der Gesetzgeber sich nicht der Begrifflichkeit des Datenschutzes bedient hat. Er spricht von Unterlagen, nicht von personenbezogenen Daten, meint diese aber mit dem Begriff Unterlagen. Mit dem Begriff Unterlagen statt Bild- und Tonaufnahmen macht er zudem deutlich, dass auch die durch eingriffsschwächere Maßnahmen gewonnenen personenbezogenen Daten zu vernichten sind. **28**

Die Vernichtung aller Unterlagen ist auf zweifache Weise geregelt; Abs. 2 Nr. 1 und Nr. 2 machen die Vernichtung zum Regelfall und lassen eine Speicherung nur ausnahmsweise zu. Darüber hinaus bestimmt Abs. 2 Satz 2, dass alle Unterlagen nach drei Jahren in jedem Fall vernichtet werden müssen. **29**

Zu den Datenverarbeitungsphasen der Speicherung, Verwendung und Übermittlung der Unterlagen enthält § 12a BVersG keine Regelungen Die Zulässigkeit einer Speicherung wird aber mit den Vernichtungsregeln vorausgesetzt. Das gilt auch für die Verwendung, weil die Regelung, wonach von der Vernichtung abgesehen werden kann, wenn die Unterlagen für die in Abs. 2 Nr. 1 und 2 genannten Zwecke benötigt werden, sonst keinen Sinn machen würde. **30**

---

33 *Möstl*, DVBl 2007, 581/587 ff.
34 Vgl. etwa §§ 16a ff. nwPolG: Tatsachen, die die Annahme rechtfertigen, dass … .
35 *Möstl*, DVBl 2007, 581/587 f.
36 *Kingreen/Poscher*, POR, § 8 Rn. 8.

31 Aus dem Fehlen einer Regelung betreffend die Übermittlung ist zu folgern, dass der Gesetzgeber keine Weitergabe der Unterlagen an andere Sicherheitsbehörden etwa an die Ämter für Verfassungsschutz wollte. Insoweit sind die strikten Vernichtungsregeln des Abs. 2 als Übermittlungsverbote zu verstehen. Zulässig sind nur Übermittlungen an die Staatsanwaltschaft zur Strafverfolgung und an die Polizeibehörden zum Zwecke der Verhütung von Straftaten im Rahmen der Gefahrenabwehr. Im letzteren Falle handelt es sich in der Sache allerdings nicht um eine Datenübermittlung, sondern um eine zulässige Zweckänderung[37], weil die Polizei über die Unterlagen ja schon verfügt.

IV. Landesregelungen

1. Bayern

32 *Art. 9 bayVersG Bild- und Tonaufnahmen oder -aufzeichnungen*

(1) Die Polizei darf bei oder im Zusammenhang mit Versammlungen Bild- und Tonaufnahmen oder -aufzeichnungen von Teilnehmern nur offen und nur dann anfertigen, wenn tatsächliche Anhaltspunkte die Annahme rechtfertigen, dass von ihnen erhebliche Gefahren für die öffentliche Sicherheit oder Ordnung ausgehen. Die Maßnahmen dürfen auch durchgeführt werden, wenn Dritte unvermeidbar betroffen werden.

(2) Die Polizei darf Übersichtsaufnahmen von Versammlungen unter freiem Himmel und ihrem Umfeld zur Lenkung und Leitung des Polizeieinsatzes nur offen und nur dann anfertigen, wenn dies wegen der Größe oder Unübersichtlichkeit der Versammlung im Einzelfall erforderlich ist. Übersichtsaufnahmen dürfen aufgezeichnet werden, soweit Tatsachen die Annahme rechtfertigen, dass von Versammlungen, von Teilen hiervon oder ihrem Umfeld erhebliche Gefahren für die öffentliche Sicherheit oder Ordnung ausgehen. Die Identifizierung einer auf den Übersichtsaufnahmen oder -aufzeichnungen abgebildeten Person ist nur zulässig, soweit die Voraussetzungen nach Abs. 1 vorliegen.

(3) Die nach Abs. 1 oder 2 angefertigten Bild-, Ton- und Übersichtsaufzeichnungen sind nach Beendigung der Versammlung unverzüglich auszuwerten und spätestens innerhalb von zwei Monaten zu löschen, soweit sie nicht benötigt werden

1. zur Verfolgung von Straftaten bei oder im Zusammenhang mit der Versammlung oder

2. im Einzelfall zur Gefahrenabwehr, weil die betroffene Person verdächtig ist, Straftaten bei oder im Zusammenhang mit der Versammlung vorbereitet oder begangen zu haben, und deshalb zu besorgen ist, dass von dieser Person erhebliche Gefahren für künftige Versammlungen ausgehen.

Soweit die Identifizierung von Personen auf Bild-, Ton- und Übersichtsaufzeichnungen für Zwecke nach Satz 1 Nr. 2 nicht erforderlich ist, ist sie technisch unumkehrbar auszuschließen. Bild-, Ton- und Übersichtsaufzeichnungen, die aus den in Satz 1 Nr. 2 genannten Gründen nicht gelöscht wurden, sind spätestens nach Ablauf von sechs

---

37 Vgl. etwa § 23 Abs. 1 S. 2 nwPolG.

Monaten seit ihrer Entstehung zu löschen, es sei denn, sie werden inzwischen zur Verfolgung von Straftaten nach Satz 1 Nr. 1 benötigt.

(4) Soweit Übersichtsaufzeichnungen nach Abs. 2 Satz 2 zur polizeilichen Aus- und Fortbildung benötigt werden, ist hierzu eine eigene Fassung herzustellen, die eine Identifizierung der darauf abgebildeten Personen unumkehrbar ausschließt. Sie darf nicht für andere Zwecke genutzt werden. Die Herstellung einer eigenen Fassung für Zwecke der polizeilichen Aus- und Fortbildung ist nur zulässig, solange die Aufzeichnung nicht nach Abs. 3 zu löschen ist.

(5) Die Gründe für die Anfertigung von Bild-, Ton- und Übersichtsaufzeichnungen nach Abs. 1 und 2 und für ihre Verwendung nach Abs. 3 Satz 1 Nrn. 1 und 2 sind zu dokumentieren. Werden von Übersichtsaufzeichnungen eigene Fassungen nach Abs. 4 Satz 1 hergestellt, sind die Notwendigkeit für die polizeiliche Aus- und Fortbildung, die Anzahl der hergestellten Fassungen sowie der Ort der Aufbewahrung zu dokumentieren.

(6) Die Befugnisse zur Erhebung personenbezogener Daten nach Maßgabe der Strafprozessordnung und des Gesetzes über Ordnungswidrigkeiten bleiben unberührt.

a) Verfassungsmäßigkeit

Weil Art. 9 Abs. 1 wegen seiner systematischen Platzierung bei den »Allgemeinen 33
Bestimmungen« auch für Versammlungen in geschlossenen Räumen gilt, diese aber
keinem Gesetzesvorbehalt unterliegen, bestehen gegen Abs. 1 verfassungsrechtliche
Bedenken.[38] Nicht nur weil der Gesetzgeber keine höhere Eingriffsschwelle für Versammlungen in geschlossenen Räumen vorgesehen hat, sondern auch und vor allem,
weil für Versammlungen in geschlossenen Räumen nicht einmal die Festlegung der
Eingriffsschwelle der konkreten Gefahr, sondern nur eine verfassungsunmittelbare
Gewährleistungsschranke in Gestalt eines Friedlichkeitsvorbehalts die verfassungsrechtlichen Bedenken ausräumen könnte.

b) Abs. 1

Hier sind gezielte Aufnahmen einzelner Teilnehmer geregelt. Es wird ausdrücklich nur 34
die offene Anfertigung der Aufnahmen zugelassen, verdeckte Maßnahmen, zu denen
auch die für den Betroffenen nicht erkennbaren zählen, sind damit ausgeschlossen.

Die Formulierung »im Zusammenhang« beschränkt sich nicht auf das unmittelbare 35
Vorfeld der Versammlung durch Erfassung der An- und Abreise, sondern erfasst auch
im weiteren zeitlichen Vorfeld liegende organisatorischen Handlungen des Veranstalters (vgl. Rdn. 24).

Tatsächliche Anhaltspunkte für die Rechtfertigung der Annahme des Eintritts erheb- 36
licher Gefahren markieren die Eingriffsschwelle des abstrakten Gefahrverdachts (vgl.
Rdn. 26).

---

38 *Merk*, WHM, Art. 9 Rn. 16.

c) Abs. 2

37 In Abs. 2 Satz 1 wird die offene Anfertigung von Übersichtsmaßnahmen zugelassen. Bei diesen handelt es sich um Bildaufnahmen einer Personengruppe, die nicht mit dem Ziel der Individualisierung oder Identifizierung einer Personen aus der Gruppe angefertigt und in Echtzeit übertragen, aber nicht gespeichert werden.[39] Aufnahmen im Sinne des Gesetzes unterscheiden sich also von Aufzeichnungen dadurch, dass sie nicht gespeichert werden.

38 Diese Übersichtsaufnahmen erlaubt Abs. 2 unter Übernahme der Formulierung des BVerfG[40], wenn dies wegen der Größe oder Unübersichtlichkeit der Versammlung im Einzelfall erforderlich ist. Das ist hinreichend bestimmt[41] und etwa zu bejahen, wenn die Versammlung von zentral postierten Polizeibeamten wegen der großen Teilnehmerzahl oder der Beschaffenheit des Versammlungsortes nicht überblickt werden kann.[42] Solche für die Übertragung in die Einsatzzentrale vorgesehen Aufnahmen, die die Lenkung und Leitung des Polizeieinsatzes ermöglichen sollen, werden regelmäßig von einer Kamera gemacht, die an einem ausfahrbaren Mast auf einem speziellen Fahrzeug befestigt ist.

39 Bei kleineren Versammlungen mit unter 100 Teilnehmern werden Aufnahmen nur zulässig sein, wenn die Unübersichtlichkeit darauf beruht, dass die Teilnehmer nicht alle zusammenstehen sondern sich in verschiedene Gruppen auf einer größeren Fläche aufgeteilt haben.[43]

40 Die Übersichtsaufnahmen dürfen nach Abs. 2 Satz 2 unter den in Abs. 1 Satz 1 genannten Voraussetzungen, also bei Vorliegen einer abstrakten Gefahr (vgl. Rdn. 26) aufgezeichnet werden. Damit bringt der Gesetzgeber zum Ausdruck, dass es wegen der nach dem Stand der Technik möglichen Identifikation der Teilnehmer durch Übersichtsaufnahmen keinen grundlegenden Unterschied zwischen diesen und von vornherein personenbezogenen Individualaufnahmen mehr gibt.[44] Die Identifizierung auf der Grundlage von Aufzeichnungen ist deshalb nach Satz 3 nur bei Vorliegen der Voraussetzungen von Abs. 1 Satz 1 zulässig.

---

39 *Merk*, WHM, Art. 9 Rn. 28.
40 BVerfGE 122, 342/373.
41 VerfGH Berlin, NVwZ-RR 2014, 577/580.
42 VerfGH Berlin, NVwZ-RR 2014, 577/580; VG Göttingen, BeckRS 2014, 45148.
43 *Merk*, WHM, Art. 9 Rn. 28; auch das VG Münster sieht kritisch, ob es sich bei kleinen Versammlungen von 40–70 Teilnehmern überhaupt um Übersichtsaufnahmen handeln kann. Das OVG Münster würde dagegen die Zulässigkeit von Übersichtsaufnahmen zur Lenkung des Polizeieinsatzes ohne Aufzeichnung nicht an der Größe der Versammlung scheitern lassen, weil es diese Echtzeitaufnahmen nicht als Eingriff in Art. 8 Abs. 1 GG qualifiziert, vgl. OVG Münster, NWVBl. 2011, 151.
44 *Merk*, WHM, Art. 9 Rn. 30.

d) Abs. 3

Die Regelung entspricht in ihrer Struktur § 12a Abs. 2 BVersG, enthält aber zusätzli- 41
che Vorkehrungen zum Schutz der gefilmten Teilnehmer.[45] Das Gebot des technisch
unumkehrbaren Ausschlusses der Identifizierung von Personen, bei denen dies für
Zwecke nach Satz 1 Nr. 2 nicht erforderlich ist, erfasst die Fälle in denen auf einer
Aufzeichnung Personen erkennbar sind, die unter den Verdachtstatbestand fallen und
darüber hinaus unbeteiligte Personen.[46]

e) Abs. 4

Die mit dieser Regelung zugelassene Verwendung von Übersichtsaufnahmen zur Aus- 42
und Fortbildung[47] hat zur Voraussetzung, dass dafür eine eigene Fassung erstellt wird.
Darunter ist eine Kopie der Originalaufzeichnungen zu verstehen, auf der alle erkennbaren Personen irreversibel anonymisiert sind.[48]

f) Abs. 5

Mit den Dokumentationspflichten wird zusätzlicher Grundrechtsschutz durch Verfah- 43
ren zur Kompensation des Grundrechtseingriffs in die Versammlungsfreiheit realisiert.

2. Berlin

§ 1 VersAufzG   44

*(1) Die Polizei darf Bild- und Tonaufnahmen von Teilnehmerinnen und Teilnehmern
bei oder im Zusammenhang mit öffentlichen Versammlungen unter freiem Himmel
und Aufzügen nur anfertigen, wenn tatsächliche Anhaltspunkte die Annahme rechtfertigen, dass von ihnen erhebliche Gefahren für die öffentliche Sicherheit oder Ordnung
ausgehen. Die Maßnahmen dürfen auch durchgeführt werden, wenn Dritte unvermeidbar betroffen werden.*

*(2) Die Unterlagen sind nach Beendigung der öffentlichen Versammlung oder zeitlich
und sachlich damit unmittelbar im Zusammenhang stehender Ereignisse unverzüglich
zu vernichten, soweit sie nicht benötigt werden*
1. für die Verfolgung von Straftaten von Teilnehmerinnen und Teilnehmern oder
*2. im Einzelfall zur Gefahrenabwehr, weil die betroffene Person verdächtigt ist, Straf-
taten bei oder im Zusammenhang mit der öffentlichen Versammlung vorbereitet
oder begangen zu haben, und deshalb zu besorgen ist, dass von ihr erhebliche Gefahren für künftige öffentliche Versammlungen oder Aufzüge ausgehen.*

*Unterlagen, die aus den in Satz 1 Nummer 2 aufgeführten Gründen nicht vernichtet
wurden, sind in jedem Fall spätestens nach Ablauf von drei Jahren seit ihrer Entstehung*

---

45 Vgl. dazu näher *Holzner*, BayVBl 2009, 485/487 ff.
46 *Merk*, WHM, Art. 9 Rn. 42.
47 Vgl. dazu näher *Holzner*, BayVBl 2009, 485/489.
48 *Merk*, WHM, Art. 9 Rn. 47.

zu vernichten, es sei denn, sie würden inzwischen zu dem in Satz 1 Nummer 1 auf-
geführten Zweck benötigt.

(3) Im Übrigen darf die Polizei Übersichtsaufnahmen von Versammlungen unter frei-
em Himmel und Aufzügen sowie ihrem Umfeld nur anfertigen, wenn dies wegen der
Größe oder Unübersichtlichkeit der Versammlung oder des Aufzuges im Einzelfall zur
Lenkung und Leitung des Polizeieinsatzes erforderlich ist. Die Übersichtsaufnahmen
sind offen anzufertigen und dürfen weder aufgezeichnet noch zur Identifikation der
Teilnehmerinnen und Teilnehmer genutzt werden. Die Versammlungsleitung ist unver-
züglich über die Anfertigung von Übersichtsaufnahmen in Kenntnis zu setzen.

a) Allgemeines

45 Der Berliner Gesetzgeber hat mit dem Gesetz über Aufnahmen und Aufzeichnungen von Bild und Ton bei Versammlungen unter freiem Himmel und Aufzügen vom
23.04.2013 nur eine Teilregelung des Versammlungsrechts vorgenommen, die den als
Bundesrecht fortgeltenden § 19a BVersG ersetzt, während das BVersG im Übrigen
bestehen bleibt. Eine solche teilweise Ersetzung ist vom Verfassungsgerichtshof Berlin
für verfassungsmäßig befunden worden.[49]

b) Abs. 1

46 Hier ist die Zulässigkeit von Bild- und Tonaufnahmen von Versammlungsteilnehmern
als Individualaufnahmen geregelt. Mit dem Erfordernis des Vorliegens tatsächlicher
Anhaltspunkte für die Annahme, dass von den Teilnehmern erhebliche Gefahren für
die öffentliche Sicherheit oder Ordnung ausgehen, ist der abstrakte Gefahrenverdacht
als Eingriffsschwelle festgelegt[50] (vgl. Rdn. 26).

47 Im Gegensatz zu Übersichtsaufnahmen sind verdeckte Individualaufnahmen nicht
ausdrücklich ausgeschlossen, und können deshalb in begründeten Ausnahmefällen zulässig sein. Die Aufnahmen dürfen bei oder im Zusammenhang mit Versammlungen
angefertigt werden.

c) Abs. 2

48 Hier erfolgen Verfahrensregelungen, die im Wesentlichen § 12a Abs. 2 BVersG
entsprechen.

d) Abs. 3

49 Gegenstand dieser Regelung sind Übersichtsaufnahmen zur Lenkung und Leitung
des Polizeieinsatzes. Eingriffsschwelle ist die Erforderlichkeit wegen der Größe oder
Unübersichtlichkeit der Versammlung oder des Aufzuges im Einzelfall. Diese vom

---

49 VerfGH Berlin, NVwZ-RR 2014, 577/578.
50 *Möstl*, DVBl 2007, 581/587 f.

BVerfG[51] stammende Voraussetzung ist hinreichend bestimmt[52] und zu bejahen, wenn die Versammlung oder der Aufzug von zentral postierten Polizeibeamten wegen der großen Teilnehmerzahl oder der Beschaffenheit der Örtlichkeit nicht überblickt werden kann.[53] Übersichtsaufnahmen dürfen nur offen erfolgen, nicht aufgezeichnet und auch nicht zur Identifikation von Teilnehmern genutzt werden.

3. Niedersachsen

§ 12 ndsVersG Bild- und Tonübertragungen und -aufzeichnungen 50

(1) Die Polizei kann Bild- und Tonaufzeichnungen von einer bestimmten Person auf dem Weg zu oder in einer Versammlung unter freiem Himmel offen anfertigen, um eine von dieser Person verursachte erhebliche Gefahr für die öffentliche Sicherheit abzuwehren. Die Maßnahme darf auch durchgeführt werden, wenn andere Personen unvermeidbar betroffen werden.

(2) Die Polizei kann eine unübersichtliche Versammlung und ihr Umfeld mittels Bild- und Tonübertragungen offen beobachten, wenn dies zur Abwehr einer von der Versammlung ausgehenden Gefahr für die öffentliche Sicherheit oder Ordnung erforderlich ist. Sie kann zur Abwehr erheblicher Gefahren für die öffentliche Sicherheit offen Bild- und Tonaufzeichnungen von nicht bestimmten teilnehmenden Personen (Übersichtsaufzeichnungen) anfertigen. Die Auswertung von Übersichtsaufzeichnungen mit dem Ziel der Identifizierung einer Person ist nur zulässig, wenn die Voraussetzungen nach Absatz 1 vorliegen.

(3) Die Bild- und Tonaufzeichnungen nach den Absätzen 1 und 2 sind nach Beendigung der Versammlung unverzüglich, spätestens aber nach zwei Monaten zu löschen oder unumkehrbar zu anonymisieren, soweit sie nicht
1. zur Verfolgung von Straftaten benötigt werden oder
2. zur Behebung einer Beweisnot unerlässlich sind.

In den Fällen des Satzes 1 Nr. 2 sind die Daten für eine sonstige Verwendung zu sperren.

(4) Die der Anfertigung von Bild- und Tonaufzeichnungen nach den Absätzen 1 und 2 Satz 2 sowie der Verwendung nach Absatz 2 Satz 3 und Absatz 3 im Einzelfall zugrunde liegenden Zwecke sind zu dokumentieren.

§ 17 ndsVersG Bild- und Tonübertragungen und -aufzeichnungen

(1) Die Polizei kann Bild- und Tonaufzeichnungen von einer bestimmten Person in einer Versammlung in geschlossenen Räumen offen anfertigen, um eine von dieser Person verursachte unmittelbare Gefahr für die Friedlichkeit der Versammlung abzuwehren. Die Maßnahme darf auch durchgeführt werden, wenn andere Personen unvermeidbar betroffen werden.

---

51 BVerfGE 122, 342/373.
52 VerfGH Berlin, NVwZ-RR 2014, 577/580.
53 VerfGH Berlin, NVwZ-RR 2014, 577/580.

(2) Die Polizei kann eine unübersichtliche Versammlung mittels Bild- und Tonüber-tragungen offen beobachten, wenn dies zur Abwehr einer Gefahr für die Friedlichkeit der Versammlung erforderlich ist. Sie kann zur Abwehr einer unmittelbaren Gefahr für die Friedlichkeit der Versammlung offen Bild- und Tonaufzeichnungen von nicht bestimmten teilnehmenden Personen (Übersichtsaufzeichnungen) anfertigen. Die Aus-wertung von Übersichtsaufzeichnungen mit dem Ziel der Identifizierung einer Person ist nur zulässig, wenn die Voraussetzungen nach Absatz 1 vorliegen.

(3) Die Bild- und Tonaufzeichnungen nach den Absätzen 1 und 2 sind nach Beendi-gung der Versammlung unverzüglich, spätestens aber nach zwei Monaten zu löschen oder unumkehrbar zu anonymisieren, soweit sie nicht
1. zur Verfolgung von Straftaten benötigt werden oder
2. zur Behebung einer Beweisnot unerlässlich sind.

In den Fällen des Satzes 1 Nr. 2 sind die Daten für eine sonstige Verwendung zu sperren.

(4) Die der Anfertigung von Bild- und Tonaufzeichnungen nach den Absätzen 1 und 2 Satz 2 sowie der Verwendung nach Absatz 2 Satz 3 und Absatz 3 im Einzelfall zu-grunde liegenden Zwecke sind zu dokumentieren.

a) §§ 12

aa) Abs. 1

51 In Satz 1 sind individuelle Bild- und Tonaufzeichnungen auf dem Weg zu oder in einer Versammlung geregelt. Ausdrücklich spricht das Gesetz von Aufzeichnungen, lässt da-mit aber als minderschwere Maßnahme auch die individuelle Echtzeitübertragung zu. Datenschutzrechtlich geht es um die Phasen der Datenerhebung und -speicherung.

52 Im Gegensatz zu § 12a BVersG ist die konkrete erhebliche Gefahr für die öffentliche Sicherheit tatbestandliche Voraussetzung für die Anfertigung. Bild- Tonaufzeichnun-gen zur Abwehr einer Gefahr für die öffentliche Ordnung in Gestalt paramilitärischen einschüchternden Auftretens von Teilnehmern rechtsextremistischer Aufmärsche sind damit nicht zulässig. Die Anfertigung muss offen erfolgen.

bb) Abs. 2

53 In Satz 1 ist die ebenfalls nur offen zulässige Beobachtung mittels Echtzeitübertragung zur Lenkung und Leitung des Polizeieinsatzes geregelt. Solche Übersichtsaufnahmen sind nur bei Vorliegen einer konkreten Gefahr für die öffentliche Sicherheit oder Ord-nung zulässig und außerdem nur dann, wenn es sich um eine unübersichtliche Ver-sammlung handelt.

54 Im Gegensatz zur Vorgabe des BVerfG[54] und den Regelungen in Bayern, Sachsen und Schleswig-Holstein hat Niedersachsen Übersichtsaufnahmen an so hohe tatbestand-liche Anforderungen gebunden, dass die Lenkung und Leitung des Polizeieinsatzes, die bei Großlagen auf Übersichtsaufnahmen angewiesen ist, erheblich erschwert wird.

---

54 BVerfGE 122, 342/373.

Kniesel

In Ansehung des Erfordernisses der konkreten Gefahr und des zusätzlichen der 55
Unübersichtlichkeit liegt dem Gesetz kein stimmiges Eingriffsschwellenkonzept
zugrunde; der abstrakte Gefahrenverdacht in Gestalt des Vorliegens tatsächlicher Anhaltspunkte oder von Tatsachen für die Begehung von zu verhütenden Straftaten (vgl.
Rdn. 26) kommt in ihm nicht vor.

Satz 2 regelt die Aufzeichnung von Übersichtsaufnahmen, die eine erhebliche kon- 56
krete Gefahr für die öffentliche Sicherheit voraussetzt. Die geforderte offene Anfertigung geht ins Leere, weil der die Aufzeichnung auslösende Knopfdruck von
Versammlungsteilnehmern gar nicht bemerkt werden kann. Eine Nutzung der Aufzeichnungen zur Identifikation von Teilnehmern ist nur unter den Voraussetzungen
von Abs. 1 zulässig.

cc) Abs. 3 und 4

Ersterer enthält Regelungen zur Löschung, Anonymisierung und Sperrung, letzterer 57
Dokumentationspflichten.

b) § 17

aa) Abs. 1

Satz 1 lässt Individualaufnahmen von Teilnehmern von Versammlungen in ge- 58
schlossenen Räumen zur Abwehr einer unmittelbaren Gefahr für die Friedlichkeit der Versammlung zu. Die neuartige Anlehnung an die Friedlichkeit beseitigt
die verfassungsrechtlichen Bedenken gegen die Anfertigung von Bild- und Tonaufnahmen bei Versammlungen in geschlossenen Räumen, weil hier wegen des
fehlenden Gesetzesvorbehalts Befugnisnormen für selbstständige Grundrechtseingriffe unzulässig sind und deshalb zur Beschränkung nur eine Konkretisierung der
verfassungsunmittelbaren Gewährleistungsschranke der Friedlichkeit in Betracht
kommt.

bb) Abs. 2

Satz 1 regelt Übersichtsaufnahmen in Echtzeitübertragung zur Abwehr einer konkre- 59
ten Gefahr für die Friedlichkeit und Satz 2 entsprechende Aufzeichnungen, wenn die
konkrete Gefahr für den friedlichen Verlauf unmittelbar bevorsteht.

4. Sachsen

§ 12 sächsVersG 60

(1) Die Polizei darf Bild- und Tonaufnahmen von Teilnehmern bei oder im Zusam-
menhang mit öffentlichen Versammlungen nur offen und nur dann anfertigen, wenn
tatsächliche Anhaltspunkte die Annahme rechtfertigen, dass von ihnen erhebliche Ge-
fahren für die öffentliche Sicherheit oder Ordnung ausgehen. Die Maßnahmen dürfen
auch durchgeführt werden, wenn Dritte unvermeidbar betroffen werden.

(2) Die Unterlagen sind nach Beendigung der öffentlichen Versammlung oder zeitlich und sachlich damit unmittelbar im Zusammenhang stehender Ereignisse unverzüglich zu vernichten, soweit sie nicht für die Verfolgung von Straftaten von Teilnehmern benötigt werden.

(3) Die Befugnisse zur Erhebung personenbezogener Informationen nach Maßgabe der Strafprozessordnung und des Gesetzes über Ordnungswidrigkeiten bleiben unberührt.

§ 20 sächsVersG

(1) Die Polizei darf von Personen bei oder im Zusammenhang mit einer öffentlichen Versammlung unter freiem Himmel oder einem Aufzug Bild- und Tonaufnahmen nur offen und nur dann anfertigen, wenn tatsächliche Anhaltspunkte die Annahme rechtfertigen, dass von diesen Personen eine erhebliche Gefahr für die öffentliche Sicherheit und Ordnung bei oder im Zusammenhang mit der Versammlung ausgeht. Die Maßnahmen dürfen auch durchgeführt werden, wenn Dritte unvermeidbar betroffen werden.

(2) Die Polizei darf Übersichtsbildübertragungen von öffentlichen Versammlungen unter freiem Himmel und Aufzügen sowie ihrem Umfeld nur offen und nur dann anfertigen, wenn und soweit dies wegen der Größe der Versammlung oder Unübersichtlichkeit der Versammlungslage zur Lenkung und Leitung eines Polizeieinsatzes im Einzelfall erforderlich ist. Eine Identifikation von Personen oder Aufzeichnung der Übertragung findet hierbei nicht statt.

(3) § 12 Abs. 2 und 3 gilt entsprechend.

a) § 12

aa) Abs. 1

61   Hier sind individuelle Bild- und Tonaufnahmen bei oder im Zusammenhang mit öffentlichen Versammlungen in geschlossenen Räumen geregelt. Die Aufnahmen sind nur offen zugelassen. Ansonsten entspricht die Regelung § 12a Abs. 1 BVersG und begegnet deshalb durchgreifenden verfassungsrechtlichen Bedenken (vgl. Rdn. 2).

bb) Abs. 2

62   Eine Ausnahme von der unverzüglichen Vernichtungspflicht besteht nur, wenn die Aufnahmen für die Verfolgung von Straftaten von Teilnehmern benötigt werden

b) § 20

aa) Abs. 1

63   Individualaufnahmen sind bei Versammlungen unter freiem Himmel nur zulässig, wenn sie offen und bei Vorliegen eines abstrakten erheblichen Gefahrenverdachts für die öffentliche Sicherheit und Ordnung angefertigt werden (vgl. Rdn. 26). Im Begriff der Aufnahmen sieht der Gesetzgeber auch Aufzeichnungen aufgehoben.

bb) Abs. 2

Hier sind Übersichtsübertragungen geregelt; es dürfen also Videoaufnahmen von der 64
Versammlung oder dem Aufzug in Echtzeit zur Lenkung und Leitung des Polizeiein-
satzes in die Einsatzzentrale übertragen werden. Formale Voraussetzung ist die Of-
fenheit und materielle die Größe der Versammlung oder die Unübersichtlichkeit der
Einsatzlage. Die Identifikation von Personen mit Hilfe der Echtzeitbilder und deren
Aufzeichnungen sind ausdrücklich ausgeschlossen.

5. Sachsen-Anhalt

§ 18 s-a VersG Bild- und Tonaufzeichnungen 65

*(1) Die Polizei darf Bild- und Tonaufzeichnungen von Teilnehmern bei oder im Zu-
sammenhang mit öffentlichen Versammlungen nur anfertigen, wenn tatsächliche Anhaltspunkte die Annahme rechtfertigen, dass von ihnen erhebliche Gefahren für die
öffentliche Sicherheit ausgehen. Die Maßnahmen dürfen auch durchgeführt werden,
wenn Dritte unvermeidbar betroffen werden.*

*(2) Die Unterlagen sind nach Beendigung der öffentlichen Versammlung oder zeitlich
und sachlich damit unmittelbar im Zusammenhang stehender Ereignisse unverzüglich
zu vernichten, soweit sie nicht benötigt werden*
1. für die Verfolgung von Straftaten von Teilnehmern oder
*2. im Einzelfall zur Gefahrenabwehr, weil die betroffene Person verdächtigt ist, Straf-
taten bei oder im Zusammenhang mit der öffentlichen Versammlung vorbereitet
oder begangen zu haben, und deshalb zu besorgen ist, dass von ihr erhebliche Gefahren für künftige öffentliche Versammlungen oder Aufzüge ausgehen.*

*Unterlagen, die aus den in Satz 1 Nr. 2 aufgeführten Gründen nicht vernichtet wur-
den, sind in jedem Fall spätestens nach Ablauf von drei Monaten seit ihrer Entstehung
zu vernichten, es sei denn, sie würden inzwischen zu dem in Satz 1 Nr. 1 aufgeführten
Zweck benötigt.*

*(3) Die Befugnisse zur Erhebung personenbezogener Informationen nach Maß-
gabe der Strafprozessordnung und des Gesetzes über Ordnungswidrigkeiten bleiben
unberührt.*

(4) Für Bild- und Tonaufnahmen von Teilnehmern gilt Absatz 1 entsprechend.

a) Abs. 1

Wie in §§ 12a, 19a BVersG wird nicht zwischen Echtzeitaufnahmen und Aufzeich- 66
nungen unterschieden. Eingriffsschwelle ist der abstrakte erhebliche Gefahrenverdacht
für die öffentliche Sicherheit (vgl. Rdn. 26). Die Offenheit der Anfertigung ist nicht
ausdrücklich angeordnet. Eine verdeckte Anfertigung kommt nur ausnahmsweise in
Betracht. Die Anfertigung wird wie in §§ 12a, 19a BVersG bei oder im Zusammenhang mit Versammlungen zugelassen.

67   Im Hinblick auf § 16 Abs. 3 s-aSOG wird eine unzulässige Vermengung mit § 18 Abs. 1 gerügt, wenn an Kontrollstellen, die nach § 20 Abs. 2 Nr. 6b s-aSOG eingerichtet sind, Bildaufzeichnungen von potenziellen Versammlungsteilnehmern im Rahmen der Eigensicherung der eingesetzten Beamten angefertigt werden.[55] Damit werde auch die Polizeifestigkeit als Mittel der Abgrenzung des Polizeirechts vom Versammlungsrecht aufgehoben.[56]

68   Die Bedenken überzeugen nicht. Es geht ausschließlich um die Zulässigkeit einer Zweckänderung. § 18 Abs. 1 lässt Bildaufnahmen als Aufzeichnungen auf dem Weg zur Versammlung zu, wenn tatsächliche Anhaltspunkte für eine erhebliche abstrakte Gefahr für die öffentliche Sicherheit gegeben sind. § 16 Abs. 3 s-a SOG erlaubt bei Vorliegen tatsächlicher Anhaltspunkte[57] für eine abzuwehrende Gefahr von Leib und Leben der Polizeibeamten die Anfertigung von Bildaufzeichnungen an Kontrollstellen auf dem Weg zur Versammlung.

69   Eine Zweckänderung liegt vor, weil der Zweck der Eigensicherung der eingesetzten Beamten als eigenständiger gegenüber dem Zweck der Verhütung von Straftaten i.S. von § 18 Abs. 1 zu betrachten ist. Zweckänderungen sind zulässig, wenn Daten, in diesem Falle Aufzeichnungen, mit gleichen Erhebungsbefugnissen gewonnen werden dürfen.[58] Beide Bestimmungen erlauben Bildaufzeichnungen auf dem Weg zu einer Versammlung bei Vorliegen einer erheblichen abstrakten Gefahr; die in § 16 Abs. 3 s-a SOG geforderte Gefahr für Leib und Leben ist eine andere Umschreibung für die erhebliche Gefahr.[59] Eine Zweckänderung ist damit zulässig.

b) Abs. 2 und 3

70   Die Absätze entsprechen Abs. 2 und 3 BVersG.

c) Abs. 4

71   Die Bestimmung hat klarstellende Funktion, weil die Aufnahmen als minderschwere Eingriffsmaßnahme schon von Abs. 1 erfasst werden.

6. Schleswig-Holstein

72   *§ 16 Bild- und Tonübertragungen und -aufzeichnungen*

(1) Die Polizei darf Bild- und Tonaufnahmen sowie entsprechende Aufzeichnungen von einer Person bei oder im Zusammenhang mit einer öffentlichen Versammlung unter freiem Himmel nur dann anfertigen, wenn Tatsachen die Annahme rechtfertigen, dass von der Person eine erhebliche Gefahr für die öffentliche Sicherheit ausgeht. Die

---

55   *Tomerius*, NVwZ 2015, 412/413.
56   *Tomerius*, NVwZ 2015, 412/413.
57   Das VerfG Sachsen-Anhalt hat § 16 Abs. 3 s-aSOG für verfassungsmäßig gehalten, wenn man den Begriff Lageerkenntnisse durch tatsächliche Anhaltspunkte ersetzt.
58   *Kingreen/Poscher*, POR, § 14 Rn. 15.
59   *Kingreen/Poscher*, POR, § 14 Rn. 19.

Aufzeichnungen dürfen auch angefertigt werden, wenn andere Personen unvermeidbar betroffen werden.

(2) Die Polizei darf Bild- und Tonübertragungen in Echtzeit (Übersichtsaufnahmen) von öffentlichen Versammlungen unter freiem Himmel und ihrem Umfeld zur Lenkung und Leitung des Polizeieinsatzes nur dann anfertigen, wenn dies wegen der Größe oder Unübersichtlichkeit der Versammlung erforderlich ist und wenn tatsächliche Anhaltspunkte die Annahme rechtfertigen, dass von Versammlungsteilnehmerinnen oder Versammlungsteilnehmern erhebliche Gefahren für die öffentliche Sicherheit ausgehen.

(3) Der Einsatz von Technik für Aufnahmen und Aufzeichnungen ist offen vorzunehmen. Die Versammlungsleitung ist unverzüglich über die Anfertigung von Aufzeichnungen nach Absatz 1 und Übersichtsaufnahmen nach Absatz 2 in Kenntnis zu setzen. Die von einer Aufzeichnung nach Absatz 1 betroffene Person ist über die Maßnahme zu unterrichten, sobald ihre Identität bekannt ist und zulässige Verwendungszwecke der Aufzeichnung nicht gefährdet werden. Bei einem durch die Maßnahme unvermeidbar betroffenen Dritten im Sinne des Absatzes 1 Satz 2 unterbleibt die Unterrichtung, wenn die Identifikation nur mit unverhältnismäßigen Ermittlungen möglich wäre oder überwiegend schutzwürdige Interessen anderer Betroffener entgegenstehen.

(4) Die Aufzeichnungen nach Absatz 1 sind nach Beendigung der Versammlung oder zeitlich und sachlich damit unmittelbar im Zusammenhang stehender Ereignisse unverzüglich zu löschen. Dies gilt nicht, soweit sie erforderlich sind

1. zur Verfolgung von Straftaten in oder im Zusammenhang mit der Versammlung oder von Ordnungswidrigkeiten nach § 24 Absatz 1 Nummer 7,

2. zur Gefahrenabwehr, wenn von der betroffenen Person in oder im Zusammenhang mit der Versammlung die konkrete Gefahr einer Verletzung von Strafgesetzen ausging und zu besorgen ist, dass bei einer künftigen Versammlung von dieser Person erneut die Gefahr der Verletzung von Strafgesetzen ausgehen wird,

3. zur befristeten Dokumentation polizeilichen Handelns, sofern eine Störung der öffentlichen Sicherheit eingetreten ist, oder

4. zum Zwecke der polizeilichen Aus- und Fortbildung; hierzu ist eine eigene Fassung herzustellen, die eine Identifizierung der darauf abgebildeten Personen unumkehrbar ausschließt.

Die Aufzeichnungen, die aus den in Satz 2 genannten Gründen nicht gelöscht wurden, sind spätestens nach Ablauf von sechs Monaten nach ihrer Anfertigung zu löschen, sofern sie nicht inzwischen zur Verfolgung von Straftaten nach Satz 2 Nummer 1, zur Gefahrenabwehr nach Nummer 2 oder zur Dokumentation nach Nummer 3 erforderlich sind. Die Löschung der Aufzeichnungen ist zu dokumentieren. Außer zu den in Nummern 1 bis 4 genannten Zwecken dürfen Aufzeichnungen nicht genutzt werden.

(5) Die Gründe für die Anfertigung von Bild- und Tonaufzeichnungen nach Absatz 1 und für ihre Verwendung nach Absatz 4 sind zu dokumentieren. Satz 1 gilt für die

Dokumentation von Aufnahmen nach Absatz 1 und Übersichtsaufnahmen nach Absatz 2 entsprechend. Werden von Aufzeichnungen eigene Fassungen für die Verwendung zur polizeilichen Aus- und Fortbildung erstellt, sind die Anzahl der hergestellten Fassungen sowie der Ort der Aufbewahrung zu dokumentieren.

(6) Die behördlichen Datenschutzbeauftragten der Polizei können die Einhaltung der Dokumentationspflichten nach Absatz 4 Satz 4 und Absatz 5 regelmäßig überprüfen.

§ 22 Aufnahmen und Aufzeichnungen von Bild und Ton

(1) Unter den Voraussetzungen des § 20 Absatz 1 darf die Polizei Bild- und Tonaufnahmen sowie entsprechende Aufzeichnungen von einer Person bei oder im Zusammenhang mit einer öffentlichen Versammlung in geschlossenen Räumen anfertigen. Die Aufzeichnungen dürfen auch angefertigt werden, wenn andere Personen unvermeidbar betroffen werden. Die Aufnahmen und Aufzeichnungen sind offen vorzunehmen.

(2) Die von einer Aufzeichnung nach Absatz 1 betroffene Person ist über die Maßnahme zu unterrichten, sobald ihre Identität bekannt ist und zulässige Verwendungszwecke nicht gefährdet werden. Bei einem durch die Maßnahme unvermeidbar betroffenen Dritten im Sinne des Absatzes 1 Satz 2 unterbleibt die Unterrichtung, wenn die Identifikation nur mit unverhältnismäßigen Ermittlungen möglich wäre oder überwiegend schutzwürdige Interessen anderer Betroffener entgegenstehen.

(3) Die Aufzeichnungen nach Absatz 1 sind nach Beendigung der Versammlung oder zeitlich und sachlich damit unmittelbar im Zusammenhang stehender Ereignisse unverzüglich zu löschen. Dies gilt nicht, soweit sie erforderlich sind
1. zur Verfolgung von Straftaten oder Ordnungswidrigkeiten nach § 24 Absatz 1 Nummer 7 in oder im Zusammenhang mit der Versammlung, von denen eine Gefahr im Sinne von § 20 Absatz 1 ausging oder
2. zur Gefahrenabwehr, wenn von der betroffenen Person in oder im Zusammenhang mit der Versammlung eine Gefahr im Sinne von § 20 Absatz 1 ausging und zu besorgen ist, dass bei einer künftigen Versammlung von dieser Person erneut Gefahren im Sinne von § 17 Absatz 1 ausgehen werden.

Die Aufzeichnungen, die aus den in Satz 2 genannten Gründen nicht gelöscht wurden, sind spätestens nach Ablauf von sechs Monaten nach ihrer Anfertigung zu löschen, sofern sie nicht inzwischen zur Verfolgung von Straftaten nach Satz 2 Nummer 1 oder zur Gefahrenabwehr nach Nummer 2 erforderlich sind oder Gegenstand oder Beweismittel eines Rechtsbehelfs oder gerichtlichen Verfahrens sind. Die Löschung der Aufzeichnungen ist zu dokumentieren. Außer zu den in § 16 Nummern 1 bis 4 genannten Zwecken dürfen Aufzeichnungen nicht genutzt werden.

(4) Die Gründe für die Anfertigung von Bild- und Tonaufzeichnungen nach Absatz 1 und für ihre Verwendung nach Absatz 3 sind zu dokumentieren.

(5) Die behördlichen Datenschutzbeauftragten der Polizei können die Einhaltung der Dokumentationspflichten nach Absatz 3 Satz 4 und Absatz 4 regelmäßig überprüfen.

a) § 16

aa) Abs. 1

Hier sind Individualaufnahmen und -aufzeichnungen geregelt. Der Gesetzgeber hat 73
die Eingriffsschwelle nicht abgestuft, sondern lässt für beide den erheblichen abstrakten Gefahrenverdacht für die öffentliche Sicherheit ausreichen (vgl. Rdn. 26).
Zugelassen sind die Maßnahmen bei oder im Zusammenhang mit Versammlungen
(vgl. Rdn. 22 ff.).

In Abs. 1 wird zur Art und Weise der Anfertigung nichts gesagt; Abs. 3 bestimmt aber, 74
dass der Einsatz von Technik offen erfolgen muss. Damit sind verdeckte Maßnahmen
ohne Einsatz von Technik nicht ausgeschlossen, müssen aber auf Ausnahmefälle beschränkt bleiben (vgl. Rdn. 16).

bb) Abs. 2

Hier sind Übersichtsaufnahmen als Bild- und Tonübertragungen in Echtzeit zur 75
Lenkung und Leitung des Polizeieinsatzes geregelt. Dafür hatte das BVerfG wegen
des Eingriffs in die innere Versammlungsfreiheit eine Befugnisnorm für erforderlich
gehalten und als tatbestandliche Voraussetzung verlangt, dass die Übersichtsaufnahmen wegen der Größe oder Unübersichtlichkeit der Versammlung erforderlich
sind.[60]

Dies hat der s-h Gesetzgeber übernommen, fordert aber noch zusätzlich, dass ein 76
abstrakter erheblicher Gefahrenverdacht für die öffentliche Sicherheit vorliegt (vgl.
Rdn. 26). Er hat die beiden Zulassungsformen für Übersichtsaufnahmen zwar mit
einem und verbunden, doch rechtfertig das nicht die Annahme, dass es sich um
kumulative Voraussetzungen handelt. Übersichtsaufnahmen sind bei größeren Versammlungen schon angezeigt, bevor sich tatsächliche Anhaltspunkte für eine erhebliche Gefahr für die öffentliche Sicherheit zeigen. Verlangte man, dass zur Größe und
Unübersichtlichkeit der abstrakte erhebliche Gefahrenverdacht noch hinzukommen
muss, führte das zu dem widersinnigen Ergebnis, dass bei kleineren oder über-
sichtlichen Versammlungen trotz Vorliegens tatsächlicher Anhaltspunkte für einen
abstrakten erheblichen Gefahrenverdacht Übersichtsaufnahmen unzulässig, eingriffs-
intensivere Individualaufnahmen nach Abs. 1 aber zulässig wären.

cc) Abs. 3

Hier finden sich Verfahrensregelungen. Aufnahmen und Aufzeichnungen dürfen nur 77
offen angefertigt werden. Ohne Vorbild ist die Verpflichtung, die Versammlungsleitung unverzüglich über die Anfertigung von Individualaufnahmen nach Abs. 2 in
Kenntnis zu setzen. Neu ist auch die Unterrichtungspflicht von Personen, deren Identität mit Hilfe von Individualaufnahmen nach Abs. 1 festgestellt worden ist.

---

60 BVerfGE 122, 342/373.

dd) Abs. 4–6

78 Hier sind Löschungs- und Dokumentationspflichten geregelt und die behördlichen Datenschutzbeauftragten werden zur regelmäßigen Überprüfung der Einhaltung der Dokumentationspflichten berufen.

b) § 22

aa) Abs. 1

79 Für Versammlungen in geschlossenen Räumen werden offene Individualaufnahmen und -aufzeichnungen unter den Voraussetzungen von § 20 Abs. 1 zugelassen. Im Hinblick auf die verfassungsrechtlichen Bedenken gegen Bild- und Tonaufnahmen bei Versammlungen in geschlossenen Räumen auf der Grundlage einfachgesetzlicher Befugnisnormen wäre es angezeigt gewesen, die Zulässigkeit allein unter den Friedlichkeitsvorbehalt von Nr. 1 zu stellen.

bb) Abs. 2–5

80 Die Regelungen entsprechen im Wesentlichen § 16 Abs. 2–6.

§ 13 [Polizeiliche Auflösung von Versammlungen]

(1) Die Polizei (§ 12) kann die Versammlung nur dann und unter Angabe des Grundes auflösen, wenn

1. der Veranstalter unter die Vorschriften des § 1 Abs. 2 Nr. 1 bis 4 fällt, und im Falle der Nr. 4 das Verbot durch die zuständige Verwaltungsbehörde festgestellt worden ist,

2. die Versammlung einen gewalttätigen oder aufrührerischen Verlauf nimmt oder eine unmittelbare Gefahr für Leben und Gesundheit der Teilnehmer besteht,

3. der Leiter Personen, die Waffen oder sonstige Gegenstände im Sinne von § 2 Abs. 3 mit sich führen, nicht sofort ausschließt und für die Durchführung des Ausschlusses sorgt,

4. durch den Verlauf der Versammlung gegen Strafgesetze verstoßen wird, die ein Verbrechen oder von Amts wegen zu verfolgendes Vergehen zum Gegenstand haben, oder wenn in der Versammlung zu solchen Straftaten aufgefordert oder angereizt wird und der Leiter dies nicht unverzüglich unterbindet.

In den Fällen der Nr. 2 bis 4 ist die Auflösung nur zulässig, wenn andere polizeiliche Maßnahmen, insbesondere eine Unterbrechung, nicht ausreichen.

(2) Sobald eine Versammlung für aufgelöst erklärt ist, haben alle Teilnehmer sich sofort zu entfernen.

I. Allgemeines

1. Begriff und Bedeutung

Auflösung ist Beendigung einer stattfindenden Versammlung durch die Polizei mit 1
dem Ziel, die Personenmehrheit zu zerstreuen. Als rechtsgestaltende Verfügung
lässt sie den Schutz durch Art. 8 Abs. 1 GG enden, macht die Versammlung zu einer Personenmehrheit mit eingeschränktem Grundrechtsschutz und nach Entfallen
der Sperrwirkung der Versammlungsgesetze den Weg in das jeweilige Polizeigesetz
frei.[1]

2. Abschließende Regelung

Für versammlungsspezifische Gefahren, die sich aus Versammlungen in geschlos- 2
senen Räumen ergeben, ist § 13 spezielle und abschließend konzipierte Regelung. Im
gegebenen Zusammenhang ist die Abgrenzung zwischen versammlungsspezifischen

---

1 BVerfG, NVwZ 2005, Rn. 80 f.; *Kniesel/Poscher*, Rn. 432.

und -unspezifischen Gefahren problematisch und letztlich unergiebig. So kann sich die baupolizeiliche Gefahr des Einsturzes des Versammlungsgebäudes gerade aus der Versammlung ergeben, weil ihre Teilnehmerzahl zu hoch ist. Auch bei der immer wieder angeführten Seuchengefahr als Beispiel für eine unspezifische Gefahr, scheint der Gesetzgeber nicht von der herkömmlichen Differenzierung in spezifische und unspezifische Gefahren ausgegangen zu sein; sonst ist nicht erklärlich, warum in § 17 Infektionsschutzgesetz im Rahmen der besonderen Maßnahmen der zuständigen Behörde Abs. 7 das Grundrecht aus Art. 8 GG zitiert.

3   Wegen des auch bei unspezifischer Gefahrenabwehr gegebenen Eingriffs in die Versammlungsfreiheit sollte im Fall der Aufforderung anderer zur Gefahrenabwehr zuständiger Behörden an die Polizei zum Einschreiten eine Auflösung nach § 13 BVersG oder der jeweiligen Norm des LVersG erfolgen.[2]

3. Verhältnis zu § 5 BVersG

4   Das Verbot nach § 5 und die Auflösung nach § 13 Abs. 1 stehen in engem thematischen Zusammenhang, auch wenn die jeweiligen Verbots- bzw. Auflösungsgründe nicht identisch sind. Grundlegender Unterschied ist die zeitliche Zäsur; ein Verbot kann nur vor und eine Auflösung nur nach Beginn der Versammlung ergehen.

5   Diese klare zeitliche Trennung besteht allerdings nicht bei § 5 Nr. 2, weil dies Verbot im speziellen Fall des Zuganggewährens in den Regelungsbereich des § 13 hineinragt, indem die Polizei eine Versammlung noch dann verbieten kann, wenn diese mit dem Sicheinfinden der Teilnehmer bereits begonnen hat. Insoweit hat die Polizei die Auswahl, ob sie über § 13 Abs. 1 Nr. 3 Satz 2 erst mildere Maßnahmen einsetzen will oder ohne Mitwirkung des Leiters zum Verbot nach § 5 Nr. 2 greift. Dagegen ist nichts einzuwenden, da es einen Unterschied macht, ob bewaffneten Teilnehmern aktiv Zutritt gewährt wird oder mangels Kontrolle sich plötzlich bewaffnete Teilnehmer in der Versammlung befinden.[3]

4. Form

6   Die Auflösung muss ausdrücklich und unmissverständlich verfügt werden. Für die Teilnehmer muss erkennbar sein, dass die Versammlung nicht unterbrochen, sondern beendet wird und ihnen muss verdeutlicht werden, dass sie nach der Auflösung verpflichtet sind, den Versammlungsraum zu verlassen.

7   Die Auflösungsverfügung ist Verwaltungsakt (§ 35 Satz 1 VwVfG) und den Betroffenen bekannt zu geben (§ 41 Abs. 1 VwVfG), was mündlich geschehen kann (§ 37 Abs. 2 VwVfG). Die Auflösung wird demnach wirksam, indem die Anwesenden durch den verantwortlichen entsandten Polizeibeamten angesprochen werden.

---

2 *Rühl*, RBRS, § 13 Rn. 17.
3 *Rühl*, RBRS, § 13 Rn. 9.

Abweichend von § 39 VwVfG, wonach nur schriftliche oder elektronische Verwal- 8
tungsakte zu begründen sind, bedarf die mündliche Auflösungsverfügung einer Begründung. Dies folgt aus § 13 Abs. 1, der verlangt, dass die Auflösung unter Angabe
des Grundes erfolgen muss. Insoweit reicht es aus, dass der maßgebliche Auflösungsgrund genannt und sein Vorliegen bestätigt wird. Unterbleibt diese Begründung, wird
die Auflösung nicht rechtswidrig, auch wenn die Begründung nachträglich nicht mehr
erfolgen kann, weil die Betroffenen nicht mehr in ihrer Gesamtheit für die Polizei
erreichbar sind.[4]

5. Rechtsfolgen

Wenn die Auflösungsverfügung der Versammlung den Schutz durch Art. 8 Abs. 1 9
GG nimmt, gilt das für alle Versammlungsbeteiligten, also Veranstalter, Leiter mit
Ordnern und die Gesamtheit der Teilnehmer. Mit der Auflösung enden die Rechte
des Leiters und der Ordner. Bestehen bleibt das Hausrecht für den Leiter, wenn es
ihm übertragen wurde. Es kann aber nicht gegenüber der Polizei eingesetzt werden,
weil deren Anwesenheitsrecht aus § 12 nach der Auflösung der Versammlung für die
Abwicklungsphase bestehen bleibt. Die Pflicht zum Sichentfernen aus § 13 Abs. 2 gilt
auch für Veranstalter, Leiter und Ordner.

Die wirksame und vollziehbare Auflösungsverfügung ist Voraussetzung für die Recht- 10
mäßigkeit nachfolgender polizeirechtlicher Maßnahmen einschließlich der auf diese
gestützten Zwangsanwendung sowie die Strafbarkeit oder die Begehung der Ordnungswidrigkeit der Nichtbeachtung der Auflösung in Form der §§ 23, 26 Nr. 1, 29
Abs. 1 Nr. 2 BVersG.

II. Auflösung

1. Auflösungsgründe

Die Auflösungsgründe befugen wie die Verbotsgründe des § 5 BVersG nicht zu 11
selbstständigen Grundrechtseingriffen, sondern zeichnen nur die ohnehin bestehenden verfassungsunmittelbaren Gewährleistungsschranken aus Art. 8 Abs. 1 GG –
Friedlichkeit und Waffenlosigkeit – und aus Art. 18, 9 Abs. 2 und 21 Abs. 2 GG
nach.

a) Veranstalter ohne Versammlungsrecht

Der Auflösungsgrund der Nr. 1 ist identisch mit dem Verbotsgrund des § 5 Nr. 1. 12
Gleichwohl ist zu differenzieren, weil bei einer Auflösung der Kreis der unmittelbar
Betroffenen größer ist als bei einem Verbot; bei letzterem wird nur das Veranstaltungsrecht beeinträchtigt, weil es noch keine Teilnehmer gibt. Die Auflösung richtet sich
aber auch gegen den Leiter und die Teilnehmer. Der Leiter wird dabei über den Veranstalter zulässig mit getroffen, weil das Leitungsrecht aus dem Veranstaltungsrecht

---

4 *Kugele*, VwVfG, 2014, § 46 Rn. 1 ff.

abgeleitet ist. Hat der Veranstalter kein Versammlungsrecht, kann auch der Leiter keine Rechte geltend machen.

13   Anders verhält es sich bei der Einschränkung des Teilnahmerechts. Defizite beim Veranstalter können nicht ohne weiteres zu Einschränkungen gegenüber den Teilnehmern führen, es sei denn, dass sie sich mit dem Veranstalter solidarisieren. Ist das nicht der Fall oder sind die Teilnehmer erschienen, um kritisch gegenüber dem Veranstalter zu agieren, erscheint eine Auflösung nicht erforderlich, weil es mildere geeignete Maßnahmen gibt. Zu denken ist an eine Unterbrechung, verbunden mit der Verfügung an die Teilnehmer, die Versammlung unabhängig von dem eigentlichen Veranstalter unter einem eigenen Leiter fortzuführen. Voraussetzung ist, dass eine Einigung über die Hergabe des Versammlungsraums zustande kommt. Nur wenn die Fortführung der Versammlung als andere Veranstaltung nicht in Frage kommt, darf eine Auflösung erfolgen.[5]

b) Gewalttätiger oder aufrührerischer Verlauf

14   Der Auflösungsgrund des § 13 Abs. 1 Nr. 2 geht über den Verbotsgrund des § 5 Nr. 3 hinaus. Während bei letzterem ein Verbot nur in Betracht kommt, wenn der Veranstalter oder sein Anhang einen gewalttätigen oder aufrührerischen Verlauf anstreben, ist der korrespondierende Auflösungsgrund schon dann gegeben, wenn ein solcher Verlauf durch Teilnehmer verursacht wird, die nicht zum Anhang des Veranstalters gehören.[6]

15   Daneben kommt die Auflösung in Betracht, wenn eine unmittelbare Gefährdung für Leben und Gesundheit der Teilnehmer besteht. Diese Gefährdung muss aus dem Binnenbereich der Versammlung herrühren. Gefahren, die von draußen drohen, berechtigen nicht zur Auflösung. Dann aber hat § 13 Abs. 1 Nr. 2 2. Alt. keine eigenständige Bedeutung, weil bei einer unmittelbaren Gefährdung von Leben und Gesundheit der Teilnehmer die Versammlung auch einen gewalttätigen oder aufrührerischen Verlauf nimmt.[7]

c) Nichtausschluss bewaffneter Personen

16   Im Gegensatz zu § 5 Nr. 2 kommt es nicht darauf an, dass der Leiter bewaffneten Teilnehmern – wissentlich oder aktiv – Zutritt gewährt. Das Erscheinen von bewaffneten Teilnehmern stellt ein Gefahrenpotenzial unabhängig von der Verantwortlichkeit des Veranstalters oder Leiters dar und verpflichtet den Leiter, diese Teilnehmer sofort auszuschließen, sobald er Kenntnis von der Bewaffnung hat. Nach erfolgtem Ausschluss muss er dafür sorgen, dass seine Anordnung auch beachtet wird. Wenn der Leiter in angemessener Zeit nichts zur Durchsetzung seiner Ausschließung unternimmt oder wenn seine Bemühungen erfolglos bleiben, hat die Polizei die Versammlung aufzulösen.

---

5   *Dietel*, DVBl 1969, 572.
6   *Hoffmann*, StuKVw 1967, 262.
7   *Rühl*, RBRS, § 13 Rn. 17.

Unabhängig von der vorrangigen Ordnungsfunktion des Leiters ist die Polizei aus 17 eigener Zuständigkeit zur Abwehr von Gefahren, die von diesem Personenkreis ausgehen, verpflichtet, weil die Verhütung und Verhinderung der Fortsetzung von Straftaten zum originären Auftrag der Polizei zur Gefahrenabwehr gehört. Auf der Grundlage von § 163 StPO ist sie zur Strafverfolgung verpflichtet und hat die Identität der bewaffneten Teilnehmer festzustellen, Strafanzeigen wegen Verstoßes gegen § 27 BVersG zu erstatten und die Waffen als Beweismittel nach § 94 Abs. 1 StPO zu beschlagnahmen.

d) Verstoß gegen Strafgesetze, Aufforderung zu Straftaten

Der Auflösungsgrund nach Nr. 4 hat zwei Alternativen; es muss zu Verstößen ge- 18 gen Strafgesetze kommen oder zu solchen Straftaten aufgefordert oder angereizt werden; bei letzterer muss hinzukommen, dass der Leiter diese Tathandlungen nicht unterbindet.

Der Auflösungsgrund des Nr. 4 1. Alt. entspricht nicht dem Verbotsgrund in § 5 19 Nr. 4. Der Verbotsgrund stellt auf Straftaten ab, die durch Äußerungen bestimmten Charakters begangen werden, während der Auflösungsgrund nur Straftaten schlechthin verlangt. In beiden Fällen muss es sich um Verbrechen oder um von Amts wegen zu verfolgende Vergehen handeln.

Da für Versammlungen in geschlossenen Räumen nicht der Gesetzesvorbehalt des 20 Art. 8 Abs. 2 GG gilt und der bloße Verstoß gegen Strafgesetze nach der Rechtsprechung des BVerfG nicht ohne weiteres unfriedliches Verhalten darstellt[8], muss der Auflösungstatbestand verfassungskonform interpretiert werden.[9] Es kommen zunächst nur solche Straftaten in Frage, die einen Bezug zu den Gewährleistungsschranken »friedlich und ohne Waffen« aufweisen. Das sind Straftaten, die in ihrem Tatbestand auf die Anwendung oder Androhung physischer Gewalt gegen Personen oder Sachen abstellen. Darüber hinaus kommen auch als Konkretisierung verfassungsimmanenter Schranken solche Straftaten ist Betracht, die dem Schutz von Grundrechten Dritter oder anderer Verfassungsrechtsgüter dienen, die der Versammlungsfreiheit mindestens gleichgeordnet sind.

Welche Straftaten für den Auflösungstatbestand der Nr. 4 1. Alt. In Frage kommen, 21 ist im Einzelfall festzustellen. Straftaten wie Volksverhetzung (§ 130 StGB), Gewaltdarstellungen, die die Menschenwürde verletzen (§ 131 StGB) oder Aufforderungen zum Angriffskrieg (§ 80a StGB) haben tatbestandmäßig keinen unmittelbaren Bezug zu gewalttätigem Verhalten. Da aber von Unfriedlichkeit schon dann auszugehen ist, wenn Gewalttätigkeiten angestrebt, beabsichtigt oder gebilligt werden, können auch sie für den Auflösungstatbestand relevant sein.

Die Straftaten müssen durch den Verlauf der Versammlung entstehen, indem diese 22 mit ihrer aggressiven Grundstimmung eine entsprechende stimulierende Wirkung

---

8 BVerfGE 73, 206/248.
9 *Rühl*, RBRS, § 13 Rn. 21.

entfaltet. Straftaten, die lediglich bei Gelegenheit der Versammlung begangen werden und ihre Ursache nicht im Verlauf der Versammlung haben, scheiden als Auflösungsgrund aus. Sie rechtfertigen jedoch polizeiliche Maßnahmen der Strafverfolgung bzw. der Unterbindung gegenüber demjenigen, der sie begeht.[10]

23   Nicht erforderlich für eine Auflösung ist, dass die Gesamtheit der Teilnehmer sich an der jeweils relevanten Straftat beteiligt. Das strafbare Verhalten einzelner Teilnehmer reicht allerdings für eine Auflösung nicht aus, und zwar auch dann nicht, wenn der Leiter nicht dagegen einschreitet. Diese Einschränkung ergibt sich zwar für die 1. Alt. des Auflösungstatbestandes nicht ausdrücklich, sie entspricht jedoch dem vom BVerfG aus dem Übermaßverbot entwickelten Grundsatz, dass nicht das Verhalten einzelner oder weniger Teilnehmer zum Abbruch einer Versammlung führen darf, solange ihre Isolierung oder Entfernung möglich ist.[11]

24   Bei der 2. Alt. reicht das Auffordern oder Anreizen zu auf Gewalttätigkeit gerichteten Straftaten aus. Auffordern liegt vor, wenn die Absicht erkennbar ist, andere zur Begehung von Straftaten zu bestimmen. Angereizt wird, wenn bei Dritten Vorstellungen geweckt werden, die diese dazu veranlassen, Straftaten zu begehen. Als Auflösungsgrund relevant wird das Auffordern oder Anreizen erst, wenn der Leiter nicht unverzüglich dagegen vorgeht. Dazu ist er aus seiner Ordnungsfunktion gem. § 8 BVersG verpflichtet. Als Mittel zur Unterbindung steht ihm das Ausschließungsrecht aus § 11 Abs. 1 zur Verfügung.

2. Minusmaßnahmen

a) Zulässigkeit

25   Eingriffsschwächere Maßnahmen als die Auflösung regelt § 13 Abs. 1 Satz 2 dadurch, dass eine Auflösung nur zulässig ist, wenn andere polizeiliche Maßnahmen nicht ausreichen. Der Grundsatz der Erforderlichkeit oder des geringstmöglichen Eingriffs ist damit in der Befugnisnorm zur Auflösung selber enthalten.

26   Die gesetzliche Einschränkung gilt jedoch nur für Minusmaßnahmen, die sich auf Auflösungstatbestände der Nr. 2, 3 oder 4 beziehen. Als ermessensbegrenzende Regelung darf sie nur Fälle erfassen, bei der der zuständigen Behörde Ermessen bleibt. Das ist aber wegen der Bindungswirkung verfassungsrechtlicher Entscheidungen bei Grundrechtsverwirkung und Parteienverbot bzw. der Tatbestandwirkung der rechtskräftigen Feststellung eines Vereinigungsverbots durch die zuständige Behörde ausgeschlossen. Deshalb kommen Minusmaßnahmen bei Vorliegen des Auflösungsgrundes nach Nr. 1 nicht in Betracht.

27   Eine andere Frage ist, ob Minusmaßnahmen nach Maßgabe der Verhältnismäßigkeit auch für den Auflösungsgrund nach Nr. 1 in Frage kommen. Im Gegensatz zum Verbot schränkt die Auflösung nicht nur die Versammlungsfreiheit des Veranstalters, sondern auch die der Teilnehmer ein. Insoweit ist im Rahmen der vom

---

10 VGH Mannheim, DVBl 1998, 840.
11 BVerfGE 69, 315/361.

Verhältnismäßigkeitsgrundsatz geforderten Abwägung zu prüfen, ob im Interesse der Versammlungsfreiheit der Teilnehmer andere Maßnahmen als die Auflösung ausreichen. Sie müssen sicherstellen, dass der Veranstalter keinen Einfluss mehr auf die von ihm ursprünglich veranlasste Veranstaltung hat. Das kann etwa dadurch geschehen, dass ein anderer als Veranstalter auftritt und ein vom ursprünglichen Veranstalter unabhängiger Leiter eingesetzt wird. Die zur Auflösung befugte Polizei kann das nicht anordnen, sondern den Teilnehmern lediglich anheimstellen. Die Pflicht der Polizei zu solchen Hinweisen ergibt sich aus dem Gesichtspunkt verfahrensrechtlicher Grundrechtseffektuierung.[12]

b) Arten

Das Gesetz nennt als Minusmaßnahme die Unterbrechung der Versammlung, allerdings nicht abschließend, sondern nur beispielhaft (»insbesondere«). Die von der Polizei angeordnete Unterbrechung soll Zeit schaffen, Verhaltensweisen im Sinne der Auflösungstatbestände zu beenden bzw. zu unterbinden, sodass danach die Versammlung fortgesetzt werden kann.   28

Neben der Unterbrechung kommen als weitere Minusmaßnahmen beschränkende Verfügungen in Betracht. Sie müssen sicherstellen, dass die in den Auflösungstatbeständen genannten Gefahren nicht eintreten, etwa dadurch, dass einzelne Teilnehmer oder Teilnehmergruppen ausgeschlossen und aus dem Versammlungsraum entfernt werden. Auch die Absetzung und Ersetzung des Leiters kann in Betracht kommen, wenn er die ihm nach Nr. 3 und 4 obliegenden Pflichten missachtet.   29

c) Form

Minusmaßnahmen ergehen wie die Auflösungsverfügung in aller Regel mündlich im Versammlungsraum durch den entsandten verantwortlichen Polizeibeamten. Seine Anordnungen müssen unzweideutig und für die jeweils Betroffenen unmissverständlich zum Ausdruck bringen, was verlangt wird. Unklarheiten gehen zu Lasten der Behörde. Wie die Auflösungsverfügung sollten auch die Minusmaßnahmen, hinreichend und verständlich begründet werden. Mit der Bekanntgabe der Maßnahme wird diese wirksam. Die Bekanntgabe sollte mit Hinweisen auf die Folgen der Nichtbeachtung – Auflösung und Verwaltungszwang – verbunden werden.   30

d) Rechtsfolgen

Mit der polizeilich angeordneten Unterbrechung der Versammlung ruhen die Rechte des Leiters und der Ordner. Alle Versammlungsbeteiligten haben die Anordnungen der Polizei zur Vermeidung der Auflösung zu befolgen. Sie sind aber nicht nach Abs. 2 verpflichtet, den Versammlungsraum zu verlassen.   31

---

12 BVerfGE 69, 315/355.

3. Zulässigkeit der Inanspruchnahme

a) Störer

32 Adressaten der Auflösungsverfügung sind im Gegensatz zur Verbotsverfügung nicht nur der Veranstalter, sondern auch der Leiter und die Teilnehmer. Entscheidend ist, dass die jeweils verantwortlichen Beteiligten, im Falle der Nr. 1 der Veranstalter, der Nr. 3 der Leiter, der Nrn. 2 und 4 vor allem die Teilnehmer, die in den Auflösungstatbeständen genannten Gefahren unmittelbar verursacht haben.

b) Nichtstörer

33 Wenn die Versammlung nur Anlass gewalttätiger Gegenaktionen ist, kommt eine Auflösung nicht in Betracht. Die zuständige Behörde muss die Versammlung gegen Störungen durch Dritte unter Aufbietung aller zur Verfügung stehenden Mittel schützen. Eine Auflösung ist unzulässig, um die Versammlung als Angriffsobjekt rechtswidriger Aktionen zu beseitigen. Eine Inanspruchnahme der nicht störenden Versammlung zum Schutz vor Übergriffen durch politische Gegner – etwa wenn Autonome die Versammlung einer rechten Gruppierung »aufmischen« wollen – ist unter den Voraussetzungen des polizeilichen Notstands allenfalls dann zulässig, wenn die Polizei von der Lage überrascht wird und nicht über kurzfristig zu mobilisierenden Kräfte zum Schutz der Versammlung verfügt.

4. Ermessen

34 Als Kannbestimmung räumt § 13 Entschließungsermessen und in Ansehung der Regelung in § 13 Abs. 1 Satz 2 – andere polizeiliche Maßnahmen – auch Auswahlermessen ein. In Anbetracht der Gewichtigkeit der Auflösungsgründe, die ja auf verfassungsrechtlicher Grundlage beruhen, ist regelmäßig von einer Ermessenreduzierung auf Null auszugehen.[13]

III. Entfernungspflicht

35 Die Auflösungsverfügung begründet die Pflicht zum Sichentfernen[14] und bei Nichtbeachtung die daraus folgende Ordnungswidrigkeit. Um Rechtsklarheit zu schaffen, sollte in der Auflösungsverfügung auf die Pflicht zum Sichentfernen und die Sanktionsdrohung bei Nichtbefolgung hingewiesen werden. Gleichzeitig sollte die Auflösungsverfügung mit einer auf allgemeines Polizeirecht gestützten Platzverweisung verbunden werden, die konkret bestimmt, in welcher Weise das Sichentfernen zu geschehen hat. Diese Platzverweisung kann gegebenenfalls mit unmittelbarem Zwang durch Wegführen oder Abdrängen durchgesetzt werden.

---

13 *Kingreen/Poscher*, POR, § 10 Rn. 41 ff.
14 BVerfG, NVwZ 2005, 80 f.

IV. Landesregelungen

1. Bayern

Art. 12 Beschränkungen, Verbote, Auflösung 36

(2) Nach Versammlungsbeginn kann die zuständige Behörde die Versammlung unter Angabe des Grundes beschränken oder auflösen, wenn
1. *der Veranstalter eine der Voraussetzungen des Art. 1 Abs. 2 erfüllt,*
2. *die Versammlung einen gewalttätigen Verlauf nimmt oder eine unmittelbare Gefahr für Leben oder Gesundheit der teilnehmenden Personen besteht,*
3. *der Leiter Personen, die Waffen oder sonstige Gegenstände im Sinne des Art. 6 mit sich führen, nicht sofort ausschließt und nicht für die Durchführung des Ausschlusses sorgt, oder*
4. *durch den Verlauf der Versammlung gegen Strafgesetze verstoßen wird, die ein Verbrechen oder ein von Amts wegen zu verfolgendes Vergehen zum Gegenstand haben, oder wenn in der Versammlung zu solchen Straftaten aufgefordert oder angereizt wird und der Leiter dies nicht unverzüglich unterbindet.*

In den Fällen von Satz 1 Nrn. 2 bis 4 ist die Auflösung nur zulässig, wenn andere Maßnahmen der zuständigen Behörde, insbesondere eine Unterbrechung, nicht ausreichen.

Art. 12 Abs. 2 enthält die in § 13 Abs. 1 BVersG nicht ausdrücklich vorgesehene 37
Möglichkeit auch nach Beginn der Versammlung noch beschränkende Verfügungen bzw. Auflagen auszusprechen. Die in Abs. 2 Nrn. 1–4 genannten Gründe entsprechen im Wesentlichen § 13 Abs. 1 Nrn. 1–4. Allerdings entfällt das Erfordernis der Verbotsfeststellung durch die zuständige Behörde und in Nr. 2 ist auf den veralteten Begriff »aufrührerisch« verzichtet worden.

2. Niedersachsen

Es wird auf § 5 Rdn. 44 ff. verwiesen. 38

3. Sachsen

§ 13 entspricht § 13 BVersG. 39

4. Sachsen-Anhalt

§ 11 entspricht § 13 BVersG. 40

5. Schleswig-Holstein

Es wird auf § 5 Rdn. 52 ff. verwiesen. 41

Abschnitt III   Öffentliche Versammlungen unter freiem Himmel und Aufzüge

§ 14 [Anmeldepflicht]

(1) Wer die Absicht hat, eine öffentliche Versammlung unter freiem Himmel oder einen Aufzug zu veranstalten, hat dies spätestens 48 Stunden vor der Bekanntgabe der zuständigen Behörde unter Angabe des Gegenstandes der Versammlung oder des Aufzuges anzumelden.

(2) In der Anmeldung ist anzugeben, welche Person für die Leitung der Versammlung oder des Aufzuges verantwortlich sein soll.

I. Anmeldepflicht

1. § 14 Abs. 1 und 2

a) Allgemeines

aa) Regelungskonzept für öffentliche Versammlungen unter freiem Himmel

Im Abschnitt III des BVersG stellen die **§§ 14 und 15 ein abschließendes Regelungs-** **1**
konzept für öffentliche Versammlungen unter freiem Himmel dar, das die **Selbst-**
organisationsrechte der Versammlungsbeteiligten gegenüber ihrer Stellung bei
Versammlungen in geschlossenen Räumen **wesentlich reduziert.** So besteht keine
Möglichkeit, bestimmte Personen oder Personenkreise in der Einladung auszuschließen und der Leiter kann bei einer groben Ordnungsstörung nicht gegen Teilnehmer

vorgehen, weil das Ausschlussrecht nach § 18 Abs. 3 und § 19 Abs. 4 der Polizei vorbehalten ist. Außerdem trifft den Veranstalter die Pflicht zur Anmeldung seiner Versammlung.

bb) Begriff und Bedeutung

2   Anmeldung ist Kenntnisgabe an die Versammlungsbehörde durch den Veranstalter, dass dieser beabsichtigt, eine Versammlung durchzuführen. Bei der Anmeldepflicht handelt es sich um eine **aktive** Informationspflicht; der Veranstalter muss die Versammlungsbehörde **von sich aus in Kenntnis setzen**, nicht erst auf Verlangen der Behörde.

3   Die Anmeldung beinhaltet **keinen Antrag auf Erlaubnis**, weil das Veranstalten von Versammlungen keiner Erlaubnis bedarf. Versammlungen finden in der Form **kontrollierten Geschehenlassens** durch die Versammlungsbehörde statt.[1]

4   Die Anmeldepflicht dient dem Zweck, Versammlungsbehörde bzw. Polizei in den Stand zu setzen, die Versammlung zu ermöglichen und zwangsläufige Auswirkungen auf Dritte und die Allgemeinheit durch **Herstellung praktischer Konkordanz** mittels einer beschränkenden Verfügung auf ein für alle Beteiligten hinnehmbares Maß zu reduzieren.[2]

5   Zusätzlich ermöglicht es die Anmeldung, dass sich Veranstalter und Versammlungsbehörde kennenlernen und zu der vom BVerfG geforderten Kooperation finden.[3] Insoweit ist die **Anmeldung** schon der **Auftakt der Kooperation**. Deshalb hat die Anmeldung auch dann zu erfolgen, wenn die Behörde bereits Kenntnis von der beabsichtigten Versammlung erlangt hat.

6   Öffentliche Versammlungen unter freiem Himmel und Aufzüge müssen grundsätzlich 48 Stunden **vor Bekanntgabe** der Versammlung **angemeldet werden**, d.h. die Behörde muss zu diesem Zeitpunkt in Kenntnis gesetzt sein. **Bekanntgabe** ist mehr als eine möglicherweise schon Wochen vorher ausgesprochene Einladung zu der geplanten Versammlung. Eine Bekanntgabe liegt erst vor, wenn den potenziellen Teilnehmern die für sie wichtigen **Informationen hinsichtlich Ort, Zeitpunkt und Thema mitgeteilt werden.**

b) Verfassungsmäßigkeit

7   Art. 8 Abs. 1 GG sieht nicht nur **Erlaubnisfreiheit**, sondern auch **Anmeldefreiheit** für Versammlungen vor. Gleichwohl wird mit § 14 ein **Anmeldezwang** eingeführt, die Polizei kann nach § 15 Abs. 3 eine nicht angemeldete Versammlung auflösen und Veranstalter und Leiter werden nach § 26 Nr. 2 mit Strafe bedroht, wenn sie eine

---

1   *Brohm*, JZ 1985, 508; *Kühl*, StV 1987, 132.
2   BVerfGE 69, 315/350 ff.; BVerwGE 26, 135/137; *Hoffmann-Riem*, AK-GG, Art. 8 Rn. 58; *Rühl*, § 14 Rn. 4; *Sachs*, StR IV/1, S. 1243; *Peters*, PJ, F, Rn. 2.
3   BVerfGE 69, 315/349 ff. und 357 ff.; 85, 69/74.

Kniesel

öffentliche Versammlung unter freiem Himmel oder einen Aufzug ohne Anmeldung durchführen.

Damit hat der Gesetzgeber mit Hilfe des Gesetzesvorbehalts von Art. 8 Abs. 2 GG **8** die **Anmeldefreiheit als zentrales Gewährleistungselement des Normprogramms von Art. 8 Abs. 1 GG** ausgeschaltet und das von der Verfassung vorgegebene Regel-Ausnahme-Verhältnis von Freiheit und Eingriff umgekehrt.[4] § 14 Abs. 1 ist deshalb verfassungswidrig.[5]

Das BVerfG hält § 14 bei **verfassungskonformer Auslegung** für mit Art. 8 Abs. 1 GG **9** vereinbar, indem es die **Sanktionierung** der Anmeldepflicht in § 15 Abs. 3 1. Alt. **außer Anwendung stellt** und im Übrigen davon ausgeht, dass die Vorschrift bezweckt, den Behörden die Informationen zu verschaffen, damit sie Vorkehrungen zum störungsfreien Verlauf der Versammlung und zum Schutz von Rechten Dritter und der Allgemeinheit treffen kann[6]; zudem bereitet § 14 den Boden für eine Kooperation zwischen Veranstalter und Versammlungsbehörde.[7] Die Anmeldepflicht ist damit im Ergebnis nur eine Obliegenheit, d.h. der Anmelder verschlechtert seine Rechtsposition und handelt gegen seine Interessen, wenn er die Anmeldung unterlässt, weil er das Risiko eingeht, dass ohne Anmeldung vermeidbare Gefahren entstehen und die Versammlungsbehörde eine vermeidbare Auflösung verfügen muss.[8]

c) Ausnahmen und Modifizierungen

Hält man mit der h.M. § 14 für mit Art. 8 Abs. 1 GG vereinbar[9], müssen bei der **10** Anwendung der Norm Ausnahmen gemacht und Modifizierungen vorgenommen werden.

aa) Spontanversammlungen

Spontanversammlungen entstehen aus aktuellem Anlass **augenblicklich**, indem die **11** Teilnehmer selber gemeinsam **ohne Veranlassung durch einen Veranstalter** von einem Moment auf den anderen den Entschluss fassen, eine Versammlung durchzuführen. Weil in dieser **Spontanität der Grundrechtsausübung** die grundrechtlich garantierte Selbstbestimmung über die Art und Weise der Versammlung zum Ausdruck kommt, fallen Spontanversammlungen unter den Schutzbereich von Art. 8 Abs. 1 GG. Die **Veranstalterlosigkeit** ist **Folge der Spontanität**, nicht umgekehrt.[10] Die

---

4 *Höfling*, SA, Art. 8 Rn. 64; *Schwäble*, S. 202; *Geis*, NVwZ 1992, 1027 ff.; *Frowein*, NJW 1969, 1085.

5 *Höfling*, SA, Art. 8 Rn. 64; *Geis*, FH, Art. 8 Rn. 42; *Depenheuer*, MD, Art. 8 Rn. 169; krit. *Gusy*, MKS, Art. 8 Rn. 34; für Teilnichtigkeit BVerfGE 85, 77/77 ff.; für verfassungskonforme Auslegung *Sachs*, StR IV/1, S. 1244; *Schneider*, EH, Art. 8 Rn. 40; *Werner*, S. 40 ff.; *Schulze-Fielitz*, DR, Art. 8 Rn. 83 hält die Norm für unproblematisch.

6 BVerfGE 69, 315/349 f.; 85, 69/74; auch BVerwGE 26, 135/137.

7 BVerfGE 69, 315/358.

8 *Pieroth*, in: Schwier, S. 131.

9 Vgl. Fn. 5.

10 *Kniesel/Poscher*, Rn. 237.

Spontanversammlung ist insoweit das Gegenmodell zur geplanten und organisierten Versammlung des BVersG.[11]

12   Es wird zwischen **echten** und **unechten** Spontanversammlungen unterschieden[12]; echte sollen nur die sein, die bei Beachtung der 48-Stunden-Frist keinen Sinn mehr hätten – etwa der Protest gegen die unmittelbar bevorstehende Abschiebung eines Asylbewerbers –, unechte dagegen die, die auch bei ordnungsgemäßer Anmeldung ihren Sinn behielten – etwa die Demonstration gegen eine Fahrpreiserhöhung –.

13   Die Differenzierung ist ohne dogmatischen Wert. Die begriffliche Verengung auf echte Spontanversammlungen bringt nichts, weil auch bei den unechten die Nichtanmeldung **keine Rechtsfolgen** hätte. **Unzulässig reglementiert** würde aber das Selbstbestimmungsrecht der Teilnehmer hinsichtlich des Zeitpunktes der Versammlung.[13] Entscheidend für die Qualifizierung als Spontanversammlung ist nur, ob der Zweck der Versammlung nicht erreicht werden könnte oder in Frage gestellt wäre, wenn die Anmeldepflicht eingehalten würde.[14]

14   Die **Nichtanmeldung** ist **das Spezifische an der Spontanversammlung,** weil eine vorherige Anmeldung schon **tatsächlich unmöglich** ist. Deshalb muss bei Spontanversammlungen die Anmeldepflicht entfallen, ein Festhalten an ihr hätte die Unzulässigkeit von Spontanversammlungen zur Folge.[15]

15   Klärungsbedüftig ist, ob **neue Aktionsformen** wie **Flashmob** oder **Smart mob** Spontanversammlungen sind. Ein Flashmob wird gekennzeichnet als ein typischerweise auf öffentlichen Plätzen erfolgender Auflauf von Personen, die sich in der Regel untereinander nicht kennen und die plötzlich gemeinsam eine Handlung oder eine Verhaltensweise vornehmen, welche den öffentlichen Raum in ungewöhnlicher Weise nutzt und deshalb auf Passanten spontan und überraschend wirkt.[16] Solche schwarmartigen Aktionen werden unter Zuhilfenahme sozialer Netzwerke, SMS oder Chatforen organisiert und koordiniert.[17] In diesen Fällen entsteht zwar der Eindruck von Spontanität, doch Spontanversammlungen können deshalb nicht vorliegen, weil die Zusammenkunft **nicht unmittelbar durch ihre Teilnehmer zustande kommt,** sondern mit ihrem **Veranlasser** einen Veranstalter hat.

bb) Eilversammlungen

16   Eilversammlungen sind im Unterschied zu Spontanversammlungen **geplant** und **haben** deshalb **einen Veranstalter,** können aber ohne Gefährdung des Demonstrationszwecks

---

11 *Gusy,* JuS 1993, 557; *Ridder,* RBRS, Geschichtliche Einleitung, Rn. 80.
12 *Ossenbühl,* Der Staat 1971, 67.
13 *Kniesel/Poscher,* Rn. 237.
14 BVerfGE 69, 315/350.
15 BVerfGE 69, 315/351; 85, 69/75; *Werner,* S. 47 ff.
16 *Lenski,* VerwArch 2012, 539/540; *Neumann,* NVwZ 2011, 1171/1172 f.; *Höfling/Krohne,* JA 2012, 734/736.
17 *Neumann,* NVwZ 2011, 1171/1172.

die 48-Stunden-Frist nicht einhalten.[18] Das BVerfG hat bei Eilversammlung nicht die Anmeldung überhaupt, sondern nur die **Einhaltung der Frist für unmöglich ge-halten.** In verfassungskonformer Auslegung von § 14 bleiben Eilversammlungen **an-meldpflichtig, sobald die Möglichkeit zur Anmeldung besteht;** dispensfähig soll nur die **Anmeldefrist** sein, die nach den Gegebenheiten des Falles zu verkürzen ist.[19]

Das BVerfG ist dafür kritisiert worden, dass es nicht verfassungskonform auslegt, 17 sondern eine **unzulässige Normkorrektur** vorgenommen habe, indem es die Tat-bestandsvoraussetzung »Anmeldung spätestens 48 Stunden vorher« durch, »Anmel-dung, sofern überhaupt möglich, in der Regel aber 48 Stunden zuvor« ersetzt habe.[20]

Die abweichende Auffassung kritisiert außerdem, dass eine verfassungskonforme Aus- 18 legung wegen des **klaren Wortlauts** nicht möglich sei.[21] Schließt man sich dieser Kritik an, bleibt nur die Möglichkeit, Eilversammlungen von der Anmeldepflicht zu befrei-en, wenn die 48-Stunden-Frist nicht eingehalten werden kann.[22]

cc) Großdemonstrationen

Großdemonstrationen, wie sie sich seit Mitte der 70-er Jahre herausgebildet haben, 19 verkörpern einen gänzlich anderen Typ von Versammlung als ihn der Gesetzgeber im Jahre 1953 vor Augen hatte. An die Stelle eines Veranstalters, der von seinem An-hang unterstützt wird, treten **Aktionsbündnisse** oder **Netzwerkkooperativen,** die die geplante Veranstaltung professionell vorbereiten, aber **nicht formal als Veranstalter auftreten** und diese anmelden.

Denkbar ist auch, dass sich unterschiedliche Gruppierungen zusammenfinden, die 20 **ohne vorherige Anmeldung und ohne zentrale Planung und Koordination** die Ver-sammlung durchführen wollen. Dabei kann sich diese **aus mehreren nebeneinander laufenden Versammlungen zusammensetzen.** Zeit, Ort und Thema sind identisch, aber nicht unbedingt die verfolgten Ziele und die Beweggründe für die Durchfüh-rung der Versammlung. Es kann auch die für das Vorliegen einer Versammlung er-forderliche innere Verbindung der Teilnehmer bezüglich der Gesamtveranstaltung fehlen, was sich auch daran erweisen kann, dass die Teilnehmer der einzelnen Ver-sammlungen regelmäßig nicht bereit sind, die Anweisungen einer Gesamtleitung zu befolgen.[23]

Dieses Phänomen der Großdemonstration soll nicht dem **überkommenen Bild** 21 **der formierten Versammlung** entsprechen[24] und die §§ 14 und 15 BVerfG sollen verfassungswidrig sein, weil sie der besonderen Interessenlage und Situation von

---

18 BVerfGE 85, 69/75; *Geis,* NVwZ 1992, 1027 f.
19 BVerfGE 85, 69/75; *Gusy,* JuS 1993, 557; Höfling, SA, Art. 8 Rn. 23.
20 *Geis,* NVwZ 1992, 1027/1029.
21 BVerfGE 85, 69/78.
22 *Hoffmann-Riem,* HGR, § 106 Rn. 112.
23 *Hoffmann-Riem,* AK-GG, Art. 8 Rn. 7.
24 *Geulen,* KJ 1983, 189 ff.; *Frankenberg,* KJ 1981, 281 f.

Großdemonstrationen nicht gerecht würden.[25] Dieser Auffassung kann nicht gefolgt werden. Den geschilderten Besonderheiten von Großdemonstrationen lässt sich durch **verfassungskonforme Auslegung** gerecht werden.[26] Auch wenn ein Wandel in Trägerschaft und Durchführung eingetreten ist, muss deshalb kein Sonderrecht für Großdemonstrationen geschaffen werden.

22 Im Hinblick auf § 14 BVerfG ergibt sich aber eine **neue Funktion der Anmeldepflicht**.[27] Ihre Informationsfunktion entfällt, weil die zuständige Versammlungsbehörde aus eigenen Quellen bereits Kenntnis hat. Die Anmeldepflicht gewinnt aber **in einer verfahrensrechtlichen Dimension eine neue Qualität** und Bedeutung, indem die **Kontaktaufnahme bei der Anmeldung zur Grundlage der Kooperation** zwischen Veranstalter und Versammlungsbehörde wird.[28] Eine Freistellung von der Anmeldepflicht ist somit bei Großdemonstrationen nicht angezeigt, es kann aber in verfassungskonformer Auslegung auf eine Gesamtanmeldung verzichtet werden, wenn sich einzelne Gruppierungen oder Personen, die zu der Veranstaltung aufrufen, zu einer Gesamtanmeldung außerstande sehen.[29]

d) Folgen der Nichtanmeldung

23 Als **Sanktionierung** einer unterbliebenen Anmeldung sieht § 15 Abs. 3 1. Alt. BVersG die Auflösung der Versammlung vor. Diese Sanktion ist nach der Rechtsprechung des BVerfG **auf Spontanversammlungen nicht anzuwenden**.[30] Die Nichtanmeldung kann aber für sich genommen kein zulässiger Auflösungsgrund sein, weil die **Auflösung kein Mittel zur Durchsetzung der Anmeldepflicht** ist.[31] Insoweit kann eine fehlende Anmeldung nur eine formelle, **keine materielle Rechtswidrigkeit** begründen.[32] Das muss dann aber auch für Versammlungen gelten, die rechtzeitig hätten angemeldet werden können oder bei denen die Anmeldung nachlässig oder auch böswillig unterlassen wurde.[33]

24 Für den Auflösungsgrund der Nichtanmeldung ist demnach davon auszugehen, dass die unterbliebene Anmeldung als solche nicht zur Auflösung befugt, sondern die unmittelbare **Gefährdung der öffentlichen Sicherheit aus anderen Gründen als unabdingbare Voraussetzung hinzukommen** muss. Diese kann allerdings **gerade deshalb gegeben sein, weil die Anmeldung nicht oder verspätet erfolgte** und die Versammlungsbehörde deshalb keine Zeit bzw. Gelegenheit hatte, Gefahren abwehrende bzw. minimierende Maßnahmen zu treffen.

---

25 *Geulen*, KJ 1983, 193 ff.
26 *Kloepfer*, HdBStR, § 164 Rn. 38; *Werner*, S. 58 f.
27 BVerfGE 69, 315/358.
28 BVerfGE 69, 315/359.
29 BVerfGE 69, 315/359.
30 BVerfGE 69, 315/351; BVerfGK 4, 154/158.
31 *Kniesel/Poscher*, Rn. 247.
32 *Werner*, S. 36 ff.
33 *Breitbach/Deiseroth/Rühl*, RBRS, § 15 Rn. 276.

Die Nichtanmeldung hat für Veranstalter und Leiter noch die **strafrechtliche Kon-** 25
sequenz des § 26 Nr. 2 BVersG. Diese hat das BVerfG für Eilversammlungen bestätigt.[34] Das mag unter dem Aspekt, dass der Straftatbestand nur Veranstalter und
Leiter trifft, die Auflösung dagegen alle Teilnehmer, plausibel sein. Die Anmeldung
als Voraussetzung für eine flexible polizeiliche Lagebewältigung und die Herstellung
praktischer Konkordanz zwischen den beteiligten kollidierenden Rechten durch Versammlungsbehörde und Polizei ist fraglos bedeutsam, **fragwürdig aber, ob es dafür**
eine Strafnorm geben muss.[35]

Entfiele die Funktion des § 26 Nr. 2 BVerfG, würde die **Anmeldung zur Obliegen-** 26
heit, d.h. es bestünde keine Pflicht zur Anmeldung, aber sie läge **im eigenen Interesse**
von Veranstalter und Leiter; beide müssten nachteilige Folgen nur tragen, wenn sie
von den der Anmeldung innewohnenden Chancen keinen Gebrauch machen. Dies
Modell passt besser zu Art. 8 Abs. 1 GG, der doch das Versammlungsrecht ohne Anmeldung schützt.[36]

Das gilt auch **für Eilversammlungen und absichtlich nicht angemeldete Versamm-** 27
lungen. Bei Spontanveranstaltungen kann § 26 Nr. 2 BVerfG nicht zur Anwendung
kommen, weil der Tatbestand die bei Spontanveranstaltungen gar nicht bestehende
Anmeldepflicht zur Voraussetzung hat.

e) Anmeldeverfahren

aa) Verwaltungsverfahren

Mit der Anmeldung durch den Veranstalter wird ein **Verwaltungsverfahren** i.S. der 28
Verwaltungsverfahrensgesetze in Gang gesetzt. Erfolgt keine Anmeldung, leitet die
Versammlungsbehörde, die aus eigenen Quellen von der geplanten Versammlung
Kenntnis hat, **von sich aus** ein Verwaltungsverfahren ein. Dieses wird maßgeblich
durch den Grundsatz der **Kooperation** zwischen Versammlungsbehörde und Ver-
anstalter geprägt (vgl. Rdn. 90 ff.)

Abgeschlossen wird das Verfahren mit einer **Anmeldebestätigung,** wenn dem Vor- 29
haben des Veranstalters keine Rechte Dritter oder der Allgemeinheit entgegenstehen.
Ist das der Fall ergeht als das Verfahren beendende Verfügung ein Verbot oder eine beschränkende Verfügung nach § 15 Abs. 1 oder 2 BVerfG. Die Versammlungsbehörde
kann auch auf der Grundlage der §§ 14 und 15 BVerfG feststellen, dass es sich bei
dem angemeldeten Vorhaben **nicht um eine Versammlung handelt** und den Anmelder an die zuständige Behörde verweisen.[37]

Da das BVersG **keine speziellen Verfahrensregelungen** enthält, ist für das versamm- 30
lungsbehördliche Verwaltungsverfahren ergänzend das jeweilige Landesverwaltungsverfahrensgesetz heranzuziehen. Das Verfahren ist **nichtförmlich,** einfach und

---

34 BVerfGE 85, 69/76.
35 *Kingreen/Poscher*, POR, § 20 Rn. 7.
36 *Kingreen/Poscher*, POR, § 20 Rn. 7.
37 OVG Berlin-Brandenburg, OVGE 27, 101 ff.

zweckmäßig durchzuführen; maßgebliche inhaltliche Bestimmungen sind der **Unter-suchungsgrundsatz**, die **Beratungs- und Auskunftspflicht**, die **Anhörungspflicht**, die **Pflicht zur Gewährung von Akteneinsicht**, die **Geheimhaltungs-** und die **Begrün-dungspflicht** (vgl. im Einzelnen Teil IV).

31   **Beteiligter** des Verwaltungsverfahrens ist zunächst der **Veranstalter als Leiter**, da er eine dem Antragsteller i.S.d. § 13 Abs. 1 Nr. 1 VwVfG vergleichbare Rolle hat. Die Versammlungsbehörde selber ist nicht Beteiligte, sondern **Trägerin des Verfahrens**, auch wenn sie faktisch Partei ist. Als **weitere Beteiligte** i.S. von § 13 Abs. 1 Nr. 4 VwVfG kann die Versammlungsbehörde diejenigen hinzuziehen, deren Rechte durch die Ergebnisse des Verfahrens berührt werden.

bb) Anmeldepflichtiger

32   Die Pflicht zur Anmeldung obliegt dem **Veranstalter**. Rufen mehrere Veranstalter – Einzelpersonen, Gruppierungen oder Vereinigungen als juristische Personen – zu einer Versammlung auf, müssen auch alle anmelden, können sich aber untereinander darüber verständigen, dass nur eine Person oder Gruppierung anmeldet.

33   Haben Versammlungsbehörde bzw. Polizei Kenntnis von einer bevorstehenden Ver-sammlung, ohne dass eine Anmeldung vorliegt, können die Behörden den ihr bekann-ten Veranstalter **vorladen** und **befragen**, weil eine Gefahr für die öffentliche Sicherheit in Gestalt einer Straftat gem. § 26 Nr. 2 BVerfG gegeben ist, Es handelt sich um eine Vorfeldmaßnahme, die auf das allgemeine Polizeirecht gestützt werden kann.[38] Zu diesem Mittel sollte aber erst gegriffen werden, wenn trotz Einladung zu einem Ko-operationsgespräch ein solches nicht zustande kommt. Erscheint der Veranstalter nach Vorladung, sollte gleichwohl ein Kooperationsgespräch auf Augenhöhe stattfinden.

cc) Form und Frist

34   Da die Anmeldung an **keine Form** gebunden ist, kann sie schriftlich, zu Protokoll, fernmündlich, per Fax oder E-Mail vorgenommen werden. Sie muss spätestens 48 Stunden vor dem Zeitpunkt erfolgen, an dem der Veranstalter seine Versamm-lung **ankündigt**, d.h. bekannt gibt, **wann, wo und wozu** er die Versammlung oder Demonstration durchführen will.

dd) Inhalt und Zweck

35   Bei der Anmeldung sind **Angaben zu Zeit, Ort, Streckenführung, Thema und Leiter der Versammlung** zu machen. Auch der **Veranstalter** ist **namentlich zu benennen**, damit ihm behördliche Verfügungen zugestellt werden können. Der Leiter ist namhaft zu **machen**, damit Versammlungsbehörde und Polizei den für die Durchführung Ver-antwortlichen kennen und auch für die Kooperation vor Ort einen **Ansprechpartner** haben.

---

38 *Kingreen/Poscher*, POR, § 20 Rn. 8.

Der Veranstalter nimmt für seine Versammlung die **Gestaltungsfreiheit** des Art. 8   36
Abs. 1 GG in Anspruch und kann **Thema, Motto, Art und Form selbst bestimmen.**
Diesbezüglich ist er **nicht in der Pflicht, eine Begründung zu liefern.** Werden ihm im
Kooperationsgespräch gleichwohl diesbezügliche Informationen abverlangt, so dient
das dem Ziel, dass die Polizei für die geplante Versammlung eine **gesicherte Gefahrenprognose** erstellen kann. Ohne Kenntnis des Inhalts können Versammlungsbehörde
bzw. Polizei nicht beurteilen, **wie viele Teilnehmer** der Veranstalter mobilisieren kann,
aber auch **welches Störerpotenzial zu erwarten** ist und ob **mit einer Gegendemonstration zu rechnen** ist. Hier wird deutlich, dass die Anmeldepflicht auch dem Veranstalter dient, weil die Behörde ihre **Schutzpflicht** nur erfüllen kann, wenn sie über
die maßgeblichen Informationen verfügt.

f) Konzentrationsmaxime

Die Erlaubnisfreiheit führt dazu, dass im Anmeldeverfahren auch die **Belange der**   37
Gefahrenabwehr Berücksichtigung finden müssen, **die Gegenstand behördlicher
Erlaubnisvorbehalte sind;**[39] nach § 29 Abs. 2 StVO für die **nicht verkehrsübliche
Inanspruchnahme von öffentlichem Straßenraum,** nach § 46 Abs. 1 Nr. 9 StVO
für den Betrieb von **Lautsprechern** und für bundes- und landesstraßenrechtliche
Sondernutzungserlaubnisse, die nicht mehr Gemeingebrauch sind, aber mit der
Durchführung der Versammlung in **inhaltlichem oder funktionalem Zusammen-
hang** stehen.

Diese eigentlich erforderlichen Erlaubnisse sind wegen der **Sperrwirkung** des BVersG   38
suspendiert, weil es sich bei den §§ 14 und 15 BVersG im Hinblick auf die Erlaubnisfreiheit um ein in sich **geschlossenes und abschließendes Regelungswerk** zur Wahrung der öffentlichen Sicherheit bei Versammlungen handelt.[40]

Demzufolge hat der **Ausgleich** zwischen der Versammlungsfreiheit und den durch die   39
suspendierten Erlaubnisse geschützten Rechtsgütern anstelle der eigentlich vorgesehenen Erlaubnisverfahren im versammlungsgesetzlichen Anmeldeverfahren **über Auflagen** i.S. von § 15 Abs. 1 BVersG zu erfolgen. Die Versammlungsbehörde kann **aus
einer Hand auch über die Zulässigkeit** der Betätigungen der Versammlungsfreiheit
entscheiden, die Gegenstand der Erlaubniserteilung durch andere Behörden sind.

Mit dieser **Konzentrationswirkung** des Anmeldeverfahrens wird indes **nur die** ander-   40
weitige **förmliche Erlaubnis** als solche **entbehrlich,** nicht aber die Prüfung des Vorliegens einer anderweitigen Gefahr für die öffentliche Sicherheit. Deshalb muss die
Versammlungsbehörde die eigentlich zuständige Behörde hinsichtlich der Gefahrenprognose **beteiligen,** wenn deren Fachkenntnisse dafür erforderlich sind. Bejaht

---

39 *Kniesel/Poscher*, Rn. 257 ff.
40 BVerwGE 82, 34 (38 ff.); BVerfG, NJW 2001, 2459 (2460); VGH Mannheim, NVwZ-RR
   1994, 370; NVwZ 1998, 761; VGH München, NVwZ-RR 2016, 491 (501); OVG Frankfurt (Oder), NVwZ-RR 2004, 844; OVG Bautzen, NVwZ-RR 2002, 435 (436); NJW
   2018, 2429; vgl. dazu *Friedrich*, DÖV 2019, 55 (57).

diese Behörde die Gefahr, muss die Versammlungsbehörde diese **mit einer Auflage abwehren.**[41]

41   Die Konzentrationsmaxime gilt **auch außerhalb von Erlaubnisverfahren** für ordnungs- und sonderordnungsbehördliche Verfügungen, die die – eigentlich – zuständige Behörde für geboten hält. Ist etwa das Zeltlager gegen ihre Ausweisung protestierender Roma als Demonstration für ihren Verbleib zu bewerten und sind in diesem Lager unhaltbare hygienische Verhältnisse gegeben, denen mit gesundheitspolizeilichen Maßnahmen zu begegnen ist, so sind auch diese **über Auflagen nach § 15 Abs. 3 BVersG zu verfügen.**[42]

42   Wenn die **Versammlungsbehörde aus einer Hand entscheidet,** hat das den Vorteil, dass die Anmelder von Versammlungen nur mit einem Hoheitsträger konfrontiert werden, nur mit diesem verhandeln müssen und von ihm auch einen **Gesamtbescheid** erhalten. Das setzt sich in der **Durchführungsphase** der Versammlung fort. Werden etwa im Rahmen einer Spontandemonstration einer Sondernutzungserlaubnis unterliegende Hilfsmittel verwendet, kann der polizeiliche Einsatzleiter **vor Ort aus einer Hand** auch über die straßenrechtliche Zulässigkeit entscheiden.

g)   Tarn-, Schein- und Mehrfachanmeldungen, Vorratsanmeldungen bzw. -anzeigen

43   Angemeldet werden muss die Versammlung, die auch **durchgeführt** werden soll. Eine Anmeldung von Versammlungen, die gar nicht durchgeführt werden sollen, ist gegenstandslos. Das gilt vor allem für **Tarnveranstaltungen** und **Schein- und Mehrfachanmeldungen** durch rechtsextremistische Gruppierungen.

44   Die Tarnanmeldung erfolgt zur **Täuschung** der Behörde, indem die angemeldete Versammlung nur vorgeschoben wird, um die eigentlich gewollte, aber gegen die öffentliche Sicherheit verstoßende Versammlung vor einem Versammlungsverbot zu schützen.[43] Der Veranstalter verletzt dabei seine Anmeldepflicht, die **nur für die gewollte Versammlung** erfüllt werden kann. Bei den Schein- oder Mehrfachanmeldungen für verschiedene Versammlungsorte und -zeiten sollen die zuständigen Behörden oder auch Gegendemonstranten im Unklaren über den tatsächlichen Versammlungsort gelassen werden. Auch hier verstößt der Veranstalter gegen seine Anmeldepflicht, doch reicht der Verstoß als solcher nicht für Maßnahmen nach § 15 Abs. 1 BVersG aus, sondern es muss eine Gefährdung der öffentlichen Sicherheit im Übrigen vorliegen. Der Tatbestand des § 26 Nr. 2 BVersG ist für Veranstalter und Leiter erfüllt.

45   Vorratsanmeldungen bzw. -anzeigen liegen vor, wenn eine Versammlung nicht nur einmalig, sondern wiederholt – wöchentlich, monatlich, jährlich – an einem bestimmten Tag bzw. Ort stattfinden soll. Im Hinblick auf § 14 Abs. 2 BVersG stehen die wesentlichen Umstände der geplanten Veranstaltungen im Voraus fest, nur Details

---

41 BVerwG, NJW 1989, 2411; VGH München, NVwZ-RR 2016, 498/501.
42 OVG Münster, NVwZ-RR 1992, 361; krit. dazu *Dietlein*, NVwZ 1992, 1066 f.
43 BVerfG, NVwZ-RR 2002, 500; VGH München, VGHE 59, 213/215.

der einzelnen Versammlungen sind noch zu konkretisieren.[44] Es geht bei dieser Fallgruppe um Verwaltungsvereinfachung, weil die Versammlungen aus Anlass eines feststehenden Datums erfolgen. Das BayVersG hat auf diese neue Anmeldeform reagiert und begrenzt die Vorratsanzeige in Art. 13 Abs. 1 Satz 3 auf zwei Jahre vor dem beabsichtigten Versammlungstermin. Eine andere Motivation liegt Vorratsanmeldungen zugrunde, bei denen es den Anmeldern darum geht, bestimmte für rechtsextremistische Veranstalter attraktive Demonstrationsorte zu bestimmten Zeiten zu blockieren. Mit der Vorratsanmeldung bzw. -anzeige soll die mißliebige Versammlung mit Hilfe des Erstanmelderprinzips (vgl. dazu Rn. 48 ff.) verhindert werden.[45]

h) Anmeldebestätigung

Hat die Versammlungsbehörde die geplante Veranstaltung mit ihren Auswirkungen 46 auf die Rechte Dritter und der Allgemeinheit geprüft und besteht keine Veranlassung für ein Verbot oder eine beschränkende Verfügung, so ergeht **wegen der Erlaubnisfreiheit keine behördliche Verfügung**. Der Veranstalter kann seine Versammlung so durchführen, wie er es angemeldet hat.

Damit das in Gang gekommene Verwaltungsverfahren seinen formalen Abschluss 47 findet und der Veranstalter Planungssicherheit bekommt[46], fertigt die Versammlungsbehörde eine **Anmeldebestätigung** aus. Im Sinne einer **Unbedenklichkeitsbescheinigung** hat der Veranstalter ein behördliches Dokument in den Händen, in dem ihm die **Zulässigkeit seiner Versammlung attestiert wird**.

i) Erstanmeldergrundsatz

Das Anmeldeverfahren dient auch der **Klärung konkurrierender Ansprüche** mehrerer 48 Veranstalter bezüglich Ort und Zeitpunkt der Versammlung. Hier ist vom **Erstanmelderprivileg** die Rede und dieses wird unter Hinweis darauf verneint, dass nicht der Veranstalter, sondern allein die zuständige Verwaltungsbehörde über konkurrierende Ansprüche von Veranstaltern an Ort und Zeit zu entscheiden habe.[47]

Diese Aussage ist im Ergebnis zutreffend, verkennt aber die Bedeutung des zeitlichen 49 Eingangs einer Versammlung. Ein dort **Prioritätsgrundsatz** genannter Vorrang des zeitnäheren Bewerbers ist im Gewerberecht[48] und Immissionsschutz- und Baurecht[49] geläufig und anerkannt. Prioritätsgrundsatz und Erstanmelderprivileg lassen sich auf den schon im Sachsenspiegel bekannten Grundsatz »**wer zuerst kommt, mahlt zuerst**« zurückführen.[50]

---

44 *Zimmermann*, in: Schwier, S. 271.
45 *Zimmermann*, in: Schwier, S. 271.
46 *Gadesmann*, S. 4 f. und 183 ff.
47 OVG Koblenz, NVwZ-RR 2004, 848.
48 *Storr*, in: Pielow, Gewerbeordnung, 2009, § 70 Rn. 41.
49 *Rolshoven*, NVwZ 2006, 516 ff.
50 Nach der Formulierung des Ritters Eike von Repgow im Sachsenspiegel, von Ebel (Hrsg.), 1993, 2. Buch, § 99 Abs. 4 (1225–1230); vgl. dazu *Voßkuhle*, DV 1991, 21 ff.

50   Dieser Grundsatz muss auch im Versammlungsrecht gelten. Es besteht **grundsätzlich ein Vorrang für den Erstanmelder,**[51] vor allem dann, wenn eine später eingegangene Anmeldung bezweckt, die zuerst angemeldete Versammlung am geplanten Versammlungsort zu verhindern.

51   Allerdings kann der Grundsatz **nicht als starres Prinzip** angewendet werden. So lässt das BVerfG, das den Erstanmeldervorrang anerkannt hat, **Abweichungen** zu.[52] Eine **einseitige** Ausrichtung an der Erstanmeldung kommt nicht in Frage, wenn Versammlungen für bestimmte Orte oder Tage **auf Vorrat angemeldet** werden, um so andere Veranstalter an der Ausübung ihrer Versammlungsfreiheit zu bestimmten und für sie wichtigen Zeitpunkten und an für sie bedeutsamen Orten **zu hindern,** was dem Auftrag der Versammlungsbehörden widerspricht, **allen** Grundrechtsträgern die Ausübung der Versammlungsfreiheit zu garantieren.[53]

j) Zuständigkeit

52   Wer zuständige Versammlungsbehörde zur Entgegennahme der Anmeldung ist, folgt aus den **Zuständigkeitsregelungen der Länder** (vgl. Teil V). Die Frage, welche Versammlungsbehörde zuständig ist, wenn **mehrere Zuständigkeitsbereiche** eines Landes von der Versammlung bzw. Demonstration betroffen sind oder bei Ländergrenzen überschreitenden Demonstrationen – z.B. **Castortransporten** –, bedarf der Klärung durch vorgesetzte Behörden.

k) Anmeldepflicht bei Arbeitskampfmaßnahmen

53   Solange eine Arbeitskampfmaßnahme **auf dem Betriebsgelände** stattfindet, stellt sie als gegen den Arbeitgeber gerichtete Maßnahme keine Versammlung dar, weil sie mit ihrer Adressierung an den Tarifgegner keine Botschaft an die Öffentlichkeit im Rahmen der öffentlichen Meinungsbildung enthält. Wird die Arbeitskampfmaßnahme aber dergestalt **in die Öffentlichkeit getragen,** dass die Streikenden das Betriebsgelände verlassen und mit einem Aufzug durch die Innenstadt ihre **Streikbotschaft** nach draußen tragen, liegt eine **Versammlung** i.S. von Art. 8 Abs. 1 GG und § 1 Abs. 1 BVersG vor.

54   Da die Streikenden als Versammlungsteilnehmer öffentlichen Straßenraum in Anspruch nehmen und damit Auswirkungen für die Rechte Dritter und der Allgemeinheit verbunden sind, findet das BVersG bzw. das jeweilige Landesversammlungsgesetz Anwendung. Die **Anmelde- bzw. Anzeigepflicht** besteht – auch im Interesse der Streikenden – für den Fall einer Eilversammlung, nicht aber bei einer spontanen Aktion.[54]

---

51 BVerfG, NVwZ 2005, 1055 ff.; BVerfGK 6, 104/112 f.; *Kloepfer*, VersR, § 63 Rn. 32.

52 BVerfG, NVwZ 2005, 1056; BVerfGK 6, 104/112 f.; *Lux*, PJ, D, Rn. 100 f.; *Park*, S. 94 ff.; *Wagner*, DÖV 2017, 708 ff.; VGH München, BeckRS 2015, 52687.

53 BVerfG, NVwZ 2005, 1057; BVerfGK 6, 104/112.

54 So im Ergebnis auch *Miller*, WM, § 5 Rn. 6; a.A. wegen der nicht auszuschließenden Kenntnisnahme durch den Arbeitgeber *Wächtler*, AuR 2009, 179/181.

Dass die Anmelde- bzw. Anzeigepflicht bei geplanten Arbeitskampfmaßnahmen mit 55
Versammlungsqualität die Wirksamkeit der Arbeitskampfmaßnahme gefährdet, weil
der Überraschungseffekt durch eine Mitteilung der Versammlungsbehörde an die Ar-
beitgeberseite verloren gehen könne[55], ist schon wegen der **Geheimhaltungspflicht** für
die Versammlungsbehörde aus § 30 VwVfG nicht einsichtig.

l) Datenschutz im Anmeldeverfahren

Nicht geregelt hat das BVersG, was mit den **personenbezogenen Daten nach Ab-** 56
schluss des Verwaltungsverfahrens, geschieht. Für eine **Anmelderdatei**, in der die
Angaben der Anmeldung und weitere Informationen, die für die Beurteilung der Zuverlässigkeit eines Anmelders relevant sein können, gespeichert werden, besteht **keine
Rechtsgrundlage**[56] und eine solche wäre mit Art. 8 Abs. 1 GG auch nicht zu vereinbaren. Das gilt auch für die **Übermittlung** der in Frage stehenden Daten **an den
Verfassungsschutz.**

Die Angaben der Anmeldung können aber in der **Akte** gespeichert bleiben, die von 57
der Versammlungsbehörde nach Ingangkommen des Verwaltungsverfahrens durch die
Anmeldung angelegt wurde. Für den Anmelder besteht ein **Berichtigungsanspruch**
nach dem jeweiligen Landesdatenschutzgesetz, z.B. § 19 Abs. 1 nwDSG. Ein Anspruch auf **Löschung** der Daten, die der Versammlungsbehörde im Nachhinein auch
aus allgemein zugänglichen Quellen – den Medien – zur Verfügung gestanden hätten,
besteht nach den einschlägigen Löschungsbestimmungen – z.B. § 19 Abs. 3 und 4
nwDSG – regelmäßig nicht. Eine Speicherung der Akte zum Zwecke der **Vorgangs-
verwaltung,** die dem sicheren und schnellen Auffinden von Vorgängen dient und eine
Kontrolle ihrer Bearbeitung ermöglicht, ist zulässig.[57]

2. Landesregelungen

a) Bayern

Art. 13 Anzeige- und Mitteilungspflicht 58

*(1) Wer eine Versammlung unter freiem Himmel veranstalten will, hat dies der zustän-
digen Behörde spätestens 48 Stunden vor ihrer Bekanntgabe fernmündlich, schriftlich,
elektronisch oder zur Niederschrift anzuzeigen. Bei der Berechnung der Frist bleiben
Samstage, Sonn- und Feiertage außer Betracht. Bei einer fernmündlichen Anzeige
kann die zuständige Behörde verlangen, die Anzeige schriftlich, elektronisch oder zur
Niederschrift unverzüglich nachzuholen. Eine Anzeige ist frühestens 2 Jahre vor dem
beabsichtigten Versammlungsbeginn möglich. Bekanntgabe einer Versammlung ist die
Mitteilung des Veranstalters von Ort, Zeit und Thema der Versammlung an einen bestimmten oder unbestimmten Personenkreis.*

(2) In der Anzeige sind anzugeben

---

55 *Donat/Kühling*, AuR 2009, 1/2; *Merk*, WHM, Art. 13 Rn. 38.
56 *Merk*, WHM, Art. 13 Rn. 23.
57 *Petri*, LD, G, Rn. 865.

1. der Ort der Versammlung

2. der Zeitpunkt des beabsichtigten Beginns und des beabsichtigten Endes der Versammlung,

3. das Versammlungsthema,

4. der Veranstalter und der Leiter mit ihren persönlichen Daten im Sinn des Art. 10 Abs. 3 Satz 1 sowie

5. bei sich fortbewegenden Versammlungen der beabsichtigte Streckenverlauf.

Der Veranstalter hat wesentliche Änderungen der Angaben nach Satz 1 der zuständigen Behörde unverzüglich mitzuteilen.

(3) Entsteht der Anlass für eine geplante Versammlung kurzfristig (Eilversammlung), ist die Versammlung spätestens mit der Bekanntgabe schriftlich, elektronisch oder zur Niederschrift bei der zuständigen Behörde und bei der Polizei anzuzeigen.

(4) Die Anzeigepflicht entfällt, wenn sich die Versammlung aus einem unmittelbaren Anlass ungeplant und ohne Veranstalter entwickelt (Spontanversammlung).

(5) Die zuständige Behörde kann den Leiter ablehnen, wenn Tatsachen die Annahme rechtfertigen, dass dieser die Friedlichkeit der Versammlung gefährdet.

(6) Der Veranstalter hat der zuständigen Behörde auf Anforderung die persönlichen Daten eines Ordners im Sinn des Art. 10 Abs. 3 Satz 1 mitzuteilen, wenn Tatsachen die Annahme rechtfertigen, dass dieser die Friedlichkeit der Versammlung gefährdet. Die zuständige Behörde kann den Ordner ablehnen, wenn die Voraussetzungen nach Satz 1 vorliegen.

(7) Die zuständige Behörde kann dem Veranstalter aufgeben, die Anzahl der Ordner zu erhöhen, wenn ohne die Erhöhung eine Gefahr für die öffentliche Sicherheit zu besorgen ist.

aa) Abs. 1

59   Die in Art. 13 Abs. 1 geregelte **Anzeigepflicht** begegnet den gleichen **verfassungsrechtlichen Bedenken** wie die Anmeldepflicht in § 14 Abs. 1 BVersG (vgl. Rdn. 8). Der Austausch des Begriffs Anmeldung durch Anzeige vermag daran nichts zu ändern, weil es sich **in der Sache um den gleichen Vorgang handelt.**[58] So wird denn auch der Verstoß gegen Art. 113 bayVerf gerügt, der wie Art. 8 Abs. 1 GG die Anmeldefreiheit garantiert.[59]

60   Legt man mit dem BVerfG und der h.M. auch Art. 13 Abs. 1 **verfassungskonform** aus und berücksichtigt, dass die Anmeldepflicht **nicht ausnahmslos** Anwendung findet und ihre **Verletzung nicht schematisch zur Auflösung berechtigt**[60], kann die Anzeigepflicht Bestand haben.

---

58   *Arzt*, DÖV 2009, 381/386; *Merk*, WHM, Art. 13 Rn. 6.
59   *Wolff*, LMW, Art. 113 Rn. 18.
60   *BVerfGE 69, 315/358.*

Darüber hinaus können in verfassungskonformer Auslegung **Kleinst**versammlungen 61
von bis zu fünf Personen von der Anmeldepflicht freigestellt werden, da von dieser Größenordnung regelmäßig keine nachteiligen Auswirkungen auf Rechte Dritter oder der
Allgemeinheit ausgehen.[61] Die Anmeldepflicht besteht auch für **Arbeitskampfmaßnahmen**, die zugleich Versammlungen sind. **Anzeigepflichtig** ist der **Veranstalter**. Allerdings ist der Leiter wegen der Bußgeldbewehrung in Art. 21 Abs. 1 Nr. 7 gut beraten,
wenn er sich versichert, dass die Anzeige erfolgt ist. Angezeigt werden muss **48 Stunden
vor der Bekanntgabe** der Versammlung, wobei anders als nach § 14 BVersG Samstage und Sonn- und Feiertage in die Frist nicht einzubeziehen sind; mit dieser neuen
Regelung sollte dem Problem der »Freitagsnachmittags-Anzeigen« begegnet werden.[62]

Der in § 14 BVersG nicht näher beschriebene Begriff der **Bekanntgabe**, der **von der** 62
Einladung abzugrenzen ist (vgl. Rdn. 6), wird in Abs. 1 Satz 5 legaliter definiert. Die
Bekanntgabe an einen bestimmten Personenkreis gilt als öffentlich im Hinblick auf
Art. 2 Abs. 2, wenn der Personenkreis **allgemein** umschrieben – etwa alle Studenten –
und damit nicht nur ein bereits feststehender Personenkreis gemeint ist.[63]

Hinsichtlich der Form ist neben Brief, Fax, E-Mail und mündlicher Anzeige zu Proto- 63
koll auch die telefonische Anzeige zugelassen, wobei die Behörde nach S. 3 verlangen
kann, dass die telefonische Anzeige schriftlich, elektronisch oder zur Niederschrift
nachgeholt wird.

Um »**Vorratsanzeigen**« entgegenzuwirken begrenzt S. 4 die Zulässigkeit einer Anzeige 64
auf **zwei Jahre** vor dem beabsichtigten Versammlungsbeginn. Da bei solchen Anzeigen
nicht feststeht, ob die Versammlung überhaupt durchgeführt wird, ist die zeitliche
Begrenzung sinnvoll, um unnötigen Verwaltungsaufwand bei den Versammlungsbehörden zu vermeiden.[64] Bei den Vorratsanzeigen gilt der Prioritätsgrundsatz bzw.
das Erstanmelderprinzip nicht als starre Regel.

bb) Abs. 2

In § 1 werden die **Pflichtangaben** aufgeführt, die schon bislang in der Praxis der Ver- 65
sammlungsbehörden üblich waren, weil nur auf der Grundlage dieser Angaben eine
gesicherte Gefahrenprognose abgegeben werden kann. Für die Behörden hilfreich ist
die Regelung in S. 2, wonach **wesentliche Änderungen** der Behörde unverzüglich
mitzuteilen sind.

cc) Abs. 3 und 4

Abs. 3 passt die Anzeigepflicht für Eilversammlungen dergestalt an, dass die Anzeige 66
spätestens mit der Bekanntgabe bei der zuständigen Behörde oder bei der Polizei
erfolgen muss.

---

61 *Merk*, WHM, Art. 13 Rn. 6.
62 *Merk*, WHM, Art. 13 Rn. 10.
63 *Merk*, WHM, Art. 13 Rn. 13.
64 *Merk*, WHM, Art. 13 Rn. 16.

67   Die Beschreibung der Eilversammlung ist missglückt; **entscheidendes Kriterium** ist **nicht die kurzfristige Entstehung**, sondern die **Notwendigkeit kurzfristiger Durchführung**, um den Zweck der Versammlung verwirklichen zu können.[65]

68   Mit Abs. 4 wird lediglich **klargestellt**, dass Spontanversammlungen nicht unter Art. 13 Abs. 1 fallen. Die Definition entspricht dem Verständnis der h.M. von einer Spontanversammlung.

dd) Abs. 5–7

69   Die Absätze entsprechen Art. 10 Abs. 3, 4 und 5.

b) Niedersachsen

70   *§ 5 Anzeige*

(1) Wer eine Versammlung unter freiem Himmel durchführen will, hat dies der zuständigen Behörde spätestens 48 Stunden vor der Bekanntgabe der Versammlung anzuzeigen. Bei der Berechnung der Frist werden Sonntage, gesetzliche Feiertage und Sonnabende nicht mitgerechnet.

(2) In der Anzeige sind anzugeben
1. der Ort der Versammlung einschließlich des geplanten Streckenverlaufs bei sich fortbewegenden Versammlungen,
2. der beabsichtigte Beginn und das beabsichtigte Ende der Versammlung,
3. der Gegenstand der Versammlung,
4. Name, Vornamen, Geburtsname, Geburtsdatum und Anschrift (persönliche Daten) der Leiterin oder des Leiters sowie deren oder dessen telefonische oder sonstige Erreichbarkeit und
5. die erwartete Anzahl der teilnehmenden Personen.

Die Leiterin oder der Leiter hat der zuständigen Behörde Änderungen der nach Satz 1 anzugebenden Umstände unverzüglich mitzuteilen.

(3) Die zuständige Behörde kann von der Leiterin oder dem Leiter die Angabe
1. des geplanten Ablaufs der Versammlung,
2. der zur Durchführung der Versammlung voraussichtlich mitgeführten Gegenstände, insbesondere technischen Hilfsmittel, und
3. der Anzahl und der persönlichen Daten von Ordnerinnen und Ordnern

verlangen, soweit dies zur Abwehr einer Gefahr für die öffentliche Sicherheit erforderlich ist. Die Leiterin oder der Leiter hat der zuständigen Behörde Änderungen der nach Satz 1 anzugebenden Umstände unverzüglich mitzuteilen.

(4) Die in Absatz 1 Satz 1 genannte Frist gilt nicht, wenn bei ihrer Einhaltung der mit der Versammlung verfolgte Zweck nicht erreicht werden kann (Eilversammlung). In diesem Fall ist die Versammlung unverzüglich anzuzeigen.

---

65 *Merk*, WHM, Art. 13 Rn. 25.

(5) Fällt die Bekanntgabe der Versammlung mit deren Beginn zusammen (Spontanversammlung), so entfällt die Anzeigepflicht.

§ 10 Besondere Maßnahmen

(1) Die zuständige Behörde kann anhand der nach § 5 Abs. 2 und 3 erhobenen Daten durch Anfragen an Polizei- und Verfassungsschutzbehörden prüfen, ob die betroffene Person die öffentliche Sicherheit unmittelbar gefährdet. Besteht diese Gefahr, kann die Behörde die Person als Leiterin oder Leiter ablehnen oder ihren Einsatz als Ordnerin oder Ordner untersagen. Im Fall der Ablehnung muss die anzeigende Person eine andere Person als Leiterin oder Leiter benennen. Die nach Satz 1 erhobenen Daten sind unverzüglich nach Beendigung der Versammlung unter freiem Himmel zu löschen, soweit sie nicht zur Verfolgung einer Straftat oder Ordnungswidrigkeit benötigt werden.

aa) § 5

aaa) Abs. 1

Die **Anzeigepflicht** begegnet den gleichen **verfassungsrechtlichen Bedenken** wie die 71
Anmeldepflicht aus § 14 BVersG (vgl. Rdn. 8). Die **geänderte Begrifflichkeit** von Anmeldung in Anzeige **ändert daran nichts.**[66] Legt man auch § 5 Abs. 1 mit der h.M. als
noch verfassungskonform aus, kann die Anzeigepflicht als Schutznorm i.S. der Rechtsprechung des BVerfG Bestand haben.

Verfassungsrechtlich problematisch ist allerdings die **Anzeigepflicht für Kleinstver-** 72
sammlungen (vgl. Rdn. 61).[67] Für **Arbeitskampfmaßnahmen,** die auch Versammlungen sind, besteht regelmäßig eine Anmeldepflicht.[68]

Anzeigepflichtig ist, wer eine Versammlung unter freiem Himmel **durchführen** will, 73
während § 14 Abs. 1 BVersG auf den abstellt, der die **Absicht** hat, eine solche zu veranstalten. Der nds Gesetzgeber hat hier bewusst **auf den Begriff des Veranstalters ver-**
zichtet. Normadressat ist, wer das Zustandekommen einer Versammlung bewirkt, sie
also **veranlasst.** Das kann durch das Aussprechen von Einladungen, durch öffentliches
Aufrufen zur Teilnahme oder durch nicht nur geringfügige erkennbare Übernahme
von Verantwortung geschehen.[69] Die durch § 5 Abs. 1 Verpflichteten unterscheiden
sich aber **im Ergebnis nicht vom Veranstalter** i.S. von § 14 Abs. 1 BVersG.[70]

bbb) Abs. 2

In Abs. 2 wird der **Inhalt der Anzeige** konkretisiert. Ist in § 14 Abs. 1 BVersG nur der 74
Gegenstand der Versammlung anzugeben, sind nach § 5 Abs. 2 als **Pflichtangaben**
Ort, Streckenverlauf, Beginn und Ende sowie Gegenstand der Versammlung, die

---

66 *Miller,* WM, § 5 Rn. 3.
67 *Miller,* WM, § 5 Rn. 4.
68 *Miller,* WM, § 5 Rn. 6.
69 *Ullrich,* VersG, § 5 Rn. 7; *Miller,* WM, § 5 Rn. 9.
70 *Miller,* WM, § 5 Rn. 9.

Personalien der Leiterin oder des Leiters und die **erwartete Anzahl** der Teilnehmer zu benennen.

ccc) Abs. 3

75 Die Pflichtangaben werden durch Abs. 3 um Informationen erweitert, die die Versammlungsbehörde **bei Vorliegen einer konkreten Gefahr**[71] von der Versammlungsleitung abfordern kann, den **geplanten Ablauf**, die **mitgeführten Gegenstände**, insbesondere **technische Hilfsmittel** und die **Anzahl sowie die Personalien der Ordner**. Die Regelung, dass die Anzahl und die persönlichen Daten von Ordnern nur verlangt werden dürfen, wenn **schon eine konkrete Gefahr** vorliegt, ist missglückt. Die Polizei hat ein maßgebliches Interesse an diesen Daten für ihre **Gefahrenprognose** bezüglich der Versammlung als solcher, insbesondere ob die Verwendung bestimmter Ordner – etwa einer Rockergruppierung als Ordner bei einer rechtsextremistischen Versammlung – möglicherweise in Betracht zu ziehen ist. Ist aber eine **konkrete Gefahr Voraussetzung** für die erweiterten Angaben nach Abs. 3, ist die Polizei ohne die erweiterten Angaben **außerstande**, eine gesicherte Gefahrenprognose für einen möglichen Einsatz von Rockern als Ordnern zu erstellen.

ddd) Abs. 4 und 5

76 Mit diesen beiden Absätzen hat der Gesetzgeber die Rechtsprechung des BVerfG zu Spontan- und Eilversammlungen umgesetzt. Er wollte in Anlehnung an Art. 13 Abs. 3 und 4 bayVersG der Rechtssicherheit und Rechtsklarheit wegen dafür sorgen, dass die Vorgaben des BVerfG dem Gesetz entnommen werden können.[72]

77 **Spontanversammlungen** sind legaliter definiert als Versammlungen, bei denen **Bekanntgabe und Beginn zusammenfallen**. Das BVerfG hatte sie dagegen als Versammlungen gekennzeichnet, »die sich **aus einem momentanen Anlass ungeplant und ohne Veranstalter** entwickeln.«[73] Diese im Entwurf zugrunde gelegte Formulierung ist in der Endfassung nicht mehr enthalten. Abs. 5 stellt als **maßgeblich für die Spontanversammlung ausschließlich darauf ab**, dass sich die Absicht zur Durchführung einer Versammlung **spontan entwickelt hat** und **verzichtet auf die Erfordernis eines die Spontaneität begründenden Anlasses**.[74]

bb) § 10 Abs. 1 S. 4

78 Nach dieser **bereichsspezifischen Datenschutznorm** sind die nach § 10 Abs. 1 Satz 1 erhobenen Daten unverzüglich nach Beendigung der Versammlung zu löschen, soweit sie nicht zur Verfolgung einer Straftat oder Ordnungswidrigkeit benötigt werden.

---

71 *Miller*, WM, § 5 Rn. 20.
72 *Miller*, WM, § 5 Rn. 24.
73 BVerfGE 85, 69/75.
74 *Ullrich*, VersG, § 5 Rn. 39; *Miller*, WM, § 5 Rn. 26.

Fraglich ist, was der Gesetzgeber unter den nach Satz 1 erhobenen Daten verstanden 79 wissen wollte. Er könnte die Angaben des Veranstalters nach § 5 Abs. 2 und 3 gemeint haben, aber auch die Daten, die von der ersuchten Behörde auf der Grundlage der ihr zur Verfügung stehenden Datenbasis erhoben, abgeglichen und an die ersuchende Behörde übermittelt wurden. **Nur letztere können gemeint gewesen sein,** da erstere nicht die datenschutzrechtliche Relevanz haben, dass die sofortige Löschung als Rechtsfolge angezeigt wäre. Das zeigt der Vergleich mit § 12 Abs. 3. Bild- und Tonaufnahmen beeinträchtigen die **innere Versammlungsfreiheit** und sind deshalb nach Beendigung der Versammlung grundsätzlich unverzüglich zu löschen. Eine vergleichbare datenschutzrechtliche Relevanz haben die Angaben nach § 5 Abs. 2 und 3 nicht. Mit Ausnahme der persönlichen Daten der Ordner betreffen alle Angaben – Pflichtangaben nach Abs. 2 und Zusatzangaben nach Abs. 3 – **die Durchführung der Versammlung** und dienen dem Interesse des Veranstalters, dass er seine Veranstaltung so durchführen kann, wie er es möchte. Hinzu kommt, dass die Versammlungsbehörde die Angaben im Nachhinein auch den Medien entnehmen könnte.

c) Sachsen

§ 14   80

(1) Wer die Absicht hat, eine öffentliche Versammlung unter freiem Himmel oder einen Aufzug zu veranstalten, hat dies spätestens 48 Stunden vor der Bekanntgabe der zuständigen Behörde unter Angabe des Gegenstandes der Versammlung oder des Aufzuges anzuzeigen.

(2) In der Anzeige ist anzugeben, welche Person für die Leitung der Versammlung oder des Aufzuges verantwortlich sein soll.

(3) Die in Absatz 1 genannte Frist gilt nicht, wenn bei ihrer Einhaltung der mit der Versammlung verfolgte Zweck gefährdet würde (Eilversammlung). In diesem Fall ist die Versammlung unverzüglich anzuzeigen.

(4) Falls die Bekanntgabe der Versammlung mit deren Beginn zusammen (Spontanversammlung), entfällt die Anzeigepflicht.

aa) Abs. 1

Die Anmeldung wird **durch Anzeige ersetzt, ohne dass sich damit in der Sache,** ein- 81 schließlich der verfassungsrechtlichen Bedenken gegen die Anmeldepflicht, **etwas ändern würde.**

bb) Abs. 2

Die Regelung entspricht § 14 Abs. 2 BVersG.   82

cc) Abs. 3 und 4

Die Absätze haben **klarstellende** Funktion und geben im Ergebnis die Rechtsprechung 83 des BVerfG wieder.

d) Sachsen-Anhalt

84 *§ 12 Anmeldepflicht*

(1) Wer die Absicht hat, eine öffentliche Versammlung unter freiem Himmel oder einem Aufzug zu veranstalten, hat dies spätestens 48 Stunden vor der Bekanntgabe der zuständigen Behörde unter Angabe des Gegenstandes der Versammlung oder des Aufzuges anzumelden. Dies gilt nicht für Versammlungen, die sich aus aktuellem Anlass augenblicklich und ohne Veranstalter bilden (Spontanversammlungen), und für Versammlungen, bei denen der mit der Versammlung verfolgte Zweck bei Einhaltung der Anmeldefrist nicht erreicht werden kann (Eilversammlungen).

(2) In der Anmeldung ist anzugeben, welche Person für die Leitung der Versammlung oder des Aufzuges verantwortlich sein soll.

aa) Abs. 1

85 Abs. 1 Satz 1 entspricht § 14 Abs. 1 BVersG. S. 2 bringt hinsichtlich Spontan- und Eilversammlungen die Rechtsprechung des BVerfG auf den Punkt.

bb) Abs. 2

86 Abs. 2 entspricht § 14 Abs. 2 BVersG.

e) Schleswig-Holstein

87 *§ 11 Anzeige*

(1) Wer eine öffentliche Versammlung unter freiem Himmel veranstalten will, hat dies der zuständigen Behörde spätestens 48 Stunden vor der Einladung zu der Versammlung anzuzeigen. Veranstalten mehrere Personen, ist nur eine Anzeige abzugeben.

(2) Die Anzeige muss den geplanten Ablauf der Versammlung nach Ort, Zeit und Thema bezeichnen, bei Aufzügen auch den beabsichtigten Streckenverlauf. Sie muss Name und Anschrift der anzeigenden Person und der Person, die sie leiten soll, sofern eine solche bestimmt ist, enthalten.

(3) Wird die Versammlungsleitung erst später bestimmt, sind Name und Anschrift der vorgesehenen Person der zuständigen Behörde unverzüglich mitzuteilen. Wenn die Versammlungsleitung sich der Hilfe von Ordnerinnen und Ordnern bedient, ist ihr Einsatz unter Angabe der Zahl der dafür voraussichtlich eingesetzten Personen der zuständigen Behörde mitzuteilen.

(4) Wesentliche Änderungen der Angaben nach Absatz 1 und 3 sind der zuständigen Behörde unverzüglich mitzuteilen.

(5) Wenn der Zweck der Versammlung durch eine Einhaltung der Frist nach Abs. 1 Satz 1 gefährdet würde (Eilversammlung), ist die Versammlung spätestens mit der Einladung bei der zuständigen Behörde oder bei der Polizei anzuzeigen.

(6) Die Anzeigepflicht entfällt, wenn sich die Versammlung aufgrund eines spontanen Entschlusses augenblicklich bildet (Spontanversammlung).

§ 12 Erlaubnisfreiheit

Für eine öffentliche Versammlung unter freiem Himmel sind keine behördlichen Erlaubnisse erforderlich, die sich auf die Benutzung der öffentlichen Verkehrsflächen beziehen.

aa) § 11

Abs. 1 88

Satz 1 entspricht § 14 Abs. 1 BVersG. S. 2 regelt ausdrücklich, was in der Praxis der Versammlungsbehörden schon bislang üblich war.

Abs. 2

Die Regelung macht *die* Angaben zu Pflichtangaben, die **schon bislang vom Veranstalter im eigenen Interesse** der Versammlungsbehörde offenbart wurden.

Abs. 3

S. 1 **ergänzt** Abs. 2 S. 1.

Abs. 4

Mit dieser **neuen** Regelung wird der Leiter zur unverzüglichen Mitteilung wesentlicher Änderungen bei den Pflichtangaben verpflichtet.

Abs. 5 und 6

In den beiden Absätzen wird die Rechtsprechung des BVerfG zu Eil- und Spontanversammlungen auf den Punkt gebracht.

bb) § 12

Diese **neuartige** Bestimmung **regelt, was bislang nur mit Hilfe der Konzentrations-** 89
maxime gelang, wenn über eine vorliegende Sondernutzung des öffentlichen Verkehrsraums im Rahmen einer beschränkenden Verfügung durch die Versammlungsbehörde aus einer Hand zu entscheiden war.

II. Kooperation

1. Anmeldung und Kooperation

a) Bedeutung

Damit insbesondere Großdemonstrationen friedlich durchgeführt werden können, 90
ist **Zusammenarbeit** zwischen Versammlungsbehörden bzw. Polizei und Veranstaltern **unverzichtbar**. Die Behörden müssen die geplante Versammlung **schützen**, für die Abstimmung der mit ihr einhergehenden Beeinträchtigungen von Rechten Dritter und der Allgemeinheit sorgen und Gefahren abwehren, insbesondere Gewaltpotenzial schon im Vorfeld abschöpfen.

91 Veranstalter sind **im eigenen Interesse** gut beraten, die Behörde bei der Erreichung dieser Ziele zu **unterstützen**, indem sie mit ihr zusammenarbeiten. Auf diese Weise sichern sich die Veranstalter mit der Kooperation die Einflussnahme auf das Verfahren und damit **größtmögliche Selbstbestimmung** für ihre Versammlung.[75]

92 Diesbezüglich hat das BVerfG Behörden und Veranstaltern ins Stammbuch geschrieben, dass es der friedlichen Durchführung von Demonstrationen dient, wenn **beide Seite Provokationen und Aggressionsanreize vermeiden**, Veranstalter auf Teilnehmer mit dem Ziel friedlichen Verhaltens und der Isolierung von Gewalttätern einwirken, die Staatsmacht sich gegebenenfalls **unter Bildung polizeifreier Räume** besonnen zurückhält, übermäßige Reaktionen vermeidet und vor allem eine **rechtzeitige Kontaktaufnahme** erfolgt, bei der sich beide Seiten kennen lernen, Informationen austauschen und möglicherweise zu einer **vertrauensvollen Kooperation** finden, die die Bewältigung auch unvorhergesehener Konfliktsituationen erleichtert.[76]

b) Verfassungsrechtliche Grundlage

93 Mit diesen Anforderungen für Versammlungsbehörden und Polizei will das BVerfG der verfahrensrechtlichen Effektuierung von Freiheitsrechten gerecht werden und legitimiert dies zusätzlich damit, dass sich eine solche Verfahrensweise **als milderes Mittel gegenüber Verbot und Auflösung** darstellt.[77] Insoweit folgt das Kooperationsgebot schon **aus Art. 8 Abs. 1 GG**, der **als Anforderung des Grundrechtsschutzes durch Verfahren** die Behörden **zu grundrechtsfreundlichem Vorgehen** verpflichtet, und **aus dem Übermaßverbot**.[78]

c) Verfahrensrechtlicher Rahmen

94 Das BVersG enthält **keine gesetzliche Bestimmung**, die Kooperation ausdrücklich vorsieht. Doch kann das Kooperationsgebot **an § 14 BVersG anknüpfen** und aus dieser Bestimmung eine **neue Zweckbestimmung** ableiten, indem die **Anmeldung als Gesprächsauftakt** zum Ausgangspunkt und zur **Basis der Kooperation** wird.[79]

95 Wenn die zuständige Behörde durch eine Anmeldung oder aus eigenen Erkenntnisquellen von der geplanten Versammlung erfährt und in die Prüfung der tatsächlichen und rechtlichen Voraussetzungen etwaiger versammlungsgesetzlicher oder polizeirechtlicher Maßnahmen eintritt, so kommt ein **Verwaltungsverfahren in Gang**, das sich nach dem jeweiligen **Landesverwaltungsverfahrensgesetz** richtet. Daneben steht die Aufgabe der Gefahrenabwehr nach dem einschlägigen Versammlungsgesetz.

96 Kooperation als **informales Mittel** des Verwaltungshandelns erweitert insoweit das überkommene hoheitlich strukturierte Verwaltungshandeln nach dem

---

75 BVerfG, NJW 2001, 1408; NJW 2001, 1410.
76 BVerfGE 69, 315/356; *Benda*, BK, Art. 8 Rn. 10.
77 BVerfGE 69, 315/355 f.; *Kniesel/Poscher*, Rn. 270.
78 BVerfGE 69, 315/355 f.; krit. aus verfassungsrechtlicher Sicht *Helleberg*, S. 108 ff.
79 BVerfGE 69, 315/358 f.

Verwaltungsverfahrensgesetz.[80] Das hat dann auch zur Folge, dass Versammlungsbehörde und Polizei **von sich aus Kontakt zum Veranstalter aufnehmen**, wenn dieser nicht anmeldet, aber durch seine Einladung oder Aufrufe bekannt ist.

d) Zuständigkeit

Träger des Kooperationsverfahrens ist die Versammlungsbehörde. Das sind nach 97 Maßgabe der Zuständigkeitsverordnungen der Länder (vgl. Teil V) überwiegend die Ordnungsbehörden, in Brandenburg und Nordrhein-Westfalen dagegen die staatlichen Polizeiverwaltungen. Bayern, Niedersachsen und Schleswig-Holstein verteilen in ihren Versammlungsgesetzen die Zuständigkeit für das Versammlungswesen, indem sie diese orientiert an der zeitlichen Zäsur des Beginns der Versammlung aufteilen oder dem Polizeivollzugsdienst nur eine Eilzuständigkeit zuweisen.[81]

Jede Zuständigkeitsteilung zwischen Ordnungsbehörde und Polizeivollzugsdienst hat 98 für eine erfolgreiche Kooperation nachteilige Folgen. Im Kooperationsverfahren geht es um Gefahrenabwehr und die Gefahrenprognose für die anstehende Versammlung ist zentraler Bestandteil der Gefahrenabwehr und damit der Kooperation. Der Polizeivollzugsdienst hat insoweit die **Sachkompetenz** für den Umgang mit Menschenmengen und bei ihr liegen die **Lageerkenntnisse** zur Beurteilung des Gefahrenpotenzials einer Versammlung vor. Beides braucht aber die am Schreibtisch entscheidende Ordnungsbehörde für von ihr zu verfügende Verbote und Auflagen. Dass diese Kompetenz und Kenntnis der Polizei in die Entscheidungsfindung der Ordnungsbehörde von vorneherein einbezogen wird, kann nicht von Bereitschaft und Wohlwollen der Ordnungsbehörde abhängen. **Jede Form von Zuständigkeits- und Verantwortungsteilung gefährdet das Gelingen von Kooperation.** Sie lebt von Vertrauen auf beiden Seiten. Das setzt voraus, dass die Akteure vor und nach Beginn der Versammlung identisch sind. Vertrauen als entscheidende Voraussetzung für das Gelingen von Kooperation, die wiederum maßgebliche Größe für den friedlichen Verlauf der Versammlung ist, muss von Anfang an erarbeitet werden. Fronten, die im Kooperationsverfahren errichtet worden sind, lassen sich nach Beginn der Versammlung nicht mehr abbauen; wenn die Barrikaden stehen, kommt Kooperation zu spät.[82]

e) Inhalt und Umfang

Auch wenn Behörden und Veranstalter zusammenarbeiten, geht es um **Gefahren-** 99 **abwehr**. Kooperationsverpflichtungen und -obliegenheiten gründen sich **auf das materielle Polizeirecht**; für die Behörden folgt das **aus ihrem gesetzlichen Auftrag zur Gefahrenabwehr**, für den Veranstalter **aus seiner polizeirechtlichen Verantwortlichkeit**.[83] Die aus Art. 8 Abs. 1 GG gewonnenen verfahrensrechtlichen Anforderungen reichen nur so weit, wie sie den Charakter des Tätigwerdens der Behörden **als**

---

80 *Kniesel/Poscher*, Rn. 271 f.
81 Art. 24 Abs. 2 bayVersG; § 24 Abs. 1 Satz 1 ndsVersG; § 27 Abs. 5 s-hVersFG.
82 *Behrendes*, Vorgänge 1/2016, 61/73 ff.
83 *Kniesel/Poscher*, Rn. 274; *Plicht*, in: Schwier, S. 140..

Gefahrenabwehr nicht grundsätzlich verändern oder polizeiliche Einsatzstrategien unmöglich machen.[84]

100   Kooperation kann nur bei **Wahrung gegenseitiger Distanz** gelingen.[85] Hat sich bei Versammlungen des linken Spektrums gezeigt, dass Veranstalter bei ihrem Anhang nicht in den Verdacht geraten dürfen, sich zu eng mit dem Staat einzulassen, belegen Versammlungen des rechten Spektrums, dass Veranstalter die Behördenkontakte missbrauchen und bei ihrem Anhang die Behörden als »Gesinnungsgenossen« darzustellen versuchen.

aa) Rechtspflichten der Behörde

101   Die Kooperationspflicht ist Ausdruck versammlungsfreundlichen Verhaltens.[86] Die **wesentlichen, das Verfahren prägenden Pflichten** sind **Erörterung, Auskunft** und **Beratung.** Maßgeblicher Bestandteil der Erörterung sind die **Einzelheiten der Durchführung der Versammlung.** Hier muss die Behörde die Informationen erhalten, auf deren Grundlage sie eine **gesicherte Gefahrenprognose** erstellen kann. Sie muss aber auch den Veranstalter **mit ihren Bedenken konfrontieren**, damit dieser die tatsächlichen und rechtlichen Grenzen seiner Versammlung realisieren, **Einwendungen** zur behördlichen Gefahrenprognose erheben und gegebenenfalls ein **Austauschmittel** anbieten kann. Kooperation muss so früh erfolgen, dass bei ihrem Scheitern noch Zeit für Rechtsschutz bleibt.[87]

102   **Zentraler Punkt** der Erörterung ist regelmäßig die **Gefahrenprognose.** Die Versammlungsbehörde hat **offen zu legen**, von welchen Gefahren für die öffentliche Sicherheit sie ausgeht, ob ihr Erkenntnisse vorliegen, dass mit dem Auftreten gewalttätiger Störer bzw. militanter Gruppierungen – Autonome im sog. schwarzen Block – zu rechnen ist. Sie wird danach dem Veranstalter Gelegenheit geben, sich zu dieser Prognose zu äußern. Er ist gut beraten, wenn er schon zu diesem Zeitpunkt seine Einflussmöglichkeit auf diese Gruppierung offen legt und darstellt, was er für die Friedlichkeit der Versammlung tun kann und was nicht.

103   Die Behörde verstößt gegen das Kooperationsgebot, wenn sie die Gefahrenprognose nicht mit dem Veranstalter erörtert. Sie nähme ihm nämlich die Möglichkeit, hinsichtlich der von der Behörde ins Auge gefassten Auflagen ein **Austauschmittel** anzubieten, und schränkte so seine Selbstbestimmung für den friedlichen Versammlungsverlauf ein. Ein Verstoß gegen die Kooperationspflicht läge auch vor, wenn die Behörde bei Zweifeln an der Zuverlässigkeit der vom Veranstalter benannten **Ordner** deren Namen nicht nennt und dem Veranstalter die Möglichkeit nimmt, die Ordner auszutauschen.

104   Im Rahmen des Kooperationsgesprächs hat die Versammlungsbehörde den **Konzentrationsgrundsatz** zu beachten, der sie in den Stand setzt, bei der Verwendung von

---

84 BVerfGE 69, 315/356.
85 *Hoffmann-Riem*, FS Simon, S. 383 f.
86 *Dürig-Friedl*, DE, § 14 Rn. 27.
87 *Hoffmann-Riem*, HGR, § 106 Rn. 110; *Plicht*, in: Schwier, S. 151.

Gestaltungs- und Hilfsmitteln **aus einer Hand** zu entscheiden. Auflagen bezüglich der Aufstellung von Informationsständen, Zelten, Imbissständen etc. sowie der Benutzung von Lautsprechern sind ebenfalls mit dem Veranstalter zu erörtern.

Aus der Beratungspflicht folgt auch, dass die Behörde **Hinweise auf die Rechtslage** 105 gibt, wenn Anhaltspunkte für Verstöße gegen Verbote oder Straftatbestände vorliegen. Die Auskunftspflicht aus § 25 Satz 2 VwVfG ist weit auszulegen. Es reicht nicht aus, nur Auskunft über die den Beteiligten im Verfahren zustehenden Rechte und die ihnen obliegenden Pflichten zu geben, sondern auch **Informationen in der Sache**, insbesondere über das polizeilich geplante **Sicherheitskonzept**. Nur dann kann dem Veranstalter sein **Beitrag zum friedlichen Verlauf** in Gestalt des Einwirkens auf unfriedliche Teilnehmer abverlangt werden.

Problematisch ist die Auskunftspflicht, wenn der Veranstalter einer Demonstration 106 gegen einen Aufmarsch von Rechts von der Versammlungsbehörde im Rahmen des Kooperationsverfahrens für seine Gegendemonstration **Auskunft über den Aufmarschweg der Rechten** verlangt. Grundsätzlich lässt sich aus Art. 8 Abs. 1 GG in seiner Qualität als Verfahrensgrundrecht ein Auskunftsanspruch ableiten. Dieser ist nur dann ausgeschlossen, wenn gerade die Mitteilung der Wegstrecke **zu einer unmittelbaren Gefährdung der öffentlichen Sicherheit führen würde**. Dafür wäre aber **Voraussetzung**, dass die Polizei die beiden Versammlungen nicht getrennt voneinander ermöglichen und schützen könnte, was bei einer rechtzeitig angemeldeten Gegendemonstration nicht der Regelfall sein wird.

Die Kooperationspflicht der Behörden besteht auch dann, wenn die Versammlung 107 **nicht angemeldet** wird, ist allerdings **im Umfang eingeschränkt**. Die Versammlungsbehörde muss versuchen, **auf anderem Wege** mit dem Veranstalter ins Gespräch zu kommen. Bei **Großdemonstrationen** ohne einen Gesamtverantwortlichen muss sie versuchen, mit einem Teilverantwortlichen ins Gespräch zu kommen und diesem ein Kooperationsangebot machen.

Zeigt sich keine Kooperationsbereitschaft und es kommt als **letztes Mittel** ein De- 108 monstrationsverbot in Betracht, muss dieses in aller Regel vorher unter Fristsetzung **angekündigt** und innerhalb der Frist **Gelegenheit zur Erörterung** gegeben werden.[88]

Bei **Spontandemonstrationen** geht es um Kooperation **vor Ort**. Diese haben in aller 109 Regel keinen Leiter oder dieser gibt sich nicht zu erkennen, so dass Voraussetzung für eine Kooperation ist, einen **Ansprechpartner** zu gewinnen. Im Sinne einer vertrauensvollen Kooperation bringt es allerdings nichts, einen Teilnehmer in die Rolle des faktischen Leiters zu drängen.

Mangelnde Kooperation ist auch bei Spontanversammlungen **kein Auflösungsgrund.** 110 Gleichwohl ist das Ansprechen der Teilnehmer als Kooperationsversuch nicht nur rechtlich geboten, sondern auch einsatztaktisch opportun, weil die Polizei ab dem Zeitpunkt erkennbarer Kooperationsverweigerung in ihrer Gefahrenprognose **autark** ist. Sie kann sich auf die ihr zugänglichen Informationen beschränken, da sie die nur

---

88 BVerfGE 69, 315/362.

dem Veranstalter bekannten gefahrmindernden Tatsachen **nicht berücksichtigen kann.**

111 Kooperation vor Ort ist auch bei **Eilversammlungen** von maßgeblicher Bedeutung. Deshalb ist jeder Veranstalter **im eigenen Interesse** gut beraten, so bald als möglich den Kontakt mit Versammlungsbehörde bzw. Polizei zu suchen; auch wenn nur eine geringe Zeitspanne zwischen Entschluss und Beginn der Versammlung liegt, kann die **Polizei noch Maßnahmen treffen,** die die ansonsten drohende Auflösung **entbehrlich** machen, etwa weil es ihr noch gelingt, Auswirkungen auf den Straßenverkehr durch Umleitung des Verkehrs zu verhindern.

112 Selbst wenn eine Demonstration **bewusst nicht angemeldet** worden ist, wird die Versammlungsbehörde bzw. die vor Ort als deren Vertreterin agierende Vollzugspolizei **nicht von der Kooperationspflicht freigestellt.** Auch in diesem Fall muss die Versammlungsbehörde im Vorfeld der Versammlung **versuchen, Kontakt** zum Veranstalter **zu bekommen** und die Polizei muss noch **vor Ort** dasselbe versuchen. Die ordnungsgemäße Anmeldung nach § 14 BVersG ist eben **nicht rechtlich zwingende Voraussetzung der Kooperation,** sondern »nur« Gelegenheit für diese.[89]

bb) Obliegenheiten des Veranstalters

113 Kooperation lebt zwar von Gegenseitigkeit, doch besteht **für den Veranstalter keine Pflicht zu kooperieren,** sondern nur eine **Obliegenheit.**[90] Obliegenheiten sind **Pflichten minderen Grades,** die weder eingeklagt werden können, noch bei ihrer Verletzung schadensersatzpflichtig machen.[91]

114 Der mit der Obliegenheit Belastete muss aber die **Nachteile tragen,** die sich daraus ergeben, dass er seiner Obliegenheit nicht nachgekommen ist, eine Tätigkeit unterlassen hat, die ihm **im eigenen Interesse zur Wahrung seiner Rechte** oblag. So lässt die Anmeldeobliegenheit des § 14 BVersG dem Veranstalter die Freiheit, seine Versammlung anzumelden oder auch nicht, aber verbunden mit dem Risiko, dass ohne Anmeldung **vermeidbare Gefahren entstehen** und eine **vermeidbare Auflösung** wegen unmittelbarer Gefährdung der öffentlichen Sicherheit verfügt werden muss.[92]

115 Im Rahmen der Kooperation erwartet das BVerfG vom Veranstalter die **Bereitschaft zu einseitigen vertrauensbildenden Maßnahmen und zum Dialog,** das Unterlassen von Provokationen und Aggressionsanreizen und den **Austausch von Informationen.**[93] Dem Veranstalter obliegt es vor allem, **wahrheitsgemäß Auskunft** über veranstaltungs- und durchführungsbezogene Einzelheiten zu geben. Er darf seine wahren

---

89 *Kniesel/Poscher,* Rn. 285.
90 BVerfG, NJW 2001, 2078/2079; NVwZ 2002, 982; *Gusy,* MKS, Art. 8 Rn. 47; *Höfling,* SA, Art. 8 Rn. 49; *Kunig,* MK, Art. 8 Rn. 20; *Buschmann,* S. 75 ff.; *Hoffmann-Riem,* FS Simon, S. 379, 383; *Miller,* WM, § 6 Rn. 1; *Plicht,* in; Schwier, S. 143; einschränkend *Depenheuer,* MD, Art. 8 Rn. 82 f.
91 *Grüneberg,* in: Palandt, 78. Aufl. 2019, Einl. vor § 241 Rn. 13.
92 *Kingreen/Poscher,* POR, § 20 Rn. 6.
93 BVerfGE 69, 315/356.

Absichten nicht verschleiern und muss deshalb *die* Versammlung anmelden und erläutern, die er auch durchführen will.

Sind **Gewalttätigkeiten** zu befürchten, können Versammlungsbehörde und Polizei   116
vom Veranstalter erwarten, dass er **klare Signale für die Gewaltfreiheit** an seinen Anhang sendet und deutlich macht, dass er **Gewalt nicht toleriert.**[94] Negative Entsagungserklärungen können ihm aber nicht abverlangt werden.[95]

Die Weigerung eines Veranstalters, an einem Kooperationsgespräch ohne Doku-   117
mentation teilzunehmen, kann seitens der Versammlungsbehörde **nicht als Zeichen mangelnder Zuverlässigkeit** gewertet werden, schon deshalb nicht, weil mangels Genehmigungspflicht für Versammlungen **gar keine Zuverlässigkeitsprüfung stattfinden kann.** Veranstalter müssen auch **kein eigenes Sicherheitskonzept** – wie es etwa bauordnungsrechtliche Bestimmungen für Veranstaltungen bestimmter Größenordnung in Versammlungsstätten vorsehen[96] – vorlegen und auch **keine besonderen Anstrengungen zur Gefahrenabwehr nachweisen.**[97]

f) Phasen der Kooperation

Der **Schwerpunkt** der Kooperation liegt in der **Vorbereitungsphase.** Diese endet zu-   118
nächst mit dem Abschluss des Verwaltungsverfahrens, das mit der Anmeldung oder auf die Initiative der Versammlungsbehörde in Gang gekommen war. Mit Beginn der Versammlung beginnt auch eine **neue Phase der Kooperation,** deren Ziel die Sicherung des störungsfreien Verlaufs ist. Hier ist das im Rahmen des Kooperationsgesprächs abgesprochene beidseitige Bereitstellen von **Ansprechpartnern** Grundbedingung für das Gelingen einer **Kooperation vor Ort.**

Aus der Sicht des Veranstalters ist gerade für ihn die **Fortsetzung der Kooperation**   119
von maßgeblicher Bedeutung, weil auch nach Beginn der Versammlung Auflösung und beschränkende Verfügung zulässige versammlungsbehördliche Maßnahmen bleiben, aber wegen vom Veranstalter praktizierter Kooperation **unverhältnismäßig** sein können.

In der Phase der Durchführung können **unvorhersehbare Situationen** eintreten, die   120
in der Vorphase nicht berücksichtigt werden konnten; kleinste Vorkommnisse können zum Funken am Pulverfass werden und zum **Ausbruch von Gewalttätigkeiten** und damit einhergehender **Eskalationen** führen. Jetzt ist keine Zeit mehr für Gespräche; je stärker aber in der Vorbereitungsphase **Vertrauen aufgebaut** worden ist, desto weniger wird es in der Hektik des Augenblickes möglicherweise ungewollt zu einer eskalierenden Konfrontation zwischen der Polizei und dem Veranstalter kommen.[98]

---

94 BVerfG, NJW 2000, 3053; NJW 2001, 2079.
95 *Arndt*, BayVBl. 2002, 657.
96 Vgl. etwa § 43 Abs. 1 und 2 SBauVO.
97 BVerfG, NJW 2001, 2079.
98 *Hoffmann-Riem*, FS Simon, S. 389 ff.

g) Folgen verweigerter Kooperation

121 Wenn der Veranstalter sich **kooperativ** verhält, soll sich für das BVerfG die **Schwelle** für behördliche Maßnahmen zur Gefahrenabwehr nach oben **anheben** und das Entschließungsermessen für die Versammlungsbehörde verengen. Ist der Veranstalter nicht kooperativ, insbesondere wenn er nicht ausreichend Auskünfte gibt, soll die **Eingriffsschwelle** für die kooperationsbereite Versammlungsbehörde **absinken.**[99]

122 Dieses »**Modell**« beweglicher **Eingriffsschwellen ist nicht geglückt.** An den tatbestandlichen Voraussetzungen der Ermächtigungsgrundlagen des BVersG **ändert sich nichts,** ob nun der Veranstalter kooperiert oder nicht.[100] Praktizierte oder nicht praktizierte Kooperation kann weder mit Nachsicht oder Entgegenkommen belohnt noch mit härterer Gangart bestraft werden.[101]

123 Ändern können sich aber die **Anforderungen an die Validität der behördlichen Gefahrenprognose.**[102] Der seine Obliegenheit zur Kooperation verletzende Veranstalter hat für die sich daraus ergebenden **Folgen einzustehen.** So kann die Versammlungsbehörde ihre **Gefahrenprognose ausschließlich auf die ihr bekannten Tatsachen stützen,** ohne dass der Veranstalter die von ihm im Kooperationsgespräch unterschlagenen, für ihn günstigen Tatsachen in einem späteren verwaltungsgerichtlichen Verfahren zur Erschütterung der Gefahrenprognose vortragen könnte. Entsprechendes gilt für die Geeignetheit, Erforderlichkeit und Angemessenheit der behördlichen Maßnahmen.[103] **Es entfällt die Sperrwirkung des milderen Mittels.**[104]

2. Landesregelungen

a) Bayern

124 *Art. 14 Zusammenarbeit*

(1) Die zuständige Behörde soll dem Veranstalter Gelegenheit geben, mit ihr die Einzelheiten der Durchführung der Versammlung zu erörtern. Der Veranstalter ist zur Mitwirkung nicht verpflichtet.

(2) Die zuständige Behörde kann bei Maßnahmen nach Art. 15 berücksichtigen, inwieweit der Veranstalter oder der Leiter nach Abs. 1 mit ihr zusammenarbeiten.

aa) Abs. 1

125 Wenn die zuständige Behörde dem Veranstalter Gelegenheit zur Zusammenarbeit geben *soll,* so besteht **grundsätzlich eine Pflicht** dazu, von der nur **in atypischen**

---

99 BVerfGE 69, 315/357; NJW 2001, 1408; *OVG Weimar,* NVwZ-RR 2003, 207/209.
100 *Kniesel/Poscher,* Rn. 290; *Miller,* WM; § 6 Rn. 17; a.A. *OVG Weimar,* NVwZ-RR 2003, 207/209.
101 *Kniesel/Poscher,* Rn. 290.
102 *Kloepfer,* HdBStR, § 164 Rn. 41; *Miller,* WM, § 6 Rn. 17 f.
103 *Kniesel/Poscher,* Rn. 290.
104 *Miller,* WM, § 6 Rn. 18.

Situationen abgesehen werden darf.[105] Die Behörde kann nur dann auf ein Angebot zur Kooperation verzichten wenn **wegen der geringen Teilnehmerzahl** oder wegen anderer offensichtlicher Gründe von vornherein **keine Gefahren** für die öffentliche Sicherheit zu besorgen sind.[106]

Weil es sich um eine **echte** Rechtspflicht zur Zusammenarbeit handelt, sind eine be- 126 schränkende Verfügung oder ein **Verbot** nach Art. 15 Abs. 1 ohne ein vorausgegangenes Kooperationsangebot **rechtswidrig**.[107]

Der Veranstalter hat keine Pflicht zur Zusammenarbeit. Wenn er die Gelegenheit zur 127 Erörterung mit der Behörde nicht annimmt, muss er die sich für ihn daraus ergebenden **nachteiligen Folgen** tragen. Bei der Mitwirkungspflicht handelt es sich also um eine **Obliegenheit** des Veranstalters.

bb) Abs. 2

Wenn die Behörde bei ihren Maßnahmen nach Art. 15 die Bereitschaft des Ver- 128 anstalters oder des Leiters zur Zusammenarbeit berücksichtigen kann, so führt das **nicht zu einer beweglichen Eingriffsschwelle** für diese Maßnahmen. Versammlungsbehörde und Polizei haben aber im Sinne eines besonderen **Verhältnismäßigkeitskorrektivs** stets **zu Gunsten** des Veranstalters sein Bemühen um Zusammenarbeit zu berücksichtigen.

Im umgekehrten Fall fehlender Kooperation **sinkt** dagegen **die Eingriffsschwelle nicht** 129 **ab**. Der Veranstalter trifft »nur« die Obliegenheit, dass er der Behörde die Tatsachen und Umstände mitzuteilen hat, die diese kennen muss, um eine **gesicherte Gefahrenprognose** erstellen zu können. Kommt er dieser erweiterten Anzeigepflicht nicht nach, kann die Behörde **allein auf der Grundlage der ihr bekannten Tatsachen entscheiden**, ohne dass Veranstalter oder Leiter diese Gefahrenprognose im Nachhinein in Frage stellen können. Er muss die Nachteile hinnehmen, die mit Maßnahmen nach Art. 15 Abs. 1 verbunden sind, weil er die Informationen nicht geliefert hat, die die Behörden in den Stand hätten setzen können, eine Maßnahme nach Art. 15 Abs. 1 **nicht** zu treffen.

b) Niedersachsen

§ 6 Zusammenarbeit 130

Die zuständige Behörde gibt der Leiterin oder dem Leiter einer Versammlung unter freiem Himmel die Gelegenheit zur Zusammenarbeit, insbesondere zur Erörterung von Einzelheiten der Durchführung der Versammlung.

Die Norm formuliert ihren Anspruch an die zuständige Behörde **zurückhaltend** mit 131 der indikativen Formulierung, dass der Versammlungsleitung die **Gelegenheit zur**

---

105 BVerwGE 90, 88/93; *Merk*, WHM, Art. 14 Rn. 6.
106 *Merk*, WHM, Art. 14 Rn. 6.
107 *Merk*, WHM, Art. 14 Rn. 18.

Zusammenarbeit gegeben werden muss und erwähnt dabei nur beispielhaft die Er-örterung von Einzelheiten der Durchführung der Versammlung.

132 **Adressat** der Regelung ist – im Gegensatz zu den Regelungen in Bayern, Sachsen, Sachsen-Anhalt und Schleswig-Holstein – **ausschließlich die Versammlungsleitung.** Dabei handelt es sich nicht um ein Redaktionsversehen des Gesetzgebers[108], sondern die Adressierung an die Leitung ist **zwangsläufige Folge** der Entscheidung des Gesetz-gebers, die Rechte und Pflichten nach der Anzeige der Versammlung im Wesentlichen **an die Leitungsfunktion zu knüpfen.**[109]

133 Zu einer Kooperationsobliegenheit der Versammlungsleitung schweigt sich das Gesetz an dieser Stelle aus. Daraus lässt sich aber nicht ableiten, dass keine Obliegenheit besteht. Die **Obliegenheit** als Gebot eigenen Interesses **folgt bereits aus § 8 Abs. 1 und 2,** weil die Versammlungsleitung die Nachteile hinnehmen muss, die sich daraus ergeben, dass sie Informationen nicht gegeben hat, bei deren Vorliegen die Behörde eine günstigere Entscheidung betreffend die Durchführbarkeit der Versammlung hätte treffen können. Im Übrigen bestehen **spezielle Kooperationsobliegenheiten** in § 5 Abs. 2 Satz 2 und Abs. 3 Satz 2 in Gestalt einer Mitteilungspflicht bei Änderung mit-geteilter Angaben.

c) Sachsen

134 *§ 14*

> *(5) Soweit es nach Art und Umfang der Versammlung erforderlich ist, bietet die zu-ständige Behörde der Person, die eine öffentliche Versammlung veranstaltet oder der die Leitung übertragen worden ist, rechtzeitig ein Kooperationsgespräch an, um die Gefahrenlage und sonstige Umstände zu erörtern, die für die ordnungsgemäße Durch-führung der Versammlung wesentlich sind. Im Rahmen der Kooperation informiert die zuständige Behörde die Person, die eine öffentliche Versammlung veranstaltet oder der die Leitung übertragen worden ist, vor und während der Versammlung über erhebliche Änderungen der Gefahrenlage, soweit dieses nach Art und Umfang der Versammlung erforderlich ist.*

135 Anders als Bayern und Niedersachsen hat Sachsen **substanzielle Vorgaben** für die Ko-operation gemacht. Der sächsische Gesetzgeber verlangt von der zuständigen Behörde zunächst das **Angebot** zum Kooperationsgespräch, das an den **Veranstalter** oder die **Versammlungsleitung** gerichtet werden kann. Gegenstand des Gesprächs sind die **Ge-fahrenprognose** und die für die ordnungsgemäße Durchführung der Versammlung wesentlichen Umstände. Über Änderungen der Gefahreneinschätzung vor Beginn der Versammlung sind Veranstalter bzw. Leiter zu informieren.

136 In Satz 2 findet sich **erstmalig** eine Regelung, die sich auf die Kooperation **nach Be-ginn** der Versammlung bezieht; die Behörde hat den Veranstalter oder die Leitung

---

108 So aber *Ullrich*, VersG, § 6 Rn. 2.
109 *Miller*, WM, § 6 Rn. 6.

auch **während** der Versammlung über erhebliche Änderungen der Gefahrenprognose zu informieren.

Eine ausdrückliche Kooperationsobliegenheit des Veranstalters oder der Leitung sieht **137**
Abs. 5 nicht vor. Die **Obliegenheit** als Gebot eigenen Interesses ergibt sich aber schon **aus § 13 Abs. 1 und 2;** Veranstalter und Leiter müssen die Nachteile hinnehmen, die daraus folgen, dass sie Informationen nicht gegeben haben, bei deren Vorliegen die Behörde aber eine günstigere Entscheidung bezüglich der Durchführbarkeit der Versammlung hätte treffen können.

d) Sachsen-Anhalt

§ 12 Anmeldepflicht **138**

(3) Die zuständige Behörde erörtert mit dem Veranstalter Einzelheiten der Durchführung der Versammlung, insbesondere geeignete Maßnahmen zur Wahrung der öffentlichen Sicherheit, und wirkt auf eine ordnungsgemäße Durchführung der Versammlung hin. Dem Veranstalter ist Gelegenheit zu geben sich zu äußern und sachdienliche Fragen zu stellen. Der Veranstalter soll mit den zuständigen Behörden kooperieren, insbesondere Auskunft über Art, Umfang und vorgesehenen Ablauf der Veranstaltung geben.

In dieser Bestimmung wird die Kooperationspflicht der zuständigen Behörde geregelt **139** und näher beschrieben. Das **Kooperationsangebot** ist **nur dem Veranstalter** zu machen. Nicht ganz deutlich wird, was der Gesetzgeber mit der Formulierung erreichen will, dass die zuständige Behörde **auf eine ordnungsgemäße Durchführung der Versammlung hinwirkt.** Er wollte wohl damit die Behörde **zum Schutze der Versammlung in die Pflicht nehmen.**

In Satz 3 wird die Rolle des Veranstalters bei der Kooperation mit einer **Sollensnorm** **140** beschrieben. Diese kann aber **nicht als Verpflichtung im Regelfall** und Nichtverpflichtung im atypischen Ausnahmefall verstanden werden[110], weil eine **Kooperationspflicht für den Veranstalter** mit Art. 8 Abs. 1 GG unvereinbar wäre.[111] Es bleibt damit **bei der aus § 13 Abs. 1 und 2 folgenden Obliegenheit,** im eigenen Interesse der Behörde die Informationen zu liefern, die eine für den Veranstalter günstige Entscheidung tragen.

e) Schleswig-Holstein

§ 3 Schutzaufgabe und Kooperation **141**

(3) Soweit es nach Art und Umfang der Versammlung erforderlich ist, bietet die zuständige Behörde der Person, die eine öffentliche Versammlung veranstaltet oder der

---

110 BVerwGE 90, 88/93 im Hinblick auf den Veranstalter.
111 BVerfG, NJW 2001, 2078/2079; *Höfling*, SA, Art. 8 Rn. 49; *Depenheuer*, MD, Art. 8 Rn. 120; *Gusy*, MKS, Art. 8 Rn. 47; *Kunig*, MK, Art. 8 Rn. 20.

die Leitung übertragen worden ist, rechtzeitig ein Kooperationsgespräch an, um die Gefahrenlage und sonstige Umstände zu erörtern, die für die ordnungsgemäße Durchführung der Versammlung wesentlich sind. Bestehen Anhaltspunkte für Gefährdungen, die gem. § 13 Absatz 1, § 20 Absatz 1 zu einem Verbot oder Beschränkungen führen können, ist Gelegenheit zu geben, durch ergänzende Angaben oder Veränderungen der beabsichtigten Versammlung ein Verbot oder Beschränkungen entbehrlich zu machen.

(4) Im Rahmen der Kooperation informiert die zuständige Behörde die Person, die eine öffentliche Versammlung veranstaltet oder der die Leitung übertragen worden ist, vor und während der Versammlung über erhebliche Änderungen der Gefahrenlage, soweit diese nach Art und Umfang der Versammlung erforderlich ist. Konfliktmanagement ist Bestandteil der Kooperation.

aa) Abs. 3

142 **Bedeutsam** ist zunächst, dass der Gesetzgeber die **Kooperation im Zusammenhang mit der in § 3 Abs. 1 und 2 differenziert geregelten Schutzpflicht** für alle Träger öffentlicher Verwaltung geregelt hat und dabei ausdrücklich den **Schutz von Versammlungen zur Aufgabe der Versammlungsbehörden** gemacht hat.

143 In Abs. 3 regelt er dann die **Kooperationspflicht** der zuständigen Behörde in der Weise, dass dem Veranstalter oder der Versammlungsleitung ein **rechtzeitiges Angebot** zu einem Kooperationsgespräch zu machen ist, in dem die **Gefahrenprognose** und die für die ordnungsgemäße Durchführung der Versammlung wesentlichen Punkte zu erörtern sind.

144 In Satz 2 geht es um über die in einer Anzeige nach § 11 Abs. 2 **hinausgehenden Angaben**, mit deren zusätzlicher Darstellung es der Veranstalter oder Leiter selber in der Hand haben, Verbote oder Beschränkungen durch die Behörde zu vermeiden.

bb) Abs. 4

145 **Neuartig** ist die Regelung in Abs. 4, wonach die Behörde im Rahmen ihrer Kooperationspflicht auch **während** der Versammlung den Veranstalter oder die Leitung über erhebliche Änderungen der Gefahrenprognose zu informieren hat.

146 Zu einer **Obliegenheit** von Veranstalter oder Leiter schweigt sich das Gesetz aus. Es bleibt dann bei der **allgemeinen Obliegenheit aus den §§ 13 Abs. 1 und 20 Abs. 1** im Sinne eines Gebotes eigenen Interesses.

147 Wenn es am Schluss von Abs. 4 heißt, Konfliktmanagement sei Bestandteil der Kooperation, hätte der Gesetzgeber treffender formulieren können, dass **Kooperation Konfliktmanagement ist**, weil es sowohl in der Vorbereitungs- als auch in der Verlaufsphase um konfligierende Rechte und Interessen der Versammlungsbeteiligten, von Dritten und der Allgemeinheit geht, die die Versammlungsbehörde zum Ausgleich bringen muss.

§ 15 [Verbot, Auflagen, Auflösung]

(1) Die zuständige Behörde kann die Versammlung oder den Aufzug verbieten oder von bestimmten Auflagen abhängig machen, wenn nach den zur Zeit des Erlasses der Verfügung erkennbaren Umständen die öffentliche Sicherheit oder Ordnung bei Durchführung der Versammlung oder des Aufzuges unmittelbar gefährdet ist.

(2) Eine Versammlung oder ein Aufzug kann insbesondere verboten oder von bestimmten Auflagen abhängig gemacht werden, wenn
1. die Versammlung oder der Aufzug an einem Ort stattfindet, der als Gedenkstätte von historisch herausragender, überregionaler Bedeutung an die Opfer der menschenunwürdigen Behandlung unter der nationalsozialistischen Gewalt- und Willkürherrschaft erinnert, und
2. nach den zur Zeit des Erlasses der Verfügung konkret feststellbaren Umständen zu besorgen ist, dass durch die Versammlung oder den Aufzug die Würde der Opfer beeinträchtigt wird.

Das Denkmal für die ermordeten Juden Europas in Berlin ist ein Ort nach Satz 1 Nr. 1. Seine Abgrenzung ergibt sich aus der Anlage zu diesem Gesetz.

Andere Orte nach Satz 1 Nr. 1 und deren Abgrenzung werden durch Landesgesetz bestimmt.

(3) Sie kann eine Versammlung oder einen Aufzug auflösen, wenn sie nicht angemeldet sind, wenn von den Angaben der Anmeldung abgewichen oder den Auflagen zuwidergehandelt wird oder wenn die Voraussetzungen zu einem Verbot nach Absatz 1 oder 2 gegeben sind.

(4) Eine verbotene Veranstaltung ist aufzulösen.

Anlage zu § 15 Abs. 2

Die Abgrenzung des Ortes nach § 15 Abs. 2 Satz 2 (Denkmal für die ermordeten Juden Europas) umfasst das Gebiet der Bundeshauptstadt Berlin, das umgrenzt wird durch die Ebertstraße, zwischen der Straße In den Ministergärten bzw. Lennestraße und der Umfahrung Platz des 18 März, einschließlich des unbefestigten Grünflächenbereichs Ebertpromenade und des Bereichs der unbefestigten Grünfläche im Bereich des J.W.-von-Goethe-Denkmals, die Behrenstraße zwischen Ebertstraße und Wilhelmstraße, die Cora-Berliner-Straße, die Gertrud-Kolmar-Straße nördlich der Einmündung der Straße In den Ministergärten, die Hannah-Arendt-Straße einschließlich der Verlängerung zur Wilhelmstraße. Die genannten Umgrenzungslinien sind einschließlich der Fahrbahnen, Gehwege und aller sonstigen zum Betreten oder Befahren bestimmter öffentlicher Flächen Bestandteil des Gebietes.

Kniesel

I. Allgemeines Verbot und beschränkende Verfügung

1. § 15 Abs. 1

a) Allgemeines

aa) Begriff und Bedeutung

aaa) Vollverbot

Mit einem Verbot wird eine geplante Versammlung mit dem Ziel untersagt, ihre **1** Durchführung zu verhindern. Den Veranstalter trifft ein Vollverbot, weil er auf seine Veranstaltung insgesamt verzichten muss. Ein Verbot ist bis zum Beginn der Versammlung, also auch noch in der Phase des Zusammenkommens, bei Aufzügen noch in der Aufstellungsphase zulässig. Verbote gegen potenzielle Teilnehmer – etwa in Gestalt eines Betretensverbots für den Versammlungsort – können nicht auf § 15 Abs. 1 BVersG gestützt werden (vgl. Teil I, Rdn. 416).

Ein Verbot kann auch als Allgemeinverfügung ergehen und richtet sich dann als **2** Adressaten an alle Veranstalter und potenziellen Teilnehmer, die sich zu einem bestimmten Zeitpunkt an einem bestimmten Ort zu einem konkreten Anlass versammeln wollen. Das wäre etwa der Fall, wenn bei einem Weltwirtschaftsgipfel während dessen Stattfinden alle gegen diesen gerichteten Demonstrationen in der Innenstadt der Veranstaltungsstadt verboten werden. Das Verbot ist zwar ein generelles, weil an eine unbestimmte Vielzahl von Personen gerichtet, doch liegt wegen der Bestimmtheit von Zeit, Ort und Anlass eine konkrete Regelung vor, die als Allgemeinverfügung Verwaltungsakt gem. § 35 Satz 2 VwVfG ist. Als totales Versammlungsverbot ist eine Allgemeinverfügung vor allem dann problematisch, wenn die Sperrfläche so groß ist, dass organisierter Protest gegen die Veranstaltung faktisch ausgeschlossen ist.[1] Hier hatte das BVerfG beim G 8-Gipfel in Heiligendamm, wo der Verbotsraum 40 qkm umfasste, erhebliche Bedenken, weil Veranstalter und Teilnehmer grundsätzlich das Recht hätten, in sichtbarer Nähe des Tagungsortes zu demonstrieren.[2] Im Brokdorf-Beschluss hatte das BVerfG einen Radius von 4,5 bis 9 km um die umstrittene Baustelle des Kernkraftwerks aufrecht

---

1 *Ott/Wächtler/Heinhold*, § 15 Rn. 9.
2 BVerfG, NJW 2007, 2167/2169.

erhalten, dagegen die vom OVG Lüneburg gebilligte Sperrfläche von 200 qkm als Verstoß gegen Art. 8 GG gewertet.[3]

3 Kein Verbot im Sinne von § 15 BVersG ist das sog. Flächenverbot, mit dem jede Versammlung in einem bestimmten Gebiet unabhängig vom Zeitpunkt und vom Anlass verhindert werden soll.[4] Im Gegensatz zur Allgemeinverfügung, die ja eine Einzelfallregelung darstellt, ist ein Flächenverbot eine abstrakt-generelle Regelung und kann deshalb nur als formelles Gesetz ergehen. Ein solches Flächenverbot kennt das BVersG nur als Bannkreisverbot nach § 16 BVersG. Dass der Gesetzgeber über § 15 Abs. 1 BVersG nur Verbote im Einzelfall ermöglichen wollte, folgt aus dessen Formulierung, wonach die zuständige Behörde nur die Versammlung und den Aufzug verbieten kann; damit kann § 15 Abs. 1 BVersG eben nicht als Rechtsgrundlage für ein Flächenverbot dienen.[5]

4 Das an eine Versammlung gerichtete Verbot schließt deren Ersatzveranstaltung ein. Eine solche liegt, wenn ihr Gegenstand mit dem der Ausgangsversammlung identisch ist; es liegt dann eine ebenfalls verbotene Umgehungsversammlung vor.[6] Eine Protestveranstaltung gegen das Verbot der Ausgangsversammlung, die am ursprünglich vorgesehenen Versammlungsort stattfindet, wird i.d.R. als Umgehungsveranstaltung zu werten sein,[7] die vom Ursprungsverbot erfasst wird und nach § 15 Abs. 4 BVersG aufzulösen ist.

5 Auch eine Auflösungsverfügung kann sich gegen eine Ersatzveranstaltung richten, wenn diese denselben Gegenstand hat wie die Ausgangsversammlung bzw. ihr Charakter als Protestveranstaltung gegen die Auflösung nur vorgeschoben ist. Liegen aber objektive Anhaltspunkte für die Rechtswidrigkeit der Auflösung vor, kann der dagegen gerichtete Protest als Spontanversammlung gewertet werden, mit der Folge, dass gegen die neue Versammlung nur mit einer auf eine selbstständige Gefahrenprognose gestützten neuen Auflösungsverfügung vorgegangen werden kann.

6 Eine gsetzliche Regelung zur Klarstellung bestehender Verpflichtungen bei Ersatzversammlungen stellt § 13 Abs. 8 s-hVersFG dar.[8] Demnach ist es verboten, anstelle der aufgelösten Versammlung eine Ersatzversammlung am gleichen Ort durchzuführen. Versammlungsteilnehmer dürfen also nicht im Rahmen einer Spontanversammlung nach § 11 Abs. 6 s-hVersFG zusammenbleiben, um gegen die Auflösungsverfügung zu protestieren, indem sie ihr ursprüngliches Anliegen zumindest teilweise weiterverfolgen.[9]

---

3 BVerfGE 69, 315/366 und 368.
4 *Kniesel/Poscher*, Rn. 379; *Brenneisen/Wilksen*, S. 333; a.A. *Breitbach/Deiseroth/Rühl*, RBRS, § 15 Rn. 67.
5 *Brenneisen/Wilksen*, S. 333.
6 *Ullrich*, VersG, § 8 Rn. 107; *Ott/Wächtler/Heinhold*, § 15 Rn. 57.
7 *Ullrich*, VersG, § 8 Rn. 107.
8 Krit. dazu *Gericke*, DÖV 2016, 948/952.
9 *Brenneisen/Wilksen/Staack/Martins*, VersFG SH, § 13 Rn. 68.

bbb) Teilverbot

(1) Rechtscharakter

Die zuständige Behörde kann die Versammlung oder den Aufzug teilverbieten, also 7
mit Einschränkungen zulassen, indem die Durchführung von Auflagen abhängig gemacht wird. Auflagen im Sinne von § 15 Abs. 1 BVersG sind keine Auflagen, wie sie in
§ 36 Abs. 2 Nr. 4 VwVfG geregelt sind; die Auflage des Versammlungsrechts ist wegen
der hier bestehenden Erlaubnisfreiheit keine von einem (Grund-)Verwaltungsakt abhängige Nebenbestimmung, sondern als selbstständiger Verwaltungsakt[10] neben dem
Verbot eine eigenständige Beschränkungsmöglichkeit.[11]

Der Sache nach ist eine Auflage eine beschränkende Verfügung und die in Auflagen 8
enthaltenen Anordnungen sind Teilverbote, mit denen die Versammlung abweichend
von der Vorstellung des Veranstalters modifiziert wird, um Rechte Dritter und der Allgemeinheit zu wahren.[12] Mittels Auflagen wird zwischen der Gestaltungsfreiheit des
Veranstalters und den entgegenstehenden Rechten ein Ausgleich gefunden, praktische
Konkordanz hergestellt.[13]

Das bedeutet, dass mit Hilfe von Auflagen Versammlungen durchgeführt werden kön- 9
nen, die sonst verboten werden müssten; durch die Modifizierung des Versammlungskonzepts und -ablaufs kann die unmittelbare Gefahr für die öffentliche Sicherheit
oder Ordnung abgewehrt werden. So übernimmt § 15 Abs. 1 BVersG mit Auflagen
die Gewähr, dass die Versammlung nicht zur unmittelbaren Gefahr für die öffentliche
Sicherheit oder Ordnung wird.[14]

Beschränkungen sind schon im BVersG selbst enthalten; § 2 Abs. 2 verbietet Störun- 10
gen, Abs. 3 das Mitführen von Waffen, § 3 Abs. 1 das Tragen von Uniformen, § 17a
Abs. 1 das Mitführen von sog. Schutzwaffen und § 17a Abs. 2 die Vermummung.
Diese Verbote sind vertypte Auflagen.[15] Wären diese Verbote nicht vom Gesetzgeber
vorgesehen, müssten die Versammlungsbehörden sie bei Versammlungen jeweils
als Auflagen verfügen. Da die Verbote aber schon bestehen, muss nur auf die Rechtslage hingewiesen werden.

Auflagen zum Schutz der öffentlichen Sicherheit können sich auf den Ort – Ver- 11
legung, Änderung des Marschweges –, den Zeitpunkt und die Dauer – Verschiebung
von Tag oder Tageszeit bzw. Kürzung – und die Form – stationäre Kundgebung oder
Aufzug[16] – beziehen. Nicht einschränkbar sind die Inhalte – Motto und Thema
der Demonstration und die mit ihr einhergehenden Meinungsäußerungen-, soweit
sie von Art. 5 GG geschützt sind. Durch Auflagen kann auch geregelt werden, ob

---

10 BVerfG, NVwZ 2007, 1183/1184.
11 *Kniesel/Poscher*, POR, § 20 Rn. 12.
12 *Kingreen/Poscher*, POR, § 20 Rn. 13.
13 *Hesse*, Rn. 72; BVerfGK 2, 1/8.
14 *Kingreen/Poscher*, POR, § 20 Rn. 13; *Pieroth*, in: Schwier, S. 136.
15 *Kingreen/Poscher*, POR, § 20 Rn. 13; *Pieroth*, in: Schwier, S. 136.
16 BVerfGK 8, 79/83; OVG Münster, NVwZ-RR 2017, 141/142.

Demonstration und Gegendemonstration nebeneinander in Hör- und Sichtweite[17] oder getrennt durch einen Sicherheitskorridor[18] stattfinden. Wird eine zeitliche bzw. örtliche Trennung verfügt; so handelt es sich um eine einsatz- oder taktische Maßnahme und nicht um ein versammlungsrechtliches Prinzip.[19] Die Versammlungsbehörde muss im Hinblick auf Art. 8 GG, auf den sich Demonstranten und Gegendemonstranten berufen können, den verhältnismäßigen Ausgleich zwischen diskursiver Konfrontation[20] und Konfrontationsschutz finden.

12 Auflagen zum Schutz der öffentlichen Ordnung sind zulässig, wenn sie die Art und Weise der Durchführung zum Gegenstand haben. Im Hinblick auf rechtsextremistische Aufmärsche ist insoweit zu berücksichtigen, dass Gleichschritt, Marschformation, Tragen bestimmter Kleidungsstücke, Skandieren von Parolen, Mitführen von Trommeln, Fackeln, schwarzen Fahnen etc. grundsätzlich zulässige Gestaltungsmittel sind, solange sie nicht zu paramilitärischen oder vergleichbar aggressiven und einschüchternden Aufmärschen geraten (vgl. dazu näher Rdn. 96 ff., Rdn. 104).

(2) Auflage als Allgemeinverfügung

13 Eine Auflage kann als Allgemeinverfügung ergehen und alle Versammlungen an einer bestimmten Örtlichkeit für eine bestimmte Zeit und für einen bestimmten Anlass derselben Beschränkung unterwerfen. So kann allen Veranstaltern und potenziellen Teilnehmern von Versammlungen an der Bahnstrecke eines Castortransports aufgegeben werden, einen räumlich festgelegten Korridor entlang der Bahngleise nicht zu betreten.

(3) Abgrenzung zum Verbot

14 Die Versammlungsbehörde darf mittels Auflagen den Veranstalter nicht eine Versammlung verordnen, die dieser nicht angemeldet, d.h. so nicht gewollt hat. Das ist immer dann zu beachten, wenn die Wahl von Ort und Zeitpunkt mit dem Thema der Demonstration untrennbar verbunden ist. Verändert die Versammlungsbehörde in diesen Fällen Ort und Zeit und nimmt dadurch der Versammlung ihren Zweck, schlägt die Auflage in ein Verbot um.[21] Voraussetzung dafür ist allerdings, dass der Veranstalter sein Interesse an gerade dem gewählten Ort und dem gewählten Zeitpunkt dargelegt hat.[22]

15 Wenn etwa rechtsextreme Parteien und Gruppierungen an Geburts- und Todestagen von Nazigrößen demonstrieren und die zuständige Behörde die Demonstration nur zu einem anderen von ihr festgelegten und vom Veranstalter erkennbar nicht gewollten

---

17 Vgl. Teil I, Rdn. 451 ff.
18 VGH München, BayVBl 2015, 529/531.
19 So aber OVG Bautzen, DVBl 2018, 663/665 f.
20 *Koll*, S. 348.
21 OVG Koblenz, DVBl 2013, 390/391; *Kingreen/Poscher*, POR, § 20 Rn. 33; *Gusy*, POR, Rn. 429; *Schenke*, Rn. 373.
22 BVerfG, NJW 2001, 1409/1410; OVG Koblenz, DVBl 2013, 390/391.

Termin zulässt, liegt keine Auflage, sondern ein Verbot vor.[23] Gleiches gilt für eine Demonstration, mit der gegen die Abschiebung eines Asylbewerbers protestiert werden soll; die Demonstration macht am Tag nach der Abschiebung keinen Sinn mehr.

(4) Abgrenzung zu Hinweisen auf die Rechtslage und gesetzeswiederholenden Auflagen

Bei bestehenden gesetzlichen Verboten handelt es sich um vertypte Auflagen,[24] die die zuständige Behörde deshalb nicht mehr verfügen, sondern auf die sie nur einen rechtlichen Hinweis geben muss. Solche Hinweise auf die Rechtslage sind aber im Gesamtbescheid deutlich vom Auflagenkatalog abzusetzen und als Hinweise auf die Rechtslage kenntlich zu machen (vgl. Teil III, Rdn. 24 ff.). **16**

Problematisch sind auch »Auflagen«, die nur das zum Gegenstand haben, was schon im Gesetz steht, etwa wenn die Behörde aufgibt, keine Transparente mit strafbarem Inhalt mitzuführen. Solchen gesetzeswiederholenden »Auflagen« haben regelmäßig keine eigenständige Gefahrenabwehrfunktion, weil sie – was für eine Auflage typisch ist – keine bisher noch nicht bestehende Regelung zur Gefahrenabwehr treffen.[25] Der Sache nach handelt es sich bei solchen Gesetzeswiederholungen auch um Hinweise auf die Rechtslage. Sind solche Hinweise für die Behörde wichtig, kann sie diese als Hinweise auf die Rechtslage abgesetzt vom Auflagenkatalog im Gesamtbescheid geben. **17**

Bei rechtsextremistischen Versammlungen verfügen die Versammlungsbehörden Auflagen in Gestalt eines Katalogs von Verhaltensregeln, mit denen versammlungsspezifische Gefahren verhindert werden sollen, die durch mit aggressiver Ausländerfeindlichkeit einhergehender Einschüchterung und Verängstigung der Bevölkerung entstehen. Solche Auflagen sind zulässig, wenn sie an unmittelbare Gefährdungen der öffentlichen Sicherheit und Ordnung bei Durchführung der Versammlung im Hinblick auf spezielle Verhaltensweisen der Teilnehmer anknüpfen.[26] Werden aber nur pauschal Strafnormen in Bezug genommen (»Es sind Äußerungen untersagt, die gegen einschlägige Straftatbestände verstoßen.«), dann handelt es sich nur um einen Hinweis auf die Rechtslage (vgl. dazu Teil III Rdn. 24 ff.).[27] **18**

(5) Gestaltungsneutralität

Will die Behörde bei rechtsextremistischen Aufmärschen Auflagen zur Anzahl von Fackeln, Trommeln und schwarzen Fahnen aufgeben, um zu verhindern, dass ein provokativer, aggressiver und einschüchternder Gesamteindruck entsteht, so muss sie gleichwohl noch die Gestaltungsfreiheit des Veranstalters wahren. Das tut sie, wenn sie aufgibt, dass von maximal 50 Demonstranten eine schwarze Fahne mitgeführt werden kann. Würde sie eine feste Zahl schwarzer Fahnen vorgeben, griffe sie in die **19**

---

23 *Schörnig*, NVwZ 2001, 1246/1247; *Laubinger/Repkewitz*, VerwArch 2002, 149/155.
24 *Kingreen/Poscher*, POR, § 20 Rn. 13.
25 *Breitbach/Deiseroth/Rühl*, RBRS, § 15 Rn. 161.
26 BVerfG, NVwZ 2007, 1183/1184.
27 BVerfG, NVwZ 2007, 1183/1184.

Gestaltungsfreiheit des Veranstalters ein, weil es diesem freisteht, auch weniger oder gar keine Fahnen mitzuführen.

(6) Auflage als Realakt?

20   Als Auflagen sollen nicht nur Maßnahmen mit Verwaltungsaktsqualität, die Verhaltensgebote zum Gegenstand haben, in Betracht kommen, sondern auch Realakte. § 15 Abs. 1 BVersG rechtfertige auch Maßnahmen tatsächlicher Art, wenn damit Gefahren abgewehrt werden könnten.[28]

21   Dagegen ist anzuführen, dass Auflagen i.S. von § 15 Abs. 1 BVersG selbstständige Verwaltungsakte und Realakte eben keine Verwaltungsakte sind. Hinzu kommt, dass Realakte als Durchführungsmaßnahmen gar nicht denkbar sind.[29] So wird etwa eine einschließende Begleitung als faktischer Grundrechtseingriff nach Beginn eines Aufzuges in Betracht kommen, als Auflage vor Beginn könnte sie nur zulässig sein, wenn sie als solche im Bescheid verfügt worden wäre.

bb) Rechtsfolgen

22   Verbot und Auflagen sind rechtsgestaltende Verwaltungsakte und nehmen der Versammlung den grundrechtlichen Schutz ganz oder teilweise. Die Adressaten betätigen sich nunmehr außerhalb des Schutzbereiches und ihren Aktivitäten kann mit den Befugnissen des Polizeirechts begegnet werden.

cc) Form und Verfahren

23   Bevor Verbot und Auflage ergehen dürfen, ist dem Veranstalter als Betroffenem rechtliches Gehör i.S. von § 28 Abs. 1 VwVfG zu gewähren, was zweckmäßigerweise im Kooperationsverfahren erfolgt. Zieht die zuständige Behörde ein Vollverbot in Erwägung, so ist sie verpflichtet, dies unter Fristsetzung anzukündigen und dem Veranstalter Gelegenheit zur Erörterung zu geben.[30]

24   Verbot und Auflage ergehen schriftlich und bedürfen nach § 39 VwVfG der schriftlichen Begründung. Ergehen diese erst in der Ansammlungsphase, also noch vor Beginn der Versammlung, können sie ausnahmsweise mündlich angeordnet werden, müssen aber nach § 39 Abs. 2 Satz 2 VwVfG auf Verlangen des Betroffenen schriftlich bestätigt werden.

25   Die Wirksamkeit von Verbot und Auflagen hängt von der Bekanntgabe an den oder die Betroffenen ab. Da für die zuständige Behörde nur der Veranstalter erreichbar ist, kann diesem mit einer Auflage aufgegeben werden, Verbot und beschränkende Verfügung den potenziellen Teilnehmern bekannt zu machen. Außerdem kann die Behörde Verbot und beschränkende Verfügung selber öffentlich bekannt machen.

---

28 BVerwGE 64, 55 ff.; *Meyn*, S. 167; *Ott/Wächtler/Heinhold*, § 15 Rn. 10; *Brenneisen/Wilksen*, S. 341.
29 *Breitbach/Deiseroth/Rühl*, RBRS, § 15 Rn. 298.
30 BVerfGE 69, 315/362.

Um die mit der Bekanntgabe wirksamen Verfügungen durchsetzungsfähig zu machen, 26
kann die zuständige Behörde die sofortige Vollziehung nach § 80 Abs. 2 Nr. 4 VwGO
anordnen, muss dann aber grundsätzlich nach § 80 Abs. 3 Satz 1 VwGO das besondere Interesse an der sofortigen Vollziehung schriftlich begründen (vgl. Teil IV,
Rdn. 185 ff.).

b) Tatbestandliche Voraussetzungen

aa) Unmittelbare Gefährdung

Die Gefahr für die bedrohten Schutzgüter ist unmittelbar, wenn eine hohe Wahr- 27
scheinlichkeit des Schadenseintritts zum Zeitpunkt der Durchführung der Versammlung besteht.[31] Insoweit muss eine gesicherte Gefahrenprognose erstellt werden
können. Für die hohe Wahrscheinlichkeit des Schadenseintritts müssen konkrete und
nachvollziehbare tatsächliche Anhaltspunkte vorliegen;[32] Vermutungen und bloße
Verdachtsmomente reichen nicht aus.[33]

Die Behörde darf ihr Erfahrungswissen aus früheren vergleichbaren Versammlungen 28
mit dem Veranstalter berücksichtigen. Diese reichen aber allein nicht aus, sondern
es müssen zusätzliche Erkenntnisse hinzukommen, die belegen, dass es auch bei der
bevorstehenden Versammlung zu einer unmittelbaren Gefährdung der öffentlichen
Sicherheit oder Ordnung kommen wird. Das wäre etwa bei Versammlungen des linken Spektrums zu bejahen, wenn in einer der Polizei bekannten Autonomenszene mit
Flugblättern oder in den sozialen Netzwerken zur Teilnahme an der Versammlung
aufgerufen wird.

Bei Versammlungen des rechten Spektrums kann maßgeblich Berücksichtigung fin- 29
den, dass die von der Behörde herangezogenen Äußerungen und Aufrufe aus einer als
gewaltbereit geltenden Szene stammen und sich auf die konkret geplante Versammlung beziehen. Maßgeblich ist dabei auch, ob von diesen Personen bei in Thema und
Teilnehmerkreis ähnlichen Versammlungen der Vergangenheit Gewalt ausgegangen
ist. Schließlich muss auch die für das Gefahrenpotenzial der Versammlung maßgebliche geschätzte Anzahl gewaltbereiter Personen auf einer verlässlichen Tatsachengrund-
lage beruhen.[34]

Bezüglich der Prognose der hohen Wahrscheinlichkeit von gewalttätigen Ausschrei- 30
tungen oder der Begehung von Straftaten mit Meinungsbezug sind relevant das
Motto der Versammlung, Aufrufe zur Versammlung, Äußerungen des Veranstalters
und potenzieller Teilnehmer, die Zusammensetzung des Teilnehmerkreises, die Person des Leiters, die eingesetzten Ordner, Erfahrungen aus früheren Versammlungen,

---

31 BVerfG, NVwZ 1998, 834/835; *Dürig-Friedl*, PJ, J, § 15 Rn. 53; krit. *Gröpl*, Jura 2002,
 18/24.
32 BVerfG, NVwZ 2008, 671/672; OVG Lüneburg, Nds VBl 2009, 229/232; vgl. dazu
 Watria, S. 82 ff.
33 BVerfG, NVwZ 2008, 671/672; NJW 2010, 141/142 ff.; NVwZ-RR 2010, 625/627;
 OVG Lüneburg, Nds VBl 2009, 229/231 f.
34 BVerfG, NJW 2010, 141/142 f.

die erwartete Teilnehmerzahl, die örtlichen Gegebenheiten und Erkenntnisse zur Gewaltbereitschaft.[35]

bb) Schutzgut öffentliche Sicherheit

aaa) Klassisches Verständnis

31   Das Schutzgut öffentliche Sicherheit i.S. des allgemeinen Polizei- und Ordnungsrechts umfasst drei Teilschutzgüter, die Unverletzlichkeit der Rechtsordnung, die Unverletzlichkeit der subjektiven Rechte und Rechtsgüter des einzelnen und den Bestand des Staates und der Einrichtungen und Veranstaltungen des Staates und sonstiger Träger der Hoheitsgewalt.[36]

32   Die drei Teilschutzgüter stehen nicht isoliert nebeneinander, sondern überschneiden sich. Die subjektiven Rechte des einzelnen gehören auch zur gesamten Rechtsordnung und diese enthält auch zahlreiche Normen zum Schutz des Bestandes des Staates und seiner Einrichtungen und Veranstaltungen und sonstiger Träger der Hoheitsgewalt.[37]

33   Mit der Ausdifferenzierung der Rechtsordnung durch den Gesetzgeber, der menschliches Verhalten immer umfassender und dichter regelt, ist die Rechtsverletzung zum Inbegriff der öffentlichen Sicherheit geworden[38] und die Unverletzlichkeit der Rechtsordnung steht im Mittelpunkt der Prüfung, ob eine Gefahr für die öffentliche Sicherheit vorliegt.

bbb) Öffentliche Sicherheit im Versammlungsrecht

34   Das Schutzgut der öffentlichen Sicherheit ist im Versammlungsrecht nicht anders zu verstehen als im allgemeinen Polizei- und Ordnungsrecht.[39] So bestimmt denn § 15 Abs. 1 BVersG als Zweck der Beschränkungen, die dem Veranstalter mit Auflagen aufgegeben werden, die Gewähr, dass die Versammlung nicht zur unmittelbaren Gefahr für die öffentliche Sicherheit oder Ordnung wird.[40]

35   Mit Auflagen soll sichergestellt werden, dass Versammlungen sich an die Grenzen halten, die ihnen in anderen Gesetzen gezogen sind. Das tun zunächst die Strafgesetze, die die Verwendung von Kennzeichen verfassungswidriger Organisationen in § 86a StGB und volksverhetzende, bekenntnisbeschimpfende, beleidigende und verunglimpfende Äußerungen in den §§ 130, 166, 185 ff. und 189 StGB auch und gerade auf Versammlungen verbieten. Demonstrativen Blockaden sind auch durch § 240 Abs. 1 und 2 StGB und § 21 VersG Grenzen gezogen (vgl. Rdn. 46 ff.). Der Tatbestand des Landfriedensbruches in § 125 StGB konkretisiert die verfassungsunmittelbare Gewährleistungsschranke der Friedlichkeit.

---

35 *Leist*, S. 150 ff.; *Watrin*, S. 88 ff.
36 *Götz/Geis*, § 4 Rn. 41; *Schenke*, Rn. 53.
37 *Kingreen/Poscher*, POR, § 7 Rn. 4.
38 *Kingreen/Poscher*, POR, § 7 Rn. 6.
39 *Kingreen/Poscher*, POR, § 19 Rn. 4.
40 *Kingreen/Poscher*, POR, § 20 Rn. 13.

Andere Gesetze sind auch die Gesetze von Bund und Ländern über befriedete Bezirke,   36
Bannmeilen und Gräberstätten, die Sonn- und Feiertagsgesetze der Länder, das Stra-
ßenrecht und das Straßenverkehrsrecht. Bedeutsam werden kann auch § 118 OWiG.

Nach der Fraport-Entscheidung des BVerfG gehören auch die §§ 903 Satz 1 und   37
1004 BGB zu den anderen Gesetzen und können Versammlungen auf semiöffentlichen Flächen Grenzen ziehen[41].

ccc) Anwendungsfälle

(1) § 86a StGB, Verwenden von Kennzeichen verfassungswidriger Organisationen

Die Parole »Ruhm und Ehre der Waffen-SS« stellt eine Meinungsäußerung dar, die   38
durch einen eng auszulegenden § 86a StGB nicht eingeschränkt werden kann, sodass
eine Bestrafung wegen Äußerung dieser Parole Art. 5 Abs. 1 GG verletzt. Erfolgt sie
aber in unmittelbarer Nähe eines Konzentrationslagers oder einer durch den Nationalsozialismus belasteten historischen Stätte, so kann die darin zum Ausdruck kommende Provokation neben § 130 StGB auch zur Strafbarkeit nach § 86a StGB führen.[42]

Um einer Bestrafung nach § 86a StGB zu entgehen, verwenden Rechtsextremisten   39
statt der unter die Strafnorm fallenden Kennzeichen entsprechende symbolisierende,
an der Reihenfolge des Alphabets orientiere Zahlenkombinationen als Geheimzeichen, etwa 88 für »Heil Hitler« oder 18 für »Adolf Hitler«. Auch wenn man davon
ausgeht, dass diese Codes in breiteren Kreisen bekannt sind, kommt eine Strafbarkeit
nach § 86a StGB nicht in Betracht, wenn mit der Verwendung des Codes eine Meinung zum Ausdruck gebracht wird. So soll im Rahmen einer Demonstration von
Rechtsextremisten mit den Zahlen 88 und 18 zum Ausdruck gebracht werden, dass
Adolf Hitler ein Platz im öffentlichen Bewusstsein einzuräumen ist.[43]

(2) § 130 StGB, Volksverhetzung

α) § 130 Abs. 1 Nr. 1 und 2 StGB, Friedensstörung

Das BVerfG hat das Verbot einer Versammlung unter dem Motto »Todesstrafe für   40
Kinderschänder/gegen Inländerdiskriminierung« für rechtswidrig befunden. Das Verbot der Versammlungsbehörde gründete sich auf die Annahme, dass in Anbetracht
des Themas bei der Durchführung der Versammlung der Tatbestand der Volksverhetzung nach § 130 Abs. 1 Nr. 1 und 2 StGB erfüllt werde, weil zu erwarten sei, dass der
Veranstalter die Forderung nach Wiedereinführung der Todesstrafe zum Gegenstand
seiner Versammlung mache und dabei Täter des sexuellen Missbrauchs von Kindern
pauschal ohne Differenzierung nach der Schwere der Tat und ohne Rücksicht auf die
Schuld treffen und ihnen so die Menschenwürde absprechen wolle.[44] Das BVerfG

---

41 BVerfGE 128, 226/265.
42 BVerfGK 8, 159/162 f.; BVerfG, NVwZ 2002, 714; *Fischer*, StGB, 65. Aufl. 2018, § 86a
   Rn. 12; *Ott/Wächtler/Heinhold*, § 15 Rn. 108.
43 *Zeitler*, Rn. 331 f.; *Fischer* (Fn. 30), § 86a Rn. 12a.
44 BVerfGK 13, 1/2.

hält schon den rechtlichen Ausgangspunkt des mit der Sache befassten OVG Münster, die pauschale und undifferenzierte Forderung nach Einführung der Todesstrafe für Kinderschänder könnte den Tatbestand der Volksverhetzung erfüllen, für nicht tragfähig.[45]

41 Das VGH Mannheim hat das Verbot einer Versammlung unter dem Motto »Fremdarbeiterinvasion stoppen« für rechtswidrig befunden, weil der restriktiv auszulegende Straftatbestand der Volksverhetzung nicht erfüllt werde; mit dem Motto werde ausländischen Arbeitnehmern ein ungeschmälertes Lebensrecht als gleichwertige Persönlichkeiten nicht bestritten und ihre Menschenwürde nicht in Frage gestellt oder gar angegriffen.[46]

42 Auch das Mitführen von schwarz-weiß-roten Fahnen (Reichskriegsflagge) erfüllt für den VGH nicht den Tatbestand der Volksverhetzung. Zwar bestehe zur schwarz-weiß-roten Fahne eine Affinität des äußersten rechten Randes des politischen Spektrums, doch ohne das Hinzutreten weiterer Umstände sei das bloße Zeigen der Fahne keine Volksverhetzung.[47]

β) § 130 Abs. 4 StGB, Gutheißung der Menschenrechtsverletzungen des Nazi-Regimes

43 Das BVerfG hat in seiner Wunsiedel-Entscheidung eine Strafbarkeit nach Abs. 4 bejaht, der die Verherrlichung oder Rechtfertigung der nationalsozialistischen Gewalt- und Willkürherrschaft in einer die Würde der Opfer verletzenden Weise verbietet, wenn die Meinungsäußerung an die Gewalt- und Willkürherrschaft des Nationalsozialismus anknüpft und dabei die rein geistige Sphäre des Dafürhaltens verlässt und in Rechtsgutverletzungen oder erkennbar in Gefährdungslagen umschlägt.[48]

44 Dabei müsse § 130 Abs. 4 StGB aber im Lichte des Art. 5 Abs. 1 GG dahingehend ausgelegt werden, dass nicht schon die Gutheißung von Maßnahmen unter der Herrschaft des Nationalsozialismus als solche zur Erfüllung des Tatbestandes führt, sondern nur eine solche, die sich gerade auf den Nationalsozialismus als Gewalt- und Willkürherrschaft bezieht; darunter können nur die systematisch begangenen, schweren Menschenrechtsverletzungen verstanden werden, wie sie historisch wirklich geworden sind.[49] Für verfassungsrechtlich unbedenklich hat das BVerfG das Verbot einer Versammlung mit dem Thema »Gedenken an Rudolf Heß« und unter dem Motto »Seine Ehre galt ihm mehr als die Freiheit« erklärt.[50]

---

45 BVerfGK 13, 1/4.
46 VGH Mannheim, NVwZ-RR 2011, 602/603.
47 VGH Mannheim, NVwZ-RR 2011, 602/603.
48 BVerfGE 124, 300/330.
49 BVerfGE 124, 300/336.
50 Krit. zur Entscheidung unter dem Aspekt der Zulassung von Sonderrecht zur Beschränkung des Art. 5 Abs. 1 GG *Möllers*, in: Schwier, S. 105 ff.; *Höfling/Augsberg*, JZ 2010, 1088; *Hong*, DVBl 2010, 1267/1271; *Holzner*, Die Polizei 2010, 69/70 f.; *Kniesel/Poscher*, Rn. 156 ff.; *Beyerbach*, JA 2015, 881 ff.; *Volkmann*, NJW 2010, 417 ff.

(3) § 166 StGB, Beschimpfung von Bekenntnissen – Zeigen von Mohammed-Karikaturen

Das OVG Berlin-Brandenburg hat das Zeigen von Mohammed-Karikaturen in einer **45** Versammlung als zulässige Grundrechtsausübung des Art. 8 Abs. 1 und Art. 5 Abs. 3 Satz 1 GG gewertet und eine Strafbarkeit nach § 166 StGB verneint.[51] Eine Beschimpfung ist nicht schon bei herabsetzenden Äußerungen gegeben, sondern erst bei nach Form und Inhalt besonders verletzenden Äußerungen der Missachtung.[52] Die Verletzung religiöser Gefühle durch Versammlungsteilnehmer als private Dritte kann nicht über eine mittelbare Drittwirkung zu einer Bevorzugung der Religionsfreiheit zu Lasten der Versammlungsfreiheit und der Kunstfreiheit führen.

(4) § 240 StGB, Nötigung-Sitzblockaden

Im Zusammenhang mit Sitzblockaden als Erscheinungsform passiver Resistenz stellt **46** sich nach wie vor die Frage der Strafbarkeit nach § 240 Abs. 1 und Abs. 2 StGB. Dass es sich bei Sitzdemonstrationen um Versammlungen im Schutzbereich von Art. 8 Abs. 1 GG handelt, hatte das BVerfG in seiner ersten Sitzblockaden-Entscheidung deutlich gemacht.[53]

In seiner zweiten Sitzblockaden-Entscheidung hat es dann entschieden, dass die Aus- **47** legung des Gewaltbegriffs in § 240 Abs. 1 StGB im Sinne vergeistigter Gewalt im Zusammenhang mit Sitzdemonstrationen gegen Art. 103 Abs. 2 GG verstößt, mit der Folge, dass schon tatbestandlich keine Nötigung vorliegen konnte.[54]

Dagegen geht der BGH in einer nach der zweiten Sitzblockaden-Entscheidung des **48** BVerfG ergangenen Entscheidung davon aus, dass § 240 StGB nur bezüglich der psychischen Zwangswirkung der blockierenden Demonstranten auf der Fahrbahn gegenüber dem ersten anhaltenden Fahrzeug entfalle, nicht aber gegenüber den hinter diesem stehenden weiteren Fahrzeugen. Diese träfen auf ein physisches Hindernis, das die Sitzblockierer in mittelbarer Täterschaft errichtet hätten.[55]

In seiner dritten Blockade-Entscheidung, die auf die gerade geschilderte Zweite-Rei- **49** he-Rechtsprechung des BGH nicht einging, hat das BVerfG entschieden, dass eine Verletzung von Art. 103 Abs. 2 GG nicht vorliegt, wenn die Strafgerichte das Tatbestandsmerkmal der Gewalt in § 240 Abs. 1 StGB auf Blockadeaktionen anwenden, bei denen die Versammlungsteilnehmer es nicht bei der durch ihre körperliche Anwesenheit verursachten psychischen Zwangswirkung beließen, sondern darüber hinaus eine physische Barriere errichteten, indem sie sich mit einer Kette an das blockierte Tor banden; in einem solchen Fall liegt nach der Mehrheitsentscheidung des Senats bereits eine physische Zwangswirkung gegenüber den Blockierten vor.[56]

---

51 OVG Berlin-Brandenburg, NJW 2012, 3116/3117; *Kau*, AöR 2015, 30/78 f.
52 *Fischer*, StGB, 65. Aufl. 2018, § 166 Rn. 12.
53 BVerfGE 73, 206/249; auch OVG Schleswig, NordÖR 2006, 166.
54 BVerfGE 92, 1/12 f.
55 BGHSt 41, 182/185 f.
56 BVerfGE 104, 92/102 f.

50 In einer Kammer-Entscheidung vom 07.03.2011 hat das BVerfG nunmehr festgestellt, dass sich die Zweite-Reihe-Rechtsprechung des BGH im fachgerichtlichen Wertungsrahmen hält und verfassungsrechtlich nicht zu beanstanden ist.[57] Das kann man mit Fug und Recht bezweifeln.[58]

51 Nach der Rechtsprechung des BGH liegt eine tatbestandliche Nötigung erst vor, wenn ein zweites Fahrzeug hinter dem ersten zum Stehen kommt; die zunächst straflose psychische Einwirkung gerät zur strafbaren Gewalt, ohne dass sich am Verhalten der Sitzblockierer etwas geändert hätte; veränderte äußere Umstände entscheiden also über die Strafbarkeit.[59] Bei dieser Sichtweise wäre sogar die Laepple-Entscheidung von 1969 zu akzeptieren, weil ja nun einmal Straßenbahnen hintereinander fahren und die erste angehaltene für die nachfolgende ein Hindernis darstellt.[60]

52 In der Kammer-Entscheidung von 2011 entfernt sich das BVerfG weit von den Grundsätzen seiner Sitzblockaden-Entscheidung von 1995, ohne dass dies durch den zugrunde liegenden Sachverhalt veranlasst gewesen wäre; es war ja in den vorhergehenden Sitzblockade-Entscheidungen nicht so, dass immer nur ein Fahrzeug blockiert wurde.

53 Man mag nun spekulieren, was das BVerfG zu seiner letzten Entscheidung veranlasst hat. Denkbar ist, dass es den Streit mit dem BGH um den vergeistigten Gewaltbegriff beilegen konnte, ohne seine Rechtsprechung zur Zulässigkeit von Sitzblockaden im Ergebnis ändern zu müssen. Denn die strafrechtliche Beurteilung im Rahmen der Verwerflichkeitsprüfung hat sich an denselben Kriterien zu orientieren wie die bisherige rein verfassungsrechtliche und versammlungsrechtliche Beurteilung.

54 Insoweit hat das BVerfG den Strafgerichten noch einmal verdeutlicht, was die verfassungsrechtlichen Rahmenbedingungen für die Beurteilung von Sitzblockaden sind. Zentrale Botschaft ist dabei die Aussage, dass die Erregung öffentlicher Aufmerksamkeit für bestimmte politische Belange durch eine Sitzblockade den Schutz durch Art. 8 Abs. 1 GG nicht entfallen lässt, sondern die der öffentlichen Meinungsbildung dienende Aktion erst zu einer Versammlung macht, also eigentlicher Grund für den Grundrechtsschutz ist.[61]

55 Deshalb kann auch bei der Verwerflichkeitsprüfung dieser Zweck, Aufmerksamkeit zu erregen und einen Beitrag zur öffentlichen Meinungsbildung zu leisten, nicht zum Nachteil der Demonstranten gewertet werden. Es wäre auch eine Verkennung des Grundrechtsschutzes durch Art. 8 Abs. 1 GG, wenn dieser Kommunikationszweck erst bei der Strafzumessung berücksichtigt würde; er ist vielmehr schon bei der Verwerflichkeitsprüfung des § 240 Abs. 2 StGB von maßgeblicher Bedeutung.[62]

---

57 BVerfG, NJW 2011, 3020 ff.
58 *Magnus*, NStZ 2012, 538 ff.; *Gropp/Sinn*, Müko-StGB, § 240 Rn. 48 m.w.N.; *Brenneisen/ Wilksen*, S. 475 m.w.N.
59 *Magnus*, NStZ 2012, 538/542.
60 *Magnus*, NStZ 2012, 538/542.
61 BVerfG, NJW 2011, 3020 Ls. 2/3022.
62 BVerfG, NJW 2011, 3020 Ls. 2/3023.

Das konkretisiert das BVerfG und macht klare Vorgaben für diese Prüfung. Bei der 56
Abwägung dürfen die Dauer der Sitzblockade, deren vorherige Bekanntgabe, die Aus-
weichmöglichkeiten über andere Zufahren, die Dringlichkeit des blockierten Trans-
ports sowie die Anzahl der von der Blockade betroffenen Fahrzeugführer nicht außer
Betracht gelassen werden.[63]

(5) § 21 BVersG, Verhinderung und Störung von Versammlungen – Verhinderungsblockaden

Rechtsextremistische Aufmärsche rufen Gegenaktionen auf den Plan. »Dresden stellt 57
sich quer« oder »Dortmund stellt sich quer« und es soll den Rechten kein Zoll Boden
für ihre Aufzüge überlassen werden. Bei der rechtlichen Bewertung dieser Aktionen
ist zu klären, ob es sich um eine durch Art. 8 Abs. 1 GG geschützte Versammlung
handelt, mit der Aufmerksamkeit im Rahmen der öffentlichen Meinungsbildung erregt werden soll, oder ob die Aktion von vornherein oder nach polizeilicher Auflösung
außerhalb des Schutzbereiches der Versammlungsfreiheit liegt und der Straftatbestand
des § 21 BVersG verwirklicht ist.[64]

Die Aktion würde von vornherein nicht im Schutzbereich von Art. 8 Abs. 1 GG 58
stattfinden, wenn sie unfriedlich wäre. Dafür reicht die Absicht der Verhinderung
allein nicht aus. Wenn das BVerfG bei Verhinderungsaktionen[65] oder beim Selbstvollzug von Forderungen[66] davon ausgeht, dass die beteiligten Akteure sich nicht auf
Art. 8 Abs. 1 GG berufen können, so führt es einen Grundrechtsausschluss neben
den verfassungsunmittelbaren Gewährleistungsschranken der Friedlichkeit und Waffenlosigkeit ein. Es gibt aber nur die Alternative friedlich oder unfriedlich. Solange bei
Verhinderungsaktionen und Selbstvollzug Friedlichkeit gegeben ist, liegen diese im
Schutzbereich von Art. 8 Abs. 1 GG.[67]

Da bei Verhinderungsmaßnahmen regelmäßig in Gestalt einer Störung der Versamm- 59
lung i.S. von § 2 Abs. 2 BVersG, ggfs. auch einer Straftat nach § 21 BVersG eine
Gefahr für die öffentliche Sicherheit vorliegt, kann die Polizei den Störern durch Auflösung der Versammlung den Schutz durch die Versammlungsfreiheit wieder nehmen.

Entscheidend ist damit, ob es sich bei den o.a. Aktionen um symbolische, mit den 60
typischen Sitzblockaden vergleichbare Demonstrationen handelt oder ob gegen sie auf
der Grundlage der Versammlungsgesetze und zur Strafverfolgung eingeschritten werden kann. Insoweit kann sich die Polizei vor Ort kurzfristig Gewissheit verschaffen,
indem sie die Teilnehmer, die sich auf die Aufzugsstrecke gesetzt haben, zunächst als
Versammlung i.S. von Art. 8 Abs. 1 GG betrachtet.

---

63 BVerfG, NJW 2011, 3020 Ls. 2/3023.
64 *Knape*, Die Polizei 2014, 241 ff.
65 BVerfGE 84, 203/209 f.
66 BVerfGE 104, 92/105.
67 *Kniesel/Poscher*, Rn. 59; *Rusteberg*, NJW 2011, 2999 f.

61   Nach Verstreichen eines Zeitraums von bis zu 20 Minuten, in dem die Polizei die Demonstranten über den Unterschied zwischen einer symbolischen Blockade und einer Verhinderungsblockade aufgeklärt hat, wird sie die Blockierer auffordern, die für die Rechten von der Versammlungsbehörde zugelassene Aufzugstrecke zu räumen und ihren Protest ggfs. hinter der Absperrung fortzusetzen. Nach Verstreichen des zugestandenen Zeitrahmens kann es auf eine Umgehungsmöglichkeit nicht mehr ankommen, da dem rechten Aufzug die Aufzugstrecke durch die Versammlungsbehörde zugewiesen wurde.[68]

62   Folgen die Demonstranten dieser Aufforderung, ist nichts weiter zu veranlassen, nach den Versammlungsgesetzen nicht, da eine Gefahr für die öffentliche Sicherheit in Gestalt der Verwirklichung des § 21 BVersG nicht eingetreten ist, weil die 20minütige Blockierung keine grobe Störung darstellt und mit der freiwilligen Befolgung der Aufforderung, die Aufzugstrecke freizumachen, die Absicht zur Verhinderung des rechten Aufzuges verneint werden kann. Auch im Hinblick auf § 240 StGB ist strafprozessual nichts zu veranlassen. Die Akteure können wie »normale« Sitzdemonstranten behandelt werden und als solche verwirklichen sie – selbst nach der Zweite-Reihe-Rechtsprechung des BGH – nicht den Tatbestand der Nötigung, da die Rechten nur auf *ein* Hindernis treffen.

63   Kommen die Blockierer der Aufforderung nicht nach, dokumentieren sie mit der Fortsetzung ihrer Aktion, dass es ihnen um die Verhinderung des rechten Aufzuges geht. Damit liegt der Tatbestand des § 21 BVersG vor und demzufolge eine Gefahr für die öffentliche Sicherheit, die die Polizei zur Auflösung der Versammlung befugt. Mit der Beendigung des Grundrechtschutzes durch Art. 8 Abs. 1 GG wird der Weg in das Polizeigesetz frei; die Polizei erteilt Platzverweise und setzt sie alsdann mit unmittelbarem Zwang durch. Anschließend erfolgt die Feststellung der Identität der Blockierer nach § 163b Abs. 1 Satz 1 StPO, um Strafanzeigen fertigen zu können.

(6) § 240 StGB, Nötigung – Blockupy-Aktionen

64   Die im Jahre 2012 unter dem Motto »Blockupy Frankfurt« durchgeführten Aktionen, mit denen gegen die Macht der Banken und die Folgen der Eurokrise demonstriert werden sollte, hatten das erklärte Ziel der Blockade des Geschäftslebens in der Frankfurter Innenstadt, insbesondere des Betriebs der Europäischen Zentralbank und anderer Banken durch Besetzung zentraler Punkte und Zugangswege.

65   Das VG Frankfurt und der VGH Kassel bestätigten das Vollverbot der Stadt Frankfurt, weil die Aktionen Straftaten, zumindest als strafbare Nötigungen darstellen würden.[69] Mehrstündige Belagerungen, Blockaden und Besetzungen von Gebäuden und Verkehrswegen seien von Art. 8 Abs. 1 GG nicht gedeckte Straftaten. Die erfolgte Ankündigung der geplanten Aktionen ließe zudem einen unfriedlichen Verlauf erwarten.[70] Der VGH zitiert insoweit eine Entscheidung des BGH aus dem Jahre 1969, wonach

---

68 So aber wohl OVG Münster, NVwZ-RR 2013, 38/40.
69 VGH Kassel, NVwZ-RR 2012, 805.
70 VGH Kassel, NVwZ-RR 2012, 805.

öffentliche Aktionen mit Ziel und Zweck der Verkehrsbehinderung unfriedlich seien und deshalb nicht des Schutzes von Art. 8 Abs. 1 GG teilhaftig werden könnten.[71]

Die Entscheidungen der beiden Verwaltungsgerichte kranken daran, dass sie aus dem Vorliegen strafbarer Nötigung auf die Unfriedlichkeit der demonstrativen Aktionen schließen. Strafrechtswidrigkeit führt aber nicht automatisch zur Unfriedlichkeit; die Verfassung bewertet die Unfriedlichkeit in gleicher Weise wie das Mitführen von Waffen, setzt also äußerliche Handlungen von einiger Gefährlichkeit wie etwa Gewalttätigkeiten oder aggressive Ausschreitungen gegen Personen und Sachen voraus.[72] **66**

Wenn die Aktionen damit zunächst im Schutzbereich von Art. 8 Abs. 1 GG lagen[73], so hätte das die Versammlungsbehörde nicht an der Gefahrenprognose gehindert, dass es bei der Durchführung der geplanten Aktionen zu Straftaten kommen würde, die einen Verstoß gegen die öffentliche Sicherheit i.S. von § 15 Abs. 1 BVersG darstellen würden. Da die Versammlungsbehörde wohl davon hätte ausgehen können, dass sich die befürchteten Straftaten nicht durch Auflagen verhindern lassen würden, wäre auch ein Vollverbot auf der Grundlage des § 15 Abs. 1 BVersG zulässig gewesen. Im Ergebnis hätte das Vollverbot also mit einer verfassungsrechtlich korrekten Begründung Bestand haben können. **67**

(7) § 240 StGB, Nötigung – Probeblockaden

Auflagen gegenüber demonstrativen Aktionen, mit denen die Blockierung von rechtsextremistischen Aufmärschen eingeübt werden sollte, sind vom OVG Lüneburg[74] und vom OVG Münster[75] unterschiedlich beurteilt worden. Das OVG Lüneburg hat im Üben der Blockade bereits eine Störung der öffentlichen Sicherheit in Gestalt des Verstoßes gegen § 2 Abs. 2 BVersG und § 4 ndsVersG gesehen. Der vom Gericht analog herangezogene § 2 Abs. 2 BVersG verbot schon die in der Probeblockade liegende Störung des erst noch bevorstehenden Aufzugs der Rechten.[76] Diese zeitliche Vorverlagerung war nach § 4 ndsVersG zulässig, weil dieser schon Störungen im Vorfeld der Versammlung erfasst.[77] Ziel der Probeblockade war für das OVG Lüneburg die Vorbereitung der Verhinderung des für den 01.05.2009 angekündigten Nazimarsches und nicht das Üben einer Meinungskundgabe in Blockadesituationen.[78] **68**

Dagegen hat das OVG Münster in einer Probeblockade, bei der niemand behindert wird, eine von Art. 8 Abs. 1 GG geschützte Versammlung gesehen, die weder als strafbare grobe Störung i.S. von § 21 BVersG noch als strafbare Aufforderung hierzu **69**

---

71 BGHSt 23, 46.
72 BVerfGE 73, 206/248.
73 BVerfGE 73, 206/248; BVerfGK 4, 154; *Kloepfer*, HdStR VI, § 164 Rn. 66; *Sachs*, StR IV/1, S. 1216.
74 OVG Lüneburg, NordÖR 2013, 87 ff.
75 OVG Münster, NVwZ-RR 2013, 38 ff.
76 OVG Lüneburg, NordÖR 2013, 87 f.
77 *Ullrich*, VersG, § 4 Rn. 12.
78 OVG Lüneburg, NordÖR 2013, 87/88.

i.S. von § 111 StGB gewertet werden könne; das gelte auch dann, wenn das Training zu einer späteren echten Blockade mobilisieren sollte.[79] Das OVG Münster hat die Probeblockade dabei als eigenständige Versammlung gesehen, mit der Blockadetechniken vermittelt und zugleich in Szene gesetzt werden sollten, mit dem erklärten Ziel, erst deutlich später geplante rechtsextreme Aufzüge zu verhindern. Es handele sich um eine vorgezogene Demonstration der Handlungsfähigkeit und Entschlossenheit bürgerschaftlichen Engagement gegen rechtsextremistisches Gedankengut.[80]

70 Im Hinblick auf den zeitlichen Abstand von zwei Monaten zum Aufmarsch der Rechten verneint das OVG zudem die Unmittelbarkeit der Gefährdung der öffentlichen Sicherheit. Aus § 2 Abs. 2 BVersG, der nur Störungen bei, also während der Versammlung verbiete, lasse sich ein Verbot von Vorbereitungsmaßnahmen mehrere Wochen vor Beginn der eigentlichen Versammlung nicht ableiten.[81] Die unterschiedlichen Ergebnisse der beiden Entscheidungen beruhen insoweit auf der unterschiedlichen Rechtslage, weil § 4 ndsVersG im Gegensatz zum in NW fortgeltenden BVersG schon Vorbereitungshandlungen im Vorfeld einer Versammlung erfasst.

(8) Ansehen Deutschlands im Ausland

71 Im Zusammenhang mit rechtsextremistischen Aufmärschen und Demonstrationen gegen Staatsveranstaltungen wie den G8-Gipfel werden außenpolitische Interessen oder das Ansehen der Bundesrepublik im Ausland als eigenständiges Schutzgut der öffentlichen Sicherheit gesehen.[82] Das ist mit dem BVerfG abzulehnen,[83] weil den ungeschriebenen außenpolitischen Belangen die Bestimmtheit fehlt, die für die in § 15 Abs. 1 BVersG aufgehobenen Normen als Ausformungen des positiven Rechts verlangt werden muss.[84]

(9) Demonstrative Aktionen bei Staatsveranstaltungen

72 Staatsveranstaltungen werden vom Schutzgut öffentliche Sicherheit erfasst.[85] Dazu zählen internationale Konferenzen, G8-Gipfel, Staatsbesuche und militärische Zeremonien wie der Große Zapfenstreich oder öffentliche Gelöbnisfeiern. Kritik und Protest durch Demonstrationen gegen diese Veranstaltungen sind deshalb nicht ausgeschlossen. Empfindlichkeiten ausländischer Staatsgäste können Beschränkungen der Versammlungsfreiheit dann nicht mehr rechtfertigen, wenn auf diese Weise der in Deutschland verfassungsrechtlich geschützte Meinungsbildungsprozess und der Schutz der darauf bezogenen Grundrechte der Meinungs- und Demonstrationsfreiheit

---

79 OVG Münster, NVwZ-RR 2013, 38/39 f.
80 OVG Münster, NVwZ-RR 2013, 38/40.
81 OVG Münster, NVwZ-RR 2013, 38/41.
82 *Benda*, Art. 8 Rn. 43; *Wiefelspütz*, DÖV 2001, 21/26.
83 BVerfG, NJW 2007, 2167/2169; offen gelassen in NJW 2001, 2069/2071; *Hoffmann-Riem*, HGR, § 106 Rn. 123.
84 *Dörr*, VerwArch 2002, 485/494.
85 BVerfG, NJW 2007, 2167/2169; vgl. dazu *Peters/Janz*, NWVBl 2018, 272 ff.

beeinträchtigt werden; der verfassungsrechtliche Schutz von Machtkritik ist nicht auf Kritik an inländischen Machtträgern begrenzt.[86]

Proteste im Rahmen von Demonstrationen gegen das Militär bei öffentlichen Gelöb- 73 nissen oder einem großen Zapfenstreich im öffentlichen Verkehrsraum, in dem ein militärischer Sicherheitsbereich eingerichtet worden ist, stellen solange keine Gefahr für die öffentliche Sicherheit i.S. von § 15 Abs. 1 und 3 BVersG dar, wie die Staatsveranstaltung als solche nicht auf dem Spiel steht. Bei der Abwägung zwischen dem Interesse der Bundeswehr an der ordnungsgemäßen Durchführung der Veranstaltung und der Meinungs- und Versammlungsfreiheit der Demonstranten kann nicht unberücksichtigt bleiben, dass es sich beim Großen Zapfenstreich um eine militärinterne Veranstaltung handelt.[87] Wenn die Bundeswehr ihre diesbezüglichen eigenen Ordnungsvorstellungen ohne Abstriche verwirklichen will, steht es ihr frei, das Kasernengelände als Veranstaltungsort zu wählen. Sie kann aber nicht beanspruchen, die Veranstaltung auf einem öffentlichen Platz vor einem ihr wohlgesonnenen oder zumindest meinungsindifferenten Publikum durchzuführen.[88]

(10) Aktivitäten der Rebel Clown Army

Das Auftreten von Aktivisten der Rebel Clown Army führt bei Demonstrationen zu 74 Problemen, wenn diese sich den eingesetzten Beamtinnen und Beamten auf Tuchfühlung nähern, um mit ihren Aktionen die Staatsgewalt der Lächerlichkeit preiszugeben oder auch möglicherweise überzogene Reaktionen oder Einsatzkräfte zu provozieren.[89] Das OVG Lüneburg hat insoweit eine Gefahr für die öffentliche Sicherheit durch Beeinträchtigung des Einsatzwertes der Polizeikräfte bejaht und die Auflage, sich den eingesetzten Polizeibeamtinnen und -beamten nicht näher als 2 m zu nähern, für zulässig gehalten.[90]

(11) Scharia-Police

Für Schlagzeilen hat das Auftreten von Anhängern der Salafistenszene als selbster- 75 nannte Scharia-Polizei im Jahre 2014 in Wuppertal gesorgt. Die Personen trugen einheitliche Westen mit der Aufschrift Scharia-Police. Sie sprachen arabisch aussehende Jugendliche vor Gaststätten und Discotheken an und wiesen sie auf die Regeln und Gebote der Scharia zum Alkoholgenuss und zum züchtigen Auftreten von Frauen in der Öffentlichkeit hin.

Das Auftreten der Gruppe stellte sich als Religionsausübung und Wahrnehmung 76 der Meinungs- und Versammlungsfreiheit dar. Maßgebliche Schranken waren Art. 8 Abs. 2 und Art. 5 Abs. 2 GG. Da es um die Art und Weise des Auftretens ging, war Art. 8 Abs. 2 GG einschlägig und es konnte auf der Grundlage von § 15 Abs. 3

---

86 BVerfG, NJW 2007, 2167/2169; *Hoffmann-Riem*, HGR, § 106 Rn. 123.
87 BVerwGE 84, 247/256.
88 BVerwGE 84, 247/257.
89 Vgl. dazu näher *Zenker*, Die Streife 2009, 12 ff.; *Staack/Schwarzer*, Die Polizei 2010, 172 ff.
90 OVG Lüneburg, DVBl 2011, 1303.

BVersG die Versammlung aufgelöst oder beauflagt werden, wenn eine unmittelbare Gefährdung der öffentlichen Sicherheit vorlag.

77   Die Nichtanmeldung der Versammlung begründet die Gefährdung nicht (vgl. Rdn. 223 f.). Es könnte aber ein Verstoß gegen § 132 StGB oder §§ 3 Abs. 1, 28 BVersG gegeben sein. Eine Amtsanmaßung kommt nicht in Betracht, weil auf den Westen nicht Polizei sondern Police stand. Ein Verstoß gegen das Uniformverbot setzt voraus, dass die Uniformierung Ausdruck einer gemeinsamen politischen Gesinnung ist. Die Gruppe hat aber mit ihrem Auftreten keine politische Gesinnung, sondern ihre religiöse Überzeugung zum Ausdruck gebracht, sodass ein Einschreiten nur dann möglich war, wenn das Ansprechen der Jugendlichen für diese einen nötigenden oder bedrohlichen Charakter hatte.[91]

(12) Radikal-islamische Propaganda

78   Anhänger der Salafistenszene meldeten im Jahr 2014 bei der zuständigen Versammlungsbehörde in Bremen eine Versammlung unter dem Motto »Islam die am schnellsten wachsende Religion der Welt! Was steckt dahinter?« auf dem Bahnhofsvorplatz von 14.00 bis 19.00 Uhr an. Als Redner waren bundesweit bekannte Salafisten-Prediger angekündigt. Die Versammlungsbehörde erließ ein Versammlungsverbot, weil der Salafismus zentral der freiheitlichen demokratischen Grundordnung widerspreche und den Weg für Gewalt und Terrorismus ebne.

79   Das VG Bremen[92] hat in seiner Entscheidung zunächst auf die Rechtsprechung des BVerfG[93] hingewiesen, dass ein wegen der Inhalte einer Versammlung ergangenes Verbot auch an Art. 5 Abs. 1 GG zu messen ist und Meinungsäußerungen, die im Rahmen von Art. 5 Abs. 2 GG nicht unterbunden werden können, auch kein Versammlungsverbot rechtfertigen. Ein solches komme erst in Betracht, wenn Strafgesetze verletzt werden. Da dafür von der Versammlungsbehörde keine hinreichenden Anhaltspunkte dargetan worden waren, stellte das Gericht die aufschiebende Wirkung der Klage wieder her.[94]

(13) Verstöße gegen die Benutzungsordnung für eine semiöffentliche Fläche

α) Die Fraport-Entscheidung des BVerfG und ihre Bedeutung für semiöffentliche Flächen

80   Für den Eigentümer einer semiöffentlichen Fläche kann die Pflicht bestehen, eine Versammlung auf seinem Grund und Boden zu dulden. Das BVerfG hat entschieden, dass die zivilrechtlichen Bestimmungen der §§ 903 und 1004 BGB sowohl einschränkende Gesetze im Sinne von Art. 8 Abs. 2 GG als auch allgemeine Gesetze im Sinne von Art. 5 Abs. 2 GG sind und deshalb das auf diese Bestimmungen gestützte

---

91   Vgl. dazu BGH, GSZ 2018, 120 ff., m. Anm. *Paul*, GSZ 2018, 123 ff.
92   VG Bremen, NordÖR 2014, 403/404.
93   BVerfG, NJW 2004, 2814/2815; NVwZ 2006, 586/588.
94   VG Bremen, NordÖR 2014, 403/404.

Hausrecht grundsätzlich geeignet ist, Eingriffe in die Versammlungs- und Meinungsfreiheit zu rechtfertigen.[95]

Die Benutzungsordnung tritt neben die versammlungsgesetzlichen Befugnisse der Versammlungsbehörde und der Polizei; diese Befugnisse bleiben als maßgebliche Rechtsgrundlagen für alle Orte kommunikativen Verkehrs unberührt.[96] Der Eigentümer einer semiöffentlichen Liegenschaft kann demnach sein aus den §§ 903, 1004 BGB folgendes Hausrecht in einer Benutzungsordnung konkretisieren[97] und ein Verstoß gegen eine zulässige Beschränkung der Versammlungsfreiheit in Form einer Bestimmung der Benutzungsordnung stellt dann auch einen Verstoß gegen das Schutzgut öffentliche Sicherheit in § 15 Abs. 1 bzw. Abs. 3 BVersG dar, weil Zivilrechtsnormen zum Teilschutzgut Gesamtheit des geltenden Rechts zählen. 81

Der Spielraum für solche Beschränkungen ist unterschiedlich groß, je nachdem ob es sich um einen unmittelbar grundrechtsgebundenen Hoheitsträger oder um einen »echten«, nur mittelbar grundrechtsgebundenen Eigentümer handelt. 82

β) Hoheitsträger als Eigentümer

Das BVerfG hält zwar nicht eine allgemeine Erlaubnispflicht in der Benutzungsordnung, wohl aber eine Anzeigepflicht für zulässig; sie unterliegt keinen verfassungsrechtlichen Bedenken, weil sie auch noch kurzfristig erfolgen kann; verhältnismäßig ist sie nur, wenn Spontan- oder Eilversammlungen von ihr nicht erfasst werden und ein Verstoß gegen die Anzeigepflicht nicht automatisch zur Unzulässigkeit der Versammlung führt.[98] 83

Der Hoheitsträger kann in der Benutzungsordnung transparente Regeln zur Einschränkung der Versammlungsfreiheit auf seiner Liegenschaft schaffen, die an die jeweiligen räumlichen Gegebenheiten und insbesondere an die spezifischen Funktionsbedingungen sowie Gefahrenlagen angepasst sind.[99] Derartige Regelungen lassen zwar die hoheitlichen Befugnisse der Versammlungsbehörde unberührt, können aber von ihr im Rahmen der Ausübung der Befugnisse als Regelvermutungen für die Erfordernisse der Sicherheit und Funktionsfähigkeit der Liegenschaft typisierend zugrunde gelegt werden.[100] 84

γ) Private Eigentümer

Der nur mittelbar grundrechtsgebundene private Eigentümer einer semiöffentlichen Fläche kann zur Kompensation der ihm auferlegten Duldungspflicht eine Benutzungsordnung erlassen, in der er auch eine Anzeigepflicht für Versammlungen vorsehen kann. Auch eine inhaltliche Einschränkung kann in Betracht kommen, etwa 85

---

95 BVerfGE 128, 226 ff.; BVerfG, DÖV 2016, 81 ff.
96 BVerfGE 128, 226/257 und 265.
97 BVerfGE 128, 226/257; vgl. dazu *Scharlau*, S. 221 ff.; *Smets*, NVwZ 2016, 35 ff.
98 BVerfGE 128, 226/261; krit. *Enders*, JZ 2011, 577/580.
99 BVerfGE 128, 226/261.
100 BVerfGE 128, 226/262 f.

indem ein thematischer Bezug der Demonstration zum Unternehmen gefordert wird. Der Inhaber eines Einkaufszentrums wird keine Demonstrationen zum Schutz von Tieren auf Pelzfarmen dulden müssen, wenn er keine Pelzprodukte im Sortiment hat.

86 Hier sind viele Fragen offen, nachdem das BVerfG mit seinen Aussagen zu semiöffentlichen Flächen, die ja wegen der unmittelbar bestehenden Grundrechtsbindung der Fraport AG nicht geboten waren, auch private Eigentümer in die Duldungspflicht genommen hat. Die Landesgesetzgeber werden sich der Problematik nicht verschließen können. Insbesondere ist zu klären, welche Rolle Privateigentümer, die ja selber nach Einführung einer Anzeigepflicht in ihrer Benutzungsordnung eine Art von Anmeldeverfahren vorsehen können, im versammlungsbehördlichen Anmeldeverfahren nach § 14 BVersG bzw. den Landesversammlungsgesetzen spielen.

cc) Öffentliche Ordnung

aaa) Definitionen

(1) Klassisches Verständnis

87 Das Schutzgut öffentliche Ordnung war schon früh Gegenstand der Rechtsprechung des Preußischen OVG[101] und ist von ihm als Inbegriff der Regeln verstanden worden, deren Befolgung nach den jeweils herrschenden sozialen und ethischen Anschauungen als unentbehrliche Voraussetzung für ein gedeihliches Miteinanderleben der innerhalb eines Polizeibezirks wohnenden Menschen angesehen wird.[102]

(2) Etabliertes Verständnis im Polizei- und Ordnungsrecht

88 Daran haben Rechtsprechung,[103] Literatur[104] sowie einige neuere Polizeigesetze[105] angeknüpft und verstehen unter öffentlicher Ordnung »die Gesamtheit der im Rahmen der verfassungsgemäßen Ordnung liegenden ungeschriebenen Regeln für das Verhalten des Einzelnen in der Öffentlichkeit, deren Beachtung nach den jeweils herrschenden Auffassungen unerlässliche Voraussetzung eines geordneten Staatsbürgerlichen Zusammenlebens ist.«

bbb) Verfassungsmäßigkeit

89 Bei der Anwendung des Schutzgutes müssten die Behörden und die sie kontrollierenden Verwaltungsgerichte eigentlich mittels demoskopischer Erhebung feststellen,[106] ob eine solche von der Mehrheitsanschauung getragene Sozialnorm in einem bestimmten Gebiet vorhanden ist. So wird aber nicht verfahren, sondern die Rechtsanwender geben ihre eigenen Anschauungen als Sozialnormen und Mehrheitsanschauungen in

101 PrOVGE 91, 139/140 f.
102 PrOVGE 91, 139/140 f.; *Drews*, Pr. Polizeirecht, Allgemeiner Teil, 1927, S. 12.
103 BVerfGE 69, 315/352.
104 *Götz/Geis*, § 5 Rn. 1 ff.; *Schenke*, Rn. 62 ff.
105 § 3 Nr. 2 saSOG; § 54 Nr. 2 thürOBG.
106 *Kahl*, VerwArch 2008, 451.

diesem Gebiet aus und stellen auch die Unentbehrlichkeit für ein geordnetes Zusammenleben durch eigene Wertung fest.[107] So zeigt sich die hohe ideologische Anfälligkeit und vom jeweiligen Vorverständnis des Rechtsanwenders abhängige Auslegung des Begriffs der öffentlichen Ordnung.[108]

Auch im Hinblick auf den Vorrang des Gesetzes und die Wesentlichkeitstheorie ist die **90**
Heranziehung der öffentlichen Ordnung nicht unproblematisch. So könnte man unter Hinweis auf § 130 StGB und das Uniformverbot des § 3 BVersG den Vorrang des Gesetzes bemühen und die öffentliche Ordnung als Grundlage für ein Einschreiten gegen weitere Einschüchterungsphänomene ausfallen lassen.[109] Nach der Wesentlichkeitstheorie könnte der öffentlichen Ordnung eigentlich nur eine Auffangfunktion für untypische oder sonst für den Gesetzgeber nicht regelbare Verhaltensweisen zukommen, weil es Aufgabe des Gesetzgebers ist, dem sozial nicht gewünschten Grundrechtsgebrauch Schranken zu ziehen.[110]

Trotz der aufgezeigten verfassungsrechtlichen Bedenken halten Rechtsprechung[111] **91**
und Literatur[112] überwiegend am Schutzgut öffentliche Ordnung fest und verweisen dabei vor allem auf ihre Reservefunktion zur Abwehr neuartiger Gefährdungslagen, wobei allerdings für eine restrikte Anwendungspraxis plädiert wird.[113]

ccc) Berücksichtigung der Wertmaßstäbe der Verfassung

Das Schutzgut der öffentlichen Ordnung hat seit den 90er Jahren des vergangenen **92**
Jahrhunderts im Versammlungsrecht eine Renaissance erfahren und wird von Versammlungsbehörden und Polizei bemüht, um gegen rechtsextremistische Aufmärsche vorgehen zu können, insbesondere dann, wenn diese an exponierter Stelle – Denkmal für die ermordeten Juden Europas in Berlin, sonstige Gedenkstätten der Länder, Grab von Rudolf Heß in Wunsiedel – oder an einem historisch bedeutsamen Tag – 27. Januar Holocaustgedenktag und 9. November als Jahrestag der Reichspogromnacht 1938 – stattfinden sollen.

Insoweit ist das Schutzgut im Versammlungsrecht nicht anders zu verstehen als im Po- **93**
lizei- und Ordnungsrecht. Allerdingst hat das BVerfG bei der Anwendung des Schutzguts im Versammlungsrecht eine Einschränkung dergestalt vorgenommen, dass die herangezogenen Sozialnormen mit dem Wertgehalt des Grundgesetzes vereinbar sein müssen.[114] Damit wollte das BVerfG nicht die Sozialnormen durch die Wertmaßstäbe

---

107 *Kingreen/Poscher*, POR, § 7 Rn. 44.
108 *Rüthers*, JZ 2008, 446/447 ff.; *Kingreen/Poscher*, POR, § 7 Rn. 44 f.
109 *Kniesel/Poscher*, Rn. 167.
110 BVerfGE 111, 147/158; BVerfG DVBl 2006, 368; *Kniesel/Poscher*, Rn. 167.
111 BVerfGE 111, 147/156; BVerwGE 115, 189/198 ff.; OVG Lüneburg, NJOZ 2010, 1997/2000; VGH München, DVBl 2013, 525/526.
112 *Schenke*, Rn. 65 ff.; *Schoch*, Rn. 83; *Gusy*, POR, Rn. 96 ff.; *Götz/Geis*, § 5 Rn. 1 ff.
113 *Schoch*, Rn. 83.
114 BVerfGE 111, 147/156; krit. zu dieser verfassungsrechtlichen Aufladung der öffentlichen Ordnung *Röger*, S. 39; *Schulze-Fielitz*, DR, Art. 8 Rn. 97.

des Grundgesetzes ersetzen, sondern nur sicherstellen, dass in die öffentliche Ordnung keine Vorstellungen Eingang finden, die mit dem Grundgesetz nicht vereinbar sind.[115]

ddd) Aufladung der öffentlichen Ordnung durch die Wertordnung des Grundgesetzes

94 Um rechtsextremistischen Aufmärschen Einhalt zu gebieten, hat das OVG Münster, unterstützt von Stimmen in der Literatur, der tatbestandlichen Voraussetzung der öffentlichen Ordnung in § 15 Abs. 1 BVersG ein neues Verständnis unterlegt. In formaler Anknüpfung an die klassische Begriffsbestimmung wird deren Inhalt aufgegeben, indem nicht mehr die faktisch vorhandenen Anschauungen der jeweiligen Bevölkerung maßgeblich sind, sondern die Werteordnung des Grundgesetzes den normativen Inhalt der öffentlichen Ordnung ausmacht.[116] Diese ist unmittelbar gefährdet, wenn ein Aufmarsch oder eine stationäre Versammlung erkennbar unter Umständen stattfindet, aus denen folgt, dass ein Bekenntnis zum Nationalsozialismus abgelegt wird, die Nazi-Diktatur verharmlost wird oder deren führende Vertreter und Symbolfiguren verherrlicht werden, was auch dann der Fall sein soll, wenn dies im Einzelfall nicht strafbar ist.[117]

95 Rechtsextremistische Demonstrationen bedeuten demnach generell einen Verstoß gegen die öffentliche Ordnung, weil sie der endgültigen Überwindung und Ächtung der Nazi-Ideologie, wie sie im Grundgesetz, im antinazistischen Strafrecht und in der Rechtsprechung des BVerfG zum Ausdruck komme, widersprechen würden.[118] Dem Grundgesetz ist demnach mit seiner generellen Absage an den Nationalsozialismus ein grundsätzliches Verbot jedweden nationalsozialistischen Gedankenguts zu entnehmen, weshalb Demonstrationen mit nationalsozialistischem Gepräge schon kraft verfassungsimmanenter Schranken vom Schutzbereich der Demonstrationsfreiheit ausgenommen seien.[119]

eee) Öffentliche Ordnung als zulässige Einschränkung rechtsextremistischer Aufmärsche

(1) Position des BVerfG

96 Diesem neuen Verständnis der öffentlichen Ordnung hat das BVerfG mit kaum zu überbietender Deutlichkeit widersprochen und die Entscheidungen des OVG Münster allesamt aufgehoben.[120] Die h.M. in der Literatur, die vor allem die methodische

---

115 *Rauer*, S. 95.
116 OVG Münster, NJW 2001, 2111; *Battis/Grigoleit*, NVwZ 2001, 121/128; *Bertrams*, S. 36.
117 OVG Münster, NJW 2001, 584; NJW 2001, 2114.
118 *Battis/Grigoleit*, NVwZ 2001, 121/128.
119 OVG Münster, NJW 2001, 584; NJW 2001, 2111.
120 Vgl. dazu im Einzelnen die Nachweise bei Beljin, DVBl 2002, 15; *Benda*, NJW 2001, 2447.

Unzulänglichkeit dieser Entscheidungen herausstellt, ist ihm dabei gefolgt.[121] Ausgangspunkt der Rechtsprechung des BVerfG ist, dass § 15 BVersG Beschränkungen der Versammlungsfreiheit zur Abwehr von Gefahren für die öffentliche Ordnung nur dann zulässt, wenn diese sich nicht auf den Inhalt, sondern die Art und Weise der Durchführung der Versammlung beziehen[122] Wegen des aus Art. 5 GG folgenden Gebots der Meinungsneutralität und des Entscheidungsmonopols des BVerfG für Parteiverbot und Grundrechtswirkung stehen die Inhalte von Versammlungen nicht zur Disposition der Versammlungsbehörden, solange nicht Strafgesetze verletzt werden.[123]

Hinsichtlich der Art und Weise der Durchführung von Versammlungen hält das **97** BVerfG Beschränkungen durch die öffentliche Ordnung für verfassungsrechtlich unbedenklich, wenn diese sich gegen ein aggressives und provokatives, die Bürger einschüchterndes Verhalten der Teilnehmer richten, durch das ein Klima der Gewaltdemonstration und potenzieller Gewaltbereitschaft erzeugt wird.[124]

Beschränkungen sind auch zulässig, wenn Rechtsextremisten einen Aufzug an einem **98** speziell der Erinnerung an das Unrecht des Nationalsozialismus und den Holocaust dienenden Feiertag so durchführen, dass von seiner Art und Weise Provokationen ausgehen, die das sittliche Empfinden der Bürgerinnen und Bürger beeinträchtigen.[125]

Gleiches gilt, wenn ein Aufzug sich durch sein Gesamtgepräge mit den Riten und **99** Symbolen der nationalsozialistischen Gewaltherrschaft identifiziert und durch Wachrufen der Schrecken des vergangenen totalitären und unmenschlichen Regimes andere Bürger einschüchtert.[126] Art. 8 GG schützt zwar Aufzüge, aber keine Aufmärsche mit paramilitärischen oder in vergleichbarer Weise aggressiven und einschüchternden Begleitumständen.[127]

In den vorgenannten Fällen muss nach Maßgabe des Verhältnismäßigkeitsprinzips ge- **100** klärt werden, mit welchen Maßnahmen die bestehende Gefahr abgewendet werden kann. Insoweit kommen für das BVerfG in erster Linie – und auch regelmäßig erfolgreich – Auflagen durch Versammlungsbehörden und Polizei in Betracht, etwa durch Änderung der Streckenführung eines Aufzuges, zeitliche Verlegung oder zahlenmäßige Begrenzung der geplanten oder eingesetzten Gestaltungsmittel. Erst wenn solche Auflagen die Gefahr nicht abwehren, kann ein Verbot in Betracht kommen.[128]

Hinter dieser Konzeption des BVerfG steht auch eine politische Botschaft. Das Grund- **101** gesetz baut zwar auf der Erwartung auf, dass die Bürger die allgemeine Werte der

---

121 *Baudewin*, S. 164 ff.; *Röger*, S. 33 ff.; *Rauer*, S. 97 ff.; *Beljin*, DVBl 2002, 15 ff.; *Rühl*, NVwZ 2003, 531/532 ff.
122 BVerfGK 13, 82/87 ff.; BVerfGE 111, 147/155 ff.; OVG Saarlouis, BeckRS 2015, 51376,
123 BVerfGK 13, 82/87 ff. und 91 f.; BVerfGE 111, 147/154 ff.; krit. zur Sperrwirkung der Strafgesetze *Röger*, S. 43 ff.
124 BVerfGK 13, 82/92; BVerfGE 111, 147/157.
125 BVerfGK 13, 82/92; BVerfGE 111, 147/157; BVerfG, NVwZ 2008, 671/674.
126 BVerfGK 13, 82/92; BVerfGE 111, 147/157; BVerfG, NVwZ 2008, 671/674.
127 BVerfGK 13, 82/92 f.; BVerfG, NVwZ 2008, 671/674.
128 BVerfGE 111, 147/157; 69, 315/353.

Verfassung akzeptieren und verwirklichen, es erzwingt die Werteloyalität aber nicht. Die Bürger können deshalb auch grundlegende Wertungen der Verfassung in Frage stellen, solange sie dadurch Rechtsgüter anderer nicht gefährden. Die plurale Demokratie des Grundgesetzes vertraut auf die Fähigkeit der Gesamtheit der Bürger, sich mit Kritik an der Verfassung auseinander zu setzen und sie dadurch abzuwehren.[129] Das Grundgesetz setzt also darauf, dass sich verfassungsfeindliche Meinungen in der politischen Auseinandersetzung abschleifen und erwartet die politische Auseinandersetzung auch mit Verfassungsfeinden. Erst wenn diese Erwartung des Grundgesetzes enttäuscht wird, sollen die Instrumente der abwehrbereiten Demokratie in Art. 9 Abs. 2, Art. 21 Abs. 2 und Art. 18 GG zum Einsatz kommen.[130]

(2) Anwendbarkeit neben § 15 Abs. 2 BVersG

102 Mit der Einführung des § 15 Abs. 2 BVersG soll das Schutzgut öffentliche Ordnung als Grundlage für Verbote oder Auflagen zum Schutz symbolträchtiger Tage und vor paramilitärischen Aufmärschen ausfallen, weil der Gesetzgeber im Zusammenhang mit der Einführung des § 15 Abs. 2 BVersG für diese Fälle keine Reglung getroffen habe. Deshalb bestehe der Vorrang des positivierten Rechtsgüterschutzes zu Gunsten der öffentlichen Sicherheit, der eine Berufung auf die öffentliche Ordnung im Übrigen ausschließe.[131]

103 Dem kann nicht gefolgt werden. Unabhängig davon, ob § 15 Abs. 2 BVersG nur ein Regelbeispiel zur Erläuterung des Abs. 1 darstellt[132] oder gegenüber Abs. 1 als lex specialis eine eigenständige Ermächtigungsgrundlage darstellt[133], hat Abs. 2 jedenfalls keine Sperrwirkung gegenüber Abs. 1.[134] Auf diesen kann der Schutz weiterer Gedenkstätten oder von Gedenktagen gestützt werden, weil der Gesetzgeber mit der Einführung des § 15 Abs. 2 den Regelungsbereich des § 15 Abs. 1 nicht beschränken wollte.[135]

fff) Anwendungsfälle

(1) Rechtsextremistische paramilitärische Aufmärsche

α) Untrennbarer Zusammenhang von Form und Inhalt der Meinungsäußerung

104 Aufzüge des rechtsextremistischen Spektrums können beauflagt werden, wenn eine Gesamtschau des durch die eingesetzten Gestaltungsmittel bewirkten Erscheinungsbildes zur Besorgnis führt, dass damit eine provokative, aggressive, einschüchternde, ein Klima der Gewalt erzeugende Wirkung eintritt.[136] Die mit entsprechenden Auf-

---

129 BVerfG, NJW 2001, 2069; *Hoffmann-Riem*, NVwZ 2002, 257/265.
130 *Kniesel/Poscher*, Rn. 165.
131 *Leist*, NVwZ 2005, 500/501 f.; *Depenheuer*, MD, Art. 8 Rn. 161.
132 *Rauer*, S. 180.
133 *Schoch*, Jura 2006, 27/29; *Stohrer*, JuS 2006, 15/17.
134 *Baudewin*, S. 270; *Schoch*, Jura 2006, 27/29; *Stohrer*, JuS 2006, 15/17.
135 *Rauer*, S. 180; BT-Drucks. 15/5051, S. 4.
136 BVerfGK 13, 82/92; BVerfGE 111, 147/157; BVerfG, NVwZ 2008, 671/674.

lagen einhergehenden Beschränkungen der Meinungsfreiheit über das Schutzgut der öffentlichen Ordnung lässt das BVerfG aber nur zu, wenn diese sich nicht auf den Inhalt, sondern nur auf die Art und Weise der Meinungsäußerung beziehen.[137]

Eine solche Trennung von Inhalt und Modalitäten der Meinungsäußerung ist aber 105 problematisch, wenn die eingesetzten Gestaltungsmittel – Wahl von Ort, Zeit und Form der Versammlung – in einem untrennbaren Zusammenhang mit der inhaltlichen Aussage stehen und nicht nur als Art. 8 Abs. 1 GG zugeordnete Instrumente zur Erzielung eines größtmöglichen quantitativen Beachtungserfolges verstanden werden können.

Besteht ein Zusammenhang von Form und Inhalt, kann die öffentliche Ordnung nicht 106 als Grundlage für Auflagen herangezogen werden, die sich im Schwerpunkt gegen die inhaltliche Aussage und nicht gegen die Modalitäten der Versammlung richten.[138] Der Schwerpunkt liegt nicht bei den Inhalten, sondern bei den Modalitäten, mit der Folge, dass Art. 8 Abs. 2 GG maßgeblich ist, wenn
– das eingesetzte Gestaltungsmittel keinen konkreten Bezug zum Motto bzw. Gegenstand der Demonstration hat
  oder
– die im Motto bzw. Gegenstand aufgehobene Meinungsäußerung allgemein für die Nazi-Ideologie steht und keinen konkreten historischen Anlass oder tagespolitischen Aufhänger hat oder diese nur vorgeschoben sind
  oder
– der rechtsextremistische Aufzug sich als Ausdruck der Gutheißung der Menschenrechtsverletzungen des Nazi-Regimes i.S. der Wunsiedelentscheidung des BVerfG darstellt.

β) Bedeutung des Versammlungsmottos

Bei einer Versammlung der NPD mit dem Motto »Von der Finanz- zur Eurokrise – 107 zurück zur D-Mark heißt unsere Devise«, die für den 27.01 angemeldet war, hat das BVerfG die zeitliche Verlegung der Versammlung durch die Versammlungsbehörde auf den 28.01 aufgehoben, weil die Behörde nicht den Nachweis geführt hatte, dass von der konkreten Art und Weise der Durchführung der Versammlung Provokationen ausgingen, die das sittliche Empfinden der Bürger und Bürgerinnen erheblich beeinträchtigen konnten.[139]

Bei einem Trauermarsch zum Thema »Gegen das Vergessen – im Gedenken an den 108 alliierten Massenmord am 29.03.1942 in Lübeck!« hat das BVerfG die Auflage des Verbotes des Mitführens einer angemessenen Anzahl schwarzer Fahnen im Hinblick auf Art. 8 Abs. 1 und Art. 5 Abs. 1 GG aufgehoben, weil die Auflage sich auch auf den

---

137 BVerfGK 13, 82/87 ff.; BVerfGE 111, 147/155 ff.
138 BVerfG, NJW 2008, 671/674.
139 BVerfG, NVwZ 2012, 749.

Inhalt bezog. Das Mitführen von schwarzen Fahnen als Trauerfahnen war nach dem Thema der Versammlung zulässig.[140]

109   Das Versammlungsmotto »Keine Demonstrationsverbote – Meinungsfreiheit erkämpfen«, das auf die Abschaffung des Straftatbestandes der Volksverhetzung zielte, rechtfertigte für das BVerfG kein Verbot eines Aufzuges mit diesem Motto. Auf die bloße zeitliche Nähe einer Versammlung, die die rechtspolitische Forderung nach einer Abschaffung oder Änderung des § 130 StGB zum Gegenstand hat, zu dem Tag des Gedenkens an die Opfer des Holocaust am 27.01 oder zum Tag der Machtergreifung Hitlers am 30.01 lasse sich ein mit der Gefährdung der öffentlichen Ordnung begründetes Versammlungsverbot nicht stützen.[141]

(2) Zulässige Gestaltungsmittel unter Berücksichtigung des Gesamterscheinungsbildes

110   Bei einer Gesamtschau des Erscheinungsbildes[142] eines rechtsextremistischen Aufzuges ist in den Blick zu nehmen das Mitführen
- von Fackeln und schwarzen Fahnen[143]
- der Reichskriegsflagge[144]
- von Transparenten
- das Schlagen mitgeführter Trommeln[145]
- das Marschieren in Formation,[146] insbesondere bei monopolistisch anmutender Inanspruchnahme des öffentlichen Raumes
- das Skandieren von Parolen[147]
- das Zeigen von Zahlen- und Buchstabenkombinationen als Geheimzeichen.[148]

(3) Rechtsextremistische Aufzüge an weiteren Gedenkorten

111   Da § 15 Abs. 2 BVersG keine Sperrwirkung entfaltet (vgl. Rdn. 102 f.), richten sich die Beschränkungsmöglichkeiten für die nicht durch § 15 Abs. 2 BVersG erfassten Gedenkorte nach § 15 Abs. 1 BVersG. Nach § 15 Abs. 2 Satz 4 BVersG ist die Festlegung weiterer symbolträchtiger Orte durch die Länder zulässig. Voraussetzung ist, dass der Ort als solcher im Bewusstsein der Bevölkerung allgemein verankert ist und einen eindeutigen Bedeutungsgehalt hat.[149]

---

140 BVerfG, NVwZ 2002, 983.
141 BVerfG, NVwZ 2006, 585.
142 BVerfG, NVwZ 2008, 671/674; *Zeitler*, Rn. 321 ff.
143 BVerfG, NVwZ 2002, 983; *Leist*, VersR, S. 283; *Waechter*, VerwArch 2008, 73/90 Fn. 89; *Baudewin*, S, 287 ff.; *Zeitler*, Rn. 322.
144 VGH Mannheim, NVwZ-RR 2011, 602/603; *Baudewin*, S. 285; *Ott/Wächtler/Heinhold*, § 15 Rn. 109; a.A. OVG Münster, NJW 1994, 2909.
145 *Baudewin*, S. 291 ff. m.w.N.
146 *Baudewin*, S. 291 ff.
147 BVerfG, NVwZ 2008, 671 ff.; *Baudewin*, S. 298 ff.; *Zeitler*, Rn. 323.
148 *Baudewin*, S. 298 ff.; *Zeitler*, Rn. 328 ff.
149 *Baudewin*, S. 258.

(4) Rechtsextremistische Aufzüge an Gedenktagen

Rechtsextremistische Demonstrationen an historisch sensiblen Daten stellen die Versammlungsbehörden immer wieder vor Herausforderungen. Dazu zählen Geburts- und Todestage von Nazi-Größen und Gedenktage an bestimmte Ereignisse (z.B. der Tag des missglückten Attentats auf Hitler oder des Bombardements auf Dresden). Damit relevante Gedenktage nicht zur kleinen Münze verkommen, sollten unter den zahlreichen in Betracht kommenden Daten[150] nur der 27.01. als Tag des Gedenkens an die Opfer des Nationalsozialismus und der 09.11 als Tag der Erinnerung an die Reichspogromnacht festgelegt werden.[151]   **112**

Das BVerfG hat 2001 eine versammlungsbehördliche Auflage gegen eine rechtsextremistische Versammlung am Holocaust-Gedenktag wegen einer Störung der öffentlichen Ordnung für zulässig erachtet und die Verlegung der Versammlung um einen Tag für rechtmäßig gehalten, wobei für das BVerfG allerdings maßgeblich war, dass der Veranstalter sich bei der Anmeldung der Versammlung für den 27.01 der Bedeutung dieses Datums nicht bewusst war.[152]   **113**

Jüngst hat das BVerfG nun unter Bezugnahme auf diese Entscheidung betont, dass eine solche Auflage nur in Betracht kommen kann, wenn von der konkreten Art und Weise der Durchführung der Versammlung Provokationen ausgehen, die das sittliche Empfinden der Bürgerinnen und Bürger erheblich beeinträchtigen.[153]   **114**

Allein der Umstand, dass eine rechtsextremistische Gruppierung am 27.01. eine Versammlung durchführt, reicht für sich genommen nicht aus. Die Versammlung muss vielmehr ihrem vorgesehenen äußeren Gepräge eine Stoßrichtung gegen das Gedenken haben; dabei ist das konkrete Motto der Versammlung zu berücksichtigen.[154] Da die verwendeten Gestaltungsmittel und das Motto »von der Euro- zur Finanzkrise – zurück zur D-Mark« keine Gefahr für die öffentliche Ordnung begründeten, war die Verlegung auf den 28.01 unzulässig.[155]   **115**

Hätte dagegen das Motto der Versammlung nicht einen tagespolitischen Aufhänger (vgl. Rdn. 106), sondern die angebliche Nichtschuld Deutschland an den Leiden des Zweiten Weltkriegs zum Gegenstand gehabt, wäre die Stoßrichtung gegen das Gedenken des nationalsozialistischen Unrechts zu bejahen und die Verlegung zulässig gewesen.[156]   **116**

---

150 *Baudewin*, S. 247 ff.
151 Vgl. § 19 Abs. 1 Satz 3 MEVersG; vgl. dazu auch OVG Weimar, ThürVBl 2018, 31; VG Gera, ThürVBl 2018, 32; *Eisele/Hyckel*, ThürVBl 2018, 25 ff.; *Pauly/Bushart*, DÖV 2017, 64 ff.
152 BVerfG, NJW 2001, 1409/1410 f.
153 BVerfG, NJW 2012, 749; a.A. OVG Koblenz, DVBl 2013, 14/390 ff.
154 BVerwG, NVwZ 2014, 883/884 ff.
155 BVerwG, NVwZ 2014, 883/885.
156 *Hebeler*, JA 2014, 877/879.

(5) Ansehen Deutschlands im Ausland

117   Extremistische Aufzüge sollen vom Schutzgut der öffentlichen Ordnung erfasst werden, weil sie das Ansehen der Bundesrepublik im Ausland und damit außenpolitische Belange gefährden.[157] Dem kann nicht gefolgt werden, weil außenpolitische Belange keine Schranken des gesellschaftlichen Meinungs- und Willensbildungsprozesses, sondern das Ergebnis dieses Prozesses sind und ihm deshalb keine Grenzen setzen können.[158]

c) Zulässigkeit der Inanspruchnahme

aa) Verhaltensverantwortlichkeit

118   Die Störerbestimmungen des Polizeirechts betreffend den Verhaltens-, Zustandsstörer und den Nichtstörer, der im polizeilichen Notstand in Anspruch genommen wird, kommen im Versammlungsrecht ergänzend zur Anwendung.[159]

aaa) Versammlung als solche

119   Nach dem Wortlaut von § 15 Abs. 1 BVersG kann die zuständige Behörde Verbot und beschränkende Verfügung an die Versammlung oder den Aufzug richten. Gleichwohl sind weder Versammlung noch Aufzug taugliche Adressaten. Zwar kann die Versammlungsfreiheit nicht allein, sondern nur in Gemeinsamkeit ausgeübt werden, doch handelt es sich anders als bei Art. 9 GG nicht um ein Kollektivgrundrecht. Träger des Grundrechts der Versammlungsfreiheit können nur Veranstalter, Leiter und Teilnehmer sein.

120   Wenn in § 15 Abs. 1 BVersG von der Versammlung und dem Aufzug die Rede ist, dann hat der Gesetzgeber damit die Gesamtheit der Teilnehmer gemeint, an die die zuständige Behörde eine Allgemeinverfügung richten kann. Vor Beginn einer Versammlung gibt es aber noch keine realen, sondern nur potenzielle Teilnehmer. Da diese aber nicht feststehen, kann die zuständige Behörde sie auch nicht mit einer Allgemeinverfügung erreichen.[160]

bbb) Veranstalter

121   Vor Beginn einer Versammlung gibt es als Adressaten nur den Veranstalter. Seine Verantwortlichkeit folgt zwar nicht aus dem Wortlaut von § 15 Abs. 1 BVersG, aber aus dessen Zusammenhang mit § 14 Abs. 1 BVersG, wonach der Veranstalter seine Versammlung anzumelden hat. Der Veranstalter veranlasst die Versammlung, indem er bei potenziellen Teilnehmern die Bereitschaft zum Sichversammeln weckt. Deshalb ist primärer Adressat versammlungsbehördlicher Verfügungen nach § 15 Abs. 1 und 2 BVersG der Veranstalter; nur er hat die aus den Verfügungen folgenden Pflichten zu

---

157   VGH München, BayVBl. 1993, 658/659; *Beljin*, DVBl 2002, 15/21.
158   *Rauer*, S. 181; *Baudewin*, S. 233; *Battis/Grigoleit*, NVwZ 2001, 121/127.
159   *Kniesel*, DÖV 1992, 470/473; *Drews/Wacke/Vogel/Martens*, S. 179.
160   A.A. *Breitbach/Deiseroth/Rühl*, RBRS, § 15 Rn. 166.

erfüllen. Im Vorfeld einer Versammlung sind potenzielle Teilnehmer für die Versammlungsbehörde nicht erreichbar. Um diesen den Inhalt beschränkender Verfügungen bekannt zu machen, bedarf es des Durchgriffs auf den Veranstalter. Diesem kann die zuständige Behörde per Auflage aufgeben, den potenziellen Teilnehmern die sie betreffenden Auflagen bekannt zu machen.[161] Dem Veranstalter kann indes nicht aufgegeben werden, die potenziellen Teilnehmer der geplanten Versammlung von einem ergangenen Verbot in Kenntnis zu setzen und vom Kommen abzuhalten, weil dies zum versammlungsbehördlichen bzw. polizeilichen Auftrag zur Gefahrenabwehr gehört.[162] Die Auflage, eine bestimmte Person nicht als Versammlungsleiter einzusetzen (vgl. § 8 Rdn. 20), ist an den Veranstalter zu richten.

Ob der veranlassende Veranstalter zum verhaltensverantwortlichen Störer wird, beurteilt sich nach der im Polizei- und Ordnungsrecht geltenden Theorie der unmittelbaren Verursachung. Nur der unmittelbare Verursacher ist Störer, der mittelbare ist nur nicht verantwortlicher Veranlasser. Handlungsstörer ist somit derjenige, der die Gefahrengrenze oder -schwelle überschreitet. Es kommt also entscheidend darauf an, dass die von ihm gesetzte Ursache in einem Wirkungszusammenhang i.S. eines Verantwortungszusammenhanges steht.[163] Der anmeldende Veranstalter haftet demnach nicht für den friedlichen Verlauf, weil er nur Veranlasser der Versammlung ist und das Versammlungsrecht keine Gefährdungshaftung kennt. Zum Verursacher wird er erst dann, wenn er seine Anhänger und sonstige Teilnehmer zu Straftaten auffordert, Straftaten duldet, mit Straftätern sympathisiert oder sich von zu Straftaten aufrufenden Teilnehmern nicht distanziert. Muss er damit rechnen, dass gewalttätige Gruppierungen an seiner Versammlung teilnehmen werden, hat er zu ihnen auf Distanz zu gehen und deutlich zu machen, dass er keine Gewalttätigkeiten dulden wird und seinerseits alles Erforderliche zu unternehmen, dass Straftaten verhindert werden. Er muss auch einkalkulieren, dass Äußerungen und Aufrufe Dritter mit gewaltförderlichen Inhalten Einfluss auf die Teilnehmer haben können und von ihm kann bei solchen Umständen erwartet werden, dass er oder der von ihm vorgesehene Leiter der Versammlung in deren Vorfeld deutliche Signale geben, die auf die Gewaltfreiheit der Versammlung ausgerichtet sind.[164] **122**

ccc) Teilnehmer

Die Gesamtheit der Teilnehmer kann als Verhaltensverantwortliche in Anspruch genommen werden, wenn die Versammlung überwiegend unfriedlich geworden ist. Davon ist auszugehen, wenn eine Mehrheit gewalttätig wird. Gewalttätigkeiten einer Minderheit oder einzelner Teilnehmer reichen nicht aus, weil diese es sonst in der **123**

---

161 *Kniesel/Poscher*, Rn. 347; *Kingreen/Poscher*, POR, § 20 Rn. 32.
162 *Kingreen/Poscher*, POR, § 20 Rn. 45.
163 *Drews/Wacke/Vogel/Martens*, S. 310 f.; *Kingreen/Poscher*, POR, § 9 Rn. 15; *Schenke*, POR, Rn. 242.
164 BVerfG, NJW 2000, 3051/3053.

Hand hätten, ob die Mehrheit der Teilnehmer ihr Grundrecht auf Versammlungsfreiheit ausüben kann.[165]

bb) Polizeilicher Notstand

124   Auch die Bestimmung zur Inanspruchnahme des Nichtstörers in den Polizeigesetzen der Länder ist im Versammlungsrecht anwendbar. Allerdings kann vor Beginn einer Versammlung ein Verbot der nicht störenden Versammlung, um diese vor Übergriffen Dritter zu schützen, nur im absoluten Ausnahmefall zulässig sein. Im polizeilichen Notstand gem. § 7 Abs. 1 sächsPolG kann ein Unbeteiligter statt des eigentlich Verantwortlichen herangezogen werden, wenn es Versammlungsbehörde bzw. Polizei nicht möglich ist, die Gefahr durch Inanspruchnahme des Störers abzuwehren. Das setzt voraus, dass die Polizei ausnahmsweise nicht über ausreichende eigene und ggf. durch Verstärkung aus anderen Bundesländern und der Bundespolizei entsandte fremde Einsatzkräfte verfügt. Die Beweislast für das Vorliegen des polizeilichen Notstands trägt die Versammlungsbehörde.[166]

d) Verhältnismäßigkeit, Ermessen, Abwägung

125   Der Grundsatz der Verhältnismäßigkeit gilt in der bipolaren Beziehung zwischen Versammlungsbehörde bzw. Polizei und den Versammlungsbeteiligten zum Schutz der geltenden Gesetze und in der tripolaren Konstellation, wenn Dritte – etwa Verkehrsteilnehmer oder Veranstalter und Teilnehmer einer Gegendemonstration – betroffen werden oder als eigenständige Akteure hinzutreten. Im letzteren Fall haben Versammlungsbehörde bzw. Polizei die Rechte der Beteiligten gegeneinander abzuwägen und praktische Konkordanz durch Harmonisierung der betroffenen Rechte herzustellen.

aa) Verhältnismäßigkeit und Ermessen

126   Weil die Grundrechte und der Grundsatz der Verhältnismäßigkeit Maßstab für alles Handeln der vollziehenden Gewalt sind, sind sie auch bei im behördlichen Ermessen stehenden Maßnahmen zu beachten.[167] Dabei bilden beide den Rahmen, in dem Ermessen überhaupt ausgeübt werden darf, sind also nicht nur nachträgliche Kontrollkriterien für ein zunächst unbeschränktes Ermessen.

127   In der bipolaren Beziehung zwischen Behörde und Versammlungsbeteiligten ist beim Erlass eines Verbotes oder einer beschränkenden Verfügung auf der Grundlage des Ermessen einräumenden § 15 Abs. 1 BVersG zunächst die Verhältnismäßigkeit zu prüfen, ob also die beabsichtigte Maßnahme zur Erreichung des angestrebten Zwecks geeignet, erforderlich und angemessen ist. Ist das zu bejahen, wird das Ermessen auf Null reduziert und die Behörde hat die Maßnahme zu erlassen, wenn die

---

165 BVerfGE 69, 15/361.
166 BVerfG, NVwZ 2013, 570; NVwZ 2006, 1049; NJW 2001, 1411; NJW 2000, 3053; *Kingreen/Poscher*, POR, § 9 Rn. 79 f.; OVG Münster, WKRS 2016, 32025; BeckRS 2016, 113270; *Ullrich*, DVBl 2012, 666/667 f.
167 *Kingreen/Poscher*, POR, § 10 Rn. 4.

tatbestandlichen Voraussetzungen der Eingriffsermächtigung vorliegen, es sei denn die Wahrnehmung einer anderen kollidierenden Aufgabe wäre höherrangig.[168]

Die Behörde hat dabei den hohen Rang der Versammlungsfreiheit zu beachten und die grundrechtsbeschränkenden Gesetze stets im Lichte der grundlegenden Bedeutung dieses Grundrechts im freiheitlichen demokratischen Staat auszulegen und sich bei ihren Maßnahmen auf das zu beschränken, was zum Schutz gleichwertiger Rechtsgüter notwendig ist.[169]   **128**

bb) Verhältnismäßigkeit und Abwägung

In der tripolaren Konstellation gelingt die praktische Konkordanz regelmäßig mit einer beschränkenden Verfügung, also mit Auflagen an den Veranstalter, die einem verhältnismäßigen Ausgleich zwischen der Versammlung und den von ihr betroffenen Rechten Dritter herstellen. Auflagen modifizieren die geplante Versammlung und verhindern auf diese Weise ihr Verbot, weil durch die Modifizierung die unmittelbare Gefährdung der Rechte Dritter abgewehrt werden kann.   **129**

Beim verhältnismäßigen Ausgleich geht es nicht um eine abstrakte Gewichtung der beteiligen Grundrechte, sondern es ist an das einfache Gesetzesrecht anzuknüpfen.[170] Ist für einen Samstag mittags um 12.00 Uhr eine Demonstration gegen die »Asylantenflut« angemeldet worden, die als Aufzug durch die Innenstadt einer Großstadt führen und ihren Abschluss mit einer Kundgebung auf einem Platz finden soll, der auch von einem traditionellen Wochenmarkt beansprucht wird, so kann sich der Veranstalter auf seine Grundrechte aus Art. 5 Abs. 1 und Art. 8 Abs. 1 GG, können sich die beeinträchtigten Verkehrsteilnehmer auf Art. 2 Abs. 2 GG, die Einkaufswilligen auf ihre Handlungsfreiheit aus Art. 2 Abs. 1 GG, die Marktbeschicker auf Art. 12 Abs. 1 GG und die Veranstalter einer Gegendemonstration ebenfalls auf Art. 5 Abs. 1 und Art. 8 Abs. 1 GG berufen.   **130**

Alle Grundrechtsträger machen konkurrierende Ansprüche an den öffentlichen Raum geltend, die Gegenstand des Gemeingebrauchs oder der Sondernutzung öffentlicher Straßen und Plätze nach dem einschlägigen Straßen und Wegegesetz sind. Über das Nadelöhr des Schutzgutes öffentliche Sicherheit in § 15 Abs. 1 BVersG werden die Ansprüche der Verkehrsteilnehmer, der Einkaufswilligen, der Marktbeschicker und der Veranstalter der Gegendemonstration an den öffentlichen Raum auf der Grundlage der Konzentrationsmaxime zum Gegenstand von Auflagen, mit denen über die konkurrierenden Ansprüche entschieden wird.   **131**

Stellschrauben des verhältnismäßigen Ausgleichs bei der Zuteilung des öffentlichen Raumes sind die Wahl des Ortes für Auftakt und Abschluss der Demonstration, die Streckenführung des Aufzuges, die Festlegung von Zeitpunkt und Dauer der   **132**

---

168 *Kingreen/Poscher*, POR, § 10 Rn. 4; *Dürig-Friedl*, DE, § 15 Rn. 29 ff.; a.A. *Schenke*, Rn. 101; zum Streitstand *Rachor*, LD, Rn. 125.
169 BVerfGE 69, 315/349.
170 *Kingreen/Poscher*, POR, § 7 Rn. 16.

Demonstration sowie die Entscheidung, ob überhaupt ein Aufzug oder nur eine stationäre Kundgebung in Betracht kommt.

133   Im Rahmen des diesbezüglich in Gang gekommenen Kooperationsverfahren ist die
öffentliche Sicherheit nicht verhandelbar, sondern ihre Gewährleistung über Auflagen
ist Ergebnis des von der Versammlungsbehörde gesteuerten teilweisen Verzichts aller
Beteiligten auf ihren jeweiligen Anspruch. Wenn alle nicht ganz mit dem Ergebnis
zufrieden sind, ist die praktische Konkordanz gelungen.

134   Ist der verhältnismäßige Ausgleich von der Versammlungsbehörde über einen Auflagenkatalog gefunden worden, ist für Ermessenserwägungen kein Bedarf mehr.
Die Auflagen an die Veranstalter sind zu verfügen.

2. Landesregelungen

a) Bayern

135   Art. 15 Abs. 1 und Abs. 3 bayVersG entspricht im Wesentlichen § 15 Abs. 1 BVersG,
erweitert diesen aber durch den Verweis auf Art. 12 Abs. 1 um die Verbotsgründe für
Versammlungen in geschlossenen Räumen und ist zentrale Eingriffsbefugnis für Versammlungen unter freiem Himmel.

b) Niedersachsen

136   § 8 Abs. 1, 2 und 3 ndsVersG, der die beschränkende Verfügung in Abs. 1 und Verbot
und Auflösung in Abs. 2 Satz 1 separat regelt, entspricht mit diesen Absätzen inhaltlich § 15 Abs. 1, 3 und 4 BVersG.

In Abs. 3 sind die Voraussetzungen einer Inanspruchnahme im polizeilichen Notstand
geregelt.

c) Sachsen

137   § 15 Abs. 1 entspricht § 15 Abs. 1 BVersG.[171]

d) Sachsen-Anhalt

138   Das Schutzgut öffentliche Ordnung ist vom Gesetzgeber gestrichen worden. Im Übrigen entspricht die Regelung § 15 Abs. 1 BVersG.

e) Schleswig-Holstein

139   § 13 Abs. 1, 2, 3 und 5, 6, 7, 8 und 9 entspricht inhaltlich § 15 Abs. 1 BVersG,
bezieht allerdings die in § 15 Abs. 3 BVersG geregelte Auflösung mit ein. Abs. 2 ist
eine Ausprägung des Grundsatzes der Verhältnismäßigkeit. In Abs. 3 sind die Voraussetzungen einer Inanspruchnahme im polizeilichen Notstand geregelt. Die Abs. 4
und 5 enthalten Verfahrensvorschriften. Abs. 7 begründet die in den §§ 13 Abs. 2,

---

171 *Robrecht*, in: Schwier, S. 159 ff.

18 Abs. 1 BVersG geregelte Entfernungspflicht nach Auflösung der Versammlung. Neu ist das Verbot einer Ersatzversammlung am gleichen Ort nach Auflösung der Ursprungsversammlung. Eine Ersatzveranstaltung als Versammlung mit identischem Inhalt und identischen Teilnehmern wäre nichts anderes als die Fortsetzung der Ursprungsversammlung. In Abs. 9 ist das Verbot zur Aufforderung an einer Versammlung enthalten, deren Durchführung durch ein vollziehbares Verbot untersagt oder deren vollziehbare Auflösung angeordnet worden ist.

II. Spezielles Verbot und beschränkende Verfügung

1. § 15 Abs. 2

a) Allgemeines

aa) Bedeutung

Unter dem Eindruck einer von der NPD für den 08.05.2005 geplanten Demons- 140 tration vor dem Brandenburger Tor hat der Gesetzgeber in einem nicht ganz dreiwöchigen Gesetzgebungsverfahren mit dem Gesetz vom 24.03.2005 in § 15 BVersG den Abs. 2 eingeführt, der Gedenkorte für Opfer des Nationalsozialismus unter besonderen versammlungsrechtlichen Schutz stellt. Auf diese Weise sollte das Verbot von friedensgefährdenden Versammlungen an Orten erleichtert werden, die an die Opfer organisierter menschenunwürdiger Behandlung unter der nationalsozialistischen Gewalt- und Willkürherrschaft erinnern.[172]

bb) Spezialgesetz ohne Sperrwirkung

Die in § 15 Abs. 2 getroffene Regelung stellt nicht nur ein § 15 Abs. 1 konkretisieren- 141 des Regelbeispiel dar,[173] sondern enthält eine eigenständige Ermächtigungsgrundlage mit Tatbestand und Rechtsfolge und ist demzufolge lex specialis zu § 15 Abs. 1.[174]

Wie aus dem »insbesondere« folgt, bleibt der subsidiäre Zugriff auf Abs. 1 zulässig, 142 eine Sperrwirkung des Abs. 2 für Abs. 1 besteht nicht. Der Gesetzgeber wollte mit dem eingefügten zweiten Absatz den ersten konkretisieren, ohne ihm seinen bisherigen Anwendungsbereich nehmen zu wollen.[175] Deshalb werden durch § 15 Abs. 1 nach wie vor auch solche Gedenkstätten geschützt, die keine historisch herausragende, überregionale Bedeutung haben.[176]

cc) Verfassungsmäßigkeit

Der Tatbestand des § 15 Abs. 2 schränkt die Freiheit der kollektiven Meinungsäuße- 143 rung an den Gedenkorten nicht meinungsneutral ein, womit seine Rechtfertigung

---

172 BT-Drucks. 15/5051, S. 1.
173 *Rauer*, S. 180; *Scheidler*, BayVBl 2005, 500/502.
174 *Schoch*, Jura 2006, 27/29; *Stohrer*, JuS 2006, 15/17.
175 *Schoch*, Jura 2006, 27/29; *Stohrer*, JuS 2006, 15/17.
176 *Schoch*, Jura 2006, 27/29; a.A. *Leist*, NVwZ 2005, 500/501 f.; *Depenheuer*, MD, Art. 8 Rn. 161.

als allgemeines Gesetz nicht in Betracht kommt.[177] Nicht meinungsneutrale Gesetze können aber die Freiheit der Meinungsäußerung einschränken, wenn sie gem. Art. 5 Abs. 2 Satz 2 GG den Schutz der persönlichen Ehre bezwecken. Die Rechtsprechung des BVerfG und des BGH bejaht den Zusammenhang zwischen dem Genozid an der jüdischen Bevölkerung und der Ehre der Überlebenden und ihrer Nachkommen; das mit normalen Maßstäben nicht zu erfassende Schicksal der Juden unter dem Nationalsozialismus habe zur Folge, dass auch den jetzt lebenden Juden auf Grund des unmenschlichen Schicksal ihres Volkes ein besonderer Achtungsanspruch von Seiten ihrer Mitbürger zusteht, der Teil ihrer Würde ist.[178]

144 Das Mahnmal für die ermordeten Juden Europas will diesem besonderen Achtungsanspruch gerecht werden, der Teil ihrer Würde und persönlichen Ehre geworden ist. Mit dem räumlichen Schutz dieses Denkmals durch § 15 Abs. 2 wird dann auch die persönliche Ehre im Sinne von Art. 5 Abs. 2, 3. Alt. GG geschützt und § 15 Abs. 2 als Sonderrecht legitimiert.[179]

b) Normstruktur

aa) Tatbestandliche Voraussetzungen

145 Der Tatbestand enthält zwei Voraussetzungen, die kumulativ vorliegen müssen. Die Versammlung muss an einem bestimmten Ort stattfinden (Nr. 1) und von ihr müssen bestimmte Wirkungen ausgehen (Nr. 2).

aaa) Versammlungsort mit Gedenkstättenstatus

146 Geschützt werden sollen Orte, die als Gedenkstätte von historisch herausragender historischer Bedeutung an die Opfer der nationalsozialistischen Gewaltherrschaft erinnern. Die herausragende historische Bedeutung soll danach zu beurteilen sein, ob sie im öffentlichen Leben exemplarisch für einen bestimmten Verfolgungskomplex steht, oder über ein spezifisches, unverwechselbares Profil verfügt, das sich auf die Authentizität des Ortes gründet; als Kriterien für die überregionale Bedeutung einer Gedenkstätte gelten das Ausmaß und die Schwere der Menschenrechtsverletzungen, die dort begangen wurden oder derer dort gedacht wird, ihr Bekanntheitsgrad und ihre inhaltliche Aussage.[180]

147 Die unbestimmten Rechtsbegriffe der Nr. 1 müssen nicht von der Versammlungsbehörde als Gesetzesanwender konkretisiert werden; die Festlegung des jeweiligen Versammlungsortes erfolgt vielmehr durch das Gesetz selber.[181] Das Denkmal für die ermordeten Juden Europas in Berlin wird durch § 15 Abs. 2 Satz 2 als Ort im Sinne des § 15 Abs. 2 Satz 1 Nr. 1 bestimmt, was keinen verfassungsrechtlichen Bedenken

---

177 *Poscher*, NJW 2005, 1316/1317; *Stohrer*, JuS 2006, 15/17.
178 BVerfG, NJW 1993, 916/917; BVerfGE 90, 241/251 f.; BGHZ 75, 160/162 f.
179 *Poscher*, NJW 2005, 1316/1317; *Schoch*, Jura 2006, 27/30; *Stohrer*, JuS 2006, 15/16; BVerfG, NVwZ 2005, 1055/1056.
180 BT-Drucks. 15/5051, S. 4.
181 *Schoch*, Jura 2006, 27/30.

hinsichtlich des Bestimmtheitsgebotes begegnet.[182] Die präzise räumliche Abgrenzung des geschützten Bereiches folgt gem. § 15 Abs. 2 Satz 3 aus der Anlage zu § 15 Abs. 2,[183] in der die Straßen, Plätze und Grünflächen genau benannt sind und so das rechtsstaatliche Bestimmtheitsgebot gewahrt wird.[184]

Durch § 15 Abs. 2 wird kein Flächenverbot begründet. Im Gedenkstättenbereich **148** sind Versammlungen nicht generell untersagt, wie es in Bannkreisen bzw. befriedeten Bezirken der Fall ist. Die Befugnisnorm ermächtigt nur zu Verboten im konkreten Einzelfall, wenn der Verbotstatbestand der Nr. 2 gegeben ist.[185]

bbb) Besorgnis der Beeinträchtigung der Würde der Opfer

Dafür verlangt das Gesetz konkret feststellbare Umstände, die die Prognose tragen, **149** dass die Gefahr einer Beeinträchtigung der Würde der Opfer besteht. Die für das Versammlungsrecht spezifische Begrifflichkeit der auf konkret feststellbare Umstände gegründeten Besorgnis einer Beeinträchtigung lässt sich als Gefahrenverdacht begreifen, der sich auf eine abstrakte oder eine konkrete Gefahr beziehen kann.[186] Durch das vom Gesetzgeber festgelegte Erfordernis der konkret »feststellbaren« Umstände für die Besorgnis ist die Eingriffsschwelle von der unmittelbaren Gefährdung zur »normalen« konkreten Gefahr,[187] nicht aber zur abstrakten Gefährdung im Vorfeld der konkreten Gefahr[188] abgesenkt worden.

Für die Besorgnis der Beeinträchtigung der Würde der Opfer soll der ebenfalls mit **150** dem Gesetz vom 24.03.2005 eingeführte erweiterte Tatbestand der Volksverhetzung in § 130 Abs. 4 StGB Anhaltspunkte liefern.[189] Danach wird durch eine Versammlung der öffentliche Frieden in einer die Würde der Opfer verletzenden Weise gestört, wenn die nationalsozialistische Gewalt- und Willkürherrschaft gebilligt, verherrlicht oder gerechtfertigt wird. Insoweit kommt nach dem erklärten Willen des Gesetzgebers der strafgerichtlichen Rechtsprechung für die Auslegung und Anwendung des § 15 Abs. 2 Satz 1 Nr. 2 eine präjudizierende Wirkung zu.[190]

Das BVerfG hatte das Verbot des für den 08.05.2005 von der NPD angemeldeten **151** Aufzugs am Brandenburger Tor unter dem Motto »60 Jahre Befreiungslüge – Schluss mit dem Schuldkult« verfassungsrechtlich nicht beanstandet. Es sah eine Beeinträchtigung des sozialen Geltungsanspruches und damit der Würde der Juden Europas darin, dass am Jahrestag der Beendigung der nationalsozialistischen Gewalt- und Willkürherrschaft ein Aufzug mit dem genannten Motto die Millionen jüdischer Opfer

---

182 BVerfG, NVwZ 2005, 1055/1056; *Schoch*, Jura 2006, 27/30.
183 Abgedruckt als Anlage zum Gesetzestext von § 15.
184 *Scheidler*, BayVBl. 2005, 453/455.
185 *Enders/Lange*, JZ 2006, 107.
186 *Möstl*, DVBl 2010, 808/809; ders. DVBl 2007, 581/582 ff.
187 VGH Mannheim, NVwZ-RR 2011, 602/603 f.
188 Vgl. dazu *Lehmann*, S. 263 f.
189 BT-Drucks. 15/5051, S. 4.
190 *Schoch*, Jura 2006, 27/30.

des Nationalsozialismus zum Gegenstand eines Kultes degradierte und ihnen zugleich abstritt, dass die Kapitulation am 08.05.1945 für die vom Nationalsozialismus verfolgten Juden ein Akt der Befreiung war.[191]

ccc) Zulässigkeit der Festlegung weiterer Gedenkorte

152 Durch § 15 Abs. 2 Satz 3 werden die Länder ermächtigt, weitere Gedenkstätten und die Abgrenzung ihres räumlichen Schutzbereiches durch Landesgesetz zu bestimmen. Macht ein Land davon Gebrauch, bedarf es zur Verbotsbegründung nur des Hinweises auf § 15 Abs. 2 Satz 3. Für andere Gedenkorte muss ein ähnlich enger Zusammenhang zwischen dem Achtungsanspruch und der persönlichen Ehre der Opfer bestehen.[192]

bb) Rechtsfolgen

153 Liegen die Voraussetzungen des § 15 Abs. 2 Satz 1 vor, gebietet der Grundsatz der Verhältnismäßigkeit hinsichtlich des bestehenden Auswahlermessens den Erlass einer beschränkenden Verfügung, wenn diese gegenüber dem Verbot das mildere Mittel ist.

154 Beschränkende Auflagen können räumlicher und zeitlicher Art sein oder die Modalitäten der Gestaltung betreffen. Räumliche Beschränkungen können das Betreten der Gedenkstätte untersagen oder einen bestimmten Abstand festlegen. Zeitliche Beschränkungen können den Versammlungstermin verschieben, wenn der geplante Versammlungstermin ein durch das NS-Regime belastetes Datum ist, etwa der 27.01. als Tag der Befreiung der Gefangenen des Konzentrationslagers Auschwitz.[193] Bezüglich der Art und Weise können Auflagen ergehen, die das Benutzen bestimmter Gestaltungsmittel verbieten. Inhaltliche Beschränkungen sind zulässig, wenn das Motto der Versammlung auf eine Verherrlichung oder Verharmlosung der nationalsozialistischen Gewalt- und Willkürherrschaft hindeutet.

c) Zulässigkeit der Inanspruchnahme

155 Adressat von Verbot und Auflagen ist der Veranstalter, dem mit eigenständiger Auflage aufgegeben werden kann, die potenziellen Teilnehmer seiner Versammlung über die sie betreffenden Auflagen in Kenntnis zu setzen.

2. Landesregelungen

a) Bayern

156 *Art. 15 Abs. 2 bayVersG*

(2) Die zuständige Behörde kann eine Versammlung insbesondere dann beschränken oder verbieten, wenn nach den zur Zeit des Erlasses der Verfügung erkennbaren Umständen

---

191 BVerfG, NVwZ 2005, 1055/1056.
192 *Poscher*, NJW 2005, 1316/1317.
193 BVerfG, NJW 2001, 1409/1410; *Brüning*, Der Staat 2002, 240.

1. *die Versammlung an einem Tag oder Ort stattfinden soll, dem ein an die nationalsozialistische Gewalt- und Willkürherrschaft erinnernder Sinngehalt mit gewichtiger Symbolkraft zukommt, und durch sie*
    a) eine Beeinträchtigung der Würde der Opfer zu besorgen ist,
    oder
    b) die unmittelbare Gefahr einer erheblichen Verletzung grundlegender sozialer oder ethischer Anschauungen besteht oder
2. *durch die Versammlung die nationalsozialistische Gewalt- und Willkürherrschaft gebilligt, verherrlicht, gerechtfertigt oder verharmlost wird, auch durch das Gedenken an führende Repräsentanten des Nationalsozialismus, und dadurch die unmittelbare Gefahr einer Beeinträchtigung der Würde der Opfer besteht.*

aa) Allgemeines

Das bayVersG setzt den vom Bundesgesetzgeber mit dem Gesetz zur Änderung des Versammlungsgesetzes und des Strafgesetzbuches vom 24.03.2005[194] eingeschlagenen Weg fort, geht aber über ihn hinaus, indem in Nr. 1 auch Gedenktage einbezogen und die inhaltlichen Anforderungen an die Gedenkorte und -tage erweitert werden. Nr. 1 und Nr. 2 sind mit einem »oder« verbunden, woraus folgt, dass es sich um selbstständige Regelungen handelt, die nebeneinander zur Anwendung kommen können.   157

bb) Art. 15 Abs. 2 Nr. 1

Rechtsextremistische Versammlungen können nicht nur an bestimmten Orten, sondern auch an bestimmten Tagen beauflagt oder verboten werden, wenn diesen ein an die nationalsozialistische Gewalt- und Willkürherrschaft erinnernder Sinngehalt mit gewichtiger Symbolkraft zukommt.   158

Als weitere tatbestandliche Voraussetzung muss entweder eine Beeinträchtigung der Würde der Opfer zu besorgen sein oder es muss die unmittelbare Gefahr einer erheblichen Verletzung grundlegender sozialer oder ethischer Anschauungen bestehen.   159

Bei der Ermittlung der gewichtigen Symbolkraft eines Versammlungsortes ist ausschließlich auf den Ort abzustellen, nicht aber auf die Veranstaltung, die auf ihm stattfinden soll.[195]   160

cc) Art. 15 Abs. 2 Nr. 2

Voraussetzung für Beschränkungen und Verbote ist zunächst, dass in der oder durch die Versammlung die nationalsozialistische Gewalt- und Willkürherrschaft gebilligt, verherrlicht, gerechtfertigt oder verharmlost wird. Weitere Voraussetzung ist, dass durch die Billigung etc. die unmittelbare Gefahr einer Beeinträchtigung der Würde der Opfer bewirkt wird.   161

---

194 BGBl. I S. 969.
195 BayVGH, DVBl 2015, 1126/1127; krit. *Stegmüller*, DVBl 2015, 1127 ff.

dd) Verfassungsmäßigkeit

162 Die Einbeziehung von Gedenktagen in Abs. 2 erscheint verfassungsrechtlich unproblematisch. Das BVerfG hat es für zulässig erachtet, dass ein bestimmtes Datum Anknüpfungspunkt für Beschränkungen sein kann.[196]

163 Verfassungsrechtlich problematisch könnte aber sein, dass es anders als in § 15 Abs. 2 Nr. 1 BVersG, der ja vom BVerfG für verfassungskonform gewertet wurde,[197] für Art. 15 Abs. 2 Nr. 1 ausreicht, dass dem Ort oder dem Datum der Versammlung ein an die nationalsozialistische Gewalt- und Willkürherrschaft erinnernder Sinngehalt mit gewichtiger Symbolkraft eigen ist. In Ansehung der Gesetzesbegründung, die konkrete Beispiele für Tage und Orte mit besonderer Symbolkraft benennt, ist aber anhand dieser Beispiele eine Konkretisierung des unbestimmten Rechtsbegriffs gewichtige Symbolkraft möglich, die die Regelung verfassungskonform erscheinen lässt.[198]

164 Verfassungsrechtliche Bedenken werden auch gegen Abs. 2 Nr. 2 geltend gemacht. Die Billigung, Verherrlichung, Rechtfertigung oder Verharmlosung der nationalsozialistischen Gewalt- und Willkürherrschaft bezieht sich auf Meinungsäußerungen, so dass sich Nr. 2 als inhaltbezogene Regelung darstellt, die Sonderrecht im Sinne von Art. 5 Abs. 2 GG ist. Geht man vom Wunsiedel-Beschluss des BVerfG[199] aus, so ist Art. 15 Abs. 2 genauso wie § 130 Abs. 4 StGB kein allgemeines Gesetz. Im Hinblick auf letztere Vorschrift hat das BVerfG hinsichtlich ihrer Verfassungsmäßigkeit den Schutzzweck des öffentlichen Friedens in den Vordergrund gestellt,[200] sich aber zum Würdeschutz als zulässiger Beschränkung nicht geäußert. Daraus ist gefolgert worden, dass der Würdeschutz ohne Bezug zum öffentlichen Frieden keinen Eingriff in Art. 5 Abs. 1 GG rechtfertigen könne.[201] Bei diesem Befund könnte Art. 15 Abs. 2, bei dem die Gefährdung des öffentlichen Friedens in keiner Tatbestandsvariante vorkommt, für verfassungswidrig gehalten werden.[202] Dabei bliebe aber unberücksichtigt, dass Art. 15 Abs. 2 präventiven Charakter hat; mit dieser Bestimmung sollen Straftaten verhütet und Rechtsgutsverletzungen verhindert werden. Was für eine Strafrechtsnorm wie § 130 Abs. 4 StGB geboten ist, kann im Polizeirecht verzichtbar sein, weil sich Gefahrenabwehr und Strafverfolgung wesensmäßig unterscheiden.[203] Mit dem Fehlen des Tatbestandsmerkmals »Gefährdung des öffentlichen Friedens« kann die Verfassungswidrigkeit des Abs. 2 deshalb nicht begründet werden.[204]

---

196 BVerfG, NVwZ 2005, 1055/1056.
197 BVerfG, NJW 2001, 1409/1410.
198 *Holzner*, BayVBl. 2009, 485/493 unter Hinweis auf LT-Drucks. 15/10181, S. 22.
199 BVerfGE 124, 300 ff.
200 BVerfGE 124, 300/331 ff.
201 *Degenhardt*, JZ 2010, 306/310.
202 *Merk/Wächtler*, WHM, Art. 15 Rn. 58.
203 BVerfGE 39, 1/44; *Kniesel*, Die Polizei 2018, 265 f.
204 *Merk/Wächtler*, WHM, Art. 15 Rn. 58; *Heidebach/Unger*, DVBl 2009, 283/291.

Verfassungsrechtlich problematisch ist aber die über § 130 Abs. 4 StGB hinaus be- **165** stehende Tatbestandshandlung der Verharmlosung. Das BVerfG hält die Tatbestandshandlungen der Billigung, Verherrlichung und Rechtfertigung für hinreichend intensiv, um typischerweise die Friedlichkeit der politischen Auseinandersetzung zu gefährden; die Strafrechtsnorm stelle aber nicht schon eine Verharmlosung des Nationalsozialismus als Ideologie oder eine anstößige Geschichtsinterpretation dieser Zeit unter Strafe, sondern nur die nach außen manifestierte Gutheißung der realen historischen Gewalt- und Willkürherrschaft, wie sie unter dem Nationalsozialismus ins Werk gesetzt wurde.[205] Daraus lässt sich ableiten, dass das bloße Verharmlosen in Gestalt des Bagatellisierens der nationalsozialistischen Gewaltherrschaft die lediglich geistige Sphäre des Fürrichtighaltens noch nicht verlässt und deshalb keine Grundlage für die Beschränkung der Meinungsfreiheit sein kann.[206] Nach anderer Auffassung soll die verfassungsmäßige »Rettung« der Tatbestandshandlung Verharmlosung durch hohe Anforderungen an den Kausalzusammenhang und die Gefahrenprognose gelingen.[207]

b) Brandenburg

Das Gedenkstättenschutzgesetz vom 23.05.2005[208] legt als Gesetz zu § 15 Abs. 2 **166** Satz 1 Nr. 1 BVersG die Gedenkorte fest. Das Gräbergesetzausführungsgesetz (GräbG-AG),[209] das noch vor der Föderalismusreform erlassen wurde, sollte den als unzureichend empfundenen Schutz symbolträchtiger Gräberstätten, die nicht zu den Gedenkorten im Sinne von § 15 Abs. 2 BVersG gehören, vor rechtsextremistischen Demonstrationen verbessern. Das Gräberstätten-Versammlungsgesetz (GräbVersG)[210] aus dem Jahr 2006 ersetzt den § 16 BVersG und regelt die Zulässigkeit öffentlicher Versammlungen unter freiem Himmel und Aufzüge auf Gräberstätten, wobei es sich auf das Gräbergesetzausführungsgesetz bezieht.

aa) Gräbergesetzausführungsgesetz

aaa) Inhalte

In Anknüpfung an das Gräbergesetz des Bundes[211] regelt das GräbG-AG die Wahr- **167** nehmung der Aufgaben, die zur Ausführung des Gräbergesetzes als eigene Angelegenheit des Landes zu erfüllen sind. Gräberstätten werden in § 2 als Orte der stillen Einkehr und des ungestörten Gedenkens der Opfer von Krieg und Gewaltherrschaft gewidmet. Mit der dauerhaften Erhaltung der Gräberstätten soll für künftige Generationen die Erinnerung an die schrecklichen Folgen von Krieg und Gewaltherrschaft bewahrt werden. Nach § 3 ist der Zugang zu den Gräberstätten nur im Rahmen dieses

---

205 BVerfGE 124, 300/336.
206 *Höfling/Augsberg*, JZ 2010, 1088/1096; *Hong*, DVBl 2010, 1267/1275.
207 *Merk/Wächtler*, WHM, Art. 15 Rn. 63.
208 GVBl. I, 2005, S. 174.
209 GVBl. I, 2005, 969.
210 GVBl. I, 2006, S. 114.
211 BGBl. I, 2005, S. 2426.

Widmungszwecks zulässig und § 4 lässt bestimmte Versammlungen auf und in der Nähe von Gräberstätten nicht zu.

bbb) Verfassungsmäßigkeit

168 Gegen diese Regelungen, insbesondere § 4 werden verfassungsrechtliche Bedenken geltend gemacht, die im Ergebnis zur Verfassungswidrigkeit führen. Da die Vereinbarkeit mit dem Widmungszweck nur im Zusammenhang mit der auf der jeweiligen Versammlung zu erwartenden Meinungsäußerungen beurteilt werden kann, greift § 4 GräbG-AG gezielt in Art. 5 Abs. 1 GG ein und verstößt gegen das Sonderrechtsverbot des Art. 5 Abs. 2, 1. Alt. GG.[212] § 4 ist nicht nur gegen Modalitäten von Meinungsäußerungen gerichtet,[213] sondern gegen Inhalte, was daraus folgt, dass sich die Regelung nur gegen solche Trauermärsche und Gedenkveranstaltungen richtet, die nationalsozialistisches Gedankengut verherrlichen oder verharmlosen.[214]

169 Das Recht der persönlichen Ehre kommt als Legitimation für Sonderrecht nicht in Betracht, da den auf den Gräberstätten Beigesetzten keine persönliche Ehre mehr eignet. Anders als bei den durch § 15 Abs. 2 BVersG geschützten Gedenkstätten können bei Gräberstätten zwar die jeweiligen Personen individualisiert werden, die als Träger eines postmortalen Achtungsanspruch in Betracht kommen. Doch da bei diesem Personenkreis dieser Achtungsanspruch in dem Maße schwindet, in dem die Erinnerung an die Verstorbenen verblasst,[215] kann bei ihnen inzwischen nicht mehr von einem noch fortwährenden Achtungsanspruch ausgegangen werden.[216]

bb) Gräberstättenversammlungsgesetz

aaa) Inhalte

170 In § 1 Abs. 1 GräbVersG wird zur Bestimmung der Gräberstätten, auf denen bzw. in deren Nähe Versammlungen generell verboten sein sollen, auf die Definition in § 1 Abs. 2 GräbG-AG hingewiesen. In dieser Bestimmung erfolgen im ersten Halbsatz Ausnahmen vom generellen Verbot des § 1 Abs. 1 und im zweiten Halbsatz werden die Voraussetzungen festgelegt, unter denen auch eine Ausnahmeerteilung ausgeschlossen ist.

bbb) Verfassungsmäßigkeit

171 Die Regelungen des GräbVersG begegnen denselben verfassungsrechtlichen Bedenken wie das Gräbergesetzausführungsgesetz.[217] Hinzu kommt, dass die in den verschiedenen Gesetzen zu Gedenkstätten und Gräberstätten aufgesplitterte Rechtslage nur als konfus und für den Bürger intransparent bezeichnet werden kann.[218]

---

212 *Lehmann*, S. 279 f.
213 So aber *Kirschniok/Schmidt*, NJ 2006, 441/444.
214 *Lehmann*, S. 280.
215 BVerfGE 30, 173/196.
216 *Lehmann*, S. 280 f.; *Enders/Lange*, JZ 2006, 105/110.
217 *Lehmann*, S. 284 ff.
218 *Lehmann*, S. 296.

c) Niedersachsen

§ 8 Abs. 4 ndsVersG   172

(4) Eine Versammlung kann auch beschränkt oder verboten werden, wenn

1. *sie an einem Tag oder Ort stattfinden soll, dem ein an die nationalsozialistische Gewalt- und Willkürherrschaft erinnernder Sinngehalt mit gewichtiger Symbolkraft zukommt und durch die Art und Weise der Durchführung der Versammlung der öffentliche Friede in einer die Würde der Opfer verletzenden Weise unmittelbar gefährdet wird, oder*

2. *durch die Versammlung die nationalsozialistische Gewalt- und Willkürherrschaft gebilligt, verherrlicht, gerechtfertigt oder verharmlost wird, auch durch das Gedenken an führende Repräsentanten des Nationalsozialismus, und dadurch der öffentliche Friede in einer die Würde der Opfer verletzenden Weise unmittelbar gefährdet wird.*

aa) Allgemeines

Die Regelung, die ohne konkretes Vorbild sein soll,[219] orientiert sich in ihrem grund-   173
sätzlichen Ansatz an § 15 Abs. 2 BVersG und § 130 Abs. 4 StGB.[220] Sie stellt gegenüber der allgemeinen Befugnis aus Abs. 1 eine spezielle Ermächtigungsgrundlage
dar, die aber keine Sperrwirkung entfaltet.[221] Dass Abs. 4 die Auflösung als mögliche
Rechtsfolge nicht erwähnt, ist wohl ein redaktionelles Versehen des Gesetzgebers. Da
§ 8 Abs. 1 als allgemeine Befugnis subsidiär gilt, kann für eine Auflösung einer Versammlung, die gegen Abs. 4 Nrn. 1 und 2 verstößt, auf ihn zurückgegriffen werden.
Die Nrn. 1 und 2 sind mit einem »oder« verbunden, woraus folgt, dass beide Varianten nebeneinander zur Anwendung kommen können.

bb) § 8 Abs. 4 Nr. 1

Dem Tag oder Ort muss ein an die nationalsozialistische Gewalt- und Willkürherr-   174
schaft erinnernder Sinngehalt innewohnen. Dazu muss ein besonderer Bezug zu
spezifischen mit Gewalt und Willkür verknüpften Geschehnissen in der Zeit des
Nationalsozialismus vom 30.01.1933 bis 08.05.1945 gegeben sein.[222] Gewichtige
Symbolkraft liegt nur vor, wenn der Ort oder Tag einen eindeutigen Bezug zur nationalsozialistischen Herrschaft hat, was bei einer nur lokalen Bedeutung für das NS-
Regime zu verneinen ist.[223]

Als weitere tatbestandliche Voraussetzung für Beschränkung oder Verbot muss die un-   175
mittelbare Gefährdung des öffentlichen Friedens in einer die Würde der Opfer verletzenden Weise hinzukommen. Eine Verletzung der Würde der Opfer ist noch nicht zu

---

219 *Wefelmeier*, WM, § 8 Rn. 51.
220 *Ullrich*, VersG, § 8 Rn. 140.
221 *Ullrich*, VersG, § 8 Rn. 141.
222 *Ullrich*, VersG, § 8 Rn. 144.
223 *Ullrich*, VersG, § 8 Rn. 145.

bejahen, wenn einzelne Aspekte der nationalsozialistischen Staats- und Gesellschaftsordnung positiv gesehen werden, ohne dass sich dabei ein Bezug zu Menschenrechtsverletzungen herstellen lässt.[224]

cc) § 8 Abs. 4 Nr. 2

176 Tathandlungen sind die Billigung, Verherrlichung, Rechtfertigung oder Verharmlosung der nationalsozialistischen Herrschaft. Alle Begehungsformen setzen einen Bezug zur Regierungszeit der Nationalsozialisten vom 30.01.1933 bis zum 08.05.1945 voraus und verlangen, dass damit eine Gutheißung der für das NS-Regime kennzeichnenden Menschenrechtsverletzungen verbunden ist.[225] Nicht ausreichend sind die positive Bewertung der Zeit des Nationalsozialismus, von bestimmten Geschehnissen oder Taten oder eine Gutheißung der NS-Ideologie ohne Bezug zu Menschenrechtsverletzungen.[226]

177 Das Gedenken an führende Repräsentanten des Nationalsozialismus ist eine beispielhaft erwähnte Form der Gutheißung, ohne dass diese einer bestimmten Tathandlung zugeordnet wird.[227] Die uneingeschränkte Verherrlichung einer Person, die für das NS-Regime insgesamt steht, stellt sich zugleich als Billigung der Gewalt- und Willkürherrschaft dar.[228] Eine entsprechende Symbolkraft liegt aber nur bei Personen vor, die nach Position und Funktion eine tragende Rolle in Partei oder Staat innegehabt haben; dazu zählen jedenfalls Hitler, Göring, Goebbels und Himmler,[229] möglicherweise auch Heß.[230]

178 Billigen bedeutet die Gutheißung der im NS-Regime begangenen Menschenrechtsverletzungen, wobei eine vorbehaltlose Zustimmung nicht erforderlich ist; es reicht aus, wenn Verbrechen als zwar bedauerlich, aber unvermeidlich bezeichnet werden.[231]

179 Verherrlichen ist das Berühmen der nationalsozialistischen Herrschaft als etwas Großartiges, Imponierendes oder Heldenhaftes.[232] Dafür ist erforderlich, dass sich das Berühmen auf das NS-Regime insgesamt bezieht[233] und nicht nur eine Einzelpersönlichkeit herausgestellt wird.[234]

180 Rechtfertigen bedeutet das Verteidigen der das NS-Regime kennzeichnenden Menschenrechtsverletzungen als notwendige Maßnahmen,[235] was auch dadurch zum

---

224 BVerfG, NJW 2010, 47/56; *Poscher*, NJW 2005, 1316/1318.
225 *Ullrich*, VersG, § 8 Rn. 150.
226 *Wefelmeier*, WM, § 8 Rn. 57; *Ullrich*, VersG, § 8 Rn. 151.
227 *Wefelmeier*, WM, § 8 Rn. 59.
228 BVerfGE 122, 300/346.
229 *Ullrich*, VersG, § 8 Rn. 155.
230 Bejaht von BVerwG, NJW 2009, 98/102; krit. *Stegbauer*, NStZ 2008, 73/79.
231 *Ullrich*, VersG, § 8 Rn. 151.
232 *Ullrich*, VersG, § 8 Rn. 152; *Merk/Wächtler*, WHM, Art. 15 Rn. 48.
233 *Ostendorf*, in: Kindhäuser/Neumann/Paeffgen, StGB, 3. Aufl. 2010, § 130 Rn. 32.
234 *Ullrich*, VersG, § 8 Rn. 152.
235 *Ullrich*, VersG, § 8 Rn. 153.

Ausdruck kommen kann, dass die Handlung eines für Menschenrechtsverletzungen Verantwortlichen als richtig oder gerechtfertigt dargestellt wird.[236]

Verharmlosen ist gegeben, wenn die unter dem NS-Regime begangenen Menschen- 181
rechtsverletzungen in bagatellisierender Form als eine im menschlichen Leben allgemein übliche oder jedenfalls unter den Bedingungen der damaligen Zeit akzeptable Form des Verhaltens beurteilt wird.[237]

dd) Verfassungsmäßigkeit

Die Regelungen in § 8 Abs. 4 Nrn. 1 und 2 stellen Sonderrecht gegen Meinungsäuße- 182
rungen mit nationalsozialistischen Inhalten dar. Solches Sonderrecht hat das BVerfG auch als nicht allgemeines Gesetz für zulässig gehalten, wenn die Meinungsäußerungen die historische Gewaltherrschaft des Nationalsozialismus gutheißen, und begründet das mit der Singularität der nationalsozialistischen Menschenrechtsverletzungen.[238]

Ist damit Sonderrecht im Rahmen von Art. 5 Abs. 2 GG ausnahmsweise zugelassen, 183
bleibt zu klären, ob § 8 Abs. 4 Nrn. 1 und 2 mit ihren tatbestandlichen Voraussetzungen im vom BVerfG vorgegebenen Rahmen für Sonderrecht bleiben.[239] Der ndsGesetzgeber hat bei beiden Alternativen maßgeblich auf eine unmittelbare Gefährdung des öffentlichen Friedens abgestellt und bleibt insoweit im vom BVerfG abgesteckten Rahmen.[240]

Allerdings ist der Begriff öffentlicher Frieden restriktiv auszulegen. Es kann nur um 184
den Schutz vor ungeistigen Wirkungen von Meinungsäußerungen gehen,[241] nicht aber vor der Konfrontation mit provokanten Meinungen und Ideologien, selbst wenn diese grundlegenden ethischen oder sozialen Anschauungen der Mehrheit widersprechen.[242] Der öffentliche Frieden erlangt seine verfassungsrechtliche Legitimation durch seinen Bezug zur Gewährleistung der Friedlichkeit. Diese wird durch Äußerungen gefährdet, die ihren Inhalt nach auf rechtsgutgefährdende Handlungen ausgelegt sind und so den Übergang zu Aggression oder Rechtsbruch markieren.[243] Die verabschiedete Gesetzesfassung, die maßgeblich an die Gefährdung des öffentlichen Friedens und nicht isoliert an die Beeinträchtigung der Würde der Opfer anknüpft, trägt den Vorgaben des BVerfG Rechnung und kann als verfassungsgemäß betrachtet werden.[244]

Allerdings ist die Variante der Verharmlosung davon auszunehmen. Die Tathand- 185
lung ist gegenüber den anderen Tathandlungen von geringerer Identität und wiegt

---

236 So die Entwurfsbegründung LT-Drucks. 16/2075, S. 33.
237 So die Entwurfsbegründung LT-Drucks. 16/2075, S. 33.
238 BVerfGE 124, 300/328 f.
239 *Ullrich*, VersG, § 8 Rn. 160.
240 *Ullrich*, VersG, § 8 Rn. 160.
241 *Kniesel/Poscher*, Rn. 162.
242 BVerfGE 124, 300/334.
243 BVerfGE 124, 300/335.
244 *Ullrich*, VersG, § 8 Rn. 160.

deshalb weniger schwer.[245] Es werden Meinungsäußerungen erfasst, die die geistige Sphäre des Fürrichtighaltens nicht verlassen,[246] also geistiger Natur sind. Hält man aus den genannten Gründen eine verfassungskonforme Auslegung für nicht möglich, ist es konsequent, von der Verfassungswidrigkeit der Tathandlung der Verharmlosung auszugehen.[247]

d) Sachsen

186   *§ 15 Abs. 2 sächsVersG*

(2) Eine Versammlung oder ein Aufzug kann insbesondere verboten oder von bestimmten Beschränkungen abhängig gemacht werden, wenn

1. *die Versammlung oder der Aufzug an einem Ort von historisch herausragender Bedeutung stattfindet, der an*

   a) Menschen, die unter der nationalsozialistischen oder der kommunistischen Gewaltherrschaft Opfer menschenunwürdiger Behandlung waren,

   b) Menschen, die Widerstand gegen die nationalsozialistische oder kommunistische Gewaltherrschaft geleistet haben, oder

   c) die Opfer eines Krieges

   erinnert und

2. *nach den zur Zeit des Erlasses der Verfügung konkret feststellbaren Umständen zu besorgen ist, dass durch die Versammlung oder den Aufzug die Würde von Personen im Sinne der Nummer 1 beeinträchtigt wird. Dies ist insbesondere der Fall, wenn die Versammlung oder der Aufzug*

   a) die Gewaltherrschaft, das durch sie begangene Unrecht oder die Verantwortung des nationalsozialistischen Regimes für den Zweiten Weltkrieg und dessen Folgen leugnet, verharmlost oder gegen die Verantwortung anderer aufrechnet,

   b) Organe oder Vertreter der nationalsozialistischen oder kommunistischen Gewaltherrschaft als vorbildlich oder ehrenhaft darstellt oder

   c) gegen Aussöhnung oder Verständigung zwischen den Völkern auftritt.

Das Völkerschlachtdenkmal in Leipzig, die Frauenkirche mit dem Neumarkt in Dresden sowie am 13. und 14. Februar darüber hinaus auch die nördliche Altstadt und die südliche innere Neustadt in Dresden sind Orte nach Satz 1 Nr. 1. Ihre Abgrenzung ergibt sich aus der Anlage zu diesem Gesetz.

aa) Allgemeines

187   Die Regelung folgt in ihrer Grundstruktur § 15 Abs. 2 BVersG, geht aber im räumlichen und personalen Anwendungsbereich weit über diesen hinaus. Die Strukturierung der Norm ist verworren und unbestimmt und deshalb vom Rechtsanwender

---

245 *Wefelmeier*, WM, § 8 Rn. 58; *Ullrich*, VersG, § 8 Rn. 161.
246 BVerfGE 124, 300/332 ff.
247 *Wefelmeier*, WM, § 8 Rn. 58; *Ullrich*, VersG, § 8 Rn. 161.

schwerlich handhabbar. Sie ist in ihren wesentlichen Regelungsgehalten schlichtweg verfassungswidrig.[248]

bb) § 15 Abs. 2 Nr. 1 a)–c)

Die Nrn. 1 und 2 sind mit einem »und« verbunden, sodass die tatbestandlichen Voraussetzungen kumulativ vorliegen müssen. Nach Nr. 1 muss die Versammlung an einem historisch bedeutsamen Ort stattfinden, der an in a)–c) näher beschriebene Personen erinnern soll. Dass diese Orte in ihrer räumlichen Ausdehnung von ihrer Umgebung abgegrenzt werden müssen, sieht § 15 Abs. 2 nicht vor. Für die in Satz 2 genannten Erinnerungsorte wird in Satz 3 bezüglich ihrer Abgrenzung auf die Anlage zu diesem Gesetz verwiesen. Die Benennung soll keinen abschließenden Charakter haben.[249]   **188**

In Nr. 1 a) und b) wird der nationalsozialistischen Herrschaft die kommunistische gleichgestellt und für ebenso erinnernswert gehalten, in c) werden die Opfer eines Krieges in das Gedenken einbezogen. Durch die in Satz erfolgte Benennung des Völkerschlachtdenkmals in Leipzig werden dann auch die Gefallenen der Völkerschlacht bei Leipzig im Jahre 1813 zu Kriegsopfern.   **189**

cc) § 15 Abs. 2 Nr. 2 a)–c)

Die in den drei vom Gesetz vorgesehenen Fallgestaltungen einer Würdeverletzung sind nicht an eine Gefährdung des öffentlichen Friedens gebunden. Als Tathandlungen sind bezüglich a) das Leugnen, Verharmlosen von Verantwortung oder Aufrechnen mit der Verantwortung anderer, bezüglich b) das Darstellen als vorbildlich oder ehrenhaft und bezüglich c) das Auftreten gegen Aussöhnung und Verständigung genannt. In b) wird die kommunistische Gewaltherrschaft der nationalsozialistischen gleichgestellt.   **190**

dd) Verfassungsmäßigkeit

Gegen § 15 Abs. 2 bestehen verfassungsrechtliche Einwände,[250] die hier nur kursorisch aufgezeigt werden können.   **191**

aaa) Festlegung der Erinnerungsorte

Die Benennung der drei Orte in Satz 3 hat nach Wortlaut und Begründung keinen abschließenden Charakter, sodass die Verwaltung ermächtigt wird, selbstständig weitere Erinnerungsorte festzulegen.[251] Die dafür in Satz 1 Nr. 1 enthaltenen Voraussetzungen verstoßen indes gegen das Bestimmtheitsgebot. Unbestimmt ist schon das maßgebliche Wort »erinnern«. Anders als bei der Formulierung »zum Erinnern   **192**

---

248 *Poscher/Rusteberg*, SächsVBl 2013, 173/182.
249 LT-Drucks. 5/286, S. 15.
250 *Poscher/Rusteberg*, SächsVBl 2013, 173 ff.; *Lehmann*, S. 309 ff.
251 LT-Drucks. 5/286, S. 15.

bestimmt« ist für den fraglichen Ort keine Widmung als Gedenkstätte erforderlich.[252] Eine objektive Auswahl unter denkbaren Erinnerungsorten wird auch nicht durch die gesetzliche Bestimmung der drei Erinnerungsorte in Satz 2 ermöglicht, weil sie keinen exemplarischen Charakter haben.[253]

193   Das wird insbesondere am Völkerschlachtdenkmal deutlich, das ja auch dem Gedenken an die Kriegstoten dienen soll. Abgesehen von dem Umstand, dass nicht deutlich wird, wie dort stattfindende Versammlungen die Würde von Opfern nationalsozialistischer oder kommunistischer Gewaltherrschaft beeinträchtigen können, ist beim Völkerschlachtdenkmal schon in seiner historischen Bedeutung zweifelhaft, ob es wirklich der Erinnerung an Kriegsopfer dient oder nicht eher als Ruhmeshalle der gegen Napoleon gewonnenen Schlacht gedacht war.[254]

bbb)   Einbeziehung der kommunistischen Gewaltherrschaft

194   Im Hinblick auf die Zulässigkeit von Sonderrecht im Zusammenhang mit Art. 5 Abs. 2 GG geht das BVerfG im Wunsiedel-Beschluss davon aus, dass Art. 5 Abs. 1 und 2 GG für Bestimmungen, die der propagandistischen Gutheißung der nationalsozialistischen Gewaltherrschaft in den Jahren 1933 bis 1945 Grenzen setzen, eine Ausnahme vom Verbot des Sonderrechts für meinungsbezogene Gesetze immanent sei.[255]

195   Diese Ausnahme begründet das BVerfG mit der Einzigartigkeit der Verbrechen und Menschenrechtsverletzungen des NS-Regime.[256] Mit dieser Begründung verbietet sich jede Nivellierung der Einzigartigkeit in Gestalt einer Ausdehnung der gemachten Ausnahme auf ein anderes Unrechtsregime. Damit stellt die Einbeziehung der kommunistischen Gewaltherrschaft in § 15 Abs. 2 Nr. 1 a) und b) und Nr. 2 b) unzulässiges Sonderrecht dar und führt zur Verfassungswidrigkeit dieser Regelungen in Gestalt des Verstoßes gegen Art. 20 Abs. 3 der sächsVerf bzw. des in Art. 5 Abs. 2 GG normierten qualifizierten Gesetzesvorbehalts.[257]

ccc)   Tathandlungen

196   Die im Rahmen von Abs. 2 Satz 1 relevante Tathandlung wird nicht näher beschrieben, sondern es wird allein auf den Handlungserfolg der Würdebeeinträchtigung abgestellt, sodass die Regelung nur von ihren Tatbestandsvarianten her verstanden werden kann. Weder deren Struktur noch deren Tatbestandsmerkmale geben aber zu erkennen, ob die verschiedenen Tatbestandsvarianten der Nr. 1 a)–c) jeweils mit allen Tatbestandsvarianten der Nr. 2 a)–c) kombinierbar sein sollen oder nur in der jeweils

---

252 *Poscher/Rusteberg*, SächsVBl 2013, 173/180.
253 *Poscher/Rusteberg*, SächsVBl 2013, 173/180; *Lehmann*, S. 312 f. und 329 f.
254 *Poscher/Rusteberg*, SächsVBl 2013, 173/179.
255 BVerfGE 124, 300/327 f.
256 BVerfGE 124, 300/328.
257 *Poscher/Rusteberg*, SächsVBl 2013, 173/176 ff.; *Holzner*, Die Polizei 2010, 69/74 f.

korrespondierenden Variante Anwendung finden können.[258] Das ist keine Grundlage für eine dem Bestimmtheitsgebot genügende Rechtssetzung und Rechtsanwendung.

Die Tathandlung des Verharmlosens wird in der Begründung als jede Form des Relativierens oder Abmilderns konkretisiert.[259] Das Aufrechnen stellt dabei eine besondere Form des Abmilderns dar. Gleichwohl fehlt dem Verharmlosen die Intensität, die dem Leugnen eigen ist und begegnet verfassungsrechtlichen Bedenken (vgl. Rdn. 185). Die Tathandlungen des Darstellens und des Auftretens in Nr. 2) und c) werden nicht präzisiert und sind wegen ihrer Unbestimmtheit für eine Anwendung des Gesetzes ungeeignet.   197

Die Variante Nr. 2 c) ist verfassungswidrig, weil ein Auftreten gegen Aussöhnung und Völkerverständigung sich nicht gegen die nationalsozialistische Gewalt- und Willkürherrschaft richtet und deshalb kein ausnahmsweise zulässiges Sonderrecht sein kann[260].   198

e) Sachsen-Anhalt

§ 13 Abs. 2 und Abs. 3 s-a VersG   199

(2) Eine Versammlung unter freiem Himmel oder ein Aufzug kann insbesondere auch dann von bestimmten Beschränkungen abhängig gemacht oder verboten werden, wenn
1. die Versammlung oder der Aufzug an einem Ort oder Tag stattfindet, der in besonderer Weise an
   a) Menschen, die unter der nationalsozialistischen Gewaltherrschaft aus rassischen, religiösen oder politischen Gründen oder wegen einer Behinderung Opfer menschenunwürdiger Behandlung waren,
   b) Menschen, die Widerstand gegen die nationalsozialistische Gewaltherrschaft geleistet haben,
   c) die zivilen oder militärischen Opfer des zweiten Weltkrieges,
   d) die Opfer der schweren Menschenrechtverletzungen während der Zeiten der sowjetischen Besatzung und der SED-Diktatur
   erinnert und
2. nach den zur Zeit des Erlasses der Verfügung konkret feststellbaren Umständen zu besorgen ist, dass durch die Art und Weise der Durchführung der Versammlung oder des Aufzuges die Gefahr einer erheblichen Verletzung ethischer und sozialer Grundanschauungen besteht, insbesondere die Würde oder Ehre von Personen im Sinne von Satz 1 Nr. 1 verletzt wird.

Gleiches gilt, wenn die Versammlung oder der Aufzug an einem Tag stattfindet, der
1. an die Schrecken der nationalsozialistischen Gewaltherrschaft erinnert oder
2. unter dieser besonders begangen wurde.

---

258 *Poscher/Rusteberg*, SächsVBl 2013, 173/174.
259 LT-Drucks. 5/286, S. 14 f.
260 *Poscher/Rusteberg*, SächsVBl 2013, 173/182.

(3) Eine Versammlung oder ein Aufzug verletzt die ethischen und sozialen Grund-anschauungen in erheblicher Weise regelmäßig dann, wenn die Versammlung oder der Aufzug

1. *die nationalsozialistische Gewaltherrschaft billigt, verherrlicht, rechtfertigt oder ver-harmlost, auch durch das Gedenken an führende Repräsentanten des Nationalsozia-lismus, und dadurch die Gefahr einer Beeinträchtigung der Würde oder Ehre der Opfer besteht,*

2. *durch die Art und Weise der Durchführung ein Klima der Gewaltdemonstration oder potentieller Gewaltbereitschaft erzeugt oder durch das Gesamtgepräge an die Riten und Symbole der nationalsozialistischen Gewaltherrschaft anknüpft und Dritte hierdurch eingeschüchtert werden,*

3. *das friedliche Zusammenleben der Völker stört oder*

4. *die Menschenrechtsverletzungen nach Absatz 2 Satz 1 Nr. 1 Buchst. d verharmlost oder leugnet und dadurch die Gefahr einer Beeinträchtigung der Würde oder Ehre der Opfer besteht.*

§ 14 s-a VersG Erinnerungsorte und Erinnerungstage

(1) Orte nach § 13 Abs. 2 Satz 1 sind:

1. *die KZ-Gedenkstätte Lichtenburg Prettin,*

2. *die Gedenkstätte für Opfer der NS-»Euthanasie« Bernburg,*

3. *die Gedenkstätte Langenstein-Zwieberge,*

4. *die Gedenkstätte »Roter Ochse« Halle (Saale),*

5. *das Mahnmal in Dolle für ermordete Häftlinge des KZ Mittelbau-Dora,*

6. *die Mahn- und Gedenkstätte Feldscheune Isenschnibbe Gardelegen,*

7. *die Mahn- und Gedenkstätte Veckenstedter Weg Wernigerode,*

8. *die Gedenkstätte Moritzplatz Magdeburg,*

9. *die Gedenkstätte Deutsche Teilung Marienborn.*

Die räumliche Abgrenzung der in Satz 1 Nrn. 1 bis 9 genannten Orte ergibt sich aus den Anlagen zu diesem Gesetz.

(2) Tage nach § 13 Abs. 2 Satz 2 Nr. 1 sind der 27. und 30. Januar, der 8. Mai, der 20. Juli, der 1. September sowie der 9. November. Tag nach § 13 Abs. 2 Satz 2 Nr. 2 ist der 20. April.

(3) Das Gesetz über die Sonn- und Feiertage in der Fassung der Bekanntmachung vom 25. August 2004 (GVBl. LSA S. 538), geändert durch § 13 Abs. 1 des Gesetzes vom 22. November 2006 (GVBl. LSA S. 528), bleibt unberührt.

aa) Allgemeines

200 Die Regelungsstruktur der §§ 13 Abs. 2 und 3 und 14 löst sich vom Modell des § 15 Abs. 2 BVersG. Die detaillierte Regelungstechnik ist kompliziert und nicht anwender-freundlich.[261] Einzelne Regelungen halten verfassungsrechtlicher Überprüfung nicht stand.

---

261 *Lehmann*, S. 333.

bb) §§ 13 Abs. 2 und 3, 14 Abs. 1 und 2

Die Eingriffsermächtigung setzt sich aus den genannten Bestimmungen zusammen. **201** In § 13 Abs. 2 und 3 ist geregelt, unter welchen Voraussetzungen Orte und Tage zu Erinnerungsorten und -tagen werden können. Übergeordneter Schutzzweck der Eingriffsermächtigung ist der Schutz der ethischen und sozialen Grundanschauungen, insbesondere die dort aufgehobene Würde oder Ehre von Personen im Sinne von Satz 1 Nr. 1. In Abs. 3 Nrn. 1–4 werden die ethischen und sozialen Grundanschauungen konkretisiert. § 14 Abs. 1 enthält die Festlegung der Erinnerungsorte und verweist hinsichtlich deren räumlicher Abgrenzung auf die Anlagen zu diesem Gesetz. In Abs. 2 werden die Erinnerungstage differenziert nach § 13 Abs. 2 Satz 2 Nr. 1 bzw. Nr. 2 festgelegt.

cc) Verfassungsmäßigkeit

Die Eingriffsermächtigung zum Schutz vor Meinungsäußerungen auf Versammlun- **202** gen, die an einem Ort oder Tag stattfinden, der in besonderer Weise an die Opfer der schweren Menschenrechtsverletzungen während der Zeiten der sowjetischen Besatzung und der SED-Diktatur erinnert, stellt Sonderrecht im Sinne von Art. 5 Abs. 1 und 2 GG dar. Dies kann auf der Grundlage des Wunsiedel-Beschlusses nicht als ausnahmsweise zulässig gerechtfertigt werden, weil das BVerfG nur bei den Menschenrechtsverletzungen des Naziregimes wegen ihrer Einzigartigkeit Sonderrecht zugelassen hat.[262]

Abs. 2 Nr. 1 c), der auch die zivilen und militärischen Opfer des zweiten Weltkrieges **203** in den Schutz einbezieht, war dem Gesetzgeber ein besonderes Anliegen, weil für ihn die Opfer dieses Krieges, den das Nazi-Regime begonnen und geführt hat, zugleich Opfer dieser Gewaltherrschaft sind.[263] Indem der Gesetzgeber außerhalb des Nazi-Regime am Krieg Beteiligte pauschal als Opfer sieht und sie so von eigener Verantwortung entlastet, ergreift er Partei im Streit um die richtige Geschichtsdeutung. Eine so umstrittene Streitfrage kann nicht einseitig im Gesetz zum Anknüpfungspunkt für die Feststellung einer Würdebeeinträchtigung genommen werden.[264]

Durchgreifende verfassungsrechtliche Bedenken bestehen gegen die Tathandlung **204** der Verharmlosung in Abs. 3 Nr. 1 und 4, weil das Verharmlosen nicht so schwer wiegt wie das Billigen, Verherrlichen und Rechtfertigen (vgl. Rdn. 185). Störungen des friedlichen Zusammenlebens der Völker nach Abs. 3 Nr. kommen als Anlass für ein Verbot oder eine Beschränkung von Versammlungen nicht in Betracht, weil entsprechende Äußerungen nicht gegen die nationalsozialistische Gewaltherrschaft gerichtet sind, weshalb Nr. 4 als Sonderrecht mit Art. 5 Abs. 2 GG nicht vereinbart werden kann.[265]

---

262 BVerfGE 124, 300/328.
263 LT-Drucks. 5/286, S. 13.
264 *Poscher/Rusteberg*, SächsVBl 2013, 173/179.
265 *Poscher/Rusteberg*, SächsVBl 2013, 173/182.

f) Schleswig-Holstein

205   *§ 13 Abs. 4*

(4) Die zuständige Behörde kann die Durchführung einer Versammlung unter freiem Himmel beschränken oder verbieten, die Versammlung nach deren Beginn auflösen, wenn

1. *die Versammlung an einem Tag stattfindet, der zum Gedenken an die Opfer der menschenunwürdigen Behandlung unter der nationalsozialistischen Gewalt- und Willkürherrschaft bestimmt ist, und*

2. *nach den zur Zeit des Erlasses der Verfügung erkennbaren Umständen die unmittelbare Gefahr besteht, dass durch die Versammlung die nationalsozialistische Gewalt- und Willkürherrschaft gebilligt, verherrlicht oder gerechtfertigt und dadurch der öffentliche Friede gestört wird.*

Tage nach Satz 1 Nummer 1 sind der 27. Januar und der 9. November.

206   Die Regelung hat nur Gedenktage zum Gegenstand, die in Satz 2 mit dem Holocaust-Gedenktag am 27.01. und der Reichspogromnacht am 09.11. mit Augenmaß »in großer Münze« festgelegt sind. Als Tathandlung wird auf das verfassungsrechtlich problematische Verharmlosen (Rdn. 185) verzichtet. Durch die Verknüpfung der Tathandlungen des Billigens, Verherrlichens oder Rechtfertigens mit der Störung des öffentlichen Friedens ist die Regelung hinsichtlich der Rechtsprechung des BVerfG zur besonderen Bedeutung des öffentlichen Friedens auf der sicheren Seite, wobei der Begriff restriktiv auszulegen ist.[266]

III. Auflösung und beschränkende Verfügung

1. § 15 Abs. 3

a) Allgemeines

aa) Begriff und Bedeutung

207   Die Auflösung beendet den Grundrechtsschutz für eine bestehende Versammlung mit dem Ziel der Zerstreuung der – bisherigen – Teilnehmer, für die sie eine Entfernungspflicht bei stationären Versammlungen begründet. Aus der Versammlung wird eine Personengruppe mit eingeschränktem Grundrechtsschutz, gegen die jetzt mit den Mitteln des Polizeirechts vorgegangen werden kann.[267] Entfernen sich die Adressaten der Auflösungsverfügung nicht, kann gegen sie ein Platzverweis ergehen, der im abgekürzten Vollstreckungsverfahren[268] durchgesetzt werden kann. Bei Aufzügen muss die Entfernungspflicht durch einen Platzverweis erst begründet werden, weil sie mangels Verweisung in § 19 BVersG auf § 11 Abs. 2 BVersG kraft Gesetzes nicht besteht. Die Auflösungsverfügung hat darüber hinaus maßgebliche Bedeutung für das Straf- und

---

266 BVerfGE 124, 300/334 ff.
267 So auch *Hettich*, DÖV 2011, 954/955 ff.; a.A. *Schwabe*, DÖV 2010, 720 ff. und DÖV 2011, 961 f.
268 Vgl. § 50 Abs. 2 nwPolG.

Ordnungswidrigkeitenrecht (Verwaltungsakzessorietät des Strafrechts) und das Vollstreckungsrecht (strafrechtlicher oder verwaltungsrechtlicher Rechtmäßigkeitsbegriff.

bb) Zulässigkeit von Beschränkungen

In Abs. 3 ist nur von der Auflösung die Rede, nicht wie in Abs. 1 von Auflagen, die 208 statt eines Verbots ergehen können. Aus dem Wortlaut der beiden Absätze könnte man daher folgern, dass Auflagen nur vor Beginn einer Versammlung möglich sind, weil von Beschränkungen nach Beginn erst in § 15 Abs. 3 BVersG die Rede ist und dort als Beschränkung nur die Auflösung vorgesehen wird.

Folge dieser Lesart ist, dass nach Beginn einer Versammlung Beschränkungen als Auf- 209 lagen nur als sog. Minusmaßnahmen (vgl. (Teil I, Rdn. 401 ff.) zulässig sein könnten. In systematischer Auslegung kann § 15 BVersG aber auch so gelesen werden, dass Auflagen auch nach Beginn verfügt werden können, weil auch ab diesem Zeitpunkt die Umstände erkennen lassen können, dass die öffentliche Sicherheit oder Ordnung bei Durchführung der Versammlung unmittelbar gefährdet ist.[269] Es besteht dann keine Notwendigkeit, auf das Polizeirecht zurückzugreifen, um Auflagen zu ermöglichen.

cc) Abschließender Charakter

§ 15 Abs. 3 BVersG stellt eine abschließende Befugnisnorm dar, die auch für unfried- 210 liche Versammlungen gilt und zwar auch dann, wenn die Gesamtheit der Teilnehmer sich nicht mehr im Schutzbereich befindet, weil sie gewalttätig geworden ist.[270] Gegen von Anfang an gewalttätige Aktionen in Form von Zusammenrottungen kann sofort mit den Mitteln des Polizeirechts vorgegangen werden, weil sie sich nie im Schutzbereich von Art. 8 Abs. 1 GG befunden haben.

dd) Zuständigkeit, Form, Verfahren

In § 15 Abs. 1 BVersG ist für den Erlass von Verbot und Auflagen von der zuständigen 211 Behörde die Rede. Da Abs. 3 sich mit dem »sie« auf Abs. 1 bezieht, wäre auch für den Erlass einer Auflösungsverfügung bzw. von Auflagen die Versammlungsbehörde zuständig. Die Zuständigkeit für Maßnahmen nach § 15 Abs. 3 BVersG sollte aber nur bei der Vollzugspolizei als Polizei im institutionellen Sinne liegen, weil nur sie über die erforderliche Sachkompetenz zur Entscheidung vor Ort aus einer Hand verfügt (vgl. Teil I, Rdn. 453).

Auflösung und Auflagen ergehen als Allgemeinverfügungen in aller Regel mündlich 212 vor Ort an alle, die es angeht, also die Gesamtheit oder einen abgrenzbaren Teil der Teilnehmer. Die Verfügungen werden mit der Bekanntgabe an die Betroffenen wirksam.[271] Die Bekanntgabe erfolgt mit Ausnahme kleinerer Veranstaltungen in aller

---

269 *Kingreen/Poscher*, POR, § 21 Rn. 15; BVerfGE 69, 315/353; OVG Greifswald, NJ 1990, 104.
270 *Zeitler*, Rn. 573.
271 § 41 Abs. 3 Satz 2 VwVfG.

Regel durch Ansprache der Betroffenen über Megafon oder Mikrofon. Folge der öffentlichen Bekanntgabe ist, dass es für die Wirksamkeit der Verfügung ausreicht, wenn im Zeitpunkt der Bekanntgabe die Möglichkeit der Kenntnisnahme bestand.

213 Auflösung und Auflagen ergehen meist in einer turbulenten Situation mit entsprechendem Schallpegel. Hinzu kommt, dass die Teilnehmer erregt bis aggressiv gestimmt sind. Deshalb sind bei der Bekanntgabe an die inhaltliche Bestimmtheit, Eindeutigkeit und Verständlichkeit besondere Anforderungen zu stellen.[272] Gegebenenfalls ist die Bekanntgabe mehrfach zu wiederholen, damit alle Betroffenen akustisch erreicht werden.

214 Die Anordnungen müssen ihre Bedeutung und Tragweite für die Betroffenen klar und eindeutig erkennen lassen. Diese Förmlichkeit ist maßgeblich für eine Strafbarkeit nach § 113 StGB; wird gegen sie verstoßen, führt das zur Rechtswidrigkeit der Diensthandlung und damit zur Straflosigkeit von Widerstandshandlungen gegen polizeilich angewandten unmittelbaren Zwang.

215 Eine Auflösung kann auch nicht konkludent erfolgen, etwa durch Einkesselung der Teilnehmer[273] und erst recht nicht durch Anwendung unmittelbaren Zwangs.[274] Den Betroffenen muss unmissverständlich klar gemacht werden, dass ihre Versammlung beendet ist.[275] Ergehen Auflösung oder Auflagen als unaufschiebbare Anordnung eines Polizeivollzugsbeamten, sind sie nach § 80 Abs. 2 Nr. 2 VwGO sofort vollziehbar.

ee) Rechtsgestaltende Wirkung

216 Die beschriebenen hohen formalen Anforderungen an eine Auflösungsverfügung sind deren einschneidender rechtsgestaltender Wirkung in Form der Beendigung des Grundrechtsschutzes durch Art. 8 Abs. 1 GG geschuldet. Mit einer Auflösungsverfügung werden die Teilnehmer aus dem Schutzbereich der Versammlungsfreiheit entfernt. Diese Rechtsgestaltung durch Verwaltungsakt bedarf keiner Vollstreckung, sondern stellt sich unmittelbar und sofort mit der Auflösung ein (vgl. Teil I, Rdn. 389 ff.).

ff) Bedeutung für das Straf-, Ordnungswidrigkeiten- und Vollstreckungsrecht

217 Solange die verfassungsunmittelbare Gewährleistungsschranke der Friedlichkeit gewahrt ist, befinden sich demonstrative Aktionen im Schutzbereich des Art. 8 Abs. 1 GG, auch wenn es sich wie bei Sitzblockaden möglicherweise um strafbares Verhalten handelt. Ist der Tatbestand der Nötigung und ihre Verwerflichkeit zu bejahen, liegt eine Störung der öffentlichen Sicherheit vor, die eine Auflösung der Versammlung rechtfertigt.

---

272 VG Hamburg, NVwZ 1987, 832 f.
273 VG Hamburg, NVwZ 1987, 832 f.; OVG Bremen, DÖV 1987, 253.
274 *Zeitler*, Rn. 592.
275 BVerfG, NVwZ 2005, 81; OLG Celle, NVwZ-RR 2005, 543 und 2006, 254.

Insoweit besteht Verwaltungs- bzw. Verwaltungsaktsakzessorietät.[276] Solange die vor 218
Ort befindliche Polizei die Versammlung nicht nach § 15 Abs. 3 BVersG auflöst, verbleiben die Demonstranten im Schutzbereich von Art. 8 Abs. 1 GG, in den sie gelangt
waren, weil ihre passive Resistenz nicht unfriedlich war.[277] Eine Auflösungsverfügung
ist zur Beendigung des Grundrechtsschutzes auch deshalb geboten, weil Versammlungen nicht genehmigt werden müssen, sondern in der Zulassungsform des kontrollierten Geschehenlassens seitens Versammlungsbehörden bzw. Polizei stattfinden.[278]
Überdies müssen die Behörden den aus Art. 8 Abs. 1 GG in den § 15 Abs. 3 BVersG
eingespeisten verfahrensrechtlichen Gehalt beachten, der als Grundrechtsschutz durch
Verfahren garantiert, dass die Grundrechtsträger nur über eine Auflösungsverfügung
aus dem Schutzbereich ausgeschlossen werden.[279]

Ergeht eine Auflösungsverfügung, so haben sich die bisherigen Teilnehmer nach §§ 18 219
Abs. 1, 13 Abs. 2 BVersG sofort zu entfernen. Kommen sie dieser Pflicht nicht nach,
können sie den Ordnungswidrigkeitentatbestand des § 29 Abs. 1 Nr. 2 BVersG verwirklichen. Insoweit verlangt das BVerfG aber, dass die Weigerung sich sofort zu entfernen nur dann nach § 29 Abs. 1 Nr. 2 BVersG geahndet werden darf, wenn die
Auflösungsverfügung nach Maßgabe des Versammlungsrechts formell und materiell
rechtmäßig war.[280]

Anders beurteilt das BVerfG die Anforderungen an die Auflösungsverfügung bei der 220
Beurteilung der Strafbarkeit wegen Widerstands gegen Vollstreckungsbeamte nach
§ 113 StGB.[281] Hier stellt das BVerfG wegen des präventiven Schutzzieles, Amtsträger
vor Angriffen zu bewahren, nicht auf die volle versammlungsrechtliche Rechtmäßigkeit ab, sondern lässt einen strafrechtlichen Rechtmäßigkeitsbegriff genügen.[282] Wegen der Notwendigkeit umgehenden behördlichen Einschreitens besteht die Pflicht
des Bürgers, eine wirksame, wenn auch gegebenenfalls rechtswidrige Anordnung zu
befolgen; er muss diese hinnehmen, kann aber nachträglich gegen sie vorgehen.[283]
Die Durchsetzung der Auflösungsverfügung kann in Anbetracht der Situationsgebun-
denheit der Anordnung nicht von ihrer versammlungsrechtlichen Rechtmäßigkeit
abhängen, wenn man die vom Staat zu leistende Sicherheit für andere Rechtsgüter
nicht vernachlässigen will.[284] Nach dem eingeschränkten Maßstab des strafrechtlichen
Rechtmäßigkeitsbegriffs reicht es demnach für eine Strafbarkeit nach § 113 StGB aus,
wenn der handelnde Beamte für seine Anordnung sachlich und örtlich zuständig war,

276 BVerfGE 73, 206/250; BVerfG, NJW 1991, 771; NJW 1992, 2688; BVerfGE 92,
191/201 ff.; BVerfG, NJW 2007, 1182 f.; *Brohm*, JZ 1985, 211; *Werner*, S. 129 ff.; *Knie-*
sel, Die Polizei 1992, 53 ff.; ders., NStZ 1998, 286/289; *Kloepfer*, StR VI, § 143 Rn. 58;
Bertuleit, Sitzdemonstrationen, S. 90; *Müller*, S. 138; *Kniesel/Poscher*, Rn. 405.
277 BVerfGE 73, 206/248 ff.
278 *Brohm*, JZ 1985, 508.
279 *Knemeyer/Deubert*, NJW 1992, 3133.
280 BVerfGE 87, 399/408 ff.; BVerfGK 11, 102/110.
281 Dazu *Keller*, PSP 1/2015, 3 ff.
282 BVerfGK 11, 102/111 ff.; BGH, NStZ 2015, 574/575.
283 BVerfGK 11, 102/111; BGH, NStZ 2015, 574/575.
284 *Kniesel/Poscher*, Rn. 451.

die zum Schutz der Betroffenen bestehenden wesentlichen Förmlichkeiten beachtet und das ihm eingeräumte Ermessen pflichtgemäß ausgeübt hat; insoweit verlangt das BVerfG, dass der Beamte im Bewusstsein seiner Verantwortung und unter bestmöglicher pflichtgemäßer Abwägung aller ihm erkennbaren Umstände seine Maßnahme für nötig und sachlich gerechtfertigt halten durfte.[285]

221 Eine wesentliche Förmlichkeit wird nicht beachtet, wenn gegen einen Versammlungsteilnehmer Vollstreckungsmaßnahmen durchgeführt werden, ohne dass die Versammlung vorher aufgelöst oder der Betroffene aus dieser ausgeschlossen wurde. Versammlungsbeendende Maßnahmen wie ein Platzverweis oder eine Gewahrsamnahme sind rechtswidrig, solange ihnen nicht eine Auflösung oder eine Auschließung vorausgegangen ist. Art. 8 GG gebiete, diese für den Grundrechtsschutz wesentlichen Förmlichkeiten nicht geringer zu gewichten als die Förmlichkeiten, deren Verletzung eine Bestrafung nach § 113 StGB in anderen Fällen ausschließt. Das hat zur Folge, dass eine Vollstreckungshandlung als Gewahrsamnahme ohne Auflösung oder Ausschließung als deren Grundlage rechtswidrig i.S. von § 113 Abs. 3 StGB anzusehen ist.[286]

b) Tatbestandliche Voraussetzungen

aa) Selbstständige Auflösungsgründe

222 Bei den in § 15 Abs. 3 BVersG geregelten Auflösungsmöglichkeiten kann man die selbstständigen Auflösungsgründe der Nichtanmeldung, des Abweichens von der Anmeldung und des Verstoßes gegen Auflagen von der unselbstständigen Auflösung unterscheiden, die sich an das Verbot in Abs. 1 anlehnt. Die selbstständigen Auflösungsgründe bedürfen der verfassungskonformen Auslegung, sofern man sie nicht für verfassungswidrig hält.[287]

aaa) Nichtanmeldung

223 Eine auf diesen Grund gestützte Auflösungsverfügung würde das Unterlassen der Anmeldung sanktionieren, obwohl die Anmeldepflicht als solche wegen des Wortlautes von Art. 8 Abs. 1 GG verfassungsrechtlich problematisch ist (vgl. § 14 Rdn. 7 ff.). Deshalb kann der Auflösungsgrund nicht pauschal angewendet werden und automatisch zur Auflösung führen.[288]

224 Bei einer Spontanversammlung scheitert die Anwendung schon daran, dass die den Veranstalter treffende Anmeldepflicht ins Leere geht, weil eine Spontanversammlung gerade dadurch gekennzeichnet wird, dass sie keinen Veranstalter hat. Das BVerfG

285 BVerfGK 11, 102/113; BGH, NStZ 2015, 574/575.
286 BVerfGK 11, 102/114 ff.
287 *Kingreen/Poscher*, POR, § 22 Rn. 4.
288 BVerfGE 69, 315/351.

stellt die Spontanversammlung von der Anmeldepflicht frei, weil ihr Zweck bei Einhaltung der Anmeldepflicht nicht erreicht werden könnte.[289]

Aber auch bei Eilversammlungen und ganz »normalen« Versammlungen stellt sich 225 die Frage nach der Zulässigkeit der Sanktionierung der Nichtanmeldung durch eine Auflösungsverfügung. Die Befugnisnorm des § 15 Abs. 3 BVersG dient der Abwehr von Gefahren für die öffentliche Sicherheit oder Ordnung, aber nicht als Sanktionsinstrument zur Disziplinierung des Veranstalters und zur Durchsetzung der Anmeldepflicht.[290]

Das gilt auch für Versammlungen, die rechtzeitig hätten angemeldet werden können 226 oder bei denen die Anmeldung aus Nachlässigkeit oder Böswilligkeit nicht erfolgt ist. Insoweit kann die unterbliebene Anmeldung als solche nur zur formellen, aber nicht zur materiellen Rechtswidrigkeit führen und formelle Rechtswidrigkeit berechtigt die Behörden nicht zum Unterbinden des Freiheitsgebrauchs; erst die materielle Rechtswidrigkeit kann den Entzug der materiellen Rechtsposition legitimieren.[291] Deshalb ist die unterbliebene Anmeldung für sich genommen kein Auflösungsgrund und § 15 Abs. 3 BVersG ist auf nicht angemeldete Versammlungen nicht anwendbar.[292]

Eine Auflösung kann dann nur erfolgen, wenn die unmittelbare Gefährdung der öf- 227 fentlichen Sicherheit oder Ordnung aus anderen Gründen gegeben ist.[293] Allerdings wird dies oft deshalb der Fall sein, weil die Anmeldung nicht oder verspätet erfolgte und die Polizei keine Möglichkeit hatte, Gefahren abwehrende oder reduzierende Maßnahmen zu treffen. Für diesen Fall ist aber der unselbstständige Auflösungsgrund des § 15 Abs. 3 BVersG einschlägig, womit sich die Überflüssigkeit des Auflösungsgrundes der Nichtanmeldung herausstellt.

bbb) Abweichen von den Angaben der Anmeldung, Zuwiderhandlung gegen Auflagen

Auch bei diesen selbstständigen Auflösungsgründen ist eine verfassungskonforme 228 Auslegung geboten. Das Abweichen von den Angaben der Anmeldung oder Verstöße gegen Auflagen können für sich genommen keine Auflösung rechtfertigen, sondern es müssen die Voraussetzungen für ein Verbot nach § 15 Abs. 1 BVersG vorliegen.[294] So erweist sich auch für diese beiden selbstständigen Auflösungsgründe ihre Überflüssigkeit neben dem unselbstständigen Auflösungsgrund des § 15 Abs. 3 BVersG.

---

289 BVerfGE 69, 315/350.
290 *Kniesel/Poscher*, Rn. 247.
291 *Kniesel/Poscher*, Rn. 247; *Werner*, S. 36 ff.
292 BVerfGE 69, 315/350 f.; BVerfG, NVwZ 2005, 80; *Ott/Wächtler/Heinhold*, § 15 Rn. 68; *Enders*, Jura 2003, 104; *Crombach*, S. 4 ff.; *Geis*, FH, Art. 8 Rn. 116; *Breitbach/Deiseroth/Rühl*, RBRS, § 15 Rn. 276.
293 *Kniesel/Poscher*, Rn. 247.
294 *Ott/Wächtler/Heinhold*, § 15 Rn. 68; *Kingreen/Poscher*, POR, § 22 Rn. 4.

ccc) Auflösung statt Verbot

229 § 15 Abs. 3 ermöglicht unter den Voraussetzungen des § 15 Abs. 1 BVersG die Auflösung einer Versammlung, die von vornherein hätte verboten werden können, aber – aus welchen Gründen auch immer – nicht verboten wurde. In aller Regel ergeht die Auflösung – quasi als nachträgliches Verbot – in den Fällen, in denen sich die unmittelbare Gefährdung der öffentlichen Sicherheit oder Ordnung erst nach Beginn der Versammlung vor Ort herausstellt.

230 Wurden in Ansehung des Grundsatzes der Verhältnismäßigkeit statt des Verbots Auflagen erlassen und wird vor Ort gegen diese verstoßen, kann die Auflösung verfügt werden. Das gilt auch, wenn vor Ort statt der Auflösung Auflagen verfügt wurden, die dann aber nicht beachtet werden.

c) Adressaten

231 Während der Versammlung ergehende Auflagen können an den Leiter gerichtet werden. Dieser ist aus seiner Ordnungsfunktion verpflichtet, die Auflagen den Teilnehmern bekannt zu geben. Auflösungsverfügungen sind an die Versammlung, d.h. an die Gesamtheit der Teilnehmer zu richten.

232 Wird die Gefährdung der öffentlichen Sicherheit oder Ordnung nur von einem Teil der Teilnehmer verursacht, kann eine beschränkende Verknüpfung als Allgemeinverfügung an diesen Teil der Versammlung gerichtet werden, wenn es sich um eine räumlich abgrenzbare Gruppe handelt. Das wäre etwa der Fall, wenn bei einer Versammlung sich ein Teil der Teilnehmer auf der Fahrbahn, der überwiegende Teil auf einem angrenzenden Platz befindet; hier können die auf der Straße befindlichen Teilnehmer dergestalt beauflagt werden, sich ebenfalls auf den Platz zu begeben. Dabei handelt es sich nicht um eine Teilauflösung, weil die Versammlung ja als Ganze erhalten bleibt.

d) Durchsetzung der Entfernungspflicht

aa) Platzverweis

233 Der Durchsetzung bedarf nicht die Auflösung, sondern der Platzverweis gegenüber den – bisherigen – Teilnehmern, der als Grundverfügung Ausgangspunkt der Verwaltungsvollstreckung ist. Bei Aufzügen begründet der Platzverweis erst die Entfernungspflicht, die bei stationären Versammlungen gem. §§ 18 Abs. 1, 13 Abs. 2 BVersG kraft Gesetzes besteht.

234 Dabei handelt es sich nicht um ein Redaktionsversehen, sondern die in § 19 BVersG fehlende Verweisung auf § 13 Abs. 2 BVersG hat einen sachlichen Grund. Während bei einer stationären Versammlung die Gefahr nur an diesem Ort drohen und durch Verweisen von diesem Ort abgewehrt werden kann, kann sie bei Aufzügen als mobilen Versammlungen durch die Fortsetzung der Bewegung drohen und durch Anhalten oder Richtungsänderung abgewehrt werden müssen.[295] Die zur Gefahrenabwehr gebotene Maßnahme kann deshalb auch das Verbleiben am Anhalteort sein.

---

295 *Kingreen/Poscher*, POR, § 22 Rn. 2.

Wird eine Versammlung durch ihren Leiter beendet, besteht für die Teilnehmer keine 235
gesetzliche Pflicht zum Sichentfernen, vielmehr muss sie durch einen Platzverweis
nach dem einschlägigen Polizeigesetz erst begründet werden.

bb) Einkesselung

Nach der Auflösung einer Versammlung oder eines Aufzuges kann die Einkesselung 236
der – bisherigen – Teilnehmer als Ingewahrsamnahme erforderlich werden, insbesondere als Übergangsmaßnahme zur Vorbereitung der geordneten und zeitversetzten
Zerstreuung. Die Kombination der Auflösungsverfügung mit dem nahezu zeitgleichen Festhalten der Personen durch Einkesselung am Ort der Auflösung kann nur in
Ausnahmefällen zulässig sein, wenn die gesicherte Prognose erstellt werden kann, dass
Gefahren für hochrangige Rechtsgüter dadurch entstehen, dass die Eingekesselten sich
entfernen können (vgl. Teil I, Rdn. 463 ff.).

e) Verhältnismäßigkeit, Ermessen, Abwägung

Auch bei der Beurteilung der Zulässigkeit einer Auflösung oder Beauflagung einer 237
Versammlung ist der Grundsatz der Verhältnismäßigkeit im Rahmen der Ermessensbetätigung von maßgeblicher Bedeutung. Die Abwägung zwischen den Rechten der
Versammlungsbeteiligten und entgegenstehenden Rechten Dritter und der Allgemeinheit ist auch beim Erlass einer Auflösungsverfügung oder einer beschränkenden
Verfügung in Gestalt der Herstellung praktischer Konkordanz geboten. Eine sorgfältige Abwägung unter Beachtung des Grundsatzes der Verhältnismäßigkeit ist insbesondere geboten, wenn die Aufgaben der Gefahrenabwehr und der Strafverfolgung
miteinander kollidieren, etwa wenn die Durchsetzung einer strafprozessualen Maßnahme – etwa die Identitätsfeststellung einer Gruppe Steine werfender Autonomer in
der Mitte einer Demonstration durch Einsatzkräfte – zu Eskalationen führte, die aus
der überwiegend friedlichen eine überwiegend unfriedliche Demonstration machen
würde (vgl. § 17a Rdn. 44 ff.).

2. Landesregelungen

a) Bayern

Art. 15 Abs. 4 bayVersG 238

(4) Nach Versammlungsbeginn kann die zuständige Behörde eine Versammlung be-
schränken oder auflösen, wenn die Voraussetzungen für eine Beschränkung oder ein Ver-
bot nach Abs. 1 oder 2 vorliegen oder gerichtlichen Beschränkungen zuwidergehandelt
wird.

Die Regelung folgt in ihrer Regelungsstruktur § 15 Abs. 3 BVersG, sieht aber aus- 239
drücklich Beschränkungen vor. Als selbstständiger Auflösungsgrund ist der Verstoß
gegen gerichtliche Beschränkungen vorgesehen, die in verwaltungsgerichtlichen Eilverfahren nach § 80 Abs. 5 Satz 4 VwGO oder in verfassungsgerichtlichen Verfahren
nach § 32 BVerfG als Auflagen oder Maßgaben festgesetzt werden. Daneben steht

der unselbstständige Auflösungsgrund der unmittelbaren Gefährdung der öffentlichen Sicherheit oder Ordnung, der sich auf die Verbote in Abs. 1 und 2 bezieht.

b) Niedersachsen

240   *§ 8 Abs. 1 und Abs. 2 ndsVersG*

(1) Die zuständige Behörde kann eine Versammlung unter freiem Himmel beschränken, um eine unmittelbare Gefahr für die öffentliche Sicherheit oder Ordnung abzuwehren.

(2) Die zuständige Behörde kann eine Versammlung verbieten oder auflösen, wenn ihre Durchführung die öffentliche Sicherheit unmittelbar gefährdet und die Gefahr nicht anders abgewehrt werden kann. Eine verbotene Versammlung ist aufzulösen. Nach der Auflösung haben sich die teilnehmenden Personen unverzüglich zu entfernen.

241   Die Regelungsstruktur der versammlungsgesetzlichen Generalklausel unterscheidet sich von der in § 15 BVersG, indem Abs. 1 die beschränkende Verfügung in den Vordergrund stellt und erst in Abs. 2 die einschneidenderen Maßnahmen des Verbots und der Auflösung regelt. Bei der Auflösung gibt es nur den unselbstständigen Auflösungsgrund der unmittelbaren Gefährdung der öffentlichen Sicherheit. Das Schutzgut der öffentlichen Ordnung rechtfertigt nur Beschränkungen, bei Verbot und Auflösung in Abs. 2 ist es entfallen.

c) Sachsen

242   *§ 15 Abs. 1 und Abs. 3 sächsVersG*

(1) Die zuständige Behörde kann die Versammlung oder den Aufzug verbieten oder von bestimmten Beschränkungen abhängig machen, wenn nach den zur Zeit des Erlasses der Verfügung erkennbaren Umständen die öffentliche Sicherheit oder Ordnung bei Durchführung der Versammlung oder des Aufzuges unmittelbar gefährdet ist.

*(3) Die zuständige Behörde kann eine Versammlung oder einen Aufzug auflösen, wenn
1. eine anzeigepflichtige Versammlung oder ein anzeigepflichtiger Aufzug nicht angezeigt wurde, wenn von den Angaben der Anzeige abgewichen oder den Beschränkungen zuwidergehandelt wird und eine Fortsetzung der Versammlung oder des Aufzuges zu einer konkreten Gefahr für die öffentliche Sicherheit führen würde oder
2. die Voraussetzungen für ein Verbot nach Absatz 1 oder 2 vorliegen.*

§ 15 Abs. 1 entspricht § 15 Abs. 1 BVersG; lediglich der Begriff Auflagen wurde durch den Begriff Beschränkungen ersetzt.

243   In Abs. 3 Nr. 1 sind die drei selbstständigen Auflösungsgründe der Nichtanzeige, des Abweichens von den Aufgaben der Anzeige und der Zuwiderhandlung gegen Beschränkungen geregelt. Die sprachliche Abwandlung der Anmeldung in Anzeige hat keine rechtliche Bedeutung.

244   Die Ergänzung, dass eine Fortsetzung der Versammlung oder des Aufzuges zu einer konkreten Gefahr für die öffentliche Sicherheit führen würde, bezieht sich auf die Auflösungsgründe des Abweichens von den Angaben der Anzeige oder der

Zuwiderhandlung gegen Beschränkungen. Mit dieser Ergänzung werden die verfassungsrechtlichen Bedenken abgefangen, wonach das Abweichen von Angaben bzw. das Zuwiderhandeln gegen Beschränkungen als solche für eine Auflösung nicht ausreichen (vgl. Rdn. 228).

Gegenüber der in Nr. 2 geregelten unselbstständigen Auflösung haben die Varianten **245** Abweichen und Zuwiderhandeln in Nr. 1 insoweit eigenständige Bedeutung als die aus der Fortsetzung der Versammlung resultierende Gefahr nur eine konkrete sein muss. Gegen den Auflösungsgrund der Nichtanzeige bestehen durchgreifende verfassungsrechtliche Einwände (vgl. Rdn. 223 und § 14 Rdn. 7 ff.).

d) Sachsen-Anhalt

§ 13 Abs. 4 s-a VersG **246**

(4) Die zuständige Behörde kann eine Versammlung oder einen Aufzug auflösen, wenn die Voraussetzungen zu einem Verbot nach Absatz 1 oder 2 gegeben sind. Sie kann eine Versammlung oder einen Aufzug, die oder der nach Maßgabe von § 12 Abs. 1 Satz 1 anzumelden war, darüber hinaus auflösen, wenn

1. keine Anmeldung erfolgte,

2. von den Angaben der Anmeldung abgewichen wird oder

3. den Beschränkungen zuwidergehandelt wird und andere Maßnahmen nicht ausreichen.

Die Regelung ist anders strukturiert als § 15 Abs. 3 BVersG, entspricht ihm aber **247** inhaltlich im Wesentlichen. Der unselbstständige Auflösungsgrund der unmittelbaren Gefährdung der öffentlichen Sicherheit – die öffentliche Ordnung ist als Schutzgut entfallen – ist vorab in Satz 1 geregelt.

In Satz 2 folgen dann die selbstständigen Auflösungsgründe der Nichtanmeldung, des **248** Abweichens von den Angaben der Anmeldung und der Zuwiderhandlung gegen Beschränkungen. Da diese Auflösungsgründe von einer Gefährdung der öffentlichen Sicherheit abgekoppelt sind, bedürfen sie der verfassungskonformen Auslegung, wonach das Abweichen von den Angaben der Anmeldung und das Zuwiderhandeln zu einer unmittelbaren Gefährdung der öffentlichen Sicherheit führen muss (vgl. Rdn. 223 ff. und 228).

e) Schleswig-Holstein

§ 13 Abs. 1 und Abs. 2 **249**

(1) Die zuständige Behörde kann die Durchführung einer Versammlung unter freiem Himmel beschränken oder verbieten, die Versammlung nach deren Beginn auch auflösen. wenn nach den zur Zeit des Erlasses der Maßnahmen erkennbaren Umständen die öffentliche Sicherheit bei Durchführung der Versammlung unmittelbar gefährdet ist.

(2) Verbot oder Auflösung setzen voraus, dass Beschränkungen nicht ausreichen.

250 In Abs. 1 wird neben Beschränkungen und Verbot auch die Auflösung geregelt und zwar alle drei Maßnahmen haben die unmittelbare Gefährdung der öffentlichen Sicherheit zur Voraussetzung. Selbstständige Auflösungsgründe sieht Abs. 1 nicht vor. Abs. 2 ist eine Konkretisierung des Grundsatzes der Verhältnismäßigkeit.

IV. Obligatorische Auflösung

1. § 15 Abs. 4

251 Bei der obligatorischen Auflösung nach Abs. 4 handelt es sich um eine zwingende Norm, bei der für Verhältnismäßigkeitserwägungen kein Raum ist.[296] Ob und welche Zwangsmittel zur Durchsetzung der Auflösung zur Anwendung kommen, steht im durch den Grundsatz der Verhältnismäßigkeit gesteuerten Ermessen der Polizei.[297] Dabei gilt der Grundsatz, dass dem Rechtsstaat des Grundgesetzes die Vorstellung einer Rechtsdurchsetzung um jeden Preis fremd ist.

252 Das durchzusetzende Verbot kann kraft Gesetzes bestehen, wie es in den Bannmeilengesetzen oder den Sonn- und Feiertagsgesetzen der Länder der Fall ist. Mit der Auflösung durchzusetzen sind aber auch von den zuständigen Behörden erlassene Versammlungsverbote.

2. Landesregelungen

253 Die § 15 Abs. 4 BVersG entsprechende Regelung ist in Bayern in Art. 15 Abs. 6, in Niedersachsen in § 8 Abs. 2 Satz 2, in Sachsen in § 15 Abs. 4 und in Sachsen-Anhalt in § 13 enthalten.

§ 16 [Bannkreise]

(1) Öffentliche Versammlungen unter freiem Himmel und Aufzüge sind innerhalb des befriedeten Bannkreises der Gesetzgebungsorgane der Länder verboten. Ebenso ist es verboten, zu öffentlichen Versammlungen unter freiem Himmel oder Aufzügen nach Satz 1 aufzufordern.

(2) Die befriedeten Bannkreise für die Gesetzgebungsorgane der Länder werden durch Landesgesetze bestimmt.

(3) Das Weitere regeln die Bannmeilengesetze der Länder.

---

296 Dazu näher *Barczak*, VerwArch 2014, 142 ff.
297 *Breitbach/Deiseroth/Rühl*, RBRS, § 15 Rn. 328.

I. Versammlungsverbot

1. Allgemeines

In Bannkreisen sind Versammlungen und Aufzüge verboten. Mit diesem Verbotstat- 1
bestand hat der Gesetzgeber selber die Versammlungsfreiheit generell beschränkt. Bei
§ 16 Abs. 1 BVersG handelt es sich um eine Blankettnorm, d.h. die Bestimmung ist
nach Maßgabe von § 16 Abs. 2 und Abs. 3 durch den Bundes- bzw. die Landesgesetzgeber auszufüllen, indem diese Bannmeilen- bzw. Bannkreisgesetze erlassen und so
§ 16 Abs. 1 konkretisieren. Dabei muss der Verlauf der Bannmeile durch formelles
Gesetz konkret festgelegt werden.

Nimmt der Gesetzgeber das Angebot des § 16 Abs. 1 nicht an und erlässt kein Bann- 2
meilengesetz, läuft das Verbot leer und es besteht kein Versammlungsverbot. Die
Länder Brandenburg, Bremen, Mecklenburg-Vorpommern, Sachsen, Sachsen-Anhalt,
Schleswig-Holstein und Thüringen haben von § 16 Abs. 1 keinen Gebrauch gemacht
und lassen damit Demonstrationen in unmittelbarer Nähe des Parlaments zu.

§ 16 BVersG ist die einzige versammlungsgesetzliche Grundlage für ein Flächenver- 3
bot, mit dem alle Versammlungen und Demonstrationen unter freiem Himmel zu
jedem Anlass und zu jeder Zeit untersagt sind.

Ein Bannkreis darf nicht so großzügig zugeschnitten werden, dass er einen großen Teil 4
der Stadt, die das Parlament beherbergt, erfasst.[1] Der Schutzzweck des § 16 BVersG
kann nur das nähere Umfeld des jeweiligen Gebäudes als befriedeten Bezirk ausweisen,
um so den physisch ungestörten Zugang zum Parlament zu ermöglichen. Die Sichtweite muss noch gewährleistet sein, d.h. die Demonstranten müssen die Abgeordneten

---

1 *Breitbach*, RBRS, § 16 Rn. 23.

mit ihren Forderungen aus einer Distanz konfrontieren können, dass diese – etwa auf Transparenten – noch erkennbar sind.

5 Das Verbot erfasst nur öffentliche Versammlungen unter freiem Himmel und Aufzüge unabhängig davon, ob sie auf öffentlichem Verkehrsraum, einer semiöffentlichen Fläche oder privatem Grund und Boden stattfinden.

2. Verbotszweck

6 Es geht um die Abwehr von Gefahren für die Funktionsfähigkeit der in § 16 Abs. 1 BVersG aufgeführten Verfassungsorgane und die Entscheidungsfreiheit ihrer Mitglieder.[2] Die Funktionsfähigkeit des Parlaments wird durch physische Einwirkung auf die Abgeordneten beeinträchtigt, wenn etwa der Zugang zum Parlamentsgebäude blockiert wird. Aber auch verbale Attacken oder erst recht inszenierte Drohkulissen emotionalisierter Menschenmassen können die Entscheidungsfreiheit von Abgeordneten in Frage stellen.[3] Ein Beispiel dafür sind die von der jüngeren Geschichtsschreibung geschilderten Vorkommnisse bei der Beschlussfassung über das Ermächtigungsgesetz im Reichstag der Weimarer Republik im Jahre 1933. Vor und in der nach dem Reichstagsbrand als Parlamentssitz bestimmten Krolloper skandierten SS- und SA-Angehörige »Wir wollen das Gesetz – sonst Mord und Totschlag«.[4] Dies Szenario hat den Gesetzgeber des BVersG von 1953 wohl zu dem generellen Verbot des Abs. 1 veranlasst.

7 Die h.M. geht aber darüber hinaus und sieht auch die innere Integrität der parlamentarischen Willensbildung von § 16 Abs. 1 geschützt.[5] Die Bannmeilenregelung soll dem Schutz der Repräsentationsfunktion des Parlaments dienen, das bei seiner freien Entscheidungsfindung vor jeder Beeinflussung von außen durch politische Versammlungen geschützt werden müsse. Das Parlament ist also vor plebiszitärem Druck, vor der unmittelbaren Beeinflussung durch Minderheiten zu bewahren.[6] Deshalb ist das Verbot des § 16 Abs. 1 als repressives Verbot mit Befreiungsvorbehalt[7] verstanden worden.[8]

8 Diese erweiternde Auslegung des Verbotszwecks lässt sich mit dem Grundgesetz nicht vereinbaren. Mit einem repressiven Verbot will der Gesetzgeber ein bestimmtes Verhalten als sozial schädlich oder sozial unerwünscht verbieten, lässt aber zu, dass in

---

2 OVG Münster, NWVBl. 1994, 305/308; *Schwäble*, S. 235 f.; *Tsatsos/Wietschel*, ZRP 1994, 211/212.

3 OVG Münster, NWVBl. 1994, 305/308; *Gusy*, MKS, Art. 8 Rn. 75; *Breitbach*, S. 105.

4 *Bullok*, Hitler, 1967, S. 251.

5 *Hoffmann-Riem*, AK-GG, Art. 8 Rn. 48; *Schwäble*, S. 236; *v. Mutius*, Jura 1988, 79/87; *Merten*, MDR 1968, 621/623; *Schwarze*, DÖV 1985, 213/218; OVG Münster, NWVBl. 1994, 305/308; OVG Saarlouis, DÖV 1977, 277; OLG Köln, VRS 85 (1993), 332/334.

6 OVG Münster, NWVBl. 1994, 305/308; OVG Saarlouis, DÖV 1977, 277; *Schwäble*, S. 235 f.

7 Vgl. dazu *Maurer/Waldhoff*, Allgemeines Verwaltungsrecht, 19. Aufl. 2017, § 9 Rn. 55.

8 OVG Saarlouis, DÖV 1974, 277; *Borchert*, S. 132 ff.; *Bairl-Vaslin*, S. 235; *Crombach*, S. 134.

besonders gelagerten Ausnahmefällen eine Befreiung vom Verbot erteilt wird.[9] Nach diesem Verständnis erweitert eine solche Ausnahmebewilligung den Rechtskreis des Bürgers.

Die Einflussnahme des Bürgers auf die politische Willensbildung jenseits von Wahlen 9 durch Veranstaltung von und Teilnahme an Demonstrationen ist unter der Demokratie des Grundgesetzes ein sozial erwünschtes Verhalten, auch dann, wenn es darum geht, die Abgeordneten in unmittelbarer Nähe zum Parlament mit politischen Forderungen zu konfrontieren. Dieser Druck der Straße ist, auch wenn das geballte Auftreten einer Menschenmasse eine bedrohliche Wirkung hat, von der Versammlungsfreiheit garantiert.

Deshalb ist das Verbot des § 16 Abs. 1 verfassungskonform auszulegen und als prä- 10 ventives Verbot mit Erlaubnisvorbehalt zu verstehen.[10] Die aus Art. 8 Abs. 1 GG resultierende Gestaltungsfreiheit bezieht sich auch auf die freie Wahl des Versammlungsortes. Mit einem Bannkreis würde dieses Recht beeinträchtigt und eine demonstrationsfreie Zone eingeführt. Auf diesem Hintergrund muss – zunächst – von der Ungefährlichkeit einer Demonstration im Bannkreis ausgegangen werden. Ein die Gefahrenprognose unberücksichtigt lassendes Versammlungsverbot in der Bannmeile stellt eine unverhältnismäßige Einschränkung von Art. 8 Abs. 1 GG dar.[11]

Das Parlament ist selber eine Stätte des politischen Kampfes und Teil der Sphäre der 11 Öffentlichkeit, in dem in unterschiedlicher Form Druck auf Abgeordnete ausgeübt wird, sei es mittels Fraktions- oder Parteidisziplin, sei es durch Einflussnahme von Lobbyisten.[12] Bis hin zur staatlichen Parteienfinanzierung müssten alle Einflussnahmen auf Parlamentarier ebenfalls unterbleiben, wenn man Demonstrationen im Bannkreis für unzulässig hielte.[13]

II. Zuzulassende Versammlungen

1. Verfahren

Alle bestehenden Bannmeilengesetze eröffnen die Möglichkeiten von Ausnahmen. So 12 sind nach § 3 Abs. 1 des Gesetzes über befriedete Bezirke für Versammlungsorgane des Bundes öffentliche Versammlungen und Aufzüge innerhalb befriedeter Bezirke zuzulassen, wenn eine Beeinträchtigung der Tätigkeit der geschützten Organe und eine Behinderung des freien Zugangs zu ihnen nicht zu besorgen sind.

Versteht man das Verbot des § 16 Abs. 1 als präventives Verbot mit Erlaubnis- 13 vorbehalt, müssen auch die Ausnahmeregelungen in den Bannmeilengesetzen

---

9 *Maurer/Waldhoff* (Fn. 7), § 9 Rn. 55.
10 *Breitbach*, S. 192 ff.; *Höfling*, S, Art. 8 Rn. 72; *Ehrentraut*, S. 164 ff.; *Hoffmann-Riem*, HGR IV, § 106 Rn. 115; *Tsatsos/Wietschel*, ZRP 1994, 212 ff.; *Kniesel/Poscher*, Rn. 110; *Werner*, S. 149 f.
11 *Werner*, S. 149.
12 *Breitbach*, RBRS, § 16 Rn. 35.
13 *Breitbach*, RBRS, § 16 Rn. 35.

verfassungskonform ausgelegt werden. Insoweit kann zunächst danach differenziert werden, ob bei der zuständigen Stelle zur Entgegennahme von Zulassungsanträgen ein Ausnahmeantrag gestellt worden ist und alsdann danach, ob die geplante Demonstration formell oder materiell rechtswidrig ist.

a) Zulässigkeit von Spontanversammlungen

14   Nach dem herkömmlichen Verständnis von § 16 Abs. 1 soll das Verbot auch für Spontanversammlungen gelten, weil der Gesetzgeber dem Schutzgut der Funktionsfähigkeit der von ihm herausgehobenen Verfassungsorgane gegenüber Art. 8 Abs. 1 GG prinzipiellen Vorrang eingeräumt habe.[14]

15   Eine vermittelnde Meinung wendet das Verbot grundsätzlich auch auf Spontanversammlungen an, doch müsse ihren Besonderheiten durch grundrechtsfreundliche Verfahrensgestaltung des Ausnahmeverfahrens Rechnung getragen werden. Dieses müsse so gestaltet werden, dass Spontanversammlungen nicht von vornherein an der strikten Einhaltung der Ordnungsvorschriften des Ausnahmeverfahrens scheitern müssten.[15]

16   Nach einer vermehrt vertretenen Auffassung kann § 16 Abs. 1 i.V. mit den Bannmeilengesetzen nur dann Anwendung finden, wenn die Verfahrensvorschriften Spontanversammlungen nicht von vornherein ausschließen.[16] Ein generelles Verbot von Spontanversammlungen im Bannkreis könne mit Art. 8 Abs. 1 GG nicht in Einklang gebracht werden, vielmehr müsse eine verfassungskonforme Auslegung der Bannmeilengesetze zum Ergebnis kommen, dass Spontanversammlungen keiner Genehmigungspflicht unterliegen; solange der Verbotszweck der Bannmeilengesetze nicht gegeben sei, seien Spontanversammlungen auch ohne Genehmigung zulässig.[17]

17   Der letzten Auffassung ist zu folgen, weil Art. 8 Abs. 1 GG auch Spontanversammlungen im Bannkreis unter Schutz stellt. Die aus der Versammlungsfreiheit abzuleitende Gestaltungsfreiheit als Recht der Selbstbestimmung über Ort, Zeit, Form und Inhalt der Versammlung erfasst auch die spontane Versammlung.[18] Gerade die Spontanität gehört unverzichtbar zu einem freien demokratischen Versammlungswesen und eine Tabuzone um das Parlament ist mit der freien Wahl des Ortes unvereinbar.[19] Die Garantie durch Art. 8 Abs. 1 GG kann für einen bestimmten Versammlungstypus nicht außer Kraft gesetzt werden.[20]

---

14   *Schwäble*, S. 235; *Krüger*, S. 141; *Hoch*, JZ 1969, 18/21; *Schwarze*, DÖV 1985, 213/219; *Wache*, in: Erbs/Kohlhaas, Strafrechtliche Nebengesetze, V 55, § 16 Rn. 1.
15   *Dietel/Gintzel/Kniesel*, 16. Aufl. 2011, § 16 Rn. 4 ff.
16   *Breitbach*, RBRS, § 16 Rn. 14; *Ott/Wächtler/Heinhold*, § 16 Rn. 19; *Zeitler*, Rn. 251; *Borchert*, S. 140 f.
17   *Borchert*, S. 140; *Werner*, NVwZ 2000, 369/373; *Kniesel/Poscher*, Rn. 103.
18   BVerfGE 69, 315/350 f. und 357 ff.; *Höfling*, SA, Art. 8 Rn. 22.
19   *Schwäble*, S. 197; *Werner*, S. 159.
20   BVerfGE 69, 315/350 f.

b) Zulässigkeit von Eilversammlungen

Auch Eilversammlungen stehen unter dem Schutz von Art. 8 Abs. 1 GG, der durch 18
Ausnahmeregelungen in den Bannmeilengesetzen nicht außer Kraft gesetzt werden
kann. Das ist bei solchen Landesregelungen der Fall, die einen Antrag auf Zulassung
der Versammlung im Bannkreis 10 Tage vor ihrer Durchführung fordern.[21]

Problematisch sind aber auch die Bannmeilenregelungen, die die Einhaltung einer 19
Antragsfrist nicht zwingend oder gar nicht vorschreiben[22]; die Durchführung einer
Eilversammlung kann auch daran scheitern, dass trotz eines vor Beginn der Versammlung gestellten Antrags dieser nicht rechtzeitig beschieden wird. Verlangte man gleichwohl die Durchführung eines Genehmigungsverfahrens, wären Eilversammlungen im
Bannkreis nicht möglich. Dies Ergebnis wäre aber ebenfalls mit Art. 8 Abs. 1 GG nicht
zu vereinbaren.[23] Bei Eilversammlungen im Bannkreis ist demnach ein Antrag auf Zulassung zu stellen, sobald das möglich ist. Doch muss der Zulassungsbescheid nicht
abgewartet werden, wenn der Zweck der Versammlung ansonsten vereitelt würde.[24]

c) Zulässigkeit von Versammlungen ohne Zulassungsantrag

Es finden in der Bannmeile auch Versammlungen statt, bei denen aus Unkenntnis, 20
Nachlässigkeit oder böswilliger Absicht kein Zulassungsantrag gestellt worden ist.
Hier wird die Auffassung vertreten, dass diese Versammlungen als verbotene Ver-
sammlungen nach § 15 Abs. 4 BVersG aufzulösen sind.[25]

Dem kann nicht gefolgt werden. Die §§ 14 und 15 BVersG bleiben auch im Zu- 21
lassungsverfahren in Geltung[26] und die zuständigen Versammlungsbehörden haben
darüber zu entscheiden, ob im Rahmen einer Ausnahmegenehmigung ein Verbot oder
eine beschränkende Verfügung wegen unmittelbarer Gefährdung für das in der Bannmeile bedrohte Schutzgut zu erlassen ist.[27]

Die Sanktionierung der Nichtanmeldung in § 15 Abs. 3 BVersG dient nicht der Dis- 22
ziplinierung des Veranstalters zur ordnungsgemäßen Anmeldung, sondern ausschließlich der Gefahrenabwehr.[28] Deshalb kann das Fehlen einer Ausnahmebewilligung oder
Zulassung keinen Auflösungsgrund darstellen, weil die verfahrensrechtlichen Bestimmungen des BVersG und des BefBezG bei materieller Zulässigkeit der Versammlung
keine hochrangigen Schutzgüter sind, deren Verletzung für sich genommen ein Verbot
oder eine Auflösung tragen könnte.[29]

---

21 Vgl. § 2 Abs. 2 bwBannmG und § 3 Abs. 2 rpBannmG.
22 In § 7 BefBezG, § 4 hessBannmG und § 4 thürBannmG ist die Antragsfrist als Soll-Vor-
   schrift ausgestaltet; in den anderen Bundesländern gibt es keine Antragsfrist.
23 BVerfGE 85, 69/75; 69, 315/351.
24 *Kniesel/Poscher*, Rn. 111.
25 *Hettich*, Rn. 156.
26 Vgl. § 3 Abs. 1 Satz 3 BefBezG.
27 *Kniesel/Poscher*, Rn. 109; vgl. auch VGH München, NVwZ-RR 2017, 574 f.
28 *Breitbach*, RBRS, § 16 Rn. 277; *Werner*, S. 171.
29 *Kniesel/Poscher*, Rn. 109; *Merk*, WHM, Art. 17–19 Rn. 17.

d) Zulässigkeit von Versammlungen bei abgelehnter Zulassung

23 Findet trotz Ablehnung des Genehmigungsantrags die Versammlung in der Bannmeile statt, stellt sich die Frage, ob die vor Ort befindliche Polizei an die Ablehnungs-
entscheidung gebunden ist oder ob sie die Versammlung bei fehlender Gefährdung
der öffentlichen Sicherheit oder Ordnung zulassen kann.

24 Auch bei der fehlenden Zulassung durch das berufene Organ muss es auf die materielle Rechtmäßigkeit ankommen; allein das Nichtbefolgen des Ablehnungsentscheids
rechtfertigt nicht die Auflösung, weil diese nicht der Disziplinierung des Veranstalters
dient, der trotz Ablehnung in der Bannmeile demonstrieren will.[30] Entscheidend ist
demnach die Beurteilung der Gefahrenlage vor Ort. Die hier gebotene Gefahrenprognose kann der Polizei als zuständiger Behörde vor Ort im Versammlungsgeschehen
nicht deshalb verwehrt werden, weil die zur Entscheidung über die Ausnahmebewilligung berufene Stelle vorher auf überholter Lageeinschätzung anders entschieden hat.[31]

2. Zuständigkeiten

25 Zuständig für die Entscheidung über die Ausnahmebewilligung sind nach dem jeweiligen Bannmeilengesetz
   – in Baden-Württemberg das Innenministerium im Einvernehmen mit dem Prä-
     sidenten des Landtags (§ 2 Abs. 1); für die Entgegennahme des Antrags, der
     mindestens 10 Tage vor der Veranstaltung eingereicht werden muss, die Ortspoli-
     zeibehörde Stuttgart (§ 2 Abs. 2);
   – in Bayern das Staatsministerium des Inneren im Einvernehmen mit dem Präsiden-
     ten des Landtags (Art. 19 Abs. 3 BayVersG);
   – in Berlin der Präsident des Abgeordnetenhauses im Einvernehmen mit dem Se-
     nator für Inneres (§ 2 Abs. 2);
   – in Hamburg der Senat mit Zustimmung der Präsidenten der Bürgerschaft (§ 3); für
     Entgegennahme des Antrags die Behörde für Inneres;
   – in Hessen das Ministerium des Inneren mit Einvernehmen mit dem Präsidenten
     des Landtags (§ 3 Abs. 1); Anträge sind mindestens 10 Tage vor der Veranstaltung
     beim Polizeipräsidenten in Wiesbaden einzureichen;
   – in Niedersachsen der Minister des Inneren im Einvernehmen mit dem Präsidenten
     des Landtags (§ 3);
   – in Nordrhein-Westfalen der Präsident des Landtags im Benehmen mit dem Innen-
     minister (§ 1 Abs. 2);
   – in Rheinland-Pfalz der Minister des Inneren im Einvernehmen mit dem Präsiden-
     ten des Landtags (§ 3 Abs. 1); Anträge sind mindestens 10 Tage vor der Veranstal-
     tung beim Polizeipräsidenten in Mainz einzureichen (§ 3 Abs. 2);
   – im Saarland das Präsidium des Landtags (§ 81 Abs. 2 des Gesetzes über den
     Landtag).

---

30 *Breitbach*, RBRS, § 16 Rn. 277; *Werner*, S. 171.
31 *Werner*, S. 171.

III. Landesregelungen

1. Bayern

Art. 17 Befriedeter Bezirk   26

Für den Landtag des Freistaates Bayern wird ein befriedeter Bezirk gebildet.

Der befriedete Bezirk um das Landtagsgebäude umfasst das nachfolgend umgrenzte Gebiet der Landeshauptstadt München: Max-Weber-Platz, Innere Wiener Straße, Wiener Platz, Innere Wiener Straße, Am Gasteig, Ludwigsbrücke, Westufer der Isar, Prinzregentenbrücke, südliches Rondell am Friedensengel, Prinzregentenstraße, Ismaninger Straße, Max-Weber-Platz. Die angeführten Straßen und Plätze sind nicht Teil des befriedeten Bezirks.

Art. 18 Schutz des Landtags

Versammlungen unter freiem Himmel sind innerhalb des befriedeten Bezirks verboten. Ebenso ist es verboten, zu Versammlungen nach Satz 1 aufzufordern.

Art. 19 Zulassung von Versammlungen

(1) Nicht verbotene Versammlungen unter freiem Himmel können innerhalb des befriedeten Bezirks zugelassen werden.

(2) Anträge auf Zulassung von Versammlungen nach Abs. 1 sind spätestens sieben Tage vor der Bekanntgabe schriftlich, elektronisch oder zur Niederschrift beim Staatsministerium des Innern, für Sport und Integration einzureichen. Art. 13 Abs. 2 und 3 gelten entsprechend.

(3) Über Anträge auf Zulassung entscheidet das Staatsministerium des Innern, für Sport und Integration im Einvernehmen mit dem Präsidenten des Landtags.

(4) Durch die Zulassung werden die übrigen Vorschriften dieses Gesetzes, insbesondere Art. 13 bis 15, nicht berührt.

a) Art. 17

Die Vorschrift tritt an die Stelle des Gesetzes über die Befriedung des Landtagsgebäu-   27
des des Freistaats Bayern und folgt im Wesentlichen § 1 BefBezG.

b) Art. 18

Die Vorschrift entspricht im Wesentlichen § 16 Abs. 1 BVersG und enthält ein grund-   28
sätzliches Verbot von öffentlichen Versammlungen unter freiem Himmel innerhalb
des befriedeten Bezirks.

aa) Schutzgut

Geschützt wird die Funktionsfähigkeit des Parlaments, die neben dem Schutz sei-   29
ner Mitglieder vor physischen Einwirkungen und der Sicherung des Zugangs zum

Landtag auch die Entscheidungsfreiheit der Abgeordneten vor nicht hinzunehmenden mittelbaren Einwirkungen umfasst.[32]

bb) Verfassungsmäßigkeit des Verbots

30 Nach dem Wortlaut des Art. 18 Satz 1 sind verboten ist davon auszugehen, dass der Gesetzgeber – wie auch bei § 16 Abs. 1 BVersG – ein repressives Verbot mit Befreiungsvorbehalt statuieren wollte.[33] Insoweit ergeben sich erhebliche verfassungsrechtliche Bedenken (vgl. Rdn. 9 ff.), weil der Gesetzgeber mit der Einschränkung der Selbstbestimmung zur Wahl des Versammlungsortes in die Versammlungsfreiheit eingegriffen hat.[34]

31 Über diese verfassungsrechtlichen Bedenken gehen die Vorbehalte hinaus, die gegenüber Art. 18 Satz 1 bestehen. Die bayerische Verfassung sieht in Art. 113 – anders als Art. 8 Abs. 2 GG – keinen Gesetzesvorbehalt vor.[35] Beschränkungen sollen deshalb nur auf der Grundlage immanenter Schranken oder von Art. 98 Satz 2 zulässig sein.[36] Dann wäre nicht nur ein repressives Verbot mit Befreiungsvorbehalt, sondern jegliches Verbot unzulässig, also auch ein präventives Verbot mit Erlaubnisvorbehalt wegen fehlender Verhältnismäßigkeit; als milderes Mittel gegenüber dem Zulassungsverfahren stünde das normale Anzeigeverfahren zur Verfügung und das Schutzgut der Funktionsfähigkeit des Landtags könnte im Rahmen der unmittelbaren Gefährdung der öffentlichen Sicherheit nach Art. 15 Abs. 1 mit der Versammlungsfreiheit abgewogen werden.[37]

c) Art. 19

32 Nach Art. 19 Abs. 1 können nicht verbotene Versammlungen im befriedeten Bezirk zugelassen werden. Der Gesetzgeber kann aber nur verbotene meinen, weil die Regelung sonst keinen Sinn ergibt. Es handelt sich wohl um ein gesetzgeberisches Versehen.

33 Entgegen dem Wortlaut handelt es sich um eine gebundene Entscheidung; die Versammlung ist zuzulassen, wenn eine Beeinträchtigung der Funktionsfähigkeit des Landtags nicht zu erwarten ist. Insoweit ist das Verbot in Art. 18 entgegen seinem Wortlaut als präventives Verbot mit Erlaubnisvorbehalt zu verstehen.[38]

aa) Zulässigkeit von Spontanversammlungen

34 Nach dem Wortlaut des Gesetzes und der Begründung zu Art. 19 sind auch Spontanversammlungen im Bannkreis ausgeschlossen. Das lässt sich weder mit Art. 8 Abs. 1 GG noch mit Art. 113 bayVerf vereinbaren (vgl. Rdn. 15 ff.). Spontanversammlungen

---

32 *Merk*, WHM, Art. 17–19 Rn. 3.
33 *Merk*, WHM, Art. 17–19 Rn. 4; *Arzt*, DÖV 2009, 381/389.
34 *Merk*, WHM, Art. 17–19 Rn. 5.
35 *Wolff*, in: LMW, Verfassung des Freistaats Bayern, Art. 113 Rn. 13.
36 *Merk*, WHM, Art. 17–19 Rn. 5.
37 *Merk*, WHM, Art. 17–19 Rn. 5.
38 *Merk*, WHM, Art. 17–19 Rn. 6.

im Bannkreis sind daher bei materieller Rechtmäßigkeit zulässig und können von der Polizei nicht aufgelöst werden.[39]

bb) Zulässigkeit von Eilversammlungen

Aus der Verweisung in Art. 19 Abs. 2 Satz 2 auf Art. 13 Abs. 3 folgt, dass auch der 35 Gesetzgeber von der Zulässigkeit von Eilversammlungen ausgegangen ist. Der Zulassungsantrag ist zwar spätestens sieben Tage vor der Bekanntgabe der geplanten Versammlung einzureichen, doch muss der Veranstalter nicht unbedingt die Bescheidung seines Antrags abwarten, wenn die Durchführung seiner Versammlung ansonsten scheitern würde.[40]

cc) Zulässigkeit von Versammlungen ohne Zulassung

Versammlungen, für die aus Unkenntnis, Nachlässigkeit oder auch böswillig kein 36 Antrag auf Zulassung gestellt worden sind, sind nicht nach Art. 15 Abs. 6 obligatorisch aufzulösen, solange sie nicht materiell rechtswidrig sind, weil keine Gefahr für die Funktionsfähigkeit des Landtags besteht (vgl. Rdn. 22).[41] Das gilt auch für Versammlungen, für die eine Zulassung abgelehnt wurde, wenn die Polizei vor Ort eine positive Gefahrenprognose erstellen kann (vgl. Rdn. 23 f.)

2. Niedersachsen

a) § 18

In § 18 Abs. 1 Satz 2 ist ein grundsätzliches Verbot von Versammlungen im befriede- 37 ten Bezirk statuiert, das dem Schutz der Funktionsfähigkeit des Landtags und seiner Mitglieder dient. Ausnahmen vom Verbot sind nach § 19 Abs. 1 Satz 1 zuzulassen, wenn die gerade genannten Schutzgüter nicht gefährdet werden. Bei Ausschluss einer Gefährdung i.S. von § 8 besteht also ein Anspruch auf Zulassung. Insoweit ist davon auszugehen, dass der Gesetzgeber von einem präventiven Verbot mit Erlaubnisvorbehalt ausgegangen ist, weshalb das in § 18 Abs. 1 Satz 2 enthaltene Verbot keinen verfassungsrechtlichen Bedenken begegnet.

Solche bestehen aber, wenn als Schutzgut des Verbots nicht nur die Funktionsfähigkeit 38 des Landtags, sondern auch die Willensfreiheit seiner Mitglieder gesehen wird.[42] Die Verweigerung der Zulassung wegen einer Gefährdung der freien Willensbildung der Abgeordneten durch den »Druck der Straße« ist mit der Versammlungsfreiheit, die ja gerade diese Form der Einflussnahme auf den politischen Willensbildungsprozess garantiert, nicht vereinbar[43] (vgl. Rdn. 9 ff.).

---

39 *Merk*, WHM, Art. 17–19 Rn. 15.
40 *Merk*, WHM, Art. 17–19 Rn. 14.
41 *Merk*, WHM, Art. 17–19 Rn. 17; *Werner*, S. 171.
42 *Ullrich*, VersG, § 18 Rn. 2.
43 Krit. *Wefelmeier*, WM, § 19 Rn. 3.

b) § 19

39   Dem Verfahren der Zulassung sollen auch Spontanversammlungen unterfallen. Auch wenn für diese gem. § 5 Abs. 5 die Anzeigepflicht entfalle, könne daraus nicht abgeleitet werden, dass Spontanversammlungen im befriedeten Bezirk erlaubt wären. Diese seien dort verboten, weil die Prüfung einer möglichen Beeinträchtigung der Funktionsfähigkeit vorher nicht möglich war.[44]

40   Es bestehen grundsätzliche Bedenken gegen die Einbeziehung von Spontanversammlungen in das Zulassungsverfahren nach § 19, weil es gerade die Spontanität ist, die die verfassungsrechtliche Sonderrolle der Spontanversammlung ausmacht[45] (vgl. Rdn. 16 ff.). Aber unabhängig davon kann die Begründung, dass ansonsten keine Kontrollmöglichkeit bestehe, für die Einbeziehung von Spontanversammlungen in das Zulassungsverfahren nicht überzeugen. Die Prüfung der Beeinträchtigung der Funktionsfähigkeit des Landtags und seiner Mitglieder kann vor Ort durch die Polizei erfolgen, die bei Bejahung einer unmittelbaren Gefährdung der öffentlichen Sicherheit die Spontanversammlung auflösen wird.

41   Problematisch ist auch der Fall, wenn ein Antrag auf Zulassung nicht gestellt worden ist. Formelle Rechtswidrigkeit allein kann nicht zur obligatorischen Auflösung nach § 8 Abs. 2 Satz 2 führen (vgl. Rdn. 36). Vielmehr hat die Polizei auch in diesem Fall vor Ort zu prüfen, ob eine unmittelbare Gefährdung der Funktionsfähigkeit des Landtags und seiner Mitglieder die Auflösung der Versammlung erforderlich macht.[46]

§ 17 [Ausnahmen für besondere Versammlungen]

§§ 14–16 gelten nicht für Gottesdienste unter freiem Himmel, kirchliche Prozessionen, Bittgänge und Wallfahrten, gewöhnliche Leichenbegängnisse, Züge von Hochzeitsgesellschaften und hergebrachte Volksfeste.

I. Regelungsgegenstand

1   Die in § 17 genannten Zusammenkünfte werden durch die Norm von den Einschränkungen der §§ 14, 15 und 16 und nach § 17a Abs. 3 Satz 1 auch von den

---

44 LT-Drucks. 16/2913, S. 21; *Wiefelspütz*, NVwZ 2000, 1016/1017.
45 *Werner*, NVwZ 2000, 369/373; *Dietrich*, DÖV 2010, 684/685; a.A. *Wefelmeier*, WM, § 19 Rn. 8; *Ullrich*, VersG, § 18 Rn. 3.
46 A.A. *Wefelmeier*, WM, § 19 Rn. 8.

Verbotsregelungen des § 17a Abs. 1 und 2 und damit auch von der Strafnorm des § 27 Abs. 2 ausgenommen.

Erfasst werden zunächst kirchliche Zusammenkünfte im Rahmen der Religionsaus- 2 übungsfreiheit des Art. 4 Abs. 2 GG. Dazu gehören auch die »gewöhnlichen« Leichenbegängnisse als Totengeleit zum Bestattungsort, wenn sie durch Geistliche kirchlich begleitet werden. Nicht kirchlich begleitete Leichenzüge sowie traditionelle Volksfeste und Züge von Hochzeitsgesellschaften fallen als säkulare Zusammenkünfte unter § 17.

Allen Veranstaltungen ist gemeinsam, dass sie nicht auf die Teilhabe an der öffent- 3 lichen Meinungsbildung gerichtet sind. Geht es aber bei einem Bittgottesdienst um ein aktuelles politisches Anliegen oder findet dieser im Rahmen einer Demonstration statt, wie es bei der großen Asylrechtsdemonstration 1993 in Bonn der Fall war, liegt eine Versammlung vor und das BVersG findet in vollem Umfang Anwendung.

II. Regelungsgehalt und Versammlungsbegriff

1. Der überkommene Versammlungsbegriff des BVersG

Bei allen Zusammenkünften des § 17 handelt es sich um Versammlungen i.S. des 4 weiten verfassungsrechtlichen Versammlungsbegriffs und diese Zusammenkünfte entsprechen dem Versammlungsbegriff des § 1 Abs. 1 BVersG (vgl. Teil I, Rdn. 102). Der Gesetzgeber des BVersG wollte als Versammeln einfach alles erfassen, was traditionell und gemeinhin als Versammlung verstanden wurde.[1] Wenn es sich nicht um Versammlungen i.S.d. BVersG handeln würde, hätte es des § 17 nicht bedurft.

2. Verbleibende Relevanz von § 17

Versammlungsgesetzliche Relevanz hat § 17 noch in Verbindung mit der Ausnahme- 5 regelung des § 17a Abs. 3 Satz 1. Die Verbotsregelungen des § 17a Abs. 1 und 2 erfassen neben öffentlichen Versammlungen unter freiem Himmel auch sonstige öffentliche Veranstaltungen unter freiem Himmel und privilegieren mit der Ausnahmeregelung die in § 17 genannten Veranstaltungen gegenüber anderen Veranstaltungen unter freiem Himmel, insbesondere Sport-, Theater- und Musikveranstaltungen.

3. Entfallen der Versammlungsprivilegien

Die Veranstaltungen nach § 17 partizipieren nicht an der für Versammlung bestehen- 6 den Erlaubnisfreiheit für versammlungstypische Betätigungen. Der Ausschluss sonst geltender Erlaubnisvorbehalte für die Inanspruchnahme öffentlicher Verkehrsflächen oder die Benutzung von Lautsprechern gilt für sie nicht. Für die Veranstaltungen i.S. von § 17 gilt damit allgemeines und besonderes Gefahrenabwehrrecht, insbesondere das Straßen- und Straßenverkehrsrecht mit den dort vorgesehen Erlaubnisvorbehalten. Allerdings muss bei religiösen Zusammenkünften wie Gottesdiensten und Prozessionen unter freiem Himmel differenziert werden. Ortsübliche Prozessionen

---

1 *Kingreen/Poscher*, POR, § 19 Rn. 9.

und vergleichbare ortsübliche kirchliche Veranstaltungen sind nach Abschnitt I 3 der Verwaltungsvorschrift zu § 29 StVO von der Erlaubnispflicht ausgenommen.

III. Landesregelungen

7   Nur Sachsen hat mit § 16 den § 17 BVersG übernommen.

§ 17a [Schutzwaffen- und Vermummungsverbot]

(1) Es ist verboten, bei öffentlichen Versammlungen unter freiem Himmel, Aufzügen oder sonstigen öffentlichen Veranstaltungen unter freiem Himmel oder auf dem Wege dorthin Schutzwaffen oder Gegenstände, die als Schutzwaffen geeignet und den Umständen nach dazu bestimmt sind, Vollstreckungsmaßnahmen eines Trägers von Hoheitsbefugnissen abzuwehren, mit sich zu führen.

(2) Es ist auch verboten,

1. an derartigen Veranstaltungen in einer Aufmachung, die geeignet und den Umständen nach darauf gerichtet ist, die Feststellung der Identität zu verhindern, teilzunehmen oder den Weg zu derartigen Veranstaltungen in einer solchen Aufmachung zurückzulegen,

2. bei derartigen Veranstaltungen oder auf dem Weg dorthin Gegenstände mit sich zu führen, die geeignet und den Umständen nach dazu bestimmt sind, die Feststellung der Identität zu verhindern.

(3) Die Absätze 1 und 2 gelten nicht, wenn es sich um Veranstaltungen im Sinne des § 17 handelt. Die zuständige Behörde kann weitere Ausnahmen von den Verboten der Absätze 1 und 2 zulassen, wenn eine Gefährdung der öffentlichen Sicherheit oder Ordnung nicht zu besorgen ist.

(4) Die zuständige Behörde kann zur Durchsetzung der Verbote der Absätze 1 und 2 Anordnungen treffen. Sie kann insbesondere Personen, die diesen Verboten zuwiderhandeln, von der Veranstaltung ausschließen.

I. Allgemeines

1. Normstruktur

Die Verbote der Passivbewaffnung und Vermummung sind Konkretisierungen der 1
verfassungsunmittelbaren Gewährleistungsschranke der Friedlichkeit aus Art. 8 Abs. 1
GG. Der Gesetzgeber hat die einfachgesetzlichen Verbote für notwendig gehalten,
weil er die Möglichkeit der zuständigen Behörden, entsprechende Auflagen zu verfügen, für nicht ausreichend hielt.[1] Vor allem hat er aber auf die generalpräventive
Wirkung eines strafbewehrten Verbots gesetzt.[2]

§ 17a enthält in den Abs. 2 und 3 drei Verbote und eine Befugnisnorm für die zu- 2
ständige Behörde zur Durchsetzung der Verbote. Es handelt sich insgesamt um eine
präventiv-polizeiliche Regelung, für deren Auslegung nur polizeirechtliche Grundsätze

---

1 BT-Drucks. 10/358, S. 2 f.
2 BT-Drucks. 11/4359, S. 20.

in Betracht kommen. Die Verbote bestehen von Gesetzes wegen und bedürfen deshalb im Einzelfall keiner konkretisierenden Verfügung.

3 Die Verbote gelten auch für öffentliche Veranstaltungen unter freiem Himmel, die keine Versammlungen sind. Darunter fallen alle jedermann zugänglichen Zusammenkünfte von Personen wie Sportveranstaltungen, Volksfeste, Märkte, Trachtenumzüge, Musikfestivals, Freiluftaufführungen etc.

4 Mit der Ausdehnung versammlungsbezogener Verbote auf außerversammlungsgesetzliche Veranstaltungen hat der Gesetzgeber den Ungereimtheiten des BVersG eine weitere hinzugefügt. So besteht für das Mitführen von Schutzwaffen bei oder auf dem Weg zu sonstigen öffentlichen Veranstaltungen unter freiem Himmel ein strafbewehrtes Verbot, nicht aber für die gleichen Verhaltensweisen bezüglich der in § 2 Abs. 3 bezeichneten Angriffswaffen im technischen und nichttechnischen Sinne. Diese Inkonsequenz wird durch § 42 Abs. 2 Waffen nicht aufgehoben, weil nur das Mitführen bei, aber nicht auf dem Weg zu einer sonstigen öffentlichen Veranstaltung verboten wird und das Verbot zudem nicht für Waffen im nichttechnischen Sinne gilt.

5 Eine weitere Inkonsequenz besteht darin, dass die Polizei bei nach Polizeirecht eingerichteten Kontrollstellen zwar nach Schutzwaffen i.S. von 27 Abs. 2 Nr. 1, nicht aber nach Angriffswaffen suchen darf, weil sich 27 Abs. 1 nur auf öffentliche Versammlungen und Aufzüge, aber nicht wie Abs. 2 auch auf sonstige öffentliche Veranstaltungen unter freiem Himmel bezieht.

2. Verfassungswidrigkeit der Verbote

a) Vereinbarkeit mit Art. 8 Abs. 1 GG

aa) Schutz durch Gestaltungsfreiheit

6 Art. 8 Abs. 1 GG garantiert mit der Gestaltungsfreiheit die Selbstbestimmung über die Aufmachung, in der an einer Versammlung teilgenommen wird. Aus einem demokratisch-funktionalen Interpretationsansatz lässt sich nicht folgern, dass die Versammlungsfreiheit als Kommunikationsgrundrecht nur eine Teilnahme erlaubt, die die Identität des Teilnehmers unmittelbar erkennen lässt.[3]

7 Eine Aufmachung, die die Identifikation erschwert oder unmöglich macht, kann zur demonstrativen Aussage gehören, etwa die Gasmaske als Verdeutlichung des Protests gegen Luftverschmutzung. Gleiches gilt, wenn die Unkenntlichmachung als künstlerische Aussage im Rahmen einer Demonstration erfolgt.[4]

8 Der Zweck, nicht erkannt zu werden, kann ebenfalls über Art. 8 Abs. 1 GG legitimiert werden. Wollen AIDS-Kranke verhüllt mit Bettlaken gegen ihre drohende Registrierung demonstrieren, so ergibt sich die Zulässigkeit schon aus dem Protest selber. Das gilt auch für Ausländer, die gegen die politischen Zustände in ihren Heimatländern

---

3 *Bertuleit/Herkströter*, RBRS, § 17a Rn. 16; dagegen *Hoffmann-Riem*, AK-GG, Art. 8 Rn. 20.
4 *Bertuleit/Herkströter*, RBRS, § 17a Rn. 18.

demonstrieren wollen und deshalb Repressalien fürchten müssen. Hier wird die gefahrlose Grundrechtswahrnehmung erst mit der Unkenntlichkeit möglich.[5]

Auch Schutzkleidung bzw. -ausrüstung ist durch die Gestaltungsfreiheit gerechtfertigt,   9
wenn sie sich als Ausdrucksmittel darstellt, etwa wenn Stahlarbeiter in Arbeitsmontur mit Schutzhelm für bessere Arbeitsbedingungen demonstrieren.[6]

bb) Die Verbote als Ausformungen von Art. 8 Abs. 2 GG

Versammlungsteilnahme mit der Absicht, Gewalttätigkeiten zu begehen, liegt außer-   10
halb des Schutzbereiches von Art. 8 Abs. 1, doch kann die Absicht nicht bei jedem vermummten und schutzausgerüsteten Teilnehmer unterstellt werden. Deshalb können die entsprechenden Verbote nicht schon als Konkretisierung der verfassungsunmittelbaren Gewährleistungsschranken der Friedlichkeit und Waffenlosigkeit, sondern nur als Ausformungen des Gesetzesvorbehalts aus Art. 8 Abs. 2 GG gerechtfertigt werden[7] und müssen sich unter Beachtung der besonderen Bedeutung von Art. 8 Abs. 1 GG als notwendige Maßnahmen zum Schutze gleichwertiger Rechtgüter erweisen.[8]

cc) Die Verbote als präventiv-polizeiliche Regelungen

Die Verbote bezwecken der Verhütung von Straftaten im Rahmen der Gefahrenab-   11
wehr.[9] Es geht um den Schutz der Versammlungsfreiheit der friedlichen Teilnehmer[10] und der körperlichen Unversehrtheit von Teilnehmern, unbefugten Dritten und eingesetzten Polizeikräften.

Dass Vermummung und Schutzausrüstung stets zu Gewalttätigkeiten führen und des-   12
halb den Rechtsfrieden bedrohen, ist empirisch nicht belegt und wird in dieser Allgemeinheit auch von § 17a – wie § 17a Abs. 3 belegt – nicht vorausgesetzt. Es ist aber davon auszugehen, dass Vermummung und Passivbewaffnung über die Anonymität in der Masse die Hemmschwelle senken und Gewalttätigkeiten wahrscheinlicher machen, auch deshalb, weil vermummte und passivbewaffnete Teilnehmer Gewalttätern gewollt oder ungewollt Rückhalt und Deckung bieten können.

Der Gesetzgeber wollte diesem Befund mit den Verboten des § 17a Abs. 1 und 2   13
Rechnung tragen und bewirken, dass Straftäter bei der Begehung von Gewalttätigkeiten nicht unerkannt bleiben und die Wirkungschancen rechtmäßiger polizeilicher Zwangsmaßnahmen nicht mittels passiver Bewaffnung aufgehoben oder abgemildert werden.[11]

---

5 *Amelung*, StV 1989, 72; *Zeitler*, Rn. 486.
6 *Ott/Wächtler/Heinhold*, § 17a Rn. 40.
7 *Kniesel/Poscher*, Rn. 321.
8 BVerfGE 69, 315/349.
9 Vgl. § 1 Abs. 1 Satz ME PolG i.d.F. des Vorentwurfs zur Änderung des ME PolG vom 12.03.1986 und § 1 Abs. 1 Satz 2 nwPolG.
10 BVerfGE 69, 315/361.
11 *Kloepfer*, HdbStR, § 164 Rn. 69; *Rudolphi*, StV 1989, 76; *Deger*, Die Polizei 2018, 204 f.

14 Der Gesetzgeber durfte dann von einer abstrakten Gefährlichkeit ausgehen und die Verbote auf eine vermutete Tätergefährlichkeit stützen, wenn er zwischen Vermummung und Passivbewaffnung und gewalttätigen Verlauf einer Versammlung bzw. Demonstration einen Zusammenhang belegen konnte.[12] Insoweit ist ihm wegen seiner unmittelbaren demokratischen Legitimation bezüglich Geeignetheit und Erforderlichkeit der Verbote ein erheblicher Spielraum zuzubilligen.[13] In Ansehung der Demonstrationsrealität konnte der Gesetzgeber von der zwar nicht bewiesenen, aber plausiblen Annahme von der abstrakten Gefährlichkeit der Vermummung und Passivbewaffnung ausgehen und die Tätergefährlichkeit unterstellen.[14]

dd) Widerlegbarkeit der Gefährlichkeitsvermutung

15 Wegen der Zulässigkeit der Gefährlichkeitsvermutung kann trotz der bestehenden verfassungsrechtlichen Bedenken[15] eine verfassungskonforme Auslegung bzw. Reduktion der in § 17a Abs. 1 und 2 statuierten Verbote nicht ausgeschlossen werden.[16] Voraussetzung dafür ist, dass die Gefährlichkeitsvermutung widerlegt werden kann, insbesondere um der garantierten Gestaltungsfreiheit über die Aufmachung Rechnung zu tragen (vgl. Rdn. 7 ff.) Der Gesetzgeber hat hier selber die Notwendigkeit von Ausnahmen gesehen und in § 17a Abs. 3 geregelt, dass die zuständige Behörde Ausnahmen zulassen kann, wenn eine Gefährdung der öffentlichen Sicherheit oder Ordnung nicht zu besorgen ist.

16 Die Gefährlichkeitsvermutung besteht von vornherein nicht und es ist deshalb auch keine Ausnahme von den Verboten erforderlich, wenn Vermummung oder Passivbewaffnung der Meinungsäußerung oder einer künstlerischen Aussage im Rahmen einer Demonstration dienen.[17] Hier fehlen die tatbestandlichen Voraussetzungen, weil die Vermummung nicht drauf gerichtet, die Feststellung der Identität zu verhindern und die Schutzausrüstung nicht dazu bestimmt ist, Vollstreckungsmaßnahmen abzuwehren, also aus dem Anlegen der Schutzausrüstung nicht darauf geschlossen werden kann, dass der Träger körperlichen Auseinandersetzungen mit Polizeikräften nicht aus dem Wege gehen will. Vermummung und Passivbewaffnung wären also zu verneinen, wenn Demonstranten bei ihrem Prostest gegen die Kernkraft auch den Kopf verhüllende Strahlenschutzanzüge tragen.

b) Gesetzgebungskompetenz

17 Die Einbeziehung von sonstigen öffentlichen Veranstaltungen in den Anwendungsbereich des § 17a Abs. 1 und 2 ist systemwidrig und begegnet verfassungsrechtlichen Bedenken wegen fehlender Gesetzgebungskompetenz des Bundes. Der Bund hatte bis zu Föderalisierungsreform 2006 die Gesetzgebungskompetenz für das

---

12 *Kniesel/Poscher*, Rn. 324; *Maatz*, MDR 1990, 579.
13 *Kniesel/Poscher*, Rn. 324; *Kunig*, Jura 1990, 153.
14 *Kniesel/Poscher*, Rn. 324.
15 Vgl. dazu näher *Ott/Wächtler/Heinhold*, § 17a Rn. 1 ff. m.w.N.
16 A.A. *Ott/Wächtler/Heinhold*, § 17a Rn. 1.
17 *Kniesel/Poscher*, Rn. 311; *Werner*, VR 2000, 378 f.; *Bertuleit/Herkströter*, RBRS, § 17a Rn. 18.

Versammlungswesen. Sonstige Veranstaltungen stellen keine Versammlungen dar. Wenn der Bund mit den §§ 17a Abs. 1 und 2 und 27 Abs. 2 auf Erfahrungen bei großen Sport- und Unterhaltungsveranstaltungen, insbesondere auf Hooligangewalt bei Fußballspielen reagieren wollte[18], hat er die Gesetzgebungskompetenz der Länder zur allgemeinen Gefahrenabwehr nicht beachtet.[19]

II. Schutzwaffenverbot

1. Schutzwaffen

a) Im technischen Sinne

Schutzwaffen i.S. von Abs. 1 können wie die Angriffswaffen i.S. von § 2 Abs. 3 in Schutzwaffen im technischen und im nichttechnischen Sinne unterschieden werden. Schutzwaffen im technischen Sinne sind nach ihrer Zweckbestimmung, ihrer Konstruktionsmerkmalen oder ihren besonderen Eigenschaften von vornherein dazu bestimmt, dem Schutz des Körpers gegen Angriffsmittel bei kämpferischen Auseinandersetzungen zu dienen. Dazu gehören vornehmlich Schutzschilde, Panzerungen sowie Schutzausrüstungen, wie sie bei Militär und Polizei oder Kampfsportarten Verwendung finden.   **18**

In der Mitführung solcher Schutzwaffen sieht der Gesetzgeber ein sicheres und ausreichendes Indiz für offenkundige Gewaltbereitschaft[20] und hat deshalb die Gefahr von Unfriedlichkeit unwiderleglich vermutet. Ob der Gewahrsamsinhaber die Schutzwaffen tatsächlich bestimmungsgemäß verwenden will, ist unerheblich. Das folgt daraus, dass es auf die subjektive Zweckbestimmung, unmittelbaren Zwang eines Trägers von Hoheitsbefugnissen abzuwehren, nur bei Waffen im nichttechnischen Sinne ankommt.   **19**

b) Im nichttechnischen Sinne

Schutzwaffen im nichttechnischen Sinne sind alle Gegenstände, die objektiv als Schutzwaffen geeignet sind, denselben Zweck wie Schutzwaffen zu erfüllen und die darüber hinaus vom Träger subjektiv dazu bestimmt sind, hoheitliche Vollstreckungsmaßnahmen abzuwehren. Die objektive Eignung zur Angriffsabwehr ist bei allen Gegenständen zu bejahen, die dem Charakter von Schutzwaffen entsprechen. Das wird bei Motoradhelmen, Industrieschutzhelmen, Polsterungen und besonderer Schutzbekleidung, nicht aber bei Kleidungsstücken üblicher Art bejaht, weil bei ihnen im Bereich der Schutzwaffen ein Entsprechungsgegenstand fehlen soll.[21]   **20**

Das Abgrenzungskriterium der Entsprechung ist letztlich unbrauchbar. Das Tragen einen »Ostfriesennerzes« ist bei regnerischem Wetter üblich, nicht aber bei   **21**

---

18 BT-Drucks. 11/2834, S. 11.
19 *Ott/Wächtler/Heinhold*, § 17a Rn. 46 f.; a.A. *Bertuleit/Herkströter*, RBRS, § 17a Rn. 11 und 14 ff.
20 BT-Drucks. 10/3580, S. 4.
21 BT-Drucks. 10/3580, S. 4.

Sonnenschein; jedenfalls ist er geeignet, um sich gegen die Wirkung eines Wasserwerfers zu wappnen. Die Lösung lässt sich in solchen Fällen nur über die Widerlegbarkeit der Gefährlichkeitsvermutung finden (vgl. Rdn. 38).

22   Zur objektiven Eignung als Schutzwaffe muss der erkennbare Wille hinzukommen, diese auch als solche einzusetzen, um sich gegen Maßnahmen des unmittelbaren Zwangs zur Wehr zu setzen. Diese subjektive Zweckbestimmung muss sich aus dem erklärten oder offenkundigen Willen des Trägers ergeben. Dieser kann sich aus der Umrüstung eigentlich unverdächtiger Gegenstände ergeben, wenn etwa ein Industrieschutzhelm nachträglich mit einem Kinnriemen ausgestattet wird oder im sinnfälligen Ausschluss einer anderen Zweckbestimmung zum Ausdruck kommen, wenn etwa ein Motoradhelm ohne Motorrad mitgeführt wird.

23   Die Gefährlichkeitsvermutung kann vom Träger eines Schutzausrüstungsgegenstandes widerlegt werden, wenn er plausibel machen kann, dass das Tragen nicht Ausdruck seiner Bereitschaft ist, körperlichen Auseinandersetzungen mit Polizeikräften nicht aus dem Weg gehen zu wollen. So könnte das Tragen eines »Ostfriesennerzes« mit dem Schutz vor der zwangsläufig eintretenden Streuwirkung eines Wasserwerfers begründet werden.

2. Verbotene Handlungen

24   Verboten ist das offene und verdeckte Mitführen von Schutzwaffen sowohl bei als auch auf dem Weg zu einer öffentlichen Versammlung bzw. einem Aufzug oder einer sonstigen öffentlichen Veranstaltung unter freiem Himmel. Bei bedeutet, dass sich der Betroffene unabhängig von seiner Teilnehmereigenschaft in einer schon begonnenen und noch nicht beendeten oder aufgelösten Versammlung befindet.

25   Auf dem Weg zu einer öffentlichen Versammlung ist derjenige, der sich allein oder mit anderen zielgerichtet auf den Versammlungsort zubewegt. Dieser kann auch außerhalb der Bundesrepublik liegen. Für das Unterwegssein zu einer Versammlung spricht die Mitfahrt in einem Sonderzug, Bus oder Fahrzeugkonvoi mit entsprechendem Fahrtziel, kann aber auch aus Szeneerklärungen folgen.

26   Mitführen bedeutet Ausübung der tatsächlichen Gewalt mit der Möglichkeit, die Schutzwaffe oder den ihr gleichgestellten Gegenstand jederzeit für den bestimmungsgemäßen Gebrauch verfügbar zu haben und sich dessen bewusst zu sein. Mitgeführt werden muss in einer schon existenten Versammlung oder auf dem Weg dorthin.

27   Der Verbotstatbestand knüpft im Gegensatz zu Abs. 2 nicht an die Teilnehmereigenschaft an, wird aber in aller Regel nur auf Teilnehmer zutreffen. Generell ausgenommen sind Veranstaltungen nach § 17, obwohl die Annahme geringerer Wahrscheinlichkeit von gewalttätigen Ausschreitungen bei hergebrachten Volksfesten nicht zutrifft.

28   Das Verbot erfasst auch das Mitführen auf dem Weg zu diesen Veranstaltungen. Es gibt somit eine konkrete Handhabe für präventiv-polizeiliche Maßnahmen im Vorfeld potenziell unfriedlicher Veranstaltungen bezüglich Schutz-, nicht aber Angriffswaffen

i.S. von § 2 Abs. 3 BVersG. In Ansehung des polizeilichen Auftrags zur Verhütung von Straftaten ein inkonsistenter Befund.

III. Vermummungsverbot

1. Vermummung

Vermummung ist identitätsverschleiernde Aufmachung durch Unkenntlichmachung 29 des Gesichts mittels völliger oder teilweiser Verhüllung oder auch künstlicher Veränderung. Der vorrangige Bezug auf das Gesicht folgt aus der gesetzgeberischen Absicht, die Identifizierung von Personen in einer Menschenmenge zu ermöglichen. Im Gegensatz zur bei einer Versammlung getragenen Kleidung kann das Gesicht selber nicht verändert werden.

Die sichere Identifizierung einer Person aus der Distanz erfolgt in aller Regel durch 30 Bildaufzeichnungen des Gesichts. Eine Identifizierung wird unmöglich gemacht bzw. erschwert, wenn die Person ihr Gesicht ganz oder teilweise durch Tragen von Gegenständen unkenntlich macht. Als solche Gegenstände kommen in Betracht Schals, hochgezogene Kapuzenkragen, die das Kinn bedecken, Sonnenbrillen, Kopfbedeckungen, über den Kopf gezogene Kapuzen, die die Ohren bedecken, Wollmasken und Arafat-Tücher, die um Mund und Nase gebunden werden.

Bei teilweiser Unkenntlichmachung mit derartigen Gegenständen kommt es für die 31 Bejahung einer Vermummung darauf an, wieviel Sinnesorgane noch sichtbar sein müssen, damit eine sichere Identifizierung erfolgen kann. Hier ist davon auszugehen, dass bei verhülltem Kinn noch drei Sinnesorgane sichtbar sein müssen, bei nicht verhüllter Kinnpartie reichen zwei sichtbare Sinnesorgane zur Identifizierung aus.

Neben der objektiven Eignung muss die Aufmachung den Umständen nach darauf ge- 32 richtet sein, die Identifizierung zu verhindern. Auf die Absicht des Vermummten darf aus den Gesamtumständen geschlossen werden, etwa wenn bei sommerlichen Temperaturen das Gesicht mit einem Schal oder einer Wollmaske mit Sehschlitzen verhüllt wird.[22] Die vom Gesetz geforderte Absicht ist auch offenkundig, wenn beim Ausbrechen von Gewalttätigkeiten die Vermummung angelegt oder nicht abgelegt wird.[23]

Eine Aufmachung, die erkennbar der Meinungsäußerung oder künstlerischen Aus- 33 sage dient, fällt von vornherein nicht unter das Vermummungsverbot, weil sie den Gesamtumständen nach nicht auf eine Identitätsverschleierung gerichtet ist, etwa das Tragen von auch den Kopf verhüllenden Strahlenschutzanzügen bei einer Demonstration gegen die Atomkraft.

2. Verbotene Handlungen

Das Verbot des § 17a Abs. 2 bezieht sich zunächst auf die Teilnahme trotz Vermum- 34 mung. Diese setzt eine bereits existierende und noch nicht beendete oder aufgelöste

---

22 BT-Drucks. 10/3580, S. 4.
23 *Maatz*, MDR 1990, 584.

Versammlung voraus. Weiter ist verboten die Vermummung auf dem Weg zu einer öffentlichen Versammlung i.S.d. Abs. 1. Unter das Verbot fällt schließlich das Mitführen von Vermummungsgegenständen bei öffentlichen Veranstaltungen sowie auf dem Weg dorthin.

IV. Zulassung von Ausnahmen

1. Ausnahmetatbestände

35 Für Veranstaltungen i.S. von § 17 gelten die Verbote des § 17a Abs. 1 und Abs. 2 nicht. Nach § 17a Abs. 3 Satz 2 kann die zuständige Behörde weitere Ausnahmen von diesen Verboten zulassen. Die praktische Relevanz von § 17 Abs. 3 Satz 2 wird bezweifelt.[24] Insbesondere die Befreiung vom Passivbewaffnungsverbot sei hypothetischer Natur, da kaum Fälle denkbar seien, in denen Teilnehmer Schutzausrüstungsgegenstände mit sich führen würden, ohne dass eine Gefährdung der öffentlichen Sicherheit oder Ordnung zu besorgen wäre.

36 Solche Fälle sind indes durchaus vorstellbar. Wer bei einer im Sommer stattfindenden Demonstration einen Ostfriesennerz trägt, bringt damit nicht zwangsläufig zum Ausdruck, dass er sich körperlichen Auseinandersetzungen mit Polizeikräften stellen will. Da für ihn bei Ausbruch von Gewalttätigkeiten keine Entfernungspflicht besteht, kann das Tragen solcher Bekleidung als Schutz gegen die Streuwirkung der eingesetzten Wasserwerfer gewertet werden.[25]

37 Als Beispiel für das Gebotensein einer Ausnahme vom Vermummungsverbot ist das derzeit übliche Fotografieren durch Gegendemonstranten.[26] Wenn Anhänger rechtsgerichteter Gruppierungen befürchten müssen, dass ihre Versammlungsteilnahme von linksorientierten Personen gefilmt wird, weil sie dadurch identifiziert werden können und Übergriffe durch das andere Lager befürchten müssen, ist eine Ausnahme zuzulassen, wenn die Unkenntlichmachung nicht dazu dient, die Identität vor den Strafverfolgungsbehörden zu verschleiern.[27]

2. Ausnahmeverfahren

38 Der Gesetzgeber hat nicht geregelt, unter welchen Voraussetzungen und in welchem Verfahren Ausnahmen zugelassen werden können. Insoweit ist zu klären, ob es sich bei § 17a Abs. 3 lediglich um die Vorabkontrolle einer mit Gefahren verbundenen Grundrechtsausübung i.S. eines präventiven Verbots mit Erlaubnisvorbehalt oder um eine echte Ausnahme i.S. eines repressiven Verbots mit Befreiungsvorbehalt handelt. Der Gesetzgeber wollte zwar ein substanzielles Verbot erlassen, doch konnte er beabsichtigte Gewalttätigkeiten nicht generell unterstellen, weil Art. 8 Abs. 1 GG

---

24 *Bertuleit/Herkströter*, RBRS, § 17a Rn. 34.
25 *Blanke*, SB, Art. 8 Rn. 75.
26 *Penz*, NWVBl. 2012, 8 ff.; *Güven*, NStZ 2012, 425 ff.
27 *Güven*, NStZ 2012, 425/428 f.; *Ullrich*, VersG, § 9 Rn. 16; LG Hannover, StV 2010, 640 f.;
    a.A. KG Berlin, StV 2010, 637 ff.

mit der Gestaltungsfreiheit Selbstbestimmung über die Aufmachung garantiert und es legitime Gründe für die Unkenntlichmachung und das Anlegen von Schutzausrüstungsgegenständen gibt. Deshalb können die Verbote verfassungskonform nur als präventive ausgelegt werden; sie machen Kontrolle möglich, ob die auf konkrete Erkenntnisse gestützte Gefahrenprognose erstellt werden kann, dass Gewalttätigkeiten beabsichtigt sind. Ist das nicht möglich, ist die Gefährlichkeitsvermutung widerlegt und die zuständige Behörde verpflichtet, Befreiung zu erteilen bzw. Vermummung und Passivbewaffnung zu dulden.[28]

In § 17a Abs. 3 Satz 2 ist der Behörde Ermessen bezüglich der Zulassung von Ausnahmen eingeräumt, ein Antragserfordernis allerdings nicht vorgesehen. In verfassungskonformer Auslegung ist das kann in ein muss umzudeuten, wenn die Behörde keine ausreichend sicheren Erkenntnisse für eine Gefährdung der öffentlichen Sicherheit hat.[29]   39

Für die gebotene Zulassung der Ausnahme ist ein Antrag nicht erforderlich, weil die Ausübung der Versammlungsfreiheit keiner verwaltungsrechtlichen Erlaubnis bedarf. Es besteht insoweit ein Anspruch auf Duldung von Vermummung und Passivbewaffnung, bei der die Gefährlichkeitsvermutung widerlegt worden ist. Die Duldung kann durch ausdrückliche Duldungserklärung[30], aber auch konkludent durch Absehen von Maßnahmen erfolgen.[31]   40

V. Befugnisse

1. Gefahrenabwehr und Verhütung von Straftaten

Die Anordnungsbefugnis des § 17a Abs. 4 dient der Durchsetzung der Verbote von Passivbewaffnung und Vermummung. Diese Verbote dienen wiederum der Friedlichkeit bei Versammlungen und Demonstrationen. Um die Friedlichkeit zu gewährleisten und Gewalttätigkeiten im Verlauf von Demonstrationen zu verhüten, richtet die Polizei im Vorfeld von Demonstrationen Kontrollstellen ein, an denen sie Waffen i.S. von § 2 Abs. 3 und Gegenständen i.S. von § 17a Abs. 1 und 2 sicherstellt oder beschlagnahmt, um auf diese Weise Gewaltpotenzial abzuschöpfen.   41

2. Verfolgung von Straftaten und Ordnungswidrigkeiten

Die aus Gründen der Gefahrenabwehr geschaffenen Verbotstatbestände des § 17a Abs. 1 und 2 korrespondieren den Straftatbeständen in § 27 Abs. 2 Nr. 1 und 2, sodass sich jede Missachtung der Verbote auch als Straftat darstellt. Die Polizei ist damit nach dem Legalitätsprinzip gemäß dem §§ 152 Abs. 2 160, 161 und 163 Abs. 1 StPO zur Verfolgung der Straftaten nach § 27 Abs. 2 Nr. 1 und 2 verpflichtet.   42

---

28 *Kniesel/Poscher*, Rn. 330.
29 *Kniesel/Poscher*, Rn. 329.
30 OVG Münster, OVGE 14, 60/65.
31 *Ott/Wächtler/Heinhold*, § 17a Rn. 58.

43 Der Verstoß gegen das Verbot des Mitführens von Vermummungsgegenständen stellt auch eine Ordnungswidrigkeit nach § 29 Abs. 1 Nr. 1a dar, die zu verfolgen der Polizei nach § 53 Abs. 1 OWiG obliegt. Dabei ist ihr nach § 47 Abs. 1 OWiG Erforschungs- und Verfolgungsermessen eingeräumt, soweit sie Verfolgungsbehörde ist. Dies Opportunitätsprinzip stellt das Ob und das Wie von Erforschung und Verfolgung zu ihrer Disposition.

3. Verhältnis der Aufgaben zueinander

a) Grundsätzliches Nebeneinander

44 Stellt sich demnach das Tragen von Passivbewaffnung- und Vermummungsgegenständen sowohl als Verstoß gegen die präventiv-polizeilichen Verbote des § 17a Abs. 1 und 2 als auch als Straftatbestand gegen § 27 Abs. 2 Nr. 1 und 2 BVersG dar, hat die Polizei in Ausübung ihres Auftrags zur Gefahrenabwehr nach den Polizeigesetzen die fortdauernde Störung der öffentlichen Sicherheit in Gestalt des Verstoßes gegen § 17a Abs. 1 und 2 durch eine präventive Anordnung nach § 17a Abs. 4 zu beseitigen und die bereits begangene Straftat durch Sicherung von Beweisen zu verfolgen.

45 Dass dieselbe Situation Maßnahmen zur Gefahrenabwehr und zur Strafverfolgung verlangt, und zwar derart, dass beide Aufgaben nebeneinander, die eine durch die andere oder auch die eine nur auf Kosten der anderen erreicht werden kann[32], ist im polizeilichen Alltag nicht ungewöhnlich, sondern gehört zu ihm.

b) Ausnahmsweiser Vorrang der Gefahrenabwehr

46 Wenn Polizei, wie es im Versammlungsgeschehen typisch ist, in einer oder derselben Situation durch beide Aufgaben herausgefordert wird, kann es zu Kollisionen dergestalt kommen, dass die eine Aufgabe nur auf Kosten der anderen wahrgenommen werden kann und sich die Frage stellt, welche Aufgabe in einem solchen Fall vorrangig zu erfüllen ist. Hier gilt der Grundsatz, dass im Zweifel die Wahrung des Rechts wichtiger ist als die Sanktion seiner Verletzung, die Abwehr drohender Gefahren wichtiger als die Verfolgung schon begangener Straftaten.[33]

47 Die Ausgangssituation, in der die Polizei Anordnungen zur Gefahrenabwehr nach § 17a Abs. 4 zu treffen hat und wegen des gleichzeitigen Vorliegens eines Strafbestandes nach § 27 Abs. 2 Nr. 1 und 2 BVersG strafverfolgend tätig werden muss, ist nicht von der Qualität, dass die eine Aufgabe nur auf Kosten der anderen erfüllt werden könnte. Wird die Polizei zuerst nach § 17a Abs. 4 tätig und ordnet das Ablegen der Passivbewaffnung oder Vermummung an und setzt diese Anordnung ggfs. mit Maßnahmen unmittelbaren Zwangs durch, so geht die zeitliche Priorität der Gefahrenabwehr nicht zu Lasten der Strafverfolgung, weil zwischenzeitlich ein Beweismittelverlust nicht eingetreten sein kann.

---

32 *Kingreen/Poscher*, POR, § 2 Rn. 7 ff.
33 BVerfGE 39, 1/44; *Kingreen/Poscher*, POR, § 2 Rn. 11 f.

Anders ist die Situation zu beurteilen, wenn ein Einschreiten gegen vermummte und 48
passivbewaffnete Demonstrationsteilnehmer dazu führen würde, dass aus der überwiegend friedlichen Demonstration eine überwiegend unfriedliche wird, weil die
Festnahme von vermummten und passivbewaffneten Teilnehmern aus einer Demonstration durch Spezialkräfte zu einer nicht mehr beherrschbaren Eskalation der Lage
führen würde. In einer solchen Situation dürfen Maßnahmen zur Strafverfolgung
etwa eine Identitätsfeststellung unterbleiben. Die Aufgabe der Strafverfolgung hat auf
der Grundlage einer Güter- und Pflichtabwägung hinter der vorrangig wahrzunehmenden Aufgabe der Gefahrenabwehr zurückzutreten; das Legalitätsprinzip hat dort
seine Grenze, wo seine Durchsetzung größeren Schaden herbeiführen würde.[34] Dem
Auftrag zur Strafverfolgung ist aber dadurch Rechnung zu tragen, dass Videoaufnahmen als Beweismittel gefertigt werden und die Polizei versucht, die fraglichen Personen beim Abmarsch zu identifizieren.

4. Maßnahmen nach § 17a Abs. 4

a) Anordnung zum Ablegen von Passivbewaffnung und Vermummung

Anordnungen nach Abs. 4 beziehen sich nicht auf das Vorfeld von Versammlungen 49
bzw. Demonstrationen, sondern sind auf die schon existente Versammlung beschränkt. Vorfeldmaßnahmen an eingerichteten Kontrollstellen richten sich nach dem
einschlägigen Polzeigesetz. Als typische Anordnung nach Abs. 4 kommt die Aufforderung zum Ablegen getragener Passivbewaffnung und Vermummung in Betracht. Sie
kann als Einzelanordnung oder Allgemeinverfügung gegen eine Personengruppe von
Passivbewaffneten und Vermummten ergehen.

b) Ausschließung

Als spezielle Maßnahme nennt Abs. 4 die Ausschließung. Diese geht über die §§ 18 50
Abs. 3 und 19 Abs. 4 hinaus, weil allein die Tatsache der Passivbewaffnung oder Vermummung als Ausschlussgrund ausreicht, also nicht zusätzlich eine gröbliche Ordnungsstörung vorliegen muss.[35]

VI. Landesregelungen

1. Bayern

Art. 16 bayVersG Schutzwaffen- und Vermummungsverbot 51

*(1) Es ist verboten, bei Versammlungen oder sonstigen öffentlichen Veranstaltungen un-
ter freiem Himmel oder auf dem Weg dorthin Schutzwaffen oder Gegenstände mit sich
zu führen, die als Schutzwaffen geeignet und den Umständen nach dazu bestimmt sind,
Vollstreckungsmaßnahmen eines Trägers von Hoheitsbefugnissen abzuwehren.*

---

34 BT-Drucks. 11/4359, S. 14; RiStBV Anl. A, B. III; *Benrath*, JR 1984, 3; *Jahn*, JZ 1988,
545/549 f.; *Bertuleit/Herkströter*, RBRS, § 17a Rn. 38.

35 *Ott/Wächtler/Heinhold*, § 17a Rn. 57.

(2) Es ist auch verboten,

1. *an derartigen Veranstaltungen in einer Aufmachung teilzunehmen, die geeignet und den Umständen nach darauf gerichtet ist, die Feststellung der Identität zu verhindern, oder den Weg zu derartigen Veranstaltungen in einer solchen Aufmachung zurückzulegen,*

2. *bei derartigen Veranstaltungen oder auf dem Weg dorthin Gegenstände mit sich zu führen, die geeignet und den Umständen nach dazu bestimmt sind, die Feststellung der Identität zu verhindern, oder*

3. *sich im Anschluss an oder sonst im Zusammenhang mit derartigen Veranstaltungen mit anderen zu einem gemeinschaftlichen friedensstörenden Handeln zusammenzuschließen und dabei*

   a) Waffen oder sonstige Gegenstände, die ihrer Art nach zur Verletzung von Personen oder Beschädigung von Sachen geeignet und den Umständen nach dazu bestimmt sind, mit sich zu führen,

   b) Schutzwaffen oder sonstige in Nr. 2 bezeichnete Gegenstände mit sich zu führen oder

   c) in einer in Nr. 1 bezeichneten Aufmachung aufzutreten.

(3) Die zuständige Behörde kann Ausnahmen von den Verboten nach Abs. 1 und 2 zulassen, wenn eine Gefährdung der öffentlichen Sicherheit oder Ordnung nicht zu besorgen ist.

(4) Abs. 1 und 2 gelten nicht für Gottesdienste unter freiem Himmel, kirchliche Prozessionen, Bittgänge und Wallfahrten, gewöhnliche Leichenbegängnisse, Züge von Hochzeitsgesellschaften und hergebrachte Volksfeste.

(5) Die zuständige Behörde kann Personen, die den Verboten nach Abs. 1 und 2 zuwiderhandeln, von der Versammlung ausschließen.

a) Verbot der Schutzbewaffnung und Vermummung

52 Die Bestimmung übernimmt in Abs. 1 und Abs. 2 Nrn. 1 und 2 die Verbote der Schutzbewaffnung und Vermummung aus § 17a Abs. 1 und Abs. 2 Nrn. 1 und 2 BVersG und ergänzt die Regelungen in Abs. 2 Nr. 3 um das Verbot, sich im Anschluss an eine öffentliche Versammlung unter freiem Himmel oder eine sonstige öffentliche Veranstaltung mit anderen unter Verstoß gegen das Schutzwaffen- und Vermummungsverbot zu einem gemeinschaftlichen, friedensstörenden Handeln zusammenzuschließen.[36]

53 Die Verbote von Schutzbewaffnung und Vermummung entsprechen denen des § 17a Abs. 1 und 2 BVersG. Den gegen diese gerichteten verfassungsrechtlichen Bedenken[37] lässt sich durch verfassungskonforme Auslegung Rechnung tragen (vgl. Rdn. 6–16). Das in Art. 16 Abs. 2 Nr. 3 geregelte Verbot der friedensstörenden Zusammenrottung

---

36 Amtl. Begr. BayVersG 2008 Drucks. 15/10181.
37 *Wächtler,* WHM, Art. 16 Rn. 13 ff.

stellt sich als weitere präventiv-polizeiliche Bestimmung zur Verhütung von Straftaten dar und macht als solche Sinn.[38]

b) Zulassung von Ausnahmen

Die Ausnahmeregelung in Abs. 3 entspricht § 17a Abs. 3 Satz 2 BVersG. Die Aus- 54 nahmeregelung kann ohne Antrag erteilt werden.[39] Auch ohne Stellung eines Antrags besteht wegen der im Versammlungsrecht bestehenden Erlaubnisfreiheit ein Anspruch auf Duldung (vgl. Rdn. 40). In Abs. 4 ist die Ausnahme für die Veranstaltungen geregelt, die in § 17 BVersG selbstständig getroffen worden ist und auf die in § 17a Abs. 3 Satz 1 BVersG verwiesen wird.

c) Befugnisse

Die Ausschließung von einer Versammlung nach Art 16 Abs. 5 entspricht § 17a Abs. 4 55 BVersG. Die dort gesondert eingeräumte Befugnis zur Anordnung von Maßnahmen zur Durchsetzung der Verbote der Passivbewaffnung und Vermummung hat der bayerische Gesetzgeber nicht ausdrücklich vorgesehen, doch ist diese Anordnungsbefugnis als milderes Mittel in der Ausschließungsermächtigung enthalten.[40]

2. Niedersachsen

§ 9 ndsVersG Schutzausrüstungs- und Vermummungsverbot 56

(1) Es ist verboten, auf dem Weg zu oder in einer Versammlung unter freiem Himmel Gegenstände mit sich zu führen, die als Schutzausrüstung geeignet und dazu bestimmt sind, Vollstreckungsmaßnahmen von Polizeibeamtinnen und Polizeibeamten abzuwehren.

(2) Es ist auch verboten,

1. an einer Versammlung in einer Aufmachung teilzunehmen, die zur Verhinderung der Feststellung der Identität geeignet und bestimmt ist, oder den Weg zu einer Versammlung in einer solchen Aufmachung zurückzulegen oder

2. auf dem Weg zu oder in einer Versammlung Gegenstände mit sich zu führen, die zur Verhinderung der Feststellung der Identität geeignet und bestimmt sind.

(3) Die zuständige Behörde befreit von den Verboten nach den Absätzen 1 und 2, wenn dadurch die öffentliche Sicherheit oder Ordnung nicht unmittelbar gefährdet wird.

a) Verbot der Passivbewaffnung

Die Bestimmung hat das Passivbewaffnungs- und Vermummungsverbot des § 17a 57 Abs. 1 und 2 BVersG zum Vorbild, enthält aber eigenständige Regelungen. In Abs. 1 ist das Verbot der Schutzbewaffnung geregelt, allerdings mit dem entscheidenden

---

38 Krit. *Wächtler,* WHM, Art. 16 Rn. 9.
39 *Wächtler,* WHM, Art. 16 Rn. 10.
40 *Wächtler,* WHM, Art. 16 Rn. 12.

Unterschied zu § 17a Abs. 1, dass die Schutzwaffen im technischen Sinne nicht mehr absolut verboten sind, sondern nur bei der subjektiven Zweckbestimmung zur Abwehr von Vollstreckungsmaßnamen.

58   Dabei fällt die relative Unbestimmtheit des Verbotstatbestandes, die Gegenstand verfassungsrechtlicher Kritik ist[41], entscheidend weniger ins Gewicht als bei § 17a Abs. 1 und 2 BVersG oder Art. 16 Abs. 1 und 2 bayVersG, weil die Straf- und Bußgeldtatbestände der §§ 20 Abs. 2 Satz 1 Nrn. 4 und 5 sowie § 21 Abs. 1 Satz 1 Nr. 15 nicht automatisch mit der Verwirklichung des Verbotstatbestandes gegeben sind, sondern darüber hinaus zur Voraussetzung haben, dass einer nach § 10 Abs. 2 zur Durchsetzung des Verbotes von § 9 Abs. 1 angeordneten vollziehbaren Maßnahme zuwidergehandelt wurde.[42]

59   Die subjektive Zweckbestimmung der Abwehr von Vollstreckungsmaßnahmen ist nicht gegeben, wenn die Schutzausrüstung getragen wird, um sich vor Gewalttätigkeiten von Gegendemonstranten oder der Streuwirkung polizeilicher Einsatzmittel zu schützen.[43]

b) Verbot der Vermummung

60   Auch bei der Vermummung kommt es zunächst auf die objektive Eignung und alsdann auf die subjektive Zweckbestimmung zur Verhinderung der Identitätsfeststellung an. Objektiv geeignet sind alle Mittel, die die Identitätsfeststellung durch Bildaufzeichnungen dadurch erschweren, dass das Gesicht einer Person ganz oder teilweise verhüllt oder auf andere Weise unkenntlich gemacht wird (vgl. Rdn. 30 ff.).

61   Die subjektive Zweckbestimmung ist von vornherein nicht gegeben, wenn die Unkenntlichmachung Ausdruck des Demonstrationsanliegens selber ist und deshalb durch die Gestaltungsfreiheit legitimiert ist (vgl. Rdn. 6 f.) oder erst die Unkenntlichmachung die gefahrlose Ausübung der Demonstrationsfreiheit möglich macht (vgl. Rdn. 8).

62   Ist eine solche Legitimation aus Art. 8 Abs. 1 GG nicht gegeben, kann die mangelnde subjektive Zweckbestimmung aus den Gesamtumständen folgen. Von der Verhinderungsabsicht zur Identitätsfeststellung ist auszugehen, wenn ein plausibler Grund für das Tragen von Vermummungskleidungsstücken nicht erkennbar ist.[44] Ein solcher Grund wäre zu bejahen, wenn Anhänger rechter Gruppierungen sich vor dem Fotografiertwerden durch linke Gegendemonstranten schützen wollen (vgl. Rdn. 37).

---

41 Vgl. die verfassungsrechtlichen Bedenken und die entsprechenden Nachweise bei *Wächtler*, WHM, Art. 16 Rn. 13 ff.
42 *Wefelmeier*, WM, § 9 Rn. 3.
43 *Wefelmeier*, WM, § 9 Rn. 7.
44 *Ullrich*, VersG, § 9 Rn. 19.

c) Befreiung von den Verboten

Nach Abs. 3 besteht ein Anspruch auf Befreiung von den Verboten. Es besteht kein be- 63
hördliches Ermessen, sondern es ist eine Befreiung zu erteilen bzw. die Vermummung
zu dulden, wenn die subjektive Zweckbestimmung verneint werden muss. Ein Antrag
ist dafür nicht erforderlich, weil die Ausübung der Versammlungsfreiheit erlaubnisfrei ist. Aus diesem Grunde hat das VersG wohl auch auf ein besonderes Verfahren
für die Erteilung von Befreiung vom Passivbewaffnungs- und Vermummungsverbot
verzichtet.[45]

3. Sachsen

§ 16 entspricht § 17a BVersG. 64

4. Sachsen-Anhalt

§ 15 entspricht im Wesentlichen § 17a BVersG. Besonderheit ist die in Abs. 3 geregel- 65
te Ausnahmemöglichkeit zur Zulassung von Passivbewaffnung und Vermummung,
die erteilt werden soll, wenn eine Gefährdung der Friedlichkeit nicht zu besorgen
ist. In Abs. 3 Satz 1 und 2 sind die in § 17a Abs. 4 BVersG geregelten Befugnisse zur
Durchsetzung der Verbote und das Ausschließungsrecht enthalten.

5. Schleswig-Holstein

§ 17 Vermummungs- und Schutzausrüstungsverbot 66

*(1) Es ist verboten, bei oder im Zusammenhang mit einer Versammlung unter freiem
Himmel Gegenstände mit sich zu führen,*
*1. die zur Identitätsverschleierung geeignet und den Umständen nach darauf gerichtet
sind, eine zu Zwecken der Verfolgung einer Straftat oder einer Ordnungswidrigkeit
durchgeführte Feststellung der Identität zu verhindern, oder*
*2. die als Schutzausrüstung geeignet und den Umständen nach darauf gerichtet sind,
Vollstreckungsmaßnahmen eines Trägers von Hoheitsgewalt abzuwehren.*

*(2) Die zuständige Behörde trifft zur Durchsetzung des Verbots Anordnungen, in denen
die vom Verbot erfassten Gegenstände bezeichnet sind.*

a) Vermummungs- und Schutzausrüstungsverbot

§ 17 verzichtet auf die Einbeziehung des Weges zur Versammlung, sodass die Verbote 67
erst nach Beginn einer Versammlung greifen. Bei den Schutzausrüstungsgegenständen
unterscheidet Abs. 1 Nr. 2 nicht zwischen solchen im technischen und im nichttechnischen Sinne, sodass es bei allen denkbaren Gegenständen neben der objektiven
Eignung auf die subjektive Zweckbestimmung ankommt. Die präventiv-polizeilichen
Verbote mit dem Ziel der Verhütung von Straftaten haben nur noch den Bezug zu

---

45 *Wefelmeier*, WM, § 9 Rn. 13; *Ullrich*, VersG, § 9 Rn. 25.

einer Ordnungswidrigkeit nach § 24 Abs. 1 Nr. 7, aber nicht mehr zu einem Straftatbestand, da § 23 keinen entsprechenden vorsieht.

b) Zulassung von Ausnahmen

68   Das s-hVersG trifft keine Regelung bezüglich einer Befreiung von Verboten. Eine verfassungskonforme Auslegung von § 17 Abs. 1 und 2 muss insoweit sicherstellen, dass die Verbote von vornherein nicht zur Anwendung kommen, wenn die Versammlungsfreiheit als Gestaltungsfreiheit das Tragen von Vermummungs- und Schutzausrüstungsgegenständen legitimiert oder die Unkenntlichmachung erst die gefahrlose Ausübung des Grundrechtes möglich macht (vgl. Rdn. 6 ff.).

c) Anordnungsbefugnis

69   Abs. 2 ermöglicht der zuständigen Behörde nur Maßnahmen zur Durchsetzung der Verbote, ohne deren Inhalt näher zu beschreiben; es müssen lediglich die beanstandeten Gegenstände bezeichnet werden. Mit dieser Regelung wird die präventivpolizeiliche Qualität des Verbots deutlich, da als Maßnahme zur Verhinderung bzw. Fortdauer einer Straftat die Aufforderung zum Nichtanlegen bzw. zum Ablegen der fraglichen Gegenstände in Betracht kommt. Auf die Befugnis zur Ausschließung wegen des Tragens bzw. Mitsichführens der Gegenstände bei einer Versammlung hat der Gesetzgeber verzichtet.

§ 18 [Besondere Vorschriften für stationäre Versammlungen]

(1) Für Versammlungen unter freiem Himmel sind § 7 Abs. 1, §§ 8, 9 Abs. 1 §§ 10, 11 Abs. 2, §§ 12 und 13 Abs. 2 entsprechend anzuwenden.

(2) Die Verwendung von Ordnern bedarf polizeilicher Genehmigung. Sie ist bei der Anmeldung zu beantragen.

(3) Die Polizei kann Teilnehmer, welche die Ordnung gröblich stören, von der Versammlung ausschließen.

I. Entsprechend anzuwendende Vorschriften

1. Allgemeines

Das BVersG hat in seinem Abschnitt I Allgemeines nur wenige Bestimmungen vorge- 1
sehen, die gleichermaßen für Versammlungen in geschlossenen Räumen und solchen
unter freiem Himmel gelten. Um doppelte Regelungen zu vermeiden, hat der Gesetzgeber die Überleitungsnorm des § 18 Abs. 1 geschaffen und bestimmte Regelungen
des Abschnitts II auch im Abschnitt III für anwendbar erklärt.

Versammlungen unter freiem Himmel unterscheiden sich maßgeblich von solchen in 2
geschlossenen Räumen. Bei ersteren ist das Gefahrenpotenzial, aber auch die Gefährdung der Versammlung wegen ihrer Berührung mit der Außenwelt erheblich größer
als bei letzteren. Das hat u.a. zur Folge, dass bei Versammlungen unter freiem Himmel
die Selbstorganisationsrechte der Versammlungsbeteiligten gegenüber denen in geschlossenen Räumen erheblich reduziert sind. Es besteht keine Möglichkeit, bestimmte Personen oder Personenkreise in der Einladung nach § 6 auszuschließen, der Leiter
kann bei grober Ordnungsstörung nicht nach § 11 Abs. 1 gegen Teilnehmer vorgehen,
das Recht zur Ausschließung ist nach § 18 Abs. 3 bzw. § 19 Abs. 4 allein der Polizei
vorbehalten und der Einsatz von Ordnern ist nach § 18 Abs. 2 genehmigungspflichtig.

3   Wegen des grundsätzlichen Unterschieds ist trotz der Anordnung der Geltung der in Abs. 1 genannten Bestimmungen zu prüfen, ob im Einzelfall bei der entsprechenden Anwendung Modifizierungen vorgenommen werden müssen.

2. Geltung für Versammlungen unter freiem Himmel

a) Pflicht zur Leitung, § 7 Abs. 1

4   Der Gesetzgeber des BVersG hatte sich 1953 eine Versammlung als überschaubare Veranstaltung vorgestellt, die von einem Veranstalter organisiert und von einem Leiter geordnet werden kann. Das heutige Versammlungsgeschehen mit Groß-, Gegen-, Eil- und Spontanversammlungen bzw. -demonstrationen entspricht diesem Leitbild nicht mehr.[1]

5   Großdemonstrationen haben oft mehrere Veranstalter, die in Aktionsbündnissen oder Organisationskomitees organisiert sind. Die Struktur dieser Veranstaltungen besteht dabei aus einer Vielzahl von parallel verlaufenden Teil- bzw. Nebenveranstaltungen; die Konzentration der Leitung auf eine Person ist damit nicht vereinbar. Leitung muss deshalb so erfolgen können, dass es einen Gesamtleiter und unter ihm Leiter für bestimmte Abschnitte gibt, die die in ihrem Leitungsbereich anfallenden Leitungsaufgaben nach den Maßgaben des Gesamtleiters wahrnehmen.

6   Die Überleitungsnorm passt auch nicht auf Versammlungen mit geringer Teilnehmerzahl und Spontanaktionen.[2] § 7 Abs. 1 BVersG ist hier im Lichte der Versammlungsfreiheit auszulegen und wird bei Kleinstversammlungen bis zu ca. 10 Teilnehmern das Vorhandensein eines allein verantwortlichen Leiters entbehrlich machen.[3]

7   Soweit eine Versammlung unter freiem Himmel dem gesetzlichen Leitbild entspricht, muss sie einen Leiter haben, der in der Anmeldung nach § 14 Abs. 2 BVersG individuell zu bezeichnen ist. Die gesetzliche Vermutung des § 7 Abs. 2 BVersG, wonach der Veranstalter zugleich Leiter ist, gilt bei Versammlungen unter freiem Himmel nicht.

b) Rechte und Pflichten des Leiters, § 8

8   Auch bei Versammlungen unter freiem Himmel bestimmt der Leiter den Versammlungsverlauf. Seine Ordnungsfunktion beginnt mit dem Eintreffen der ersten Teilnehmer. Der Leiter erteilt und entzieht das Wort und kann die Versammlung unterbrechen, fortsetzen oder schließen. Er hat auch die Pflicht, versammlungsrelevante Straftaten zu verhindern. Kritische Äußerungen muss er zulassen, auch wenn dadurch die Aussage des Veranstalters relativiert oder in Frage gestellt wird; bei Versammlungen unter freiem Himmel muss der Veranstalter mit einer Verwässerung seiner an die Öffentlichkeit gerichteten Meinungskundgabe leben.[4]

---

1   *Hoffmann-Riem*, Festschrift, S. 385.
2   BVerfGE 69, 315/358; *Breitbach*, RBRS, § 7 Rn. 14.
3   BVerfGE 69, 315/358; *Hoffmann-Riem*, AK-GG, Art. 8 Rn. 30 und 49 ff.
4   *Roellecke*, NJW 1995, 3101.

c) Verwendung von Ordnern, § 9 Abs. 1

Leiter und Ordner sind Selbstverwaltungsorgane der Versammlung. Der Leiter hat 9 insoweit eine vom Veranstalter abgeleitete Organisationsgewalt und kann sich durch Ordner bei Ausübung seiner Rechte unterstützen lassen. Der Leiter, der mit Unterstützung von Ordnern für Ordnung sorgt, nimmt eigene, nicht übertragene Rechte wahr, weil auch das Leitungsrecht aus Art. 8 Abs. 1 GG folgt (vgl. Teil I, Rdn. 232 f.).

Der Einsatz von Ordnern ist bei Großversammlungen unverzichtbar. Der Leiter kann 10 nach Maßgabe vorher erteilter grundlegender Anweisungen die Ausübung seiner Befugnisse auf seine Ordner delegieren. Vermag er selbst mit Hilfe der eingesetzten Ordner die ihm obliegende Ordnungsfunktion nicht wahrzunehmen, kann er Unterstützung durch die Polizei einfordern.[5]

d) Pflichten der Versammlungsteilnehmer, § 10

Die Pflichten der Versammlungsteilnehmer bei Versammlungen unter freiem Himmel 11 unterscheiden sich nicht von denen in geschlossenen Räumen und sind hier wie dort geboten.

e) Entsendung von Polizeibeamten

Die entsprechende Anwendung von § 12 auf Versammlungen unter freiem Himmel 12 ist entbehrlich und war auch nie geboten; sie ist vom Gesetzgeber angeordnet worden, weil er den entscheidenden Unterschied zwischen Versammlungen in geschlossenen Räumen und unter freiem Himmel nicht gesehen hat. Bei ersteren müssen Polizeibeamte in eine Versammlung entsendet werden, weil sie von außen keine freie Sicht auf die Versammlung haben; sie müssen im Versammlungsraum anwesend sein, um sich überhaupt einen Überblick verschaffen zu können.

Bei Versammlungen unter freiem Himmel ist dieser Überblick von vornherein gege- 13 ben. Bei größeren oder unübersichtlichen Versammlungen kann die Polizei sich den Überblick auch mit Übersichtsaufnahmen verschaffen, sofern sie dafür eine Befugnisnorm hat (vgl. § 12a Rdn. 5 ff.). Deshalb werden Polizeibeamte nicht in eine Versammlung entsandt, sondern zu einer Versammlung geschickt, um ihre Aufgabe der Gefahrenabwehr zu erfüllen; wegen der Berührung der Versammlung mit der Außenwelt und den dadurch programmierten Kollisionen mit entgegenstehenden Rechten Dritter besteht eine abstrakte Gefahr für die öffentliche Sicherheit und Ordnung.

Die bloße Anwesenheit uniformierter Polizeibeamter bei Versammlungen unter 14 freiem Himmel stellt keinen Eingriff in die innere Versammlungsfreiheit dar und ist deshalb keiner Rechtfertigung durch eine Befugnisnorm bedürftig. Eine innere Versammlungsfreiheit, die schon vor polizeilicher Anwesenheit bei Versammlungen unter freiem Himmel schützt, gerät zum Gefühlsschutz[6] und stellt den polizeilichen Schutzauftrag für die Durchführung von Versammlungen und Aufzügen in Frage. Wenn die

---

5 BVerfGE 69, 315/355.
6 *Ullrich*, S. 445; *Söllner*, DVBl 2010, 1248/1250.

Polizei nicht anwesend wäre, könnte sie nicht vorbereitende Maßnahmen treffen, die Versammlungen durch Abstimmung mit entgegenstehenden Rechten Dritter möglich machen, die sonst verboten werden müssten. Diesem Auftrag kann die Polizei von außerhalb der Versammlung gerecht werden. Geht es um ihren Auftrag, den Leiter bei der Wahrung der inneren Ordnung zu unterstützen oder störende Teilnehmer auszuschließen, können sich uniformierte Beamte auch in der Versammlung aufhalten.

15   Problematisch ist aber der Einsatz ziviler Polizeibeamter in einer Versammlung zur Aufklärung der Lage oder als Beweissicherungs- und Festnahmeeinheit.[7] Jeder verdeckte Aufklärungseinsatz stellt einen Eingriff in die innere Versammlungsfreiheit dar (vgl. Teil I, Rdn. 201 und § 12a Rdn. 13), der ohne Befugnisnorm unzulässig ist. Vom Gesetzgeber dafür geschaffene Befugnisnormen zur Aufklärung hätten vor Art. 8 Abs. 1 GG nur Bestand, wenn der Nachweis geführt werden könnte, dass die Informationsbeschaffung zur Beurteilung der Lage durch außerhalb der Versammlung eingesetzte Polizeibeamte und durch die Anfertigung von Übersichtsaufnahmen nicht ausreichend zur Lenkung und Leitung des Polizeieinsatzes wäre; ein Nachweis der im Regelfall nicht geführt werden kann.

16   Der Einsatz von zivilen Beweissicherungs- und Festnahmeeinheiten in Versammlungen kann erst in Betracht kommen, wenn in der jeweiligen Versammlung eine Straftat begangen worden ist. Jede Ermittlungshandlung setzt nach § 152 Abs. 2 StPO konkrete Anhaltspunkte für eine begangene Straftat voraus.[8] Für das Vorhalten ziviler Polizeibeamter in einer Versammlung im Zeitraum vor der Begehung einer Straftat kennt die StPO keine Rechtsgrundlage, weil es ein Vorfeld des konkretisierbaren Tatverdachts nicht gibt. Eine gefahrenabwehrrechtliche verdeckte Anwesenheit zur Verhütung von Straftaten läge im Aufgabenfeld der Versammlungsgesetze, hätte aber vor Art. 8 Abs. 1 GG keinen Bestand.

f) Entfernungspflicht nach Auflösung, § 13 Abs. 2

17   Gerade bei Versammlungen unter freiem Himmel besteht wegen ihrer Berührung mit der Außenwelt die Notwendigkeit, dass sich die Teilnehmer nach der Auflösung entfernen und den Versammlungsort verlassen, damit auf diese Weise die während der Versammlung gegebene Konkurrenzsituation zwischen Ansprüchen auf die Nutzung des öffentlichen Verkehrsraumes beendet wird.

g) Landesregelungen

aa) Bayern

18   Das bayVersG kennt keine Überleitungsnorm. Es regelt die Leitung und die Rechte und Pflichten des Leiters einschließlich des Ordnereinsatzes, die Pflichten der teilnehmenden Personen, das Anwesenheitsrecht der Polizei, das Ausschließungsrecht und die Entfernungspflicht im Ersten Teil, der mit seinen Allgemeinen Bestimmungen

---

7 *Trurnit*, Die Polizei 2010, 341/345; *Martens*, Die Polizei 2013, 1 ff.
8 *Beulke*, Strafprozessrecht, 13. Aufl. 2016, Rn. 111.

bis auf das Ausschließungsrecht gleichermaßen für Versammlungen in geschlossenen Räumen und unter freiem Himmel gilt. Das Ausschließungsrecht ist im Dritten Teil in Art. 15 Abs. 5 noch einmal geregelt, weil es bei Versammlungen unter freiem Himmel nur der zuständigen Behörde zusteht.

bb) Niedersachsen

Auch das ndsVersG kennt keine Überleitungsnorm, sondern regelt die Inhalte von 19 § 18 Abs. 1 BVersG jeweils spezifisch für Versammlungen unter freiem Himmel in seinem zweiten und für Versammlungen in geschlossenen Räumen in seinem dritten Teil. Über § 18 Abs. 1 BVersG hinausgehend enthält es besondere Maßnahmen, insbesondere die Untersagung der Teilnahme vor Beginn einer Versammlung.

cc) Sachsen

§ 18 Abs. 1 entspricht mit teilweise abweichender Nummerierung § 18 Abs. 1 BVersG. 20

dd) Sachsen-Anhalt

§ 16 Abs. 1 entspricht abgesehen von der Nummerierung und der fehlenden Regelung 21 zur Entsendung von Polizeibeamten § 18 Abs. 1 BVersG.

ee) Schleswig-Holstein

Das s-hVersG regelt in Abschnitt 1 als allgemeine Regelung die Versammlungsleitung 22 und die Befugnisse des Leiters einschließlich des Ordnereinsatzes sowie das Anwesenheitsrecht der Polizei. Als spezielle Maßnahme ist die Untersagung der Teilnahme vor Beginn einer Versammlung und das Ausschlussrecht von Teilnehmern durch die zuständige Behörde bei Versammlungen unter freiem Himmel im Abschnitt 2 und die Ausschließung von störenden Teilnehmern durch den Leiter bei Versammlungen in geschlossenen Räumen im Abschnitt 3 geregelt.

II. Genehmigungspflicht zur Verwendung von Ordnern

1. Allgemeines

Die Verwendung von Ordnern ist in § 18 Abs. 2 BVersG zum Gegenstand einer ei- 23 genen polizeilichen Maßnahme gemacht worden. Sie ist bei der Anmeldung zu beantragen und bedarf der polizeilichen Genehmigung. Dem Leiter ist grundsätzlich freigestellt, Ordner einzusetzen. Eine Pflicht zur Bestellung von Ordnern kann aber nach § 15 Abs. 1 BVersG durch beschränkende Verfügung begründet werden, allerdings nur die zur Gefahrenabwehr erforderliche Anzahl.

2. Wesen der Genehmigung

Es geht um die präventive Kontrolle des Einsatzes von Ordnern. Dieser ist grund- 24 sätzlich zulässig, kann aber untersagt werden, wenn Anzahl oder mangelnde Eignung der als Ordner vorgesehenen Personen eine unmittelbare Gefahr für die öffentliche Sicherheit oder Ordnung bedeuten würde.

25 Es handelt sich also um eine Kontrollerlaubnis i.S. eines präventiven Verbots mit Erlaubnisvorbehalt.[9] Veranstalter bzw. Leiter haben einen Anspruch auf Zulassung des Ordnereinsatzes, wenn durch ihn eine unmittelbare Gefahr für die öffentliche Sicherheit oder Ordnung nicht zu besorgen ist.

3. Gegenstand der Genehmigung

26 Nach dem Wortlaut von § 18 Abs. 2 ist die Verwendung von Ordnern zu genehmigen. Es geht nur um die Frage, ob überhaupt Ordner zum Einsatz kommen können und wenn ja, wie viele angemessen sind, damit der Leiter seine Rechte aus § 8 BVersG ausüben kann. Um welche Ordner es sich im Einzelnen handelt, ist nicht Gegenstand der Genehmigung nach § 18 Abs. 2.

27 Wenn die Polizei Zweifel an der Eignung, Volljährigkeit oder Zuverlässigkeit der als Ordner vorgesehenen Personen hat, kann sie auf § 18 Abs. 2 keinen Anspruch gegen den Leiter stützen, ihr die Personalien dieser Personen zu übermitteln.[10] Da diese Daten nicht zu den Pflichtangaben gehören, die der Veranstalter bei der Anmeldung gegenüber der Versammlungsbehörde zu machen hat, hätte es einer speziellen Regelung für die Übermittlung der Personalien bedurft.

28 Deshalb muss die Polizei die Ordner, bei denen sie Bedenken hat, aber nicht akzeptieren. Sie kann die Verwendung von Ordnern insgesamt nicht genehmigen. Außerdem tragen Veranstalter und Leiter das Risiko der Auflösung ihrer Versammlung, wenn sich während des Verlaufs der Versammlung die mangelnde Eignung der Ordner als Gefahr für die öffentliche Sicherheit oder Ordnung herausstellt. Auf diese Möglichkeiten hingewiesen wird der Leiter regelmäßig die Personalien freiwillig zur Verfügung stellen.

29 Weiterer Regelungsgegenstand der Genehmigung ist die Anzahl der vorgesehenen Ordner. Sie muss nach § 9 Abs. 1 Satz 1 BVersG angemessen sein im Hinblick auf die Ausübung des Leitungsrecht aus § 8 BVersG. Die Anzahl kann nach unten wie nach oben begrenzt werden. Bei kleinen Versammlungen, die überschaubar sind, kann auf Ordner verzichtet werden. Bei großen Versammlungen dürfen aber nicht mehr Ordner eingesetzt werden, als zur Gewährleistung des friedlichen Verlaufs erforderlich sind. In der Genehmigung kann die Zahl der Ordner auch beschränkt werden, wenn sie einschüchternde Wirkung zur Folge hätte. Sind nach Einschätzung der Polizei zu wenige Ordner vorgesehen, kann sie die zur Gefahrenabwehr erforderliche Anzahl verlangen.[11]

---

9 *Maurer/Waldhoff*, Allgemeines Verwaltungsrecht, 19. Aufl. 2017, § 9 Rn. 52 ff.
10 *Breitbach*, RBRS, § 18 Rn. 13; a.A. *Kingreen/Poscher*, POR, § 20 Rn. 37; OVG Münster, NJW 2001, 1441/1442; dagegen VGH Mannheim, der die Angabe der Personalien nur bei Erlass einer entsprechenden Auflage für zulässig hält.
11 *Breitbach*, RBRS, § 18 Rn. 14.

4. Landesregelungen

a) Bayern

Art. 13 Abs. 6 und Abs. 7 bayVersG 30

(6) Der Veranstalter hat der zuständigen Behörde auf Anforderung die persönlichen Daten eines Ordners im Sinn des Art. 10 Abs. 3 Satz 1 mitzuteilen, wenn Tatsachen die Annahme rechtfertigen, dass dieser die Friedlichkeit der Versammlung gefährdet. Die zuständige Behörde kann den Ordner ablehnen, wenn die Voraussetzungen nach Satz 1 vorliegen.

(7) Die zuständige Behörde kann dem Veranstalter aufgeben, die Anzahl der Ordner zu erhöhen, wenn ohne die Erhöhung eine Gefahr für die öffentliche Sicherheit zu besorgen ist.

Das bayVersG kennt keine § 18 Abs. 2 BVersG vergleichbare Regelung zur Genehmigung der Verwendung von Ordnern. Nach Art. 13 Abs. 6 muss der Veranstalter 31 nach Anforderung der zuständigen Behörde die persönlichen Daten eines Ordners mitteilen, wenn Tatsachen die Annahme einer Gefährdung der Friedlichkeit der Versammlung rechtfertigen. Eingriffsschwelle ist damit die abstrakte Friedlichkeitsgefährdung.[12] Bei deren Vorliegen kann die zuständige Behörde den Ordner ablehnen.

Nach Art. 13 Abs. 7 kann sie auch dem Veranstalter aufgeben, die Anzahl der Ordner 32 zu erhöhen, wenn ansonsten eine Gefahr für die öffentliche Sicherheit zu besorgen ist. Eine Reduzierungspflicht besteht für den Veranstalter nicht, es sei denn, dass sich nach Beginn der Versammlung herausstellt, dass die hohe Anzahl der Ordner einschüchternde Wirkung hat und zu einer unmittelbaren Gefährdung i.S. von Art. 15 Abs. 4 führt.

b) Niedersachsen

§ 5 Anzeige 33

(3) Die zuständige Behörde kann von der Leiterin oder dem Leiter die Angabe
3. der Anzahl und der persönlichen Daten von Ordnerinnen und Ordnern

verlangen, soweit dies zur Abwehr einer Gefahr für die öffentliche Sicherheit erforderlich ist. Die Leiterin oder der Leiter hat der zuständigen Behörde Änderungen der nach Satz 1 anzugebenden Umstände unverzüglich mitzuteilen.

§ 10 Besondere Maßnahmen

(1) Die zuständige Behörde kann anhand der nach § 5 Abs. 2 und 3 erhobenen Daten durch Anfragen an Polizei- und Verfassungsschutzbehörden prüfen, ob die betroffene Person die öffentliche Sicherheit unmittelbar gefährdet. Besteht diese Gefahr, kann die Behörde die Person als Leiterin oder Leiter ablehnen oder ihren Einsatz als Ordnerin oder Ordner untersagen.

---

12 Damit ist von einer abstrakten Gefahr auszugehen, vgl. *Möstl*, DVBl 2007, 581/587 f.; trotz Verneinung einer konkreten Gefahr geht *Heinhold*, WHM, Art. 13 Rn. 31, Art. 10 Rn. 20 nicht von einer abstrakten Gefahr aus.

aa) Übermittlung der Personalien der vorgesehenen Ordner

34 Das ndsVersG kennt keine § 18 Abs. 2 BVersG vergleichbare Bestimmung zur Regelung des Ordnereinsatzes. Die zuständige Behörde kann sich aber nach § 5 Abs. 3 Nr. 3 von der Versammlungsleitung Anzahl und Personalien der vorgesehenen Ordner mitteilen lassen, um deren Eignung und Zuverlässigkeit beurteilen zu können. Dafür muss aber schon eine konkrete Gefahr für die öffentliche Sicherheit vorliegen.

35 Anders als nach § 9 Abs. 2 Satz 1 BVersG muss eine konkrete Gefahr auch schon gegeben sein, wenn es nur um die Anzahl der vorgesehenen Ordner geht. Gleiches gilt für die Mitteilung der nachträglichen Änderung der Ordneranzahl.

bb) Beschränkung des Ordnereinsatzes

36 Das ndsVersG kennt keine § 9 Abs. 2 Satz 2 BVersG vergleichbare Regelung zur Beschränkung der Anzahl der Ordner. Die zuständige Behörde hat nach § 10 Abs. 1 Satz 2 nur die Möglichkeit, einzelne als Ordner vorgesehene Personen abzulehnen, allerdings unter der Voraussetzung einer unmittelbaren Gefährdung der öffentlichen Sicherheit. Ansonsten bleibt der Behörde nur die nachträgliche Beschränkung des Ordnereinsatzes nach § 8 Abs. 1.

c) Sachsen

37 § 18 Abs. 2 entspricht § 18 Abs. 2 BVersG.

d) Sachsen-Anhalt

38 § 16 Abs. 2 entspricht § 18 Abs. 2 BVersG.

e) Schleswig-Holstein

39 Der Einsatz von Ordnern wird in § 6 Abs. 2 Satz 1 zugelassen.

III. Ausschließung von Teilnehmern

1. Voraussetzungen

40 Mit der Ausschließung nach § 18 Abs. 3 BVersG endet bei (stationären) Versammlungen der Grundrechtsschutz aus Art. 8 Abs. 1 GG, der Ausgeschlossene hat kein Teilnahmerecht mehr und ist verpflichtet, die Versammlung sofort zu verlassen.

41 Die Ausschließung wegen gröblicher Störung der Ordnung nach § 11 Abs. 1 obliegt bei Versammlungen unter freiem Himmel der Polizei, weil in § 18 Abs. 1 nicht auf § 11 Abs. 1 verwiesen wird. Sachlicher Grund dafür ist, dass die Beendigung der Teilnahme nur Sinn macht, wenn der Ausgeschlossene, der sich nicht sofort entfernt, auch vom Versammlungsort verwiesen werden können muss. Einen Platzverweis zur Durchsetzung der Ausschließung aus einer Versammlung unter freiem Himmel kann aber nur die Polizei aussprechen.

2. Form und Verfahren

Die Ausschließung muss hinreichend bestimmt sein und dem Adressaten dieser Ver- 42
fügung ist unmissverständlich klar zu machen, dass er mit der Ausschließung gemeint
ist. Die Verfügung ergeht in aller Regel mündlich und ist eine unaufschiebbare Maßnahme eines Polizeivollzugsbeamten, die mit der Bekanntgabe wirksam wird.

Dem Adressaten ist ferner deutlich zu machen, dass er sich ohne Aufschub aus der 43
Versammlung zu entfernen und räumlich von ihr abzusetzen hat. Dafür reicht es nicht
aus, wenn er zwar die Versammlung verlässt, aber in Rufweite stehen bleibt und damit
erkennbar weitere Anteilnahme bekundet.

3. Landesregelungen

a) Bayern

Art. 15   44

*(5) Die zuständige Behörde kann teilnehmenden Personen, die die Ordnung erheblich
stören, von der Versammlung ausschließen.*

Die Regelung entspricht inhaltlich § 18 Abs. 3 BVersG. Die erhebliche Störung der
Ordnung ist gleichbedeutend mit der gröblichen in § 18 Abs. 3 BVersG.

b) Niedersachsen

§ 10 Besondere Maßnahmen   45

*(3) Die zuständige Behörde kann Personen die Teilnahme an einer Versammlung un-
tersagen oder diese von der Versammlung ausschließen, wenn dies zur Durchsetzung der
Verbote nach den §§ 3 und 9 unerlässlich ist. Sie kann teilnehmende Personen, die die
Ordnung der Versammlung erheblich stören, von der Versammlung ausschließen, wenn
die Ordnung der Versammlung nicht anders gewährleistet werden kann. Ausgeschlossene Personen haben die Versammlung unverzüglich zu verlassen.*

aa) Untersagung der Teilnahme

Das ndsVersG sieht als neuartige Regelung ein Teilnahmeverbot vor Beginn der Ver- 46
sammlung vor, dessen Voraussetzung die Unerlässlichkeit zur Durchsetzung des Gebots der Friedlichkeit und Waffenlosigkeit und des Verbots der Schutzausrüstung und
Vermummung ist.

bb) Ausschließung von Teilnehmern

Nach Beginn der Versammlung kann die zuständige Behörde Teilnehmer unter den- 47
selben Voraussetzungen aus der Versammlung ausschließen. Teilnehmer, die die Ordnung der Versammlung erheblich stören, kann sie ebenfalls ausschließen.

Wenn in § 10 Abs. 3 hinsichtlich Untersagung und Ausschließung von Versammlung 48
die Rede ist, wird damit auch der Aufzug erfasst, weil der in § 2 definierte Versammlungsbegriff die ortsfeste und die sich fortbewegende Versammlung beinhaltet.

c) Sachsen

49   § 18 Abs. 3 entspricht inhaltlich § 18 Abs. 3 BVersG.

d) Sachsen-Anhalt

50   § 16 Abs. 3 entspricht § 18 Abs. 3 BVersG.

e) Schleswig-Holstein

51   *§ 14 Untersagung der Teilnahme oder Anwesenheit und Ausschluss von Personen*

(1) Die zuständige Behörde kann einer Person die Teilnahme an oder Anwesenheit in einer Versammlung unter freiem Himmel unmittelbar vor deren Beginn untersagen, wenn von ihr nach den zur Zeit des Erlasses der Verfügung erkennbaren Umständen bei Durchführung der Versammlung eine unmittelbare Gefahr für die öffentliche Sicherheit ausgeht.

(2) Wer durch sein Verhalten in der Versammlung die öffentliche Sicherheit unmittelbar gefährdet, ohne dass die Versammlungsleitung dies unterbindet, oder wer einer Anordnung nach § 6 Absatz 3 zuwiderhandelt, kann von der zuständigen Behörde ausgeschlossen werden. Wer aus der Versammlung ausgeschlossen wird, hat sich unverzüglich zu entfernen.

aa) Untersagung der Teilnahme

52   Die der nds Regelung nachgebildete Untersagung der Teilnahme vor Beginn der Versammlung unter freiem Himmel hat eine unmittelbare Gefährdung der öffentlichen Sicherheit bei der Durchführung der Versammlung zur Voraussetzung.

bb) Ausschließung von Teilnehmern

53   Nach Beginn der Versammlung kann die zuständige Behörde Teilnehmer ausschließen, wenn diese die öffentliche Sicherheit durch ihr Verhalten unmittelbar gefährden oder zur Aufrechterhaltung der Ordnung in der Versammlung getroffene Anweisungen von Leiter oder Ordnern nicht befolgen.

54   Auch in Schleswig-Holstein sind Untersagung und Ausschließung für Versammlungen und Aufzüge einheitlich geregelt, weil der in § 2 Abs. 1 definierte Versammlungsbegriff beide Versammlungsformen erfasst.

§ 19 [Sondervorschrift für Aufzüge]

(1) Der Leiter des Aufzuges hat für den ordnungsmäßigen Ablauf zu sorgen. Er kann sich der Hilfe ehrenamtlicher Ordner bedienen, für welche § 9 Abs. 1 und § 18 gelten.

(2) Die Teilnehmer sind verpflichtet, die zur Aufrechterhaltung der Ordnung getroffenen Anordnungen des Leiters oder der von ihm bestellten Ordner zu befolgen.

(3) Vermag der Leiter sich nicht durchzusetzen, so ist er verpflichtet, den Aufzug für beendet zu erklären.

(4) Die Polizei kann Teilnehmer, welche die Ordnung gröblich stören, von dem Aufzug ausschließen.

I. Allgemeines

1. Aufzug als Unterfall der Versammlung

Aufzüge sind öffentliche Versammlungen unter freiem Himmel, bei denen sich die 1
Teilnehmer fortbewegen. Die Fortbewegung findet regelmäßig auf öffentlichen Verkehrsflächen statt, die auch dem kommunikativen Gemeingebrauch offenstehen.

Ein Aufzug ist gegeben, wenn sich die Teilnehmer nach Eröffnung durch den Lei- 2
ter oder nach einer stationären Versammlung als Auftaktveranstaltung in Bewegung setzen und sich auf einer festgelegten Wegstrecke vom Ort der Zusammenkunft fortbewegen, um auf diese Weise eine größere Öffentlichkeit mit ihrem Kundgebungsthema zu erreichen. Insoweit ist Zweck des Aufzuges die geordnete Fortbewegung in Gestalt einer Demonstration.

2. Charakter und Bedeutung der Norm

a) Steigerung des Gefährdungspotenzials

Die Fortbewegung, die die Versammlung zum Aufzug macht, steigert mit der durch 3
Art. 8 Abs. 1 GG garantierten Chance zur Herstellung einer größeren Öffentlichkeit

nicht nur den Beachtungserfolg, sondern auch das Gefährdungspotenzial. Dies ist bedingt durch die Eigendynamik der Fortbewegung und die Beeinträchtigungen Dritter, die sich aus den konkurrierenden Ansprüchen auf die Nutzung des öffentlichen Raumes ergeben.

4 Allerdings hat sich die im BVersG vorgenommene Differenzierung zwischen Versammlungen und Aufzügen nicht in einem abgestuften Eingriffsinstrumentarium bei § 15 BVersG niedergeschlagen.[1] Deshalb muss dem vom Gesetzgeber gesehenen und anerkannten höheren Gefährdungspotenzial durch Auflagen zu Gunsten entgegenstehender Rechte Dritter Rechnung getragen werden.

b) Eigenständige Ordnungsnorm

5 § 19 stellt neben den §§ 14 und 15 BVersG eine abschließende Regelung für Aufzüge dar[2] und enthält eine eigenständige, umfassende Regelung zur Ordnung von Aufzügen. Anders als bei § 18 Abs. 1, wo für Versammlungen unter freiem Himmel auf die Bestimmungen für Versammlungen in geschlossenen Räumen verwiesen werden konnte, war dies bei Aufzügen nicht möglich, weil der Aufzug in geschlossenen Räumen kein Pendant hat. Deshalb konnte der Gesetzgeber keine Überleitungsnorm schaffen, sondern musste die Ordnung von Aufzügen eigenständig regeln.

6 Zunächst wird in § 19 Abs. 1 Satz 1 bestimmt, dass Aufzüge einen Leiter haben müssen und dieser für den ordnungsgemäßen Ablauf zu sorgen hat, also den Ablauf bestimmt und während des Aufzuges für Ordnung sorgt.

7 Die Spezialregelung zur Beendigungspflicht in Abs. 3 erklärt sich aus dem gegenüber Versammlungen gesteigerten Gefahrenpotenzial von Aufzügen. Kommt es bei Aufzügen zu Störungen, gegenüber denen sich der Leiter nicht durchzusetzen vermag, muss er den Aufzug beenden. »Nicht durchsetzen« meint schuldunabhängiges Unvermögen zur Aufrechterhaltung der Ordnung. Vom Unvermögen des Leiters ist auszugehen, wenn seine Weisungen nicht mehr befolgt werden. Insoweit kommt dann nur die Beendigung, nicht aber eine Unterbrechung des Aufzuges in Betracht, weil letztere nicht der Durchsetzung von Weisungen dient, als Teil ausgeübter Ordnungsgewalt keinen Bezug zu Abs. 3 hat.[3] Aus diesem Grunde enthält § 19 auch keine Verweisung auf § 8 BVersG. Die Ordnungsgewalt des Leiters von Aufzügen auf öffentlichen Straßen und Plätzen erfordert weiterreichende Maßnahmen als Versammlungen in geschlossenen Räumen oder unter freiem Himmel.

8 Bezüglich des Einsatzes von Ordnern hat der Gesetzgeber in § 19 keine eigenständige Regelung getroffen, sondern auf die in das Ordnungskonzept für Aufzüge passenden Vorschriften der §§ 9 Abs. 1 und 18 verwiesen. Wenn er hier auf § 18 verweist, kann er nur Abs. 2 gemeint haben, weil nur der mit dem Ordnungseinsatz zu tun hat.

---

1 *Kniesel/Poscher*, Rn. 206 und 342.
2 *Breitbach*, RBRS, § 19 Rn. 4.
3 A.A. *Breitbach*, RBRS, § 19 Rn. 21.

Für Weisungen des Leiters und seiner Ordner und die Pflicht zu ihrer Befolgung tref- 9
fen § 19 Abs. 2 und für das Recht zur Ausschließung von Teilnehmern bei gröblicher
Störung, das bei Aufzügen nur der Polizei zusteht, § 19 Abs. 4 jeweils eine eigenständige Regelung.

Das Fehlen einer Bestimmung zum Anwesenheitsrecht der Polizei bei Aufzügen und 10
zur Entfernungspflicht ausgeschlossener Personen nach Auflösung des Aufzuges spricht
nicht gegen die eigenständige und umfassende Regelung der Ordnung von Aufzügen
durch § 19, sondern im Gegenteil für diese. Es handelt sich in beiden Fällen weder um
ein Redaktionsversehen, noch um eine ungewollte Regelungslücke. Der Gesetzgeber
wollte vielmehr mit dem Verzicht auf ein Anwesenheitsrecht und eine Entfernungspflicht sachlichen Unterschieden zwischen Versammlungen und Aufzügen Rechnung
tragen (vgl. Rdn. 20 f. und 26).

II. Rechte und Pflichten des Leiters

1. Bestimmung und Sicherstellung des ordnungsgemäßen Verlaufs

a) Leitung als Grundrechtsausübung

Wenn § 19 Abs. 1 Satz 1 dem Leiter die Sorge für den ordnungsgemäßen Ablauf 11
überträgt, garantiert er ihm sein Grundrecht der Versammlungsfreiheit[4], das neben
dem Recht auf Teilnahme auch das Recht zur Veranstaltung und das von diesem abgeleitete Recht zur Leitung schützt. Insoweit unterscheidet sich die Ordnungsfunktion bei Aufzügen nicht qualitativ von der bei Versammlungen unter freiem Himmel.
Einzige Begrenzung seines Leitungsrechts ist die ihm in Abs. 3 obliegende Pflicht zur
Beendigung des Aufzuges, wenn er sich als Leiter nicht mehr durchzusetzen vermag.

Der Leiter ist dafür verantwortlich, dass die bei der Anmeldung gemachten An- 12
gaben eingehalten, erteilte Auflagen beachtet und keine bewaffneten oder unrichtig gekennzeichneten Ordner verwendet werden sowie beim Ordnungseinsatz
die genehmigte Anzahl beachtet wird. Er ist dagegen nicht dafür verantwortlich zu
machen, wenn bei der Durchführung des Aufzuges eine unmittelbare Gefährdung
der öffentlichen Sicherheit oder Ordnung entsteht.[5] Realisiert sich aus dem Aufzug
heraus eine unmittelbare Gefährdung i.S. von § 15 Abs. 3 BVersG kann die Polizei
den Aufzug auflösen und die Teilnehmer als Störer, nicht aber den Leiter in Anspruch nehmen.

b) Umfang der Ordnungsfunktion

Dies Leitungsrecht und die aus ihm folgende Ordnungsmacht beziehen sich auf die 13
Abwehr von Störungen, die dem Aufzug durch Teilnehmer drohen. Störungen kön-
nen sich vor allem gegen die geordnete Fortbewegung als Achillesferse eines jeden
Aufzuges richten. Teilnehmer können stehen bleiben, sich gegen die vorgegebene

---

4 *Breitbach*, RBRS, § 19 Rn. 11.
5 *Breitbach*, RBRS, § 19 Rn. 12; a.A. *Ott/Wächtler/Heinhold*, § 19 Rn. 3.

Marschrichtung bewegen, die vorgesehene Marschrichtung verlassen oder die Marschfolge durch Überholen oder Zurückbleiben ändern.

14   Neben der Unterbindung und Verhinderung von Störungen durch Teilnehmer
hat der Leiter auch organisatorische Voraussetzungen für den störungsfreien Ablauf des Aufzugs zu schaffen. Das beginnt mit der Aufstellung der Teilnehmer in
Marschformation und setzt sich fort mit der Sicherstellung der Einhaltung des
Marschweges, der Marschfolge und der Aufgliederung in Marschblöcke bestimmter Größenordnung. Das kann nur mit einer ausreichenden Anzahl geschulter
Ordner gelingen.

2. Weisungsbefugnis

15   Der Leiter kann Teilnehmer anweisen, sich so zu verhalten, dass Störungen unterbleiben, sowohl Störungen des Aufzugs als auch durch den Aufzug. Die Weisungen
müssen sachgemäß und nach Inhalt, Zweck und Ausmaß hinreichend bestimmt sein,
damit die Adressaten erkennen können, was von ihnen verlangt wird. Gegen unsach-
gemäßen oder willkürlichen Gebrauch der Weisungsbefugnis hat die Polizei die betroffenen Teilnehmer zu schützen.

3. Einsatz von Ordnern

16   Zur Ausübung seiner Ordnungsfunktion kann sich der Leiter der Unterstützung
durch eine angemessene Zahl von Ordnern bedienen, wobei er die Voraussetzungen
von § 9 Abs. 1 zu beachten hat. Außerdem bedarf die Verwendung von Ordnern nach
§§ 18 Abs. 2 und 19 Abs. 1 der polizeilichen Genehmigung.

4. Beendigungspflicht

17   Der Leiter muss den Aufzug beenden, wenn er die Ordnung nicht mehr gewährleisten kann. Das ist der Fall, wenn er sich nicht mehr durchsetzen kann. Durchsetzen
kann er sich nicht mehr, wenn seine Weisungen von den Teilnehmern nicht mehr
befolgt werden. Das gilt insbesondere für Weisungen, mit denen die Einhaltung
versammlungsbehördlicher Auflagen nach § 15 Abs. 1 und 3 BVersG sichergestellt
werden soll.

18   Die Beendigungspflicht ist die einzige versammlungsgesetzliche Beschränkung des
Leitungsrechts. Diese bei stationären Versammlungen nicht vorgesehene Beschränkung ist dem gesteigerten Gefährdungspotenzial des Aufzuges geschuldet.

III. Pflichten der Teilnehmer

1. Pflicht zur Befolgung von Weisungen

19   Die Teilnehmer sind nach § 19 Abs. 2 verpflichtet, die Weisungen des Leiters und
seiner Ordner zu befolgen, soweit sie den störungsfreien Verlauf des Aufzugs sicherstellen sollen und darauf gerichtet sind, die Einhaltung von Auflagen für den Aufzug
sicherzustellen.

2. Entfernungspflicht nach Auflösung

In § 19 wird nicht auf § 13 Abs. 2 BVersG verwiesen, der die Teilnehmer in die Pflicht **20** nimmt, sich nach Auflösung einer Versammlung sofort zu entfernen. Dabei soll es sich um ein Versehen des Gesetzgebers handeln.[6] Die fehlende Verweisung auf § 13 Abs. 2 BVersG macht aber Sinn und ist dem sachlichen Unterschied zwischen dem Stillstand der stationären Versammlung und der Fortbewegung des Aufzugs geschuldet.

Bei einer stationären Versammlung droht eine Gefahr nur am Ort der Versammlung **21** und sie kann durch das Sichentfernen abgewehrt werden. Bei Aufzügen kann die Gefahr aber auch in der Fortsetzung der Bewegung liegen und durch ein Anhalten des Aufzugs abgewehrt werden müssen.[7] Insoweit reicht es dann aus, lediglich die Fortbewegung zu beenden, nicht aber die Entfernung vom Anhalteort zu verfügen.[8]

Ist nach den Gegebenheiten des Einzelfalls eine Auflösung geboten, muss die Ent- **22** fernungspflicht erst begründet werden. Da mit der Auflösung der Grundrechtsschutz aus Art. 8 Abs. 1 GG geendet hat, entfällt die Sperrwirkung des BVersG und der Weg in das Polizeirecht wird frei. Die Polizei kann jetzt mit einem Platzverweis die Entfernungspflicht verfügen.

IV. Ausschließung von Teilnehmern

Auch bei der Ausschließung von Teilnehmern nach § 19 Abs. 4 BVersG fehlt wie **23** bei der Auflösung des Aufzuges eine Verweisung auf die Entfernungspflicht, wie sie für den ausgeschlossenen Teilnehmer einer stationären Versammlung nach den §§ 18 Abs. 3 und 11 Abs. 2 BVersG besteht. Deshalb muss auch hier die Entfernungspflicht erst durch Verfügen eines Platzverweises begründet werden.

Schließt die Polizei einen störenden Teilnehmer aus, hängt es von den Umständen des **24** Einzelfalls ab, ob die Person nach Verlassen des Aufzugs am Ort der Ausschließung verbleiben kann oder sich nach Erlass eines Platzverweises durch die Polizei von diesem Ort entfernen muss.

V. Anwesenheitsrecht der Polizei

In § 19 fehlt auch eine Regelung zum Anwesenheitsrecht der Polizei bei Aufzügen. **25** Trotz der fehlenden Verweisung auf § 12 wird davon ausgegangen, dass § 19 die Anwesenheit der Polizei voraussetzt[9], weil nur für sie das Recht zur Ausschließung besteht und § 29 Abs. 1 Nr. 8 BVersG einen Ordnungswidrigkeitentatbestand wegen Verweigerung der Anwesenheit von Polizeibeamten durch den Leiter enthält. Die fehlende Verweisung wird auch mit einem Redaktionsversehen erklärt.[10]

---

6 *Ott/Wächtler/Heinhold*, § 19 Rn. 10.
7 *Kingreen/Poscher*, POR, § 22 Rn. 2.
8 *Breitbach*, RBRS, § 19 Rn. 7.
9 *Ott/Wächtler/Heinhold*, § 19 Rn. 9.
10 *Ott/Wächtler/Heinhold*, § 19 Rn. 9; krit. *Brenneisen/Wilksen*, S. 103.

26 Demgegenüber macht es Sinn, davon auszugehen, dass der Gesetzgeber ein Anwesenheitsrecht der Polizei in Aufzügen für entbehrlich, weil nicht erforderlich hielt.[11] Ein Entsendungsrecht in Aufzüge und ein daraus abgeleitetes Anwesenheitsrecht der Polizei hat schon keine einsatztaktische Grundlage (vgl. § 18 Rdn. 12 f.). Für die Polizei reicht es aus, wenn sie den Aufzug in unmittelbarer Nähe begleiten kann. Im Übrigen passen die Legitimationspflicht gegenüber dem Leiter und insbesondere die Zuweisung eines angemessenen Platzes für die entsandten Beamten im Aufzug einfach nicht dessen Gegebenheiten.[12] Der Ordnungswidrigkeitentatbestand des § 29 Abs. 1 Nr. 8 kann wegen des Bestimmtheitsgebotes nicht für den Leiter eines Aufzuges gelten und lässt sich damit nicht als Argument für ein Anwesenheitsrecht in Aufzügen bemühen.

VI. Landesregelungen

1. Bayern

27 Das bayVersG verwendet den Begriff Aufzug nicht. Aufzüge sind damit Unterfall der in Art. 2 Abs. 1 geregelten Versammlung und auf sie sind damit alle für Versammlungen geltende Bestimmungen anwendbar.

2. Niedersachsen

28 Das ndsVersG regelt den Aufzug als Erscheinungsform des Versammlungsgeschehens nicht begrifflich, aber der Sache nach als sich fortbewegende Zusammenkunft im Rahmen des Versammlungsbegriffs von § 2. Hinsichtlich Leitung und Ausschließung von Teilnehmern gelten somit die entsprechenden Bestimmungen für Versammlungen.

3. Sachsen

29 § 19 entspricht § 19 BVersG.

4. Sachsen-Anhalt

30 § 17 entspricht § 19 BVersG.

5. Schleswig-Holstein

31 In § 2 Abs. 1 Satz 2 ist der Aufzug als sich fortbewegende Versammlung definiert, sodass bei Aufzügen alle für Versammlungen geltenden Bestimmungen Anwendung finden.

§ 19a [Anwendbarkeit von § 12a]

Für Bild- und Tonaufnahmen durch die Polizei bei Versammlungen unter freiem Himmel und Aufzügen gilt § 12a.

---

11 *Breitbach*, RBRS, § 19 Rn. 6.
12 *Kingreen/Poscher*, POR, § 21 Rn. 2.

Bei der Bestimmung handelt es sich um eine reine Verweisungsvorschrift, mit der die 1
Rechtsgrundlage des § 12a für Bild und Tonaufnahmen von Versammlungen in geschlossenen Räumen auf solche unter freiem Himmel erstreckt werden soll.

Gegen Bild- und Tonaufnahmen von Versammlungen in geschlossenen Räumen be- 2
stehen durchgreifende verfassungsrechtliche Bedenken (vgl. § 12a Rdn. 1 ff.). Für solche Aufnahmen bei Versammlungen in geschlossenen Räumen bestand auch nie ein
Regelungsbedarf. Der Gesetzgeber wäre gut beraten gewesen, die in § 12a enthaltene
Regelung als ausschließliche für Versammlungen unter freiem Himmel in einem § 15a
zu regeln, was § 19a entbehrlich gemacht hätte.

Die Bundesländer mit einem eigenen Versammlungsgesetz sind unterschiedlich ver- 3
fahren. Bayern hat Bild- und Tonaufnahmen oder -aufzeichnungen in seinem Ersten
Teil als allgemeine Bestimmung und damit für Versammlungen in geschlossenen Räumen und unter freiem Himmel zusammen geregelt.

Berlin hat mit dem Gesetz über Aufnahmen und Aufzeichnungen von Bild und Ton 4
bei Versammlungen unter freiem Himmel und Aufzügen ausschließlich eine Regelung
für Versammlungen unter freiem Himmel getroffen.

Niedersachsen hat spezifische Bestimmungen für Versammlungen unter freiem Him- 5
mel in § 12 und in § 17 für Versammlungen in geschlossenen Räumen vorgesehen.

Sachsen hat im Jahre 2012 neben § 12, der dem § 12a BVersG entspricht, für Versammlungen unter freiem Himmel in § 20 eine eigene Regelung eingeführt.

Sachsen-Anhalt hat auf eine Regelung für Versammlungen in geschlossenen Räumen 6
verzichtet und sieht Bild- und Tonaufzeichnungen in § 18 nur für Versammlungen
unter freiem Himmel vor.

Schleswig-Holstein ist Niedersachsen gefolgt und enthält jeweils eigene Rechtsgrund- 7
lagen, in § 16 für Versammlungen unter freiem Himmel und in § 22 für Versammlungen in geschlossenen Räumen.

§ 20 [Grundrechtseinschränkungen]

**Das Grundrecht des Artikels 8 des Grundgesetzes wird durch die Bestimmungen
dieses Abschnitts eingeschränkt.**

Mit dieser Bestimmung hat der Gesetzgeber dem in Art. 19 Abs. 1 Satz 2 GG normier- 1
ten Zitiergebot genügt. Das Zitiergebot hat Warnfunktion und soll dem Gesetzgeber
seine Verantwortung für die Auswirkungen seiner Regelungen für das betroffene Grundrecht vor Augen führen, wenn er einen ihm eingeräumten Gesetzesvorbehalt nutzt.[1]

Das Zitiergebot gilt deshalb nur für Vorbehaltsschranken, nicht für gesetzliche Be- 2
schränkungen, die lediglich schon bestehende verfassungsunmittelbare Gewährleistungsschranken – friedlich und ohne Waffen – konkretisieren. Folglich konnte in § 20
die Warnfunktion auf Abschnitt III begrenzt bleiben.

---

1 BVerfGE 64, 72/79; 85, 386/402 f.; 113, 348/366; 120, 274/343.

3   Nach der Rechtsprechung des BVerfG fallen die in einer Versammlung vertretenen und durch eine Demonstration transportierten Inhalte unter den Schutzbereich von Art. 5 Abs. 1 GG und es gelten dafür die Schranken von Art. 5 Abs. 2 GG. Deshalb müsste eigentlich auch Art. 5 GG in § 20 BVersG zitiert werden. Doch nimmt das BVerfG Art. 5 GG vom Zitiergebot aus, weil in Art. 5 Abs. 2 GG nicht ausdrücklich davon die Rede ist, dass er durch Gesetz oder aufgrund eines Gesetzes eingeschränkt werden kann.[2] Gleichwohl zitieren das bayVersG in Art. 23 und das s-hVersG in § 28 auch die Meinungsfreiheit als eingeschränktes Gesetz.

4   Das Grundrecht auf informationelle Selbstbestimmung, das durch die §§ 12a und 19a BVersG eingeschränkt wird, ist in § 20 nicht zitiert. Das entspricht der Rechtsprechung des BVerfG, das auch Art. 2 Abs. 1 GG, aus dem das Grundrecht auf informationelle Selbstbestimmung abgeleitet wird, wegen seines Vorbehalts der verfassungsmäßigen Ordnung nicht vom Zitiergebot erfasst sieht.[3] Allerdings zitieren Sachsen in § 21 das Recht auf informationelle Selbstbestimmung und das in Art. 33 sächsVerfG enthaltene Grundrecht auf Datenschutz, Sachsen-Anhalt in § 19ˉ das Grundrecht auf den Schutz personenbezogener Daten aus Art. 2 Abs. 1 und Art. 1 Abs. 1 GG und Art. 6 Abs. 1 der s-aVerfG und Schleswig-Holstein in § 28 das Recht auf informationelle Selbstbestimmung.

5   Das Zitiergebot gilt auch für Änderungsgesetze, wenn die Eingriffsvoraussetzungen erheblich geändert werden.[4] In den Änderungsgesetzen vom 18.07.1985, 09.06.1989 und 24.03.2005 ist Art. 8 GG nicht zitiert worden, was lediglich beim letzten Änderungsgesetz mit der Konkretisierung von § 15 Abs. 1 durch Abs. 2 erklärt werden kann, nicht aber bei der neuen, bis dahin nicht bekannten Einschränkung durch § 17a im Änderungsgesetz vom 18.07.1985.

6   Bayern genügt dem Zitiergebot bezüglich Art. 8 GG in Art. 23; Brandenburg in seinem Gräberstätten-Versammlungsgesetz in § 3, Berlin in § 3 Gesetz über Aufnahmen und Aufzeichnungen von Bild und Ton bei Versammlungen unter freiem Himmel und Aufzügen, Niedersachsen in § 23; Sachsen in § 20, Sachsen-Anhalt in § 19 und Schleswig-Holstein in § 28.

7   Wenn in den Polizeigesetzen der Länder Eingriffe in Art. 8 Abs. 1 GG zugelassen werden, wie das bei der Identitätsfeststellung an eingerichteten Kontrollstellen der Fall ist, müsste im einschlägigen Polizeigesetz Art. 8 GG zitiert werden, weil die Anreise zur Versammlung schon im Schutzbereich der Versammlungsfreiheit liegt. Die Polizeigesetze zitieren Art. 8 GG aber nur vereinzelt.[5] Die Polizeigesetzgeber nehmen das Zitiergebot, dessen Verletzung ja die Verfassungswidrigkeit der Grundrechtseinschränkung zur Folge hätte, offensichtlich nicht ernst.[6]

---

2   BVerfGE 35, 185/188.
3   BVerfGE 10, 89/99; 28, 36/46; 64, 72/80; *Remmert*, MD, Art. 19 Rn. 54; a.A. *Sachs*, SA, Art. 19 Rn. 29; *Jarass*, JP, Art. 19 Rn. 4.
4   BVerfGE 129, 208/237.
5   § 11 Nr. 7 s-aSOG.
6   *Kingreen/Poscher*, POR, § 19 Rn. 19.

Abschnitt IV Straf- und Bußgeldbestimmungen

1. Sanktionierung und flexible Lagebewältigung

Die §§ 21–28 enthalten Straftatbestände des Nebenstrafrechts, die §§ 29 und 29a **1** Ordnungswidrigkeiten, die im Zusammenhang mit Versammlungen stehen. Wenn der Gesetzgeber mit Straftatbeständen das Verhalten von Versammlungsteilnehmern sanktioniert, führt das für die Polizei zum **Verfolgungszwang** nach § 163 StPO, stuft er dasselbe Verhalten dagegen nur als Ordnungswidrigkeit ein, ist das **Opportunitätsprinzip** in Geltung. Mit seiner Entscheidung über Straftatbestand oder Ordnungswidrigkeit entscheidet der Gesetzgeber auch über den **Spielraum der Polizei zu einer flexiblen Lagebewältigung**, die insbesondere bei größeren Demonstrationen mit Gewaltpotenzial von maßgeblicher Bedeutung ist.

Hält der Gesetzgeber sich bei den Strafsanktionen zurück und belässt es bei der Ahn- **2** dung durch Ordnungswidrigkeiten, verschafft er der Polizei über das Opportunitätsprinzip die **Möglichkeit zu einer flexiblen Lagebewältigung**, mit der **Eskalationen** durch den Einsatz von Polizeibeamten in der Menschenmenge zur Ergreifung von Straftätern **vermieden werden können**. Dagegen sind die für den Einsatz verantwortlichen Polizeibeamten unter der Geltung des Legalitätsprinzips auch bei einer sachlich gerechtfertigten flexiblen Vorgehensweise dem Risiko der Strafverfolgung wegen Strafvereitelung im Amt ausgesetzt.[1]

Zudem ist bei jeder Sanktionierung von Verhaltensweisen in oder im Umfeld von **3** Versammlungen zu berücksichtigen, dass **der in der Sanktionierung liegende schwerwiegende Eingriff** in die Versammlungsfreiheit in Anbetracht des hohen Ranges dieses Grundrechts einer **besonderen Rechtfertigung** bedarf.[2]

2. Ungereimtheiten bei den Straf- und Bußgeldandrohungen

Die Straf- und Bußgeldbestimmungen des Abschnitts IV stellen **kein in sich stim-** **4** **miges Regelwerk** dar[3]; es gibt **Ungereimtheiten** bei den Tatbeständen und den Strafbzw. Bußgeldandrohungen. So verlangen die §§ 26 Nr. 1 und 29 Abs. 1 Nr. 1 die Vollziehbarkeit eines Verbots, § 25 Nr. 2 verlangt das bei einer Auflage dagegen nicht. Die Missachtung des Verbots der Passivbewaffnung und der Vermummung ist ebenso mit einem Jahr Freiheitsstrafe bedroht wie der Verstoß gegen das eindeutig schwerer wiegende Bewaffnungsverbot, während die Verletzung des geringer zu bewertenden Uniformverbots gar mit zwei Jahren Freiheitsstrafe bedroht ist. Auch bei den

---

1 ME VersG, S. 75.
2 BVerfGE 69, 315/349.
3 *Kretschmer*, NStZ 2015, 504.

Ordnungswidrigkeiten des § 29 kann die Bußgeldandrohung von 5000 DM[4] für die auf den Veranstalter und den Leiter bezogene Missachtung von Ordnungsvorschriften der Nrn. 6–8 gegenüber den teilnehmerbezogenen Tatbeständen der Nrn. 1–5 mit der Androhung von nur 1000 DM sachlich nicht begründet werden.

§ 21 [Störung von Versammlungen und Aufzügen]

Wer in der Absicht, nicht verbotene Versammlungen oder Aufzüge zu verhindern oder zu sprengen oder sonst ihre Durchführung zu vereiteln, Gewalttätigkeiten vornimmt oder androht oder grobe Störungen verursacht, wird mit Freiheitsstrafe bis zu drei Jahren oder mit Geldstrafe bestraft.

I. Tatbestandliche Voraussetzungen

1. Objektiver Tatbestand

a) Mögliche Täter

1   Täter ist, wer Gewalttätigkeiten vornimmt oder androht oder grobe Störungen verursacht, um nicht verbotene Versammlungen oder Aufzüge zu verhindern oder zu

---

4 Im Euroumstellungsgesetz vom 13.12.2001 (BGBl. I S. 3574) sind in Art. 24 im Straf- und Ordnungswidrigkeitenrecht genannte DM-Beträge in EURO-Beträge (in der Regel durch Halbierung) umgewandelt worden. Die notwendige Änderung im BVersG ist übersehen worden.

sprengen oder sonst ihre Durchführung zu vereiteln. Täter sind in der Regel außenstehende Dritte, können aber auch Versammlungsteilnehmer sein.

b) Schutzobjekte

Die Strafnorm schützt sowohl öffentliche Versammlungen in geschlossenen Räumen, 2 als auch solche unter freiem Himmel, erfasst also auch Aufzüge. Auch die in den Schutzbereich von Art. 8 Abs. 1 GG einbezogenen nichtöffentlichen Versammlungen können verboten werden und sind deshalb durch § 21 geschützt.[1]

c) Tathandlungen

aa) Vornahme von Gewalttätigkeiten

Gewalttätigkeit ist ein gegen die körperliche Unversehrtheit von Personen oder Sachen 3 gerichtetes aggressives Tun von einiger Erheblichkeit unter Einsatz physischer Kraft.[2] Insoweit stimmt der Begriff Gewalttätigkeit mit dem des Landfriedensbruchs überein.[3] Die Gewalttätigkeit kann nicht nur am Versammlungsort erfolgen, sondern auch in der Wohnung des Veranstalters oder Leiters, wenn diese dort angegriffen werden.

bb) Androhung von Gewalt

Androhen von Gewalttätigkeiten ist mehr als eine Drohung nach § 240 Abs. 1 StGB. 4 Der Täter muss in der Vorstellung handeln, der Bedrohte sei überzeugt, durch die angedrohte Gewalttätigkeit objektiv gefährdet zu sein. Auf die tatsächliche Bedrohung kommt es nicht an, es genügt vielmehr, dass die Ankündigung objektiv bedrohlich erscheint.

cc) Verursachung grober Störungen

Grobe Störungen sind solche Einwirkungen auf den ordnungsgemäßen Ablauf einer 5 Versammlung oder eines Aufzuges, die sich als besonders schwere Beeinträchtigung der Versammlungsfreiheit von Veranstalter, Leiter und Teilnehmern darstellen. Der Begriff der groben Störung hat also eine Störungsintensität, die über Störungen im Sinne der §§ 11 Abs. 1, 18 Abs. 3 und 19 Abs. 4 hinausgehen. Bei der groben Störung muss die Versammlung auf dem Spiel stehen.

Eine grobe Störung ist mit einer Verhinderungsblockade zwangsläufig verbunden, 6 wenn diese nicht als symbolische Aktion durchgeführt wird, sondern bezweckt, dass ein Aufzug sich nicht auf der von der zuständigen Behörde zugelassenen Wegstrecke fortbewegen kann (vgl. § 15 Rdn. 57 ff.).

Grobe Störungen können auf unterschiedlichste Weise erfolgen. Auch beim Werfen 7 von Stink- und Rauchbomben, Lärmerzeugung durch Nebelhörner oder Trillerpfeifen oder andauerndes Niederschreien des Redners liegt eine grobe Störung vor, weil hier die Versammlung als solche auf dem Spiel steht.

---

1 *Ott/Wächtler/Heinhold*, § 21 Rn. 1.
2 BGHSt 20, 305; *Fischer*, StGB, 65. Aufl. 2018, § 125 Rn. 4.
3 Enders, DE, § 21 Rn. 5.

2. Subjektiver Tatbestand

a) Absicht

8 Absicht als gesteigerte Form des direkten Vorsatzes liegt vor, wenn es dem Täter darauf ankommt, den Handlungserfolg der Verhinderung, Sprengung oder Vereitelung der Versammlung zu bewirken; er muss also einen zielgerichteten Erfolgswillen haben.[4] Als Absichtsdelikt bedarf es nicht des Erfolgseintritts; die Tathandlung zur Verhinderung, Sprengung oder Vereitelung, braucht also nicht zu gelingen.[5]

b) Bezugspunkt der Absicht

aa) Verhinderung

9 Eine Versammlung wird verhindert, wenn sie nicht im Wesentlichen so stattfinden kann, wie sie im Hinblick auf Ort, Zeitpunkt und Dauer sowie Art und Weise geplant ist. Behinderungen und Verzögerungen, die die Durchführung nicht in Frage stellen, verhindern die Versammlung oder den Aufzug nicht. Verhindert wird sie aber, wenn sie dadurch in Frage gestellt wird, dass dem Leiter oder dem Hauptredner der Zugang zur Versammlung gewaltsam verwehrt wird.

bb) Sprengung

10 Eine Versammlung wird gesprengt, wenn die Teilnehmer zum Verlassen des Versammlungsortes gezwungen werden. Das kann aus der Versammlung heraus, etwa durch Gewaltanwendung eines Teils der Teilnehmer, aber auch von außen durch Nichtteilnehmer geschehen.

cc) Vereitelung

11 Die Durchführung einer Versammlung wird auf andere Weise vereitelt, wenn weder eine Verhinderung noch eine Sprengung vorliegt, die Versammlung also zur geplanten Zeit und am geplanten Ort stattfinden kann, sie aber durch einen die Qualität einer groben Störung erreichenden Auftritt von Opponenten unterwandert und umfunktioniert wird.

II. Landesregelungen

1. Bayern

12 Art. 20 Abs. 1 Nr. 2 entspricht im Wesentlichen § 21 BVersG. Das Strafmaß ist allerdings auf zwei Jahre beschränkt.

2. Niedersachsen

13 § 20 Abs. 1 Nr. 2 entspricht im Wesentlichen § 21 BVersG. Auch hier ist das Strafmaß auf zwei Jahre begrenzt.

---

4 *Wessels/Beulke/Satzger*, Strafrecht AT, 48. Aufl. 2018, § 7 Rn. 318
5 *Ott/Wächtler/Heinhold*, § 21 Rn. 9.

3. Sachsen

§ 22 entspricht tatbestandlich § 21 BVersG. Das Strafmaß ist auch hier auf zwei Jahre   14
zurückgenommen.

4. Sachsen-Anhalt

§ 20 entspricht tatbestandlich § 21 BVersG. Das Strafmaß ist auf zwei Jahre begrenzt.   15

5. Schleswig-Holstein

§ 23 Abs. 1 entspricht bis auf die Absicht zur Sprengung § 21 BVersG. Das Strafmaß   16
ist auf zwei Jahre begrenzt.

§ 22 [Beeinträchtigung und Bedrohung von Leiter und Ordnern]

Wer bei einer öffentlichen Versammlung oder einem Aufzug dem Leiter oder einem
Ordner in der rechtmäßigen Ausübung seiner Ordnungsbefugnisse mit Gewalt oder
Drohung mit Gewalt Widerstand leistet oder ihn während der rechtmäßigen Ausübung seiner Ordnungsbefugnisse tätlich angreift, wird mit Freiheitsstrafe bis zu
einem Jahr oder mit Geldstrafe bestraft.

I. Tatbestandliche Voraussetzungen

1. Objektiver Tatbestand

a) Mögliche Täter

Täter können Versammlungsteilnehmer und außenstehende Personen sein. Letztere   1
können als Nichtteilnehmer einen tätlichen Angriff auf Leiter und Ordner auch im
Vorfeld der Versammlung begehen.

b) Schutzzweck

2   Die Strafnorm dient dem Schutz der für die ordnungsgemäße Durchführung öffentlicher Versammlungen oder Aufzüge Verantwortlichen. Dabei geht es sowohl um die Sicherstellung der ungestörten Wahrnehmung der Ordnungsbefugnisse durch Leiter und Ordner, als auch um deren persönlichen Schutz. Die Strafnorm kann nur für öffentliche Versammlungen gelten, weil nichtöffentliche weder Leiter noch Ordner haben müssen.

3   Zeitlich beginnt der Schutz, sobald der Leiter seine Ordnungsfunktion tatsächlich ausübt und endet, nachdem dieser die Versammlung nach § 8 Abs. 2 geschlossen oder nach § 19 Abs. 3 für beendet erklärt hat.

4   Der Schutz erfährt eine sachliche Begrenzung dadurch, dass die Befugnisse zur Leitung rechtmäßig ausgeübt werden müssen; auch der persönliche Schutz von Leiter und Ordnern hängt davon ab. Der Leiter muss seine Befugnisse im Sinne von § 8 ausüben und darf insbesondere nicht willkürlich entscheiden.

5   Die Ordner handeln nur rechtmäßig, wenn sie rechtmäßige Weisungen des Leiters befolgen. Sie haben nur übertragene Rechte, d.h. diese leiten sich aus dem Leitungsrecht ab, wenn es rechtmäßig ausgeübt wird. Damit genießen Ordner den Schutz durch § 22 nicht, wenn sie rechtswidrige Weisungen des Leiters befolgen.[1]

c) Tathandlungen

6   Die Tat kann sowohl dadurch begangen werden, dass dem Leiter durch Anwendung von Gewalt oder durch Drohung bei Wahrnehmung ihrer Ordnungsfunktion Widerstand geleistet wird, als auch durch einen tätlichen Angriff auf diesen.

aa) Widerstandsleistung

7   Widerstandshandlungen sind alle gegen Leiter und/oder Ordner gerichtete Aktivitäten, die geeignet sind, die rechtmäßige Ausübung der Ordnungsfunktion zu erschweren. Die Rechtmäßigkeit der Wahrnehmung der Ordnungsfunktion ist Tatbestandsmerkmal, nicht objektive Bedingung der Strafbarkeit.[2] Passiver Widerstand reicht zur Erfüllung des Tatbestandes nicht aus.

bb) Tätlicher Angriff

8   Ein solcher ist mit jeder absichtlichen, unmittelbar auf den Körper zielenden Einwirkung gegeben, ohne dass es auf den beabsichtigten Erfolg ankommt.[3] Ein Angriff ist auch dann strafbar, wenn er sich nicht gegen eine Ordnungsmaßnahme richtet. Leiter und Ordner sind in ihrer Funktion während der gesamten Dauer der Versammlung geschützt, unabhängig davon, ob sie gerade eine Ordnungsmaßnahme treffen.[4]

---

1 *Ott/Wächtler/Heinhold*, § 22 Rn. 1.
2 *Ott/Wächtler/Heinhold*, §§ 22 Rn. 2.
3 RGSt 59, 265; *Ott/Wächtler/Heinhold*, § 22 Rn. 8.
4 *Ott/Wächtler/Heinhold*, § 22 Rn. 8.

2. Subjektiver Tatbestand

Der Täter muss vorsätzlich handeln. Bedingter Vorsatz reicht aus.[5]   9

II. Landesregelungen

1. Bayern

Art. 20 Abs. 2 Nr. 2 entspricht § 22 BVersG.   10

2. Niedersachsen

Das ndsVersG kennt keine § 22 BVersG vergleichbare Sanktionierung, weder als Straf-   11
tat noch als Ordnungswidrigkeit.

3. Sachsen

§ 22 entspricht § 22 BVersG.   12

4. Sachsen-Anhalt

§ 21 entspricht § 22 BVersG.   13

5. Schleswig-Holstein

§ 23 Abs. 3 entspricht inhaltlich § 22 BVersG.   14

§ 23 [Öffentliche Aufforderung zur Teilnahme an einer verbotenen Versammlung]

Wer öffentlich, in einer Versammlung oder durch Verbreiten von Schriften, Ton-
oder Bildträgern, Abbildungen oder anderen Darstellungen zur Teilnahme an einer
öffentlichen Versammlung oder einem Aufzug auffordert, nachdem die Durchführung durch ein vollziehbares Verbot untersagt oder die Auflösung angeordnet
worden ist, wird mit Freiheitsstrafe bis zu einem Jahr oder mit Geldstrafe bestraft.

---

[5] *Ott/Wächtler/Heinhold*, § 22 Rn. 9; Enders, DE, § 22 Rn. 6.

I. Historie der Strafnorm

1   Die Sanktion wurde durch Änderungsgesetz vom 09.06.1989[1] wieder in das BVersG aufgenommen und entspricht weitgehend dem 1973 aufgehobenen § 23 des VersG. Der Gesetzgeber sah sich zur Wiedereinführung veranlasst, um den zuständigen Behörden ein wirksames Mittel an die Hand zu geben, damit diese Verbote und Auflösungsverfügungen durchsetzen können.[2] Insoweit stellt sich aber die Frage, wie dieser Zweck erreicht werden soll.[3] Täter kann nur sein, wer auffordert, nicht aber wer als Aufgeforderter an einer verbotenen oder aufgelösten Versammlungen teilnimmt; bei solchen Personen ist nur eine Ordnungswidrigkeit nach § 29 Abs. 1 Nr. 1 bzw. 2 BVersG gegeben.

II. Tatbestandliche Voraussetzungen

1. Objektiver Tatbestand

a) Aufforderung

2   Es fordert auf, wer eine bestimmte, über eine bloße Befürwortung hinausgehende Erklärung abgibt, dass andere etwas tun oder unterlassen sollen.[4]

b) Aufforderungsweise

aa) Öffentlich

3   Die Aufforderung erfolgt öffentlich in der Weise, dass die Aufforderung von unbestimmt vielen, nicht durch persönliche Beziehungen verbundenen Personen wahrgenommen werden kann, wobei diese bei direkter verbaler Aufforderung anwesend sein müssen.[5] Sie muss sich nicht an einzelne, sondern allgemein an den angesprochenen Personenkreis richten.[6] Dabei muss der Ort, von dem aus aufgefordert wird, nicht öffentlich sein.

---

1 BGBl. I S. 1059.
2 BT-Drucks. 11/2834, S. 12.
3 *Kunert*, NVwZ 1989, 455.
4 BGHSt 28, 314; 32, 310.
5 *Fischer*, StGB, 65. Aufl. 2018, § 111 Rn. 5.
6 BGH, NStZ 1998, 402.

bb) In einer Versammlung

Mit Versammlung kann im gegebenen Zusammenhang nur die nichtöffentliche ge- 4
meint sein, weil die öffentliche ja schon durch die öffentliche Aufforderung erfasst
wird.[7]

cc) Verbreiten

Es verbreitet Schriften etc., wer diese an eine andere Person mit dem Ziel weitergibt, 5
sie einem größeren Personenkreis zugänglich zu machen.[8] Die Weitergabe an einzelne
Personen reicht nur dann aus, wenn feststeht, dass diese ihrerseits die Schriften etc. an
Dritte weitergegeben hat.[9] Die Schriften etc. müssen nicht nur inhaltlich, sondern in
körperlicher Form verbreitet werden.[10] Verbreitet werden kann auch durch moderne
Textübermittlung per FAX, SMS und E-Mail.[11] Unbeachtlich ist, ob die Aufforderung den Aufgeforderten auch zur Kenntnis gelangt ist. Der Tatbestand ist auch dann
erfüllt, wenn die Adressaten, die Aufforderungen wegen eines hohen Geräuschpegels
nicht verstanden haben.[12]

c) Vollziehbarkeit des Verbots

Verbot und Auflösungsverfügung müssen vollziehbar sein. Das ist der Fall, wenn die 6
zuständige Behörde gem. § 80 Abs. 2 Nr. 4 VwGO die sofortige Vollziehung angeordnet hat und ein Antrag auf Wiederherstellung der aufschiebenden Wirkung erfolglos geblieben ist. Sofortige Vollziehbarkeit ist von vornherein gegeben, wenn Verbot
oder Auflösung von einem Polizeivollzugsbeamten als unaufschiebbare Maßnahme
nach § 80 Abs. 2 Nr. 2 VwGO verfügt werden. Die Vollziehbarkeit ist Tatbestandsmerkmal, die Rechtmäßigkeit von Verbot und Auflösung objektive Bedingung der
Strafbarkeit.[13]

2. Subjektiver Tatbestand

Der erforderliche Vorsatz braucht sich nicht darauf zu erstrecken, dass die Aufforde- 7
rung zur Kenntnis genommen wird.

III. Landesregelungen

1. Bayern

Art. 20 Abs. 2 Nr. 3 1. Alt. entspricht § 23 BVersG. 8

---

7 *Fischer*, StGB, 65. Aufl. 2018, § 111 Rn. 5 m.w.N.
8 BGHSt 13, 257; 19, 63; 36, 56.
9 BVerfG NJW 2012, 1498/1499 f.
10 BGHSt 18, 63.
11 *Ott/Wächtler/Heinhold*, § 23 Rn. 7.
12 RGSt 58, 198.
13 BVerfGE 87, 399/408 f.; *Ott/Wächtler/Heinhold*, § 23 Rn. 8.

2. Niedersachsen

9   § 20 Abs. 2 Nr. 2 a) entspricht § 23 BVersG.

3. Sachsen

10   § 23 entspricht § 23 BVersG.

4. Sachsen-Anhalt

11   § 22 entspricht § 23 BVersG.

5. Schleswig-Holstein

12   Das s-hVersG sieht in § 24 Abs. 1 Nr. 3 eine Ordnungswidrigkeit vor, nach der mit einem Bußgeld von bis zu 2.500 EURO belegt werden kann, wer zur Teilnahme an einer Versammlung aufruft, die vollziehbar verboten oder aufgelöst wurde.

§ 24 [Verwendung bewaffneter Ordner]

Wer als Leiter einer öffentlichen Versammlung oder eines Aufzuges Ordner verwendet, die Waffen oder sonstige Gegenstände, die ihrer Art nach zur Verletzung von Personen oder Beschädigung von Sachen geeignet und bestimmt sind, mit sich führen, wird mit Freiheitsstrafe bis zu einem Jahr oder mit Geldstrafe bestraft.

I. Tatbestandliche Voraussetzungen

1. Objektiver Tatbestand

a) Mögliche Täter

1   Täter kann nur der Leiter einer öffentlichen Versammlung bzw. eines Aufzuges sein. Der Veranstalter kann nur Anstifter oder Gehilfe sein. Der bewaffnete Ordner macht sich nach § 27 Abs. 1 strafbar.

b) Tathandlung

Sie besteht in der Verwendung bewaffneter Ordner. Unter Verwendung fällt sowohl 2
die Bestellung als Ordner als auch deren Einsatz. Dieser fängt an mit dem Beginn der
Versammlung und endet mit der Schließung durch den Leiter oder der Auflösung
durch die zuständige Behörde.

2. Subjektiver Tatbestand

Der Leiter muss vorsätzlich handeln, also entweder wissen oder billigend in Kauf neh- 3
men, dass die Ordner bewaffnet sind.

II. Landesregelungen

1. Bayern

Art. 20 Abs. 2 Satz 3 entspricht inhaltlich § 24 BVersG.   4

2. Niedersachsen

§ 20 Abs. 2 Nr. 1 entspricht inhaltlich § 24 BVersG.   5

3. Sachsen

§ 24 entspricht § 24 BVersG.   6

4. Sachsen-Anhalt

§ 23 entspricht § 24 BVersG.   7

5. Schleswig-Holstein

§ 23 Abs. 2 Satz 2 entspricht inhaltlich § 24 BVersG.   8

§ 25 [Abweichende Durchführung von Versammlungen und Aufzügen]

Wer als Leiter einer öffentlichen Versammlung unter freiem Himmel oder eines
Aufzuges
1. die Versammlung oder den Aufzug wesentlich anders durchführt, als die Veranstalter bei der Anmeldung angegeben haben, oder
2. Auflagen nach § 15 Abs. 1 oder 2 nicht nachkommt, wird mit Freiheitsstrafe bis
   zu 6 Monaten oder mit Geldstrafe bis zu einhundertachtzig Tagessätzen bestraft.

I. Tatbestandliche Voraussetzungen

1. Objektiver Tatbestand

a) Abweichen von der Anmeldung

1 Wesentlich anders als in der Anmeldung angegeben führt der Leiter die Versammlung oder den Aufzug durch, wenn infolge der Abweichung eine Lage entsteht, die es der Polizei nicht mehr ermöglicht, die Veranstaltung zu schützen bzw. das Versammlungsrecht mit kollidierenden Rechtsgütern zu harmonisieren. Ein Abweichen ist nicht deshalb wesentlich, weil die polizeiliche Überwachung erschwert oder unmöglich gemacht wird.[1] Die Polizei hat keinen Überwachungs- sondern einen versammlungsspezifischen Schutzauftrag. Polizeiliche Präsenz und polizeiliche Maßnahmen bei Versammlungen sind nur dann gerechtfertigt, wenn sie dem Schutz der Versammlungsfreiheit und der Wahrung der Rechte Dritter dienen.

2 Geringe Abweichungen von den Angaben in der Anmeldung sind unerheblich, z.B. bei Aufzügen ein Abweichen vom Zeitplan infolge von Verkehrsstockungen.[2] Unerheblich sind auch Abweichungen von solchen Angaben, die der Veranstalter zwar gemacht hat, zu denen er aber nicht verpflichtet gewesen wäre.

b) Nichtbeachten von Auflagen

3 Mit Auflagen nach § 15 sind beschränkende Verfügungen gemeint. Bei diesen Verfügungen ist zu differenzieren zwischen solchen, die nach § 15 Abs. 1 oder 2 vor Beginn einer Versammlung unter freiem Himmel oder eines Aufzuges erlassen werden, und denjenigen, die nach § 15 Abs. 3 während einer Veranstaltung erlassen werden. Nur die beschränkenden Verfügungen nach § 15 Abs. 1 oder Abs. 2 sind gemeint. Auch die als Auflagen bezeichneten Beschränkungen, die von Verwaltungsgerichten oder vom Bundesverfassungsgericht verfügt werden, sind keine Auflagen i.S.d. § 25 Nr. 2.[3] Insoweit gilt der eindeutige Text der Strafrechtsnorm des § 25.

4 Keine Auflagen nach § 25 Nr. 2 sind sog. Scheinauflagen oder im Gewand von Auflagen ergangene Hinweise auf die Rechtslage. Scheinauflagen lösen nicht den Konflikt zwischen der Versammlungsfreiheit und entgegenstehenden Rechten Dritter, sondern

---

1 A.A. OLG Koblenz, GA 1981, 175; *Enders*, DE, § 25 Rn. 3.
2 *Ott/Wächtler/Heinhold*, § 25 Rn. 3.
3 *Dietel*, Die Polizei 2002, 96.

zielen auf die Erleichterung der polizeilichen Arbeit, etwa die »Auflage«, bei der Versammlung stets mit der Polizei zusammenzuarbeiten.[4]

Die Auflagen nach § 25 Nr. 2 müssen vollziehbar sein. Ist die sofortige Vollziehung 5 nicht angeordnet worden, handelt der Leiter im Fall der Nichtbeachtung nicht tatbestandsmäßig. Nur wenn der Betroffene die Verfügung gegen sich gelten lassen muss, kann ihm die Missachtung vorgeworfen werden.[5]

Die Anordnung der sofortigen Vollziehung ist auch aus Gründen der Rechtssicherheit 6 geboten. Strafbarkeit kann nicht ohne Vollziehbarkeit vom Gesetzgeber gewollt sein. Sonst käme es zu dem unhaltbaren Ergebnis, dass zwar Strafverfolgungsmaßnahmen getroffen werden müssten, das andauernde strafbare Verhalten aber nicht unterbunden werden dürfte, weil die unbeachtet gelassenen Auflagen nur unter den Voraussetzungen vollzogen werden dürfen, die in dem Verwaltungsvollstreckungsgesetz des jeweils betroffenen Landes geregelt sind. Die Rechtmäßigkeit der vollziehbaren Auflage nach § 15 Abs. 1 oder 2 ist nicht Tatbestandsmerkmal, sondern objektive Bedingung der Strafbarkeit.[6]

2. Subjektiver Tatbestand

Die Tat kann nur vorsätzlich begangen werden. Bedingter Vorsatz genügt. Erforderlich 7 ist, dass der Leiter den Inhalt der Anmeldung bzw. den Regelungsinhalt der Auflagen kennt.

II. Landesregelungen

1. Bayern

Art. 20 Abs. 2 Nr. 4 entspricht im Wesentlichen § 25 Nr. 2 BVersG, schließt aber 8 die Strafbarkeitslücke der Bundesregelung, indem auch gerichtliche Auflagen erfasst werden. Die Vollziehbarkeit wird als tatbestandliche Voraussetzung ausdrücklich genannt. Im Gegensatz zur Bundesregelung werden auch nach Beginn der Versammlung angeordnete Auflagen in die Strafnorm einbezogen. Auch der Veranstalter kann tauglicher Täter sein.

2. Niedersachsen

Das ndsVersG kennt keine § 25 BVersG vergleichbare Strafnorm. Der Verstoß gegen 9 eine vollziehbare behördliche oder gerichtliche Beschränkung wird in § 21 Abs. 1 Nr. 10 als Ordnungswidrigkeit erfasst.

---

4 *Wächtler*, WHM, Art. 20 Rn. 36.
5 BGHSt 23, 86/92; *Werner*, S. 111 f.
6 OLG Köln, NStZ 1981, 227; OLG Koblenz, NStZ 1981, 187; OLG Hamm, StV 1982, 170;
   a.A. *Breitbach*, RBRS, § 25 Rn. 45 f.

3. Sachsen

10 § 26 entspricht § 25 BVersG.

4. Sachsen-Anhalt

11 § 24 entspricht § 25 BVersG, geht aber über ihn hinaus, als auch nach Beginn der Versammlung ergangene Beschränkungen von der Strafnorm erfasst werden. Die Vollziehbarkeit der Beschränkungen wird ausdrücklich vorausgesetzt.

5. Schleswig-Holstein

12 Das s-hVersG kennt keine § 25 vergleichbare Strafnorm. Das Abweichen von der Anmeldung im Sinne von § 25 Nr. 1 ist in § 24 Nr. 4 und der Verstoß gegen Auflagen im Sinne von § 25 Nr. 2 in § 24 Nr. 6 als Ordnungswidrigkeit erfasst.

§ 26 [Verbotene und nicht angemeldete Versammlungen]

Wer als Veranstalter oder Leiter
1. eine öffentliche Versammlung oder einen Aufzug trotz vollziehbaren Verbots durchführt oder trotz Auflösung oder Unterbrechung durch die Polizei fortsetzt oder
2. eine öffentliche Versammlung unter freiem Himmel oder einen Aufzug ohne Anmeldung (§ 14) durchführt,

wird mit Freiheitsstrafe bis zu einem Jahr oder mit Geldstrafe bestraft.

I. Tatbestandliche Voraussetzungen

1. Objektiver Tatbestand

a) Nr. 1

aa) Durchführung trotz Verbots

Es handelt tatbestandsmäßig, wer eine öffentliche Versammlung in geschlossenen 1
Räumen oder unter freiem Himmel oder einen Aufzug durchführt, obwohl ein recht-
mäßiges[1] und vollziehbares Verbot besteht. Das Verbot ergeht in Gestalt einer Verfügung nach § 5 bzw. § 15 Abs. 1 oder 2 BVersG durch die zuständige Behörde. Ein
solches schriftlich verfügtes Verbot ist vollziehbar, wenn die zuständige Behörde die
sofortige Vollziehung nach § 80 Abs. 2 Nr. 4 VwGO angeordnet hat.

Durchführen können nur Veranstalter und Leiter, nicht Teilnehmer. Der Leiter han- 2
delt tatbestandsmäßig, wenn er die Versammlung eröffnet oder den Aufzug auf die
Strecke bringt. Das Zusammenkommen der Teilnehmer am Versammlungsort ist für
diese irrelevant, weil Teilnehmer sich nicht nach § 26 Nr. 1 strafbar machen können.

bb) Fortsetzung einer Versammlung

aaa) Nach Auflösung

Eine Versammlung wird nach einer Auflösung fortgesetzt, wenn über das Verweilen 3
der Teilnehmer am Versammlungsort hinaus ein von Veranstalter oder Leiter gesteuer-
tes Versammlungsgeschehen vorliegt.[2]

Die Begehungsform der Fortsetzung trotz Auflösung setzt eine Verfügung nach § 13 4
Abs. 1 oder § 15 Abs. 3 BVersG voraus, die formell und materiell rechtmäßig ist.[3]
Die Vollziehbarkeit ist dagegen keine Voraussetzung, da diese vom Gesetz nur für ein
Verbot nach § 5 oder § 15 Abs. 1 oder 2 BVersG gefordert wird.

Verbotene Versammlungen sind gem. § 15 Abs. 4 BVersG stets aufzulösen. Das gilt 5
auch für das gesetzliche Verbot aus § 16 i.V. mit dem jeweiligen Bannmeilengesetz,
soweit die Versammlung wegen Verstoßes gegen den Schutzzweck des § 16 BVersG
materiell rechtswidrig ist.

Der Tatbestand von Nr. 1 verlangt Eigenhändigkeit in dem Sinne, dass Veranstalter 6
und Leiter in ihrer spezifischen Funktion als Veranstalter oder Leiter gehandelt haben.[4]
Das ist beim Veranstalter dann der Fall, wenn er weiter als Organisator in Erscheinung
tritt. Der Leiter muss, um Täter zu sein, in irgendeiner Form seine Leitungs- und Ordnungsfunktion nach den §§ 7, 8, 9 und 18 Abs. 1 BVersG ausgeübt haben.

---

1 BVerfGE, 87, 399/408 f.
2 *Breitbach*, RBRS, § 26 Rn. 25.
3 *Werner*, S. 107.
4 *Breitbach*, RBRS, § 26 Rn. 26.

bbb) Nach Unterbrechung

7 Eine unterbrochene Versammlung wird fortgesetzt, wenn sich am geplanten Versammlungsablauf nichts ändert oder neue versammlungstypische Aktivitäten erfolgen. Auf das Verbleiben am Versammlungsort kann es nicht ankommen, weil die Unterbrechung den weiteren Aufenthalt ja gerade zulässt.

b) Nr. 2

aa) Mögliche Täter

8 Es kommen nur Veranstalter oder Leiter einer öffentlichen Versammlung unter freiem Himmel in Betracht. Wer nicht förmlich vom Veranstalter nach § 7 Abs. 3 BVersG als Leiter eingesetzt oder nach § 14 Abs. 2 BVersG als Leiter benannt worden ist, kann nicht Täter sein.

9 Wer nicht durch Bestellungsakt des Veranstalters zum Leiter gemacht worden ist, aber erkennbar aus eigenem Antrieb oder durch ausdrückliche oder stillschweigende »Mandatierung« durch die Teilnehmer als faktischer Leiter in Erscheinung tritt, ist kein Leiter.[5] Eine entformalisierende Interpretation des Leiterbegriffs ist mit dem Regelungswillen des Gesetzgebers nicht zu vereinbaren; der faktische Leiter sollte wie die Teilnehmer nicht demselben strafrechtlichen Risiko ausgesetzt werden wie der Veranstalter und der von ihm formal bestellte Leiter.[6]

10 Das kann im Einzelfall anders beurteilt werden, wenn die Veranstalter- oder Leitereigenschaft absichtlich verschleiert werden, wie es bei konspirativ angelegten Versammlungen extremistischer Gruppierungen zu beobachten ist. Es muss dann aber beweisbar belegt werden können, dass eine Person typische Leiteraufgaben bzw. -befugnisse wahrgenommen hat.

bb) Tathandlung

11 Der Unrechtstatbestand nach Nr. 2 soll im Unterbleiben der Anmeldung liegen, nicht in der Durchführung einer nicht angemeldeten Versammlung.[7] Der Tatbestand hat demnach der Sicherung der Anmeldepflicht zu dienen. Diese Auffassung vermag aus zwei Gründen nicht zu überzeugen. Aus der Entstehungsgeschichte des Gesetzes folgt, dass der Tatbestand der Nr. 2 nur Anwendung finden sollte, wenn die Versammlung nicht nur beabsichtigt, sondern auch tatsächlich durchgeführt wird.[8] Eine verfassungskonforme Regelung bestätigt dieses Ergebnis. Art. 8 GG schützt eine Versammlung unabhängig davon, ob sie angemeldet worden ist. Deshalb kann der Umstand der unterbliebenen Anmeldung für sich genommen auch keine Auflösung rechtfertigen.[9]

---

5 *Ott/Wächtler/Heinhold*, § 26 Rn. 1; *Breitbach*, RBRS, § 26 Rn. 13; *Werbke*, NJW 1970, 1/5; a.A. BGHSt 23, 46/59; BayObLG JZ 1978, 537 und NJW 1970, 479 f.
6 *Breitbach*, RBRS, § 26 Rn. 13.
7 BGHSt 23, 46/59.
8 Breitbach, RBRS, § 26 Rn. 30.
9 So auch Breitbach, RBRS, § 26 Rn. 30; vgl. dazu Teil I Rn. 117 ff. und § 15 Rn. 223 ff.

cc) Verfassungsmäßigkeit

Das BVerfG hat wegen verfassungsrechtlicher Bedenken gegen die Anmeldepflicht des 12
§ 14 BVersG ihre Sanktionierung durch den Auflösungsgrund der Nichtanmeldung
in § 15 Abs. 3 BVersG außer Anwendung gestellt, an der Sanktion durch Bestrafung
von Veranstalter und Leiter nach § 26 Nr. 2 aber festgehalten.[10]

Die Strafnorm ist ebenfalls verfassungswidrig.[11] Die Verpflichtung des § 14, eine öf- 13
fentliche Versammlung unter freiem Himmel oder einen Aufzug »spätestens 48 Stunden vor der Bekanntgabe« bei der zuständigen Behörde anzumelden, gilt ausnahmslos
bis auf Spontanversammlungen, weil diese wegen ihrer Veranstalterlosigkeit gar nicht
von § 14 erfasst werden. Sein Wortlaut gibt indes keinerlei Ansatzpunkt, Eilversammlungen aus seinem Anwendungsbereich auszuschließen oder die Anmeldefrist für sie
zu verkürzen.[12] Erfolgt dies aber, führt das zu einer unverhältnismäßigen Einschränkung der Versammlungsfreiheit. Die Strafnorm ist deshalb verfassungswidrig, soweit
sie für Eilversammlungen keine Ausnahme vorsieht oder abweichende Regelungen
enthält. Einer verfassungskonformen Auslegung steht der klare Wortlaut entgegen.[13]

2. Subjektiver Tatbestand

Die Begehungsweisen setzen Vorsatz voraus; bedingter Vorsatz reicht aus. 14

II. Landesregelungen

1. Bayern

Das bayVersG hat die Nichtanmeldung in Art. 21 Abs. 1 Nr. 7 zur Ordnungswid- 15
rigkeit zurückgestuft. Dagegen bestehen dieselben verfassungsrechtlichen Bedenken
wie bei § 26 Nr. 2 BVersG. Unabhängig davon hat das BVerfG verfassungsrechtliche
Bedenken darin gesehen, dass sich die Anzeigepflicht des Veranstalters nach Art. 13
Abs. 1 durch die Sanktionierung qualitativ verändert und zu einer unmittelbar aus
sich heraus bewehrten Rechtspflicht wird.[14]

2. Niedersachsen

Auch das ndsVersG enthält in § 21 Abs. 1 Nr. 4 nur eine Ordnungswidrigkeit für 16
Veranstalter und Leiter, die eine Versammlung ohne Anzeige durchführen. Die Sanktionierung begegnet schon wegen ihrer tatbestandlichen Weite verfassungsrechtlichen

---

10 BVerfGE 85, 69 ff.
11 BVerfGE 85, 77 ff. (abweichende Meinung der Richterin Seibert und des Richters Hen-
schel); *Breitbach*, RBRS, § 26 Rn. 34; *Hoffmann-Riem*, Ak-GG, Art. 8 Rn. 51; *Geis*, NVwZ
1992, 1025/1031; *Hölscheidt*, DVBl 1987, 671; *Ott/Wächtler/Heinhold*, § 26 Rn. 4; *Quilisch*, S. 135.
12 BVerfGE 85, 77.
13 BVerfGE 85, 77/78.
14 BVerfGE 122, 342/362 ff.

Bedenken.[15] Im Übrigen gelten für sie dieselben Einwände gegen ihre Verfassungsmäßigkeit wie bei § 26 Nr. 2.

3. Sachsen

17   § 27 Nr. 2 entspricht § 26 Nr. 2 BVersG und begegnet denselben verfassungsrechtlichen Bedenken.

4. Sachsen-Anhalt

18   § 25 entspricht § 26 Nr. 1 BVersG. Die Durchführung einer nicht angemeldeten Versammlung stellt nach § 28 Abs. 1 Nr. 2 eine Ordnungswidrigkeit dar, die ebenfalls
verfassungsrechtlichen Bedenken unterliegt.

5. Schleswig-Holstein

19   Auch Schleswig-Holstein verzichtet auf eine Strafnorm, sieht aber den Ordnungswidrigkeitentatbestand des § 24 Abs. 1 Nr. 1 für den Fall vor, dass eine öffentliche
Versammlung unter freiem Himmel ohne eine Anzeige nach § 11 oder mit unrichtiger
Anzeige i.S. von § 11 Abs. 2 durchgeführt wird. Es bestehen auch gegen diese Sanktionierung die schon beschriebenen verfassungsrechtlichen Bedenken.

§ 27 [Führung von Waffen]

(1) Wer bei öffentlichen Versammlungen oder Aufzügen Waffen oder sonstige Ge-
genstände, die ihrer Art nach zur Verletzung von Personen oder Beschädigung von
Sachen geeignet und bestimmt sind, mit sich führt, ohne dazu behördlich ermäch-
tigt zu sein, wird mit Freiheitsstrafe bis zu einem Jahr oder mit Geldstrafe bestraft.
Ebenso wird bestraft, wer ohne behördliche Ermächtigung Waffen oder sonstige
Gegenstände im Sinne des Satzes 1 auf dem Weg zu öffentlichen Versammlungen
oder Aufzügen mit sich führt, zu derartigen Veranstaltungen hinschafft oder sie zur
Verwendung bei derartigen Veranstaltungen bereithält oder verteilt.

(2) Wer
1. entgegen § 17a Abs. 1 bei öffentlichen Versammlungen unter freiem Himmel,
    Aufzügen oder sonstigen öffentlichen Veranstaltungen unter freiem Himmel
    oder auf dem Weg dorthin Schutzwaffen oder Gegenstände, die als Schutzwaf-
    fen geeignet und den Umständen nach dazu bestimmt sind, Vollstreckungsmaß-
    nahmen eines Trägers von Hoheitsbefugnissen abzuwehren, mit sich führt,
2. entgegen § 17a Abs. 2 Nr. 1 an derartigen Veranstaltungen in einer Aufmachung,
    die geeignet und den Umständen nach darauf gerichtet ist, die Feststellung der
    Identität zu verhindern, teilnimmt oder den Weg zu derartigen Veranstaltungen
    in einer solchen Aufmachung zurücklegt oder
3. sich im Anschluß an oder sonst im Zusammenhang mit derartigen Veranstaltun-
    gen mit anderen zusammenrottet und dabei

---

15 *Miller*, WM, § 21 Rn. 7.

a) Waffen oder sonstige Gegenstände, die ihrer Art nach zur Verletzung von Personen oder Beschädigung von Sachen geeignet und bestimmt sind, mit sich führt,

b) Schutzwaffen oder sonstige in Nummer 1 bezeichnete Gegenstände mit sich führt oder

c) in der in Nummer 2 bezeichneten Weise aufgemacht ist,

wird mit Freiheitsstrafe bis zu einem Jahr oder mit Geldstrafe bestraft.

I. Mitführen von Waffen

1. Objektiver Tatbestand

a) Täter und Tatgelegenheit

Das Verbot richtet sich nicht nur an die Versammlungsbeteiligten – Veranstalter, Lei- 1
ter, Ordner, Teilnehmer und auf dem Wege zur Versammlung befindliche potenzielle
Teilnehmer –, sondern betrifft jedermann.

2   Bei einer öffentlichen Versammlung oder einem Aufzug befindet sich, wer sich in einer bereits existierenden Versammlung aufhält, die noch andauert, d.h. noch nicht vom Veranstalter beendet oder von der zuständigen Behörde aufgelöst worden ist. Auf dem Wege zu einer Versammlung oder zu einem Aufzug ist unterwegs, wer sich alleine oder mit anderen zielgerichtet auf den Veranstaltungsort zubewegt.

b) Tathandlungen

3   Der Täter muss eine Waffe oder einen gefährlichen Gegenstand ohne behördliche Erlaubnis mit sich führen, zu einer Versammlung hinschaffen oder sie zur dortigen Verwendung bereithalten oder verteilen. Es handelt sich um ein abstraktes Gefährdungsdelikt.

2. Subjektiver Tatbestand

4   Der Täter muss vorsätzlich handeln, wobei bedingter Vorsatz ausreicht.

II. Schutzbewaffnung, Vermummung, Zusammenrottung

1. Objektive Tatbestände

a) Täter und Tatgelegenheit

5   Da der Tatbestand anders als in Abs. 1 nicht nur für öffentliche Versammlungen unter freiem Himmel und Aufzüge, sondern auch für sonstige öffentliche Veranstaltungen unter freiem Himmel gilt, kommt neben den Versammlungsbeteiligten jedermann als Täter in Betracht.

b) Tathandlungen

6   In Abs. 2 sind drei Tatbestände enthalten. Es handelt sich um abstrakte Gefährdungsdelikte.

aa) Schutzbewaffnung

7   Tatbestandlich handelt, wer bei einer öffentlichen Versammlung unter freiem Himmel oder einem Aufzug bzw. einer sonstigen öffentlichen Veranstaltung unter freiem Himmel oder auf dem Weg dorthin Schutzwaffen im technischen oder im nichttechnischen Sinne mit sich führt. Ebenfalls tatbestandlich handelt, wer an derartigen Veranstaltungen vermummt teilnimmt oder den Weg zu diesen vermummt zurücklegt. Schließlich kann die Tat auch darin bestehen, dass sich mehrere Personen zusammenrotten, die Waffen im technischen oder nichttechnischen Sinne bzw. Schutzwaffen im technischen oder nichttechnischen Sinne mitführen oder nach Abs. 2 Nr. 2 vermummt sind. Eine Zusammenrottung liegt vor, wenn mindestens drei Personen[1] mit erkennbar friedensstörendem Willen zu einem gemeinschaftlichen Handeln

---

1   *Ott/Wächtler/Heinhold*, § 27 Rn. 15; *Altenhain*, in: MüKO-StGB, § 27 Rn. 24.

zusammentreten und vereint Gewalttätigkeiten begehen[2], wobei nicht jede Personen durchgängig eigenhändig handeln muss.[3]

Die Zusammenrottung kann im Zusammenhang mit oder nach einer Versammlung 8 bzw. sonstigen Veranstaltungen entstehen. Der Gesetzgeber wollte mit diesem Tatbestand das gefährliche Verhalten von Kleingruppen unter Strafe stellen, unabhängig davon, ob sich die Personen in einer Veranstaltung oder losgelöst davon friedensstörend betätigen.[4]

2. Subjektiver Tatbestand

Alle drei Tatbegehungsformen setzen Vorsatz voraus, wobei bedingter genügt. 9

3. Verfassungsmäßigkeit

a) Verfassungsrechtliche Bedenken

aa) Vermummung und Passivbewaffnung

Hinsichtlich der inhaltlichen Bestimmtheit und der Verhältnismäßigkeit – Strafrecht 10 ist ultima ratio – bestehen gegen die Strafbarkeit von Passivbewaffnung und Vermummung verfassungsrechtliche Bedenken. Es handelt sich um eine Vorfeldkriminalisierung, die beim Mitführen von Schutzwaffen im technischen Sinne wegen der Unwiderleglichkeit oder vermuteten Gewaltbereitschaft auf eine Verdachtsstrafe hinausläuft.[5]

Die Verhältnismäßigkeit der Strafbarkeit der Vermummung ist schon wegen ihrer Geeignetheit fraglich. Ob damit Straftaten vermieden werden können, ist eher unbegründete Spekulation als valide Prognose.[6] Auch die Erforderlichkeit zur Vermeidung veranstaltungsbezogener Straftaten, weil polizeiliche Maßnahmen keinen Erfolg versprechen, steht im Widerspruch zur Rechtswirklichkeit, die kein gravierendes Ansteigen solcher Straftaten erkennen lässt.

Auch die Abwägung der gesetzgeberischen Anliegen gegenüber der bewirkten faktischen Einschränkung der Versammlungs- und Demonstrationsfreiheit, die sich aus der Abschreckungswirkung der Strafbewehrung des Vermummungsverbots insbesondere für solche Personen ergibt, die das Verbot eigentlich nicht treffen will, aber dem Strafbarkeitsrisiko unterliegen, ist misslungen.

---

2 BGH, NJW 1954, 1694; *Altenhain*, in: MüKO-StGB, § 27 Rn. 24; OLG Naumburg, StV 2013, 573.
3 *Bertuleit/Breitbach/Herkströter*, RBRS, § 27 Rn. 23.
4 *Gintzel*, Die Polizei 1982, 302.
5 *Kretschmer*, NStZ 2015, 504/506; *Altenhain*, in: MüKO-StGB, § 27 Rn. 17.
6 *Werner*, S. 205 m.w.N.

bb) Zusammenrottung

13 Die Strafnorm genügt nicht den Anforderungen des Bestimmtheitgebotes, weil die Tathandlung des Zusammenrottens keinen Bezug zu gewalttätigen Handlungen hat, die einen Rückschluss auf den friedensstörenden Willen erlaubt.[7]

b) Verfassungskonforme Auslegung

aa) Vermummung und Passivbewaffnung

14 Das Vermummungsverbot kann sich wegen der durch Art. 8 Abs. 1 GG verbürgten Gestaltungsfreiheit von vornherein nicht auf Meinungsäußerung und künstlerische Betätigung im Rahmen der Ausübung der Versammlungsfreiheit beziehen (vgl. § 17a Rdn. 6 f.). Das gilt auch für die Unkenntlichmachung, die sich nicht gegen eine polizeiliche Identitätsfeststellung richtet, sondern etwa gegen ausländische Geheimdienste, von denen der Träger Repressalien für sich oder seine Angehörigen in seinem Heimatstaat fürchten muss (vgl. § 17a Rdn. 8).

15 Das muss auch gelten, wenn sich ein Anhänger der rechtsextremen Szene mit seiner Vermummung vor der Anfertigung von Lichtbildern durch Angehörige der autonomen Szene schützen will (vgl. § 17a Rdn. 37). Die Strafnorm des § 27 Abs. 2 Nr. 2, die keine Einschränkung enthält, dass die Aufmachung gegen die Identifizierung durch Hoheitsträger gerichtet sein muss, ist mit dieser Einschränkung verfassungskonform auszulegen.[8]

16 Das Verbot der Passivbewaffnung gilt für Meinungsäußerungen und künstlerische Betätigung im Rahmen der Ausübung der Versammlungsfreiheit ebenfalls von vornherein nicht (vgl. § 17a Rdn. 6 ff.). Darüber hinaus ist wegen der verfassungsrechtlichen Bedenken gegen eine ausufernde Vorfeldkriminalisierung[9] eine restriktive Auslegung des Tatbestandes soweit geboten, als nicht sichtbar getragene Schutzwaffen im nichttechnischen Sinne nicht tatbestandsmäßig sind.[10] Auch das offene Tragen einer Schutzausrüstung im nichttechnischen Sinne, wie etwa das Tragen eines »Ostfriesennerzes«, der vor der Streuwirkung des eingesetzten Wasserwerfers schützen soll (vgl. § 17a Rdn. 21) kann bei verfassungskonformer Auslegung nicht unter den Tatbestand von § 27 Abs. 2 Nr. 1 fallen.[11]

bb) Zusammenrottung

17 Der Unbestimmtheit der Regelung kann durch die Leseart begegnet werden, dass die beteiligten Personen Gewalttätigkeiten mit vereinten Kräften begehen müssen.[12]

---

7 *Bertuleit/Breitbach/Herkströter*, RBRS, § 27 Rn. 17.

8 LG Hannover, BeckRS 2009, 10498; AG Rotenburg, NStZ 2006, 358; *Kretschmer*, NStZ 2015, 504/507; a.A. KG Berlin, StV 2010, 637.

9 *Kretschmer*, NStZ 2015, 504/506; *Altenhain*, in: MüKO-StGB, § 27 Rn. 17.

10 *Kretschmer*, NStZ 2015, 504/506; a.A. OLG Frankfurt, NStZ-RR 2011, 257.

11 *Kretschmer*, NStZ 2015, 504/506.

12 *Bertuleit/Breitbach/Herkströter*, RBRS, § 27 Rn. 18.

4. Konkurrenzen

§ 27 Abs. 1 ist gegenüber § 52 Abs. 3 Nr. 9 WaffG Spezialnorm.[13] Sie ist außerdem **18** die weiter gehende Regelung, da sie zum einen nicht nur das Mitführen von Waffen i.s. des Waffengesetzes, sondern auch anderer gefährlicher Gegenstände erfasst und zum anderen über das Mitführen bei einer Versammlung hinausgehende Tatbestandsalternativen enthält. Alle Tatbestände des § 27 treten gegenüber den §§ 125 und 125a zurück.

III. Landesregelungen

1. Bayern

Als Straftatbestand kennt das bayVersG in Art. 20 Abs. 1 Nr. 1 das Mitführen, Hin- **19** schaffen zu einer Versammlung, Bereithalten oder Verteilen von Waffen im technischen und nichttechnischen Sinne. Die Regelung entspricht § 27 Abs. 1 BVersG, bezieht aber den Weg zur Versammlung nicht mit ein. Auch wenn die Strafnorm Art. 6 sanktionieren soll und deshalb im Zusammenhang mit dem Waffenverbot des Art. 6 gelesen werden muss, wäre es ein Verstoß gegen das Bestimmtheitsgebot des Art. 103 Abs. 3 GG, wollte man auch den Weg zur Versammlung in den Tatbestand einbeziehen.[14]

Der in Art. 20 Abs. 1 Nr. 3 enthaltene Straftatbestand entspricht im Wesentlichen der Zusammenrottung des § 20 Abs. 2 Nr. 3 BVersG und bedarf wie dieser einer restriktiven Auslegung.

Vermummung und Passivbewaffnung sind in Art. 21 Abs. 1 und 2 nur noch als Ord- **20** nungswidrigkeit vorgesehen, bedürfen aber auch als solche verfassungskonformer Auslegung (vgl. Rdn. 14 ff.).

2. Niedersachsen

a) Mitführen von Waffen

§ 20 Abs. 1 Nr. 1 entspricht § 27 Abs. 1 BVersG. **21**

b) Schutzbewaffnung, Vermummung, Zusammenrottung

Die Straftatbestände der Schutzbewaffnung und Vermummung in § 20 Abs. 2 Nrn. 4 **22** und 5 entsprechen im Wesentlichen § 27 Abs. 2 Nrn. 1 und 2. Wegen der – damit aber nicht vollständig ausgeräumten – verfassungsrechtlichen Bedenken gegen die beiden Straftatbestände (vgl. Rdn. 14 ff.) hat der Gesetzgeber als zusätzliche vorsatzbedürftige Tatbestandsvoraussetzung den Verstoß gegen eine vollziehbare und im Sinne einer objektiven Bedingung der Strafbarkeit rechtmäßige Maßnahme vorgesehen.[15]

---

13 *Bertuleit/Breitbach/Herkströter*, RBRS, § 27 Rn. 10.
14 So aber *Wächtler*, WHM, § 27 Rn. 1.
15 *Miller*, WM, § 20 Rn. 10.

23   Darüber hinaus bedürfen die Straftatbestände noch der verfassungskonformen Auslegung im Hinblick auf nicht sichtbares Mitführen von Schutzgegenständen im nichttechnischen Sinne und den nicht vorgesehenen Vorbehalt, dass die Vermummung gegen die Identitätsfeststellung durch Hoheitsträger gerichtet sein muss (vgl. Rdn. 15).

24   In § 20 Abs. 2 Nr. 6 ist der Tatbestand der Zusammenrottung enthalten, der im Wesentlichen § 27 Abs. 2 Nr. 3 BVersG entspricht und wie dieser restriktiv gehandhabt werden muss.

3. Sachsen

25   § 28 entspricht § 27 BVersG.

4. Sachsen-Anhalt

26   § 26 entspricht § 27 BVersG.

5. Schleswig-Holstein

27   § 23 Abs. 2 Satz 1 entspricht im Wesentlichen § 27 Abs. 1 BVersG. Der Tatbestand erweitert die Strafbarkeit, indem das Mitführen auch für die Vor- und Nachphase der Versammlung gilt. Auf den Tatbestand der Zusammenrottung hat der Gesetzgeber verzichtet.

28   Ebenfalls nicht mehr strafbar sind Schutzbewaffnung und Vermummung. Der Verstoß gegen Anordnungen zur Durchsetzung der Verbote nach § 17 Abs. 1 Nrn. 1 und 2 stellt nur noch eine Ordnungswidrigkeit dar. Auch die beiden Ordnungswidrigkeitentatbestände bedürfen der verfassungskonformen Auslegung (vgl. Rdn. 16 ff.). Mit dem Erfordernis, dass das gesetzliche Verbot durch versammlungsbehördliche Anordnung konkretisiert werden muss, ist die Verwaltungsaktsakzessorietät der Sanktionierung zum Ausdruck gebracht worden.

§ 28 [Verstöße gegen das Uniformverbot]

Wer der Vorschrift des § 3 zuwiderhandelt, wird mit Freiheitsstrafe bis zu zwei Jahren oder mit Geldstrafe bestraft.

1   Die Bestimmung wurde durch das 6. Strafrechtsänderungsgesetz vom 30.06.1960 geändert.[1] Es handelt sich bei § 28 um eine Blankettnorm, die nur die Rechtsfolgen festlegt, die sich aus einem Verstoß gegen das Uniformverbot des § 3 BVersG ergeben.

Die Tat kann nur vorsätzlich begangen werden; bedingter Vorsatz reicht aus.

2   Die Strafandrohung von bis zu zwei Jahren steht in einem eklatanten Missverhältnis zur Strafandrohung nach § 27 Abs. 1, wo das Mitführen von Waffen im technischen Sinne nur mit maximal einem Jahr sanktioniert wird und belegt, dass es sich bei den

---

1 BGBl. I, S. 478.

Straf- und Bußgeldbestimmungen des Abschnitts IV nicht um ein abgestimmtes Regelwerk handelt.[2]

§ 29 [Ordnungswidrigkeiten]

(1) Ordnungswidrig handelt, wer

1. an einer öffentlichen Versammlung oder einem Aufzug teilnimmt, deren Durchführung durch vollziehbares Verbot untersagt ist,
1a. entgegen § 17a Abs. 2 Nr. 2 bei einer öffentlichen Versammlung unter freiem Himmel, einem Aufzug oder einer sonstigen öffentlichen Veranstaltung unter freiem Himmel oder auf dem Weg dorthin Gegenstände, die geeignet und den Umständen nach dazu bestimmt sind, die Feststellung der Identität zu verhindern, mit sich führt.
2. sich trotz Auflösung einer öffentlichen Versammlung oder eines Aufzuges durch die zuständige Behörde nicht unverzüglich entfernt,
3. als Teilnehmer einer öffentlichen Versammlung unter freiem Himmel oder eines Aufzuges einer vollziehbaren Auflage nach § 15 Abs. 1 oder 2 nicht nachkommt,
4. trotz wiederholter Zurechtweisung durch den Leiter oder einen Ordner fortfährt, den Ablauf einer öffentlichen Versammlung oder eines Aufzuges zu stören,
5. sich nicht unverzüglich nach seiner Ausschließung aus einer öffentlichen Versammlung oder einem Aufzug entfernt,
6. der Aufforderung der Polizei, die Zahl der von ihm bestellten Ordner mitzuteilen, nicht nachkommt oder eine unrichtige Zahl mitteilt (§ 9 Abs. 2),
7. als Leiter oder Veranstalter einer öffentlichen Versammlung oder eines Aufzuges eine größere Zahl von Ordnern verwendet, als die Polizei zugelassen oder genehmigt hat (§ 9 Abs. 2, § 18 Abs. 2), oder Ordner verwendet, die anders gekennzeichnet sind, als es nach § 9 Abs. 1 zulässig ist, oder
8. als Leiter den in eine öffentliche Versammlung entsandten Polizeibeamten die Anwesenheit verweigert oder ihnen keinen angemessenen Platz einräumt.

(2) Die Ordnungswidrigkeit kann in den Fällen des Absatzes 1 Nr. 1 bis 5 mit einer Geldbuße bis tausend Deutsche Mark und in den Fällen des Absatzes 1 Nr. 6 bis 8 mit einer Geldbuße bis zu fünftausend Deutsche Mark geahndet werden.

2 Vorbem. zu Abschnitt IV Vor § 21 Rdn. 4; *Kretschmer*, NStZ 2015, 504.

I. Allgemeines

1   Die in § 29 aufgeführten Ordnungswidrigkeiten belegen leichtere Verstöße gegen versammlungsgesetzliche Verbote bzw. Pflichten mit Geldbuße. Die für die Ahndung zuständige Bußgeldbehörde wird durch Landesrecht festgelegt.

II. Die Ordnungswidrigkeiten nach Abs. 1

1. Teilnahme an verbotenen Versammlungen

2   Das Verbot muss gegen den Teilnehmer durch eine wirksame auf § 5 oder § 15 Abs. 1 oder 2 gestützte Verfügung ausgesprochen worden und nach § 80 Abs. 2 Nr. 4 VwGO vollziehbar sein. Die Rechtmäßigkeit des Verbots ist kein Tatbestandsmerkmal, sondern objektive Bedingung der Ahndbarkeit.[1]

2. Mitführen von Vermummungsgegenständen

3   Nach Nr. 1a handelt ordnungswidrig, wer bei einer öffentlichen Versammlung oder einem Aufzug oder einer sonstigen Veranstaltung unter freiem Himmel oder auf dem Weg dorthin Vermummungsgegenstände mit sich führt. Im Hinblick auf den Grundsatz der Verhältnismäßigkeit begegnet die Ahndung durch eine Ordnungswidrigkeit statt einer Straftat keinen durchgreifenden verfassungsrechtlichen Bedenken. Im Übrigen ist auch der Ordnungswidrigkeitentatbestand verfassungskonform auszulegen (vgl. § 27 Rdn. 14 ff.).

4   Im Gegensatz zu den Waffen und Schutzwaffen im nichttechnischen Sinne, bei denen es neben der Feststellung der objektiven Eignung als Waffe oder als Schutzwaffe auf den Nachweis ankommt, dass der Träger sie erkennbar als Waffe oder als Schutzwaffe verwenden will (subjektive Zweckbestimmung), darf die Zweckbestimmtheit von zur Identitätsverschleierung geeigneten Gegenständen aus den Umständen geschlossen werden (sachbezogene Zweckbestimmung). Damit sollen zu erwartende Beweisschwierigkeiten vermieden werden. Der Schluss von den Umständen auf die Zweckbestimmung darf bei unbefangener Betrachtung keinen vernünftigen Zweifel aufkommen lassen.

3. Nichtentfernen nach Auflösung

5   Die nach § 13 Abs. 2 bestehende Pflicht, sich zu entfernen, entsteht bei Versammlungen in geschlossenen Räumen und bei solchen unter freiem Himmel mit Bekanntgabe der Auflösungsverfügung. Bei Aufzügen besteht keine Entfernungspflicht kraft

---

1 BVerfGE 87, 399/408 f.; BVerfG, NJW 1995, 3111.

Gesetzes, weil § 19 keine Verweisung auf die Entfernungspflicht in § 13 Abs. 2 enthält. Die Rechtmäßigkeit der Auflösungsverfügung ist objektive Bedingung der Ahndbarkeit. Der Verstoß gegen die Entfernungspflicht muss vorsätzlich erfolgen.

Zwischen § 29 Abs. 1 Nr. 2 und § 113 OWiG soll Idealkonkurrenz bestehen.[2] Der **6** Tatbestand des § 113 Abs. 1 OWiG verlangt nach der Auflösungsverfügung, die die Versammlung zur Ansammlung werden lässt, eine dreimalige Aufforderung zum Sichentfernen. Auflösungsverfügung und (erste) Aufforderung zum Sichentfernen müssen zeitlich abgesetzt ergehen und dürfen von den Adressaten nicht als Einheit begriffen werden.[3] Die Ordnungswidrigkeit nach § 113 Abs. 1 OWiG verlangt Vorsatz nur hinsichtlich der Missachtung der Aufforderung zum Sichentfernen und Kenntnis der Rechtmäßigkeit dieser Anordnung. Nach § 113 Abs. 2 OWiG handelt jedoch auch derjenige ordnungswidrig, der die Rechtmäßigkeit fahrlässig nicht erkennt. Vorzugswürdig erscheint die von *Enders* vertetetene Auffassung, dass § 29 als gegenüber der von § 113 OWiG vorausgesetzten Ansammlung eine versammlungsbezogene spezielle Regelung enthält, die § 113 OWiG vorgeht und damit eine dreimalige Aufforderung nicht geboten ist.[4]

4. Nichtbeachtung beschränkender Verfügungen

Täter nach § 29 Abs. 1 Nr. 3 kann nur sein, wer Teilnehmer einer Versammlung unter **7** freiem Himmel oder eines Aufzuges ist und einer vollziehbaren Auflage nach § 15 Abs. 1 oder 2 nicht nachkommt. Er muss sich in der Versammlung oder dem Aufzug befinden und daran teilhaben. Eine Versammlung bzw. ein Aufzug im Sinne des § 29 Abs. 1 Nr. 3 beginnt mit dem Zeitpunkt des Sichversammelns am Versammlungsort bzw. der Formierung des Aufzuges am Abmarschort. Personen, die sich auf dem Wege zum Versammlungsort bzw. Abmarschort befinden, sind potenzielle Teilnehmer. Soweit sie gegen Auflagen verstoßen, die dem Veranstalter auferlegt wurden, handeln sie nicht ordnungswidrig.

Vollziehbare Auflagen im Sinne von § 29 Abs. 1 Nr. 3 sind beschränkende Verfügun- **8** gen nach § 15 Abs. 1 oder 2. Dazu zählen auch Verhaltensregeln, die konkret, mit der Versammlung verbundenen Gefahren in Gestalt von Straftaten begegnen sollen und sich nicht nur als Hinweise auf die Strafrechtslage verstehen lassen.[5] Die Nichtbeachtung beschränkender Verfügungen nach § 15 Abs. 3 fällt nicht unter § 29 Abs. 1 Nr. 3. Neben der Vollziehbarkeit ist die Rechtmäßigkeit der beschränkenden Verfügung objektive Bedingung der Ahndbarkeit.[6]

Der Gesetzgeber hat mit § 29 Abs. 1 Nr. 3 eine Regelung getroffen, die kaum geeignet **9** ist, seinen Absichten zu entsprechen. Er wollte zur Wahrung der Friedlichkeit öffentlicher Versammlungen die Pflicht zur Beachtung von Auflagen durch Teilnehmer mit

2 *Ott/Wächtler/Heinhold*, § 29 Rn. 7.
3 OLG Karlsruhe, NJW 1974, 2144.
4 Enders, DE, § 29 Rn. 4.
5 BVerfG, NVwZ 2007, 1183/1184.
6 BVerfGE 87, 399/408.

einer Bußgeldsanktion nachdrücklich unterstreichen.[7] Die von ihm genannten Beispiele zeigen, dass er die Bußgeldsanktion schon für die Anmarschphase wollte. So spricht er von einer »Auflage«, die einen »bestimmten Marschweg« vorschreibt. Wie die Absichten des Gesetzgebers aber auch immer gewesen sein mögen, für eine Ausweitung der Ordnungswidrigkeit auch auf potenzielle Teilnehmer bleibt kein Raum. Dem widerspricht der klare Gesetzestext, der auf konkrete Teilnehmer abstellt.

10   Die Missachtung der durch vollziehbare beschränkende Verfügung begründeten Verbote oder Gebote muss vorsätzlich erfolgen. Das setzte Kenntnis der Auflagen voraus. Der Gesetzgeber ist davon ausgegangen, dass diese Kenntnis den Teilnehmern durch die zuständigen Behörden vermittelt wird, etwa durch Lautsprecherdurchsagen oder Handzettel.

5. Störung von Versammlungen

11   Es muss sich um eine vorsätzliche gröbliche Störung im Sinne von § 11 Abs. 1 handeln. Eine einfache Störung nach § 8, die an die Definitionsmacht des Leiters gebunden ist, reicht nicht aus. Die Tat kann auch von einem Nichtteilnehmer begangen werden.

12   Die Ahndung als Ordnungswidrigkeit setzt voraus, dass der Störer vom Leiter bzw. von Ordnern zweimal zurechtgewiesen wurde.[8] Generelle Ordnungsrufe reichen dafür nicht aus; der Störer muss Adressat der Zurechtweisung gewesen sein und ihm muss auch klar geworden sein, dass er gemeint war.

6. Nichtentfernen nach Ausschließung

13   Die Ausschließung kann durch den Leiter nach § 11 Abs. 1 oder durch die Polizei nach § 18 Abs. 3 bzw. § 19 Abs. 4 verfügt werden. Nach der Ausschließung ist der Ausgeschlossene verpflichtet, sich sofort zu entfernen. Da bei einem Aufzug kraft Gesetzes keine Entfernungspflicht besteht, muss nach der Ausschließung noch eine Platzverweisung als Grundlage für die Entfernungspflicht ergehen.

7. Verweigerung oder Unrichtigkeit der Ordneranzahl

14   Täter kann nur der Leiter einer öffentlichen Versammlung oder eines Aufzuges sein, da nur er verpflichtet ist, Angaben über die Anzahl der zu verwendenden Ordner zu machen. Die unrichtigen Angaben müssen nicht mit Täuschungsabsicht gemacht worden sein; es reicht aus, dass sie verweigert oder unrichtig abgegeben wurden.

8. Unzulässige Verwendung von Ordnern

15   Täter nach § 29 Nr. 7 können sowohl der Veranstalter als auch der Leiter sein. Die mit Geldbuße bedrohte Handlung besteht entweder in der Verwendung einer größeren Zahl von Ordnern als erlaubt oder darin, dass Veranstalter oder Leiter Ordner verwenden, die anders gekennzeichnet sind, als es § 9 Abs. 1 zulässt.

---

7 BT-Drucks. 8/1845, S. 11.
8 *Ott/Wächtler/Heinhold*, § 29 Rn. 10.

9. Verweigerung von Anwesenheit und angemessenem Platz

Täter kann nur der Leiter einer Versammlung in geschlossenen Räumen oder unter 16
freiem Himmel sein. Mangels Verweisung in § 19 Abs. 1 auf § 12 gilt der Tatbestand
nicht für den Leiter eines Aufzuges.

§ 29a [Ordnungswidrigkeiten im Bannkreis]

(1) Ordnungswidrig handelt, wer entgegen § 16 Abs. 1 an einer öffentlichen Versammlung unter freiem Himmel oder an einem Aufzug teilnimmt oder zu einer öffentlichen Versammlung unter freiem Himmel oder zu einem Aufzug auffordert.

(2) Die Ordnungswidrigkeit kann mit einer Geldbuße bis zu dreißigtausend Deutsche Mark geahndet werden.

Die Regelung ersetzt die Strafnorm des § 106a StGB, die durch Art. 5 des Gesetzes 1
zur Neuregelung des Schutzes von Verfassungsorganen des Bundes aufgehoben wurde.
Im Gegensatz zu § 23, der die Aufforderung zur Teilnahme an einer vollziehbar verbotenen öffentlichen Versammlung als Vergehen einstuft, ist die Regelung in § 29a
lediglich als Ordnungswidrigkeit ausgestaltet, allerdings mit einer hohen Bußgeldandrohung. Gegenüber § 29 Abs. 1 Nr. 1 ist § 29a Abs. 1 1. Alt. Spezialvorschrift.

Die Herabstufung zur Ordnungswidrigkeit entbindet die Polizei vom Strafverfol- 2
gungszwang und gibt ihr die Möglichkeit, in Ausnahmefällen bei geringem Unrechtsgehalt der Bannkreisverletzung von Beweissicherungsmaßnahmen zur Einleitung
eines Bußgeldverfahrens abzusehen, um unnötige Eskalationen zu vermeiden.[1]

§ 30 [Einziehung]

Gegenstände, auf die sich eine Straftat nach § 27 oder 28 oder eine Ordnungswidrigkeit nach § 29 Abs. 1 Nr. 1a oder 3 bezieht, können eingezogen werden. § 74a des Strafgesetzbuches und § 23 des Gesetzes über Ordnungswidrigkeiten sind anzuwenden.

Die Bestimmung wurde als besondere Einziehungsermächtigung eingefügt, weil Uni- 1
formen, Uniformteile und gleichartige Kleidungsstücke sowie Schutzwaffen und Vermummungsgegenstände keine Tatwerkzeuge im Sinne von § 74 StGB sind.

Gegenstände, die sich auf eine Ordnungswidrigkeit nach § 29 Abs. 1 Nr. 1a oder 3 be- 2
ziehen, sind gem. § 46 OWiG in sinngemäßer Anwendung der StPO-Bestimmungen
sicherzustellen bzw. zu beschlagnahmen.

Über die Einziehung entscheidet bei Gegenständen, die sich auf eine Straftat beziehen, 3
das Gericht, soweit sich diese auf eine Ordnungswidrigkeit beziehen, die zuständige
Verfolgungsbehörde.

---

1 *Wiefelspütz*, NVwZ 2000, 1018.

Abschnitt V Schlussbestimmungen

§ 31 [Aufhebungsvorschriften]

(1) Die Vorschriften über Versammlungen und Aufzüge
1. des Vereinsgesetzes vom 19. April 1908 (Reichsgesetzbl. S. 151) und der Änderungsgesetze vom 19. Juni 1916 (Reichsgesetzbl. S. 635) und vom 19. April 1917 (Reichsgesetzbl. S. 361),
2. der Verordnung des Reichspräsidenten zur Erhaltung des inneren Friedens vom 19. Dezember 1932 (Reichsgesetzbl. I S. 548),
3. der Verordnung des Reichspräsidenten zum Schutze des deutschen Volkes vom 4. Februar 1933 (Reichsgesetzbl. I S. 35),
werden aufgehoben.

(2) § 107a des Strafgesetzbuchs in der Fassung des Gesetzes zur Änderung des Strafgesetzbuchs vom 23. Mai 1923 (Reichsgesetzbl. I S. 296) wird aufgehoben.

§ 32

(gegenstandslos)

§ 33 [Inkrafttreten]

Dieses Gesetz tritt vierzehn Tage nach seiner Verkündung in Kraft.

Teil III Musterbescheide

A. Einführung

I. Bescheidtechnik[1]

Die Eingriffsverwaltung trifft ihre **Entscheidungen im jeweiligen Aufgabenbereich** 1
nach wie vor durch den Erlass von Verwaltungsakten. Diese werden als Bescheide
verfasst, im Versammlungsrecht als Verbote oder beschränkende Verfügungen
(Auflagen).

Der Begriff des Bescheides ist weder in Rechts- noch in Verwaltungsvorschriften definiert. Üblicherweise ist bei einem Bescheid von einem **schriftlichen Verwaltungsakt** auszugehen. Indes gibt es auch Bescheide ohne Verwaltungsaktscharakter, z.b.
die schriftliche Bestätigung eines mündlich erlassenen Verwaltungsaktes (§ 37 Abs. 2
Satz 2 VwVfG).

Zwingende gesetzliche Vorschriften zum Aufbau von Bescheiden gibt es nicht. Al- 2
lerdings enthalten die VwVfG an verschiedenen Stellen Vorgaben zu den »Pflicht-
bestandteilen« eines Bescheides. Hinsichtlich der »Aufbaustruktur« hat sich zudem
eine Verwaltungspraxis entwickelt[2], die als **Mindestanforderungen** Tenor, Gründe
und Rechtsbehelfsbelehrung vorsieht. Unterlässt es die Behörde, einen schriftlichen
Verwaltungsakt in die typische Bescheidsform zu kleiden, besteht die Gefahr, dass der
Adressat den Charakter des Schreibens als Verwaltungsakt nicht erkennt[3].

Nachfolgend skizziertes Aufbauschema enthält eine **typische Bescheidsform** mit in- 3
haltlichen Grundanforderungen.

▶ **Aufbauschema[4]**

1. Kopf[5]
2. Bescheid (Tenor, Entscheidungssätze)
   - Hauptentscheidung(en)[6]
   - ggf. Nebenbestimmungen[7]
   - ggf. Vollziehbarkeit (z.b. Anordnung der sofortige Vollziehung)[8]
   - ggf. Androhung Zwangsmittel[9]
   - ggf. Kosten- und/oder Gebührenentscheidung[10]

---

1 Literatur: *Linhart*, Der Bescheid, 4. Aufl. 2013; *Möller/Warg*, Allgemeines Polizei- und Ordnungsrecht – Mit Verwaltungszwang und Bescheidtechnik, 6. Aufl. 2012; *Büchner/Joerger/
  Trockels/Vondung* Übungen zum Verwaltungsrecht und zur Bescheidtechnik, 4. Aufl. 2006.
2 *Wilhelm*, DVP 2010, 363.
3 *Linhart*, (Fn. 1), Rn. 1; *Möller/Warg*, (Fn. 1), Rn. 178.
4 *Linhart*, (Fn. 1), Rn. 17.
5 §§ 37 Abs. 3 Satz 1, 44 Abs. 2 Nr. 1 VwVfG.
6 §§ 23 Abs. 1, 37 Abs. 1 VwVfG.
7 § 36 VwVfG.
8 § 80 Abs. 2 Nr. 4 VwGO.
9 §§ 56, 61 PolG NRW; §§ 9, 13 VwVG.
10 Entsprechende Vorschriften des Verwaltungskostenrechts.

3. Begründung[11]
   - Sachverhalt (»wesentliche tatsächliche Gründe«)[12]
   - Rechtliche Würdigung (»wesentliche rechtliche Gründe«)
4. Rechtsbehelfsbelehrung[13]
5. ggf. weitere Hinweise auf die Rechtslage[14]
6. Grußformel, Unterschrift[15]

1. Sprache in Bescheiden

4   Hinsichtlich der Sprache wird unterschieden zwischen dem unpersönlichen **Behördenstil**, dem persönlichen **Briefstil** sowie dem gemischten Stil. Während in Süddeutschland der Behördenstil den Vorzug genießt, wird in Norddeutschland eher der persönliche Briefstil präferiert.

5   Wird der Bescheid im persönlichen Briefstil verfasst (mit Anrede und Gruß), wird aus Sicht des zuständigen Sachbearbeiters in der **Ich-Perspektive** geschrieben. Der Bürger als Briefadressat wird in der Sie-Form angeredet. Beim gemischten Stil wird – mit Anrede und Gruß – der Empfänger mit »Sie« angesprochen. Dagegen tritt die Behörde mit ihrer Behördenbezeichnung auf.

Der **unpersönliche Behördenstil** unterscheidet sich in seiner reinen Ausprägung nicht vom Stil eines Gerichtsurteils. Es fehlen Anrede und Gruß. Die Behörde tritt mit ihrer Behördenbezeichnung auf. Der Adressat wird nicht persönlich angesprochen, sondern tritt mit seiner Funktionsbezeichnung oder seinem Namen in Erscheinung (»Der Antragsteller«; »Herr Mustermann«).

2. Adressat

6   Ein Verwaltungsakt ist demjenigen Beteiligten bekannt zu geben, für den er bestimmt ist oder der von ihm betroffen wird. Ist ein **Bevollmächtigter** bestellt, so kann die Bekanntgabe ihm gegenüber vorgenommen werden (§ 41 Abs. 1 VwVfG). Sofern im Verwaltungsverfahren ein Rechtsanwalt aufgetreten ist, stellt sich die Frage, ob der Bescheid an diesen zu richten ist. Nach § 14 Abs. 3 Satz 1 VwVfG soll die Behörde, wenn ein Bevollmächtigter bestellt ist, sich an diesen wenden. Nach dieser Regelung ist der **Ermessensspielraum eingeschränkt**. Die für die Bekanntgabe speziellere Regelung des § 41 Abs. 1 Satz 2 VwVfG hingegen enthält die Formulierung, dass ein Bescheid an den Verfahrensbevollmächtigten gerichtet werden kann, also eine

---

11 § 39 Abs. 1 VwVfG.
12 §§ 24, 26 VwVfG.
13 § 37 Abs. 6 VwVfG (§§ 58, 70 Abs. 2 VwGO).
14 Bloße Hinweise auf die Rechtslage haben keinen Verfügungscharakter; derlei Hinweise werden regelmäßig versammlungsrechtlichen Bescheiden beigefügt, z.B. der Hinweis darauf, dass es gem. § 3 BVersG verboten ist, öffentlich oder in einer Versammlung Uniformen, Uniformteile oder gleichartige Kleidungsstücke als Ausdruck einer gemeinsamen politischen Gesinnung zu tragen.
15 § 37 Abs. 3 Satz 1 VwVfG.

Entscheidung im freien Ermessen. In der Praxis wird der Bescheid in der Regel an den Verfahrensbevollmächtigten gerichtet, und zwar unabhängig davon, ob dieser eine Vollmacht vorgelegt hat. Anders könnte die Verfahrenslage dann aussehen, wenn Anhaltspunkte dafür gegeben sind, dass der Betroffene die Verfahrensvollmacht widerrufen hat oder wenn er sein Interesse zum Ausdruck gebracht hat, den Bescheid persönlich zu erhalten[16].

3. Tenor

Ein Bescheid besteht im Wesentlichen aus **Tenor, Gründen und Rechtsbehelfsbeleh-** 7 **rung.** Der Tenor (**Entscheidungsformel**) richtet sich insbesondere nach dem Ergebnis der rechtlichen Prüfung. Es ist der »verfügende Teil« des Verwaltungsaktes.

Der **Tenor** muss von sich heraus verständlich, d.h. inhaltlich hinreichend bestimmt 8 sein (§ 37 Abs. 1 VwVfG). Die Entscheidungsformel muss ohne Zuhilfenahme anderer Schriftstücke unmissverständlich und klar verständlich sein[17]. Der Adressat muss zweifelsfrei (»auf den ersten Blick«) erkennen können, was von ihm verlangt wird. Diese Forderung gilt im Besonderen für den Tenor[18]. Das bedeutet, Personen, Orte und sonstige Umstände sind so genau wie möglich anzugeben. Gerade bei Handlungs-, Duldungs- und Unterlassungsverfügungen ist die Titelfunktion eines Bescheids von maßgeblicher Bedeutung[19]. Der Tenor ist möglichst knapp und präzise zu formulieren. Die Nennung von Vorschriften ist nicht angezeigt, da ihre **Einschlägigkeit und Subsumtion** im Rahmen der Begründung erfolgt. Es gilt also, sich nicht »hinter dem Gesetz zu verstecken«[20].

Besteht der Tenor – wie regelmäßig bei versammlungsrechtlichen Bescheiden – aus 9 **mehreren Einzelentscheidungen,** so sollten diese mit arabischen Ziffern nummeriert werden.

Inhaltlich ist zu **differenzieren** zwischen[21]   10
– Antragsverfahren (»Ihr Antrag vom ___ wird abgelehnt«)
– Hauptregelung (Handlungs-, Duldungs- und/oder Unterlassungstenor)
– Vollziehbarkeitsanordnung
– Zwangsmittelandrohung
– Kostenentscheidung.

Gem. § 80 Abs. 2 Nr. 4 VwGO kann die Behörde die sofortige Vollziehung anordnen, 11 wenn diese im öffentlichen Interesse oder im überwiegenden Interesse eines Beteiligten liegt. Diese Anordnung erfolgt ebenfalls im Tenor und muss sich auf eine bestimmte

---

16 *Doumet,* JA 2009, 892/893.
17 *Kintz,* Öffentliches Recht im Assessorexamen, 6. Aufl. 2008, Rn. 422.
18 *Möller/Warg,* (Fn. 1), Rn. 174 und 176.
19 *Doumet,* JA 2009, 892/895.
20 Das »Verstecken hinter dem Gesetz« gilt als »Rückfall in obrigkeitsstaatliches Imponiergehabe aus früheren Jahrhunderten«, *Möller/Warg,* (Fn. 1), Rn. 176.
21 *Linhart,* (Fn. 1), Rn. 17.

Verfügung beziehen[22]: »Hinsichtlich Ziffer 1 dieses Bescheids wird die sofortige Vollziehung angeordnet. Das bedeutet, dass ein von Ihnen eingelegter Rechtsbehelf keine aufschiebende Wirkung entfaltet«.

Es folgt die **Androhung von Zwangsmitteln** und – sofern für die Entscheidung Verwaltungsgebühren erhoben werden – die Bezifferung nach der Höhe.

4. Begründung

12 Gem. § 39 Abs. 1 VwVfG besteht Begründungspflicht. Durch **Darlegung der Gründe** soll der Adressat in die Lage versetzt werden, die getroffene Entscheidung nachzuvollziehen

13 Die »Gründe« zerfallen in eine Sachverhaltsdarstellung (»**wesentliche tatsächliche Gründe**«) und eine rechtliche Würdigung (»wesentliche rechtliche Gründe«).

Bei der Sachverhaltsdarstellung sind die Formulierungen wertfrei zu wählen. Alles, was der Adressat vorträgt, muss im Sachbericht auftauchen. Nur so wird deutlich, dass **alle relevanten Tatsachen** bei der Entscheidung berücksichtigt worden sind[23]. Äußert sich der Adressat im Rahmen des Anhörungsverfahrens (§ 28 Abs. 1 VwVfG) nicht, so ist dies im Tatbestand zu erwähnen, da die Anhörung eine formelle Rechtmäßigkeitsanforderung ist.

Im Rahmen der rechtlichen Würdigung (»Rechtsgründe«) sind nicht nur die Hauptregelungen zu nennen und zu begründen, sondern auch die sonstigen Entscheidungen, insbesondere die Anordnung der sofortigen Vollziehung (§ 80 Abs. 3 Satz 1 VwGO). Die rechtliche Würdigung orientiert sich an der Reihenfolge des Tenors. Zur Übersichtlichkeit können die einzelnen Teile der Begründung mit denselben arabischen Ziffern versehen werden.

14 Die Rechtsgründe des Bescheides werden im **Urteilsstil** abgefasst. Der Ergebnissatz wird vorangestellt. Es folgt die Wiedergabe der einschlägigen Rechtsnormen und die Subsumtion unter dem vorliegenden Sachverhalt. Anders als im Urteil wird jedoch im Bescheid die entscheidende Rechtsnorm nicht nur bezeichnet, sondern ihr Inhalt kurz wiedergegeben. Wird ein Gesetz zum ersten Mal genannt, ist es auszuschreiben, und die im Folgenden verwendete Abkürzung in Klammern zu setzen[24].

15 Begründungen sollen **auf das Wesentliche beschränkt** werden und sind in einer klaren (»bürgerfreundlichen«) Sprache abzufassen (Berücksichtigung »Empfängerhorizont«[25]). Das bedingt kurze Sätze. Fremdwörter und unverständliche Ausdrücke sind zu vermeiden. Die Amtssprache ist deutsch (§ 23 Abs. 1 VwVfG)[26].

---

22 *Doumet*, JA 2009, 892/895.
23 *Doumet*, JA 2009, 892/896.
24 *Doumet*, JA 2009, 892/896.
25 *Möller/Warg*, (Fn. 1), Rn. 177.
26 *Aden*, ZRP 2011, 120: Die Sprache in Deutschland ist klares Deutsch.

5. Rechtsbehelfsbelehrung

Die **Rechtsbehelfsbelehrung ist auszuformulieren**. Bei der Anordnung der sofortigen   16
Vollziehung sollte zudem ein Hinweis auf einen Antrag nach § 80 Abs. 5 VwGO
erfolgen[27].

6. Anlagen

Sofern dem Bescheid Anlagen beigefügt sind, ist auf diese hinzuweisen. Hierfür sind   17
zwei Stellen gebräuchlich. Zum einen im Anschluss an den Bezug, zum anderen am
Ende des Bescheids. **Anlagen sind immer in der Reihenfolge zu benennen**, in der sie
beigefügt sind (z.b. Protokoll der Ortsbesichtigung vom ___).

II. Bescheide im Versammlungsrecht

1. Beschränkende Verfügungen (Auflagen)

Gem. § 15 Abs. 1 BVersG kann die zuständige Behörde die Versammlung oder den   18
Aufzug verbieten oder von bestimmten Auflagen abhängig machen, wenn nach den
zur Zeit des Erlasses der Verfügung erkennbaren Umständen die öffentliche Sicherheit
oder Ordnung bei Durchführung der Versammlung oder des Aufzuges unmittelbar gefährdet ist. Ein Verbot liegt vor, wenn die Versammlung als Ganzes nicht durchgeführt
werden darf. Um eine beschränkende Verfügung (Auflage) handelt es sich hingegen,
wenn die Versammlung nur hinsichtlich einzelner **Ausübungsmodalitäten** beschränkt
wird[28]. Auflagen können allerdings im Einzelfall die Versammlungsfreiheit so schwer-
wiegend beeinträchtigen, dass sie wertungsmäßig einem Verbot gleichzusetzen sind
und deswegen ähnlichen rechtlichen Anforderungen unterliegen müssen[29]. Ob es
sich um eine Auflage handelt, wenn diese praktisch wie ein Verbot wirkt, hängt vom
Einzelfall ab. Die Frage stellt sich z.b. bei Beschränkungen, die einen ganz bestimmten
Zeitpunkt oder Ort einer Versammlung betreffen[30]. Das Bundesverfassungsgericht
wertet auch die Verlegung des Termins einer Versammlung durch die Versammlungsbehörde zumindest dann als Auflage und nicht als Verbot der Versammlung, wenn das
Interesse des Veranstalters an dem speziellen Termin nicht erkennbar ist[31].

---

27 Auf die Möglichkeit des vorläufigen Rechtsschutzes muss der Betroffene aber nicht hinge-
    wiesen werden, *Linhart*, (Fn. 1), Rn. 12.
28 *Froese*, JA 2015, 679/681.
29 *Schenke*, Rn. 373.
30 Die Entscheidung, ob, wann oder wo eine Versammlung durchgeführt werden soll, steht
    zunächst dem Träger des Grundrechts aus Art. 8 Abs. 1 GG zu, *Schörnig*, NVwZ 2001,
    1246/1248. Das Selbstbestimmungsrecht hinsichtlich Ort, Zeitpunkt, Art und Inhalt einer
    Versammlung erübrigt aber nicht die Abwägung mit kollidierenden Interessen Dritter durch
    die zuständige Versammlungsbehörde. Diese Abwägung liegt vielmehr in der staatlichen Ver-
    antwortung einer verfassungskonformen Schrankenziehung, insbesondere auch durch Auf-
    lagen bzw. Beschränkungen der Versammlung, BayVGH, DVBl 2015, 1126.
31 BVerfG, NJW 2001, 1409/1410.

19   Die in Auflagen enthaltenen Anordnungen stellen mithin **Teilverbote** dar, mit denen das Vorhaben des Veranstalters modifiziert wird, um so Rechte Dritter zu wahren.

20   Der **Verhältnismäßigkeitsgrundsatz** gebietet es, dass ein Versammlungsverbot dann unterbleibt, wenn die Gefahr für die öffentliche Sicherheit und Ordnung durch Auflagen (wie örtliche und zeitliche Begrenzung der Veranstaltung) hinreichend abgewehrt werden kann[32]. Durch die Erteilung von Auflagen können somit Versammlungen, die sonst verboten werden müssten, durchgeführt werden[33]. Auflagen stellen sicher, dass Versammlungen die Grenzen einhalten, die ihnen in anderen Gesetzen gezogen sind[34]. Zu diesen anderen Gesetzen gehören insbesondere **Strafgesetze, Bannmeilengesetze, Sonn- und Feiertagsgesetze, Straßen- und Straßenverkehrsgesetze.**

21   Der Begriff »Auflage« in § 15 Abs. 1 BVersG ist nicht identisch mit der wortgleichen Bezeichnung in § 36 Abs. 2 Nr. 4 VwVfG. Der Begriff der Auflage im BVersG wird »fälschlich« oder doch zumindest »irreführend« so bezeichnet[35], seine Aufnahme in das BVersG lässt sich **nur historisch erklären.** Anfang des 20. Jahrhunderts bestand noch eine Genehmigungspflicht für öffentliche Versammlungen unter freiem Himmel[36].

Die Auflage im VwVfG stellt eine Bestimmung dar, die mit einem Verwaltungsakt verbunden wird und durch die dem Begünstigten ein Tun, Dulden oder Unterlassen vorgeschrieben wird[37]. Nach Art. 8 Abs. 1 GG bedarf es aber keiner Erlaubnis, also eines begünstigenden Verwaltungsaktes, um eine Versammlung durchzuführen. Insofern sind Auflagen i.S.d. § 15 Abs. 1 BVersG **nicht als Nebenbestimmung anzusehen.** Es handelt sich vielmehr um (selbständige) beschränkende Verfügungen nach § 35 Abs. 1 VwVfG[38], die einen eigenständigen Eingriff in die Versammlungsfreiheit enthalten[39]. Deshalb wurde etwa in § 14 ndsVersG der Begriff »Auflage« durch den Begriff »Beschränkung« ersetzt.

22   Die in einer Auflage aufgeführten Verhaltenspflichten sollen zur Abwehr der in § 15 Abs. 1 BVersG vorausgesetzten Gefahrenlage beitragen; sie **betreffen das »Wie« der Versammlungsdurchführung**[40] und sind darauf gerichtet, unmittelbare Rechtswirkung zu erzeugen. § 25 Nr. 2 und § 29 Abs. 1 Nr. 3 BVersG bestätigen durch die Straf- und Ordnungswidrigkeitensanktionen, dass Auflagen eigenständigen verpflichtenden Inhalt haben und nicht etwa bloße Hinweise auf die allgemeine Rechtslage enthalten[41].

---

32   *Ullrich*, S. 395, 436 (»Beschränkung vor Verbot/Auflösung«); OVG Lüneburg, NVwZ-RR 2010, 889: Beschränkung einer als Aufzug geplanten Versammlung auf eine stationäre Kundgebung.
33   *Thiel*, Polizei- und Ordnungsrecht, 2. Aufl. 2014, Rn. 624.
34   *Pieroth/Schlink/Kniesel*, § 21 Rn. 15.
35   *Höllein*, NVwZ 1994, 635/639.
36   *Baudewin*, Rn. 549.
37   *Froese*, JA 2015, 679/681.
38   *Leist*, S. 272, 273.
39   BVerfG, NVwZ 2007, 1183.
40   *Gusy*, POR, Rn. 429.
41   BVerfG, NVwZ 2007, 1183/1184.

Die **Möglichkeit der Sanktionierung eines Verhaltens als Ordnungswidrigkeit** ist 23
auf Auflagen im Sinne des § 15 Abs. 1 BVersG begrenzt, also auf solche beschränkenden Verfügungen, die speziell an unmittelbare Gefährdungen der öffentlichen
Sicherheit oder Ordnung bei Durchführung der Versammlung anknüpfen und unter
Beachtung des Art. 8 GG mithelfen sollen, die konkret bevorstehende Verletzung von
Rechtsgütern zu verhindern. Gleichwohl scheint es in der Praxis nicht unüblich zu
sein, dass Versammlungsbehörden einen meist als »Auflage« bezeichneten längeren
Katalog von Verhaltensregeln aufstellen und Vorkehrungen treffen, dass diese den Ver-
sammlungsteilnehmern mitgeteilt werden. Inhaltlich handelt es sich zum Teil um die
Auferlegung von Verhaltenspflichten als Reaktion auf konkrete, mit der jeweiligen
Versammlung verbundene Gefahren, zum Teil um davon abgelöste, häufig routine-
mäßig formulierte Vorgaben, etwa die Formulierung allgemeiner versammlungsrechtlicher Pflichten. Ungeachtet der Bezeichnung aller Vorgaben als Auflagen ist bei der
Klärung ihrer Rechtmäßigkeit und bei der Festsetzung von Rechtsfolgen eines Verstoßes zu prüfen, ob es sich um Auflagen oder um bloße Hinweise auf allgemein
geltende Regeln handelt[42].

a) Abgrenzung: Hinweise auf Rechtslage

Beschränkungen, die die Versammlungsbehörde dem Veranstalter in Form von Auf- 24
lagen aufgibt, sollen bezwecken, dass von der Versammlung ausgehende Gefahren
für die öffentliche Sicherheit oder Ordnung abwehrt werden. Allerdings finden sich
manche Beschränkungen schon im BVersG selbst, z.B. das Verbot des Mitführens von
Waffen (§ 2 Abs. 3 BVersG), das Uniformverbot (§ 3 BVersG) oder das Vermummungsverbot (§ 17a Abs. 2 BVersG)[43]. Es handelt sich um **gesetzlich vertypte Auflagen**, die die Versammlungsbehörde erlassen würden, wenn sie nicht schon im Gesetz
stünden[44]. Deshalb müssen zur Einhaltung bestehender Verbote (Uniformverbot, Störungsverbot, Vermummungsverbot usw.) von der zuständigen Versammlungsbehörde
keine Auflagen mehr erlassen werden, sondern es reicht aus, wenn sie entsprechende
Hinweise auf die Rechtslage gibt[45].

Auflagen **begründen Pflichten**; dem Adressaten wird ein bestimmtes Tun oder Un- 25
terlassen verpflichtend vorgegeben. Wird dem Leiter aufgegeben, während der Dauer
der Versammlung für Ordnung zu sorgen, ist dies ebenfalls kein Verwaltungsakt,
da sich diese Verpflichtung bereits unmittelbar aus dem Gesetz ergibt (§§ 9, 18, 19
BVersG). Es fehlt an dem für eine Auflage erforderlichen eigenständigen Regelungsgehalt. Der Auflage, dass strafbare Handlungen zu unterlassen sind, kann ebenfalls
kein eigenständiger Regelungsgehalt entnommen werden[46], weil es sich insoweit um

---

42 BVerfG, NVwZ 2007, 1183/1184.
43 Speziell zur Strafbarkeit des Verstoßes gegen das Vermummungsverbot Ullrich, S. 369 ff.
44 *Pieroth/Schlink/Kniesel*, § 21 Rn. 10.
45 Zum Versammlungsstrafrecht *Kretschmer*, NStZ 2015, 504 ff. und die Kommentierung zu
   den §§ 21 ff. Zur Reichweite des Vermummungsverbotes Güven, NStZ 2012, 425 ff.
46 VGH München, Beschl. v. 03.02.2006 – 24 CS 06.314.

gesetzeswiederholende »**Auflagen**« handelt, die ebenfalls als Hinweise auf die Rechtslage zu qualifizieren sind[47].

26   Indes finden sich in versammlungsbehördlichen Bescheiden regelmäßig zahllose als Auflagen **deklarierte Hinweise auf die Rechtslage**, die nicht deutlich von den verfügenden Inhalten der Bescheide abgesetzt werden[48]. Findet eine klare Trennung zwischen Auflagen, Rechtsausführungen und Sachverhaltswiederholungen nicht statt, ist der Bescheid unklar und letztlich systematisch nicht ohne weiteres nachvollziehbar[49]. Allgemeine Handlungsanweisungen sowie die **Wiedergabe gesetzlicher Pflichten** stellen keine Auflagen im Sinne von § 15 Abs. 1 BVersG dar. Sie können daher nicht als »Auflagen« erlassen werden[50]. Konkretisiert die Behörde aber die Tatbestandsmerkmale dergestalt, dass sie anführt, welche gleichartigen Kleidungsstücke nicht getragen werden dürfen (z.B. Bomberjacken und Springerstiefel) oder welche Gegenstände nicht mitgeführt werden dürfen, da sie ihrer Ansicht nach als Schutzwaffen zu qualifizieren sind, so wird nicht lediglich der Gesetzestext wiederholt. Es handelt sich dann um Auflagen nach § 15 Abs. 1 BVersG, da eine Regelung im Einzelfall erfolgt.[51] In der Praxis werden Auflagen z.B. hinsichtlich der Verwendung von Ordner mitunter »vermischt« mit allgemeinen Hinweisen (»Diese Personen sind nur mit weißen Armbinden kenntlich zu machen, die lediglich die Aufschrift »Ordner« tragen dürfen«). Ob eine behördliche Äußerung eine Auflage oder ein bloßer Hinweis auf die Gesetzeslage darstellt, hängt davon ab, ob die Behörde eine Regelung trifft, die der Gesetzgeber offen gelassen hat. Sie muss mit der Auflage **eine noch nicht bestehende Regelung zur Gefahrenabwehr** treffen.

b) Abgrenzung: Allgemeine Handlungsanweisungen

27   Allgemeine Handlungsanweisungen sowie **Festlegungen hinsichtlich der Modalitäten des Ablaufs der Versammlung** im Hinblick auf abstrakte Gefahrentatbestände sind ebenfalls keine Auflagen (beschränkende Verfügungen) nach § 15 Abs. 1 BVersG[52]. Wird seitens der Behörde die in der Anmeldung beschriebene Demonstrationsroute einschließlich einer Zwischenkundgebung (nur) wiederholt nebst Hinweisen hinsichtlich der einzusetzenden Ordner und schließen die behördlichen Ausführungen damit, dass die Polizei befugt sei, während der Versammlung »weitere erforderliche Auflagen zur Wahrung der öffentlichen Sicherheit und Ordnung zu erteilen«, so handelt es sich um allgemeine Verhaltensanweisungen, mit denen Auflagen im vorgenannten Sinne nicht intendiert sind[53].

---

47   Zur Auslegung einer das gesetzliche Verbot des Mitführens von Vermummungsgegenständen (§ 17a Abs. 2 Nr. 2 VersammlG) wiederholenden »Auflage« VGH Mannheim, VBlBW 2012, 473.
48   *Kniesel/Poscher*, Rn. 350.
49   VGH München, Beschl. v. 03.02.2006 – 24 CS 06.314.
50   VG München, Beschl. v. 01.08.2007 – M 7 K 07.180.
51   *Jenssen*, S. 37.
52   VGH Kassel, NVwZ-RR 2007, 6.
53   VGH Kassel, NVwZ-RR 2007, 6.

▶ **Beispiel**[54]:

»Die Stangen der mitgeführten Transparente müssen aus nicht leitendem Material hergestellt sein. Die Stangen dürfen nicht länger als 2,5 m sein und müssen bei ausgestrecktem Arm, der Trägerin bzw. des Trägers mindestens 1 m von der Stromoberleitung entfernt bleiben«.

Bei dieser Verhaltensanweisung handelt es sich schlicht um einen (**Warn-**)**Hinweis** auf die jedermann treffende Verpflichtung zu polizeigemäßem Verhalten. Erst das Mitführen einer Stange, die aufgrund ihrer Länge in Kontakt mit einer Oberleitung geraten könnte, stellt eine konkrete Gefahr für die öffentliche Sicherheit vor dem Hintergrund einer Gefährdung für Leib, Leben dar und würde zu entsprechenden polizeilichen Maßnahmen ermächtigen[55].

§ 15 Abs. 1 BVersG erlaubt Auflagen nur zur **Vermeidung unmittelbar drohender** 28 **Gefährdungen**, nicht aber zur allgemeinen Gefahrenvorsorge. Die Abwehr von Unfall- und Gesundheitsgefahren allgemeiner Art, die durch das Zusammentreffen einer Vielzahl von Personen auf einem längeren Demonstrationszug auftreten könnten, betreffen die Gesundheitsvorsorge, deren Gewährleistung nach dem Versammlungsgesetz nicht dem Veranstalter obliegt[56].

Amtshandlungen, die sich in **bloßen Hinweisen auf die allgemeine Rechtslage** erschöpfen oder Verhaltensanweisungen, die **Vorkehrungen für abstrakt gefährliche Tatbestände** vorsehen oder im Sinne vorsorgender Maßnahmen auch ohne Vorliegen einer konkreten Gefahr den reibungslosen Ablauf einer Versammlung gewährleisten sollen, können mitunter einen erheblichen Umfang einnehmen und widersprechen dem Prinzip der sich selbst ordnenden Versammlung. Festlegungen z.B. über die Anzahl der Ordner in Abhängigkeit von der erwarteten Teilnehmerzahl (»Je 50 Teilnehmer/-innen ist eine ehrenamtliche Ordnerin/ein ehrenamtlicher Ordner einzusetzen«) sind bei Akzeptanz von Veranstalter und Teilnehmern zwar unproblematisch. Nichtsdestotrotz ist so eine Festlegung ein Eingriff in die Versammlungsfreiheit, der einer entsprechenden Gefahrenprognose bedarf, die in vielen Fällen nicht angestellt werden kann. Als Teil »allgemeiner Hinweise« ist diese Festlegung rechtlich unverbindlich. Soll es sich aber nach dem Willen der Versammlungsbehörde um eine (verbindliche) beschränkende Verfügung im Sinne des § 15 Abs. 1 BVersG und damit um einen Verwaltungsakt handeln, so wäre dieser ohne eine entsprechende Gefahrenprognose rechtswidrig[57].

c) Inhaltliche Anforderungen (Gefahrenprognose)

Viele Auflagen in der Praxis gründen sich nicht auf eine **gesicherte Gefahrenprognose**. 29 Soweit Begründungen geliefert werden, erschöpfen sie sich nicht selten in **unbewiesenen Annahmen oder nicht nachvollziehbaren Unterstellungen**[58]. Bloße Vermutungen

---

54 *Zeitler*, Rn. 255.
55 *Zeitler*, Rn. 256.
56 VGH Kassel, NVwZ-RR 2010, 597.
57 *Zeitler*, Rn. 257.
58 *Leist*, NVwZ 2003, 1300/1304.

oder Möglichkeitserwägungen sind aber zur Begründung einer versammlungsrechtlichen Auflage nicht ausreichend. Das für beschränkende Verfügungen (Auflagen) gem. § 15 Abs. 1 BVersG vorauszusetzende Erfordernis einer unmittelbaren Gefährdung setzt eine Sachlage voraus, die bei ungehindertem Geschehensablauf mit hoher Wahrscheinlichkeit zu einem Schaden für die der Versammlungsfreiheit entgegenstehenden Interessen führt. Unter Berücksichtigung der Bedeutung der Versammlungsfreiheit darf die Behörde bei dem Erlass von vorbeugenden Verfügungen keine zu geringen Anforderungen an die Gefahrenprognose stellen. Daher müssen zum **Zeitpunkt des Erlasses der Verfügung erkennbare Umstände** dafür vorliegen, aus denen sich die unmittelbare Gefährdung der öffentlichen Sicherheit oder Ordnung ergibt. Als **Grundlage der Gefahrenprognose** sind konkrete und nachvollziehbare tatsächliche Anhaltspunkte erforderlich; bloße Vermutungen reichen nicht aus[59] (vgl. dazu im Einzelnen § 15 Rdn. 27 ff.)

30   Die **Darlegungs- und Beweislast** für das Vorliegen von Gründen für eine Auflage liegt grundsätzlich bei der Behörde[60].

31   Durch beschränkende Verfügungen darf nichts »**Unmögliches« verlangt werden**, so z.b. die Auflage, wonach der Versammlungsleiter alkoholisierte Versammlungsteilnehmer sofort von der Veranstaltung auszuschließen hat. Diese Auflage wäre rechtswidrig, da sie von ihm etwas rechtlich Unmögliches verlangt, weil nach §§ 18 Abs. 3 und § 19 Abs. 4 BVersG nur die Polizei das Recht zur Ausschließung von Teilnehmern hat.

d) Rechtzeitige Entscheidung

32   Bescheide sind rechtzeitig vor Versammlungsbeginn zu erlassen. In der Vergangenheit hatte manche Behörde »Auflagen- oder Verbotsbescheide« als »**Freitagsnachmittagsbescheide**« kurz vor Feierabend an den Veranstalter geschickt, was im Hinblick auf Art. 19 Abs. 4 GG eine rechtsstaatlich bedenkliche Praxis darstellt[61]. Auch das BVerfG hat eine »denkbare Taktik der Versammlungsbehörden, durch sehr spät erlassene Verbotsverfügungen die Rechtsschutzmöglichkeiten der Veranstalter zu beschneiden«, durchkreuzt[62].

33   Durch Art. 15 Abs. 3 BayVersG besteht gar ausdrücklich eine **Rechtspflicht der Behörde, Bescheide »zeitnah« zu erlassen**. Das setzt allerdings voraus, dass der Sachverhalt im Einzelfall bereits entscheidungsreif ist, der Versammlungsbehörde also bereits alle notwendigen Erkenntnisse zur Beurteilung der von einer Versammlung ausgehenden oder ihr drohenden Gefahren vorliegen und keine weiteren Sachverhaltsermittlungen mehr erforderlich sind[63]. Zu berücksichtigen ist gleichwohl, dass bei komplexen Versammlungslagen die Erkenntnisgrundlage oft erst wenige Tage vor Versammlungsbeginn ausreichend belastbar ist. Mitunter muss die Versammlungsbehörde kurz vor Versammlungsbeginn **auf Lageänderungen reagieren**. Die Vorschrift des

---

59 BVerfG, NVwZ 2008, 671.
60 BVerfG, DVBl 2013, 367.
61 LT-Drucks. 16/1270, S. 8.
62 BVerfG, NVwZ 2004, 90, Anm. *Sachs*, JUS 2004, 243.
63 LT-Drucks. 16/1270, S. 8.

Art. 15 Abs. 3 BayVersG vermittelt **aber kein subjektiv-öffentliches Recht** auf einen bestimmten Entscheidungszeitpunkt[64].

2. Mündliche Verfügungen, Lautsprecherdurchsagen

Verfügungen müssen **eindeutig und unmissverständlich formuliert** und zumindest 34 kurz begründet werden. Im Falle der Auflösung muss die Verfügung deutlich zum Ausdruck bringen, dass die Versammlung nicht nur unterbrochen, sondern aufgelöst ist und dass die Pflicht besteht, die Personenansammlung zu verlassen. Die Auflösung einer Versammlung ist ein gestaltender Verwaltungsakt. Die wirksam ergangene Auflösungsverfügung nimmt der Versammlung den im Versammlungsgesetz konkretisierten Schutz, indem sie die allgemeinen polizeirechtlichen Ermächtigungen anwendbar macht. Für jeden einzelnen Versammlungsteilnehmer ergeben sich **durch die Auflösungsverfügung unmittelbare Rechtsfolgen**, weil er sich sofort zu entfernen hat. Daraus ergibt sich, dass die Auflösungsverfügung ausdrücklich und eindeutig erklärt werden muss[65]. Die an die Verfügung geknüpften Rechtsfolgen lassen es nicht zu, von diesen Erfordernissen abzusehen. Bei der Formwahl nach § 37 Abs. 2 VwVfG darf dies nicht unberücksichtigt bleiben[66].

In einer Auflösungsverfügung sollten **Hinweise auf die rechtlichen Folgen einer** 35 **Nichtbeachtung** gegeben werden.

Verfügungen werden mit Bekanntgabe an die Betroffenen wirksam. Diese Wirksam- 36 keit wird nicht durch Einwendungen seitens Betroffener gegen die Rechtmäßigkeit beseitigt. Eine **konkludente Auflösung** – durch Einschließung – ist rechtlich nicht zulässig[67] (vgl. dazu § 15 Rdn. 23 ff.).

Zu berücksichtigen ist, dass insbesondere Auflösungsverfügungen regelmäßig in einer 37 turbulenten, erregten und oftmals auch aggressiven Phase ergehen. Insofern sind bei Bekanntgabe der Verfügung an **inhaltliche Bestimmtheit, Eindeutigkeit und Verständlichkeit besondere Anforderungen** zu stellen. Die Bekanntgabe muss ggf. mehrfach wiederholt werden, um möglichst alle Betroffenen zu »erreichen«.

Sofern eine (Auflösungs-)Verfügung als unaufschiebbare Anordnung eines Polizeivoll- 38 zugsbeamten ergeht, ist sie auch vollziehbar (§ 80 Abs. 2 Nr. 2 VwGO). Ergeht die Verfügung durch einen anderen Amtsträger, kann die **sofortige Vollziehbarkeit** nur dadurch bewirkt werden, dass mit der Verfügung die sofortige Vollziehung im Sinne von § 80 Abs. 2 Nr. 4 VwGO besonders angeordnet wird. Die grundsätzlich erforderliche schriftliche Begründung gem. § 80 Abs. 3 Satz 1 VwGO kann unterbleiben, wenn die **(Auflösungs-)Verfügung als unaufschiebbare Notstandsmaßnahme** bezeichnet wird, insbesondere weil bei Verzögerung Nachteile für Leben, Gesundheit oder Eigentum von Personen zu befürchten sind (§ 80 Abs. 3 Satz 2 VwGO).

---

64 *Welsch/Bayer*, Rn. 151.
65 VG Hamburg, NVwZ 1987, 829/831.
66 VG Hamburg, NVwZ 1987, 829/831.
67 VG Hamburg, NVwZ 1987, 829/831 ff.; dazu *Hofmann*, NVwZ 1987, 769/770.

III. Verbote und Auflagen (Übersicht, Beispiele)

39   Nachfolgend skizzierte Versammlungsverbote bzw. beschränkende Verfügungen (Auflagen) wurden von der Rechtsprechung als rechtmäßig bzw. rechtswidrig erachtet. Das BVersG selbst enthält keinen Katalog zulässiger Verbote oder Auflagen. Es kommen alle Maßnahmen in Betracht, die geeignet sind, Gefahren für die öffentliche Sicherheit oder Ordnung abzuwehren.

1. Zulässige Verbote

40

Keine Demonstration in dem für die Sicherheit des Bundespräsidenten erforderlichen Schutzraum	OVG Koblenz, BeckRS 2016, 52385
Zum Schutz von Leib und Leben von bestimmten Personen kann es als Ausfluss der staatlichen Schutzpflicht aus Art. 2 Abs. 2 Satz 1 i.V.m. Art. 1 Abs. 1 GG geboten sein, versammlungsrechtlich einen entsprechenden Schutzraum in der Nähe des Ortes zu schaffen, an dem sich die zu schützenden Personen aufhalten.	BVerwG, Beschl. v. 08.06.2017 – 6 B 62.16 WKRS 2017, 15933, BeckRS 2017, 114628
Verbot einer Versammlung unter den besonderen Voraussetzungen des sogenannten polizeilichen Notstandes. Eine solche Inanspruchnahme des Nichtstörers setzt das Vorliegen einer Gefahr voraus, die auf andere Weise nicht abgewehrt und beseitigt werden kann. Hiervon ist auszugehen, wenn eine hinreichende Wahrscheinlichkeit besteht, dass gewalttätige Störungen durch politische Gegner stattfinden, die von der Ordnungsbehörde durch eigene oder durch Amts- und Vollzugshilfe ergänzte Mittel und Kräfte nicht verhindert werden können.	OVG Münster, Beschl. v. 30.12.2016 – 15 B 1525/16
Keine Sperrung einer BAB für die Durchführung einer Versammlung Das Interesse des Veranstalters einer Versammlung und der Versammlungsteilnehmer an der ungehinderten Nutzung einer Bundesfernstraße hat je nach Lage der Dinge im Einzelfall hinter die Belange der Sicherheit und Leichtigkeit des Verkehrs zurückzutreten. Für Bundesautobahnen gilt dies in herausgehobener Weise, weil sie gem. § 1 Abs. 3 FStrG nur für den Schnellverkehr mit Kraftfahrzeugen bestimmt sind. Die Ablehnung der Anmeldung einer Demonstration auf einer Autobahnbrücke verbunden mit einer Sperrung der Autobahn kann daher rechtmäßig sein, wenn die Gefahrenprognose und Grundrechteabwägung der Behörde rechtmäßig gewesen ist. Dies ist der Fall, wenn die Belange der Sicherheit und Leichtigkeit des Verkehrs auf der Autobahn die Durchführung der geplanten Versammlung auf der Autobahnbrücke nicht zulassen.	OVG Münster, Beschl. v. 30.01.2017 – 15 A 296/16 WKRS 2017, 11090 BeckRS 2017, 103172

Verbot des »Tags der Patrioten« angesichts nicht verfügbarer Einsatzkräfte, wenn Versammlung mit Sicherheit zu gewalttätigen Ausschreitungen zwischen Teilnehmern und Gegendemonstranten führt.	BVerfG, Beschl. v. 11.09.2015 – 1 BvR 2211/15
Unzulässigkeit einer Versammlung wegen des gewählten Versammlungsortes. Auch wenn der Versammlungsort (hier: ein Platz mit einem Mahnmal zur Erinnerung an die in der NS-Zeit ermordeten Juden) nicht zu den gem. § 15 Abs. 2 Nr. 1 BVersG bestimmten Orten gehört, kann eine Versammlung an diesem Ort eine unmittelbare Gefährdung der öffentlichen Ordnung begründen.	OVG Saarlouis, NVwZ-RR 2015, 892
Verbot von wöchentlich vor einem Wohnhaus ehemaliger Strafgefangener durchgeführten Versammlungen, die dazu dienen, einen Vertreibungsdruck zu erzeugen, der den Willen der ehemaligen Strafgefangenen durch die wiederkehrende physische Präsenz der Versammlungsteilnehmer unmittelbar vor dem Wohnhaus, den in den privaten Rückzugsbereich der ehemaligen Strafgefangenen einwirkenden Lärm und die Vertreibungsparolen beugen und die Adressaten durch Zermürbung zur Aufgabe des von ihnen gewählten Wohnsitzes zwingen soll.	OVG Magdeburg, NJW 2012, 2535
Verbot der Versammlung gegen die Wohnsitznahme ehemaliger Sexualstraftäter in einer kleinen Gemeinde, wenn auf Grund der Gesamtumstände und Ereignisse im Vorfeld der Versammlung zu besorgen ist, dass eine pogromartige Verfolgungslage geschaffen wird, mit der faktisch ein Vertreibungsdruck geschaffen wird.	OVG Magdeburg, NVwZ-RR 2013, 100
Verbot von Blockupy-Versammlungen aufgrund erwarteter massiver Störungen der öffentlichen Sicherheit, weil Blockade- und Besetzungsmaßnahmen als Straftaten, zumindest als strafbare Nötigung anzusehen sind und deren Ankündigung zugleich einen unfriedlichen Verlauf der Veranstaltungen erwarten lässt.	VGH Kassel, NVwZ-RR 2012, 805
Verbot einer Fahrraddemonstration über ein 5,5 km langes Teilstück der Marburger »Stadtautobahn«, wenn aufgrund der Teilnehmerzahl und der Dauer der Veranstaltung Beeinträchtigungen für Rettungsfahrzeuge zu befürchten sind.	VGH Kassel, Beschl. v. 09.08.2013 – 2 B 1740/13 (VG Gießen, JA 2014, 317)
Verbot einer Versammlung vor dem Braunschweiger Schloss mit dem Ziel, das Lied »Ein junges Volk steht auf« zu singen und öffentlich zu besprechen; Lied der Hitlerjugend darf nicht öffentlich gesungen werden.	VG Braunschweig, Beschl. v. 24.04.2012 – 5 B 63/12
Verbot einer NPD-Versammlung mit rassistischem Motto (»Weiß ist nicht nur eine Trikotfarbe – für eine echte deutsche Nationalmannschaft«) anlässlich eines Fußballländerspiels aufgrund unmittelbarer Gefahr der Verwirklichung des Straftatbestandes des § 130 Abs. 1 Nr. 1 bzw. Nr. 2 StGB.	VG Neustadt/Weinstraße, Beschl. v. 25.03.2011 – 5 L 266/11

Verbot einer ordnungsgemäß angemeldeten Demonstration als ultima ratio, wenn die begründete Befürchtung besteht, dass Blockaden gegen diese Demonstration zu einer hochgradigen Gefährdung der Teilnehmer der Demonstration, der Gegendemonstranten, der eingesetzten Polizeibeamten und wichtiger Rechtsgüter Unbeteiligter führen werden.	VG Gelsenkirchen, Beschl. v. 03.09.2010 – 14 L 970/10
Verbot bei prognostizierter Teilnahme Autonomer Nationalisten (sog. »Schwarzer Block«) an einer Versammlung aufgrund hinreichend wahrscheinlicher Gefährdung der öffentlichen Sicherheit	VG Gelsenkirchen, Beschl. v. 12.08.2009 – 14 L 746/09,
Verbot einer öffentlichen Versammlung innerhalb einer ausgedehnten Verbotszone bei aktuellem Risiko gewalttätiger Auseinandersetzungen, denen anderweitig nicht wirksam begegnet werden kann, insbesondere wenn eine Demonstration außerhalb der Verbotszonen aller Voraussicht nach öffentliche Beachtung finden wird; »Sternenmarsch-Verbot beim G-8-Gipfel; Hinweis auf äußerste Grenzen, insbesondere bei Gefahr für Leib oder Leben von Menschen, gibt, in denen auch die Versammlungsfreiheit weitgehenden Einschränkungen unterworfen werden kann.	BVerfG, NJW 2007, 2167
Die öffentliche Ordnung im Sinne des § 15 Abs. 1 BVersG kann verletzt sein, wenn Rechtsextremisten am 28.01., also in unmittelbarem zeitlichen Zusammenhang mit dem Holocaust-Gedenktag des 27.01., einen Aufzug mit Provokationswirkung durchführen wollen. In einem solchen Fall kommt ein Versammlungsverbot in Betracht, wenn es unter Berücksichtigung des Art. 8 GG zum Schutz elementarer Rechtsgüter angemessen ist und Auflagen zur Gefahrenabwehr nicht ausreichen (hier bejaht).	OVG Lüneburg, Beschl. v. 24.01.2006 – 11 ME 20/06
Versammlungen, die einen gewalttätigen Verlauf zu nehmen drohen, können verboten werden. Das Recht auf Leben und körperliche Unversehrtheit haben gegenüber der Versammlungsfreiheit nicht zurückzutreten.	BVerfG, NVwZ 2000, 1405
Gefahren für das Persönlichkeitsrecht Dritter, vor deren Privatwohnungen Demonstrationen stattfinden sollen.	OVG Koblenz, NJW 1986, 2659 (Kundgebung vor Privatwohnung des Bundeskanzlers)
Drohende Verstöße gegen §§ 86, 86a, 130 StGB wegen der geplanten Art der Durchführung der unter dem Motto »Ruhm und Ehre der Waffen-SS« stehenden Versammlung in unmittelbarer Nähe der historisch im Nationalsozialismus und insbesondere durch die SS erheblich belasteten Wewelsburg.	BVerfG, NVwZ 2002, 714
Gefahr volksverhetzender Äußerungen bei Rudolf-Heß-Kundgebung.	VGH Mannheim, MDR 1995, 107
Versammlungsverbot bei konkreter Gefahr ausländerfeindlicher und volksverhetzender Äußerungen.	VGH Mannheim, DVBl 1995, 363

2. Unzulässige Verbote

(Kein) Auftrittsverbot für linksgerichtete türkische Musikgruppe durch eine Auflage Allein die Einordnung einer Musikgruppe als »extremistisch« kann noch nicht dazu führen, dass ihre künstlerische Tätigkeit als Ganzes nicht grundrechtlich geschützt ist. Gegenstand einer versammlungsrechtlichen Auflage in Bezug auf den Auftritt einer Musikgruppe kann im Regelfall nur sein, dass Lieder und Wortbeiträge unterlassen werden, durch welche gegen geltendes Recht verstoßen wird.	VGH Kassel, DÖV 2019, 116	41
Verbot einer stationären Kundgebung am Jahrestag der Ho-GeSa-Krawalle (»Hooligan gegen Salafisten«), wenn nicht hinreichend dargelegt werden kann, dass die angemeldete Versammlung auch als rein stationäre Veranstaltung einen gewalttätigen Verlauf nehmen wird, zumal im Anschluss an die Ausschreitungen des Vorjahres stationäre Kundgebungen aus dem Umfeld der HoGeSa in Hannover und Essen stattfanden, die im Wesentlichen friedlich verlaufen waren.	OVG Münster, JA 2016, 77	
Verbot einer Versammlung (»Von der Finanz- zur Eurokrise – zurück zur D-Mark heißt unsere Devise«) am Holocaust-Gedenktag wegen einer Gefahr für die öffentliche Ordnung; (aufgrund des Gepräges der Versammlung keine Gefahr für die öffentliche Ordnung[67].	BVerwG, DÖV 2014, 675	
Verbot einer Versammlung wegen Gefährdung der öffentlichen Sicherheit, auf der für die Ideen des Salafismus geworben wird; Verbot wurde gestützt auf Darstellung der verfassungsfeindlichen Ziele des Salafismus, die auch von den Hauptrednern im Rahmen der Versammlung propagiert würden. Umstände, dass die öffentliche Sicherheit und Ordnung bei der Durchführung der angemeldeten Veranstaltung unmittelbar gefährdet wäre, lagen nicht vor.	VG Bremen, NordÖR 2014, 403	
Verbot einer durch die Gruppierung »Hooligans gegen Salafisten« geplanten Anti-Islamismus-Demo »Europa gegen den Terror des Islamismus« mangels Gefahrenprognose.	VG Hannover, Urt. v. 13.11.2014 – 10 B 12882/14	
Verbot einer Versammlung zum zweiten Islamischen Friedenskongress (07.09.2013), auf der auch der als Salafist bekannte Redner Pierre Vogel sprechen soll, mangels konkreter Anhaltspunkte für die Begehung von Straftaten.	VGH Kassel, Beschl. v. 05.09.2013 – 2 B 1903/13	
Verbot eines Aufzugs der NPD am Volkstrauertag trotz Verstoßes gegen Sonn-/Feiertagsgesetze, weil Gefährdung auch durch beschränkende Verfügungen (Auflagen) hätte abgewehrt werden können.	OVG Koblenz, NVwZ-RR 2013, 641	

Verbot der Versammlung der German Defence League, weil straflose Verbreitung anti-islamischen Gedankenguts kein Totalverbot rechtfertigt und auch kein Verstoß gegen Strafgesetze zu erwarten ist.	VG Wiesbaden, Beschl. v. 12.10.2012 – 2 L 1194/12.WI
Verbots einer Versammlung unter dem Motto »Fremdarbeitsinvasion stoppen« mangels hinreichender Anhaltspunkte für eine unmittelbare Gefährdung der öffentlichen Sicherheit bei Durchführung der Versammlung.	VGH Mannheim, NVwZ-RR 2011, 602
Verbot einer Versammlung »Gegen imperialistische Kriegstreiberei und Aggressionskriege – für freie Völker in einer freien Welt« mit einer zu erwartenden Teilnehmerzahl von ca. 1000 Teilnehmern an (»Fünfter Antikriegstag«) aufgrund unmittelbarer Gefahr für die öffentliche Sicherheit; Versammlungsbehörde und die Verwaltungsgerichte hatten alternative Methoden der Rechtsgüterkonfliktbewältigung (Auflagen) oder den frühzeitigen und verstärkten Einsatz polizeilicher Vorabkontrollen nicht hinreichend geprüft und mit tragfähiger Begründung ausgeschieden.	BVerfG, NJW 2010, 141
Verbot eines »Schlaf-Camps«, weil in diesem Camp Anti-Castor-Aktionen, insbesondere Blockaden, gemeinschaftlich geplant und vorbereitet werden könnten.	VG Lüneburg, Beschl. v. 04.11.2010 – 3 B 95/10
Verbot, aufgrund behördlicher Annahme einer höheren Teilnehmerzahl an beantragter Versammlung	VGH München, Beschl. v. 30.04.2009 – 10 CS 09.1008,
Verbot, weil seitens der Versammlungsbehörde aufgrund von früheren Erfahrungen mit entsprechenden gewalttätigen Gegenreaktionen zu rechnen ist, da betroffener Grundrechtsträger auf Dauer an der Verwirklichung seines Freiheitsrechts gehindert wird.	VG Schleswig, Beschl. v. 02.06.2009 – 3 B 75/09
Verbot der NPD-Versammlung »Todesstrafe für Kinderschänder/gegen Inländerdiskriminierung«. Die Prognose des OVG, es seien im Verlauf der Versammlung Äußerungen zu erwarten, die aufgrund ihrer Pauschalität und Undifferenziertheit den Straftatbestand des § 130 StGB erfüllen würden, kann nur dann gerechtfertigt sein, wenn sich diese Prognose aus weiteren, dem Veranstalter zuzuordnenden Umständen, insbesondere Aussagen ergibt, bei deren Deutung wiederum die einschlägigen verfassungsrechtlichen Maßstäbe anzulegen sind.	BVerfG, Beschl. v. 01.12.2007 – 1 BvR 3041/07
Verbot einer Versammlung (»Arbeit für Millionen statt Profit für Millionäre«) aufgrund Gefährdung der öffentlichen Sicherheit, da eine Durchführung von Versammlungen von Rechtsextremisten während der beginnenden Austragung der Fußball-Weltmeisterschaft eine nachhaltige Schädigung des Ansehens der Bundesrepublik im Ausland bewirke, der durch mildere Mittel als ein Verbot der angemeldeten Versammlung nicht entgegen getreten werden könne.	BVerfG, Beschl. v. 09.06.2006 – 1 BvR 1429/06

Die Erwartung, auf einer Versammlung würde nationalsozialistisches Gedankengut verbreitet, rechtfertigt es nicht, die Durchführung der Versammlung zu unterbinden	BVerfG, NVwZ 2004, 90
Verbot einer von der NPD beantragten Versammlung kann (unter Berücksichtigung des gegen diese Partei beim BVerfG anhängigen Verbotsverfahrens) nicht allein auf die Annahme gestützt werden, dass die von der NPD typischerweise vertretenen Inhalte der freiheitlichen demokratischen Grundordnung widersprechen.	BVerfG, NJW 2001, 2076[67]
Befürchtung der Verbreitung nationalsozialistischen Gedankenguts	BVerfG, NJW 2001, 2072
Beeinträchtigungen des Straßenverkehrs, die mit jeder Demonstration notwendig einhergehen.	VGH München, NJW 1984, 2116
(Verbot nur in »äußerst gravierenden Notfällen« zulässig; vgl. auch VG Köln, Beschl. v. 09.04.2009 – 20 L 308/09: Örtliche Verlegung einer Versammlung zur Vermeidung eines Verkehrschaos ist rechtmäßig)	

3. Zulässige Auflagen

a) Auflagen zu Ort und Zeit

Beschränkung auf Standkundgebung wegen Teilnahme gewaltbereiter Hooligans; Gefahrenlage entfällt unter diesen Umständen nicht dadurch, dass die Polizei sie möglicherweise mit zusätzlichen Kräften verhindern könnte	OVG Münster, NVwZ-RR 2017, 141	42
Örtliche Verlegung für angemeldete Demonstration des Veranstalters Die RECHTE; hier: veränderte Aufzugsroute, »da es den Antragstellern im Wesentlichen um eine Machtdemonstration und Provokation der linksautonomen Szene in Leipzig-Connewitz geht. Trotz massiver Polizeipräsenz hat es der Senat nicht ausschließen können, dass es in diesem Falle zu Personen- und Sachschäden kommen könnte«	OVG Sachsen, 17.03.2017 – 3 B 82/17 BeckRS 2017, 119692	
Verlegung einer NPD-Kundgebung an anderen Ort aufgrund der Prognose von Rechtsverstößen, insbesondere sei mit Straftaten zu rechnen	VG Braunschweig, Beschl. v. 04.04.2017 – 5 B 172/17	
Auflage, dass Fahrraddemonstration nicht auf BAB, sondern auf Bundesstraße stattfindet (erhebliche Fernwirkungen auf das gesamte Verkehrsgeschehen in Nordrhein-Westfalen)	VG Köln, Beschl. v. 02.11.2017 – 20 L 4269/17 WKRS 2017, 25304 BeckRS 2017, 130299	
Verlegung der Versammlung um 80 m aufgrund zwei weiterer konkurrierender Versammlungsanzeigen	VG Dresden, Beschl. v. 12.02.2018 – 6 L 127/18	

Örtliche Einschränkung einer Kundgebung mit Moses-Statue bei Katholikentag	VG Münster, Beschl. v. 09.05.2018 – 1 L 507/18 WKRS 2018, 15978 BeckRS 2018, 8389
Stationäre Versammlung statt Aufzug aufgrund möglicher Mobilisierung links- und rechtsgerichteter Gruppierungen und damit einhergehender Gefahrenprognose, »dass das Versammlungsrecht auch unter Beachtung seiner hohen Bedeutung im vorliegenden Einzelfall gegenüber der Sicherheit von Leib und Leben anderer Versammlungsteilnehmer, unbeteiligter Dritter und von Polizeikräften zurückstehen muss.	VG Dresden, Beschl. v. 21.12.2015 – 6 L 1361/15
Verlegung der Route der »Legida« Versammlung außerhalb der Innenstadt zum Schutz Dritter (u.a. Besucher des Leipziger Weihnachtsmarktes, Händlern, Gastronomen, Hotels und anderen Gewerbetreibenden) ist rechtmäßig.	VG Leipzig, Beschl. v. 26.11.2015 – 5 B 229/15
Auflage, Musikwiedergabegeräte, Megaphone und an Lautsprecher angeschlossene Mikrofone nicht in unmittelbarer Nähe zur Buchhandlung zu nutzen, in der Lesung von Thilo Sarrazin stattfindet, wegen Verletzung der Freiheitsgrundrechte des Autors und der Zuhörer; zudem wird dadurch der eingerichtete und ausgeübte Gewerbebetrieb des Buchhändlers erheblich gestört.	VG Koblenz, Beschl. v. 12.11.2015 – 1 L 1013/15
Der Grundsatz der Verhältnismäßigkeit kann es gebieten, eine als Aufzug geplante Versammlung nicht zu untersagen, wenn von ihr unmittelbare Gefahren ausgehen, sondern sie als ortsfeste Versammlung stattfinden zu lassen.	OVG Münster, Beschl. v. 21.10.2015 – 15 B 1201/15 WKRS 2015, 28862, JA 2016, 77
Verbot einer Versammlung am Fußballstation (Osnabrück) und Beschränkung der Versammlung in örtlicher Hinsicht auf den stationären Bereich des Vorplatzes des Hauptbahnhofs (Osnabrück) und in zeitlicher Hinsicht auf den Zeitraum von 18.00 bis 19.00 Uhr wegen befürchteter Ausschreitungen von Fußballfans (Ablehnung des Eilantrags des Fanprojekts Preußen Münster).	OVG Lüneburg, Beschl. v. 23.09.2015 – 11 ME 217/15
Stationäre Versammlung statt Aufzug, weil die Polizei nachgewiesener Maßen (hier: Erforderlichkeit von 36 Polizeihundertschaften) sich kräftetechnisch außer Stand sieht, geplante Aufzüge wechselseitig zu Sichern.	VG Leipzig, Beschl. v. 30.01.2015 – 1 L 75/15
Änderung der Streckenführung als mildere Maßnahme gegenüber Verbot	VGH Mannheim, NVwZ-RR 2011, 602

Änderung der Wegstrecke, wenn der vom Veranstalter gewählte Straßenzug effiziente Gefahrenabwehrmaßnahmen der Polizei nicht zulässt und dort schon bei geringfügigen Ursachen mit schwerwiegenden Folgen für Leib und Leben oder bedeutende Sachwerte zu rechnen sei; Verlegung der Wegstrecke auf einen Straßenzug, der die Sicherheit der Versammlungsteilnehmer wie auch die Erfüllung aller im Zusammenhang mit dem Aufzug und dessen Umfeld wahrzunehmenden Polizeiaufgaben gewährleistet.	OVG Berlin-Brandenburg, Beschl. v. 25.11.2011 – 1 S 187/11
Verlegung des Versammlungsortes, wenn die Nutzung des Platzes (hier: Platz der Republik, Berlin) die dortige Grünfläche erheblich schädigen wird, da mit der Schädigung der nach § 6 des Grünanlagengesetzes Berlin gebotene Schutz der Grünanlage verletzt würde, ohne dass der Schaden anschließend vom Schädiger auszugleichen wäre.	OVG Berlin-Brandenburg, Beschl. v. 17.09.2010 – 1 S 179/10 1
Stationäre Versammlung statt Aufzug; Beschränkung zulässig, wenn mit hinreichender Wahrscheinlichkeit feststeht, dass die Versammlungsbehörde wegen der Erfüllung vorrangiger staatlicher Aufgaben und gegebenenfalls trotz Heranziehung externer Polizeikräfte zum Schutz der angemeldeten Versammlung nicht in der Lage ist	BVerfG, NVwZ 2006, 1049
Örtliche Verlegung einer Versammlung zur Vermeidung eines Verkehrschaos, wenn der Ausweichplatz für Versammlungsteilnehmer gut erreichbar ist und bei der Durchführung der Versammlung an dem angestrebten Ort mit so erheblichen Behinderungen durch die notwendigen Sicherheitsvorkehrungen zu rechnen ist, dass der Verkehr weitgehend lahm gelegt würde.	VG Köln, Beschl. v. 09.04.2009 – 20 L 308/09
Abänderung Route für einen NPD-Aufzug, wenn bereits im Vorfeld der Versammlung zu Probeblockaden jedweder Art aufgerufen worden ist, um die Durchführung der NPD-Versammlung zu verhindern.	OVG Lüneburg, Beschl. v. 11.09.2009, 11 ME 447/09
Beschränkung einer als Aufzug geplanten Versammlung auf eine stationäre Kundgebung als mildere Maßnahme gegenüber Verbot.	OVG Lüneburg, NVwZ-RR 2010, 889
Beschränkung auf eine stationäre Kundgebung als mildere Maßnahme gegenüber Verbot.	VG Hannover, Beschl. v. 03.08.2012, 10 B 4682/12
Routenänderung bei Gegenversammlung, da Selbstbestimmungsrecht des Anmelders nur geringfügig beeinträchtigt wird.	VG Hannover, Beschl. v. 29.07.2013, 10 B 5753/13 VG Berlin, Beschl. v. 29.04.2013 – VG 1 L 130.13
Verlegung des Ortes einer Versammlung bei nur geringfügiger Veränderung des Standortes.	VG Braunschweig, Beschl. v. 17.06.2005 – 5 B 437/05

Als Aufzug angemeldete Versammlung darf nur als ortsfeste Versammlung durchgeführt werden darf; Auflage als mildere Maßnahme gegenüber Verbot.	BVerfG, NVwZ 2004, 90
Schaffung von verbreiterten Korridoren (»Pufferzone«) zwischen angemeldeter und (Gegen-)Versammlung; hier: Weiträumige Absperrmaßnahmen, bei denen protestfreie Korridore von 100 bis 200 m entstanden.	VGH München, BayVBl. 2015, 529
Verlegung des Termins einer Versammlung durch die Versammlungsbehörde ist Auflage und kein Verbot, wenn das Interesse des Veranstalters an dem speziellen Termin nicht erkennbar ist; hier: Anordnung der Versammlungsbehörde, eine Versammlung nicht am 27.01.2001 (Holocaust-Gedenktag), sondern am 28.01.2001 durchzuführen	BVerfG, NJW 2001, 1409
Verlegung der Aufzugsstrecke zwecks Vermeidung schwerwiegender Beeinträchtigungen anderer, ebenfalls geschützter Interessen	VG Frankfurt, Beschl. v. 29.06.2007 – 5 G 1790/07 VG Karlsruhe, Beschl. v. 01.04.2009 – 3 K 776/09, BeckRS 2009, 32697

b) Auflagen zu Veranstalter, Ordner, Teilnehmer

43	Beschränkung, dass Lastkraftwagen während einer auf den Ladeflächen stattfindenden Aufführung nicht schneller als 25 km/h fahren dürfen, sofern die Teilnehmer dabei auf den Ladeflächen sitzen, und nicht schneller als 6 km/h, sofern die Teilnehmer dabei auf den Ladeflächen stehen, gehen oder sich anderweitig bewegen, ist zum Schutz der Darsteller auch dann gerechtfertigt, wenn es sich neben einer Versammlung i.S.d. Art. 8 Abs. 1 GG gleichzeitig um durch Art. 5 Abs. 3 GG geschützte Kunstausübung handelt	OVG Lüneburg, DÖV 2018, 82
	Beschränkung auf 200 Teilnehmer aus Sicherheitsgründen, hier:»Blockupy-Bündnis« im Terminal 1 des Flughafens Frankfurt. Beherrschbarkeit der Situation erfordert Teilnehmerbeschränkung	VGH Kassel, Beschl. v. 30.05.2013 – 2 B 1287/13.
	Vorgaben hinsichtlich der Anzahl von Ordnern, z.B. ein Ordner pro 30 Teilnehmer bei rechtsextremistischen Versammlungen.	VGH München, NJW 1981, 2428 VG Würzburg, Urt. v. 12.03.2009 – W 5 K 08.1758 BeckRS 2009, 49280 (pro 50 Teilnehmer 2 Ordner)

Verbot, bestimmte Personen als Ordner einzusetzen.	OVG Bautzen, NVwZ-RR 2002, 435
Auflage an Versammlungsleiter die Personalien der eingesetzten Ordner in einer Liste zu erfassen, die auf Anforderung der Polizei oder der Versammlungsbehörde vorzulegen ist.	VGH Mannheim, DVBl 2011, 1305
Vorstellung der Ordner bei der Polizei und Einweisung der Ordner in ihre Aufgaben. Die Ordner müssen volljährig und im Besitz eines gültigen Personalausweises sein, der auf Verlangen vorzuzeigen ist.	OVG Münster, NJW 2001, 1441
Ansprechbarkeit des Veranstalters/Leiters für die Polizei vor Ort, um Organisationsfragen zu klären und ggf. dafür Sorge zu tragen, dass Kundgebungsteilnehmer wegen übermäßigen Alkoholgenusses ausgeschlossen werden.	OVG Münster, NJW 2001, 1441

c) Auflagen zu Art und Inhalt, Redeinhalte

Keine Zuschaltung von Politikern aus der Türkei live auf einer Großleinwand bei Pro-Erdogan-Demonstration	OVG Münster, NVwZ 2017, 648	**44**
Das prinzipielle Selbstbestimmungsrecht des Veranstalters aus Art. 8 Abs. 1 GG, die auf der Versammlung auftretenden Redner festzulegen, ist kein Instrument dafür, ausländischen Staatsoberhäuptern oder Regierungsmitgliedern ein Forum zu eröffnen, sich auf öffentlichen Versammlungen im Bundesgebiet in ihrer Eigenschaft als Hoheitsträger amtlich zu politischen Fragestellungen zu äußern. Darüber zu entscheiden ist allein Sache der Bundesrepublik Deutschland.	BVerfG, EuGRZ 2016, 498	
Beschränkung der Nennung des Namens Rudolf Heß aufgrund von Gefährdungen der Würde der Opfer der nationalsozialistischen Gewalt- und Willkürherrschaft	VGH München, Beschl. v. 17.10.2016 – 10 ZB 16.224 WKRS 2016, 28495 BeckRS 2016, 53498	
Verbot, in Versammlungsreden und Spruchchören sowie auf Transparenten Aussagen zum Todestag von Rudolf Heß zu tätigen	BVerfG, NJW 2000, 3053	
Pantomimisch-spielerische Aktionen kostümierter Personen (insbes. sog. »Clownsarmy«) haben einen Abstand von mindestens 2 Metern zu den eingesetzten Polizeikräften einzuhalten. Dunkel gekleidete Teilnehmer dürfen nicht in Blockform nebeneinander gehen. Der/Die Versammlungsleiter(-in) hat dafür zu sorgen, dass dunkel gekleidete Teilnehmer der versammlungsrechtlichen Aktion nicht in Blockform nebeneinander gehen.	OVG Lüneburg, DVBl 2011, 1303	

Verbot von tänzerischen Darbietungen am Karfreitag als mildere Maßnahme gegenüber Verbot.	VG Wiesbaden, Beschl. v. 05.04.2012 – 2 L 414/12
Redeverbot bei Erwartung volksverhetzender Reden.	OVG Greifswald, LKV 1999, 232
Untersagung, bestimmte Themen zu erörtern, bei denen üble Nachrede und Verleumdungen von Personen des politischen Lebens zu erwarten sind.	VGH München, BayVBl. 1983, 54
Verbot von Wortkundgebungen, die Verbundenheit mit der NS-Vergangenheit, jedweder Art begründen	OVG Berlin, NVwZ 2000, 1201
Alle Reden haben den öffentlichen Frieden zu wahren. Zum Hass gegen Bevölkerungsteile darf nicht aufgestachelt oder zu Gewalt oder Willkürmaßnahmen aufgerufen werden. Die Menschenwürde anderer darf nicht verletzt werden, indem Teile der Bevölkerung beschimpft, böswillig verächtlich gemacht oder verleumdet werden.	OVG Münster, NJW 2001, 1441
Den bei der Kundgebung auftretenden Rednern sind Äußerungen untersagt, die eine aggressive Ausländerfeindlichkeit beinhalten und geeignet sind, Teile der ansässigen Bevölkerung einzuschüchtern und zu beängstigen. Weiterhin sind Äußerungen untersagt, die gegen einschlägige Strafbestimmungen verstoßen. In Versammlungsreden und Sprechchören sowie auf Transparenten haben Aussagen zur verbotenen »Freiheitlichen Deutschen Arbeiterpartei (FAP)« zu unterbleiben.	BVerfG, NVwZ 2007, 1183
Die Verwendung von Trommeln ist untersagt, wenn sie nicht als Erzielung von Aufmerksamkeit dienen, sondern die Einschüchterung anderer Personen zur Folge haben.	OVG Weimar, NVwZ-RR 2000, 154
Verbot, Kleidungsstücke mit der deutlich erkennbaren Zahl »14« zu tragen.	OVG Bautzen, SächsVBl. 2002, 216
Das geschlossene Marschieren in Blöcken, Zügen und Reihen wird untersagt, wenn dadurch Parallelen zum Nationalsozialismus gezogen werden können.	OVG Münster, NJW 2001, 1441 OVG Berlin, NVwZ 2000, 1201 OVG Saarlouis, LKRZ 2008, 74;
Untersagung der Verwendung von Fackeln, wenn zahlenmäßiges Verhältnis zur Zahl der Versammlungsteilnehmer ein Gepräge wie Aufmärsche im sog. Dritten Reich« ergibt.	VG Dresden, Beschl. v. 19.03.1998 – 12 K 791/98

d) Auflagen zur visuellen und akustischen Wahrnehmbarkeit

Untersagung der Benutzung von Trommeln und Fahnen – außer der Bundesflagge – und von Transparenten strafbaren Inhalts, die Verwendung von Kennzeichen verfassungswidriger Organisationen sowie das Tragen von Uniformen, Uniformteilen oder gleichartigen Kleidungsstücken als Ausdruck einer gemeinsamen politischen Gesinnung	BVerfG NJW 2000, 3053	45
Auflage, dass Transparenthalter nur aus Holz und nicht stärker als 20 mm im Durchmesser (bei Rundholz) oder 20 mm in der Kantenlänge (bei Vierkantholz) und nicht über 1,50 m lang sein dürfen, um Teilnehmer vor Verletzungen zu schützen.	VG Bayreuth, Beschl. v. 07.09.2012 – B 1 S 12.757	
Verbot des Verwendens von Kennzeichen einer verbotenen Vereinigung. Verbot des Schwenkens von Fahnen durch Kundgebungsteilnehmer, wenn in einer vorangegangenen Kundgebung dieselben Fahnen und Parolen als Kennzeichen der verbotenen oder mit einem Betätigungsverbot belegten Vereinigung verwendet wurden und deshalb ein erneuter Verstoß gegen die Verbote des Vereinsgesetzes als unmittelbare Gefahr für die öffentliche Sicherheit zu befürchten ist; hier Fahnen mit dem Bildnis des Abdullah Öcalan als Kennzeichen der PKK.	OVG Bremen, Beschl. v. 21.02.2011 – 1 A 227/09	
Untersagung der Verwendung von Fackeln aufgrund der Gefahr, dass der Sinngehalt und die gewichtige Symbolkraft des 9. November als Gedenktag an die Reichspogromnacht am 09.11.1938 gefährdet wird.	VG Gelsenkirchen, Beschl. v. 08.11.2012, 14 L 1362/12	
Lärmschutzauflage; hier: Die (von der Beschallungsanlage ausgehende) Lautstärke darf einen Höchstwert von 85 dB (A), gemessen 1 m vor dem Lautsprecher, nicht überschreiten (Schutz von Polizeibeamten)	VGH München, NVwZ-RR 2015, 106	
Lärmschutzauflagen; hier: Schutz von unbeteiligten Dritten (Anwohner) und Polizeibeamten vor unzumutbarem Lärm. Der Auflage müssen ausreichend objektivierbare Grenzen der noch als zulässig anzusehenden Geräuschausstrahlungen von der Demonstration auf zu entnehmen sein, OVG Lüneburg, Beschl. v. 07.04.2009 – 11 LB 278/08.	OVG Lüneburg, Beschl. v. 10.11.2010 – 11 LA 298/10	
Beschränkung der technischen Schallverstärkung auf drei 10-Minuten-Blöcke pro Stunde mit jeweils einer Pause von mindestens 10 Minuten und Begrenzung der Lautstärke auf einen Höchstwert von 85 dB (A) – gemessen 5 m vor der Mündung des Schalltrichters des Megaphons	VGH München, NVwZ-RR 2015, 104	

Megaphone dürfen nicht auf die Kopfhöhe von Versammlungsteilnehmern oder Polizeibeamten ausgerichtet werden. Hinweis: Nachweis der Gefahr von Hörschäden ist nicht erforderlich; immissionsschutz- und arbeitsschutzrechtliche Vorschriften sind zu beachten.	OVG Magdeburg, NVwZ-RR 2012, 308
Transparente und Plakate mit einer Gesamtlänge von mehr als 150 cm dürfen flächenmäßig nur frontal zur Marschrichtung des Aufzuges, nicht aber längs dessen Außenseiten getragen werden	KG, Beschl. v. 02.07.2007 – (4) 1 Ss 427/06 (24/07), (4) 1 Ss 427-06 (24/07)

e) Auflagen zu Kleidung und Aufmachung

46 Verbot, Embleme oder Tätowierungen sichtbar zu tragen, die in Verbindung mit dem Nationalsozialismus stehen, »Hass« bedeuten (wie z.B. Bilder von Totenköpfen) oder in den Augen der breiten Öffentlichkeit einen solchen Eindruck hervorrufen können; außerdem verboten wird das Tragen von Bekleidungsstücken mit Aufschriften, aus denen sich durch teilweises Überdecken die Buchstaben- bzw. Zahlenfolgen »NS«, »NSD«, NSDA«, NSDAP«, »SS«, »SA«, »ACAB«, »18«, »88« oder die Abkürzung bzw. erkennbare Abkürzungsteile weiterer verbotener Parteien oder Gruppierungen ergeben kann bzw. können	VG Minden, Beschl. v. 31.01.2002 – 11 L 94/02 A.A. OVG Bautzen, Urt. v. 13.07.2009 – 3 B 137/06: Verbot der Verwendung der Buchstabenkombinationen 14, 18, 88, da ihre Verwendung weder gegen § 130 StGB noch gegen § 86a Abs. 1 Nr. 1 oder Abs. 2 Satz 2 StGB verstößt.
Das gemeinsame Tragen von dunklen Springerstiefeln in Verbindung mit dem Tragen von Bomberjacken (schwarz, blau, militärgrün) ggf. nebst einer militärischen Kopfbedeckung wird als Ausdruck einer gemeinsamen politischen Gesinnung angesehen und ist untersagt; Bomberjacken und Springerstiefel sind Symbole, durch die eine Zurschaustellung von organisierter Gewaltbereitschaft und Herbeiführung von Einschüchterung erfolgt, wenn diese von Versammlungsteilnehmern auf einer Versammlung getragen werden, die durch eine rechtsextremistische Partei durchgeführt wird.	OVG Münster, NJW 2001, 1441 OVG Bautzen, NVwZ-RR 2002, 435
Das Mitführen und Verwenden von Gesichtsmasken wird den Teilnehmer/innen untersagt. Hierunter fallen auch die Masken, die an einer Stabhaltung befestigt sind und nur zeitweise vor das Gesicht gehalten werden (sog. »venezianische Masken«).	VGH München, Beschl. v. 03.02.2006 – 24 CS 06.314
Verbot des Tragens von Uniformen, Uniformteilen oder gleichartigen Kleidungsstücke als Ausdruck einer gemeinsamen politischen Gesinnung.	OVG Berlin, NVwZ 2000, 1201 VG Osnabrück, Beschl. v. 14.06.2002 – 3 B 51/02

f) Sonstige Auflagen

Verbot des Alkoholkonsums bei Versammlung mit insgesamt kämpferisch-aggressivem Charakter (Motto: »Europa zurückzuerobern«). Die durch Alkoholkonsum verursachte Enthemmung von Veranstaltungsteilnehmern birgt die Gefahr, insbesondere mit Teilnehmern von Gegenveranstaltungen, die bei einer Aufhebung des Alkoholverbots ebenfalls oftmals alkoholisiert sein dürften, gewalttätig zusammenzutreffen.	OVG Bautzen, NJW 2018, 2429	47
Verbots des Fotografierens (Bild- oder Videoaufnahmen) von Gegendemonstranten, opponierenden Teilnehmerinnen und Teilnehmern bzw. unbeteiligten Personen, soweit diese nicht ausdrücklich ihre Einwilligung zu den Aufnahmen erklärt haben. Hinweis: Fotografierverbot kann dann gerechtfertigt sein, wenn – auch unter Berücksichtigung eines gleichgelagerten Vorverhaltens – konkrete Anhaltspunkte dafür bestehen, dass derjenige, der die Lichtbilder herstellt, diese ohne Einwilligung der abgebildeten Personen (§ 22 KUG) und ohne sonstige Rechtfertigungsgründe (§ 23 KUG) veröffentlicht und sich dadurch nach § 33 KUG strafbar macht.	VGH München, NVwZ-RR 2015, 104	
Bereitstellung von Übernachtungsmöglichkeiten und Verpflegungsstellen für eine mehrtägige Veranstaltung (zweiwöchiges »Klimacamp«), da Bereitstellung für eine mehrtägige Veranstaltung nicht mehr vom BVersG gedeckt ist.	VG Köln, Beschl. v. 21.08.2013 – 20 L 1195/13.	
Verbot des Campierens und der Nutzung eines Zeltes zu sonstigen logistischen Zwecken, da nicht vom Schutzbereich der Versammlungsfreiheit gedeckt.	VG Düsseldorf, ZVR-Online Dok. Nr. 15/2013	
Verbot des Aufbaus und der Nutzung von Zelten und Hütten jeglicher Art, Sofas, Sesseln, Stühlen, Holzpaletten und sonstigen zum Wohnen und Campieren zu nutzenden Gegenständen auf dem Willy-Brandt-Platz, sofern keine Erlaubnis nach dem Straßenrecht der Stadt Frankfurt am Main vorliegt.	VG Frankfurt am Main, NVwZ-RR 2012, 806	
Gebot, Rad- und Gehweg zu benutzen, da so die mit jeder Versammlung auf öffentlichen Flächen verbundenen und grundsätzlich hinzunehmenden Beeinträchtigungen des üblichen Verkehrs möglichst gering gehalten werden können.	VG Braunschweig, Urt. v. 06.10.2011 – 5 A 82/10	
Verbot von Schlafsäcken bei Mahnwache vor Brandenburger Tor; Gegenstände sind zur Verwirklichung des Versammlungszwecks nicht wesensnotwendig; Nutzung von Sitzkissen, kleineren Pappen oder ähnlichen Sitzunterlagen dagegen erlaubt.	VG Berlin, Beschl. v. 02.11.2012 – VG 1 L 299.12	
Auflage an den Veranstalter, die Kosten des Sanitätsdienstes zu tragen; hier: Demonstration von Kernkraftgegnern mit bis zu 8000 erwarteten Teilnehmern.	VG Darmstadt, Beschl. v. 22.04.2010 – 3 L 512/10	

Aufstellen eines 500-Personen-Zeltes auf (öffentlichem) Marktplatz; hier: Aufbau und Nutzung des Zeltes war funktional nicht notwendig für Durchführung der Versammlung.	OVG Bautzen, NVwZ-RR 2002, 435
Das Aufstellen von Imbissständen im öffentlichen Straßenraum anlässlich einer Demonstration zum Verkauf von Speisen und Getränken an Demonstrationsteilnehmer bedarf grundsätzlich der straßenrechtlichen Sondernutzungserlaubnis.	VGH Mannheim, NVwZ-RR 1994, 370

4. Unzulässige Auflagen

a) Auflagen zu Ort und Zeit

48	Beschränkung einer Versammlung auf Bahnhofsvorplatz (anstatt rund um den Göttinger Bahnhof) aufgrund polizeilichen Notstands aufgrund Erfahrungen der Vergangenheit; pauschaler Verweis auf zurückliegende Ereignisse genügt nicht den Anforderungen an Gefahrenprognose	VG Göttingen, Urt. v. 18.01.2018 – 1 A 75/17
	Eine mit der Versammlungsbestätigung ergehende Auflage zur Verlegung einer angemeldeten Versammlung, die am Tag des Mauerfalls stattfinden sollte, um den Mauertoten zu gedenken, stellt ein faktisches Verbot dar, da zentrales Anliegen der Versammlung die Anknüpfung gerade an das Datum des 09.11. als Datum des im Thema der Versammlung benannten historischen Ereignisses ist.	VG Gelsenkirchen, Beschl. v. 08.11.2013, 14 L 1550/13
	Auflage, dass nur eine maximal vierstündige stationäre Kundgebung durchführt werden darf, weil nach den Erfahrungen zurückliegender Versammlungen mit einer höheren als der angemeldeten Teilnehmerzahl zu rechnen sei und jeweils ca. 10–20 % der Teilnehmer der angemeldeten Demonstration und der Gegendemonstrationen als gewaltbereit einzustufen seien.	BVerfG, NVwZ 2013, 570
	Auflage, eine unbefristet angemeldete Versammlung bis zu einem bestimmten Tag zu begrenzen.	VG Berlin, Beschl. v. 29.05.1006 – 1 A 171/96

b) Auflagen zu Veranstalter, Ordner, Teilnehmer

49	Kein pauschales Verbot der Tätigkeit als Versammlungsleiter (hier: Pegida-Vorsitzender Lutz Bachmann); Tätigkeit als Versammlungsleiter kann nur im Einzelfall untersagt werden	VG Dresden, Beschl. v. 30.11.2016 – 6 L 943/16,

Rechtswidrigkeit der versammlungsrechtlichen Beschränkung, dass »jedes Kfz von mindestens vier Ordnerinnen/Ordnern zu begleiten« ist und sich diese »beidseitig an jeder Achse (d.h. an jedem Reifen) befinden« müssen Anordnung ist unverhältnismäßig, da diese Beschränkung von ihrem Wortlaut her nahelegt, dass der Zug während der Fahrt von Hamburg bis Bremen auf der gesamten Strecke von Ordnern begleitet werden muss. Sofern die Fahrzeuge schneller als Schrittgeschwindigkeit fahren, ist eine permanente Begleitung durch sich zu Fuß fortbewegende Ordner bereits denklogisch ausgeschlossen. Auch die Formulierung, »jedes Kfz« müsse von mindestens vier Ordnern begleitet werden, ist angesichts der Tatsache, dass der Zug aus den historischen Lastkraftwagen und weiteren 10 bis 15 Fahrzeugen mit weiteren Versammlungsteilnehmern besteht, missverständlich und daher nicht hinreichend bestimmt.	OVG Lüneburg, DÖV 2018, 82
Anordnung, mit der der Versammlungsleiter und Ordner verpflichtet werden, die Polizei über versammlungsrechtliche und strafrechtliche Verstöße zu informieren, die von dem Versammlungsleiter oder den Ordnern nicht unterbunden werden können	VGH Mannheim, DVBl 2011, 1305
Verbot des Mitführens von Hunden ohne Gefahrprognose	VG Karlsruhe, Beschl. 24.11.2011 – 3 K 641/11
Ständige Erreichbarkeit des Versammlungsleiters durch Mitteilung Mobiltelefonnummer an Polizeieinsatzleiter; Hinweis: Ständige Erreichbarkeit des Versammlungsleiters mag im Sinne einer Vorsorgemaßnahme die polizeiliche Arbeit erleichtern, ist aber bei der hier in Rede stehenden stationären Versammlung nicht erforderlich.	VG Karlsruhe, Beschl. 24.11.2011 – 3 K 641/11
Ausschluss bestimmter Teilnehmer durch Versammlungsleiter mangels Ausschlussrecht, welches nur der Polizei zusteht	VG Würzburg, Urt. v. 14.03.2013 – W 5 K 12.322; W 5 K 12.382; W 5 K 12.555
Durchsuchung aller Teilnehmer vor der Versammlung behindert den freien Zugang zu der Versammlung. Eine polizeiliche Durchsuchung ist – zumal wenn sie pauschal jeden Teilnehmer erfasst – geeignet, einschüchternde, diskriminierende Wirkung zu entfalten, die Teilnehmer in den Augen der Öffentlichkeit als möglicherweise gefährlich erscheinen zu lassen und damit potenzielle Versammlungsteilnehmer von einer Teilnahme abzuhalten.	BVerfG, NVwZ-RR 2010, 625

Auflage, dass anstatt einer Anzahl von einem Ordner pro 25 Teilnehmer ein Ordner je 50 Teilnehmer zu stellen ist, mangels Kausalität zwischen der Ablehnung der Zulassung von Ordnern einerseits und der tatsächlichen Beeinträchtigung der Versammlung in ihrem Ablauf andererseits	OVG Bautzen, Urt. v. 28.07.2009 – 3 B 198/06
Auflage, dass Ordner »keine aktiven Feldbefreier gewesen … und diesbezüglich nicht in Erscheinung getreten seien« dürfen	VG Würzburg, Urt. v. 12.03.2009 – W 5 K 08.1758
	BeckRS 2009, 49280
Namentliche Feststellung der Teilnehmer	BVerfG, Beschl. v. 14.05.1985 – 1 BvR 233, 341/81, BVerfGE 69, 315 (349): Brokdorf
Begrenzung der Teilnehmerzahl bei faktischer Kapazitätsbegrenzung.	VG Braunschweig, Beschl. v. 15.06.2005 – 5 B 434/05M
Beherrschbarkeit der Situation kann Teilnehmerbeschränkung erfordern, z.B. im Flughafen (VGH Kassel, Beschl. v. 30.05.2013 – 2 B 1287/13.	VG Köln, NJW 1988, 2123
Der Versammlungsleiter hat dafür Sorge zu tragen, dass die Teilnehmer nach Beendigung der Versammlung den Kundgebungsort nicht in geschlossenen Zügen, sondern in gelockerter Formation verlassen; Hinweis: Mit Beendigung der Versammlung endet Befugnis des Versammlungsleiters.	OLG Köln, NStZ 1981, 227

c) Auflagen zu Art und Inhalt, Redeinhalte

50

Verbot des Zeigens von Symbole und Abzeichen der YPG und der YPJ	VG Magdeburg, Beschl. v. 08.03.2018 – 6 B 125/18
Bei der YPG und YPJ handelt es sich nicht um verbotene Organisationen. Gleiches gilt für deren Fahnen (»Es sei nicht zu erkennen, dass diese verwendet werden sollten, um ein Näheverhältnis zur verbotenen PKK zum Ausdruck zu bringen«)	WKRS 2018, 31942 BeckRS 2018, 20688 VG Frankfurt am Main, Urt. v. 22.08.2017 – 5 K 4403/16

Verbot des Rufens der Parole »Nie wieder Israel« Die Annahme einer unmittelbaren Gefährdung der öffentlichen Sicherheit scheidet aus, wenn die Versammlungsbehörde kein Schutzgut der öffentlichen Sicherheit benennt, das durch das Rufen einer Parole wie »Nie wieder Israel« gefährdet sein könnte. Es ist nicht ersichtlich, dass diese Parole gegen den insoweit in Betracht kommenden Straftatbestand der Volksverhetzung gem. § 130 Abs 1 StGB verstößt.	OVG Münster, Beschl. v. 14.05.2018 – 15 B 643/18 WKRS 2018, 21583 BeckRS 2018, 11920
Der Einsatz von schwarz-weiß-roten Fahnen reicht für die Annahme nicht aus, dass der Versammlungsleiter die Parole »Nie wieder Israel« oder eine vergleichbare Äußerung im Zuge der von ihm angemeldeten Versammlung mit einem paramilitärischen oder einem sonst die Bevölkerung einschüchternden aggressiven, gewalttätigen Auftreten verknüpft wird.	
Verbot des Zeigens islamkritischer Karikaturen oder solcher Karikaturen, die mit ihnen assoziiert werden.	VG Düsseldorf, Beschl. v. 24.10.2012 – 18 L 1827/12
Verbot des Zeigens von sog. Mohammed-Karikaturen.	OVG Berlin-Brandenburg, NJW 2012, 3116
Verbot des Zeigens von Mohammed-Karikaturen von Kurt Westergaard	VG Aachen, Beschl. v. 08.05.2012 – 6 L 220/12
Verbot der symbolhaften Darstellung einer Kreuzigungsszene durch Personen mit Tiermasken im Rahmen einer Veranstaltung, die unter das Versammlungsrecht fällt, wenn die nach objektiver Auslegung zum Ausdruck gebrachte Meinung (Tierquälerei durch Massentierhaltung) nicht gegen die Strafgesetze verstößt und die Begleitumstände der Meinungsäußerung keinen Verstoß gegen die öffentliche Ordnung darstellen.	VG Sigmaringen, Urt. v. 19.01.2011 – 1 K 1561/10
Limitierung der Anzahl von Fahnen, die nicht Bundesflagge oder Flagge eines bestehenden Bundeslandes sind, auf eine Flagge pro 50 Teilnehmer.	VG Gelsenkirchen, Urt. v. 18.05.2010 – 14 K 5459/08
Mitführen einer nur beschränkten Anzahl von Transparenten Vorgabe, nur die Bundesflagge und die Flaggen der deutschen Bundesländer mitzuführen	OVG Frankfurt (Oder), NVwZ-RR 2004, 844
Verbot des Abspielens für »Badenweiler Marsch« bei NPD-Kundgebung in Münster mangels Gefahr für die öffentliche Sicherheit oder Ordnung, da Tatbestand des Verwendens von Kennzeichen verfassungswidriger Organisationen nicht gegeben ist.	VG Münster, ZVR-Online Dok. Nr. 4/2015 VG Bremen, Urt. v. 04.09.2014 – 5 K 1145/13

Verbot jeglicher Musikdarbietungen	BVerfG, Beschl. v. 08.02.2011 – 1 BvR 1946/06
Verbot der Darbietung von Musikstücken, da nicht berücksichtigt wurde, dass mit dieser Auflage jegliche Musikstücke verboten wurden.	OVG Frankfurt (Oder), NVwZ-RR 2004, 844
Verbot des Abspielens von Musikstücken mit beleidigenden Inhalten, wie z.b. der Titel »ACAB« (Lieder mit beleidigendem Inhalt, die nach § 185 StGB strafrechtlich verboten sind, dürfen ohnehin nicht abgespielt werden).	VGH München, Beschl. v. 03.02.2006 – 24 CS 06.314
Verbot des Abspielens jeglicher Musik, die rechtsextremistische Texte beinhaltet oder von Musikern, die sich öffentlich zu rechtsextremem Gedankengut bekennen (Verstoß gegen Bestimmtheitsgrundsatz)	VG Braunschweig, Beschl. v. 10.06.2005 – 5 B 414/05
Untersagung, die 1. Strophe des »Liedes der Deutschen« im Rahmen der angemeldeten Kundgebung abzuspielen[67]	VG Saarlouis, Urt. v. 14.07.2014 – 1 K 507/13
Verbot der Äußerungen zu rechtsextremistischen Thesen, insbesondere solche, die eine Rechtfertigung oder Verharmlosung des 3. Reiches, ihrer Repräsentanten und insbesondere des Holocaust darstellen; ebenso ausländerfeindliche Äußerungen, die geeignet sind, Teile der ansässigen Bevölkerung einzuschüchtern und zu verängstigen.	VGH Mannheim, NVwZ-RR 1995, 273
Redeverbot für einen benannten Redner, ohne konkrete Anhaltspunkte dafür, dass auf Grund einer Rede die Veranstaltung einen unfriedlichen Verlauf nehmen wird oder dass aus der Veranstaltung heraus oder in ihrem unmittelbaren Anschluss strafrechtlich relevante Handlungen begangen werden.	OVG Greifswald, NVwZ-RR 2001, 444
Untersagung des Tragen von Bekleidungsstücken mit Aufschriften, aus denen sich durch teilweises Überdecken die Buchstabenfolgen wie »NS«, »NSD«, »NSDA«, »NSDAP«, »SS«, »SA« und A.C.A.B. ergeben kann, da Auflage in dieser Fassung kein angemessenes Mittel ist, um der Gefahr der Verwirklichung von Straftatbeständen vorzubeugen[67]	OVG Bautzen, Urt. v. 28.07.2009 – 3 B 60/06
Redeverbot ohne nachvollziehbare Begründung, aus welchen konkreten Tatsachen sich ergibt, dass Person ihren Auftritt als Redner der geplanten öffentlichen Versammlung nutzen werde, Äußerungen strafbaren Inhalts abzugeben.	BVerfG, NVwZ 2002, 713
Untersagung des Marschierens in Blöcken, Zügen und Reihen und im Gleichschritt, da hierdurch zugleich auch die in Art. 5 Abs. 1 GG geschützte Möglichkeit beschränkt wird, in einer selbst bestimmten Weise an der öffentlichen Meinungsbildung durch gemeinschaftliche Erörterung oder Kundgebung teilzuhaben	BVerfG, NVwZ 2008, 671

Untersagung des Rufens von Parolen mit der Wortfolge »Nationaler Widerstand« wie z.b. »Hier marschiert der Nationale Widerstand« oder »Hier spaziert der Nationale Widerstand«, weil die Auflage sich nicht auf Art und Weise der Durchführung der Versammlung, sondern auf den Inhalt bezieht und deshalb die Meinungsfreiheit (Art. 5 Abs. 1 GG) zu berücksichtigen war.	BVerfG, NVwZ 2008, 671; OVG Bautzen, Urt. v. 28.07.2009 – 3 B 60/06
In Versammlungsreden und Sprechchören sowie auf Transparenten haben Aussagen zur verbotenen »Freiheitlichen Arbeiterpartei Deutschlands (FAP)« bzw. zu den Bezeichnungen »Nationaler Widerstand Hochsauerland« und »Freie Nationalisten Sauerland/Siegerland« zu unterbleiben: Hinweis: Auflage beruhte allein auf der Annahme, Aussagen zu den erwähnten Organisationen könnten in der Bevölkerung Assoziationen zum Nationalsozialismus hervorrufen.	BVerfG, NVwZ 2008, 671

d) Auflagen zur visuellen und akustischen Wahrnehmbarkeit

Mitführen von (Seiten-)Transparenten bei einer öffentlichen Versammlung kann nicht allein wegen der allgemeinen Möglichkeit ihres Missbrauchs zur Verhinderung der Identifizierung von Störern untersagt oder reglementiert werden. Es bedarf vielmehr konkreter und nachvollziehbarer tatsächlicher Anhaltspunkte dafür, dass das Mitführen der Transparente – bzw. deren Größe – die öffentliche Sicherheit und Ordnung unmittelbar gefährdet.	OVG Münster, NVwZ-RR 2018, 431	51
Auflage, dass lediglich an der Spitze und am Ende des Aufzuges das Mitführen von jeweils einem Fahrzeug (max. zgG 7,5 t) zum Zwecke der Beschallung erlaubt ist sowie dass im Versammlungsaufzug keine weiteren Fahrzeuge mitgeführt werden dürfen. Zu den von Art. 8 Abs. 1 GG geschützten Modalitäten einer Versammlung zählt auch die Entscheidung des Veranstalters, welche Maßnahmen er ergreifen will, um sein kommunikatives Anliegen möglichst effektiv transportieren zu können. Im Zuge dessen können auch Lautsprecherwagen oder andere Hilfsmittel technischer Schallverstärkung zentrale, vom Grundrecht der Versammlungsfreiheit umfasste Kundgebungsinstrumente darstellen.	OVG Münster, Beschl. v. 06.07.2018 – 15 B 974/18 WKRS 2018, 26389 BeckRS 2018, 16550	
Beschränkung von Seitentransparenten auf eine Gesamtlänge von max. 150 cm mangels Gefahrenprognose rechtswidrig.	OVG Hamburg, Beschl. v. 30.04.2008 – 4 Bs 93/08 2 E 1195/08 (abgrenz. zu OVG Hamburg, Beschl. v. 14.12.2007, 4 Bs 292/07)	

Verbot des Mitführens von Fackeln anlässlich eines Aufzugs der NPD in zeitlicher Nähe zur Reichspogromnacht; Hinweis: Generelles Verbot der Verwendung von Fackeln wegen ihres Symbolcharakters scheidet aus, da ihnen ein spezifisch nationalsozialistischer Symbolgehalt nicht zugeordnet werden kann.	OVG Bautzen, Urt. v. 04.06.2009, Az. 3 B 59/06
Auflage, dass die Anzahl der erlaubt mitgeführten Fahnen (Bundesflagge, Flaggen der Bundesländer, National- und Länderflaggen von Versammlungsteilnehmern aus dem europäischen Ausland, Parteiflagge der NPD) eine Gesamtzahl von 30 Stück nicht überschreiten darf.	VG Minden, Beschl. v. 31.01.2002 – 11 L 94/02
Verbot von mehr als 30 Fahnen und Plakatpappen sowie von Fackeln, weil den Fackeln ein spezifisch nationalsozialistischer Symbolgehalt nicht zugeordnet werden kann.	OVG Bautzen, Urt. v. 28.07.2009 – 3 B 60/06
Verbot, bei der Versammlung Fackeln und vergleichbare offene Feuer mitzuführen, die Assoziationen an die Fackelaufmärsche der Zeit des Nationalsozialismus hervorrufen könnten, weil die inhaltliche Ausrichtung einer Versammlung unterhalb der Strafbarkeitsschwelle die öffentliche Ordnung grundsätzlich nicht gefährdet.	VGH Mannheim, Beschl. v. 22.02.2012 – 1 S 358/12
Die Benutzung von Trommeln, mit Trommeln vergleichbaren Schlaginstrumenten, das Mitführen von Fackeln sowie das Auftreten in Blöcken, Zügen oder Reihen gefährden weder unmittelbar die öffentliche Sicherheit oder Ordnung noch	VG Gießen, Beschl. v. 05.11.2009 – 10 L 3948/09
wird ein Aufzug allein hierdurch zu einem »Aufmarsch« mit paramilitärischen oder in vergleichbarer Weise aggressiven und einschüchternden Begleitumständen. Versammlungsfreiheit darf auch nicht allein aus einsatztaktischen Gesichtspunkten eingeschränkt werden.	
Verbot des Mitführens einer angemessenen Zahl schwarzer Fahnen; aus Anlass einer Demonstration zum Gedenken an den »alliierten Massenmord am 29.03.1942 in Lübeck«. Hinweis: Das schwarze Fahnen eine eindeutig auf den Nationalsozialismus bezogene Symbolik haben, ist allgemein ebenso wenig nachvollziehbar wie im konkreten Fall die Annahme, sie erhielten diesen Aussagengehalt durch das spezifische Erscheinungsbild des Aufzugs.	BVerfG, NVwZ 2002, 983
(Kein) generelles Mikrofonverbot bei Demonstration mit weniger als 50 Teilnehmern, weil der Schutz des Grundrechts des Art. 8 Abs. 1 GG kann auch schon bei einer Teilnehmerzahl von unter 50 Personen den Einsatz von Lautsprechern rechtfertigen kann.	VG Stuttgart, Beschl. v. 13.01.2006 – 5 K 496/06
Verbot des Einsatzes von Lautsprechern; Selbstbestimmungsrecht umfasst auch den Einsatz von Lautsprechern.	OVG Berlin-Brandenburg, NVwZ-RR 2009, 370 OVG Frankfurt (Oder), NVwZ-RR 2004, 844

Lautsprecher und Megaphone dürfen nur für Ansprachen und Darbietungen, die im Zusammenhang mit dem Versammlungsthema stehen, sowie für Ordnungsdurchsagen verwendet werden.	BVerfG, NVwZ 2014, 1453
Verbot der Lautsprecherbenutzung in der Nähe von Justizvollzugsanstalten (Kundgebung gegen die Sicherungsverwahrung).	VGH Kassel, NJW 2013, 333
Mitführen von Bundesflaggen, Landesflaggen und Parteifahnen der NPD. Der Beschluss des BVerfG v. 18.08.2000 – 1 BvQ 23/00 (NJW 2000, 3053), ist nicht dahingehend auszulegen, dass in jedem Falle bei einer zunächst verbotenen Demonstration, die dann auf Grund eines Gerichtsbeschlusses durchgeführt werden kann, lediglich die Bundesflagge gezeigt werden darf.	OVG Greifswald, NVwZ-RR 2001, 444
Verbot der Verwendung von Fahnenstangen, die länger als 150 cm sind, wenn keine konkreten Anhaltspunkte dafür vorliegen, dass längere Fahnenstangen als Waffen eingesetzt werden oder sonst die öffentliche Sicherheit unmittelbar gefährden.	OVG Weimar, ThürVBl. 2000, 14
Verbot des Einsatzes von Lautsprechern in Fußgängerzone.	OLG Köln, NStZ 1981, 227

e) Auflagen zu Kleidung und Aufmachung

Auflage, bei einer Demonstration Transparente nicht so aufzuspannen oder mitzuführen zu dürfen, dass sie als Sichtschutz für die Versammlungsteilnehmer dienen können, stellt eine unzulässige Einengung des Versammlungsrechts dar. Allein das Tragen von Transparenten in Gesichtshöhe stellt keine »Aufmachung« dar, die verbotener Weise geeignet ist und darauf abzielt, die Feststellung der Identität zu verhindern. Das Tragen von Transparenten in Gesichtshöhe stellt keinen Verstoß gegen das Vermummungsverbot nach § 17 Abs. 2 SächsVersG dar. Die Verdeckung des Gesichts durch das Hochhalten von Transparenten stellt für sich genommen noch keine »unmittelbare Gefährdung« i.S.v. § 15 Abs. 1 SächsVersG dar.	OVG Bautzen, LKV 2018, 375	**52**
Verbot der Verwendung der Buchstabenkombinationen 14, 18, 88, da ihre Verwendung weder gegen § 130 StGB noch gegen § 86a Abs. 1 Nr. 1 oder Abs. 2 Satz 2 StGB verstößt	OVG Bautzen, Urt. v. 13.07.2009 – 3 B 137/06	
Auflage an Versammlungsleiter für die Einhaltung des (gesetzes-wiederholend) verfügten Verbots des Mitführens von Vermummungsgegenständen zu sorgen, da sich Verstoß gegen das Mitführungsverbot nicht ohne weiteres feststellen lassen. Mangels polizeilicher Befugnisse wird der Versammlungsleiter daher Verstöße gegen das Mitführungsverbot, welches in erster Linie dazu dient, eine konkrete Handhabe für präventiv-polizeiliche Maßnahmen im Vorfeld potenziell unfriedlicher Versammlungen zu schaffen, regelmäßig kaum feststellen können.	VGH Mannheim, Die Polizei 2012, 294	

f) Sonstige Auflagen

53	Auflage des Ausschlusses von Versorgungsfahrzeuge aus einem Demonstrations-Verbund, der aus fünf historischen Lastwagen und ungefähr 15 Versorgungsfahrzeugen bestehen soll, da Versammlungsfreiheit auch Versorgungsfahrzeuge geschützt, die nach der Anmeldung Teil der Demonstration sind und als solche erkennbar sein sollen.	VGH München, Beschl. v. 17.09.2009 – 10 CS
	Auflage zur Abwehr von Unfall- und Gesundheitsgefahren, die durch das Zusammentreffen einer Vielzahl von Personen auf einem längeren Demonstrationszug auftreten können.	VGH Kassel, NVwZ-RR 2010, 597
	Auflagen zur Straßenreinigung.	BVerwG, NJW 1989, 52
	Untersagen des Aufbaus einer Feldküche einschließlich des Aufbaus von Tischen und Bänken.	OVG Frankfurt (Oder), NVwZ-RR 2004, 844
	Verbot des Verkaufs von Druckerzeugnissen zum Selbstkostenpreis	VG München, NJW 1983, 1219
	Sicherung ausreichender medizinischer Versorgung durch Stellen von Rettungswagen und Arzt seitens des Veranstalters, wenn die medizinische Versorgung durch vorhandene Krankenhäuser gedeckt ist	OVG Greifswald, NVwZ-RR 2001, 444

B. Vor Beginn: Verbote, Auflagen

1. **Rahmenverfügung (Anmeldebestätigung einer Versammlung – beschränkende Verfügung – sofortige Vollziehung – Rechtsbehelfsbelehrung – weitere Hinweise)**

54

> | Kopfbogen |
> |---|

Ihr Zeichen, Ihre Nachricht

Adressat

Öffentliche Versammlungen unter freiem Himmel
Anmeldebestätigung

Ihre Anmeldung vom 10.02.2016

Sehr geehrter Herr Mustermann,

die Kreispolizeibehörde ____ als zuständige Versammlungsbehörde bestätigt Ihnen die Anmeldung der von Ihnen nachstehend näher bezeichneten Versammlung unter freiem Himmel in Form einer Auftaktkundgebung, eines Aufzuges sowie einer Abschlusskundgebung.

Tag der Versammlung:	Mittwoch, 20.02.2016
Dauer:	von 12.00 Uhr bis 18.00 Uhr
Ort:	Auftaktkundgebung: Münster, Theaterplatz;
	Aufzug über Schultenstraße, Ringstraße bis zur Hauptstraße;
	Abschlusskundgebung: Theaterplatz
Thema:	»Münster gegen Islamisierung des Abendlandes«
Teilnehmer/-innen:	ca. 500 Personen
Versammlungsleiter:	Herr Frank Schwarz

Veranstalter ist nach Ihrer Aussage die Vereinigung »MÜGIDA« (»Münster gegen die Islamisierung des Abendlandes«).

Vorbereitungen bzw. Aufbauarbeiten der Versammlung sollen Ihren Angaben zufolge in der Zeit von 17:00 Uhr bis 18:00 Uhr stattfinden.

Zur Durchführung der Versammlung haben Sie folgende Hilfsmittel angemeldet:
1. Schriftbänder, Schrifttafeln, Fahnen, Poster und Transparente
2. Flugblätter
3. Megafon
4. (…).

Die Anmeldung der Versammlung wird bestätigt unter Erlass folgender beschränkender Verfügungen:

Im Tenor muss der verfügende Teil des Verwaltungsaktes unmissverständlich zum Ausdruck kommen.

Bescheid

I.
1. Das Mitführen von Transparenten und Fahnen parallel zur Zugrichtung der sich fortbewegenden Versammlung ist untersagt
2. Das Mitführen von Glasbehältnissen und Dosen während der Versammlung ist untersagt.
3. (…)

II.

Gem. § 80 Abs. 2 Satz 1 Nr. 4 der Verwaltungsgerichtsordnung (VwGO) wird für die genannten beschränkenden Verfügungen (Auflagen) die sofortige Vollziehung angeordnet. Das bedeutet, dass ein von Ihnen eingelegter Rechtsbehelf keine aufschiebende Wirkung entfaltet.

Begründung

Auf die von Ihnen angemeldete Versammlung unter freiem Himmel finden die Vorschriften des Gesetzes über Versammlungen und Aufzüge (Versammlungsgesetz – BVersG) vom 24.07.1953 (BGBl. I.S. 684) in der Fassung der Bekanntmachung vom 15.11.1978 (BGBl. I.S. 1790), zuletzt geändert durch Gesetz vom 08.12.2008 (BGBl. I S. 2366) Anwendung.

Ausführungen zur Zuständigkeit gehören an den Anfang der rechtlichen Würdigung (hier: nordrhein-westfälische Zuständigkeit)

Zuständige Behörde für die Durchführung des Versammlungsgesetzes auf dem Gebiet der Kreispolizeibehörde ___ ist gem. § 1 der Verordnung über die Zuständigkeit nach dem Versammlungsgesetz (VersGZVO) vom 02.02.1987 (GV. NW. S. 62) in der zur Zeit geltenden Fassung der Polizeipräsident ___ als Kreispolizeibehörde.

Nennung/Erläuterung der entsprechenden Rechtsgrundlagen (§ 15 Abs. 1 BVersG)

Gem. § 15 Abs. 1 BVersG kann die zuständige Behörde die Durchführung einer Versammlung unter freiem Himmel von Auflagen abhängig machen, wenn nach den zur Zeit des Erlasses der Verfügung erkennbaren Umständen die öffentliche Sicherheit oder Ordnung bei Durchführung der Versammlung oder des Aufzuges unmittelbar gefährdet ist.

Solche Auflagen (»beschränkende Verfügungen«) dürfen erlassen werden, wenn bei verständiger Würdigung der erkennbaren Umstände die Durchführung der Versammlung mit Wahrscheinlichkeit eine unmittelbare Gefährdung der öffentlichen Sicherheit oder Ordnung verursacht. Dabei ist von einer unmittelbaren Gefährdung dann auszugehen, wenn der drohende Schadenseintritt so nahe ist, dass er jederzeit, unter Umständen sofort, eintreten kann (OVG Münster, NVwZ 1989, 886). Nach der vom BVerfG übernommenen gesicherten Interpretation umfasst der Begriff der öffentlichen Sicherheit »den Schutz zentraler Rechtsgüter, wie Leben, Gesundheit, Freiheit, Ehre und Vermögen sowie die Unversehrtheit der Rechtsordnung und der staatlichen Einrichtungen« (BVerfG, DVBl 2001, 1054). Unter dem Begriff der öffentlichen Ordnung versteht das BVerfG »die Gesamtheit der ungeschriebenen Regeln, deren Befolgung nach den jeweils herrschenden und mit dem Wertgehalt des Grundgesetzes zu vereinbarenden sozialen und ethischen Anschauungen eines geordneten menschlichen Zusammenlebens innerhalb eines bestimmtes Gebietes anzusehen ist (BVerfG, DVBl 2001, 1054, 1055).

Der Begriff »Umstände« (§ 15 Abs. 1 BVersG) umfasst Tatsachen, Verhältnisse, Sachverhalte sowie sonstige Einzelheiten. Solche »Umstände« sind »erkennbar«, wenn sie offen zutage treten oder wenn sie der zuständigen Behörde bei dem von ihr zu fordernden Bemühungen um Sachaufklärung zur Verfügung stehen.

Die Auflagen (beschränkende Verfügungen) im Sinne des § 15 Abs. 1 BVersG gewährleisten, dass die geplante Veranstaltung am 20.02.2016 – auch vor dem Hintergrund der hohen Teilnehmerzahlen und von zu erwartenden Gegenprotesten mit Konfliktpotential – einen störungsfreien, gefahrlosen Verlauf nimmt und mögliche Beeinträchtigungen der öffentlichen Sicherheit und Ordnung soweit wie möglich reduziert werden.

Die genannten Auflagen entsprechen – unter Abwägung Ihrer Interessen als Anmelder bzw. Veranstalter gegenüber denen der im Sicherheitsinteresse der Allgemeinheit handelnden Polizei – dem Grundsatz der Verhältnismäßigkeit. Sie stellen angesichts des Rechts der Allgemeinheit auf Gewährleistung der öffentlichen Sicherheit und Ordnung den mildesten Eingriff dar.

Die Auflagen (beschränkenden Verfügungen) sind geeignet, erwartete unmittelbare Gefahren für die öffentliche Sicherheit und Ordnung zu verhindern. Die Auflagen berücksichtigen die Rechte des Veranstalters und die der Versammlungsteilnehmer und wahren im Sinne der praktischen Konkordanz die Rechte und Interessen unbeteiligter Dritter.

Bei mehreren beschränkenden Verfügungen ist jede Auflage einzeln mit einer entsprechenden Begründung zu versehen.

zu 1.: Mitführen von Seitentransparenten

Begründung (…)

zu 2.: Verbot des Mitführens von Glasbehältnissen, Dosen

Begründung (…)

Sofortige Vollziehung

In den Rechtsgründen des Bescheides sind auch sonstige Entscheidungen, insbesondere die Anordnung der sofortigen Vollziehung, zu begründen

Nach Abwägung aller betroffenen Interessen habe ich gem. § 80 Abs. 2 Satz 1 Nr. 4 der Verwaltungsgerichtsordnung (VwGO) die sofortige Vollziehung angeordnet.

Die Anordnung ist im öffentlichen Interesse geboten. Sinn und Zweck dieser beschränkenden Verfügung ist es, Gefahren für die öffentliche Sicherheit zu vermeiden. Dieses kann vorliegend nur durch eine rechtliche Verpflichtung der sofortigen Beachtung der Auflagen erreicht werden. Würde die Versammlung den durch die Auflagen gesetzten Rahmen überschreiten, entstünde eine Gefahr für die öffentliche Sicherheit und Ordnung. Zudem würde die Nichtbeachtung der Auflagen dazu führen, dass die von der Versammlung betroffenen unbeteiligten Dritten zugunsten der Rechte der Veranstalterin/des Veranstalters in ihren Rechten in unverhältnismäßiger Weise beeinträchtigt wären. Diese Beeinträchtigung wäre durch das Recht der freien Meinungsäußerung und der Versammlungsfreiheit nicht mehr gedeckt. Es wäre zu befürchten, dass gerade die Gefahren eintreten, die durch Erteilung der Auflagen verhindert werden sollen.

Hier: Bezugnahme auf konkreten Einzelfall vornehmen!

Die Erhebung einer Klage hätte die aufschiebende Wirkung zur Folge, so dass die Bestandskraft dieser Verfügung erst nach Durchführung der Versammlung einträte.

Wegen des nahe heran stehenden Termins der Versammlung kann eine rechtskräftige Gerichtsentscheidung nicht herbeigeführt werden. Die aufschiebende Wirkung der Klage würde somit den Sinn dieses Bescheides, das Grundrecht auf Versammlungsfreiheit als auch den Anspruch der Allgemeinheit auf Erhaltung der öffentlichen Sicherheit zu gewährleisten, zunichtemachen.

Rechtsbehelfsbelehrung

Gegen diesen Bescheid können Sie innerhalb eines Monats nach Bekanntgabe (nach Zustellung[68]) schriftlich oder mündlich zur Niederschrift des Urkundsbeamten der Geschäftsstelle beim Verwaltungsgericht Münster Klage erheben[69].

Anschrift: Verwaltungsgericht Münster, Große Straße 18, 49497 Münster[70].

Soweit der Widerspruch der zulässige Rechtsbehelf ist:

»Gegen diesen Bescheid können Sie innerhalb eines Monats nach Bekanntgabe schriftlich oder zur Niederschrift bei der im Briefkopf bezeichneten Behörde Widerspruch einlegen.[71]«

Die Klage kann auch in elektronischer Form nach Maßgabe der Verordnung über den elektronischen Rechtsverkehr bei den Verwaltungs-gerichten und den Finanzgerichten im Lande Nordrhein-Westfalen (ERVVO VG/FG) vom 07.11.2012 (GV. NRW. 2012 S. 548) eingereicht werden.

Bei schriftlicher oder elektronischer Klageerhebung ist die Rechtsbehelfsfrist nur gewahrt, wenn die Klageschrift vor Ablauf der Monatsfrist bei Gericht eingegangen ist. Wird die Klage schriftlich erhoben, sollen ihr zwei Durchschriften beigefügt werden. Falls die Frist durch das Verschulden eines Bevollmächtigten versäumt werden sollte, würde dessen Verschulden Ihnen zugerechnet werden[72].

Bezüglich der Anordnung der sofortigen Vollziehung kann auf Ihren Antrag das Verwaltungsgericht Münster die aufschiebende Wirkung der Klage wiederherstellen (§ 80 Abs. 5 VwGO). Der Antrag ist schriftlich einzureichen oder zur Niederschrift des Urkundsbeamten der Geschäftsstelle des Gerichts zu erklären[73].

---

68 Bei förmlicher Zustellung muss es »Zustellung« statt »Bekanntgabe« heißen, OVG Münster, NJW 2009, 1832/1833.
69 Dieser Satz ist nach den Regeln der VwGO zwingend vorgeschrieben. Ergänzend können die Anforderungen der §§ 81 Abs. 2 und 82 Abs. 1 VwGO dargestellt werden. Ihr Fehlen führt allerdings nicht zur Fehlerhaftigkeit und damit zur Jahresfrist.
70 Die Angabe der postalischen Anschrift entspricht einem bürgerfreundlichen Vorgehen.
71 Die Formulierung »bei der im Briefkopf bezeichneten Behörde« ist nach der Rechtsprechung ausreichend, BVerwG, NVwZ 1991, 261.
72 Der Hinweis auf die Folgen des Fristversäumnisses eines Bevollmächtigten ist möglich, aber nicht erforderlich. Gleiches gilt für den Hinweis auf die Möglichkeit, dass ein Widerspruch auch bei der Widerspruchsbehörde eingelegt werden kann (§ 70 Abs. 1 Satz 2 VwGO).
73 Der Hinweis auf die Möglichkeit des vorläufigen Rechtsschutzes ist zwar gesetzlich nicht vorgeschrieben, sollte aber gleichwohl erfolgen.

Der Antrag kann auch in elektronischer Form nach Maßgabe der Verordnung über den elektronischen Rechtsverkehr bei den Verwaltungsgerichten und den Finanzgerichten im Lande Nordrhein-Westfalen (ERVVO VG/FG) vom 07.11.2012 (GV. NRW. 2012 S. 548) eingereicht werden.

Hinweis:

Hinweise zur Klageerhebung bzw. Antragstellung in elektronischer Form und zum elektronischen Rechtsverkehr finden Sie im Internet unter **www.justiz. nrw.de** sowie auf der Homepage des Oberverwaltungsgericht Münster **www. ovg.nrw.de.**

Weitere Hinweise:

> **Weitere Hinweise (Rechtslage, allgemeines Handlungsanweisungen)
> sind systematisch vom verfügenden Teil (Tenor) zu trennen
> und gesondert anzuführen.**

1. Zur Beseitigung von Störungen oder zur Abwehr von Gefahren für die öffentliche Sicherheit oder Ordnung kann die Polizei Anordnungen erteilen (§ 15 Abs. 3 BVersG). Diesen Anordnungen ist unbedingt und unverzüglich Folge zu leisten. Ein hiergegen erhobener Widerspruch hat keine aufschiebende Wirkung (§ 80 Abs. 2 Nr. 2 VwGO). Leiter und Ordner haben keine Zwangsbefugnisse; sie müssen sich der Hilfe der Polizei bedienen, wenn sie gegen Versammlungsteilnehmer einschreiten wollen.

2. Gem. § 15 Abs. 3 BVersG ist die Polizei befugt, eine Versammlung oder einen Aufzug aufzulösen, wenn von den Angaben der Anmeldung abgewichen oder den Auflagen zuwider gehandelt wird.

3. Äußerungen in Schrift, Bild und Wort dürfen keinen beleidigenden oder sonst strafrechtlich relevanten Inhalt haben. Durch das Anbringen von Spruchbändern darf in die Rechte Dritter nicht ohne deren Zustimmung eingegriffen werden. Bei öffentlichen Einrichtungen ist die schriftliche Zustimmung der Trägerin/des Trägers vorzuweisen.

4. Öffentlich, in einer Versammlung oder durch Verbreiten von Schriften, darf nicht zu rechtswidrigen Taten (§ 111 StGB) oder mit Geldbuße bedrohten Handlungen (§ 116 OWiG) aufgerufen werden.

5. Auf jedem Druckwerk (Flugblätter, Informationsmaterial) müssen Name oder Firma und Anschrift des Druckers und des Verlegers, beim Selbstverlag des Verfassers oder des Herausgebers, genannt sein (§ 8 Abs. 1 des Pressegesetzes für das Land Nordrhein-Westfalen – Landespressegesetz NW). Nach § 23 Abs. 1 Nr. 1 des Landespressegesetzes NW handelt ordnungswidrig, wer als verantwortlicher Redakteur oder Verleger – beim Selbstverlag als Verfasser oder Herausgeber – einer Vorschrift des § 8 über das Impressum zuwiderhandelt oder als Unternehmer Druckwerke verbreitet, in denen die nach § 8 vorgeschriebenen Angaben (Impressum) ganz oder teilweise fehlen.

6. Auf die Straf- und Bußgeldvorschriften der §§ 21–30 BVersG wird besonders hingewiesen, hier insbesondere auf das Vermummungs- und Uniformverbot sowie

das Verbot des Mitführens von Waffen und sonstigen Gegenständen, die zur Verletzung von Personen und zur Beschädigung von Sachen geeignet und bestimmt sind.

- Es ist verboten und strafbar, bei öffentlichen Versammlungen unter freiem Himmel oder bei Aufzügen in einer Aufmachung, die geeignet und den Umständen nach darauf gerichtet ist, die Feststellung der Identität zu verhindern, teilzunehmen oder den Weg zu derartigen Veranstaltungen in einer solchen Aufmachung zurückzulegen (§ 17a, § 27 BVersG – Vermummungsverbot).

- Es ist verboten und strafbar, Waffen oder sonstige Gegenstände, die ihrer Art nach zur Verletzung von Personen oder zur Beschädigung von Sachen geeignet und bestimmt sind, bei öffentlichen Versammlungen oder Aufzügen ohne behördlich ermächtigt zu sein, mit sich zu führen oder die vorgenannten Gegenstände auf dem Weg zu öffentlichen Versammlungen oder Aufzügen mit sich zu führen, sie zu derartigen Veranstaltungen hinzuschaffen oder sie zur Verwendung bei derartigen Veranstaltungen bereitzuhalten oder zu verteilen (§ 2 Abs. 3 BVersG, § 27 BVersG – Waffenverbot).

- Es ist verboten und strafbar, bei öffentlichen Versammlungen unter freiem Himmel oder bei Aufzügen Schutzwaffen oder Gegenstände, die als Schutzwaffen geeignet und dazu bestimmt sind, Vollstreckungsmaßnahmen eines Trägers von Hoheitsbefugnissen abzuwehren, mit sich zu führen (§ 17a Abs. 1 BVersG, § 27 BVersG – Passivbewaffnungsverbot).

7. Einsatzfahrzeugen der Polizei, Rettungsfahrzeugen der medizinischen Dienste und der Feuerwehr ist jederzeit freie Durchfahrt zu gewähren.

8. Wenn durch die von Ihnen angemeldete Versammlung bzw. durch deren Teilnehmer Wege und Plätze verunreinigt werden, sind Sie für diese verursachten Straßenverschmutzungen ordnungspflichtig. Sollten Sie dieser Pflicht nicht nachkommen, kann die Stadt A-Stadt die Reinigung auf Ihre Kosten veranlassen (§ 17 Straßen- und Wegegesetz NRW).

9. Bei sämtlichen Aufbauten ist dafür Sorge zu tragen, dass die Aufstandsfläche nicht beschädigt wird. Aus diesem Grund dürfen keine Pfähle, Zeltpflöcke (»Heringe«), Schrauben, Nägel o.ä. in den Boden getrieben werden.

10. Ich weise darauf hin, dass der Veranstalter für alle Schäden einzutreten hat, die durch widerrechtliches Verhalten des Veranstalters oder der von ihm beauftragten Personen entstehen.

11. Sollten Sie sich kurzfristig entschließen, die Veranstaltung nicht durchzuführen, so bitte ich Sie, mich unverzüglich telefonisch zu informieren (0.../1234567).

Mit freundlichen Grüßen

Im Auftrag

(N.N.)

2. Nichtannahme einer Anmeldung wegen fehlender Versammlungsqualität (»Demonstration gegen Raserei im Straßenverkehr«)[74]

Kopfbogen	55

Ihr Zeichen, Ihre Nachricht

Öffentliche Versammlungen unter freiem Himmel
Anmeldung einer Versammlung für den 11.10.2015

Sehr geehrter Herr Mustermann,

die Kreispolizeibehörde ___ als zuständige Versammlungsbehörde erlässt folgenden

Bescheid

Ihr Schreiben vom 01.10.2015 wird nicht als Anmeldung einer Versammlung nach § 14 Abs. 1 des Gesetzes über Versammlungen und Aufzüge (Versammlungsgesetz – BVersG) bestätigt.

Gründe

Die von Ihnen beabsichtigte »Demonstration gegen Raserei im Straßenverkehr« ist keine öffentliche Versammlung unter freiem Himmel/Aufzug im Sinne des § 14 BVersG, sondern eine Veranstaltung, die im Wesentlichen durch den Charakter einer Straßenrallye geprägt ist. Der Anwendungsbereich des Versammlungsgesetzes ist demnach nicht eröffnet und die Versammlungsbehörde nicht zuständig.

Bei Eingang einer Versammlungsanmeldung hat die Versammlungsbehörde nach pflichtgemäßem Ermessen zu prüfen, ob es sich bei der beabsichtigten Veranstaltung um eine Versammlung im Sinne des Art. 8 GG bzw. des BVersG handelt.

Das Bundesverfassungsgericht hat den Versammlungsbegriff im Sinne des Art. 8 GG definiert als »eine örtliche Zusammenkunft mehrerer Personen zur gemeinschaftlichen, auf die Teilhabe an der öffentlichen Meinungsbildung gerichteten Erörterung oder Kundgebung.«

Bei der Abgrenzung einer Versammlung von anderen öffentlichen Veranstaltungen ist dabei die Durchführung der Veranstaltung ein entscheidendes Kriterium.

In Ihrem Bezugsschreiben v. 01.10.2015 gaben Sie an, dass Sie im Rahmen einer »Demonstration gegen Raserei im Straßenverkehr« eine Route durch ___ mit sogenannten »Supercars« (Autos ab 300 PS) planen. Diese Route startet ___ im Kreis ___, läuft dann durch die Kreise ___ und endet im Kreis ___.

---

74 Eine derartige Veranstaltung wurde im Juli 2014 bei der Kreispolizeibehörde Lippe (N-W) als Versammlung angemeldet. Die Begründung lehnt sich an diesen Bescheid an.

Die einzelnen Supercars sollen vor Ort Startnummern erhalten, da sich diese ab einer Startlinie in Bewegung setzen. Diese Startnummern sollen mit dem Zusatz »gegen Raserei« auf den Autos angebracht werden.

Der erste Stopp soll auf einem privaten Grundstück in ___ eingelegt werden. Bei dieser Pause sollen keine Außenstehende oder Zuschauer anwesend sein, da es sich lediglich um eine Pause handeln soll. Nach der Weiterfahrt soll ein nächster Halt beim amerikanischen Schnellrestaurant MC ___ Mc Donalds in ___ durchgeführt werden, bei welchem jeder Fahrer durch den »Drive in« fährt.

Der Konvoi soll dann die Fahrt Richtung ___ weiterführen und an der Joseph-Schründer-Straße einen nächsten Stopp einlegen.

Bei einem geplanten Fotoshooting für die Medien sollen jedoch keine weiteren Personen oder Außenstehende an der Veranstaltung teilnehmen.

Während des gesamten Verlaufs der Veranstaltung sind keine Redebeiträge geplant.

Vorgesehen ist lediglich, dass durch Aufkleber an den »Supercars« Außenstehende auf die Veranstaltung hingewiesen. Die an der Veranstaltung teilnehmenden Fahrzeugführer sollen Neugierige sensibilisieren.

In dem am 03.10.2015 durchgeführten Informationsgespräch erklärten Sie, dass der »Erlebnisgedanke im Innenverhältnis« ein wichtiger Gedanke ist, um die Fahrer auf das Thema »Raserei« aufmerksam zu machen. Des Weiteren sollen die Medien entsprechend über die Absicht (»gegen Raserei«) berichten. Im Vordergrund steht dabei nicht, diese Intention während der Fahrt kund zu tun, sondern diese später in den Medien zu verbreiten.

Bei der Abgrenzung, ob es sich bei der Veranstaltung um eine Versammlung nach dem BVersG handelt, ist eine Beurteilung im Wege einer Gesamtschau aller relevanten tatsächlichen Umstände vorzunehmen.

Zunächst sind diejenigen Punkte der geplanten Veranstaltung zu erfassen, die auf die Teilhabe an der öffentlichen Meinungsbildung zielen. Abzustellen ist in erster Linie auf einen Außenstehenden, der sich zum Zeitpunkt der Veranstaltung an diesem Ort befindet. Von einem durchschnittlichen Betrachter muss nach außen erkennbar sein, dass es sich um eine Demonstration handelt. Sie planen durch Aufkleber an den »Supercars« und durch die Medien auf die Demonstration hinzuweisen. Die Aufkleber sollen auf die Platzierung der »Supercars« hinweisen und sind daher mit Startnummern versehen. An der Startlinie sollen die einzelnen »Supercars« durch einen Moderator vorgestellt werden (Typ, Leistung, Fahrer usw.). Neben dieser Startnummer soll es auf dem Aufkleber einen Zusatz »gegen Raserei« geben. Hauptsächlich werden diese Aufkleber für die Aufstellung und Vorstellung der Supercars an der Startlinie genutzt, wodurch der Zusatz »gegen Raserei« eindeutig in den Hintergrund tritt.

Redebeiträge oder eindeutige Ansprachen, die auf den Charakter einer Versammlung schließen, sind allerdings nicht vorgesehen. Geplant ist vielmehr, dass sich die teilnehmenden Fahrer auf einem Parkplatz treffen, um sich untereinander auszutauschen.

Auf einem anderen Parkplatz zahlen die Zuschauer für das Zurschaustellen der »Supercars« Eintritt. Die äußeren Bedingungen, dass mindestens 70 »Supercars« und 5.000 Zuschauer (Verkauf von Tickets) erwartet werden, weisen keine Eigenschaften auf, die auf den Charakter einer Versammlung schließen lassen.

Das äußere Erscheinungsbild ist dementsprechend von schnellen schönen Autos zum Anschauen geprägt. Dies vermittelt den Eindruck einer großen Autoshow. Mit dieser Aktion assoziieren Außenstehende keine Meinungsäußerung, sondern Spaß und Unterhaltung der Teilnehmer.

Ihrem Bezugsschreiben ist zudem entnehmen, dass es sich um eine »nichtöffentliche Veranstaltung« und um eine »geschlossene Gesellschaft« handelt. Auf keinem Flyer oder Zeitungsberichten wird auf eine Demonstration hingewiesen. Der Gedanke der Demonstration wird nur im Kontakt mit der Polizei erwähnt, um diese Veranstaltung möglicherweise als Versammlung genehmigt zu bekommen und unter dem Schutz der Versammlungsfreiheit zu stehen.

Außerdem muss jeder Außenstehende die Möglichkeit haben an einer Versammlung teilzunehmen. Die Teilnehmer der »Supercars Rallye« werden im Vorfeld durch die Anmeldung festgelegt. Spontane Fahrer dürfen nicht an der Rallye teilnehmen. Die Pausen der geplanten Fahrt finden fast alle auf einem Privatgelände statt, somit finden dort keine öffentlichen Versammlungen im Sinne des BVersG statt.

Der erste Stopp soll ist bei einem Autohändler in ___ stattfinden. Sie erklärten, dass bei dieser Pause keine Außenstehende oder Zuschauer erwünscht sind, da diese Pause nur der Stärkung der Teilnehmer dient. Beim Zwischenstopp bei MC ___ geht es Nur darum, dass jeder Fahrer einzeln vorfährt (»Drive in«), um sich ein Gratisgetränk anzuholen. Von dieser Aktion soll von jedem Fahrer ein Erinnerungsfoto angefertigt werden. Diese Durchführung spricht eindeutig gegen einen Versammlungscharakter, da es Ihnen um die Unterhaltung und Spaß an dieser Aktion geht.

Der Ausschluss anderer Personen und die Durchführung der Veranstaltung als »geschlossene Gesellschaft« belegen eindeutig, dass es sich nicht um eine Versammlung i.S.d. Art. 8 GG bzw. des BVersG handelt. Die gesamte Veranstaltung hat für einen durchschnittlichen Betrachter den Charakter einer rein öffentlichen Unterhaltungsveranstaltung, welche zum größten Teil auf die Zurschaustellung der Autos abzielt. Diese Beurteilung ändern auch nicht die Aufkleber an den »Supercars«. Das Schwergewicht dieser Veranstaltung hat unterhaltenden Charakter. Eine Unterhaltungsveranstaltung verliert auch nicht dadurch Ihren Charakter, dass Aufkleber auf den »Supercars« angebracht werden. Da die Meinungskundgabe in Form von Aufklebern an den Autos zu einem beiläufigen Nebenakt wird, kann es keine Versammlung im Sinne des BVersG sein.

Rechtsbehelfsbelehrung

Gegen diesen Bescheid kann innerhalb eines Monats nach seiner Zustellung Klage beim Verwaltungsgericht A-Stadt erhoben werden.

Anschrift: Verwaltungsgericht A-Stadt, Schultenstraße 7, 49497 A-Stadt

Die Klage ist schriftlich einzureichen oder zur Niederschrift des Urkundsbeamten der Geschäftsstelle des Gerichts zu erklären.

Die Klage kann auch in elektronischer Form nach Maßgabe der Verordnung über den elektronischen Rechtsverkehr bei den Verwaltungs-gerichten und den Finanzgerichten im Lande Nordrhein-Westfalen (ERVVO VG/FG) vom 07.11.2012 (GV. NRW. 2012 S. 548) eingereicht werden.

Bei schriftlicher oder elektronischer Klageerhebung ist die Rechtsbehelfsfrist nur gewahrt, wenn die Klageschrift vor Ablauf der Monatsfrist bei Gericht eingegangen ist. Wird die Klage schriftlich erhoben, sollen ihr zwei Durchschriften beigefügt werden. Falls die Frist durch das Verschulden eines Bevollmächtigten versäumt werden sollte, würde dessen Verschulden Ihnen zugerechnet werden.

Bezüglich der Anordnung der sofortigen Vollziehung kann auf Ihren Antrag das Verwaltungsgericht A-Stadt die aufschiebende Wirkung der Klage wiederherstellen (§ 80 Abs. 5 der Verwaltungsgerichtsordnung – VwGO). Der Antrag ist schriftlich einzureichen oder zur Niederschrift des Urkundsbeamten der Geschäftsstelle des Gerichts zu erklären.

Der Antrag kann auch in elektronischer Form nach Maßgabe der Verordnung über den elektronischen Rechtsverkehr bei den Verwaltungs-gerichten und den Finanzgerichten im Lande Nordrhein-Westfalen (ERVVO VG/FG) vom 07.11.2012 (GV. NRW. 2012 S. 548) eingereicht werden.

Hinweise zur Klageerhebung bzw. Antragstellung in elektronischer Form und zum elektronischen Rechtsverkehr finden Sie im Internet unter **www.justiz. nrw.de** sowie auf der Homepage des Oberverwaltungsgericht Münster **www. ovg.nrw.de**.

Weiterer Hinweis

Zur Durchführung der Veranstaltung weise ich auf die Möglichkeit hin, bei den zuständigen Behörden eine Sondernutzungserlaubnis für öffentliche Verkehrsflächen zu beantragen.

Mit freundlichen Grüßen

Im Auftrag

(Karsten)

3. Versammlungsverbot (verbotene Vereinigung)[75]

Kopfbogen	56

Ihr Zeichen, Ihre Nachricht

Öffentliche Versammlungen unter freiem Himmel
Anmeldung einer Versammlung für den 31.08.2012 und den 01.09.2012

Verbotsverfügung

Sehr geehrter Herr Mustermann,

die Kreispolizeibehörde ___ als zuständige Versammlungsbehörde erlässt folgenden

Bescheid

1. Die angemeldeten Versammlungen am 31.08.2012 und am 01.09.2012 mit dem Thema »Gegen imperialistische Kriegstreiberei und Aggressionskriege« werden gem. § 15 Abs. 1 und § 5 Nr. 1 des Gesetzes über Versammlungen und Aufzüge (Versammlungsgesetz, BVersG) verboten.
2. Das Verbot bezieht sich auch auf jede Form einer Ersatzveranstaltung.
3. Gem. § 80 Abs. 2 Satz 1 Nr. 4 der Verwaltungsgerichtsordnung (VwGO) wird die sofortige Vollziehung dieser Verbotsverfügung angeordnet.

Begründung

Auf die von Ihnen angemeldete Versammlung unter freiem Himmel finden die Vorschriften des Gesetzes über Versammlungen und Aufzüge (Versammlungsgesetz – BVersG) vom 24.07.1953 (BGBl. I.S. 684) in der Fassung der Bekanntmachung vom 15.11.1978 (BGBl. I.S. 1790), zuletzt geändert durch Gesetz vom 08.12.2008 (BGBl. I S. 2366) Anwendung.

Zuständige Behörde für die Durchführung des Versammlungsgesetzes auf dem Gebiet der Kreispolizeibehörde Dortmund ist gem. § 1 der Verordnung über die Zuständigkeit nach dem Versammlungsgesetz (VersGZVO) vom 02.02.1987 (GV.

---

75 Hintergrund dieser Verfügung ist das Verbot der Versammlung »Gegen imperialistische Kriegstreiberei und Aggressionskriege« durch das Polizeipräsidium Dortmund v. 27.08.2012. Einen Eilantrag gegen dieses verfügte Verbot hatte das VG Gelsenkirchen (Beschl. v. 29.08.2012 – 14 L 1048/12) abgelehnt. Die Beschwerde hiergegen wurde vom OVG Münster zurückgewiesen (Beschl. v. 30.08.2012 – 5 B 1025/12). Der Antrag auf Erlass einer einstweiligen Anordnung wurde abgelehnt, BVerfG, Beschl. v. 31.08.2012 – 1 BvR 1840/12). Der Antragsteller hatte die Versammlungen in seiner Funktion als Führungsmitglied der verbotenen Vereinigung »Nationaler Widerstand Dortmund« angemeldet. Die Vereinigungen »Nationaler Widerstand Dortmund«, »Kameradschaft Hamm« und »Kameradschaft Aachener Land« wurden am 10.08.2012 durch das Ministerium für Inneres und Kommunales des Landes Nordrhein-Westfalen (MIK NRW) verboten (Az. 402.57.07.12).

NW. S. 62) in der zur Zeit geltenden Fassung der Polizeipräsident Dortmund als Kreispolizeibehörde.

Zu 1.

Sie haben für den 31.08.2012 und für den 01.09.2012 jeweils eine Versammlung mit dem Thema »Gegen imperialistische Kriegstreiberei und Aggressionskriege« angemeldet.

Als Versammlungsleiter und Veranstalter haben Sie sich selbst angegeben.

Das Verbot ist zum einen gem. § 5 Nr. 1 BVersG gerechtfertigt.

Versammlungen unter freiem Himmel und Aufzüge unterliegen weiter gehenden Beschränkungen als Versammlungen in geschlossenen Räumen. Das erlaubt den Schluss, dass die Verbotsgründe für Versammlungen in geschlossenen Räumen auch für Versammlungen unter freiem Himmel und Aufzüge gelten (logisches Schlussverfahren a fortiori), siehe auch Kommentar zum Gesetz über Versammlungen und Aufzüge Dietel/Gintzel/Kniesel, 16. Aufl. 2011, § 15 Rn. 22).

Gem. § 5 Nr. 1 BVersG kann im Einzelfall die Abhaltung einer Versammlung verboten werden, wenn der Veranstalter unter die Vorschriften des § 1 Abs. 2 Nr. 1 bis 4 fällt und im Fall der Nr. 4 das Verbot durch die zuständige Verwaltungsbehörde festgestellt worden ist.

Mit Verbotsverfügung des Ministerium für Inneres und Kommunales des Landes Nordrhein-Westfalen (MIK NRW) vom 10.08.2012 (Az. 402.57.07.12), Ihnen zugegangen am 23.08.2012, wurde die Vereinigung »Nationaler Widerstand Dortmund« verboten und aufgelöst.

Das MIK NRW ist gem. § 3 Abs. 2 Nr. 1 Vereinsgesetz (VereinsG) für den Erlass der Verbotsverfügung zuständig, da der Tätigkeitsschwerpunkt der Vereinigung »Nationaler Widerstand Dortmund« auf das Gebiet des Landes Nordrhein-Westfalen beschränkt ist.

Damit hat die zuständige Verwaltungsbehörde im Sinne des § 5 Nr. 1 BVersG ein Verbot der Vereinigung »Nationaler Widerstand Dortmund« nach Art. 9 Abs. 2 Grundgesetz (GG) ausgesprochen.

Die in § 1 Abs. 2 Nr. 4 BVersG genannte Einschränkung müssen zum Zeitpunkt des Versammlungsverbotes bestehen. Dies ist der Fall, da die zuständige Verwaltungsbehörde nach dem VereinsG ein rechtswirksames Verbot nach Art. 9 Abs. 2 GG ausgesprochen hat.

Dieses rechtswirksame Verbot hat konstitutive Wirkung und hat für die Polizei Dortmund als Versammlungsbehörde Bindungs- bzw. Tatbestandswirkung, sodass sich weitere Ermittlungen in Bezug auf das Vereinigungsverbot erübrigen.

Vereinigungen, die verboten sind, haben nach § 1 Abs. 2 Nr. 4 BVersG kein Recht öffentliche Versammlungen oder Aufzüge zu veranstalten oder an solchen Veranstaltungen teilzunehmen.

Der Gesetzgeber wollte damit verhindern, dass verbotene Vereinigungen weiterhin für sich und ihre Anliegen werben können.

Um diese Zielsetzung zu erreichen bleibt nur die Möglichkeit eines Verbotes, da ansonsten die Vorschrift ins Leere laufen würde.

Andere/mildere Maßnahmen sind nicht ersichtlich.

Sie haben nicht für sich als natürlich Person, sondern erkennbar als Vertreter für die Vereinigung »Nationaler Widerstand Dortmund« die Versammlung angemeldet.

Dies wird im Folgenden noch näher begründet.

Damit sind Sie auch der richtige Adressat der Verbotsverfügung

Auch ist das Verbot gem. § 15 Abs. 1 BVersG gerechtfertigt. Hiernach kann die zuständige Behörde die Versammlung oder den Aufzug verbieten oder von bestimmten Auflagen abhängig machen, wenn nach den zur Zeit des Erlasses der Verfügung erkennbaren Umständen die öffentliche Sicherheit bei Durchführung der Versammlung oder des Aufzuges unmittelbar gefährdet ist.

Die öffentliche Sicherheit beinhaltet den Schutz des Staates und seiner Einrichtungen, von Leben, Gesundheit, Freiheit, Ehre und Vermögen des Einzelnen vor Gefahren sowie die Unversehrtheit der Rechtsordnung.

Wegen der besonderen Bedeutung des Grundrechts auf Versammlungsfreiheit rechtfertigt nicht jede Gefährdung der öffentlichen Sicherheit ein Verbot. Unter dem Grundsatz der Verhältnismäßigkeit muss eine Güterabwägung stattfinden. Nur wenn es zum Schutz anderer gleichwertiger Rechte notwendig erscheint, ein Verbot auszusprechen, ist dieses auch rechtmäßig.

Unter Berücksichtigung dieser obigen Grundsätze besteht Durchführung Ihrer Versammlungen eine unmittelbare Gefährdung der öffentlichen Sicherheit, so dass Ihre Versammlungen verboten werden müssen.

Bei dem rechtswirksamen Vereinigungsverbot durch die zuständige Behörde ist die Verletzung der Strafnormen des § 20 Abs. 1 Nr. 1 und 3 VereinsG zu befürchten. Sie haben für den 31.08.2012 und für den 01.09.2012 Versammlungen mit dem Thema »Gegen imperialistische Kriegstreiberei und Aggressionskriege« angemeldet.

Diese Versammlungen finden seit 8 Jahren jährlich statt und sind umgangssprachlich unter dem Namen »Antikriegstag« bekannt geworden. Um in der öffentlichen Wahrnehmung stets präsent zu sein, werden durch Sie seit Jahren gemeinschaftlich identitätsstiftende Aktionen, wie auch zum Beispiel der »Antikriegstag« durchgeführt. Damit soll der Zusammenhalt der jetzt verbotenen Vereinigung gestärkt und der Öffentlichkeit präsentiert werden.

Die jährlichen Wiederholungen lassen auf eine Strukturierung des Jahres schließen, umso das Gemeinschaftsgefühl der Vereinigung zu stärken und auch den organisatorischen Zusammenhalt zu fördern.

Die Durchführung des »Antikriegstages« würde also den organisatorischen Zusammenhalt einer verbotenen Vereinigung aufrechterhalten zumindest aber unterstützen.

Diese Bewertung, dass der »Antikriegstag« dazu benutzt werden soll, die verbotene Vereinigung weiter in der Öffentlichkeit zu präsentieren und für ihre Ziele zu werben, wird auch durch das Verhalten einiger Mitglieder der verbotenen Vereinigungen »Kameradschaft Hamm« und des »Nationalen Widerstandes Dortmund« gestützt und bekräftigt.

Nach dem Verbot der Vereinigungen konnte folgendes festgestellt werden:
- Herr ___, »Kameradschaft Hamm«, wurde anlässlich einer Rede auf einer politischen Versammlung am 25.08.2012 in Wuppertal zur Verhinderung von Straftaten festgenommen. Zuvor wurde bereits in Essen wegen eines Verstoßes gegen das Vereinsgesetz am gleichen Tag eine Strafanzeige gefertigt.
- Herr ___, Führungsspitze der »Kameradschaft Hamm« wurde am 25.08.2012 wegen Widerstand gegen Polizeibeamte am Essener Hauptbahnhof festgenommen.
- Gegen Herrn ___, »Nationaler Widerstand Dortmund«, wurde anlässlich einer Rede in Essen am 25.08.2012 eine Strafanzeige wegen Verstoß gegen das Vereinsgesetz gefertigt.
- Gegen Herrn ___, »Nationaler Widerstand Dortmund«, wurde wegen des Tragens eines T-Shirts am 26.08.2012 mit der Aufschrift »nw-dortmund« und »Dortmund ist unsere Stadt« eine Strafanzeige nach dem Vereinsgesetz gefertigt. Aufgrund von polizeilichen Beobachtungen konnte festgestellt werden, dass sich ständig 20 bis 30 Personen seit dem Vereinsverbot an der Privatanschrift von Herrn ___ aufhalten, die alle der rechten Szene zugehörig sind.
- Am 25.08.2012 mietete Herr ___, »Nationaler Widerstand Dortmund«, einen Opel Vivaro an. Als Rechnungsanschrift wurde Herr ___ angegeben. Dieses Fahrzeug wurde mit einer Lautsprecheranlage ausgestattet und wurde auf den Versammlungen in Wuppertal und Essen am letzten Wochenende eingesetzt.
- Für den Abend am 25.08.2012 wurde durch Herr ___ ein Aufzug in Dortmund mit dem Ziel am ehemaligen Lager der verbotenen Vereinigung »Nationaler Widerstand Dortmund« zu demonstrieren angemeldet. Diese Versammlung wurde durch den Polizeipräsidenten Dortmund als Versammlungsbehörde verboten.

Dieses Verhalten der letzten Tage zeigt deutlich, dass trotz eines Verbots weiter aktiv für eine verbotene Vereinigung geworben wird und dass weiter eine Organisationsstruktur vorhanden ist und versucht wird, diese weiter zu festigen.

Das ist im Besonderen für den »Antikriegstag« zu erwarten.

Dieses fällt unter den Tatbestand des § 20 VereinsG. Gem. § 20 Abs. 1 Nr. 2 Vereinsgesetz macht sich strafbar, wer im räumlichen Geltungsbereichs dieses Gesetzes durch eine darin ausgeübte Tätigkeit den organisatorischen Zusammenhalt eines Vereins entgegen einem vollziehbaren Verbot oder entgegen einer vollziehbaren

Feststellung, dass er Ersatzorganisation eines verbotenen Vereins ist, aufrechterhält oder sich in einem solchen Verein als Mitglied betätigt.

Die ausgeübte Tätigkeit, hier der »Antikriegstag« dann strafbar, wenn durch die Tätigkeit der organisatorische Zusammenhalt eines Vereins entgegen einem vollziehbaren Verbot aufrechterhalten wird. Den organisatorischen Zusammenhalt einer Vereinigung hält aufrecht, wer darauf hinwirkt, dass sie trotz Verbots bestehen bleibt (Seidl, in: Albrecht/Roggenkamp, Vereinsgesetz – Kommentar, 2014, § 20, Rn. 14). Davon muss vorliegend ausgegangen werden.

Um dem entgegen zu wirken, muss ein Versammlungsverbot ausgesprochen werden. Ein milderes Mittel ist nicht erkennbar.

Sie haben die Versammlung für die nun verbotene Vereinigung angemeldet; dies ergibt sich insbesondere aus folgenden Fakten:

Die Vereinigung »Nationaler Widerstand Dortmund« ist am 10.08.2012 durch das Ministerium für Inneres und Kommunales des Landes Nordrhein-Westfalen (MIK NRW) verboten (Az. 402.57.07.12) verboten worden. Diese Vereinigung tritt auch unter den Namen »Kameradschaft Dortmund«, »NW/Nationaler Widerstand Dortmund« und »AN/Autonome Nationalisten Dortmund« auf. Das Verbot gilt auch für diese Bezeichnungen.

Seit der Gründung im Jahre 1983 durch den ehemaligen Führungsaktivisten und Gründer der Vereinigung ____ hat sich die personelle Zusammensetzung der Führungsebene gewandelt.

Seit 2007 wurde ____ durch das Führungs-Duo ____ und ____ abgelöst.

Sie und Herr ____koordinieren seit dem vorrangig die Aktivitäten der Vereinigung.

Aktuell teilen sich mehrere nahezu gleichrangige Personen die Führungsposition, u.a. auch Sie als Redner, Anmelder von Demonstrationen, Gründer des Resistore-Verlages, ehemaliger Verantwortlicher des Infoportales Dortmund, sowie Teilnehmer an den Kameradschaftsabenden.

Sie bilden gemäß der Verbotsverfügung v. 10.08.2012 des MIK NRW den geistigen Führer der Vereinigung, der als Führungsgrundlage das 25-Punkte Programm der NSDAP als verbindlich erachtet. Der »Antikriegstag« wird seit 2006 von ihnen angemeldet. So auch im Jahr 2012.

Auch wenn Sie als Person und nicht als Vereinigung »Nationaler Widerstand Dortmund« die Versammlung angemeldet haben, ist jedem unvoreingenommenen Betrachter klar, dass der »Antikriegstag« eine Versammlung des »Nationalen Widerstands Dortmund« ist.

Dies wird insbesondere dadurch deutlich, dass Sie sich seit Jahren und auch in diesem Jahr mit den anderen Führungsfiguren der Vereinigung wechselseitig vertreten.

Des Weiteren wurde der Resistore Verlag eindeutig der verbotenen Vereinigung »Nationaler Widerstand Dortmund« zugeordnet. Im Zuge des Vereinsverbots wurde das Vereinsvermögen des Verlags eingezogen.

Die Werbung für den »Antikriegstag wird, wie in den Vorjahren auch, aktuell durch das Kleben von Plakaten und Spukies begleitet. Auch in diversen Internetauftritten wird die Versammlung beworben. Als Organisation zeichnen sich immer der verbotene »Nationale Widerstand Dortmund« und »AN Dortmund« verantwortlich.

Damit wird auch deutlich, dass es sich bei dem »Antikriegstag« um eine Veranstaltung des »Nationalen Widerstandes Dortmund« handelt.

Die Verbotsverfügung ist daher an Sie, als Veranstalter für den »Nationaler Widerstand Dortmund« zu richten.

Zu 2.

Das Verbot jeglicher Ersatzveranstaltung(en) ist notwendig, um zu verhindern, dass das Verbot umgangen wird. Die dem Verbot zugrunde liegende Begründung lässt eine Ersatzveranstaltung des zu erwartenden Teilnehmerkreises vor identischem Hintergrund und in zeitlichem Zusammenhang auch an einer anderen Örtlichkeit im Zuständigkeitsbereich der Kreispolizeibehörde Dortmund nicht zu.

Zu 3.

Die Anordnung der sofortigen Vollziehung gem. § 80 Abs. 2 Satz 1 Nr. 4 VwGO liegt im besonderen öffentlichen Interesse. Dem durch das Verbot verfolgten Ziel einer Verhinderung von Straftaten und konkret drohender Personen- und Sachschäden muss bei sachgerechter Abwägung Vorrang vor dem Interesse an der Durchführung der angemeldeten Versammlung eingeräumt werden. Würde die sofortige Vollziehung dieser Verfügung nicht angeordnet, wäre es wegen der aufschiebenden Wirkung einer Anfechtungsklage möglich, das ausgesprochene Verbot zu unterlaufen. Bei Durchführung der Versammlung hätte aber dann das Verbot jeglichen Sinn verloren. Die Anordnung der sofortigen Vollziehung zur Abwehr der genannten erheblichen Gefahren ist daher unumgänglich.

Rechtsbehelfsbelehrung

(…)

Mit freundlichen Grüßen

Im Auftrag

(N.N.)

4. Beschränkende Verfügungen

a) Ablehnung des Versammlungsleiters

Gem. § 15 Abs. 1 des Versammlungsgesetzes (BVersG) wird zur Auflage gemacht: 57

Herr Max Mustermann wird als verantwortlicher Leiter der genannten Versammlung abgelehnt. Eine Person, die den Anforderungen des BVersG an einen Versammlungsleiter genügt, ist der Versammlungsbehörde so bald wie möglich und rechtzeitig vor Beginn der Versammlung am ___ zu benennen.

Begründung

Nennung/Erläuterung der entsprechenden Rechtsgrundlagen
(§ 15 Abs. 1 BVersG)

Gem. § 15 Abs. 1 BVersG kann die zuständige Behörde eine Versammlung oder einen Aufzug von bestimmten Auflagen abhängig machen, wenn nach den zur Zeit des Erlasses der Verfügung erkennbaren Umständen die öffentliche Sicherheit oder Ordnung bei Durchführung der Versammlung oder des Aufzuges unmittelbar gefährdet ist.

Solche Auflagen (»beschränkende Verfügungen«) dürfen erlassen werden, wenn bei verständiger Würdigung der erkennbaren Umstände die Durchführung der Versammlung mit Wahrscheinlichkeit eine unmittelbare Gefährdung der öffentlichen Sicherheit oder Ordnung verursacht. Dabei ist von einer unmittelbaren Gefährdung dann auszugehen, wenn der drohende Schadenseintritt so nahe ist, dass er jederzeit, unter Umständen sofort, eintreten kann (OVG Münster, Urteil vom 20.10.1988 – 4 A 2635/85, NVwZ 1989, 886). Nach der vom BVerfG übernommenen gesicherten Interpretation umfasst der Begriff der öffentlichen Sicherheit »den Schutz zentraler Rechtsgüter, wie Leben, Gesundheit, Freiheit, Ehre und Vermögen sowie die Unversehrtheit der Rechtsordnung und der staatlichen Einrichtungen«. Unter dem Begriff der öffentlichen Ordnung versteht das BVerfG »die Gesamtheit der ungeschriebenen Regeln, deren Befolgung nach den jeweils herrschenden und mit dem Wertgehalt des Grundgesetzes zu vereinbarenden sozialen und ethischen Anschauungen eines geordneten menschlichen Zusammenlebens innerhalb eines bestimmtes Gebietes anzusehen ist (BVerfG, Beschl. v. 07.04.2001 – 1 BvQ 17/01 u.a., DVBl 2001, 1054).

Der Begriff »Umstände« im Sinne des § 15 Abs. 1 BVersG umfasst Tatsachen, Verhältnisse, Sachverhalte sowie sonstige Einzelheiten. Solche »Umstände« sind »erkennbar«, wenn sie offen zutage treten oder wenn sie der zuständigen Behörde bei dem von ihr zu fordernden Bemühungen um Sachaufklärung zur Verfügung stehen.

Die Voraussetzungen des § 15 Abs. 1 BVersG liegen nach den von der Versammlungsbehörde zu bewertenden Tatsachenerkenntnissen zu der Person des Versammlungsleiters, Herrn Max Mustermann, vor. Herr Mustermann genügt nicht den besonderen Anforderungen, die an eine verantwortliche Versammlungsleitung nach den Maßgaben des BVersG gestellt werden.

Art. 8 des Grundgesetzes (GG) garantiert neben dem Recht, sich friedlich und ohne Waffen zu versammeln, auch ein Recht auf Leiten einer Versammlung. Gem. § 18 Abs. 1 BVersG sind für Versammlungen unter freiem Himmel die §§ 7 Abs. 1, §§ 8, 9 Abs. 1, §§ 10, 11 Abs. 2, §§ 12 und 13 Abs. 2 entsprechend anzuwenden.

Entsprechend § 7 Abs. 1 BVersG muss jede öffentliche Versammlung einen Leiter haben. Dieser bestimmt den Ablauf der Versammlung und hat während er Versammlung für Ordnung zu sorgen (§ 8 BVersG).

In der Kommentarliteratur zum Versammlungsgesetz (Dietel/Gintzel/Kniesel, Versammlungsgesetz, 16. Aufl. 2011, § 7, Rn. 8) wird dazu ausgeführt:

»(…) Veranstalter und Leiter sind im Rahmen der ihnen übertragenen Organisationsgewalt verpflichtet, dem Friedlichkeitsgebot der Versammlungsfreiheit zu entsprechen. Insofern sind an die Integrität und die Qualifikation des Leiters besondere Anforderungen zu stellen. Er muss geeignet sein, die ihm gesetzlich übertragenen Aufgaben selbstverantwortlich zu erfüllen. Er muss zuverlässig und nach seiner Reife und seinem persönlichem Vermögen imstande sein, den ordnungsgemäßen Ablauf einer von ihm geleiteten Versammlung sicherzustellen. (…) An der erforderlichen Eignung fehlt es insbesondere dann, wenn die als Leiter vorgesehene Person eine Gefahr für den ordnungsgemäßen Ablauf der Veranstaltung kennt oder kennen muss und keine organisatorischen Vorkehrungen und Maßnahmen zur Eindämmung dieser trifft. Zweifel an der Zuverlässigkeit und Eignung der als Leiter vorgesehenen Person müssen durch Tatsachen belegbar sein (…)«.

Umstände, die Zweifel an der Zuverlässigkeit nach sich ziehen, können sich aus der Person des Versammlungsleiters, früheren Versammlungsabläufen sowie aus strafrechtlichen Verurteilungen ergeben. Der notwendigen Integrität, Qualifikation, Eignung und Zuverlässigkeit stehen hier folgende Erkenntnisse aus Ermittlungsverfahren zu Herrn Max Mustermann entgegen:

Lfd. Nr.	Tatzeit	Behörde	Vorwurf	Verfahrensausgang	Bemerkungen
1	30.07.2013	StA Münster	Nötigung, Verstoß gg. BVersG	50 Tagessätze zu je 30 Euro Geldstrafe	Az. 222 Js. 2345/13
2	(…)	(…)	Beleidigung z.B. Polizeibeamten	(…)	(…)
3	(…)	(…)	Volksverhetzung	(…)	(…)
(…)	(…)	(…)	(…)	(…)	(…)
14	(…)	(…)	(…)	(…)	(…)

Zu den relevanten Vorfällen wird ausgeführt:

Herr Mustermann ist im gesamten Bundesgebiet allein in den letzten zwei Jahren mehrfach durch Beleidigungsdelikte und anderen (versammlungstypischen) Straftaten im Rahmen von Veranstaltungen der Bürgerbewegung »PRO Deutschland« in Erscheinung getreten.

Hier: Einzelne Vorfälle (ergänzend) anführen!

Die skizzierten Vorfälle sowie die oben genannten Ermittlungsverfahren sind alle als versammlungsrelevant zu werten, da sie in ihrer Gesamtheit zu würdigen sind und damit den Rückschluss auf eine mangelnde Qualifikation des Herrn Mustermann rechtfertigen. Sein Gesamtverhalten macht deutlich, dass er nicht geeignet ist, als verantwortlicher Leiter zu fungieren. Er verhält sich selbst gesetzeswidrig.

Ihm als Leiter obliegt es, auch die Öffentlichkeit vor strafwidrigem Verhalten aus der Versammlung heraus zu schützen. Da er aber offenbar selbst nicht in der Lage ist bzw. nicht willens ist, sich gesetzestreu zu verhalten, ist hier anzunehmen, dass er strafrechtlich relevantes Verhalten seiner Teilnehmer nicht nur nicht unterbindet, sondern auch noch fördert. Es ist die Annahme gerechtfertigt, dass Herr Mustermann als Versammlungsleiter nicht gewillt bzw. nicht in der Lage ist, Verstöße gegen die öffentliche Sicherheit oder Ordnung im Rahmen seiner versammlungsrechtlichen Pflichten als Versammlungsleiter weitgehend zu verhindern oder zu unterbinden.

Um die hier in Rede stehende Versammlung störungsfrei und ohne (vermeidbare) Gefahren für die öffentliche Sicherheit und Ordnung durchzuführen zu können, sind hohe Anforderungen an den verantwortlichen Leiter gestellt, bei insbesondere auch Kompetenz und Durchsetzungskraft gefordert sind. Der Leiter bestimmt den Ablauf der Versammlung. Er hat während der Versammlung für Ordnung zu sorgen (§ 8 BVersG). Diese Ordnung dient nicht nur dem Schutz der Rechtsgüter Dritter und der Allgemeinheit. Vielmehr gehört zu dieser Ordnung auch, dass das Versammlungsrecht als ein kommunikatives Grundrecht in einem bestimmten Ordnungsrahmen ausgeübt werden muss. Diese so verstandene Ordnung prägt Sinn und Zweck der Veranstaltung. Insbesondere wird verlangt, dass die Austragung unterschiedlicher, auch sich widersprechender Auffassungen zulässig ist.

Die ohnehin anspruchsvolle Aufgabe des Versammlungsleiters ist bei einer Versammlung, die erhebliche Gegenproteste bewirkt, noch bedeutungsvoller und wichtiger als bei einer Versammlung ohne Gegenveranstaltungen, denn das Äußern von Gegenmeinungen ist weder Straftat noch Störung. Vielmehr muss der Leiter einer Versammlung Gegenmeinungen zulassen, auch wenn dadurch die Aussage des Veranstalters relativiert oder gar in Frage gestellt wird. In gleicher Weise erhöht sich auch die Erforderlichkeit einer kooperativen und vertrauensvollen Zusammenarbeit zwischen dem Versammlungsleiter und der Polizei, damit eine ungestörte Grundrechtsausübung aller erreicht werden kann.

Das von Herrn Max Mustermann in Münster und anderen Städten bei Versammlungen und Veranstaltungen gezeigte Verhalten macht deutlich, dass er verbal »einpeitschend« auf andere Personen einwirkt. Bei gegenläufigen Rechts-/Links-Versammlungen in Münster ist nach der mir zustehenden Gefahrenprognose unter Berücksichtigung (vollzugs-)polizeilicher Erfahrungswerte – unter Würdigung einer hohen Teilnehmerzahl und (massiven) Gegenprotesten jeglicher Art – nicht auszuschließen, dass es Gegendemonstranten gelingen wird, in die Nähe Ihrer Versammlung zu kommen. Hierfür ist ein zuverlässiger Versammlungsleiter erforderlich, der ggf. in Zusammenarbeit mit der Polizei Konfliktsituationen unter allen Bedingungen beherrscht und weder durch unzulässiges passives Unterlassen noch durch unzulässiges aktives Tun eines Eskalation und Radikalisierung weiter fördert. Als Verantwortlicher für die Versammlung hat der Leiter vor Ort die Teilnehmer gegen Gefahren aus der Versammlung und die Öffentlichkeit gegen Gefahren durch die Versammlung zu schützen.

Der mit dieser (beschränkenden) Verfügung einhergehende Eingriff in die Versammlungsfreiheit aus Art. 8 GG steht in einem angemessenen Verhältnis zu dem Gewicht und der Bedeutung der Versammlungsfreiheit. Bei einer Abwägung zwischen dem Grundrechtseingriff einerseits, dem Gewicht und der Dringlichkeit der ihn rechtfertigenden Gründe andererseits bleibt eine Grenze der Zumutbarkeit gewahrt.

Herrn Max Mustermann wird ausdrücklich nicht untersagt, an der Versammlung teilzunehmen. Nach Wertung seiner Persönlichkeit hinsichtlich Eignung und Zuverlässigkeit als Versammlungsleiter kann jedoch keine mildere Maßnahme verhängt werden. Ohne dass das Ziel, die öffentlicher Sicherheit und Ordnung zu wahren, verfehlt worden wäre.

Die Auflage im Sinne des § 15 Abs. 1 BVersG entspricht auch unter Abwägung der Interessen des Anmelders gegenüber denen der im Sicherheitsinteresse der Allgemeinheit handelnden Polizei dem Grundsatz der Verhältnismäßigkeit. Diese Auflage stellt angesichts des Rechts der Allgemeinheit auf Gewährleistung der öffentlichen Sicherheit und Ordnung den mildesten Eingriff dar. Die Auflage ist geeignet, erwartete unmittelbare Gefahren für die öffentliche Sicherheit und Ordnung zu verhindern. Sie berücksichtigt die Rechte des Veranstalters und die der Versammlungsteilnehmer und wahrt im Sinne einer praktischen Konkordanz die Rechte und Interessen unbeteiligter Dritter. Sie gewährleistet, dass die geplanten Veranstaltungen am (...) – auch vor dem Hintergrund von zu erwartenden Gegenprotesten – in einer angespannten und allseits stark emotional geprägten Situation vor Ort einen störungsfreien, gefahrlosen Verlauf nimmt und mögliche Beeinträchtigungen der öffentlichen Sicherheit und Ordnung soweit wie möglich reduziert werden.

Anmerkung

58 Nach dem VGH Mannheim kommt ein Versammlungsverbot in Betracht, wenn erkennbare Umstände die Annahme rechtfertigen, der Versammlungsleiter sei nicht

Willens oder in der Lage, Verstöße gegen die öffentliche Sicherheit weitgehend zu verhindern oder zu unterbinden; eine (absolute) Garantie, dass solche Verstöße nicht begangen werden, kann nicht gefordert werden[76]. Vor dem Verbot ist in Erwägung zu ziehen, den Versammlungsleiter abzulehnen[77].

Entsprechend § 15 Abs. 1 BVersG ist Tatbestandsvoraussetzung eine unmittelbare Gefährdung der öffentlichen Sicherheit.

▶ **Beispiel:**

Es liegen gesicherte Erkenntnisse dafür vor, dass der Leiter Versammlungsteilneh-　59
mer zu Gewalttätigkeiten oder Straftaten anstiften wird[78].

Ist der Leiter zugleich Veranstalter der Versammlung, käme seine Ablehnung einem　60
Versammlungsverbot gleich, mit Konsequenz, dass die besonderen Verbotsvorausset-
zungen vorliegen müssten[79].

Das bayVersG enthält ein gesetzliches Ablehnungsrecht. Nach Art. 13 Abs. 5 bay-　61
VersG kann die zuständige Behörde den Leiter ablehnen, wenn Tatsachen die Annah-
me rechtfertigen, dass dieser die Friedlichkeit der Versammlung gefährdet. Nach der
Gesetzesbegründung orientieren sich die materiellen Voraussetzungen an der in Art. 8
Abs. 1 GG formulierten Schutzbereichsgrenze der Friedlichkeit einer Versammlung[80].
Die Gefährdung kann insbesondere darin bestehen, dass der Leiter selbst die Teil-
nehmer zur Unfriedlichkeit anhalten will oder nicht willens oder in der Lage ist, eine
solche Entwicklung aus der Versammlung heraus zu verhindern[81].

In Niedersachsen erlaubt § 10 Abs. 1 Satz 2 ndsVersG der zuständigen Behörde die　62
Ablehnung des Leiters, wenn dieser die öffentliche Sicherheit unmittelbar gefährdet.
Abzustellen ist dabei nicht auf eine allgemeine Eignung und/oder Zuverlässigkeit als
Leiter einer Versammlung, sondern auf die konkrete unmittelbare Gefährdung der
öffentlichen Sicherheit. Dabei darf die Behörde aus gegebenem Anlass die Zuverlässigkeit eines Versammlungsleiters prüfen, es besteht aber keine allgemeine – also nicht
anlassbezogene – Verpflichtung des Versammlungsleiters, Maßnahmen zur Sicherung
vor Störungen der öffentlichen Sicherheit nachzuweisen. Anknüpfungspunkt darf also
nicht eine bloße Unbotmäßigkeit sein. Dementsprechend hat der Niedersächsische
Gesetzgeber in § 10 Abs. 1 Satz 2 ndsVersG bewusst auf den unbestimmten Begriff der
fehlenden persönlichen Eignung des Versammlungsleiters verzichtet[82].

Letztlich dürfte eine Ablehnung des Versammlungsleiters nur in Betracht kommen,　63
wenn bereits entsprechende Erfahrungen aus vorherigen Versammlungen oder

---

76　VGH Mannheim, DVBl 1999, 1753.
77　*Ott/Wächtler/Heinhold*, § 7 Rn. 4.
78　*Zeitler*, Rn. 180, der darauf hinweist, dass der Nachweis nur in den seltensten Fällen gelin-
　　gen wird.
79　*Zeitler*, Rn. 180.
80　LT-Drucks. 16/1270, S. 8.
81　*Welsch/Bayer*, Rn. 76.
82　VG Braunschweig, Urt. v. 06.10.2011 – 5 A 82/10.

Verurteilungen vorliegen oder ausreichend abgesicherte Erkenntnisse über unfriedliche Absichten vorliegen[83].

64   Nicht zulässig ist die behördliche Bestimmung eines neuen Leiters wegen vermeintlicher Unzuverlässigkeit des vom Veranstalter vorgesehenen Leiters oder gar des Veranstalters selbst. Der Leiter darf nicht abgelehnt werden, weil er unfähig gehalten wird, die innere Ordnung der Versammlung zu gewährleisten[84].

b) Anordnungen hinsichtlich der Verwendung von Ordnern

65   Gem. § 15 Abs. 1 des Versammlungsgesetzes (BVersG) wird zur Auflage gemacht:
   1. Je 50 Teilnehmer/-innen ist eine ehrenamtliche Ordnerin/ein ehrenamtlicher Ordner einzusetzen. Diese Personen sind nur mit weißen Armbinden kenntlich zu machen, die lediglich die Aufschrift »Ordner« tragen dürfen. Diese Personen müssen volljährig, unbewaffnet und während der gesamten Versammlung anwesend sein. Ordner haben keine Zwangsbefugnisse; sie müssen sich prinzipiell der Hilfe der Polizei bedienen. Ordner/-innen haben den Anweisungen des Versammlungsleiters und der Polizei Folge zu leisten. Name, Anschrift und Geburtsdatum/-ort der vorgesehenen Ordner/-innen sind noch vor dem Veranstaltungstag zu benennen. Die Ordner/-innen sind bis zum Beginn der Versammlung dem polizeilichen Verbindungsbeamten vorzustellen, über ihre Aufgaben und die erlassenen Auflagen dieses Bescheids ausreichend zu belehren und anzuhalten, gegen Störungen in angemessener Form einzuschreiten. Die Einweisung soll in Anwesenheit der Polizei bis spätestens ____ Uhr erfolgen.
   2. Vorbestrafte Ordner dürfen nicht eingesetzt werden
   3. Versammlungsleiter und Ordner sind verpflichtet, die Polizei über versammlungsrechtliche und strafrechtliche Verstöße zu informieren, die von dem Versammlungsleiter oder den Ordnern nicht unterbunden werden können.

Die Auflagen dürften teils nicht ausreichend begründet, teils rechtswidrig sein.

Begründung

Nennung/Erläuterung der entsprechenden Rechtsgrundlagen
(§ 15 Abs. 1 BVersG)

Zu 1.

Nach § 7 Abs. 1 BVersG muss jede öffentliche Versammlung einen Leiter haben. Der Leiter bestimmt den Ablauf der Versammlung. Er hat während der Versammlung für Ordnung zu sorgen (§ 8 S. 1 und 2 BVersG). Nach § 9 Abs. 1 Satz 1 VersG kann sich der Leiter bei Durchführung seiner Rechte aus § 8 der Hilfe einer angemessenen Zahl ehrenamtlicher Ordner bedienen. Diese Regelung für öffentliche Versammlungen in geschlossenen Räumen ist gem. § 18 Abs. 1 BVersG

---

83 *Welsch/Bayer*, Rn. 76.
84 *Zeitler*, Rn. 182.

für öffentliche Versammlungen unter freiem Himmel entsprechend anzuwenden. Für Aufzüge, d.h. für öffentliche Versammlungen unter freiem Himmel, die sich fortbewegen, bestimmt § 19 Abs. 1 BVersG: Der Leiter des Aufzugs hat für den ordnungsgemäßen Ablauf zu sorgen. Er kann sich der Hilfe ehrenamtlicher Ordner bedienen, für welche § 9 Abs. 1 und § 18 BVersG gelten. Nach § 18 Abs. 2 BVersG bedarf der Einsatz von Ordnern der polizeilichen Genehmigung.

Das Verhältnis 1 Ordner/-in je 50 Teilnehmer/-innen ist aus polizeilicher Sicht erforderlich, um einen störungsfreien Verlauf der Versammlung zu gewährleisten.

Zu 2.

Die Auflage ist erforderlich, um die sachgerechte Überprüfung der Ordner auf Geeignetheit und die Einweisung der Ordner durchführen zu können. Nur mit Hilfe der Personalien können die Ordner entsprechend auf ihre Zuverlässigkeit überprüft werden.

Die Ordner/-innen sind nicht mit polizeilichen Befugnissen ausgestattet. Der Einsatz von Ordner/-innen dient der Aufrechterhaltung der Sicherheit und Ordnung innerhalb der Veranstaltung. Ein geordneter Versammlungsablauf setzt voraus, dass Fragen des Ordnereinsatzes ohne Zeitverzug rechtzeitig vor Beginn der Veranstaltung geklärt werden. Insoweit ist die zeitliche Vorgabe angemessen und erforderlich. Weiterhin muss die Polizei die Möglichkeit haben, die vom Versammlungsleiter bestellten Ordner vor Versammlungsbeginn zu überprüfen, ob sie die Voraussetzungen des § 9 Abs. 1 BVersG erfüllen bzw. ob begründete sachliche Zweifel an deren Qualifikation bestehen.

Die Auflage vermeidet auch im Interesse des Veranstalters unnötige Verzögerungen.

Zu 3.

Der Einsatz vorbestrafter Ordner gefährdet die ordnungsgemäße Durchführung der Versammlung.

Zu 4.

Durch die Auflage wird sichergestellt, dass entsprechende Verstöße verfolgt werden können. Das dient auch dem Schutz der Versammlung.

Anmerkung

Zu 1.

Das Versammlungsgesetz räumt dem Leiter einer öffentlichen Versammlung unter 66 freiem Himmel oder eines Aufzugs das Recht ein, Ordner einzusetzen, bestimmt indes hierzu keine gesetzliche Verpflichtung. Dem Leiter ist grundsätzlich freigestellt, Ordner einzusetzen oder nicht. Die Bestimmungen über die Verwendung von Ordnern sind jedoch nicht als eine abschließende Regelung zu verstehen, die einen Rückgriff auf die allgemeine Befugnisnorm des § 15 Abs. 1 BVersG ausschließt.

Wenn Ordner verwendet werden sollen, bedarf das gem. § 18 Abs. 2 BVersG der polizeilichen Genehmigung (Erlaubnis).

67   Eine Pflicht des Leiters einer öffentlichen Versammlung unter freiem Himmel oder eines Aufzuges, Ordner zu verwenden, kann somit grundsätzlich durch eine beschränkende Verfügung (Auflage) nach § 15 Abs. 1 BVersG begründet werden. Dies wird mit der Aufgabe der Ordner für die Gefahrenabwehr begründet, sie seien erforderlich, »um die öffentliche Sicherheit und Ordnung zu gewährleisten, insbesondere die Sicherheit und Leichtigkeit des Verkehrs, Leben, Körper und Gesundheit der Teilnehmer und Passanten, Schutz der verfassungsmäßigen Ordnung, zur Verhinderung von Ausschreitungen und Sachbeschädigungen«[85]. Zwar ist es nicht Aufgabe des Versammlungsleiters, sondern der Polizei, die öffentliche Sicherheit aufrecht zu erhalten, soweit von außen auf die Versammlung eingewirkt werden soll, d.h. gegen Störungen durch Nichtteilnehmer vorzugehen[86]. Eine Ordnerauflage kann gleichwohl ein geeignetes Mittel zur Gefahrenabwehr sein.

68   Es ist anerkannt, dass für den Einsatz von Ordnern Anordnungen ergehen können, um eine störungsfreie Durchführung der Versammlung zu gewährleisten. Dies erfordert indes eine Gefahrenprognose, die an der in § 15 Abs. 1 BVersG vorausgesetzten »unmittelbaren Gefahr« auszurichten ist[87].

69   Entsprechende Anordnungen hinsichtlich der Verwendung von Ordnern sind rechtmäßig, soweit nicht überzogene Anforderungen an die Veranstalter gerichtet werden. Es entspricht der allgemeinen Praxis, dass dem Versammlungsleiter von der Versammlungsbehörde (auch bei Versammlungen, bei denen von vorneherein nicht von einem unfriedlichen Verlauf ausgegangen wird) der Einsatz einer gewissen Zahl von Ordnern aufgegeben wird, die sicherstellen sollen, dass die Versammlung reibungslos verläuft. Denn es ergibt sich aus generellen Erfahrungen mit anderen Demonstrationen, dass zum Schutz der Versammlung und zum Schutz anderer Verkehrsteilnehmer und Passanten eine ausreichende Zahl von Ordnern anwesend sein muss[88]. Dabei muss es der Versammlungsbehörde im Einzelfall überlassen werden, welches zahlenmäßige Verhältnis sie zwischen Ordnern und Teilnehmern vorgibt[89]. Die erforderliche Anzahl richtet sich nach dem Einzelfall und bedarf einer entsprechenden Begründung[90]. Es ist zu ermitteln, wie viele Ordner erforderlich sind, um einen ordnungsgemäßen Ablauf der Veranstaltung zu gewährleisten zu können. Dabei muss sich die Anzahl dann danach richten, dass die Ordner im Rahmen ihrer Möglichkeiten deeskalierend auf die eigenen Versammlungsteilnehmer einwirken können[91].

---

85 OVG Koblenz, BeckRS 2010, 46727.
86 VGH München, BeckRS 2008, 28581.
87 *Brenneisen/Wilksen/Staack/Petersen/Martins*, Die Polizei 2012, 121/124.
88 VG Göttingen, BeckRS 2009, 34535.
89 *Leist*, S. 319.
90 VGH München, NJW 1981, 2428/2429.
91 *Jenssen*, S. 97.

Braun/Keller

Soll eine bestimmte Anzahl von Ordnern eingesetzt werden, kann dies zwar im Wege 70
einer auf § 15 Abs. 1 BVersG gestützten beschränkenden Verfügung angeordnet werden[92]. Voraussetzung ist aber, dass die von der Behörde angeordnete Ordnerzahl erforderlich ist, um eine andernfalls drohende Gefährdung der öffentlichen Sicherheit
abzuwehren[93].

Andererseits kann auch durch die Versagung der Zulassung von Ordnern nach § 18 71
Abs. 2 BVersG in das Grundrecht auf Versammlungsfreiheit eingegriffen werden,
wenn etwa in Zusammenhang mit einer entsprechenden Auflage hierdurch die Versammlung zahlenmäßig beschränkt wird mit der Folge, dass nicht mehr alle Demonstrationsteilnehmer an der Versammlung teilnehmen können. Voraussetzung hierfür ist
jedoch die – zumindest mögliche – Kausalität zwischen der Ablehnung der Zulassung
von Ordnern einerseits und der tatsächlichen Beeinträchtigung der Versammlung in
ihrem Ablauf andererseits[94].

Zu 2.

Eine Verpflichtung zur Übermittlung der Ordnerdaten ergibt sich **nicht** aus § 18 72
Abs. 2 BVersG. Die Erlaubnis bezieht sich nur auf die Verwendung von Ordnern an
sich.

Die Versammlungsbehörde bzw. die Polizei müssen aber die Möglichkeit haben, die 73
ausgewählten Ordner vor Beginn der Versammlung daraufhin zu überprüfen, ob sie
die Voraussetzungen des § 9 Abs. 1 BVersG erfüllen[95]. So ist die in einer Begründung
zu einer Auflage erfolgte Aussage, dass die Ordner sich ausweisen können müssen,
damit die jeweilige Identität der Personen sichergestellt werden kann, nicht zu beanstanden, weil das Mitführen von Ausweispapieren lediglich in Zweifelsfällen der
Überprüfungsmöglichkeit des in § 9 Abs. 1 VersG geregelten Mindestalters dient.
Insofern ist die Forderung, die Namen der eingesetzten Ordner zur Überprüfung
von deren Zuverlässigkeit und Eignung der Polizei zu nennen, rechtmäßig. Der Einsatz von Ordnern ist bei Versammlungen unter freiem Himmel und bei Aufzügen
nämlich – anders als bei geschlossenen Räumen – gem. §§ 18 Abs. 2, 19 Abs. 1
BVersG erlaubnispflichtig. Die versammlungsrechtlich zuständige Behörde kann also
nach pflichtgemäßem Ermessen die Erlaubnis auch versagen. Eine pflichtgemäße
Ermessensausübung setzt indes voraus, dass die Identität der Ordner bekannt ist,
woraus wohl geschlossen werden kann, dass die Behörde auch die Offenbarung dieser
Identitäten verlangen kann[96].

---

92 VG Würzburg, Urt. v. 12.03.2009 – W 5 K 08.1758.
93 *Zeitler*, Rn. 201.
94 OVG Bautzen, Urt. v. 28.07.2009 – 3 B 198/06.
95 OVG Münster, NJW 2001, 1441. A.A. VG Gießen, NVwZ-RR 2010, 18: Keine
   Rechtspflicht des Versammlungsleiters zur Übermittlung personenbezogener Daten an
   Versammlungsbehörde.
96 VG Würzburg, Urt. v. 12.03.2009 – W 5 K 08.1758.

Dagegen ist eine generelle Identitätskontrolle rechtswidrig. § 19 Abs. 1 i.V.m. § 18 Abs. 2 BVersG bieten hierfür keine Grundlage[97].

74 Eine Pflicht des Leiters einer öffentlichen Versammlung unter freiem Himmel oder eines Aufzugs, die Personalien der eingesetzten Ordner in einer Liste zu erfassen, die auf Anforderung der Polizei oder der Versammlungsbehörde vorzulegen ist, kann aber grundsätzlich unter den Voraussetzungen des § 15 Abs. 1 BVersG durch eine beschränkende Verfügung begründet werden[98].

75 Niedersachsen (§ 5 Abs. 3 Nr. 4 ndsVersG) und Bayern (Art. 13 Abs. 6 bayVersG) enthalten entsprechende Regelungen hinsichtlich der Übermittlung von Ordnerdaten. Aber auch diese Normen legitimieren die Datenübermittlung nicht voraussetzungslos. So hat nach Art. 13 Abs. 6 Satz 1 bayVersG der Veranstalter der zuständigen Behörde auf Anforderung die persönlichen Daten eines Ordners im Sinn des Art. 10 Abs. 3 Satz 1 mitzuteilen, wenn Tatsachen die Annahme rechtfertigen, dass dieser die Friedlichkeit der Versammlung gefährdet. Unterhalb dieser Schwelle ist der Veranstalter nicht verpflichtet, die Daten der Ordner zu übermitteln[99].

76 Auch eine Verpflichtung aller Teilnehmer, ihren Personalausweis mit sich zu führen, dürfte rechtswidrig sein[100]. Sie dient lediglich der Erleichterung einer (späteren) Identitätsfeststellung und nicht der Abwehr von Gefahren für die öffentliche Sicherheit oder Ordnung[101].

77 Eine Verpflichtung zur Einweisung der Ordner in Anwesenheit der Polizei erscheint ebenfalls problematisch. Dies kann zwar im Interesse einer vertrauensvollen Zusammenarbeit hilfreich sein. Eine derartige Verpflichtung dürfte aber im Wege einer Auflage nach § 15 Abs. 1 BVersG nur schwerlich zu begründen sein. Die Behörde müsste nachvollziehbar darlegen können, dass aus dem unzureichenden Leitungshandeln Gefahren für die öffentliche Sicherheit oder Ordnung resultieren[102].

Zu 3.

78 Unzulässig ist die Auflage, dass Ordner nicht vorbestraft sein dürfen. Länger zurückliegende oder ohne konkreten Bezug zu der in Rede stehenden Versammlung stehende Vorstrafen können grundsätzlich nicht mehr herangezogen werden, um eine potenzielle Unzuverlässigkeit zu begründen[103]. Rechtswidrig und aufzuheben wäre z.B. die Auflage, dass die Ordner »keine aktiven Feldbefreier gewesen ... und diesbezüglich nicht in Erscheinung getreten seien« dürfen[104]. Anordnung widerspricht bereits

---

97 VG Göttingen, BeckRS 2009, 34535.
98 VGH Mannheim, DVBl 2011, 1305; VG Freiburg, Urt. v. 17.05.2010 – 3 K 464/09.
99 *Welsch/Bayer*, Rn. 79.
100 Nicht beanstandet hatte diese Auflage der VGH München, NJW 1981, 2428; dazu Ott, NJW 1981, 2397 ff.
101 *Jenssen*, S. 250.
102 *Jenssen*, S. 106.
103 *Leist*, S. 319.
104 VG Würzburg, Urt. v. 12.03.2009 – W 5 K 08.1758.

dem Gebot der ausreichenden Bestimmtheit (§ 37 Abs. 1 VwVfG). Denn es bleibt unklar, ob damit »aktive« »Feldbefreier« einerseits und etwaige »passive« andererseits unterschieden werden sollen, ob es daneben die weitere Kategorie der »in Erscheinung getretenen Feldbefreier« gibt und was »in Erscheinung getreten« überhaupt bedeutet.

In Bayern kann die zuständige Behörde zwar den Ordner ablehnen, wenn die Voraus- 79 setzungen nach Satz 1 vorliegen (Art. 13 Abs. 6 Satz 2 bayVersG). Die materiellen Voraussetzungen orientieren an der in Art. 8 Abs. 1 GG formulierten Schutzbereichsgrenze der Friedlichkeit einer Versammlung[105].

Zu 4.

Die Anordnung, mit der der Versammlungsleiter und die Ordner verpflichtet werden, 80 die Polizei über versammlungsrechtliche und strafrechtliche Verstöße zu informieren, die von dem Versammlungsleiter oder den Ordnern nicht unterbunden werden können, ist rechtswidrig, schon mangels hinreichender Bestimmtheit (§ 37 Abs. 1 VwVfG)[106]. Es ist unklar, welche Verstöße gegen versammlungsrechtliche oder strafrechtliche Bestimmungen eine Meldepflicht für den Leiter oder die Ordner auslösen, insbesondere wird nicht erkennbar, ob auch – nicht versammlungsrechtlich relevante – strafrechtliche Verstöße (wie etwa Diebstahl unter den Versammlungsteilnehmern) zu einer Meldung gegenüber der Polizei verpflichten. Vom Adressaten der Anordnung sind daher die Grenzen nicht auszumachen, ab wann ein versammlungsrechtlicher bzw. strafrechtlicher Verstoß vorliegt, der zunächst ihn zum Handeln verpflichtet, und bei Erfolglosigkeit eine Informationspflicht an die Polizei auslöst

c) Verbot von Probeblockaden (»Blockadetraining«)

Gem. § 15 Abs. 1 des Versammlungsgesetzes (BVersG) wird zur Auflage gemacht: 81

Es ist sowohl den Trainern des Blockadetrainings als auch dem Versammlungsleiter, den Ordnern und allen anderen Personen, die sich in Ihrer Versammlung unmittelbar an die Versammlungsteilnehmer wenden, untersagt, den Versammlungsteilnehmern Taktiken und Techniken zu vermitteln, die sie befähigen sollen, nicht verbotene zukünftige Versammlungen oder Aufzüge zu verhindern, zu sprengen oder zu vereiteln, indem zumindest eine grobe Störung verursacht wird. Insbesondere sind das bei bisher andernorts durchgeführten öffentlichen Blockadetrainings durchgeführte Einüben von Sitzblockaden und sogenannte szenische Wegtrageübungen untersagt[107].

---

105 *Welsch/Bayer*, Rn. 79.
106 VGH Mannheim, DVBl 2011, 1305.
107 Mit Schreiben vom 11.01.2011 wurde beim Polizeipräsidium Aachen (NRW) eine als Kundgebung geplante Versammlung unter freiem Himmel mit dem Motto »Blockadetraining« auf dem K.-platz in Stolberg für den 05.02.2011 in der Zeit von 14.45 Uhr bis 20.00 Uhr angemeldet. Als Veranstalter der Versammlung gab der Anmelder an »Den Naziaufmarsch gemeinsam blockieren!«. Als Hilfsmittel gab er an Transparente, Lautsprecher und Flugblätter sowie Info-Tische. Die erwartete Teilnehmerzahl gab er mit 60 Personen an. Als

oder

Probeblockaden jedweder Art und Rollenspiele, deren Inhalt das probeweise Wegtragen von Versammlungsteilnehmern ist, die zu Übungszwecken eine Blockadeaktion simulieren, sowie sonstige schauspielerische Aktionen, die Blockadeaktionen darstellen, sind (...) untersagt[108].

oder

Probeblockaden jedweder Art auf dem oder außerhalb des Industriegleises sowie anderenorts und Rollenspiele, deren Inhalt das probeweise Wegtragen von Versammlungsteilnehmern ist, die zu »Übungszwecken« eine Blockadeaktion simulieren, sind im Verlauf der Versammlung untersagt[109].

Begründung[110]

Nennung/Erläuterung der entsprechenden Rechtsgrundlagen
(§ 15 Abs. 1 BVersG)

Im Rahmen des Kooperationsgesprächs am ___ konnten Sie den geplanten Ablauf des von Ihnen angemeldeten »Blockadetrainings« nicht konkret darzustellen. Durch Ihnen persönlich nicht bekannte »erfahrene Personen« (Trainer) soll das Blockadetraining durchgeführt werden. Teilnehmern sollen rechtliche Hinweise vermittelt werden. Auf Nachfrage erklärten Sie, dass Sie nicht ausschließen können, dass durch die Trainer auch tatsächlich eine Sitzblockade eingeübt und den Teilnehmern in diesem Zusammenhang vermittelt wird, wie man sich effizient bei einer solchen Blockade unterhakt. Auch »Wegtrageübungen« unter Anleitung der Trainer hielten Sie bei konkreter Nachfrage für möglich.

Die Tatsache, dass Ihnen die überregional anreisenden Trainer nicht persönlich bekannt sind, lässt den Schluss zu, dass Sie auch keine Kenntnisse über deren Trainingsmethoden bzw. -inhalte haben.

Sie erklärten, dass das Thema der Versammlung »Blockadetraining« Ihrer Meinung als zu hoch gegriffen gewählt wurde. Gleichwohl wurde das Versammlungsthema von Ihnen nicht korrigiert.

Nach Erkenntnissen der Polizei stehen Ihre Äußerungen im Kooperationsgespräch diametral mit dem Anliegen des von Ihnen vertretenen »Bündnis gegen den

---

Versammlungsleiter benannte er sich selbst. Sinngemäß wurde durch das Polizeipräsidium Aachen als Versammlungsbehörde die hier skizzierte Auflage erlassen.

108 Am 18.04.2009 wurde in Hannover eine Kundgebung unter dem Motto »Antifaschistisches Straßentheater« angemeldet. Nach Erkenntnissen der Versammlungsbehörde sollte dabei geprobt werden, eine für den 01.05.2009 ebenfalls in Hannover angemeldete rechtsextremistische Versammlung zu verhindern. Die Auflage wurde im Fortsetzungsfeststellungsverfahren durch das VG Hannover (Urt. v. 03.03.2011 – 10 A 3442/09) und dann durch das OVG Lüneburg (Beschl. v. 28.07.2011 – 11 LA 101/11) bestätigt.

109 VGH Mannheim, NVwZ 2000, 1201.

110 Begründung des Polizeipräsidiums Aachen.

Naziaufmarsch 2011 in Aachen« mit dem Aufruf auf der eigens hierfür erstellten Internetseite ___ entgegen. Dieses Bündnis ruft dazu auf, durch Massenblockaden und zivilen Ungehorsam die für den ___ und ___ angemeldeten rechtsextremen Aufzüge zu verhindern.

Es gelte:

»Aachen 2011 – Sie werden nicht durchkommen!«

Das Bündnis hat erklärt:

»Ziel aller in dem Bündnis vertretenen Gruppen und Personen ist es, am ___ den rechten Aufmarsch mit einer Massenblockade zu verhindern.«

Das Bündnis unterstützt auch das bundesweite Bündnis »Dresden-Nazifrei« in der dort für den ___ geplanten Blockade eines Naziaufmarsches.

Vorsorglich weise ich darauf hin, dass die Aufforderung in einer Versammlung, Blockaden zur Verhinderung nicht verbotener Versammlungen oder Aufzügen durchzuführen, den Anfangsverdacht einer Straftat im Sinne von § 111 Strafgesetzbuch (Öffentliche Aufforderung zu Straftaten) in Verbindung mit § 21 BVersG rechtfertigt.

Die Rechtsprechung hat zu vergleichbaren Versammlungen, bei denen Blockadetrainings durchgeführt werden sollten, entschieden, dass Probeblockaden jedweder Art sowie Rollenspiele, die zu Übungszwecken eine Blockadesituation simulieren und deren Inhalt das probeweise Wegtragen von Versammlungsteilnehmern ist, eine Gefährdung der öffentlichen Sicherheit darstellen (VGH Mannheim, Beschl. v. 19.02.2000, Az. 1 S 414/00, NVwZ 2000, 1201; VG Dresden, Beschl. v. 31.01.2013, Az. 6 L 35/13).

Dabei ist bereits zweifelhaft, ob Probeblockaden überhaupt vom Schutzbereich des Art. 8 Grundgesetz erfasst werden. Auf jeden Fall stellt es eine Gefährdung der öffentlichen Sicherheit dar, wenn im Gewand einer Versammlung unter freiem Himmel Verhaltensweisen eingeübt werden, die ihrerseits eine Gefährdung der öffentlichen Sicherheit bedeuten. Gem. § 2 Abs. 2 BVersG hat bei öffentlichen Versammlungen jedermann Störungen zu unterlassen, die bezwecken, deren ordnungsgemäße Durchführung zu verhindern. Hiergegen würde durch die Blockade der geplanten rechtsextremen Aufzüge in Dresden und Aachen verstoßen. Das Störungsverbot nach § 2 Abs. 2 BVersG schließt Verhinderungsmaßnahmen im Vorfeld einer nicht verbotenen Versammlung ein, zu denen das gezielte Üben einer hierauf gerichteten Probeblockade gehört (OVG Lüneburg, Beschl. v. 28.07.2011, Az. 11 LA 101/11, DVBl 2011, 820.).

Es obliegt allein der Versammlungsbehörde, ob eine Versammlung verboten oder mit Auflagen versehen wird. Diese Entscheidung ist ggf. in einem Eilverfahren gerichtlich überprüfbar. Die Polizei hat sodann die Aufgabe, die behördlichen Entscheidungen durchzusetzen. Diese für einen demokratischen Rechtsstaat konstitutive Aufgabenverteilung wird in einer das staatliche Gewaltmonopol negierenden Weise konterkariert, wenn sich Einzelne anmaßen zu entscheiden, welche Versammlungen und Aufzüge andere Personen durchführen können. Es steht jedermann frei, sich im Rahmen von Gegendemonstrationen gegen einen rechtsextremen Aufzug zu wenden.

Mit dem von Ihnen angemeldeten »Blockadetraining«, das von Ihnen hinsichtlich des Ablaufes nicht hinreichend substantiiert wurde, ist damit zu rechnen, dass in der Versammlung ein polizeiwidriges Verhalten eingeübt werden soll. Mit der Werbung zur Teilnahme an diesem »Blockadetraining« wird der Anschein erweckt, das Blockieren einer Demonstration sei rechtmäßig. Bereits dies begründet eine unmittelbare Gefahr für die öffentliche Sicherheit, die es durch die erteilte Auflage zu verhindern gilt.

Anmerkung

82 Die Blockade von Verkehrswegen stellt eine weithin verbreitete Form des öffentlichen Protests dar. Dies dürfte vor allem dem Umstand geschuldet sein, dass kaum eine andere Protestform in vergleichbarer Weise dazu geeignet ist, Aufmerksamkeit in der Öffentlichkeit zu erzeugen[111]. In jüngster Zeit haben gerade der Topos der »Verhinderungsblockade« und der »Probeblockade« (»Blockadetraining«) sowohl in der juristischen Praxis als auch in der politischen Auseinandersetzung zunehmend an Bedeutung gewonnen.

83 Bei sog. Verhinderungsblockaden dient die Versammlung dazu, die Durchführung eines Vorhabens zu unterbinden oder jedenfalls zu erschweren[112]. Es handelt es sich in aller Regel um rechtsmissbräuchliche Aktionen des Versammlungsexzesses durch Selbstvollzug[113]. Problematisch ist in diesen Konstellationen vor allem das Merkmal der Friedlichkeit. Solange eine Verhinderungs-blockade passiv bleibt, wird man ihr im Regelfall die Friedlichkeit im Sinne des Art. 8 Abs. 1 GG nicht absprechen können[114]. In Anlehnung an eine Entscheidung des BVerfG[115] soll die »Verhinderungsblockade« daran zu erkennen sein, dass sie im Gegensatz zu bloß demonstrativen Blockaden nicht nur Protest ausdrücke, sondern dasjenige verhindern wolle, was missbilligt wird. Da diese Form des Protests nicht auf die öffentliche Meinungsbildung ziele, soll sie nicht unter den Schutzbereich der Versammlungsfreiheit fallen und von Anfang an rechtswidrig sein[116].

84 In rechtlicher Hinsicht geht es um die Frage, ob Aktivitäten von Teilnehmern einer Versammlung im Sinne von Art. 8 GG, die ihrerseits der Vorbereitung einer

---

111 *Rusteberg*, NJW 2011, 2999.

112 OVG Bautzen, Beschl. v. 02.07.2013 – 3 A 278/13, zur Auslegung des Begriffs »Verhindern einer Versammlung«.

113 *Schwabe*, DVBl 2013, 116.

114 *Höfling/Krohne*, JA 2012, 734/738. Zur verfassungsrechtlichen Einordnung von Blockadeaktionen *Ullrich*, S. 325 ff.

115 BVerfG, NJW 2002, 1031/1032 f.

116 *Hoffmann-Riem*, NVwZ 2002, 257/259.

Gegendemonstration dient, rechtswidrige Vorfeldmaßnahmen in Bezug auf gerade diese Versammlung sein können.

In dem dieser Auflage zugrunde liegenden Fall ging es um ein Blockadetraining. Das 85 VG Aachen wies die gegen die beschränkende Verfügung gerichtete Klage ab. Es betrachtete das geplante Blockadetraining als strafbaren Aufruf zu einer groben Störung nicht verbotener Versammlungen[117]. Ein solches szenisches, mimisches und gestisches »Blockadetraining« ist jedenfalls dann als eine schwerwiegende Verletzung der Rechtsordnung und damit als Störung der öffentlichen Sicherheit im Sinne des § 15 Abs. 1 BVersG zu werten, wenn es wie hier untrennbar mit einem Aufruf verbunden ist, eine rechtmäßige Demonstration eines politischen Gegners durch grobe Störungen der Versammlung des politischen Gegners zu verhindern, und dieser Aufruf als eine Straftat im Sinne des § 111 StGB zu werten ist.

Dem ist das OVG Münster im Berufungserfahren nicht gefolgt. Die umstritte- 86 nen Auflagen seien rechtswidrig. Das öffentliche Training für die Blockade eines »Naziaufmarsches« in Stolberg war zulässig. Die bloße Durchführung einer derartigen Probeblockade, bei der niemand behindert werde, sei weder als strafbare grobe Störung einer Versammlung (§ 21 BVersG) noch als strafbare Aufforderung hierzu (§ 111 StGB) zu werten. Dies gelte auch dann, wenn das Training zu einer späteren echten Blockade mobilisieren soll[118]. Die Grenze zur Strafbarkeit wird erst dann überschritten, wenn die Teilnehmer einer Versammlung eine andere nicht verbotene Versammlung über eine erhebliche Dauer blockieren, ohne dass deren Teilnehmer ausweichen können. Eine öffentliche Versammlung, bei der gewaltfrei und ohne Begehung von Straftaten für eine friedliche Blockade eines nicht verbotenen Aufzugs von Rechtsextremisten trainiert wird, kann als Beitrag zur öffentlichen Meinungsbildung von der Versammlungs- und Meinungsfreiheit geschützt sein[119]. Die geplante Probeblockade verstieß auch nicht deshalb gegen die öffentliche Sicherheit, weil dabei Verhaltensweisen eingeübt werden sollten, die ihrerseits die öffentliche Sicherheit gefährdeten. Jedenfalls fehlt es an einer unmittelbaren Gefährdung der öffentlichen Sicherheit i.S. von § 15 Abs. 1 BVersG, wenn ein für sich genommen friedliches Blockadetraining, das mit der Rechtsordnung in Einklang steht, mehr als zwei Monate vor der geplanten Blockade stattfinden soll. Gegenteiliges lässt sich § 2 Abs. 2 BVersG nicht entnehmen. Der eindeutige Wortlaut verbietet nur Störungen »bei« öffentlichen Versammlungen und Aufzügen. Damit sind Vorbereitungsmaßnahmen mehrere Wochen vor Beginn einer konkreten Versammlung ausdrücklich nicht von dem Verbot umfasst[120]. Kritisch ist anzumerken, dass das OVG Münster einen Aufruf zu einer Straftat ungeachtet der Ansage: »Bei diesem Blockadetraining im Januar wollen wir gemeinsam für die Blockade der Naziaufmärsche in … üben!« verneint.

---

117 VG Aachen, Urt. v. 01.06.2011 – 6 K 363/11.
118 OVG Münster, DVBl 2012, 1514; Anm. *Schwabe/Knape*, DVBl 2013, 116.
119 OVG Münster, DVBl 2012, 1514.
120 OVG Münster, DVBl 2012, 1514.

87   Die lediglich abstrakte Befürwortung einer Straftat soll nach Auffassung des Senats noch nicht strafbar sein. Außerdem sei § 111 StGB unter Beachtung der Wertentscheidungen der Grundrechte auszulegen und anzuwenden. Soweit die Erfüllung dieses Straftatbestands durch eine Aussage in Rede steht, die mit einem Blockadetraining auf einer Kundgebung konkludent geäußert wird, seien die Grundrechte der Versammlungsfreiheit aus Art. 8 GG und der Meinungsfreiheit aus Art. 5 Abs. 1 Satz 1 GG maßgebend. Insofern kritisch *Schwabel/Knape*, die die in diesem Kontext die Frage aufwerfen,»was bei einem Aufruf zu Mord und Totschlag die Berufung auf Art. 5 GG bringen würde und ob sich daran etwas ändert, wenn die Aufhetzung in einer Versammlung geschieht«[121].

88   Nach Auffassung des OVG Münster sollte die Öffentlichkeitswirkung ausschließlich dadurch erzielt werden,»dass den Teilnehmern der Versammlung der mögliche Ablauf der geplanten Verhinderungsblockaden erklärt und dieser gegebenenfalls durchgespielt werden sollte. Darin aber liegt noch kein – allenfalls in Betracht kommendes – konkludentes Auffordern zu einer Straftat nach § 111 StGB i.V.m. § 21 BVersG«[122]. Zugestanden wird allerdings, dass Dritte aufgrund der Vorbildwirkung des Trainings veranlasst werden sollten, an der geplanten Versammlungsblockade teilzunehmen und diese zum Erfolg zu verhelfen. Nicht nachzuvollziehen ist dann aber die Feststellung, dass eine vergleichbare Appellwirkung jedoch sogar von einer noch straffreien Befürwortung strafbaren Verhaltens aus geht.»Sie genügt indes mit Rücksicht auf die Meinungsfreiheit allein nicht, um einer nicht verbalen szenischen Übung eine hinreichend eindeutige Erklärung an die Motivation anderer zu entnehmen, die geeignet wäre, den öffentlichen Frieden ernsthaft zu gefährden«[123].

89   Die Tat, zu der aufgefordert wird, braucht nicht auch in der Weise konkretisiert zu sein, wie dies bei der Anstiftung zu einer Straftat (§ 26 StGB) oder der Bestimmung zu Straftaten (§ 30 StGB) verlangt wird. Es genügt vielmehr, dass sie der Art nach ohne Bestimmung von Ort und Zeit ihrer Begehung gekennzeichnet wird[124].

90   Zu berücksichtigen ist überdies, dass alle Aufrufe auf eine Verhinderung der gegnerischen Versammlung gerichtet waren. § 21 BVersG bestraft»Gewalttätigkeiten oder grobe Störungen«»in der Absicht, nicht verbotene Versammlungen oder Aufzüge zu verhindern«. *Schwabel/Knape* bezeichnen es gar als»unbegreiflich, wie man für eine groß angelegte, generalstabsmäßig vorbereitete und eintrainierte Totalblockade mit dem unbedingten und mehrfach bekundeten Willen, dem Gegner»keinen Meter

---

121   *Schwabel/Knape*, DVBl 2013, 116/118. Es besteht überdies kein Zweifel, dass die Polizei auf einem Marktplatz Trainingsseminare für Einbruchstechniken unterbinden könnte, auch ohne gezielte Ermunterung zu diesen Delikten gem. § 111 StGB. Denn dergleichen ist eine Gefahr für die öffentliche Sicherheit. Da ein Kriminalitätstraining nicht schärferen Eingriffsvoraussetzungen unterliegen kann, wenn es zum Rahmenprogramm einer Versammlung gehört, muss man auch eine unmittelbare Gefahr nach § 15 Abs. 1 BVersG bejahen.
122   OVG Münster, DVBl 2012, 1514/1516.
123   OVG Münster, DVBl 2012, 1514/1516.
124   BGH, NStZ 1984, 310.

einzuräumen«, die »grobe Störung« verneinen kann«[125] und sprechen von einem »schlimmen Ergebnis in Form eines Urteils«, wobei es nun den Strafverfolgungsbehörden obliegt, durch Verfahren nach § 111 StGB und § 21 BVersG diese verhängnisvolle Situation zu korrigieren«[126].

Schon der VGH Mannheim hat festgestellt, dass das Einüben von polizeiwidrigen   91 Handlungen mittels Rollenspiels (hier: Probeblockade auf einem Anschlussgleis zu einem Kernkraftwerk) seinerseits bereits eine unmittelbare Gefahr für die öffentliche Sicherheit sein kann, die die zuständige Behörde ermächtigt, sofort vollziehbare Auflagen zur Verhinderung der Übung zu erlassen[127].

Das VG Dresden hat im Rahmen eines einstweiligen Rechtsschutzverfahrens eine Auf-   92 lage der Landeshauptstadt Dresden bestätigt, mit der einer Dresdner Initiative gegen »Nazi-Demonstrationen« untersagt worden war, am 02.02.2013 im Rahmen ihrer als »Innenstadttraining« bezeichneten Versammlung auf dem Altmarkt in Dresden »Probeblockaden« durchzuführen. Das Gericht teilte die Auffassung der Behörde, dass die vom Antragsteller angestrebten (Total-)Blockaden rechter Versammlungen unzulässig und nicht durch das Grundgesetz geschützt seien[128].

Auch das OVG Lüneburg hat zutreffend erkannt, dass bereits das öffentliche Üben der   93 Verhinderung einer nicht verbotenen Versammlung einen Verstoß darstellt, der die zuständige Behörde zum Erlass einer diese Übung untersagenden Auflage ermächtigt[129].

Nach Auffassung des OVG Lüneburg schließt das Störungsverbot nach § 2 Abs. 2   94 BVersG Verhinderungsmaßnahmen im Vorfeld einer nicht verbotenen Versammlung ein, zu denen das gezielte Üben einer hierauf gerichteten Probeblockade gehört[130]. Bereits das öffentliche Üben der Verhinderung einer nicht verbotenen Versammlung stellt einen Verstoß gegen § 2 Abs. 2 BVersG (§ 4 ndsVersG) dar, der die zuständige Behörde zum Erlass einer diese Übung untersagenden Auflage ermächtigt. Gem. § 4 ndsVersG ist es verboten, eine nicht verbotene Versammlung mit dem Ziel zu stören, deren ordnungsgemäße Durchführung zu verhindern. § 4 NVersG richtet sich nicht nur an Versammlungsteilnehmer, sondern auch an Nicht-Teilnehmer, ohne dass der Gesetzgeber insoweit eine Erweiterung des Störungsverbots nach § 2 Abs. 2 VersG beabsichtigt hat. Vielmehr sollten die »bestehenden Regelungen des § 2 Abs. 2 und des § 21 VersG zusammengefasst werden«[131].

In diesem Fall handelte es sich bei dem angemeldeten »Antifaschistischem Straßen-   95 theater« um ein reines »Blockadetraining«. Gem. § 4 ndsVersG ist es verboten, eine

---

125 *Schwabel/Knape*, DVBl 2013, 116/118.
126 *Schwabel/Knape*, DVBl 2013, 116/118.
127 VGH Mannheim, NVwZ 2000, 1201.
128 VG Dresden, Beschl. v. 01.02.2013 – 6 L 35/13: Blockaden, deren Ziel nicht nur die gewollte Behinderung anderer Versammlungen, sondern deren Verhinderung ist, sind nicht grundrechtlich durch Art. 8 GG geschützt.
129 OVG Lüneburg, DVBl 2011, 1184; krit. *Muckel*, JA 2011, 877.
130 OVG Lüneburg, DVBl 2011, 1184.
131 LT-Drucks. 16/2075, S. 27.

nicht verbotene Versammlung mit dem Ziel zu stören, deren ordnungsgemäße Durchführung zu verhindern. Die Vorschrift richtet sich somit nicht nur an Versammlungsteilnehmer, sondern auch an Nicht-Teilnehmer. Dabei hat der Gesetzgeber eine Erweiterung des Störungsverbots nach § 2 Abs. 2 BVersG nicht beabsichtigt. Vielmehr sollten die Regelungen aus § 2 Abs. 2 BVersG und § 21 BVersG zusammengefasst werden[132]. Das Verbot des § 4 ndsVersG erfasst zudem bereits Störungen im Vorfeld der Versammlung, sofern diese Handlungen bezwecken, die ordnungsgemäße Durchführung der Versammlung zu verhindern[133]. Das Störungsverbot nach § 2 Abs. 2 BVersG (analog) und § 4 ndsVersG schließt also auch Verhinderungsmaßnahmen im Vorfeld einer nicht verbotenen Versammlung ein, zu denen das gezielte Üben einer hierauf gerichteten Probeblockade gehört. Teilnehmer an einer nicht verbotenen Versammlung sollen nämlich bereits zeitlich vor Beginn der Versammlung vor Maßnahmen geschützt werden, die sie von der Teilnahme abhalten könnten. Dazu gehören nicht nur potentiell abschreckende hoheitliche Vorfeldmaßnahmen, wie etwa Durchsuchungen[134] oder Behinderungen der Anfahrt, sondern auch gezielte Verhinderungsmaßnahmen durch Dritte unter Inanspruchnahme öffentlichen Verkehrsraums[135].

96   Da das Störungsverbot sich gegen Jedermann richtet, können nicht nur Privatpersonen, sondern z.b. auch Kommunalparlamente oder Oberbürgermeister hiergegen durch entsprechende Aufrufe verstoßen und damit nicht nur dem Grundgesetz, sondern auch § 4 ndsVersG zuwiderhandeln[136].

d) Rebel Clown Army

97   Gem. § 15 Abs. 1 des Versammlungsgesetzes (BVersG) wird zur Auflage gemacht[137]:
1.   Das Mitführen von Wasserpistolen, Sprühgeräten, Pumpen oder sonstigen Gegenständen, die geeignet sind, Polizeibeamte mit Seifenlaugen, Säuren oder anderen Flüssigkeiten zu bespritzen, wird untersagt.
2.   Teilnehmern, die in der Aktionsform der »Rebel Clown Army« auftreten und diese Aktionsform anwenden, ist es untersagt, die Einsatzkräfte zu behindern. Es ist ihnen insbesondere untersagt, sich den Einsatzkräften weiter als bis auf drei Meter zu nähern. Dieser Mindestabstand gilt auch für mitgeführte Gegenstände (z.b. Staubwedel oder Klobürsten).
3.   Versammlungsteilnehmer haben Weisungen der Polizeibeamten, mit denen die Wahrung eines Mindestabstands zu Personen und Einsatzmitteln verlangt wird, zu befolgen.

---

132   LT-Drucks. 16/2075, S. 27.
133   LT-Drucks. 16/2075, S. 27.
134   BVerfG, NVwZ-RR 2010, 625.
135   OVG Lüneburg, DVBl 2011, 1184.
136   *Ullrich* (NVersG), S. 92; dazu auch *Brenneisen/Wilksen/Staack/Petersen/Martins*, Die Polizei 2012, 121/122.
137   Aus Anlass von Protestkundgebungen verschiedener Veranstalter am 30.08.2008 vor dem Fliegerhorst Büchel (Rheinland-Pfalz) wurden die nachfolgenden Auflagen erlassen; vgl. *Melzer/Roos*, Polizei-heute 2010, 5 ff.; dazu auch *Kepura/Niechziol*, DPolB. 5/2010, 28 ff.

Begründung

Nennung/Erläuterung der entsprechenden Rechtsgrundlagen (§ 15 Abs. 1 BVersG)

Zu 1.

Die Funktionsfähigkeit der Polizei kann auch durch das Nassspritzen mit Wasserpistolen gefährdet sein. Die Polizei hat bei Versammlungen die Aufgaben, die Versammlung zu schützen und Gefahren, die von der Versammlung ausgehen, abzuwehren. Sofern Clowns durch ihre Aktionsformen die Wahrnehmung dieser Aufgaben behindern oder wesentlich erschweren, besteht hierin eine Gefahr eine Gefahr für die Funktionsfähigkeit der Polizei und damit für die öffentliche Sicherheit.

Für eingesetzte Polizeikräfte ist es im Vorfeld nicht erkennbar, ob und in welchem Umfang der Kontakt mit freigesetzten Flüssigkeiten zu Gesundheitsgefahren führt.

Das Verspritzen, Versprühen oder sonstige Freisetzen von Flüssigkeiten bei oder im Zusammenhang mit einer Versammlung begründet daher einen Gefahrenverdacht, der die Polizei zum Einschreiten verpflichtet. Bei der verdachtsweise bestehenden Gefahr handelt es sich um eine solche, die bedeutende Individualrechtgüter und den friedlichen Fortgang der Versammlung unmittelbar bedroht. Vor diesem Hintergrund ist die Polizei zum Einschreiten gegen den Verhaltensstörer verpflichtet, bis feststeht, ob und in welchem Umfang die Gefahr tatsächlich besteht. Die Versammlungsteilnehmerinnen und -teilnehmer werden dadurch in ihrer Grundrechtsausübung nach Art. 8 Grundgesetz (GG) gestört. Ferner besteht die Möglichkeit, dass die eingesetzten Polizeibeamtinnen und -beamten aufgrund dieser Scheingefahr abgelenkt werden, so dass ein effektiver Schutz der Versammlungsteilnehmerinnen und -teilnehmer beeinträchtigt bzw. verhindert wird. Außerdem setzen sich die Störerinnen und Störer – bis zur Klärung der Lage – einer Gefahr für ihre körperliche Integrität aus. Im Sinne eines effektiven Grundrechtsschutzes und zwar sowohl für die Versammlungsfreiheit als für bedeutende Individualrechtgüter dürfen daher keine Gegenstände mitgeführt werden, von denen auch Scheingefahren ausgehen, die vermeidbare Eingriffsmaßnahmen nach sich ziehen.

Zu 2.

Die »Rebel Clown Army« ist eine Aktionsform, die bereits während des Castor-Einsatzes 2006 im Wendland angewandt wurde. Einsatzkräfte werden bei den unter dem Begriff »Rebel Clown Army« bekannten Aktionsformen an der Wahrnehmung ihrer durch das Gesetz übertragenen Aufgaben insbesondere durch tatsächlichen und angetäuschten Körperkontakt vorsätzlich behindert. Im Falle einer solchen Behinderung besteht die Gefahr, dass Einsatzkräfte weder die Grundsätze der Eigensicherung einhalten noch die unter dem Schutz des Art. 8 GG stehenden Versammlungsteilnehmer begleiten. Vorliegend bestehen konkrete Anhaltspunkte dafür, dass Teilnehmer in der Aktionsform der »Rebel Clown Army« auftreten und diese Aktionsform anwenden werden. Gerade im Hinblick auf den verfassungsrechtlichen Schutz derjenigen, die zu Fuß den Flugplatz umrunden, ist es jedoch erforderlich, Behinderungen, die in der o.g. Aktionsform stattfinden, zu unterbinden.

Die Anwendung der unter dem Namen »Rebel Clown Army« genannten Aktionsformen stellt vorliegend eine unmittelbare Gefahr für den Schutz der angemeldeten Versammlung dar. Die unter dem Schutz des Verfassungsrechts stehende Versammlungsfreiheit gebietet es, der durch diese Aktionsform hervorgerufenen Gefahr, dass die Einsatzkräfte die angemeldete Versammlung nicht im erforderlichen Maße schützen können, durch die o.g. Auflage zu begegnen.

Gefährdet ist die öffentliche Sicherheit in mehrfacher Hinsicht:

a) Zum einen ist die öffentliche Sicherheit unmittelbar gefährdet, weil durch Teilnehmer, die in der Aktionsform der »Rebel Clown Army« auftreten und diese Aktionsform anwenden die Einsatzkräfte gehindert werden, ihre durch das Gesetz übertragenen Aufgaben zu erfüllen

b) Zum anderen ist die Versammlung selbst in Gefahr durch die Behinderung der ihrem Schutz dienenden Einsatzkräfte. Der Grund für das o.g. Näherungsverbot liegt darin, dass der militärische Bereich geschützt werden muss. In dem zwischen dem Umrundungsweg und dem Zaun liegenden Bereich dürfen die Einsatzkräfte nicht behindert werden. Dies ist insbesondere von Bedeutung aufgrund der Tatsache, dass konkrete Anhaltspunkte für beabsichtigte go-in-Aktionen vorliegen

c) Darüber hinaus ist zu besorgen, dass die eingesetzten Polizeikräfte durch die stehgreifartige Annäherung derart in ihrer Amtsausübung gestört werden, dass ein konsequenter Schutz militärischer Bereiche nicht oder nur unter deutlich erschwerten Umstanden gewährleistet werden kann. Dies gilt auch und vor allem dann, wenn ad hoc vorgetragene go-in-Aktionen verhindert werden sollen. Vor diesem Hintergrund ist die Verhinderung einer so gearteten Annäherung oberste Behördenpflicht. Das Näherungsverbot beginnt ab einer Unterschreitung von drei Metern, denn unterhalb dieser Distanz ist es nicht mehr gewährleistet, dass sich die Einsatzkräfte sichern können (Eigensicherung). Aus Gründen der Eigensicherung wären weiterhin fünf Meter erforderlich. Im Rahmen des Kooperationsgespräches wurde aus Gründen der Deeskalation und der Bereitschaft, guten Willen zu zeigen, der gewählte Abstand von fünf auf drei Meter verkürzt. Dieser Mindestabstand ist für den Schutz der eingesetzten Kräfte unabdingbar und kann nicht weiter verkürzt werden. Aus diesem Grunde erstreckt sich der Mindestabstand auch auf mitgeführte Gegenstände (z.B. Staubwedel).

Zu 3.

Begründung: wie vor.

Anmerkung

98 Die »Clownsarmy« will durch ihre Verkleidungen, wie dem Tragen einer Uniform in Verbindung mit einer Clownsnase und -schminke, und durch ihre Aktionen Militär

und Polizei karikieren. So werden Poleibeamte mit Wasserpistolen bespritzt oder mit Toilettenbürsten »abgestaubt«[138].

Die Agitation der Rebel Clown Army führt aber zu einer nicht geringfügigen Be- 99 lastung für polizeiliche Einsatzkräfte. Dargestellte Verhaltensweisen des Lächerlichmachens und der Unterschreitung jeglichen Sicherheits- und Intimabstandes kann je nach persönlicher Belastbarkeit psychologischen Druck ausüben. Als Aktionen der Clownarmee im unmittelbaren Nahbereich polizeilicher Einsatzkräfte seien genannt

– das Bewerfen von Polizeibeamten mit Watte,
– das Bespritzen mit Wasserpistolen,
– Abstauben, Nachahmung (»Nachäffen«)
– Visierputzen
– Distanzunterschreitung (Ankuscheln, Anschmusen)
– angedeutete Griffe zu Ausrüstungsgegenständen von Einsatzkräften (Dienstwaffe, Schlagstock, RSG, etc.),
– Zurennen auf Einsatzkräfte,
– Bewerfen von Einsatzkräften mit Gegenständen.

Derartiges Verhalten – auch unterhalb der Schwelle strafrechtlich relevanten Ver- 100 haltens – muss nicht hingenommen werden. Zu berücksichtigen ist, dass Einsatzkräfte durch Aktionen der Clowns in ihrer körperlichen Bewegungsfreiheit oder ihrem Sichtbereich beeinträchtigt werden. Mit entsprechender Intensität können Aktionen der »Aktivisten« polizeiliche Einsatzkräfte bei der Wahrnehmung dieser Aufgaben behindern und somit letztlich eine konkrete Gefahr für die Funktionsfähigkeit der Polizei darstellen. Eine Störung der öffentlichen Sicherheit oder Ordnung liegt auch vor, wenn die Rechtsordnung durch Straftaten oder Ordnungswidrigkeiten gegenüber Polizeibeamten gefährdet ist. Zu denken ist hier v.a. an Beleidigungen (§ 185 StGB) sowie an den Tatbestand des § 118 OWiG (Belästigung der Allgemeinheit)[139].

Das OVG Lüneburg qualifiziert die Auflagen, dass Anhänger zwei Meter Abstand 101 von den die Versammlung regelnden Polizisten zu halten haben, als einen Grundrechtseingriff, der allerdings gerechtfertigt sei: Die Polizei müsse sich nicht gegen ihren Willen in die karikierenden Aktionen der Clowns einbeziehen lassen. Das Versammlungsrecht der Clowns werde nur unwesentlich beeinträchtigt, wenn sie bei ihren Taten nicht unmittelbaren Körperkontakt zu Polizeibeamten hätten. Auch wenn die Aktionen mit einem gewissen Abstand zu der Polizei durchgeführt würden, würde die darin enthaltene Kritik an einer als zu »militarisiert« empfundenen Welt deutlich[140].

---

138 *Höfling/Krohne*, JA 2012, 734/739.
139 *Ebert*, Die Polizei 2009, 37/42 ff.
140 OVG Lüneburg, DVBl 2011, 1303.

e) Transparente, Fahnen- und Haltestangen

102   Gem. § 15 Abs. 1 des Versammlungsgesetzes (BVersG) wird zur Auflage gemacht:
1. Transparente dürfen eine Größe von 300 cm × 100 cm nicht überschreiten. Darüber hinaus ist das Mitführen eines Fronttransparents mit einer Größe von 400 cm × 100 cm gestattet. Eine Verknüpfung der Transparente untereinander ist untersagt.

Oder

Transparente und Plakate mit einer Gesamtlänge von mehr als 150 cm dürfen flächenmäßig nur frontal zur Marschrichtung des Aufzugs, nicht aber längs dessen Außenseiten getragen werden[141].
2. Transparente und Trageschilder müssen so getragen werden, dass Dritte nicht gefährdet werden. Haltestangen und Tragestiele für Fahnen, Flaggen, Transparente und Trageschilder dürfen grundsätzlich nur aus Weichholz oder Kunststoffleerrohr bestehen und einen Durchmesser oder eine Kantenlänge von 3 cm und eine Länge von 200 cm nicht überschreiten. Kurzfahnen, deren Holztragestiel nicht länger als 50 cm ist, dürfen nur einen Durchmesser oder eine Kantenlänge von 1 cm aufweisen.

Begründung:

Nennung/Erläuterung der entsprechenden Rechtsgrundlagen
(§ 15 Abs. 1 BVersG)

Zu 1.

Die Auflage trägt dem § 2 Abs. 3 BVersG Rechnung. Damit es zu keiner Gefährdung der öffentlichen Sicherheit kommen kann, wird mit dieser beschränkenden Verfügung untersagt, solche Hilfsmittel mitzuführen, die auch als Waffen verwendet werden können.

Bei einer Versammlung ist auch die Art und Weise des Führens von Transparenten in der Versammlung zu bewerten. Soweit während der Versammlung Teilnehmer/-innen versuchen, einen Block zu bilden oder aus dem Schutz einer friedlichen Versammlung heraus Straftaten zu begehen, werden polizeiliche Maßnahmen gegen Straftäter durch miteinander verknüpfte Transparente erschwert. Die verknüpften Transparente werden als Sichtschutz verwendet, um hinter dieser Deckung Straftaten vorzubereiten oder zu begehen. Das Verknüpfen der Transparente erschwert ein Eindringen von Polizeikräften zur Ergreifung von Straftätern. Bei einem friedlichen Versammlungsverlauf bedarf es keiner polizeilicher Maßnahmen gegen Versammlungsteilnehmerinnen und Versammlungsteilnehmern. Durch diese Auflage wird sichergestellt, dass eine Blockbildung verhindert wird und potentiell gewaltbereite Personen aus dem Kreis der Versammlungsteilnehmerinnen und Versammlungsteilnehmern von strafbaren oder Gefahren begründenden Handlungen abgehalten werden.

---

141 KG, Beschl. v. 02.07.2007 – 1 Ss 427/06.

Umlaufende Transparente verhindern oder erschweren die Sicht auf die Versammlungsteilnehmer sowie ein Eindringen von Ordnungskräften bzw. Polizeikräften zur Durchsetzung von Maßnahmen. Darüber ist das Verlassen bzw. die Beendigung der Teilnahme an der Versammlung für Versammlungsteilnehmer durch umlaufende geschlossene Transparente ohne Behinderung nicht möglich.

Die verfügte Unterbrechung der Transparente bietet evtl. eingreifenden Ordner- bzw. Polizeikräften ausreichend Platz um entsprechende Maßnahmen treffen zu können. Zudem wird verhindert, dass eventuell gewaltbereite Versammlungsteilnehmer in der Erwartung, bei der Begehung von Straftaten nicht identifiziert werden zu können, in ihren Absichten bestärkt werden. Damit dient diese beschränkende Auflage dem Schutz der öffentlichen Sicherheit im Sinne des § 15 Abs. 1 BVersG.

Zu 2.

Transparente, Fahnen, Flaggen oder Trageschilder dürfen mitgeführt werden. Die Verwendung von entsprechend vorgegebenen Haltestangen ermöglicht den Teilnehmerinnen und Teilnehmern der Versammlung das Mitführen dieser Hilfsmittel. Die Begrenzung von Haltstangen und Tragestielen in Bezug auf Material, Länge und Durchmesser bzw. Kantenlänge verhindert, dass diese Hilfsmittel als Waffen im nichttechnischen Sinne gegen Dritte eingesetzt werden können. Die Auflage trägt damit zum friedlichen Verlauf der Versammlung bei.

Anmerkung

Das Ziel, eine Verwendung von Seitentransparenten zur Abdeckung von Straftäter   103
zu verhindern, ist dadurch zu erreichen, dass vor Ort Transparente mit einer Länge von mehr als 300 cm nur als Fronttransparente geführt werden dürfen[142]. Die Auflage greift auch nur in geringem Ausmaß in das Recht auf Versammlungsfreiheit der Versammlungsteilnehmer nach Art. 8 Abs. 1 GG, da weder die gewählte Route noch sonstige Modalitäten des geplanten Aufzuges berührt werden. Vor diesem Hintergrund dürfen keine überspannten Anforderungen an die Gefahrenprognose gestellt werden[143]. Voraussetzung der Gefahrenprognose bleibt aber, dass konkrete Anhaltspunkte für einen gewalttätigen Verlauf der Versammlung und die Begehung von Straftaten aus der Versammlung heraus vorliegen müssen[144]. Das OVG Hamburg verlangt dementsprechend in ständiger Rechtsprechung die nach den dargelegten Umständen gesicherte Annahme, dass an der Versammlung eine nicht geringe Zahl gewaltbereiter Personen teilnehmen werde, von denen derartige Aktionen mit hoher Wahrscheinlichkeit zu erwarten seien[145].

---

142 VG Frankfurt, Beschl. v. 29.06.2007 – 5 G 1790/07.
143 VG Berlin, Beschl. v. 23.03.2007 – VG 1 A 66.07.
144 VG Berlin, Beschl. v. 29.04.2009 – 1 A 115/07.
145 OVG Hamburg, Beschl. v. 30.04.2008 – 4 Bs 93/08.

104   Zu beachten ist aber auch, dass das Verseilen seitlich geführter Transparente Versammlungsteilnehmer gefährden kann, die in den Zug eintreten oder aus ihm austreten wollen. Auch kann das Verseilen Rettungseinsätze erschweren, und zwar unabhängig davon, ob auf der Versammlung Gewalttätigkeiten zu erwarten sind oder nicht. Ist eine solche Vorgehensweise beabsichtigt, kann im Wege der Auflage eine entsprechende Verfügung ergehen[146].

Mit Beschl. v. 12.04.2013 hatte der VGH München folgende Auflage für rechtswidrig erachtet[147]:

>»Den Versammlungsteilnehmerinnen und -teilnehmern wird untersagt, während der sich fortbewegenden Versammlung Fahnen und Transparente parallel zur Zugrichtung mitzuführen.«

105   Unter Berücksichtigung der Bedeutung der Versammlungsfreiheit nach Art. 8 Abs. 1 GG dürfen bei der nach Art. 15 Abs. 1 bayVersG anzustellenden Gefahrenprognose auch beim Erlass von Beschränkungen keine zu geringen Anforderungen gestellt werden. Als Grundlage der Gefahrenprognose sind konkrete und nachvollziehbare tatsächliche Anhaltspunkte erforderlich. Bloße Verdachtsmomente oder Vermutungen reichen hierzu nicht aus. Die Darlegungs- und Beweislast für das Vorliegen von Gründen für eine Beschränkung liegt dabei bei der Behörde. Dementsprechend kann auch das Mitführen von Transparenten und Fahnen parallel zur Zugrichtung nicht allein wegen der allgemeinen Möglichkeit ihres Missbrauchs zur Verhinderung der Identifizierung von Störern untersagt werden. Es bedarf vielmehr auch insoweit konkreter und nachvollziehbarer tatsächlicher Anhaltspunkte dafür, dass das Mitführen der Transparente die öffentliche Sicherheit und Ordnung unmittelbar gefährdet.

106   Die polizeiliche Gefahrenprognose enthielt keine ausreichenden konkreten und nachvollziehbaren tatsächlichen Anhaltspunkte für das Vorliegen einer unmittelbaren Gefährdung der öffentlichen Sicherheit. Im concreto ging die Polizei von der Teilnahme einer großen Zahl von Personen aus dem linksextremistischen Spektrum aus, die teilweise auch gewaltbereiten Gruppen zuzuordnen sind. Diese Annahme basierte indes auf Vermutungen und war nicht durch hinreichende konkrete und nachvollziehbare tatsächliche Anhaltspunkte belegt. Insbesondere war der polizeilichen Gefahrenprognose nicht zu entnehmen, um welche Personen oder Personengruppen es sich im Einzelnen gehandelt haben soll und dass von ihnen auch im Rahmen der angemeldeten Versammlung unter dem Schutz seitlich mitgeführter Transparente Straftaten begangen werden könnten.

107   Im Vorfeld der Versammlung festgestellt Graffiti im Stadtgebiet mit Bezug zu der in Rede stehenden Versammlung rechtfertigt keinen Schluss auf die Teilnahme gewaltbereiter Personen, die unter dem Schutz von Seitentransparenten Straftaten begehen werden.

---

146 *Zeitler*, Rn. 356.
147 VGH München, Beschl. v. 12.04.2013 – 10 CS 13.787.

Sofern die Gefahrenprognose darauf gestützt wird, dass die Teilnahme von Personen   108
aus dem linksextremistischen Spektrum und dem autonomen Bereich zu erwarten
sei, die während einer Demonstration anlässlich einer Sicherheitskonferenz mehrere
pyrotechnische Gegenstände im Schutz der Seitentransparente abgebrannt und anschließend glimmend aus dem schwarzen Block geworfen hätten, liegen dem ebenfalls
keine ausreichenden konkreten und nachvollziehbaren tatsächlichen Anhaltspunkte
zugrunde, die die angegriffene Beschränkung rechtfertigen könnten[148].

Nach Auffassung des VG Leipzig vermag allein der Umstand, dass Kunststoffplakate   109
auch als Schutzschild eingesetzt werden können, nicht zu rechtfertigen, diese durch
eine Auflage zu untersagen, ohne dass dafür tatsächliche, nachvollziehbare Gründe
vorliegen, die darauf schließen lassen, dass der Antragsteller Kunststoffplakate als
Schutzschilde einsetzten wird. Insoweit ist auch zu berücksichtigen, dass die Kunststoffplakate als Mittel der Meinungskundgebung dienen und insofern der Gestaltungsfreiheit des Versammlungsanmelders unterliegen[149].

Einschränkende Auflagen zu Transparentstangen sind wegen möglicher Benutzung als
Waffe bei Auseinandersetzungen grundsätzlich zulässig[150].

f) Militanzverbot, Transparente in Blöcken, Zügen oder Reihen

Gem. § 15 Abs. 1 des Versammlungsgesetzes (BVersG) wird zur Auflage gemacht: 110
1. Fahnen, Transparente und Trageschilder dürfen nicht in Blöcken, Zügen oder
   Reihen geführt werden. Sie müssen sich über die gesamte Länge des Aufzuges
   verteilen. In der ersten und letzten Reihe dürfen durchgehende Transparente
   geführt werden. Das erste und das letzte Transparent an den Seiten müssen
   einen Mindestabstand von 2 Metern zu den Transparenten in der ersten und
   letzten Reihe haben. Der Abstand zwischen den Seitentransparenten richtet
   sich nach der Länge der Seitentransparente. Länge des Seitentransparents ist
   somit gleichzeitig der Abstand zum nächsten Seitentransparent. Ein Seitentransparent darf die Länge von 5 Metern nicht überschreiten.
   Ist die Teilnehmeranzahl geringer als angemeldet, ist die Anzahl der eingesetzten Hilfsmittel – wie z.B. Transparente, Trageschilder – prozentual
   entsprechend zu verringern.
2. Das geschlossene Marschieren in Blöcken, Zügen oder Reihen wird untersagt.
3. Darüber hinaus wird den Versammlungsteilnehmern das Tragen von Bekleidungsstücken mit Aufschriften, aus denen sich durch teilweises Überdecken
   die Buchstaben- bzw. Zahlenfolgen »NS«, »NSD«, »NSDA«, »NSDAP«,
   »SS«, »SA«, »ACAB«[151], »14«, »18«, »28«, »88« oder die Abkürzung bzw.

---

148 *Weber*, apf 2015, 120/123 f.
149 VG Leipzig, Beschl. v. 15.08.2013 – 1 L 271/13.
150 VG Bayreuth, Beschl. v. 07.09.2012 – B 1 S 12.757.
151 All cops are bastards.

erkennbare Abkürzungsteile weiterer verbotener Parteien oder Gruppierungen ergeben kann, untersagt[152].

Begründung

Nennung/Erläuterung der entsprechenden Rechtsgrundlagen
(§ 15 Abs. 1 BVersG)

Bei rechtsextremen Veranstaltungen können durch einen massenweisen Einsatz von Transparenten und Trageschildern bei objektiven Betrachtern Erinnerungen an das NS-Regime hervorgerufen werden. Auch kann der Einsatz dieser Hilfsmittel zur Einschüchterung und Provokation anderer beitragen.

Geschlossenes Marschieren in Blöcken, Zügen oder Reihen oder das Tragen bestimmter Kleidungsstücke mit den oben genannten Aufschriften bewirken eine Störung der öffentlichen Ordnung, da sie Assoziationen an die Zeit des Nationalsozialismus bewirken.

Aus der Intention des Versammlungsgesetzes heraus sind Formen des martialischen Auftretens wegen des dadurch erzeugten Klimas der Gewaltbereitschaft und der damit verbundenen, den inneren Frieden gefährdenden Einschüchterung der Bevölkerung nicht durch das Versammlungsgesetz gedeckt. Dies gilt auch für die Formierung und Durchführung des Aufzuges in Form einer Kolonne bzw. mit einer Ordnung, die sich offensichtlich an militärische Formen und Traditionen orientiert sowie für die Formierung der Transparent- und Fahnenträger in Form eines Blockes, Zuges oder einer Reihe.

Da für die Durchführung des Aufzuges in einer solchen Art und Weise keinerlei Notwendigkeit besteht und darüber hinaus für eine solche Art des Aufzuges auch kein inhaltlicher Bezug zu dem von Ihnen gewählten Versammlungsthema »Gemeinsam gegen Kapitalismus – Heraus zum 1. Mai« ersichtlich ist, wäre ein solcher Aufzug lediglich Ausdruck einer demonstrierten Gewaltbereitschaft und Einschüchterung.

Anmerkung

111   Mit im Detail unterschiedlicher Argumentation sind sich die Oberverwaltungsgerichte Münster, Weimar, Berlin und Bautzen darin einig, dass derartige Verhaltensweisen eine einschüchternde uniforme Militanz darstellen, welche über die öffentliche Ordnung verboten werden kann[153]. Dabei ist im Hinblick auf rechtsextremistische Aufzüge aber zu berücksichtigen, dass Gleichschritt, Marschformation,

---

152   Die Zahlenkombination 18 kennzeichnet in der Skinheadszene den ersten und den achten Buchstaben (Adolf Hitler) und die Kombination 88 jeweils den achten Buchstaben des Alphabets (Heil Hitler). Die Zahl 14 steht für die Losung des US-amerikanischen Rechtsextremisten David Lane der sog. »fourteen words« (»We must secure the existence of our race and a future for white children«).

153   OVG Münster, NJW 2001, 1441; OVG Weimar, NVwZ-RR 2000, 154; OVG Berlin, NVwZ 2000, 1201; OVG Bautzen, NVwZ-RR 2002, 435.

Tragen bestimmter Kleidungsstücke, Skandieren von Parolen, Mitführen von Fackeln, Trommeln, schwarzen Fahnen, etc. grundsätzlich zulässige Gestaltungsmittel der Versammlungsfreiheit sind[154]. Das BVerfG hat aber erklärt, dass Art. 8 GG zwar Aufzüge schütze, nicht aber Aufmärsche mit paramilitärischen oder sonst wie einschüchternden Begleitumständen, und dass solche Umstände eine Gefahr für die öffentliche Ordnung darstellen könnten[155]. So kann durch tragen von Springerstiefeln ein paramilitärischer, einschüchternder Effekt erweckt werden[156]. Bomberjacken und Springerstiefel sind Symbole, durch die eine Zurschaustellung von organisierter Gewaltbereitschaft und Herbeiführung von Einschüchterung erfolgt, wenn diese von Versammlungsteilnehmern auf einer Versammlung getragen werden, die durch eine rechtsextremistische Partei durchgeführt wird[157].

Durch die Auflage »Untersagung des Marschierens in Blöcken, Zügen und Reihen 112 und im Gleichschritt« wird in Art. 8 Abs. 1 GG eingegriffen, da verboten wird, in bestimmter Weise Meinungsinhalte zu artikulieren. Hierdurch wird sie in ihrer, zugleich auch durch Art. 5 Abs. 1 GG geschützten Möglichkeit beschränkt, in einer selbst bestimmten Weise an der öffentlichen Meinungsbildung durch gemeinschaftliche Erörterung oder Kundgebung teilzuhaben[158]. Hierzu gehören auch nonverbale, suggestive Formen der Kommunikation[159]. Damit ist auch die Wahl einer bestimmten äußeren Form des Versammlungszugs, wie sie vorliegend Gegenstand der Auflage ist, durch das Grundrecht der Versammlungsfreiheit geschützt. Damit ist auch die Wahl einer bestimmten äußeren Form des Versammlungszugs, wie sie vorliegend Gegenstand der Auflage ist, durch das Grundrecht der Versammlungsfreiheit geschützt[160]. Insofern die in der Auflage bezeichneten Formen der Fortbewegungsweise des Demonstrationszuges nicht strafrechtlich oder sonst wie gesetzlich untersagt sind, ist sie nach § 15 Abs. 1 BVersG nur zur Abwehr einer unmittelbaren Gefahr für die öffentliche Ordnung zulässig. Eine Gefahr für die öffentliche Ordnung infolge der Art und Weise der Durchführung der Versammlung kann beispielsweise bei einem aggressiven und provokativen, die Bürger einschüchternden Verhalten der Versammlungsteilnehmer bestehen, durch das ein Klima der Gewaltdemonstration und potentieller Gewaltbereitschaft erzeugt wird. Sie kann ebenfalls betroffen sein, wenn einem bestimmten Tag ein in der Gesellschaft eindeutiger Sinngehalt mit gewichtiger Symbolkraft zukommt, der bei der Aufführung eines Aufzugs an diesem Tag in einer Weise aufgegriffen wird, dass dadurch zugleich grundlegende soziale oder ethische Anschauungen in erheblicher Weise verletzt werden oder wenn ein Aufzug sich durch sein Gesamtgepräge mit den Riten und Symbolen der nationalsozialistischen Gewaltherrschaft identifiziert und durch Wachrufen der Schrecken des vergangenen totalitären

---

154 *Kniesell Poscher*, Rn. 352.
155 BVerfG, NJW 2001, 2069.
156 VG Bayreuth, Beschl. v. 07.09.2012 – B 1 S 12.757.
157 OVG Bautzen, NVwZ-RR 2002, 435.
158 BVerfG, NVwZ 2008, 671.
159 BVerfG, MDR 1983, 22.
160 OVG Bautzen, Urt. 13.07.2009 – 3 B 137/06.

und unmenschlichen Regimes andere Bürger einschüchtert[161]. So ist die Anordnung der Versammlungsbehörde, eine Versammlung nicht am 27.01.2001 (Holocaust-Gedenktag), sondern am 28.01.2001 durchzuführen, verfassungsrechtlich nicht zu beanstanden[162]. Damit Gedenktage nicht zu einer »kleinen Münze« verkommen, sollten als symbolträchtige Daten nur der 27.01. und der 09.11. als Tag der Erinnerung an die Reichspogromnacht festgelegt werden[163] (§ 15 Rdn. 112)[164]. Hinzu kommt, dass am 09.11. (1923)[165] ebenfalls der sog. Hitler-Putsch stattfand, als *Adolf Hitler* mit weiteren Nationalsozialisten in München gewaltsam (vergeblich) versuchte, die Regierungsmacht an sich zu ziehen[166]. Es handelt sich aber nur um eine abstrakte Festlegung, die von einer Einzelfallprüfung nicht entbindet. Als weitere nicht abschließende Beispiele für »geschützte Tage« wären zu nennen der 30.01 (Tag der Machtergreifung), 20.04. (Hitlers Geburtstag), 17.08. (Todestag Heß) oder der 01.09. (Überfall auf Polen)[167].

113 Das Verbot des Tragens von Bekleidungsstücken mit den Zahlenfolgen 14, 18 oder 88 ist nach dem OVG Bautzen rechtswidrig. Die Zahlenfolgen waren keine Kennzeichen oder Symbole einer nationalsozialistischen Organisation und sind diesen auch nicht zum Verwechseln ähnlich. Die Verwendung dieser Zahlencodes kann weder zum Schutz der öffentlichen Sicherheit noch zum Schutz der öffentlichen Ordnung nach § 15 Abs. 1 BVersG untersagt werden. Namentlich erfüllen diese Zahlenfolgen weder einen Straftatbestand nach § 86a Abs. 1 Nr. 1 oder Abs. 2 Satz 2 StGB, noch ist ihr Tragen auf Kleidungsstücken geeignet, die öffentliche Ordnung zu verletzen, da dies voraussetzen würde, dass derartige Zeichen von einer breiteren Öffentlichkeit überhaupt dem Nationalsozialismus zugeordnet werden, was nicht der Fall ist[168]. Auch das Tragen von Bekleidungsstücken mit Aufschriften, aus denen sich durch teilweises Überdecken die Buchstabenfolgen wie »NS«, »NSD«, »NSDA«, »NSDAP«, »SS«, »SA« und A.C.A.B. ergeben kann, kann nicht auf § 15 Abs. 1 BVersG gestützt werden. Allerdings erfüllt das sichtbare Tragen nationalsozialistischer Kennzeichen in einer Versammlung den Straftatbestand des § 86a Abs. 1 Nr. 1 StGB. Ebenso ist das sichtbare Tragen der Abkürzung A.C.A.B. als Beleidigung (§ 185 StGB) strafbar, wenn sie für die Parole »all cops are bastards« verwendet wird und damit speziell ein oder mehrere der die Versammlung sichernden Polizeibeamten der verunglimpften

---

161 OVG Bautzen, Urt. 13.07.2009 – 3 B 137/06; OVG Bautzen, Urt. v. 28.07.2009 – 3 B 60/06.

162 BVerfG, NJW 2001, 1409. Dazu *Schörnig*, NJW 2001, 1246 ff.; kritisch *Baudewin*, Rn. 614.

163 OVG Münster, Beschl. v. 08.11.2011 – 5 B 1351/11.

164 Zu weiteren (möglichen) symbolträchtigen Daten *Baudewin*, Rn. 578 ff.

165 Allerdings ist der 09.11. sicherlich das ambivalenteste Datum der (neueren) deutschen Geschichte. An diesem Tag hat neben der Ausrufung der Weimarer Republik (1919) auch der »Fall der Mauer« (1989) stattgefunden, *Baudewin*, Rn. 583.

166 Bejahend VGH München, Beschl. v. 03.11.2006 – 24 CS 06.2930; offen gelassen von OVG Greifswald, Beschl. v. 09.11.2012 – 3 M 173/12; ablehnend *Baudewin*, Rn. 586.

167 *Welsch/Bayer*, Rn. 129.

168 OVG Bautzen, Urt. v. 28.07.2009 – 3 B 60/06; dazu auch Baudewin, Rn. 685 ff.

Personengruppe zugeordnet werden sollen[169]. Voraussetzung für eine Verurteilung nach § 185 StGB ist, dass sich die Äußerung auf eine hinreichend überschaubare und abgegrenzte Personengruppe bezieht. Anderenfalls sei der Eingriff in die Meinungsfreiheit nicht gerechtfertigt[170].

Gründe der öffentlichen Ordnung berechtigen zum Erlass eines Versammlungs-   114
verbots, wenn Gefahren nicht aus dem Inhalt, sondern aus der Art und Weise der Durchführung der Versammlung drohen, sofern Auflagen zur Gefahrenabwehr nicht ausreichen[171]. Dagegen rechtfertigt das Schutzgut der öffentlichen Ordnung keine Beschränkungen von Meinungsinhalten, die über die schon gesetzlichen, insbesondere strafrechtlichen Beschränkungen der Meinungsfreiheit zum Schutze der öffentlichen Sicherheit hinausreichen[172]. Sowohl die Verherrlichung als auch die Verharmlosung des Nationalsozialismus stellen Meinungsäußerungen dar, die in den Schutzbereich des Art. 5 Abs. 1 Satz 1 GG fallen und diesen Schutz nicht wieder durch die kollektive Meinungsäußerung verlieren. Wenn aber diese Meinung durch Art. 5 Abs. 1 GG ausdrücklich geschützt wird, so kann sie nicht gegen die in der öffentlichen Ordnung gebündelten Wertvorstellungen verstoßen, auch wenn sie noch so anachronistisch anmutet[173].

Beschränkungen von Art. 5 Abs. 1 GG zum Schutze der öffentlichen Ordnung hat   115
das BVerfG nur dann gerechtfertigt, wenn sie sich nicht auf Inhalte, sondern die Art und Weise der Meinungsäußerung beziehen, etwa bei aggressiven, einschüchternden rechtsextremen Demonstrationen, die ein Klima der Gewalt erzeugen[174]. Mit politisch unliebsamen und auch anstößigen Inhalten muss eine freiheitliche Gesellschaft leben können[175].

Bei Rechtsextremisten kommt aber hinzu, dass die Mehrheit der Bevölkerung ein ent-   116
sprechendes militärisches Auftreten als bewusste Anknüpfung an die NS-Zeit empfinden wird. Man wird sogar im Sinne der öffentlichen Ordnung eine entsprechende Sozialnorm annehmen können, wonach in der Bundesrepublik ein entsprechendes »militärisches« Auftreten bei Demonstrationen – jedenfalls durch Rechtsextremisten – nicht nur unerwünscht, sondern als massiv störend, als unerträglich empfunden wird, so dass eine Störung der öffentlichen Ordnung durch diese Verhaltensweisen gegeben sein kann[176]. Eine allgemeingültige Aussage über Zulässigkeit bzw. Unzulässigkeit von Beschränkungen hinsichtlich militärischer Elemente ist aber nicht möglich. Mögliche

---

169 OLG Stuttgart, NStZ-RR 2009, 50. Zur Entwicklung der Rechtsprechung zur Kollektivbeleidigung *Klas/Blatt*, HRRS 2012, 388 ff.; *Geppert*, NStZ 2013, 553 ff.
170 BVerfG, StV 2015, 548 (»FCK CPS«).
171 BVerwG, NVwZ 2014, 883, Anm. *Bosch*, JURA 2015, 117.
172 VG Saarlouis, JURA 2015, 118; *Kniesel/Poscher*, NJW 2004, 426 ff.
173 *Baudewin*, Rn. 425.
174 BVerfG, NJW 2004, 2814; OVG Saarlouis, Beschl. v. 18.06.2015 – 1 A 330/14.
175 *Kniesel/Poscher*, Rn. 357.
176 *Leist*, NVwZ 2003, 1300/1302.

Verstöße gegen die öffentliche Ordnung lassen sich letztlich nur anhand des Gesamtbildes der Versammlung beurteilen[177].

117   Wird aber während einer Versammlung bei der Mitteilung der versammlungsbehördlichen Auflage, das Skandieren unter anderem der Parole »Ruhm und Ehre der Waffen-SS« sei untersagt, an die Teilnehmer der Versammlung eine rhetorische Gestaltung gewählt, aus der eine inhaltliche Identifizierung mit dieser Parole ersichtlich wird, so ist diese prinzipiell als freie Meinungsäußerung hinzunehmen und rechtfertigt noch keine Auflösung dieser Versammlung. Die Verlesung der versammlungsbehördlichen Auflagen stellt insbesondere kein Skandieren der Parole selbst dar. Ferner rechtfertigt das Grundgesetz kein allgemeines Verbot der Verbreitung rechtsradikalen oder auch nationalsozialistischen Gedankenguts schon in Bezug auf die geistige Wirkung seines Inhalts[178].

g) Schutzwaffen, sonstige Gegenstände, Stahlkappenschuhe

118   Gem. § 15 Abs. 1 des Versammlungsgesetzes (BVersG) wird zur Auflage gemacht:

Es ist verboten, Schutzwaffen oder Gegenstände, die als Schutzwaffen geeignet sind, mit sich zu führen. Es ist ebenso verboten, Waffen oder sonstige Gegenstände, die ihrer Art nach zur Verletzung von Personen oder zur Beschädigung von Sachen geeignet und dazu bestimmt sind, bei sich zu tragen.

Das Tragen von Stahlkappenschuhen ist untersagt.

Begründung:

Nennung/Erläuterung der entsprechenden Rechtsgrundlagen (§ 15 Abs. 1 BVersG)

Damit es zu keiner Gefährdung der öffentlichen Sicherheit kommen kann, wird mit dieser beschränkenden Verfügung untersagt, solche Hilfsmittel mitzuführen, die auch als Waffen verwendet werden können. Die Auflage trägt damit den Vorschriften aus § 2 Abs. 3 BVersG Rechnung.

Das Tragen von Stahlkappenschuhen (Arbeitsplatzschutzschuhe) bei einer öffentlichen Versammlung unter freiem Himmel wird untersagt, weil die Polizei bei Ihrer Aufgabenerfüllung, die Versammlungen zu schützen, von gewaltbereiten Demonstrationsteilnehmern regelmäßig als zusätzlicher Gegner angesehen wird. Schreitet die Polizei wegen Verstößen oder Straftaten ein, die aus der Versammlung heraus begangen werden, kommt es erfahrungsgemäß zum Einsatz der Stahlkappenschuhe durch Tritte gegen die Beamten. Das Verletzungsrisiko ist für den betroffenen Beamten hoch, den gewalttätigen Teilnehmer durch die Schutzfunktion seiner Sicherheitsschuhe hingegen sehr gering. Signifikant werden Stahlkappenschuhe dabei besonders von Demonstrationsteilnehmern/innen des autonomen

---

177 *Baudewin*, Rn. 708; *Kniesel/Poscher*, NJW 2004, 422/428.
178 VG Gießen, Urt. v. 06.12.2010 – 9 K 1949/10.

Spektrums bevorzugt. Eine Teilnahme dieser Versammlungsteilnehmer/innen kann von Ihnen nicht ausgeschlossen werden. Für die von Ihnen geplante Versammlung sind Arbeitsschutzschuhe, anders als z.b. bei einer Demonstration von Metallarbeitern in ihrer Arbeitskleidung, kein Wesensmerkmal der Berufskleidung und deshalb untersagt.

Anmerkung

Nach einem Beschluss des VG Berlin war die Gefährlichkeit von Stahlkappenschuhen   119 »in jedem Fall mit dem Charakter einer friedlichen Versammlung unvereinbar sei«[179]. Diese Rechtsprechung hat das VG Berlin aufgegeben worden[180]. Zwar können Stahlkappenschuhe gem. § 17a Abs. 1 BVersG verbotene Gegenstände darstellen, die als Schutzwaffen geeignet und den Umständen nach dazu bestimmt sind, Vollstreckungsmaßnahmen von Hoheitsträgern abzuwehren. Als Schutzwaffe geeignete Gegenstände sind solche, deren Zweckbestimmung nicht, wie bei Schutzwaffen, ausschließlich im Schutz ihres Trägers vor polizeilichen Zwangsmaßnahmen liegt, die aber zum Schutz jedenfalls geeignet sind, weil sie denselben Zweck wie die Schutzwaffen erfüllen können[181]. Allerdings setzt das subjektive Merkmal der Bestimmung zur Vollstreckungsabwehr eine entsprechende Absicht voraus, und es sollen nicht zu missbilligende Verhaltensweisen nicht generell untersagt werden[182].

Für eine Absicht der Vollstreckungsabwehr bestehen keine Anhaltspunkte, soweit der-   120 artige Schuhe von bestimmten Kreisen ohne besonderen Anlass regelmäßig getragen werden. Offenbar ist derartiges Schuhwerk bei manchen Teilnehmern der streitbefangenen Versammlung, etwa bei Punks, als modische Alltagsbekleidung nicht unüblich. Das Tragen derartiger Schuhe lässt deshalb jedenfalls nicht generell auf Gewaltbereitschaft schließen. Träger solcher Schuhe werden mit der Auflage faktisch von der Versammlung ausgeschlossen, wenn sie hiervon keine vorherige Kenntnis haben. Vor diesem Hintergrund ist auch ein Verbot des Tragens von Stahlkappenschuhen auf einer Versammlung nur bei Vorliegen konkreter Anhaltspunkte für einen gewalttätigen Verlauf der Veranstaltung zulässig. Die Anforderungen an die Gefahrenprognose dürfen dabei nicht überspannt werden[183].

h) Uniformverbot, gleichartige Kleidungsstücke

Gem. § 15 Abs. 1 des Versammlungsgesetzes (BVersG) wird zur Auflage gemacht[184]:   121

---

179 VG Berlin, Beschl. v. 25.05.2007 – VG 1 A 108.07.
180 VG Berlin, Urt. v. 29.04.2009 – 1 A 115/07.
181 OLG Hamm, NStZ-RR 1998, 87.
182 BT-Drucks. 10/3580, S. 4.
183 VG Berlin, Urt. v. 29.04.2009 – 1 A 115/07.
184 OVG Münster, NJW 2001, 1441. Die Behörde ließ eine für den 10.02.2001 angemeldete Demonstration rechtsextremistischer Gruppierungen nur unter Auflagen zu. Der im Zusammenhang mit ähnlichen Demonstrationen in Erscheinung getretene Versammlungsleiter wandte sich gegen diese Auflagen im Wege verwaltungsgerichtlichen Eilrechtsschutzes.

Das gemeinsame Tragen von dunklen Springerstiefeln in Verbindung mit dem Tragen von Bomberjacken (schwarz, blau, militärgrün) ggf. nebst einer militärischen Kopfbedeckung wird als Ausdruck einer gemeinsamen politischen Gesinnung angesehen und ist untersagt.

Dieses gilt auch für das Tragen von Bekleidungsgegenständen, die erkennbar Bezüge zu Verbänden, Organisationen und (para-)militärischen Gruppierungen des NS-Staates haben.

Hierzu zählen insbesondere Kleidungsstücke, die erkennbare Bezüge zu Uniformen faschistischer und nationalsozialistischer Verbände (z.b. SS, SA, HJ) haben (z.b. khakifarbige oder braune Hemden mit schmaler Krawatte, Koppel mit oder ohne Schulterriemen, Schaftstiefel, Stiefelhose).

Begründung

Nennung/Erläuterung der entsprechenden Rechtsgrundlagen (§ 15 Abs. 1 BVersG)

Gem. § 3 Abs. 1 BVersG ist es verboten, in einer Versammlung Uniformen, Uniformteile oder gleichartige Kleidungsstücke als Ausdruck einer gemeinsamen politischen Gesinnung zu tragen.

Hierdurch soll verhindert werden, dass durch gleichartige Kleidungsstücke militante Gewaltbereitschaft signalisiert wird und der Aufzug ein paramilitärisches Gepräge erhält. Die hier neben den Uniformteilen in Rede stehenden Springerstiefel und Bomberjacken, die von rechtsextremistischen Kreisen zum Ausdruck einer gemeinsamen politischen Gesinnung verwendet werden, sind Symbole, durch die eine Zurschaustellung von organisierter Gewaltbereitschaft erfolgt und die zu Einschüchterungseffekten führen. Diese suggestiv wirkenden Effekte im Sinne einschüchternder Militanz werden von der Öffentlichkeit allgemein als Bedrohung empfunden und sind nicht hinnehmbar.

Die von Ihnen aufgerufenen Teilnehmer treten bei Versammlungen und Kundgebungen regelmäßig mit dunklen Bomberjacken bzw. Springerstiefeln auf. Sie werden von diesen Gruppen durchgängig als einheitliche Kleidungsstücke getragen. Uniformähnlich werden Bomberjacke und Springerstiefel zur Propagierung von rechtsextremen Zielen und Auffassungen getragen. Diese Wirkung wird zum Teil noch verstärkt durch militärische oder militärähnliche Kopfbedeckung.

Darüber hinaus ist bekannt, dass bei vergleichbaren Versammlungen in jüngster Vergangenheit zumindest vereinzelte Teilnehmer Kleidungsstücke trugen, die erkennbare Bezüge zu Uniformen faschistischer und nationalsozialistischer Verbände herstellten. Durch die Verbindung zwischen dem Tragen solcher einzelner, gleichartiger Kleidungsstücke und dem Versammlungsthema wird eine gemeinsame politische Gesinnung zum Ausdruck gebracht.

Das VG lehnte seinen Antrag ab. Das OVG wies den hiergegen gerichteten Antrag auf Zulassung der Beschwerde zurück.

Darüber hinaus dient die Auflage dem Zweck, keine Erinnerungen an nationalsozialistische Aufmärsche, die durch diese Kleidung, auch durch Einzelpersonen,
entstehen könnten, aufkommen zu lassen.

Art. 8 des Grundgesetzes schützt friedliche Versammlungen, nicht jedoch Aufmärsche mit paramilitärischen oder einschüchternden Begleitumständen (vgl. BVerfG
v. 24.03.2011 – 1 BvQ 13/01).

Anmerkung

Auflagen, die einen bestimmten einheitlichen Kleidungsstil untersagen, werden regel-   122
mäßig verhängt. Begründet wird dies zumeist mit einem möglichen Verstoß gegen § 3
BVersG, also einer Gefahr für die öffentliche Sicherheit.

Das Tragen speziell von Uniformen als Ausdruck gemeinsamer politischer Gesinnung   123
ist geeignet, nicht nur die Außenwirkung kollektiver Äußerungen zu verstärken,
sondern darüber hinaus suggestiv-militante Effekte in Richtung auf einschüchternde
uniforme Militanz auszulösen. Dies gilt auch für gleichartige Kleidungsstücke[185]. Es
ist davon auszugehen können, dass objektiv gerade solche militärähnlichen Kleidungsstücke unter das Uniformverbot fallende »gleichartige Kleidungsstücke« sind[186].

i) Redeinhalte, Verbot bestimmter Redner

Gem. § 15 Abs. 1 des Versammlungsgesetzes (BVersG) wird zur Auflage gemacht: 124
1. **Alle Reden haben den öffentlichen Frieden zu wahren. Zum Hass gegen
   Bevölkerungsteile darf nicht aufgestachelt oder zu Gewalt oder Willkürmaß-
   nahmen aufgerufen werden. Die Menschenwürde anderer darf nicht verletzt
   werden, indem Teile der Bevölkerung beschimpft, böswillig verächtlich gemacht oder verleumdet werden**[187].
   **Verboten sind somit mündliche und schriftliche Aussagen wie »Deutsch-
   land den Deutschen« und »Deutschland uns Deutschen« ebenso wie
   »Ausländer raus«**[188].
2. **Redebeiträge des Herrn___ sind gänzlich untersagt.**

Begründung:

> Nennung/Erläuterung der entsprechenden Rechtsgrundlagen
> (§ 15 Abs. 1 BVersG)

Zu 1

Diese Auflage ist notwendig, da Bestrebungen, die die nationalsozialistische Dikta-
tur und deren Werteordnung glorifizieren, verharmlosen oder sonst wiederbeleben,

---

185 *Jenssen*, S. 173.
186 OVG Münster, NJW 2001, 1441; OVG Bautzen, NVwZ-RR 2002, 435.
187 OVG Koblenz, NVwZ 2011.
188 VG Gelsenkirchen, Urt. v. 18.05.2010 – 14 K 5459/08.

für die Mehrheit der Bevölkerung so unerträglich sind, dass sie die öffentliche Ordnung in einem erheblichen Maß auch dann gefährden, wenn mit ihnen die Schwelle der Strafbarkeit noch nicht erreicht ist.

Wegen der unmittelbaren Gefährdung der öffentliche Sicherheit und Ordnung ist es notwendig, den Rednern zu untersagen, solche Äußerungen zu tätigen, die geeignet sind den öffentlichen Frieden zu stören, die zu Hass gegen Teile der Bevölkerung aufstacheln und die Menschenwürde anderer verletzen. Das Rufen z.B. der Parolen »Deutschland den Deutschen« und »Deutschland uns Deutschen« würde nicht nur als in besonderem Maße provozierend empfunden werden, sondern auch geeignet sein, ganze Bevölkerungsteile einzuschüchtern und Ängste zu schüren. Um den Sinn und Zweck der verfügten Beschränkungen zu gewährleisten, ist es auch erforderlich, phonetisch ähnlich klingende und somit offenkundig in missbräuchlicher Weise skandierte Parolen zu untersagen.

Zu 2

Herr ____ ist in der Vergangenheit bei der Versammlung ähnlichen Charakters mehrfach strafrechtlich in Erscheinung getreten.

Anlässe, strafrechtliche Ermittlungsverfahren, Verurteilungen konkret benennen

Anmerkung

125   Beschränkungen des Inhalts und der Form einer Meinungsäußerung finden ihre Rechtfertigung ausschließlich in den in Art. 5 Abs. 2 GG aufgeführten Schranken auch dann, wenn die Äußerung in einer oder durch eine Versammlung erfolgt[189]. An entsprechende Maßnahmen sind wegen ihres Eingriffs in die Meinungsfreiheit besonders strenge Anforderungen zu stellen[190].

126   Die inhaltliche Überprüfung von Aussagen hat am Maßstab des Art. 5 GG zu erfolgen. Richtet sich der Eingriff speziell gegen den Inhalt einer bestimmten Meinung – z.B. das an den Organisator gerichtete Gebot, bestimmte Meinungsäußerungen zu unterbinden –, so ist Art. 5 Abs. 1 Satz GG maßgeblich[191]. Soweit Beschränkungen mit dem Inhalt der die Versammlung betreffenden Meinungsäußerungen begründet werden, ist die besondere Gewährleistung der Meinungsfreiheit aus Art. 5 GG zu berücksichtigen[192]. Was nicht Anlass für Meinungsbeschränkungen sein kann, kann auch nicht Anlass für versammlungsbeschränkende Maßnahmen sein. Sollte die Meinungsfreiheit also nur zu bestimmten Zwecken einschränkbar sein, so würde diese

---

189 BVerfG, NVwZ 2004, 1483, im Anschluss an BVerfG, NJW 1994, 1779.
190 *Gusy*, in: Möllers, Wörterbuch der Polizei, 2. Aufl. 2010: »Auflage«, m.w.N.
191 BVerfG, NJW 1994, 1779/1779; *Nolte/Tams*, JUS 2004, 199/202.
192 BVerfG, NVwZ 2008, 671: Der Inhalt von Meinungsäußerungen (hier: »Nationaler Widerstand« und »Nationaler Widerstand Hochsauerland«), der im Rahmen des Art. 5 GG nicht unterbunden werden darf, kann auch nicht zur Rechtfertigung von Maßnahmen herangezogen werden, die das Grundrecht des Art. 8 GG beschränken.

Reduzierung auf mögliche Eingriffe in das Versammlungsrecht durchschlagen[193]. Eine gegen eine Versammlung gerichtete Maßnahme darf nicht die Zielrichtung verfolgen, unerwünschte inhaltliche Botschaften zu bekämpfen. Die Absicht, Äußerungen mit schädlichem oder in ihrer gedanklichen Konsequenz gefährlichem Inhalt zu behindern, hebt das Prinzip der Meinungsfreiheit selbst auf und ist illegitim, auch wenn es sich dabei um Äußerungen mit verfassungsfeindlichem Inhalt handelt[194].

Es kann nicht verlangt werden, dass die auftretenden Redner und Gruppen angegeben werden oder dass Redetexte vorgelegt werden müssen[195].

Bei der rechtlichen Beurteilung ist zu berücksichtigen, dass ein Redeverbot als präven- 127
tive Maßnahme besonders intensiv in die Meinungsäußerungsfreiheit des Betroffenen eingreift. Infolge des Redeverbots werden Abklärungen darüber unmöglich, ob die zu erwartenden Äußerungen wirklich strafbar wären. Zudem unterbindet ein Redeverbot nicht nur einzelne, möglicherweise strafbare Aussagen, sondern auch rechtlich unbedenkliche Bestandteile der Rede[196].

Da Maßnahmen gegen die auf Versammlungen vertretenen Inhalte grundsätzlich an 128
der Meinungsfreiheit gem. Art. 5 Abs. 1 GG und deren Schranken zu messen sind, kommt ein Verstoß gegen das Zensurverbot prinzipiell in Betracht[197].

Eine Anordnung, Vortragstexte bereits im Vorfeld der Versammlung der Behörde 129
vorzulegen, verstößt gegen das (Vor-)Zensurverbot aus Art. 5 Abs. 1 Satz 3 GG, wenn es nach der Intention der Behörde lediglich darum geht, Gesetzesverstöße wirksam ausschließen zu können. Das Verbot der (Vor-)Zensur[198] verbietet, dass der Staat ein präventives Verfahren einführt, vor dessen Abschluss ein Werk nicht veröffentlicht werden darf[199]. Das Verlangen nach Vorlage von Redemanuskripten, Liedtexten usw. ist rechtswidrig[200].

Wird die Anordnung aber aufgrund entsprechender Anhaltspunkte im Hinblick auf 130
eine konkrete Rechtsgütergefährdung getroffen, die Behörde also zuvor strafbare Inhalte prognostiziert hat, so kann darauf eine versammlungsrechtliche Auflage gestützt werden[201].

Derartige Auflagen verstoßen nicht gegen das Zensurverbot, da dieses Verbot nur Ge- 131
nehmigungsvorbehalte der Behörde hinsichtlich der vertretenen Inhalte ausschließt[202].

---

193 *Ullrich*, S. 289.
194 BVerfG, NJW 2010, 47/52; Anm. *Hufen*, JUS 2010, 558 ff.; *Muckel*, JA 2010, 236 ff.
195 *Schenke*, Rn. 373.
196 VG Freiburg, VBlBW 2002, 497.
197 *Ullrich*, S. 460.
198 Dagegen ist die Nachzensur (nur) an den Schranken des Art. 5 Abs. 2 GG zu messen, die ansonsten gegenstandslos wären; BVerfG, NJW 1972, 1934: »Zensur« i.S.d. Art. 5 Abs. 1 Satz 3 GG ist nur die Vorzensur.
199 *Wege*, NVwZ 2005, 900/901; ergänzend *Breitbach/Rühl*, NJW 1988, 8 ff.
200 *Ullrich*, S. 461.
201 *Jenssen*, S. 227.
202 A.A. *Breitbach/Rühl*, NJW 1988, 8 ff.

Dies muss aber unterschieden werden von der Möglichkeit eines präventiven Verbots im Einzelfall, z.b. von strafbaren Meinungsäußerungen. Es wäre widersinnig, wenn der Staat von solchen Redeinhalten im Vorfeld wüsste, aber abwarten müsste, bis entsprechende Äußerungen gefallen sind. Denn dann müsste er gegebenenfalls die Versammlung wegen eines Verstoßes gegen die öffentliche Sicherheit auflösen, obwohl er im Vorfeld die Möglichkeit gehabt hätte, durch die weniger belastende Maßnahme der Auflage einzugreifen. Das Zensurverbot steht der Untersagung einzelner Parolen mittels Auflagen nicht entgegen[203]. Es bedarf aber der restriktiven Auslegung. Die Meinungsfreiheit ist für die freiheitlich demokratische Grundordnung des Grundgesetzes schlechthin konstituierend. Es gilt die Vermutung zu Gunsten freier Rede in öffentlichen Angelegenheiten[204]. Insofern bedarf es eines erhöhten Begründungsaufwandes, um einzelne Parolen zu untersagen.

132   Im Vorfeld einer Versammlung darf nicht ein präventives Meinungsäußerungsverbot (hier: bezüglich der Aussage »Deutschland den/uns Deutschen«) verhängt werden. Schließlich darf auch kein Verbot nationalsozialistisch geprägter Begriffe und die sinnunterstützende Sprechweise, die an nationalsozialistische Demagogen erinnert, verhängt werden, soweit nicht dargelegt wird, inwieweit dies geeignet ist, Sicherheit und Ordnung zu stören, solange das Auftreten in der stationären Versammlung erfolgt und die Aussagen keine strafrechtliche Relevanz entfalten. Derartige Auflagen sind als unzulässige Einschränkung der Versammlungsfreiheit nach Auffassung des VG Gelsenkirchen rechtswidrig[205]. In diesem Fall konnte die Versammlungsbehörde keine hinreichenden Tatsachen oder sonstige Erkenntnisse benennen, die die von ihr prognostisch angenommene Gefährdung der öffentlichen Sicherheit und Ordnung in Bezug auf die hier in Rede stehende Versammlung tragen. In Bezug auf verfügte Verbot der mündlichen oder schriftlichen Aussagen »Deutschland den Deutschen« und »Deutschland uns Deutschen« war zudem unklar, ob sich die Behörde auf eine Gefährdung der öffentlichen Sicherheit und/oder der öffentlichen Ordnung stützen wollte. Letztlich sprach einiges dafür, dass insoweit keine Gefährdung der öffentlichen Sicherheit abgewehrt werden sollte. Im Zusammenhang mit den hier streitigen Aussagen hieß es lediglich, diese würden nicht nur als in besonderem Maße provozierend empfunden werden, sondern auch geeignet sein, ganze Bevölkerungsteile einzuschüchtern und Ängste zu schüren. Derartige Erwägungen erfüllen allein aber keinen Straftatbestand, sondern stehen allem Anschein nach im Zusammenhang mit einem von der Behörde aufgrund einer vermeintlichen Provokationswirkung angenommenen Verstoß gegen die öffentliche Ordnung.

133   Die teilweise Wiedergabe des Wortlauts des § 130 Abs. 1 Nr. 1 StGB – auch im Rahmen der Begründung der Auflage – (… Äußerungen untersagt, die geeignet sind, den öffentlichen Frieden zu stören, zu Hass … aufstacheln und die Menschenwürde anderer verletzen …) stellt einen allgemeinen, abstrakten Hinweis darauf dar, dass

---

203 *Baudewin*, Rn. 710.
204 BVerfG, NVwZ 2004, 90/91.
205 VG Gelsenkirchen, Urt. v. 18.05.2010 – 14 K 5459/08.

derartige Äußerungen verboten sind, ohne darzulegen, dass die konkreten, streitbefangenen Aussagen diese Voraussetzungen erfüllen[206].

Zu beachten ist bei der Bewertung solcher Auflagen, dass sich die Gestaltungsfreiheit 134 des Veranstalters einer Versammlung auch und gerade auf das Programm und die inhaltlichen Aussagen der Veranstaltung erstreckt und damit mittelbar auch in die Versammlungsfreiheit eingegriffen wird[207].

Von der Auflage, die den Inhalt von Reden betrifft, ist das Verbot zu unterscheiden, 135 mit dem einer bestimmten Person verboten wird, als Redner bei der Versammlung auftreten, weil zu erwarten sei, sie werde im Rahmen ihrer Rede strafbare Äußerungen tätigen (Redeverbot)[208].

Ein Redeverbot greift intensiv in die Meinungsäußerungsfreiheit des Betroffenen aus 136 Art. 5 Abs. 1 Satz 1 GG. Infolge so eines (Rede-)Verbots werden überdies Abklärungen darüber unmöglich, ob die zu erwartenden Äußerungen wirklich strafbar wären. Zudem unterbindet ein Redeverbot nicht nur einzelne, möglicherweise strafbare Aussagen, sondern auch rechtlich unbedenkliche Bestandteile der Rede. Zählt ein Redebeitrag zu den Programmpunkten einer öffentlichen Versammlung, so beeinträchtigt das Redeverbot die Möglichkeit kommunikativer Entfaltung in Gemeinschaft mit anderen Versammlungsteilnehmern und beeinträchtigt damit auch das Grundrecht der Versammlungsfreiheit aus Art. 8 Abs. 1 GG[209].

Ein Redeverbot kann in Betracht kommen, wenn die Redner benannte Person 137 mehrfach und bis in die jüngere Vergangenheit wegen Volksverhetzung zu Freiheitsstrafen (ohne Bewährung) verurteilt worden ist[210] oder wenn bestimmte Redner (praktisch) immer bei solchen Auftritten die Grenzen zulässiger Meinungsäußerung überschreiten (bekannter Holocaust-Leugner) oder ein Redner im Vorfeld bekannt gibt, dass er z.B. bestimmte strafbare Äußerungen bei seiner Rede tätigen will[211]. Ein Redeverbot für einen benannten Redner kann auch in Betracht kommen, wenn konkrete Anhaltspunkte dafür vorliegen, dass aufgrund einer Rede die Veranstaltung einen unfriedlichen Verlauf nehmen wird oder dass aus der Veranstaltung heraus oder in ihrem unmittelbaren Anschluss strafrechtlich relevante Handlungen begangen werden[212].

Soweit Auflagen allgemein den Auftritt weiterer als der namentlich benannten Redner 138 verbietet, so sind diese rechtswidrig. Auflagen dienen der konkreten Gefahrenabwehr, nicht der abstrakten Abwehr jeder nur denkbaren Gefahr[213].

---

206 VG Gelsenkirchen, Urt. v. 18.05.2010 – 14 K 5459/08.
207 BVerfG, NVwZ 2002, 713.
208 BVerfG, NVwZ 2002, 713.
209 BVerfG, DVBl 2002, 970.
210 VG Freiburg, VBlBW 2002, 497.
211 *Leist*, NVwZ 2003, 1300/1304.
212 OVG Greifswald, DÖV 2001, 656.
213 *Leist*, S. 310.

j) Alkoholverbot, Verbot der Verwendung von Glasbehältnissen

139 Gem. § 15 Abs. 1 des Versammlungsgesetzes (BVersG) wird zur Auflage gemacht:

1. Der Versammlungsleiter und die Ordner haben dafür Sorge zu tragen, dass erkennbar alkoholisierte Personen an der Versammlung nicht teilnehmen.
2. Der Verkauf und die Abgabe von alkoholischen Getränken sind untersagt.
3. Das Mitführen von Glasbehältnissen und Dosen während der Versammlung ist untersagt. Getränke dürfen nur in Plastikflaschen und Tetrapackungen mitgeführt werden.

Begründung:

Nennung/Erläuterung der entsprechenden Rechtsgrundlagen
(§ 15 Abs. 1 BVersG)

Zu 1. und 2.

Erkennbar alkoholisierte Personen zeichnen sich neben einer verminderten Einsichts- und Steuerungsfähigkeit durch ein enthemmtes Verhalten und erhöhte Aggressivität aus. Bei einer Versammlung, für den der öffentliche Verkehrsraum in Anspruch genommen wird, gehen von solchen Personen erhöhte Gefahren für die öffentliche Sicherheit und Ordnung aus. Der Konsum von Alkohol und die mit ihm einhergehende Enthemmung erhöht die Gefahr, dass friedlicher Protest in aggressives Verhalten gegenüber Meinungsgegnern, der Polizei, unbeteiligten Dritten oder (öffentlichem) Eigentum umschlägt.

Um hieraus entstehende Gefahren zu vermeiden, ist es erforderlich, dass diese Personen an der Versammlung nicht teilnehmen.

Da Ihnen keine Zwangsbefugnisse zustehen, sind Sie gehalten, bei eigenen Feststellungen über Personen, die erkennbar alkoholisiert an Ihrer Versammlung teilnehmen oder unter Drogeneinfluss stehen, diese dem polizeilichen Verbindungsbeamten mitzuteilen bzw. zu übergeben, um diese von der Versammlung auszuschließen.

Die Auflage dient damit der Friedlichkeit der Versammlung.

Zu 3.

Glasbehältnisse und Dosen dürfen nicht mitgeführt werden, da auch von ihnen ein gesteigertes Gefährdungspotenzial ausgeht. Zum einen können sie, als Wurfgeschosse oder Schlagwaffen eingesetzt, erhebliche Personen- und Sachschäden verursachen. Zum anderen können sich Personen, die in einem möglichen Gedränge zu Fall kommen, durch am Boden liegende Scherben von zersplitterten Glasflaschen gefährliche Schnittwunden zuziehen.

Die Regelung ist verhältnismäßig, denn sie belastet die Teilnehmer nur in einem sehr geringen und zumutbaren Umfang. Insbesondere infolge vielfältiger Alternativen im Bereich des Mitführens von Getränken wird die Möglichkeit der kollektiven Meinungskundgabe durch diese Auflage nicht unverhältnismäßig eingeschränkt. Getränke können auch in Plastikflaschen oder Tetrapackungen mitgeführt werden.

Anmerkung

Eine Auflage, der Versammlungsleiter habe alkoholisierte Versammlungsteilnehmer 140 sofort von der Veranstaltung auszuschließen, wurde von der Rechtsprechung als rechtswidrig erachtet, da sie von ihm etwas rechtlich Unmögliches verlange[222]. Nach § 19 Abs. 4 BVersG kann die Polizei Teilnehmer von der Versammlung ausschließen. Daraus ergibt sich, dass dem Versammlungsleiter kein Ausschlussrecht zusteht, sondern ausschließlich der Polizei.

Das verfügte Verbot von Verkauf und Abgabe alkoholischer Getränke ist rechtlich 141 nicht zu beanstanden, wenn die hierfür erforderliche Sondernutzungserlaubnis nicht vorliegt. Zwar ist nicht nur die Versammlung an sich, sondern alles, was notwendiger Bestandteil der Versammlung ist und der Durchsetzung des für die demokratische Willensbildung unabdingbaren Inhaltes der Versammlungsfreiheit dient, erlaubnisfrei. Allerdings gehören Verkauf und Abgabe von Alkohol nicht zu den von Art. 8 GG umfassten und damit nach dem Versammlungsgesetz erlaubnisfreien Tätigkeitsarten[223].

Der Konsum von Alkohol vielfach enthemmend und kann die Aggressivität der 142 Teilnehmer einer Versammlung steigern. Eine Auflage kann somit aus nachvollziehbaren Gründen der Gefahrenabwehr erlassen werden, insbesondere zum Schutz von Leib und Leben anderer Versammlungsteilnehmer und unbeteiligter Dritter. Sie ist nicht zu beanstanden, zumal sie das Selbstbestimmungsrecht des Veranstalters und die Handlungsfreiheit der Versammlungsteilnehmer nur geringfügig eingeschränkt hat.

k) Verbot Pyrotechnik

Gem. § 15 Abs. 1 des Versammlungsgesetzes (BVersG) wird zur Auflage gemacht[224]: 143

Das Verwenden von Pyrotechnik und pyrotechnischer Munition ist untersagt. Unter den Begriff der Pyrotechnik fallen alle Arten von Feuerwerkskörpern, Böller, Rauchpulver, Rauchtöpfe, Pech-, Warn-, Signal- und Magnesiumfackeln sowie Bengalfeuer/Bengalbeleuchtung (»Bengalos«).

Untersagt ist somit auch das Abbrennen handelsüblicher Feuerwerkskörper (pyrotechnische Gegenstände der Kategorie 2), die nach Maßgabe des § 23 Absatz 2 Satz 2 der Ersten Verordnung zum Sprengstoffgesetz (SprengV) grundsätzlich am 31. Dezember und 1. Januar von Personen, die das 18. Lebensjahr vollendet haben, abgebrannt werden dürfen.

222 VG Göttingen, Urt. v. 22.04.2009 – 1 A 355/07.
223 VG Göttingen, Urt. v. 22.04.2009 – 1 A 355/07.
224 Die Auflage wurde erlassen anlässlich der Versammlung »Gegen Rassismus – Gegen Terror« in Köln, Bescheid v. 20.01.2015, Az. ZA 12(Br)-57.02.01-36/15.

Unter den Begriff der pyrotechnischen Munition fallen alle Arten von pyrotechnischen Sätzen, die in einem Abschussbecher oder in einer Patrone eingebracht sind und mittels eines Abschussapparates oder einer Signalpistole verschossen werden können.

Begründung:

Nennung/Erläuterung der entsprechenden Rechtsgrundlagen
(§ 15 Abs. 1 BVersG)

Damit es zu keiner Gefährdung der öffentlichen Sicherheit kommen kann, wird mit dieser beschränkenden Verfügung untersagt, pyrotechnische Gegenstände und pyrotechnische Munition einzusetzen, da von ihnen eine erhebliche Gefahr für die körperliche Unversehrtheit und das Leben der Versammlungsbeteiligten, der eingesetzten Polizeikräfte und Unbeteiligter ausgehen kann.

Etwa beim Abbrennen einer Bengalischen Fackel entstehen Temperaturen von mehreren Tausend Grad. Diese Fackeln sind für die Verwendung in der Seenotrettung oder bei anderen Not-fällen entwickelt worden. Aber auch beim Verwenden handelsüblicher Feuerwerkskörper entsteht offenes Feuer/Funkenflug verbunden mit enorm hohen Temperaturen. In einer Versammlung wie der Ihren, in der viele Menschen auf engem Raum nicht nur zusammenstehen, sondern sich in Form eines Demonstrations-zugs auch fortbewegen, ist die Gefahr, dass Kleidung oder gar Personen zu brennen beginnen, besonders hoch.

Beim Abbrennen von Fackeln entstehen Gase, die die Gesundheit gefährden. Die Fackeln bestehen zu einem großen Teil aus Magnesium. Dieses hat die Eigenschaft, beim Abbrennen eigenen Verbrennungs-Sauerstoff zu entwickeln, was bedeutet, dass man es nicht löschen kann, weder mit Wasser noch mit Sand. Die chemischen Gase, die entstehen, schaden den Atemwegen.

Auch beeinträchtigt der beim Verwenden jeglicher Art von pyro-technischen Gegenständen entstehende Rauch/Qualm den die Versammlung begleitenden Polizeieinsatz. Der beim Abrennen entstehende Rauch/Qualm kann bei einigen pyrotechnischen Gegenständen so dicht sein, dass er den Betroffenen die Sicht nimmt und im Fall einer Panik auch die Fluchtmöglichkeiten einschränken würde.

Selbst wenn das Versammlungsrecht dem Veranstalter einer Demonstration eine weitreichende Gestaltungsfreiheit einräumt, so muss das Verwenden von Pyrotechnik und pyrotechnischer Munition doch aus den dargelegten Gründen unterbleiben.

l) Megaphone, Lautsprecher

144   Gem. § 15 Abs. 1 des Versammlungsgesetzes (BVersG) wird zur Auflage gemacht:

Beim Einsatz des Lautsprecherwagens bzw. der Megaphone ist im Einzelfall den polizeilichen Weisungen vor Ort Folge zu leisten (z.B. bezogen auf Standort und

Lautstärke). Bei polizeilichen Lautsprecherdurchsagen ist der eigene Lautsprecherbetrieb unverzüglich einzustellen.

Lautsprecheranlagen oder Megaphone dürfen nur für Ansprachen und Darbietungen, die in unmittelbarem Zusammenhang mit dem Versammlungsthema stehen, sowie für Ordnungsdurchsagen verwendet werden.

Die Ausrichtung der Lautsprecher hat dabei in Richtung des Versammlungsbereiches zu erfolgen.

Die Lautstärke von Lautsprechern, Megaphon oder sonstigen vergleichbaren Verstärkeranlagen darf im Übrigen einen Spitzenpegel von 90 dB (A) – gemessen unmittelbar vor dem Lautsprecher – nicht überschreiten. Auf Aufforderung der Polizei ist die Lautstärke sofort zu reduzieren, soweit der Spitzenpegel überschritten wird.

Lautsprecher bzw. Megaphone dürfen zur Vermeidung von unverhältnismäßiger Lärmbelästigung von Passanten und Anwohnern nicht lauter eingestellt werden, als es zum Erreichen der Versammlungsteilnehmer unbedingt erforderlich ist

oder

Bei Wortbeiträgen darf die Lautstärke den Lärmrichtwert von 73 db(A), gemessen vor dem nächstgelegenen Fenster eines Wohnraumes, nicht überschreiten. Wortbeiträge haben sich mit Ruhezeiten (also ohne Lautsprecherunterstützung) abzuwechseln.

Megaphone dürfen nicht auf die Kopfhöhe von Versammlungsteilnehmern oder Polizeibeamten ausgerichtet werden.

Begründung:

Nennung/Erläuterung der entsprechenden Rechtsgrundlagen
(§ 15 Abs. 1 BVersG)

Wegen der Benutzung von Geräten, die der Schallerzeugung oder der Schallwiedergabe (Lautsprecher, Megaphone u.ä.) dienen, wird auf § 10 Landesimmissionsschutzgesetz (LImSchG) hingewiesen. Hiernach bedarf die Verwendung auf öffentlichen Verkehrsflächen der Genehmigung der örtlichen Ordnungsbehörde.

Der Genehmigung nach § 10 LImSchG bedarf es bei der Versammlung nicht, wenn die Zahl der Teilnehmer so groß ist, dass nur durch Gebrauch eines Lautsprechers die Ansprachen und damit die Durchführung der Versammlung möglich ist. In diesem Falle hat das Grundrecht der Versammlungsfreiheit Vorrang vor dem Lärmschutzbedürfnis des Bürgers.

Die Polizei wird davon ausgehen, dass die unabweisbare Notwendigkeit zur Benutzung eines Lautsprechers erforderlich ist, wenn entweder die Teilnehmerzahl ca. 50 Personen umfasst oder wenn sonstige Gründe (insbesondere Verkehrslärm) dazu führen, dass schon bei einer geringen Teilnehmerzahl Verständigungsschwierigkeiten gegeben sind, die nur durch Benutzung eines Lautsprechers überwunden werden können.

Diese Auflage sichert eine ordnungsgemäße Abwicklung der polizeilichen Maßnahmen zum Schutze der Versammlungsteilnehmer. Außerdem sichert sie die in einer Versammlung erforderliche Kommunikation sowie die Durchsetzung der Auflagen dieses Bescheides.

Die Begrenzung des Schallpegels auf 90 dB (A) von Lautsprecheranlagen entspricht den ordnungsbehördlichen Vorgaben für Veranstaltungen im öffentlichen Verkehrsraum und dient der Gewährleistung der öffentlichen Sicherheit.

Anmerkung

145 Die Verwendung von Lautsprechern unterfällt der Gestaltungsfreiheit des Veranstalters[225]. Es liegt in seinem Ermessen, wie er Aufmerksamkeit erregen will.

146 Nach allgemeiner Auffassung bedarf es aufgrund der Konzentrationswirkung der §§ 14, 15 BVersG keiner gesonderten Genehmigung zum Betrieb von Lautsprechern im öffentlichen Straßenraum. Dies gilt für den Fall, dass die Versammlung anders nicht durchführbar wäre, etwa bei größerer Teilnehmerzahl. Dann tritt der straßenverkehrsrechtliche Erlaubnisvorbehalt für die Benutzung von Lautsprechern zurück, etwa bei Versammlungen ab mindestens 50 Teilnehmern. Indem darauf abgestellt wird, dass nur bei größerer Teilnehmerzahl die Verwendung von Lautsprechern erforderlich sei, wird davon ausgegangen, dass die Lautsprecher im Wesentlichen nur dazu benutzt werden, Ordnungsdurchsagen an die Teilnehmer vorzunehmen oder sich mit Redebeiträgen nur an diese zu richten. Die Lautsprecher dienen aber auch dazu, unbeteiligte Personen anzusprechend um damit auf diese Weise zur öffentlichen Meinungsbildung beizutragen. Lautsprecher sind somit nicht nur bei größeren Versammlungen notwendig[226]. Ein Verbot der Lautsprecherbenutzung bedarf in solchen Fällen einer besonderen Interessenabwägung, die sich nicht in dem Argument erschöpfen darf, der Lautsprechereinsatz sei für die Binnenkommunikation der (wenigen) Versammlungsteilnehmer nicht erforderlich[227]. Dies verkennt den kommunikativen Ansatz des Grundrechts aus Art. 8 GG, der auch und gerade die Kontaktaufnahme zu Nichtteilnehmern unter Schutz stellt und deshalb eine akustische Verstärkung kollektiver Meinungsäußerungen von Versammlungsteilnehmern grundsätzlich und ohne Rücksicht auf die Teilnehmerzahl zulässt[228].

Insofern wäre eine Auflage, die den Betrieb von Lautsprechern untersagt, rechtswidrig, alle »Ausnahmegenehmigungen« überflüssig[229].

---

225 OVG Berlin-Brandenburg, NVwZ-RR 2009, 370.
226 Krit. *Jenssen*, S. 211.
227 VGH Kassel, DVBl 2012, 1117.
228 BVerfG, NJW 2001, 2459.
229 VG Braunschweig, Urt. v. 06.10.2011 – 5 A 82/10; *Leist*, S. 323.

Gesichtspunkte, die den sondergesetzlichen Regelungen zugrunde liegen, können aber 147
im Rahmen des § 15 Abs. 1 BVersG berücksichtigt werden. So ist gem. § 33 Abs. 1
Nr. 1 StVO der Betrieb von Lautsprechern verboten, wenn dadurch am Verkehr Teilnehmende in einer den Verkehr gefährdenden oder erschwerenden Weise abgelenkt
oder belästigt werden können[230].

Die Auflage, dass die Schallkörper in Richtung der unmittelbar Beteiligten zu po- 148
sitionieren bzw. zu halten sind, wird als rechtswidrig erachtet, weil nicht ersichtlich
ist, welche Gefahren damit verhindert werden sollen[231]. Wie schon bei der Unterscheidung nach der Anzahl der Teilnehmer für die Bewertung einer funktionalen Notwendigkeit von Lautsprechern, wird auch bei der Unterscheidung von »interner« und
»externer« Nutzung der Sinn und Zweck eines derartigen Hilfsmittels zur effektiven
Ausübung der Versammlungsfreiheit nicht ausreichend berücksichtigt[232].

Eine versammlungsrechtliche Auflage, nach der Megaphone nicht auf die Kopfhöhe 149
von Versammlungsteilnehmern oder Polizeibeamten ausgerichtet werden dürfen, ist
dagegen rechtlich nicht zu beanstanden. Es ist hierfür insbesondere nicht erforderlich, dass die Versammlungsbehörde im Einzelfall nachweist, dass es bei bislang von
einem Anmelder veranstalteten Versammlungen durch die Verwendung von Mega-
phonen bereits zu Gehörschäden bei Polizeibeamten oder Versammlungsteilnehmern
gekommen ist. Die öffentliche Sicherheit, umfasst die Einhaltung Bestimmungen
des Bundesimmissionsschutzgesetzes sowie des Arbeitsschutzrechts, das grundsätzlich
auch für Polizeibeamte im Rahmen des Einsatzes bei Versammlungen gilt. Der Schutz
unbeteiligter Dritter vor Immissionen, die von einer Versammlung ausgehen, greift
schon unterhalb der Schwelle der andernfalls drohenden Gesundheitsgefahr ein[233].

Ein Grenzwert von z.B. 85 dB (A) dient der Vermeidung irreversibler Schäden des 150
Innenohrs. Das Tragen eines Gehörschutzes kommt für Polizeibeamte bei Versammlungen nicht in Betracht. In der Festsetzung eines Höchstwerts von z.B. 85 dB (A)
liegt auch keine unzumutbare Einschränkung der Versammlungsfreiheit. Ein Redner
ist auch bei einer Lautstärke seines Schallverstärkers von 85 dB (A) auch in ca. 30 m
Entfernung noch deutlich zu hören[234].

Zur Rechtfertigung von Lärmschutzauflagen von Versammlungen insgesamt, also auch 151
hinsichtlich zusätzlich angeordneter Lärmpausen für Musik, bedarf es mithin keiner
Gesundheitsgefahr, sondern »nur« einer andernfalls eintretenden erheblichen Belästigung. Der Schutz unbeteiligter Dritter vor Immissionen, die von einer Versammlung
ausgehen, greift schon unterhalb der Schwelle einer drohenden Gesundheitsgefahr ein.
Auch wenn es regelmäßig zum Auftritt von Gegendemonstranten mit dem Ziel der
Behinderung oder auch Verhinderung der Demonstration kommt, rechtfertigt dies
nicht ein Absehen von Lärmschutzauflagen. Der Schutz von unbeteiligten Dritten,

---

230 Krit. *Leist*, S. 322.
231 *Jenssen*, S. 215.
232 *Jenssen*, S. 216.
233 OVG Magdeburg, NVwZ-RR 2012, 308.
234 VGH München, NVwZ-RR 2015, 106.

also Anwohnern, und auch der Schutz von Polizeibeamten vor unzumutbarem Lärm steht nicht zur Disposition von Demonstranten und Gegendemonstranten[235].

152   Bei Auflagen, die sich auf die Lautstärke beziehen, ist kritisch anzumerken, dass sich gewisse Lärmbelästigungen bei Versammlungen nicht vermeiden lassen, sie sind der Ausübung des Grundrechts sogar immanent, um Aufmerksamkeit zu erregen. Ist die Gesundheit Dritter gefährdet, ist ggf. eine andere Bewertung angezeigt.

153   Eine gem. § 15 Abs. 1 BVersG erlassene Auflage, die für die Durchführung einer von 22 bis 4 Uhr in der Frühe angemeldeten und zum Teil durch Mischgebiete führenden »Nacht-Tanz-Demo« bestimmt, dass bei allen mitgeführten und betriebenen Verstärkeranlagen die abgestrahlte Lautstärke auf 85 dB(A) Einwirkungswert zu begrenzen ist, trägt dem gem. Art. 2 Abs. 2 Satz 1 GG verfassungsrechtlich geschützten Ruhebedürfnis der Anwohner der Demonstrationsroute nicht in gebührender Weise Rechnung[236]. Mitunter kann es erforderlich sein, eine Versammlung zeitlich vorzuverlegen.

154   Auch bei Kundgebungen in der Nähe von Justizvollzugsanstalten (hier bei einer Kundgebung gegen die Sicherungsverwahrung) dürfen grundsätzlich Lautsprecher eingesetzt werden[237].

155   Eine gängige Praxis von Gegendemonstranten ist mittlerweile, die vom Protest betroffene Versammlung dadurch zu stören oder gar zu verhindern, indem mittels Trillerpfeifen, Geschrei, Sirenen oder Lautsprecheranlagen eine Lärmkulisse erzeugt wird, die es unmöglich macht, dass Redebeiträge der vom Protest betroffenen Versammlung verstanden werden bzw. eine Informationsweitergabe oder Kommunikation mit Außenstehenden stattfinden kann. Wer eine Lärmkulisse erzeugt, die dem politischen Gegner die Möglichkeit nimmt oder erheblich behindert, selbst seine Meinung kundzutun und mit dem Gegenüber zu kommunizieren, genießt nicht (mehr) den Schutzbereich des Art. 8 GG, sondern ist Verhaltensstörer[238].

m)   Durchsuchung aller Teilnehmer

156   Gem. § 15 Abs. 1 des Versammlungsgesetzes (BVersG) wird zur Auflage gemacht:

»**Die Teilnehmer der Versammlung werden vor Beginn der Veranstaltung polizeilich durchsucht**«[239].

---

235 OVG Lüneburg, Beschl. v. 10.11.2010 – 11 LA 298/10.

236 VG Frankfurt, NJW 2001, 1741.

237 VGH Kassel, DVBl 2012, 1117.

238 VG Lüneburg, Urt. v. 12.11.2014 – 5 A 154/13.

239 Anlässlich einer Wehrmachtsausstellung (Bielefeld) wurde die Versammlung »Die Soldaten der Wehrmacht waren Helden, keine Verbrecher« angemeldet, die vom Polizeipräsidium (PP) Bielefeld als zuständige Versammlungsbehörde verboten wurde. Verfahren des einstweiligen Rechtsschutzes vor den Verwaltungsgerichten blieben erfolglos. Das BVerfG stellte im Wege der einstweiligen Anordnung die aufschiebende Wirkung des Widerspruchs des Beschwerdeführers gegen die Verbotsverfügung wieder her. Das PP Bielefeld ordnete daraufhin mehrere Auflagen an, u.a. die hier in Rede stehende Auflage der Durchsuchung der Teilnehmer. Klagen gegen diese Auflage wurden von den VG zurückgewiesen, VG Minden,

Begründung:

Nennung/Erläuterung der entsprechenden Rechtsgrundlagen (§ 15 Abs. 1 BVersG)

Gefahrenprognose

Die hinreichende Gefahrenprognose stützte sich auf die Befürchtung, dass bei Teilnehmern der vom Beschwerdeführer angemeldeten Versammlung genauso wie bei den Gegendemonstranten jeweils zahlreiche, in der Menge schwer zu kontrollierende Teilnehmer erwartet worden seien. Unter diesen Umständen hätten objektive Anhaltspunkte für das Auffinden sicherstellbarer Gegenstände bestanden, so dass pauschal im Wege einer Auflage die polizeiliche Durchsuchung aller Versammlungsteilnehmer vor dem Veranstaltungsbeginn angeordnet wurde. Eines konkreten Verdachts gegen bestimmte Versammlungsteilnehmer habe es insoweit nicht bedurft.

Anmerkung

Die auf § 15 Abs. 1 BVersG gestützte Auflage, dass die Teilnehmer einer Versammlung   157 vor Beginn der Veranstaltung polizeilich durchsucht werden, bedeutet einen Eingriff in die Versammlungsfreiheit (Art. 8 Abs. 1 GG), da die Auflage den freien Zugang zu einer bevorstehenden Versammlung betrifft. Der gesamte Vorgang des Sich-Versammelns unterfällt dem Schutz des Art. 8 Abs. 1 GG[240]. Eine polizeiliche Durchsuchung ist – zumal wenn sie pauschal jeden Versammlungsteilnehmer erfasst – geeignet, einschüchternde, diskriminierende Wirkung zu entfalten, die Teilnehmer in den Augen der Öffentlichkeit als möglicherweise gefährlich erscheinen zu lassen und damit potenzielle Versammlungsteilnehmer von einer Teilnahme abzuhalten.

§ 15 Abs. 1 BVersG sieht mit Rücksicht auf die verfassungsrechtliche Gewährleistung   158 der Versammlungsfreiheit Einschränkungen gegenüber Versammlungen nur für den Fall vor, dass die öffentliche Sicherheit oder Ordnung nach den zur Zeit des Erlasses der Verfügung erkennbaren Umständen bei Durchführung der Versammlung oder des Aufzugs unmittelbar gefährdet ist. Unter Berücksichtigung der Bedeutung der Versammlungsfreiheit darf die Behörde auch bei dem Erlass von Auflagen keine zu geringen Anforderungen an die Gefahrenprognose stellen. Als Grundlage der Gefahrenprognose sind konkrete und nachvollziehbare tatsächliche Anhaltspunkte erforderlich; bloße Verdachtsmomente oder Vermutungen reichen hierzu nicht aus[241].

Beschl. v. 16.04.2003 – 11 K 671/02; OVG Münster, Beschl. v. 25.10.2004 – 5 A 2764/03. Letztlich hatte das BVerfG über diese »Vorfeldkontrolle« zu entscheiden und in diesem Rahmen die Verfassungsbeschwerde im Sinne von § 99c Abs. 1 BVerfGG als offensichtlich begründet angesehen.
240 BVerfG, NJW 1991, 2694.
241 BVerfG, NVwZ 1998, 834.

159 Diesen verfassungsrechtlichen Anforderungen waren die angegriffenen Entscheidungen der Verwaltungsgerichte[242] nicht gerecht geworden. Mithin war die Auflage, die Teilnehmer vor Beginn der Veranstaltung zu durchsuchen rechtswidrig[243].

n) Musikdarbietungen

160 Gem. § 15 Abs. 1 des Versammlungsgesetzes wird zur Auflage gemacht:

1. **Das Abspielen jeglicher Musik, die rechtsextremistische Texte beinhaltet oder von Musikern, die sich öffentlich zu rechtsextremem Gedankengut bekennen, ist verboten[244].**
   und/oder
   Das Abspielen von Musikstücken mit beleidigenden Inhalten, wie z.b. der Titel »ACAB« (all cops are bastards) ist verboten und wird zu den strafbaren Handlungen gezählt[245].
2. **Die Musikdarbietungen dürfen bezogen auf die Dauer der jeweiligen Zwischenkundgebungen einen maximalen Anteil von 40 % nicht überschreiten und müssen sich mit den Redebeiträgen abwechseln.**
   Die Höchstdauer einer einzelnen Musikdarbietung darf nicht mehr als 15 Minuten betragen[246].

Begründung:

Nennung/Erläuterung der entsprechenden Rechtsgrundlagen
(§ 15 Abs. 1 BVersG)

Gefahrenprognose

Zu 1.

Wegen der unmittelbaren Gefährdung der öffentliche Sicherheit und Ordnung ist es notwendig, Musikbeiträge zu untersagen, die rechtsextremes Gedankengut beinhalten und die geeignet sind, den öffentlichen Frieden zu stören. Derartige Beiträge würden nicht nur als in besonderem Maße provozierend empfunden werden, sondern auch geeignet sein, ganze Bevölkerungsteile einzuschüchtern und Ängste zu schüren.

---

242 VG Minden, Beschl. v. 16.04.2003 – 11 K 671/02; OVG Münster, Beschl. v. 25.10.2004 – 5 A 2764/03.

243 *Brenneisen/Wilksen/Staack/Petersen/Martins*, Die Polizei 2012, 121.

244 Auflage der Versammlungsbehörde Braunschweig v. 23.05.2005; VG Braunschweig, Beschl. v. 10.06.2005 – 5 B 414/05.

245 Auflage der Versammlungsbehörde München anlässlich der Versammlung »Aktionsbündnis gegen die Nato-Sicherheitskonferenz«, VGH München, Beschl. v. 03.02.2006 – 24 CS 06.314.

246 Auflage anlässlich der Versammlung »Gemeinsam gegen Kapitalismus – Heraus zum 1. Mai«; PP Dortmund, 19.04.2007 – Dez. 12-60.13.04-100/06.

Zu 2.

Im Rahmen Ihrer Versammlung dürfen, wie gewünscht und geplant, Rede- und Musikbeiträge dargeboten werden. Diese müssen im Wechsel stattfinden, wobei der Anteil der Redebeiträge mindestens 60 % und der der Musikbeiträge maximal 40 % der jeweiligen Zwischenkundgebung betragen darf. Darüber hinaus sind die einzelnen Musikdarbietungen auf maximal 15 Minuten zu begrenzen.

Diese Begrenzung dient der Gewährleistung des Versammlungscharakters.

Die geplante Veranstaltung kann nämlich nicht als Versammlung angesehen werden, wenn sie nach dem Gesamteindruck den Charakter einer rein unterhaltenden öffentlichen Konzertveranstaltung rechtsradikaler Musikgruppen trägt. Natürlich ist bekannt, dass die Musikdarbietungen politische Inhalte haben werden. Musik kann eine Kommunikation darstellen, allerdings nur dann, wenn sie als Mittel zur kommunikativen Entfaltung und mit dem Ziel eingesetzt wird, auf die öffentliche Meinungsbildung einzuwirken. Auch wenn die Musikbeiträge einen politischen Hintergrund haben, so stünde bei der angemeldeten Dauer der Konzertcharakter im Vordergrund. Die Musikstücke sind nicht spezifisch auf diese Versammlung ausgerichtet. Die gleichen Musiktitel werden ebenfalls auf kommerziellen Konzerten gespielt, die allein der Unterhaltung dienen. Auch vorliegend sollen die einzelnen Musikblöcke die Veranstaltung auflockern, die eigentlichen Inhalte enthalten dagegen die jeweiligen Redebeiträge. Damit das Schwergewicht der Versammlung eindeutig auf dem maßgeblichen verbindenden Zweck der Meinungsbildung und -äußerung liegt und um einen kommerziellen Charakter zu verhindern, ist eine Beschränkung der Musikbeiträge in dem Rahmen wie oben dargelegt erforderlich.

Anmerkung

Der Veranstalter der Versammlung kann durch inhaltliche Beschränkungen von Musikbeiträgen in seinem Selbstbestimmungsrecht hinsichtlich der Art und Weise der Durchführung der Versammlung betroffen sein. Derartige inhaltliche Beschränkungen können sich als Eingriff in die Meinungsfreiheit (Art. 5 Abs. 1 GG) oder auch in die Kunstfreiheit (Art. 5 Abs. 3 GG) darstellen[247]. Gelegentlich werden künstlerische Elemente benutzt, um durch gemeinschaftliches Auftreten einer Aussage mehr Gehör zu verschaffen, z.B. durch politisches Straßentheater, Einsatz von Musik oder dem Zeigen von Karikaturen. Entsprechende Aktionen können zugleich in den Schutzbereich der Kunst- und der Versammlungsfreiheit fallen[248]; es handelt sich nicht um »sich ausschließende Alternativen«[249]. 161

---

247 VG Saarlouis, Urt. v. 14.07.2014 – 1 K 507/13; Anm. *Kingreen*, JURA 2015, 118: Beschränkung der Versammlung aus Gründen der öffentlichen Ordnung (»Deutschlandlied, 1. Strophe«).
248 *Ullrich*, S. 475.
249 So aber VGH München, NJW 1981, 2428.

162 Richtet sich der Eingriff speziell gegen den Inhalt einer bestimmten Meinung – z.b. das an den Organisator gerichtete Gebot, bestimmte Meinungsäußerungen zu unterbinden –, so ist Art. 5 Abs. 1 Satz GG maßgeblich[250]. Soweit Beschränkungen mit dem Inhalt der die Versammlung betreffenden Meinungsäußerungen begründet werden, ist die besondere Gewährleistung der Meinungsfreiheit aus Art. 5 GG zu berücksichtigen[251]. Was nicht Anlass für Meinungsbeschränkungen sein kann, kann auch nicht Anlass für versammlungsbeschränkende Maßnahmen sein. Sollte die Meinungsfreiheit also nur zu bestimmten Zwecken einschränkbar sein, so würde diese Reduzierung auf mögliche Eingriffe in das Versammlungsrecht durchschlagen[252]. Eine gegen eine Versammlung gerichtete Maßnahme darf nicht die Zielrichtung verfolgen, unerwünschte inhaltliche Botschaften zu bekämpfen. Die Absicht, Äußerungen mit schädlichem oder in ihrer gedanklichen Konsequenz gefährlichem Inhalt zu behindern, hebt das Prinzip der Meinungsfreiheit selbst auf und ist illegitim, auch wenn es sich dabei um Äußerungen mit verfassungsfeindlichem Inhalt handelt[253].

163 Die Auflage, dass der Veranstalter keine Musik mit rechtextremistischen Inhalten abspielen darf sowie keine Musik von Musikern spielen darf, die sich zu rechtsextremen Gedankengut bekennen, wurde vom VG Braunschweig – schon wegen Verstoßes gegen den Bestimmtheitsgrundsatz (§ 37 Abs. 1 VwVfG) – als rechtswidrig erachtet[254]. Der Auflage folgend, darf der Veranstalter alles abspielen, was keinen rechtsextremistischen Hintergrund hat und bei wortgenauer Auslegung, Musik von denjenigen Personen abspielen, die sich nicht öffentlich zu rechtsextremistischen Gedankengut bekannt haben. Es stellt sich aber die Frage, was rechtsextremistische Texte kennzeichnet. Eine radikale politische Einstellung, die dem rechten Lager zugeordnet werden kann, muss indes nicht zwangsläufig eine rechtsextremistische Gesinnung bedeuten[255]. Insofern hätte die Versammlungsbehörde konkrete Lieder, Liedermacher oder Musikgruppen benennen müssen[256].

164 Inhalte, die nicht bereits indiziert und damit entsprechend konkretisiert sind, können verboten werden, wenn andernfalls in der öffentlichen Vorführung eine strafbare Handlung und damit eine Gefahr für die öffentliche Sicherheit zu sehen ist. Ein generelles Verbot von Rechtsrock[257] in einer Versammlung ist rechtswidrig, da derartige

---

250 BVerfG, NJW 1994, 1779/1779; *Nolte/Tams*, JUS 2004, 199/202.

251 BVerfG, NVwZ 2008, 671: Der Inhalt von Meinungsäußerungen (hier: »Nationaler Widerstand« und »Nationaler Widerstand Hochsauerland«), der im Rahmen des Art. 5 GG nicht unterbunden werden darf, kann auch nicht zur Rechtfertigung von Maßnahmen herangezogen werden, die das Grundrecht des Art. 8 GG beschränken.

252 *Ullrich*, S. 289.

253 BVerfG, NJW 2010, 47/52; Anm. Hufen, JUS 2010, 558 ff.; *Muckel*, JA 2010, 236 ff.

254 VG Braunschweig, Beschl. v. 10.06.2005 – 5 B 414/05.

255 *Jenssen*, S. 233.

256 Z.B. stellt das Lied »Ein junges Volk steht auf« ein nach § 86a StGB strafbares Kennzeichen dar und darf daher im Rahmen einer Versammlung weder öffentlich gesungen noch besprochen werden, OVG Lüneburg, Beschl. v. 26.04.2012 – 11 ME 113/12.

257 »Rechtsrock« ist hier gemeint als Sammelbegriff für das Wirken von diversen Musikgruppen in unterschiedlichen Musikgenres und unter Nutzung verschiedenster Musikstile ist,

Musik nicht per se strafbar ist. Eine derartige Auflage würde auch solche Musikstücke verbieten, gegen die mit Blick auf eine Gefährdung der öffentlichen Sicherheit und Ordnung nichts einzuwenden wäre[258].

Eine Auflage, die ein Abspielen des »Badenweiler Marschs«[259] (ursprünglich »Badon- **165** viller Marsch«) bei einer Versammlung verbietet, ist bei Fehlen einer unmittelbaren Gefahr für die öffentliche Sicherheit oder Ordnung rechtswidrig. Dies ist dann der Fall, wenn ein Verstoß gegen die Rechtsordnung mit hoher Wahrscheinlichkeit nicht eintritt. Insbesondere erfüllt ein Abspielen des »Badenweiler Marschs« nicht den Tatbestand des Verwendens von Kennzeichen verfassungswidriger Organisationen (§ 86a StGB)[260]. Zwar können unter den strafrechtlich relevanten Kennzeichenbegriff auch Lieder fallen, die vor der NS-Zeit komponiert und sodann zu propagandistischen Zwecken gleichsam als Hymne verwendet wurden. Das Lied habe aber keinen für nationalsozialistische Organisationen kennzeichnenden Symbolcharakter, auch wenn der Marsch bei Auftritten Hitlers gespielt worden und dadurch historisch belastet sei. Er sei aber nicht verboten und werde gelegentlich auch bei Militärmusikveranstaltungen gespielt. Das Abspielen des Marsches erfüllt auch nicht den Straftatbestand der Volksverhetzung (§ 130 Abs. 4 StGB)[261]. Auch stellt es keine unmittelbare Gefahr für die öffentliche Ordnung dar, dass möglicherweise einige der Gegendemonstranten den Marsch erkannt und als provokant wahrgenommen hätten. Im Ergebnis ist die Verwendung des »Badenweiler Marschs« zwar historisch belastet, aber nicht strafbar[262].

Aus dem Abspielen von Rechtsrockmusik allein ergibt sich noch keine konkrete Ge- **166** fahr[263]. Die geforderte Gefahr im Einzelfall kann nur an einen bestimmten (Medien-) Inhalt anknüpfen. Dies ist insbesondere der Fall bei volksverhetzenden Inhalten (§ 130 StGB), Inhalten, die zu rechtswidrigen Taten auffordern (§ 111 StGB), Schilderung

---

mit welchem das Ziel verfolgt wird, rechtsextremistische Feindbilder und Ideologiefragmente zu transportieren. Besonders problematisch dabei ist, dass diese Musik aufgrund ihrer identitätsstiftenden Funktion den Zusammenhalt in der ansonsten lose vernetzten rechtsextremistischen Szene fördert und zudem gezielt als »Lockmittel« für Jugendliche genutzt wird, um sie an diese Szene heranzuführen. Zur strafrechtlichen Relevanz rechtsextremistischer Musikgruppen unter besonderer Berücksichtigung der »Landser«-Urteile« (u.a. BGH, NJW 2005, 1668) *Hofsommer*, Kriminalistik 2012, 620 ff.

258 OVG Frankfurt (Oder), NVwZ-RR 2004, 844.
259 Es handelt sich um ein während des ersten Weltkrieges komponiertes Stück, das Adolf Hitler als Auftrittsmarsch diente (vgl. Polizeiverordnung gegen den Missbrauch des Badenweiler Marsches vom 17.05.1939, RGBl. I S. 921).
260 VG Bremen, Urt. v. 04.09.2014 – 5 K 1145/13.
261 VG Bremen, Urt. v. 04.09.2014 – 5 K 1145/13.
262 VG Münster, ZVR-Online Dok. Nr. 4/2015. Für den 15.08.2013 hatte die NPD eine Versammlung in Münster zum Thema »Asylflut und Eurowahn stoppen – NPD in den Bundestag« angemeldet. Vor Beginn hatte der Einsatzleiter der Polizei dem Versammlungsleiter der NPD erklärt, ein Abspielen des »Badenweiler Marschs« würde nicht hingenommen, sondern als eine Störung der öffentlichen Ordnung unterbunden.
263 VG Lüneburg, JA 2009, 158.

von Gewaltdarstellung in einer die Menschenwürde verletzenden Weise (§ 131 Abs. 1 Nr. 2 StGB) oder Inhalte mit beleidigenden Inhalten (§ 185 StGB)[264].

167   Eine Festlegung, dass zu den strafbaren Handlungen auch das Abspielen von Musikstücken mit beleidigenden Inhalten zählt, wie z.b. der Titel »ACAB« (All cops are bastards)«, begegnet aber rechtlichen Bedenken. Lieder mit beleidigendem Inhalt, die nach § 185 StGB strafrechtlich verboten sind, dürfen nicht abgespielt werden. Sollte der Veranstalter gegen diese ohnehin bestehende gesetzliche Vorgabe verstoßen, so steht es der Polizei auf der Grundlage ihrer repressiven Befugnisse zu, hiergegen vorzugehen[265]. Die Auflage begegnete bereits auch deshalb Bedenken, weil keine Gefahrprognose für die aktuelle Veranstaltung im Jahr 2006 angestellt wurde. Alleine der Verweis auf frühere Veranstaltungen des Antragstellers genügte den gesetzlichen Anforderungen nicht. Dies galt in besonderer Weise auch deshalb, weil völlig offen geblieben war, ob wegen früherer Veranstaltungen und der dabei dargebotenen Musikstücke irgendwelche strafrechtlichen Ermittlungsverfahren eingeleitet wurden oder strafrechtliche Verurteilungen ergangen sind. Offen war zudem, um welche Musikstücke es sich überhaupt gehandelt haben soll. Den gesamten Behördenakten war nicht zu entnehmen, ob es überhaupt einen Song mit dem Titel »ACAB« gibt[266].

168   Die Öffentliche Musikdarbietung rechtsextremer Musikgruppen ohne kollektive politische Aussage stellt keine »Versammlung« dar[267]. Eine Veranstaltung eines Kreisverbandes einer politischen Partei, auf der ausschließlich Musikdarbietungen – wenn auch mit politischen Aussagen – stattfinden, zielt ohne weiteres noch nicht auf eine kollektive Aussage; ein Treffen von Gleichgesinnten ohne eine gemeinschaftliche thematische Meinungsbildung oder eine öffentlichkeitswirksame Meinungsäußerung stellt noch keine Versammlung im Sinne des Versammlungsrechtes dar[268].

169   Auch wenn die Teilnehmer an einem Konzert mit Rechtsrockmusik überwiegend dieselbe politische Meinung haben, liegt das Schwergewicht auf dem Gebiet der

---

264 *Jenssen*, S. 234.
265 VGH München, Beschl. v. 03.02.2006 – 24 CS 06.314.
266 Der Bezeichnung »ACAB« ist grundsätzlich ein beleidigender Charakter im Sinne des § 185 StGB beizumessen, da die Buchstabenkombination für die Parole »Alle Polizisten sind Bastarde« steht, OLG Nürnberg, NStZ 2013, 593. Zur Frage strafbarer Kollektivbeleidigung der Polizei oder einzelner Polizeibeamter durch Verwendung des Kürzels »a.c.a.b.« *Geppert*, NStZ 2013, 553. Trägt jemand ein Kleidungsstück mit dieser Aufschrift in einem Fußballstadion und ist ihm bewusst, dabei auf anlässlich dieses Ereignisses eingesetzte Polizeibeamte zu treffen, so ist der für § 185 StGB nötige Vorsatz gegeben, OLG München, Kriminalistik 2014, 241.
267 OVG Bremen, JA 2012, 718; VG Meiningen, Urt. v. 10.03.2009 – 2 K 206/07.
268 VG Halle, Urt. v. 13.10.2006 – 3 A 105/04.

Unterhaltung[269]. Die Meinungskundgabe stellt nur einen beiläufigen Nebenakt dar. Daher ist das Versammlungsrecht nicht anwendbar[270].

5. Maßnahmen gegen potenzielle Störer

a) Gefährderanschreiben[271]

Kopfbogen	170

Ihr Zeichen, Ihre Nachricht

Die nachfolgende Begründung der Gefahrenprognose ist nicht durch Tatsachen belegt und dürfte somit nicht ausreichend sein, so dass die Maßnahme im Ergebnis rechtswidrig ist.

Versammlungsrecht
Versammlung gegen den NATO-Jubiläumsgipfel in ___ am ___

Sehr geehrter Herr Mustermann,

dem Polizeipräsidium ___ ist bekannt, dass Sie bei bisherigen Aktionen des linksextremen Spektrums wie Versammlungen oder Demonstrationen auffällig geworden sind. Die Polizei hat daher Grund zu der Annahme, dass Sie auch in Zukunft wieder an demonstrativen und aggressiven Aktionen des linken Spektrums teilnehmen werden und damit eine Gefährdung der öffentlichen Sicherheit darstellen werden.

Für den ___ ist in ___ eine Großdemonstration gegen den dort stattfindenden NATO-Jubiläumsgipfel geplant. Diese Demonstration wird größtenteils von einem Bündnis globalisierungskritischer Organisationen (Attac, Interventionistische Linke u.a.) organisiert. Bei ähnlichen Aktionen (z.b. NATO-Gipfeltreffen in ___ 2002 und in ___ 2005) kam es insbesondere durch gewalttätige autonome Linksextreme des sog.»Schwarzen Blocks« zu erheblichen gewaltsamen Ausschreitungen seitens einiger Demonstrationsteilnehmer.

Auch während des hier in Rede stehenden NATO-Jubiläumsgipfels in ___ ist wieder mit gewaltbereiten Demonstranten zu rechnen. Da der Polizei ___ bekannt ist, dass Sie in der Vergangenheit an zahlreichen Aktionen der oben erwähnten Organisationen teilgenommen und auch aktiv mitgewirkt haben, und in diesem

---

269 *Hartmann/Zanger*, JUS 2014, 829/832; vgl. auch BVerwG, jurisPR-BVerwG 9/2011, Anm. 3 (Eingriff in Versammlungsfreiheit bei Auflösung eines Skinheadkonzerts?). Speziell zu Skinheadkonzerten *Scheidler*, Kriminalistik 2013, 610 ff. Zum behördlichen Vorgehen gegen Skinhead-Konzerte in Bayern *Scheidler*, NVwZ 2013, 1449 ff.
270 VG Lüneburg, JA 2009, 158. Ein solches Konzert kann jedoch nicht wegen einer Gefahr für die öffentlichen Sicherheit und Ordnung aufgelöst werden, nur weil der Veranstalter bereits strafrechtlich in Erscheinung getreten ist. Zu den Möglichkeiten der Verhinderung von Skinheadkonzerten vgl. *Führing*, NVwZ 2001, 157 ff.
271 In Anlehnung an die Fallbearbeitung von *Rösch/Rucireto*, VR 2009, 239 ff.

Zusammenhang des Öfteren gewaltbereit aufgefallen sind, legt die Polizei ____ Ihnen hiermit nahe, sich nicht an den oben genannten Aktionen zu beteiligen, um zu vermeiden, dass Sie sich der Gefahr präventiver polizeilicher Maßnahmen im Rahmen der Gefahrenabwehr oder strafprozessualer Maßnahmen aus Anlass der Begehung von Straftaten im Rahmen der demonstrativen Aktionen aussetzen.

Mit freundlichen Grüßen

Im Auftrag

(…)

Anmerkung

171   Der Begriff »Gefährderansprache« wird häufig als polizeitaktischer, zum Teil jedoch auch als rechtlicher Begriff verwandt. Polizeitaktisch ist damit das Gespräch mit Gefährdern gemeint, das nicht nur der Ermahnung, sondern auch der Erstellung einer Gefahrenprognose dient. Es verbergen sich rechtlich dahinter verschiedene Eingriffsmaßnahmen. Hier wird der Begriff neben dem »Gefährderanschreiben« enger als rechtlicher Begriff verstanden, weshalb sich der Oberbegriff der Gefährderermahnung anbietet. Darunter ist die in einem konkreten Fall an einen potentiellen Gefahrenverursacher gerichtete Warnung zu verstehen, Störungen der öffentlichen Sicherheit zu unterlassen. Damit dient sie in erster Linie der Straftatenverhütung. Die Polizei will anknüpfend an vergangenes Verhalten appellierend mit Hinweis auf Rechtslage und Konsequenzen auf gesetzeskonformes Verhalten hinwirken[272].

172   Gefährderanschreiben und -ansprachen müssen nicht zwingend Grundrechtsrelevanz entfalten, werden es aber in den meisten Fällen tun. Dies ergibt sich bereits aus dem »sozialethischen Unwerturteil«, das mit der Maßnahme verbunden ist und das Allgemeine Persönlichkeitsrecht aus Art. 2 Abs. 1 i.V.m. 1 Abs. 1 GG ebenso berührt wie die innere Versammlungsfreiheit[273]. Eingriffsrelevanz kann sich aber auch aus einem mit dem »Anprangerungseffekt« einhergehenden Ansehens- und Ehrverlust ergeben. Dies gilt insbesondere dann, wenn die Maßnahme in Gegenwart von dritten Personen durchgeführt wird[274]. Durch die Einflussnahme auf die Willensentscheidung des Adressaten, nicht an der Versammlung teilzunehmen, wird in Grundrechte (Art. 8, 5 GG) eingegriffen[275].

173   Mangels spezialgesetzlicher Befugnis fungiert die Generalklausel als Befugnisnorm (z.B. § 8 Abs. 1 PolG NRW). Dies gilt auch für die Gefährderansprache im Zusammenhang mit einer zukünftigen Demonstrationsteilnahme. Versammlungsrechtliche Befugnisnormen (insbesondere § 15 Abs. 1 BVersG) scheiden aus, weil es sich bei der Gefährderansprache um eine Maßnahme im so genannten erweiterten Vorfeld einer Versammlung handelt, somit das Versammlungsrecht nicht einschlägig ist und dieses

272 *Nimtz*, Kriminalistik 2008, 341.
273 *Brenneisen*, Die Polizei 2008, 104/108.
274 *Brenneisen*, Die Polizei 2008, 104/109.
275 OVG Lüneburg, NJW 2006, 391; Anm. *Vahle* Kriminalistik 2006, 467.

im Übrigen auch keine Sperrwirkung für den Rückgriff auf das allgemeine Polizei-
und Ordnungsrecht entfaltet[276].

Gefordert wird eine konkrete Gefahr die öffentlicher Sicherheit (oder Ordnung).   174
Bezieht man die Anscheinsgefahr mit ein, so kann eine konkrete Gefahr für die
öffentlicher Sicherheit vorliegend zwar durchaus bejaht werden. Bei den geplanten
Protestaktionen sind sowohl Individualrechtsgüter (Leben, Gesundheit) wie auch
Gemeinschaftsrechtsgüter (Rechtsordnung) in der Gefahr, Schaden zu nehmen. Je
bedeutsamer die in Gefahr stehenden Schutzgüter sind, desto geringer sind die Anforderungen an die Wahrscheinlichkeit eines Schadens, so dass auch ein nicht geringer
zeitlicher Abstand der Maßnahme zu dem bevorstehenden NATO-Jubiläumsgipfel
nicht zum Ausschluss der Annahme einer konkreten Gefahr für die öffentliche Sicherheit führen kann. Drohen erhebliche Ausschreitungen im Zusammenhang mit einer
öffentlichen Versammlung, so kann das Ausmaß des vermuteten Schadens zu einer
Absenkung der Gefahrenprognose führen (Variabilitätsformel)[277].

Aus formeller Sicht sind Verfahrensfehler bei der hier in Rede stehenden Verfügung   175
nicht ersichtlich. Das Verfahren ist nicht an eine bestimmte Form gebunden (§ 10
VwVfG). Mangels VA-Qualität bestand keine Begründungspflicht (§ 39 VwVfG).
Aus diesem Grund bedurfte es auch keiner Anhörung (§ 28 VwVfG).

Regelmäßig beinhaltet eine Gefährderansprache hinweisende Elemente (Mitteilung   176
des Kenntnisstandes der Behörde bezüglich der betreffenden Person), empfehlende
Elemente (das Anheimstellen, bestimmte Dinge zu tun bzw. zu unterlassen) und auch
warnende Elemente (es drohen bestimmte behördliche Maßnahmen, wenn die Person nicht wie empfohlen handelt); sie gibt indes kein Tun, Dulden oder Unterlassen
rechtsverbindlich auf.

Beschränkt sich eine Gefährderansprache allerdings nicht auf warnende Hinweise,   177
sondern werden darüber hinaus Ge- und/oder Verbote ausgesprochen, so handelt es
sich um einen – mit der Anfechtungsklage anfechtbaren – Verwaltungsakt[278]. Gleichwohl ist ein Gefährderanschreiben in aller Regel kein Verwaltungsakt im Sinne von
§ 35 VwVfG[279].

Das vorliegende Gefährderanschreiben dürfte Ergebnis rechtswidrig sein. Allein die   178
Bekanntheit des Adressaten in der linken Szene oder seine Erfassung als bislang schon
auffällig gewordener Gewalttäter reicht für die Annahme einer konkreten verursachten Gefahr grundsätzlich nicht aus, da dadurch nicht die konkrete Wahrscheinlichkeit
eines Schadenseintritts begründet wird.

Eine andere Beurteilung wäre dann angezeigt, wenn z.B.   179
– Der Adressat bereits wegen der Begehung von auf den Anlass des Gefährderanschreibens bezogenen Gewalttaten rechtskräftig verurteilt worden wäre,

---

276 *Hebeler*, NVwZ 2011, 1364/1366.
277 BVerwG, NJW 1974, 807 (Dutschke).
278 OVG Magdeburg, NVwZ-RR 2012, 720.
279 OVG Lüneburg, NJW 2006, 391; Anm. *Vahle*, Kriminalistik 2006, 467.

– gegen den Adressaten derzeit wegen einer einschlägigen und zeitnah begangenen Straftat ermittelt würde.

– gegen den Adressaten andere beweiskräftige Anzeichen vorliegen, dass sich der Adressat (erneut) an der Begehung gleich gelagerter Delikte beteiligt.

180   Es muss letztlich die durch Tatsachen belegte Besorgnis bestehen, dass der Adressat mit hinreichender Wahrscheinlichkeit Straftaten begehen wird, die im sachlichen Zusammenhang mit dem Gefährderanschreiben stehen, und sich deshalb als Störer erweist[280].

181   Für eine Klage auf Feststellung der Rechtswidrigkeit des Gefährderanschreibens (allgemeines Feststellungsklage nach § 43 Abs. 1 VwGO) liegen letztlich alle Sachentscheidungsvoraussetzungen vor. Mithin hätte eine Klage Aussicht auf Erfolg.

b) Meldeauflage

182

Kopfbogen

Ihr Zeichen, Ihre Nachricht

Versammlungsrecht
Versammlungen gegen den NATO-Jubiläumsgipfel in ___ am ___

Sehr geehrter Herr (…),

dem Polizeipräsidium ___ ist bekannt, dass Sie bei bisherigen Aktionen des linksextremen Spektrums wie Versammlungen oder Demonstrationen auffällig geworden sind. Die Polizei hat daher Grund zu der Annahme, dass Sie auch in Zukunft wieder an demonstrativen und aggressiven Aktionen des linken Spektrums teilnehmen werden und damit eine Gefährdung der öffentlichen Sicherheit darstellen werden. Es ergeht folgender

Bescheid

I.

Gegen Sie wird eine Meldeauflage erlassen und verfügt, dass Sie sich in der Zeit vom ___ bis zum ___ jeweils bis ___ (Uhrzeit) unter Vorlage eines gültigen Personaldokuments auf der Polizeidienststelle ___ zu melden haben.

II.

Gem. § 80 Abs. 2 Nr. 4 Verwaltungsgerichtsordnung (VwGO) wird die sofortige Vollziehung des vorstehend genannten Verbots angeordnet.

---

280 OVG Lüneburg, NJW 2006, 391; Anm. *Vahle*, Kriminalistik 2006, 467.

Begründung (Meldeauflage)

Für den ___ ist in ___ eine Großdemonstration gegen den dort stattfindenden NATO-Jubiläumsgipfel geplant. Diese Demonstration wird größtenteils von einem Bündnis globalisierungskritischer Organisationen (Attac, Interventionistische Linke u.a.) organisiert. Bei ähnlichen Aktionen (z.b. NATO-Gipfeltreffen in ___ 2002 und in ___ 2005) kam es insbesondere durch gewalttätige autonome Linksextreme des sog. »Schwarzen Blocks« zu erheblichen gewaltsamen Ausschreitungen seitens einiger Demonstrationsteilnehmer.

Auch während des hier in Rede stehenden NATO-Jubiläumsgipfels in ___ ist wieder mit gewaltbereiten Demonstranten zu rechnen.

Sie sind bereits wegen der Begehung von auf den Anlass dieser Meldeauflage bezogenen Gewalttaten mehrfach rechtskräftig verurteilt worden. Derzeit sind folgende Ermittlungsverfahren gegen Sie anhängig.

Lfd. Nr.	Tatzeit	Behörde	Vorwurf	Verfahrensausgang	Bemerkungen
1		StA Münster	Landfriedensbruch	(…)	Az. 222 Js. 2345/13
2	(…)	(…)	Landfriedensbruch	(…)	(…)
3	(…)	(…)	Körperverletzung	(…)	(…)

Die genannten Verfahren sind alle als versammlungsrelevant zu werten.

Darüber hinaus haben Sie im Internet (www.___) dazu aufgerufen, den NATO-Jubiläumsgipfel »mit aller Gewalt zu torpedieren«.

Gem. § 8 Abs. 1 des Polizeigesetzes des Landes Nordrhein-Westfalen in der Fassung der Bekanntmachung vom 25.07.2003 kann die Polizei die notwendigen Maßnahmen treffen, um eine im einzelnen Falle bestehende, konkrete Gefahr für die öffentliche Sicherheit oder Ordnung (Gefahr) abzuwehren. Die öffentliche Sicherheit ist die Unverletzlichkeit der objektiven Rechtsordnung, der subjektiven Rechtsgüter des Einzelnen sowie der Bestand der Einrichtungen und sonstigen Veranstaltungen des Staates oder sonstiger Träger von Hoheitsgewalt.

Diese genannten polizeilichen Erkenntnisse begründen nicht nur die bloße Möglichkeit, dass Sie sich an gewalttätigen Ausschreitungen beteiligen wollen. Vielmehr lassen die Umstände die hinreichende Gefahrenprognose und damit eine konkrete Gefahr zu, dass Ihr Aufenthalt während des NATO-Jubiläumsgipfels zu strafbaren Handlungen führen wird.

Anordnung der sofortigen Vollziehung

Nach Abwägung aller betroffenen Interessen wurde gem. § 80 Abs. 2 Satz 1 Nr. 4 VwGO das Gebot der Meldeauflage für sofort vollziehbar erklärt.

Anordnung der sofortigen Vollziehung bedeutet, dass Sie diese Verfügung auch dann befolgen müssen, wenn Sie entsprechend der am Ende dieses Bescheides beigefügten Rechtsbehelfsbelehrung Klage beim Verwaltungsgericht ___ erheben, denn diese Anfechtungsklage entfaltet keine auf-schiebende Wirkung.

Die Anordnung ist im öffentlichen Interesse geboten. Die Maßnahme dient unmittelbar dem Schutz hochwertiger Rechtsgüter, insbesondere dem Schutz von Individualrechtsgütern anderer Personen im Ausland und überwiegt damit Ihr privates Interesse an der Teilnahme der Veranstaltungen.

Hier: Bezugnahme auf konkreten Einzelfall vornehmen!

Die hohe Bedeutung der Schutzgüter Leib, Leben, bedeutende Sachwerte rechtfertigt es, Ihnen gegenüber diese Meldeauflage mit sofortiger Wirkung anzuordnen, auch wenn damit für Sie ggf. Einschränkungen verbunden sind. Der Zweck der Verfügung kann nur durch die sofortige Entfaltung der Rechtswirkung erreicht werden. Ein Abwarten bis zum Eintritt der Bestandskraft der Verfügung würde den angestrebten Erfolg mit Sicherheit vereiteln und konnte somit nicht erwogen werden.

Im Rahmen der vorzunehmenden Interessenabwägung müssen Ihre privaten Interessen daher hinter dem dringenden Interesse der Allgemeinheit zurücktreten.

Vor diesem Hintergrund kann die aufschiebende Wirkung von Rechtsmitteln und die damit verbundene Erledigung der Ausreiseuntersagung nicht hingenommen werden.

Rechtsbehelfsbelehrung

(...)

Mit freundlichen Grüßen

Im Auftrag

(...)

Anmerkung

183 Die Meldeauflage dient dem Zweck, den Adressaten an der Teilnahme einer Versammlung zu hindern. Im Gefolge einer Meldeauflage ist der Betroffene verpflichtet, sich zu einer bestimmten Zeit bei einer Polizeidienststelle oder einer anderen vorgegebenen Behörde zu melden. Das Ziel der Meldeauflage im Vorfeld einer konkreten Veranstaltung ist mit dem Ziel eines Aufenthaltsverbotes[281] gleichzusetzen. Damit ist die Meldeauflage durchaus eine geeignete Maßnahme zur Gefahrenreduzierung[282]. Die

---

281 VG Köln, Beschl. v. 23.10.2015 – 20 L 2607/15: Betretungs- und Aufenthaltsverbot gegen gewaltbereiten Hooligan zwecks Ausschluss von der Versammlung »Köln 2.0«.

282 Es ist natürlich nicht auszuschließen, dass sich die betroffene Person dennoch zum Veranstaltungsort begibt. Trotzdem ist die Maßnahme deshalb nicht ungeeignet. Der Zweck

Maßnahme greift in den Schutzbereich der Versammlungsfreiheit aus Art. 8 Abs. 1 GG ein[283].

Die Maßnahme flankiert häufig Ausreiseverbote und Pass- bzw. Ausweisbeschränkungen[284], kann aber auch mit reinem Inlandbezug eingesetzt werden[285].

Den Eingriff in die Versammlungsfreiheit stützt die verwaltungsgerichtliche Recht- 184 sprechung auf die polizeiliche Generalklausel[286], weil es sich nicht um einen geziehen Eingriff in den Kernbereich dieses Grundrechts handelt[287].

Meldeauflagen, mit denen das Ziel verfolgt wird, Personen an der Begehung von Straf- 185 taten im Ausland zu hindern, unterfallen auch nicht dem durch Art. 73 Abs. 1 Nr. 3 GG dem Bund vorbehaltenen Regelungsbereich des Pass- und Ausweiswesens. Deshalb schließt auch diese Bundeskompetenz die Heranziehung der landesrechtlichen Generalermächtigung als Rechtsgrundlage für derartige Meldeauflagen nicht aus[288].

Die Generalklausel als Ermächtigung für die Meldeauflage verlangt eine konkrete Ge- 186 fahr. Die Maßnahme kann also nur verfügt werden, wenn konkret zu erwarten ist, dass der Betroffene bei der Versammlung gewalttätig werden wird. Eine (bloße) Zugehörigkeit zu gewalttätigen Kreisen oder eine gelegentliche, zurückliegende gewalttätige Handlung, genügen nicht[289]. Das Vorliegen der konkreten Gefahr muss nachvollziehbar begründet werden. Die Gefahr, dass aus einer Versammlung heraus von anderen Teilnehmern Straftatbestände verwirklicht werden könnten, reicht insofern nicht aus, um eine Person polizeirechtlich als Verursacher der Gefahr anzusehen und gegen sie eine Maßnahme der Gefahrenabwehr (hier: Meldeauflage) zu treffen[290].

Eine Formulierung des VG Berlin[291] (»Es widerspräche jeder Lebenserfahrung, dass 187 eine unstreitig dem genannten Kreis zuzurechnende Person die bevorstehende Meisterschaft nicht zum willkommenen Anlass nehmen könnte, Gewalttätigkeiten zu inszenieren«) dürfte diesem Erfordernis nicht genügen[292].

Meldeauflagen werden regelmäßig für sofort vollziehbar erklärt (§ 80 Abs. 2 Satz 1 188 Nr. 4, Abs. 3 VwGO) und mit der Androhung eines Zwangsgelds versehen. Die

muss durch den Einsatz des Mittels nicht vollständig erreicht werden; ein Fördern genügt. Damit ist auch diese Hürde eher niedrig; *Klatt/Meister*, JUS 2014, 193/195.

283 *Brenneisen*, Kriminalistik 1999, 483/485.
284 VG Berlin, Die Polizei 2004, 122: Polizeiliche Meldeauflage vor G 8-Gipfel in Genua im Juli 2001.
285 *Brenneisen/Rogosch*, Kriminalistik 2001, 147/150.
286 Krit. *Roos*, Kriminalistik 2006, 261.
287 BVerwG, Urt. v. 25.07.2007 – 6 C 39/06 – NVwZ 2007, 143: Meldepflicht zur Verhinderung der Ausreise. Krit. hierzu *Schönrock/Knape*, Die Polizei 2012, 280/283; *Schucht*, NVwZ 2011, 709 ff.
288 *Graulich*, DVBl 2013, 1210/1213.
289 OVG Magdeburg, NVwZ-RR 2012, 720: Gefährderansprache.
290 VGH Mannheim, Kriminalistik 2000, 616.
291 VG Berlin, Beschl. v. 07.06.2000 – 1 A 177.00.
292 *Arzt*, Die Polizei 2006, 156/160.

Bandbreite reicht dabei von 250 Euro bis zu 5.000 Euro für jede unterbliebene Meldung. Das Zwangsgeld dient als Beugemittel dazu, den Adressaten dazu anzuhalten, der Meldeauflage nachzukommen. Werden dem Adressaten mehrere Meldepflichten über einen längeren Zeitraum auferlegt, sind diese als einheitliche Meldeverpflichtung anzusehen, so dass die Festsetzung eines angedrohten Zwangsgelds keinen rechtlichen Bedenken unterliegt, wenn der Adressat zuvor gegen eine von mehreren Erscheinenspflichten verstoßen hat[293].

189 Eine »Meldeauflage« für eine angeblich gewaltbereite Person (hier: Fußballfan) für die Zeit der Veranstaltung, in dessen Zusammenhang gewalttätige Auseinandersetzungen erwartet werden dürfen, setzt regelmäßig die Anhörung (§ 28 Abs. 1 VwVfG) des Betroffenen voraus[294]. Ansonsten besteht Begründungserfordernis (§ 39 Abs. 1 VwVfG).

c) Teilnahmeuntersagung gem. § 10 Abs. 3 ndsVersG

190

> Kopfbogen
>
> Ihr Zeichen, Ihre Nachricht
>
> **Versammlung »Europa gegen den Terror des Islamismus« in ___ am ___**
> Verbot der Teilnahme
>
> Sehr geehrter Herr (…),
>
> die Polizeidirektion Hannover als zuständige Versammlungsbehörde erlässt folgenden
>
> **Bescheid**
> 1. Die Teilnahme an der Versammlung »Europa gegen den Terror des Islamismus« in ___ am ___ wird Ihnen untersagt.
> 2. Die sofortige Vollziehung des Verbotes der Teilnahme wird angeordnet.
>
> **Begründung**
>
> Es finden die Vorschriften des Niedersächsischen Versammlungsgesetzes (ndsVersG) v. 07.10.2010 (Nds. GVBl. Nr. 24/2010, S. 465), berichtigt am 22.11.2010 (Nds. GVBl. Nr. 28/2010, S. 532), Anwendung.
>
> Gem. § 10 Abs. 3 Satz 1 ndsVersG kann die zuständige Behörde Personen die Teilnahme an einer Versammlung untersagen oder diese von der Versammlung ausschließen, wenn dies zur Durchsetzung der Verbote nach den §§ 3 und 9 unerlässlich ist. § 3 ndsVersG beinhaltet das Gebot der Friedlichkeit und Waffenlosigkeit. So ist es gem. § 3 Abs. 1 ndsVersG verboten, in einer Versammlung oder aus einer Versammlung heraus durch Gewalttätigkeiten auf Personen oder Sachen einzuwirken. § 9 ndsVersG regelt das Schutzausrüstungs- und Vermummungsverbot.

---

293 *Breucker*, NJW 2006, 1233/1236.
294 VG Oldenburg, Urt. v. 26.06.2012 – 7 A 3177/12.

Dem Polizeipräsidium ___ ist bekannt, dass Sie bei bisherigen Aktionen des rechtsextremen Spektrums wie Versammlungen oder Demonstrationen auffällig geworden sind. Die Polizei hat daher Grund zu der Annahme, dass Sie bei der Teilnahme an der Versammlung »Europa gegen den Terror des Islamismus« an aggressiven Aktionen des rechten Spektrums teilnehmen werden und damit eine Gefährdung der öffentlichen Sicherheit darstellen werden.

Sie sind bereits wegen der Begehung von auf den Anlass dieser Teilnehmeruntersagung bezogenen Gewalttaten mehrfach rechtskräftig verurteilt worden. Derzeit sind folgende Ermittlungsverfahren gegen Sie anhängig.

Lfd. Nr.	Tatzeit	Behörde	Vorwurf	Verfahrensausgang	Bemerkungen
1		StA Münster	Landfriedensbruch	(...)	Az. 222 Js. 2345/13
2	(...)	(...)	Landfriedensbruch	(...)	(...)
3	(...)	(...)	Körperverletzung	(...)	(...)

Die genannten Verfahren sind alle als versammlungsrelevant zu werten.

Darüber hinaus haben Sie im Internet (www.___) dazu aufgerufen, die mit der Versammlung in Zusammenhang stehenden Zwecke »mit aller Gewalt durchzusetzen«.

Diese polizeilichen Erkenntnisse begründen nicht nur die bloße Möglichkeit, dass Sie sich an gewalttätigen Ausschreitungen beteiligen wollen. Vielmehr lassen die Umstände die hinreichende Gefahrenprognose zu, dass Ihre Teilnahme an der Versammlung »Europa gegen den Terror des Islamismus« am ___ in ___ zu strafbaren Handlungen führen wird.

Begründung für die Anordnung der sofortigen Vollziehung

Die Anordnung der sofortigen Vollziehung des Teilnahmeverbotes ist erforderlich, weil eine Klage gegen diese Verfügung gem. § 80 VwGO grundsätzlich aufschiebende Wirkung hätte, so dass im Falle der Klageerhebung an der Versammlung teilnehmen könnten. Das aber würde dazu führen, dass Sie an aggressiven Aktionen des rechten Spektrums teilnehmen würden. Das überwiegende öffentliche Interesse, macht es erforderlich, dass sofort im Sinne des Verbotes verfahren wird.

Hier: Bezugnahme auf konkreten Einzelfall vornehmen!

Dem besonderen Interesse gegenüber muss Ihr grundsätzlich anerkanntes Demonstrationsrecht in diesem Fall zurücktreten. Eine Interessenabwägung gem. § 80 Abs. 3 VwGO konnte daher insoweit nicht zu Ihren Gunsten ausfallen.

Rechtsbehelfsbelehrung

Gegen diese Verfügung kann innerhalb eines Monats nach Bekanntgabe schriftlich oder mündlich zur Niederschrift des Urkundsbeamten der Geschäftsstelle beim Verwaltungsgericht Hannover, Eintrachtweg 19, 30173 Hannover, Klage erhoben werden.

Gegen die Anordnung der sofortigen Vollziehung kann gem. § 80 Abs. 5 VwGO der Antrag auf Wiederherstellung der aufschiebenden Wirkung beim Verwaltungsgericht Hannover, Eintrachtweg 19, 30173 Hannover, gestellt werden.

Mit freundlichen Grüßen

Im Auftrag

(…)

Anmerkung

191 § 10 Abs. 3 ndsVersG enthält zum einen die gegenüber dem Bundesrecht neue Befugnis, bereits vor Beginn einer Versammlung die Teilnahme an dieser zu untersagen[295]. Mit dieser Möglichkeit können Personen bereits in der sog. Anmarschphase von der Teilnahme ausgeschlossen werden. Die Regelung soll eine Lücke zur Abwehr versammlungsspezifischer Gefahren schließen[296].

192 Der in der Teilnahmeuntersagung liegende belastenden Verwaltungsakt suspendiert das Teilnahmerecht an einer bestimmten Versammlung. Die Versammlung, an der nicht teilgenommen werden darf, ist genau zu bezeichnen. Zweideutigkeiten gehen stets zu Lasten der Behörde. »Vorratsuntersagungen« für zu erwartende Spontanversammlungen im Anschluss an angezeigte Versammlungen sind unzulässig[297].

193 Diese Maßnahme wird regelmäßig an einzelne potenzielle Teilnehmer zu richten sein. Hinsichtlich eines abgrenzbaren Personenkreises (Mitglieder einer Vereinigung, Wohngemeinschaft) kann aber auch eine Allgemeinverfügung in Betracht kommen[298].

194 § 10 Abs. 3 Satz 1 ndsVersG weist durch seine Formulierung »unerlässlich«, dass nach dem ultima-ratio-Prinzip eine Teilnahmeuntersagung erst dann in Betracht kommt, wenn weniger belastende Maßnahmen der Gefahrenabwehr nicht ausreichen.

195 Die Vorschrift setzt einen (bevorstehenden oder bereist stattfindenden) Verstoß gegen das Unfriedlichkeits-Verbot (§ 3 Abs. 1), das Waffenverbot (§ 3 Abs. 2), das Militanz- und Uniformverbot (§ 3 Abs. 3), das Schutzausrüstungsverbot (§ 9 Abs. 1) oder das Vermummungsverbot (§ 9 Abs. 2) voraus. Soweit im Vorfeld der Versammlung Maßnahmen ergriffen werden sollen (Teilnahmeuntersagung) müssen konkrete Tatsachen die Annahme stützen, dass die jeweilige Person bei einer bestimmten Versammlung

---

295 Dazu *Wefelmeier*, NdsVBl. 2013, 209/212 f.
296 LT-Drucks. 16/2075, S. 27.
297 *Merkl/Brenneisen*, Die Polizei 2015, 16/18.
298 *Ullrich*, § 10 Rn. 28.

gegen eines der Verbote nach § 3 oder § 9 ndsVersG verstoßen wird. Insofern sind pauschale Feststellungen oder schlichte Vermutungen nicht ausreichend[299].

Droht Nichtbefolgung der Teilnahmeuntersagung, so kann die Maßnahme mit anderen polizeirechtlichen Maßnahmen verbunden werden (Gefährderansprache, Meldeauflage)[300]. **196**

Für die Behörde stellt sich die Frage, ob eine »isolierte Teilnahmeuntersagung« gem. § 10 Abs. 3 Satz 1 ndsVersG ausreichend ist oder ob zur Sicherstellung der Befolgung begleitende Maßnahmen zu erlassen sind. Ist der Tatbestand des § 10 Abs. 3 Satz 1 ndsVersG erfüllt, so ist ermessensfehlerfrei zu entscheiden, ob eine Untersagung ausgesprochen werden soll. Andererseits ist nicht nur die Teilnehmeruntersagung, sondern auch jede andere Maßnahme, die auf die Verhinderung der Teilnahme gerichtet ist, unzulässig. Der Ausspruch einer Teilnahmeuntersagung ist mithin Grundvoraussetzung für den möglichen Erlass begleitender Maßnahmen[301]. Anordnungen, die der Sache nach zu einem Verlust des Teilnahmerechts führen sind nicht zulässig, solange die Versammlung nicht aufgelöst oder eben die betreffende Person nicht von der Versammlung ausgeschlossen worden ist[302]. Beschränkungen der Versammlungsteilnahme sind auch im Vorfeld einer Versammlung nur mit Hilfe der versammlungsgesetzlich geregelten teilnehmerbezogenen Maßnahmen rechtlich möglich. Ergeht eine solche Anordnung nicht, ist z.b. ein polizeirechtliches Aufenthaltsverbot, das in der Sache zu dem Verlust des Teilnahmerechts an einer Versammlung führt, nicht zulässig[303]. **197**

Für Begleitmaßnahmen – z.b. Meldeauflage – kann § 10 Abs. 3 Satz 1 ndsVersG als Ermächtigungsgrundlage nicht herangezogen werden. Die Teilnahmeuntersagung ist der grundlegende, zugleich jedoch auch der schwächste Eingriff. So wird bei der Meldeauflage zusätzlich noch ein aktives Tun gefordert und dem Betroffenen mithin »Zeit geraubt«[304]. **198**

Aufgrund der tatbestandlichen Voraussetzungen der Teilnahmeuntersagung und z.b. der polizeirechtlichen Generalklausel wird bei der Frage nach dem Erlass begleitender Maßnahmen das Hauptaugenmerk auf der Ermessensseite liegen. Dabei ist festzustellen, dass die Gerichte in der Vergangenheit nur vereinzelt hinterfragt haben, ob die Verhängung einer Meldeauflage nicht deshalb rechtswidrig war, weil allein die Untersagung der Teilnahme ein milderes Mittel gewesen wäre[305]. **199**

Der VGH Mannheim warf die Frage auf, ob es zusätzlich einer Meldeauflage bedürfe, da gegenüber dem betroffenen »Hooligan« eine Pass- bzw. Personalausweisbeschränkung verhängt wurde und er somit bereits rechtlich gehindert war, in die **200**

---

299 LT-Drucks. 16/2075, S. 27.

300 *Ullrich*, § 10, Rn. 28.

301 OVG Lüneburg, NordÖR 2013, 416.

302 BVerfG, NVwZ 2005, 80.

303 OVG Lüneburg, NordÖR 2013, 416.

304 *Merkl/Brenneisen*, Die Polizei 2015, 16/19.

305 *Merkl/Brenneisen*, Die Polizei 2015, 16/19.

Niederlande und nach Belgien einzureisen[306]. In concreto hielt der VGH angesichts der vom Betroffenen ausgehenden drohenden Gefahr die verfügte Meldeauflage indessen für verhältnismäßig.

201   Die Behörden haben abzuwägen, ob die drohende Gefahr Begleitmaßnahmen rechtfertigt oder zunächst eine isolierte Teilnahmeuntersagung ausreichend ist. Neben der Frage der Wahrscheinlichkeit des Schadenseintrittes und der Art der Rechtsgutgefährdung sollte immer auch ein Blick auf den Betroffenen geworfen werden: Wird er sich allein durch eine Untersagung von der Teilnahme abschrecken lassen? Hat er sich in der Vergangenheit an vergleichbare Verbote gehalten oder ihnen zuwidergehandelt?[307]

202   In Niedersachsen sind Verstöße gegen Teilnahmeuntersagungsverfügungen nicht strafbar und nicht bußgeldbewehrt[308]. Ordnungswidrig ist es gem. § 21 Abs. 1 Nr. 12 ndsVersG nur, sich nach einem Ausschluss nicht unverzüglich zu entfernen.

C. Nach Beginn: Verfügungen

1. Auflösung einer verbotenen öffentlichen Versammlung[309]

203   **Durchsage:**

Anrede

Achtung, es folgt eine Durchsage der Polizei!
Der Einsatzleiter der Polizei gibt Ihnen folgende Informationen:
Ich bitte um Ihre Aufmerksamkeit.

Diese Durchsage richtet sich an alle Personen

( ) auf dem ____ Platz
( ) an der ____ Kreuzung
( ) in der ____ Straße in Höhe ____

Text

Die Versammlung/der Aufzug, an dem Sie jetzt teilnehmen, wurde durch die Versammlungsbehörde aus Gründen der unmittelbaren Gefährdung für die öffentliche Sicherheit und/oder Ordnung vollstreckbar verboten.

---

306   VGH Mannheim, NJW 2000, 3658.
307   *Merkl/Brenneisen*, Die Polizei 2015, 16/19.
308   Anders und insofern zielführender § 28 Abs. 1 Nr. 11 VE-VersG. Hiernach handelt ordnungswidrig, wer ungeachtet einer gem. § 14 Abs. 1, § 24 Abs. 1 ausgesprochenen Untersagung der Teilnahme an oder Anwesenheit in der Versammlung anwesend ist oder sich nach einem gem. § 14 Abs. 2, § 24 Abs. 2 angeordneten Ausschluss aus der Versammlung nicht unverzüglich entfernt. Durch diese Vorschrift wird den Behörden ein Druckmittel auch ohne die Verhängung von Begleitmaßnahmen an die Hand gegeben.
309   Anlehnung an *Roos/Fuchs*, S. 93 f.

( ) **Dieses Verbot ist vom Verwaltungsgericht ___/Oberverwaltungsgericht ___ bestätigt worden.**

Diese verbotene Versammlung wird hiermit von der Polizei aufgelöst.

Diese Auflösung verpflichtet Sie, sich unverzüglich zu entfernen.

Sollten Sie dieser Entfernungspflicht nicht nachkommen, wird die Polizei mit unmittelbarem Zwang in Form von körperlicher Gewalt gegen Sie vorgehen.

Es ist jetzt ___ (Uhrzeit).

Ende der Durchsage

Anmerkung:

Die Durchsage ist grundsätzlich dreimal zu wiederholen.

2. Auflösung einer öffentlichen Versammlung mit unfriedlichem Verlauf[310]

Durchsage: 204

Anrede

Achtung, es folgt eine Durchsage der Polizei!
Der Einsatzleiter der Polizei gibt Ihnen folgende Informationen:
Ich bitte um Ihre Aufmerksamkeit.

Diese Durchsage richtet sich an alle Personen

( ) auf dem ___ Platz
( ) an der ___ Kreuzung
( ) in der ___ Straße in Höhe ___

Die Polizei wertet Ihre Personengruppe als eine Versammlung.

Text

Aus Ihren Reihen wurden und werden nicht nur durch einzelne Personen Gewalttätigkeiten begangen. Sie verstoßen damit gegen das Friedlichkeitsgebot und begründen erhebliche Gefahren für die öffentliche Sicherheit.

Die Versammlung wird daher von der Polizei aufgelöst.

Diese Auflösung verpflichtet Sie, sich unverzüglich zu entfernen.

Sollten Sie dieser Entfernungspflicht nicht nachkommen, wird die Polizei mit unmittelbarem Zwang in Form von körperlicher Gewalt gegen Sie vorgehen.

Es ist jetzt ___ (Uhrzeit).

Ende der Durchsage

---

310 Anlehnung an *Roos/Fuchs*, S. 93 f.

Anmerkung:

Die Durchsage ist grundsätzlich dreimal zu wiederholen.

3. Unterbrechung einer Versammlung

205   **Durchsage:**

Anrede

Achtung, es folgt eine Durchsage der Polizei!
Der Einsatzleiter der Polizei gibt Ihnen folgende Informationen:
Ich bitte um Ihre Aufmerksamkeit.

Text

Aufgrund ____ (Benennung des Vorfalls)

kommt es zu einer kurzen Unterbrechung der Versammlung/des Aufzuges.

In wenigen Augenblicken wird die Versammlung/der Aufzug fortgesetzt.

oder

Um ____ (Uhrzeit) wird die Versammlung/der Aufzug fortgesetzt.

Die Polizei bittet um etwas Geduld.

Ich danke für Ihre Aufmerksamkeit/Mithilfe/Unterstützung!

oder

Vielen Dank für Ihr Verständnis.

Es ist jetzt ____ (Uhrzeit).

Ende der Durchsage

4. Auflagenverstoß nach Beginn der Versammlung

206   **Durchsage:**

Anrede

Achtung, es folgt eine Durchsage der Polizei!
Der Einsatzleiter der Polizei gibt Ihnen folgende Informationen:
Ich bitte um Ihre Aufmerksamkeit.

Diese Durchsage richtet sich an alle Personen

( ) auf dem ____ Platz
( ) an der ____ Kreuzung
( ) in der ____Straße in Höhe ____

Text

Die Polizei wertet Ihre Personengruppe als eine Versammlung.

Ihr Aufzug wurde angehalten/geht nicht los, weil die Polizei festgestellt hat, dass sich in Ihrem Aufzug Personen befinden, die gegen die behördlichen Auflagen verstoßen haben.

In ihrem Aufzug wurden ...

Auflagenverstoß genau beschreiben, z.b. zu große Fahnen mitgeführt/Springerstiefel getragen usw.

Die Polizei fordert Sie hiermit auf, die geforderten Auflagen einzuhalten.

Folgen Sie den Anweisungen der Polizei und bleiben Sie friedlich.

Eine Bitte an die anderen Versammlungsteilnehmer: Wirken Sie auf die angesprochenen Personen ein, den Anweisungen der Polizei nachzukommen.

Es ist jetzt ___ (Uhrzeit).

Ende der Durchsage

5. **Feststellung eines verantwortlichen Leiters bei einer nicht angemeldeten Versammlung**

Durchsage: 207

Anrede

Achtung, es folgt eine Durchsage der Polizei!
Der Einsatzleiter der Polizei gibt Ihnen folgende Informationen:
Ich bitte um Ihre Aufmerksamkeit.

Text

Die von Ihnen vorgesehene Demonstration ist nicht angemeldet, obwohl Ihnen die Einhaltung der Anmeldefrist durchaus zuzumuten gewesen wäre. Dies ergibt sich daraus, dass bereits seit geraumer Zeit zu dieser Veranstaltung aufgerufen wurde.

Die Voraussetzungen einer Spontandemonstration liegen hier nicht vor.

Die Polizei will dennoch den Schutz der Veranstaltung gewährleisten.

Nach dem Gesetz muss jede öffentliche Versammlung einen verantwortlichen Leiter haben.

Zu diesem Zweck bitte ich den verantwortlichen Leiter dieser Demonstration zum Lautsprecherwagen (Streifenwagen), um Einzelheiten zum Ablauf der Veranstaltung abzusprechen.

Sollte Ihre Veranstaltung keine(n) verantwortliche(n) Leiterin/Leiter haben, bitte ich Sie, eine Person aus Ihren Reihen dazu zu bestimmen.

Es ist jetzt ___ (Uhrzeit).

Ende der Durchsage

6. Ausschlussverfügung an Teilnehmer nach gewalttätigen Störungen[311]

208   ▊ **Durchsage:**

Anrede

Achtung, es folgt eine Durchsage der Polizei!
Der Einsatzleiter der Polizei gibt Ihnen folgende Informationen:
Ich bitte um Ihre Aufmerksamkeit.

Text

Ihre Versammlung wird durch unfriedliche Teilnehmer im Bereich ___ gestört.

Folgende Störungen wurden durch die Polizei festgestellt ___.

Hierdurch wurden

( ) Sachwerte geschädigt/zerstört
( ) Menschen gefährdet/verletzt

Durch diese Gewalttätigkeiten verstoßen Sie gegen das Friedlichkeitsgebot. Sie begründen damit auch erhebliche Gefahren für die öffentliche Sicherheit und Ordnung.

Die Aufforderung der Polizei von ___ (Uhrzeit), weitere gewalttätige Aktionen zu unterlassen, wurde nicht befolgt.

Die Polizei schließt die Personen

( ) auf dem ___ Platz
( ) an der ___ Kreuzung
( ) in der ___ Straße in Höhe ___

von der weiteren Teilnahme an der Versammlung aus.

Wir fordern Sie auf, unverzüglich den Bereich

( ) auf dem ___ Platz
( ) an der ___ Kreuzung
( ) in der ___ Straße in Höhe ___

zu verlassen und sich in Richtung ___ zu begeben.

Dieser Ausschluss verpflichtet Sie, sich unverzüglich zu entfernen.

Sollten Sie dieser Entfernungspflicht nicht nachkommen, wird die Polizei mit unmittelbarem Zwang gegen Sie vorgehen.

Es ist jetzt ___ (Uhrzeit).

Ende der Durchsage

---

311 Anlehnung an *Roos/Fuchs*, S. 93 f.

7. Verfügung an vermummte Teilnehmer einer Versammlung/eines Aufzugs[312]

Durchsage: 209

Anrede

Achtung, es folgt eine Durchsage der Polizei!
Der Einsatzleiter der Polizei gibt Ihnen folgende Informationen:
Ich bitte um Ihre Aufmerksamkeit.

Diese Durchsage richtet sich an alle Personen

( ) auf dem ___ Platz
( ) an der ___ Kreuzung
( ) in der ___ Straße in Höhe ___

Die Polizei wertet Ihre Personengruppe als eine Versammlung.

Text

Einige von Ihnen haben sich vermummt. Sie verstoßen mit Ihrem Verhalten gegen das Versammlungsgesetz. Die Polizei fordert Sie auf, diese Vermummung unverzüglich abzulegen. Für den Fall, dass Sie dieser Aufforderung nicht Folge leisten, wird die Polizei Sie von der Versammlung ausschließen und – falls erforderlich – auch mit unmittelbarem Zwang gegen Sie vorgehen.

oder

Ihr Aufzug wurde angehalten, weil die Polizei festgestellt hat, dass sich in Ihrem Aufzug Personen befinden, die durch das Tragen von Kapuzen in Verbindung mit Sonnenbrillen und Schals ihr Gesicht verdecken. Dieses wird von der Polizei als Vermummung gewertet und ist somit strafbar nach dem Versammlungsgesetz.

Die Polizei fordert Sie hiermit auf, die Vermummungsgegenstände abzulegen.

Folgen Sie den Anweisungen der Polizei und bleiben Sie friedlich.

Eine Bitte an die anderen Versammlungsteilnehmer: Wirken Sie auf die angesprochenen Personen ein, den Anweisungen der Polizei nachzukommen.

Es ist jetzt ___ (Uhrzeit).

Ende der Durchsage

---

312 Anlehnung an *Roos/Fuchs*, S. 93 f.

8. Verfügung an passiv bewaffnete Teilnehmer einer Versammlung/
eines Aufzugs.[313]

210   Durchsage:

Anrede

Achtung, es folgt eine Durchsage der Polizei!
Der Einsatzleiter der Polizei gibt Ihnen folgende Informationen:
Ich bitte um Ihre Aufmerksamkeit.

Diese Durchsage richtet sich an alle Personen

( ) auf dem ____ Platz
( ) an der ____ Kreuzung
( ) in der ____ Straße in Höhe ____

Die Polizei wertet Ihre Personengruppe als eine Versammlung.

Text

Einige von Ihnen führen Schutzwaffen ____ mit. Sie verstoßen mit Ihrem Verhalten
gegen das Versammlungsgesetz. Die Polizei fordert Sie auf, diese Gegenstände unverzüglich abzulegen. Für den Fall, dass Sie dieser Aufforderung nicht Folge leisten,
wird die Polizei Sie von der Versammlung ausschließen und – falls erforderlich –
mit unmittelbarem Zwang gegen Sie vorgehen.

oder

Ihr Aufzug wurde angehalten, weil die Polizei festgestellt hat, dass sich in Ihrem Aufzug Personen befinden, die Schutzwaffen ____ mitführen. Die Polizei
fordert Sie auf, diese Gegenstände unverzüglich abzulegen. Für den Fall, dass Sie
dieser Aufforderung nicht Folge leisten, wird die Polizei Sie von der Versammlung ausschließen und – falls erforderlich – mit unmittelbarem Zwang gegen Sie
vorgehen.

Folgen Sie den Anweisungen der Polizei und bleiben Sie friedlich.

Eine Bitte an die anderen Versammlungsteilnehmer: Wirken Sie auf die angesprochenen Personen ein, den Anweisungen der Polizei nachzukommen.

Es ist jetzt ____ (Uhrzeit).

Ende der Durchsage

---

313 Anlehnung an *Roos/Fuchs*, S. 93 f.

9. Durchsetzung eines Platzverweises nach Ausschluss von Teilnehmern

Durchsage: 211

Anrede

Achtung, es folgt eine Durchsage der Polizei!
Der Einsatzleiter der Polizei gibt Ihnen folgende Informationen:
Ich bitte um Ihre Aufmerksamkeit.

Text

Dem um ___ (Uhrzeit) erfolgten Ausschluss aus der Versammlung und dem erteilten Platzverweis für den Bereich
( ) auf dem ___ Platz
( ) an der ___ Kreuzung
( ) in der ___ Straße in Höhe ___
sind Sie nicht nachgekommen.

Die Polizei wird den Platzverweis mit Zwangsmitteln durchsetzen.
Die Polizei bittet die friedlichen Teilnehmer, sich von den ausgeschlossenen Personen zu distanzieren.

Zu Ihrer eigenen Sicherheit werden Sie gebeten, den Bereich
( ) auf dem ___ Platz
( ) an der ___ Kreuzung
( ) in der ___ Straße in Höhe ___
in Richtung ___ zu verlassen.

Im Anschluss an die polizeilichen Maßnahmen können Sie Ihre Veranstaltung fortsetzen.

Es ist jetzt ___ (Uhrzeit).

Ende der Durchsage

Anmerkung

Zwangsmittel exakt benennen, soweit oberhalb der Grenze körperlichen Abdrängens.

Beispiel:

Sollten Sie dieser Aufforderung nicht nachkommen, wird die Polizei, wenn erforderlich, unmittelbaren Zwang in Form
( ) der einfachen körperlichen Gewalt
( ) des Wasserwerfers
( ) von Diensthunden/Dienstpferden
gegen Sie einsetzen!

10. Einschließung zwecks Identitätsfeststellung

212 ┃ **Durchsage:**

Anrede

Achtung, es folgt eine Durchsage der Polizei!
Der Einsatzleiter der Polizei gibt Ihnen folgende Informationen:
Ich bitte um Ihre Aufmerksamkeit.

Text

Diese Durchsage richtet sich an alle Personen
( ) auf dem ... Platz
( ) an der ... Kreuzung
( ) in der ... Straße in Höhe ...

Sie sind der dreifachen/mehrfachen Aufforderung nicht nachgekommen, sich zu entfernen.

Die Polizei wird ihre Gruppe jetzt zum Zwecke
der Personalienfeststellung
räumlich begrenzen.

Halten Sie bitte ihre Ausweispapiere bereit!

Schwangere, Personen mit Behinderungen, Kinder und Jugendliche begeben sich bitte zu der Durchlassstelle. Diese befindet sich
( ) auf dem ... Platz
( ) in der ... Straße in Höhe ...

Benötigen Sie medizinische Versorgung, begeben Sie sich bitte unverzüglich zu der Durchlassstelle.

Durch ruhiges, kooperatives Verhalten tragen Sie wesentlich zu einer schnellen Bearbeitung bei.

Es ist jetzt ____ (Uhrzeit).

Ende der Durchsage

11. Auflösung einer Gegenveranstaltung bei Verhinderungsblockaden

213 ┃ **Durchsage:**

Anrede

Achtung, es folgt eine Durchsage der Polizei!
Der Einsatzleiter der Polizei gibt Ihnen folgende Informationen:
Ich bitte um Ihre Aufmerksamkeit.

Diese Durchsage richtet sich an alle Personen
( ) auf dem ____ Platz

( ) an der ____ Kreuzung
( ) in der ____ Straße in Höhe ____

Text

Ihre Versammlung ist von der Polizei um ____ (Uhrzeit) aufgelöst worden, weil ihre Blockade einen Verstoß im Sinne des § 21 BVersG darstellt.

Sie werden hiermit aufgefordert, sich unverzüglich in Richtung ____ zu entfernen.

Nochmals die Aufforderung: Entfernen Sie sich sofort in Richtung ____

Sollten Sie dieser Aufforderung nicht nachkommen, wird die Polizei, wenn erforderlich, unmittelbaren Zwang in Form

( ) der einfachen körperlichen Gewalt
( ) des Wasserwerfers
( ) von Diensthunden/Dienstpferden

gegen Sie einsetzen!

Es ist jetzt ____ (Uhrzeit).

Ende der Durchsage

12. **Aufforderung an Versammlungsteilnehmer einer Gegenveranstaltung**

Durchsage: 214

Anrede

Achtung, es folgt eine Durchsage der Polizei!
Der Einsatzleiter der Polizei gibt Ihnen folgende Informationen:
Ich bitte um Ihre Aufmerksamkeit.

Diese Durchsage richtet sich an alle Personen
( ) auf dem ____ Platz
( ) an der ____ Kreuzung
( ) in der ____ Straße in Höhe ____

Ihre Personengruppe wird als Versammlung gewertet.

Text

Die Polizei fordert Sie auf:

Unterlassen Sie das ____

( ) Störerhandlungen

Durch Ihr Verhalten stören Sie eine rechtmäßig angemeldete Versammlung.

Es ist jetzt ____ (Uhrzeit).

Ende der Durchsage

D. Leitfaden

I. Vorbereitung und Verlauf eines Kooperationsgesprächs

215   Nachfolgende Handlungsempfehlungen sollen als Hilfestellung für Versammlungsbehörden für die Vorbereitung und Durchführung von Kooperationsgesprächen dienen. Entsprechend gewonnene Erkenntnisse können Grundlage für Entscheidungen der Versammlungsbehörde sein. Der Sinn und Zweck liegt somit in der Gewährleistung eines störungsfreien Ablaufs der Versammlung sowie auch in der Minimierung der Beeinträchtigung von Drittinteressen. Das bedingt v.a. auch eine Kooperationsbereitschaft des verantwortlichen Veranstalters.

216   Grundlage der Handlungsempfehlungen ist u.a. Anlage 2 des Berichts »Umgang mit rechtsextremistischen Demonstrationen« der gemeinsamen AG der Unterausschüsse Recht und Verwaltung (UA RV) sowie Führung, Einsatz und Kriminalitätsbekämpfung (UA FEK)[314].

217   Eine erfolgreiche Kooperation setzt kooperationswillige Veranstalter, Leiter und Teilnehmer voraus. Folgende Regeln sind zu beachten:
   – Der Eindruck von Parteilichkeit ist zu vermeiden und gegenseitige Distanz zu wahren
   – Kooperation erfordert vertrauensbildende Maßnahmen (Dialogbereitschaft signalisieren); Gewährleisten eines intensiven Austausches, Vorbesprechungen (»positive Kommunikation«)
   – Es besteht keine Verpflichtung zu getrennten Gesprächen bei unterschiedlichen Veranstaltern[315]
   – getrennte Gespräche widersprechen dem Sinn des Kooperationsgesprächs, die verschiedenen Beteiligten an einen Tisch zu bringen und mit ihnen und den Vertretern der Versammlungsbehörde/Polizei den möglichen Ablauf der Durchführung der Veranstaltung zu besprechen[316]
   – allerdings können bei »Rechts-Links-Lagen« getrennte Gespräche angezeigt sein
   – Eine größtmögliche Selbstbestimmung des Veranstalters ist zu ermöglichen
   – Provokationen und Aggressionsanreize sind zu vermeiden
   – Die Rolle von Versammlungsbehörde bzw. Polizei ist zu verdeutlichen; Handlungszwänge der Polizei darstellen (Legalitätsprinzip)
   – Die rechtlichen und/oder faktischen Grenzen der Versammlungsfreiheit sind dem Veranstalter zu verdeutlichen (Konsequenzen)
   – Unerfahrene Veranstalter sind zu beraten, wie sie ihre Versammlung durchführen können
   – Die Gefahrenprognose ist darzulegen, der Veranstalter ist zur Stellungnahme aufzufordern und ihm ist Gelegenheit zu geben, Einwendungen vorzubringen

---

314 IMK, 167. Sitzung v. 10.05.2001.
315 *Ott/Wächtler/Heinhold*, § 14 Rn. 20.
316 *Scheidler*, Die Polizei 2009, 162/164.

– Bei widerstreitenden Interessen ist praktische Konkordanz herzustellen. Signalisiert der Veranstalter Bereitschaft zur Veränderung der Versammlungsmodalitäten, so ist die Versammlungsbehörde im Rahmen ihrer Kooperationspflicht gehalten, dem nachzugehen (Ziel: Herbeiführung eines Einvernehmens)
– Auf Wünsche und Ängste des Veranstalters ist einzugehen
– Der Veranstalter ist über rechtliche Bedeutung unterlassener oder unrichtiger Erklärungen aufzuklären
– Einzelheiten der Kooperation während der Versammlung sind zu erörtern und festzulegen, insbesondere sind Ansprechpartner auf beiden Seiten zu benennen

1. Verwaltungsinterne Abstimmung/Organisatorische Bedingungen

– Anmeldung der Versammlung (§ 14 BVersG) – Angaben prüfen 218
– frühestmögliche Einbindung der Polizei, wenn sie nicht Versammlungsbehörde ist
– Gefahrenpotenzial: Erkenntnisse zu Mobilisierung, erwarteten Teilnehmern und möglicher Gewaltbereitschaft
– Terminierung des Kooperationsgesprächs (frühzeitige Planung), Festlegung (möglicher) weiterer Erörterungstermine
– Einladung zum Kooperationsgespräch
– Abstimmung mit anderen beteiligten Behörden
– Festlegung von Zielen und taktischen Grenzen des Einsatzes
– Vorhalten von Rettungskräften und -mitteln
– immissionsschutzrechtliche Beeinträchtigungen
– Ortstermin
– Rolle der Gesprächsbeteiligten aus der Behörde festlegen
– Gesprächsatmosphäre
– Erstellung der Gefahrenprognose (vorläufig)
– Festlegung der Dokumentation (Protokollführer, Umfang); Kopie der Niederschrift an Veranstalter ist keine verbindliche Zusicherung i.S.d. § 38 VwVfG (hinreichende Dokumentation von Teilnehmern, Verlauf und Ergebnissen des Gesprächs)[317], kann aber Bindungswirkung durch Vertrauensschutz entfalten

a) Veranstalter/Anmelder will nicht zum Kooperationsgespräch erscheinen

– Mitteilung an Anmelder, dass sich aus der Anmeldung Fragen ergeben haben und 219
Bedenken gegen die geplante Versammlung bestehen
– Gelegenheit einräumen, diese Bedenken bis zu einem festgelegten Termin auszuräumen
– Hinweis auf »Entscheidung nach Aktenlage«

---

317 *Gusy*, in: *Möllers*, Wörterbuch der Polizei, 2. Aufl. 2010, »Kooperationsprinzip im Versammlungsrecht«.

b) Veranstalter/Anmelder verweigert Kooperation komplett

220 – Vorladung und Befragung auf polizeigesetzlicher Grundlage[318]
  – aus der Anmeldepflicht folgt eine Vorladungs- und Befragungsbefugnis
  – die Anmeldung kann so zwar nicht erzwungen werden, dem Veranstalter kann aber die Notwendigkeit der Anmeldung und einer damit einhergehenden Kooperation vor Augen geführt werden
  – Weitere Versuche, Kooperationsgespräch durchzuführen

2. Durchführung

a) Informationsgewinnung für die Erstellung einer gesicherten Gefahrenprognose

221 – Veranstalter (Organisation, Verein), Vertreter des Veranstalters (Personalien), Versammlungsleiter
  – Bekanntgabe der Versammlung (Presse, Einladungen, Internet, Plakate usw.)
  – Angaben zur Veranstaltung: Anlass, Gegenstand, Motto, Datum, Uhrzeit
    – Ziel, Zweck der Versammlung, insbesondere wenn Anhaltspunkte für verfassungs- und/oder strafrechtswidrige Zielsetzungen der Veranstaltung vorliegen
    – Erörterung mit Veranstalter, ob durch Festlegung von Veranstaltungszweck und -form bereits ein rechtlicher Rahmen gesetzt werden kann, durch den potenzielle Störer frühzeitig aus der Versammlung ausgeschlossen werden können (z.B. Rebel Clown Army)
  – Teilnehmerzahl (erwartete Anzahl), An-/Abreise, Verkehrsmittel
  – Teilnehmerkreis (welche Gruppierungen werden angesprochen?)
  – Örtlichkeiten für
    – Auftaktkundgebung
    – Zwischenkundgebungen, Abschlussveranstaltung
    – Aufzug: Sammelplatz, Aufzugsstrecke, Aufzugsformation
  – Verkehrsführung
  – Redner, Rednerbeiträge (Themen, Inhalte)
    – eine Anordnung, Vortragstexte bereits im Vorfeld der Versammlung der Behörde vorzulegen, verstößt gegen das Zensurverbot aus Art. 5 Abs. 1 Satz 3 GG, wenn es nach der Intention der Behörde lediglich darum geht, Gesetzesverstöße wirksam ausschließen zu können; es kann also nicht verlangt werden, dass Redetexte vorzulegen
    – wird die Anordnung aber aufgrund entsprechender Anhaltspunkte im Hinblick auf eine konkrete Rechtsgütergefährdung getroffen, die Behörde also zuvor strafbare Inhalte prognostiziert hat, so kann darauf eine versammlungsrechtliche Auflage gestützt werden
  – Gestaltungsmittel der Versammlung, Hilfsmittel
    – Fahnen, Plakate, Transparente, Flugblätter, Bekleidung, Lautsprecher, Megaphone, Info-Tische, Zelte, Bühne, Kraftfahrzeuge, Pavillons, Mitführen von Tieren usw.

---

318 Kingreen/Poscher, § 21 Rn. 6.

– Ordner
  – Anzahl, Personalien, Zusammensetzung, Kennzeichnung, Aufträge
– Einschätzung des Veranstalters/Leiters (friedlich, unfriedlich, emotional)[319]
  – Die Kooperationspflicht der Versammlungsbehörde schließt ein, einen möglichen unfriedlichen Verlauf mit dem Veranstalter in dem Kooperationsgespräch zu erörtern
– Reaktion des Veranstalters/Leiters bei unfriedlichem Verlauf, Störungen
– Hinweis an Veranstalter auf Erwartung, im Falle von Gewalttätigkeiten deutliche Signale für Gewaltfreiheit zu setzen[320]
  – Es ist Sache des Veranstalters oder des vorgesehenen Versammlungsleiters, öffentlich deutliche und nachweisbare Signale zu setzen, die auf die Gewaltfreiheit der Versammlung gerichtet sind
– Beabsichtigte Schutzmaßnahmen (Veranstaltung)
– Beabsichtigte Sicherungsmaßnahmen (Abwehr von Gefahren für öffentliche Sicherheit)
– getroffene Absprachen schriftlich fixieren

b) **Sicherheitskonzept des Veranstalters/Kooperationsbereitschaft**

– Stellungnahme der Polizei   222
– Stellungnahme des Veranstalters
  – organisatorische Vorkehrungen des Veranstalters im Vorfeld zwecks Minimierung von Gefahren
  – Signale des Veranstalters im Vorfeld (Ziel: Gewaltfreie Versammlung)
  – Zusammenarbeit mit Versammlungsbehörde/Polizei
– Behörde hat Entscheidungshoheit (kein »Verhandeln«)

c) **Geplanter Einsatz der Polizei**

– Verkehrslenkende Maßnahmen, Absperrungen usw.   223
– Deeskalation (Leitlinien erarbeiten)
– Verhalten bei Störungen
– Hinweis auf rechtliche Stellung der Polizei (Legalitätsprinzip)
  – Legalitätsprinzip darf flexible Lagebewältigung nicht unmöglich machen
  – dem Legalitätsprinzip wird auch Rechnung getragen, wenn im Kollisionsfall von Gefahrenabwehr und Strafverfolgung Strafanzeigen gegen »Unbekannt« vorgelegt werden und gefertigtes Videomaterial der Staatsanwaltschaft übersandt wird[321].

---

319 OVG Bautzen, NJ 1998, 666 L.
320 BVerfG, NVwZ 2000, 1405.
321 Vgl. dazu näher Teil II, § 17a Rdn. 44 ff.; *Ullrich*, S. 387.

3. Bewertung (Prüfung der Ergebnisse des Kooperationsgesprächs ohne Veranstalter)

224 – Bewertung des Sicherheitskonzeptes des Veranstalters, insbesondere im Hinblick auf Schlüssigkeit und Glaubwürdigkeit[322]
     – Veranstalter muss allerdings kein Sicherheitskonzept für seine Veranstaltung vorlegen
     – Angaben des Veranstaltungsleiters verifiziert?
     – Kooperationsbereitschaft des Veranstaltungsleiters (Scheinkooperation?)
     – Alternativenakzeptanz des Veranstalters?
     – Verifizierung der Gefahrenprognose (Wissenslücken?)
     – Korrektur von Fehleinschätzungen?

4. Gefahrenprognose

225 – Vorbehaltlose Zulassung der Veranstaltung (Anmeldebestätigung)
     – Entscheidung über Verwaltungshandeln auf Grundlage der (Gefahren-)Prognose
     – Anmeldebestätigung mit beschränkenden Verfügungen (Auflagen)
     – Verbot

5. Umsetzung

226 – Versammlungsbestätigung
     – Beschränkende Verfügungen (Auflagen),
     – Verbote (auch) unter Bezugnahme auf protokollierte Aussagen im Kooperationsgespräch

II. Kooperation bei Eil- und Spontanversammlungen

1. Kooperation bei Eilversammlungen

227 – Kontaktaufnahme mit Veranstalter, Bemühen um Kooperation vor Ort
     – auch bei bewusster Nichtanmeldung ist Versammlungsbehörde nicht von Kooperationspflicht entbunden
     – mangelnde Kooperation ist kein Auflösungsgrund

2. Kooperation bei Spontanversammlungen

228 – Kooperation vor Ort
     – Ansprechpartner gewinnen, aber nicht in Rolle eines faktischen Leiters »drängen«
     – mangelnde Kooperation ist kein Auflösungsgrund

---

322 BVerfG, NJW 2001, 2078; NJW 2000, 3053.

Teil IV Verwaltungsverfahren und Rechtsschutz

A. Verwaltungsverfahren

I. Zuständigkeiten

1. Zuständigkeiten der Länder

1   Maßgeblich für das Versammlungsrecht war ursprünglich allein das Versammlungsgesetz des Bundes (BVersG)[1]. Durch die **Föderalismusreform I** im Jahr 2006 ist die **Gesetzgebungskompetenz** (Art. 74 Abs. 1 Nr. 3 GG a.F.) für Versammlungen vom Bund auf die Länder übergegangen[2]. Zentrales Anliegen der Reform war die Stärkung der Landesgesetzgeber[3]. Mit ausschlaggebend für die Neuordnung des konkreten Sachbereichs war der enge Bezug des Versammlungsrechts zum Polizeirecht[4], welches weitestgehend genuin landesrechtliche Regelungsmaterie ist.

2   Die Übertragung der **Gesetzgebungskompetenz** für das Versammlungsrecht auf die Länder fordert zur Kritik heraus. Insbesondere ist auf die Zersplitterung der einfachgesetzlichen Konturierung der verfassungsrechtlichen Gewährleistungen in Art. 8 und Art. 5 GG hinzuweisen[5]; eine »uneinheitliche, fragmentierte und wenig übersichtliche Rechtslage«[6] wird längerfristig die Folge sein. Ein Beispiel: Reisen vermummte Personen aus München über Wiesbaden zu einer demonstrativen Aktion nach Hannover, müssen sie sich in Bayern eine Ordnungswidrigkeit (Art. 16 Abs. 2, 21 Abs. 1 Nr. 9 bayVersG) und in Hessen eine Straftat (§ 17a II 1, 27 II 2 VersG) zurechnen lassen, während in Niedersachsen bis zur Erteilung einer Verfügung keine ahndungsrelevante Verfehlung vorliegt (§§ 9 Abs. 2 Satz 1, 20 Abs. 2 Nr. 5 ndsVersG). Die Versammlungsgesetze der Länder haben in Bezug auf das Vermummungsverbot unterschiedliche Reichweiten: So beziehen §§ 15, 26 s-aVersG und §§ 9, 20, 21 ndsVersG das Verbot der Vermummung und passiven Bewaffnung sowie die Strafbarkeit von Zuwiderhandlungen nur auf Versammlungen i.S. des Versammlungsrechts. Dagegen übernehmen die Art. 16 Abs. 2, 20, 21 bayVersG und die §§ 17, 28, 30 sächsVersG das Verbot der

---

1   Gesetz über Versammlungen und Aufzüge in der Fassung der Bekanntmachung v. 15.11.1978 (BGBl I S. 1789) zuletzt geändert durch Art. 2 des Gesetzes v. 08.12.2008 (BGBl I S. 2366).
2   Gesetz zur Änderung des Grundgesetzes v. 28.08.2006 (BGBl I S. 2034).
3   *Wolff/Christopeit*, VR 2010, 257.
4   *Wolff/Christopeit*, VR 2010, 257.
5   *Schieder*, NVwZ 2013, 1325.
6   *Brenneisen/Wilksen/Ruppel/Warnstorff*, Die Polizei 2013, 130/139.

passiven Bewaffnung und der Vermummung auch bei öffentlichen Veranstaltungen unter freiem Himmel, die keine Versammlungen sind[7]. Auch vor dem Hintergrund des länderübergreifenden Problems gewalttätiger und extremistischer Versammlungen wäre ein bundeseinheitlich geltendes Versammlungsrecht wünschenswert, da bei polizeilichen Einsätzen schwerwiegende, sicherheitsrelevante **Kooperationsschwierigkeiten** zu befürchten sind, wenn sich die jeweils einschlägigen Landesregelungen maßgeblich unterscheiden; solche bestanden auch im Rahmen des Polizeieinsatzes beim G20-Gipfel 2017 in Hamburg[8]. Freilich sind die Handlungsspielräume der Landesgesetzgeber im Hinblick auf die grundrechtlichen Gewährleistungen beschränkt; auch ist eine »unitarisierende Wirkung«[9] der bundesverfassungsgerichtlichen Rechtsprechung zu Art. 8 GG zu erwarten[10]. Die **Gefahr einer dauerhaften uneinheitlichen Regelung**, die den praktischen Umgang mit dem Versammlungsrecht für die allgemeine Verwaltung, die Polizei und dem Bürger erschweren würde, ist dennoch nicht von der Hand zu weisen.

Bislang haben nicht alle Bundesländer von ihrer neu gewonnenen Kompetenz im Versammlungsrecht Gebrauch gemacht, wobei einige Regelungsversuche aber teils verfassungsrechtliche Defizite aufwiesen[11]. Namentlich haben **Bayern**[12], **Berlin**[13], **Brandenburg**[14], **Niedersachsen**[15], **Sachsen**[16], **Sachsen-Anhalt**[17] und **Schleswig-Holstein**[18] eigene Landesversammlungsgesetze erlassen.[19] Die Versammlungsgesetze der Länder **Bayern, Niedersachsen, Sachsen-Anhalt, Sachsen und Schleswig-Holstein** setzten eigene Akzente, folgen in der grundlegenden Systematik aber weitgehend und teils wortlautgleich dem VersG des Bundes aus dem Jahr 1953[20]; teils wurde bisheriges   3

---

7 OLG Bamberg, Beschl. v. 24.11.2015 – 3 Ss OWi 1176/15: Fußballspiele in Stadien sind öffentliche Veranstaltungen unter freiem Himmel i.S. des Versammlungsrechts, Anm. *Rathgeber*, FD-StrafR 2016, 375037.
8 Zur wenig kritischen Aufarbeitung der Probleme des missglückten Polizeieinsatzes *Schwabe*, DVBl 2018, 1526.
9 *Kempny*, NVwZ 2014, 191 f.
10 *Peilert/Haghgu*, POLIZEI-heute 2007, 59/61.
11 Vgl. BVerfG, NJW 2009, 1458 – Eilentscheidung des BVerfG zum Bayerischen Versammlungsgesetz.
12 Gesetz v. 22.04.2010 (GVBl S. 190). Dazu *Arzt*, DÖV 2009, 381 ff.
13 Gesetz v. 23.04.2013 (GVBl. S. 103).
14 Gesetz über Versammlungen und Aufzüge an und auf Gräberstätten (GräbVersammlG) vom 26.10.2006 (GVBl. I, S. 114), das allerdings lediglich § 16 BVersG, also die Bannmeilenregelung, ersetzt und daher im Folgenden ebenfalls außer Betracht bleiben kann.
15 Gesetz v. 07.01.2010 (GVBl S. 465). Dazu *Stock*, Die Polizei 2011, 163 ff.
16 Gesetz v. 25.01.2012 (GVBl S. 54). Dazu *Scheidler*, NVwZ 2011, 924 ff.
17 Gesetz v. 03.12.2009 (GVBl S. 558).
18 Gesetz v. 18.06.2015 (GS Schl.-H. II, Gl.Nr. 2180-1).
19 Näher *Schäffer*, DVBl 2012, 546 ff.; ders. Die Polizei 2012, 183 ff. Im Überblick *Schieder*, NVwZ 2013, 1325 ff.; *Höfling/Krohne*, JA 2012, 734.
20 *Trurnit*, JURA 2014, 486/488.

»Richterrecht« inkorporiert, z.b. im Hinblick auf Eil- und Spontanversammlungen oder das **Kooperationsgebot**[21].

4   Für diejenigen Länder, die kein Versammlungsgesetz erlassen haben, bleibt das BVersG einschlägiges Recht, vgl. Art. 125a Abs. 1 GG[22]. Der dort angeordnete »Fortbestand« des BVersG soll **Regelungslücken bis zum Inkrafttreten des ersetzenden Landesgesetzes vermeiden.**

5   Die Länder sind befugt (aber nicht verpflichtet), das nicht mehr kompetenzgemäße Bundesgesetz ganz oder in klar abgrenzbaren Teilbereichen durch **eigene Regelungen** zu ersetzen[23]. Da ein Tätigwerden der einzelnen Bundesländer nicht zwingend erforderlich ist, hat dies zu einer gewissen »**Versteinerung**« der Rechtslage geführt[24]. Dem Bund wird (nur) noch eine äußerst eingeschränkte Verfügungsmacht über »sein« Gesetz zugebilligt[25]. Er darf Detailänderungen vornehmen (Aktualisierungen) oder eine befristete Geltung verlängern; er darf es aber nicht mehr grundlegend umgestalten oder gar neu konzipieren. Weitreichende Neuerungen können ab dem Zeitpunkt ihres Kompetenzerwerbs nur noch die Länder einführen[26]. Diesen fehlt aber der »Druck«, gesetzgeberisch tätig zu werden[27].

2. Polizei im Sinne des BVersG

6   Die Priorität landesrechtlicher Zuständigkeitsvorschriften wird durch Vorschriften des BVersG eingeschränkt, in denen die Polizei für originär zuständig erklärt wird (§§ 9 Abs. 2, 12, 12a, 13, 18 Abs. 3, 19 Abs. 4 und 19a BVersG). Es handelt sich um bundesgesetzliche Festlegungen, die die Länder binden und diesen nur noch die Möglichkeit belassen, die jeweils zuständige Polizeibehörde zu bestimmen[28]. Im Wege der »**Rückschlusstheorie**« kann aus der Ermächtigung auf die Zuständigkeit geschlossen werden. Dies gilt indes dann nicht, wenn legislatorisch auf die

---

21 *Scheidler*, ZRP 2008, 151/152.

22 Art. 125a GG, als »Übergangsvorschrift im Zuge der Verfassungsreform von 1994 in das Grundgesetz eingefügt, regelt die Frage, wie mit Bundesrecht zu verfahren ist, das nach den alten Kompetenznormen zulässigerweise erlassen worden ist, das jedoch nach dem Inkrafttreten der verschärften Kompetenznormen (Art. 72, 74, 75 GG) nicht mehr erlassen werden könnte, *Lindner*, JUS 2005, 577/582; vgl. auch *Froese*, JA 2015, 679/680.

23 Hierzu BeckOK GG/*Seiler* GG Art. 125a Rn. 4.

24 BeckOK GG/*Seiler* GG Art. 125a Rn. 4: Der Bund dürfte keine neuen Gesetze geben, die Länder könnten die bestehenden Gesetze nur »ersetzen«, nicht »ändern«, so dass keine Ebene zuständig wäre, bloße Berichtigungen oder kleinere Anpassungen vorzunehmen.

25 *Wolff/Christopeit*, VR 2010, 257/259.

26 BeckOK GG/*Seiler* GG Art. 125a Rn. 4, mit entsprechenden Nachweisen.

27 Überdies verlangt die Versammlungsgesetzgebung die sensible Betrachtung verfassungsrechtlicher Vorgaben, sodass die erforderliche Ersetzung des Bundesrechts keine leichte legislative Arbeit darstellen dürfte, *Höfling/Krohne*, JA 2012, 734/736. Zur »Rechtfertigungslast« für die Länder *Kempny*, NVwZ 2014, 191 ff.

28 *Stein*, S. 86.

»zuständige Behörde« verwiesen wird. Hier obliegt die konkrete Festlegung dem jeweiligen Landesrecht[29].

Polizei im Sinne des BVersG ist die **Polizei der Länder im institutionellen Sinne**, also die uniformierte und bewaffnete (Vollzugs-)Polizei[30]. Die §§ 9 Abs. 2, 12, 12a, 13, 18 Abs. 3, 19 Abs. 4 und 19a BVersG sind rechtssystematisch Ausnahmevorschriften, da sie (entgegen der Regel) eine originäre Zuständigkeit der Polizei festlegen. Dies erklärt sich aus dem Umstand, dass nach Versammlungsbeginn, worauf die genannten Normen rekurrieren, regelmäßig die Polizei die einzige staatliche Behörde ist, die am Ort des Geschehens anwesend und ohne weiteres erreichbar ist. Nicht zur »Polizei« im Sinne des BVersG gehören die Angehörigen der Ordnungsbehörden, der Behörden der allgemeinen inneren Verwaltung, der Ordnungsverwaltung[31]. Polizei in diesem Sinne ist auch nicht die Polizei des Bundes. Die Bundespolizei hat bei Demonstrationen keine eigenen Rechte aus dem BVersG, sondern muss auf abgeleitete Rechte durch die zuständige Polizei des entsprechenden Landes zurückgreifen[32]. 7

Statuiert das BVersG keine **originäre Zuständigkeit** der Polizei (z.B. §§ 5, 14, 15, 17a BVersG), gelten die allgemeinen (Zuständigkeits-)Regeln. Die Länder haben durch Zuständigkeitsverordnungen die sachliche Zuständigkeit unterschiedlich festgelegt und sie entweder der Polizei oder der Ordnungsverwaltung zugewiesen. Ist die Ordnungsverwaltung zuständig, verbleibt der Polizei eine **subsidiäre Zuständigkeit**, soweit Gefahr im Verzuge besteht, es sich also um unaufschiebbare Maßnahmen handelt. 8

3. Zuständigkeitsregelungen der Länder[33]

9

Baden-Württemberg	Kreispolizeibehörden
	VO des Innenministeriums über Zuständigkeiten nach dem Versammlungsgesetz vom 25.05.1977 (GVBl. S. 196), zuletzt geändert durch VO vom 17.12.2008 (GVBl. 2009 S.)
Bayern	Kreisverwaltungsbehörden/ab Beginn der Versammlung die Polizei
	Art. 24 Abs. 2 Satz 1 BayVersG
Berlin	Polizeipräsident in Berlin
	§ 2 Abs. 4 Satz 1 ASOG-Anlage 2: Zuständigkeitskatalog Ordnungsaufgaben (ZustKat Ord), Abschnitt 3, Nr. 23

---

29 *Brenneisen/Wilksen*, S. 221.
30 Zu unterschiedlichen Begrifflichkeiten (»Polizeibegriff«) zusammenfassend *Keller*, in: Möstl/Kugelmann, BeckOK Polizei- und Ordnungsrecht Nordrhein-Westfalen, § 1 POG Rn. 14 (Stand: 01.11.2018).
31 *Ott/Wächtler/Heinhold*, § 12 Rn. 1.
32 *Ott/Wächtler/Heinhold*, § 12 Rn. 1.
33 *Schaden/Beckmann/Stollenwerk*, Praxis der Kommunalverwaltung, PdK – Nr. K 19 Bu (Anhang 4).

Brandenburg	Polizeipräsidien
	VO zur Übertragung der Zuständigkeiten nach dem Versammlungsgesetz (ZuStVO-VersamG) vom 29.10.1991 (GVBl. S. 470), zuletzt geändert durch Art. 2 des Gesetzes vom 26.10.2006 (GVBl. I S. 114)
Bremen	Ortspolizeibehörden
	VO über die Zuständigkeiten der Verwaltungsbehörden nach dem Versammlungsgesetz vom 09.02.1993 (GVBl. S. 63)
Hamburg	Behörde des Inneren
	Anordnung über Zuständigkeiten im Versammlungsrecht und öffentlichen Vereinsrecht vom 10.12.1968 (Amtl. Anz. S. 1513), zuletzt geändert durch Anordnung vom 24.09.1985 (Amtl. Anz. S. 1929)
Hessen	Kreisordnungsbehörde bzw. in Gemeinden ab 7500 Einwohner die örtliche Ordnungsbehörde
	Hessisches Gesetz über die öffentliche Sicherheit und Ordnung vom 31.03.1994 (GVBl. S. 174), zuletzt geändert durch Gesetz vom 22.05.2000 (GVBl. S. 278)[34]
Mecklenburg-Vorpommern	Kreisordnungsbehörden
	Landesverordnung über die zuständigen Behörden nach dem Versammlungsgesetz vom 21.07.1994 (GVBl. S. 804)
Niedersachsen	Zuständige Behörde ist 1. vor Versammlungsbeginn die untere Versammlungsbehörde und 2. nach Versammlungsbeginn die Polizei. Die Aufgaben der unteren Versammlungsbehörde nehmen die Landkreise, kreisfreien Städte, großen selbständigen Städte und selbständigen Gemeinden wahr, auf dem Gebiet der Landeshauptstadt Hannover die Polizeidirektion Hannover. Für die Verfolgung und Ahndung von Ordnungswidrigkeiten nach § 21 sind die unteren Versammlungsbehörden zuständig. § 24 NVersG
Nordrhein-Westfalen	Kreispolizeibehörden
	Verordnung über Zuständigkeiten nach dem Versammlungsgesetz v. 02.02.1987 (GVBl. S. 62)
Rheinland-Pfalz	Polizeipräsidien/örtliche Ordnungsbehörden
	Sofern eine Regelung des Versammlungsgesetzes die Polizei für sachlich zuständig erklärt, sind damit nach § 76 Abs. 1 Polizei- und Ordnungsbehördengesetz (POG) die unmittelbar dem Ministerium des

---

34 Zur Organisation der Gefahrenabwehrbehörden in Hessen vgl. *Rumpf*, NVwZ 1990, 315 ff.

	Innern und für Sport unterstellten Polizeibehörden und Polizeieinrichtungen gemeint.
	Weist eine Regelung des Versammlungsgesetzes der zuständigen Behörde die sachliche Zuständigkeit zu, liegt diese Zuständigkeit nach § 90 Abs. 1 POG in Verbindung mit § 1 der Landesverordnung über die Zuständigkeiten der allgemeinen Ordnungsbehörden bei den örtlichen Ordnungsbehörden vom 31.10.1978 (GVBl. S. 965), geändert durch Gesetz vom 12.10.1999 (GVBl. S. 325). Wird im Versammlungsgesetz die sachliche Zuständigkeit nicht ausdrücklich bestimmt, obliegt diese ebenfalls den örtlichen Ordnungsbehörden.
	Zuständigkeit der Polizei:
	§ 77 POG vom 10.11.1993 (GVBl. S. 595), zuletzt geändert durch Gesetz vom 06.02.2001 (GVBl. S. 29) = Polizeipräsidien
	Ansonsten: örtliche Ordnungsbehörden (§ 91 Abs. 1 bis 3 POG).
Saarland	Landräte als untere staatliche Verwaltungsbehörden, im Stadtverband Saarbrücken mit Ausnahme der Landeshauptstadt Saarbrücken – der Stadtverbandspräsident, in der Landeshauptstadt Saarbrücken und in kreisfreien Städten die Oberbürgermeister.
	VO über Zuständigkeiten nach dem Versammlungsgesetz vom 17.09.1991 (Abl. S. 1066)
Sachsen	Kreispolizeibehörden, §§ 32, 33 SächsVersG
Sachsen-Anhalt	Landkreise und die kreisfreie Stadt Dessau, die jeweilige Polizeidirektion anstelle der kreisfreien Städte Halle und Magdeburg
	Verordnung über Zuständigkeiten auf verschiedenen Gebieten der Gefahrenabwehr (ZustVO SOG) vom 21.07.2002 (GVBl. S. 328), zuletzt geändert durch Gesetz vom 08.05.2007 (GVBl. S. 156)
Schleswig-Holstein	Die Landrätinnen und Landräte und die Bürgermeisterinnen und Bürgermeister der kreisfreien Städte als Kreisordnungsbehörden sind sachlich zuständig für Versammlungen unter freiem Himmel (§ 3 Abs. 3, § 11 Abs. 1, § 13 Abs. 1, 4, § 14 Abs. 1, 2).
	Die Bürgermeisterinnen und Bürgermeister der amtsfreien Gemeinden, die Amtsdirektorin oder der Amtsdirektor, in ehrenamtlich verwalteten Ämtern die Amtsvorsteherin oder der Amtsvorsteher sind sachlich zuständig für Versammlungen in geschlossenen Räumen (§ 3 Abs. 3, § 20).
	§ 27
Thüringen	Landkreise und kreisfreie Städte
	Thüringer Verordnung zur Bestimmung von Zuständigkeiten im Geschäftsbereich des Innenministeriums vom 15.04.2008 (GVBl. 2008, 102); § 15

10 Kritisch zu bewerten sind Organisationsregelungen, die die versammlungsrechtliche Zuständigkeit auf kleinere Verwaltungsträger delegieren, wie z.b. in Schleswig-Holstein. Denn die komplexe Materie des Versammlungsrechts erfordert eine professionelle Beurteilung der (Rechts-)Lage; Verbote werden regelmäßig verwaltungsgerichtlich überprüft. Bei der Vielzahl der kommunalen Aufgaben und der begrenzten Anzahl des zur Verfügung stehenden Personals ist indes bei kleineren Verwaltungseinheiten zu befürchten, »dass die Versammlungsmaterie aus der Natur der Sache heraus zur Nebenaufgabe degradiert, und damit der Versammlungsfreiheit nicht hinreichend Rechnung getragen wird«[35]. Eine Zuständigkeitskonzentration bei der Polizei, wie etwa in Nordrhein-Westfalen, erscheint sinnvoller. Die gesetzlich festgelegten Zuständigkeiten stehen nicht zur Disposition der Beteiligten. Eine Aufgabenübertragung an die Polizei, etwa weil sich die an sich zuständige Ordnungsbehörde mit dem Versammlungsgeschehen »überfordert« fühlt, ist nicht statthaft. Das schließt nicht aus, dass die Polizei die Ordnungsbehörde beratend unterstützt. Die Ordnungsbehörde bleibt stets für das Geschehen verantwortlich.

11 Das in Bayern, Niedersachsen, Sachsen und insbesondere Schleswig-Holstein etablierte Modell der geteilten, an der zeitlichen Zäsur des Beginns der Versammlung orientierten Verantwortlichkeit von Versammlungsbehörden und Polizei (**Teilungsmodell**) wird den tatsächlichen Anforderungen für eine professionelle Lagebewältigung insgesamt wenig gerecht und kann die Erfüllung versammlungsgesetzlicher Pflichten behindern.

Verfügungs- und Durchsetzungskompetenz gehören im Versammlungsrecht in eine Hand. Eine Trennung führt nicht nur zu Kompetenzkonflikten und Entscheidungsverzögerungen[36], sie geht vor allem an sachlichen Befunden vorbei. Die **Sachkompetenz im Umgang mit Menschenmengen** liegt nicht bei den Ordnungsbehörden – wie die Katastrophe bei der Love-Parade in Duisburg gezeigt hat –, sondern bei der Polizei und muss schon vor Beginn einer Versammlung zum Tragen kommen. Gerade über die für die obligatorische Gefahrenprognose unverzichtbaren Lageerkenntnisse verfügt nur die Polizei.

12 Das **Teilungsmodell** kann auch das Gelingen von **Kooperation** beeinträchtigen. Kooperation lässt sich zwar zeitlich aufteilen in die Phase vor und nach Beginn der Versammlung, doch setzt das die ungeteilte Kooperationsverantwortung voraus. Kooperation lebt von Vertrauen auf beiden Seiten. Dieses **Vertrauen bildet sich in der Phase vor Beginn**. Fronten, die in dieser Phase aufgebaut worden sind, lassen sich nach Beginn nicht wieder abbauen. Deshalb gehört das Kooperationsverfahren in die Hand der Polizei[37]. Hinzu kommt, dass die Polizei der im Versammlungsrecht vorausgesetzten Neutralität als aus einer gewissen Politikferne agierende Behörde eher

---

35 *Brenneisen/Wilksen*, S. 409.

36 *Ullrich*, S. 525.

37 Das Gelingen von Kooperation als Voraussetzung für polizeiliche Lagebewältigung und gleichzeitige versammlungsfreundliche Verfahrensweise zeigt sich am Beispiel Nordrhein-Westfalens, wo die Polizei Versammlungsbehörde ist und auf eine erfolgreiche an Deeskalation und Kooperation orientierte Demonstrationspraxis zurückblicken kann.

gerecht werden kann als die von kommunalen politischen Entscheidungsträgern abhängige Ordnungsbehörde.[38] Die Landesgesetzgeber sollten Vertrauen in die **Polizei im institutionellen Sinne** setzen, die in der Vergangenheit bewiesen hat, dass sie nicht nur eine »Staatspolizei« ist, die demokratisch zu Stande gekommene Entscheidungen durchzusetzen hat, sondern auch eine Bürgerpolizei, die als Beschützer der Versammlungs- und Demonstrationsfreiheit in der Pflicht ist, Freiheitsräume für die Austragung politischer Konflikte gerade für Minderheiten offen zu halten hat. Eine **Konzentration der behördlichen Zuständigkeit** auf die Polizei ist angezeigt.

Die mangelnde Tauglichkeit des Teilungsmodells bestätigt beispielhaft die Aufarbeitung des Verbotes einer PEGIDA-Demonstration in Dresden im Jahre 2015, nachdem Hinweise eingegangen waren, dass ein Attentat gegen ein Mitglied des Organisationsteams geplant war. Das Verbot wurde nicht von der an sich zuständigen Versammlungsbehörde, sondern vom Polizeipräsidenten unter Inanspruchnahme seiner Eilkompetenz mit der Begründung ausgesprochen, dass die bestehende Gefährdung durch Maßnahmen vor Ort (z.b. Einrichtung von Kontrollstellen) nicht mit ausreichender Wirksamkeit hätte abgewehrt werden können[39]. Dies wirft die Frage nach dem Umfang der **Eilzuständigkeit** auf. Die Eilzuständigkeit kann durch die Polizei in Anspruch genommen werden, wenn durch die Herbeiführung der an sich zuständigen Behörde eine nicht zu vertretene Verzögerung bei der Wahrnehmung der polizeilichen Aufgabe eintreten würde[40]. Entsprechende Verzögerungen können sich ergeben, wenn die zuständige Versammlungsbehörde nicht erreichbar ist oder untätig bleibt oder schlicht nicht informiert ist.[41] Zumindest im Falle der Nichterreichbarkeit bzw. fehlenden Anwesenheit der eigentlich zuständigen Versammlungsbehörde, ist von einer Eilzuständigkeit des Polizeivollzugsdienstes auszugehen. Ansonsten ist die zuständige Versammlungsbehörde durch den Polizeivollzugsdienst grundsätzlich soweit zu informieren, dass sie in der Lage ist, ihrer Aufgabe eigenständig nachzukommen[42]. Kann die Gefahrenabwehr weiterhin »vom Schreibtisch aus« betrieben werden, ist die Eilzuständigkeit der Fachaufsichtsbehörden gem. § 69 Abs. 1 SächsPolG vorrangig[43]. Eine Zuständigkeit des Polizeivollzugsdienstes besteht dann nur insoweit, als auch die Fachaufsichtsbehörde nicht in der Lage sein sollte, Maßnahmen rechtzeitig zu treffen. Die Sachkompetenz für die Beurteilung so einer (Gefährdungs-)Lage – z.B. im Falle einer terroristischen Bedrohung – liegt aber bei der Polizei.

Zwingend erforderlich ist eine **durchgehende und enge Zusammenarbeit zwischen** 14 **Polizei und Ordnungsbehörden**, soweit Letztere originär für das Versammlungswesen zuständig sind. Bei »Zeitlagen« obliegen in Betracht kommende Versammlungsverbote zwar der nach Landesrecht zuständigen Behörde. Nach dem **Grundsatz**

---

38 *Ullrich*, S. 525 f.

39 *Rusteberg*, SächsVBl. 2015, 261.

40 *Kingreen/Poscher*, § 5 Rn. 18; *Poscher/Rusteberg*, JuS 2011, 888/891.

41 *Rusteberg*, SächsVBl. 2015, 261/262 f.

42 *Rusteberg*, SächsVBl. 2015, 261/265.

43 Im Falle der Kreispolizeibehörde sind die Landesdirektion Sachsen als oberste Verwaltungs- und Landespolizeibehörde sowie das Staatsministerium des Innern Fachaufsichtsbehörden.

der Selbstvollstreckung ist für die Vollstreckung einer Handlung, Duldung oder Unterlassung grundsätzlich die Ausgangsbehörde, d.h. die Behörde, die den Grundverwaltungsakt erlassen hat, sachlich zuständig[44]. Da bei der Durchsetzung aber die Anwendung von Zwang erforderlich ist und der Versammlungsbehörde hierzu geeignete Vollzugskräfte fehlen, ergibt sich aus der gemeinsamen zu erfüllenden Aufgabe für alle Behörden die Pflicht zur gegenseitigen Unterstützung (Vollzugshilfe)[45].

15 An der **Alleinzuständigkeit der Versammlungsbehörde** ändert sich nichts, wenn sich präventiv-polizeiliche Kompetenzen der spezialisierten Gefahrenabwehr überlagern, z.B. bei Demonstrationen auf Bahnanlagen im Zuge eines CASTOR-Transportes. Die Versammlungsbehörde hat mit der für die Bahnanlagen zuständigen Behörde im Rahmen notwendiger Beteiligung abzuklären, ob der beabsichtigten Inanspruchnahme von Bahngelände Verfügungsrechte über nicht öffentliches Eigentum oder Interessen der Sicherheit des Schienenverkehrs entgegenstehen. Eine erfolgreiche Einsatzbewältigung von Versammlungslagen, die einen Bezug zur Bahn aufweisen, setzt eine behördenübergreifende Kooperation der beteiligten Dienststellen voraus. Eine enge Abstimmung ist zudem mit der Deutschen Bahn und der Versammlungsbehörde erforderlich. Anlagen und Einrichtungen der Bahn stellen keinen versammlungsfreien Raum dar. Dies gilt insbesondere für öffentlich zugängliche Bahnhöfe.[46]

16 Örtlich zuständig ist die Behörde, in deren Bezirk die Versammlung stattfinden soll. Sofern eine Versammlung mehrere Behördenbezirke berührt (z.B. Aufzug, Menschenkette), ist die Veranstaltung nur bei einer, nämlich der **erstberührten Versammlungsbehörde anzumelden** (§ 3 Abs. 2 Satz 1 VwVfG), die ihrerseits die zuständige Aufsichtsbehörde zu unterrichten hat. Diese entscheidet dann, welche Behörde für das weitere Verfahren zuständig ist. Soweit diese Verfahrensweise nicht ordnungsrechtlich oder polizeirechtlich geregelt ist, gilt § 3 Abs. 1 Nr. 4 in Verbindung mit Abs. 2 Satz 1 VwVfG.

17 Art. 24 Abs. 3 bayVersG regelt explizit den Fall einer »überörtlichen Versammlung«. Bei Versammlungen, die über das Gebiet einer Kreisverwaltungsbehörde hinausgehen (**überörtliche Versammlungen**) ist es ausreichend, wenn der Veranstalter seiner Anzeigepflicht gegenüber einer der zuständigen Kreisverwaltungsbehörden nachkommt. Diese Regelung soll **im Rahmen einer bürgerfreundlichen Verwaltung dem Veranstalter Verfahrenserleichterungen** an die Hand geben. Zu beachten ist, dass diese Verfahrenserleichterung bei überörtlichen Eilversammlungen im Sinne des Art. 13 Abs. 3 bayVersG nicht gilt. Bei Eilversammlungen besteht eine Anzeigepflicht gegenüber jeder der zuständigen Kreisverwaltungsbehörden. Bei überörtlichen Versammlungen kann die Regierung bestimmen, dass eine der betroffenen Kreisverwaltungsbehörden im Benehmen mit den übrigen über Verbote, Beschränkungen und weitere Maßnahmen nach dem BayVersG entscheidet. Die Regierung enthält damit die Befugnis,

---

44 BeckOK VwVfG/*Deusch/Burr* VwVG § 7 Rn. 1.
45 *Brenneisen/Wilksen*, S. 238, 239.
46 *Martens*, Die Polizei 2010, 48/58.

die örtliche Zuständigkeit auf eine Kreisverwaltungsbehörde zu konzentrieren[47]. Bei **überörtlichen Versammlungen**, die mehrere Regierungsbezirke berühren, kann das Staatsministerium des Innern diese Bestimmung treffen.

Handelt es sich um eine **Ländergrenzen überschreitende Versammlung**, entspricht es 18 im Sinne grundrechtsfreundlicher Verfahrensgestaltung gutem Verwaltungsgebrauch, dass sich die betroffenen Bundesländer untereinander abstimmen; die Anmeldung im Ausgangsland ist ausreichend.

Ein **landesexternes Tätigwerden** der Polizei richtet sich nach den Normen, die im 19 Einsatzgebiet gelten. Mitunter können im »Heimatland« erlaubte Maßnahmen im »fremden« Land rechtswidrig sein. Es gilt das Recht des Ortes der Handlung[48].

Für Versammlungen, die **über nationale Grenzen hinausgehen**, gibt es keine Ver- 20 waltungspraxis. Es gilt das jeweilige nationale Recht.

II. Verwaltungsverfahren nach § 9 VwVfG

1. Bei Anmeldung

§ 14 BVersG statuiert eine **Anmeldepflicht**, die dem Schutz der Allgemeinheit, aber 21 auch den Schutz der Versammlung und ihrer Teilnehmer bezweckt[49]. Die zuständige Behörde wird durch die Anmeldung in die Lage versetzt, notwendige Schutzvorkehrungen zu treffen. Nach erfolgter Anmeldung hat sie die Möglichkeit, innerhalb der gesetzlichen 48-Stunden-Frist bis zur Bekanntgabe auf die Modalitäten der Versammlung Einfluss zu nehmen.

Um ihrem **gesetzlichen Schutzauftrag** nachkommen zu können, benötigt die Ver- 22 sammlungsbehörde regelmäßig mehr Informationen, als die bloße Erklärung des Veranstalters, eine öffentliche Versammlung unter freiem Himmel zu beabsichtigen und die Mitteilung des Gegenstandes der Versammlung[50]. Mehr verlangt § 14 BVersG nach seinem Wortlaut indes nicht. Aus Sinn und Zweck der Vorschrift lässt sich aber eine qualifizierte Anmeldepflicht ableiten[51]: Die Behörde kann ihre Aufgaben nur dann sachgerecht wahrnehmen, wenn sie über ausreichende Informationen verfügt, also z.B. Kenntnis hat über Kundgebungsorte, Aufzugswege, zeitliche Abläufe, erwartete Teilnehmerzahl, Einsatz von Hilfsmitteln usw.

Aus § 25 Nr. 1 BVersG ergibt sich, dass sich strafbar macht, wer als Leiter einer öf- 23 fentlichen Versammlung unter freiem Himmel oder eines Aufzuges die Versammlung oder den Aufzug wesentlich anders durchführt, als die Veranstalter bei der Anmeldung angegeben haben.

---

47 *Welsch/Bayer*, Rn. 42.
48 *Keller*, (Fn. 30), § 7 POG Rn. 3.
49 BVerfGE 69, 315/350.
50 *Zeitler*, Rn. 223.
51 *Köhler/Dürig-Friedl*, § 14 Rn. 5.

24   Die **Anmeldung** muss zumindest Angaben über Ort und Zeit der Versammlung beinhalten (vgl. § 14 BVersG). Die Nichtmitteilung darüber hinausgehender Details ist weder strafbewehrt noch ordnungswidrig. Strafbewehrt ist nur die völlige Unterlassung der Anmeldung (§ 26 Nr. 2 BVersG). Benötigt die Behörde Angaben, die über die gesetzlichen »Anmeldedaten« hinausgehen (Regelfall), kann ein Informationsbegehren als Auflage gem. § 15 Abs. 1 BVersG durchgesetzt werden. Auch kann bei unvollständigen Angaben die Schwelle für spätere polizeiliche Eingriffe abgesenkt sein, so dass der Veranstalter damit rechnen muss, dass die Versammlungsbehörde durch Erlass von Auflagen (beschränkenden Verfügungen) den Ablauf der Versammlung gegen seinen Willen (mit-)bestimmt[52].

25   In den Landesversammlungsgesetzen wurde die Notwendigkeit einer **qualifizierten Anmeldung** erkannt, vgl. § 5 Abs. 2 Satz 1 ndsVersG, Art. 13 Abs. 2 bayVersG[53].

26   Erhält die Versammlungsbehörde durch die Anmeldung einer Versammlung Kenntnis, tritt sie in die Prüfung der rechtlichen und tatsächlichen Voraussetzungen **versammlungsbezogener Verwaltungsakte** (Verbot oder beschränkende Verfügungen) ein. Damit wird ein **Verwaltungsverfahren** im Sinne des § 9 VwVfG eröffnet. Das Verwaltungsverfahren hat in erster Linie dienende Funktion. Verwaltungsverfahrensrecht bestimmt Weg und Form der Willensbildung der Verwaltung von der Vorbereitung und dem Beginn des Verwaltungshandelns bis hin zur Entscheidung und deren Durchsetzung.[54]

27   Die **Durchführung des Verwaltungsverfahrens** bezweckt allein die Hervorbringung einer richtigen Entscheidung mit prozeduraler Hilfe[55]. Die Beachtung der Vorschriften des Verwaltungsverfahrens ist Mittel zum Zweck, im Rahmen der materiell-rechtlichen Vorgaben zu einer richtigen, d.h. unter Auswertung aller entscheidungsrelevanten Informationen sachangemessenen Entscheidung zu gelangen (instrumentelle Funktion des Verwaltungsverfahrens)[56]. Die »Richtigkeitsgewähr durch Verfahren« gilt unabhängig von der Intensität der materiell-rechtlichen Steuerung des Behördenhandelns. Auch gebundene Entscheidungen verlangen eine sorgfältige Ermittlung des Sachverhalts. Bei Entscheidungsspielräumen der Behörde hat die Beachtung des Verfahrensrechts darüber hinaus **komplementäre Rechtsschutzfunktion**[57].

28   Das Verwaltungsverfahren im Sinne des § 9 VwVfG ist die nach außen wirkende Tätigkeit der Behörden, die auf die Prüfung der Voraussetzungen, die Vorbereitung und den Erlass eines Verwaltungsaktes oder auf den Abschluss eines öffentlich-rechtlichen

---

52 *Zeitler*, Rn. 223.
53 Ändern sich die Angaben wesentlich, muss der Veranstalter die Versammlungsbehörde hierüber nach Art. 13 Abs. 2 Satz 2 BayVersG unverzüglich informieren; dazu *Welsch/Bayer*, Rn. 58 ff.
54 *Pünder*, JUS 2011, 289.
55 *Quabeck*, Dienende Funktion des Verwaltungsverfahrens und Prozeduralisierung, 2010, S. 284.
56 *Burgi*, DVBl 2011, 1317.
57 *Held*, NVwZ 2012, 461/462.

Vertrags gerichtet ist. Da die Versammlungsbehörde in Bezug auf die öffentliche Sicherheit oder Ordnung keine Dispositionsfreiheit hat, scheidet aber ein »öffentlich-rechtlicher Vertrag« zur Regelung der Rechtsbeziehungen zwischen Veranstalter und Versammlungsbehörde aus. Nicht vom Geltungsbereich der §§ 9 ff. erfasst sind das sog. **schlichte Verwaltungshandeln**, informelles Handeln sowie rein behördeninterne Akte.

Beteiligter im Sinne des § 13 VwVfG ist, wer in einem Verwaltungsverfahren eine **bestimmte formale Position** hat, weil er selbst bei der Behörde einen Antrag auf Eröffnung eines Verfahrens gestellt oder diese – auf Antrag eines Anderen oder von sich aus – gegen ihn ein Verfahren eröffnet hat (sog. geborene Beteiligte)[58]. Darunter fällt jedenfalls der Veranstalter als Anmelder, da er eine dem Antragssteller im Sinne des § 13 Abs. 1 Nr. 1 VwVfG vergleichbare Rolle einnimmt[59]. Die Versammlungsbehörde ist als Trägerin des Verwaltungsverfahrens nicht Beteiligte.   29

Die Anzeige der Versammlung hat **Konzentrationswirkung**. Dies bedeutet, dass die Versammlungsbehörde berechtigt und verpflichtet ist, über alle mit der Versammlung verbundenen Fragen zu entscheiden. Außerversammlungsgesetzliche Erlaubnisvorbehalte, die unmittelbar versammlungsbezogene Betätigungen betreffen, sind suspendiert. Das ergibt sich aus der aus Art. 8 Abs. 1 GG folgenden prinzipiellen Erlaubnisfreiheit für das Gesamtgeschehen der jeweils aktuellen Versammlung[60].   30

Der Veranstalter kann selbst oder durch **Bevollmächtigte an den (Kooperations-) Verhandlungen** teilnehmen (§ 14 Abs. 1 VwVfG). Ein Bevollmächtigter hat gem. § 14 Abs. 1 Satz 2 VwVfG auf Verlangen seine Vollmacht schriftlich nachzuweisen. Allerdings sollte die Versammlungsbehörde nicht auf einen schriftlichen Nachweis der Bevollmächtigung bestehen, da ein solcher angesichts der Differenziertheit der Trägerschaft meist nicht zu erlangen ist. Auch eine nur beschränkte Verhandlungskompetenz der Bevollmächtigten darf die Behörde nicht veranlassen, mögliche Kooperationschancen ungenutzt zu lassen.   31

Weitere Beteiligte im Sinne von § 13 Abs. 1 Nr. 4 VwVfG sind **Veranstalter von Gegendemonstrationen oder Dritte**, die durch die Versammlung in eigenen Rechten beeinträchtigt sein können; z.B. Geschäftsinhaber, die durch das Versammlungsgeschehen in Ausübung ihrer Berufsfreiheit behindert werden können. Gem. § 13 Abs. 2 Satz 1 VwVfG kann die Behörde von Amts wegen oder auf Antrag diejenigen, deren rechtliche Interessen durch den Ausgang des Verfahrens berührt werden können, als Beteiligte hinzuziehen.   32

Die Bestimmungen des allgemeinen Verwaltungsverfahrensrechts finden Anwendung, soweit im BVersG **spezielle Verfahrensregelungen fehlen**[61]. Die Vorschriften des VwVfG gelten im Aufgabenfeld der Gefahrenabwehr uneingeschränkt. Das nicht   33

---

58 BeckOK VwVfG/*Gerstner-Heck* VwVfG § 13 Rn. 1.
59 *Kniesel/Poscher*, Rn. 243.
60 *Kanther*, NVwZ 2001, 1241.
61 OVG Weimar, NJ 1997, 102.

förmliche Verfahren ist einfach und zweckmäßig durchzuführen (§ 10 VwVfG). Maßgebliche Bestimmungen sind § 24 (Untersuchungsgrundsatz), § 25 (Beratungs- und Auskunftspflicht), § 28 (Anhörung), § 29 Abs. 1 (Akteneinsicht durch Beteiligte), § 30 (Geheimhaltung) und § 39 Abs. 1 (Begründungspflicht). Darüber hinaus können weitere Vorschriften des förmlichen Verwaltungsverfahrens analog zur Anwendung kommen, z.B. §§ 63 ff. VwVfG.

34 Kommt es zu formalen Mängeln, haben diese **nicht zwangsläufig die Rechtswidrigkeit des Verwaltungshandelns** zur Folge. Eine Reihe formeller Fehler sind heilbar bzw. unbeachtlich. Die §§ 45 und 46 VwVfG dienen in erster Linie der Verfahrensökonomie, relativieren aber andererseits die Verfahrensrechte und damit eventuell auch den Grundrechtsschutz des Bürgers.

35 Die Versammlungsbehörde hat **offene Fragen zu erörtern und in diesem Zusammenhang den Veranstalter auch zu beraten.** Zwar kennt das VwVfG eine Erörterungspflicht nur für das förmliche Verwaltungsverfahren (§§ 63 ff. VwVfG). Es bietet es sich aber an, die Erörterung im Sinne der Regelung des § 68 Abs. 1 und 2 VwVfG zu gestalten. Dadurch wird auch dem Anhörungserfordernis des § 28 Abs. 1 VwVfG entsprochen, sofern ein Verbot oder eine beschränkende Verfügung beabsichtigt ist.

36 Die verfahrensrechtlichen Vorschriften sind im Sinne **grundrechtsfreundlicher Verfahrensgestaltung** unter Berücksichtigung der grundlegenden Bedeutung der Versammlungsfreiheit im freiheitlichen demokratischen Staat anzuwenden[62]. Das BVerfG fordert eine »grundrechtsfreundliche Anwendung vorhandener Verfahrensvorschriften«[63] und meint damit vertrauensvollen Informationsaustausch und vertrauensvolle Kooperation mit Offenlegung und Erörterung der behördlichen Gefahrprognose; dabei ist dem Veranstalter Gelegenheit zu geben, Einwendungen vorzutragen und Austauschmittel anzubieten.

37 Maßgeblich ist das **jeweilige Landesverfahrensrecht**, welches im allgemeinen Teil inhaltlich mit den Bestimmungen des VwVfG des Bundes übereinstimmt.

a) Untersuchungsgrundsatz (§ 24 VwVfG)

38 Im Verfahren gilt die **Untersuchungsmaxime**. § 24 VwVfG normiert den Grundsatz der Amtsermittlung bei der Feststellung des entscheidungserheblichen Sachverhaltes. Die Aufklärung des Sachverhalts wird nahezu vollständig dem Verantwortungsbereich der Behörde zugewiesen. Die Behörde hat alle für den Einzelfall bedeutsamen Umstände zu berücksichtigen (sog. Berücksichtigungsgebot)[64].

39 Die **Behörde allein bestimmt Art und Umfang der Ermittlungen; an das Vorbringen und an die Beweisanträge** der Beteiligten ist sie nicht gebunden. Der

---

62 BVerfGE 69, 315/349. Zu dieser Grundsatzentscheidung *Walther*, JA 1995, 372 ff.; *Brenneisen*, POLIZEI-heute 1999, 209 ff.
63 BVerfGE 69, 315/355.
64 *Kugele*, VwVfG-Kurzkommentar, 2013, § 24 Rn. 1.

Untersuchungsgrundsatz verpflichtet die zuständige Behörde, den ihrer Entscheidung zugrunde zu legenden Sachverhalt selbst festzustellen[65]. Es geht um die Ermittlung von Tatsachen, die rechtlich erhebliche Schlussfolgerungen für das Verwaltungsverfahren ermöglichen, mit dem Ziel der Feststellung des richtigen Sachverhalts[66]. Die Behörde hat dabei alle für den Einzelfall bedeutsamen, gerade auch die für die Beteiligten günstigen Umstände zu berücksichtigen (§ 24 Abs. 2 VwVfG).

Die **Art der Ermittlungen** steht nach § 24 Abs. 1 Satz 2 VwVfG im Ermessen der 40 Behörde, dagegen besteht in Bezug auf den Umfang der Ermittlungen kein Ermessen. Die Behörde hat sämtliche entscheidungserheblichen Tatsachen und Umstände soweit aufzuklären, dass die Voraussetzungen für den Abschluss des Verwaltungsverfahrens zur Überzeugung der Behörde feststehen. Maßgeblich für den Umfang der erforderlichen Sachverhaltsermittlung sind die Entscheidungserheblichkeit, das Erfordernis der Überzeugungsbildung (**Beweismaß**) und die nach § 26 VwVfG zur Verfügung stehenden Erkenntnisquellen (**Beweismittel**)[67].

Zur **Erstellung einer Gefahrenprognose** bzgl. der angemeldeten Versammlung muss 41 die Versammlungsbehörde den relevanten Sachverhalt zeitnah ermitteln. Die Beweislast für Gefahrentatbestände liegt bei der Versammlungsbehörde. Für die Behörde ergeben sich im versammlungsbezogenen Verwaltungsverfahren besondere Pflichten zur Erörterung, zur Auskunft und zur Beratung. Für den Veranstalter ergeben sich **Pflichten zur Information und zur Einhaltung von Vereinbarungen**.

Wird die Gefahrenprognose der Behörde nach **pflichtgemäßer Ermittlung des Sach-** 42 **verhaltes** im Sinne von § 24 Abs. 1 VwVfG von dem Veranstalter im Rahmen der Kooperation nicht sachlich erschüttert, darf sie umso eher von einer richtigen Einschätzung der zu erwartenden Sachlage ausgehen[68].

Zur Sachverhaltsermittlung kann sich die Behörde **sämtlicher Beweismittel** bedienen, 43 wie sie exemplarisch, aber nicht abschließend, in § 26 Abs. 1 VwVfG genannt sind[69]. Z.B. kann die Versammlungsbehörde Auskünfte jeder Art einholen (§ 26 Abs. 1 Nr. 1 VwVfG), Beteiligte anhören (§ 26 Abs. 1 Nr. 2 VwVfG) oder einen Augenschein einnehmen (§ 26 Abs. 1 Nr. 4 VwVfG). Im Übrigen gilt im Verwaltungsverfahren der sog. **Freibeweis**. Die Behörde ist nicht an bestimmte Beweismittel gebunden, sie kann auch sonstige Erkenntnisquellen, die gesetzlich nicht gesondert geregelt sind, heranziehen[70].

Der **Prüfungsumfang erstreckt sich auch auf die zivilrechtliche Rechtslage, ins-** 44 **besondere** die **Klärung der Eigentumsverhältnisse hinsichtlich des beabsichtigten Versammlungsortes**. Für Grundstücke im Privateigentum besteht grundsätzlich kein Betretungsrecht. Auch das Grundrecht der Versammlungsfreiheit berechtigt nicht, die

---

65 BeckOK VwVfG/*Heßhaus* VwVfG § 24 Rn. 5.
66 *Zaumseil*, VR 2012, 325.
67 *Kugele*, (Fn. 64), § 24 Rn. 4.
68 *Jenssen*, S. 50.
69 BeckOK VwVfG/*Heßhaus* VwVfG § 24 Rn. 9.
70 BeckOK VwVfG/*Heßhaus* VwVfG § 24 Rn. 10.

Versammlung gegen den Willen des Grundstückseigentümers, gegen den sich gegebenenfalls die Demonstration richtet, auf dessen Grundstück abzuhalten[71].

45 Versammlungen können aber an **»Stätten außerhalb des öffentlichen Straßenraumes, an denen in ähnlicher Weise ein öffentlicher Verkehr eröffnet ist und Orte der allgemeinen Kommunikation entstehen«** stattfinden[72]. Auch ein der Öffentlichkeit allgemein geöffnetes und zugängliches Straßen- und Wegenetz auf privatem Gelände ist vom Schutzbereich der Versammlungsfreiheit gem. Art. 8 Abs. 1 GG erfasst, wenn es nicht einer zum Verweilen und Flanieren einladenden Einkaufsstraße oder Fußgängerzone, sondern eher einem Gewerbegebiet gleichgestellt werden kann[73].

46 Mit der zunehmenden **Privatisierung von Staatsaufgaben** entstehen weithin auch »privatisierte öffentliche Räume«[74]. Das können neben dem nach der Fraport-Entscheidung des BVerfG bekannten Fall eines privatisierten Flughafens[75] oder Bahnhofs[76] auch überdachte Einkaufspassagen in privater Hand sein. Soweit der **private Träger eines entsprechenden öffentlich zugänglichen Verkehrsraums** sich überwiegend in öffentlicher Hand befindet, geht das BVerfG von einer unmittelbaren Grundrechtsbindung aus, so dass die privaten Betreiber in Anspruch genommen werden können.

Private können aber ebenso wie die von der öffentlichen Hand beherrschten Betreiber durch die Grundrechte in die Pflicht genommen werden, wenn sie in tatsächlicher Hinsicht in eine vergleichbare Pflichten- oder Garantenstellung hineinwachsen wie traditionell der Staat[77].

47 Problematisch bleibt die Situation dort, wo der **Träger des öffentlichen Verkehrsraums rein privatrechtlicher** Natur ist[78]. Die Versammlungsfreiheit verschafft kein Zutrittsrecht zu beliebigen Orten; sie verbürgt die Durchführung von Versammlungen jedoch dort, wo bereits ein allgemeiner öffentlicher Verkehr eröffnet worden ist. So ist es möglich, dass der beabsichtigte Versammlungsort zwar im Eigentum einer Privatperson steht, gleichzeitig aber für den Publikumsverkehr offen ist und einen Raum des Flanierens, des Verweilens und der Begegnung schafft, der dem Leitbild des öffentlichen Forums entspricht und somit für Versammlungen geöffnet sein muss. In einer Eilentscheidung hat das BVerfG die Problematik angerissen (»Passauer

---

71 BayObLG, NJW 1995, 269.
72 BVerfG, NJW 2011, 1201 (Fraport).
73 BGH, NJW 2015, 2892: Betriebsbereich des Flughafens Berlin-Schönefeld, auf dem sich u.a. eine Unterkunft für Asylsuchende, die im Rahmen des so genannten »Flughafenasylverfahrens« genutzt wird und auch als Erstunterkunft für Asylsuchende diente, befindet.
74 *Kersten/Meinel*, JZ 2007, 1127: Grundrechte in privatisierten öffentlichen Räumen.
75 BVerfG, NJW 2011, 1201. Grundrechtsbindung öffentlich beherrschter Unternehmen – Versammlungsfreiheit im Flughafen. Das BVerfG stellt klar, dass die Fraport AG trotz ihrer privatrechtlichen Rechtsform unmittelbar an die Grundrechte gebunden ist.
76 *Martens*, Die Polizei 2010, 48 ff.: Versammlungsrecht und Bahnanlagen.
77 BVerfG, NJW 2011, 1201; vgl. auch *Zeitler*, Rn. 157.
78 Zum Recht zur Versammlung auf fremdem Eigentum *Wendt*, NVwZ 2012, 606 ff.

Bierdosen-Flashmob«)[79]: Die privaten Grundstückseigentümer sind zwar nicht wie die staatliche Gewalt unmittelbar an Grundrechte gebunden. Dennoch entfalten die Grundrechte als objektive Prinzipien rechtliche Wirkungen; die Versammlungsfreiheit ist im Wege der mittelbaren Drittwirkung nach Maßgabe einer Abwägung zu beachten. Je nach Fallgestaltung kann dies einer Grundrechtsbindung des Staates nahe oder auch gleich kommen. Für den Schutz der Kommunikation kommt das insbesondere dann in Betracht, wenn private Unternehmen die Bereitstellung der Rahmenbedingungen öffentlicher Kommunikation selbst übernehmen und damit in Funktionen eintreten, die früher allein dem Staat zugewiesen waren[80]. Letztendlich ist in solchen Konstellationen eine Abwägung zwischen dem Grundrecht auf Versammlungsfreiheit einerseits und den privatrechtlichen Eigentumsinteressen des Grundstückeigentümers andererseits vorzunehmen. Auch wenn sich das BVerfG hierzu nicht konkret geäußert hat, darf man jedenfalls von einem Überwiegen der Versammlungsfreiheit ausgehen, wenn, wie in der der Eilentscheidung zu Grunde liegenden Fallkonstellation, Versammlungsthema und Versammlungsort in untrennbarem Zusammenhang stehen (dem vom Beschwerdeführer ausgewählten Versammlungsort kam angesichts des Themas der Versammlung – die zunehmende Beschränkung von Freiheitsrechten und die Privatisierung der inneren Sicherheit – eine besondere Bedeutung zu. Demgegenüber war eine gleichwertige Beeinträchtigung von Eigentumsrechten der Grundstückseigentümerin nicht zu erkennen). Ist dies nicht der Fall, wird ein Ausweichen der Versammlung auf öffentliche Flächen indes häufig zumutbar sein. Es sei denn, ein solches Ausweichen würde merklich negative Folgen auf die Öffentlichkeitswirkung der Versammlung zeigen. Insoweit gilt: Je weiter die Privatisierung öffentlicher Räume voran schreitet, umso stärker werden die Grundrechtsbindungen in den semiöffentlichen »Privaträumen«.

Die **Grenzen der behördlichen Untersuchungspflicht** sind im Einzelfall durch Auslegung zu ermitteln. Dabei beeinflusst insbesondere der Grundsatz der Verhältnismäßigkeit den Untersuchungsgrundsatz. Je schwerwiegender die **Rechtsfolgen einer behördlichen Entscheidung** sind, desto eingehender ist der Sachverhalt von Amts wegen zu überprüfen[81]. Die Untersuchungspflicht ist begriffsimmanent begrenzt, indem nur der Sachverhalt zu erforschen ist, der für die Rechtsanwendung benötigt wird und nicht bereits feststeht.

48

---

79 BVerfG, Beschl. v. 18.07.2015 – 1 BvQ 25/15, NJW 2015, 2485. Die Entscheidung verdeutlicht, dass ein »Sich-Versammeln« auf fremdem Eigentum dem Schutzbereich des Art. 8 Abs. 1 GG unterfällt, sofern dieses dem Leitbild des »öffentlichen Forums« entspricht. Die Kammer hat sich trotz verbaler Zurückhaltung letztlich doch auf eine mittelbare Wirkung der Versammlungsfreiheit auf die Befugnisse materiell privater Eigentümer dem öffentlichen Verkehr geöffneter Grundstücke festgelegt. Bis zu einer Entscheidung eines Senats des BVerfG dürften damit die Weichen in diesem Sinne gestellt sein, vgl. *Schulenberg*, DÖV 2016, 55 ff.

80 Vgl. auch BVerfG, NJW 2011, 1201; dazu *Muckel*, JA 2011, 557 ff.

81 *Zaumseil*, VR 2012, 325/326.

49   Im Zusammenhang mit der **Pflicht zur Sachaufklärung** sind vor allem folgende Verfahrensfehler zu vermeiden[82]:
- Behörde fordert Beteiligte nicht zur Mitwirkung auf, obwohl es auf die Einbeziehung von in deren Lebenssphäre liegenden Informationen ankommt
- Behörde führt Informationen so spät in das Verfahren ein, dass diese keinen Einfluss mehr auf das Ergebnis haben können
- Behörde ignoriert wesentliche Sachverhaltsänderungen und bezieht diese nicht in das Verfahren ein
- Behörde ignoriert Handlungsalternativen.

50   Jeder Verstoß gegen konkrete **gesetzliche Ermittlungsgebote** (einschließlich §§ 24, 26 VwVfG) ist Verfahrensfehler und hat die Rechtswidrigkeit des nachfolgenden Verwaltungsaktes zur Folge, unter den qualifizierten Voraussetzungen des § 44 Abs. 1 VwVfG auch dessen Nichtigkeit[83]. Die schlichte Rechtswidrigkeit ist gem. § 46 VwVfG nur unbeachtlich, wenn der Ermittlungsfehler offensichtlich ohne Einfluss auf die Sachentscheidung war. Eine Heilung scheidet aus, denn einer Heilung zugänglich ist nach § 45 Abs. 1 Nr. 2 VwVfG lediglich die der Aufklärung zeitlich nachgelagerte und auf diese gestützte Begründung[84].

b) Beratungs- und Auskunftspflicht (§ 25 VwVfG)

51   § 25 VwVfG normiert eine **Beratungs-, Betreuungs- und Auskunftsverpflichtung**[85]. Gem. § 25 Abs. 1 Satz 1 VwVfG soll die Behörde die Abgabe von Erklärungen, die Stellung von Anträgen oder die Berichtigung von Erklärungen oder Anträgen anregen, wenn diese offensichtlich nur versehentlich oder aus Unkenntnis unterblieben oder unrichtig abgegeben oder gestellt worden sind. Die Behörde ist verpflichtet, die Beteiligten eines Verwaltungsverfahrens zu betreuen. Die Beteiligten sollen nicht dadurch benachteiligt werden, dass sie ihre Rechte nur deshalb nicht wahrnehmen und durchsetzen können, weil sie nicht über hinreichende Kenntnisse des Verfahrensrechts oder des materiellen Rechts verfügen oder weil sie im Umgang mit Behörden unerfahren oder unbeholfen sind. Es stellt einen Verfahrensfehler dar, wenn die Behörde »Fehler« auf Seiten der Beteiligten nicht korrigiert oder auf offenkundige »Begründungsdefizite« nicht hinweist[86].

52   Der Veranstalter einer Versammlung ist von der zuständigen Behörde auf bestimmte Erklärungen und Anträge hinzuweisen, z.B. hinsichtlich der Verwendung von Ordnern, die bei der Anmeldung zu beantragen sind (§§ 18 Abs. 2, 19 Abs. 1 Satz 2 BVersG). Die Versammlungsbehörde hat den Veranstalter darauf **aufmerksam zu machen, dass er berechtigt ist, Fragen zu stellen**, etwa bzgl. geplanter Schutzmaßnahmen und Sicherheitsvorkehrungen.

---

82 *Hufen/Siegel*, Fehler im Verwaltungsverfahren, 6. Aufl. 2018, S. 97 ff.
83 *Hufen/Siegel*, (Fn. 82), S. 106.
84 *Hufen/Siegel*, (Fn. 82), S. 106.
85 BeckOK VwVfG/*Herrmann* VwVfG § 25 Rn. 1.
86 *Hufen/Siegel*, (Fn. 82), S. 160.

Die **Auskunftspflicht** in § 25 VwVfG ist weit auszulegen. Im Interesse einer ver- 53
trauensvollen Zusammenarbeit sind auch Informationen über geplante behördliche
Schutz- und/oder Sicherungsmaßnahmen zu geben.[87] Oft ist es gerade Aufgabe der
Auskunft, Beteiligte über die Erforderlichkeit von Verfahrensaspekten und ihre Rechte
zu informieren.

Die **Auskunft kann nur verweigert werden**, wenn bei Erteilung der Auskunft die 54
Erfüllung von Aufgaben der auskunftsverpflichteten Behörde beeinträchtigt wird. Es
reicht also nicht jegliche Beeinträchtigung aus, sondern nur eine wesentliche Erschwerung der Aufgabenerfüllung.

Die **Offenbarung taktischer polizeilicher Maßnahmen**, die sich auf die bei der 55
Durchführung der Veranstaltung anfallenden polizeilichen Aufgaben beziehen, kann
nur in Abstimmung mit der zuständigen Polizeibehörde erfolgen (für den Fall der
versammlungsrechtlichen Zuständigkeit der Ordnungsbehörde). Die Pflicht zur Auskunftserteilung bleibt bei der Versammlungsbehörde. Sie hat in Erfüllung ihrer Auskunftspflicht die Polizei um Informationshilfe zu bitten[88]. Insoweit besteht auch eine
Kooperationspflicht der neben der Versammlungsbehörde befassten öffentlichen Stellen. Hält die Polizei offensichtlich in unzulässiger Weise Informationen zurück, ist die
zuständige Behörde gehalten, die der Polizeibehörde übergeordnete Aufsichtsbehörde
einzuschalten (§ 5 Abs. 5 Satz 1 VwVfG).

c) Anhörung Beteiligter (§ 28 VwVfG)

Unter den verfahrensrechtlichen Anforderungen kommt der Anhörung nach § 28 56
VwVfG die größte Bedeutung zu. Das **Anhörungsrecht ist das zentrale Recht des
Bürgers im Verwaltungsverfahren**[89]. Anhörung bedeutet, dem Beteiligten die Möglichkeit zur Stellungnahme einzuräumen; unerheblich ist, ob er hiervon Gebrauch
macht[90]. Im demokratischen Rechtsstaat gehört das rechtliche Gehör[91] für den von
einer Einzelfallentscheidung Betroffenen zu den vornehmsten Verfahrensrechten. Die
vorherige Anhörung dient v.a. der Rechtswahrung des Einzelnen. Durch seine Äußerungen kann er der Behörde die besonderen Aspekte seiner persönlichen Sphäre
und den Grad seines Betroffenseins vermitteln.

§ 28 VwVfG verfolgt eine **subjektiv-rechtliche und eine objektiv-rechtliche Funktion.** 57
In individualrechtlicher Hinsicht dient das rechtliche Gehör im Verwaltungsverfahren

---

87 OVG Weimar, NVwZ 2003, 208.
88 Ein wesentlicher Anwendungsbereich der Amtshilfe ist die sog. Informationshilfe, also die
    Weitergabe von Informationen durch die ersuchte Behörde, die von der ersuchenden Behör-
    de zur ihrer Aufgabenbewältigung benötigt werden. Dabei stehen Datenschutz und Amts-
    hilfe verfassungsrechtlich nicht im Verhältnis des Konflikts, sondern ergänzen einander,
    Keller, (Fn. 29), § 47 PolG Rn. 95.
89 *Heilmann*, DVP 2013, 141.
90 *Engel/Pfau*, in: Mann/Sennekamp/Uechtritz, Verwaltungsverfahrensgesetz, 2014, § 28
    Rn. 55.
91 *Schoch*, JURA 2006, 833/834.

der Verwirklichung der Rechte des Beteiligten; objektivrechtlich ermöglicht die Anhörung die umfassende Information der Behörde und stellt insoweit ein wichtiges Mittel zur Aufklärung des Sachverhaltes dar. Diese Zwecke werden nur dann erreicht, wenn die Behörde das, was der Betroffene vorgebracht hat, zur Kenntnis nimmt und bei ihrer Entscheidung in Erwägung zieht[92]. Die ordnungsgemäße Anhörung erfordert die Anhörung durch die für die Sachentscheidung zuständige Behörde[93]. § 28 Abs. 1 VwVfG knüpft an den Erlass eines Verwaltungsaktes an, wie ein Versammlungsverbot oder sonstige beschränkende Verfügungen[94].

58   Vor dem Hintergrund der **gebotenen »grundrechtsfreundliche(n) Anwendung** von **Verfahrensvorschriften«**[95] ist das Kooperationsgespräch funktional eine Ausprägung der rechtsstaatlich gebotenen allgemeinen verwaltungsverfahrensrechtlichen Anhörung[96]. Das in § 28 Abs. 1 VwVfG normierte Anhörungsverfahren ist gleichwohl von der Kooperation zu unterscheiden. Die Anhörung setzt in zeitlicher Hinsicht voraus, dass beschränkende Verfügungen bereits soweit konkretisiert sind, dass der Veranstalter (Beteiligter) auch tatsächlich dazu Stellung nehmen kann. Ein – grds. ergebnisoffenes – Kooperationsgespräch setzt dies gerade nicht voraus; hierbei werden Modalitäten der Durchführung und letztlich auch die **Grundlage einer Gefahrenprognose** erst deutlich. Dagegen hat im Zeitpunkt der in § 28 Abs. 1 VwVfG vorausgesetzten Anhörung die Versammlungsbehörde entsprechende Erkenntnisse bereits gewonnen und ist zu dem Ergebnis gekommen, dass eine beschränkende Verfügung zu erlassen ist.[97] Will die Behörde konkrete beschränkende Verfügungen erlassen, *kann* die Anhörung nach § 28 Abs. 1 VwVfG auch in einem Kooperationsgespräch erfolgen. Gleichwohl ist ein Kooperationsgespräch nicht (zwingend) zugleich eine Anhörung im Sinne des § 28 Abs. 1 VwVfG.

59   Die Anhörung bezieht sich inhaltlich auf die für die Entscheidung erheblichen Tatsachen. Da **Gegenstand der Anhörung** »Tatsachen« sind, geht es um die Klärung von Sachverhaltsfragen. Zum Zeitpunkt der Anhörung bestimmt § 28 Abs. 1 VwVfG lediglich, dass diese vor Erlass des Verwaltungsaktes durchgeführt werden muss (Anhörung vor Verbot einer Versammlung). Der Zeitpunkt muss so gelagert sein, dass die Anhörung auch tatsächlich noch Einfluss auf das Verfahrensergebnis nehmen kann[98].

60   Dem Veranstalter soll die Möglichkeit eröffnet werden, seine Vorstellung für einen **»Ausgleich mit gegenläufigen Rechtsgütern«** in das Verfahren einzubringen[99]. Ihm soll nicht die Möglichkeit genommen werden, selbst zu bestimmen, ob er die geplante

---

92 VGH Mannheim, NVwZ-RR 1990, 542/543.
93 OVG Sachsen, DÖD 1999, 65.
94 *Hochhuth*, NVwZ 2003, 30 ff. ist für eine analoge Anwendung des § 28 Abs. 1 VwVfG auf Realakte.
95 BVerfGE 69, 315/355 ff.
96 *Heidebach/Unger*, DVBl 2009, 283/285.
97 *Jenssen*, S. 47.
98 *Schoch*, JURA 2006, 833/837; *Leist*, BayVBl. 2004, 489.
99 BVerfG, NJW 2001, 1411/1412.

Versammlung gegebenenfalls mit Auflagen durchführen will[100]. So könnte der Veranstalter etwa darlegen, welche Auflagen seiner Meinung nach mit dem verfolgten Versammlungszweck (noch) vereinbar wären.

Eine **bestimmte Form der Anhörung ist nicht vorgesehen**, möglich ist also auch eine 61
mündliche Anhörung, z.b. anlässlich eines Ortstermins[101]. Die **Behörde bestimmt
nach Ermessen**, wie im konkreten Fall vorgegangen wird. Das Verfahren ist einfach
und zweckmäßig durchzuführen (§ 10 Satz 2 VwVfG). Dem Anzuhörenden kann
eine u.U. auch sehr kurze Äußerungsfrist gesetzt werden. Falls eine mündliche Anhörung erfolgt, hat die Behörde den Betroffenen, sofern sich dies nicht bereits aus den
Umständen ergibt, darauf hinzuweisen, dass es sich bei dem zwischen den Beteiligten
geführten Gespräch um eine Anhörung im Sinne des § 28 VwVfG handelt. Eine
mündliche Anhörung ist erforderlich, wenn nur mündliche Ausführungen den Zweck
des rechtlichen Gehörs voll erfüllen können, insbesondere bei Fragen rund um ein
Versammlungsgeschehen. Der Beteiligte muss sich nicht äußern; es reicht aus, wenn
ihm die Möglichkeit der Stellungnahme eingeräumt wird.

Grundsätzlich ist die Behörde verpflichtet, über jede mündliche Anhörung einen Ak- 62
tenvermerk anzufertigen[102].

Ein **Absehen von der Anhörung** kommt nur ausnahmsweise und unter den Voraus- 63
setzungen des § 28 Abs. 2 VwVfG in Betracht. Ein Abweichen ist z.b. dann nicht
zulässig, wenn die Behörde zum Zeitpunkt des Kooperationsgesprächs ein Vollverbot
anstrebt, dies jedoch nicht zu erkennen gibt[103]. Auch bei Vorliegen der tatbestandlichen Voraussetzungen des § 28 Abs. 2 VwVfG ist noch eine begründete Ermessensentscheidung der Behörde darüber erforderlich, ob sie von der Anhörung absieht oder
nicht[104], was in der Praxis nicht selten missachtet wird[105]. Gefahr im Verzug im Sinne
von § 28 Abs. 2 Nr. 1 VwVfG kann z.b. nur dann angenommen werden, wenn die
Maßnahme selbst bei telefonischer Anhörung zu spät käme.

Das **Fehlen der erforderlichen Anhörung** kann nach § 45 Abs. 1 Nr. 3 VwVfG durch 64
Nachholung geheilt werden[106]. D.h., wenn die Anhörung nachträglich ordnungsgemäß durchgeführt und ihre Funktion für den Entscheidungsprozess der Behörde
uneingeschränkt erreicht wird[107]. Entscheidend ist danach nicht der eher formale
Umstand einer Möglichkeit zur Stellungnahme des Beteiligten. Vielmehr muss die
Funktion der Anhörung für den Entscheidungsprozess genauso gewahrt sein, wie bei
einer Anhörung vor Erlass der Entscheidung. Mit anderen Worten: Der Beteiligte

---

100 BVerfG, NJW 2001, 2069/2072.
101 *Möller/Warg*, Allgemeines Polizei- und Ordnungsrecht, 6. Aufl. 2012, Rn. 172.
102 VG Köln, Urt. v. 07.05.2009 – 20 K 1540/08 – WKRS 2009, 32402; BeckRS 2009,
    36554; Erkennungsdienstliche Behandlung, Anhörung.
103 OVG Weimar, NVwZ-RR 1997, 287.
104 OVG Weimar, NVwZ-RR 1997, 287/288.
105 *Hofmann/Gerke*, Allgemeines Verwaltungsrecht, 11. Aufl. 2016, Rn. 685.
106 VGH Kassel, NVwZ 1987, 510: Anhörung im Verwaltungsverfahren.
107 VGH Kassel, NVwZ-RR 2012, 163.

muss die Möglichkeit haben, mit seiner Äußerung auf das weitere Verfahren und die abschließende Entscheidung Einfluss zu haben. Das ist aber nur dann der Fall, wenn die zuständige Behörde ihre Entscheidung im Lichte der Äußerung neu würdigt[108]. Von der Behörde wird also die Fähigkeit verlangt, sich von einer getroffenen Entscheidung distanzieren zu können. Gerade bei Ermessensentscheidungen kommt dieser (Distanzierungs-)Fähigkeit entscheidende Bedeutung zu[109]. Eine rechtswidrig unterbliebene Anhörung kann ggf. noch im Verlauf eines erstinstanzlichen Klageverfahrens nachgeholt und geheilt werden[110].

d) Akteneinsicht durch Beteiligte (§ 29 Abs. 1 VwVfG)

65 Für das Verwaltungsverfahren gilt der Grundsatz, dass formell Beteiligte (§ 13 VwVfG) **Einsicht in die Akten des Verfahrens** nehmen dürfen, § 29 VwVfG. Soweit Personen Akteneinsicht begehren, die selbst nicht Beteiligte sind, aber an den Ausgang des Verfahrens interessiert sind, kann die Behörde nach Ermessen Akteneinsicht gewähren oder zumindest Auskünfte erteilen[111].

66 Die Behörde hat den Beteiligten Einsicht in die das Verfahren betreffenden Akten zu gestatten, soweit deren **Kenntnis zur Geltendmachung oder Verteidigung ihrer rechtlichen Interessen** erforderlich ist (§ 29 Abs. 1 Satz 1 VwVfG). Der Interpretationsspielraum für die Behörde darf hier nicht überschätzt werden. Bei Verfahrensbeteiligten liegt schon in der Beteiligung die Vermutung, dass es um rechtlich geschützte Interessen geht, insofern ist die Erforderlichkeit der Akteneinsicht regelmäßig zu unterstellen[112].

67 Die Akteneinsicht nach § 29 VwVfG ist zu **unterscheiden von der Anhörung nach § 28 VwVfG** und von sonstiger Auskunft, Information und Beratung (§ 25 VwVfG) der Beteiligten. Die teilweise geübte Verwaltungspraxis, die Akteneinsicht nur unter Aufsicht eines Beamten in Amtsräumen zu gewähren und dabei jeweils auf Auskunft und Begründung der konkreten Akteneinsicht unter dem Vorwand der Auskunft zu drängen, ist rechtswidrig.[113] Die Verwaltungsbehörde steht den Beteiligten nicht als Verfahrensgegner gegenüber. Das Verwaltungsverfahren ist ein klassisch »gegnerloses« Verfahren. Die zuständige Verwaltungsbehörde hat nach dem Amtsermittlungsprinzip zu handeln und gleichermaßen die öffentlichen wie auch die privaten Interessen zu berücksichtigen. Sie nimmt keine eigenen Rechte wahr, weshalb ihr grundsätzlich auch kein Recht auf Ausschluss des Akteninhalts gegenüber den Beteiligten zustehen kann[114].

68 Das Gesetz lässt **Ausnahmen von der Akteneinsicht** zu, die im Hinblick auf höherrangige Interessen geschaffen wurden. Gewisse Akten sind »ihrem Wesen nach geheim«

---

108 *Heilmann*, DVP 2013, 141/142.
109 *Weidemann/Rheindorf*, DVP 2010, 178/180.
110 OVG Münster, NWVBl. 2013, 37.
111 OVG Münster, DÖV 1979, 22.
112 *Hufen/Siegel*, (Fn. 82), Rn. 384.
113 Hierzu *Bohl*, NVwZ 2005, 133/135.
114 *Bohl*, NVwZ 2005, 133.

oder müssen wegen berechtigter Interessen Dritter ganz oder teilweise ausgenommen werden.[115] Nach § 29 Abs. 2 Satz 1 VwVfG kann ein Anspruch auf Akteneinsicht insbesondere dann nicht geltend gemacht werden, soweit durch die Akteneinsicht die ordnungsgemäße Erfüllung der Aufgaben der Behörde beeinträchtigt würde, z.b. durch **Preisgabe taktischer polizeilicher Bindungen**[116].

e) Geheimhaltung (§ 30 VwVfG)

Die Beteiligten haben Anspruch darauf, dass ihre Geheimnisse, insbesondere die zum 69 persönlichen Lebensbereich gehörenden von der Behörde nicht unbefugt offenbart werden. § 30 VwVfG regelt den Anspruch der Beteiligten auf **Geheimhaltung** der sie persönlich betreffenden Tatsachen zum Schutz ihrer Intimsphäre und der betrieblichen oder geschäftlichen Geheimbereiche gegenüber unbefugter Offenbarung (sog. Geheimhaltungsanspruch unter Offenbarungsvorbehalt)[117].

Ausgehend vom Wortlaut des § 30 VwVfG sind zunächst die Beteiligten des anhän- 70 gigen Verwaltungsverfahrens geschützt. Da der Beteiligtenstatus aber mit dem Abschluss des Verfahrens endet, würde der **Geheimhaltungsanspruch** grundsätzlich auch dann erlöschen. Um den Interessen der Betroffenen ausreichend Rechnung zu tragen, wirkt der Geheimhaltungsschutz über das Ende des Verfahrens hinaus weiter[118].

Geheimnisse im Sinne des § 30 VwVfG sind alle sich auf einen bestimmten Rechtsträ- 71 ger und dessen Lebensverhältnisse beziehenden Tatsachen, die nur einem begrenzten Personenkreis bekannt sind und an deren Nichtverbreitung der Rechtsträger ein berechtigtes Interesse (**Geheimhaltungsinteresse**) hat. Sind die Tatsachen bereits einem größeren Personenkreis oder allgemein bekannt, sind sie nicht mehr geheim[119].

Versammlungen im öffentlichen Raum sind a priori auf Publizität ausgelegt, sodass die 72 **Öffentlichkeit regelmäßig ein legitimes Interesse** daran hat, zu erfahren, wer hinter einer angezeigten Versammlung steht; so muss z.b. der Bürgermeister einer Stadt, in der eine »PEGIDA«-Demonstration stattfinden soll, dem Redakteur eines Presseorgans Auskunft über die Identität der Anmelder geben. Der Schutz der Pressefreiheit, der von der Beschaffung der Information bis zur Verbreitung der Nachricht und der Meinung reicht, genießt in einem solchen Fall Vorrang vor dem allgemeinen Persönlichkeitsrecht der Veranstalter[120]. Etwas anderes gilt nur, wenn aufgrund der Preisgabe der Namen Übergriffe auf die Veranstalter zu erwarten sind. Ein nicht näher dargelegtes Geheimhaltungsinteresse des Anmelders sowie eine bloß abstrakte Gefährdung überwiegen dabei aber nicht dem Informationsbedürfnis der Öffentlichkeit (z.B.

---

115 *Vahle*, DVP 2007, 413/414; *ders.*, Kriminalistik 2006, 489/490.
116 VGH München, NVwZ-RR 2014, 558: Kein Anspruch auf Einsichtnahme in Dienst- und Einsatzpläne der Polizei.
117 *Kugele*, (Fn. 64), § 30 Rn. 1.
118 BeckOK VwVfG/*Herrmann* VwVfG § 30 Rn. 4.
119 *Kugele*, (Fn. 64), § 30 Rn. 3.
120 VG Würzburg, ZD 2015, 498.

die Aussage, schlechte Erfahrungen mit der Presse gemacht zu haben sowie Übergriffe aus der linken Szene zu befürchten[121]).

73   Eine Informationsweitergabe über angemeldete Versammlungen kann auch auf Basis der **Informationsfreiheitsgesetze** erfolgen. Sie gewähren den Bürgern einen generellen Anspruch auf Zugang zu amtlichen Informationen bei den Behörden oder sonstigen Stellen und Einrichtungen, die öffentlich-rechtliche Verwaltungsaufgaben wahrnehmen[122]. Der Anspruch auf Informationszugang nach den Informationsfreiheitsgesetzen wird auch von presserechtlichen Auskunftsansprüchen nicht verdrängt[123]. Strengere Informationszugangsvorschriften (z.B. polizeirechtliche Vorschriften über die Datenübermittlung an Privatpersonen) entfalten gegenüber den Informationsfreiheitsgesetzen ebenfalls **keine Sperrwirkung**, da andernfalls die gesetzgeberische Intention, einen allgemeinen und voraussetzungslosen Informationszugangsanspruch zu schaffen, ausgehebelt würde. Das Informationsfreiheitsgesetz ist selbst dann einschlägig, wenn die betreffenden Unterlagen Bestandteil eines staatsanwaltlichen Ermittlungsverfahrens sind[124]. Die Informationsfreiheitsgesetze treten allenfalls dann zurück, wenn die konkurrierende Regelung eine identische Regelungsmaterie enthält[125].

f) Bestimmtheit und Form des Verwaltungsaktes; Rechtsbehelfsbelehrung (§ 37 VwVfG)

74   Das Erfordernis der **inhaltlichen Bestimmtheit** (§ 37 Abs. 1 VwVfG) trägt insbesondere der **Individualisierungs- und Klarstellungsfunktion** des Verwaltungsaktes Rechnung. Die Behörde wird gezwungen, sich eindeutig und unmissverständlich gegenüber dem Adressaten zu äußern. Darüber hinaus wird die Akzeptanz des Verwaltungshandelns erhöht[126].

75   Im Interesse der Klarheit und der Titelfunktion ist der verfügende Teil des Verwaltungsaktes (Tenor) deutlich von der Begründung abzusetzen.[127] Von der Behörde wird eine eindeutige und unmissverständliche Festlegung verlangt[128]. Der **Entscheidungsgehalt muss für den Adressaten nach Art und Umfang aus sich heraus erkennbar und verständlich sein**[129]. Die Verfügung muss Grundlage einer zwangsweisen Durchsetzung sein können. Ist eine umständliche Auslegungen des Tenors erforderlich, ist die Verfügung zu unbestimmt[130].

---

121   VG Würzburg, ZD 2015, 498.
122   Im Überblick *Schmitz/Jastrow*, NVwZ 2005, 984 ff.
123   OVG Münster, NVwZ 2012, 902; OVG Münster, NJW 2005, 618; vgl. auch BVerwG, NVwZ 2013, 431: Zugang zu Informationen des Bundesrechnungshofes.
124   *Keller*, jurisPR-ITR 19/2013 Anm. 5.
125   Hierzu *Nordmann*, RDV 2001, 71/82.
126   *Keller*, PSP 0/2011, 29/31.
127   *Stelkens*, in: Stelkens/Bonk/Sachs, Verwaltungsverfahrensgesetz, 9. Aufl. 2018, § 37 Rn. 3.
128   *Weber*, VR 2008, 181.
129   BVerwG, NVwZ 1990, 855.
130   *Möller/Warg*, (Fn. 101), Rn. 174.

Durch den Begriff »hinreichend bestimmt« wird klargestellt, dass Bestimmbarkeit des 76
Regelungsinhalts genügt. Welches **Maß an Konkretisierung** notwendig ist, hängt von
der Art des Verwaltungsaktes, den Umständen seines Erlasses und seinem Zweck ab[131].
Dem Bestimmtheitsgebot wird nicht genügt, wenn und soweit nur die **Wiederholung
des Inhalts einer Gesetzesvorschrift** mit gleichen oder anderen Worten erfolgt, ohne
dass eine Konkretisierung auf den Einzelfall vorgenommen wird und so die Wertung
dem Adressaten überlassen bleibt[132].

Bei einer mündlichen Verfügung, etwa eines Polizeivollzugsbeamten, durch die eine 77
Handlungspflicht auferlegt wird, ist unter dem Blickwinkel der Bestimmtheit allein zu
fordern, dass für den Adressaten das abverlangte **Verhalten hinreichend erkennbar** ist;
einer Angabe der Rechtsgrundlage oder einer näheren Bezeichnung der Rechtsnatur
der mündlichen Verfügung bedarf es nicht[133].

Als **Konkretisierung von Rechten, Pflichten und Rechtslagen im Einzelfall** muss der 78
Verwaltungsakt dem betroffenen bündigen Aufschluss darüber geben, was rechtens
sein soll[134]. Das Bestimmtheitsgebot ist nur gewahrt, wenn aus der getroffenen Regelung und sonstigen für die Betroffenen bekannten oder ohne weiteres erkennbaren
Umständen klar und eindeutig ist, welche Anordnungen sie zu befolgen oder zu dulden haben[135]. **Beispiel:** Ein Verwaltungsakt mit Verweis auf ein im Internet einseh-
bares Gutachten ist nicht hinreichend bestimmt[136]. Auch für die mit dem Vollzug
betrauten Behörden muss klar und unmittelbar erkennbar sein, welcher Regelungsinhalt der Anordnung etwaiger Vollstreckungsmaßnahmen zugrunde zu legen ist[137].

Eine Auflage muss ihrem **objektiven Erklärungswert** nach für den Adressaten so klar 79
und unzweideutig sein, dass er sein Verhalten danach ausrichten kann. Auflagen wie
»Es ist verboten, faschistische Gegenstände mitzuführen« sind von vornherein rechtswidrig[138]. Auch die einem Versammlungsleiter aufgegebene Auflage, dem polizeilichen Einsatzleiter während der Versammlung jederzeit uneingeschränkten Zugang
zu ihm zu gewährleisten, ist rechtswidrig. Es ist nicht hinreichend klar, was genau von
dem Versammlungsleiter gefordert wird[139]. Die Anordnung, mit der Versammlungsleiter und die Ordner verpflichtet werden, die Polizei über versammlungsrechtliche und strafrechtliche Verstöße zu informieren, die von dem Versammlungsleiter
oder den Ordnern nicht unterbunden werden können, ist ebenso rechtswidrig. Es ist
unklar, welche Verstöße gegen versammlungsrechtliche oder strafrechtliche Bestimmungen eine Meldepflicht für den Leiter oder die Ordner auslösen, insbesondere wird

131 *Stelkens*, (Fn. 127), § 37 Rn. 4.
132 VGH Mannheim, Urt. v. 08.09.2015 – 6 S 1426/14.
133 VGH Mannheim, NJW 1989, 1180.
134 *Ott/Wächtler/Heinhold*, § 15, Rn. 12.
135 *Petersen-Thrö/Robrecht*, Kriminalistik 2000, 67/69.
136 VG Gelsenkirchen, Beschl. v. 23.12.2014 – 9 L 1896/14.
137 VGH Mannheim, NVwZ 1998, 761/763.
138 *Leist*, NVwZ 2003, 1300/1301. »Da es unklar ist, was man unter »faschistisch« verstehen
soll. Dasselbe gilt für das Verbot »ausländerfeindlicher« Äußerungen«.
139 VG Göttingen, Urt. v. 22.04.2009 – 1 A 355/07.

nicht erkennbar, ob auch – nicht versammlungsrechtlich relevante – strafrechtliche Verstöße (wie etwa Diebstahl unter den Versammlungsteilnehmern) zu einer Meldung gegenüber der Polizei verpflichten. Vom Adressaten der Anordnung sind die Grenzen nicht auszumachen, ab wann ein versammlungsrechtlicher bzw. strafrechtlicher Verstoß vorliegt, der zunächst ihn zum Handeln verpflichtet, und bei Erfolglosigkeit eine Informationspflicht an die Polizei auslöst[140].

80 Das **Bestimmtheitsgebot verbietet nicht den Gebrauch unbestimmter Rechtsbegriffe**, wenn diese einer eindeutigen Auslegung zugänglich sind[141]. Auch die Verwendung generalisierender Begriffe ist möglich, wenn sie eine Bestimmbarkeit im konkreten Fall gestatten[142].

81 Ein **Versammlungsausschluss muss unmissverständlich ausgesprochen** werden. Er kann nicht konkludent erfolgen und nicht mit nach außen wirkenden Ordnungsverstößen von Versammlungsteilnehmern begründet werden, die inhaltlich mit dem Zweck der Versammlung übereinstimmen[143].

82 Aus § 23 Abs. 1 VwVfG folgt, dass die **Verwendung von Fremdsprachen** im verfügenden Teil regelmäßig zur Unbestimmtheit des Verwaltungsaktes führt[144], jedenfalls wenn »Schlüsselaussagen« nicht in deutscher Sprache verfasst sind[145].

83 Die **Nichtbeachtung des Bestimmtheitsprinzips** führt zu materiell[146] fehlerhaften Verwaltungsentscheidungen.[147] Ein unbestimmter oder unverständlicher Verwaltungsakt kann nur durch eine Neufassung wirksam werden. Eine »Heilung« kommt nicht in Betracht[148].

84 Ist ein Verwaltungsakt **wegen inhaltlicher Unbestimmtheit nicht vollstreckungsfähig**, schließt dieser Mangel Maßnahmen in der Verwaltungsvollstreckung aus. Das gilt auch dann, wenn der Bestimmtheitsmangel »nur« zur Rechtswidrigkeit, nicht aber zur Unwirksamkeit des Verwaltungsakts infolge Nichtigkeit führt[149].

85 Gem. § 37 Abs. 3 Satz 1 VwVfG muss ein schriftlicher Verwaltungsakt die erlassende Behörde erkennen lassen und die Unterschrift oder die Namenswiedergabe des Behördenleiters, seines Vertreters oder seines Beauftragten enthalten[150]. Das ist vor allem

---

140 VGH Mannheim, DVBl 2011, 1305.
141 *Heidebach/Unger*, DVBl 2009, 283/289.
142 VGH Mannheim, Urt. v. 08.09.2015 – 6 S 1426/14.
143 VGH Kassel, NVwZ-RR 2011, 519.
144 *Aden*, ZRP 2011, 120: Die Rechtssprache ist klares Deutsch.
145 *Stelkens*, (Fn. 127), § 37 Rn. 4.
146 *Schenke*, Polizei- und Ordnungsrecht, 8. Aufl. 2013, Rn. 500.
147 *Weber*, VR 2008, 217.
148 *Hufen/Siegel*, (Fn. 82), S. 191 ff.
149 VGH Mannheim, NVwZ-RR 2013, 451.
150 OVG Frankfurt (Oder), NVwZ-RR 2004, 315: Bezeichnung der Behörde in Rechtsmittelbelehrung; OVG Greifswald, NVwZ-RR 1999, 476.

für den **Rechtsschutz des Adressaten** (etwa zur Bestimmung des Klage- bzw. Antragsgegners in der Klage- oder Antragsschrift) von Bedeutung[151].

§ 37 Abs. 6 Satz 1 VwVfG schreibt den **Mindestinhalt einer Rechtsbehelfsbelehrung** 86 vor. Hiernach ist einem schriftlichen Verwaltungsakt, der der Anfechtung unterliegt, eine Erklärung beizufügen, durch die der Beteiligte über den Rechtsbehelf, der gegen den Verwaltungsakt gegeben ist, über die Behörde oder das Gericht, bei denen der Rechtsbehelf einzulegen ist, den Sitz und über die einzuhaltende Frist belehrt wird[152]. Die Behörde ist zur Rechtsbehelfsbelehrung mit dem dort vorgesehenen Inhalt uneingeschränkt verpflichtet[153]. Erforderlich ist eine klare und eindeutige Belehrung über die Art des gegen die Verfügung in Betracht kommenden Rechtsbehelfs. Unter einer Belehrung »über den Rechtsbehelf« ist lediglich eine Belehrung über die Art des Rechtsbehelfs und nicht (auch) eine solche über den Gegenstand des Rechtsbehelfs zu verstehen[154].

Die **fehlende oder fehlerhafte Belehrung ist kein Formfehler.** Sie hat keinen Einfluss 87 auf die Rechtmäßigkeit, sondern nur auf den Lauf der Rechtsbehelfsfrist und ggf. damit auf den Eintritt der Bestandskraft[155].

§ 37 Abs. 2 VwVfG schreibt **für Verwaltungsakte keine bestimmte Form** vor. Die 88 Wahl der Form liegt grundsätzlich im pflichtgemäßen Ermessen der Behörde. Die Grundsätze der Bestimmtheit und Verständlichkeit lassen aber die Schriftlichkeit für Einzelfallregelungen erforderlich machen. Dies gilt generell für solche **Bescheide, die ohne schriftliche Fixierung nicht nachvollziehbar sind**[156]. Ohne Schriftform ist eine Aktenführung unmöglich. Sie ist auch deshalb die zweckmäßige Form im Sinne des § 10 S. 2 VwVfG, weil sie sowohl für die Behörde als auch für den Betroffenen eine sichere Grundlage bietet. Daher wird zu Recht ein Gebot der Schriftform angenommen, wenn es auf den Wortlaut des Verwaltungsaktes ankommt, insbesondere ob, wann und mit welchem Inhalt der Verwaltungsakt erlassen worden ist[157]. Die Verwendung der Schriftform kann auch ein zwingendes Gebot der Formen- und Verfahrensklarheit sein, insbesondere wenn der Betroffene aus früherem Verhalten der Behörde mit einer schriftlichen Bescheidung (z.B. bestimmte »typische« Auflagen bei Versammlungen mit rechtsextremistischen Bezügen) rechnen musste[158]. Da etwaige »Unklarheiten« zu Lasten der Behörde gehen[159], ist beim Erlass von beschränkenden Verfügungen (Auflagen) im Versammlungsrecht Schriftform zu fordern.

---

151 *Kramer*, Allgemeines Verwaltungsrecht und Verwaltungsprozessrecht, 2. Aufl. 2013, Rn. 290.
152 Zu den Anforderungen an eine Rechtsbehelfsbelehrung Weidemann, DVP 2013, 367 ff.
153 Allerdings macht eine dass eine fehlende oder falsche Rechtsbehelfsbelehrung den Verwaltungsakt nicht rechtswidrig.
154 OVG Lüneburg, Beschl. v. 26.07.2010 – 4 LA 373/08.
155 *Hufen/Siegel*, (Fn. 82), S. 192.
156 *Hufen/Siegel*, (Fn. 82), S. 192 f.
157 *Stelkens*, (Fn. 127), § 37 Rn. 49.
158 *Stelkens*, (Fn. 127), § 37 Rn. 50.
159 *Hufen/Siegel*, (Fn. 82), S. 197.

g) Begründung des Verwaltungsaktes (§ 39 Abs. 1 VwVfG)

89   Die ordnungsgemäße Begründung des Verwaltungsaktes ist formelle Rechtsmäßigkeitsvoraussetzung. **Die Begründung von Hoheitsakten gehört zu den Essentialia des Rechtsstaats.** Durch die sie erhält der Adressat des Verwaltungsaktes die Möglichkeit, die Erfolgsaussichten eines Rechtsbehelfs gegen die behördliche Maßnahme abschätzen zu können, die Rechtsschutzgarantie des Art. 19 Abs. 4 GG wird insoweit effektuiert[160].

90   Die Behörde ist gezwungen, ihre Entscheidung in tatsächlicher und rechtlicher Hinsicht zu begründen[161]. Dies impliziert eine **Eigenkontrolle** der Behörde (Selbstkontrollfunktion). Da der Betroffene regelmäßig erst anhand der Begründung die Rechtmäßigkeit der Verwaltungsentscheidung beurteilen kann, vermag er grundsätzlich nur auf dieser Grundlage die Erfolgsaussicht eines Rechtsbehelfs einzuschätzen **(Rechtsschutzfunktion).** Die Begründung ist zudem für die gerichtliche Kontrolle unverzichtbar.

91   Vorbehaltlich der Ausnahmefälle des § 39 Abs. 2 VwVfG ist der entscheidungserhebliche Sachverhalt (»tatsächliche Gründe«) darzustellen; daneben sind die Rechtsgrundlagen der Verfügung zu nennen und in ihren Grundlagen zu subsumieren (»rechtliche Gründe«)[162]. Der notwendige Inhalt der Begründung richtet sich nach dem Einzelfall. Dabei müssen bestimmte Grundsätze bei der Begründung beachtet werden. Zu diesen zählt neben der **Klarheit,** der **Wahrheit** sowie der **Rechtzeitigkeit** insbesondere die **Vollständigkeit der Begründung**[163].

92   Beschränkende Verfügungen ergehen regelmäßig schriftlich und werden mit der Anmeldebestätigung verbunden. Als schriftliche Verwaltungsakte bedürfen sie – wie ein Verbot – der Begründung (§ 39 VwVfG), und zwar für die jeweils konkrete Anordnung. Mitzuteilen sind die wesentlichen tatsächlichen und rechtlichen Aspekte, die die Versammlungsbehörde zu ihrer Entscheidung im Hinblick auf jede Einzelanordnung bewogen haben. **Nur pauschale Begründungen sind nicht ausreichend.** Dabei stellt § 39 Abs. 1 Satz 2 VwVfG auf die Sichtweise der Behörde ab. Es kommt nicht auf die Mitteilung der objektiv richtigen Gründe an, sondern subjektiv auf diejenigen Gründe, die die Behörde zu ihrer Entscheidung bewogen haben[164]. Es ist unerheblich, ob die mitgeteilten Gründe in sachlicher und rechtlicher Hinsicht zutreffen und einer gerichtlichen Überprüfung standhalten. Der verfahrensrechtlich ordnungsgemäßen Begründung ist entsprochen, wenn die Behörde diejenigen Gründe angibt, die sie tatsächlich zu ihrer Entscheidung bewogen haben.

93   Die Gründe müssen die das Verfahrensergebnis tragenden **Rechtsnormen** (die für den Betroffenen in verständlicher und »auffindbarer« Weise zu bezeichnen sind)

---

160 *Lindner/Jahr,* JUS 2013, 673/675.
161 *Schoch,* JURA 2005, 757.
162 Hierzu *Baudewin,* Rn. 552.
163 *Hufen/Siegel,* (Fn. 82), S. 206.
164 *Lindner/Jahr,* JUS 2013, 673/676.

enthalten[165]. Freilich darf sich die rechtliche Darstellung nicht auf den reinen Gesetzestext beschränken[166].

Dem Betroffenen sind nur die »**wesentlichen Gründe**« mitzuteilen, die die Behörde 94 zu ihrer Entscheidung bewogen haben. Dabei richten sich Inhalt und Umfang der notwendigen Begründung nach den Besonderheiten des jeweiligen Rechtsgebiets und nach den Umständen des einzelnen Falles[167]. Finden sich im versammlungsrechtlichen Auflagenbescheid nur »allgemeine Ausführungen« und keine Tatsachen, die in Bezug auf die konkrete Versammlung die Prognose einer unmittelbaren Gefährdung der öffentlichen Sicherheit belegen, liegt ein Verstoß gegen § 39 Abs. 1 Satz 2 VwVfG vor[168].

Besondere Bedeutung hat die Vorschrift des § 39 Abs. 1 Satz 3 VwVfG für Ermes- 95 sensentscheidungen. Die Begründung muss erkennen lassen, dass die Behörde die Interessen der Betroffenen berücksichtigt und abgewogen hat und mit welchen Gewichtungen sie dies getan hat[169]. Nicht ausreichend sind **stereotype Begründungen** »aus der Schublade« oder die **Verwendung von Textbausteinen**, die ggf. nur ansatzweise den zu entscheidenden Fall erfassen[170]. **Begründungen müssen auf das Wesentliche beschränkt werden** und sind in einer klaren (»bürgerfreundlichen«) Sprache zu abzufassen. Die Anreicherung des Tenors der Verfügung mit der Nennung aller einschlägigen Rechtsvorschriften ist nicht geeignet, die von § 39 VwVfG verlangte Begründung zu ersetzen[171].

§ 39 Abs. 2 VwVfG statuiert die Befugnis der Behörde (nicht die Pflicht), in bestimm- 96 ten Fällen ausnahmsweise von einer Begründung ganz oder teilweise abzusehen. Die Entscheidung, von der Befugnis des Abs. 2 Gebrauch zu machen, liegt im Ermessen der Behörde[172]. Die normierten Ausnahmen kommen aber für versammlungsrechtliche Fragen kaum in Betracht kommen.

h) Wirksamkeit und Bekanntgabe des Verwaltungsaktes (§§ 41, 43 VwVfG)

Unter Bekanntgabe ist die Eröffnung des Verwaltungsakts mit Wissen und Wollen der 97 Behörde, die den Verwaltungsakt erlässt, zu verstehen. Voraussetzung für alle Formen der Bekanntgabe ist ein Bekanntgabewille der Behörde, der sich auf die Bekanntgabe gerade dem einzelnen Betroffenen gegenüber beziehen muss. Für den Bekanntgabewillen kommt es auf den Willen des zuständigen Mitarbeiters der Behörde an[173]. Die Bekanntgabe setzt unabhängig von ihrer Form den Zugang des Verwaltungsakts

---

165 *Hufen/Siegel*, (Fn. 82), S. 206.
166 *Hufen/Siegel*, (Fn. 82), S. 210.
167 BVerwG, NVwZ 1986, 919/921.
168 VG Göttingen, Urt. v. 22.04.2009 – 1 A 355/07.
169 *Lindner/Jahr*, JUS 2013, 673/676.
170 *Möller/Warg*, (Fn. 101), Rn. 175.
171 *Schoch*, JURA 2005, 757 ff.
172 BeckOK VwVfG/*Tiedemann* VwVfG § 39 Rn. 58.
173 *Kugele*, (Fn. 64), § 41, Rn. 3.

voraus. Entsprechend § 130 BGB bedeutet dies, dass der Verwaltungsakt derart in den Machtbereich des Adressaten gelangt sein muss, dass dieser bei gewöhnlichem Verlauf und unter normalen Umständen die Möglichkeit der Kenntnisnahme hat[174]. Die eigentliche Bedeutung der Bekanntgabe ergibt sich aus § 43 VwVfG. Ein Verwaltungsakt wird gegenüber demjenigen, für den er bestimmt ist oder der von ihm betroffen wird, zu dem Zeitpunkt wirksam, an dem er ihm bekannt gegeben wird. Der Verwaltungsakt wird mit dem Inhalt wirksam, mit dem er bekannt gegeben wird (§ 43 Abs. 1 VwVfG). Er wird rechtlich existent, wenn er auch nur einer Person bekannt gegeben wird. Von diesem Zeitpunkt an kann er mit Rechtsbehelfen angegriffen werden[175].

98 Die Bekanntgabe **muss so früh wie möglich erfolgen**, damit der Veranstalter als Betroffener reagieren kann. Im Hinblick auf die Rechtsschutzgarantie des Art. 19 Abs. 4 GG sind die Behörden gehalten, die Bekanntgabe etwaiger versammlungsbeschränkender Maßnahmen nicht ohne zureichende Gründe zu verzögern; tun sie dies und verhindern dadurch die im versammlungsrechtlichen Eilverfahren gebotene intensive gerichtliche Prüfung, so kann allein dieser Umstand bedingen, dass dem Veranstalter vorläufiger Rechtsschutz zu gewähren ist[176]. Das BVerfG ist der Taktik der Versammlungsbehörden, durch sehr spät erlassene Verbotsverfügungen die Rechtsschutzmöglichkeiten der Veranstalter zu beschneiden, entgegengetreten[177].

2. Ohne Anmeldung

a) Spontan- und Eilversammlungen

99 Die Anmeldung ist Voraussetzung dafür, dass die Versammlungsbehörde in der Phase der Planung und Vorbereitung der Versammlung die verschiedenen, ggf. kollidierenden Interessen der Beteiligten ermitteln und miteinander abstimmen kann. Die Versammlungsbehörde kann **im Zuge der durch die Anmeldung bedingten Kontaktaufnahme** mit dem Veranstalter Gestaltungs- und Rechtsfragen erörtern, Informationen austauschen sowie kooperative Absprachen treffen. Die Folgen des Unterlassens der Anmeldung treffen in erster Linie die Versammlung, ihren Veranstalter bzw. ihren Leiter. Verursacht eine Versammlung Gefahren, die bei einer entsprechenden Anmeldung mit Kooperationsmöglichkeit vermeidbar gewesen wären, so kann sie aufgelöst werden[178].

100 § 26 Nr. 2 BVersG enthält eine **Strafvorschrift für Veranstalter und Leiter**, die eine öffentliche Versammlung unter freiem Himmel oder einen Aufzug ohne Anmeldung (§ 14 BVersG) durchführen. Allerdings würde eine uneingeschränkte Anwendung der nach § 26 Nr. 2 BVersG strafbewehrten Anmeldepflicht dazu führen, dass Versammlungen, bei denen die Anforderungen des § 14 BVersG in zeitlicher Hinsicht nicht zu erfüllen sind, verboten bzw. aufgelöst werden könnten, was eine

---

174 *Kugele*, (Fn. 64), § 41, Rn. 3.
175 BeckOK VwVfG/*Schemmer* VwVfG § 43 Rn. 6.
176 BVerfGE 69, 315 (365); OVG Weimar, NVwZ 2003, 207/209.
177 Vgl. BVerfG, NVwZ 2004, 90.
178 *Kingreen/Poscher*, § 21, Rn. 5 f.

Aushöhlung der Versammlungsfreiheit bedeutete. Daher ist der Anwendungsbereich des Anmeldeerfordernisses bei Versammlungen, die sich besonders kurzfristig ergeben, eingeschränkt.

Die **Anmeldepflicht nach § 14 BVersG gilt nicht bei Spontanversammlungen.** Eine **101** Anmeldung ist hier nicht möglich. Dagegen ist bei Eilversammlungen die Anmeldung nur nicht rechtzeitig möglich. Spontanversammlungen sind nicht von langer Hand vorbereitet, sondern entstehen aus aktuellem Anlass augenblicklich[179]. Spontanversammlungen haben regelmäßig keinen anmeldefähigen und damit anmeldepflichtigen Veranstalter. Dagegen sind Eilversammlungen geplant und haben einen Veranstalter, können aber ohne Gefährdung des Demonstrationszwecks nicht unter Wahrung der Frist des § 14 Abs. 1 BVersG angemeldet werden[180]. Im Gegensatz zu Spontanversammlungen ist bei Eilversammlungen nicht die Anmeldung überhaupt, sondern nur die Fristwahrung unmöglich; eine verfassungskonforme Auslegung des § 14 Abs. 1 BVersG führt daher nicht zum Anmeldeverzicht, sondern zur Verkürzung der Anmeldefrist[181]. Eilversammlungen sind anzumelden, sobald die Möglichkeit dazu besteht[182]. Die Anmeldefrist beginnt mit dem Entschluss zur Eilversammlung[183].

Art. 13 Abs. 3 und 4 bayVersG enthalten ausdrückliche Regelungen zu Eil- und **102** Spontanversammlungen. Die Normen setzen die Rechtsprechung des BVerfG[184] gesetzgeberisch um. Entsteht der Anlass für eine geplante Versammlung kurzfristig (Eilversammlung), ist die Versammlung spätestens mit der Bekanntgabe **fernmündlich, schriftlich, elektronisch oder zur Niederschrift** bei der zuständigen Behörde oder bei der Polizei anzuzeigen (Art. 13 Abs. 3 bayVersG). Dagegen entfällt die Anzeigepflicht gem. Art. 13 Abs. 4 GG, wenn sich die Versammlung aus einem unmittelbaren Anlass ungeplant und ohne Veranstalter entwickelt (Spontanversammlung).

b) Vorladungs- und Befragungsrecht

Unterbleibt eine Anmeldung, sind die Kooperationspflichten der Behörde nicht sus- **103** pendiert, sondern nur im Umfang reduziert. Die Behörde muss versuchen, auf anderem Wege mit dem Veranstalter zu kommunizieren. Lässt sich ein Ansprechpartner nicht ausfindig machen, besteht gleichwohl eine Kooperationspflicht der Versammlungsbehörde. **Ggf. sind** »Teilverantwortliche« zu ermitteln, auch wenn diese nur über ein beschränktes Mandat verfügen. Diesen ist dann das Kooperationsangebot zu unterbreiten[185]. Versammlungsbehörde bzw. Polizei nehmen von sich aus Kontakt

---

179 BVerfGE 65, 315/350.
180 BVerfG, NJW 1992, 890. Zur »Eilversammlung« als Bewährungsprobe verfassungskonformer Auslegung *Geis*, NVwZ 1992, 1025 ff.
181 BVerfG, NJW 1992, 890; *Trurnit*, JURA 2014, 486/488.
182 *Kniesel*, NJW 1992, 857/863.
183 BVerfGE 85, 69/75; *Gusy*, Rn. 425.
184 BVerfGE 69, 315.
185 *Kniesel/Poscher*, Rn. 274.

zum nicht anmeldenden Veranstalter auf, wenn dieser z.b. durch Einladungen o.ä. bekannt ist.

104 Kündigt sich eine Versammlung an und wird nicht angemeldet, besteht eine Gefahr für die öffentliche Sicherheit (Straftat nach § 26 Nr. 2 BVersG), zu deren Abwehr der Veranstalter auf polizeigesetzlicher Grundlage **vorgeladen und befragt** werden kann. Zwar kann die Anmeldung nicht erzwungen werden, dem Veranstalter kann aber die Notwendigkeit der Anmeldung und eine damit einhergehende Kooperation vor Augen geführt werden[186]. Pflichtig sind Veranstalter und, sobald bekannt, der Leiter der Versammlung. Da den Veranstalter die gesetzliche Pflicht zur Anmeldung trifft, korrespondiert dem Befragungsrecht der Versammlungsbehörde eine unbeschränkte Auskunftspflicht des Veranstalters[187].

III. Verwaltungsverfahren als Kooperationsverfahren

1. Bedeutung der Kooperation

105 Versammlungsbehörden und Polizei haben nach Art. 8 GG eine **Doppelaufgabe:** Einerseits haben sie einen Schutzauftrag[188], andererseits aber auch die bis zur Beschränkung der Versammlung gehende Pflicht, diese mit entgegenstehenden Rechten Dritter zu harmonisieren. Das Kooperationsprinzip ist deren verfahrensrechtliche Grundlage: Es soll den **Schutz der Versammlungsfreiheit und zugleich den notwendigen Schutz Dritter und der Allgemeinheit sichern.** Das BVerfG hat die Bedeutung des Grundrechtsschutzes durch Verfahren herausgestellt und die grundrechtsfreundliche Anwendung der vorhandenen Verfahrensvorschriften angemahnt[189]. So kann zur friedlichen Durchführung von Demonstrationen beitragen, wenn Provokationen und Aggressionsanreize auf beiden Seiten unterbleiben, die Veranstalter auf die Teilnehmer mit dem Ziel friedlichen Verhaltens und der Isolierung von Gewalttätern einwirken, sich die Staatsmacht ggf. unter Bildung polizeifreier Räume besonnen zurückhält, übermäßige Reaktionen vermeidet und insbesondere eine rechtzeitige Kontaktaufnahme erfolgt, bei der beide Seiten sich kennen lernen, Informationen austauschen und möglicherweise zu einer vertrauensvollen Kooperation finden, welche die Bewältigung auch unvorhergesehener Konfliktsituationen erleichtert[190].

106 Eine **Zusammenarbeit zwischen Versammlungsbehörde bzw. Polizei und dem Veranstalter** ist vor allem bei größeren Demonstrationen unentbehrlich. Das Ziel des Schutzes der Versammlung soll auch der Veranstalter durch seine Kooperation fördern. Gleichzeitig wird ihm durch Kooperation die Beteiligung am versammlungsbehördlichen Verfahren und damit eine größtmögliche Selbstbestimmung hinsichtlich

---

186 *Kingreen/Poscher*, § 21 Rn. 6.
187 *Kingreen/Poscher*, § 21 Rn. 7.
188 Vgl. § 3 Abs. 1 s-hVersG: Die Träger der öffentlichen Verwaltung wirken im Rahmen der ihnen übertragenen Aufgaben darauf hin, friedliche Versammlungen zu schützen und die Versammlungsfreiheit zu wahren.
189 BVerfGE 69, 315/355.
190 BVerfGE 69, 315/356.

der geplanten Veranstaltung gesichert[191]. Die Angaben im Kooperationsgespräch sollen der Versammlungsbehörde die notwendigen Informationen vermitteln, damit sie sich ein Bild darüber machen kann, was zum möglichst störungsfreien Verlauf der Veranstaltung an Maßnahmen veranlasst werden muss und was im Interesse Dritter sowie im Gemeinschaftsinteresse erforderlich ist und wie beide Interessen miteinander abgestimmt werden können[192].

Das Kooperationsgespräch ist für die **taktische Ausgestaltung des** Polizeieinsatzes 107 von hoher Bedeutung: Es können Hintergrundinformationen, insbesondere über Absichten, Art und Weise der Teilnahmeaufrufe sowie den Verlauf der Veranstaltung gewonnen werden. Zugleich ermöglicht es Absprachen mit dem Veranstalter.

Das Kooperationsgespräch kann das **Gefahrenpotenzial der Versammlung** ver- 108 deutlichen und zu gefahrenabwehrenden Absprachen führen. Im Hinblick auf den Veranstalter besteht aber nur eine Obliegenheit, nicht etwa eine Rechtspflicht zur Kooperation[193].

Das Kooperationsprinzip bezweckt nicht die **Begründung von Verhaltenspflichten** 109 des Veranstalters, etwa ein »besonderes Sicherheitskonzept« vorzulegen[194], besondere Anstrengungen im Hinblick auf die Gefahrenabwehr zu belegen[195] oder Rednermanuskripte oder Plakattexte zu präsentieren; letzteres wäre ohnehin ein Verstoß gegen das Zensurverbot. Auch wenn es hilfreich wäre, muss kein Veranstalter für seine Anhängerschaft Signale setzen, die auf die Gewaltfreiheit der Durchführung der Versammlung ausgerichtet sind[196]. Negative Entsagungserklärungen können ihm nicht abverlangt werden[197].

Die **Kooperationspflicht der Versammlungsbehörde** steht im Zusammenhang mit 110 der Gestaltungsfreiheit des Veranstalters. Sein Selbstbestimmungsrecht wird missachtet, wenn ihm nicht in einem Kooperationsgespräch die Möglichkeit eingeräumt wird, Vorstellungen zur Verwirklichung seines Versammlungsrechts auch in Anbetracht gegenläufiger Rechtsgüter einzubringen und darzulegen, welche Auflagen nach seiner Beurteilung mit dem verfolgten Versammlungszweck nicht vereinbar sind[198]. Es stellt keine Verletzung des Kooperationsgedankens dar, wenn der Veranstalter erklärt, angekündigte Auflagen später verwaltungsgerichtlich überprüfen lassen zu wollen[199].

---

191 *Kniesel/Poscher*, Rn. 259.
192 *Kniesel*, DPolBl. 2/2003, 2/4.
193 BVerfGE 69, 315/357.
194 *Jenssen*, S. 222.
195 BVerfG, NJW 2001, 2078.
196 BVerfG, NJW 2001, 2078; enger dagegen BVerfG, NJW 2000, 3051/3053, wenn der Veranstalter es unterlässt, selber Signale der Gewaltfreiheit zu setzen, falls Dritte zu Gewalt aufrufen; vgl. auch *Hoffmann-Riem*, NVwZ 2002, 257/262 f.
197 *Arndt*, BayVBl 2002, 653/657.
198 BVerfG, NJW 2001, 1407/1408.
199 *Hoffmann-Riem*, DPolBl. 2/2003, 27/29.

111   **Anmeldepflicht und Kooperationsobliegenheit des Veranstalters** beziehen sich auf die geplante Versammlung. Tarnveranstaltungen und Schein- bzw. Mehrfachanmeldungen sind zu unterscheiden. Im ersten Fall wird eine angemeldete Versammlung vorgeschoben, um die eigentlich geplante unter Täuschung der Versammlungsbehörde durchführen zu können. Die Tarnung erfolgt, weil die gewollte Versammlung vom Inhalt her gegen die öffentliche Sicherheit verstößt und deshalb verboten werden würde. Im Falle der **Schein- bzw. Mehrfachanmeldung** für andere Orte und Zeiten soll die Versammlungsbehörde im Unklaren gelassen werden, wo und wann die geplante Versammlung stattfinden soll. Hier verstößt der Veranstalter gegen seine Anmeldepflicht und Kooperationsobliegenheit, doch reichen diese Verstöße für sich genommen nicht für Verbot und Auflösung aus[200], solange nicht eine Gefährdung der öffentlichen Sicherheit im Übrigen vorliegt[201].

2. Verfassungsrechtliche Grundlagen

112   Das Kooperationsgebot folgt aus Art. 8 Abs. 1 GG, der als Ausformung verfahrensrechtlichen Grundrechtsschutzes Versammlungsbehörden und Polizei zu **grundrechtsfreundlichem Verhalten verpflichtet**[202]. Dieses Gebot hat in den neuen Landesversammlungsgesetzen seinen Niederschlag gefunden (vgl. Art. 14 bayVersG, § 6 ndsVersG, § 14 Abs. 5 sächsVersG, § 12 Abs. 3 s-a VersG, § 3 Abs. 3 und 4 s-hVersG)[203].

113   Das **Kooperationsgebot ist an das Übermaßverbot** gekoppelt; praktizierte Kooperation ist gegenüber Verbot und Auflösung das mildere Mittel[204]. Die Versammlungsbehörden sind von Verfassungswegen zu einem versammlungsfreundlichen Verfahren angehalten. Sie sind zu einem ernsthaften Einsatz für die friedliche Durchführung von Demonstrationen und zu einer fairen Kooperation mit den Veranstaltern verpflichtet und dürfen die Bekanntgabe etwaiger versammlungsbeschränkender Maßnahmen nicht ohne zureichende Gründe verzögern. Dies gilt auch, wenn der Veranstalter oder die Themen einer Demonstration der Mehrheit in der Bevölkerung, der Behörde oder ihrem Rechtsträger »unliebsam« sind. Erfüllen die Behörden die ihnen von Verfassungswegen obliegenden Pflichten nicht oder nicht hinreichend, so erhöhen sich die Anforderungen an den Erlass versammlungseinschränkender Maßnahmen[205].

3. Verfahrensrechtlicher Rahmen

114   **Kooperation gehört zur Gefahrenabwehr.** Die Kooperationsverpflichtung folgt für die Versammlungsbehörde schon aus diesem gesetzlichen Auftrag. Obliegenheiten des Veranstalters haben ihre Grundlage in seiner polizeirechtlichen Verantwortlichkeit[206].

---

200 A.A. *Ebert*, LKV 2001, 60/61 f.
201 *Kniesel/Poscher*, NJW 2004, 422/425.
202 BVerfGE 69, 315/355.
203 *Zeitler*, Rn. 217.
204 BVerfGE 69, 315/356.
205 OVG Weimar, NVwZ-RR 2003, 207.
206 *Götz*, DVBl 1985, 1349.

Das Kooperationsgebot knüpft an die Anmelde- bzw. Anzeigepflicht der Versamm- 115
lungsgesetze an. Durch die Anmeldung treten Veranstalter und Versammlungsbehörde
in Kontakt, ein **Verwaltungsverfahren kommt in Gang** und ein Kommunikationsprozess wird eröffnet. Die Versammlungsbehörde hat zunächst dem Veranstalter einen Erörterungstermin anzubieten und ihn über seine Rechte und Obliegenheiten
aufzuklären.

Kooperation als **informales Mittel des Verwaltungshandelns** ergänzt die verfahrens- 116
rechtlichen Regelungen des VwVfG. Dazu gehört insbesondere, dass die Versammlungsbehörde von sich aus Kontakt zum nicht anmeldenden Veranstalter aufnehmen
kann, wenn dieser z.B. durch Einladungen o.ä. bekannt ist. Vor dem Hintergrund
der grundrechtsfreundlichen Anwendung vorhandener Verfahrensvorschriften[207] ist
das Kooperationsgespräch funktional eine Ausprägung der rechtsstaatlich gebotenen
allgemeinen verwaltungsverfahrensrechtlichen Anhörung[208].

Vor Erlass einer beschränkenden Verfügung ist dem Veranstalter als Betroffenen Gelegenheit zu Einwendungen (§ 28 Abs. 1 VwVfG) oder zum **Anbieten eines Austausch-
mittels** zu geben.

4. Inhalt und Umfang

Behörden haben die **Pflicht zur versammlungsfreundlichen Kooperation**[209]. Der 117
Veranstalter ist umfassend zu informieren und zu beraten. Die Versammlungsfreiheit
fordert eine die Grundrechtsgewährleistung[210] effektuierende Organisations- und
Verfahrensgestaltung[211]. Die Versammlungsbehörde muss sich versammlungsfreundlich verhalten, es besteht eine umfassende Neutralitätspflicht[212]. Vor diesem Hintergrund sind Gegenstand der Versammlung, Einzelheiten der Meinungskundgabe,
Zweck und Anliegen als solche nicht zu behandeln. Das Thema der Versammlung
ist aber vom Veranstalter anzugeben, damit Versammlungsbehörde bzw. Polizei ein-
schätzen können, ob und inwieweit Rechte Dritter betroffen sind und ob mit einer –
möglicherweise sogar gewalttätigen – Gegendemonstration zu rechnen ist. Gibt es
Anhaltspunkte für verfassungs- und/oder strafrechtswidrige Zielsetzungen der Versammlung, dann ist auch im Rahmen der Aufklärung über die Rechtslage der Zweck
der Versammlung in die Erörterung einzubeziehen. Im Zuge der Kooperation ist
der Eindruck von Parteilichkeit zu vermeiden. Es gilt zu bedenken, dass **Meinungsfreiheit und Versammlungsfreiheit in erster Linie Minderheitenrechte** darstellen.
Der Gefahr politisch motivierter Schlussfolgerungen ist zu begegnen. Insbesondere
ist auf wertende Stellungnahmen zu geplanten Versammlungen zu verzichten; insbesondere kommunale Wahlbeamte sind daran zu erinnern, dass überschießender
political correctness geschuldete Stellungnahmen zu nicht störenden ordnungsgemäß

---

207 BVerfGE 69, 315/355 ff.
208 *Heidebach/Unger*, DVBl 2009, 283/285.
209 BVerfG, NJW 2004, 2814.
210 *Martins*, DÖV 2007, 456/458.
211 VG Weimar, Urt. v. 28.04.2009 – 1 K 710/07, Rn. 80.
212 HessVerfGH, NVwZ-RR 2013, 815 f.

angemeldeten Versammlungen strikt zu unterlassen sind (etwa reflexartige Aufrufe zu Gegendemonstrationen, oder gar Störungen einer geplanten Versammlung). Das Sachlichkeitsgebot verlangt, dass sich amtliche Äußerungen am Gebot eines rationalen und sachlichen Diskurses ausrichten und auf eine lenkende Einflussnahme auf den Meinungsbildungsprozess der Bevölkerung verzichten[213]. Die gleichen Grundsätze gelten auch für Polizeibeamte in dienstlicher Funktion. In einer pluralistischen politischen Ordnung müssen sich – wie der Staat insgesamt – die Polizeibehörden vom Prinzip der Nichtidentifikation leiten lassen. Der Schutz grundrechtlicher Freiheit ist unabhängig von (linken oder rechten) politischen Zielsetzungen oder persönlichen Interessen[214].

118   Im Rahmen der Erörterung ist dem **Veranstalter über** seine **Rechte und Obliegenheiten sowie etwaige Pflichten** bei Durchführung der Versammlung Auskunft zu geben. Hierzu gehören auch »verbundene« Fragestellungen, z.B. hinsichtlich der Inanspruchnahme öffentlicher Verkehrsflächen oder bzgl. der Benutzung von Lautsprechern usw. Darüber hinaus sind auch andere veranstaltungsbezogene Themen anzusprechen, wie der Betrieb von Verkaufsstellen, Toilettenwagen oder Fragen der Straßenreinigung[215].

119   Im Rahmen der Kooperation soll die Behörde die Person, die eine öffentliche Versammlung veranstaltet oder der die Leitung übertragen worden ist, vor und während der Versammlung über erhebliche **Änderungen der Gefahrenlage**, soweit dies nach Art und Umfang der Versammlung erforderlich ist, informieren. **Konfliktmanagement ist Bestandteil der Kooperation** (vgl. § 3 Abs. 4 s-h VersG, § 14 Abs. 5 sächsVersG).

120   Entscheidender Punkt[216] im Zuge der Erörterung ist die **Gefahrenprognose**[217]. Die Behörde hat offen zu legen, mit welchen Gefahren für die öffentliche Sicherheit sie rechnet und welche behördlichen Schutz- und Sicherheitsmaßnahmen sie plant. Sie hat mit »offenen Karten« zu spielen und darf keine überraschenden Maßnahmen erlassen. Insofern ist Transparenz ein wesentliches Merkmal des Kooperationsprinzips[218].

121   Ist die **Polizei nicht selbst Versammlungsbehörde**, sollte zumindest ein für die spätere Einsatzbewältigung verantwortlicher Polizeibeamter an den Erörterungen teilnehmen (**Verbindungsbeamter**). Der Polizeivollzugsdienst hat die genuine Sachkompetenz für den Umgang mit Menschenansammlungen, bei ihr liegen die Lageerkenntnisse zur Beurteilung des Gefahrenpotenzials einer Versammlung. Diese Informationen benötigt die vom Schreibtisch aus entscheidende Ordnungsbehörde für von ihr verfügte

---

213 BVerwG v. 13.09.2017 – 10 C 6.16 – Düsseldorfer »Licht-aus!«-Appell.
214 *Würtenberger/Heckmann/Tanneberger*, Polizeirecht in Baden-Württemberg, 7. Aufl. 2017, Rn. 309.
215 *Merk*, WHM, Art. 14 Rn. 7.
216 An die Gefahrenprognose können nur solche Anforderungen gestellt werden, die mit Blick auf das Kooperationsgebot und unter Berücksichtigung des Zeitraums von der Anmeldung der Versammlung bis zum Bescheidserlass durch die Behörde realistischerweise erbracht werden können, VG Ansbach, Beschl. v. 26.10.2018 – AN 4 S 18.2072.
217 BVerfGE 65, 315/362.
218 *Merk*, WHM, Art. 14 Rn. 9.

Verbote und Auflagen. **Jede Form der Zuständigkeits- und Verantwortungsteilung gefährdet das Gelingen einer Kooperation.** Hier zeigt sich, dass das in Bayern, Niedersachsen, Sachsen und insbesondere Schleswig-Holstein etablierte Modell der geteilten, an der zeitlichen Zäsur des Beginns der Versammlung orientierten Verantwortlichkeit von Versammlungsbehörden und Polizei, den tatsächlichen Anforderungen für eine professionelle Lagebewältigung teils nicht gerecht werden kann. Kooperation lässt sich zwar zeitlich aufteilen in die Phase vor und nach Beginn der Versammlung, doch setzt das eine ungeteilte Kooperationsverantwortung voraus. Kooperation lebt von Vertrauen auf beiden Seiten. Dies Vertrauen bildet sich in der Phase vor Beginn. Fronten, die in dieser Phase aufgebaut worden sind, lassen sich nach Beginn nicht wieder abbauen. Deshalb gehört das Kooperationsverfahren in die Hand der Polizei.

Daneben kann es sich anbieten, auch **andere Behördenvertreter hinzuzuziehen** (Straßenverkehrsbehörde).

Der Veranstalter kann seine Ansicht der behördlichen Auffassung gegenüber stellen. 122
Dadurch können **Fehleinschätzungen der Behörde korrigiert** werden. Die Gefahrenprognose steht zunächst zur Disposition. Die Behörde hat die Möglichkeiten zu erörtern, wie beschränkende Verfügungen vermieden werden können. Der Veranstalter kann Austauschmittel anbieten. Auch können dem Veranstalter »Vorschläge« für Veranstaltungsmodalitäten gemacht werden. Es stellt einen Verfahrensfehler dar, wenn die Behörde sich bei mehreren Alternativen nur einseitig orientiert[219].

Nach **Abklärung der Gefahrenprognose** sind die rechtlichen Konsequenzen zu er- 123
örtern, wobei **Erörterungsbedarf** nur dann besteht, wenn eine Anmeldebestätigung nicht ausreicht.

Das Kooperationsgebot macht die Versammlungsbehörde **nicht zu einem Amt der** 124
Förderungs- oder Leistungsverwaltung[220]. Zwar ist staatlicherseits die Versammlung zu schützen, allerdings nicht im Sinne eines Leistungsrechts[221], welches die Versammlungsbehörde bei der Unterstützung des Veranstalters in die Pflicht nähme und ihre Aufgabenzuweisung in Fürsorge umschlagen ließe[222]. Die aus Art. 8 Abs. 1 GG abzuleitenden verfahrensrechtlichen Anforderungen gehen nicht so weit, dass sie den Charakter der polizeilichen Aufgabenwahrnehmung der Gefahrenabwehr veränderten oder die **Anwendung flexibler Einsatzstrategien** unmöglich machten[223]. Die Versammlungsbehörde hat gleichwohl Leistungen zu erbringen, die als bloße Absichtserklärungen (Erörterung vorgesehener Maßnahmen) oder Wissenserklärungen (Auskünfte) keinen Verwaltungsaktcharakter haben. Gegen eine Nichterfüllung kommt nur eine Leistungsklage in Betracht. Bei Missachtung von Pflichten durch die Versammlungsbehörde muss die Behörde den Vorwurf mangelnder Sorgfalt bei der Gefahrenprognose und der daraus folgenden Festsetzung eingreifender Maßnahmen

---

219 *Hufen/Siegel*, (Fn. 82), Rn. 218.
220 *Götz*, DVBl 1985, 1349.
221 *Roos*, Kriminalistik 2006, 716/718.
222 *Kniesel/Poscher*, Rn. 267.
223 BVerfGE 69, 315/356.

gegen sich gelten lassen. Das gilt insbesondere für ihr Vorbringen in einem etwaigen späteren verwaltungsgerichtlichen Verfahren[224].

125   Art und Ausmaß der behördlicherseits anzubietenden Zusammenarbeit hängen von den Erfordernissen des Einzelfalls ab. So ist die Versammlungsbehörde **nicht verpflichtet, dem Veranstalter ein persönliches Kooperationsgespräch anzubieten,** wenn sich die abstimmungsbedürftigen Fragen auch telefonisch klären lassen oder aufgrund der geringen Teilnehmerzahl eine weitere Abstimmung nicht erforderlich erscheint[225]. Bei größeren Versammlungen sind naturgemäß komplexere Erörterungen erforderlich. Hier ist eine exakte **Dokumentation** der Kooperationsgespräche notwendig, schon weil das (mögliche) Nichteinhalten getroffener Vereinbarungen »Ausstrahlungswirkung« auf spätere Verfügungen haben kann[226].

126   **Erörterungstermine sind rechtzeitig anzubieten.** Einen festen Zeitpunkt wird man nicht benennen können. Dieser muss aber jedenfalls so gelagert sein, dass Anhörung und Kooperationsgespräch noch Einfluss auf das Verfahrensergebnis haben[227].

a)   **Rechtspflichten der Versammlungsbehörde**

aa)   **Gegenüber Anmeldern**

127   **Beteiligte der Kooperation sind der Veranstalter und von der Versammlungsbehörde** als Trägerin des Kooperationsverfahrens hinzugezogene Personen, etwa die Eigentümer gemein-öffentlicher Flächen.

128   Wesentlichen Pflichten der Versammlungsbehörde sind **Erörterung, Auskunft und Beratung** in Bezug auf die Durchführung der Veranstaltung. Zweck und Anliegen der Veranstaltung sind grds. nicht Gegenstand der Erörterung (näher dazu Rn. 117 ff.).

129   Erörterung bedeutet auch, seinen eigenen Standpunkt zu vertreten, darf aber nicht als einseitige Kommunikation begriffen werden und sich nicht darauf beschränken, etwaige Einwendungen nur entgegenzunehmen. Vorausgesetzt wird ein **wechselseitiger Kommunikationsprozess,** in dem Fragen zu klären sind, die sich auf die konkrete Veranstaltung beziehen und eine Gefahrenprognose ermöglichen. Es sind sachdienliche Angaben einzuholen, die dazu beitragen, dass ein störungsfreier Verlauf der Veranstaltung ermöglicht wird und die Beeinträchtigung von Drittinteressen reduziert werden.

130   Die Behörde hat den Veranstalter über die tatsächlichen und rechtlichen Grenzen seines Vorhabens zu informieren. Dem Veranstalter soll die Möglichkeit eröffnet werden, auch wenn er nicht über das »**Bestimmungsrecht**« verfügt, seine Vorstellung für einen »Ausgleich mit gegenläufigen Rechtsgütern« in das Verfahren einzubringen[228].

---

224   OVG Weimar, NJ 1997, 102 f.
225   *Welsch/Bayer,* S. 47.
226   *Merk,* WHM, Art. 14 Rn. 13.
227   *Schoch,* JURA 2006, 833/837; *Leist,* BayVBl. 2004, 489.
228   BVerfG, NJW 2001, 1411/1412.

Erörterung ist aber keine Verhandlung. Die Bewertung gegenläufiger Interessen und ihre Abwägung mit dem Versammlungsinteresse liegt bei der Behörde[229].

Bei beschränkenden Verfügungen können **zulässige Austauschmittel** im Zentrum des Kooperationsgesprächs stehen. Dadurch wird die Selbstbestimmung gestärkt und polizeiliche Eingriffsmaßnahmen müssen nicht ergehen.   131

Die der Behörde obliegende Beratungspflicht impliziert, dass **Hinweise zur Rechtslage** gegeben werden. Die **Auskunftspflicht der Behörde ist weit auszulegen.** Es sollen auch Informationen über geplante behördliche Schutz- und/oder Sicherungsmaßnahmen gegeben werden. Die Offenbarung taktischer polizeilicher Maßnahmen, die sich auf die bei der Durchführung der Veranstaltung anfallenden polizeilichen Aufgaben beziehen, kann indes nur in Abstimmung mit der zuständigen Polizeibehörde erfolgen (für den Fall der versammlungsrechtlichen Zuständigkeit der Ordnungsbehörde).   132

Ein **Verstoß gegen die Kooperationspflicht** liegt vor, wenn die Versammlungsbehörde bei Zweifeln an der Zuverlässigkeit der vom Veranstalter benannten Ordner deren Namen nicht benennt und damit dem Veranstalter die Möglichkeit nimmt, diese Ordner auszutauschen[230]. Die Stellung des Antrags und die Erteilung der Genehmigung im Sinne von § 18 Abs. 2 BVersG sind Teil des Verwaltungsverfahrens. Die Namen der Ordner sind hilfreich, weil sich ansonsten ihre Zuverlässigkeit nicht überprüfen lässt[231]. Eine Pflicht zur Personalienangabe besteht indes nach § 18 Abs. 2 BVersG nicht.   133

Zu beanstanden ist, wenn im Fall eines Verbotes in den Kooperationsgesprächen mit den Anmeldern der Versammlung nicht über eine **zeitliche und/oder örtliche Verlegung der Versammlung** gesprochen wird. Dies insbesondere dann, wenn dieser Mangel nicht auf eine fehlende Kooperationsbereitschaft zurückzuführen ist[232].   134

bb) Gegenüber Drittbetroffenen

Im Rahmen des Kooperationsverfahrens sind nicht nur Fragen zu klären, die einen störungsfreien Verlauf der Versammlung gewährleisten sollen. Es geht auch um die **Reduzierung der Beeinträchtigung von Drittinteressen.**   135

Gem. § 13 Abs. 2 Satz 1 VwVfG kann **die Behörde von Amts wegen oder auf Antrag** diejenigen, deren rechtliche Interessen durch den Ausgang des Verfahrens berührt werden können, als Beteiligte hinzuziehen. Weitere Beteiligte des Verwaltungsverfahren § 13 Abs. 1 Nr. 4 VwVfG können z.B. Veranstalter von Gegendemonstrationen oder Geschäftsinhaber sein, die durch die Versammlung in Mitleidenschaft gezogen werden können. Voraussetzung ist stets die Betroffenheit in eigenen Rechten. Zu klären ist, welche Anforderungen ein privater Eigentümer an die Art und Weise der Durchführung einer Versammlung stellen darf, wenn die Versammlung in einem   136

---

229 BVerfG, NJW 2001, 1407/1408.
230 *Kniesel/Poscher*, Rn. 271.
231 OVG Münster, NJW 2001, 1441/1442.
232 VGH München, Urt. v. 13.01.2004 – 24 BV 03.1301 – BeckRS 2004, 30062.

»privatisierten öffentlichem Raum« stattfindet (sog. semi-öffentliche Fläche[233]). In diesen Fällen ist der Privateigentümer der Demonstrationsfläche stets beizuladen. Die Beteiligtenstellung entsteht durch den Hinzuziehungsbescheid der Behörde, der konstitutive Wirkung hat. Die Hinzuziehung ermöglicht die Einbeziehung weiterer Personen in das Verwaltungsverfahren, die nicht schon nach § 13 Abs. 1 Nr. 1 bis 3 VwVfG am Verfahren beteiligt sind. Ihnen soll die Möglichkeit gegeben werden, ihre Rechte und rechtlichen Interessen bereits im Verwaltungsverfahren geltend zu machen, indem ihnen insbesondere **rechtliches Gehör** (§ 28 VwVfG) sowie **Akteneinsicht** (§ 29 VwVfG) gewährt wird[234].

b) Obliegenheiten des Veranstalters

137   Der **Grundsatz vertrauensvoller Kooperation** zwischen dem Veranstalter einer Versammlung und den Versammlungsbehörden ist nicht als Rechtspflicht zur Kooperation ausgestaltet.[235] Der Veranstalter ist nicht zur Mitwirkung verpflichtet (vgl. Art. 14 Abs. 1 bayVersG). Kooperation ist für den Veranstalter Obliegenheit[236]. Obliegenheiten sind Pflichten minderen Grades, die weder eingeklagt werden können, noch bei ihrer Verletzung Schadensersatzansprüche auslösen. Der mit der Obliegenheit Belastete muss aber die Nachteile tragen, die sich daraus ergeben, dass er eine Tätigkeit unterlassen hat, die ihm im eigenen Interesse zur Wahrung seiner Rechte oblag. Die Bereitschaft zu einer vertrauensvollen Kooperation und eine entsprechende Dialogbereitschaft erfolgt im eigenen Interesse des Veranstalters[237]. Hierzu gehören auch das Unterlassen von Provokationen und Aggressionsanreizen sowie der Austausch von Informationen[238] (Auskunftsobliegenheit[239]).

138   Der Veranstalter hat der Versammlungsbehörde nur die Umstände mitzuteilen, deren **Kenntnis für die ordnungsgemäße Durchführung der Versammlung erforderlich** ist und die Freiheitswahrnehmung seiner Grundrechte nicht beeinträchtigt. Von Relevanz sind ausschließlich Auskünfte für die Gefahrenprognose. Die Angaben müssen im Zusammenhang mit der Anmeldepflicht stehen. Von Bedeutung ist, ob die Angaben dem Veranstalter angesichts des Charakters der Versammlung als prinzipiell staatsfreier **Beitrag zur politischen Meinungs- und Willensbildung** zumutbar sind[240]. Der Veranstalter hat bei der Anmeldung gem. § 14 BVersG bestimmte **Grundmerkmale der Versammlung** (wie Angaben zu Ziel und Gegenstand der Veranstaltung, Ort, Zeitpunkt, Art u.a.) anzugeben. Gerade bei Demonstrationszügen ist der geplante räumlich-zeitliche Ablauf im Hinblick auf eine ordnungsbehördliche Begleitung von besonderer Bedeutung; vor allem, wenn die Zahl der geschätzten Teilnehmer einen

---

233 Hierzu BVerfG, Beschl. v. 18.07.2015 – 1 BvQ 25/15 – Bierdosen-Flashmob.
234 BeckOK VwVfG/*Gerstner-Heck* VwVfG § 13 Rn. 12.
235 BVerfGE 69, 315/354.
236 BVerfG, NJW 2001, 2078.
237 BVerfGE 69, 315/358.
238 BVerfGE 69, 315/333.
239 *Leist*, BayVBl. 2004, 489/491.
240 *Merk*, WHM, Art. 14 Rn. 24.

größeren Umfang hat[241]. Für den Grundrechtsträger besteht keine Obliegenheit, für die Bestimmung des Versammlungszeitpunkts Gründe zu liefern. Sind solche Gründe für die Versammlungsbehörde nicht erkennbar bzw. nicht nachvollziehbar, reicht die hieraus hergeleitete Wahrnehmung, der Veranstalter suche die Präsenz lediglich um ihrer selbst willen, grundsätzlich nicht für die Anordnung einer Versammlungsbeschränkung mit der Begründung aus, von der Versammlung würden Provokationen ausgehen, die das sittliche Empfinden der Bürger erheblich beeinträchtigen (»Holocaust-Gedenktag«)[242].

Der Veranstalter muss wahrheitsgemäß Auskunft über **veranstaltungs- und durchfüh-** 139
rungsbezogene Einzelheiten geben[243]. Auch darf er seine wahren Absichten nicht verschleiern, d.h. er muss die Versammlung anmelden, die er dann auch durchführen will (z.B. keine Verschleierung von Umfang der Veranstaltung und wirklichem Veranstalter). Die Angaben des Veranstalters sind keine Grundlage für die von der Behörde vorzunehmende Gefahrenprognose, wenn tatsächliche Anhaltspunkte darauf hindeuten, dass der Veranstalter in Wahrheit eine Versammlung anderen Inhalts plant, die eine unmittelbare Gefahr für die öffentliche Sicherheit oder Ordnung bewirkt[244]. Gibt es neben solchen Anhaltspunkten auch Gegenindizien, hat sich die Behörde auch mit diesen in einer den Grundrechtsschutz hinreichend berücksichtigenden Weise auseinander zu setzen[245].

Besteht der Verdacht, die Versammlung sei eine Ersatzveranstaltung für eine andere, 140
bereits verbotene Versammlung, ist ein **behördliches Verbot der »verdächtigen Veranstaltung«** im Eilverfahren nicht zu beanstanden, wenn der Anmelder sich für die Durchführung eines Kooperationsgesprächs nicht bereitgehalten hat. Dabei kann in diesem Fall eine bloße telefonische Erreichbarkeit ein Gespräch unter Anwesenden nicht ersetzen. Es wird auch vom Veranstalter die Bereitschaft zu »einseitigen vertrauensbildenden Maßnahmen« und zu einer »**demonstrationsfreundlichen Kooperation**« erwartet[246].

Vom Veranstalter wird erwartet, dass er **wahrheitsgemäße Angaben über veranstal-** 141
tungsbezogene und durchführungsrelevante Fragen macht. Dem Veranstalter obliegt es, gemeinsam mit der Behörde auf das Ziel einer friedlichen und die Beeinträchtigung von Drittinteressen möglichst vermeidende Durchführung der Demonstration hinzuwirken. Dazu gehört, dass er über die bereits bei der Anmeldung mitzuteilenden **versammlungsprägenden Grunddaten** hinaus die ihm möglichen und unter Beachtung der Grundrechte der Meinungs- und Versammlungsfreiheit zumutbaren Angaben macht. Kommt ein Veranstalter diesen Pflichten nicht nach und hat dies zur Folge, dass die behördliche Gefahrenprognose nur auf einer unzureichenden tatsächlichen Grundlage erstellt werden kann, muss er ein Versammlungsverbot auch

---

241 OVG Weimar, NVwZ-RR 2003, 207/210.
242 BVerwG, NVwZ 2014, 883; Anm. Bosch, JURA 2015, 117.
243 OVG Lüneburg, Beschl. v. 24.01.2006 – 11 ME 20/06 – WKRS 2006, 10062; BeckRS 2006, 20937.
244 BVerfG, NJW 2001, 1407/1408.
245 BVerfG, NJW 2000, 3053.
246 BVerfGE 69, 315/357.

dann hinnehmen, wenn sich die Tatsachen, die auf eine Gefährdung der öffentlichen Sicherheit schließen lassen, noch nicht so verdichtet haben, dass von einer unmittelbaren Gefahr gesprochen werden kann[247].

142   Die **Weigerung des Veranstalters zur Teilnahme an einem Kooperationsgespräch** ist für sich besehen keine hinreichende Grundlage für beschränkende Maßnahmen.[248] Es gilt der Untersuchungsgrundsatz. Die Beweislast für das Vorliegen von Verbotsgründen liegt bei der Versammlungsbehörde. Es widerspricht dem Schutzgehalt des Art. 8 GG, wenn dem Veranstalter einer Versammlung (mittelbar) eine Rechtspflicht zur Kooperation mit der Behörde auferlegt würde.[249]

5. Phasen der Kooperation

143   Der Schwerpunkt der Kooperation liegt in der **Vorbereitungsphase der Versammlung**. Hier wird die Grundlage für eine friedlich verlaufende Demonstration gelegt. Die Vorbereitungsphase endet mit dem Abschluss Verwaltungsverfahrens.

144   Nach Beginn der Veranstaltung besteht das Kooperationsverhältnis in der sog. **Durchführungsphase** weiter. Diese hat das Ziel einen störungsfreien Verlauf der Versammlung zu gewährleisten und möglichst beschränkende Verfügungen zu vermeiden. Hierzu ist eine laufende Abstimmung zwischen Veranstalter und Polizei erforderlich. **Minimum ist ein gegenseitiger Informationsaustausch.** Dies bedingt Ansprechpartner auf Seiten des Veranstalters und Verbindungsbeamte der Polizei. Bevor die Polizei Maßnahmen trifft, sind die auch unter Zeitdruck möglichen verfahrensrechtlichen Bestimmungen (Auskunftspflicht, Beratung, Anhörung) einzuhalten[250]. Umstände, die vom Veranstalter mitgeteilt werden sollen, sind z.b. Abweichungen vom geplanten Versammlungsverlauf, aber auch Beobachtungen, die für den friedlichen Verlauf der Versammlung wesentlich sind, etwa das Hinzukommen gewaltbereiter Versammlungsteilnehmer[251]. Auf der anderen Seite sollte die Polizei – sofern nicht zwingende taktische Gründen dem entgegenstehen – den Veranstalter stets zeitnah über notwendige Maßnahmen informieren, z.b. über einen beabsichtigten Einsatz von Spezialkräften, um den Veranstalter die Gelegenheit zu geben, den Einsatzanlass – etwa das Vermummen – zu beseitigen.

145   Wird mit behördlicher Verfügung angeordnet, dass der Leiter oder von ihm benannte Verbindungspersonen sich bereits ein oder zwei Stunden vor Versammlungsbeginn am Versammlungsort zur Verfügung zu halten haben, handelt es sich um einen **unzulässigen Versuch zur Erzwingung der Kooperation**[252].

146   Kommt es **in der Durchführungsphase zu Gewalttätigkeiten oder sonstigen Störungen**, die in der Vorbereitungsphase nicht absehbar waren, so ist allerdings häufig keine

---

247 OVG Weimar, NVwZ 2003, 207/208 f.
248 BVerfG, NVwZ 2007, 574.
249 BVerfG, NJW 2001, 2078.
250 *Lohse*, Die Polizei 1987, 100.
251 *Welsch/Bayer*, Rn. 71.
252 BVerfG, NJW 2002, 2078; *Zeitler*, Rn. 193.

Zeit mehr für (kooperative) Gespräche. Je stärker sich in der Vorbereitungsphase Vertrauen gebildet hat, desto weniger werden sich Veranstalter und Versammlungsbehörde bzw. Polizei in der Durchführungsphase auseinander dividieren lassen[253].

6. Folgen der Verletzung der Kooperationspflicht

a) Versammlungsbehörde

Eine **unterbliebene Kooperation** seitens der Behörde führt ggf. zur materiellen Rechtswidrigkeit der versammlungsbehördlichen Verfügung. Unzulässig ist es, eine hypothetische Prüfung anzustellen, ob bei Durchführung eines Kooperationsgesprächs die angeordneten Beschränkungen hätten ergehen können[254].   147

Geht die Behörde zunächst zutreffend davon aus, dass eine **Kooperation entbehrlich** ist, sich aber kurz vor Beginn der Versammlung dann doch eine Gefahrenprognose verifiziert und keine Zeit mehr bleibt für eine Erörterung, dürfen präventive Maßnahmen getroffen werden.   148

Die **Gründe für ein Absehen der Kooperation** sind zu dokumentieren. Den entsprechenden substantiierten Nachweis hat in einem etwaigen Rechtsstreit die Versammlungsbehörde zu führen[255].   149

b) Veranstalter

Fehlende Kooperation ist »für sich allein« **kein Grund für Beschränkungen**[256]. Die Eingriffsvoraussetzungen sind dieselben, unabhängig von der Kooperationsbereitschaft des Veranstalters. Vorhandene oder nicht vorhandene Kooperationsbereitschaft kann nicht mit Entgegenkommen der Behörde oder andererseits mit »härterer Gangart« aufgerechnet werden. Was sich aber ändern kann, sind die Anforderungen an die Validität der behördlichen Gefahrenprognose[257]. Verletzt der Veranstalter seine Obliegenheit zur Kooperation, kann die Versammlungsbehörde ihre Gefahrenprognose ausschließlich auf die ihr vorliegenden Tatsachen, also auf »Aktenlage«, stützen. Letztlich muss der Veranstalter die **Folgen für eine verweigerte Kooperation** tragen. Verweigert der Veranstalter die Zusammenarbeit, geht es zu seinen Lasten, wenn Gefahren für die öffentliche Sicherheit oder Ordnung nicht kooperativ ausgeräumt werden können[258]. Eine mangelnde Kooperationsbereitschaft kann die aus anderen Anhaltspunkten gewonnene Einschätzung der Behörde bekräftigen[259].   150

In Bayern regelt Art. 14 Abs. 2 bayVersG explizit, dass Versammlungsbehörde und Polizei bei der **Entscheidung über versammlungsbeschränkende Maßnahmen** stets   151

---

253 *Kniesel/Poscher*, Rn. 281.
254 *Merk*, WHM, Art. 14 Rn. 18.
255 *Merk*, WHM, Art. 14 Rn. 21.
256 BVerfG, NVwZ 2007, 574/574.
257 *Kniesel/Poscher*, Rn. 282.
258 *Welsch/Bayer*, S. 48.
259 OVG Lüneburg, Beschl. v. 24.01.2006 – 11 ME 20/06 – WKRS 2006, 10062; BeckRS 2006, 20937.

zu Gunsten des Veranstalters zu berücksichtigen haben, dass dieser sich um Zusammenarbeit bemüht hat[260].

Bleibt die eigenständige Informationsgewinnung der Versammlungsbehörde erfolglos, ist dem Veranstalter mitzuteilen, dass sich aus der Anmeldung Fragen ergeben haben und Bedenken gegen die geplante Versammlung bestehen. Es ist ihm sodann Gelegenheit einzuräumen, diese Bedenken bis zu einem festgelegten Termin auszuräumen. Ansonsten ist nach Aktenlage zu entscheiden[261], wobei dem Veranstalter mittzuteilen ist, **von welcher Prognose die Versammlungsbehörde aufgrund welcher Tatsachen derzeit ausgeht**[262]. Benötigt die Behörde Angaben, die über die »Anmeldedaten« hinausgehen, kann ein Verlangen im Auflagenweg auf Grundlage von § 15 Abs. 1 BVersG gestützt werden.

152 Die **Beweislast für die Tragfähigkeit der Gefahrenprognose** liegt stets bei der Versammlungsbehörde. Sie muss darlegen, dass von der Versammlung eine unmittelbare Gefährdung für die öffentliche Sicherheit oder Ordnung ausgeht[263]. Es ist unzulässig, wenn die Behörde dem durch die Forderung auszuweichen sucht, dem Veranstalter aufzugeben, die Teilnahme gewaltbereiter Personen auszuschließen, hilfsweise schon im Vorfeld besondere Anstrengungen zu unternehmen, um für einen friedlichen Verlauf der Versammlung zu sorgen[264]. Die Versammlungsbehörde muss – trotz fehlender Kooperation – stichhaltige Anhaltspunkte für ihre Annahme vorlegen. Bei einer fehlenden Auskunft seitens des Veranstalters kann die Behörde nicht ohne nähere Begründung von einem gewalttätigen Verlauf der Versammlung ausgehen[265].

153 Aus dem Selbstbestimmungsrecht folgt, dass der Veranstalter sein Versammlungsanliegen eigenständig konkretisieren darf. Gefährdet die Durchführung der Versammlung andere Rechtsgüter, ist es Aufgabe der Behörde, die **wechselseitigen Interessen unter Berücksichtigung des Grundsatzes der Verhältnismäßigkeit zum Ausgleich** zu bringen. Die Bewertung der gegenläufigen Interessen und ihrer Abwägung mit dem Versammlungsinteresse liegt bei der Behörde. Der Veranstalter einer Versammlung kann seine Vorstellungen dazu allerdings im Zuge einer Kooperation mit der Versammlungsbehörde einbringen[266].

154 Ein **Verstoß des Veranstalters gegen seine Kooperationsobliegenheit** liegt nicht vor, wenn dieser angekündigte Auflagen der Behörde verwaltungsgerichtlich überprüfen lassen will. Es kann dem Veranstalter nicht zum Vorwurf gemacht werden, dass er die Rechtmäßigkeit von versammlungsrechtlichen Auflagen abweichend von der Auffassung der Versammlungsbehörde beurteilt und sich die Möglichkeit einer Fortsetzungsfeststellungsklage offen hält. Diese Haltung des Veranstalters kann für die

---

260 LT-Drucks. 15/10181, S. 21.
261 VG Köln, Urt. v. 20.01.2011 – 20 K 5565/09 – WKRS 2011, 33372; BeckRS 2012, 45586.
262 *Merk*, WHM, Art. 14, Rn. 25.
263 BVerfG, NJW 2001, 2078/2079.
264 BVerfG, NJW 2001, 2078/2079.
265 *Merk*, WHM, Art. 14, Rn. 26.
266 BVerfG, NJW 2001, 1407/1408.

Behörde nicht dahin gewertet werden, dass er sich unter Aufrechterhaltung seines Rechtsstandpunktes nicht an entsprechende Auflagen halten wird[267].

Der Veranstalter hat kein Recht auf Dokumentation des Kooperationsgesprächs mittels Tonband oder vergleichbarer Techniken. Weigert sich der Veranstalter, an einem Kooperationsgespräch ohne entsprechende technische Mitschnitte **teilzunehmen**, darf dies nicht als Indiz für seine Unzuverlässigkeit als Veranstalter genommen werden[268].

155

B. Rechtsschutz

I. Widerspruchsverfahren

Stellt sich die versammlungsbehördliche Entscheidung als **Verwaltungsakt** dar (z.b. Versammlungsverbot, beschränkende Verfügung), kann der Betroffene dagegen **Widerspruch** (§ 68 VwGO) einlegen. Der Widerspruch hat gem. § 80 Abs. 1 VwGO **aufschiebende Wirkung**. Diese entfällt, wenn es sich bei der Maßnahme um eine **unaufschiebbare** eines Polizeivollzugsbeamten (§ 80 Abs. 2 Nr. 2 VwGO) handelt oder wenn die Behörde die sog. **sofortige Vollziehung** (§ 80 Abs. 2 Nr. 4 VwGO) anordnet, das **öffentliche Interesse** schriftlich begründet oder wenn die Maßnahme als **Notstandsmaßnahme** (§ 80 Abs. 3 VwGO) getroffen worden ist.

156

Das Widerspruchsverfahren dient zum einen dem **Rechtsschutz des Bürgers**, indem dieser zusätzlich zur gerichtlichen Kontrolle – und bzgl. der Zweckmäßigkeitskontrolle noch darüber hinaus – die Möglichkeit erhält, den Verwaltungsakt nochmals durch die Verwaltung überprüfen zu lassen. Zum anderen wird eine **Selbstkontrolle** der Verwaltung aktiviert[269]; die Verwaltung kann ihre Entscheidung nochmals in tatsächlicher und rechtlicher Hinsicht überprüfen[270].

157

Ist das **Widerspruchsverfahren** generell oder für versammlungsrechtliche Maßnahmen durch Landesrecht ausgeschlossen (§ 80 Abs. 1 Nr. 3 VwGO[271]), ist **unmittelbar Anfechtungsklage** beim Verwaltungsgericht zu erheben.

158

1. Unaufschiebbare Anordnungen und Maßnahmen von Polizeibeamten

Gem. § 80 Abs. 2 Nr. 2 VwGO entfällt die aufschiebende Wirkung bei **unaufschiebbaren Anordnungen und Maßnahmen von Polizeivollzugsbeamten**. Mit »Anordnung und Maßnahmen« sind regelmäßig Verwaltungsakte gemeint. Polizeivollzugsbeamte

159

267 BVerfG, NJW 2001, 2072/2073.
268 BVerfG, NVwZ 2002, 982.
269 *Kopp/Schenke*, VwGO, 24. Aufl. 2018, § 68 Rn. 1.
270 Hierzu *Wienbracke*, NWVBl. 2015, 248.
271 Vgl. etwa die Regelungen in Bayern, Hessen, Mecklenburg-Vorpommern, Niedersachsen, Nordrhein-Westfalen, Sachsen-Anhalt. Eine Übersicht über die einzelnen Regelungen findet sich bei Kamp, NWVBl. 2008, 41 (42 f.). Zu den Reformen *Schönenbroicher*, NVwZ 2009, 1144 ff. und *Kamp*, apf 2008, 261 ff.

sind Beamte der Vollzugspolizei **im institutionellen Sinne**; nicht erfasst sind somit Maßnahmen der allgemeinen Ordnungsbehörden[272].

160   Bei **schriftlichen** Polizeiverfügungen kann davon ausgegangen werden, dass sie nicht unaufschiebbar i.S. von § 80 Abs. 2 Nr. 2 VwGO sind, sondern ausreichend Gelegenheit bestand, um eine Anordnung nach § 80 Abs. 2 Nr. 4 VwGO zu treffen.

161   Versammlungsauflösungen und sonstige beschränkende Verfügungen zur Aufrechterhaltung der öffentlichen Sicherheit oder Ordnung (»Sofortmaßnahmen«) während der Versammlung stellen regelmäßig unaufschiebbare Anordnungen dar.

2. Sofortige Vollziehung

162   Gem. § 80 Abs. 2 Nr. 4 VwGO **entfällt die aufschiebende Wirkung** in den Fällen, in denen die sofortige Vollziehung **im öffentlichen Interesse** oder im **überwiegenden Interesse eines Beteiligten** von der Behörde, die den Verwaltungsakt erlassen oder über den Widerspruch zu entscheiden hat, besonders angeordnet wird. Ist weder das eine noch das andere »Interesse« gegeben, darf die Behörde die sofortige Vollziehung nicht anordnen, so dass es im Falle eines Widerspruchs oder einer Anfechtungsklage bei der Regelung des § 80 Abs. 1 VwGO bleibt[273].

163   Zuständig für die Anordnung der sofortigen Vollziehung sind sowohl die Behörde, die den Verwaltungsakt erlassen hat (**Versammlungsbehörde**) als auch die **Widerspruchsbehörde** (die im Instanzenzug übergeordnete Behörde).

164   Eine Anhörung gem. § 28 Abs. 1 VwVfG hat dabei nicht stattzufinden, weil die Anordnung der sofortigen Vollziehung kein Verwaltungsakt ist.[274]

165   Das öffentliche Interesse zur Rechtfertigung der Anordnung der sofortigen Vollziehung muss **besonders begründet** werden. Bloß formelhafte Ausführungen oder die Wiederholung des Gesetzestextes sind nicht ausreichend.

166   Einer **besonderen Begründung** bedarf es nur dann nicht, wenn die Behörde bei **Gefahr im Verzug**, insbesondere bei drohenden Nachteilen für Leben, Gesundheit oder Eigentum vorsorglich eine als solche bezeichnete Notstandsmaßnahme im öffentlichen Interesse trifft (§ 80 Abs. 3 Satz 2 VwGO). Ein lediglich überwiegendes Interesse eines Beteiligten reicht hier nicht aus. Das Erfordernis, den Verwaltungsakt **ausdrücklich als Notstandsmaßnahme** zu bezeichnen, hat **Warnfunktion**. Diese Bezeichnung kann auch mündlich erfolgen; das Schriftformerfordernis gilt nur für den Fall des § 80 Abs. 3 Satz 1 VwGO[275].

167   Ist die sofortige Vollziehung angeordnet, kann das **Gericht der Hauptsache** auf Antrag die **aufschiebende Wirkung wiederherstellen** (§ 80 Abs. 5 Satz 1 VwGO). Gem. § 80 Abs. 5 Satz 2 VwGO ist der Antrag **schon vor Erhebung der Anfechtungsklage**

272 *Saurenhaus*, in: Wysk, Verwaltungsgerichtsordnung, 2. Aufl. 2016, § 80, Rn. 17.
273 *Bausch*, NVwZ 2008, 158.
274 Auch keine analoge Anwendung, vgl. *Hamann* DVBl 1989, 969.
275 *Saurenhaus*, (Fn. 272), § 80, Rn. 27.

zulässig. Für unaufschiebbare Maßnahmen von Polizeibeamten (§ 80 Abs. 2 Nr. 2 VwGO) stellt sich die Frage aus der Natur der Sache nicht.

II. Einstweiliger Rechtsschutz

1. Vor den Verwaltungsgerichten

Einstweiliger Rechtsschutz realisiert die **Rechtsschutzgarantie** aus Art. 19 Abs. 4 GG. **168** Das daraus herzuleitende Gebot effektiven Rechtsschutzes soll den **Eintritt irreversibler Folgen** vor der gerichtlichen Entscheidung im Klageverfahren verhindern und hat deshalb im Versammlungsrecht maßgebliche Bedeutung[276].

Soweit Widerspruch und Anfechtungsklage gegen einen Verwaltungsakt nicht bereits **169** kraft Gesetzes aufschiebende Wirkung haben (§ 80 Abs. 1 VwGO), kann **vorläufiger Rechtsschutz** über § 80 Abs. 5 VwGO begehrt werden.

In Bayern bestimmt Art. 25 bayVersG, dass die **aufschiebende Wirkung** von Klagen **170** gegen Verwaltungsakte, die nach dem bayVersG erlassen werden, **ausgeschlossen** ist. Vor Versammlungsbeginn ergibt sich die Notwendigkeit von Versammlungsbeschränkungen und Verboten regelmäßig zu kurzfristig, als dass innerhalb der dann noch verbleibenden Zeit bis Versammlungsbeginn ein verwaltungsgerichtliches Klageverfahren durchgeführt werden könnte. Diesem Umstand trägt Art. 25 bayVersG Rechnung. Das zur Gefahrenabwehr notwendige Handeln der Behörde lässt regelmäßig keinen Aufschub zu. Deshalb wird das Handeln der zuständigen Kreisverwaltungsbehörde hinsichtlich der sofortigen Vollziehbarkeit **dem Handeln von Polizeivollzugsbeamten** gleichgestellt. Es soll keinen Unterschied machen, ob die Versammlungsbehörde oder die Polizei handelt[277]. Dem Betroffenen verbleibt dann die Möglichkeit, im Rahmen eines verwaltungsgerichtlichen Eilverfahrens oder im Wege einer (nachträglichen) Fortsetzungsfeststellungsklage den Rechtsweg zu beschreiten.[278]

a) § 80 VwGO

Gem. § 80 Abs. 1 Satz 1 VwGO haben Widerspruch und Anfechtungsklage auf- **171** schiebende Wirkung (**Suspensiveffekt**). Der Suspensiveffekt führt zur Unwirksamkeit des Verwaltungsaktes bis zur endgültigen Entscheidung über den Rechtsbehelf. Die aufschiebende Wirkung tritt unabhängig von der Begründetheit des eingelegten Rechtsbehelfs ein; auch evident unbegründete Widersprüche bzw. Anfechtungsklagen haben aufschiebende Wirkung[279]. Die »Vollziehbarkeitshemmung«, die mit der Rechtsbehelfseinlegung eintritt, wirkt auf den Zeitpunkt des Erlasses des belastenden Verwaltungsaktes zurück[280]. Hat die Verwaltung zwischen Erlass des Verwaltungsaktes und der Rechtsmitteleinlegung bereits Vollzugsmaßnahmen eingeleitet, folgt aus § 80

---

276 BVerfG, NVwZ 1998, 835; BVerfGE 69, 315.
277 LT-Drucks. 15/10181.
278 *Heinhold*, WHM, Art. 25, Rn. 2, 3.
279 *Erbguth*, JA 2008, 357/358.
280 BVerwG, DÖV 1973, 785.

Abs. 1, dass **alle Handlungen rückgängig zu machen sind**, die in Vollziehung des angefochtenen Verwaltungsaktes bereits vorgenommen worden sind[281].

172 Die aufschiebende Wirkung setzt voraus, dass sich der Rechtsbehelf gegen einen belastenden Verwaltungsakt richtet. Rechtsbehelfe gegen **Realakte** (z.b. Anfertigung von Bildaufnahmen gem. §§ 12a, 19a BVersG) haben keine aufschiebende Wirkung.

173 Unbeachtlich ist, ob die Belastung den Adressaten der Maßnahme oder einen Dritten betrifft. Nach § 80 Abs. 1 Satz 2 VwGO gilt die aufschiebende Wirkung **auch bei einem Verwaltungsakt mit Drittwirkung** im Sinne des § 80a Abs. 1 VwGO, bei dem der Adressat des Verwaltungsakts der Begünstigte und der Dritte der Belastete ist[282]. **Hauptanwendungsfall** des § 80 Abs. 1 VwGO sind Versammlungsverbote oder beschränkende Verfügungen, die aufgrund des Suspensiveffektes nicht durchgesetzt werden können.

174 § 80 Abs. 2 VwGO regelt, in welchen Fällen die aufschiebende Wirkung von Widerspruch und Anfechtungsklage »entfällt«, d.h. von vornherein nicht eintritt. Im Gegensatz zur Anordnung der sofortigen Vollziehung im Einzelfall (§ 80 Abs. 2 Nr. 4 VwGO) misst das Gesetz in den Fällen des § 80 Abs. 2 Nr. 1 bis 3 und Abs. 2 Satz 2 VwGO **dem öffentlichen Interesse** an der sofortigen Vollziehung **generell mehr Gewicht** zu als einem privaten Interesse; das Regel-Ausnahme-Verhältnis zwischen aufschiebender Wirkung und sofortiger Vollziehbarkeit wird hier also umgekehrt[283].

175 Ein Versammlungsverbot wird regelmäßig mit der Anordnung der sofortigen Vollziehung nach § 80 Abs. 2 Nr. 4 VwGO verbunden werden, da die unmittelbare Durchsetzbarkeit in der Versammlungspraxis im öffentlichen Interesse zwingend geboten ist[284]. Die Anordnung der sofortigen Vollziehung stellt nach zutreffender Auffassung **keinen eigenständigen Verwaltungsakt** dar; vielmehr ist sie **Bestandteil** des zu vollziehenden Verwaltungsaktes[285].

aa) Gang und Bedeutung des Verfahrens

176 Hat die Behörde die sofortige Vollziehung angeordnet, kann das Gericht der Hauptsache die **aufschiebende Wirkung wiederherstellen**. Der Antrag auf Anordnung oder Wiederherstellung der aufschiebenden Wirkung ist **vor Erhebung der Anfechtungsklage** zulässig (§ 80 Abs. 5 VwGO). Die besondere Bedeutung des Eilverfahrens hat das BVerfG mehrfach betont und das Grundrecht aus Art. 8 Abs. 1 GG in eine untrennbare Beziehung mit Art. 19 Abs. 4 GG und dem daraus folgenden **Gebot effektiven Rechtsschutzes** gesetzt[286]. Hat eine Versammlung bzw. Demonstration einen kurzen zeitlichen Vorlauf oder entscheidet die Versammlungsbehörde über eine schon

---

281 BVerwG, DÖV 1973, 785.
282 Zum vorläufigen Rechtsschutz bei Verwaltungsakten mit Drittwirkung vertiefend *Budroweit/Wuttke*, JUS 2006, 876 ff.
283 *Saurenhaus*, (Fn. 272), § 80, Rn. 11.
284 *Brenneisen/Wilksen*, S. 334.
285 *Erbguth*, JA 2008, 357/359 m.w.N.
286 BVerfG, NVwZ 1998, 835; BVerfGE 69, 315.

seit längerem angemeldete Veranstaltung erst kurzfristig vor deren Stattfinden, kommt dem Eilverfahren nach § 80 Abs. 5 VwGO entscheidende Bedeutung für die tatsächliche Inanspruchnahme des Grundrechts aus Art. 8 Abs. 1 GG zu[287].

Hinzu kommt, dass ein **bestimmter Zeitpunkt der Versammlung**, dessen Wahl ge- **177** rade durch Art. 8 Abs. 1 GG garantiert wird, häufig untrennbar mit der Demonstrationsaussage verbunden ist. Gleiches gilt, wenn es sich um eine **Demonstration aus aktuellem** Anlass handelt. Hier nützt die Bedeutung der Versammlungs- und Demonstrationsfreiheit wenig, wenn sie **prozessual leerläuft**, weil die geplante Veranstaltung sich durch Zeitablauf erledigt hat. Deshalb gebietet Art. 19 Abs. 4 GG, das die Versammlungsbehörden im Verfahren auf Wiederherstellung der aufschiebenden Wirkung **keine irreparablen Maßnahmen** durchführen, bevor die Gerichte deren Rechtmäßigkeit geprüft haben. Dabei ist der Rechtsanspruch des Bürgers umso stärker, je schwerer die ihm auferlegte Belastung wiegt und je mehr die Maßnahmen der Verwaltung Unabänderliches bewirken; deshalb müssen die Verwaltungsgerichte bei auf einen einmaligen Anlass bezogenen Versammlungen bzw. Demonstrationen schon im Eilverfahren durch eine intensive Prüfung dem Umstand gerecht werden, dass der Sofortvollzug der umstrittenen Maßnahme in der Regel zur endgültigen Verhinderung der Veranstaltung führt[288].

Im Hinblick auf die tatsächliche Inanspruchnahme der Versammlungs- und Demons- **178** trationsfreiheit tritt das **Eilverfahren nach § 80 Abs. 5 VwGO praktisch an die Stelle des Hauptverfahrens**. Die Verwaltungsgerichte können sich nicht mehr unter Berufung auf das summarische Verfahren auf eine allgemein gehaltene Interessenabwägung zurückziehen; im Ergebnis ist die Rechtmäßigkeit der versammlungsbehördlichen Maßnahme (Verbot, beschränkende Verfügung) wie im Hauptsacheverfahren zu prüfen[289].

Die **besonderen Sachentscheidungsvoraussetzungen** für einen Antrag nach § 80 **179** Abs. 5 Satz 1 VwGO entsprechen weitestgehend denen der Anfechtungsklage. Beruht der Ausschluss der aufschiebenden Wirkung auf behördlicher Anordnung (§ 80 Abs. 2 Nr. 4 VwGO), muss den formellen Anforderungen des § 80 Abs. 3 VwGO Genüge getan worden sein. Das Verwaltungsgericht hat bei seiner Entscheidung über den Antrag nach § 80 Abs. 5 VwGO wegen der besonderen Bedeutung des Eilverfahrens für einen effektiven Rechtsschutz des Antragstellers die beteiligten Interessen zunächst am Maßstab des mutmaßlichen Ausgangs des Hauptsacheverfahrens zu beurteilen. Ist der Verwaltungsakt offensichtlich **rechtmäßig** und würde eine Hauptsacheklage erkennbar ohne Erfolg bleiben, ist der Eilantrag **abzulehnen**. Ist der Verwaltungsakt dagegen offensichtlich **rechtswidrig**, und hätte deshalb eine Hauptsacheklage erkennbar Erfolg, ordnen die Verwaltungsgerichte die aufschiebende Wirkung der Klage an,

---

287 *Kniesel*, NJW 2000, 2857/2861, m.w.N.
288 BVerfG, NVwZ 1998, 835.
289 *Kniesel*, NJW 2000, 2857/2862, m.w.N.

da am Vollzug eines offensichtlich rechtswidrigen Verwaltungsaktes kein überwiegend schützenswertes Interesse besteht[290].

180   Sind die **Erfolgsaussichten** einer Hauptsacheklage **offen**, haben die Verwaltungsgerichte grundsätzlich das Interesse am sofortigen Vollzug mit dem Interesse an dessen Aussetzung abzuwägen. Die **Prüfungsdichte** beschränkt sich dabei – den Erfordernissen eines Eilverfahrens entsprechend – auf eine summarische Prüfung[291]. Im Versammlungsrecht ist aber wegen der Auswirkungen der Entscheidung auf das Grundrecht auf Versammlungsfreiheit zu verlangen, dass sich das Verwaltungsgericht **nicht mit einer bloßen Prognose zur voraussichtlichen Richtigkeit des »Offensichtlichkeitsurteiles«** **zufrieden gibt**, sondern es muss die Frage der Offensichtlichkeit erschöpfend klären, wenn die Vollziehungsanordnung später praktisch **nicht mehr rückgängig gemacht werden kann.**[292] Im Interesse eines effektiven Grundrechtsschutzes für die Versammlungsfreiheit sind die Verwaltungsgerichte gehalten, bei einer auf einen einmaligen Anlass bezogenen Versammlung schon im Eilverfahren durch intensive Prüfung dem Umstand Rechnung zu tragen, dass die **sofortige Vollziehung eines Verbots im Regelfall die Veranstaltung endgültig verhindert**[293].

181   Kann ein Beschluss über einen Antrag nach § 80 Abs. 5 VwGO erst kurz vor dem beabsichtigten Versammlungsbeginn ergehen, ordnen die Verwaltungsgerichte in der Praxis neben der aufschiebenden Wirkung der Klage **eigene gerichtliche Auflagen** für die Versammlung an. Der Rahmen für die Versammlung wird in diesem Fällen von den Verwaltungsgerichten mitunter erheblich modifiziert[294].

182   Gegen den Beschluss des Verwaltungsgerichtes ist gem. § 146 VwGO das Rechtsmittel der **Beschwerde an das Oberverwaltungsgericht** möglich[295], dessen Entscheidung im Hinblick auf den vorläufigen Rechtsschutz der Verwaltungsgerichtsbarkeit nach § 152 VwGO endgültig ist. Das OVG (VGH) hat nach § 146 Abs. 4 Satz 6 VwGO allein die in der Beschwerdebegründung dargelegten Gründe zu prüfen[296]. Die Zulässigkeit der Beschwerde ergibt sich aus § 146 Abs. 4 i.V.m. 124 Abs. 2 VwGO[297].

183   Unabhängig davon kann das **Gericht der Hauptsache gem. § 80 Abs. 7 VwGO Beschlüsse über Anträge jederzeit ändern oder aufheben.** Jeder Beteiligte hat das Recht, die Abänderung wegen veränderter oder im ursprünglichen Verfahren ohne Verschulden nicht geltend gemachter Umstände zu beantragen.

---

290 *Eyermann*, VwGO, 15. Aufl. 2019, § 80, Rn. 72 ff.
291 BVerfG, NVwZ 1987, 403.
292 BVerfG, DVBl 2013, 367/369; *Walther*, JA 1995, 372/375.
293 BVerfG, NVwZ 1998, 834/835.
294 *Welsch/Bayer*, Rn. 270.
295 *Széchényi*, JA 2013, 220 ff.
296 VGH München, DVBl 2015, 1126.
297 *Brenneisen/Wilksen*, S. 335.

bb) Darlegung des besonderen öffentlichen Interesses

Gem. § 80 Abs. 3 Satz 1 VwGO ist in den Fällen des Abs. 2 Nr. 4 das **besondere Inte-** 184
resse an der sofortigen Vollziehung des Verwaltungsakts schriftlich zu begründen. Das
Begründungserfordernis nach § 80 Abs. 3 Satz 1 VwGO soll der Behörde den **Aus-**
nahmecharakter der Vollziehungsanordnung vor Augen führen, den Betroffenen über
die Gründe, die für die Anordnung der sofortigen Vollziehung maßgebend gewesen
sind, in Kenntnis setzen und schließlich auch das Gericht im Falle eines Verfahrens
nach § 80 Abs. 5 VwGO über die Erwägungen der Behörde unterrichten[298].

Verlangt wird eine auf den konkreten Fall abstellende Begründung dafür, dass der 185
Verwaltungsakt der sofortigen Vollziehung bedarf. Die Begründung darf sich nicht
in Floskeln oder in der schlichten Wiedergabe des Gesetzestextes (»Vollziehung ist im
öffentlichen Interesse geboten«) erschöpfen[299], sondern muss darlegen, aus welchen
überwiegenden Gründen der Allgemeinheit oder eines Privaten die Behörde nicht
abwarten will bzw. kann, bis der Verwaltungsakt bestandskräftig geworden ist[300]. Die
im Einzelfall durch die Behörde angeordnete sofortige Vollziehbarkeit setzt ein besonderes öffentliches Interesse **gerade am sofortigen, also dringenden Vollzug des**
Verwaltungsakts voraus. Die offensichtliche Rechtmäßigkeit der Grundverfügung allein kann die Anordnung der sofortigen Vollziehung nicht tragen[301]. Die Begründung
ist dann als ausreichend anzusehen, wenn sie geeignet ist, das Vollzugsinteresse zu
belegen; ist sie in diesem Sinne »schlüssig«, ist dem Begründungserfordernis des § 80
Abs. 3 Satz 1 VwGO Genüge getan.

Mangelt es an einer ordnungsgemäßen Begründung, führt dies zur **Rechtswidrigkeit** 186
der Vollziehungsanordnung, nicht zu ihrer Nichtigkeit. Eine Heilung der Rechtswidrigkeit durch Nachholung der Begründung scheidet aus, weil die Heilungsvorschrift
des § 45 VwVfG allein auf Verwaltungsakte anwendbar ist.

Materiell rechtmäßig ist die Anordnung der sofortigen Vollziehung, wenn sie **im öf-** 187
fentlichen Interesse oder im überwiegenden Interesses eines Beteiligten getroffen
wird, § 80 Abs. Abs. 2 Nr. 4 VwGO. Dem liegt der Gedanke zu Grunde, dass die
aufschiebende Wirkung eines Rechtsbehelfs die Regel darstellt, die Vollziehungsanordnung als Ausnahme von dieser Regel einer besonderen Rechtfertigung bedarf[302].

Ein Verstoß gegen die Begründungspflicht führt aber zur **vollumfänglichen Wieder-** 188
herstellung der aufschiebenden Wirkung nach § 80 Abs. 5 Satz 1 VwGO durch
Beschluss des Verwaltungsgerichtes. Dies wird v.a. damit begründet, dass die bloße
Aufhebung der Anordnung der sofortigen Vollziehung im Gesetz nicht geregelt ist,
so dass auch aus diesem Grund die aufschiebende Wirkung wiederherzustellen ist[303].

---

298 *Saurenhaus*, (Fn. 272), § 80, Rn. 25.
299 *Schenke*, Rn. 520.
300 OVG Greifswald, NVwZ 1997, 1027/1027; OVG Schleswig, NVwZ 1992, 688/689.
301 VGH Mannheim, Beschl. v. 12.10.2010 – 9 S 1937/10.
302 BVerfGE 35, 382.
303 *Kopp/Schenke*, (Fn. 269), § 80 Rn. 87 m.w.N. A.A. *Stein*, DVP 2009, 398/403.

b) § 123 VwGO

189   Während § 80 Abs. 5 VwGO seine Wirkung bei belastenden Verwaltungsakten entfaltet, kann bei einer Gefährdung von Veranstaltungs-, Leitungs- oder Teilnahmerechten durch **faktisches Verwaltungshandeln** vorläufiger Rechtsschutz über eine einstweilige Anordnung nach § 123 VwGO erreicht werden. Gem. § 123 Abs. 5 VwGO ist die einstweilige Anordnung nach Abs. 1 bis 3 gegenüber der aufschiebenden Wirkung der §§ 80 und 80a VwGO nachrangig. Ziel der einstweiligen Anordnung ist eine **vorläufige Regelung**. Sie soll die **Hauptsacheentscheidung nicht vorwegnehmen**. Dem Antragsteller darf durch die einstweilige Anordnung nicht in vollem Umfang das gewährt werden, was er in der Hauptsache erreichen könnte.

190   Ein Antrag auf einstweilige Anordnung kommt im Versammlungsrecht in Betracht, wenn die zuständige Behörde **durch tatsächliches Handeln das Versammlungsrecht beeinträchtigt**, z.B.: Verpflichtung der Versammlungsbehörde, es zu unterlassen, den Zugang zu einer Kundgebung auf einer Straße dadurch zu behindern, dass sie den Zu- und Abgang zum und vom Kundgebungsort absperrt und die Teilnehmer nur in Kleingruppen zum bzw. vom Kundgebungsort leitet[304].

191   Gem. § 123 Abs. 1 Satz 1 VwGO kann das Gericht auf Antrag, auch schon **vor Klageerhebung**, eine einstweilige Anordnung in Bezug auf den Streitgegenstand treffen, wenn die Gefahr besteht, dass durch eine **Veränderung des bestehenden Zustands die Verwirklichung eines Rechts des Antragstellers vereitelt oder wesentlich erschwert werden** könnte. Nach Satz 2 sind einstweilige Anordnungen auch zur Regelung eines vorläufigen Zustands in Bezug auf ein streitiges Rechtsverhältnis zulässig, wenn diese Regelung, vor allem bei dauernden Rechtsverhältnissen, um wesentliche Nachteile abzuwenden oder drohende Gewalt zu verhindern oder aus anderen Gründen nötig erscheint.

192   Das soll an folgendem Beispiel erläutert werden: Der Düsseldorfer Oberbürgermeister hatte auf den städtischen Internetseiten zur Teilnahme an einer Gegendemonstration gegen die Versammlung der »DÜGIDA« (»Düsseldorf gegen die Islamisierung des Abendlandes«) zu einem Beleuchtungsboykott aufgerufen. Das VG Düsseldorf hatte dem Oberbürgermeister mit Hinweis auf das Sachlichkeitsgebot durch einstweilige Anordnung nach § 123 VwGO aufgegeben, die Erklärung »Lichter aus! Düsseldorf setzt Zeichen gegen Intoleranz« von der Internetseite www.duesseldorf.de zu entfernen und keine Weisung zu erteilen oder aufrecht zu erhalten, die auf das Ausschalten der Beleuchtung öffentlicher Gebäude in der Stadt Düsseldorf in Abweichung von der üblichen Beleuchtung gerichtet ist[305]. Das OVG Münster hat die Entscheidung des Verwaltungsgerichts geändert und den Eilantrag der Antragstellerin abgelehnt[306], was wiederum das BVerwG im Hauptsacheverfahren korrigiert hat (Verstoß gegen das Sachlichkeitsgebot)[307].

---

304 VG Düsseldorf, Beschl. v. 02.03.2015 – 18 L 656/15.
305 VG Düsseldorf, Beschl. v. 09.01.2015 – 1 L 54/15 – WKRS 2015, 10011; BeckRS 2015, 40408.
306 OVG Münster, NWVBl. 2015, 195.
307 BVerwG, Urt. v. 13.09.2017 – 10 C 6.16 – WKRS 2017, 28188.

Obwohl § 123 VwGO keine besonderen Sachurteilsvoraussetzungen vorsieht, gilt der 193
Rechtsgedanke aus § 42 Abs. 2 VwGO auch für das Verfahren auf Erlass einer einstweiligen Anordnung; es muss also möglich erscheinen, dass der Betroffene in seinen
Rechten verletzt ist[308]. Für die Zulässigkeit des Antrags **genügt die substantiierte Be-**
hauptung, die Ausübung des Versammlungsrechts werde vereitelt oder wesentlich
erschwert.

Der Antrag ist begründet, wenn die **Rechtsbeeinträchtigung tatsächlich besteht**[309]. 194
Anordnungsanspruch und Anordnungsgrund müssen glaubhaft gemacht werden. Das
ist der Fall, wenn bei rechtlicher Würdigung der (glaubhaft gemachten) Tatsachen
der Anspruch in der Hauptsache gegeben erscheint (**Anordnungsanspruch**) und die
einstweilige Anordnung aus den in § 123 Abs. 1 VwGO genannten Gründen (Sicherung einer Rechtsposition bzw. Regelung eines vorläufigen Zustandes) notwendig
erscheint (**Anordnungsgrund**). Bei dieser summarischen Prüfung spielt die (positive
oder negative) Vorbeurteilung in der Hauptsache eine entscheidende Rolle. Im Übrigen entscheidet das Gericht nach pflichtgemäßem Ermessen, welche Anordnung
zur Sicherung des geltend gemachten Anspruchs oder zur Regelung eines strittigen
Zustandes zu treffen ist. So ist vorbeugender vorläufiger Rechtsschutz nach § 123
VwGO gegen eine von Demonstranten befürchtet Einkesselung ihrer bevorstehenden
Versammlung für zulässig erachtet worden[310], wenn und weil eine vorherige Auflösung nicht stattfinden sollte (weil der Versammlungscharakter rechtsirrig verneint
wurde)[311]. Solche Entscheidungen werden aber eher selten sein, weil dem Antragssteller die Hürde der Glaubhaftmachung vor Probleme stellen dürfte[312].

Wenn der Antragsteller mit seinem Antrag keine vorläufige Maßnahme, sondern eine 195
endgültige Entscheidung, die die Hauptsache vorwegnimmt, anstrebt, ist dies ausnahmsweise dann gerechtfertigt, wenn der Erfolg der Hauptsache überwiegend wahrscheinlich ist und das Abwarten in der Hauptsache für den Antragsteller schwere
und unzumutbare, nachträglich nicht mehr zu beseitigende Nachteile zur Folge hätte.
Dabei ist dem jeweils betroffenen Grundrecht und den Erfordernisses eines effektiven Rechtsschutzes Rechnung zu tragen. Droht dem Antragsteller bei Versagung
des einstweiligen Rechtsschutzes eine **erhebliche** Verletzung seiner Grundrechte, die
durch eine der Klage stattgebende Entscheidung in der Hauptsache nicht mehr beseitigt werden kann, so ist – erforderlichenfalls unter eingehender tatsächlicher und
rechtlicher Prüfung des im Hauptsacheverfahren geltend gemachten Anspruchs –
einstweiliger Rechtsschutz zu gewähren[313].

Gegen die Entscheidung über den Antrag auf vorläufigen Rechtsschutz kann inner- 196
halb von zwei Wochen nach Bekanntgabe bei dem Verwaltungsgericht schriftlich

---

308 OVG Schleswig, NVwZ-RR 1993, 30.
309 *Gröttrup*, DVBl 1969, 579.
310 OVG Münster, NVwZ 2001, 1315.
311 *Heinhold*, WHM, 25, Rn. 17.
312 Vgl. *Ott/Wächtler/Heinhold*, Einf. XI., Rn. 18.
313 OVG Münster, Beschl. v. 16.06.2014 – 5 B 1189/13 (juris).

oder in elektronischer Form **Beschwerde** eingelegt werden, über die das OVG (VGH) entscheidet.

2. Vor dem Bundesverfassungsgericht (§ 32 BVerfGG)

a) Bedeutung des Verfahrens

197 Weil ein Großteil der Entscheidungen im Bereich des Versammlungsrechts im Eilverfahren nach § 80 Abs. 5 VwGO ergeht und bei Verboten und beschränkenden Verfügungen (Auflagen) einer Versammlung stets ein Grundrechtsverstoß möglich ist, hat die Gewährung von Eilrechtsschutz im Wege der einstweiligen Anordnung durch das BVerfG hohe Praxisrelevanz. So ist die Entwicklung des Versammlungsrechts von einer Vielzahl von Entscheidungen des BVerfG im Wege des einstweiligen Rechtsschutzes geprägt[314]. Die Möglichkeit des Eilrechtsschutzes wird nicht nur als »wesentliches Element des Freiheitsschutzes[315], sondern als »**die einzige erfolgversprechende Variante des Rechtsschutzes**« angesehen[316].

b) Voraussetzungen

198 Gegen ein Versammlungsverbot kann das BVerfG im Verfassungsbeschwerdeverfahren (Art. 93 Abs. 1 Nr. 4a i.V.m. § 90 Abs. 1 BVerfGG) auch ohne vorheriges verwaltungsgerichtliches Anfechtungsverfahren angerufen werden, wenn dem vom Verbot betroffenen Veranstalter sonst ein »schwerer und unabwendbarer Nachteil entstünde« (§ 90 Abs. 2 Satz 2 BVerfGG). Vorläufiger Rechtsschutz im Verfassungsprozess ist notwendig, weil die Entscheidung über die Hauptsache wegen des zumeist umfangreichen Sachverhaltes, der Komplexität der zu entscheidenden Rechtsfragen und des Gewichts des verfassungsrichterlichen Spruchs oft einige Zeit in Anspruch nimmt. Die damit einhergehende Verfahrensdauer birgt die Gefahr, dass bis zur Entscheidung im Hauptsacheverfahren Ereignisse eintreten, die den Betroffenen vor vollendete Tatsachen stellen und nicht mehr rückgängig gemacht werden können. Vor diesem Hintergrund soll die einstweilige Anordnung **vorläufig die Sach- und Rechtslage offen halten** und dadurch die wirkungsvolle Umsetzbarkeit der Hauptsachenentscheidung sichern und effektiven Rechtsschutz (Art. 19 Abs. 4 GG) gewährleisten[317].

199 Wird eine Versammlung verboten, kann sie häufig auch dann, wenn sich das Verbot später als rechtswidrig erweist, nicht mehr so nachgeholt werden, wie sie geplant war[318]. Wesentliches Element des Versammlungsrechts ist die Aktualität des Themas[319]. Hinzu kommt,»dass die **klassischen Instrumente des Rechtsschutzes im Verwaltungsverfahren teilweise versagen**. Zwar gibt es die Möglichkeit, im Wege einer

---

314 *Möllers*, NJW 2005, 1973/1974: Eine Analyse der Rechtsprechung des Ersten Senats des BVerfG.

315 *Hoffmann-Riem*, NVwZ 2002, 257.

316 *Leist*, S. 53.

317 BVerfG, DVBl 1999, 163/164.

318 *Hoffmann-Riem*, NVwZ 2002, 257.

319 *Leist*, S. 54.

Fortsetzungsfeststellungsklage analog § 113 Abs. 1 Satz 4 VwGO ein Verbot oder sonstige behördliche Maßnahmen im Zusammenhang mit einer Versammlung im Nachhinein auf ihre Rechtmäßigkeit zu überprüfen zu lassen. Doch zeigt sich diese Möglichkeit in der Praxis als stumpfes Schwert. Abgesehen davon, dass immer noch einzelne Gerichte das Feststellungsinteresse und damit die Zulässigkeit einer solchen Klage verneinen, ist es im Nachhinein schwierig, eine Gefahrenprognose (...) zu überprüfen. Denn viele derartige Prognosen basieren auf nur bedingt verifizierbaren Behördenerkenntnissen, insbesondere der Verfassungsschutzbehörden, die kaum widerlegbar sind«[320].

Das BVerfG legt der **Prüfung des Eilantrags** in aller Regel die Tatsachenfeststellungen   200 und Tatsachenwürdigungen in den angegriffenen Entscheidungen zugrunde. Etwas anderes gilt, wenn die Tatsachenfeststellungen offensichtlich unzutreffend sind oder die **Tatsachenwürdigung unter Berücksichtigung der betroffenen Grundrechtsnormen** offensichtlich nicht trägt[321]. Einstweiliger Rechtsschutz ist insbesondere zu gewähren, wenn die Behörde oder die Gerichte ihre Gefahrenprognose auf Umstände gestützt haben, deren Berücksichtigung dem Schutzgehalt des Art. 8 GG offensichtlich widerspricht[322].

Für die nach § 90 Abs. 2 BVerfGG vorausgesetzte »**Erschöpfung des Rechtsweges**«   201 reicht die Ablehnung des Antrags auf Widerherstellung der aufschiebenden Wirkung durch das zuständige Verwaltungsgericht nach § 80 Abs. 5 VwGO aus. Das BVerfG entscheidet dann durch »Einstweilige Anordnung« nach § 32 Abs. 1 BVerfGG. Bei besonderer Dringlichkeit kann das Gericht auch ohne vorherige Beteiligung der Versammlungsbehörde entscheiden; regelmäßig durch Kammerbeschluss[323].

c) Folgenabwägungen

Hinsichtlich des Prüfungsmaßstabs stehen prinzipiell **zwei Grundmodelle** zur Ver-   202 fügung: Die **materiell-inakzessorische** offene und nur an den Entscheidungsfolgen orientierte Abwägung zum einen und das **materiell-akzessorische** Verfahren einer summarischen Vorausprüfung der Hauptsache zum anderen[324]. Entschieden hat sich das BVerfG für das oft kritisierte reine Abwägungsmodell, das unter Außerachtlassung des materiellen Rechts lediglich die Entscheidungsfolgen gegeneinander abwägt[325]. Die Entscheidung erfolgt auf Grundlage einer Doppelhypothese. Es sind die Folgen abzuwägen, die eintreten würden, wenn die einstweilige Anordnung nicht erginge,

---

320 *Leist*, S. 54: Da willkürliche Versammlungsverbote nicht strafbewehrt sind, kann die Exekutive trotz der in Art. 20 Abs. 3 GG festgelegten Bindung an Recht und Gesetz entsprechende verwaltungsgerichtliche Urteile sanktionslos ignorieren.
321 BVerfGE 110, 77/87 f.
322 BVerfG, NJW 2007, 2167/2168; BVerfG, NJW 2000, 3053/3054; BVerfG, NVwZ 2000, 1406/1407.
323 BVerfG, NJW 2000, 3051/3052.
324 *Benda/Klein*, Lehrbuch des Verfassungsprozessrechts, 2. Aufl. 2001, Rn. 1216.
325 BVerfGE 94, 166/217.

der Hauptsacheantrag aber Erfolg hätte, mit den Nachteilen, die entstünden, wenn die einstweilige Anordnung erlassen würde, die Hauptsache aber erfolglos bliebe[326].

203   Erweist sich die Verfassungsbeschwerde weder als von vornherein unzulässig noch offensichtlich unbegründet, sind die **Entscheidungsfolgen gegeneinander abzuwägen**. Ergibt die Prüfung im Eilrechtsschutzverfahren, dass eine Verfassungsbeschwerde offensichtlich begründet wäre, läge in der Nichtgewährung von Rechtsschutz der schwere Nachteil für das gemeine Wohl im Sinne von § 32 Abs. 1 BVerfGG.

204   Das BVerfG prüft, ob der Hauptsacheantrag unzulässig oder offensichtlich unbegründet ist. Der Eilantrag hat – auch ohne Folgenabwägung – keinen Erfolg, wenn entweder mangels zulässigen Rechtsbehelfs in der Hauptsache kein sicherungsbedürftiges Verfahren besteht oder es zum Zeitpunkt der Entscheidung für das Gericht keinen erkennbaren Gesichtspunkt dafür gibt, dass die angegriffene Entscheidung verfassungswidrig ist[327]. Im Eilrechtsschutzverfahren sind die erkennbaren **Erfolgsaussichten einer Verfassungsbeschwerde** aber dann zu berücksichtigen, wenn aus Anlass eines Versammlungsverbots über einen Antrag auf einstweiligen Rechtsschutz zur Wiederherstellung der aufschiebenden Wirkung eines Rechtsbehelfs zu entscheiden ist und ein Abwarten bis zum Abschluss des Verfassungsbeschwerdeverfahrens oder des Hauptsacheverfahrens den Versammlungszweck mit hoher Wahrscheinlichkeit vereitelte.

d) Auflagen durch das BVerfG

205   Sowohl im verwaltungsgerichtlichen Verfahren zur Wiederherstellung der aufschiebenden Wirkung (§ 80 Abs. 3 VwGO) als auch im verfassungsgerichtlichen Verfassungsbeschwerdeverfahren (§ 90 Abs. 2 BVerfGG) durch einstweilige Anordnung (§ 32 Abs. 2 BVerfGG) können Versammlungsverbote in sog. Auflagen (Beschränkungen unterhalb des Totalverbotes) **umgedeutet** werden.

206   Verbleibt im Eilverfahren genügend Zeit, so kann die Versammlungsbehörde eine **Umdeutung des Verbotes in beschränkende Verfügungen** auch noch im verwaltungsgerichtlichen bzw. verfassungsgerichtlichen Verfahren von sich aus vornehmen, wenn erkennbar wird, dass das Verbot keinen Bestand haben wird. Bei besonderer Dringlichkeit kann das Gericht auch ohne vorherige Beteiligung der Versammlungsbehörde entscheiden. Das erfolgt regelmäßig durch Kammerbeschluss[328]. Für solche **Eilfälle** ist es zulässig und zweckmäßig, dass die Behörde eine Verfügung zur Umdeutung des Versammlungsverbotes in Beschränkungen zur elektronischen Übermittlung an das Gericht bereithält und bereits in der Verbotsverfügung darauf hinweist[329].

---

326 BVerfGE 11, 306/308 f.
327 Vgl. BVerfGE 71, 158/161.
328 BVerfG, NJW 2000, 3051/3052.
329 *Dietel*, Die Polizei 2003, 94 ff.; kritisch *Ott/Wächtler/Heinhold*, Einf. XI., Rn. 10.

e) Bindungswirkung

Einstweiligen Anordnungen fehlt es wegen der Vorläufigkeit ihrer Regelungen an der 207
umfassenden Bindungswirkung des § 31 BVerfGG. Ihre **spezifische Bindungswirkung
besteht zunächst in der Maßgeblichkeit der Aussage im Tenor der Entscheidung.**
Nach der Rechtsprechung des BVerfG binden aber auch die tragenden Gründe der
Entscheidung; allerdings nur dann, wenn sie Ausführungen zur Auslegung der Verfassung enthalten[330]. Das Gericht hält sich insoweit für den maßgeblichen Interpreten
der Verfassung. Tragend für das Verständnis der Entscheidung sind die Rechtssätze,
die nicht hinweggedacht werden können, ohne dass das konkrete Entscheidungsergebnis nach dem in der Entscheidung zum Ausdruck gekommenen Gedankengang
entfällt. Nicht tragend – sog. obiter dicta – sind bei Gelegenheit der Entscheidung
gemachte Rechtsausführungen, die außerhalb des Begründungszusammenhangs stehen. Tragende Gründe sind die notwendigen argumentativen Stützen des im Tenor
festgehaltenen Ergebnisses[331].

III. Hauptsacheverfahren

1. Zulässigkeit einer vorbeugenden Unterlassungsklage

Die allgemeine Leistungsklage in Form der Unterlassungsklage zielt darauf ab, 208
künftiges Verwaltungshandeln zu unterbinden. Es wird zwischen der **allgemeinen
Unterlassungsklage**, die nach einer bereits erfolgten Beeinträchtigung **zukünftige
Beeinträchtigungen** unterbinden soll, und der **vorbeugenden Unterlassungsklage**,
die darauf abzielt, ein **erstmals** drohendes hoheitliches Handeln zu untersagen, unterschieden. Die allgemeine Unterlassungsklage ist zulässig, wenn eine Wiederholungsgefahr bejaht werden kann. Ob eine vorbeugende Unterlassungsklage möglich ist, ist
umstritten, da die VwGO **grundsätzlich nur nachträglichen Rechtsschutz** gewährleistet. Auf Grund des Gebotes aus Art. 19 Abs. 4 GG auf effektiven Rechtsschutz muss
eine vorbeugende Unterlassungsklage gegen die drohenden Schaffung vollendeter
Tatsachen in Ausnahmefällen jedoch möglich sein. Eine vorbeugende Unterlassungsklage gegen einen drohenden Verwaltungsakt ist dann zulässig, wenn kassatorischer
Rechtsschutz mittels einer Anfechtungsklage wegen Schaffung vollendeter Tatsachen
nicht ausreicht[332]. Der Betroffene kann die Unterlassung künftiger Eingriffe begehren,
wenn der Eintritt infolge des Vorliegens einer Wiederholungsgefahr wahrscheinlich
ist. Möglich soll aber auch die Abwehr eines erstmals drohenden rechtswidrigen Eingriffs der Verwaltung sein, sofern der Kläger besondere Gründe vorbringt, die es rechtfertigen, das fragliche Handeln nicht abzuwarten[333].

Gegen ein **drohendes Versammlungsverbot** kann eine vorbeugende Unterlassungs- 209
klage zulässig sein, da durch das Verbot und seine Vollziehung vollendete Tatsachen

---

330 BVerfGE 1, 14/37; 40, 88/93 f.; 79, 256/264; 112, 1/40; *Benda* et al., Verfassungsprozessrecht 2012, Rn. 1450.
331 *Heusch*, in: Umbach et al., BVerfGG, 2005, § 31 Rn. 61.
332 BVerwGE 45, 99/105.
333 *Klein*, apf 2011, 305/307.

geschaffen würden. Das aus Art. 19 Abs. 4 GG folgende Gebot effektiven Rechtsschutzes lässt eine Durchbrechung der grundsätzlichen Unzulässigkeit einer vorbeugenden Unterlassungsklage als Unterfall der allgemeinen Leistungsklage nach § 43 Abs. 2 VwGO gegen einen drohenden Verwaltungsakt zu, weil es ansonsten bei Versammlungsverboten, die sich typischerweise kurzfristig erledigen, keinen vorherigen verwaltungsgerichtlichen Rechtsschutz gäbe.

210   Im Rahmen des **Kooperationsverfahrens** hat die Versammlungsbehörde Leistungen zu erbringen, die als bloße Absichtserklärungen (Erörterung vorgesehener Maßnahmen) oder **Wissenserklärungen (Auskunftserteilung)** keine Verwaltungsakte darstellen. Gegen eine Nichterfüllung dieser Pflichten kommt regelmäßig nur eine Leistungsklage in Betracht.

2. Fortsetzungsfeststellungsklage

211   Ist bei einem Versammlungsverbot oder einer beschränkenden Verfügung der für die Versammlung vorgesehene **Zeitpunkt verstrichen**, geht eine Anfechtungsklage ins Leere. Es ist eine Klage entsprechend § 113 Abs. 1 Satz 4 VwGO auf Feststellung der Rechtswidrigkeit der Verfügung möglich, wenn ein die Klage **begründendes Feststellungsinteresse** vorliegt. Dieses ist gegeben, wenn die Wiederholung des Verbotes zu erwarten ist, insbesondere wenn die Behörde zu erkennen gibt, dass sie an ihrer Verbotspraxis festhalten will[334].

212   Auch nach Erledigung der Hauptsache gewährt Art. 19 Abs. 4 GG effektiven Rechtsschutz[335]. Erledigung liegt vor, wenn ein Verwaltungsakt zurückgenommen, widerrufen, anderweitig aufgehoben oder durch Zeitablauf oder auf andere Weise gegenstandslos geworden ist (§ 43 Abs. 2 VwVfG). Das Rechtsschutzbegehren gegen **vor Klageerhebung erledigte Verwaltungsakte** – auch Rechtswidrigkeitsfeststellungsklage genannt – wird in der Praxis üblicherweise der Fortsetzungsfeststellungsklage analog § 113 Abs. 1 Satz 4 VwGO zugeordnet[336].

213   Eine Fortsetzungsfeststellungsklage ist zulässig, wenn ein **berechtigtes Interesse** an der Feststellung der Rechtswidrigkeit des erledigten Verwaltungsaktes besteht. Der Betroffene muss Gelegenheit erhalten, in Fällen tiefgreifender, tatsächlich jedoch nicht mehr fortwirkender Grundrechtseingriffe auch dann die Rechtmäßigkeit des Eingriffs gerichtlich klären zu lassen, wenn die direkte Belastung durch den angegriffenen Hoheitsakt sich nach dem typischen Verfahrensablauf auf eine Zeitspanne beschränkt, in welcher der Betroffene die gerichtliche Entscheidung kaum erlangen kann[337].

214   Nach h.M. ist ein Vorverfahren nicht erforderlich, da der vom Betroffenen mit dem Widerspruch verfolgte Zweck – Aufhebung des Verwaltungsaktes – aufgrund der

---

334 BVerfGE 110, 77/89 ff.
335 BVerfG, NVwZ 1998, 835; BVerwG, NVwZ 1999, 991.
336 *Kopp/Schenke*, (Fn. 269), § 113 Rn. 99; *Fechner*, NVwZ 2000, 121.
337 *Kopp/Schenke*, (Fn. 269), § 113 Rn. 129; *Kniesel*, NJW 2000, 2857/2862.

Erledigung nicht mehr erreicht werden kann[338]. Zudem stellt der Wortlaut des § 68 VwGO nur auf Anfechtungs- und Verpflichtungsklage ab. Hinzu kommt, dass die **verbindliche Feststellung der Rechtswidrigkeit** eines (erledigten) Verwaltungsaktes eine der Verwaltung wesensfremde Aufgabe ist.

Auch eine **Klagefrist** (§§ 74 Abs. 1 bzw. 58 Abs. 2 VwGO) ist bei der Fortsetzungsfest- 215
stellungsklage analog § 113 Abs. 1 Satz 4 VwGO nicht einzuhalten. Es besteht **kein Bedürfnis für eine zeitliche Beschränkung** einer solchen Klage.

Der Kläger muss in analoger Anwendung des § 42 Abs. 2 VwGO **klagebefugt sein**[339]. 216
Er muss also geltend machen können, dass er durch die Maßnahme (z.b. Auflösung der Versammlung) möglicherweise in seinen Rechten verletzt worden ist.

a) Rechtscharakter

Die Fortsetzungsfeststellungsklage ist ein **Unterfall der Anfechtungsklage**[340]. Da der 217
Tatsache der Erledigung keine für den Rechtsschutz ausschlaggebende Bedeutung zukommen kann, ist bei Erledigung vor Klageerhebung die ansonsten planwidrige Lücke im Rechtsschutzsystem durch eine analoge Anwendung des § 113 Abs. 1 Satz 4 VwGO zu schließen.

b) Wiederholungsgefahr

Die Fortsetzungsfeststellungsklage fordert in § 113 Abs. 1 Satz 4 VwGO das Vorliegen 218
eines berechtigten Interesses als **Ausgestaltung eines besonderen Rechtsschutzbedürfnisses**. Dieses Feststellungsinteresse entspricht dem in § 43 Abs. 1 VwGO genannten und umfasst jedes nach Lage der Dinge anzuerkennende **schutzwürdige Interesse** rechtlicher, wirtschaftlicher oder auch ideeller Art. Entscheidend ist, dass die gerichtliche Entscheidung geeignet ist, die Position des Klägers in den genannten Bereichen zu verbessern. Indessen begründet nicht jeder Eingriff in die Versammlungsfreiheit ein **Fortsetzungsfeststellungsinteresse**. Ein solches Interesse besteht aber jedenfalls dann, wenn die angegriffene Maßnahme die Versammlungsfreiheit schwer beeinträchtigt, wenn die Gefahr einer Wiederholung besteht oder wenn aus Gründen der Rehabilitierung ein rechtlich anerkennenswertes Interesse an der Klärung der Rechtmäßigkeit angenommen werden kann[341].

Der Kläger muss sein Feststellungsinteresse substantiiert darlegen. Die Art des durch 219
den erledigten Verwaltungsakt bewirkten Eingriffs kann im Hinblick auf den verfassungsrechtlich garantierten Anspruch auf effektiven Rechtsschutz das für einen Antrag nach § 113 Abs. 1 Satz 4 VwGO erforderliche **Feststellungsinteresse** begründen[342].

---

338 *Kopp/Schenke*, (Fn. 269), § 11 Rn. 126, 127; BVerwG, NVwZ 2000, 63/64.
339 *Kopp/Schenke*, (Fn. 269), § 113 Rn. 125.
340 *Hellerbrand*, JA 1995, 153 m.w.N.
341 BVerfG, NJW 2004, 2510/2512. Fortsetzungsfeststellungsinteresse (hier: wegen Wiederholungsgefahr hinsichtlich des Verbots rechtsgerichteter Musikdarbietungen während einer Versammlung).
342 BVerwG, NJW 1999, 3793, im Anschluss an BVerwGE 61, 164/166.

Das BVerwG stellte fest, dass Art. 19 Abs. 4 GG ein Fortsetzungsfeststellungsinteresse nur bei solchen Eingriffsakten verlangt, »die sonst wegen ihrer typischerweise kurzfristigen Erledigung regelmäßig keiner gerichtlichen Überprüfung in einem Hauptsacheverfahren zugeführt werden könnten«[343]. Erfasst sind damit etwa **Versammlungsauflösungen oder Platzverweise im Polizeirecht**[344]. Weitere Fallgruppen der Rechtsprechung[345] für ein Feststellungsinteresse sind eine Präjudizwirkung für einen **Amtshaftungsprozess** sowie einen **Rehabilitationsinteresse**[346], insbesondere die **Wiederholungsgefahr**[347].

220 Ein berechtigtes Interesse liegt insbesondere vor, wenn der Kläger der **Wiederholung gleichartiger (rechtswidriger) Verwaltungsentscheidungen vorbeugen** will. Diese Gleichartigkeit ist dann gegeben, wenn sich die Entscheidungen auf Sachverhalte beziehen, die hinsichtlich der rechtlich relevanten Umstände, die die Verwaltung dem erledigten Verwaltungsakt zugrunde gelegt hat, übereinstimmen. Von einer Wiederholungsgefahr kann dann ausgegangen werden, wenn die Wiederholung aus Sicht eines verständigen Betrachters hinreichend wahrscheinlich ist, d.h. der Fall der Wiederholung muss tatsächlich bevorstehen, in absehbarer Zeit möglich erscheinen oder sich konkret abzeichnen[348]. Erforderlich für die Annahme der Wiederholungsgefahr ist die hinreichend bestimmte Gefahr, dass unter im Wesentlichen unveränderten tatsächlichen und rechtlichen Umständen ein gleichartiger Verwaltungsakt ergehen wird[349]. Das Erfordernis der Wiederholungsgefahr setzt dabei zum einen die Möglichkeit einer erneuten Durchführung einer vergleichbaren Versammlung durch den Betroffenen voraus, zum anderen, dass die Behörde voraussichtlich an ihrer Rechtsauffassung festhalten. Dabei reicht es aus, dass der Wille des Betroffenen erkennbar ist, in Zukunft Versammlungen abzuhalten, die ihrer Art nach zu gleichen Rechtsproblemen und damit der gleichen Beurteilung ihrer Rechtmäßigkeit führen können[350].

221 Bei der Prüfung des **Feststellungsinteresses für eine Fortsetzungsfeststellungsklage** unter dem Aspekt der Wiederholungsgefahr dürfen wegen des Gebotes effektiven Rechtsschutzes aus Art. 19 Abs. 4 GG keine überspannten Anforderungen gestellt werden[351]. Wenn der Veranstalter darlegen kann, dass er eine im Wesentlichen gleiche Veranstaltung erneut durchführen will, und zu erwarten ist, dass die Versammlungsbehörde eine vergleichbare Entscheidung treffen wird, ist von Wiederholungsgefahr

---

343 BVerwG, Urt. v. 16.05.2013 – 8 C 15/12.
344 *Thiele*, DVBl 2015, 954 ff.
345 Mit einer Darstellung der Fallgruppen *Unterreitmeier*, NVwZ 2015, 25/27 f.; *Ogorek*, JA 2002, 222/226 f.; *Hellerbrand*, JA 1995, 153/155.
346 BVerwG, NVwZ 1999, 991; VGH München, SVR 2009, 347.
347 BVerfG, NJW 2004, 2510/2512.
348 VGH Mannheim, VBl.BW 1990, 252: Polizeiliches Veranstaltungsverbot (NPD-Parteitag) wegen befürchteter Gegendemonstrationen.
349 BVerwG, NVwZ 1990, 360; OVG Lüneburg, NVwZ-RR 1998, 236.
350 BVerfG, NJW 2004, 2510. Fortsetzungsfeststellungsinteresse (hier: wegen Wiederholungsgefahr hinsichtlich des Verbots rechtsgerichteter Musikdarbietungen während einer Versammlung).
351 BVerwG, NVwZ 1994, 282.

auszugehen[352]. Sofern diese besteht, schützt die verwaltungsgerichtliche Feststellung der Rechtswidrigkeit den Kläger davor, in einer vergleichbaren Situation erneut mit einem entsprechenden Verwaltungsakt belastet zu werden. Bei diskriminierenden Verwaltungsakten trägt die verwaltungsgerichtliche Feststellung zu einer Rehabilitation des Klägers bei[353].

Art. 19 Abs. 4 GG gewährt einen Anspruch auf Rechtsschutz in der Hauptsache und nicht nur auf Rechtsschutz im Eilverfahren[354]: Kann eine zunächst verbotene Versammlung aufgrund einer im Eilrechtsschutzverfahren wiederhergestellten aufschiebenden Wirkung des eingelegten Rechtsbehelfs unter Auflagen durchgeführt werden, besteht in einem späteren Hauptsacheverfahren im Hinblick auf die Verbotsverfügung auch dann ein Feststellungsinteresse, wenn die Auflagen den Versammlungszweck gefährdet, sie insbesondere die Verwirklichung des kommunikativen Anliegens der Versammlung wesentlich erschwert haben[355]. — 222

Unabhängig von einer Fortsetzungsfeststellungsklage kann eine gerichtliche Rechtmäßigkeitsfeststellung in einem eventuellen Einspruchsverfahren gegen einen Bußgeldbescheid wegen eines Verstoßes nach § 29 Abs. 1 Nr. 2 BVersG (Nichtentfernen nach Auflösung) erfolgen. — 223

3. Feststellungsklage

Neben der Fortsetzungsfeststellungsklage ist auch eine Feststellungsklage gem. § 43 Abs. 1 VwGO denkbar[356]. Der Kläger begehrt **keine Leistung oder Gestaltung der Verwaltung**, mithin keine Änderung der rechtlichen Situation, sondern nur deren Feststellung durch das Gericht. Die Klage muss sich auf einen konkreten, gerade den Kläger betreffenden Sachverhalt beziehen. Mit der Feststellungsklage kann nicht allgemein, also losgelöst von einer eigenen, konkret feststehenden Betroffenheit die Rechtmäßigkeit einer behördlichen Maßnahme verwaltungsgerichtlich überprüft werden[357]. Durch diese Klage kann die Feststellung des Bestehens (positive Feststellungsklage) oder Nichtbestehens (**negative Feststellungsklage**) eines Rechtsverhältnisses oder der Nichtigkeit eines Verwaltungsakts begehrt werden, wenn der Kläger ein berechtigtes Interesse an der baldigen Feststellung hat[358]. Dies kann z.B. dann der Fall sein, wenn — 224

---

352 *Welsch/Bayer*, Rn. 266.

353 *Schenke*, JUS 2007, 697/698.

354 BVerfG, NJW 2004, 2510.

355 OVG Münster, Beschl. v. 19.03.2018 – 15 A 943/17; vorgehend VG Gelsenkirchen, Urt. v. 21.02.2017 – 14 K 2217/14; jeweils unter Bezugnahme auf BVerfG, NJW 2004, 2510.

356 Vgl. *Ehlers*, JURA 2007, 179 ff.

357 BVerwG, DVBl 2014, 1253: Rechtmäßigkeit einer behördlichen Maßnahme zur Beschränkung des E-Mail-Verkehrs.

358 Für die positive Feststellungsklage trägt der Kläger, für die negative Feststellungsklage der Beklagte die materielle Beweislast.

eine Anmeldung nicht als Anmeldung einer Versammlung im Sinne des BVersG ent-
gegengenommen und bestätigt wird[359].

225   Ein Rechtsverhältnis ist die hinreichend konkretisierte Beziehung zwischen Personen
oder von Personen zu Sachen[360]. Gegenstand der Feststellungsklage kann auch ein vergangenes Rechtsverhältnis sein[361]. Es muss sich um ein öffentlich-rechtliches Rechtsverhältnis handeln[362]. Dieses kann sich aus einem öffentlich-rechtlichen Verhalten des
Staates ergeben. Hierfür ist nötig, dass das Rechtsverhältnis ein subjektiv-öffentliches
Recht zum Gegenstand hat. So betrifft etwa ein **Gefährderanschreiben oder eine
Gefährderansprache**, die dem Betroffenen zustehenden subjektiv-öffentlichen Rechte
aus Art. 8 und 5 GG. Die Maßnahmen sind adressiert und aufgrund einer von der
Polizei erstellten Prognose auf ein zukünftiges Verhalten des Betroffenen gerichtet.
Insofern ist das Rechtsverhältnis auch hinreichend konkret[363]. Die Gefährderanspra-
che stellt zwar mangels Regelungsgehalts keinen Verwaltungsakt im Sinne von § 35
VwVfG dar[364], sondern es handelt sich um einen Realakt. Als Rechtsschutzmöglich-
keit kommt eine Feststellungsklage in Betracht[365].

226   Gem. § 43 Abs. 1 VwGO muss der Kläger ein **berechtigtes Interesse an der baldigen
Feststellung** haben. Das berechtigte Interesse kann in Form eines rechtlichen oder tatsächlichen, insbesondere wirtschaftlichen, aber auch ideellen Interesses bestehen, solange die gerichtliche Entscheidung geeignet ist, die Rechtsposition des Antragstellers
zu verbessern[366]. Dies gilt allerdings nicht für in der Vergangenheit liegende, bereits
abgeschlossene Rechtsverhältnisse; bei diesen ist ein **qualifiziertes** Feststellungsinteresse zu fordern, das im Wesentlichen den engeren Voraussetzungen des Fortsetzungs-
feststellungsinteresses gem. § 113 Abs. 1 Satz 4 VwGO entspricht[367]. Das berechtigte
Interesse liegt z.B. dann vor, wenn **Schadensersatzansprüche wegen Amtspflichtverletzung** geltend gemacht werden sollen, bei einer Wiederholungsgefahr und auch bei
diskriminierender Wirkung[368].

227   Ein schützenswertes **ideelles Interesse an der Feststellung der Rechtswidrigkeit** ergibt
sich aus der Art des Eingriffs, verbunden mit dem verfassungsrechtlich verbürgten

---

359   BVerwG, NVwZ 2007, 1431.
360   BVerwG, DVBl 2014, 1253.
361   BVerwG, DVBl 2014, 1253.
362   Für private Rechtsverhältnisse ist die zivilrechtliche Feststellungsklage nach § 265 Abs. 1
       ZPO die zutreffende Klageart, *Kugele*, (Fn. 64), § 43 Rn. 4.
363   *Rösch/Rucireto*, VR 2009, 239/241.
364   OVG Lüneburg, NJW 2006, 391.
365   Vgl. aber *Hebeler*, NVwZ 2011, 1364/1365: Nimmt man richtiger Ansicht nach die Sub-
       sidiarität der Feststellungsklage nach § 43 Abs. 2 VwGO ernst, so dürfte regelmäßig die
       Unterlassungsklage die statthafte Klageart gegen eine Gefährderansprache sein. Bewegt
       man sich dagegen auf dem Boden der Rechtsprechung zu § 43 Abs. 2 VwGO, so ist auch
       eine allgemeine Feststellungsklage statthaft.
366   BVerwGE 113, 158.
367   BVerwG, NVwZ 2007, 1431.
368   *v. Bernstorff/Zacharias*, NWVBl. 2010, 445/446.

Anspruch auf effektiven Rechtsschutz. Ist das Vorliegen eines Eingriffs nicht von vorneherein ausgeschlossen, ist ein Feststellungsinteresse im Sinne von § 43 Abs. 1 VwGO zu bejahen. Das Subsidiaritätsgebot steht dem nicht entgegen (§ 43 Abs. 2 VwGO). Insbesondere kann der Betroffene nicht auf einen Fortsetzungsfeststellungsantrag verwiesen werden, denn die Feststellungsklage nach § 43 Abs. 1 VwGO ist im Vergleich dazu effektiver[369].

IV. Normenkontrolle

Im verwaltungsgerichtlichen Anfechtungsverfahren kann die Verfassungsmäßigkeit   **228** der gesetzlichen Festlegung eines Ortes als nach § 15 Abs. 2 Nr. 1 BVersG geschützte Gedenkstätte in Zweifel gezogen werden, um so eine **Inzidentüberprüfung durch das zuständige Gericht** zu veranlassen, das ggf. eine konkrete Normenkontrolle durch das BVerfG einleiten kann (Art. 100 GG i.V.m. §§ 13 Nr. 11, 80 BVerfGG). Darüber hinaus bleibt die Möglichkeit einer Verfassungsbeschwerde (Art. 93 Abs. 1 Nr. 4a GG i.V.m. §§ 13 Nr. 8a, 90 ff. BVerfGG). Weil die Verfassungsbeschwerde sich gegen eine gesetzliche Bestimmung richtet, gegen die ein Rechtsweg nicht offen steht, ist sie nur innerhalb eines Jahres seit Inkrafttreten der Rechtsnorm zulässig (§ 93 Abs. 3 BVerfGG).

---

369 *Ott/Wächtler/Heinhold*, Einf. XI., Rn. 17.

Teil V Gesetzliche Bestimmungen

A. Versammlungsgesetze

I. Bund

Versammlungsgesetz[1]

Gesetz über Versammlungen und Aufzüge (Versammlungsgesetz) vom 24. Juli 1953 (BGBl. I S. 684) in der Fassung der Bekanntmachung vom 15. November 1978 (BGBl. I S. 1790), zuletzt geändert durch Gesetz vom 8. Dezember 2008 (BGBl. I S. 2366)[2]

Abschnitt I Allgemeines

§ 1

(1) Jedermann hat das Recht, öffentliche Versammlungen und Aufzüge zu veranstalten und an solchen Veranstaltungen teilzunehmen.

(2) Dieses Recht hat nicht,
1. wer das Grundrecht der Versammlungsfreiheit gemäß Artikel 18 des Grundgesetzes verwirkt hat,
2. wer mit der Durchführung oder Teilnahme an einer solchen Veranstaltung die Ziele einer nach Artikel 21 Abs. 2 des Grundgesetzes durch das Bundesverfassungsgericht für verfassungswidrig erklärten Partei oder Teil- oder Ersatzorganisation einer Partei fördern will,
3. eine Partei, die nach Artikel 21 Abs. 2 des Grundgesetzes durch das Bundesverfassungsgericht für verfassungswidrig erklärt worden ist, oder
4. eine Vereinigung, die nach Artikel 9 Abs. 2 des Grundgesetzes verboten ist.

§ 2

(1) Wer zu einer öffentlichen Versammlung oder zu einem Aufzug öffentlich einlädt, muss als Veranstalter in der Einladung seinen Namen angeben.

(2) Bei öffentlichen Versammlungen und Aufzügen hat jedermann Störungen zu unterlassen, die bezwecken, die ordnungsgemäße Durchführung zu verhindern.

(3) Niemand darf bei öffentlichen Versammlungen oder Aufzügen Waffen oder sonstige Gegenstände, die ihrer Art nach zur Verletzung von Personen oder zur Beschädigung

---

1 Das BVersG gilt in Baden-Württemberg, Berlin (mit Ausnahme des § 19a), Brandenburg (mit Ausnahme des § 16), Bremen, Hamburg, Hessen, Mecklenburg-Vorpommern, Nordrhein-Westfalen, Rheinland-Pfalz, Saarland und Thüringen.
2 Das Versammlungsgesetz von 1953 ist 13mal geändert worden. Die Änderungsgesetze mit Fundstelle und Art der Änderung ergeben sich aus der Übersicht, die am Ende des Versammlungsgesetzes angefügt ist.

von Sachen geeignet und bestimmt sind, mit sich führen, ohne dazu behördlich ermächtigt zu sein. Ebenso ist es verboten, ohne behördliche Ermächtigung Waffen oder die in Satz 1 genannten Gegenstände auf dem Weg zu öffentlichen Versammlungen oder Aufzügen mit sich zu führen, zu derartigen Veranstaltungen hinzuschaffen oder sie zur Verwendung bei derartigen Veranstaltungen bereitzuhalten oder zu verteilen.

§ 3

(1) Es ist verboten, öffentlich oder in einer Versammlung Uniformen, Uniformteile oder gleichartige Kleidungsstücke als Ausdruck einer gemeinsamen politischen Gesinnung zu tragen.

(2) Jugendverbände, die sich vorwiegend der Jugendpflege widmen, ist auf Antrag für ihre Mitglieder eine Ausnahmegenehmigung von dem Verbot des Absatzes 1 zu erteilen. Zuständig ist bei Jugendverbänden, deren erkennbare Organisation oder Tätigkeit sich über das Gebiet eines Landes hinaus erstreckt, der Bundminister des Innern, sonst die oberste Landesbehörde. Die Entscheidung des Bundesministers des Innern ist im Bundesanzeiger und im Gemeinsamen Ministerialblatt, die der obersten Landesbehörden in ihren amtlichen Mitteilungsblättern bekanntzumachen.

§ 4

(weggefallen)

Abschnitt II Öffentliche Versammlungen in geschlossenen Räumen

§ 5

Die Abhaltung einer Versammlung kann nur im Einzelfall und nur dann verboten werden, wenn
1. der Veranstalter unter die Vorschriften des § 1 Abs. 2 Nr. 1 bis 4 fällt, und im Falle der Nummer 4 das Verbot durch die zuständige Verwaltungsbehörde festgestellt worden ist,
2. der Veranstalter oder Leiter der Versammlung Teilnehmern Zutritt gewährt, die Waffen oder sonstige Gegenstände im Sinne von § 2 Abs. 3 mit sich führen,
3. Tatsachen festgestellt sind, aus denen sich ergibt, dass der Veranstalter oder sein Anhang einen gewalttätigen oder aufrührerischen Verlauf der Veranstaltung anstreben,
4. Tatsachen festgestellt sind, aus denen sich ergibt, dass der Veranstalter oder sein Anhang Ansichten vertreten oder Äußerungen dulden werden, die ein Verbrechen oder ein von Amts wegen zu verfolgendes Vergehen zum Gegenstand haben.

§ 6

(1) Bestimmte Personen oder Personenkreise können in der Einladung von der Teilnahme an einer Versammlung ausgeschlossen werden.

(2) Pressevertreter können nicht ausgeschlossen werden; sie haben sich dem Leiter der Versammlung gegenüber durch ihren Presseausweis ordnungsgemäß auszuweisen.

§ 7

(1) Jede öffentliche Versammlung muss einen Leiter haben.

(2) Leiter der Versammlung ist der Veranstalter. Wird die Versammlung von einer Vereinigung veranstaltet, so ist ihr Vorsitzender der Leiter.

(3) Der Veranstalter kann die Leitung einer anderen Person übertragen.

(4) Der Leiter übt das Hausrecht aus.

§ 8

Der Leiter bestimmt den Ablauf der Versammlung. Er hat während der Versammlung für Ordnung zu sorgen. Er kann die Versammlung jederzeit unterbrechen oder schließen. Er bestimmt, wann eine unterbrochene Versammlung fortgesetzt wird.

§ 9

(1) Der Leiter kann sich bei Durchführung seiner Rechte aus § 8 der Hilfe einer angemessenen Zahl ehrenamtlicher Ordner bedienen. Diese dürfen keine Waffen oder sonstigen Gegenstände im Sinne von § 2 Abs. 3 mit sich führen, müssen volljährig und ausschließlich durch weiße Armbinden, die nur die Bezeichnung »Ordner« tragen dürfen, kenntlich sein.

(2) Der Leiter ist verpflichtet, die Zahl der von ihm bestellten Ordner der Polizei auf Anfordern mitzuteilen. Die Polizei kann die Zahl der Ordner angemessen beschränken.

§ 10

Alle Versammlungsteilnehmer sind verpflichtet, die zur Aufrechterhaltung der Ordnung getroffenen Anweisungen des Leiters oder der von ihm bestellten Ordner zu befolgen.

§ 11

(1) Der Leiter kann Teilnehmer, welche die Ordnung gröblich stören, von der Versammlung ausschließen.

(2) Wer aus der Versammlung ausgeschlossen wird, hat sie sofort zu verlassen.

§ 12

Werden Polizeibeamte in eine öffentliche Versammlung entsandt, so haben sie sich dem Leiter zu erkennen zu geben. Es muss ihnen ein angemessener Platz eingeräumt werden.

§ 12a

(1) Die Polizei darf Bild- und Tonaufnahmen von Teilnehmern bei oder im Zusammenhang mit öffentlichen Versammlungen nur anfertigen, wenn tatsächliche Anhaltspunkte die Annahme rechtfertigen, dass von ihnen erhebliche Gefahren für die öffentliche Sicherheit oder Ordnung ausgehen. Die Maßnahmen dürfen auch durchgeführt werden, wenn Dritte unvermeidbar betroffen werden.

(2) Die Unterlagen sind nach Beendigung der öffentlichen Versammlung oder zeitlich und sachlich damit unmittelbar im Zusammenhang stehender Ereignisse unverzüglich zu vernichten, soweit sie nicht benötigt werden
1. für die Verfolgung von Straftaten von Teilnehmern oder
2. im Einzelfall zur Gefahrenabwehr, weil die betroffene Person verdächtig ist, Straftaten bei oder im Zusammenhang mit der öffentlichen Versammlung vorbereitet oder begangen zu haben, und deshalb zu besorgen ist, dass von ihr erhebliche Gefahren für künftige öffentliche Versammlungen oder Aufzüge ausgehen.

Unterlagen, die aus den in Satz 1 Nr. 2 aufgeführten Gründen nicht vernichtet wurden, sind in jedem Fall spätestens nach Ablauf von drei Jahren seit ihrer Entstehung zu vernichten, es sei denn, sie würden inzwischen zu dem in Satz 1 Nr. 1 aufgeführten Zweck benötigt.

(3) Die Befugnisse zur Erhebung personenbezogener Informationen nach Maßgabe der Strafprozessordnung und des Gesetzes über Ordnungswidrigkeiten bleiben unberührt.

§ 13

(1) Die Polizei (§ 12) kann die Versammlung nur dann und unter Angabe des Grundes auflösen, wenn
1. der Veranstalter unter die Vorschriften des § 1 Abs. 2 Nr. 1 bis 4 fällt, und im Falle der Nummer 4 das Verbot durch die zuständige Verwaltungsbehörde festgestellt worden ist,
2. die Versammlung einen gewalttätigen oder aufrührerischen Verlauf nimmt oder unmittelbare Gefahr für Leben und Gesundheit der Teilnehmer besteht,
3. der Leiter Personen, die Waffen oder sonstige Gegenstände im Sinne von § 2 Abs. 3 mit sich führen, nicht sofort ausschließt und für die Durchführung des Ausschlusses sorgt,
4. durch den Verlauf der Versammlung gegen Strafgesetze verstoßen wird, die ein Verbrechen oder von Amts wegen zu verfolgendes Vergehen zum Gegenstand haben, oder wenn in der Versammlung zu solchen Straftaten aufgefordert oder angereizt wird und der Leiter dies nicht unverzüglich unterbindet.

In den Fällen der Nummern 2 bis 4 ist die Auflösung nur zulässig, wenn andere polizeiliche Maßnahmen, insbesondere eine Unterbrechung, nicht ausreichen.

(2) Sobald eine Versammlung für aufgelöst erklärt ist, haben alle Teilnehmer sich sofort zu entfernen.

Abschnitt III Öffentliche Versammlungen unter freiem Himmel und Aufzüge

§ 14

(1) Wer die Absicht hat, eine öffentliche Versammlung unter freiem Himmel oder einen Aufzug zu veranstalten, hat dies spätestens 48 Stunden vor der Bekanntgabe der zuständigen Behörde unter Angabe des Gegenstandes der Versammlung oder des Aufzuges anzumelden.

(2) In der Anmeldung ist anzugeben, welche Person für die Leitung der Versammlung oder des Aufzuges verantwortlich sein soll.

§ 15

(1) Die zuständige Behörde kann die Versammlung oder den Aufzug verbieten oder von bestimmten Auflagen abhängig machen, wenn nach den zur Zeit des Erlasses der Verfügung erkennbaren Umständen die öffentliche Sicherheit oder Ordnung bei Durchführung der Versammlung oder des Aufzuges unmittelbar gefährdet ist.

(2) Eine Versammlung oder ein Aufzug kann insbesondere verboten oder von bestimmten Auflagen abhängig gemacht werden, wenn
1. die Versammlung oder der Aufzug an einem Ort stattfindet, der als Gedenkstätte von historisch herausragender, überregionaler Bedeutung an die Opfer der menschenunwürdigen Behandlung unter der nationalsozialistischen Gewalt- und Willkürherrschaft erinnert, und
2. nach den zur Zeit des Erlasses der Verfügung konkret feststellbaren Umständen zu besorgen ist, dass durch die Versammlung oder den Aufzug die Würde der Opfer beeinträchtigt wird.

Das Denkmal für die ermordeten Juden Europas in Berlin ist ein Ort nach Satz 1 Nr. 1. Seine Abgrenzung ergibt sich aus der Anlage zu diesem Gesetz.[3] Andere Orte nach Satz 1 Nr. 1 und deren Abgrenzung werden durch Landesgesetz bestimmt.

(3) Sie kann eine Versammlung oder einen Aufzug auflösen, wenn sie nicht angemeldet sind, wenn von den Angaben der Anmeldung abgewichen oder den Auflagen

---

3 Anlage zu § 15 Abs. 2
   Die Abgrenzung des Ortes nach § 15 Abs. 2 Satz 2 (Denkmal für die ermordeten Juden Europas) umfasst das Gebiet der Bundeshauptstadt Berlin, das umgrenzt wird durch die Ebertstraße, zwischen der Straße In den Ministergärten bzw. Lennéstraße und der Umfahrung Platz des 18. März, einschließlich des unbefestigten Grünflächenbereichs Ebertpromenade und des Bereichs der unbefestigten Grünfläche im Bereich des J.W.-von-Goethe-Denkmals, die Behrenstraße, zwischen Ebertstraße und Wilhelmstraße, die Cora-Berliner-Straße, die Gertrud-Kolmar-Straße, nördlich der Einmündung der Straße In den Ministergärten, die Hannah-Arendt-Straße, einschließlich der Verlängerung zur Wilhelmstraße. Die genannten Umgrenzungslinien sind einschließlich der Fahrbahnen, Gehwege und aller sonstigen zum Betreten oder Befahren bestimmter öffentlicher Flächen Bestandteil des Gebietes.

zuwidergehandelt wird oder wenn die Voraussetzungen zu einem Verbot nach Absatz 1 oder 2 gegeben sind.

(4) Eine verbotene Veranstaltung ist aufzulösen.

§ 16

(1) Öffentliche Versammlungen unter freiem Himmel und Aufzüge sind innerhalb des befriedeten Bannkreises der Gesetzgebungsorgane der Länder verboten. Ebenso ist es verboten, zu öffentlichen Versammlungen unter freiem Himmel oder Aufzügen nach Satz 1 aufzufordern.

(2) Die befriedeten Bannkreise für die Gesetzgebungsorgane der Länder werden durch Landesgesetze bestimmt.

(3) Das Weitere regeln die Bannmeilengesetze der Länder.

§ 17

Die §§ 14 bis 16 gelten nicht für Gottesdienste unter freiem Himmel, kirchliche Prozessionen, Bittgänge und Wallfahrten, gewöhnliche Leichenbegängnisse, Züge von Hochzeitsgesellschaften und hergebrachte Volksfeste.

§ 17a

(1) Es ist verboten, bei öffentlichen Versammlungen unter freiem Himmel, Aufzügen oder sonstigen öffentlichen Veranstaltungen unter freiem Himmel oder auf dem Weg dorthin Schutzwaffen oder Gegenstände, die als Schutzwaffen geeignet und den Umständen nach dazu bestimmt sind, Vollstreckungsmaßnahmen eines Trägers von Hoheitsbefugnissen abzuwehren, mit sich zu führen.

(2) Es ist auch verboten,
1. an derartigen Veranstaltungen in einer Aufmachung, die geeignet und den Umständen nach darauf gerichtet ist, die Feststellung der Identität zu verhindern, teilzunehmen oder den Weg zu derartigen Veranstaltungen in einer solchen Aufmachung zurückzulegen,
2. bei derartigen Veranstaltungen oder auf dem Weg dorthin Gegenstände mit sich zu führen, die geeignet und den Umständen nach dazu bestimmt sind, die Feststellung der Identität zu verhindern.

(3) Die Absätze 1 und 2 gelten nicht, wenn es sich um Veranstaltungen im Sinne des § 17 handelt. Die zuständige Behörde kann weitere Ausnahmen von den Verboten der Absätze 1 und 2 zulassen, wenn eine Gefährdung der öffentlichen Sicherheit oder Ordnung nicht zu besorgen ist.

(4) Die zuständige Behörde kann zur Durchsetzung der Verbote der Absätze 1 und 2 Anordnungen treffen. Sie kann insbesondere Personen, die diesen Verboten zuwiderhandeln, von der Veranstaltung ausschließen.

§ 18

(1) Für Versammlungen unter freiem Himmel sind § 7 Abs. 1, §§ 8, 9 Abs. 1, §§ 10, 11 Abs. 2, §§ 12 und 13 Abs. 2 entsprechend anzuwenden.

(2) Die Verwendung von Ordnern bedarf polizeilicher Genehmigung. Sie ist bei der Anmeldung zu beantragen.

(3) Die Polizei kann Teilnehmer, welche die Ordnung gröblich stören, von der Versammlung ausschließen.

§ 19

(1) Der Leiter des Aufzuges hat für den ordnungsgemäßen Ablauf zu sorgen. Er kann sich der Hilfe ehrenamtlicher Ordner bedienen, für welche § 9 Abs. 1 und § 18 gelten.

(2) Die Teilnehmer sind verpflichtet, die zur Aufrechterhaltung der Ordnung getroffenen Anordnungen des Leiters oder der von ihm bestellten Ordner zu befolgen.

(3) Vermag der Leiter sich nicht durchzusetzen, so ist er verpflichtet, den Aufzug für beendet zu erklären.

(4) Die Polizei kann Teilnehmer, welche die Ordnung gröblich stören, von dem Aufzug ausschließen.

§ 19a

Für Bild- und Tonaufnahmen durch die Polizei bei Versammlungen unter freiem Himmel und Aufzügen gilt § 12a.

§ 20

Das Grundrecht des Artikels 8 des Grundgesetzes wird durch die Bestimmungen dieses Abschnitts eingeschränkt.

Abschnitt IV Straf- und Bußgeldvorschriften

§ 21

Wer in der Absicht, nicht verbotene Versammlungen oder Aufzüge zu verhindern oder zu sprengen oder sonst ihre Durchführung zu vereiteln, Gewalttätigkeiten vornimmt oder androht oder grobe Störungen verursacht, wird mit Freiheitsstrafe bis zu drei Jahren oder mit Geldstrafe bestraft.

§ 22

Wer bei einer öffentlichen Versammlung oder einem Aufzug dem Leiter oder einem Ordner in der rechtmäßigen Ausübung seiner Ordnungsbefugnisse mit Gewalt oder Drohung mit Gewalt Widerstand leistet oder ihn während der rechtmäßigen Ausübung seiner Ordnungsbefugnisse tätlich angreift, wird mit Freiheitsstrafe bis zu einem Jahr oder mit Geldstrafe bestraft.

§ 23

Wer öffentlich, in einer Versammlung oder durch Verbreiten von Schriften, Ton- oder Bildträgern, Abbildungen oder anderen Darstellungen zur Teilnahme an einer öffentlichen Versammlung oder einem Aufzug auffordert, nachdem die Durchführung durch ein vollziehbares Verbot untersagt oder die Auflösung angeordnet worden ist, wird mit Freiheitsstrafe bis zu einem Jahr oder mit Geldstrafe bestraft.

§ 24

Wer als Leiter einer öffentlichen Versammlung oder eines Aufzuges Ordner verwendet, die Waffen oder sonstige Gegenstände, die ihrer Art nach zur Verletzung von Personen oder Beschädigung von Sachen geeignet und bestimmt sind, mit sich führen, wird mit Freiheitsstrafe bis zu einem Jahr oder mit Geldstrafe bestraft.

§ 25

Wer als Leiter einer öffentlichen Versammlung unter freiem Himmel oder eines Aufzuges
1. die Versammlung oder den Aufzug wesentlich anders durchführt, als die Veranstalter bei der Anmeldung angegeben haben, oder
2. Auflagen nach § 15 Abs. 1 oder 2 nicht nachkommt,

wird mit Freiheitsstrafe bis zu sechs Monaten oder mit Geldstrafe bis zu einhundertachtzig Tagessätzen bestraft.

§ 26

Wer als Veranstalter oder Leiter
1. eine öffentliche Versammlung oder einen Aufzug trotz vollziehbaren Verbots durchführt oder trotz Auflösung oder Unterbrechung durch die Polizei fortsetzt oder
2. eine öffentliche Versammlung unter freiem Himmel oder einen Aufzug ohne Anmeldung (§ 14) durchführt,

wird mit Freiheitsstrafe bis zu einem Jahr oder mit Geldstrafe bestraft.

§ 27

(1) Wer bei öffentlichen Versammlungen oder Aufzügen Waffen oder sonstige Gegenstände, die ihrer Art nach zur Verletzung von Personen oder Beschädigung von Sachen geeignet und bestimmt sind, mit sich führt, ohne dazu behördlich ermächtigt zu sein, wird mit Freiheitsstrafe bis zu einem Jahr oder mit Geldstrafe bestraft. Ebenso wird bestraft, wer ohne behördliche Ermächtigung Waffen oder sonstige Gegenstände im Sinne des Satzes 1 auf dem Weg zu öffentlichen Versammlungen oder Aufzügen mit sich führt, zu derartigen Veranstaltungen hinschafft oder sie zur Verwendung bei derartigen Veranstaltungen bereithält oder verteilt.

(2) Wer
1. entgegen § 17a Abs. 1 bei öffentlichen Versammlungen unter freiem Himmel, Aufzügen oder sonstigen öffentlichen Veranstaltungen unter freiem Himmel oder auf dem Weg dorthin Schutzwaffen oder Gegenstände, die als Schutzwaffen geeignet und den Umständen nach dazu bestimmt sind, Vollstreckungsmaßnahmen eines Trägers von Hoheitsbefugnissen abzuwehren, mit sich führt,
2. entgegen § 17a Abs. 2 Nr. 1 an derartigen Veranstaltungen in einer Aufmachung, die geeignet und den Umständen nach darauf gerichtet ist, die Feststellung der Identität zu verhindern, teilnimmt oder den Weg zu derartigen Veranstaltungen in einer solchen Aufmachung zurücklegt oder
3. sich im Anschluss an oder sonst im Zusammenhang mit derartigen Veranstaltungen mit anderen zusammenrottet und dabei
   a) Waffen oder sonstige Gegenstände, die ihrer Art nach zur Verletzung von Personen oder Beschädigung von Sachen geeignet und bestimmt sind, mit sich führt,
   b) Schutzwaffen oder sonstige in Nummer 1 bezeichnete Gegenstände mit sich führt oder
   c) in der in Nummer 2 bezeichneten Weise aufgemacht ist,
wird mit Freiheitsstrafe bis zu einem Jahr oder mit Geldstrafe bestraft.

§ 28

Wer die Vorschrift des § 3 zuwiderhandelt, wird mit Freiheitsstrafe bis zu zwei Jahren oder mit Geldstrafe bestraft.

§ 29

(1) Ordnungswidrig handelt, wer
1. an einer öffentlichen Versammlung oder einem Aufzug teilnimmt, deren Durchführung durch vollziehbares Verbot untersagt ist,
1.a) entgegen § 17a Abs. 2 Nr. 2 bei einer öffentlichen Versammlung unter freiem Himmel, einem Aufzug oder einer sonstigen öffentlichen Veranstaltung unter freiem Himmel oder auf dem Weg dorthin Gegenstände, die geeignet und den Umständen nach dazu bestimmt sind, die Feststellung der Identität zu verhindern, mit sich führt,
2. sich trotz Auflösung einer öffentlichen Versammlung unter freiem Himmel oder eines Aufzuges durch die zuständige Behörde nicht unverzüglich entfernt,
3. als Teilnehmer einer öffentlichen Versammlung unter freiem Himmel oder eines Aufzuges einer vollziehbaren Auflage nach § 15 Abs. 1 oder 2 nicht nachkommt,
4. trotz wiederholter Zurechtweisung durch den Leiter oder einen Ordner fortfährt, den Ablauf einer öffentlichen Versammlung oder eines Aufzuges zu stören,
5. sich nicht unverzüglich nach seiner Ausschließung aus einer öffentlichen Versammlung oder einem Aufzug entfernt,

6. der Aufforderung der Polizei, die Zahl der von ihm bestellten Ordner mitzuteilen, nicht nachkommt oder eine unrichtige Zahl nennt (§ 9 Abs. 2),

7. als Leiter oder Veranstalter einer öffentlichen Versammlung oder eines Aufzuges eine größere Zahl von Ordnern verwendet, als die Polizei zugelassen oder genehmigt hat (§ 9 Abs. 2, § 18 Abs. 2), oder Ordner verwendet, die anders gekennzeichnet sind, als es nach § 9 Abs. 1 zulässig ist,

8. als Leiter den in eine öffentliche Versammlung entsandten Polizeibeamten die Anwesenheit verweigert oder ihnen keinen angemessenen Platz einräumt.

(2) Die Ordnungswidrigkeit kann in den Fällen des Absatzes 1 Nr. 1 bis 5 mit einer Geldbuße bis tausend Deutsche Mark[4] und in den Fällen des Absatzes 1 Nr. 6 bis 9 mit einer Geldbuße bis zu fünftausend Deutsche Mark geahndet werden.

§ 29a

(1) Ordnungswidrig handelt, wer entgegen § 16 Abs. 1 an einer öffentlichen Versammlung unter freiem Himmel oder an einem Aufzug teilnimmt oder zu einer öffentlichen Versammlung unter freiem Himmel oder zu einem Aufzug auffordert.

(2) Die Ordnungswidrigkeit kann mit einer Geldbuße bis zu dreißigtausend Deutsche Mark* geahndet werden.

§ 30

Gegenstände, auf die sich eine Straftat nach § 27 oder § 28 oder eine Ordnungswidrigkeit nach § 29 Abs. 1 Nr. 1a oder 3 bezieht, können eingezogen werden. § 74a des Strafgesetzbuches und § 23 des Gesetzes über Ordnungswidrigkeiten sind anzuwenden.

Abschnitt V Schlussbestimmungen

§ 31

(Aufhebungsvorschriften)

§ 32

(gegenstandslos)

§ 33

(Inkrafttreten)

---

4 Umstellung der DM-Beträge auf Euro-Beträge bisher nicht erfolgt (vgl. Fn. 1 zu Abschn. IV).

Gesetzesänderungen – Übersicht

Lfd. Nr.	Änderndes Gesetz	Datum	Fund-stelle	Geänderte Para-graphen	Art der Änderung
1.	6. Strafrechtsänderungs-gesetz	30.06.1960	BGBl. I S. 478	4	aufgehoben
				28	geändert
2.	Vereinsgesetz	05.08.1964	BGBl. I S. 593	3 Abs. 2	geändert
3.	Einführungsgesetz zum Gesetz über Ordnungs-widrigkeiten (EG OWiG)	24.05.1968	BGBl. I S. 503	29a	eingefügt
4.	Drittes Gesetz zur Reform des Strafrechts (3. StRG)	20.05.1970	BGBl. I S. 505	23	aufgehoben
				29 Nr. 4	aufgehoben wird Nr. 4 und 5
				29 Nr. 5 u. 6	
5.	Einführungsgesetz zum Strafgesetzbuch (EG StGB)	02.03.1974	BGBl. I S. 469	21 Satz 1	geändert
				21 Satz 2	aufgehoben
				22	geändert
				24	geändert
				25	geändert
				26 Abs. 1	geändert
				26 Abs. 2	aufgehoben
				27	geändert
				28	geändert
				29 Abs. 1	geändert
				29 Abs. 2	eingefügt
6.	Gesetz zur Änderung des Gesetzes über Versamm-lungen und Aufzüge	25.09.1978	BGBl. I S. 1571	2 Abs. 3	geändert
				5 Nr. 2	geändert

Lfd. Nr.	Änderndes Gesetz	Datum	Fund-stelle	Geänderte Para-graphen	Art der Änderung
				9 Abs. 1	geändert
				13 Abs. 1 Nr. 3	geändert
				14 Abs. 1	geändert
				15 Abs. 1	geändert
				24	geändert
				27	geändert
				29	geändert
				29a (jetzt 30)	geändert
7.	Gesetz zur Änderung des Strafgesetzbuches und des Gesetzes über Versammlungen und Aufzüge	18.07.1985	BGBl. I S. 1511	17a	eingefügt
				29 Abs. 1 Nr. 1a und 1b	eingefügt
				30	geändert
8.	Gesetz zur Änderung des Strafgesetzbuches, der Strafprozessordnung und des Versammlungsgesetzes und zur Einführung einer Kronzeugenregelung bei terroristischen Straftaten	09.06.1989	BGBl. I S. 1059	12a	eingefügt
				17a	geändert
				23, 19a	eingefügt
				27 Abs. 2	eingefügt
				29 Abs. 1 Nr. 1a und 1b	aufgehoben
				neue Nr. 1a	eingefügt
				30	geändert

Lfd. Nr.	Änderndes Gesetz	Datum	Fund- stelle	Geänderte Para- graphen	Art der Änderung
9.	Gesetz zur Neuregelung des Schutzes von Ver- fassungsorganen des Bundes	11.08.1999	BGBl. I S. 1818	16	geändert
				29a	eingefügt
10.	Gesetz zur Änderung von Regelungen zum Schutz von Verfassungsorganen des Bundes	20.06.2003	BGBl. I S. 864	16 Abs. 1 Satz 2	Außerkraftsetzung (30.06.2003)
				und Abs. 3 2. Halb- satz	aufgehoben
11.	Gesetz zur Änderung des Versammlungsgesetzes und des Strafgesetzbuches	24.03.2005	BGBl. I S. 969	§ 15 Abs. 2	eingefügt
				§ 25 Nr. 2	geändert
				§ 29 Abs. 1 Nr. 3	geändert
12.	Föderalismusreform- gesetz I	28.08.2006	BGBl. I S. 2034	Art. 125a Abs. 1 Grund- gesetz	Übertragung der Gesetzgebungskom- petenz auf die Länder Das Versammlungs- gesetz gilt als Bundes- recht fort. Künftige Änderungen können nur durch Landesgesetz erfolgen
13.	Gesetz zur Zusammen- führung der Regelungen über befriedete Bezirke für Verfassungsorgane des Bundes	08.12.2008	BGBl. I S. 2366	§ 16 Abs. 1, 2 und 3	geändert

II. Bayern

Bayerisches Versammlungsgesetz

Vom 22. Juli 2008 (GVBl. S. 421), zuletzt geändert durch § 1 Abs. 176 der Verordnung vom 26. März 2019 (GVBl. S. 98)

Art. 1 Grundsatz

(1) Jedermann hat das Recht, sich friedlich und ohne Waffen öffentlich mit anderen zu versammeln.

(2) Dieses Recht hat nicht,
1. wer das Grundrecht der Versammlungsfreiheit gemäß Art. 18 des Grundgesetzes verwirkt hat,
2. wer mit der Durchführung oder Teilnahme an einer Versammlung die Ziele einer nach Art. 21 Abs. 2 des Grundgesetzes für verfassungswidrig erklärten Partei oder Teil- oder Ersatzorganisation einer Partei fördern will,
3. eine Partei, die nach Art. 21 Abs. 2 des Grundgesetzes für verfassungswidrig erklärt worden ist, oder
4. eine Vereinigung, die nach Art. 9 Abs. 2 des Grundgesetzes oder nach dem Vereinsgesetz verboten ist.

Art. 2 Begriffsbestimmungen, Anwendungsbereich

(1) Eine Versammlung ist eine Zusammenkunft von mindestens zwei Personen zur gemeinschaftlichen, überwiegend auf die Teilhabe an der öffentlichen Meinungsbildung gerichteten Erörterung oder Kundgebung.

(2) Eine Versammlung ist öffentlich, wenn die Teilnahme nicht auf einen individuell feststehenden Personenkreis beschränkt ist.

(3) Soweit nichts anderes bestimmt ist, gilt dieses Gesetz nur für öffentliche Versammlungen.

Art. 3 Versammlungsleitung

(1) [1]Der Veranstalter leitet die Versammlung. [2]Er kann die Leitung einer natürlichen Person übertragen.

(2) Veranstaltet eine Vereinigung die Versammlung, ist Leiter die Person, die den Vorsitz der Vereinigung führt, es sei denn, der Veranstalter hat die Leitung nach Abs. 1 Satz 2 auf eine andere natürliche Person übertragen.

(3) Abs. 1 und 2 gelten nicht für Spontanversammlungen nach Art. 13 Abs. 4.

Art. 4 Leitungsrechte und -pflichten

(1) Der Leiter
1. bestimmt den Ablauf der Versammlung, insbesondere durch Erteilung und Entziehung des Worts,
2. hat während der Versammlung für Ordnung zu sorgen,
3. kann die Versammlung jederzeit schließen und
4. muss während der Versammlung anwesend sein.

(2) [1]Der Leiter kann sich zur Erfüllung seiner Aufgaben der Hilfe einer angemessenen Anzahl volljähriger Ordner bedienen. [2]Die Ordner müssen weiße Armbinden mit der Aufschrift »Ordner« oder »Ordnerin« tragen; zusätzliche Kennzeichnungen sind nicht zulässig. [3]Der Leiter darf keine Ordner einsetzen, die Waffen oder sonstige Gegenstände mit sich führen, die ihrer Art nach geeignet und den Umständen nach dazu bestimmt sind, Personen zu verletzen oder Sachen zu beschädigen.

(3) [1]Polizeibeamte haben das Recht auf Zugang und auf einen angemessenen Platz
1. bei Versammlungen unter freiem Himmel, wenn dies zur polizeilichen Aufgabenerfüllung erforderlich ist,
2. bei Versammlungen in geschlossenen Räumen, wenn tatsächliche Anhaltspunkte für die Begehung von Straftaten vorliegen oder eine erhebliche Gefahr für die öffentliche Sicherheit zu besorgen ist.

[2]Polizeibeamte haben sich dem Leiter zu erkennen zu geben; bei Versammlungen unter freiem Himmel genügt es, wenn dies die polizeiliche Einsatzleitung tut.

Art. 5 Pflichten der teilnehmenden Personen

(1) Personen, die an der Versammlung teilnehmen, haben die zur Aufrechterhaltung der Ordnung getroffenen Anweisungen des Leiters oder der Ordner zu befolgen.

(2) Wer aus der Versammlung ausgeschlossen wird, hat sie unverzüglich zu verlassen.

(3) Wird eine Versammlung aufgelöst, haben sich alle teilnehmenden Personen unverzüglich zu entfernen.

Art. 6 Waffenverbot

Es ist verboten, Waffen oder sonstige Gegenstände, die ihrer Art nach zur Verletzung von Personen oder zur Beschädigung von Sachen geeignet und den Umständen nach dazu bestimmt sind, ohne Erlaubnis der zuständigen Behörde
1. bei Versammlungen mit sich zu führen oder
2. auf dem Weg zu Versammlungen mit sich zu führen, zu Versammlungen hinzuschaffen oder sie zur Verwendung bei Versammlungen bereitzuhalten oder zu verteilen.

Art. 7 Uniformierungs- und Militanzverbot

Es ist verboten,

1. in einer öffentlichen oder nichtöffentlichen Versammlung Uniformen, Uniformteile oder gleichartige Kleidungsstücke als Ausdruck einer gemeinsamen politischen Gesinnung zu tragen oder
2. an einer öffentlichen oder nichtöffentlichen Versammlung in einer Art und Weise teilzunehmen, die dazu beiträgt, dass die Versammlung oder ein Teil hiervon nach dem äußeren Erscheinungsbild paramilitärisch geprägt wird,

sofern dadurch eine einschüchternde Wirkung entsteht.

Art. 8 Störungsverbot, Aufrufverbot

(1) Störungen, die bezwecken, die ordnungsgemäße Durchführung öffentlicher oder nichtöffentlicher Versammlungen zu verhindern, sind verboten.

(2) Es ist insbesondere verboten,

1. in der Absicht, nicht verbotene öffentliche oder nichtöffentliche Versammlungen zu verhindern oder zu sprengen oder sonst ihre Durchführung zu vereiteln, Gewalttätigkeiten vorzunehmen oder anzudrohen oder erhebliche Störungen zu verursachen oder
2. bei einer öffentlichen Versammlung dem Leiter oder den Ordnern in der rechtmäßigen Erfüllung ihrer Ordnungsaufgaben mit Gewalt oder Drohung mit Gewalt Widerstand zu leisten oder sie während der Ausübung ihrer Ordnungsaufgaben tätlich anzugreifen.

(3) Es ist verboten, öffentlich, in einer öffentlichen oder nichtöffentlichen Versammlung, im Internet oder durch Verbreiten von Schriften, Ton- oder Bildträgern, Datenspeichern, Abbildungen oder anderen Darstellungen zur Teilnahme an einer Versammlung aufzufordern, deren Durchführung durch ein vollziehbares Verbot untersagt oder deren vollziehbare Auflösung angeordnet worden ist.

Art. 9 Bild- und Tonaufnahmen oder -aufzeichnungen

(1) [1]Die Polizei darf bei oder im Zusammenhang mit Versammlungen Bild- und Tonaufnahmen oder -aufzeichnungen von Teilnehmern nur offen und nur dann anfertigen, wenn tatsächliche Anhaltspunkte die Annahme rechtfertigen, dass von ihnen erhebliche Gefahren für die öffentliche Sicherheit oder Ordnung ausgehen. [2]Die Maßnahmen dürfen auch durchgeführt werden, wenn Dritte unvermeidbar betroffen werden.

(2) [1]Die Polizei darf Übersichtsaufnahmen von Versammlungen unter freiem Himmel und ihrem Umfeld zur Lenkung und Leitung des Polizeieinsatzes nur offen und nur dann anfertigen, wenn dies wegen der Größe oder Unübersichtlichkeit der Versammlung im Einzelfall erforderlich ist. [2]Übersichtsaufnahmen dürfen aufgezeichnet werden, soweit Tatsachen die Annahme rechtfertigen, dass von Versammlungen, von Teilen hiervon oder ihrem Umfeld erhebliche Gefahren für die öffentliche Sicherheit oder Ordnung ausgehen. [3]Die Identifizierung einer auf den Übersichtsaufnahmen

oder -aufzeichnungen abgebildeten Person ist nur zulässig, soweit die Voraussetzungen nach Abs. 1 vorliegen.

(3) [1]Die nach Abs. 1 oder 2 angefertigten Bild-, Ton- und Übersichtsaufzeichnungen sind nach Beendigung der Versammlung unverzüglich auszuwerten und spätestens innerhalb von zwei Monaten zu löschen, soweit sie nicht benötigt werden

1. zur Verfolgung von Straftaten bei oder im Zusammenhang mit der Versammlung oder

2. im Einzelfall zur Gefahrenabwehr, weil die betroffene Person verdächtig ist, Straftaten bei oder im Zusammenhang mit der Versammlung vorbereitet oder begangen zu haben, und deshalb zu besorgen ist, dass von dieser Person erhebliche Gefahren für künftige Versammlungen ausgehen.

[2]Soweit die Identifizierung von Personen auf Bild-, Ton- und Übersichtsaufzeichnungen für Zwecke nach Satz 1 Nr. 2 nicht erforderlich ist, ist sie technisch unumkehrbar auszuschließen. [3]Bild-, Ton- und Übersichtsaufzeichnungen, die aus den in Satz 1 Nr. 2 genannten Gründen nicht gelöscht wurden, sind spätestens nach Ablauf von sechs Monaten seit ihrer Entstehung zu löschen, es sei denn, sie werden inzwischen zur Verfolgung von Straftaten nach Satz 1 Nr. 1 benötigt.

(4) [1]Soweit Übersichtsaufzeichnungen nach Abs. 2 Satz 2 zur polizeilichen Aus- und Fortbildung benötigt werden, ist hierzu eine eigene Fassung herzustellen, die eine Identifizierung der darauf abgebildeten Personen unumkehrbar ausschließt. [2]Sie darf nicht für andere Zwecke genutzt werden. [3]Die Herstellung einer eigenen Fassung für Zwecke der polizeilichen Aus- und Fortbildung ist nur zulässig, solange die Aufzeichnung nicht nach Abs. 3 zu löschen ist.

(5) [1]Die Gründe für die Anfertigung von Bild-, Ton- und Übersichtsaufzeichnungen nach Abs. 1 und 2 und für ihre Verwendung nach Abs. 3 Satz 1 Nrn. 1 und 2 sind zu dokumentieren. [2]Werden von Übersichtsaufzeichnungen eigene Fassungen nach Abs. 4 Satz 1 hergestellt, sind die Notwendigkeit für die polizeiliche Aus- und Fortbildung, die Anzahl der hergestellten Fassungen sowie der Ort der Aufbewahrung zu dokumentieren.

(6) Die Befugnisse zur Erhebung personenbezogener Daten nach Maßgabe der Strafprozessordnung und des Gesetzes über Ordnungswidrigkeiten bleiben unberührt.

Art. 10 Veranstalterrechte und -pflichten

(1) Bestimmte Personen oder Personenkreise können in der Einladung von der Teilnahme an der Versammlung ausgeschlossen werden.

(2) [1]Pressevertreter können nicht ausgeschlossen werden. [2]Sie haben sich gegenüber dem Leiter oder gegenüber den Ordnern als Pressevertreter auszuweisen.

(3) [1]Der Veranstalter hat der zuständigen Behörde auf Anforderung Familiennamen, Vornamen, Geburtsnamen und Anschrift (persönliche Daten) des Leiters mitzuteilen, wenn Tatsachen die Annahme rechtfertigen, dass dieser die Friedlichkeit der

Versammlung gefährdet. [2]Die zuständige Behörde kann den Leiter ablehnen, wenn die Voraussetzungen nach Satz 1 vorliegen.

(4) [1]Der Veranstalter hat der zuständigen Behörde auf Anforderung die persönlichen Daten eines Ordners im Sinn des Abs. 3 Satz 1 mitzuteilen, wenn Tatsachen die Annahme rechtfertigen, dass dieser die Friedlichkeit der Versammlung gefährdet. [2]Die zuständige Behörde kann den Ordner ablehnen, wenn die Voraussetzungen nach Satz 1 vorliegen.

(5) Die zuständige Behörde kann dem Veranstalter aufgeben, die Anzahl der Ordner zu erhöhen, wenn ohne die Erhöhung eine Gefahr für die öffentliche Sicherheit zu besorgen ist.

Art. 11 Ausschluss von Störern, Hausrecht

(1) Der Leiter kann teilnehmende Personen, die die Ordnung erheblich stören, von der Versammlung ausschließen.

(2) Der Leiter übt das Hausrecht aus.

Art. 12 Beschränkungen, Verbote, Auflösung

(1) Die zuständige Behörde kann die Durchführung einer Versammlung in geschlossenen Räumen beschränken oder verbieten, wenn
1. der Veranstalter eine der Voraussetzungen des Art. 1 Abs. 2 erfüllt,
2. Tatsachen festgestellt sind, aus denen sich ergibt, dass der Veranstalter oder der Leiter Personen Zutritt gewähren wird, die Waffen oder sonstige Gegenstände im Sinn des Art. 6 mit sich führen,
3. Tatsachen festgestellt sind, aus denen sich ergibt, dass der Veranstalter oder sein Anhang einen gewalttätigen Verlauf der Versammlung anstrebt, oder
4. Tatsachen festgestellt sind, aus denen sich ergibt, dass der Veranstalter oder sein Anhang Ansichten vertreten oder Äußerungen dulden wird, die ein Verbrechen oder ein von Amts wegen zu verfolgendes Vergehen zum Gegenstand haben.

(2) [1]Nach Versammlungsbeginn kann die zuständige Behörde die Versammlung unter Angabe des Grundes beschränken oder auflösen, wenn
1. der Veranstalter eine der Voraussetzungen des Art. 1 Abs. 2 erfüllt,
2. die Versammlung einen gewalttätigen Verlauf nimmt oder eine unmittelbare Gefahr für Leben oder Gesundheit der teilnehmenden Personen besteht,
3. der Leiter Personen, die Waffen oder sonstige Gegenstände im Sinn des Art. 6 mit sich führen, nicht sofort ausschließt und nicht für die Durchführung des Ausschlusses sorgt, oder
4. durch den Verlauf der Versammlung gegen Strafgesetze verstoßen wird, die ein Verbrechen oder ein von Amts wegen zu verfolgendes Vergehen zum Gegenstand haben, oder wenn in der Versammlung zu solchen Straftaten aufgefordert oder angereizt wird und der Leiter dies nicht unverzüglich unterbindet.

[2]In den Fällen von Satz 1 Nrn. 2 bis 4 ist die Auflösung nur zulässig, wenn andere Maßnahmen der zuständigen Behörde, insbesondere eine Unterbrechung, nicht ausreichen.

Art. 13 Anzeige- und Mitteilungspflicht

(1) [1]Wer eine Versammlung unter freiem Himmel veranstalten will, hat dies der zuständigen Behörde spätestens 48 Stunden vor ihrer Bekanntgabe fernmündlich, schriftlich, elektronisch oder zur Niederschrift anzuzeigen. [2]Bei der Berechnung der Frist bleiben Samstage, Sonn- und Feiertage außer Betracht. [3]Bei einer fernmündlichen Anzeige kann die zuständige Behörde verlangen, die Anzeige schriftlich, elektronisch oder zur Niederschrift unverzüglich nachzuholen. [4]Eine Anzeige ist frühestens zwei Jahre vor dem beabsichtigten Versammlungsbeginn möglich. [5]Bekanntgabe einer Versammlung ist die Mitteilung des Veranstalters von Ort, Zeit und Thema der Versammlung an einen bestimmten oder unbestimmten Personenkreis.

(2) [1]In der Anzeige sind anzugeben
1. der Ort der Versammlung,
2. der Zeitpunkt des beabsichtigten Beginns und des beabsichtigten Endes der Versammlung,
3. das Versammlungsthema,
4. der Veranstalter und der Leiter mit ihren persönlichen Daten im Sinn des Art. 10 Abs. 3 Satz 1 sowie
5. bei sich fortbewegenden Versammlungen der beabsichtigte Streckenverlauf.

[2]Der Veranstalter hat wesentliche Änderungen der Angaben nach Satz 1 der zuständigen Behörde unverzüglich mitzuteilen.

(3) Entsteht der Anlass für eine geplante Versammlung kurzfristig (Eilversammlung), ist die Versammlung spätestens mit der Bekanntgabe fernmündlich, schriftlich, elektronisch oder zur Niederschrift bei der zuständigen Behörde oder bei der Polizei anzuzeigen.

(4) Die Anzeigepflicht entfällt, wenn sich die Versammlung aus einem unmittelbaren Anlass ungeplant und ohne Veranstalter entwickelt (Spontanversammlung).

(5) Die zuständige Behörde kann den Leiter ablehnen, wenn Tatsachen die Annahme rechtfertigen, dass dieser die Friedlichkeit der Versammlung gefährdet.

(6) [1]Der Veranstalter hat der zuständigen Behörde auf Anforderung die persönlichen Daten eines Ordners im Sinn des Art. 10 Abs. 3 Satz 1 mitzuteilen, wenn Tatsachen die Annahme rechtfertigen, dass dieser die Friedlichkeit der Versammlung gefährdet. [2]Die zuständige Behörde kann den Ordner ablehnen, wenn die Voraussetzungen nach Satz 1 vorliegen.

(7) Die zuständige Behörde kann dem Veranstalter aufgeben, die Anzahl der Ordner zu erhöhen, wenn ohne die Erhöhung eine Gefahr für die öffentliche Sicherheit zu besorgen ist.

Art. 14 Zusammenarbeit

(1) ¹Die zuständige Behörde soll dem Veranstalter Gelegenheit geben, mit ihr die Einzelheiten der Durchführung der Versammlung zu erörtern. ²Der Veranstalter ist zur Mitwirkung nicht verpflichtet.

(2) Die zuständige Behörde kann bei Maßnahmen nach Art. 15 berücksichtigen, inwieweit der Veranstalter oder der Leiter nach Abs. 1 mit ihr zusammenarbeiten.

Art. 15 Beschränkungen, Verbote, Auflösung

(1) Die zuständige Behörde kann eine Versammlung beschränken oder verbieten, wenn nach den zur Zeit des Erlasses der Verfügung erkennbaren Umständen die öffentliche Sicherheit oder Ordnung bei Durchführung der Versammlung unmittelbar gefährdet ist oder ein Fall des Art. 12 Abs. 1 vorliegt.

(2) Die zuständige Behörde kann eine Versammlung insbesondere dann beschränken oder verbieten, wenn nach den zur Zeit des Erlasses der Verfügung erkennbaren Umständen
1. die Versammlung an einem Tag oder Ort stattfinden soll, dem ein an die nationalsozialistische Gewalt- und Willkürherrschaft erinnernder Sinngehalt mit gewichtiger Symbolkraft zukommt, und durch sie
   a) eine Beeinträchtigung der Würde der Opfer zu besorgen ist,
      oder
   b) die unmittelbare Gefahr einer erheblichen Verletzung grundlegender sozialer oder ethischer Anschauungen besteht oder
2. durch die Versammlung die nationalsozialistische Gewalt- und Willkürherrschaft gebilligt, verherrlicht, gerechtfertigt oder verharmlost wird, auch durch das Gedenken an führende Repräsentanten des Nationalsozialismus, und dadurch die unmittelbare Gefahr einer Beeinträchtigung der Würde der Opfer besteht.

(3) Maßnahmen nach Abs. 1 oder 2 sind rechtzeitig vor Versammlungsbeginn zu treffen.

(4) Nach Versammlungsbeginn kann die zuständige Behörde eine Versammlung beschränken oder auflösen, wenn die Voraussetzungen für eine Beschränkung oder ein Verbot nach Abs. 1 oder 2 vorliegen oder gerichtlichen Beschränkungen zuwidergehandelt wird.

(5) Die zuständige Behörde kann teilnehmende Personen, die die Ordnung erheblich stören, von der Versammlung ausschließen.

(6) Eine verbotene Versammlung ist aufzulösen.

Art. 16 Schutzwaffen- und Vermummungsverbot

(1) Es ist verboten, bei Versammlungen oder sonstigen öffentlichen Veranstaltungen unter freiem Himmel oder auf dem Weg dorthin Schutzwaffen oder Gegenstände mit

sich zu führen, die als Schutzwaffen geeignet und den Umständen nach dazu bestimmt sind, Vollstreckungsmaßnahmen eines Trägers von Hoheitsbefugnissen abzuwehren.

(2) Es ist auch verboten,

1. an derartigen Veranstaltungen in einer Aufmachung teilzunehmen, die geeignet und den Umständen nach darauf gerichtet ist, die Feststellung der Identität zu verhindern, oder den Weg zu derartigen Veranstaltungen in einer solchen Aufmachung zurückzulegen,

2. bei derartigen Veranstaltungen oder auf dem Weg dorthin Gegenstände mit sich zu führen, die geeignet und den Umständen nach dazu bestimmt sind, die Feststellung der Identität zu verhindern, oder

3. sich im Anschluss an oder sonst im Zusammenhang mit derartigen Veranstaltungen mit anderen zu einem gemeinschaftlichen friedensstörenden Handeln zusammenzuschließen und dabei

   a) Waffen oder sonstige Gegenstände, die ihrer Art nach zur Verletzung von Personen oder Beschädigung von Sachen geeignet und den Umständen nach dazu bestimmt sind, mit sich zu führen,

   b) Schutzwaffen oder sonstige in Nr. 2 bezeichnete Gegenstände mit sich zu führen oder

   c) in einer in Nr. 1 bezeichneten Aufmachung aufzutreten.

(3) Die zuständige Behörde kann Ausnahmen von den Verboten nach Abs. 1 und 2 zulassen, wenn eine Gefährdung der öffentlichen Sicherheit oder Ordnung nicht zu besorgen ist.

(4) Abs. 1 und 2 gelten nicht für Gottesdienste unter freiem Himmel, kirchliche Prozessionen, Bittgänge und Wallfahrten, gewöhnliche Leichenbegängnisse, Züge von Hochzeitsgesellschaften und hergebrachte Volksfeste.

(5) Die zuständige Behörde kann Personen, die den Verboten nach Abs. 1 und 2 zuwiderhandeln, von der Versammlung ausschließen.

Art. 17 Befriedeter Bezirk

[1]Für den Landtag des Freistaates Bayern wird ein befriedeter Bezirk gebildet. [2]Der befriedete Bezirk um das Landtagsgebäude umfasst das nachfolgend umgrenzte Gebiet der Landeshauptstadt München: Max-Weber-Platz, Innere Wiener Straße, Wiener Platz, Innere Wiener Straße, Am Gasteig, Ludwigsbrücke, Westufer der Isar, Prinzregentenbrücke, südliches Rondell am Friedensengel, Prinzregentenstraße, Ismaninger Straße, Max-Weber-Platz. [3]Die angeführten Straßen und Plätze sind nicht Teil des befriedeten Bezirks.

Art. 18 Schutz des Landtags

[1]Versammlungen unter freiem Himmel sind innerhalb des befriedeten Bezirks verboten. [2]Ebenso ist es verboten, zu Versammlungen nach Satz 1 aufzufordern.

Art. 19 Zulassung von Versammlungen

(1) Nicht verbotene Versammlungen unter freiem Himmel können innerhalb des befriedeten Bezirks zugelassen werden.

(2) [1]Anträge auf Zulassung von Versammlungen nach Abs. 1 sind spätestens sieben Tage vor der Bekanntgabe schriftlich, elektronisch oder zur Niederschrift beim Staatsministerium des Innern, Sport und Integration einzureichen. [2]Art. 13 Abs. 2 und 3 gelten entsprechend.

(3) Über Anträge auf Zulassung entscheidet das Staatsministerium des Innern, für Sport und Integration im Einvernehmen mit dem Präsidenten des Landtags.

(4) Durch die Zulassung werden die übrigen Vorschriften dieses Gesetzes, insbesondere Art. 13 bis 15, nicht berührt.

Art. 20 Strafvorschriften

(1) Mit Freiheitsstrafe bis zu zwei Jahren oder mit Geldstrafe wird bestraft, wer
1. entgegen Art. 6 eine Waffe oder einen sonstigen Gegenstand der dort bezeichneten Art mit sich führt, zu einer Versammlung hinschafft, bereithält oder verteilt,
2. entgegen Art. 8 Abs. 2 Nr. 1 Gewalttätigkeiten vornimmt oder androht oder eine erhebliche Störung verursacht oder
3. entgegen Art. 16 Abs. 2 Nr. 3 Buchst. a sich mit anderen zu einem gemeinschaftlichen friedensstörenden Handeln zusammenschließt und dabei Waffen oder sonstige Gegenstände der dort bezeichneten Art mit sich führt.

(2) Mit Freiheitsstrafe bis zu einem Jahr oder mit Geldstrafe wird bestraft, wer
1. entgegen Art. 4 Abs. 2 Satz 3 Ordner verwendet,
2. entgegen Art. 8 Abs. 2 Nr. 2 einer dort genannten Person Widerstand leistet oder sie tätlich angreift,
3. entgegen Art. 8 Abs. 3 oder Art. 18 Satz 2 zur Teilnahme an einer Versammlung auffordert,
4. als Veranstalter oder als Leiter einer vollziehbaren Anordnung nach Art. 12 Abs. 1 oder 2 Satz 1, Art. 15 Abs. 1, 2 oder 4 oder einer gerichtlichen Beschränkung zuwiderhandelt,
5. entgegen Art. 16 Abs. 1 eine Schutzwaffe oder einen einschlägigen Gegenstand mit sich führt,
6. entgegen Art. 16 Abs. 2 Nr. 1 an einer derartigen Veranstaltung teilnimmt oder den Weg dorthin zurücklegt oder
7. entgegen Art. 16 Abs. 2 Nr. 3 sich mit anderen zu einem gemeinschaftlichen friedensstörenden Handeln zusammenschließt und dabei den in Art. 16 Abs. 2 Nr. 3 Buchst. b oder c bezeichneten Verboten zuwiderhandelt.

Art. 21 Bußgeldvorschriften

(1) Mit Geldbuße bis zu dreitausend Euro kann belegt werden, wer
1. als Leiter entgegen Art. 4 Abs. 3 Satz 1 Polizeibeamten keinen Zugang oder keinen angemessenen Platz einräumt,

2. entgegen Art. 7 Nr. 1 eine Uniform, ein Uniformteil oder ein gleichartiges Kleidungsstück trägt,
3. entgegen Art. 10 Abs. 2 Satz 1 Pressevertreter ausschließt,
4. als Veranstalter Personen als Leiter der Versammlung einsetzt, die von der zuständigen Behörde nach Art. 10 Abs. 3 Satz 2 oder Art. 13 Abs. 5 abgelehnt wurden,
5. als Veranstalter Ordner einsetzt, die von der zuständigen Behörde nach Art. 10 Abs. 4 Satz 2 oder nach Art. 13 Abs. 6 Satz 2 abgelehnt wurden,
6. einer vollziehbaren Anordnung nach Art. 12 Abs. 1 oder 2 Satz 1, Art. 15 Abs. 1, 2 oder 4 oder einer gerichtlichen Beschränkung zuwiderhandelt,
7. als Veranstalter oder als Leiter eine Versammlung unter freiem Himmel ohne Anzeige nach Art. 13 Abs. 1 Satz 1 oder Abs. 3 durchführt, ohne dass die Voraussetzungen nach Art. 13 Abs. 4 vorliegen,
8. entgegen Art. 16 Abs. 2 Nr. 2 einen einschlägigen Gegenstand mit sich führt, oder
9. entgegen Art. 18 Satz 1 an einer dort genannten Versammlung teilnimmt.

(2) Mit Geldbuße bis zu fünfhundert Euro kann belegt werden, wer
1. als Leiter Ordner einsetzt, die anders gekennzeichnet sind, als es nach Art. 4 Abs. 2 Satz 2 zulässig ist,
2. entgegen Art. 5 Abs. 2 die Versammlung nicht unverzüglich verlässt,
3. entgegen Art. 5 Abs. 3 sich nicht unverzüglich entfernt,
4. trotz wiederholter Zurechtweisung durch den Leiter oder einen Ordner fortfährt, entgegen Art. 8 Abs. 1 eine Versammlung zu stören,
5. als Veranstalter entgegen Art. 10 Abs. 3 Satz 1 persönliche Daten nicht oder nicht richtig mitteilt oder
6. entgegen Art. 13 Abs. 2 Satz 2 eine Mitteilung nicht macht.

Art. 22 Einziehung

[1]Gegenstände, auf die sich eine Straftat nach Art. 20 oder eine Ordnungswidrigkeit nach Art. 21 Abs. 1 Nrn. 6, 8 oder 9 oder Abs. 2 Nr. 4 bezieht, können eingezogen werden. [2]§ 74a des Strafgesetzbuchs und § 23 des Gesetzes über Ordnungswidrigkeiten sind anzuwenden.

Art. 23 Einschränkung von Grundrechten

Die Grundrechte der Versammlungsfreiheit (Art. 8 Abs. 1 des Grundgesetzes, Art. 113 der Verfassung) und der Meinungsfreiheit (Art. 5 Abs. 1 Satz 1 des Grundgesetzes, Art. 110 Abs. 1 Satz 1 der Verfassung) werden nach Maßgabe dieses Gesetzes eingeschränkt.

Art. 24 Zuständigkeiten

(1) Polizei im Sinn dieses Gesetzes ist die Polizei im Sinn des Art. 1 PAG.

(2) [1]Zuständige Behörden im Sinne dieses Gesetzes sind die Kreisverwaltungsbehörden. [2]Ab Beginn der Versammlung und in unaufschiebbaren Fällen kann auch die Polizei Maßnahmen treffen.

(3) [1]Bei Versammlungen unter freiem Himmel, die über das Gebiet einer Kreisverwaltungsbehörde hinaus gehen (überörtliche Versammlungen), genügt der Veranstalter seiner Anzeigepflicht, wenn er die Versammlung gegenüber einer zuständigen Kreisverwaltungsbehörde anzeigt. [2]Dies gilt nicht bei Eilversammlungen nach Art. 13 Abs. 3. [3]Die Kreisverwaltungsbehörde unterrichtet unverzüglich die übrigen betroffenen Kreisverwaltungsbehörden und die Regierung; berührt die Versammlung mehrere Regierungsbezirke, unterrichtet sie das Staatsministerium des Innern, für Sport und Integration.

(4) [1]Bei überörtlichen Versammlungen kann die Regierung bestimmen, dass eine der nach Abs. 2 Satz 1 zuständigen Kreisverwaltungsbehörden im Benehmen mit den übrigen über Verfügungen nach Art. 6, 13 Abs. 1 Satz 3, Abs. 5 bis 7, Art. 15 und 16 Abs. 3 entscheidet. [2]Bei überörtlichen Versammlungen, die mehrere Regierungsbezirke berühren, kann das Staatsministerium des Innern, für Sport und Integration diese Bestimmung treffen.

Art. 25 Keine aufschiebende Wirkung der Klage

Klagen gegen Entscheidungen nach diesem Gesetz haben keine aufschiebende Wirkung.

Art. 26 Kosten

Mit Ausnahme von Entscheidungen über Erlaubnisse nach Art. 6 sind Amtshandlungen nach diesem Gesetz kostenfrei.

Art. 27

(weggefallen)

Art. 28 Inkrafttreten, Außerkrafttreten, Übergangsregelung

(1) [1]Dieses Gesetz tritt am 1. Oktober 2008 in Kraft. [2]Es ersetzt nach Art. 125a Abs. 1 Satz 2 des Grundgesetzes das Gesetz über Versammlungen und Aufzüge (Versammlungsgesetz) in der Fassung der Bekanntmachung vom 15. November 1978 (BGBl. I S. 1789), zuletzt geändert durch Art. 1 des Gesetzes vom 24. März 2005 (BGBl. I S. 969).

(2) *(weggefallen)*

III. Berlin

Gesetz über Aufnahmen und Aufzeichnungen von Bild und Ton bei Versammlungen unter freiem Himmel und Aufzügen

Vom 23. April 2013 (GVBl. S. 103)

§ 1

(1) Die Polizei darf Bild- und Tonaufnahmen von Teilnehmerinnen und Teilnehmern bei oder im Zusammenhang mit öffentlichen Versammlungen unter freiem Himmel und Aufzügen nur anfertigen, wenn tatsächliche Anhaltspunkte die Annahme rechtfertigen, dass von ihnen erhebliche Gefahren für die öffentliche Sicherheit oder Ordnung ausgehen. Die Maßnahmen dürfen auch durchgeführt werden, wenn Dritte unvermeidbar betroffen werden.

(2) Die Unterlagen sind nach Beendigung der öffentlichen Versammlung oder zeitlich und sachlich damit unmittelbar im Zusammenhang stehender Ereignisse unverzüglich zu vernichten, soweit sie nicht benötigt werden
1. für die Verfolgung von Straftaten von Teilnehmerinnen und Teilnehmern oder
2. im Einzelfall zur Gefahrenabwehr, weil die betroffene Person verdächtigt ist, Straftaten bei oder im Zusammenhang mit der öffentlichen Versammlung vorbereitet oder begangen zu haben, und deshalb zu besorgen ist, dass von ihr erhebliche Gefahren für künftige öffentliche Versammlungen oder Aufzüge ausgehen.

Unterlagen, die aus den in Satz 1 Nummer 2 aufgeführten Gründen nicht vernichtet wurden, sind in jedem Fall spätestens nach Ablauf von drei Jahren seit ihrer Entstehung zu vernichten, es sei denn, sie würden inzwischen zu dem in Satz 1 Nummer 1 aufgeführten Zweck benötigt.

(3) Im Übrigen darf die Polizei Übersichtsaufnahmen von Versammlungen unter freiem Himmel und Aufzügen sowie ihrem Umfeld nur anfertigen, wenn dies wegen der Größe oder Unübersichtlichkeit der Versammlung oder des Aufzuges im Einzelfall zur Lenkung und Leitung des Polizeieinsatzes erforderlich ist. Die Übersichtsaufnahmen sind offen anzufertigen und dürfen weder aufgezeichnet noch zur Identifikation der Teilnehmerinnen und Teilnehmer genutzt werden. Die Versammlungsleitung ist unverzüglich über die Anfertigung von Übersichtsaufnahmen in Kenntnis zu setzen.[5]

§ 2

Dieses Gesetz schränkt das Grundrecht der Versammlungsfreiheit (Artikel 8 des Grundgesetzes) ein.

---

5 Red. Anm.:
Entscheidung des Verfassungsgerichtshofes des Landes Berlin
Vom 11. April 2014 (GVBl. S. 103)
Aus dem Urteil des Verfassungsgerichtshofes des Landes Berlin vom 11. April 2014 – VerfGH 129/13 – wird folgende Entscheidungsformel veröffentlicht:
§ 1 Absatz 3 des Gesetzes über Aufnahmen und Aufzeichnungen von Bild und Ton bei Versammlungen unter freiem Himmel und Aufzügen vom 23. April 2013 (GVBl. S. 103) ist mit der Verfassung von Berlin vereinbar.
… Die vorstehende Entscheidungsformel hat gemäß § 30 Absatz 2 des Gesetzes über den Verfassungsgerichtshof Gesetzeskraft.

§ 3

Dieses Gesetz ersetzt § 19a des Versammlungsgesetzes.

§ 4

Dieses Gesetz tritt am Tage nach der Verkündung im Gesetz- und Verordnungsblatt für Berlin in Kraft.

IV. Brandenburg

Gesetz über Versammlungen und Aufzüge an und auf Gräberstätten (Gräberstätten-Versammlungsgesetz – GräbVersammlG)[6]

Vom 26. Oktober 2006 (GVBl. I S. 114)

§ 1

(1) Öffentliche Versammlungen unter freiem Himmel und Aufzüge sind auf Gräberstätten (§ 1 Abs. 2 des Gesetzes zur Ausführung des Gräbergesetzes im Land Brandenburg – § 1 Abs. 2 GräbG-AGBbg: Gräberstätten im Sinne dieses Gesetzes sind Geländeflächen, auf denen Gräber nach § 1 Abs. 2 des Gräbergesetzes liegen, soweit auf ihnen zugunsten des Landes eine öffentliche Last nach § 2 des Gräbergesetzes ruht.) sowie in dem durch oder aufgrund dieses Gesetzes bestimmten Bereich der unmittelbaren und engen räumlichen Nähe von Gräberstätten verboten.[7]

(2) Im Einzelfall kann die zuständige Behörde auf Antrag des Veranstalters eine Ausnahme vom Verbot nach Absatz 1 erteilen, es sei denn, der äußere Ablauf oder der Gegenstand der Versammlung oder des Aufzugs, insbesondere auch eine vorgesehene nicht strafbare Kundgabe bestimmter Meinungen, lässt besorgen, dass
1. an Formen oder Inhalte nationalsozialistischen Heldengedenkens oder von Verlautbarungen des Oberkommandos der Wehrmacht oder an bestimmte kennzeichnende Gebräuche und Gepflogenheiten nationalsozialistischer Organisationen angeknüpft wird,
2. das Unrecht eines Angriffskriegs, einer Gewaltherrschaft, von Völkermord, von Verbrechen gegen die Menschlichkeit oder von Kriegsverbrechen auch nur teilweise geleugnet, gebilligt oder verharmlost wird oder
3. die verantwortliche oder auch nur tatsächliche Mitwirkung an diesem Unrecht oder an der Aufrechterhaltung der nationalsozialistischen Gewalt und

---

6 Zur verfassungsrechtlichen Bewertung des Gesetzes über Versammlungen und Aufzüge an und auf Grabstätten vgl. Scheffczyk/Wolf, in LKV 2007, 481–488. Danach sei § 1 Abs. 2 HS 2 verfassungswidrig, weil Art. 5 GG und Art. 19 BbgVerf verletzt werden.

7 Diese Verbote knüpfen nicht an die Meinungsäußerung an, sondern stellen die Art und Weise der kollektiven Meinungsäußerung auf die Modalitäten der Versammlungsdurchführung ab. Sie stellen den physischen Aspekt der Versammlung in den Mittelpunkt, vgl. auch *Holzner*, Die Polizei 2010, 69 (74).

Willkürherrschaft, auch nur in Ansehung soldatischer Leistungen, als ehrenhaft oder sonst vorbildlich dargestellt wird.

(3) Bei der Gräberstätte »Waldfriedhof Halbe« umfasst der Bereich der unmittelbaren und engen räumlichen Nähe die an sie angrenzenden und zum Betreten oder Befahren bestimmten oder geeigneten Flächen

1. der Ernst-Teichmann-Straße vom Abzweig des Weges am Friedhof an, einschließlich der Park- und Wendefläche vor dem Haupteingang zur Gräberstätte,
2. des Friedhofes der Gemeinde Halbe, einschließlich der Fläche des Denkmals an die Gefallenen des 1. Weltkriege, sowie
3. des Weges am Friedhof und des Weges, der in Verlängerung dieses Weges entlang der Einfriedung der Gräberstätte um diese herum bis auf die Ernst- Teichmann-Straße führt.

(4) Die Landesregierung kann durch Rechtsverordnung den Bereich der unmittelbaren und engen räumlichen Nähe weiterer Gräberstätten bestimmen.

§ 2

Dieses Gesetz ersetzt § 16 des Versammlungsgesetzes.

§ 3

Dieses Gesetz schränkt das Grundrecht auf Versammlungsfreiheit (Artikel 8 Abs. 1 des Grundgesetzes, Artikel 23 Abs. 1 der Verfassung des Landes Brandenburg) und das Grundrecht der freien Meinungsäußerung (Artikel 5 Abs. 1 des Grundgesetzes, Artikel 19 Abs. 1 der Verfassung des Landes Brandenburg) ein.

V. Niedersachsen

Niedersächsisches Versammlungsgesetz

Vom 7. Oktober 2010 (Nds. GVBl. S. 465, 532 – VORIS 21031 –)[8,9], zuletzt geändert durch Artikel 1 des Gesetzes vom 6. April 2017 (Nds. GVBl. S. 106)[10].

---

8 *Red. Anm.:*
  Artikel 1 des Gesetzes zur Neuregelung des Versammlungsrechts vom 7. Oktober 2010 (Nds. GVBl. S. 465).
9 *Red. Anm.:*
  Nach Artikel 6 Absatz 3 des Gesetzes zur Neuregelung des Versammlungsrechts vom 7. Oktober 2010 (Nds. GVBl. S. 465) gelten Zuständigkeitsvereinbarungen, die vor Inkrafttreten dieses Gesetzes nach § 6 Absatz 1 Nr. 2 des Modellkommunen-Gesetzes vom 8. Dezember 2005 (Nds. GVBl. S. 386), zuletzt geändert durch Artikel 13 des Gesetzes vom 28. Oktober 2009 (Nds. GVBl. S. 366, 410), getroffen wurden und die von § 24 Absatz 1 Satz 2 NVersG abweichen, bis zum Ablauf ihrer vereinbarten Geltungsdauer fort.
10 Nach Artikel 4 des Gesetzes vom 6. April 2017 (Nds. GVBl. S. 106) wird das Grundrecht der Versammlungsfreiheit (Artikel 8 Abs. 1 des Grundgesetzes) nach Maßgabe des vorgenannten Gesetzes eingeschränkt.

§ 1 Grundsatz

(1) Jedermann hat das Recht, sich friedlich und ohne Waffen mit anderen Personen zu versammeln.

(2) Dieses Recht hat nicht, wer das Grundrecht auf Versammlungsfreiheit gemäß Artikel 18 des Grundgesetzes verwirkt hat.

§ 2 Versammlungsbegriff

Eine Versammlung im Sinne dieses Gesetzes ist eine ortsfeste oder sich fortbewegende Zusammenkunft von mindestens zwei Personen zur gemeinschaftlichen, auf die Teilhabe an der öffentlichen Meinungsbildung gerichteten Erörterung oder Kundgebung.

§ 3 Friedlichkeit und Waffenlosigkeit

(1) Es ist verboten, in einer Versammlung oder aus einer Versammlung heraus durch Gewalttätigkeiten auf Personen oder Sachen einzuwirken.

(2) [1]Es ist verboten, Waffen oder sonstige Gegenstände, die zur Verletzung von Personen oder zur Beschädigung von Sachen geeignet und bestimmt sind,
1. auf dem Weg zu oder in einer Versammlung mit sich zu führen oder
2. zu einer Versammlung hinzuschaffen oder in einer Versammlung zur Verwendung bereitzuhalten oder zu verteilen.

[2]Die zuständige Behörde kann auf Antrag eine Befreiung vom Verbot nach Satz 1 erteilen, wenn dies zum Schutz einer an der Versammlung teilnehmenden Person erforderlich ist. [3]Auf Polizeibeamtinnen und Polizeibeamte im Dienst findet Satz 1 keine Anwendung.

(3) Es ist verboten, in einer Versammlung durch das Tragen von Uniformen oder Uniformteilen oder sonst in einer Art und Weise aufzutreten, die dazu geeignet und bestimmt ist, im Zusammenwirken mit anderen teilnehmenden Personen den Eindruck von Gewaltbereitschaft zu vermitteln.

§ 4 Störungsverbot

Es ist verboten, eine nicht verbotene Versammlung mit dem Ziel zu stören, deren ordnungsgemäße Durchführung zu verhindern.

§ 5 Anzeige

(1) [1]Wer eine Versammlung unter freiem Himmel durchführen will, hat dies der zuständigen Behörde spätestens 48 Stunden vor der Bekanntgabe der Versammlung anzuzeigen. [2]Bei der Berechnung der Frist werden Sonntage, gesetzliche Feiertage und Sonnabende nicht mitgerechnet.

(2) [1]In der Anzeige sind anzugeben
1. der Ort der Versammlung einschließlich des geplanten Streckenverlaufs bei sich fortbewegenden Versammlungen,

2. der beabsichtigte Beginn und das beabsichtigte Ende der Versammlung,
3. der Gegenstand der Versammlung,
4. Name, Vornamen, Geburtsname, Geburtsdatum und Anschrift (persönliche Daten) der Leiterin oder des Leiters sowie deren oder dessen telefonische oder sonstige Erreichbarkeit und
5. die erwartete Anzahl der teilnehmenden Personen.

[2]Die Leiterin oder der Leiter hat der zuständigen Behörde Änderungen der nach Satz 1 anzugebenden Umstände unverzüglich mitzuteilen.

(3) [1]Die zuständige Behörde kann von der Leiterin oder dem Leiter die Angabe
1. des geplanten Ablaufs der Versammlung,
2. der zur Durchführung der Versammlung voraussichtlich mitgeführten Gegenstände, insbesondere technischen Hilfsmittel, und
3. der Anzahl und der persönlichen Daten von Ordnerinnen und Ordnern
verlangen, soweit dies zur Abwehr einer Gefahr für die öffentliche Sicherheit erforderlich ist. [2]Die Leiterin oder der Leiter hat der zuständigen Behörde Änderungen der nach Satz 1 anzugebenden Umstände unverzüglich mitzuteilen.

(4) [1]Die in Absatz 1 Satz 1 genannte Frist gilt nicht, wenn bei ihrer Einhaltung der mit der Versammlung verfolgte Zweck nicht erreicht werden kann (Eilversammlung). [2]In diesem Fall ist die Versammlung unverzüglich anzuzeigen.

(5) Fällt die Bekanntgabe der Versammlung mit deren Beginn zusammen (Spontanversammlung), so entfällt die Anzeigepflicht.

§ 6 Zusammenarbeit

Die zuständige Behörde gibt der Leiterin oder dem Leiter einer Versammlung unter freiem Himmel die Gelegenheit zur Zusammenarbeit, insbesondere zur Erörterung von Einzelheiten der Durchführung der Versammlung.

§ 7 Versammlungsleitung

(1) [1]Jede nach § 5 anzuzeigende Versammlung unter freiem Himmel muss eine Leiterin oder einen Leiter haben. [2]Die Leiterin oder der Leiter bestimmt den Ablauf der Versammlung. [3]Sie oder er hat während der Versammlung für Ordnung zu sorgen und kann dazu insbesondere teilnehmende Personen, die die Versammlung stören, zur Ordnung rufen. [4]Sie oder er kann die Versammlung jederzeit beenden. [5]Sie oder er muss während der Versammlung anwesend und für die zuständige Behörde erreichbar sein.

(2) [1]Die Leiterin oder der Leiter kann sich zur Erfüllung ihrer oder seiner Aufgaben der Hilfe von Ordnerinnen und Ordnern bedienen, die weiße Armbinden mit der Aufschrift »Ordnerin« oder »Ordner« tragen müssen. [2]Ordnerinnen und Ordnern darf keine Befreiung nach § 3 Abs. 2 Satz 2 erteilt werden.

(3) Personen, die an der Versammlung teilnehmen, haben die zur Aufrechterhaltung der Ordnung getroffenen Anweisungen der Leiterin oder des Leiters oder einer Ordnerin oder eines Ordners zu befolgen.

§ 8 Beschränkung, Verbot, Auflösung

(1) Die zuständige Behörde kann eine Versammlung unter freiem Himmel beschränken, um eine unmittelbare Gefahr für die öffentliche Sicherheit oder Ordnung abzuwehren.

(2) ¹Die zuständige Behörde kann eine Versammlung verbieten oder auflösen, wenn ihre Durchführung die öffentliche Sicherheit unmittelbar gefährdet und die Gefahr nicht anders abgewehrt werden kann. ²Eine verbotene Versammlung ist aufzulösen. ³Nach der Auflösung haben sich die teilnehmenden Personen unverzüglich zu entfernen.

(3) Geht die Gefahr nicht von der Versammlung aus, so sind die in den Absätzen 1 und 2 genannten Maßnahmen nur zulässig, wenn
1. Maßnahmen gegen die die Gefahr verursachenden Personen nicht oder nicht rechtzeitig möglich sind oder keinen Erfolg versprechen und
2. die zuständige Behörde die Gefahr nicht oder nicht rechtzeitig selbst oder mit durch Amts- und Vollzugshilfe ergänzten Mitteln und Kräften abwehren kann.

(4) Eine Versammlung kann auch beschränkt oder verboten werden, wenn
1. sie an einem Tag oder Ort stattfinden soll, dem ein an die nationalsozialistische Gewalt- und Willkürherrschaft erinnernder Sinngehalt mit gewichtiger Symbolkraft zukommt und durch die Art und Weise der Durchführung der Versammlung der öffentliche Friede in einer die Würde der Opfer verletzenden Weise unmittelbar gefährdet wird, oder
2. durch die Versammlung die nationalsozialistische Gewalt- und Willkürherrschaft gebilligt, verherrlicht, gerechtfertigt oder verharmlost wird, auch durch das Gedenken an führende Repräsentanten des Nationalsozialismus, und dadurch der öffentliche Friede in einer die Würde der Opfer verletzenden Weise unmittelbar gefährdet wird.

§ 9 Schutzausrüstungs- und Vermummungsverbot

(1) Es ist verboten, auf dem Weg zu oder in einer Versammlung unter freiem Himmel Gegenstände mit sich zu führen, die als Schutzausrüstung geeignet und dazu bestimmt sind, Vollstreckungsmaßnahmen von Polizeibeamtinnen und Polizeibeamten abzuwehren.

(2) Es ist auch verboten,
1. an einer Versammlung in einer Aufmachung teilzunehmen, die zur Verhinderung der Feststellung der Identität geeignet und bestimmt ist, oder den Weg zu einer Versammlung in einer solchen Aufmachung zurückzulegen oder
2. auf dem Weg zu oder in einer Versammlung Gegenstände mit sich zu führen, die zur Verhinderung der Feststellung der Identität geeignet und bestimmt sind.

(3) Die zuständige Behörde befreit von den Verboten nach den Absätzen 1 und 2, wenn dadurch die öffentliche Sicherheit oder Ordnung nicht unmittelbar gefährdet wird.

§ 10 Besondere Maßnahmen

(1) [1]Die zuständige Behörde kann anhand der nach § 5 Abs. 2 und 3 erhobenen Daten durch Anfragen an Polizei- und Verfassungsschutzbehörden prüfen, ob die betroffene Person die öffentliche Sicherheit unmittelbar gefährdet. [2]Besteht diese Gefahr, kann die Behörde die Person als Leiterin oder Leiter ablehnen oder ihren Einsatz als Ordnerin oder Ordner untersagen. [3]Im Fall der Ablehnung muss die anzeigende Person eine andere Person als Leiterin oder Leiter benennen. [4]Die nach Satz 1 erhobenen Daten sind unverzüglich nach Beendigung der Versammlung unter freiem Himmel zu löschen, soweit sie nicht zur Verfolgung einer Straftat oder Ordnungswidrigkeit benötigt werden.

(2) [1]Die zuständige Behörde kann die Maßnahmen treffen, die zur Durchsetzung der Verbote nach den §§ 3 und 9 sowie zur Abwehr erheblicher Störungen der Ordnung der Versammlung durch teilnehmende Personen erforderlich sind. [2]Sie kann insbesondere Gegenstände sicherstellen; die §§ 27 bis 29 des Niedersächsischen Gesetzes über die öffentliche Sicherheit und Ordnung (Nds. SOG) gelten entsprechend.

(3) [1]Die zuständige Behörde kann Personen die Teilnahme an einer Versammlung untersagen oder diese von der Versammlung ausschließen, wenn dies zur Durchsetzung der Verbote nach den §§ 3 und 9 unerlässlich ist. [2]Sie kann teilnehmende Personen, die die Ordnung der Versammlung erheblich stören, von der Versammlung ausschließen, wenn die Ordnung der Versammlung nicht anders gewährleistet werden kann. [3]Ausgeschlossene Personen haben die Versammlung unverzüglich zu verlassen.

§ 11 Anwesenheitsrecht der Polizei

[1]Die Polizei kann bei Versammlungen unter freiem Himmel anwesend sein, wenn dies zur Erfüllung ihrer Aufgaben nach diesem Gesetz erforderlich ist. [2]Nach Satz 1 anwesende Polizeibeamtinnen und Polizeibeamte haben sich der Leiterin oder dem Leiter zu erkennen zu geben.

§ 12 Bild- und Tonübertragungen und -aufzeichnungen

(1) [1]Die Polizei kann Bild- und Tonaufzeichnungen von einer bestimmten Person auf dem Weg zu oder in einer Versammlung unter freiem Himmel offen anfertigen, um eine von dieser Person verursachte erhebliche Gefahr für die öffentliche Sicherheit abzuwehren. [2]Die Maßnahme darf auch durchgeführt werden, wenn andere Personen unvermeidbar betroffen werden.

(2) [1]Die Polizei kann eine unübersichtliche Versammlung und ihr Umfeld mittels Bild- und Tonübertragungen offen beobachten, wenn dies zur Abwehr einer von der Versammlung ausgehenden Gefahr für die öffentliche Sicherheit oder Ordnung erforderlich ist. [2]Sie kann zur Abwehr erheblicher Gefahren für die öffentliche Sicherheit

offen Bild- und Tonaufzeichnungen von nicht bestimmten teilnehmenden Personen (Übersichtsaufzeichnungen) anfertigen. [3]Die Auswertung von Übersichtsaufzeichnungen mit dem Ziel der Identifizierung einer Person ist nur zulässig, wenn die Voraussetzungen nach Absatz 1 vorliegen.

(3) [1]Die Bild- und Tonaufzeichnungen nach den Absätzen 1 und 2 sind nach Beendigung der Versammlung unverzüglich, spätestens aber nach zwei Monaten zu löschen oder unumkehrbar zu anonymisieren, soweit sie nicht
1. zur Verfolgung von Straftaten benötigt werden oder
2. zur Behebung einer Beweisnot unerlässlich sind.

[2]In den Fällen des Satzes 1 Nr. 2 sind die Daten für eine sonstige Verwendung zu sperren.

(4) Die der Anfertigung von Bild- und Tonaufzeichnungen nach den Absätzen 1 und 2 Satz 2 sowie der Verwendung nach Absatz 2 Satz 3 und Absatz 3 im Einzelfall zugrunde liegenden Zwecke sind zu dokumentieren.

§ 13 Versammlungsleitung

(1) [1]Wer zu einer Versammlung in geschlossenen Räumen einlädt, ist deren Leiterin oder Leiter. [2]Die oder der Einladende oder die Versammlung kann eine andere Person zur Leiterin oder zum Leiter bestimmen.

(2) In der Einladung kann die Teilnahme an der Versammlung auf bestimmte Personen oder Personenkreise beschränkt werden.

(3) [1]Wenn nicht ausschließlich bestimmte Personen eingeladen worden sind, darf Pressevertreterinnen und Pressevertretern der Zutritt zur Versammlung nicht versagt werden. [2]Diese haben sich gegenüber der Leiterin oder dem Leiter und gegenüber Ordnerinnen oder Ordnern nach Aufforderung als Pressevertreterin oder Pressevertreter auszuweisen.

(4) Die Leiterin oder der Leiter darf Personen, die entgegen § 3 Abs. 2 Waffen oder sonstige Gegenstände mit sich führen, keinen Zutritt gewähren.

(5) [1]Die Leiterin oder der Leiter kann teilnehmende Personen sowie Pressevertreterinnen und Pressevertreter von der Versammlung ausschließen, wenn sie die Ordnung erheblich stören. [2]Sie oder er hat Personen auszuschließen, die entgegen § 3 Abs. 2 Waffen oder sonstige Gegenstände mit sich führen. [3]Ausgeschlossene Personen haben die Versammlung unverzüglich zu verlassen.

(6) Im Übrigen gilt für die Leiterin oder den Leiter § 7 entsprechend.

§ 14 Beschränkung, Verbot, Auflösung

(1) Die zuständige Behörde kann eine Versammlung in geschlossenen Räumen beschränken, wenn ihre Friedlichkeit unmittelbar gefährdet ist.

(2) ¹Die zuständige Behörde kann eine Versammlung verbieten oder auflösen, wenn ihre Friedlichkeit unmittelbar gefährdet ist und die Gefahr nicht anders abgewehrt werden kann. ²Eine verbotene Versammlung ist aufzulösen. ³Nach der Auflösung haben sich die teilnehmenden Personen unverzüglich zu entfernen.

(3) Geht die Gefahr nicht von der Versammlung aus, so sind die in den Absätzen 1 und 2 genannten Maßnahmen nur zulässig, wenn

1. Maßnahmen gegen die die Gefahr verursachenden Personen nicht oder nicht rechtzeitig möglich sind oder keinen Erfolg versprechen und
2. die zuständige Behörde die Gefahr nicht oder nicht rechtzeitig selbst oder mit durch Amts- und Vollzugshilfe ergänzten Mitteln und Kräften abwehren kann.

(4) Maßnahmen nach den Absätzen 1 und 2 Satz 1 sind zu begründen.

§ 15 Besondere Maßnahmen

(1) ¹Die zuständige Behörde kann

1. von der oder dem Einladenden die Angabe der persönlichen Daten der Leiterin oder des Leiters und
2. von der Leiterin oder dem Leiter die Angabe der persönlichen Daten von Ordnerinnen und Ordnern

verlangen, soweit dies zur Gewährleistung der Friedlichkeit der Versammlung in geschlossenen Räumen erforderlich ist. ²Die Leiterin oder der Leiter hat der zuständigen Behörde Änderungen der nach Satz 1 anzugebenden Umstände unverzüglich mitzuteilen.

(2) ¹Die zuständige Behörde kann anhand der nach Absatz 1 erhobenen Daten durch Anfragen an Polizei- und Verfassungsschutzbehörden prüfen, ob die betroffene Person die Friedlichkeit der Versammlung unmittelbar gefährdet. ²Besteht diese Gefahr, kann die Behörde die Person als Leiterin oder Leiter ablehnen oder ihren Einsatz als Ordnerin oder Ordner untersagen. ³Im Fall der Ablehnung muss die oder der Einladende eine andere Person als Leiterin oder Leiter benennen. ⁴Die nach Satz 1 erhobenen Daten sind unverzüglich nach Beendigung der Versammlung zu löschen, soweit sie nicht zur Verfolgung einer Straftat oder Ordnungswidrigkeit benötigt werden.

(3) ¹Die zuständige Behörde kann vor Versammlungsbeginn die Maßnahmen treffen, die zur Durchsetzung der Verbote nach § 3 erforderlich sind. ²Sie kann insbesondere Gegenstände sicherstellen; die §§ 27 bis 29 Nds. SOG gelten entsprechend. ³Die zuständige Behörde kann Personen die Teilnahme an einer Versammlung untersagen, wenn die Gewährleistung der Friedlichkeit der Versammlung nicht anders möglich ist.

§ 16 Anwesenheitsrecht der Polizei

¹Die Polizei kann bei Versammlungen in geschlossenen Räumen anwesend sein, wenn dies zur Abwehr einer unmittelbaren Gefahr für die Friedlichkeit der Versammlung erforderlich ist. ²Nach Satz 1 anwesende Polizeibeamtinnen und Polizeibeamte haben sich der Leiterin oder dem Leiter zu erkennen zu geben.

§ 17 Bild- und Tonübertragungen und -aufzeichnungen

(1) [1]Die Polizei kann Bild- und Tonaufzeichnungen von einer bestimmten Person in einer Versammlung in geschlossenen Räumen offen anfertigen, um eine von dieser Person verursachte unmittelbare Gefahr für die Friedlichkeit der Versammlung abzuwehren. [2]Die Maßnahme darf auch durchgeführt werden, wenn andere Personen unvermeidbar betroffen werden.

(2) [1]Die Polizei kann eine unübersichtliche Versammlung mittels Bild- und Tonübertragungen offen beobachten, wenn dies zur Abwehr einer Gefahr für die Friedlichkeit der Versammlung erforderlich ist. [2]Sie kann zur Abwehr einer unmittelbaren Gefahr für die Friedlichkeit der Versammlung offen Bild- und Tonaufzeichnungen von nicht bestimmten teilnehmenden Personen (Übersichtsaufzeichnungen) anfertigen. [3]Die Auswertung von Übersichtsaufzeichnungen mit dem Ziel der Identifizierung einer Person ist nur zulässig, wenn die Voraussetzungen nach Absatz 1 vorliegen.

(3) [1]Die Bild- und Tonaufzeichnungen nach den Absätzen 1 und 2 sind nach Beendigung der Versammlung unverzüglich, spätestens aber nach zwei Monaten zu löschen oder unumkehrbar zu anonymisieren, soweit sie nicht
1. zur Verfolgung von Straftaten benötigt werden oder
2. zur Behebung einer Beweisnot unerlässlich sind.

[2]In den Fällen des Satzes 1 Nr. 2 sind die Daten für eine sonstige Verwendung zu sperren.

(4) Die der Anfertigung von Bild- und Tonaufzeichnungen nach den Absätzen 1 und 2 Satz 2 sowie der Verwendung nach Absatz 2 Satz 3 und Absatz 3 im Einzelfall zugrunde liegenden Zwecke sind zu dokumentieren.

§ 18 bis § 19

(weggefallen)

§ 20 Strafvorschriften

(1) Mit Freiheitsstrafe bis zu zwei Jahren oder mit Geldstrafe wird bestraft, wer
1. entgegen § 3 Abs. 2 Waffen oder sonstige dort bezeichnete Gegenstände mit sich führt, zu einer Versammlung hinschafft oder zur Verwendung bei einer solchen Versammlung bereithält oder verteilt, wenn die Tat nicht nach § 52 Abs. 3 Nr. 9 des Waffengesetzes mit Strafe bedroht ist, oder
2. in der Absicht, eine nicht verbotene Versammlung zu vereiteln, Gewalttätigkeiten begeht oder androht oder eine erhebliche Störung der Ordnung der Versammlung verursacht.

(2) [1]Mit Freiheitsstrafe bis zu einem Jahr oder mit Geldstrafe wird bestraft, wer
1. sich als Leiterin oder Leiter einer Ordnerin oder eines Ordners bedient, die oder der entgegen § 3 Abs. 2 Waffen oder sonstige dort bezeichnete Gegenstände mit sich führt,

2. öffentlich, in einer Versammlung oder durch Verbreiten von Schriften, Ton- oder Bildträgern, Datenspeichern, Abbildungen oder anderen Darstellungen zur Teilnahme an einer Versammlung aufruft,

    a) deren Durchführung vollziehbar verboten oder deren Auflösung vollziehbar angeordnet ist (§ 8 Abs. 2 und 4, § 14 Abs. 2) oder

    b) die nach § 18 Abs. 1 Satz 2 verboten ist,

3. als Leiterin oder Leiter entgegen einem vollziehbaren Verbot oder einer vollziehbaren Auflösung (§ 8 Abs. 2 und 4, § 14 Abs. 2) eine Versammlung durchführt,

4. entgegen § 9 Abs. 1 auf dem Weg zu oder in einer Versammlung unter freiem Himmel einen dort bezeichneten Gegenstand mit sich führt und dadurch einer vollziehbaren Maßnahme nach § 10 Abs. 2 zuwiderhandelt,

5. entgegen § 9 Abs. 2 Nr. 1 in einer dort bezeichneten Aufmachung an einer Versammlung unter freiem Himmel teilnimmt oder den Weg zu einer Versammlung in einer solchen Aufmachung zurücklegt und dadurch einer vollziehbaren Maßnahme nach § 10 Abs. 2 zuwiderhandelt oder

6. sich im Anschluss an eine Versammlung unter freiem Himmel mit anderen zusammenrottet und dabei einen in § 3 Abs. 2 oder § 9 Abs. 1 bezeichneten Gegenstand mit sich führt oder in einer in § 9 Abs. 2 Nr. 1 bezeichneten Weise aufgemacht ist.

[2]Eine Tat nach Satz 1 Nr. 2 Buchst. a und Nrn. 3 bis 5 ist nur strafbar, wenn die dort bezeichnete Anordnung rechtmäßig ist.

§ 21 Bußgeldvorschriften

(1) [1]Ordnungswidrig handelt, wer

1. in einer Versammlung entgegen § 3 Abs. 3 in einer dort bezeichneten Art und Weise auftritt und dadurch einer vollziehbaren Maßnahme nach § 10 Abs. 2 zuwiderhandelt,

2. als teilnehmende Person trotz wiederholter Ordnungsrufe durch die Leiterin oder den Leiter oder durch eine Ordnerin oder einen Ordner fortfährt, eine Versammlung zu stören,

3. als nicht teilnehmende Person entgegen einer vollziehbaren polizeilichen Anordnung fortfährt, eine Versammlung zu stören,

4. eine Versammlung unter freiem Himmel durchführt, deren fristgerechte Anzeige entgegen § 5 vollständig unterblieben ist,

5. als anzeigende Person wider besseres Wissen unrichtige oder unvollständige Angaben nach § 5 Abs. 2 Satz 1 macht,

6. als Leiterin oder Leiter wider besseres Wissen unrichtige oder unvollständige Angaben nach § 5 Abs. 3 Satz 1 Nr. 2 oder 3 oder § 15 Abs. 1 Satz 1 Nr. 2 macht,

7. als Leiterin oder Leiter eine Versammlung unter freiem Himmel wesentlich anders durchführt, als es in der Anzeige aufgrund des § 5 Abs. 2 Satz 1 Nrn. 1 und 2 angegeben ist,

8. sich als Leiterin oder Leiter einer Ordnerin oder eines Ordners bedient, die oder der entgegen § 7 Abs. 2 Satz 1 keine dort bezeichnete Armbinde trägt,

9. an einer Versammlung teilnimmt,
   a) deren Durchführung vollziehbar verboten ist (§ 8 Abs. 2 und 4, § 14 Abs. 2) oder
   b) die nach § 18 Abs. 1 Satz 2 verboten ist,
10. als Leiterin oder Leiter oder als teilnehmende Person einer vollziehbaren Beschränkung nach § 8 Abs. 1 oder 4 oder § 14 Abs. 1 oder einer gerichtlichen Beschränkung der Versammlung zuwiderhandelt,
11. sich nach einer vollziehbar angeordneten Auflösung der Versammlung nicht unverzüglich entfernt,
12. als ausgeschlossene Person die Versammlung nicht unverzüglich verlässt,
13. als anzeigende oder einladende Person eine Leiterin oder einen Leiter einsetzt, die oder der vollziehbar abgelehnt wurde (§ 10 Abs. 1 Satz 2, § 15 Abs. 2 Satz 2),
14. als Leiterin oder Leiter eine Ordnerin oder einen Ordner einsetzt, die oder der vollziehbar abgelehnt wurde (§ 10 Abs. 1 Satz 2, § 15 Abs. 2 Satz 2),
15. entgegen § 9 Abs. 2 Nr. 2 auf dem Weg zu oder in einer Versammlung unter freiem Himmel einen dort bezeichneten Gegenstand mit sich führt und dadurch einer vollziehbaren Maßnahme nach § 10 Abs. 2 zuwiderhandelt,
16. als einladende Person wider besseres Wissen unrichtige oder unvollständige Angaben nach § 15 Abs. 1 Satz 1 Nr. 1 macht oder
17. als Leiterin oder Leiter oder als teilnehmende Person einer Auflage nach § 19 Abs. 1 Satz 4 zuwiderhandelt.

[2]Die Tat kann in den Fällen des Satzes 1 Nrn. 1, 3 und 9 Buchst. a sowie Nrn. 10 bis 15 und 17 nur geahndet werden, wenn die dort bezeichnete Anordnung rechtmäßig ist.

(2) Die Ordnungswidrigkeit kann in den Fällen des Absatzes 1 Satz 1 Nrn. 2, 3, 5 bis 8, 11, 12, 15 und 16 mit einer Geldbuße bis zu 1.000 Euro und in den Fällen des Absatzes 1 Satz 1 Nrn. 1, 4, 9, 10, 13, 14 und 17 mit einer Geldbuße bis zu 3.000 Euro geahndet werden.

§ 22 Einziehung

[1]Gegenstände, auf die sich eine Straftat nach § 20 oder eine Ordnungswidrigkeit nach § 21 Abs. 1 Satz 1 Nr. 10 oder 15 bezieht, können eingezogen werden. [2]§ 74a des Strafgesetzbuchs und § 23 des Gesetzes über Ordnungswidrigkeiten sind anzuwenden.

§ 23 Einschränkung eines Grundrechts

Das Grundrecht der Versammlungsfreiheit (Artikel 8 Abs. 1 des Grundgesetzes) wird nach Maßgabe dieses Gesetzes eingeschränkt.

§ 24 Zuständigkeiten

(1) [1]Zuständige Behörde ist
1. vor Versammlungsbeginn die untere Versammlungsbehörde und
2. nach Versammlungsbeginn die Polizei.

²Die Aufgaben der unteren Versammlungsbehörde nehmen die Landkreise, kreisfreien Städte, großen selbständigen Städte und selbständigen Gemeinden wahr, auf dem Gebiet der Landeshauptstadt Hannover die Polizeidirektion Hannover. ³Für die Verfolgung und Ahndung von Ordnungswidrigkeiten nach § 21 sind die unteren Versammlungsbehörden zuständig.

(2) ¹Örtlich zuständig ist die Behörde, in deren Bezirk die Versammlung stattfindet. ²Berührt eine Versammlung unter freiem Himmel den Zuständigkeitsbereich mehrerer unterer Versammlungsbehörden, so bestimmt die den beteiligten Behörden gemeinsam vorgesetzte Fachaufsichtsbehörde die zuständige Behörde.

(3) ¹Die Aufgaben der Fachaufsicht werden gegenüber den selbständigen Gemeinden von den Landkreisen, gegenüber den Landkreisen, kreisfreien Städten und großen selbständigen Städten von den Polizeidirektionen als oberen Versammlungsbehörden sowie von dem für Inneres zuständigen Ministerium als oberster Versammlungsbehörde wahrgenommen. ²§ 102 Nds. SOG gilt entsprechend.

§ 25 Kostenfreiheit

Amtshandlungen nach diesem Gesetz sind kostenfrei.

VI. Sachsen

Gesetz über Versammlungen und Aufzüge im Freistaat Sachsen (Sächsisches Versammlungsgesetz)

Vom 25. Januar 2012 (SächsGVBl. S. 54)[11]
Geändert durch Artikel 4 des Gesetzes vom 17. Dezember 2013 (SächsGVBl. S. 890)[12]

§ 1

(1) Jedermann hat das Recht, öffentliche Versammlungen und Aufzüge zu veranstalten und an solchen Veranstaltungen teilzunehmen.

---

11 *Red. Anm.:*
Artikel 1 des Gesetzes über das Sächsische Versammlungsgesetz und zur Änderung des Polizeigesetzes des Freistaates Sachsen vom 25. Januar 2012 (SächsGVBl. S. 54).

12 *Red. Anm.:*
Nach Artikel 5 des Gesetzes zur Änderung des Polizeigesetzes des Freistaates Sachsen, zur Änderung des Sächsischen Verfassungsschutzgesetzes und zur Änderung des Sächsischen Versammlungsgesetzes sowie zur Änderung weiterer Gesetze vom 17. Dezember 2013 (SächsGVBl. S. 890) kann durch Artikel 4 dieses Gesetzes (= §§ 12 und 20 SächsVersG) das Grundrecht auf Versammlungsfreiheit (Artikel 8 des Grundgesetzes und Artikel 23 Abs. 2 der Verfassung des Freistaates Sachsen) eingeschränkt werden.

(2) Dieses Recht hat nicht,

1. wer das Grundrecht auf Versammlungsfreiheit gemäß Artikel 18 des Grundgesetzes verwirkt hat,

2. wer mit der Durchführung oder Teilnahme an einer solchen Veranstaltung die Ziele einer nach Artikel 21 Abs. 2 des Grundgesetzes durch das Bundesverfassungsgericht für verfassungswidrig erklärten Partei oder Teil- oder Ersatzorganisation einer Partei fördern will,

3. eine Partei, die nach Artikel 21 Abs. 2 des Grundgesetzes durch das Bundesverfassungsgericht für verfassungswidrig erklärt worden ist, oder

4. eine Vereinigung, die nach Artikel 9 Abs. 2 des Grundgesetzes verboten ist.

(3) Versammlung im Sinne dieses Gesetzes ist eine örtliche Zusammenkunft von mindestens zwei Personen zur gemeinschaftlichen, überwiegend auf die Teilhabe an der öffentlichen Meinungsbildung gerichteten Erörterung oder Kundgebung. Aufzug ist eine sich fortbewegende Versammlung.

(4) Eine Versammlung ist öffentlich, wenn die Teilnahme nicht auf einen individuell bestimmten Personenkreis beschränkt ist.

§ 2

(1) Wer zu einer öffentlichen Versammlung oder zu einem Aufzug öffentlich einlädt, muss als Veranstalter in der Einladung seinen Namen angeben.

(2) Bei öffentlichen Versammlungen und Aufzügen hat jedermann Störungen zu unterlassen, die bezwecken, die ordnungsgemäße Durchführung zu verhindern.

(3) Niemand darf bei öffentlichen Versammlungen oder Aufzügen Waffen oder sonstige Gegenstände, die ihrer Art nach zur Verletzung von Personen oder zur Beschädigung von Sachen geeignet und bestimmt sind, mit sich führen, ohne dazu behördlich ermächtigt zu sein. Ebenso ist es verboten, ohne behördliche Ermächtigung Waffen oder die in Satz 1 genannten Gegenstände auf dem Weg zu öffentlichen Versammlungen oder Aufzügen mit sich zu führen, zu derartigen Veranstaltungen hinzuschaffen oder sie zur Verwendung bei derartigen Veranstaltungen bereitzuhalten oder zu verteilen.

§ 3

Es ist verboten, öffentlich oder in einer Versammlung Uniformen, Uniformteile oder gleichartige Kleidungsstücke als Ausdruck einer gemeinsamen politischen Gesinnung zu tragen, wenn infolge des äußeren Erscheinungsbildes oder durch die Ausgestaltung der Versammlung Gewaltbereitschaft vermittelt und dadurch auf andere Versammlungsteilnehmer oder Außenstehende einschüchternd eingewirkt wird.

§ 4

Eine Versammlung kann nur im Einzelfall und nur dann verboten werden, wenn

1. der Veranstalter unter die Vorschriften des § 1 Abs. 2 Nr. 1 bis 4 fällt, und im Falle der Nummer 4 das Verbot durch die zuständige Verwaltungsbehörde festgestellt worden ist,

2. der Veranstalter oder Leiter der Versammlung Teilnehmern Zutritt gewährt, die Waffen oder sonstige Gegenstände im Sinne von § 2 Abs. 3 mit sich führen,

3. Tatsachen festgestellt sind, aus denen sich ergibt, dass der Veranstalter oder sein Anhang einen gewalttätigen oder aufrührerischen Verlauf der Versammlung anstreben,

4. Tatsachen festgestellt sind, aus denen sich ergibt, dass der Veranstalter oder sein Anhang Ansichten vertreten oder Äußerungen dulden werden, die ein Verbrechen oder ein von Amts wegen zu verfolgendes Vergehen zum Gegenstand haben.

§ 5

(1) Bestimmte Personen oder Personenkreise können in der Einladung von der Teilnahme an einer Versammlung ausgeschlossen werden.

(2) Pressevertreter können nicht ausgeschlossen werden; sie haben sich dem Leiter der Versammlung gegenüber durch ihren Presseausweis ordnungsgemäß auszuweisen.

§ 6

(1) Jede öffentliche Versammlung muss einen Leiter haben.

(2) Leiter der Versammlung ist der Veranstalter. Wird die Versammlung von einer Vereinigung veranstaltet, so ist ihr Vorsitzender der Leiter.

(3) Der Veranstalter kann die Leitung einer anderen Person übertragen.

(4) Der Leiter übt das Hausrecht aus.

§ 7

Der Leiter bestimmt den Ablauf der Versammlung. Er hat während der Versammlung für Ordnung zu sorgen. Er kann die Versammlung jederzeit unterbrechen oder schließen. Er bestimmt, wann eine unterbrochene Versammlung fortgesetzt wird.

§ 8

(1) Der Leiter kann sich bei der Durchführung seiner Rechte aus § 7 der Hilfe einer angemessenen Zahl ehrenamtlicher Ordner bedienen. Diese dürfen keine Waffen oder sonstigen Gegenstände im Sinne vom § 2 Abs. 3 mit sich führen, müssen volljährig und ausschließlich durch weiße Armbinden, die nur die Bezeichnung »Ordner« tragen dürfen, kenntlich sein.

(2) Der Leiter ist verpflichtet, die Zahl der von ihm bestellten Ordner der Polizei auf Anforderung mitzuteilen. Die Polizei kann die Zahl der Ordner angemessen beschränken.

§ 9

Alle Versammlungsteilnehmer sind verpflichtet, die zur Aufrechterhaltung der Ordnung getroffenen Anweisungen des Leiters oder der von ihm bestellten Ordner zu befolgen.

§ 10

(1) Der Leiter kann Teilnehmer, welche die Ordnung grob stören, von der Versammlung ausschließen.

(2) Wer aus der Versammlung ausgeschlossen wird, hat sie sofort zu verlassen.

§ 11

(1) Polizeibeamte können in eine öffentliche Versammlung entsandt werden, wenn eine Gefahr für die öffentliche Sicherheit besteht oder eine solche Gefahr zu befürchten ist.

(2) Werden Polizeibeamte in eine öffentliche Versammlung entsandt, so haben sie sich dem Leiter zu erkennen zu geben. Es muss ihnen ein angemessener Platz eingeräumt werden.

§ 12

(1) Die Polizei darf Bild- und Tonaufnahmen von Teilnehmern bei oder im Zusammenhang mit öffentlichen Versammlungen nur offen und nur dann anfertigen, wenn tatsächliche Anhaltspunkte die Annahme rechtfertigen, dass von ihnen erhebliche Gefahren für die öffentliche Sicherheit oder Ordnung ausgehen. Die Maßnahmen dürfen auch durchgeführt werden, wenn Dritte unvermeidbar betroffen werden.

(2) Die Unterlagen sind nach Beendigung der öffentlichen Versammlung oder zeitlich und sachlich damit unmittelbar im Zusammenhang stehender Ereignisse unverzüglich zu vernichten, soweit sie nicht für die Verfolgung von Straftaten von Teilnehmern benötigt werden.

(3) Die Befugnisse zur Erhebung personenbezogener Informationen nach Maßgabe der Strafprozessordnung und des Gesetzes über Ordnungswidrigkeiten bleiben unberührt.

§ 13

(1) Die Polizei kann die Versammlung nur dann und unter Angabe des Grundes auflösen, wenn
1. der Veranstalter unter die Vorschriften des § 1 Abs. 2 Nr. 1 bis 4 fällt, und im Falle der Nummer 4 das Verbot durch die zuständige Verwaltungsbehörde festgestellt worden ist,
2. die Versammlung einen gewalttätigen oder aufrührerischen Verlauf nimmt oder unmittelbare Gefahr für Leben und Gesundheit der Teilnehmer besteht,

3. der Leiter Personen, die Waffen oder sonstige Gegenstände im Sinne von § 2 Abs. 3 mit sich führen, nicht sofort ausschließt und für die Durchführung des Ausschlusses sorgt,

4. durch den Verlauf der Versammlung gegen Strafgesetze verstoßen wird, die ein Verbrechen oder von Amts wegen zu verfolgendes Vergehen zum Gegenstand haben, oder wenn in der Versammlung zu solchen Straftaten aufgefordert oder angereizt wird und der Leiter dies nicht unverzüglich unterbindet.

In den Fällen der Nummern 2 bis 4 ist die Auflösung nur zulässig, wenn andere polizeiliche Maßnahmen, insbesondere eine Unterbrechung, nicht ausreichen.

(2) Sobald eine Versammlung für aufgelöst erklärt ist, haben alle Teilnehmer sich sofort zu entfernen.

§ 14

(1) Wer die Absicht hat, eine öffentliche Versammlung unter freiem Himmel oder einen Aufzug zu veranstalten, hat dies spätestens 48 Stunden vor der Bekanntgabe der zuständigen Behörde unter Angabe des Gegenstandes der Versammlung oder des Aufzuges anzuzeigen.

(2) In der Anzeige ist anzugeben, welche Person für die Leitung der Versammlung oder des Aufzuges verantwortlich sein soll.

(3) Die in Absatz 1 genannte Frist gilt nicht, wenn bei ihrer Einhaltung der mit der Versammlung verfolgte Zweck gefährdet würde (Eilversammlung). In diesem Fall ist die Versammlung unverzüglich anzuzeigen.

(4) Fällt die Bekanntgabe der Versammlung mit deren Beginn zusammen (Spontanversammlung), entfällt die Anzeigepflicht.

(5) Soweit es nach Art und Umfang der Versammlung erforderlich ist, bietet die zuständige Behörde der Person, die eine öffentliche Versammlung veranstaltet oder der die Leitung übertragen worden ist, rechtzeitig ein Kooperationsgespräch an, um die Gefahrenlage und sonstige Umstände zu erörtern, die für die ordnungsgemäße Durchführung der Versammlung wesentlich sind. Im Rahmen der Kooperation informiert die zuständige Behörde die Person, die eine öffentliche Versammlung veranstaltet oder der die Leitung übertragen worden ist, vor und während der Versammlung über erhebliche Änderungen der Gefahrenlage, soweit dieses nach Art und Umfang der Versammlung erforderlich ist.

§ 15

(1) Die zuständige Behörde kann die Versammlung oder den Aufzug verbieten oder von bestimmten Beschränkungen abhängig machen, wenn nach den zur Zeit des Erlasses der Verfügung erkennbaren Umständen die öffentliche Sicherheit oder Ordnung bei Durchführung der Versammlung oder des Aufzuges unmittelbar gefährdet ist.

(2) Eine Versammlung oder ein Aufzug kann insbesondere verboten oder von bestimmten Beschränkungen abhängig gemacht werden, wenn

1. die Versammlung oder der Aufzug an einem Ort von historisch herausragender Bedeutung stattfindet, der an
   a) Menschen, die unter der nationalsozialistischen oder der kommunistischen Gewaltherrschaft Opfer menschenunwürdiger Behandlung waren,
   b) Menschen, die Widerstand gegen die nationalsozialistische oder kommunistische Gewaltherrschaft geleistet haben, oder
   c) die Opfer eines Krieges
   erinnert und
2. nach den zur Zeit des Erlasses der Verfügung konkret feststellbaren Umständen zu besorgen ist, dass durch die Versammlung oder den Aufzug die Würde von Personen im Sinne der Nummer 1 beeinträchtigt wird. Dies ist insbesondere der Fall, wenn die Versammlung oder der Aufzug
   a) die Gewaltherrschaft, das durch sie begangene Unrecht oder die Verantwortung des nationalsozialistischen Regimes für den Zweiten Weltkrieg und dessen Folgen leugnet, verharmlost oder gegen die Verantwortung anderer aufrechnet,
   b) Organe oder Vertreter der nationalsozialistischen oder kommunistischen Gewaltherrschaft als vorbildlich oder ehrenhaft darstellt oder
   c) gegen Aussöhnung oder Verständigung zwischen den Völkern auftritt.

Das Völkerschlachtdenkmal in Leipzig, die Frauenkirche mit dem Neumarkt in Dresden sowie am 13. und 14. Februar darüber hinaus auch die nördliche Altstadt und die südliche innere Neustadt in Dresden sind Orte nach Satz 1 Nr. 1. Ihre Abgrenzung ergibt sich aus der Anlage zu diesem Gesetz.

(3) Die zuständige Behörde kann eine Versammlung oder einen Aufzug auflösen, wenn

1. eine anzeigepflichtige Versammlung oder ein anzeigepflichtiger Aufzug nicht angezeigt wurde, wenn von den Angaben der Anzeige abgewichen oder den Beschränkungen zuwidergehandelt wird und eine Fortsetzung der Versammlung oder des Aufzuges zu einer konkreten Gefahr für die öffentliche Sicherheit führen würde oder
2. die Voraussetzungen für ein Verbot nach Absatz 1 oder 2 vorliegen.

(4) Verbotene Versammlungen und Aufzüge sind aufzulösen.

§ 16

Die §§ 14 und 15 gelten nicht für Gottesdienste unter freiem Himmel, kirchliche Prozessionen, Bittgänge und Wallfahrten, gewöhnliche Leichenbegängnisse, Züge von Hochzeitsgesellschaften und hergebrachte Volksfeste.

§ 17

(1) Es ist verboten, bei öffentlichen Versammlungen unter freiem Himmel, Aufzügen oder sonstigen öffentlichen Veranstaltungen unter freiem Himmel oder auf dem Weg

dorthin Schutzwaffen oder Gegenstände, die als Schutzwaffen geeignet und den Umständen nach dazu bestimmt sind, Vollstreckungsmaßnahmen eines Trägers von Hoheitsbefugnissen abzuwehren, mit sich zu führen.

(2) Es ist auch verboten,

1. an derartigen Veranstaltungen in einer Aufmachung, die geeignet und den Umständen nach darauf gerichtet ist, die Feststellung der Identität zu verhindern, teilzunehmen oder den Weg zu derartigen Veranstaltungen in einer solchen Aufmachung zurückzulegen,
2. bei derartigen Veranstaltungen oder auf dem Weg dorthin Gegenstände mit sich zu führen, die geeignet und den Umständen nach dazu bestimmt sind, die Feststellung der Identität zu verhindern.

(3) Die Absätze 1 und 2 gelten nicht, wenn es sich um Veranstaltungen im Sinne des § 16 handelt. Die zuständige Behörde kann weitere Ausnahmen von den Verboten der Absätze 1 und 2 zulassen, wenn eine Gefährdung der öffentlichen Sicherheit oder Ordnung nicht zu besorgen ist.

(4) Die zuständige Behörde kann zur Durchsetzung der Verbote der Absätze 1 und 2 Anordnungen treffen. Sie kann insbesondere Personen, die diesen Verboten zuwiderhandeln, von der Veranstaltung ausschließen.

§ 18

(1) Für Versammlungen unter freiem Himmel sind § 6 Abs. 1, §§ 7, 8 Abs. 1, §§ 9, 10 Abs. 2, §§ 11 und 13 Abs. 2 entsprechend anzuwenden.

(2) Die Verwendung von Ordnern bedarf polizeilicher Genehmigung. Sie ist bei der Anzeige zu beantragen.

(3) Die Polizei kann Teilnehmer, welche die Ordnung grob stören, von der Versammlung ausschließen.

§ 19

(1) Der Leiter des Aufzuges hat für den ordnungsmäßigen Ablauf zu sorgen. Er kann sich der Hilfe ehrenamtlicher Ordner bedienen, für welche § 8 Abs. 1 und § 18 gelten.

(2) Die Teilnehmer sind verpflichtet, die zur Aufrechterhaltung der Ordnung getroffenen Anordnungen des Leiters oder der von ihm bestellten Ordner zu befolgen.

(3) Vermag der Leiter sich nicht durchzusetzen, so ist er verpflichtet, den Aufzug für beendet zu erklären.

(4) Die Polizei kann Teilnehmer, welche die Ordnung grob stören, von dem Aufzug ausschließen.

§ 20

(1) Die Polizei darf von Personen bei oder im Zusammenhang mit einer öffentlichen Versammlung unter freiem Himmel oder einem Aufzug Bild- und Tonaufnahmen nur offen und nur dann anfertigen, wenn tatsächliche Anhaltspunkte die Annahme rechtfertigen, dass von diesen Personen eine erhebliche Gefahr für die öffentliche Sicherheit und Ordnung bei oder im Zusammenhang mit der Versammlung ausgeht. Die Maßnahmen dürfen auch durchgeführt werden, wenn Dritte unvermeidbar betroffen werden.

(2) Die Polizei darf Übersichtsbildübertragungen von öffentlichen Versammlungen unter freiem Himmel und Aufzügen sowie ihrem Umfeld nur offen und nur dann anfertigen, wenn und soweit dies wegen der Größe der Versammlung oder Unübersichtlichkeit der Versammlungslage zur Lenkung und Leitung eines Polizeieinsatzes im Einzelfall erforderlich ist. Eine Identifikation von Personen oder Aufzeichnung der Übertragung findet hierbei nicht statt.

(3) § 12 Abs. 2 und 3 gilt entsprechend.

§ 21

Das Grundrecht auf Versammlungsfreiheit (Artikel 8 Abs. 1 des Grundgesetzes und Artikel 23 Abs. 1 der Verfassung des Freistaates Sachsen), das Grundrecht auf informationelle Selbstbestimmung (Artikel 2 Abs. 1 in Verbindung mit Artikel 1 Abs. 1 des Grundgesetzes) sowie das Grundrecht auf Datenschutz (Artikel 33 der Verfassung des Freistaates Sachsen) werden durch dieses Gesetz eingeschränkt.

§ 22

Wer in der Absicht, nicht verbotene Versammlungen oder Aufzüge zu verhindern oder zu sprengen oder sonst ihre Durchführung zu vereiteln, Gewalttätigkeiten vornimmt oder androht oder grobe Störungen verursacht, wird mit Freiheitsstrafe bis zu zwei Jahren oder mit Geldstrafe bestraft.

§ 23

Wer bei einer öffentlichen Versammlung oder einem Aufzug dem Leiter oder einem Ordner in der rechtmäßigen Ausübung seiner Ordnungsbefugnisse mit Gewalt oder Drohung mit Gewalt Widerstand leistet oder ihn während der rechtmäßigen Ausübung seiner Ordnungsbefugnisse tätlich angreift, wird mit Freiheitsstrafe bis zu einem Jahr oder mit Geldstrafe bestraft.

§ 24

Wer öffentlich, in einer Versammlung oder durch Verbreiten von Schriften, Ton- oder Bildträgern, Abbildungen oder anderen Darstellungen zur Teilnahme an einer öffentlichen Versammlung oder einem Aufzug auffordert, nachdem die Durchführung durch ein vollziehbares Verbot untersagt oder die Auflösung angeordnet worden ist, wird mit Freiheitsstrafe bis zu einem Jahr oder mit Geldstrafe bestraft.

§ 25

Wer als Leiter einer öffentlichen Versammlung oder eines Aufzuges Ordner verwendet, die Waffen oder sonstige Gegenstände, die ihrer Art nach zur Verletzung von Personen oder Beschädigung von Sachen geeignet und bestimmt sind, mit sich führen, wird mit Freiheitsstrafe bis zu einem Jahr oder mit Geldstrafe bestraft.

§ 26

Wer als Leiter einer öffentlichen Versammlung unter freiem Himmel oder eines Aufzuges
1. die Versammlung oder den Aufzug wesentlich anders durchführt, als der Veranstalter bei der Anzeige angegeben hat, oder
2. Beschränkungen nach § 15 Abs. 1 oder 2 nicht nachkommt,

wird mit Freiheitsstrafe bis zu sechs Monaten oder mit Geldstrafe bis zu einhundertachtzig Tagessätzen bestraft.

§ 27

Wer als Veranstalter oder Leiter
1. eine öffentliche Versammlung oder einen Aufzug trotz vollziehbaren Verbots durchführt oder trotz Auflösung oder Unterbrechung durch die Polizei fortsetzt oder
2. eine öffentliche Versammlung unter freiem Himmel oder einen Aufzug ohne eine nach § 14 erforderliche Anzeige durchführt,

wird mit Freiheitsstrafe bis zu einem Jahr oder mit Geldstrafe bestraft.

§ 28

(1) Wer bei öffentlichen Versammlungen oder Aufzügen Waffen oder sonstige Gegenstände, die ihrer Art nach zur Verletzung von Personen oder Beschädigung von Sachen geeignet und bestimmt sind, mit sich führt, ohne dazu behördlich ermächtigt zu sein, wird mit Freiheitsstrafe bis zu einem Jahr oder mit Geldstrafe bestraft. Ebenso wird bestraft, wer ohne behördliche Ermächtigung Waffen oder sonstige Gegenstände im Sinne des Satzes 1 auf dem Weg zu öffentlichen Versammlungen oder Aufzügen mit sich führt, zu derartigen Veranstaltungen hinschafft oder sie zur Verwendung bei derartigen Veranstaltungen bereithält oder verteilt.

(2) Wer
1. entgegen § 17 Abs. 1 bei öffentlichen Versammlungen unter freiem Himmel, Aufzügen oder sonstigen öffentlichen Veranstaltungen unter freiem Himmel oder auf dem Weg dorthin Schutzwaffen oder Gegenstände, die als Schutzwaffen geeignet

und den Umständen nach dazu bestimmt sind, Vollstreckungsmaßnahmen eines Trägers von Hoheitsbefugnissen abzuwehren, mit sich führt,

2. entgegen § 17 Abs. 2 Nr. 1 an derartigen Veranstaltungen in einer Aufmachung, die geeignet und den Umständen nach darauf gerichtet ist, die Feststellung der Identität zu verhindern, teilnimmt oder den Weg zu derartigen Veranstaltungen in einer solchen Aufmachung zurücklegt oder

3. sich im Anschluss an oder sonst im Zusammenhang mit derartigen Veranstaltungen mit anderen zusammenrottet und dabei

   a) Waffen oder sonstige Gegenstände, die ihrer Art nach zur Verletzung von Personen oder Beschädigung von Sachen geeignet und bestimmt sind, mit sich führt,

   b) Schutzwaffen oder sonstige in Nummer 1 bezeichnete Gegenstände mit sich führt oder

   c) in der in Nummer 2 bezeichneten Weise aufgemacht ist,

wird mit Freiheitsstrafe bis zu einem Jahr oder mit Geldstrafe bestraft.

§ 29

Wer der Vorschrift des § 3 zuwider handelt, wird mit Freiheitsstrafe bis zu zwei Jahren oder mit Geldstrafe bestraft.

§ 30

(1) Ordnungswidrig handelt, wer

1. an einer öffentlichen Versammlung oder einem Aufzug teilnimmt, deren Durchführung durch vollziehbares Verbot untersagt ist,

2. entgegen § 17 Abs. 2 Nr. 2 bei einer öffentlichen Versammlung unter freiem Himmel, einem Aufzug oder einer sonstigen öffentlichen Veranstaltung unter freiem Himmel oder auf dem Weg dorthin Gegenstände, die geeignet und den Umständen nach dazu bestimmt sind, die Feststellung der Identität zu verhindern, mit sich führt,

3. sich trotz Auflösung einer öffentlichen Versammlung oder eines Aufzuges durch die zuständige Behörde nicht unverzüglich entfernt,

4. als Teilnehmer einer öffentlichen Versammlung unter freiem Himmel oder eines Aufzuges einer vollziehbaren Beschränkung nach § 15 Abs. 1 oder 2 nicht nachkommt,

5. trotz wiederholter Zurechtweisung durch den Leiter oder einen Ordner fortfährt, den Ablauf einer öffentlichen Versammlung oder eines Aufzuges zu stören,

6. sich nicht unverzüglich nach seiner Ausschließung aus einer öffentlichen Versammlung oder einem Aufzug entfernt,

7. der Aufforderung der Polizei, die Zahl der von ihm bestellten Ordner mitzuteilen, nicht nachkommt oder eine unrichtige Zahl mitteilt (§ 8 Abs. 2),

8. als Leiter oder Veranstalter einer öffentlichen Versammlung oder eines Aufzuges eine größere Zahl von Ordnern verwendet, als die Polizei zugelassen oder

genehmigt hat (§ 8 Abs. 2, § 18 Abs. 2), oder Ordner verwendet, die anders gekennzeichnet sind, als es nach § 8 Abs. 1 zulässig ist, oder

9. als Leiter den in eine öffentliche Versammlung entsandten Polizeibeamten die Anwesenheit verweigert oder ihnen keinen angemessenen Platz einräumt.

(2) Die Ordnungswidrigkeit kann in den Fällen des Absatzes 1 Nr. 1 bis 6 mit einer Geldbuße bis 500 EUR und in den Fällen des Absatzes 1 Nr. 7 bis 9 mit einer Geldbuße bis zu 2.500 EUR geahndet werden.

§ 31

Gegenstände, auf die sich eine Straftat nach § 28 oder § 29 oder eine Ordnungswidrigkeit nach § 30 Abs. 1 Nr. 2 oder 4 bezieht, können eingezogen werden. § 74a des Strafgesetzbuches und § 23 des Gesetzes über Ordnungswidrigkeiten sind anzuwenden.

§ 32

(1) Die Kreispolizeibehörden sind sachlich zuständig für die Durchführung dieses Gesetzes, soweit in Absatz 2 nichts anderes bestimmt ist; sie sind insbesondere zuständig für

1. die Erteilung der Ermächtigung zum Tragen von Waffen und ähnlichen Gegenständen nach § 2 Abs. 3,
2. das Verbot von Versammlungen in geschlossenen Räumen nach § 4,
3. die Entgegennahme der Anzeige von öffentlichen Versammlungen unter freiem Himmel und von Aufzügen nach § 14 Abs. 1,
4. das Verbot und die Auflösung von Versammlungen oder Aufzügen sowie die Erteilung von Beschränkungen nach § 15,
5. die Zulassung von Ausnahmen von Schutzwaffen- und Vermummungsverbot nach § 17 Abs. 3 Satz 2,
6. die Genehmigung der Verwendung von Ordnern nach § 18 Abs. 2 und § 19 Abs. 1 Satz 2,
7. Maßnahmen aufgrund des Polizeigesetzes des Freistaates Sachsen (SächsPolG) in der Fassung der Bekanntmachung vom 13. August 1999 (SächsGVBl. S. 466), zuletzt geändert durch Artikel 2 des Gesetzes vom 25. Januar 2012 (SächsGVBl. S. 54, 59), in der jeweils geltenden Fassung, die der Durchsetzung versammlungsrechtlicher Vorschriften oder Anordnungen dienen.

(2) Der Polizeivollzugsdienst ist sachlich zuständig für

1. die Geltendmachung des Auskunftsrechts über die Zahl der Ordner und die angemessene Beschränkung der Zahl der Ordner nach § 8 Abs. 2,
2. Bild- und Tonaufnahmen nach § 12,
3. die Auflösung von Versammlungen und Aufzügen nach § 13 Abs. 1 und § 15 Abs. 3 und 4,
4. die Anordnungen zur Durchsetzung des Schutzwaffen- und Vermummungsverbots nach § 17 Abs. 4,
5. den Ausschluss von Personen und Teilnehmern nach § 18 Abs. 3 und § 19 Abs. 4.

(3) Die sachliche Zuständigkeit des Polizeivollzugsdienstes nach § 60 Abs. 2 Sächs-PolG für die in Absatz 1 genannten Maßnahmen bleibt unberührt.

§ 33

(1) Örtlich zuständig ist die Kreispolizeibehörde, in deren Bezirk die Versammlung oder der Aufzug stattfindet.

(2) Berührt ein Aufzug die Bezirke mehrerer Kreispolizeibehörden, so ist die Kreispolizeibehörde örtlich zuständig, in deren Bezirk der Aufzug beginnt.

(3) Haben mehrere, in Bezirken verschiedener Kreispolizeibehörden beginnende Aufzüge einen gemeinsamen Endpunkt, so ist die Kreispolizeibehörde örtlich zuständig, in deren Bezirk der Endpunkt liegt.

(4) In den Fällen der Absätze 2 und 3 entscheidet die zuständige Kreispolizeibehörde im Benehmen mit den übrigen betroffenen Kreispolizeibehörden.

Anlage 1
(zu § 15 Abs. 2 Satz 4)

1. Das Völkerschlachtdenkmal in Leipzig umfasst in nordöstlicher Richtung die Prager Straße, in südöstlicher und südwestlicher Richtung jeweils die Grenze zum Südfriedhof und in nordwestlicher Richtung das östliche Teilstück des Friedhofsweges und das östliche Teilstück der Straße An der Tabaksmühle sowie das von diesen umschlossene Gebiet.
2. Die Frauenkirche mit dem Neumarkt in Dresden umfasst die Plätze An der Frauenkirche und Neumarkt sowie die Straße An der Frauenkirche.
3. Die nördliche Altstadt und die südliche innere Neustadt in Dresden umfassen den Theaterplatz, den Schloßplatz, die Augustusbrücke, den Neustädter Markt, die Köpckestraße, den Carolaplatz, die Carolabrücke, die St. Petersburger Straße zwischen Carolabrücke und Pirnaischem Platz, den Rathenauplatz, den Pirnaischen Platz, die westliche Seite der Ringstraße bis zum Rathausplatz, die unmittelbar am Rathaus verlaufende Stichstraße nördlich des Dr.-Külz-Ringes, die Pfarrgasse und den sich anschließenden Teil der Straße An der Kreuzkirche bis zum Altmarkt, den Altmarkt, die Wilsdruffer Straße, den Postplatz, die Sophienstraße und das von diesen umschlossene Gebiet.

VII. Sachsen-Anhalt

Gesetz des Landes Sachsen-Anhalt über Versammlungen und Aufzüge (Landesversammlungsgesetz)

Vom 3. Dezember 2009 (GVBl. LSA S. 558)

§ 1 Versammlungsfreiheit

(1) Jeder hat das Recht, öffentliche Versammlungen und Aufzüge zu veranstalten und an solchen Veranstaltungen teilzunehmen.

(2) Dieses Recht hat nicht,
1. wer das Grundrecht der Versammlungsfreiheit gemäß Artikel 18 des Grundgesetzes verwirkt hat,
2. wer mit der Durchführung oder Teilnahme an einer solchen Veranstaltung die Ziele einer nach Artikel 21 Abs. 2 des Grundgesetzes durch das Bundesverfassungsgericht für verfassungswidrig erklärten Partei oder Teil- oder Ersatzorganisation einer Partei fördern will,
3. eine Partei, die nach Artikel 21 Abs. 2 des Grundgesetzes durch das Bundesverfassungsgericht für verfassungswidrig erklärt worden ist, oder
4. eine Vereinigung, die nach Artikel 9 Abs. 2 des Grundgesetzes, Artikel 13 Abs. 2 der Verfassung des Landes Sachsen-Anhalt verboten ist.

§ 2 Einladung, Störungs- und Bewaffnungsverbot

(1) Wer zu einer öffentlichen Versammlung oder zu einem Aufzug einlädt, muss als Veranstalter in der Einladung seinen Namen angeben.

(2) Bei öffentlichen Versammlungen und Aufzügen hat jeder Störungen zu unterlassen, die bezwecken, die ordnungsgemäße Durchführung zu verhindern.

(3) Niemand darf bei öffentlichen Versammlungen oder Aufzügen Waffen oder sonstige Gegenstände, die ihrer Art nach zur Verletzung von Personen oder zur Beschädigung von Sachen geeignet und bestimmt sind, mit sich führen, ohne dazu behördlich ermächtigt zu sein. Ebenso ist es verboten, ohne behördliche Ermächtigung Waffen oder die in Satz 1 genannten Gegenstände auf dem Weg zu öffentlichen Versammlungen oder Aufzügen mit sich zu führen, zu derartigen Veranstaltungen hinzuschaffen oder sie zur Verwendung bei derartigen Veranstaltungen bereitzuhalten oder zu verteilen.

§ 3 Uniformierungsverbot

Es ist verboten, in einer öffentlichen Versammlung Uniformen, Uniformteile oder uniformähnliche Kleidungsstücke als Ausdruck einer gemeinsamen politischen Gesinnung zu tragen, sofern davon eine einschüchternde Wirkung ausgeht.

§ 4 Verbot einer öffentlichen Versammlung

Das Abhalten einer Versammlung in einem geschlossenen Raum kann nur im Einzelfall und nur dann verboten werden, wenn
1. der Veranstalter unter die Vorschriften des § 1 Abs. 2 Nrn. 1 bis 4 fällt und im Falle von § 1 Abs. 2 Nr. 4 das Verbot durch die zuständige Behörde festgestellt worden ist,
2. der Veranstalter oder Leiter der Versammlung Teilnehmern Zutritt gewährt, die Waffen oder sonstige Gegenstände im Sinne von § 2 Abs. 3 mit sich führen,
3. Tatsachen festgestellt sind, aus denen sich ergibt, dass der Veranstalter oder sein Anhang einen gewalttätigen oder aufrührerischen Verlauf der Versammlung anstreben,

4. Tatsachen festgestellt sind, aus denen sich ergibt, dass der Veranstalter oder sein Anhang Ansichten vertreten oder Äußerungen dulden werden, die ein Verbrechen oder ein von Amts wegen zu verfolgendes Vergehen zum Gegenstand haben.

§ 5   Beschränkung des Teilnehmerkreises

(1) Bestimmte Personen oder Personenkreise können in der Einladung von der Teilnahme an einer Versammlung ausgeschlossen werden.

(2) Pressevertreter können nicht ausgeschlossen werden; sie haben sich dem Leiter der Versammlung gegenüber durch ihren Presseausweis ordnungsgemäß auszuweisen.

§ 6   Versammlungsleiter

(1) Jede öffentliche Versammlung muss einen Leiter haben. Dies gilt nicht für Spontanversammlungen nach § 12 Abs. 1 Satz 2.

(2) Leiter der Versammlung ist der Veranstalter. Wird die Versammlung von einer Vereinigung veranstaltet, so ist ihr Vorsitzender der Leiter.

(3) Der Veranstalter kann die Leitung einer anderen Person übertragen.

(4) Der Leiter übt das Hausrecht aus.

§ 7   Rechte und Pflichten des Versammlungsleiters

Der Leiter bestimmt den Ablauf der Versammlung. Er hat während der Versammlung für Ordnung zu sorgen. Er kann die Versammlung jederzeit unterbrechen oder schließen. Er bestimmt, wann eine unterbrochene Versammlung fortgesetzt wird.

§ 8   Ordner

(1) Der Leiter kann sich bei der Durchführung seiner Rechte aus § 7 der Hilfe einer angemessenen Zahl ehrenamtlicher Ordner bedienen. Diese dürfen keine Waffen oder sonstigen Gegenstände im Sinne von § 2 Abs. 3 mit sich führen. Sie müssen geeignet und durch Armbinden, die nur die Bezeichnung »Ordner« tragen dürfen, kenntlich sein.

(2) Der Leiter ist verpflichtet, die Zahl der von ihm bestellten Ordner auf Anfordern mitzuteilen. Die zuständige Behörde kann die Zahl der Ordner angemessen beschränken.

§ 9   Teilnehmerpflichten

Alle Versammlungsteilnehmer sind verpflichtet, die zur Aufrechterhaltung der Ordnung getroffenen Anweisungen des Leiters oder der von ihm bestellten Ordner zu befolgen.

§ 10 Ausschlussrecht

(1) Der Leiter kann Teilnehmer, welche die Ordnung gröblich stören, von der Versammlung ausschließen.

(2) Wer aus der Versammlung ausgeschlossen wird, hat sie sofort zu verlassen.

§ 11 Auflösung einer Versammlung

(1) Die Polizei kann die Versammlung nur dann und unter Angabe des Grundes auflösen, wenn

1. der Veranstalter unter die Vorschriften des § 1 Abs. 2 Nrn. 1 bis 4 fällt und im Falle von § 1 Abs. 2 Nr. 4 das Verbot durch die zuständige Behörde festgestellt worden ist,
2. die Versammlung einen gewalttätigen oder aufrührerischen Verlauf nimmt oder unmittelbare Gefahr für Leben und Gesundheit der Teilnehmer besteht,
3. der Leiter Personen, die Waffen oder sonstige Gegenstände im Sinne von § 2 Abs. 3 mit sich führen, nicht sofort ausschließt und für die Durchführung des Ausschlusses sorgt,
4. durch den Verlauf der Versammlung gegen Strafgesetze verstoßen wird, die ein Verbrechen oder von Amts wegen zu verfolgendes Vergehen zum Gegenstand haben, oder wenn in der Versammlung zu solchen Straftaten aufgefordert oder angereizt wird und der Leiter dies nicht unverzüglich unterbindet.

In den Fällen von Satz 1 Nrn. 2 bis 4 ist die Auflösung nur zulässig, wenn andere polizeiliche Maßnahmen, insbesondere eine Unterbrechung, nicht ausreichen.

(2) Sobald eine Versammlung für aufgelöst erklärt ist, haben alle Teilnehmer sich sofort zu entfernen.

§ 12 Anmeldepflicht

(1) Wer die Absicht hat, eine öffentliche Versammlung unter freiem Himmel oder einen Aufzug zu veranstalten, hat dies spätestens 48 Stunden vor der Bekanntgabe der zuständigen Behörde unter Angabe des Gegenstandes der Versammlung oder des Aufzuges anzumelden. Dies gilt nicht für Versammlungen, die sich aus aktuellem Anlass augenblicklich und ohne Veranstalter bilden (Spontanversammlungen), und für Versammlungen, bei denen der mit der Versammlung verfolgte Zweck bei Einhaltung der Anmeldefrist nicht erreicht werden kann (Eilversammlungen).

(2) In der Anmeldung ist anzugeben, welche Person für die Leitung der Versammlung oder des Aufzuges verantwortlich sein soll.

(3) Die zuständige Behörde erörtert mit dem Veranstalter Einzelheiten der Durchführung der Versammlung, insbesondere geeignete Maßnahmen zur Wahrung der öffentlichen Sicherheit, und wirkt auf eine ordnungsgemäße Durchführung der Versammlung hin. Dem Veranstalter ist Gelegenheit zu geben, sich zu äußern und sachdienliche Fragen zu stellen. Der Veranstalter soll mit den zuständigen Behörden

kooperieren, insbesondere Auskunft über Art, Umfang und vorgesehenen Ablauf der Veranstaltung geben.

§ 13 Beschränkungen, Verbote, Auflösung

(1) Die zuständige Behörde kann die Versammlung oder den Aufzug von bestimmten Beschränkungen abhängig machen oder verbieten, wenn nach den zur Zeit des Erlasses der Verfügung erkennbaren Umständen die öffentliche Sicherheit bei Durchführung der Versammlung oder des Aufzuges unmittelbar gefährdet ist.

(2) Eine Versammlung unter freiem Himmel oder ein Aufzug kann insbesondere auch dann von bestimmten Beschränkungen abhängig gemacht oder verboten werden, wenn

1. die Versammlung oder der Aufzug an einem Ort oder Tag stattfindet, der in besonderer Weise an
   a) Menschen, die unter der nationalsozialistischen Gewaltherrschaft aus rassischen, religiösen oder politischen Gründen oder wegen einer Behinderung Opfer menschenunwürdiger Behandlung waren,
   b) Menschen, die Widerstand gegen die nationalsozialistische Gewaltherrschaft geleistet haben,
   c) die zivilen oder militärischen Opfer des zweiten Weltkrieges,
   d) die Opfer der schweren Menschenrechtsverletzungen während der Zeiten der sowjetischen Besatzung und der SED-Diktatur
   erinnert und
2. nach den zur Zeit des Erlasses der Verfügung konkret feststellbaren Umständen zu besorgen ist, dass durch die Art und Weise der Durchführung der Versammlung oder des Aufzuges die Gefahr einer erheblichen Verletzung ethischer und sozialer Grundanschauungen besteht, insbesondere die Würde oder Ehre von Personen im Sinne von Satz 1 Nr. 1 verletzt wird.

Gleiches gilt, wenn die Versammlung oder der Aufzug an einem Tag stattfindet, der
1. an die Schrecken der nationalsozialistischen Gewaltherrschaft erinnert oder
2. unter dieser besonders begangen wurde.

(3) Eine Versammlung oder ein Aufzug verletzt die ethischen und sozialen Grundanschauungen in erheblicher Weise regelmäßig dann, wenn die Versammlung oder der Aufzug
1. die nationalsozialistische Gewaltherrschaft billigt, verherrlicht, rechtfertigt oder verharmlost, auch durch das Gedenken an führende Repräsentanten des Nationalsozialismus, und dadurch die Gefahr einer Beeinträchtigung der Würde oder Ehre der Opfer besteht,
2. durch die Art und Weise der Durchführung ein Klima der Gewaltdemonstration oder potentieller Gewaltbereitschaft erzeugt oder durch das Gesamtgepräge an die Riten und Symbole der nationalsozialistischen Gewaltherrschaft anknüpft und Dritte hierdurch eingeschüchtert werden,
3. das friedliche Zusammenleben der Völker stört oder

4. die Menschenrechtsverletzungen nach Absatz 2 Satz 1 Nr. 1 Buchst. d verharmlost oder leugnet und dadurch die Gefahr einer Beeinträchtigung der Würde oder Ehre der Opfer besteht.

(4) Die zuständige Behörde kann eine Versammlung oder einen Aufzug auflösen, wenn die Voraussetzungen zu einem Verbot nach Absatz 1 oder 2 gegeben sind. Sie kann eine Versammlung oder einen Aufzug, die oder der nach Maßgabe von § 12 Abs. 1 Satz 1 anzumelden war, darüber hinaus auflösen, wenn
1. keine Anmeldung erfolgte,
2. von den Angaben der Anmeldung abgewichen wird oder
3. den Beschränkungen zuwidergehandelt wird und andere Maßnahmen nicht ausreichen.

(5) Eine verbotene Versammlung ist aufzulösen.

§ 14 Erinnerungsorte und Erinnerungstage

(1) Orte nach § 13 Abs. 2 Satz 1 sind:
1. die KZ-Gedenkstätte Lichtenburg Prettin,
2. die Gedenkstätte für Opfer der NS-»Euthanasie« Bernburg,
3. die Gedenkstätte Langenstein-Zwieberge,
4. die Gedenkstätte »Roter Ochse« Halle (Saale),
5. das Mahnmal in Dolle für ermordete Häftlinge des KZ Mittelbau-Dora,
6. die Mahn- und Gedenkstätte Feldscheune Isenschnibbe Gardelegen,
7. die Mahn- und Gedenkstätte Veckenstedter Weg Wernigerode,
8. die Gedenkstätte Moritzplatz Magdeburg,
9. die Gedenkstätte Deutsche Teilung Marienborn.

Die räumliche Abgrenzung der in Satz 1 Nrn. 1 bis 9 genannten Orte ergibt sich aus den Anlagen zu diesem Gesetz.

(2) Tage nach § 13 Abs. 2 Satz 2 Nr. 1 sind der 27. und 30. Januar, der 8. Mai, der 20. Juli, der 1. September sowie der 9. November. Tag nach § 13 Abs. 2 Satz 2 Nr. 2 ist der 20. April.

(3) Das Gesetz über die Sonn- und Feiertage in der Fassung der Bekanntmachung vom 25. August 2004 (GVBl. LSA S. 538), geändert durch § 13 Abs. 1 des Gesetzes vom 22. November 2006 (GVBl. LSA S. 528), bleibt unberührt.

§ 15 Bewaffnungs- und Vermummungsverbot

(1) Es ist verboten, bei öffentlichen Versammlungen unter freiem Himmel oder bei Aufzügen oder auf dem Weg dorthin Gegenstände, die als Schutzwaffen geeignet und den Umständen nach dazu bestimmt sind, Vollstreckungsmaßnahmen eines Trägers von öffentlich-rechtlichen Befugnissen abzuwehren, mit sich zu führen.

(2) Es ist auch verboten,
1. an derartigen Veranstaltungen in einer Aufmachung, die geeignet und den Umständen nach darauf gerichtet ist, die Feststellung der Identität zu verhindern,

teilzunehmen oder den Weg zu derartigen Veranstaltungen in einer solchen Aufmachung zurückzulegen,

2. bei derartigen Veranstaltungen oder auf dem Weg dorthin Gegenstände mit sich zu führen, die geeignet und den Umständen nach dazu bestimmt sind, die Feststellung der Identität zu verhindern.

(3) Die zuständige Behörde soll Ausnahmen von den Verboten der Absätze 1 und 2 zulassen, wenn eine Gefährdung der Friedlichkeit nicht zu besorgen ist. Sie kann zur Durchsetzung der Verbote der Absätze 1 und 2 Anordnungen treffen. Sie kann insbesondere Personen, die diesen Verboten zuwiderhandeln, von der Veranstaltung ausschließen.

§ 16 Durchführung einer Versammlung unter freiem Himmel

(1) Für Versammlungen unter freiem Himmel sind § 6 Abs. 1, die §§ 7, 8 Abs. 1, die §§ 9, 10 Abs. 2 und § 11 Abs. 2 entsprechend anzuwenden.

(2) Die Verwendung von Ordnern bedarf der Genehmigung. Sie ist bei der Anmeldung zu beantragen.

(3) Die Polizei kann Teilnehmer, welche die Ordnung gröblich stören, von der Versammlung ausschließen.

§ 17 Durchführung eines Aufzugs

(1) Der Leiter des Aufzuges hat für den ordnungsmäßigen Ablauf zu sorgen. Er kann sich der Hilfe ehrenamtlicher Ordner bedienen, für welche § 8 Abs. 1 und § 16 gelten.

(2) Die Teilnehmer sind verpflichtet, die zur Aufrechterhaltung der Ordnung getroffenen Anordnungen des Leiters oder der von ihm bestellten Ordner zu befolgen.

(3) Vermag der Leiter sich nicht durchzusetzen, so ist er verpflichtet, den Aufzug für beendet zu erklären.

(4) Die Polizei kann Teilnehmer, welche die Ordnung gröblich stören, von dem Aufzug ausschließen.

§ 18 Bild- und Tonaufzeichnungen

(1) Die Polizei darf Bild- und Tonaufzeichnungen von Teilnehmern bei oder im Zusammenhang mit öffentlichen Versammlungen nur anfertigen, wenn tatsächliche Anhaltspunkte die Annahme rechtfertigen, dass von ihnen erhebliche Gefahren für die öffentliche Sicherheit ausgehen. Die Maßnahmen dürfen auch durchgeführt werden, wenn Dritte unvermeidbar betroffen werden.

(2) Die Unterlagen sind nach Beendigung der öffentlichen Versammlung oder zeitlich und sachlich damit unmittelbar im Zusammenhang stehender Ereignisse unverzüglich zu vernichten, soweit sie nicht benötigt werden

1. für die Verfolgung von Straftaten von Teilnehmern oder

2. im Einzelfall zur Gefahrenabwehr, weil die betroffene Person verdächtigt ist, Straftaten bei oder im Zusammenhang mit der öffentlichen Versammlung vorbereitet oder begangen zu haben, und deshalb zu besorgen ist, dass von ihr erhebliche Gefahren für künftige öffentliche Versammlungen oder Aufzüge ausgehen.

Unterlagen, die aus den in Satz 1 Nr. 2 aufgeführten Gründen nicht vernichtet wurden, sind in jedem Fall spätestens nach Ablauf von drei Monaten seit ihrer Entstehung zu vernichten, es sei denn, sie würden inzwischen zu dem in Satz 1 Nr. 1 aufgeführten Zweck benötigt.

(3) Die Befugnisse zur Erhebung personenbezogener Informationen nach Maßgabe der Strafprozessordnung und des Gesetzes über Ordnungswidrigkeiten bleiben unberührt.

(4) Für Bild- und Tonaufnahmen von Teilnehmern gilt Absatz 1 entsprechend.

§ 19 Einschränkung von Grundrechten

Die §§ 12 bis 18 schränken das Grundrecht der Versammlungsfreiheit (Artikel 8 Abs. 1 des Grundgesetzes, Artikel 12 Abs. 1 der Verfassung des Landes Sachsen-Anhalt) ein. § 18 schränkt das Grundrecht auf den Schutz personenbezogener Daten (Artikel 2 Abs. 1 in Verbindung mit Artikel 1 Abs. 1 des Grundgesetzes, Artikel 6 Abs. 1 der Verfassung des Landes Sachsen-Anhalt) ein.

§ 20 Störung von Versammlungen

Wer in der Absicht, nicht verbotene öffentliche Versammlungen oder Aufzüge zu verhindern oder zu sprengen oder sonst ihre Durchführung zu vereiteln, Gewalttätigkeiten vornimmt oder androht oder grobe Störungen verursacht, wird mit Freiheitsstrafe bis zu zwei Jahren oder mit Geldstrafe bestraft.

§ 21 Störung der Versammlungsleitung

Wer bei einer öffentlichen Versammlung oder einem Aufzug dem Leiter oder einem Ordner in der rechtmäßigen Ausübung seiner Ordnungsbefugnisse mit Gewalt oder Drohung mit Gewalt Widerstand leistet oder ihn während der rechtmäßigen Ausübung seiner Ordnungsbefugnisse tätlich angreift, wird mit Freiheitsstrafe bis zu einem Jahr oder mit Geldstrafe bestraft.

§ 22 Öffentliche Aufforderung zur Teilnahme an einer verbotenen Versammlung

Wer öffentlich, in einer Versammlung oder durch Verbreiten von Schriften, Ton- oder Bildträgern, Abbildungen oder anderen Darstellungen zur Teilnahme an einer öffentlichen Versammlung oder einem Aufzug auffordert, nachdem die Durchführung durch ein vollziehbares Verbot untersagt oder die Auflösung angeordnet worden ist, wird mit Freiheitsstrafe bis zu einem Jahr oder mit Geldstrafe bestraft.

§ 23 Einsatz bewaffneter Ordner

Wer als Leiter einer öffentlichen Versammlung oder eines Aufzuges Ordner verwendet, die Waffen oder sonstige Gegenstände, die ihrer Art nach zur Verletzung von Personen oder Beschädigung von Sachen geeignet und bestimmt sind, mit sich führen, wird mit Freiheitsstrafe bis zu einem Jahr oder mit Geldstrafe bestraft.

§ 24 Missachtung von Beschränkungen

Wer als Leiter einer öffentlichen Versammlung unter freiem Himmel oder eines Aufzuges
1. die Versammlung oder den Aufzug wesentlich anders durchführt, als die Veranstalter bei der Anmeldung angegeben haben, oder
2. vollziehbaren Beschränkungen nach § 13 Abs. 1, 2 oder 4 nicht nachkommt,

wird mit Freiheitsstrafe bis zu sechs Monaten oder mit Geldstrafe bis zu einhundertachtzig Tagessätzen bestraft.

§ 25 Missachtung von Verbots- oder Auflösungsverfügungen

Wer als Veranstalter oder Leiter eine öffentliche Versammlung oder einen Aufzug trotz vollziehbaren Verbots durchführt oder trotz Auflösung oder Unterbrechung durch die Polizei fortsetzt, wird mit Freiheitsstrafe bis zu einem Jahr oder mit Geldstrafe bestraft.

§ 26 Missachtung des Bewaffnungs- oder Vermummungsverbots

(1) Wer bei öffentlichen Versammlungen oder Aufzügen Waffen oder sonstige Gegenstände, die ihrer Art nach zur Verletzung von Personen oder Beschädigung von Sachen geeignet und bestimmt sind, mit sich führt, ohne dazu behördlich ermächtigt zu sein, wird mit Freiheitsstrafe bis zu einem Jahr oder mit Geldstrafe bestraft. Ebenso wird bestraft, wer ohne behördliche Ermächtigung Waffen oder sonstige Gegenstände im Sinne des Satzes 1 auf dem Weg zu öffentlichen Versammlungen oder Aufzügen mit sich führt, zu derartigen Veranstaltungen hinschafft oder sie zur Verwendung bei derartigen Veranstaltungen bereithält oder verteilt.

(2) Wer
1. entgegen § 15 Abs. 1 bei öffentlichen Versammlungen unter freiem Himmel oder bei Aufzügen oder auf dem Weg dorthin Schutzwaffen oder Gegenstände, die als Schutzwaffen geeignet und den Umständen nach dazu bestimmt sind, Vollstreckungsmaßnahmen eines Trägers von öffentlich-rechtlichen Befugnissen abzuwehren, mit sich führt,
2. entgegen § 15 Abs. 2 Nr. 1 an derartigen Veranstaltungen in einer Aufmachung, die geeignet und den Umständen nach darauf gerichtet ist, die Feststellung der Identität zu verhindern, teilnimmt oder den Weg zu derartigen Veranstaltungen in einer solchen Aufmachung zurücklegt oder
3. sich im Anschluss an oder sonst im Zusammenhang mit derartigen Veranstaltungen mit anderen zusammenrottet und dabei

a) Waffen oder sonstige Gegenstände, die ihrer Art nach zur Verletzung von Personen oder Beschädigung von Sachen geeignet und bestimmt sind, mit sich führt,

b) Schutzwaffen oder sonstige in Nummer 1 bezeichnete Gegenstände mit sich führt oder

c) in der in Nummer 2 bezeichneten Weise aufgemacht ist,

wird mit Freiheitsstrafe bis zu einem Jahr oder mit Geldstrafe bestraft.

§ 27 Missachtung des Uniformierungsverbots

Wer der Vorschrift des § 3 zuwiderhandelt, wird mit Freiheitsstrafe bis zu sechs Monaten oder mit Geldstrafe bestraft.

§ 28 Ordnungswidrigkeiten

(1) Ordnungswidrig handelt, wer

1. an einer öffentlichen Versammlung oder einem Aufzug teilnimmt, deren Durchführung durch vollziehbares Verbot untersagt ist,

2. eine öffentliche Versammlung unter freiem Himmel oder einen Aufzug ohne die nach § 12 Abs. 1 Satz 1 erforderliche Anmeldung durchführt,

3. entgegen § 15 Abs. 2 Nr. 2 bei einer öffentlichen Versammlung unter freiem Himmel oder einem Aufzug oder auf dem Weg dorthin Gegenstände, die geeignet und den Umständen nach dazu bestimmt sind, die Feststellung der Identität zu verhindern, mit sich führt,

4. sich trotz Auflösung einer öffentlichen Versammlung oder eines Aufzuges durch die zuständige Behörde nicht unverzüglich entfernt,

5. als Teilnehmer einer öffentlichen Versammlung unter freiem Himmel oder eines Aufzuges einer vollziehbaren Beschränkung nach § 13 Abs. 1 oder 2 nicht nachkommt,

6. trotz wiederholter Zurechtweisung durch den Leiter oder einen Ordner fortfährt, den Ablauf einer öffentlichen Versammlung oder eines Aufzuges zu stören,

7. sich nicht unverzüglich nach seiner Ausschließung aus einer öffentlichen Versammlung oder einem Aufzug entfernt,

8. der Aufforderung, die Zahl der von ihm bestellten Ordner mitzuteilen, nicht nachkommt oder eine unrichtige Zahl mitteilt (§ 8 Abs. 2) oder

9. als Leiter oder Veranstalter einer öffentlichen Versammlung oder eines Aufzuges eine größere Zahl von Ordnern verwendet, als zugelassen oder genehmigt wurde (§ 8 Abs. 2, § 16 Abs. 2), oder Ordner verwendet, die anders gekennzeichnet sind, als es nach § 8 Abs. 1 zulässig ist.

(2) Die Ordnungswidrigkeit kann mit einer Geldbuße bis eintausendfünfhundert Euro geahndet werden.

§ 29 Voraussetzungen der Einziehung

Gegenstände, auf die sich eine Straftat nach § 26 oder § 27 oder eine Ordnungswidrigkeit nach § 28 Abs. 1 Nr. 3 oder 4 bezieht, können eingezogen werden. § 74a des Strafgesetzbuches und § 23 des Gesetzes über Ordnungswidrigkeiten sind anzuwenden.

§ 30 Inkrafttreten

Dieses Gesetz tritt am Tage nach seiner Verkündung in Kraft.

Anlage 1 KZ-Gedenkstätte Lichtenburg Prettin
(zu § 14 Abs. 1)

(Karte: Anlage 1a)

Die Gedenkstätte befindet sich im so genannten Werkstattgebäude auf dem hinteren Schlosshof. Der Zugang zum Schlosskomplex erfolgt von der Schlossstraße (L 114) aus, der Zugang zur Gedenkstätte von der Annaburger Straße (L 113) aus. Die anderen Seiten sind durch landwirtschaftliches Gebiet der ehemaligen Schlossdomäne begrenzt.

In die Abgrenzung sind einzubeziehen: die Annaburger Straße bis zur Hälfte der Entfernung zur Puschkinstraße, die Schlossstraße bis zum zweiten Abzweig Domäne und die Domäne selbst.

Anlage 1a KZ-Gedenkstätte Lichtenburg Prettin

Red. Anm.: Die Karte ist im GVBl. LSA Nr. 22 vom 11. Dezember 2009 auf der Seite 565 wiedergegeben.

Anlage 2 Gedenkstätte für Opfer der NS-»Euthanasie« Bernburg
(zu § 14 Abs. 1)

(Karte: Anlage 2a)

Die Gedenkstätte befindet sich im Krankenhausgebäude »Haus Griesinger«, das im Obergeschoss auch als Station genutzt wird. Das Gebäude befindet sich mitten auf dem Gelände und ist nur über dieses zu erreichen. Das Krankenhausgelände kann betreten/verlassen werden über die Hauptpforte in der Olga-Benario-Straße und durch eine unbewachte Parkplatzeinfahrt in der Doktor-John-Rittmeister-Straße.

In die Abgrenzung sind einzubeziehen: die Doktor-John-Rittmeister-Straße von der Kreuzung Kirschberg bis zur Parkplatzeinfahrt, die Kirschbergsiedlung (Einfamilienhäuser) und die Olga-Benario-Straße von der oberen Kreuzung Kirschberg bis zur Hauptpforte.

Anlage 2a Gedenkstätte für Opfer der NS-»Euthanasie« Bernburg

Red. Anm.: Die Karte ist im GVBl. LSA Nr. 22 vom 11. Dezember 2009 auf der Seite 567 wiedergegeben.

Anlage 3 Gedenkstätte Langenstein-Zwieberge
　　(zu § 14 Abs. 1)

(Karten: Anlagen 3a, 3b)

Die Lage der Gedenkstätte ergibt sich aus den Anlagen 3a und 3b.

In die Abgrenzung sind einzubeziehen: die Quedlinburger Straße vom Küsterberg bis zur Gedenkstätte, der »Leidensweg der Häftlinge« vom Vorplatz des Verwaltungsgebäudes bis zum Stolleneingang sowie der Stolleneingang selbst.

Anlage 3a Gedenkstätte Langenstein-Zwieberge

Red. Anm.: Die Karte ist im GVBl. LSA Nr. 22 vom 11. Dezember 2009 auf der Seite 569 wiedergegeben.

Anlage 3b Gedenkstätte Langenstein-Zwieberge

Red. Anm.: Die Karte ist im GVBl. LSA Nr. 22 vom 11. Dezember 2009 auf der Seite 570 wiedergegeben.

Anlage 4 Gedenkstätte »Roter Ochse« Halle (Saale)
　　(zu § 14 Abs. 1)

(Karte: Anlage 4a)

Das Gedenkstättengebäude gehört als Bausubstanz zum Ensemble der Haftanstalt »Roter Ochse« in Halle. Die Justizvollzugsanstalt (JVA) umgrenzt die Gedenkstätte in nördlicher, südlicher und östlicher Richtung. Lediglich in Richtung Westen grenzt das Gedenkstättengebäude an die Straße »Am Kirchtor«, die sich bis in südliche Richtung der JVA hinzieht.

In die Abgrenzung sind einzubeziehen: die Ulestraße und die Straße »Am Kirchtor«.

Anlage 4a Gedenkstätte »Roter Ochse« Halle (Saale)

Red. Anm.: Die Karte ist im GVBl. LSA Nr. 22 vom 11. Dezember 2009 auf der Seite 572 wiedergegeben.

Anlage 5 Mahnmal in Dolle für ermordete Häftlinge des KZ Mittelbau-Dora
　　(zu § 14 Abs. 1)

(Karte: Anlage 5a)

Das zur Gedenkstätte Marienborn zählende Denkmal Dolle befindet sich auf dem Flurstück 24/23, Flur 7 der Gemeinde Dolle. Es liegt an der Ortsdurchfahrt direkt an der Bundesstraße B 189.

In die Abgrenzung sind einzubeziehen: ein Teil der B 189 (Lindenstraße) von den Abzweigungen Lindenstraße sowie ein Teil des von der Lindenstraße abzweigenden Feldweges.

Anlage 5a   Mahnmal in Dolle für ermordete Häftlinge des KZ Mittelbau Dora

Red. Anm.: Die Karte ist im GVBl. LSA Nr. 22 vom 11. Dezember 2009 auf der Seite 574 wiedergegeben.

Anlage 6   Mahn- und Gedenkstätte Feldscheune Isenschnibbe Gardelegen
(zu § 14 Abs. 1)

(Karte: Anlage 6a)

Das Gelände der Gedenkstätte unterliegt einem Flurbereinigungsverfahren, dessen Ergebnisse noch nicht in das Liegenschaftskataster übernommen sind. Die Darstellung erfolgt in einem Auszug aus dem Flurbereinigungsplan des Amtes für Landwirtschaft, Flurneuordnung und Forsten.

Das Gelände der Gedenkstätte (Flur 39, Flurstück 361) wird demnach im Norden, Westen und Süden durch landwirtschaftliche Nutzflächen und im Osten durch den befestigten Zuweg begrenzt.

In die Abgrenzung sind einzubeziehen: die in östliche Richtung von der Landstraße L 27 abzweigende Zufahrt sowie die von dieser in südliche Richtung abzweigende Zufahrt zur Mahn- und Gedenkstätte.

Anlage 6a   Mahn- und Gedenkstätte Feldscheune Isenschnibbe Gardelegen

Red. Anm.: Die Karte ist im GVBl. LSA Nr. 22 vom 11. Dezember 2009 auf der Seite 576 wiedergegeben.

Anlage 7   Mahn- und Gedenkstätte Veckenstedter Weg Wernigerode
(zu § 14 Abs. 1)

(Karte: Anlage 7a)

Das Gelände der Gedenkstätte wird im Norden vom Kurtsteich, im Süden durch das Gelände der Firma Linding Fördertechnik GmbH (Am Köhlerteich 13), im Westen durch das Gelände der Stadt Wernigerode, Stadtbetriebsamt – Bauhof (Am Köhlerteich 9) und im Osten durch den Fußweg und die Zufahrt vom Veckenstedter Weg begrenzt.

In die Abgrenzung ist einzubeziehen: der Zuweg vom Veckenstedter Weg bis an den Durchgang zum Wendehammer Am Köhlerteich (angrenzende Grundstücke sind

Hausnummer 43a, das Gelände der Stadtwerke Wernigerode und Parkplatz der Thyssen Krupp AG).

Anlage 7a Mahn- und Gedenkstätte Veckenstedter Weg Wernigerode

Red. Anm.: Die Karte ist im GVBl. LSA Nr. 22 vom 11. Dezember 2009 auf der Seite 578 wiedergegeben.

Anlage 8 Gedenkstätte Moritzplatz Magdeburg
    (zu § 14 Abs. 1)

(Karte: Anlage 8a)

Die Gedenkstätte wird nördlich begrenzt durch den Fußweg zur Thomas-Müntzer-Schule, westlich durch das Schulgelände selbst, südlich durch einen anschließenden Gebäudekomplex und östlich durch die Umfassungsstraße bzw. den Moritzplatz.

In die Abgrenzung sind einzubeziehen: der Fußweg zur Thomas-Müntzer-Schule und der Schulhof, der Moritzplatz und ein Teil der Umfassungsstraße vom Abzweig des Fußweges zur Überführung über den Magdeburger Ring bis etwa zur Hälfte der Strecke bis zum Abzweig Umfassungsweg.

Anlage 8a Gedenkstätte Moritzplatz Magdeburg

Red. Anm.: Die Karte ist im GVBl. LSA Nr. 22 vom 11. Dezember 2009 auf der Seite 580 wiedergegeben.

Anlage 9 Gedenkstätte Deutsche Teilung Marienborn
    (zu § 14 Abs. 1)

(Karte: Anlage 9a)

Die Gedenkstätte Deutsche Teilung Marienborn befindet sich auf dem Gelände der ehemaligen DDR-Grenzübergangsstelle (GÜSt) Marienborn an der Bundesautobahn 2.

Im Norden des von allen Seiten umzäunten Geländes der Gedenkstätte grenzt diese an den Parkplatz der Autobahnraststätte der A 2 Berlin – Hannover, im Süden parallel dazu die Land- bzw. Kreisstraße K 1373.

Westlich grenzt die Gedenkstätte direkt an die Autobahnraststätte Marienborn, die sich ebenfalls auf dem Gelände der ehemaligen GÜSt befindet. Östlich der Gedenkstätte befindet sich Wald- und Wiesenland. Die Gedenkstätte ist über zwei Zugänge erreichbar, mit dem PKW von der K 1373 kommend oder zu Fuß von der Autobahnraststätte. Die Anfahrt per PKW über die Autobahn aus Richtung Berlin erfolgt regulär über die Autobahnausfahrt Alleringersleben (Beschilderung Gedenkstätte Marienborn). Ortskundige nutzen auch die unmittelbar angrenzende Autobahnausfahrt Marienborn, biegen auf der B 1 in Richtung Helmstedt ab und nutzen die wenige 100 Meter dahinter verborgen liegende Einfahrt zu einer Autobahnbrücke, um auf die K 1373 zu gelangen.

In die Abgrenzung sind einzubeziehen: das Gelände der Raststätte sowie die Landstraße von den jeweils angrenzenden Kreuzungen bis zur Einfahrt in die Gedenkstätte.

Anlage 9a Gedenkstätte Deutsche Teilung Marienborn

Red. Anm.: Die Karte ist im GVBl. LSA Nr. 22 vom 11. Dezember 2009 auf der Seite 582 wiedergegeben.

VIII. Schleswig-Holstein

Versammlungsfreiheitsgesetz für das Land Schleswig-Holstein

Vom 18. Juni 2015 (GVOBl. Schl.-H. S. 135)[13]; Zuständigkeiten und Ressortbezeichnungen ersetzt durch Artikel 18 der Verordnung vom 16. Januar 2019 (GVOBl. Schl.-H. S. 30)

§ 1 Versammlungsfreiheit

(1) Jede Person hat das Recht, sich ohne Anmeldung oder Erlaubnis friedlich und ohne Waffen mit anderen zu versammeln und Versammlungen zu veranstalten.

(2) Dieses Recht hat nicht, wer das Grundrecht der Versammlungsfreiheit gemäß Artikel 18 des Grundgesetzes verwirkt hat.

§ 2 Begriff der öffentlichen Versammlung

(1) Versammlung im Sinne dieses Gesetzes ist eine örtliche Zusammenkunft von mindestens drei Personen zur gemeinschaftlichen, überwiegend auf die Teilhabe an der öffentlichen Meinungsbildung gerichteten Erörterung oder Kundgebung. Aufzug ist eine sich fortbewegende Versammlung.

(2) Eine Versammlung ist öffentlich, wenn die Teilnahme nicht auf einen individuell bestimmten Personenkreis beschränkt ist oder die Versammlung auf eine Kundgebung an die Öffentlichkeit in ihrem räumlichen Umfeld gerichtet ist.

(3) Soweit nichts anderes bestimmt ist, gilt dieses Gesetz sowohl für öffentliche als auch für nichtöffentliche Versammlungen.

§ 3 Schutzaufgabe und Kooperation

(1) Die Träger der öffentlichen Verwaltung wirken im Rahmen der ihnen übertragenen Aufgaben darauf hin, friedliche Versammlungen zu schützen und die Versammlungsfreiheit zu wahren.

(2) Aufgabe der zuständigen Behörde ist es,

---

13 *Red. Anm.:* Artikel 1 des Gesetzes zum Versammlungsrecht in Schleswig-Holstein vom 18. Juni 2015 (GVOBl. Schl.-H. S. 135).

1. die Durchführung einer nach Maßgabe dieses Gesetzes zulässigen Versammlung zu unterstützen,
2. ihre Durchführung vor Störungen zu schützen,
3. von der Versammlung oder im Zusammenhang mit dem Versammlungsgeschehen von Dritten ausgehende Gefahren für die öffentliche Sicherheit abzuwehren.

(3) Soweit es nach Art und Umfang der Versammlung erforderlich ist, bietet die zuständige Behörde der Person, die eine öffentliche Versammlung veranstaltet oder der die Leitung übertragen worden ist, rechtzeitig ein Kooperationsgespräch an, um die Gefahrenlage und sonstige Umstände zu erörtern, die für die ordnungsgemäße Durchführung der Versammlung wesentlich sind. Bestehen Anhaltspunkte für Gefährdungen, die gemäß § 13 Absatz 1, § 20 Absatz 1 zu einem Verbot oder Beschränkungen führen können, ist Gelegenheit zu geben, durch ergänzende Angaben oder Veränderungen der beabsichtigten Versammlung ein Verbot oder Beschränkungen entbehrlich zu machen.

(4) Im Rahmen der Kooperation informiert die zuständige Behörde die Person, die eine öffentliche Versammlung veranstaltet oder der die Leitung übertragen worden ist, vor und während der Versammlung über erhebliche Änderungen der Gefahrenlage, soweit dieses nach Art und Umfang der Versammlung erforderlich ist. Konfliktmanagement ist Bestandteil der Kooperation.

§ 4 Veranstaltung einer Versammlung

Wer zu einer Versammlung einlädt oder die Versammlung nach § 11 anzeigt, veranstaltet eine Versammlung.

§ 5 Versammlungsleitung

(1) Die Veranstalterin oder der Veranstalter leitet die Versammlung. Wird die Versammlung von einer Vereinigung veranstaltet, wird sie von der Person geleitet, die deren Vorsitz führt. Die Veranstalterin oder der Veranstalter kann die Leitung einer anderen Person übertragen.

(2) Die Vorschriften dieses Gesetzes über die Versammlungsleitung gelten für nichtöffentliche Versammlungen nur, wenn eine Versammlungsleitung bestimmt ist.

§ 6 Befugnisse der Versammlungsleitung

(1) Die Versammlungsleitung sorgt für den ordnungsgemäßen Ablauf der Versammlung und wirkt auf deren Friedlichkeit hin. Sie darf die Versammlung jederzeit unterbrechen oder schließen.

(2) Die Versammlungsleitung kann sich der Hilfe von Ordnerinnen und Ordnern bedienen. Diese müssen bei Versammlungen unter freiem Himmel durch weiße Armbinden, die nur die Bezeichnung »Ordnerin« oder »Ordner« tragen dürfen, kenntlich sein. Die Vorschriften dieses Gesetzes für Teilnehmerinnen und Teilnehmer der Versammlung gelten auch für Ordnerinnen und Ordner.

(3) Die zur Aufrechterhaltung der Ordnung in der Versammlung getroffenen Anweisungen der Versammlungsleitung und der Ordnerinnen und Ordner sind zu befolgen.

(4) Die Versammlungsleitung darf Personen, welche die Ordnung der Versammlung erheblich stören, aus der Versammlung ausschließen. Wer aus der Versammlung ausgeschlossen wird, hat sich unverzüglich zu entfernen.

§ 7 Störungsverbot

Es ist verboten, eine Versammlung mit dem Ziel zu stören, deren Durchführung erheblich zu behindern oder zu vereiteln.

§ 8 Waffen- und Uniformverbot

(1) Es ist verboten,
1. Waffen oder
2. sonstige Gegenstände, die ihrer Art nach zur Verletzung von Personen oder zur Herbeiführung erheblicher Schäden an Sachen geeignet und den Umständen nach dazu bestimmt sind, bei Versammlungen oder auf dem Weg zu oder von Versammlungen mit sich zu führen, zu Versammlungen hinzuschaffen oder sie zur Verwendung bei Versammlungen bereitzuhalten oder zu verteilen.

(2) Es ist verboten, in einer Versammlung durch das Tragen von Uniformen oder Uniformteilen oder sonst ein einheitliches Erscheinungsbild vermittelnden Kleidungsstücken in einer Art und Weise aufzutreten, die dazu geeignet und bestimmt ist, im Zusammenwirken mit anderen teilnehmenden Personen den Eindruck von Gewaltbereitschaft zu vermitteln und dadurch einschüchternd zu wirken.

(3) Die zuständige Behörde trifft zur Durchsetzung des Verbots Anordnungen, in denen die vom Verbot erfassten Gegenstände oder Verhaltensweisen bezeichnet sind.

§ 9 Anwendbarkeit des Landesverwaltungsgesetzes (LVwG)

(1) Soweit dieses Gesetz die Abwehr von Gefahren gegenüber einzelnen Teilnehmerinnen und Teilnehmern nicht regelt, sind Maßnahmen gegen sie nach dem Landesverwaltungsgesetz zulässig, wenn von ihnen nach den zum Zeitpunkt der Maßnahme erkennbaren Umständen vor oder bei der Durchführung der Versammlung oder im Anschluss an sie eine unmittelbare Gefahr für die öffentliche Sicherheit ausgeht.

(2) Für Versammlungen in geschlossenen Räumen gilt Absatz 1 für den Fall, dass von den Teilnehmerinnen oder Teilnehmern eine Gefahr im Sinne von § 20 Absatz 1 ausgeht.

(3) Maßnahmen vor Beginn der Versammlung, welche die Teilnahme an der Versammlung unterbinden sollen, setzen eine Teilnahmeuntersagung nach § 14 voraus.

§ 10 Anwesenheit der Polizei

Die Polizei kann anwesend sein

1. bei Versammlungen unter freiem Himmel, wenn dies zur polizeilichen Aufgabenerfüllung nach diesem Gesetz erforderlich ist,
2. bei Versammlungen in geschlossenen Räumen, wenn dies zur Abwehr einer unmittelbaren Gefahr für die Friedlichkeit der Versammlung erforderlich ist.

Nach Satz 1 anwesende Polizeikräfte haben sich der Versammlungsleitung zu erkennen zu geben; bei Versammlungen unter freiem Himmel genügt es, wenn dies durch die polizeiliche Einsatzleitung erfolgt.

§ 11 Anzeige

(1) Wer eine öffentliche Versammlung unter freiem Himmel veranstalten will, hat dies der zuständigen Behörde spätestens 48 Stunden vor der Einladung zu der Versammlung anzuzeigen. Veranstalten mehrere Personen eine Versammlung, ist nur eine Anzeige abzugeben.

(2) Die Anzeige muss den geplanten Ablauf der Versammlung nach Ort, Zeit und Thema bezeichnen, bei Aufzügen auch den beabsichtigten Streckenverlauf. Sie muss Name und Anschrift der anzeigenden Person und der Person, die sie leiten soll, sofern eine solche bestimmt ist, enthalten.

(3) Wird die Versammlungsleitung erst später bestimmt, sind Name und Anschrift der vorgesehenen Person der zuständigen Behörde unverzüglich mitzuteilen. Wenn die Versammlungsleitung sich der Hilfe von Ordnerinnen und Ordnern bedient, ist ihr Einsatz unter Angabe der Zahl der dafür voraussichtlich eingesetzten Personen der zuständigen Behörde mitzuteilen.

(4) Wesentliche Änderungen der Angaben nach Absatz 1 bis 3 sind der zuständigen Behörde unverzüglich mitzuteilen.

(5) Wenn der Zweck der Versammlung durch eine Einhaltung der Frist nach Absatz 1 Satz 1 gefährdet würde (Eilversammlung), ist die Versammlung spätestens mit der Einladung bei der zuständigen Behörde oder bei der Polizei anzuzeigen.

(6) Die Anzeigepflicht entfällt, wenn sich die Versammlung aufgrund eines spontanen Entschlusses augenblicklich bildet (Spontanversammlung).

§ 12 Erlaubnisfreiheit

Für eine öffentliche Versammlung unter freiem Himmel sind keine behördlichen Erlaubnisse erforderlich, die sich auf die Benutzung der öffentlichen Verkehrsflächen beziehen.

§ 13 Beschränkungen, Verbot, Auflösung

(1) Die zuständige Behörde kann die Durchführung einer Versammlung unter freiem Himmel beschränken oder verbieten, die Versammlung nach deren Beginn auch auflösen. wenn nach den zur Zeit des Erlasses der Maßnahmen erkennbaren Umständen

die öffentliche Sicherheit bei Durchführung der Versammlung unmittelbar gefährdet ist.

(2) Verbot oder Auflösung setzen voraus, dass Beschränkungen nicht ausreichen.

(3) Geht eine unmittelbare Gefahr für die öffentliche Sicherheit von Dritten aus, sind Maßnahmen der Gefahrenabwehr gegen diese zu richten. Kann dadurch die Gefahr auch unter Heranziehung von landes- oder bundesweit verfügbaren Polizeikräften nicht abgewehrt werden, dürfen Maßnahmen nach den Absätzen 1 oder 2 auch zulasten der Versammlung ergriffen werden, von der die Gefahr nicht ausgeht. Ein Verbot oder die Auflösung dieser Versammlung setzt Gefahren für Leben oder Gesundheit von Personen oder für Sachgüter von erheblichem Wert voraus.

(4) Die zuständige Behörde kann die Durchführung einer Versammlung unter freiem Himmel beschränken oder verbieten, die Versammlung nach deren Beginn auflösen, wenn

1. die Versammlung an einem Tag stattfindet, der zum Gedenken an die Opfer der menschenunwürdigen Behandlung unter der nationalsozialistischen Gewalt- und Willkürherrschaft bestimmt ist, und

2. nach den zur Zeit des Erlasses der Verfügung erkennbaren Umständen die unmittelbare Gefahr besteht, dass durch die Versammlung die nationalsozialistische Gewalt- und Willkürherrschaft gebilligt, verherrlicht oder gerechtfertigt und dadurch der öffentliche Friede gestört wird.

Tage nach Satz 1 Nummer 1 sind der 27. Januar und der 9. November.

(5) Sollen eine beschränkende Verfügung oder ein Verbot ausgesprochen werden, so sind diese nach Feststellung der Voraussetzungen, die diese Verfügung rechtfertigen, unverzüglich der Versammlungsleiterin oder dem Versammlungsleiter und den Teilnehmerinnen und Teilnehmern bekannt zu geben.

(6) Die Bekanntgabe einer nach Versammlungsbeginn erfolgenden beschränkenden Verfügung oder einer Auflösung muss unter Angabe des Grundes der Maßnahme erfolgen. Widerspruch und Anfechtungsklage gegen Verfügungen nach Satz 1 haben keine aufschiebende Wirkung.

(7) Sobald die Versammlung für aufgelöst erklärt ist, haben alle anwesenden Personen sich unverzüglich zu entfernen.

(8) Es ist verboten, anstelle der aufgelösten Versammlung eine Ersatzversammlung am gleichen Ort durchzuführen.

(9) Es ist verboten, öffentlich, im Internet oder durch Verbreiten von Schriften, Ton- oder Bildträgern, Datenspeichern, Abbildungen oder anderen Darstellungen zur Teilnahme an einer Versammlung unter freiem Himmel aufzufordern, deren Durchführung durch ein vollziehbares Verbot untersagt oder deren vollziehbare Auflösung angeordnet worden ist.

§ 14 Untersagung der Teilnahme oder Anwesenheit und Ausschluss von Personen

(1) Die zuständige Behörde kann einer Person die Teilnahme an oder Anwesenheit in einer Versammlung unter freiem Himmel unmittelbar vor deren Beginn untersagen, wenn von ihr nach den zur Zeit des Erlasses der Verfügung erkennbaren Umständen bei Durchführung der Versammlung eine unmittelbare Gefahr für die öffentliche Sicherheit ausgeht.

(2) Wer durch sein Verhalten in der Versammlung die öffentliche Sicherheit unmittelbar gefährdet, ohne dass die Versammlungsleitung dies unterbindet, oder wer einer Anordnung nach § 6 Absatz 3 zuwiderhandelt, kann von der zuständigen Behörde ausgeschlossen werden. Wer aus der Versammlung ausgeschlossen wird, hat sich unverzüglich zu entfernen.

§ 15 Durchsuchung und Identitätsfeststellung

(1) Bestehen tatsächliche Anhaltspunkte dafür, dass Waffen mitgeführt werden oder der Einsatz von Gegenständen im Sinne von § 8 Absatz 1 Nummer 2, § 8 Absatz 2 oder § 17 die öffentliche Sicherheit bei Durchführung einer öffentlichen Versammlung unter freiem Himmel unmittelbar gefährden wird, können Personen und Sachen durchsucht werden. Aufgefundene Gegenstände im Sinne des Satz 1 können sichergestellt werden. Die Durchführung der Durchsuchungen richtet sich nach dem Landesverwaltungsgesetz des Landes Schleswig-Holstein.

(2) Identitätsfeststellungen sowie weitere polizei- und ordnungsrechtliche oder strafprozessuale Maßnahmen sind nur zulässig, soweit sich an am Ort der Versammlung, im Bereich des Aufzuges oder auf unmittelbaren Wege dorthin tatsächliche Anhaltspunkte für einen bevorstehenden Verstoß gegen § 8 oder § 17 oder für die Begehung strafbarer Handlungen ergeben.

§ 16 Bild- und Tonübertragungen und -aufzeichnungen

(1) Die Polizei darf Bild- und Tonaufnahmen sowie entsprechende Aufzeichnungen von einer Person bei oder im Zusammenhang mit einer öffentlichen Versammlung unter freiem Himmel nur dann anfertigen, wenn Tatsachen die Annahme rechtfertigen, dass von der Person eine erhebliche Gefahr für die öffentliche Sicherheit ausgeht. Die Aufzeichnungen dürfen auch angefertigt werden, wenn andere Personen unvermeidbar betroffen werden.

(2) Die Polizei darf Bild- und Tonübertragungen in Echtzeit (Übersichtsaufnahmen) von öffentlichen Versammlungen unter freiem Himmel und ihrem Umfeld zur Lenkung und Leitung des Polizeieinsatzes nur dann anfertigen, wenn dies wegen der Größe oder Unübersichtlichkeit der Versammlung erforderlich ist und wenn tatsächliche Anhaltspunkte die Annahme rechtfertigen, dass von Versammlungsteilnehmerinnen oder Versammlungsteilnehmern erhebliche Gefahren für die öffentliche Sicherheit ausgehen.

(3) Der Einsatz von Technik für Aufnahmen und Aufzeichnungen ist offen vorzunehmen. Die Versammlungsleitung ist unverzüglich über die Anfertigung von Aufzeichnungen nach Absatz 1 und Übersichtsaufnahmen nach Absatz 2 in Kenntnis zu setzen. Die von einer Aufzeichnung nach Absatz 1 betroffene Person ist über die Maßnahme zu unterrichten, sobald ihre Identität bekannt ist und zulässige Verwendungszwecke der Aufzeichnung nicht gefährdet werden. Bei einem durch die Maßnahme unvermeidbar betroffenen Dritten im Sinne des Absatzes 1 Satz 2 unterbleibt die Unterrichtung, wenn die Identifikation nur mit unverhältnismäßigen Ermittlungen möglich wäre oder überwiegend schutzwürdige Interessen anderer Betroffener entgegenstehen.

(4) Die Aufzeichnungen nach Absatz 1 sind nach Beendigung der Versammlung oder zeitlich und sachlich damit unmittelbar im Zusammenhang stehender Ereignisse unverzüglich zu löschen. Dies gilt nicht, soweit sie erforderlich sind

1. zur Verfolgung von Straftaten in oder im Zusammenhang mit der Versammlung oder von Ordnungswidrigkeiten nach § 24 Absatz 1 Nummer 7,
2. zur Gefahrenabwehr, wenn von der betroffenen Person in oder im Zusammenhang mit der Versammlung die konkrete Gefahr einer Verletzung von Strafgesetzen ausging und zu besorgen ist, dass bei einer künftigen Versammlung von dieser Person erneut die Gefahr der Verletzung von Strafgesetzen ausgehen wird,
3. zur befristeten Dokumentation polizeilichen Handelns, sofern eine Störung der öffentlichen Sicherheit eingetreten ist, oder
4. zum Zwecke der polizeilichen Aus- und Fortbildung; hierzu ist eine eigene Fassung herzustellen, die eine Identifizierung der darauf abgebildeten Personen unumkehrbar ausschließt.

Die Aufzeichnungen, die aus den in Satz 2 genannten Gründen nicht gelöscht wurden, sind spätestens nach Ablauf von sechs Monaten nach ihrer Anfertigung zu löschen, sofern sie nicht inzwischen zur Verfolgung von Straftaten nach Satz 2 Nummer 1, zur Gefahrenabwehr nach Nummer 2 oder zur Dokumentation nach Nummer 3 erforderlich sind. Die Löschung der Aufzeichnungen ist zu dokumentieren. Außer zu den in Nummern 1 bis 4 genannten Zwecken dürfen Aufzeichnungen nicht genutzt werden.

(5) Die Gründe für die Anfertigung von Bild- und Tonaufzeichnungen nach Absatz 1 und für ihre Verwendung nach Absatz 4 sind zu dokumentieren. Satz 1 gilt für die Dokumentation von Aufnahmen nach Absatz 1 und Übersichtsaufnahmen nach Absatz 2 entsprechend. Werden von Aufzeichnungen eigene Fassungen für die Verwendung zur polizeilichen Aus- und Fortbildung erstellt, sind die Anzahl der hergestellten Fassungen sowie der Ort der Aufbewahrung zu dokumentieren.

(6) Die behördlichen Datenschutzbeauftragten der Polizei können die Einhaltung der Dokumentationspflichten nach Absatz 4 Satz 4 und Absatz 5 regelmäßig überprüfen.

§ 17 Vermummungs- und Schutzausrüstungsverbot

(1) Es ist verboten, bei oder im Zusammenhang mit einer Versammlung unter freiem Himmel Gegenstände mit sich zu führen,

1. die zur Identitätsverschleierung geeignet und den Umständen nach darauf gerichtet sind, eine zu Zwecken der Verfolgung einer Straftat oder einer Ordnungswidrigkeit durchgeführte Feststellung der Identität zu verhindern, oder
2. die als Schutzausrüstung geeignet und den Umständen nach darauf gerichtet sind, Vollstreckungsmaßnahmen eines Trägers von Hoheitsgewalt abzuwehren.

(2) Die zuständige Behörde trifft zur Durchsetzung des Verbots Anordnungen, in denen die vom Verbot erfassten Gegenstände bezeichnet sind.

§ 18 Öffentliche Verkehrsflächen im Privateigentum

Auf Verkehrsflächen von Grundstücken in Privateigentum, die dem allgemeinen Publikum geöffnet sind, können öffentliche Versammlungen auch ohne die Zustimmung der Eigentümerin oder des Eigentümers durchgeführt werden, wenn sich die Grundstücke im Eigentum von Unternehmen befinden, die ausschließlich im Eigentum der öffentlichen Hand stehen oder von ihr beherrscht werden.

§ 19 Einladung

(1) Wer eine öffentliche Versammlung in geschlossenen Räumen veranstaltet, darf in der Einladung bestimmte Personen oder Personenkreise von der Teilnahme ausschließen.

(2) Die Leitung einer öffentlichen Versammlung in geschlossenen Räumen darf die Anwesenheit von Vertretern der Medien, die sich als solche durch anerkannten Presseausweis ausgewiesen haben, nicht unterbinden.

§ 20 Beschränkung, Verbot, Auflösung

(1) Die zuständige Behörde kann die Durchführung einer Versammlung in geschlossenen Räumen beschränken oder verbieten, die Versammlung nach deren Beginn auch auflösen, wenn nach den zur Zeit des Erlasses der Maßnahmen erkennbaren Umständen eine unmittelbare Gefahr
1. eines unfriedlichen Verlaufs der Versammlung,
2. für Leben oder Gesundheit von Personen oder
3. dafür besteht, dass in der Versammlung Äußerungen erfolgen, die ein Verbrechen oder ein von Amts wegen zu verfolgendes Vergehen darstellen.

(2) Verbot oder Auflösung setzen voraus, dass Beschränkungen nicht ausreichen.

(3) Geht eine unmittelbare Gefahr für die in Absatz 1 genannten Rechtsgüter von Dritten aus, sind Maßnahmen der Gefahrenabwehr gegen diese zu richten. Kann dadurch die Gefahr auch mit durch Amts- oder Vollzugshilfe ergänzten Mitteln und Kräften nicht abgewehrt werden, dürfen Maßnahmen nach Absatz 1 auch zulasten der Versammlung ergriffen werden, von der die Gefahr nicht ausgeht.

(4) Sollen eine beschränkende Verfügung oder ein Verbot ausgesprochen werden, so sind diese nach Feststellung der Voraussetzungen, die diese Verfügung rechtfertigen, unverzüglich bekannt zu geben. Die Bekanntgabe einer nach Versammlungsbeginn

erfolgenden beschränkenden Verfügung oder einer Auflösung muss unter Angabe des Grundes der Maßnahme erfolgen und ist an die Versammlungsleitung zu richten. Widerspruch und Anfechtungsklage gegen Verfügungen nach Satz 2 haben keine aufschiebende Wirkung.

(5) Sobald die Versammlung für aufgelöst erklärt ist, haben sich alle anwesenden Personen unverzüglich zu entfernen.

(6) Es ist verboten, anstelle der aufgelösten Versammlung eine Ersatzversammlung am gleichen Ort durchzuführen.

(7) Es ist verboten, öffentlich, im Internet oder durch Verbreiten von Schriften, Ton- oder Bildträgern, Datenspeichern, Abbildungen oder anderen Darstellungen zur Teilnahme an einer Versammlung in geschlossenen Räumen aufzufordern, deren Durchführung durch ein vollziehbares Verbot untersagt oder deren vollziehbare Auflösung angeordnet worden ist.

§ 21 Ausschluss von Störern; Hausrecht

(1) Wer die Versammlung leitet, kann teilnehmende Personen, welche die Ordnung erheblich stören, von der Versammlung ausschließen.

(2) Die eine Versammlung leitende Person übt gegenüber anderen Personen als Teilnehmern das Hausrecht aus.

§ 22 Aufnahmen und Aufzeichnungen von Bild und Ton

(1) Unter den Voraussetzungen des § 20 Absatz 1 darf die Polizei Bild- und Tonaufnahmen sowie entsprechende Aufzeichnungen von einer Person bei oder im Zusammenhang mit einer öffentlichen Versammlung in geschlossenen Räumen anfertigen. Die Aufzeichnungen dürfen auch angefertigt werden, wenn andere Personen unvermeidbar betroffen werden. Die Aufnahmen und Aufzeichnungen sind offen vorzunehmen.

(2) Die von einer Aufzeichnung nach Absatz 1 betroffene Person ist über die Maßnahme zu unterrichten, sobald ihre Identität bekannt ist und zulässige Verwendungszwecke nicht gefährdet werden. Bei einem durch die Maßnahme unvermeidbar betroffenen Dritten im Sinne des Absatzes 1 Satz 2 unterbleibt die Unterrichtung, wenn die Identifikation nur mit unverhältnismäßigen Ermittlungen möglich wäre oder überwiegend schutzwürdige Interessen anderer Betroffener entgegenstehen.

(3) Die Aufzeichnungen nach Absatz 1 sind nach Beendigung der Versammlung oder zeitlich und sachlich damit unmittelbar im Zusammenhang stehender Ereignisse unverzüglich zu löschen. Dies gilt nicht, soweit sie erforderlich sind
1. zur Verfolgung von Straftaten oder Ordnungswidrigkeiten nach § 24 Absatz 1 Nummer 7 in oder im Zusammenhang mit der Versammlung, von denen eine Gefahr im Sinne von § 20 Absatz 1 ausging oder
2. zur Gefahrenabwehr, wenn von der betroffenen Person in oder im Zusammenhang mit der Versammlung eine Gefahr im Sinne von § 20 Absatz 1 ausging und

zu besorgen ist, dass bei einer künftigen Versammlung von dieser Person erneut Gefahren im Sinne von § 17 Absatz 1 ausgehen werden.

Die Aufzeichnungen, die aus den in Satz 2 genannten Gründen nicht gelöscht wurden, sind spätestens nach Ablauf von sechs Monaten nach ihrer Anfertigung zu löschen, sofern sie nicht inzwischen zur Verfolgung von Straftaten nach Satz 2 Nummer 1 oder zur Gefahrenabwehr nach Nummer 2 erforderlich sind oder Gegenstand oder Beweismittel eines Rechtsbehelfs oder gerichtlichen Verfahrens sind. Die Löschung der Aufzeichnungen ist zu dokumentieren. Außer zu den in § 16 Nummern 1 bis 4 genannten Zwecken dürfen Aufzeichnungen nicht genutzt werden.

(4) Die Gründe für die Anfertigung von Bild- und Tonaufzeichnungen nach Absatz 1 und für ihre Verwendung nach Absatz 3 sind zu dokumentieren.

(5) Die behördlichen Datenschutzbeauftragten der Polizei können die Einhaltung der Dokumentationspflichten nach Absatz 3 Satz 4 und Absatz 4 regelmäßig überprüfen.

§ 23 Straftaten

(1) Wer in der Absicht, nicht verbotene Versammlungen zu verhindern oder sonst ihre Durchführung zu vereiteln, Gewalttätigkeiten vornimmt oder androht, wird mit Freiheitsstrafe bis zu zwei Jahren oder mit Geldstrafe bestraft.

(2) Mit Freiheitsstrafe bis zu einem Jahr oder mit Geldstrafe wird bestraft, wer Waffen oder Gegenstände entgegen § 8 Absatz 1 Nummer 2 bei einer Versammlung, auf dem Weg zu einer Versammlung oder im Anschluss an eine Versammlung mit sich führt, zu der Versammlung hinschafft oder sie zur Verwendung bei ihr bereithält oder verteilt, wenn die Tat nicht nach § 52 Absatz 3 Nummer 9 des Waffengesetzes mit Strafe bedroht ist. Ebenso wird bestraft, wer bewaffnete Ordnerinnen oder Ordner in öffentlichen Versammlungen einsetzt.

(3) Wer gegen die Leitung oder die Ordnerinnen oder Ordner einer Versammlung in der rechtmäßigen Ausübung von Ordnungsaufgaben Gewalt anwendet oder damit droht oder diese Personen während der rechtmäßigen Ausübung von Ordnungsaufgaben tätlich angreift, wird mit Freiheitsstrafe bis zu einem Jahr oder mit Geldstrafe bestraft.

§ 24 Ordnungswidrigkeiten

(1) Ordnungswidrig handelt, wer
1. eine öffentliche Versammlung unter freiem Himmel ohne eine gemäß § 11 erforderliche Anzeige oder nach einer Anzeige durchführt, in der die Angaben gemäß § 11 Absatz 2 nicht oder in wesentlicher Hinsicht unrichtig enthalten sind,
2. zur Teilnahme an einer Versammlung aufruft, deren Durchführung vollziehbar verboten oder deren Auflösung vollziehbar angeordnet ist,
3. wer trotz einer Anordnung, dies zu unterlassen, in der Absicht, nicht verbotene Versammlungen oder Aufzüge zu verhindern oder sonst ihre Durchführung zu vereiteln, grobe Störungen verursacht,

4. als veranstaltende oder leitende Person die öffentliche Versammlung unter freiem Himmel wesentlich anders durchführt als in der Anzeige (§ 11) angegeben,

5. unter den Voraussetzungen der § 13 Absätze 1, 2 und 4, § 20 Absätze 1 und 2 von der zuständigen Behörde oder im Verfahren des gerichtlichen Eilrechtsschutzes erlassenen, vollziehbaren beschränkenden Verfügungen, Verboten oder Auflösungen als Leiterin oder Leiter oder Veranstalterin oder Veranstalter zuwiderhandelt,

6. unter den Voraussetzungen der § 13 Absätze 1, 2 und 4, § 20 Absätze 1 und 2 von der zuständigen Behörde oder im Verfahren des gerichtlichen Eilrechtsschutzes erlassenen, vollziehbaren beschränkenden Verfügungen, Verboten oder Auflösungen als Teilnehmerin oder Teilnehmer zuwiderhandelt,

7. gegen Anordnungen zur Durchsetzung des Uniformverbots (§ 8 Absatz 2) oder des Vermummungs- und Schutzausrüstungsverbots (§ 17) verstößt,

8. ungeachtet einer gemäß § 14 Absatz 1 ausgesprochenen Untersagung der Teilnahme an oder Anwesenheit in der Versammlung anwesend ist oder sich nach einem gemäß § 14 Absatz 2, § 21 Absatz 1 angeordneten Ausschluss aus der Versammlung nicht unverzüglich entfernt,

9. sich trotz einer unter den Voraussetzungen der §§ 13, 20 erfolgten Auflösung einer Versammlung nicht unverzüglich entfernt.

(2) Die Ordnungswidrigkeit kann in den Fällen des Absatz 1 Nummern 1, 6, 8, 9 mit einer Geldbuße bis zu fünfhundert Euro und in den Fällen des Absatz 1 Nummer 3, 4 und 7 bis zu eintausendfünfhundert Euro und in den Fällen des Absatzes 1 Nummern 2 und 5 bis zweitausendfünfhundert Euro geahndet werden.

§ 25 Einziehung

Gegenstände, auf die sich eine Straftat nach § 23 oder eine Ordnungswidrigkeit nach § 24 bezieht, können eingezogen werden. § 74a des Strafgesetzbuches und § 23 des Gesetzes über Ordnungswidrigkeiten sind anzuwenden

§ 26 Kosten

Amtshandlungen nach diesem Gesetz sind kostenfrei.

§ 27 Zuständigkeitsregelungen

(1) Die Landrätinnen und Landräte und die Bürgermeisterinnen und Bürgermeister der kreisfreien Städte als Kreisordnungsbehörden sind sachlich zuständig für Versammlungen unter freiem Himmel (§ 3 Absatz 3, § 11 Absatz 1, § 13 Absätze 1, 4, § 14 Absätze 1, 2).

(2) Die Bürgermeisterinnen und Bürgermeister der amtsfreien Gemeinden, die Amtsdirektorin oder der Amtsdirektor, in ehrenamtlich verwalteten Ämtern die Amtsvorsteherin oder der Amtsvorsteher sind sachlich zuständig für Versammlungen in geschlossenen Räumen (§ 3 Absatz 3, § 20).

(3) Örtlich zuständig ist die Behörde, in deren Bezirk die Versammlung stattfindet. Berührt eine Versammlung unter freiem Himmel den Zuständigkeitsbereich mehrerer

Kreisordnungsbehörden, kann die gemeinsame Fachaufsichtsbehörde eine zuständige Behörde bestimmen.

(4) Das Ministerium für Inneres, ländliche Räume und Integration ist sachlich zuständig für die Entgegennahme der Anzeigen von öffentlichen Versammlungen unter freiem Himmel und von Aufzügen in nicht inkommunalisierten Küstengewässern Schleswig-Holsteins sowie auf Brücken und in Tunneln in diesen Bereichen. Das Ministerium für Inneres, ländliche Räume und Integration bestimmt in diesen Fällen die örtlich zuständige Behörde für Maßnahmen nach § 3 Absatz 3, § 11 Absätze 1, 3, 4, 5, § 13 Absätze 1, 4, § 14 Absätze 1, 2, § 17 Absatz 2.

(5) In unaufschiebbaren Fällen kann die Polizei auch an Stelle der zuständigen Behörde Maßnahmen treffen.

§ 28 Einschränkung von Grundrechten

Die Grundrechte der Versammlungsfreiheit (Artikel 8 Absatz 1 des Grundgesetzes), der Meinungsfreiheit (Artikel 5 Absatz 1 Satz 1 des Grundgesetzes), das Recht auf informationelle Selbstbestimmung (Artikel 2 Absatz 1 in Verbindung mit Artikel 1 Absatz 1 des Grundgesetzes) sowie das Recht auf Eigentum (Artikel 14 Absatz 1 Satz 1 des Grundgesetzes) werden nach Maßgabe dieses Gesetzes eingeschränkt.

IX. Musterentwurf eines Versammlungsgesetzes (2011)

Gesetzestext

Übersicht

I. Allgemeine Regelungen

II. Versammlungen unter freiem Himmel

I. Allgemeine Regelungen

§ 1 Versammlungsfreiheit

(1) Jede Person hat das Recht, sich ohne Anmeldung oder Erlaubnis friedlich und ohne Waffen mit anderen zu versammeln und Versammlungen zu veranstalten.

(2) Dieses Recht hat nicht, wer das Grundrecht der Versammlungsfreiheit gemäß Artikel 18 des Grundgesetzes verwirkt hat.

§ 2 Begriff der öffentlichen Versammlung

(1) ^{1}Versammlung im Sinn dieses Gesetzes ist eine örtliche Zusammenkunft von mindestens zwei Personen zur gemeinschaftlichen, überwiegend auf die Teilhabe an der öffentlichen Meinungsbildung gerichteten Erörterung oder Kundgebung. ^{2}Aufzug ist eine sich fortbewegende Versammlung.

(2) Eine Versammlung ist öffentlich, wenn die Teilnahme nicht auf einen individuell bestimmten Personenkreis beschränkt ist oder die Versammlung auf eine Kundgebung an die Öffentlichkeit in ihrem räumlichen Umfeld gerichtet ist.

(3) Soweit nichts anderes bestimmt ist, gilt dieses Gesetz sowohl für öffentliche als auch für nichtöffentliche Versammlungen.

§ 3 Schutzaufgabe und Kooperation

(1) Aufgabe der zuständigen Behörde ist es,

1. die Durchführung einer nach Maßgabe dieses Gesetzes zulässigen Versammlung zu unterstützen,
2. ihre Durchführung vor Störungen zu schützen und

von der Versammlung oder im Zusammenhang mit dem Versammlungsgeschehen von Dritten ausgehende Gefahren für die öffentliche Sicherheit abzuwehren.

(2) ^{1}Soweit es nach Art und Umfang der Versammlung erforderlich ist, bietet die zuständige Behörde der Person, die eine öffentliche Versammlung veranstaltet oder der die Leitung übertragen worden ist, rechtzeitig ein Kooperationsgespräch an, um die Gefahrenlage und sonstige Umstände zu erörtern, die für die ordnungsgemäße Durchführung der Versammlung wesentlich sind. ^{2}Bestehen Anhaltspunkte für Gefährdungen, die gemäß §§ 13 Abs. 1, 23 Abs. 1 zu einem Verbot oder Beschränkungen führen können, ist Gelegenheit zu geben, durch ergänzende Angaben oder Veränderungen der beabsichtigten Versammlung ein Verbot oder Beschränkungen entbehrlich zu machen.

(3) Im Rahmen der Kooperation informiert die zuständige Behörde die Person, die eine öffentliche Versammlung veranstaltet oder der die Leitung übertragen worden ist, vor und während der Versammlung über erhebliche Änderungen der Gefahrenlage, soweit dieses nach Art und Umfang der Versammlung erforderlich ist.

§ 4 Veranstaltung einer Versammlung

^{1}Wer zu einer Versammlung einlädt oder die Versammlung nach § 10 anzeigt oder nach § 20 anmeldet, veranstaltet eine Versammlung. ^{2}In der Einladung zu einer öffentlichen Versammlung ist der Name anzugeben.

§ 5 Versammlungsleitung

(1) ^{1}Wer eine Versammlung veranstaltet, leitet die Versammlung. ^{2}Veranstalten mehrere Personen eine Versammlung, bestimmen diese die Versammlungsleitung. ^{3}Veranstaltet eine Vereinigung die Versammlung, so wird sie von der Person geleitet, die für die Vereinigung handlungsbefugt ist.

(2) Die Versammlungsleitung ist übertragbar.

(3) Gibt es keine Person, die die Versammlung veranstaltet, kann die Versammlung eine Versammlungsleitung bestimmen.

(4) Die Vorschriften dieses Gesetzes über die Versammlungsleitung gelten für nichtöffentliche Versammlungen nur, wenn eine Versammlungsleitung bestimmt ist.

§ 6 Befugnisse der Versammlungsleitung

(1) [1]Die Versammlungsleitung sorgt für den ordnungsgemäßen Ablauf der Versammlung und wirkt auf deren Friedlichkeit hin. [2]Sie darf die Versammlung jederzeit unterbrechen oder schließen.

(2) [1]Die Versammlungsleitung kann sich der Hilfe von Ordnerinnen und Ordnern bedienen. [2]Diese müssen bei Versammlungen unter freiem Himmel durch weiße Armbinden, die nur die Bezeichnung »Ordnerin« oder »Ordner« tragen dürfen, kenntlich sein. [3]Die Vorschriften dieses Gesetzes für Teilnehmerinnen und Teilnehmer der Versammlung gelten auch für Ordnerinnen und Ordner.

(3) Die zur Aufrechterhaltung der Ordnung in der Versammlung getroffenen Anweisungen der Versammlungsleitung und der Ordnerinnen und Ordner sind zu befolgen.

(4) [1]Die Versammlungsleitung darf Personen, welche die Ordnung der Versammlung erheblich stören, aus der Versammlung ausschließen. [2]Wer aus der Versammlung ausgeschlossen wird, hat sich unverzüglich zu entfernen.

§ 7 Störungsverbot

Es ist verboten, eine Versammlung mit dem Ziel zu stören, deren Durchführung erheblich zu behindern oder zu vereiteln.

§ 8 Waffenverbot

Es ist verboten,
1. Waffen oder
2. sonstige Gegenstände, die ihrer Art nach zur Verletzung von Personen oder zur Herbeiführung erheblicher Schäden an Sachen geeignet und den Umständen nach dazu bestimmt sind,

bei Versammlungen oder auf dem Weg zu oder von Versammlungen mit sich zu führen, zu Versammlungen hinzuschaffen oder sie zur Verwendung bei Versammlungen bereitzuhalten oder zu verteilen.

§ 9 Anwendbarkeit des Polizeirechts

(1) Soweit das Versammlungsgesetz die Abwehr von Gefahren gegenüber einzelnen Teilnehmerinnen und Teilnehmern nicht regelt, sind Maßnahmen gegen sie nach dem Landespolizeirecht zulässig, wenn von ihnen nach den zum Zeitpunkt der Maßnahme erkennbaren Umständen vor oder bei der Durchführung der Versammlung oder im Anschluss an sie eine unmittelbare Gefahr für die öffentliche Sicherheit ausgeht.

(2) Für Versammlungen in geschlossenen Räumen gilt Absatz 1 für den Fall, dass von den Teilnehmerinnen oder Teilnehmern eine Gefahr im Sinn von § 23 Abs. 1 ausgeht.

(3) Maßnahmen vor Beginn der Versammlung, welche die Teilnahme an der Versammlung unterbinden sollen, setzen eine Teilnahmeuntersagung nach § 14 oder § 24 voraus.

II. Versammlungen unter freiem Himmel

§ 10 Anzeige

(1) [1]Wer eine öffentliche Versammlung unter freiem Himmel veranstalten will, hat dies der zuständigen Behörde spätestens 48 Stunden vor der Einladung zu der Versammlung anzuzeigen. [2]Veranstalten mehrere Personen eine Versammlung, ist nur eine Anzeige abzugeben. [3]Die Anzeige muss schriftlich, elektronisch oder zur Niederschrift erfolgen. [4]Bei der Berechnung der Frist bleiben Samstage, Sonn- und Feiertage außer Betracht.

(2) [1]Die Anzeige muss den geplanten Ablauf der Versammlung nach Ort, Zeit und Thema bezeichnen, bei Aufzügen auch den beabsichtigten Streckenverlauf. [2]Sie muss Namen und Anschrift der anzeigenden Person und der Person, die sie leiten soll, sofern eine solche bestimmt ist, enthalten. [3]Wird die Versammlungsleitung erst später bestimmt, sind Name und Anschrift der vorgesehenen Person der zuständigen Behörde unverzüglich mitzuteilen. [4]Wenn die Versammlungsleitung sich der Hilfe von Ordnerinnen und Ordnern bedient, ist ihr Einsatz unter Angabe der Zahl der dafür voraussichtlich eingesetzten Personen der zuständigen Behörde mitzuteilen.

(3) [1]Wenn der Zweck der Versammlung durch eine Einhaltung der Frist nach Absatz 1 Satz 1 gefährdet würde (Eilversammlung), ist die Versammlung spätestens mit der Einladung bei der zuständigen Behörde oder bei der Polizei anzuzeigen. [2]Die Anzeige kann telefonisch erfolgen.

(4) Die Anzeigepflicht entfällt, wenn sich die Versammlung aufgrund eines spontanen Entschlusses augenblicklich bildet (Spontanversammlung).

§ 11 Erlaubnisfreiheit

Für eine öffentliche Versammlung unter freiem Himmel sind keine behördlichen Erlaubnisse erforderlich, die sich auf die Benutzung der öffentlichen Verkehrsflächen beziehen.

§ 12 Behördliche Ablehnungsrechte

(1) Die zuständige Behörde kann eine zur Leitung einer öffentlichen Versammlung unter freiem Himmel vorgesehene Person als ungeeignet ablehnen, wenn deren Einsatz nach den zur Zeit des Erlasses der Verfügung erkennbaren Umständen die öffentliche Sicherheit bei Durchführung der Versammlung unmittelbar gefährdet.

(2) [1]Wenn aufgrund tatsächlicher Anhaltspunkte zu besorgen ist, dass von einer öffentlichen Versammlung unter freiem Himmel eine Gefahr für die öffentliche Sicherheit ausgeht, hat die Veranstalterin oder der Veranstalter der Behörde auf deren Aufforderung hin Namen und Adressen der vorgesehenen Ordnerinnen und Ordner mitzuteilen. [2]Die zuständige Behörde kann diese als ungeeignet ablehnen, wenn ihr Einsatz nach den zur Zeit des Erlasses der Verfügung erkennbaren Umständen die öffentliche Sicherheit bei Durchführung der Versammlung unmittelbar gefährdet.

§ 13 Beschränkungen, Verbot, Auflösung

(1) Die zuständige Behörde kann die Durchführung einer Versammlung unter freiem Himmel beschränken oder verbieten, die Versammlung nach deren Beginn auch auflösen, wenn nach den zur Zeit des Erlasses der Maßnahmen erkennbaren Umständen die öffentliche Sicherheit bei Durchführung der Versammlung unmittelbar gefährdet ist.

(2) Verbot oder Auflösung setzen voraus, dass Beschränkungen nicht ausreichen.

(3) [1]Geht eine unmittelbare Gefahr für die öffentliche Sicherheit von Dritten aus, sind Maßnahmen der Gefahrenabwehr gegen diese zu richten. [2]Kann dadurch die Gefahr auch unter Heranziehung von landes- oder bundesweit verfügbaren Polizeikräften nicht abgewehrt werden, dürfen Maßnahmen nach den Absätzen 1 oder 2 auch zulasten der Versammlung ergriffen werden, von der die Gefahr nicht ausgeht. [3]Ein Verbot oder die Auflösung dieser Versammlung setzt Gefahren für Leben oder Gesundheit von Personen oder für Sachgüter von erheblichem Wert voraus.

(4) Sollen eine beschränkende Verfügung oder ein Verbot ausgesprochen werden, so sind diese nach Feststellung der Voraussetzungen, die diese Verfügung rechtfertigen, unverzüglich bekannt zu geben.

(5) [1]Die Bekanntgabe einer nach Versammlungsbeginn erfolgenden beschränkenden Verfügung oder einer Auflösung muss unter Angabe des Grundes der Maßnahme erfolgen. [2]Widerspruch und Anfechtungsklage gegen Verfügungen nach Satz 1 haben keine aufschiebende Wirkung.

(6) [1]Sobald die Versammlung für aufgelöst erklärt ist, haben alle anwesenden Personen sich unverzüglich zu entfernen. [2]Es ist verboten, anstelle der aufgelösten Versammlung eine Ersatzversammlung durchzuführen.

§ 14 Untersagung der Teilnahme oder Anwesenheit und Ausschluss von Personen

(1) Die zuständige Behörde kann einer Person die Teilnahme an oder Anwesenheit in einer Versammlung unter freiem Himmel vor deren Beginn untersagen, wenn von ihr nach den zur Zeit des Erlasses der Verfügung erkennbaren Umständen bei Durchführung der Versammlung eine unmittelbare Gefahr für die öffentliche Sicherheit ausgeht.

(2) [1]Wer durch sein Verhalten in der Versammlung die öffentliche Sicherheit unmittelbar gefährdet, ohne dass die Versammlungsleitung dies unterbindet, oder wer einer Anordnung nach § 17, Abs. 2 oder § 18 Abs. 2 zuwiderhandelt, kann von der zuständigen Behörde ausgeschlossen werden. [2]Wer aus der Versammlung ausgeschlossen wird, hat sich unverzüglich zu entfernen.

§ 15 Kontrollstellen

(1) [1]Bestehen tatsächliche Anhaltspunkte dafür, dass Waffen mitgeführt werden oder der Einsatz von Gegenständen im Sinn von § 8 Nr. 2, § 17 oder § 18 die öffentliche

Sicherheit bei Durchführung einer öffentlichen Versammlung unter freiem Himmel unmittelbar gefährdet wird, können auf den Anfahrtswegen zu der Versammlung Kontrollstellen errichtet werden, um Personen und Sachen zu durchsuchen. [2]Die Durchführung der Durchsuchungen richtet sich nach dem Landespolizeirecht. [3]Kontrollstellen sind so einzurichten, dass die Kontrollen zügig durchgeführt werden können.

(2) Identitätsfeststellungen sowie weitere polizei- und ordnungsrechtliche oder strafprozessuale Maßnahmen sind nur zulässig, soweit sich an der Kontrollstelle tatsächliche Anhaltspunkte für einen bevorstehenden Verstoß gegen §§ 8, 17, 18 oder für die Begehung strafbarer Handlungen ergeben.

§ 16 Aufnahmen und Aufzeichnungen von Bild und Ton

(1) [1]Die zuständige Behörde darf Bild- und Tonaufnahmen sowie entsprechende Aufzeichnungen von einer Person bei oder im Zusammenhang mit einer öffentlichen Versammlung unter freiem Himmel anfertigen, wenn Tatsachen die Annahme rechtfertigen, dass von der Person bei oder im Zusammenhang mit der Versammlung eine erhebliche Gefahr für die öffentliche Sicherheit ausgeht, und die Maßnahmen erforderlich sind, uni diese Gefahr abzuwehren. [2]Die Aufzeichnungen dürfen auch angefertigt werden, wenn andere Personen unvermeidbar betroffen werden.

(2) [1]Die zuständige Behörde darf Übersichtsaufnahmen von öffentlichen Versammlungen unter freiem Himmel und ihrem Umfeld zur Lenkung und Leitung des Polizeieinsatzes nur dann anfertigen, wenn und soweit dies wegen der Größe oder Unübersichtlichkeit der Versammlung im Einzelfall erforderlich ist. [2]Die Übersichtsaufnahmen dürfen aufgezeichnet werden, soweit Tatsachen die Annahme rechtfertigen, dass von Versammlungen, von Teilen hiervon oder ihrem Umfeld erhebliche Gefahren für die öffentliche Sicherheit ausgehen. [3]Die Identifizierung einer auf den Übersichtsaufnahmen oder -aufzeichnungen abgebildeten Person ist nur zulässig, soweit die Voraussetzungen nach Absatz 1 vorliegen.

(3) [1]Aufnahmen und Aufzeichnungen sind offen vorzunehmen. [2]Die Versammlungsleitung ist unverzüglich über die Anfertigung von Übersichtsaufnahmen und -aufzeichnungen in Kenntnis zu setzen. [3]Verdeckte Bild- und Tonaufnahmen oder entsprechende Aufzeichnungen sind nur zulässig, wenn anderenfalls die körperliche Unversehrtheit der die Aufnahme oder Aufzeichnung durchführenden Personen gefährdet würde.

(4) [1]Die von einer Aufzeichnung nach Absatz 1 oder Absatz 2 Satz 3 betroffene Person ist über die Maßnahme zu unterrichtete, soweit ihre Identität bekannt ist mit zulässige Verwendungszwecke nicht gefährdet sind. [2]Soweit verdeckte Aufzeichnungen angefertigt worden sind und keine Mitteilung an die betroffene Person erfolgt, sind der Versammlungsleitung die Gründe für die Anfertigung der verdeckten Aufzeichnungen mitzuteilen, sobald zulässige Verwendungszwecke nicht gefährdet sind.

(5) Die Aufzeichnungen dürfen auch verwendet werden
1. zur Verfolgung von Straftaten in oder im Zusammenhang teilt der Versammlung,

2. zur Gefahrenabwehr, wenn von der betroffenen Person in oder im Zusammenhang mit der Versammlung die Gefahr einer Verletzung von Strafgesetzen ausging und zu besorgen ist, dass bei künftigen Versammlungen von dieser Person erneut die Gefahr der Verletzung von Strafgesetzen ausgehen wird,

3. zur befristeten Dokumentation des polizeilichen Handelns, sofern eine Störung der öffentlichen Sicherheit eingetreten ist,

4. zum Zweck der polizeilichen Aus- oder Fortbildung.

(6) ^{1}Die Aufzeichnungen sind nach Beendigung der Versammlung oder zeitlich und sachlich damit unmittelbar im Zusammenhang stehender Ereignisse unverzüglich zu vernichten. ^{2}Dies gilt nicht, soweit sie für die in Absatz 5 aufgeführten Zwecke benötigt werden. ^{3}Aufzeichnungen, die für die Zwecke des Absatzes 5 verwendet werden, sind ein Jahr nach ihrer Anfertigung zu vernichten. sofern sie nicht Gegenstand oder Beweismittel eines Rechtsbehelfs oder gerichtlichen Verfahrens sind.

(7) Soweit Aufzeichnungen zur polizeilichen Aus- und Fortbildung verwendet werden, ist hierzu eine eigene Fassung herzustellen, die eine Identifizierung der darauf abgebildeten Personen unumkehrbar ausschließt.

(8) ^{1}Die Gründe für die Anfertigung von Bild-, Ton- und Übersichtsaufzeichnungen nach Absatz 1 und 2 und für ihre Verwendung nach Absatz 5 sind zu dokumentieren. ^{2}Werden von Aufzeichnungen eigene Fassungen nach Absatz 7 hergestellt, sind die Anzahl der hergestellten Fassungen sowie der Ort der Aufbewahrung zu dokumentieren.

§ 17 Vermummungs- und Schutzausrüstungsverbot

(1) Es ist verboten, bei oder im Zusammenhang mit einer Versammlung unter freiem Himmel Gegenstände mit sich zu führen,

1. die zur Identitätsverschleierung geeignet und den Umständen nach darauf gerichtet sind, eine zu Zwecken der Verfolgung einer Straftat oder einer Ordnungswidrigkeit durchgeführte Feststellung der Identität zu verhindern, oder

2. die als Schutzausrüstung geeignet und den Umständen nach darauf gerichtet sind, Vollstreckungsmaßnahmen eines Trägers von Hoheitsgewalt abzuwehren.

(2) Die zuständige Behörde trifft zur Durchsetzung des Verbots Anordnungen, in denen die vom Verbot erfassten Gegenstände bezeichnet sind.

§ 18 Militanzverbot

(1) Es ist verboten, eine Versammlung unter freiem Himmel zu veranstalten, zu leiten oder an ihr teilzunehmen, wenn diese infolge des äußeren Erscheinungsbildes

1. durch das Tragen von Uniformen, Uniformteilen oder uniformähnlichen Kleidungsstücken oder

2. durch ein paramilitärisches Auftreten oder auf vergleichbare Weise Gewaltbereitschaft vermittelt und dadurch einschüchternd wirkt.

(2) Die zuständige Behörde trifft zur Durchsetzung des Verbots Anordnungen, in denen die vom Verbot erfassten Gegenstände oder Verhaltensweisen bezeichnet sind.

§ 19 Symbolträchtige Orte und Tage

(1) [1]Die zuständige Behörde kann die Durchführung einer Versammlung unter freiem Himmel beschränken oder verbieten, die Versammlung nach deren Beginn auch auflösen, wenn

1. die Versammlung an einem Ort stattfindet, der als Gedenkstätte von historisch herausragender überregionaler Bedeutung an die Opfer der menschenunwürdigen Behandlung unter der nationalsozialistischen Gewalt- oder Willkürherrschaft erinnert, oder an einem Tag stattfindet, der zum Gedenken an die Opfer der menschenunwürdigen Behandlung unter der nationalsozialistischen Gewalt- und Willkürherrschaft bestimmt ist, und

2. nach den zur Zeit des Erlasses der Verfügung erkennbaren Umständen die unmittelbare Gefahr besteht, dass durch die Versammlung die nationalsozialistische Gewalt- und Willkürherrschaft gebilligt, verherrlicht oder gerechtfertigt und dadurch der öffentliche Friede gestört wird.

[2]Die Orte nach Satz 1 und ihre räumliche Abgrenzung werden in der Anlage zu diesem Gesetz bestimmt. [3]Tage nach Satz 1 sind der 27. Januar und der 9. November.

(2) Verbot oder Auflösung setzen voraus, dass Beschränkungen nicht ausreichen.

§ 20 Schutz des Landtags

(1) [1]Zur Gewährleistung der verfassungsmäßigen Funktionen des Landtags wird eine örtliche Schutzzone gebildet. [2]Diese Schutzzone umfasst […].

(2) [1]Eine öffentliche Versammlung unter freiem Himmel innerhalb der nach Absatz 1 gebildeten Schutzzone muss spätestens 72 Stunden vor Durchführung der Versammlung bei der zuständigen Behörde angemeldet werden. [2]Für die Anmeldung gilt § 10 Abs. 1 Satz 2, 3 und 4 und Abs. 2 entsprechend.

(3) Die zuständige Behörde kann innerhalb der nach Absatz 1 gebildeten Schutzzone eine öffentliche Versammlung für Benehmen mit dem Präsidenten des Landtags beschränken oder verbieten, wenn nach den zur Zeit des Erlasses der Verfügung erkennbaren Umständen die unmittelbare Gefahr besteht, dass bei Durchführung der Versammlung die Tätigkeit des Landtags, seiner Organe oder Gremien beeinträchtigt wird.

(4) Die zuständige Behörde kann die Versammlung auflösen, wenn die Voraussetzungen nach Absatz 3 vorliegen oder einer nach Absatz 3 ausgesprochenen Beschränkung zuwidergehandelt wird.

(5) Verbot oder Auflösung setzen voraus, dass Beschränkungen nicht ausreichen.

§ 21 Öffentliche Verkehrsflächen in Privateigentum

[1]Auf Verkehrsflächen von Grundstücken in Privateigentum, die dem allgemeinen Publikum geöffnet sind, können öffentliche Versammlungen auch ohne die Zustimmung der Eigentümerin oder des Eigentümers durchgeführt werden. [2]Die Eigentümerinnen

und Eigentümer sind in die Kooperation nach § 3 Abs. 2 einzubeziehen. [3]Sind mehr als zehn Personen betroffen oder sind die Eigentumsverhältnisse nur mit unverhältnismäßigem Aufwand zu ermitteln, kann die Einladung zur Mitwirkung an der Kooperation durch öffentliche Bekanntmachung erfolgen.

III. Versammlungen in geschlossenen Räumen

§ 22 Einladung

(1) Wer eine öffentliche Versammlung in geschlossenen Räumen veranstaltet, darf in der Einladung bestimmte Personen oder Personenkreise von der Teilnahme ausschließen.

(2) Die Leitung einer öffentlichen Versammlung in geschlossenen Räumen darf die Anwesenheit von Vertretern der Medien, die sich als solche durch anerkannten Presseausweis ausgewiesen haben, nicht unterbinden.

§ 23 Beschränkungen, Verbot, Auflösung

(1) Die zuständige Behörde kann die Durchführung einer Versammlung in geschlossenen Räumen beschränken oder verbieten, die Versammlung nach deren Beginn auch auflösen, wenn nach den zur Zeit des Erlasses der Maßnahmen erkennbaren Umständen eine unmittelbare Gefahr
1. eines unfriedlichen Verlaufs der Versammlung,
2. für Leben oder Gesundheit von Personen oder
3. dafür besteht, dass in der Versammlung Äußerungen erfolgen, die ein Verbrechen oder ein von Amts wegen zu verfolgendes Vergehen darstellen.

(2) Verbot oder Auflösung setzen voraus, dass Beschränkungen nicht ausreichen.

(3) [1]Bestehen tatsächliche Anhaltspunkte dafür, dass von einer öffentlichen Versammlung eine Gefahr für die in Absatz 1 genannten Rechtsgüter ausgeht, dürfen Polizeibeamte in der Versammlung anwesend sein. [2]Sie haben sich der Versammlungsleitung zu erkennen zu geben.

(4) [1]Geht eine unmittelbare Gefahr für die in Absatz 1 genannten Rechtsgüter von Dritten aus, sind Maßnahmen der Gefahrenabwehr gegen diese zu richten. [2]Kann dadurch die Gefahr auch unter Heranziehung von landes- und bundesweit verfügbaren Polizeikräften nicht abgewehrt werden, dürfen Maßnahmen nach den Absätzen 1 oder 2 auch zulasten der Versammlung ergriffen werden, von der die Gefahr nicht ausgeht.

(5) Sollen eine beschränkende Verfügung oder ein Verbot ausgesprochen werden, so sind diese nach Feststellung der Voraussetzungen, die diese Verfügung rechtfertigen, unverzüglich bekannt zu geben.

(6) [1]Die Bekanntgabe einer nach Versammlungsbeginn ergehenden beschränkenden Verfügung oder einer Auflösung muss unter Angabe des Grundes der Maßnahme erfolgen. [2]Widerspruch und Anfechtungsklage gegen Verfügungen nach Satz 1 haben keine aufschiebende Wirkung.

(7) ¹Sobald die Versammlung für aufgelöst erklärt ist, haben alle anwesenden Personen sich unverzüglich zu entfernen. ²Es ist verboten, anstelle der aufgelösten Versammlung eine Ersatzversammlung durchzuführen.

§ 24 Untersagung der Teilnahme oder Anwesenheit und Ausschluss von Personen

(1) Die zuständige Behörde kann einer Person die Teilnahme an oder Anwesenheit in einer Versammlung in geschlossenen Räumen vor deren Beginn untersagen, wenn von ihr nach den zur Zeit des Erlasses der Verfügung erkennbaren Umständen bei Durchführung der Versammlung eine unmittelbare Gefahr im Sinn von § 23 Abs. 1 ausgeht.

(2) ¹Wer durch sein Verhalten in der Versammlung eine unmittelbare Gefahr im Sinn von § 23 Abs. 1 verursacht, ohne dass die Versammlungsleitung dies unterbindet. kann von der zuständigen Behörde ausgeschlossen werden. ²Wer aus der Versammlung ausgeschlossen wird, hat sich unverzüglich zu entfernen.

§ 25 Kontrollstellen

(1) ¹Bestehen tatsächliche Anhaltspunkte dafür, dass Waffen mitgeführt werden oder der Einsatz von Gegenständen im Sinn von § 8 Nr. 2 bei Durchführung einer öffentlichen Versammlung in geschlossenen Räumen Gefahren gemäß § 23 Abs. 1 verursacht, können auf den Anfahrtswegen zu der Versammlung Kontrollstellen errichtet werden, um Personen und Sachen zu durchsuchen. ²Die Durchführung der Durchsuchungen richtet sich nach dem Landespolizeirecht. ³Kontrollstellen sind so einzurichten, dass die Kontrollen zügig durchgeführt werden können.

(2) Identitätsfeststellungen sowie weitere polizei- und ordnungsrechtliche oder strafprozessuale Maßnahmen sind nur zulässig, soweit sich an der Kontrollstelle tatsächliche Anhaltspunkte für einen bevorstehenden Verstoß gegen § 8 oder für die Begehung strafbarer Handlungen ergeben.

§ 26 Aufnahmen und Aufzeichnungen von Bild und Ton

(1) ¹Unter den Voraussetzungen des § 23 Abs. 1 darf die zuständige Behörde Bild- und Tonaufnahmen sowie entsprechende Aufzeichnungen von einer Person bei oder im Zusammenhang mit einer öffentlichen Versammlung in geschlossenen Räumen anfertigen, wenn die Maßnahmen erforderlich sind, um die Gefahr abzuwehren. ²Die Aufzeichnungen dürfen auch angefertigt werden, wenn andere Personen unvermeidbar betroffen werden. ³Aufnahmen und Aufzeichnungen sind offen vorzunehmen.

(2) Die von einer Aufzeichnung nach Absatz 1 betroffene Person ist über die Maßnahme unverzüglich zu unterrichten, soweit ihre Identität bekannt ist und zulässige Verwendungszwecke nicht gefährdet sind.

(3) Die Aufzeichnungen dürfen auch verwendet werden
1. zur Verfolgung von Straftaten in oder im Zusammenhang mit der Versammlung, von denen eine Gefahr im Sinn von § 23 Abs. 1 ausging,

2. zur Gefahrenabwehr, wenn von der betroffenen Person in oder im Zusammenhang mit der Versammlung eine Gefahr im Sinn von § 23 Abs. 1 ausging und zu besorgen ist, dass bei künftigen Versammlungen von dieser Person erneut Gefahren im Sinn von § 23 Abs. 1 ausgehen werden.

(4) [1]Die Aufzeichnungen sind nach Beendigung der Versammlung oder zeitlich und sachlich damit unmittelbar im Zusammenhang stehender Ereignisse unverzüglich zu vernichten. [2]Dies gilt nicht, soweit sie für die in Absatz 3 aufgeführten Zwecke benötigt werden. [3]Aufzeichnungen, die für die Zwecke des Absatzes 3 verwendet werden, sind ein Jahr nach ihrer Anfertigung zu vernichten, sofern sie nicht Gegenstand oder Beweismittel eines Rechtsbehelfs oder gerichtlichen Verfahrens sind.

(5) Die Gründe für die Anfertigung von Bild- und Tonaufzeichnungen nach Absatz 1 und für ihre Verwendung nach Absatz 3 sind zu dokumentieren.

IV. Straftaten, Ordnungswidrigkeiten, Einziehung, Kosten, Entschädigung und Schadensersatz

§ 27 Straftaten

(1) Wer in der Absicht, nicht verbotene Versammlungen zu verhindern oder sonst ihre Durchführung zu vereiteln, Gewalttätigkeiten vornimmt oder androht, wird mit Freiheitsstrafe bis zu zwei Jahren oder mit Geldstrafe bestraft.

(2) [1]Wer bei Versammlungen Waffen oder Gegenstände entgegen § 8 Nr. 2 mit sich führt, wird mit Freiheitsstrafe bis zu zwei Jahren oder mit Geldstrafe bestraft. [2]Ebenso wird bestraft, wer Waffen oder Gegenstände entgegen § 8 Nr. 2 auf dem Weg zu einer Versammlung oder im Anschluss an eine Versammlung mit sich führt, zu der Versammlung hinschafft oder sie zur Verwendung bei ihr bereithält oder verteilt oder wer bewaffnete Ordnerinnen oder Ordner in öffentlichen Versammlungen einsetzt.

(3) Wer gegen die Leitung oder die Ordnerinnen oder Ordner einer Versammlung in der rechtmäßigen Ausübung von Ordnungsaufgaben Gewalt anwendet oder damit droht oder diese Personen während der rechtmäßigen Ausübung von Ordnungsaufgaben tätlich angreift, wird mit Freiheitsstrafe bis zu einem Jahr oder mit Geldstrafe bestraft.

§ 28 Ordnungswidrigkeiten

(1) Ordnungswidrig handelt, wer
1. eine öffentliche Versammlung unter freiem Himmel ohne eine gemäß § 10 erforderliche Anzeige oder nach einer Anzeige durchführt, in der die Angaben gemäß § 10 Abs. 2 nicht oder in wesentlicher Hinsicht unrichtig enthalten sind,
2. der Aufforderung, Namen und Adressen der vorgesehenen Ordnerinnen und Ordner gemäß § 12 Abs. 2 Satz 1 mitzuteilen, nicht nachkommt oder von der zuständigen Behörde gemäß § 12 Abs. 2 Satz 2 abgelehnte Personen als Ordnerin oder Ordner einsetzt,

3. zur Teilnahme an einer Versammlung aufruft, deren Durchführung vollziehbar verboten oder deren Auflösung vollziehbar angeordnet ist,

4. wer trotz einer Anordnung, dies zu unterlassen, die Zufahrtswege zu einer Versammlung oder die für einen Aufzug vorgesehene Strecke blockiert oder die Versammlung auf andere Weise mit dem Ziel stört, deren Durchführung erheblich zu behindern oder zu vereiteln,

5. als veranstaltende oder leitende Person die öffentliche Versammlung unter freiem Himmel wesentlich anders durchführt als in der Anzeige (§ 10) angegeben,

6. unter den Voraussetzungen der § 13 Abs. 1 und 2, § 23 Abs. 1 und 2 erlassenen, vollziehbaren beschränkenden Verfügungen, Verboten oder Auflösungen zuwiderhandelt,

7. gegen Anordnungen zur Durchsetzung des Vermummungs- und Schutzausrüstungsverbots (§ 17) oder des Militanzverbots (§ 18) verstößt,

8. vollziehbaren beschränkenden Verfügungen oder Verboten gemäß § 19 zuwiderhandelt,

9. ohne dass eine Anmeldung nach § 20 Abs. 2 erfolgt ist oder unter Verstoß gegen gemäß § 20 Abs. 3 und 5 ergangene vollziehbare beschränkende Verfügungen oder Verbote eine öffentliche Versammlung in einer Schutzzone nach § 20 Abs. 1 durchführt oder an ihr teilnimmt,

10. einer im Verfahren des gerichtlichen Eilrechtsschutzes erfolgten Beschränkung der Ausübung des Versammlungsrechts zuwiderhandelt,

11. ungeachtet einer gemäß § 14 Abs. 1, § 24 Abs. 1 ausgesprochenen Untersagung der Teilnahme an oder Anwesenheit in der Versammlung anwesend ist oder sich nach einem gemäß § 14 Abs. 2, § 24 Abs. 2 angeordneten Ausschluss aus der Versammlung nicht unverzüglich entfernt,

12. sich trotz einer unter den Voraussetzungen der §§ 13, 23 erfolgten Auflösung einer Versammlung nicht unverzüglich entfernt.

(2) Die Ordnungswidrigkeit kann mit einer Geldbuße bis zu dreitausend Euro, in den Fällen der Nr. 1 und 4 bis zu eintausendfünfhundert Euro geahndet werden.

§ 29 Einziehung

¹Gegenstände, auf die sich eine Straftat nach § 27 oder eine Ordnungswidrigkeit nach § 28 bezieht, können eingezogen werden. ²§ 74a des Strafgesetzbuches und § 23 des Gesetzes über Ordnungswidrigkeiten sind anzuwenden.

§ 30 Kosten

Amtshandlungen nach diesem Gesetz sind kostenfrei.

§ 31 Entschädigung und Schadensersatz

¹Die allgemeinen Entschädigungsregelungen finden Anwendung. ²Weitergehende Ersatzansprüche, insbesondere aus Amtspflichtverletzung, bleiben unberührt.

V. Schlussbestimmungen

§ 32 Einschränkung von Grundrechten

Das Grundrecht auf Versammlungsfreiheit (Artikel 8 des Grundgesetzes) wird nach Maßgabe dieses Gesetzes eingeschränkt.

B. Landesgesetze zum Schutz von Gedenkorten i.S. des § 15 Abs. 2 BVersG

I. Bayern

keine Regelung

II. Baden-Württemberg

keine Regelung

III. Berlin

Gesetz zum Schutz von Gedenkstätten, die an die Opfer der menschenunwürdigen Behandlung unter der nationalsozialistischen Gewalt- und Willkürherrschaft erinnern (Gedenkstättenschutzgesetz)

Vom 25. Mai 2006 (GVBl. S. 456)

Das Abgeordnetenhaus hat das folgende Gesetz beschlossen:

§ 1 Geschützte Gedenkstätten

(1) Weitere Orte nach § 15 Abs. 2 Satz 1 Nr. 1 des Versammlungsgesetzes sind:

1. die Neue Wache – Zentrale Gedenkstätte der Bundesrepublik Deutschland für die Opfer von Krieg und Gewaltherrschaft, Unter den Linden;
2. die Gedenkstätte Plötzensee, Hüttigpfad;
3. die Gedenkstätte Deutscher Widerstand, Stauffenbergstraße;
4. das internationale Dokumentations- und Begegnungszentrum »Topographie des Terrors«, Stresemannstraße/Niederkirchnerstraße;
5. die Gedenk- und Bildungsstätte »Haus der Wannsee-Konferenz«, Am Großen Wannsee;
6. das Mahnmal »Gleis 17«, Bahnhof Grunewald;
7. die Stätte des Gedenkens an das als Sammellager missbrauchte jüdische Altersheim in der Großen Hamburger Straße 26 und die von dort deportierten Menschen;
8. der Jüdische Friedhof Weißensee, Herbert-Baum-Straße;
9. das Jüdische Museum Berlin, Lindenstraße;
10. die Gedenkstätte auf dem Vorplatz des Gemeindehauses der Jüdischen Gemeinde zu Berlin, Fasanenstraße;
11. die Gedenkstätte auf dem Parkfriedhof Marzahn für die Opfer des Sinti- und Roma-Sammellagers, das von 1936 bis 1945 nördlich des Friedhofs eingerichtet war, Wiesenburger Weg;

12. die Gedenkstätte »Köpenicker Blutwoche«, Puchanstraße;
13. die Gedenkstätte am Ort des ehemaligen Zwangsarbeiterlagers in Schöneweide, Britzer Straße;
14. das Museum »Blindenwerkstatt Otto Weidt« mit der Gedenkstätte »Stille Helden«, Rosenthaler Straße.

(2) Die Abgrenzungen der genannten Orte ergeben sich aus der Anlage zu diesem Gesetz.

§ 2 Grundrechtseinschränkung

Auf Grund dieses Gesetzes kann in Verbindung mit § 15 Abs. 2 Satz 1 des Versammlungsgesetzes das Grundrecht auf Versammlungsfreiheit (Artikel 8 Abs. 1 des Grundgesetzes) eingeschränkt werden.

§ 3 Inkrafttreten

Dieses Gesetz tritt am Tage nach der Verkündung im Gesetz- und Verordnungsblatt für Berlin in Kraft.

Anlage
(zu § 1 Abs. 2)

Die Abgrenzung des Ortes

1. der Neuen Wache – Zentrale Gedenkstätte der Bundesrepublik Deutschland für die Opfer von Krieg und Gewaltherrschaft – (§ 1 Abs. 1 Nr. 1) umfasst das Gebiet im Bezirk Mitte, das umgrenzt wird im Norden durch die Dorotheenstraße von Universitätsstraße bis Straße Am Kupfergraben, im Osten durch die Straße Am Kupfergraben von Dorotheenstraße bis Straße Hinter dem Gießhaus, die Eiserne Brücke (ausschließlich), die Straße Am Zeughaus, die Schloßbrücke (ausschließlich) und die Unterwasserstraße (Spreeufer) von der Straße Unter den Linden bis zur Straße Werderscher Markt, im Süden durch die Straße Werderscher Markt, die Französische Straße von der Straße Werderscher Markt bis Straße Hinter der Katholischen Kirche, die Straße Hinter der Katholischen Kirche (ausschließlich Straßenland und Gehweg), die Behrenstraße von der Straße Hinter der Katholischen Kirche bis Bebelplatz, im Westen durch den Bebelplatz entlang der Gebäudefront des Lehrgebäudes der Humboldt-Universität von der Behrenstraße bis Straße Unter den Linden, die Straße Unter den Linden vom Bebelplatz bis Universitätsstraße und die Universitätsstraße von Straße Unter den Linden bis Dorotheenstraße;
2. der Gedenkstätte Plötzensee (§ 1 Abs. 1 Nr. 2) umfasst das Gebiet im Bezirk Charlottenburg-Wilmersdorf, das umgrenzt wird durch den Saatwinkler Damm von Schleuse Plötzensee bis Hüttigpfad, den Saatwinkler Damm (ausschließlich Straßenland und Gehweg) von Hüttigpfad bis Friedrich-Olbricht-Damm, den Friedrich-Olbricht-Damm (ausschließlich Straßenland und Gehweg) von Saatwinkler Damm bis Hüttigpfad, den Hüttigpfad (ausschließlich Straßenland und

Gehweg) von Friedrich-Olbricht-Damm bis Schleuse Plötzensee einschließlich der Kolonie Lindenblüte;

3. der Gedenkstätte Deutscher Widerstand (§ 1 Abs. 1 Nr. 3) umfasst neben dem Grundstück, auf dem es sich befindet, das Gebiet im Bezirk Mitte, das besteht aus der Stauffenbergstraße, der Tiergartenstraße im Einmündungsbereich der Stauffenbergstraße, der Bendlerbrücke und der Sigismundstraße westlich der Einmündung der Hitzigallee;

4. des internationalen Dokumentations- und Begegnungszentrums »Topographie des Terrors« (§ 1 Abs. 1 Nr. 4) umfasst das Gebiet in den Bezirken Friedrichshain-Kreuzberg und Mitte, das umgrenzt wird im Norden durch die Leipziger Straße (ausschließlich Straßenland und Gehweg, aber einschließlich des Straßenlandes und der Gehwege auf der südlichen Hälfte des Leipziger Platzes) von Potsdamer Platz bis Mauerstraße, im Osten durch die Mauerstraße (ausschließlich Straßenland und Gehweg) von Leipziger Straße bis Friedrichstraße und die Friedrichstraße (ausschließlich Straßenland und Gehweg) von Mauerstraße bis Puttkamerstraße (ausschließlich Straßenland und Gehweg) von Friedrichstraße bis Wilhelmstraße, die Wilhelmstraße bis Anhalter Straße, die Anhalter Straße bis Stresemannstraße, die Stresemannstraße in südlicher Richtung entlang der östlichen Häuserfront bis Möckernstraße und im Westen durch die Stresemannstraße (einschließlich Askanischer Platz) von Möckernstraße bis Potsdamer Platz;

5. der Gedenk- und Bildungsstätte »Haus der Wannsee-Konferenz« (§ 1 Abs. 1 Nr. 5) umfasst das Gebiet im Bezirk Steglitz-Zehlendorf, das umgrenzt wird durch die nördliche Grenze des Grundstücks Am Großen Wannsee 50, die Straße Am Großen Wannsee von der letztgenannten Grenze bis zur nördlichen Grenze des Grundstücks Am Großen Wannsee 51, die nördliche Grenze des Grundstücks Zum Heckeshorn 46, die Straße Zum Heckeshorn nördlich ihres Schnittpunkts mit letztgenannter Grundstücksgrenze samt des nördlich der Straße gelegenen Parkplatzes, die Straße Am Großen Wannsee südlich der Einmündung des Weges nördlich des Grundstücks mit der Hausnummer 59, den Weg zu den Grundstücken Am Großen Wannsee 58 A und 58 B einschließlich dieser beiden Grundstücke mit Flensburger Löwe und Restauration bis zum Ufer sowie im Großen Wannsee durch eine gedachte Linie in einem Radius von 100 Metern um das Haus der Wannsee-Konferenz;

6. des Mahnmals »Gleis 17« (§ 1 Abs. 1 Nr. 6) umfasst neben dem Grundstück, auf dem es sich befindet, das Gebiet im Bezirk Charlottenburg-Wilmersdorf, das besteht aus dem Platz Am Bahnhof Grunewald und der von dort zum Mahnmal »Gleis 17« führenden Rampe;

7. der Stätte des Gedenkens an das als Sammellager missbrauchte jüdische Altersheim in der Großen Hamburger Straße 26 und die von dort deportierten Menschen (§ 1 Abs. 1 Nr. 7) umfasst das Gebiet im Bezirk Mitte, das besteht aus der Großen Hamburger Straße südlich der nördlichen Grenze des Grundstücks mit der Hausnummer 30 samt der östlich angrenzenden Grünfläche (einschließlich des Bereichs, in dem sich ehemals der jüdische Friedhof befand) und aus der Oranienburger Straße zwischen der westlichen Grenze des Grundstücks mit der Hausnummer 12 und der Einmündung der Großen Präsidentenstraße;

8. des Jüdischen Friedhofs Weißensee (§ 1 Abs. 1 Nr. 8) umfasst das Gebiet in den Bezirken Pankow und Lichtenberg, das umgrenzt wird im Norden durch die Meyerbeerstraße von Borodinstraße bis Indira-Gandhi-Straße, im Osten durch die Indira-Gandhi-Straße von Meyerbeerstraße bis Weißenseer Weg Höhe Hausnummer 51 (Einfahrt zum Sporthotel), im Süden durch die Kleingartenanlage »Langes Höhe«, im Südwesten durch die Kleingartenanlagen »Am Volkspark Prenzlauer Berg«, »Grönland« und »Neues Heim« (letztere ausschließlich) sowie die Michelangelostraße von Kniprodestraße bis Hausnummer 63, im Westen durch den Gehweg von Michelangelostraße Hausnummer 63 bis Gürtelstraße Hausnummer 31, die Gürtelstraße von Hausnummer 31 bis Gounodstraße, die Gounodstraße von Gürtelstraße bis Mahlerstraße und die Mahlerstraße von Gounodstraße bis Meyerbeerstraße;

9. des Jüdischen Museums Berlin (§ 1 Abs. 1 Nr. 9) umfasst das Gebiet im Bezirk Friedrichshain-Kreuzberg, das umgrenzt wird durch die Straße Am Berlin Museum von Lindenstraße/Markgrafenstraße (Schnittpunkt Verlängerung der westlichen Gehwegbegrenzung der Lindenstraße/Verlängerung nördliche Gehwegbegrenzung Straße Am Berlin Museum) bis Alte Jakobstraße, die Alte Jakobstraße von der Straße Am Berlin Museum bis zur Kreuzung Lindenstraße/Alte Jakobstraße/Brandesstraße (Verlängerung der alten Jakobstraße bis westliche Gehweggrenze der Lindenstraße einschließlich), die Lindenstraße von letztgenannter Kreuzung bis zur Kreuzung Markgrafenstraße/Lindenstraße/Straße Am Berlin Museum (Schnittpunkt Verlängerung der westlichen Gehwegbegrenzung der Lindenstraße/Verlängerung nördliche Gehwegbegrenzung Straße Am Berlin Museum);

10. der Gedenkstätte auf dem Vorplatz des Gemeindehauses der Jüdischen Gemeinde zu Berlin (§ 1 Abs. 1 Nr. 10) umfasst neben dem Grundstück des Gemeindehauses das Gebiet im Bezirk Charlottenburg-Wilmersdorf, das besteht aus der Fasanenstraße zwischen Kurfürstendamm und Kantstraße, der Ladenzeile mit Passage südlich des Lotte-Lenya-Bogens zwischen Fasanenstraße und dem Ladengeschäft Nr. 553, der Zufahrt und den Parkplätzen des Hotels und dem Hof mit Auffahrten und Parkplätzen des Bankhauses;

11. der Gedenkstätte auf dem Parkfriedhof Marzahn für die Opfer des Sinti- und Roman-Sammellagers (§ 1 Abs. 1 Nr. 11) umfasst das Gebiet des Parkfriedhofs Marzahn im Bezirk Marzahn-Hellersdorf;

12. der Gedenkstätte »Köpenicker Blutwoche« (§ 1 Abs. 1 Nr. 12) umfasst neben dem Grundstück des Amtsgerichts Köpenick das Gebiet im Bezirk Treptow-Köpenick, das besteht aus der Seelenbinderstraße zwischen der westlichen Grenze des Grundstücks mit der Hausnummer 22 und der östlichen Grenze des Grundstücks mit der Hausnummer 33 sowie der Puchanstraße zwischen der südwestlichen Grenze des Grundstücks mit der Hausnummer 3 und der westlichen Grenze des Grundstücks mit der Hausnummer 15;

13. der Gedenkstätte am Ort des ehemaligen Zwangsarbeiterlagers in Schöneweide (§ 1 Abs. 1 Nr. 13) umfasst das Gebiet im Bezirk Treptow-Köpenick, das umgrenzt wird durch die Britzer Straße von Fennstraße bis Schneller Straße, die Köllnische Straße von Britzer Straße bis Rudower Straße, die Rudower Straße

von Köllnische Straße bis Grimaustraße, die Grimaustraße von Rudower Straße bis Michael-Brückner-Straße (einschließlich der Zuwegung zu den Hausnummern 58–64) und die Michael-Brückner-Straße (ausschließlich der Fahrbahn) von Britzer Straße bis zur Bahnüberführung;

14. des Museums »Blindenwerkstatt Otto Weidt« mit der Gedenkstätte »Stille Helden« (§ 1 Abs. 1 Nr. 14) umfasst neben dem Gelände des Grundstücks Rosenthaler Straße 39 das Gebiet im Bezirk Mitte, das besteht aus der Rosenthaler Straße von der Einmündung der Neuen Schönhauser Straße (Bereich der Einmündung einschließlich) bis zum Hackeschen Markt, dem Hackeschen Markt (ausschließlich des Teils, der südlich der gedachten Linie zwischen der Grundstücksgrenze Hackescher Markt 4/Große Präsidentenstraße 10 einerseits und dem Schnittpunkt der südlichen und der westlichen Grenze des Grundstücks Rosenthaler Straße 42 andererseits liegt) sowie der Oranienburger Straße östlich der gedachten Linie zwischen der Grenze zwischen den Grundstücken mit den Hausnummern 3 und 4 einerseits und der Grenze zwischen den Grundstücken mit den Hausnummern 91 und 92 andererseits.

Soweit nicht ein Anderes bestimmt ist, sind die als Umgrenzungslinien, -punkte oder Gebietsbestandteile bezeichneten Straßen, Wege und Plätze einschließlich der Fahrbahnen und Gehwege Bestandteile der Gebiete.

IV. Brandenburg

Gesetz zum Schutz von Gräber- und anderen Gedenkstätten, die der Erinnerung an Opfer von Krieg oder Gewaltherrschaft gewidmet sind (Gedenkstättenschutzgesetz)

Vom 23. Mai 2005 (GVBl. I S. 174)

Artikel 1 Gesetz zu § 15 Abs. 2 Satz 1 Nr. 1 des Versammlungsgesetzes

§ 1

(1) Orte im Sinne des § 15 Abs. 2 Satz 1 Nr. 1 des Versammlungsgesetzes sind:
1. die Mahn- und Gedenkstätte Ravensbrück in der Stadt Fürstenberg/Havel,
2. die Gedenkstätte und das Museum Sachsenhausen in der Stadt Oranienburg.

Die Abgrenzung der Orte bestimmt sich nach der Anlage zu diesem Gesetz.

(2) Die Vorschriften des Gesetzes zur Ausführung des Gräbergesetzes im Land Brandenburg bleiben unberührt.

Anlage
(zu § 1 Abs. 1)

Die in § 1 Abs. 1 Satz 1 genannten Orte werden wie folgt abgegrenzt:
1. Die Abgrenzung des in § 1 Abs. 1 Satz 1 Nr. 1 genannten Ortes (Mahn- und Gedenkstätte Ravensbrück) umfasst das Gebiet der Stadt Fürstenberg/Havel, Ortslage Ravensbrück, das umgrenzt wird durch die Dorfstraße zwischen der Brücke

über den Hegensteinbach und der Überführung Draisine-Bahnstrecke, durch die Draisine-Bahnstrecke zwischen Überführung Dorfstraße und dem Schnittpunkt zur alten Bahnstrecke, durch das Gebiet östlich entlang der alten Bahnstrecke zwischen der Draisine-Bahnstrecke und der Siggelhavel in einer Tiefe von 250 Metern, durch die Siggelhavel zwischen der Alten Eisenbahnfähre und der Mündung in den Schwedtsee, durch das Süd- und Westufer des Schwedtsees von der Mündung der Siggelhavel bis zur Mündung des Hegensteinbachs und durch den Hegensteinbach von der Mündung in den Schwedtsee bis zur Brücke Dorfstraße.

2. Die Abgrenzung des in § 1 Abs. 1 Satz 1 Nr. 2 genannten Ortes (Gedenkstätte und Museum Sachsenhausen) umfasst das Gebiet der Stadt Oranienburg, Ortslage Sachsenhausen, das umgrenzt wird durch die Carl-Gustav-Mengel-Straße zwischen dem Kreisverkehr am Bahnhof Sachsenhausen und der Einmündung Bernauer Straße, durch das Gelände nördlich der Bernauer Straße zwischen der Einmündung Carl-Gustav-Mengel-Straße und der Einmündung Kölner Straße, durch die Bachstraße, durch die Dianastraße zwischen der Einmündung Bachstraße und der Einmündung Mathias-Thesen-Straße, durch das Gebiet nördlich der Dianastraße zwischen der Einmündung Mathias-Thesen-Straße und der Einmündung Straße der Einheit, und zwischen der Einmündung Dianastraße und dem Kreisverkehr am Bahnhof Sachsenhausen durch den Verlauf der Straße, die im ersten Abschnitt Straße der Einheit, im zweiten Abschnitt Aderluch und im dritten Abschnitt Ernst-Thälmann-Straße benannt ist.

Die in Satz 1 genannten Umgrenzungslinien sind einschließlich der Fahrbahnen, Gehwege und aller sonstigen zum Betreten oder Befahren bestimmten öffentlichen Flächen Bestandteil der umgrenzten Gebiete.

V. Hansestadt Bremen

keine Regelung

VI. Hansestadt Hamburg

Gesetz zum Schutz der KZ-Gedenkstätte Neuengamme

Vom 21. September 2005 (GVBl. S. 398)

Der Senat verkündet das nachstehende von der Bürgerschaft beschlossene Gesetz:

§ 1 Ort von historisch herausragender, überregionaler Bedeutung

Die KZ-Gedenkstätte Neuengamme ist ein Ort im Sinne von § 15 Absatz 2 Satz 4 des Versammlungsgesetzes in der Fassung vom 15. November 1978 (BGBl. I S. 1790), zuletzt geändert am 24. März 2005 (BGBl. I S. 969), in Verbindung mit § 15 Absatz 2 Satz 1 Nummer 1 des Versammlungsgesetzes.

§ 2 Abgrenzung

Der Ort nach § 1 (KZ-Gedenkstätte Neuengamme) wird wie aus der Anlage ersichtlich wie folgt begrenzt:

Im Norden von der Straße Neuengammer Hausdeich, im Westen von der Straße Jean-Dolidier-Weg, im Süden vom Neuengammer Sammelgraben und im Osten vom Entwässerungsgraben östlich vom Neuengammer Stichkanal.

Über das Gebiet der eigentlichen Gedenkstätte hinaus bilden die Straße Neuengammer Hausdeich zwischen der Hausnummer 101 und der nördlichen Einmündung der Straße Zwischen den Zäunen, die Straße Zwischen den Zäunen, die Straße Bei der blauen Brücke sowie der Jean-Dolidier-Weg zwischen dem Schöpfwerksgraben und der Straße Neuengammer Hausdeich die Umgrenzungslinien des Ortes nach § 1. Die genannten Umgrenzungslinien sind einschließlich der Fahrbahnen, Gehwege und aller sonstigen zum Betreten oder Befahren bestimmten öffentlichen Flächen Bestandteil des Gebietes.

§ 3 Einschränkung von Grundrechten

Durch dieses Gesetz wird das Grundrecht auf Versammlungsfreiheit (Artikel 8 Absatz 1 des Grundgesetzes) eingeschränkt.

VII. Hessen

keine Regelung

VIII. Mecklenburg-Vorpommern

keine Regelung

IX. Niedersachsen

keine Regelung

X. Nordrhein-Westfalen

keine Regelung

XI. Rheinland-Pfalz

Landesgesetz zum Schutz der Gedenkstätte KZ Osthofen und der Gedenkstätte SS-Sonderlager/KZ Hinzert

Vom 28. September 2005 (GVBl. S. 442)

Der Landtag Rheinland-Pfalz hat das folgende Gesetz beschlossen:

§ 1

Orte nach § 15 Abs. 2 Satz 1 Nr. 1 des Versammlungsgesetzes sind

1. die Gedenkstätte KZ Osthofen einschließlich des NS-Dokumentationszentrums Rheinland-Pfalz,
2. die Gedenkstätte SS-Sonderlager/KZ Hinzert einschließlich neun Stätten der Unmenschlichkeit im Umfeld.

§ 2

(1) Die Abgrenzung der Gedenkstätte KZ Osthofen einschließlich des NS-Dokumentationszentrums Rheinland-Pfalz umfasst die in der Anlage 1 aufgeführten Flurstücke in der Gemarkung Osthofen und ist in der als Anlage 2 beigefügten Karte rot gekennzeichnet.

(2) Die Abgrenzung der Gedenkstätte SS-Sonderlager/KZ Hinzert umfasst die in der Anlage 3 aufgeführten Flurstücke in der Gemarkung Hinzert und ist in der als Anlage 4 beigefügten Karte grün gekennzeichnet. Die Abgrenzungen der in der Anlage 5 aufgeführten neun Stätten der Unmenschlichkeit in den Gemarkungen Beuren, Hinzert und Reinsfeld umfassen die kreisförmigen Bereiche mit einem Halbmesser von 100 Metern um die dort aufgestellten, zugehörigen Informationstafeln und sind in der als Anlage 6 beigefügten Karte blau gekennzeichnet.

§ 3

Das fachlich zuständige Ministerium wird ermächtigt, die Festlegungen nach § 2 redaktionell zu ändern und diese Änderungen im Gesetz- und Verordnungsblatt bekannt zu machen.

§ 4

Dieses Gesetz tritt am Tage nach der Verkündung in Kraft.

XII. Saarland

Gesetz Nr. 1585 zum Schutz der Gedenkstätte »Ehemaliges Gestapo-Lager Neue Bremm«

Vom 18. Januar 2006

Der Landtag des Saarlandes hat folgendes Gesetz beschlossen, das hiermit verkündet wird:

§ 1 Ort von historisch herausragender, überregionaler Bedeutung

(1) Ort im Sinne des § 15 Abs. 2 Satz 4 des Versammlungsgesetzes in der Fassung der Bekanntmachung vom 15. November 1978 (BGBl. I S. 1789), zuletzt geändert durch Artikel 1 des Gesetzes vom 24. März 2005 (BGBl. I S. 969), ist die Gedenkstätte »Ehemaliges Gestapo-Lager Neue Bremm«.

(2) Die Abgrenzung des Ortes nach Absatz 1 umfasst das Gebiet der Landeshauptstadt Saarbrücken im Bereich der Gedenkstätte »Ehemaliges Gestapo-Lager Neue Bremm«,

das umgrenzt wird durch die Metzer Straße, den Alstinger Weg und die Behrener Straße einschließlich des unbefestigten Grünstreifens zwischen Behrener Straße und Metzer Straße (Gemarkung Saarbrücken, Flur 21, Flurstück-Nummer 9/35). Die genannten Umgrenzungslinien sind einschließlich der Fahrbahnen, Gehwege und aller sonstigen zum Betreten oder Befahren bestimmten öffentlichen Flächen Bestandteil des Gebietes.

§ 2 Einschränkung von Grundrechten

Auf Grund dieses Gesetzes kann das Grundrecht auf Versammlungsfreiheit (Artikel 8 des Grundgesetzes) eingeschränkt werden.

§ 3 In-Kraft-Treten

Dieses Gesetz tritt am Tag nach der Verkündung in Kraft.

XIII. Sachsen

§ 15 Abs. 2 Satz 3 und 4 VersG mit Anlagen.

XIV. Sachsen-Anhalt

§ 14 Abs. 1 VersG mit Anlagen.

XV. Schleswig-Holstein

keine Regelung

XVI. Thüringen

Thüringer Gesetz zum Schutz der Gedenkstätten Buchenwald und Mittelbau-Dora

Vom 10. Juni 2005

Der Landtag hat das folgende Gesetz beschlossen:

§ 1 Orte von historisch herausragender, überregionaler Bedeutung

(1) Orte im Sinne des § 15 Abs. 2 Satz 4 in Verbindung mit Satz 1 Nr. 1 des Versammlungsgesetzes sind
1. die Gedenkstätte Buchenwald und
2. die Gedenkstätte Mittelbau-Dora.

(2) Die Abgrenzung der Orte nach Absatz 1 umfasst
1. für die Gedenkstätte Buchenwald die in Anlage 1 aufgeführten Flurstücke sowie die weiteren dort beschriebenen Flächen und ergibt sich aus der sie abbildenden topografischen Übersichtskarte im Maßstab 1 : 10000 nach Anlage 2,
2. für die Gedenkstätte Mittelbau-Dora die in Anlage 3 aufgeführten Flurstücke sowie die von ihnen eingeschlossenen Flächen und ergibt sich aus der sie abbildenden

topografischen Übersichtskarte im Maßstab 1 : 10000 nach Anlage 4; weicht die Führung eines als eigenes Flurstück ausgewiesenen Wegs von der katastermäßigen Erfassung ab, ist für die Anwendung des Gesetzes der tatsächliche Verlauf vor Ort maßgebend. Die Abgrenzung der Orte nach Absatz 1 ist in den Karten der Anlagen 2 und 4 jeweils durch eine schwarze Umrandung dargestellt.

(3) Bei den für die Anmeldung von Versammlungen auf dem Gebiet der Gedenkstätte Buchenwald und auf dem Gebiet der Gedenkstätte Mittelbau-Dora jeweils zuständigen Behörden sind Liegenschaftskarten hinterlegt, in denen die räumliche Abgrenzung der Gebiete kenntlich gemacht ist; hierfür ist ein Maßstab von 1 : 1000 bis 1 : 5000 zulässig. Die Liegenschaftskarten können während der Dienststunden von jedermann eingesehen werden.

§ 2 Einschränkung von Grundrechten

Aufgrund dieses Gesetzes kann das Grundrecht auf Versammlungsfreiheit (Artikel 8 Abs. 1 des Grundgesetzes, Artikel 10 Abs. 1 der Verfassung des Freistaats Thüringen) eingeschränkt werden.

§ 3 In-Kraft-Treten

Dieses Gesetz tritt am Tage nach der Verkündung in Kraft.

C. Bannmeilengesetze

I. Baden-Württemberg

Bannmeilengesetz des Landes Baden-Württemberg

Vom 12. November 1963 (GBl. S. 175)

Zuletzt geändert durch Gesetz vom 12. Februar 1980 (GBl. S. 98)

§ 1

Der befriedete Bannkreis des Landtags (§ 16 des Versammlungsgesetzes vom 24. Juli 1953 – BGBl. I S. 684 –) umfasst das Gebiet der Stadt Stuttgart, das begrenzt wird durch
- die Planie vom Charlottenplatz bis zur Südwestecke des Neuen Schlosses,
- die verlängerte Baufluchtlinie der Westseite des Südflügels und der Westseite des Nordflügels des Neuen Schlosses von der Planie bis zur Bolzstraße,
- die Verbindungslinie von der Nordwestecke des Neuen Schlosses zur Südostecke des Kunstgebäudes (ohne Arkadenvorbau),
- die Baufluchtlinie des Kunstgebäudes von seiner Südostecke bis zu seiner Nordostecke,
- die Verbindungslinie von der Nordostecke des Kunstgebäudes bis zur Westspitze des Anlagensees,

- die Ufermauer des südlichen Teils des Anlagensees von seiner Westspitze über die Südwestspitze, die Südspitze und die Südostecke bis zur Ostspitze,
- die Ufermauer des nordöstlichen Teils des Anlagensees von seiner Ostspitze bis zur Nordostspitze,
- die Verbindungslinie von der Nordostspitze des Anlagensees zur Nordostkante der Freitreppe des Württembergischen Staatstheaters,
- die Außenwände der Eingangs- und Kassenhalle des Württembergischen Staatstheaters über die gesamte Breite der Freitreppe bis zu deren Südkante,
- die Südkante der Freitreppe über die Baufluchtlinie an der Südseite des Württembergischen Staatstheaters bis zur Konrad-Adenauer-Straße,
- die Konrad-Adenauer-Straße vom Württembergischen Staatstheater bis zum Charlottenplatz einschließlich der Fußgängerbrücke über die Konrad-Adenauer-Straße.

Die Verkehrsflächen der genannten Straßen und Plätze, ausgenommen die Fußgängerbrücke über die Konrad-Adenauer-Straße und die Ausgänge des Verkehrsbauwerks Charlottenplatz zum Akademiegarten, gehören nicht zum befriedeten Bannkreis.

§ 2

(1) Von dem Verbot des § 16 Abs. 1 des Versammlungsgesetzes, innerhalb des befriedeten Bannkreises öffentliche Versammlungen unter freiem Himmel und Aufzüge zu veranstalten, kann das Innenministerium im Einvernehmen mit dem Präsidenten des Landtags Ausnahmen zulassen.

(2) Anträge auf Zulassung einer Ausnahme sind spätestens zehn Tage vor der Veranstaltung bei der Ortspolizeibehörde in Stuttgart einzureichen.

(3) Durch die Zulassung einer Ausnahme nach Absatz 1 werden die übrigen Vorschriften des Versammlungsgesetzes, insbesondere § 14, nicht berührt.

§ 3

Dieses Gesetz tritt am Tage nach seiner Verkündung in Kraft.

II. Bayern

Art. 17 Befriedeter Bezirk

Für den Landtag des Freistaates Bayern wird ein befriedeter Bezirk gebildet. Der befriedete Bezirk um das Landtagsgebäude umfasst das nachfolgend umgrenzte Gebiet der Landeshauptstadt München: Max-Weber-Platz, Innere Wiener Straße, Wiener Platz, Innere Wiener Straße, Am Gasteig, Ludwigsbrücke, Westufer der Isar, Prinzregentenbrücke, südliches Rondell am Friedensengel, Prinzregentenstraße, Ismaninger Straße, Max-Weber-Platz. Die angeführten Straßen und Plätze sind nicht Teil des befriedeten Bezirks.

Art. 18 Schutz des Landtags

Versammlungen unter freiem Himmel sind innerhalb des befriedeten Bezirks verboten. Ebenso ist es verboten, zu Versammlungen nach Satz 1 aufzufordern.

Art. 19 Zulassung von Versammlungen

(1) Nicht verbotene Versammlungen unter freiem Himmel können innerhalb des befriedeten Bezirks zugelassen werden.

(2) Anträge auf Zulassung von Versammlungen nach Abs. 1 sind spätestens sieben Tage vor der Bekanntgabe schriftlich, elektronisch oder zur Niederschrift beim Staatsministerium des Innern, für Sport und Integration einzureichen. Art. 13 Abs. 2 und 3 gelten entsprechend.

(3) Über Anträge auf Zulassung entscheidet das Staatsministerium des Innern, für Sport und Integration im Einvernehmen mit dem Präsidenten des Landtags.

(4) Durch die Zulassung werden die übrigen Vorschriften dieses Gesetzes, insbesondere Art. 13 bis 15, nicht berührt.

III. Berlin

Gesetz über die Befriedung des Tagungsortes des Abgeordnetenhauses von Berlin (Berliner Bannmeilengesetz)

Vom 17. März 1983 (GVBl. S. 482)

Zuletzt geändert am 16. Februar 1998 (GVBl. S. 18)

§ 1

(1) Der befriedete Bannkreis des Tagungsortes des Abgeordnetenhauses von Berlin wird durch folgende Straßen begrenzt:

Leipziger Platz und Leipziger Straße vom Potsdamer Platz bis zur ehemaligen Otto-Grotewohl-Straße, Straßenzug ehemalige Otto-Grotewohl-Straße und Wilhelmstraße von der Leipziger Straße bis zur Anhalter Straße, Anhalter Straße von der Wilhelmstraße bis zur Stresemannstraße, Stresemannstraße von der Anhalter Straße bis zum Potsdamer Platz.

(2) Die Gehwege und die Fahrbahn der Stresemannstraße zwischen Köthener und Dessauer Straße gehören zum Bannkreis. Die Gehwege und Fahrbahnen der übrigen in Absatz 1 genannten Straßen und Plätze gehören nicht zum Bannkreis.

§ 2

(1) Innerhalb des befriedeten Bannkreises (§ 1) sind nach § 16 Abs. 1 des Versammlungsgesetzes in der Fassung der Bekanntmachung vom 15. November 1978 (BGBl. I S. 1789/GVBl. S. 2274) öffentliche Versammlungen unter freiem Himmel und Aufzüge verboten.

(2) Ausnahmen von dem Verbot kann der Präsident des Abgeordnetenhauses im Einvernehmen mit dem Senator für Inneres zulassen. Sie sind an den Tagen zuzulassen, an denen keine Sitzungen des Abgeordnetenhauses oder seiner Organe und Ausschüsse stattfinden.

(3) Der Präsident unterrichtet den Ältestenrat unverzüglich über die Zulassung und Ablehnung von Ausnahmen nach Absatz 2.

§ 3

Allgemeine Anordnungen über das Betreten des Abgeordnetenhauses von Berlin erlässt der Präsident des Abgeordnetenhauses.

§ 4

Dieses Gesetz tritt am Tage nach der Verkündung im Gesetz- und Verordnungsblatt für Berlin in Kraft; gleichzeitig treten das Gesetz über die Befriedung des Tagungsortes des Abgeordnetenhauses von Berlin in der Fassung vom 30. Oktober 1952 (GVBl. S. 1064) und die Verordnung über den befriedeten Bannkreis des Abgeordnetenhauses von Berlin (Bannkreisverordnung) vom 22. Juni 1970 (GVBl. S. 941, 1402) außer Kraft.

IV. Brandenburg

keine Regelung

V. Hansestadt Bremen

keine Regelung

VI. Hansestadt Hamburg

Bannkreisgesetz

Vom 5. Februar 1985 (HmbGVBl. S. 61)

Zuletzt geändert am 8. Oktober 1986 (HmbGVBl. S. 326)

§ 1 Bannkreis

(1) Der befriedete Bannkreis umfasst das Gebiet, das folgende Straßen und Grundstücke begrenzen:

Jungfernstieg ab Einmündung Neuer Wall – Bergstraße – Schmiedestraße bis Kreuzung Domstraße – Domstraße – Ost-West-Straße bis Einmündung Neue Burg – Neue Burg bis Einmündung Trostbrücke – Grundstück der ehemaligen Nikolaikirche – Hopfenmarkt ab Einmündung Hahntrap Kleiner Burstah – Großer Burstah ab Einmündung Kleiner Burstah – Graskeller – Neuer Wall.

(2) Die Flächen der genannten Straßen und Grundstücke gehören nicht zum befriedeten Bannkreis.

§ 2 Ausnahmen vom Versammlungsverbot

(1) Ausnahmen von dem Verbot öffentlicher Versammlungen unter freiem Himmel und von Aufzügen im befriedeten Bannkreis sind zuzulassen, wenn eine Beeinträchtigung der Tätigkeit der Bürgerschaft, ihrer Organe oder Gremien oder eine Behinderung des freien Zugangs zum Rathaus nicht zu befürchten ist.

(2) Nicht zulässig sind Ausnahmen, sofern die Versammlung oder der Aufzug
1. am Tage einer Sitzung der Bürgerschaft oder des Bürgerausschusses,
2. am Tage einer Sitzung des Ältestenrates oder der Fraktionen stattfinden soll.

§ 3 Verfahren

Über Ausnahmen nach § 2 Absatz 1 entscheidet der Senat im Einvernehmen mit dem Präsidenten der Bürgerschaft. Die Feststellung, ob eine Beeinträchtigung der Tätigkeit der Bürgerschaft, ihrer Organe oder Gremien zu befürchten ist, trifft der Präsident der Bürgerschaft.

§ 4 In-Kraft-Treten

(1) Dieses Gesetz tritt am Tage nach seiner Verkündung in Kraft.

(2) Gleichzeitig tritt das Bannkreisgesetz vom 4. November 1968 (Hamburgisches Gesetz- und Verordnungsblatt Seite 241) außer Kraft.

VII. Hessen

Gesetz über die Bannmeile des Hessischen Landtags

Vom 25. Mai 1990 (GVBl. I S. 173)

Zuletzt geändert durch Artikel 1 des Gesetzes vom 27. September 2012 (GVBl. I S. 290)

§ 1

Für den Hessischen Landtag wird ein befriedeter Bannkreis (Bannmeile) gebildet, in dem nach § 16 Abs. 1 Satz 1 des Versammlungsgesetzes in der Fassung der Bekanntmachung vom 15. November 1978 (BGBl. I S. 1789), zuletzt geändert durch Gesetz vom 8. Dezember 2008 (BGBl. I S. 2366), öffentliche Versammlungen unter freiem Himmel und Aufzüge grundsätzlich verboten sind.

§ 2

Die Bannmeile umfasst das Gebiet der Landeshauptstadt Wiesbaden, das durch folgende Straßen und Plätze begrenzt wird:

die Marktstraße von der Grundstücksgrenze 8/10 bis zur Einmündung der Neugasse und der Grabenstraße, die Grabenstraße, die Goldgasse von Grundstücksgrenze 7/5 bis zur Mühlgasse, die Mühlgasse, die Straße »Schlossplatz« von der Mühlgasse bis zur Herrnmühlgasse, die Straße »Marktplatz« von der Herrnmühlgasse bis Grundstücksgrenze »Marktplatz« 9/7, von dort in gedachter Linie quer über die Straße zum Südturm der Marktkirche, entlang der südwestlichen Gebäudeflucht bis zur nordwestlichen Ecke der Kirche, quer über die Straße zur nordöstlichen Torfahrt des Rathauses, entlang der ostwärtigen und südlichen Gebäudeflucht bis zur Südspitze des Rathauses, quer über die Marktstraße bis zur Grundstücksgrenze Marktstraße 8/10 sowie die Marktstraße, die Grabenstraße, die Goldgasse, die Mühlgasse, die Straßen »Schlossplatz« und »Marktplatz«, soweit sie die Bannmeile begrenzen.

§ 2a

(weggefallen)

§ 3

(1) Ausnahmen von dem Verbot für öffentliche Versammlungen unter freiem Himmel und Aufzüge innerhalb der Bannmeile kann das Ministerium des Innern im Einvernehmen mit dem Präsidenten des Landtags für den Einzelfall oder bestimmte regelmäßig wiederkehrende Veranstaltungen zulassen.

(2) Ausnahmen sollen zugelassen werden, wenn die Versammlung oder der Aufzug an Tagen durchgeführt werden soll, an denen Sitzungen des Landtags, seiner Organe und Ausschüsse und der Fraktionen nicht stattfinden.

§ 4

Der Antrag auf Zulassung einer Ausnahme für den Einzelfall soll spätestens am zehnten Tag vor der beabsichtigten Versammlung oder dem Aufzug beim Polizeipräsidium Westhessen eingereicht werden.

§ 5

Dieses Gesetz tritt am Tage nach der Verkündung in Kraft und mit Ablauf des 31. Dezember 2020 außer Kraft.

VIII. Mecklenburg-Vorpommern

keine Regelung

IX. Niedersachsen

Niedersächsisches Bannmeilengesetz

Vom 12. Juni 1962 (Nds. GVBl. S. 55 – VORIS 11110 02 00 00 000 –)

Außer Kraft am 1. Februar 2011 durch Artikel 6 Absatz 2 Nummer 1 des Gesetzes vom 7. Oktober 2010 (Nds. GVBl. S. 465)

§ 1

Für den Niedersächsischen Landtag wird ein befriedeter Bannkreis gebildet, in dem nach § 16 des Versammlungsgesetzes vom 24. Juli 1953 (Bundesgesetzbl. I S. 684) öffentliche Versammlungen unter freiem Himmel und Aufzüge verboten sind.

§ 2

Der Bannkreis umfasst im Gebiet der Landeshauptstadt Hannover außer den Freiflächen auf dem Landtagsgrundstück die Schloßstraße, die Leinstraße, den Hinrich-Wilhelm-Kopf-Platz, den Bohlendamm einschließlich des östlich angrenzenden Arkardenganges, den Platz der Göttinger Sieben und die südlich angrenzende Wehranlage bis zum Fahrbahnrand der Karmarschstraße und die südwestlich der Leine zwischen Schloßstraße und Karmarschstraße gelegenen Grünflächen bis zum Fahrbahnrand des Leibnizufers und des Friederikenplatzes. Die genaue Abgrenzung des Bannkreises ergibt sich aus der Anlage zu diesem Gesetz.

§ 3

Der Minister des Innern kann im Einvernehmen mit dem Präsidenten des Landtages in Einzelfällen Ausnahmen von dem Verbot öffentlicher Versammlungen unter freiem Himmel und von Aufzügen innerhalb des befriedeten Bannkreises zulassen.

§ 4

Verwaltungsbehörde im Sinne des § 36 Abs. 1 Nr. 1 des Gesetzes über Ordnungswidrigkeiten ist bei Ordnungswidrigkeiten nach § 112 des Gesetzes über Ordnungswidrigkeiten, soweit es sich um Verstöße gegen Anordnungen des Niedersächsischen Landtages oder seines Präsidenten handelt, der Präsident des Landtages.

§ 5

Dieses Gesetz tritt am 1. September 1962 in Kraft.

Anlage 1 Anlage zu § 2 des Niedersächsischen Bannmeilengesetzes

Anlage hier nicht wiedergegeben.

Red. Anm.: Grafik kann eingesehen werden im Nds. GVBl. 1997 S. 421.

X. Nordrhein-Westfalen

Bannmeilengesetz des Landtags Nordrhein-Westfalen

Vom 25. Februar 1969 (GV. NRW. S. 142)
Zuletzt geändert durch Artikel 11 des Gesetzes vom 2. Oktober 2014 (GV. NRW.
S. 622)

§ 1

(1) Für den Landtag Nordrhein-Westfalen wird ein befriedeter Bannkreis gebildet, in dem nach § 16 des Versammlungsgesetzes vom 24. Juli 1953 (BGBl. I S. 684) in der Fassung der Bekanntmachung vom 15. November 1978 (BGBl. I S. 1789) öffentliche Versammlungen unter freiem Himmel und Aufzüge verboten sind.

(2) Ausnahmen von diesem Verbot kann der Präsident des Landtags im Benehmen mit dem Innenminister zulassen.

§ 2

Der befriedete Bannkreis wird in der Landeshauptstadt Düsseldorf wie folgt und wie aus der Anlage ersichtlich bestimmt:
a) im Norden durch das Molenfundament einschließlich Steinschüttung entlang dem Grundstück, wobei die östliche und westliche Grenze auf der Promenade jeweils durch besonders verlegte Pflastersteine kenntlich gemacht sind;
b) im Westen ausgehend von der Rheinuferpromenade im Bereich der Grünflächen markiert durch besondere Plattierungen, im Bereich der Busparkplätze durch deren äußere Begrenzung und weiterhin bis zur Stromstraße durch eine sichtbare Kante entlang der Einfahrt zur Tiefgarage;
c) im Süden westlich beginnend an der Einfahrt zur Tiefgarage die innere Grenze des Radweges, im weiteren Verlauf innerhalb der Feuerwehrzufahrt durch eine herausgehobene Pflasterung, im Bereich des Grünstreifens durch Betonsteine bis zur östlichen Grundstücksgrenze unter Ausklammerung des Treppenaufgangs;
d) im Osten beginnend an der Stromstraße durch die Bastion, im weiteren Verlauf durch die äußere Grenze des Weges unter Einbeziehung des Rondells – Trafostation –, endend auf der Rheinuferpromenade.

§ 3

Dieses Gesetz tritt mit Wirkung vom 1. Februar 1969 in Kraft.

XI. Rheinland-Pfalz

Landesgesetz über die Befriedung des Landtagsgebäudes (Bannmeilengesetz)

Vom 23. Februar 1966 (GVBl. S. 60)

Außer Kraft am 1. Januar 2016 durch Artikel 2 Absatz 2 des Gesetzes vom 14. Juli 2015 (GVBl. S. 167, 362)

§ 1

Für den Landtag von Rheinland-Pfalz wird ein befriedeter Bannkreis gebildet, in dem nach § 16 des Versammlungsgesetzes in der Fassung vom 15. November 1978 (BGBl. I S. 1789) in der jeweils geltenden Fassung öffentliche Versammlungen unter freiem Himmel und Aufzüge verboten sind.

§ 2

Der Bannkreis in der Landeshauptstadt Mainz wird begrenzt durch die Straßen Zeughausgasse, Mitternacht, Petersplatz, Große Bleiche von der Einmündung Petersplatz bis zur Einmündung in die Rheinstraße beim Schlosstor, durch das Rheinufer in Höhe des Schlosstores bis zum Beginn der südlich der Straßenbrücke befindlichen Ufertreppe und durch eine von der Ufertreppe bis zur Einmündung der Zeughausgasse in die Rheinstraße zu ziehende gerade Linie.

Die Verkehrsflächen der genannten Straßen und Plätze gehören zum Bannkreis.

§ 3

(1) Das für das Versammlungsrecht zuständige Ministerium kann im Einvernehmen mit der Präsidentin oder dem Präsidenten des Landtags in Einzelfällen Ausnahmen von dem Verbot öffentlicher Versammlungen unter freiem Himmel und von Aufzügen innerhalb des befriedeten Bannkreises zulassen.

(2) Die Zulassung einer Ausnahme ist spätestens zehn Tage vor der Veranstaltung bei der Stadtverwaltung Mainz zu beantragen. Die Stadt Mainz nimmt die Aufgabe als Auftragsangelegenheit wahr.

§ 4

Dieses Gesetz tritt am Tage nach seiner Verkündung in Kraft.

XII. Saarland

1. Gesetz Nr. 970 über den Landtag des Saarlandes

Vom 20. Juni 1973 (Amtsbl. S. 517 [528]), zuletzt geändert durch Gesetz vom 14. November 2018 (Amtsbl. I S. 817)

– Auszug –

X. Abschnitt Befriedung des Landtagsgebäudes

§ 55 Verbot von Versammlungen und Umzügen

(1) Innerhalb des befriedeten Bezirks des Landtagsgebäudes in Saarbrücken dürfen Versammlungen unter freiem Himmel und Umzüge nicht stattfinden.

(2) Ausnahmen können vom Präsidium zugelassen werden.

§ 56 Grenzen des befriedeten Bezirks

(1) Die Grenzen des befriedeten Bezirks bilden:
- Im Nordosten: Die Franz-Josef-Röder-Straße zwischen der Pestelstraße und der Spichererbergstraße;
- Im Südosten: Die Pestelstraße;
- Im Südwesten: Die Talstraße von der Spichererbergstraße bis zur Pestelstraße;
- Im Nordwesten: Die Spichererbergstraße von der Talstraße bis zur Franz-Josef-Röder-Straße.

(2) Die benannten Straßenzüge innerhalb der angegebenen Grenzen gehören zu dem befriedeten Bezirk.

XIII. Sachsen

keine Regelung

XIV. Sachsen-Anhalt

keine Regelung

XV. Schleswig-Holstein

keine Regelung

XVI. Thüringen

keine Regelung

XVII. Bund

Gesetz über befriedete Bezirke für Verfassungsorgane des Bundes

Vom 8. Dezember 2008 (BGBl. I S. 2366)

§ 1 Befriedete Bezirke

Für den Deutschen Bundestag, den Bundesrat und das Bundesverfassungsgericht werden befriedete Bezirke gebildet. Die Abgrenzung der befriedeten Bezirke ergibt sich aus der Anlage zu diesem Gesetz.

§ 2 Schutz von Verfassungsorganen

Öffentliche Versammlungen unter freiem Himmel und Aufzüge sind innerhalb der befriedeten Bezirke nach § 1 verboten. Ebenso ist es verboten, zu Versammlungen oder Aufzügen nach Satz 1 aufzufordern.

§ 3 Zulassung von Versammlungen unter freiem Himmel und Aufzügen

(1) Öffentliche Versammlungen unter freiem Himmel und Aufzüge innerhalb der nach § 1 gebildeten befriedeten Bezirke sind zuzulassen, wenn eine Beeinträchtigung der Tätigkeit des Deutschen Bundestages und seiner Fraktionen, des Bundesrates oder des Bundesverfassungsgerichts sowie ihrer Organe und Gremien und eine Behinderung des freien Zugangs zu ihren in dem befriedeten Bezirk gelegenen Gebäuden nicht zu besorgen ist. Davon ist im Falle des Deutschen Bundestages und des Bundesrates in der Regel dann auszugehen, wenn die Versammlung oder der Aufzug an einem Tag durchgeführt werden soll, an dem Sitzungen der in Satz 1 genannten Stellen nicht stattfinden. Die Zulassung kann mit Auflagen verbunden werden.

(2) Anträge auf Zulassung von Versammlungen nach Absatz 1 sollen spätestens sieben Tage vor der beabsichtigten Versammlung oder dem Aufzug schriftlich, elektronisch oder zur Niederschrift beim Bundesministerium des Innern gestellt werden. Das Bundesministerium des Innern entscheidet jeweils im Einvernehmen mit dem Präsidenten oder der Präsidentin der in § 1 Satz 1 genannten Verfassungsorgane. Die Entscheidung nach Satz 2 ergeht schriftlich oder elektronisch.

(3) Durch die Zulassung werden die in den Ländern Berlin und Baden-Württemberg jeweils geltenden versammlungsrechtlichen Vorschriften nicht berührt.

§ 4 Bußgeldvorschriften

(1) Ordnungswidrig handelt, wer entgegen § 2 an einer öffentlichen Versammlung unter freiem Himmel oder einem Aufzug teilnimmt oder zu einer solchen Versammlung oder zu einem Aufzug auffordert.

(2) Die Ordnungswidrigkeit kann mit einer Geldbuße bis zu zwanzigtausend Euro geahndet werden.

§ 5 Einschränkung des Grundrechts der Versammlungsfreiheit

Das Grundrecht der Versammlungsfreiheit (Artikel 8 des Grundgesetzes) wird durch dieses Gesetz eingeschränkt.

Anlage 1 BefBezG
(zu § 1 Satz 2)

1. Deutscher Bundestag

Die Abgrenzung des befriedeten Bezirks für den Deutschen Bundestag umfasst das Gebiet der Bundeshauptstadt Berlin, das umgrenzt wird durch die Wilhelmstraße bis zur Straße Unter den Linden, die Straße Unter den Linden bis zum Pariser Platz, den Pariser Platz, den Platz des 18. März bis zur Straße des 17. Juni, die Straße des 17. Juni bis zur Yitzhak-Rabin-Straße, die Yitzhak-Rabin-Straße, die Heinrich-von-Gagern-Straße, die öffentliche Grünanlage zwischen dem Bundeskanzleramt und dem Paul-Löbe-Haus, die Willy-Brandt-Straße, die Moltkebrücke, das nördliche Spreeufer bis zur Reinhardtstraße, die Reinhardtstraße bis zur Stadtbahntrasse, die Stadtbahntrasse bis zur Luisenstraße, die Luisenstraße und die Marschallbrücke. Soweit die genannten Straßen, Plätze und Brücken den befriedeten Bezirk umgrenzen, gehören sie nicht zu dem befriedeten Bezirk. Dies gilt nicht für die Wilhelmstraße, die öffentliche Grünanlage zwischen dem Bundeskanzleramt und dem Paul-Löbe-Haus und die Willy-Brandt-Straße.

2. Bundesrat

Die Abgrenzung des befriedeten Bezirks für den Bundesrat umfasst das Gebiet der Bundeshauptstadt Berlin, das umgrenzt wird durch den Potsdamer Platz, den Leipziger Platz und die Leipziger Straße vom Potsdamer Platz bis zur Wilhelmstraße, die Wilhelmstraße von der Leipziger Straße bis zur Niederkirchnerstraße, die Niederkirchnerstraße von der Wilhelmstraße bis zur Stresemannstraße und die Stresemannstraße von der Niederkirchnerstraße bis zum Potsdamer Platz. Soweit die genannten Straßen und Plätze den befriedeten Bezirk umgrenzen, gehören sie nicht zu dem befriedeten Bezirk. Dies gilt nicht für den Leipziger Platz, die Leipziger Straße und die Niederkirchnerstraße.

3. Bundesverfassungsgericht

Die Abgrenzung des befriedeten Bezirks für das Bundesverfassungsgericht umfasst das Gebiet der Stadt Karlsruhe, das umgrenzt wird durch den Zirkel von der Herrenstraße bis zur Hans-Thoma-Straße, die Hans-Thoma-Straße bis zur Bismarckstraße, die Gebäudenordseiten der Gebäude der Orangerie, der Schauhäuser des Botanischen Gartens, des Torbogengebäudes, der Badischen Weinstuben, die Schloßgartenmauer mit dem Mühlburger Tor von den Badischen Weinstuben zum Durmflügel des Schlosses, die Nordostseite des Durmflügels des Schlosses bis zum Südwestflügel des Schlosses, den Weg parallel zur verlängerten Waldstraße vom Südwestflügel des Schlosses bis zur Straße Unterführung Schloßplatz, die Straße Unterführung Schloßplatz bis zur Herrenstraße, die Herrenstraße bis zum Zirkel. Die genannten Straßen und Wege gehören zum befriedeten Bezirk, soweit sie ihn umgrenzen.

D. Zuständigkeitsregelungen

I. Baden-Württemberg

1. Nach dem Versammlungsgesetz

Aus dem Versammlungsgesetz ergeben sich für besondere Eingriffe unmittelbare Zuständigkeiten, vgl. Teil I, Rdn. 450–456.

2. Verordnung des Innenministeriums über Zuständigkeiten nach dem Versammlungsgesetz (VersGZuV) vom 25. Mai 1977 (GBl. S. 196), zuletzt geändert durch Verordnung vom 17. Dezember 2008 (GBl. 2009 S. 5)

Auf Grund von § 52 Abs. 1 und § 54 Abs. 1 Satz 2 Halbsatz 2 des Polizeigesetzes in der Fassung der Bekanntmachung vom 16. Januar 1968 (GBl. S. 61) wird verordnet:

§ 1 Sachliche Zuständigkeit

(1) Die Kreispolizeibehörden sind zuständig
1. für die Durchführung des Gesetzes über Versammlungen und Aufzüge (Versammlungsgesetz),
2. für Maßnahmen auf Grund des Polizeigesetzes, die der Durchsetzung versammlungsrechtlicher Vorschriften und Anordnungen dienen,

soweit nicht der Polizeivollzugsdienst die polizeilichen Aufgaben wahrnimmt.

(2) Oberste Landesbehörde im Sinne von § 3 Abs. 2 Satz 2 des Versammlungsgesetzes ist das Innenministerium; es entscheidet im Benehmen mit dem Ministerium für Kultus und Sport.

§ 2 Örtliche Zuständigkeit

Örtlich zuständig ist die Kreispolizeibehörde, in deren Bezirk die Versammlung oder der Aufzug stattfindet. Berührt ein Aufzug die Bezirke mehrerer Kreispolizeibehörden, so ist die Kreispolizeibehörde zuständig, in deren Bezirk er beginnt.

§ 3 In-Kraft-Treten

Diese Verordnung tritt am Tage nach ihrer Verkündung in Kraft.

II. Bayern

Art. 24 Zuständigkeiten

(1) Polizei im Sinn dieses Gesetzes ist die Polizei im Sinn des Art. 1 PAG.

(2) [1]Zuständige Behörden im Sinne dieses Gesetzes sind die Kreisverwaltungsbehörden. [2]Ab Beginn der Versammlung und in unaufschiebbaren Fällen kann auch die Polizei Maßnahmen treffen.

(3) [1]Bei Versammlungen unter freiem Himmel, die über das Gebiet einer Kreisverwaltungsbehörde hinaus gehen (überörtliche Versammlungen), genügt der Veranstalter seiner Anzeigepflicht, wenn er die Versammlung gegenüber einer zuständigen Kreisverwaltungsbehörde anzeigt. [2]Dies gilt nicht bei Eilversammlungen nach Art. 13 Abs. 3. [3]Die Kreisverwaltungsbehörde unterrichtet unverzüglich die übrigen betroffenen Kreisverwaltungsbehörden und die Regierung; berührt die Versammlung mehrere Regierungsbezirke, unterrichtet sie das Staatsministerium des Innern, für Sport und Integration.

(4) [1]Bei überörtlichen Versammlungen kann die Regierung bestimmen, dass eine der nach Abs. 2 Satz 1 zuständigen Kreisverwaltungsbehörden im Benehmen mit den übrigen über Verfügungen nach Art. 6, 13 Abs. 1 Satz 3, Abs. 5 bis 7, Art. 15 und 16 Abs. 3 entscheidet. [2]Bei überörtlichen Versammlungen, die mehrere Regierungsbezirke berühren, kann das Staatsministerium des Innern, für Sport und Integration diese Bestimmung treffen.

III. Berlin

1. Nach dem Versammlungsgesetz

Aus dem Versammlungsgesetz ergeben sich für besondere Eingriffe unmittelbare Zuständigkeiten, vgl. Teil I, Rdn. 450–456.

2. Allgemeines Gesetz zum Schutz der öffentlichen Sicherheit und Ordnung in Berlin (ASOG)

Vom 14. April 1992 (GVBl. S. 119), zuletzt geändert durch Gesetz vom 20. Oktober 2009 (GVBl. 478) – Anlage 2

Anlage 2 – (Zuständigkeitskatalog Ordnungsaufgaben Abschnitt 3 Nr. 23)

DRITTER ABSCHNITT   Ordnungsaufgaben der Sonderbehörden

Nr. 23 VersG Polizeipräsident in Berlin

Zu den Ordnungsaufgaben des Polizeipräsidenten in Berlin gehören:

Aus dem Bereich Sozialwesen:

(1) …

(2) die Versammlungsaufsicht; die Aufgaben der Verwaltungsbehörde nach den §§ 61 bis 63 und 71 des Bürgerlichen Gesetzbuchs und der Anmeldebehörde nach der Verordnung zur Durchführung des Vereinsgesetzes;

(3) bis (7) …

IV. Brandenburg

1. Zuständigkeit nach dem Versammlungsgesetz

Aus dem Versammlungsgesetz ergeben sich für besondere Eingriffe unmittelbare Zuständigkeiten, vgl. Teil I, Rdn. 450–456.

2. Verordnung zur Übertragung der Zuständigkeiten nach dem Versammlungsgesetz (ZustVO VersammG)

Vom 29. Oktober 1991 (GVBl. S. 470), zuletzt geändert durch Gesetz vom 26. Oktober 2006 (GVBl. I S. 114)

Aufgrund des § 5 Abs. 2 Satz 2 des Landesorganisationsgesetzes und § 36 Abs. 2 Satz 1 des Gesetzes über Ordnungswidrigkeiten (OWiG) in der Fassung der Bekanntmachung vom 19. Februar 1987 (BGBl. I S. 602) verordnet die Landesregierung:

§ 1

Zuständige Behörde nach § 2 Abs. 3, § 5, § 14, § 15 und § 17a des Versammlungsgesetzes und § 1 Abs. 2 des Gräberstätten-Versammlungsgesetzes ist das Polizeipräsidium.

§ 2

Der Zentraldienst der Polizei mit seiner Zentralen Bußgeldstelle der Polizei ist zuständig für die Ahndung von Ordnungswidrigkeiten nach § 29 des Versammlungsgesetzes. Daneben sind die Polizeipräsidien zuständig für die Verfolgung von Ordnungswidrigkeiten.

§ 3

Diese Verordnung tritt am Tage nach der Verkündung in Kraft.

V. Hansestadt Bremen

1. Zuständigkeit nach dem Versammlungsgesetz

Aus dem Versammlungsgesetz ergeben sich für besondere Eingriffe unmittelbare Zuständigkeiten, vgl. Teil I, Rdn. 450–456.

2. Verordnung über die Zuständigkeit der Verwaltungsbehörden nach dem Versammlungsgesetz

Vom 9. Februar 1993 (GVBl. S. 63)

Aufgrund des § 79 Abs. 3 des Bremischen Polizeigesetzes vom 21. März 1983 (Brem. GBl. S. 141, 301–205-a-1), das zuletzt durch Artikel 3 § 9 des Gesetzes vom 18. Februar 1992 (Brem. GBl. S. 31) geändert worden ist, verordnet der Senat:

§ 1

(1) Sachlich zuständige Verwaltungsbehörden nach § 14 Abs. 1, § 15 Abs. 1, § 17a Abs. 3 und 4 sowie § 18 Abs. 2 des Versammlungsgesetzes in der Fassung der Bekanntmachung vom 15. November 1978 (BGBl. I S. 1790), das zuletzt durch Artikel 3 Abs. 1 des Gesetzes vom 9. Juni 1989 (BGBl. I S. 1059) geändert worden ist, sind die Ortspolizeibehörden,

(2) die zum Erscheinen mit Waffen zu einer öffentlichen Versammlung oder zu einem Aufzug nach § 2 Abs. 3 des Versammlungsgesetzes erforderlichen behördlichen Ermächtigungen erteilen

a) soweit es sich um Veranstaltungen handelt, bei denen es herkömmlichem Brauch entspricht, Waffen mitzuführen, die Ortspolizeibehörden,

b) in den übrigen Fällen der Senator für Inneres und Sport.

(3) Oberste Landesbehörde nach § 3 Abs. 2 Satz 2 des Versammlungsgesetzes ist der Senator für Gesundheit, Jugend und Soziales.

§ 2

Diese Verordnung tritt am Tage nach ihrer Verkündung in Kraft. Gleichzeitig tritt die Verordnung über die Zuständigkeit der Verwaltungsbehörden nach dem Versammlungsgesetz vom 21. Dezember 1965 (Brem. GBl. S. 158–2170-a-1) außer Kraft.

VI. Hansestadt Hamburg

1. Zuständigkeit nach dem Versammlungsgesetz

Aus dem Versammlungsgesetz ergeben sich für besondere Eingriffe unmittelbare Zuständigkeiten, vgl. Teil I, Rdn. 450–456.

2. Anordnung über Zuständigkeiten im Versammlungsrecht und öffentlichen Vereinsrecht

Vom 10. Dezember 1968 (Amtl. Anz. S. 1513)

– Auszug –

(1) Zuständig für
1. die Durchführung des Gesetzes über Versammlungen und Aufzüge (Versammlungsgesetz) vom 24. Juli 1953 (Bundesgesetzblatt I Seite 684) in seiner jeweiligen Fassung,
2. …
3. die Entgegennahme von Anträgen nach § 2 des Bannkreisgesetzes vom 4. November 1968 (Hamburgisches Gesetz- und Verordnungsblatt Seite 241)

ist die Behörde für Inneres.

(2) Sie ist oberste Landesbehörde nach § 3 Absatz 2 des Versammlungsgesetzes und nach § 3 Abs. 2 und § 4 Abs. 1 des Vereinsgesetzes.

VII. Hessen

1. Zuständigkeit nach dem Versammlungsgesetz

Aus dem Versammlungsgesetz ergeben sich für besondere Eingriffe unmittelbare Zuständigkeiten, vgl. Teil I, Rdn. 450–456.

2. Hessisches Gesetz über die öffentliche Sicherheit und Ordnung (HSOG)

In der Fassung der Bekanntmachung vom 14. Januar 2005 (GVBl. I S. 174), zuletzt geändert durch Gesetz vom 14. Dezember 2009 (GVBl. I S. 635).

Vgl. § 85 Abs. 1 Nr. 3 und 4 i.V.m. § 113 Abs. 2 Satz 2 HSOG.

Zuständig für das Versammlungswesen sind: In Gemeinden mit mehr als 7500 Einwohnern die Bürgermeister (Oberbürgermeister) als örtliche Ordnungsbehörde, im Übrigen die Landräte als Behörden der Landesverwaltung und die Oberbürgermeister in kreisfreien Städten als Kreisordnungsbehörden.

3. **Verordnung über Zuständigkeiten für die Verfolgung und Ahndung von Ordnungswidrigkeiten im Geschäftsbereich des Ministeriums des Innern und für Sport (OWiZustVO-MdIS)**

Vom 6. September 2007 (GVBl. I S. 571)

– Auszug –

Aufgrund des § 36 Abs. 2 Satz 1 des Gesetzes über Ordnungswidrigkeiten in der Fassung vom 19. Februar 1987 (BGBl. I S. 603), zuletzt geändert durch Gesetz vom 7. August 2007 (BGBl. I S. 1786), wird verordnet:

§ 1

(1) …

(2) Zuständige Verwaltungsbehörde für die Verfolgung und Ahndung von Ordnungswidrigkeiten ist
1. nach den §§ 29 und 29a des Versammlungsgesetzes in der Fassung vom 15. November 1978 (BGBl. I S. 1790), zuletzt geändert durch Gesetz vom 24. März 2005 (BGBl. I S. 969), in Gemeinden unter 7 500 Einwohnern die Kreisordnungsbehörde, im Übrigen die örtliche Ordnungsbehörde.
2. …

VIII. Mecklenburg-Vorpommern

1. Zuständigkeit nach dem Versammlungsgesetz

Aus dem Versammlungsgesetz ergeben sich für besondere Eingriffe unmittelbare Zuständigkeiten, vgl. Teil I, Rdn. 450–456.

2. Gesetz über die Funktionalreform

Vom 5. Mai 1994 (GVBl. S. 566), zuletzt geändert durch Gesetz vom 25. Oktober 2005 (GVBl. S. 535)

Artikel 7 VersG Versammlungswesen

Die Aufgaben nach dem Versammlungsgesetz werden auf die Landkreise und die kreisfreien Städte übertragen, soweit nicht durch das Versammlungsgesetz oder durch Rechtsverordnung bestimmte Aufgaben staatlichen Behörden vorbehalten werden.

3. Landesverordnung über die zuständigen Behörden nach dem Versammlungsgesetz (VersG-ZustVO)

Vom 21. Juli 1994 (GVBl. S. 804) GS Meckl.-Vorp. Gl. Nr. 200–1–101, zuletzt geändert durch Verordnung vom 19. Januar 2007 (GVBl. S. 30)

Aufgrund des § 1 Abs. 1 des Zuständigkeitsneuregelungsgesetzes vom 20. Dezember 1990 (GVBl. M-V 1991 S. 2) und des Artikel 7 des Gesetzes über die Funktionalreform vom 5. Mai 1994 verordnet die Landesregierung mit Ausnahme des § 4, den der Innenminister aufgrund des § 36 Abs. 2 Satz 2 des Ordnungswidrigkeitengesetzes in Verbindung mit § 1 Satz 1 der Landesverordnung vom 12. März 1991 (GVOBl. M-V S. 77) verordnet.

§ 1 Oberste Landesbehörde

Das Innenministerium ist oberste Landesbehörde nach § 3 Abs. 2 Satz 2 des Versammlungsgesetzes in der Fassung der Bekanntmachung vom 15. November 1978 (BGBl. I S. 1790), das zuletzt durch Artikel 1 des Gesetzes vom 24. März 2005 (BGBl. I S. 969) geändert worden ist.

§ 2 Sachliche Zuständigkeit

Die Landräte und die Oberbürgermeister der kreisfreien Städte als Kreisordnungsbehörden sind die nach dem Versammlungsgesetz sachlich zuständigen Behörden. Für Personen; die wegen der von ihnen wahrzunehmenden hoheitlichen Aufgaben erheblich gefährdet sind, kann die Ermächtigung nach § 2 Abs. 3 des Versammlungsgesetzes auch von der Behörde erteilt werden, die die Bescheinigung nach § 55 Abs. 2 Satz 1 des Waffengesetzes ausstellt.

§ 2a Besondere sachliche und örtliche Zuständigkeit

Für Versammlungen und Aufzüge, die in der Zeit vom 25. Mai bis 15. Juni 2007 ganz oder teilweise im Gebiet des Landkreises Bad Doberan oder des Landkreises Güstrow oder im Gebiet der Hansestadt Rostock oder im Bereich der an diese Gebiete angrenzenden Seewasserstraße Ostsee (einschließlich des Seekanals zwischen Rostock-Warnemünde und Rostock-Hohe Düne) stattfinden oder stattfinden sollen oder dort ihren Ausgangspunkt oder ihren Endpunkt haben, ist die Polizeidirektion Rostock die zuständige Versammlungsbehörde.

§ 3 Örtliche Zuständigkeit

(1) Örtlich zuständig ist die Kreisordnungsbehörde, in deren Zuständigkeitsbereich die Versammlung oder der Aufzug stattfindet.

(2) Berührt ein Aufzug die Zuständigkeitsbereiche mehrerer Kreisordnungsbehörden, so ist die Kreisordnungsbehörde örtlich zuständig, in deren Zuständigkeitsbereich der Aufzug beginnt.

(3) Haben mehrere in Zuständigkeitsbereichen verschiedener Kreisordnungsbehörden beginnende Aufzüge einen gemeinsamen Endpunkt, so ist die Kreisordnungsbehörde örtlich zuständig, in deren Zuständigkeitsbereich der Endpunkt liegt.

(4) In den Fällen der Absätze 2 und 3 entscheidet die zuständige Kreisordnungsbehörde im Benehmen mit den übrigen betroffenen Kreisordnungsbehörden.

§ 4 Ordnungswidrigkeiten

Für die Verfolgung und Ahndung von Ordnungswidrigkeiten nach § 29 des Versammlungsgesetzes sind die Kreisordnungsbehörden zuständig.

§ 5 Inkrafttreten

Diese Verordnung tritt am Tage nach ihrer Verkündung in Kraft. § 2a tritt am 31. Dezember 2009 außer Kraft.

IX. Niedersachsen

§ 24 VersG Zuständigkeiten

(1) [1]Zuständige Behörde ist
1. vor Versammlungsbeginn die untere Versammlungsbehörde und
2. nach Versammlungsbeginn die Polizei.

[2]Die Aufgaben der unteren Versammlungsbehörde nehmen die Landkreise, kreisfreien Städte, großen selbständigen Städte und selbständigen Gemeinden wahr, auf dem Gebiet der Landeshauptstadt Hannover die Polizeidirektion Hannover. [3]Für die Verfolgung und Ahndung von Ordnungswidrigkeiten nach § 21 sind die unteren Versammlungsbehörden zuständig.

(2) [1]Örtlich zuständig ist die Behörde, in deren Bezirk die Versammlung stattfindet. [2]Berührt eine Versammlung unter freiem Himmel den Zuständigkeitsbereich mehrerer unterer Versammlungsbehörden, so bestimmt die den beteiligten Behörden gemeinsam vorgesetzte Fachaufsichtsbehörde die zuständige Behörde.

(3) [1]Die Aufgaben der Fachaufsicht werden gegenüber den selbständigen Gemeinden von den Landkreisen, gegenüber den Landkreisen, kreisfreien Städten und großen selbständigen Städten von den Polizeidirektionen als oberen Versammlungsbehörden sowie von dem für Inneres zuständigen Ministerium als oberster Versammlungsbehörde wahrgenommen. [2]§ 102 Nds. SOG gilt entsprechend.

X. Nordrhein-Westfalen

1. Zuständigkeit nach dem Versammlungsgesetz

Aus dem Versammlungsgesetz ergeben sich für besondere Eingriffe unmittelbare Zuständigkeiten, vgl. Teil I, Rdn. 450–456.

2. Verordnung über Zuständigkeiten nach dem Versammlungsgesetz

Vom 2. Februar 1987 (GVBl. S. 62)

§ 1

Zuständige Behörde nach § 2 Abs. 3, § 5, § 14, § 15 und § 17a Abs. 3 und 4 des Versammlungsgesetzes in der Fassung der Bekanntmachung vom 15. November 1978 (BGBl. I S. 1789), geändert durch Gesetz vom 18. Juli 1985 (BGBl. I S. 1511), ist die Kreispolizeibehörde.

§ 2

Die Zuständigkeit für die Verfolgung und Ahndung von Ordnungswidrigkeiten nach § 29 des Versammlungsgesetzes wird der Kreispolizeibehörde übertragen.

§ 3

Die Verordnung tritt am Tage nach ihrer Verkündung in Kraft. Gleichzeitig tritt die Verordnung über Zuständigkeiten nach dem Versammlungsgesetz vom 5. Januar 1970 (GV. NW. S. 36), geändert durch Verordnung vom 29. Oktober 1974 (GV. NW. S. 1069), außer Kraft.

XI. Rheinland-Pfalz

1. Zuständigkeit nach dem Versammlungsgesetz

Aus dem Versammlungsgesetz ergeben sich für besondere Eingriffe unmittelbare Zuständigkeiten, vgl. Teil I, Rdn. 450–456.

2. Sonderregelung

Rheinland-Pfalz hat im Gegensatz zu anderen Bundesländern keine ausdrückliche versammlungsrechtliche Zuständigkeitsregelung. Soweit versammlungsgesetzliche Befugnisnormen ausdrücklich der Polizei zugeordnet sind (§§ 9 Abs. 2, 12, 12a, 13, 18 Abs. 3, 19 Abs. 4 und 19a VersG), besteht eine Zuständigkeit der staatlichen Polizeiverwaltung[14] In allen übrigen Bestimmungen ergibt sich eine Zuständigkeit der örtlichen Ordnungsbehörden.

XII. Saarland

1. Zuständigkeit nach dem Versammlungsgesetz

Aus dem Versammlungsgesetz ergeben sich für besondere Eingriffe unmittelbare Zuständigkeiten, vgl. Teil I, Rdn. 450–456.

---

14 *Roos*, Polizei- und Ordnungsbehördengesetz Rheinland-Pfalz, 2. Aufl. 2000, § 77, Rn. 1, verweist auf die Zuständigkeitsvermutung zu Gunsten der Ordnungsbehörden, soweit es nicht um »polizeitypische« Gefahrenabwehr geht.

2. Verordnung über Zuständigkeiten nach dem Versammlungsgesetz

Vom 17. September 1991 (ABl. S. 1066), geändert durch Gesetz vom 13. Juni 2001 (ABl. S. 1430)

– Auszug –

Artikel 1 Übertragung von Zuständigkeiten auf die Mittelstädte

Auf Grund des § 7 des Kommunalselbstverwaltungsgesetzes (KSVG) in der Fassung der Bekanntmachung vom 18. April 1989 (Amtsbl. S. 557) verordnet die Landesregierung:

§ 1

(1) Den Oberbürgermeistern der Mittelstädte werden folgende Aufgaben der Landräte als untere staatliche Verwaltungsbehörden übertragen:
1. –2. ...
2. die Durchführung des Gesetzes über Versammlungen und Aufzüge (Versammlungsgesetz) in der Fassung der Bekanntmachung vom 15. November 1978 (BGBl. I S. 1789), zuletzt geändert durch Gesetz vom 9. Juni 1989 (BGBl. I S. 1959), soweit die Zuständigkeit nicht der Polizei vorbehalten ist, sowie auf Grund des § 36 Abs. 2 Satz 1 des Gesetzes über Ordnungswidrigkeiten (OWiG) in der Fassung der Bekanntmachung vom 19. Februar 1987 (BGBl. I S. 602), zuletzt geändert durch Art. 2 des Gesetzes vom 30. August 1990 (BGBl. I S. 1853): die Verfolgung und Ahndung von Ordnungswidrigkeiten nach § 29 Versammlungsgesetz;
3. ...

Artikel 5 Verordnung über Zuständigkeiten nach dem Versammlungsgesetz

Auf Grund des § 5 Abs. 3 des Gesetzes über die Organisationen der Landesverwaltung vom 2. Juli 1969 (Amtsbl. S. 445), zuletzt geändert durch Gesetz vom 28. Januar 1987 (Amtsbl. S. 122), und des § 36 Abs. 2 Satz 1 des Gesetzes über Ordnungswidrigkeiten in der Fassung der Bekanntmachung vom 19. Februar 1987 (BGBl. I S. 602), zuletzt geändert durch Artikel 2 des Gesetzes vom 30. August 1990 (BGBl. I S. 1853), verordnet die Landesregierung zur Ausführung des Versammlungsgesetzes:

§ 1

Zuständige Behörden für die Durchführung des Gesetzes über Versammlungen und Aufzüge (Versammlungsgesetz) sind die Landkreise, der Regionalverband Saarbrücken die Landeshauptstadt Saarbrücken und die kreisfreien Städte. In unaufschiebbaren Fällen kann die Vollzugspolizei die notwendigen Maßnahmen treffen.

§ 2

Zuständige Behörden für die Verfolgung und Ahndung von Ordnungswidrigkeiten sind die Landkreise, der Stadtverband Saarbrücken – mit Ausnahme der

Landeshauptstadt Saarbrücken – die Landeshauptstadt Saarbrücken und die kreisfreien Städte

§ 3

Mit In-Kraft-Treten dieser Verordnung tritt die Verordnung über die Regelung von Zuständigkeiten nach dem Versammlungsgesetz vom 12. Juni 1984 (Amtsbl. S. 610) außer Kraft.

XIII. Sachsen

§ 32 SächsVersG

(1) Die Kreispolizeibehörden sind sachlich zuständig für die Durchführung dieses Gesetzes, soweit in Absatz 2 nichts anderes bestimmt ist; sie sind insbesondere zuständig für

1. die Erteilung der Ermächtigung zum Tragen von Waffen und ähnlichen Gegenständen nach § 2 Abs. 3,
2. das Verbot von Versammlungen in geschlossenen Räumen nach § 4,
3. die Entgegennahme der Anzeige von öffentlichen Versammlungen unter freiem Himmel und von Aufzügen nach § 14 Abs. 1,
4. das Verbot und die Auflösung von Versammlungen oder Aufzügen sowie die Erteilung von Beschränkungen nach § 15,
5. die Zulassung von Ausnahmen von Schutzwaffen- und Vermummungsverbot nach § 17 Abs. 3 Satz 2,
6. die Genehmigung der Verwendung von Ordnern nach § 18 Abs. 2 und § 19 Abs. 1 Satz 2,
7. Maßnahmen aufgrund des Polizeigesetzes des Freistaates Sachsen (SächsPolG) in der Fassung der Bekanntmachung vom 13. August 1999 (SächsGVBl. S. 466), zuletzt geändert durch Artikel 2 des Gesetzes vom 25. Januar 2012 (SächsGVBl. S. 54, 59), in der jeweils geltenden Fassung, die der Durchsetzung versammlungsrechtlicher Vorschriften oder Anordnungen dienen.

(2) Der Polizeivollzugsdienst ist sachlich zuständig für
1. die Geltendmachung des Auskunftsrechts über die Zahl der Ordner und die angemessene Beschränkung der Zahl der Ordner nach § 8 Abs. 2,
2. Bild- und Tonaufnahmen nach § 12,
3. die Auflösung von Versammlungen und Aufzügen nach § 13 Abs. 1 und § 15 Abs. 3 und 4,
4. die Anordnungen zur Durchsetzung des Schutzwaffen- und Vermummungsverbots nach § 17 Abs. 4,
5. den Ausschluss von Personen und Teilnehmern nach § 18 Abs. 3 und § 19 Abs. 4.

(3) Die sachliche Zuständigkeit des Polizeivollzugsdienstes nach § 60 Abs. 2 SächsPolG für die in Absatz 1 genannten Maßnahmen bleibt unberührt.

§ 33 SächsVersG

(1) Örtlich zuständig ist die Kreispolizeibehörde, in deren Bezirk die Versammlung oder der Aufzug stattfindet.

(2) Berührt ein Aufzug die Bezirke mehrerer Kreispolizeibehörden, so ist die Kreispolizeibehörde örtlich zuständig, in deren Bezirk der Aufzug beginnt.

(3) Haben mehrere, in Bezirken verschiedener Kreispolizeibehörden beginnende Aufzüge einen gemeinsamen Endpunkt, so ist die Kreispolizeibehörde örtlich zuständig, in deren Bezirk der Endpunkt liegt.

(4) In den Fällen der Absätze 2 und 3 entscheidet die zuständige Kreispolizeibehörde im Benehmen mit den übrigen betroffenen Kreispolizeibehörden.

XIV. Sachsen-Anhalt

1. Zuständigkeit nach dem Versammlungsgesetz

Aus dem Versammlungsgesetz ergeben sich für besondere Eingriffe unmittelbare Zuständigkeiten, vgl. Teil I, Rdn. 450–456.

2. Verordnung über die Zuständigkeit auf verschiedenen Gebieten der Gefahrenabwehr (ZustVO SOG)

Vom 21. Juli 2002 (GVBl. S. 328), zuletzt geändert durch Gesetz vom 8. Mai 2007 (GVBl. S. 156)

– Auszug –

Aufgrund des § 89 Abs. 3 und 4 Satz 1 des Gesetzes über die öffentliche Sicherheit und Ordnung des Landes Sachsen-Anhalt in der Fassung der Bekanntmachung vom 16. November 2000 (GVBl. LSA S. 594), zuletzt geändert durch Artikel 26 des Dritten Rechtbereinigungsgesetzes vom 7. Dezember 2001 (GVBl. LSA S. 540), wird im Einvernehmen mit dem Ministerium für Gesundheit und Soziales, dem Kultusministerium, dem Ministerium für Wirtschaft und Arbeit, dem Ministerium für Landwirtschaft und Umwelt und dem Ministerium für Bau und Verkehr verordnet:

§ 1 Versammlungswesen, Vereinswesen, polizeiliche Soforthilfe

(1) Zuständig für die Aufgaben nach dem Versammlungsrecht sind
1. die Landkreise und die kreisfreie Stadt Dessau-Roßlau,
2. die jeweilige Polizeidirektion anstelle der kreisfreien Städte Halle und Magdeburg,
3. die jeweilige Polizeidirektion anstelle der Landkreise und der kreisfreien Stadt Dessau-Roßlau, wenn sie vom Regierungspräsidium im Einzelfall dazu bestimmt wird.

(2) Zuständig für die Aufgaben nach dem öffentlichen Vereinsrecht im Zusammenhang mit der Anmeldung von Ausländervereinen und ausländischen Vereinen sind die Landkreise und kreisfreien Städte.

(3) Zuständig für die Soforthilfe für unaufschiebbare Sozialarbeit im Zusammenhang mit polizeilichem Aufgabenvollzug sind jeweils in ihren Bezirken die Polizeidirektionen.

XV. Schleswig-Holstein

§ 27 VersG

(1) Die Landrätinnen und Landräte und die Bürgermeisterinnen und Bürgermeister der kreisfreien Städte als Kreisordnungsbehörden sind sachlich zuständig für Versammlungen unter freiem Himmel (§ 3 Absatz 3, § 11 Absatz 1, § 13 Absätze 1, 4, § 14 Absätze 1, 2).

(2) Die Bürgermeisterinnen und Bürgermeister der amtsfreien Gemeinden, die Amtsdirektorin oder der Amtsdirektor, in ehrenamtlich verwalteten Ämtern die Amtsvorsteherin oder der Amtsvorsteher sind sachlich zuständig für Versammlungen in geschlossenen Räumen (§ 3 Absatz 3, § 20).

(3) Örtlich zuständig ist die Behörde, in deren Bezirk die Versammlung stattfindet. Berührt eine Versammlung unter freiem Himmel den Zuständigkeitsbereich mehrerer Kreisordnungsbehörden, kann die gemeinsame Fachaufsichtsbehörde eine zuständige Behörde bestimmen.

(4) Das Ministerium für Inneres, ländliche Räume und Integration ist sachlich zuständig für die Entgegennahme der Anzeigen von öffentlichen Versammlungen unter freiem Himmel und von Aufzügen in nicht inkommunalisierten Küstengewässern Schleswig-Holsteins sowie auf Brücken und in Tunneln in diesen Bereichen. Das Ministerium für Inneres, ländliche Räume und Integration bestimmt in diesen Fällen die örtlich zuständige Behörde für Maßnahmen nach § 3 Absatz 3, § 11 Absätze 1, 3, 4, 5, § 13 Absätze 1, 4, § 14 Absätze 1, 2, § 17 Absatz 2.

(5) In unaufschiebbaren Fällen kann die Polizei auch an Stelle der zuständigen Behörde Maßnahmen treffen.

XVI. Thüringen

1. Zuständigkeit nach dem Versammlungsgesetz

Aus dem Versammlungsgesetz ergeben sich für besondere Eingriffe unmittelbare Zuständigkeiten, vgl. Teil I, Rdn. 450–456.

2. Thüringer Verordnung zur Bestimmung von Zuständigkeiten im Geschäftsbereich des Thüringer Innenministeriums

Vom 15. April 2008 (GVBl. S. 102)

– Auszug –

Aufgrund des § 89 Abs. 3 und 4 Satz 1 des Gesetzes über die öffentliche Sicherheit und Ordnung des Landes Sachsen-Anhalt in der Fassung der Bekanntmachung vom 16. November 2000 (GVBl. LSA S. 594), zuletzt geändert durch Artikel 26 des

Dritten Rechtbereinigungsgesetzes vom 7. Dezember 2001 (GVBl. LSA S. 540), wird im Einvernehmen mit dem Ministerium für Gesundheit und Soziales, dem Kultusministerium, dem Ministerium für Wirtschaft und Arbeit, dem Ministerium für Landwirtschaft und Umwelt und dem Ministerium für Bau und Verkehr verordnet:

§ 15 Versammlungen

(1) Für die Durchführung des Versammlungsgesetzes in der Fassung vom 15. November 1978 (BGBl. I S. 1789) in der jeweils geltenden Fassung sind die Landkreise und kreisfreien Städte im übertragenen Wirkungskreis zuständig.

(2) In Fällen, in denen die erkennbare unmittelbare Gefährdung der öffentlichen Sicherheit oder Ordnung im Sinne des § 15 Abs. 1 des Versammlungsgesetzes über das Gebiet der nach Absatz 1 zuständigen Behörden hinausgeht, kann das Landesverwaltungsamt anstelle der nach Absatz 1 zuständigen Behörden die erforderlichen Maßnahmen treffen.

(3) In unaufschiebbaren Fällen sind für Entscheidungen nach den §§ 5, 15 und 17a des Versammlungsgesetzes die im Vollzugsdienst tätigen Dienstkräfte der Polizei zuständig.

(4) Polizei im Sinne des § 9 Abs. 2, § 13 Abs. 1, § 18 Abs. 3 und § 19 Abs. 4 des Versammlungsgesetzes sind die im Vollzugsdienst tätigen Dienstkräfte der Polizei.

Stichwortverzeichnis

Die römischen Ziffern verweisen auf die Teile des Buches; die normal gedruckten arabischen Ziffern auf die entsprechenden Randnummern. Die zusätzliche, halbfett gedruckte Ziffer nach II (Kommentierung) meint den jeweiligen Paragrafen.